近代稀见旧版文献再造丛书

民国中国文化史要籍汇刊（影印本）

侯杰 主编

第三卷 下

柳诒徵 中国文化史（下）

南開大學出版社

大學用書

中國文化史

（下）

柳詒徵編著

正中書局印行

大學用書

中國文化史

（下）

柳詒徵編著

正中書局印行

下册目次

第三編　近世文化史

第一章　元明時海上之交通……………………一

第二章　西教之東來……………………一一

第三章　明季之腐敗及滿清之勃興……………………二二

第四章　西方學術之輸入……………………三五

第五章　清代之開拓……………………五四

第六章　清代之制度……………………六六

第七章　清初諸儒之思想……………………七八

第八章　康乾諸帝之于文化……………………八八

第九章　學校教育……………………九九

第十章　考證學派……………………一一〇

第十一章　國際貿易與鴉片之禍……………………一二〇
第十二章　內治之腐敗及教匪髮捻之亂……………一三六
第十三章　外患與變法………………………………一四九
第十四章　譯書與游學………………………………一七九
第十五章　機械之興…………………………………一九八
第十六章　種族革命與政治革命……………………二一五
第十七章　法制之變遷………………………………二二九
第十八章　經濟之變遷………………………………二四六
第十九章　最近之文化………………………………二七八

第三編　近世史

第一章　元明時海上之交通

中國近世之歷史與上世中世之區別有三。(一)則東方之文化無特殊之進步。僅能維持繼續。爲保守之事業。而西方之宗教學術物質思想逐漸輸入。別開一新局面也。(二)則從前之國家雖與四裔交往頻繁。而中國常屹立於諸國之上。其歷史雖兼及各國。純爲一國家之歷史。自元明以來。始與西方諸國有對等之交際。而中國歷史亦植身於世界各國之列也。(三)則因前二種之關係。而大陸之歷史變而爲海洋之歷史也。三者之中。以海洋之交通爲最大之關鍵。故欲知晚明以降西方宗教學術輸入之漸。當先觀察元明時海上之交通焉。

海上交通。爲東西兩方之共業。而其性質又分爲君主與羣衆之兩動機。當元世祖時。專務遠略。已屢遣使招諭海外諸番。

《元史馬八兒等國傳》世祖至元間。行中書省左丞索多等。奉璽書十通。招諭諸番。　十六年。遣廣東招討司達嚕噶齊楊庭璧招俱藍。　二十三年。海外諸番國。以楊庭璧奉詔招諭。皆來降。諸國凡十。曰馬八兒。曰須門那。曰僧急里。曰南無力。曰馬闌丹。

曰那旺。曰丁呵兒。曰來來。曰急蘭亦䚟。曰蘇木都剌。（丁謙元史外夷傳考證，馬八兒在今南印度馬都剌部地，俱藍在其北賓宗爾國境，須門那即蘇門答剌，僧急里即丁機宜，南無力即明史之南渤利，馬蘭丹乃婆羅洲西北海中小島，丁呵兒即丁噶奴，來來地未詳，急蘭亦䚟，即吉蘭丹，蘇木都剌亦即蘇門答剌，）

馬哥博羅奉庫噶丁公主至印度。遂經黑海。赴君士但丁而返威尼斯。

〔馬哥博羅遊記卷首〕大可汗遣庫噶丁 Kogatin 公主嫁印度藩王阿爾貢。Arghun 派馬哥父子等三人爲駕駛使。造樓船十四艘。貯二年之糧。行三閱月。至爪哇。又經十八月之久。始抵阿爾貢王之境。尼古羅等聞大可汗薨逝。從此絕東返之念。先至達拉布松。Trebizond（在黑海之濱）由此再赴君士但丁。經希臘而至威尼斯。時千二百九十五年也。（元成宗元年）

其時航海雖未能直至歐洲。然航行之利。已爲時人所公認矣。

〔馬哥博羅遊記卷首〕印使偕公主入面大可汗。備陳舟行之利。費用既省。歷時尤迅。

明初恆遣使海外。

〔明史外國傳〕洪武二年。遣官諭占城。　三年。遣使臣郭徵等諭眞臘。　呂宗俊等諭暹羅。　行人趙述諭三佛齊。　御史張敬之福建行省都事沈秩使渤泥。　永樂元年。中官尹慶諭古里及柯枝。

鄭和奉使尤傳爲盛事。

〔明史宦官傳〕鄭和。雲南人。世所謂三保太監者也。成祖欲耀兵異域。示中國富强。永樂三年六月。命和及其儕王景弘等。通使西洋。將士卒二萬七千八百餘人。多齎金幣。造大舶。修四十四丈。廣十八丈者。六十二。自蘇州劉家河泛海。至福建。復自福建五虎門揚帆。首達占城。以次遍歷諸番國。宣天子詔。因給賜其君長。不服。則以武懾之。和經事三朝。先後七奉使。所歷占城。爪哇。眞臘。舊港。暹羅。古里（印度之古耶拉大省）滿剌加。渤泥。蘇門答剌。阿魯（滿剌加西北海峽亞羅亞羣島）柯枝（孟買科坎傍海一帶地）大葛蘭。小葛蘭（卡力咳至可陳等地）西洋瑣里。瑣里（蘇門達剌中間錫里部地）加異勒。阿撥。把丹（未詳）南巫里（南渤利）甘把里（未詳）錫蘭山。喃勃利。彭亨。急蘭丹。忽魯謨斯（波斯南境小島）比剌。溜山。孫剌（溜山即民大威羣島·在蘇門答剌西南·比剌孫剌皆相近島名·）木骨都束（非洲東北海濱）麻林（非洲東索馬拉部南界海濱）剌撒（阿剌伯東北）祖法兒（阿剌伯哈達拉毛部之薩法爾城）沙里灣泥（未詳）竹步（錫蘭西南商埠）榜葛剌（即孟加拉）天方。黎伐。那孤兒（未詳）凡三十餘國。所取無名寶物。不可勝計。自和後。凡將命海表者。莫不盛稱和以夸外番。故俗傳三保太監下西洋爲明初盛事云。

東南海島幾無在無明人之足迹焉。

宋代置市舶司於廣杭明泉諸州。

《宋史食貨志》開寶四年。置市舶司於廣州。後又於杭明州置司。凡大食。古邏。闍婆。占城。渤泥。麻逸。三佛齊諸蕃。並通貿易。以金銀緡錢鉛錫雜色帛瓷器。市香藥犀象珊瑚琥珀珠琲鑌鐵鼊皮瑇瑁瑪瑙車渠水精蕃布烏樠蘇木等物。

而禁人民私與蕃人貿易。

《宋史食貨志》太平興國初。私與蕃國人貿易者。計直滿百錢以上論罪。 元豐中。禁人私販。然不能絕。

元明因之。官置市舶。

《元史食貨志》至元十四年。立市舶司一於泉州。令孟古岱領之。立市舶司三於慶元。上海。澉浦。令福建安撫司楊發督之。每歲招集舶商於番邦博易珠翠香貨等物。及次年回帆。依例抽解。然後聽其貨賣。

〔明史食貨志〕太祖洪武初。設市舶司於太倉黃渡。尋罷之。設市舶司於寧波。泉州。廣州。寧波通日本。泉州通琉球。廣州通占城暹羅西洋諸國。

中雖數有廢置。要皆官營商業也。而閩廣各省。人稠地狹。田園不足於耕。以海洋爲謀生之所。

〔淸藍鼎元論南洋事宜書〕閩廣人稠地狹。田園不足於耕。望海謀生。十居五六。內地賤菲無足重輕之物。載至番境。皆同珍貝。

時時有冒禁下海者。

〔東西洋考〕萬歷二十一年。倭寇朝鮮。閩以震鄰。禁止通販。海上人輒違禁私下海。或假借縣給買穀捕魚之引。竟走遠夷。

良者則爲海商。黠者則爲海寇。

〔東西洋考〕海濱一帶田盡斥鹵。耕者無所望歲。只有視淵若陵。久成習慣。富家徵貨。固得稛載歸來。貧者爲傭。亦博升米自給。一旦戒嚴。不得下水。斷其生活。若輩悉健有力。勢不肯搏手困窮。於是所在連結爲亂。潰裂以出。其久潛縱於外者。既觸網不敢歸。又連結遠夷。嚮導以入。

明史所載林道乾。梁道明。陳祖義。張璉等。皆國人之富於冒險性。爲羣衆開拓海上航業商業者也。

林梁等事蹟見明史外國傳。

使其時西人不垂涎東亞。相繼遠航。吾華民族亦必日趨於海上生活。而與歐人接觸。適會是時。西人忽起尋覓新地之慾。而東西之接觸。乃若電氣之相引矣。

歐人之至中國行蹤可考者。當首推馬哥博羅家三人。

〔馬哥博羅遊記序〕當達達爾諸王之治亞細亞內地也。各君其土。而受節制於蒙古大帝。故威令行而道路不梗。商旅稱便。歐洲客商。聯袂而往。或謀什百之利。或圖仕祿於諸王之朝。意大利威尼斯人馬非倭 Maffeo 尼古羅 Nicolo 兄弟。因購珍寶。渡黑海。達巴爾喀 (Barka) 朝之都。居一載。獲利甚厚。展轉至布哈爾 Bokhara 適巴爾喀之從兄弟呼拉古 Hulagu 遣使赴忽必烈。道經布哈爾。與馬非倭兄弟遇。與之談甚歡。約共朝忽必烈。歷一年而達帝都。可汗延見馬非倭兄弟。命偕蒙古大員一人。往使羅馬。見敎皇。馬非倭等於是西行。比抵威尼斯。則尼古羅之妻已亡。遺一子名馬哥。Marco 馬非倭遂偕弟及姪赴阿克爾。Acre 阿克爾之敎皇格里各烈十世 (Gregory X) 授之敕書。餽贈蒙古帝以珍物。馬非倭等既取道東北。經由大亞米尼阿。波斯屬之伊拉克庫拉桑。巴爾克。巴達克商等處。入唐古特境。經沙州肅州而至於山西之太原。馬非倭等見蒙古帝。呈敎皇敕書。帝甚嘉其忠信。見尼古羅旁侍一少年。問知爲尼古羅之子。命留侍左右。派爲皇室職員。馬哥自居宮禁以後。習學東方禮節語文。更得帝之優遇。常遣之查辦事件。一日江南道副使出缺。帝卽命馬哥署理。在任凡三載。馬哥之父及叔。亦同邀恩遇。初到時。尼古羅等建議。能造戰時利器。便於射遠。蒙帝試之而佳。卽命監工製造。後此蒙兵攻克襄陽城。卽利用此火器也。博羅氏父子兄弟至中國後十七年。方請於帝。護送公主歸國。

然其來也。遵陸而行。僅歸時由海道至印度波斯耳。歐亞之直接通航。始於葡萄牙人華斯哥德噶馬。東西之周迴通航。始於葡萄牙人馬基倫。自此兩航路開闢。而亞洲若重造一新天地焉。

有明初年。葡萄牙王子亨利及約翰二世。富於野心。奬勵航海術。

【東邦近世史】一四一五年（明永樂十三年）葡萄牙王子亨利攻回教徒於摩洛哥北岸。時俘囚中有通亞非利加之地理。盛說印度之殷富者。王子聞之。雄心勃起。乃毅然欲探險阿非利加之地。遂設商船學校。建測候所。刻意研究星學數學。以全力奬勵航海術。一四六〇年（明天順四年）亨利死時。綜計新發見之海岸。共一千八百哩。舊傳亨利在當時有舟子之號。信不誣也。葡王約翰二世。紹舟子亨利之遺志。派遣遠征隊。一四八六年（明成化二十二年）巴沙洛矛地阿治 Bartholomew Diaz 遂至亞非利加南端。名其地曰荒崎。Cada Tormentoso 約翰二世嫌其名不雅馴。改曰喜望峯。Cado Dadoa Esperany 無幾。哥倫布復發見西方新世界。歐洲諸國咸屬耳目焉。及約翰二世殂。馬諸耶爾 Manoel 繼之。華斯哥德噶馬 Vasco da Gama 遂發見印度航路。

而南歐之人。以商業之關係。尤熱心於開闢新航路。

【東邦近世史】西一四五三年（明景泰四年）回教信徒土耳其人種攻陷東羅馬首府君士但丁堡。黑海地方之東洋貿易頓至萎靡不振。其欲發見達於東亞之航路。實南歐有志者之一大宗旨也。

弘治十一年（西一四九八年）華斯哥德噶馬至印度之加爾各達。葡人因之殖民於印度。以臥亞為根據地。

【西力東侵史】華斯哥德噶馬於一四九七年七月八日。發國都利斯本。巡航非洲南端。至一四九八年五月二十日。達印度馬拉巴海岸之加爾各達。是實東西洋海路交通之始。東西交通史中當大書特書者也。哥倫布之發見美洲。前乎此者僅六年。故西大陸之發見東洋航路之開始。同爲十五世紀末十年間之大紀念也。 葡萄牙人雖發見馬拉巴海岸。尙難以爲貿易之地。蓋不徒土人所在排斥葡人。埃及人亦恐葡人廢其舊路。而與威斯尼人共援印度土人以抗葡師。及達爾麥達率大軍來印度一五〇九年（明正德四年） 大破埃及海軍於堤湖。葡人在東洋之勢力乃稍定。後搭爾波噶爾喀 D' Albuquerque 爲總督日圖侵略土地。一五一〇年（明正德五年） 取臥亞。翌年取麻剌甲。一五一五年（正德十年） 取忽魯謨斯。自是而後。葡人勢力益臻隆盛。西自阿剌伯海岸東至麻剌甲。俱有其貿易地。餘若錫蘭。蘇門答剌。爪哇。麻剌甲諸島。亦無不有葡人之車轍馬迹。

正德十六年。（西一五二一年） **馬基倫至斐律賓羣島。西班牙人因之殖民於斐律賓。以呂宋爲根據地。**

《西洋通史》（章起渭編譯）一五一九年。（正德十四年） 葡人馬基倫 Magellan 受西班牙國之命。率船五隻。發航大西洋。從巴他哥尼亞之沿岸南進。通航於南亞美利加最南之海峽。出外洋。見海上波靜風穩。命名爲太平洋。進航西北。凡數月。遂以一五二一年發見斐律賓羣島。馬基倫不幸爲土人所殺害。然其所率之船。更橫行印度洋。迂回阿非利加。而歸航於本國。

《東邦近世史》一五七〇年（明隆慶四年） 西班牙將列加斯祕 Legaspi 入馬尼拉。以該市爲羣島首府。

萬歷三十年（西一六〇二年） **荷蘭創立東印度公司。通商於爪哇蘇門答臘諸島。以巴達維亞 Batavia 爲根據地。**

《西力東漸史》荷蘭人華恩食斯考敦 Jan Huigen Van Linsikoten 嘗爲臥亞大僧正。久居印度。歸國後。公其記錄於世。俾國人周知東洋諸國之情事。又有考納逡斯霍脫曼 Cornelius Houtman 者。結船隊。從事遠征。力抗葡人於海上。視察蘇門答臘爪哇諸島而歸。於是荷人競派遠征船隊至東洋。從事探險。一六〇二年三月二十日。設立荷蘭東印度公司。合二千一百五十三股而成。握喜望峯與馬基倫海峽間之貿易權。一六二一年明天啟元年建巴達維亞府於噶羅巴。

英法諸國。亦相繼設立東印度公司。

《東邦近世史》一五九九年明萬曆二十七年倫敦商人會議。組織公司。與印度貿易。女王伊利沙白亦遣使至莫臥兒帝之朝。求許特權於英國公司。千六百年萬曆二十八年十二月三十一日。英國東印度公司。遂得王室之准憑。組織公司。通商東印度。一六一四年萬曆四十二年設居留地於蘇拉特。

《同上》一六〇四年萬曆三十二年法國亨利四世即位。始下許可設立東印度公司之諭。其中屢經停辦。一六四二年崇禎十五年第四次設立東印度公司。翌年。遂設居留地於麻打拉薩。

侵尋及於中國。而租地通商之事起矣。

葡萄牙人之至中國。當明武宗時。

《東邦近世史》滿剌加占領後五年。有葡人拉斐爾伯斯德羅 Raffael Perestrello 者。乘篷船至中國。時在一五一六年。明正德十一年船舶之揭有歐洲國旗而至中國者。以是爲嚆矢。翌年。費爾諾比勒司又以葡船四艘。馬來船四艘。至廣東。爲地方官所歡迎。得許可。碇泊三竈島。未幾。葡人之航中國者歲益衆。漸至寧波。設商會於其地。又與廈門通商。

《明史外國傳》佛郎機即葡萄牙。修明史者不知其名。誤以爲佛郎機。近滿剌加。正德中。據滿剌加地。逐其王。十三年。遣使臣加必丹末等貢方物。請封。

始知其名。詔給方物之直。遣還。其人久留不去。剽刼行旅。至掠小兒爲食。已而夤緣鎭守中貴。許入京。武宗南巡。其使火者亞三因江彬侍帝左右。帝時學其語以爲戲。亞三侍帝驕甚。從駕入都。居會同館。見提督主事梁焯不屈膝。焯怒撻之。明年。武宗崩。亞三下吏。自言本華人。爲番人所使。乃伏法。絕其朝貢。

至嘉靖中。遂租壕鏡爲居留地。

【明史外國傳】壕鏡在香山縣南虎跳門外。先是暹羅占城爪哇琉球浡泥諸國互市。俱在廣州。設市舶司領之。正德時。移於高州之電白縣。嘉靖十四年。指揮使黃慶納賄。請於上官。移之壕鏡。歲輸課二萬金。佛郎機遂得混入。高棟飛甍。櫛比相望。閩粵商人趨之若鶩。久之其來益衆。諸國人畏而避之。遂專爲所據。其人長身高鼻。貓睛鷹嘴。拳髮赤鬚。好經商。恃强陵轢諸國。無所不往。後又稱干系臘國。所產多犀象珠貝。衣服華潔。貴者冠。賤者笠。見尊長輒去之。初奉佛教。後奉天主教。市易但伸指示數。雖累千金。不立約契。有事指天爲誓。不相負。

【東邦近世史】一五三七年（嘉靖十六年）廣東附近有葡人居留地三所。即三竈島電白縣及瑪港是也。瑪港據澳門紀略所載。則謂嘉靖十四年（一五三五年）有都指揮黃慶者。受葡人鉅賄。代請上官。以澳門爲通商地。使年貢地租二萬金。至一五五三年（嘉靖三十年）葡船遭風。水漬貢物。乞與暴之於地。海道副使汪柏許之。由是來者益衆。而考諸池哈爾之中國史。則言嘉靖海賊張希洛據澳門。地方官藉歐人之援討滅之。因以是地酬歐洲人云。

荷蘭人涎其利。亦欲市於澳。澳人拒之。遂去而據澎湖臺灣。

【明史外國傳】和蘭又名紅毛番。其人深目長鼻。髮眉鬚皆赤。足長尺二寸。頎偉倍常。萬歷中。福建商人歲給引往販大泥呂宋及咬𠺕吧者。和蘭人就諸國轉販。未敢窺中國也。自佛郎機市香山。和蘭人聞而慕之。二十九年。駕大艦。薄香山澳。澳中人數詰問。言欲通貢市。當事難之。稅使李道即召其酋入城。遊處一月。乃遣還。澳中人慮其登陸。謹防禦。始引去。海澄人李錦及奸商潘秀郭震。久居大泥。與和蘭人習。語及中國事。錦曰。若欲通貢市。無若漳州者。漳南有澎湖嶼。去海遠。誠奪而守之。貢市不難成也。酋即駕二大艦。直抵澎湖。時三十二年之七月。汛兵已撤。如入無人之墟。遂伐木築舍。爲久居計。當事屢遣使諭之。嚴禁奸民下海。犯者必誅。由是接濟路窮。無所得食。十月末。揚帆去。後又侵奪臺灣地。築室耕田。久留不去。

斯時西人之市於吾國海疆。與華人之市於滿剌加呂宋及南洋諸島者。已可爲東西文化之媒介矣。然商人徒知貿遷。未足以語文化。至利瑪竇等遠來傳教。而天文歷算地理格致諸學乃大興焉。

第二章　西教之東來

西教之入中國也久矣。在唐爲景教。

《大秦景教流行中國碑》（唐僧景淨）三一妙身。无元眞主。阿羅訶判十字以定四方。鼓元風而生二氣。　神天宣慶。室女誕聖於大秦。景宿告祥。波斯覩耀以來貢。　大秦國有上德曰阿羅本。貞觀九祀。至於長安。帝使宰臣房玄齡賓迎入內。翻經書殿。問道禁闈。深知正眞。特令傳授。貞觀十有二年秋七月。詔曰。大秦國大德阿羅本。遠將經像。來獻上京。詳其教旨。玄妙無爲。濟物利人。宜行天下。所司卽於京義寧坊造大秦寺一所。度僧二十一人。　高宗大帝。於諸州各置景寺。仍崇阿羅本爲鎭國大法主。　玄宗天寶三載。大秦國有僧佶和。瞻星向化。望日朝尊。詔僧羅含僧普論等一七人與佶和於興慶宮修功德。　肅宗皇帝於靈武等郡重立景寺。大唐建中二年。歲在作噩太蔟月七日大耀森文日建立。　時法主僧寧恕。知東方之景衆也。

《金石錄補》（葉奕苞）右碑下及東西三面。皆列彼國字。式字皆左轉。弗能譯也。此卽天主教始入中國。自唐迄今。其教遍天下矣。

《來齋金石考》（林侗）明崇禎間。西安守晉陵鄒靜長卜葬幼子於長安崇仁寺之南。掘數尺。得一石。乃景教流行碑也。今在西安城西金勝寺內。按此碑今已移至西安城中文廟碑林內，頗漫滅，

〔景教考〕（錢大昕）萬歷間。長安民劚地得唐建中二年景教碑。士大夫習西學者。相矜謂有唐之世。其教已流行中國。

在宋爲一賜樂業教。

〔開封重建淸眞寺記〕夫一賜樂業。立教祖師阿無羅漢。迺盤古阿躭十九代孫也。　教道相傳授受有自來矣。出自天竺。奉命而來。有李俺艾高穆趙金周張石黃李聶金張左白七十姓等。進貢西洋布於宋。帝曰。歸我中夏。遵守祖風。留遺汴梁。宋孝宗隆興元年癸未。列轍五思達領掌其教。俺都剌始建寺焉。元至元十六年己卯。五思達重建古刹淸眞寺。　大明太祖以是寺不可無典守者。惟李誠。李實。俺平徒。艾端。李貴。李節。李昇。李綱。艾敬。周安。李榮。李良。李智。張浩等。正經曉熟。勸人爲善。呼爲滿喇。　弘治二年。淸眞後人寧夏金瑛。祥符金禮並立。

〔開封一賜樂業教考〕（陳垣）一賜樂業。或翻以色列。Israel 猶太民族也。淸眞寺與回教寺同名。乃猶太教而非回教。道經。譬西五經也。　七十姓。或疑爲十七姓之譌。因碑中所列適十七姓。而教衆之知名者。又無在十七姓之外也。　咸豐初。有教士購得開封猶太人譜牒一本。中有希伯來名。亦有漢名。弘治碑謂李俺艾等姓進西洋布於宋。俺都剌始建寺者。必譜牒所傳。故能言之鑿鑿。當其始至。尙沿猶太民族。歷元迄明。乃改漢姓。

在元爲也里可温教。

〔元史世祖紀〕至元七年九月。敕僧道也里可温有家室不持戒律者。占籍爲民。　〔泰定紀〕泰定元年二月。宣諭也里可温各如其教具戒。

【同上世祖紀】至元十九年九月。楊廷璧招撫海外南番。寓俱藍國也里可溫主兀咱兒撒里馬。亦遣使奉表進七寶項牌一。藥物二瓶。

【至順鎮江志】大興國寺在夾道巷。至元十八年本路副達魯化赤薛里吉思建。儒學教授梁相記。其略曰。薛迷思賢在中原西北十萬餘里。乃也里可溫行教之地。愚問其所教者。云天地有十字寺十二。內一寺佛殿四柱高四十尺。皆巨木。一柱懸空尺餘。祖師麻兒也里牙靈迹千五百餘歲。今馬薛里吉思是其徒也。教以禮東方爲主。與天竺寂滅之教不同。

【至順鎮江志校勘記】(劉文淇)此志述僑寓之戶口。所謂也里可溫者。西洋人也。卷九大興國寺條。載梁相記云云。據此則薛迷思賢乃西洋之地面也。而也里可溫即天主教矣。

【元史譯文證補元世各教名考】(洪鈞)也里可溫之爲天主教。有鎮江北固山下殘碑可證。自唐時景教入中國。支裔流傳。歷久未絕。也里可溫當即景教之遺緒。陳垣曰·唐景教爲聶斯托爾派 Nestorian·非羅馬派·近今東西學者久有定評·也里可溫者元時基督教之通稱也·其所以混稱之由·則因教派大致相同·其不同者·或在學說之微·或在儀文之末·均爲教外人所不辨·

是皆在中國書籍碑版。信而可徵者。外史載元代耶教人之入中國者尤多。

【正教奉褒】(黃伯祿)定宗時。宗室廷臣多有奉教者。定宗之母昭慈太后信教甚誠。殿前建有聖堂。每值教中禮期。昭慈太后暨奉教王公大臣。詣堂瞻禮。教士柏朗嘉賓。日爾曼國人 回西朝覲教宗。太后賜狐皮緞袍以壯行色。憲宗六年。宋理宗寶祐四年 法蘭西國王類思。遣教士羅柏魯法蘭西國人 奉國書東來通問。齎贈錦幬一頂。幬上綵繡教中聖像。羅柏魯駐京敷教。釋氏羣起攻訐。

帝令僧徒與教士各述其道。互相辯駁。派大臣監之。僧理窮辭遁。世祖至元八年（宋度宗咸淳七年）遣使臣齎禮物。詣往西國覲教宗。請派教士東來傳教。偉立爾。莫尼各老等。奉派同使臣來華。構堂傳教。至元十三年（宋端宗景炎元年）復遣大臣赴西國謁覲教宗。至元二十七年。若望高未諾（意大利國人）等奉派來華。抵京。帝禮之加厚。京內有大堂三座。一與宮殿毗連。成宗朝。西國教士踵至。大德十一年。教宗敕授若望高未諾爲北京大主教。隸屬各省主教七員。士庶感化入教者三萬餘人。

【清朝全史】（稻葉君山）十三世紀末。佛蘭結司哥會（Franciscan）教士伊大利人若望高未諾。受羅馬教皇尼古拉司第四之命。經印度來支那。得世祖忽必烈許可。建加特力克（Catholic）教堂四所於北京。受洗者達六千人。學希臘羅馬語者達百五十人。

然其教在中國無大關繫。僅如摩尼祆教等。得一部分之信從耳。景教經文傳入中國。雖有譯本。亦未傳播。

【燉煌石室秘寶】載大秦景教三威蒙度讚一卷。末附諸經名。曰敬禮常明皇樂經　宣元至本經　志元安樂經　天寶藏經　多惠聖王經　阿思瞿利容經　渾元經　通眞經　寶明經　傳化經　磬遺經　原靈經　述略經　三際經　徵詰經　寧思經　宣義經　師利海經　寶路法王經　删河律經　藝利月思經　寧耶頲經　儀則律經　毗遏啓經　三威讚經　牟世法王經　伊利耶經　遏拂林經　報信法王經　彌施訶自在天地經　四門經　啓眞經　靡薩吉斯經　慈利波經　烏沙那經。跋曰。謹案諸經目錄。大秦本教經。都五百三十部。並是貝葉梵音。唐太宗皇帝貞觀九年。西域大德僧阿羅本屆於中夏。並奏上本音。房玄齡魏徵宣譯奏言。復召本教大德僧景淨譯得已上三十部卷。餘大數具在貝皮夾。猶未繙譯。羅振玉曰。景教古經。傳世絕少。數年前。上海徐家匯天主教堂。於開封同民家。得猶太教羊皮古經。乃如德亞文。已寄羅馬教皇許。今此讀首尾完好。復附景教經目三十種。足資彼教之考證。

一賜樂業教經僅藏於寺。其數更不逮景教之多。教外之人初不受其影響。其存者惟可供考古者之研索耳。

〔開封一賜樂業教考〕(陳垣)弘治碑言正經一部五十三卷。當是摩西五經。五經者。創世記。出埃及記。利未記。民數記。申命記也。明天順以前。開封本寺。祇得道經一部。天順間。石斌。李榮。高鑑。張瑄。往寧波取經一部。寧波趙應又賫來一部。正德間維揚金溥又請來一部。正德以後。其教浸盛。百年之間。道經由四部增至一十三部。據貝教士所見。有一卷字大而清晰。其字體半似比國安懷士城之希伯來文聖經。半似一五三一年(嘉靖十年)在波蘭韋敦堡所印之希伯來。迦勒底語辭典。其字下端無點。上端則有多點。今已有十部爲歐美人所購去。　康熙碑稱寺中有方經散經數十册。大別言之。則教律教規禮儀祈禱文書。及猶太年表日歷節令。開封猶太民族譜牒之屬。正經散經均用羊革書寫。爲上古式。兩端有軸。上下有柄。以便卷舒。方經則用厚紙編訂。如今書本式。

中國耶教之盛。實由於歐洲之改革宗教。

〔東邦近世史〕西一五一七年(明正德十二年)德國神學教習馬丁路德。草其意見九十五條。張於威敦堡教堂。嗣後歐洲各國反抗羅馬教皇。卒釀改革宗教之大亂。教皇權勢日衰。西班牙人路拉 Loyala 蹶起。欲自內部改良舊教。而組織耶穌會。西一五四零年(嘉靖十九年)受教皇認可。益大事運動。不惟侵略新教盛行之北歐諸國。且傳基督教於五十年前所發見之各地。而其傳教東洋也。以西一五四一年爲嚆矢。其徒賽維兒 Xavier 自里斯本起程。翌年五月六日至印度臥亞。專盡力於振興東洋耶穌會之事業。一五七七年（萬曆四年）臥亞遂爲大僧正之任地。

由印度滿剌加而漸及於中國。

〔東邦近世史〕賽維兒以一五五二年（嘉靖三十一年）自臥亞赴支那。既抵滿剌加。使節被留。乃單身赴支那。死於澳門西南三十里之三竈島。

自利瑪竇等來華。而文士信從者衆。

〔明史外國傳〕大都歐羅巴諸國悉奉天主耶穌教。耶穌生於如德亞 Judea 其國在亞細亞洲之中。西行教於歐羅巴。其始生在漢哀帝元壽二年庚申。閱一千五百八十一年。至萬歷九年。利瑪竇始汎海九萬里。抵廣州之香山澳。其教遂沾染中土。至二十九年入京師。中官馬堂以其方物進獻。自稱大西洋人。帝嘉其遠來。假館授粲。給賜優厚。公卿以下。重其人。咸與晉接。利瑪竇安之。遂留居不去。以三十八年四月卒於京。賜葬西郊外。　自瑪竇入中國後。其徒來益衆。有王豐肅者居南京。專以天主教惑衆。士大夫暨里巷小民。間爲所誘。　其國人東來者。大都聰明特達之士。意專行教。不求祿利。其所著書。多華人所未道。故一時好異者咸尙之。而士大夫如徐光啓李之藻輩。首好其說。且爲潤色其文詞。故其教驟興。時著聲中土者。更有龍華民。畢方濟。艾如略。鄧玉函諸人。華民方濟如略及熊三拔。皆意大利亞國人。玉函。熱而瑪尼國人。龐迪我。依西把尼亞國人。陽瑪諾。波而都瓦爾國人。皆歐羅巴洲之國也。

至明之季年。奉教者達數千人。

【正教奉褒】（黃伯祿）統計明季奉教者。有數千人。其中宗室百有十四人。內官四十。顯官十四。貢士十。舉子十一。秀士三百有奇。其文定公徐光啓。少京兆楊廷筠。太僕卿李之藻。大學士葉益蕃。左參議瞿汝說。忠宣公瞿式耜。爲奉教中尤著者。

比明之亡。永歷太妃且致書羅馬教皇及耶穌會總統。祈保其國中興。

【永歷太妃致耶穌會總統書】大明寧聖慈肅皇太后烈納。敕諭耶穌會大尊總師神父。予處宮中。遠聞天主之教。傾心既久。幸遇尊會之士瞿紗微。領聖洗。使皇太后瑪利亞。中宮皇后亞納。及皇太子當定。並入聖教。領聖水。閱三年矣。今祈尊師神父。並尊會之友。在天主前。祈保我國中興太平。俾我大明第十八帝太祖十二世孫主臣等。悉知敬真主耶穌。更求尊會相通功勞之分。再多送老師來我國中行教。待太平之後。即著欽差官來到聖祖總師意納爵座前致儀行禮。今有尊會士卜彌格。儘知我國情事。即使回國代傳其意。諒能備悉。可諭予懷。欽哉特敕。永歷四年十月十一日。

【永歷太妃遣使於羅馬教皇考】（高勞）順治五年。即桂王由榔稱號永歷之二年。提督李成棟以廣東附於桂王由榔。由榔由桂林移居肇慶。其太監龐天壽。以天主教理陳說於太妃。（太妃之稱。本通鑑輯覽。）太妃王氏。湖廣人。故明桂王常瀛之繼室。由榔之嫡母也。太妃既奉天主教。令由榔生母馬氏及妃王氏皆入教。受洗禮於司鐸瞿紗微。由榔亦於祭臺前行跪叩禮。以多蓄姬妾。不能受洗。是年由榔生子慈烜。亦受洗。太妃乃遣使至澳門。求司鐸行彌撒大祭。太妃以大蟠龍銀香爐二對。鏤花銀瓶二對。鏤花銀燭奴二對。獻於祭臺上。另贈三銀瓶於耶穌會三會長。遂於陽歷十月三十一日舉大禮彌撒。禮畢。澳門葡總督設盛筵款使者。並贈火槍百枝以佐其行。順治七年。即永歷四年。清兵克韶州。由榔奔梧州。太妃欲遣使至羅馬。見教皇。爲明祈福。

司禮太監龐天壽願奉使。以其年老任重。不許。天壽遂薦神父卜彌格充使。齎書二通。一爲太妃肅敎皇箋。一爲太妃致耶穌會總統書。卜彌格至澳門。以事留一年。始西渡。至印度臥亞上陸。西行。經波斯。西里亞等國。入地中海。二年後始至意大利之威尼斯。及至羅馬。適新敎皇亞立山第七卽位。驗明使節。乃蒙召見。覆書。卽由卜彌格攜回。到中國時。約在順治十二三年之間。然卜彌格奉使後。未數月。而由榔已由梧州奔南寧。太妃亦於次年卒於田州。覆書達否。不可知矣。卜彌格所齎太妃肅敎皇箋。致耶穌會總統書。及龐天壽奉敎皇書。今均存羅馬耶穌會藏書樓內。（見東方雜誌第八卷第五號）

而清廷亦嘗崇敎士。至予以漢人之封職。

《清朝全史》（稻葉君山）睿親王之占領北京也。欲舉城而充滿蒙八旗之住宅。限三日內。漢民一律退出。湯若望呈書於睿親王。宣武門內之聖堂邸第。及阜城門外之塋域。得以保存。順治帝賞湯若望以欽崇天道之扁額。順治三年。加以太常寺少卿銜。八年。敘通議大夫。父祖父則追封通奉大夫。母祖母則追封二品夫人。十五年。更有恩命。晉敘光祿大夫。祖先三代則追賜一品封典。相傳世祖對彼之隆遇。逾於恆格。召對不呼其名。用瑪法（貴叟之意）之滿語代之。得隨意出入內廷。蓋滿人與西人皆以夷種見薄於中國。遂鑑於漢人之偏見。力持公平之態度。奪漢人之官爵。加於西夷之首。而湯若望等亦藉此以爲正敎發達之捷徑焉。

康熙中。各省信耶敎者。至達十數萬人焉。

《清朝全史》（稻葉君山）十七世紀之末。敎士所到之各省。信徒大增。當其最盛之時。屬於敎會之敎堂。廣東有七所。江南有百餘所。一六六三年（康熙二年）十二省信徒逹十二萬人。六省信徒其數未詳。然亦決非少數。一六九六年（康熙三十五年）在北京受洗者六百三十人。

教士之入中國也。習華言。易華服。讀儒書。從儒教。以博中國人之信用。其教始能推行。

【上明神宗疏】（利瑪竇）臣本國極遠。從來貢獻所不通。逖聞天朝聲教文物。竊欲霑被其餘。終身爲氓。庶不虛生。用是辭離本國。航海而來。時歷三年。路經八萬餘里。始達廣東。緣音譯未通。有同暗啞。僦居學習語言文字。淹留肇慶韶州二府十五年。頗知中國古先聖人之學。於凡經籍亦略誦記。粗得其旨。

【大西利先生行蹟】（艾儒略）其居端州十載。初時言語文字未逹。苦心學習。按圖畫人物。倩人指點。漸曉語言。旁通文字。至於六經子史等編。無不盡暢其意義。　姑蘇瞿太素。聞利子名。因訪焉。談論間。深相契合。遂願從遊。勸利子服儒服。　利子嘗將中國四書譯以西文。寄回本國之人讀之。知中國古書能識眞原。不迷於主奴者。皆利子之力也。　汝南李公素以道學稱。崇奉釋氏。多有從之者。一日與諸公論道。多揚釋氏。抑孔孟。時劉公斗墟在座。瞿然曰。吾子素學孔孟也。今以佞佛故。駕孔孟之上。何也。不如大西利子奉天主眞教。航海東來。其言多與孔孟合。

【清朝全史】（稻葉君山）明末清初時代。宣教師不獨富於殉教之精神。且審察支那之風俗習慣。自將支那所嘲笑爲蠻夷風之洋裝。易而爲中國士人之服裝。起居飲食。全與支那人同。向支那人並自稱爲支那人。（此殆指若輩改姓名而言）且恐社會攻擊基督教。思有以辯護之。遂自受支那士人之教育。肄習其言語文字。對於下等社會。則以淺易演說。講明基督教之福音。對於士人社會。則用流暢醇雅之漢文。從科學上立論。漸次說及基督教之精神。使之自然感化。此等方法。蓋彼等特所注意者也。當時之宣教師。除直接反背教旨違逆聖訓外。務爲保全支那人固有之信仰習慣。其信徒亦能得崇拜祖先之許可。然當未許可以前。幾經躊躇。幾經學者士人上下議論。卒以支那人之拜孔子。在尊仰其人格。非因祈福祐聰明利祿而然。祭祀祖先。則出於親愛之義。孝思之念。所謂報本反始之禮。而非以求福祐。謂立祖先牌。非謂祖先之魂在上。不過子孫追遠。稍抒如在之懷。至於郊天之典禮。非祀蒼蒼有形之天。乃敬天地萬物之原。此孔子所謂郊祀之禮。以事上帝也。因此宣教師等知支那人之祖先崇拜。無論如何形式。亦非迷信之教義。故遂予以許可也。

其所譯述之經籍。雖未能如釋氏之學之深博。而曆算格致之學。實足以開近世之風氣。其詳見後 他所著書。如七克等。詞旨淵粹。頗似儒家之言。

龐迪我著七克。分伏傲。解貪。坊淫。熄忿。釋饕。平妬。策怠七篇。

非若後世之教士。凶獷粗鄙。與中國文教大相逕庭也。故自萬歷以來。雖迭經排斥。

《明史外國傳意大里亞》禮部郎中徐如珂惡之。與侍郎沈㴶。給事中晏文輝等合疏斥其邪說惑衆。乞急行驅逐。禮科給事中余懋孳亦言。天主教煽惑羣衆。夜聚曉散。一如白蓮無爲諸教。且往來壕鏡。與澳中諸番通謀。而所司不爲遣斥。國家禁令安在。帝納其言。令俱遣赴廣東。聽還本國。

而爲之辯護者。且謂其獨合於儒家。

《正教奉褒》（黃伯祿）萬歷四十四年七月。徐光啓奏。彼國教人。皆務修身。以事天主。聞中國聖賢之教。亦皆修身事天。理相符合。是以辛苦艱難。來相印證。欲使人人爲善。以稱上天愛人之意。其說以昭事上帝爲宗本。以保救身靈爲切要。以忠孝慈愛爲工夫。以遷善改惡爲入門。以懺悔滌除爲進修。以先天眞福爲作善之榮賞。諸陪臣之言。與儒家相合。與釋老相左。僧道之流。咸共憤嫉。是以謗害中傷。乞命諸陪臣與有名僧道互相辨駁。推勘窮盡。務求歸一。仍令儒學之臣。共論定之。

其後羅馬教皇嚴禁基督教徒。不得行祖先崇拜之儀式。始與中國禮教抵觸。而遭清廷之禁止焉。

《清朝全史》（稻葉君山）一七零四年（康熙四十三年）羅馬教皇克列門第十。使安吉阿其何教長次魯禮爲代表。至北京，予以教書。謂對於基督教之神。不許用天之稱號。對於支那之基督教信徒。嚴禁祖先崇拜之儀式。康熙帝爲詳細說明支那崇拜祖先之趣意。次魯禮訖未發表教皇之教書。僅以己之名義摘要公布。排斥帝對於神學之意見。凡不從教皇教令者。卽行退去。於是帝命捕之。遣送於澳門。使葡萄牙人監視之。次魯禮遂於一七一零年（康熙四十九年）死於獄中。一七四二年（乾隆七年）教皇伯納其克特第十四。發表教書。不從教皇教書之宣教師。處以破門之罰。由是支那之基督教徒。不得行祖先崇拜之儀式。於是後之宣教師問題。遂生非常之影響。清國以羅馬教皇擅干涉國內事。以其命令行於國內。則爲侵害國家之獨立。故於一七零七年（康熙四十六年）清政府定一限制。非有內務部印票之宣教師。概令退去澳門。各地方之天主教堂。概行禁止。一七一七年（康熙五十六年）依廣東碣石鎭總兵陳昂之奏。禁止一切外人留住內地。違者決不得歸本國云。此後百數十年間。清廷政府對於基督教徒之態度。非無寬嚴之別。然卒未撤回其禁止之命令也。

第三章　明季之腐敗及滿淸之勃興

朱明之亡。亡於流賊及滿淸。此盡人所知也。然流賊及滿淸所以能亡明者。實由於明室朝野上下之腐敗。不此之責。第歸咎於流賊及滿淸無當也。當明之中葉。士氣已壞。觀宗臣報劉一丈書。即可知其時士大夫之無恥。

【宗臣報劉一丈書】今之所謂孚者。何哉。日夕策馬候權者之門。門者故不入。則甘言媚詞。作婦人狀。袖金以私之。即門者將刺入。而主人又不即出見。立廐中僕馬之間。惡氣襲衣袖。即饑寒毒熱不可忍。不去也。抵暮。則前所受贈金者出報客曰。相公倦矣。謝客矣。客請明日來。即明日。又不敢不來。夜披衣坐。聞雞鳴。即起盥櫛。走馬抵門。門者怒曰。爲誰。則曰。昨日之客來。則又怒曰。何客之勤也。豈有相公此時出見客乎。客心恥之。强忍而與言曰。亡奈何矣。姑容我入。門者又得所贈金。則起而入之。又立向所立廐中。幸主者出。南面召見。即驚走匍匐階下。主者曰進。則再拜。故遲不起。起則上所壽金。主者故不受。則固請。主者故固不受。則又固請。然後命吏納之。則又再拜。又故遲不起。起則五六揖。始出。出揖門者曰。官人幸顧我。他日來。幸無阻我也。門者答揖。大喜奔出。馬上遇所交識。即揚鞭語曰。適自相公家來。相公厚我。厚我。且虛言狀。即所交識。亦心畏相公厚之矣。

至其末造。腐敗益甚。官府壞於吏胥。

【明夷待訪錄】（黃宗羲）吏胥之害天下。不可枚舉。而大要有四。其一。今之吏胥。以徒隸爲之。所謂皇皇求利者。而當可以爲利之處。則亦何所不至。創爲文網。以濟其私。凡今之所設施之科條。皆出於吏。是以天下有吏之法。無朝廷之法。其二。天下吏旣爲無賴子所據。而佐貳又爲吏之出身。士人目爲異途。羞與爲伍也。其三。各衙門之佐貳。不自其長辟召。一一銓之吏部。即其名姓且不能徧知。況其人之賢不肖乎。故銓部化爲籤部。貽笑千古。其四。京師權要之吏。頂首皆數千金。父傳之子。兄傳之弟。其一人麗於法。後而繼一人焉。則其子若弟也。不然。則其傳衣鉢者也。是以今天下無封建之國。有封建之吏。

地方壞於鄉紳。

明代紳權最重。趙翼二十二史劄記。明鄉官虐民之害一則。已詳言之。觀虞陽說苑載張漢儒攻訐錢謙益瞿式耜之疏。可見晚明風氣一斑。其略曰。謙益以賣舉人錢千秋事露。廷鞫問杖回籍矣。式耜以受賄濫薦胡平表冒功陞廕。奉旨削奪爲民矣。無奈兩人性同虎狼。行若禽獸。平日暗布私書。潛託神棍。久住京師。探聽朝廷舉動。不時飛報。鑽謀起廢。及至居鄉。儼然以原官自待。倚恃撫按有司。或門生。或故舊。或同年。或相知。每遇歲科兩考。說入學科舉遺才幫補數十餘名。不得四五千金不止。遇有富豪假命。不詐三四千金不厭。更有同類縉紳。或勢豪。或物故。毋論宗黨。毋論姻親。乘機挾詐。不得萬餘金不止。一遇撫按復命。揮金賄囑。是縣是學。巧砌鱥語。朦朧引薦。　又錢謙益瞿式耜兩人。主使腹僕腹幹如鄒日升。安如磐。周憲昌。劉時升。張永祚等。充糧吏庫吏。出放在手。侵沒惟命。一遇派兌。先將官戶名下。積勺成合。積合成升。通計合縣四十八萬之倉糧。一筆勾銷矣。至於解放錢糧。則又貪婪加二加三之解頭。囑託縣官。先將應緩錢糧放出。而京邊金花兵餉。積侵至崇禎七八九年數萬餘兩。不顧也。甚至一班奸胥。狐朋狗黨。包婦買娼。晝夜呼盧。或假印。或假牌。或以千計。或以萬計。起批掛號。瓜分浪用。現今侵欺事露。拚賄賂主。

雖經憲提憲捉。究竟免責免比。

兵不教練而肆搶掠。

趙吉士寄園寄所寄引憶記云。永樂既都北京。令山東河南江北諸郡衛所各軍。春秋兩班。赴京部科點驗。發京營一體操練。以習軍士之勞省徵調之煩。壯京師之衛。備邊隘之防。法甚善也。其後分發近邊築工。折其半納班價矣。又其後皇親駙馬侯伯有墳工。輒乞恩請班軍以數千計。皆折價入橐矣。領班官歲斂軍士金錢入京。募人應點。本軍遂不赴京。大失祖宗之意。

御史王孫蕃疏曰。臣聞賊破張秋。止住二日。劉元斌兵住三十七日。掘地拆牆。細細搜掠。凡民間埋藏之物。盡數獲之。東省有賊如梳。兵如篦之謠。一家有銀錢。卽擄殺一家。一村有富室。則擄殺一村。玉石俱焚。慘烈於賊。

將無學術而務欺詐。

《明夷待訪錄》（黃宗羲）毅宗專任大帥。不使文臣節制。不二三年。武臣擁衆。與賊相望。同事鹵略。李賊入京師。三輔至於青齊。諸鎮櫛比而營。天子封公侯。結其歡心。終莫肯以一矢入援。是故與毅宗從死者。皆文臣也。建義於郡縣者。皆文臣及儒生也。

彼武人之爲大帥者。方且飈浮雲起。以其衆幸富貴矣。

《同上》萬歷以來之將。掩敗飾功。所以欺其君父者。何所不至。乃只能施之君父。不能施之寇敵。

貪鄙奢淫者相望於社會。

《日知錄》（顧炎武）自萬歷季年。搢紳之士。不知以禮飭躬。而聲氣及於宵人。詩字頌於輿皁。至於公卿上壽。宰執稱兒。而神州陸沈。中原塗炭。夫亦有以致之矣。

〔同上〕今日士大夫。纔任一官。卽以教戲唱曲爲事。官方民隱。置之不講。國安得不亡。身安得不敗。

〔廿二史劄記〕(趙翼)嘉隆以後。吏部考察之法。徒爲具文。而人皆不自顧惜。撫按之權太重。舉劾惟賄是親。而人皆貪墨以奉上司。於是吏治日媮。民生日蹙。而國亦以亡矣。(此是約舉明史循吏傳序語而文與史序不同。)

而所謂清流名士者。亦惟是樹黨相攻。各立門戶至國亡而不已。

〔明史呂大器等傳贊〕明自神宗而後。寖微寖滅。不可復振。揆厥所由。國是紛呶。朝端水火。寧坐視社稷之淪胥。而不能破除門戶之角立。故至桂林播越。旦夕不支。而吳楚之樹黨相傾。猶仍南都翻案之故態也。

〔廿二史劄記〕(趙翼)萬歷末年。廷臣務爲危言激論。以自標異。於是部黨各立。另成一門戶攻擊之局。高攀龍顧憲成講學東林書院。士大夫多附之。旣而挺擊。紅丸。移宮三案。紛如聚訟。與東林忤者。衆共指爲邪黨。天啓初趙南星等柄政。廢斥殆盡。及魏忠賢勢盛。被斥者咸欲倚之以傾東林。於是如蛾赴火。如蟻赴羶。而科道轉爲其鷹犬。周志建謂汪直劉瑾時。言路淸明。故不久卽敗。今則權璫反藉言官爲報復。言官又借權璫爲聲勢。此言路之又一變而風斯下矣。崇禎帝登極。閹黨雖盡除。而各立門戶。互攻爭勝之習。則已牢不可破。是非蜂起。叫呶嘐沓。以至於亡。

此毫無文化之滿洲人。所由乘其隙而入主中國也。

滿洲之興。固無所謂盛德大業。徒以部落褊小。上下一心。事多公開。不得欺隱。

【清開國方略】太祖以議政王大臣參決機密。以理事十大臣分任庶務。國人有訴訟。先由理事大臣聽斷。仍告之議政大臣。覆加審問。然後言於諸貝勒。衆議既定。猶恐或有寃抑。令訟者跪上前。更詳問之。明核是非。故臣下不敢欺隱。民情皆得上達。國內大治。奸宄不生。遺物於道。無或隱匿。必歸其主。求其主不得。則懸之公署。俾識而取之。刈穫既畢。始縱牧羣於山野。毋敢竊害者。每行軍。隊伍整肅。節制嚴明。克城破敵之後。察核將士功罪。當罰者雖親不貸。當賞者雖疏不遺。是以將士効命奮勇。所向無敵。

【同上】太祖諭貝勒大臣曰。凡事不可一人獨斷。如一人獨斷。必致生亂。國人有事。當訴於公所。毋得訴於諸臣之家。前以大臣額亦都有私訴於家者不執送。已論罰。茲播告國中。自貝勒大臣以下。有罪。當靜聽公斷。執拗不服者。加等治罪。凡事俱五日一聽斷於公所。其私訴於家者。卽當執送。不執送而私斷者。治罪弗貸。

無明人之腐敗氣習。故能乘明之弊。力征經營。不三十年。遂竊神器。觀其初興之時。尚無文字。第藉蒙古字以創滿文。

【清開國方略】己亥年明萬歷二十七年創制國書。時國中文移往來。皆習蒙古字。譯蒙古語。太祖命巴克什額爾德尼噶蓋以蒙古字改制國書。二臣辭曰。蒙古字。臣等習而知之。相傳久矣。未能改制也。太祖曰。漢人讀漢文。凡習漢字與未習漢字者皆知之。蒙古人讀蒙古文。雖未習蒙古字者亦知之。今我國之語。必譯爲蒙古語讀之。則未習蒙古語者不能知也。如何以我國之語制字爲難。反以習他國之語爲易耶。二臣對曰。以我國語制字最善。但臣等未明其法。故難耳。太祖曰。無難也。但以蒙古字合我國之語音。聯綴成句。卽可因文見義矣。太祖遂以蒙古字合之國語。創立滿文。頒行國中。

雖經達海之增益。亦未能造成一國之學術。僅可藉以翻譯漢籍。

〔盛京通志〕達海。姓覺爾察。隸正藍旗滿洲。九歲卽通滿漢文義。按達海以天聰六年卒・年三十八歲・則其九歲爲明萬歷三十一年・時滿字甫造成四年也・弱冠。賜居內院。司文翰。正訂國書。更爲對音切字諧聲。文義周密。譯明會典素書三略諸書。莫不稱善。天聰四年。譯書成。授三等輕車都尉世職。命曰巴克什。六年。詳定國書字體。酌加圈點。六月。病卒。

〔清通志〕太宗命達海巴克什等翻譯書籍。庫爾禪等記注政事。諭達海增加圈點。〔四庫提要〕太祖命巴克什額爾德尼。以蒙古字聯綴國語成句。尚未別爲書體。太宗始命巴克什庫爾纏刱造國書。以十二字頭貫一切音。因音而立字。合字而成語。今內閣所貯舊籍。卽其初體。厥後增加圈點。音義益詳。按二書所言不同・據康熙八年聖祖諭達海巴克什通滿漢文字・於滿書加圈點・俾得分明・又照漢字增造字樣・於今賴之・是造字體加圈點者皆達海・非庫爾纏也・

其人之鄙塞可知。憑藉運會及得漢人之指導。始知所謂官制朝儀。

〔清開國方略〕天聰五年七月。始設六部。時吏部有李廷庚・戶部有吳守進・禮部有金玉和・兵部有金礪・刑部有高鴻中孟喬芳・工部有祝世蔭等・均爲漢承政・六年。集分掌六部貝勒諭曰。國家初設六部。承政參政等官。卽定有班次。近見朝會之時。坐立無序。尊卑紊越。將何以肅體統。爾等宜傳令滿漢蒙古諸臣。按次就班。各加整飭。

〔同上〕天聰六年正月。行新定朝儀。自太宗卽位以來。凡朝會行禮。大貝勒代善。三貝勒莽古爾泰。並隨上南面坐受。諸貝勒率大臣朝見。不論旗分。惟以年齒爲序。五年十二月。禮部參政李伯龍奏。朝賀時。每有踰越班次。不辨官職大小。隨意排列者。請酌定儀制。諸貝勒因言莽古爾泰不當與上並坐。太宗曰。曩與並坐。今不與坐。恐他國聞之。不知彼過。反疑前後互異。以可否仍令並坐及李伯龍所奏。命大貝勒代善與衆共議。大貝勒代善曰。我等並奉上居大位。又與上並列而坐。甚非此心所安。自今以後。上南面中坐。我與莽古爾泰侍坐於側。外國諸蒙古坐於我等之下。方爲允協。據此知滿洲初興，並無所謂君臣上下；一切禮制，皆由漢人指導而後仿行耳。

入關以後。惟以兵力刑力刼制漢人。使不得逞。他無所建設也。

清代官制。滿漢之人並用。漢官率無實權。滿官又無知識。故其立國。仍沿明弊而任胥吏。觀清季陳璧請除各衙門積弊疏。可知胥吏之弊。自明至清末之革除。

『光緒政要』載陳璧請除各衙門積弊事宜疏光緒二十七年云。國家定制。以六曹總理庶務。若網在綱。天下大政。咸受成於是。法非不盡善。然行之既久而百弊叢生者。何也。官不親其事。而吏乃攘臂縱横而出於其間也。夫所謂大政者。銓選也。處分也。財賦也。典禮也。人命也。訟獄也。工程也。以吏爲之。銓選可疾可滯。處分可輕可重。財賦可侵可蝕。典禮可舉可廢。人命可出可入。訟獄可上可下。工程可增可減。使費既贏。則援案以准之。求貸不遂。則援案以駁之。人人憤怨。而不能指其非。天下之亂恆必由之。然而公卿大夫不惟不能擯除。且倚若左右手。而聽其指揮者。何也。官非不欲親其事。而例案太繁。不肖者與吏分肥。任其弄法舞文。無所不至。二百餘年以來。名臣魁儒。慷慨憂時之士。痛心扼腕。大聲疾呼。以求去其積弊而不能勝。

凡清之政治。胥吏之政治也。至於兵制。則以猜忌漢人。故列置滿蒙之兵。以守各地。名曰駐防。

《清會典兵部》駐防則受治於將軍都統副都統城守尉防守尉。而以達於部。皆專城分統其同城駐防官以飭旗務。凡將軍十有三人。盛京·吉林·黑龍江·綏遠城·江寧·福州·杭州·荆州·西安·寧夏·伊犁·成都·廣州·都統二人。熱河·張家口·副都統三十有三人。副都統專城者·密雲·山海關·興京·金州·錦州·寧古塔·伯都訥·阿勒楚喀·琿春·三姓·墨爾根城·黑龍江城·呼蘭城·青州·京口·涼州·各一人。其與將軍同城者·盛京·吉林·齊齊哈爾·江寧·福州·杭州·乍浦·成都·寧夏·各一人·荆州·西安·伊犁·廣州·各二人·城守尉十有六人。協領一百五十有六人。防守尉十有八人。佐領七百五十有五人。防禦六百二十有五人。驍騎校九百一十有二人。

而漢人之兵。別爲綠營。任其窳敗。以免叛亂。

《石渠餘紀》（王慶雲）康熙四十二年。以各省營員藉親丁食糧之名。任意虛冒。多寡不等。令廷臣集議。提督以下。千把以上。各定親丁名糧數目。以爲養育家口僕從之需。五十一年。左都御史趙申喬奏虛名冒餉。疏言册上有兵。伍內無兵。紙上有餉。軍中無餉。其咎固在於侵餉之官。其弊總起於頂名之兵。蓋自召募悉用舊名。於是新收開除無從稽核。凡入侵餉之囊者。雖查點摘發。亦不可究詰矣。

當其盛時。征伐四裔。率恃旗兵。及其衰也。旗綠俱敝。無以禦侮。乃恃所謂團練勇丁焉。故清代兵將之腐敗。自駐防練勇外。亦無異於明也。

清之所異於明者。在摧挫士氣。抑制紳權。自明之亡。學士大夫起兵死義者。相望於東南。經數十年始定。故清之治術。一面誘以名位利祿。一面脅以刑罰殺戮。而後各地帖伏。無復明代紳士囂張之勢矣。清之入關。既以圈地薙髮等事肆毒。

【石渠餘紀圈地】（王慶雲）順治元年。諭戶部。凡近京各州縣無主荒田。爾部清釐。分給東來諸王勳臣兵丁人等。於是巡按御史柳寅東。條上滿漢分居五便。二年。令民地爲旗人指圈者。速以他處補給。美惡務令均平。十年。停止圈撥。然旗下退出荒地。與游牧投來人丁。皆復行圈補。又有因圈補而並圈接壤民地者。

【東華錄】順治元年五月庚寅。攝政睿親王諭兵部。各處城堡。著遣人持檄招撫。檄文到日。薙髮歸順者。地方官各升一級。軍民免其遷徙。有雖稱歸順而不薙髮者。定行問罪。 戊戌。諭故明官員軍民人等。諭到俱即薙髮。改行安業。毋怙前非。倘有故違。即行誅剿。 辛亥。諭兵部。前因歸順之民無所分別。故令其薙髮。以別順逆。今聞甚拂民願。自茲以後。天下臣民照舊蓄髮。

二年六月丙辰。諭豫親王多鐸等。各郡邑投誠官員。俱開明履歷。分別註册。各處文武軍民。盡令薙髮。儻有不從。以軍法從事。

丙寅。諭禮部。向來薙髮之制不即畫一。姑聽自便者。欲俟天下大定。始行此制耳。今中外一家。豈可違異。若不畫一。終屬二心。自今布告之後。京城內外。限旬日。直隸各省地方。自部文到日。亦限旬日。盡令薙髮。遵依者爲我國之民。遲疑者同逆命之寇。必寘重罪。若規避惜髮。巧辭爭辯。決不輕貸。該地方文武各官。皆當嚴行察驗。若有復爲此事瀆進章奏。欲將已定地方人民仍存明制。不隨本朝制度者。殺無赦。其衣帽裝束。許從容更易。悉從本朝制度。不得違異。該部即行傳諭京城內外並直隸各省府州縣衛所城堡等處。俾文武衙門官吏師生。一應軍民人等。一體遵行。

而懲治紳士尤嚴。

《東華錄》順治三年四月壬寅。諭戶部。運屬鼎新。法當革故。前朝宗姓。已比齊民。舊日鄉紳。豈容冒濫。聞直隸及各省地方在籍文武。未經本朝錄用者。仍以向來品級名色。擅用新頒帽頂束帶。交結官府。武斷鄉曲。冒免徭賦。累害小民。甚至貲郎粟監。動以見朝赴監爲名。妄言復用。藐玩有司。不當差役。且有閩廣蜀滇等處地方。見任僞官。阻兵抗順。而父子兄弟仍依恃紳衿。肆行無忌。種種不法。蠹國殃民。深爲可恨。自今諭示之後。將前代鄉官監生名色盡行革去。一應地丁錢糧雜汎差役。與民一體均當。蒙混冒免者治以重罪。

如江南奏銷之禍。

《三岡識略》(董含)江南賦役百倍他省。而蘇松尤重。邇來役外之征。有兌役。里役。該年。催辦。捆頭等名。雜派有鑽夫。水夫。牛稅。馬豆。馬草。大樹。釘蔴。油鐵。箭竹。鉛彈。火藥。造倉等項。又有黃册人丁。三捆軍田。壯丁逃兵等册。大約舊賬未清。新餉已近。積逋常數十萬。時司農告匱。始十年並征。民力已竭。而逋欠如故。巡撫朱國治强愎自用。造欠册達部。悉列江南紳衿一萬三千餘人。號曰抗糧。既而盡行褫革。發本處枷責。鞭扑紛紜。衣冠掃地。如某探花欠一錢。亦被黜。民間有探花不值一文錢之謠。

《研堂見聞雜記》吳下錢糧拖欠。莫如練川。一青衿寄籍其間。即終身無半鏹入縣官者。至甲科孝廉之屬。其所飽更不可勝計。以故數郡之內。聞風蝟至。大僚以及諸生。紛紛寄冒。正供之欠數十萬。天子震怒。特差滿官一員。至練川勘實。取其名籍。造册以報。奉旨按籍追擒。凡欠百金以上者一百七十餘人。紳衿俱在其中。其百金以下者。則千計。

以及各省科場之狀。

《心史叢刊》(孟森)明一代迷信八股。迷信科舉。至亡國時爲極盛。餘毒所蘊。假清代而盡洩之。蓋滿人旁觀愧清。籠絡中國之秀民。莫妙於中其所迷信。始入關。則連歲開科。以慰蹭蹬者之心。繼而嚴刑峻法。俾枝求之士稱快。丁酉之獄。主司房考及中式之士子。誅戮及遣戍者無數。其時發難者漢人。受禍者亦漢人。陷溺於科舉。至深且酷。不惜假滿人屠戮同胞。以洩多數僥倖未遂之人年年被擯之憤。此所謂天下英雄入我彀中者也。丁酉獄蔓延幾及全國。以順天江南兩省爲鉅。次則河南。又次則山東山西。共五闈。明時。江南與順天俱有國子監。俱爲全國士子所萃。非一省之關係而已也。清兵下江南。雖已改應天府爲江寧。廢去南雍。然士子耳目。尙以順天江南爲觀瞻所係。是年科場大獄。卽以此兩闈爲最慘。同時並舉。以聳動迷信科舉之漢兒。用意至爲明顯。

《研堂見聞雜記》科場之事。明季卽有以關節進者。每科五六月之間。分房就聘之期。則先爲道地。或伏謁。或爲之行金。賄於諸上臺。使得棘圍之聘後。分房驗取。如握券而得也。每榜發不下數十人。至本朝而益甚。順治甲午丁酉間。營求者蝟集。各分房之所許。兩座師之心約。以及京中貴人之所密屬。如麻如粟。已及千百人。闈中無以爲計。各開張姓名。擇其必不可已者登之。而間取一二孤貧。以塞人口。然晨星稀點而已。至北闈尤甚。北闈分房諸公及兩座主。大率皆輦下貴人。未入場。已得按圖挨次。知某人必入。故營求者先期定券。萬不失一。不若各省分房。必司理邑宰。茫然不可知。暗中摸索也。甲午一榜。無不以關節得倖。於是陰躁者走北如鶩。各入成均。若傾江南而去之矣。至丁酉。輦金載寶。輻輳都下。而若京堂三品以上子弟。則不名一錢。無不獲也。若善爲聲名游公卿者。亦然。惟富人子。或以金不及額。或以價忽驟溢。遂去。蓋榜發無此中入矣。於是蜚語上聞。

天子赫怒。逮繫諸房官舉子。株及者亦皆嚴刑榜掠。三木囊頭。南闈發榜後。衆大譁。於是連逮十八房官及兩主司。凡南北舉子。皆另覆試。兵番雜沓以旁邏之。如是者三試而後已。是役也。師生牽連就逮。或立就械。或於數千里外鋃鐺提鎖。家業化爲灰塵。妻子流離。更波及二三大臣。皆居間者。血肉狼藉。長流萬里。

皆明之積弊。至清而始發者。雖以懲創貪猾。抑制豪強。而士氣熸然矣。清之學者。有謹守臥碑之語。臥碑者。順治朝所頒。以誥誡學校生員者也。

《清會典》明倫堂之左。刊立世祖章皇帝欽定臥碑。曉示生員。其文曰。朝廷建立學校。選取生員。免其丁糧。厚以廩膳。設學院學道學官以教之。各衙門官以禮相待。全要養成賢才。以供朝廷之用。諸生皆當上報國恩。下立人品。所有教條。開列於後。(一)生員之家。父母賢智者。子當受教。父母愚魯。或有非爲者。子既讀書明理。當再三懇告。使父母不陷於危亡。(一)生員立志。當學爲忠臣清官。書史所載忠清事蹟。務須互相講究。凡利國愛民之事。更宜留心。(一)生員居心忠厚正直。讀書方有實用。出仕必作良吏。若心行邪刻。讀書必無成就。爲官必取禍患。行害人之事者。往往自殺其身。常宜思省。(一)生員不可干求官長。交結勢要。希圖進身。若果心善德全。上天知之。必加以福。(一)生員當愛身忍性。凡有官司衙門。不可輕入。即有切己之事。止許家人代告。不許干與他人詞訟。亦不許牽連生員作證。(一)爲學當尊敬先生。若講說。皆須誠心聽受。如有未明。從容再問。毋妄行辨難。爲師者亦當盡心教訓。勿致怠惰。(一)軍民一切利病。不許生員上書陳言。如有一言建白。以違制論。黜革治罪。(一)生員不許糾黨多人。立盟結社。把持官府。武斷鄉曲。所作文字。不許妄行刊刻。違者聽提調官治罪。臥碑之制，始於明。明史選舉志，洪武十五年·頒禁例十二條於天下·鐫立臥碑·置明倫堂之左·其不遵者·以違制論·正統以後·教官之黜降·生員之充發·皆廢格不行·即臥碑亦具文矣·續通考·洪武十五年五月·頒禁例於天下學校·鐫勒臥碑·置明倫堂左·不遵者以違制論·臥碑禁例(一)府州縣生員·有大事干己者·許父兄弟陳訴·非大事毋輕出門·(一)生員父母欲行非爲·必再三懇告·不陷父母於危亡·(一)一切軍民利病·農工商賈皆可言之·惟生員不許建言·(一)生員學優才贍·年及三十·願出仕者·提調正官奏聞·考試錄用·(一)生員聽師講說·毋恃己長·妄行辯難·或置之不問·(一)師長當竭誠訓導愚蒙·毋致懈惰·(一)提調正官務常加考校·敦厚勤敏者進之·懈怠頑詐者斥之·(一)在野賢人·有練達治體·敷陳王道者·許所在有司給引赴京陳奏·不許在家實封入遞·觀其條文·並不禁止立盟結社·此明清之別也·

蓋明季學校中人。結社立盟。其權勢往往足以劫制官吏。清初以臥碑禁之。而後官權日尊。惟所欲爲。爲士者一言建白。即以違制論。無知小民。更不敢自陳其利病矣。故吾國國無民治。自清始。清之摧挫民治。自士始。今日束身自好之士。漠視地方利病。不敢一謀公益之事者。其風皆臥碑養成。論者不察。動以學者不知社會國家之事。歸咎於古代之聖賢。豈知言哉。

第四章 西方學術之輸入

利瑪竇等之來也。一以傳西方之宗教。一以傳西方之學術。既貢地誌時鐘。兼自述其製器觀象之能。明其不徒恃傳教爲生也。

『利瑪竇上神宗疏』謹以原攜本國土物。所有天主圖像一幅。天主母圖像二幅。天主經一本。珍珠鑲嵌十字架一座。報時自鳴鐘二架。萬國圖誌一册。西琴一張。等物。敬獻御前。『同上』臣於本國。忝與科名。已叨祿位。天地圖及度數。深測其秘。製器觀象考驗日晷。並與中國古法脗合。倘蒙不棄疏微。令臣得盡其愚。披露於至尊之前。斯又區區之大願。

『清朝全史』（稻葉君山）利瑪竇入北京後。不四五年。信徒至二百餘。觀李之藻。楊廷筠。徐光啓等名士之歸依。則加特力克教之成功。可概見矣。然彼等名士之入教。非絕對信仰教宗。要皆利瑪竇誘引法。與中國固有思想不甚背馳。當時士人對於西洋科學需要頗急。致使然也。利瑪竇既譯幾何學。（即幾何原本）又著多種科學書。公布於世。

然利氏譯書教學。初未大用。洎明季因曆法之舛。召用其徒。而曆算之學始興。

『明史曆志』黃帝迄秦。曆凡六改。漢凡四改。魏迄隋十五改。唐迄五代十五改。宋十七改。金迄元五改。惟明之大統曆。實即元之授時。承用二百七十餘年。未嘗改憲。成化以後。交食往往不驗。議改曆者紛紛。崇禎中。議用西洋新法。命閣臣徐光啓。光祿卿李天經。先後董其事。成歷書一百三十餘卷。多發古人所未發。時布衣魏文魁上疏排之。詔立兩局推驗。累年校測。新法獨密。然亦未及頒行。

【同上】萬歷三十八年。欽天監推十一月壬寅朔日食分秒及虧圓之候。職方郎范守已疏駁其誤。禮官因請博求知歷學者。令與監官晝夜推測。庶幾歷法靡差。於是五官正周子愚言。大西洋歸化遠臣龐迪峨。熊三拔等。攜有彼國歷法。多中國典籍所未備者。乞視洪武中譯西域歷法例。取知歷儒臣。率同監官。將諸書盡譯。以補典籍之缺。先是大西洋人利瑪竇進貢土物。而迪峨三拔及龍華民鄧玉函湯若望等先後至。俱精究天文歷法。禮部因奏精通歷法如邢雲路。范守已。爲時所推。請改授京卿。共理歷事。翰林院檢討徐光啓。南京工部員外郎李之藻。亦皆精心歷理。可與迪峨三拔等同譯西洋法。俾雲路等參訂擬改。然歷法疏密。莫顯於交食。欲議修歷。必重測驗。乞敕所司修治儀器。以便復事。疏入。留中。未幾雲路之藻皆召至京。參預歷事。雲路據其所學。之藻則以西法爲宗。四十一年。之藻已改銜南京太僕少卿。奏上西洋歷法。略言臺監推算日月交食時刻虧分之謬。而力薦迪峨三拔及華民陽瑪諾等。言其所論天文歷數。有中國昔賢所未及者。不徒論其度數。又能明其所以然之理。其所製窺天窺日之器。種種精絕。乞敕禮部開局。取其歷法譯出成書。禮科姚永濟亦以爲言。時庶務因循。未暇開局也。

崇禎二年五月乙酉朔日食。禮部侍郎徐光啓依西法預推順天府見食二分有奇。瓊州食既。大寧以北不食。大統回回所推順天食分時刻與光啓互異。已而光啓法驗。餘皆疏。帝切責監官。於是禮部奏開局修改。乃以光啓督修歷法。光啓舉南京太僕少卿李之藻。西洋人龍華民鄧玉函。報可。九月癸卯。開歷局。三年。玉函卒。又徵西洋人湯若望羅雅谷譯書演算。光啓進本部尚書。仍督修歷法。四年正月。光啓進歷書二十四卷。四月。又進歷書二十一卷。是年又進歷書三十卷。明年冬十月。光啓以病辭歷務。以山東參政李天經代之。逾月而光啓卒。七年。天經繕進歷書。凡二十九卷。並星屏一具。俱光啓督率西人所造也。天經又進歷書三十二卷。並日晷星晷窺筩諸儀器。八年四月。又上乙亥丙子七政行度歷及參訂歷法條議。二十六則。是時新法書器俱完。屢測交食淩犯。俱密合。但魏文魁等多方阻撓。內官實左右之。以故帝意不能決。十一年正月。進天經光祿寺卿。仍管歷務。十六年八月。詔西法果密。即改爲大統歷法。通行天下。未幾國變。竟未施行。

滿清因之。遂用新法所製之歷。曰時憲歷。

《東華錄》順治元年六月。修正歷法西洋人湯若望啓言。臣於明崇禎二年來京。曾用西洋新法釐正舊歷。製有測量日月星晷定時考驗諸器。盡進內廷。以推測屢屢密合。近聞諸器盡遭賊毀。臣擬另製進呈。今先將本年八月初一日日食。照西洋新法推步京師所有日食限分秒並起復方法圖象。與各省所見日食多寡先後不同諸數。開列呈覽。乞敕該部屆期公同測驗。攝政睿親王諭。舊歷歲久差譌。西洋新法屢屢密合。知道了。此本內日食分秒時刻起復方位。並直省見食有多寡先後不同。具見推算詳審。俟先期二日來說。以便遣官公同測驗。其窺測諸器。速造進覽。 七月丁亥。禮部啓言。定鼎燕京。應頒實歷。據欽天監咨稱新法推註已成。請易新名。伏候欽定。以便頒行。攝政睿親王諭。治歷明時。帝王首重。今用新法正歷。以迓天休。誠爲大典。宜名爲時憲歷。用稱朝廷憲天乂民至意。自明歲順治二年爲始。即用新歷。頒行天下。

而湯若望南懷仁等。均授官掌歷。

《疇人傳》(阮元)湯若望。字道未。明崇禎二年入中國。次年五月。徵若望供事歷局。順治二年十一月。以若望掌欽天監印信。累加太僕太常寺卿。敕賜通微教師。康熙五年卒。

《同上》南懷仁。字勳卿。一字敦伯。康熙初年入中國。八年爲欽天監副。十二年擢監正。(南懷仁後官至通政使，加工部侍郎銜，賜謚勤敏，傳未載)

雖經吳明烜楊光先等攻訐嘗罷西法。仍用大統歷。然其推測至精。中法及回回法均所不及。故其後仍用時憲歷。一依西法行之。迄於清末焉。

《疇人傳》(阮元)順治十四年四月。回回科秋官正吳明烜疏言若望舛謬三事。命大臣等公同測驗。議明烜詐妄之罪。康熙四年。徽州新安衞官生楊光先上言若望新法十謬及選擇不用正五行之誤。下王大臣等集議。若望及所屬各員俱罷黜治罪。於是廢西法。仍用大統歷。至康熙九年。復用新法。

《同上》康熙初年。吳明烜楊光先等以舊法黜竄新歷。以致天道勿協。康熙七年十二月。命大臣召南懷仁與監官質辨。越明年己酉正月。諸大臣同赴觀象臺測驗立春雨水太陰火星木星。懷仁預推度數與所測皆符。明烜所指不實。大臣等請將康熙九年時憲書交南懷仁推算。從之。遂以懷仁爲監副。

測候天象。必資儀器。明代欽天監所用儀器。多沿元舊。

《江寧府志》觀象臺。元至正元年建。明改爲欽天臺。劉樹聲云。幼時猶見有小方銅架。中插方柱近丈。爲量世尺。又有大方銅架。懸渾球。又有矮銅架。鎖斷足銅龍。

《南京天文臺記》一二八〇年十一月。元世祖詔修正歷法。欽天監諸臣具奏。開封府先朝遺留天文儀器甚多。然無一足裨實用。帝於是重造渾天儀日規及其他儀器。（按元史天文志·宋自靖康之亂·儀象之器盡歸於金·元興·定鼎於燕·其初襲用金舊·而規環不協·難復施用·於是太史郭守敬者·出其所創簡儀仰儀及諸儀表·皆臻於精妙·即此文所稱重造渾天儀之事也·）並命每器一式製十三分。分賜各行省。南京天文臺之建築。蓋即規畫於是時。其地發見之儀器。亦即此十三分之一。使南京官書之紀載爲可信。則南京天文臺之建築動議雖在於一二八〇年世祖之朝。而實施則直在百年以後。即一三八一年也。（明洪武十四年）臺之遺址在山巔之平原。地形長方。廣約二十五粎至三十粎。長稍過之。其間有平房一所。門南向。爲占星者居室。又有稍高之臺。形四方。則所以陳列儀器。其器皆置於露天之臺上。儀器凡四事。利瑪竇及其弟子輩。嘗考察此四儀器。有所傳述。頗足爲後人所利賴。第一儀器爲一銅製球。徑長約一粎又二分之一。球面止刻子午線及平行線。無他標記。其下安一銅製之立方體。立方體之頂。有一圓穴。球半陷其中。其旁有一小門。人得入其內。以旋轉球。第二儀器爲渾天儀。其質及直徑。皆與第一儀器同。上有緯線及極線。緯線凡三百六十五度又若干分。下支一金屬之管。形如鎗。可以自由撥動。以示星之高距。第三儀器爲日規。約高三粎。安於一長方大理石之南端。石之四周。圍以溝。所以驗水平也。石上亦刻有分數。第四儀器最大且最備。亦測量之器。有三大環。製以銅。直徑各長一粎又五十粉。所以象赤道黃道子午線。又有一環可活動。附一管。蓋用以示星之位置。器之安放。在一平面大理石桌上。四周亦繞以溝。據利氏所述。此種儀器。製作皆極精妙。所用材料皆甚耐久。利氏見此器時。在一六〇〇年。距製作之時。已二百五十年。而其器猶煥然若新。其作工之巧可以想見。惟在科學上之價值則殊遜。其所分三百六十五度又若干分。無論於天象不相干。即其所分亦殊不平均。是足以見當日天文家智識之陋矣。

徐光啓修歷。首請造器。

【正教奉褒】(黃伯祿)崇禎二年。徐光啓奏請造象限儀六。紀限儀三。平懸渾儀三。交食儀一。列宿經緯天球一。萬國經緯地球一。平面日晷三。轉盤星球三。候時鐘三。望遠鏡三。報允。

湯若望續成之。旋毀於流賊。

【正教奉褒】(黃伯祿)崇禎七年。湯若望進呈歷書星屏。其時日晷星晷窺筩諸儀器。俱已製成。奏聞。上命太監盧維寧魏國徵。至局驗試用法。旋令若望將儀器親齎進呈。督工築臺。陳設宮廷。賊毀之事見前

清初復命南懷仁製之。

【清通考】康熙八年六月。令改造觀象臺儀器。先是七年七月。欽天監副吳明烜言推歷以黃道爲驗。黃道以渾儀爲準。今觀象臺渾儀損壞。亟宜修整。下禮部議。尋以取到元郭守敬儀器於江南。卽南京觀象臺之儀器。移至北京。不果行。至是南懷仁爲監副。疏請改造。從之。十三年正月。掌欽天監事南懷仁以新製天體儀。黃道經緯儀。赤道經緯儀。地平經儀。地平緯儀。紀限儀告成。將製法用法。繪圖列說。名新製靈臺儀象志。疏呈御覽。得旨。儀象告成。製造精密。南懷仁勤勞可嘉。下部優敍。

清之製歷。所以測驗精密。而分秒無差。特此也。其後又製有儀器多種。

【清通考】康熙二十年二月。製簡平儀。地平半圓日晷儀。三十二年四月。製三辰簡平地平合璧儀。五十二年二月。命監臣

紀利安製地平經緯儀。五十三年二月。製星晷儀。製四游表半圓儀。製方矩象限儀。乾隆九年二月。製三辰公晷儀。製看朔望入交儀。製六合驗時儀。製方月晷儀。十九年。三辰公晷儀成。命名璣衡撫辰儀。

蓋清代諸帝。飫聞西人之學說。亦究心於曆算天文之學。故奕世製作。不厭求詳。其爲德國掠取而復送回者。卽觀象臺所陳南懷仁等所製諸器也。光緒庚子年。八國聯軍入京。德國掠取渾天儀二具。天象球一具。紀限儀一。晝夜儀一。及巴黎和約議將所得之儀器交還中國。始復歸於北京。報載其裝載此項儀器共五十六箱。重三萬六千啟羅格蘭姆。

元與西域交通。已知所謂地球。

《元史天文志》世祖至元四年。扎馬魯丁造西域儀象。苦來亦阿兒子。漢言地理志也。其制以木爲圓球。七分爲水。其色綠。三分爲土地。其色白。畫江河湖海脈絡貫串於其中。畫作小方井。以計幅員之廣袤。道里之遠近。

而元明間人。猶未究心於地理。至利瑪竇等來。而後知有五大洲。

《明史外國傳》意大利亞居大西洋中。自古不通中國。萬歷時。其國人利瑪竇至京師。爲萬國全圖。言天下有五大洲。第一曰亞細亞洲。中凡百餘國。而中國居其一。第二曰歐羅巴洲。中凡七十餘國。而意大里亞居其一。第三曰利未亞洲。亦百餘國。第四曰亞墨利加洲。地更大。以境土相連。分爲南北二洲。最後得墨瓦蠟泥加洲爲第五。而域中大地盡矣。

及地球居於天中之說。

《疇人傳》(阮元)利瑪竇著乾坤體義三卷。言地與海合爲一球。居天球之中。其度與天相應。但天甚大。其度廣。地甚小。其度狹。

差異耳。直行北方者。每二百五十里。北極高一度。南極低一度。直行南方者。每二百五十里。北極低一度。南極高一度。每一度廣二百五十里。則地之東西南北各一周。有九萬里。厚二萬八千六百二十六里零三十六丈。上下四旁皆生齒所居。予自太西浮海入中國。至晝夜平線。已見南北二極皆在平地。畧無高低。道轉而南。過大浪峯。已見南極出地三十六度。則大浪峯與中國上下相為對待。故謂地形圓而週圍皆生齒者。信然矣。

艾儒略著職方外紀。繪圖立說。是為吾國之有五洲萬國地誌之始。

『職方外紀序』(艾儒畧)昔神皇盛際。聖化翔洽。無遠弗賓。吾友利氏齎進萬國圖誌。已而吾友龐氏又奉繙譯西刻地圖之命。據所聞見。譯為圖說以獻。都人士多樂道之者。但未經刻本以傳。迨至今上御極。儒畧不敏。幸厠觀光。慨慕前庥。誠不忍其久而湮滅也。偶從蠹簡。得覩所遺舊稿。乃更竊取西來所攜手輯方域梗概。為增補以成一編。名曰職方外紀。

『四庫全書提要』職方外紀五卷。明西洋人艾儒畧撰。其書成於天啓癸亥。蓋因利瑪竇龐迪我舊本潤色之。不盡儒畧自作也。所紀皆絕域風土。為自古輿圖所不載。分天下為五大洲。一曰亞細亞洲。二曰歐羅巴洲。三曰利未亞洲。四曰亞墨利加。五曰墨瓦蠟泥加。前冠以萬國全圖。後附以四海總說。

而清康熙中各教士測繪全國輿圖。尤有功於吾國焉。

『正教奉褒』(黃伯祿)康熙四十七年。諭傳教士分赴蒙古各部。中國各省。遍覽山水城郭。用西學量法。繪畫地圖。是年派日爾蔓人白進。費隱。法蘭西人雷孝思。杜德美等。往蒙古及直隸。四十九年。費隱等往黑龍江。五十年。雷孝思等往山東。費隱等往山西陝西甘肅。五十一年。法蘭西人馮秉正德瑪諾等往河南江南浙江福建。五十二年。法蘭西人湯尚賢葡萄牙人麥大成等。往江西廣東廣西費隱潘如法入往四川。五十四年。雷孝思等往雲南貴州湖南湖北繪圖。五十六年。各省地圖繪畢。白進等彙成總圖一幅並分圖進呈。（聖祖命名皇輿全覽圖即世所稱康熙內府輿圖也）

明季西教士攜至中國書籍至多所譯述亦至夥。鄧玉函所述奇器圖說。則力藝學之權輿也。

【遠西奇器圖說錄最】（王徵）奇器圖說。乃遠西諸儒攜來。彼中圖書。此其七千餘部中之一支。就一支中。此特其百之什一耳。

【四庫全書提要】奇器圖說三卷。明西洋人鄧玉函撰。諸器圖說。明王徵撰。徵。涇陽人。天啓壬戌進士。官揚州府推官。嘗詢西洋奇器之法於玉函。玉函因以其國所傳文字口授。徵譯爲是書。其術能以小力運大。故名曰重。又謂之力藝。大旨謂天地生物。有數有度有重。數爲算法。度爲測量。重則即此力藝之學。皆相資而成。故先論重之本體。以明立法之所以然。凡六十一條。次論各色器具之法。凡九十二條。次起重引重等圖。圖皆有說。而於農器水法尤爲詳備。　諸器圖說。凡圖十一。各爲之說。而附以銘贊。乃徵所作。亦具有思致。

徐光啓嘗欲因其法以與農田水利。

【四庫全書提要】農政全書六十卷。明徐光啓撰。總括農家諸書。裒爲一集。備錄南北形勢。兼及灌溉器用諸圖譜。後六卷則爲泰西水法。

【同上】泰西水法六卷。明萬歷壬子。西洋熊三拔撰。是書皆記取水蓄水之法。一卷曰龍尾車。用挈江河之水。二卷曰玉衡車。附以專筩車。曰恆升車。附以雙升車。用挈井泉之水。三卷曰水庫記。用蓄雨雪之水。四卷曰水法附餘。皆尋泉作井之法。而附以療病之水。五卷曰水法或問。備言水性。六卷則諸器之圖式也。西洋之學。以測量步算爲第一。而奇器次之。奇器之中。水法尤切於民用。視他器之徒務工巧。爲耳目之玩者。又殊。固講水利者所必資也。

丁世之亂。亦無人推演其緒以利民生。惟製造火器一事。小試於明。後遂爲滿清屠殺漢人之具。亦可慨矣。明初得交趾礮法。始創神機營。

《明史兵志》明成祖平交趾。得神機鎗礮法。特置神機營肄習。

此葡荷二國人東來。遂有所謂佛郎機紅夷等。

《明史兵志》嘉靖八年。始從右都御史汪鋐言。造佛郎機礮。謂之大將軍。發諸邊鎮。佛郎機者。國名也。正德末。其國舶至廣東白沙。巡檢何儒得其制。以銅爲之。長五六尺。大者重千餘斤。小者百五十斤。巨腹長頸。腹有修孔。以子銃五枚。貯藥置腹中。發及百餘丈。最利水戰。駕以蜈蚣船。所擊輒糜碎。　其後大西洋船至。復得巨礮。曰紅夷。長二丈餘。重者至三千斤。能洞裂石城。震數十里。天啓中。錫以大將軍號。遣官祀之。

啓禎間。屢命教士製造銃礮。

《正教奉褒》(黃伯祿)天啓二年。上依部議。敕羅如望。陽瑪諾。龍華民等。製造銃礮。以資戎行。　崇禎三年。先是天啓元年。部臣議招寓居澳門精明火礮之西洋人來內地。協助攻禦。至是龍華民畢方濟奉旨前往。招勸殷商等集資捐助火礮。敎士陸若漢。紳士公沙的西勞。率領本國人多名。攜帶銃礮前來效力寧遠涿州等處。屢次退敵。後登萊之役。公沙的西勞及同伴多人陣亡。陸若漢亦受傷。　九年。兵部疏稱羅雅各等指授開放銃礮諸法。頗爲得力。降旨優給田房。　十三年。兵部傳旨。著湯若望指樣監造戰礮。若望先鑄鋼礮二十位。帝派大臣驗放。驗得精堅利用。奏聞。詔再鑄五百位。

而用之不得其人。轉以資敵。

〖明史兵志〗崇禎時。大學士徐光啓請令西洋人製造大礮。發各鎭。然將帥多不得人。城守不固。有委而去之者。及流寇犯闕。三大營兵不戰而潰。鎗礮皆爲賊有。反用以攻城。城上亦發礮擊賊。時中官已多異志。皆空器貯藥。取聲震而已。

清之興也以礮之力。其製法蓋傳自明人。

〖清通考〗太宗天聰五年紅衣大礮成。按紅衣當卽明史之紅夷。清人諱夷。故稱紅衣。　欽定名鐫曰天祐助威大將軍。天聰五年孟春吉旦造。督造官總兵官額駙佟養性。監造官遊擊丁啓明。備禦祝世隆。鑄匠王天相竇守位。鐵匠劉計平。先是未備火器。造礮自此始。其年征明。久圍大淩河而功以成。用大將軍力也。自後師行必攜之。

及康熙中。迭命南懷仁製造大礮。遂平各地。

〖清通考〗康熙十三年。諭兵部。大軍進剿。須用火器。著治理歷法南懷仁鑄造大礮。輕利以便涉。

〖正教奉褒〗（黃伯祿）康熙十九年十一月初四日。南懷仁奉旨鑄造戰礮三百二十位。二十年八月十一日。礮位告成。上釋御服貂裘。賜南懷仁。並獎慰曰。爾向年製造各礮。陝西湖廣江西等省。已有功效。今之新礮較爲更好。

〔同上〕南懷仁自康熙十三年迄十五年。共製大小礮一百二十位。至二十一年四月。吏部題稱工部疏稱欽天監治理歷法加通政使司通政使南懷仁先鑄礮一百三十二位。又神威礮二百四十位。指樣製造精堅。應交吏部議敘等語。查南懷仁指樣製造礮位精堅。應加工部右侍郎職銜。

以敬天信道之人。而專造利器。以助滿人之兵力。亦可謂不善用其學矣。其後清人專以算數製造爲西人之特長。遺學譯書首重此事。而不知仿行其學。以謀民利。亦清初之歷史有以囿其思想也。嗚呼。

明末清初在中國之耶穌會士及著書一覽表（錄稻葉君山清朝全史。原表有遺漏及失誤處。今爲增改。編者識。）

原名	漢名	本國	到中國年代 命終年代及地點	所著書
Aleni (Giulio)	艾儒略	意大利	西紀一六一三（萬歷四十一年）西紀一六四九年八月三日（順治六年）福州	彌撒祭義　天主降生言行紀略　出像經解　耶穌言行紀略　性靈禱　景教碑頌　聖體禱文　坤輿圖說　十五端圖像　熙朝崇正集　楊淇園行略　張彌克遺蹟　萬物眞源　滌罪正規　三山論學紀　聖體要理　聖夢歌　聖教四字教文　悔罪要旨　幾何要法　口鐸日鈔　五十言餘　西方答問　西學凡　職方外紀　性學觕述　天主降生引義　大西利西泰子傳　大西利西泰先生行跡　艾先生行述　思及先生行蹟　泰西思及艾先生行述　西海艾先生行略　泰西思及先生語錄
B'nevente (Alvare)	白亞維	西班牙	西紀一六八〇（康熙九年）未詳	要經略解

Bouvet (Jaochin)	白晉	法蘭西	西紀一六八七(康熙二十六年) 西紀一七三〇(雍正八年)北京	天學本義　古今敬天鑒
Brancati (Francesco)	潘國光	意大利	西紀一六三七(崇禎十年) 西紀一六七一年四月二十五日 (康熙十年)上海	十誡勸論　聖體規儀　聖教四規　聖安德助宗徒瞻禮　天階　瞻禮口鐸　天神規課　天神會課
Brollo (Basillio)	葉宗賢		西紀一六八四(康熙二十三年) 西紀一七〇四年七月十六日 (康熙四十三年)西安	宗元直指
Buglio (Luigi)	利類思	意大利	西紀一六三七(崇禎十年) 西紀一六八四年十月七日(康熙二十三年)北京	天主正教約徵　主教要旨　超性學要　獅子說　司鐸要典　性靈說　不得已辨　御覽西方要紀(與南懷仁安文思合撰)聖母小日課　已亡者日課經　聖教簡要　善終瘞塋禮典　彌撒經典　日課概要　聖事禮典　安先生行述　天主聖體　三位一體　萬物原始　天神形物之造　靈魂　首人受造　昭祀經典　進呈鷹論　聖事體典
Castner (Gaspar)	龐嘉賓	日耳曼	西紀一六七九(康熙十八年) 西紀一七〇九年二月九日(康熙四十八年)北京	
Cattaneo (Lazzane)	郭居靜	瑞士	西紀一五九四(萬歷二十二年) 西紀一六四〇(崇禎十年)杭州	性靈詣旨
Chavagrac (Emeric de)	沙守眞		西紀一七〇〇(康熙四十一年) 西紀一七一七年九月十四日 (康熙五十六年)饒州(未確)	眞道自證
Costa (Ignacio da)	郭納爵	葡萄牙	西紀一六三四(崇禎七年) 西紀一六六六(康熙五年)廣東	原染虧益　身後編　老人妙處教要
Couplet (Philippe)	柏應理	比利時	西紀一六五九(順治十六年) 西紀一六九三年五月十六日 (康熙三十二年)臥亞	天主聖教永瞻禮單　天主聖教百問答　四末眞論　聖坡而日亞行實　聖若瑟禱文　周歲聖人行略

Cunha (Simon da)	瞿西滿	葡萄牙	西紀一六二九(崇禎二年)西紀一六六〇年九月(康熙元年)澳門	經要直指
Dentrechlles (Frdncois Zavier)	殷宏緒	法蘭西	西紀一六九八(康熙三十七年)西紀一七四一(乾隆六年)	主經體味　逆耳忠言　莫居凶惡勸　訓慰神編
Diaz (Emmanucl jeune)	陽瑪諾	葡萄牙	西紀一六一〇(萬歷三十八年)西紀一六五九年三月四日(順治六年)杭州	聖若瑟行實　天問略　十誡眞詮　聖經直解　天學舉要　唐景教碑頌正詮　代疑論　袖珍日課　經世全書　經世全書句解　避罪指南　天神禱文
Duarte (Jean)	聶若望	葡萄牙	西紀一七〇〇(康熙三十七年)未詳	八天避靜神書
Ferran (Andre)	鄖安德	葡萄牙	西紀一六五八(順治十六年)西紀一六六一(順治十八年)福州	
Ferreira (Gaspar)	費奇規	葡萄牙	西紀一六〇四(萬歷三十二年)西紀一六四九(順治六年)	振心諸經　周年主保聖人單　玫瑰經十五編
Figueredo (Roderic de)	費樂德	西班牙	西紀一六二二(天啟二年)西紀一六四二年十月九日(崇禎十五年)開封	念經總牘　聖教源流　念經勸
Fraes (Joas)	伏若望	葡萄牙	西紀一六二四(天啟四年)西紀一六三八年七月二日(崇禎十一年)杭州	五傷經禮規程　善終助功　苦難禱文
Furtado (Francisco)	傅汎際	葡萄牙	西紀一六二一(天啟元年)西紀一六五三年二月一日(順治十年)澳門	名理探　寰有詮
Gouvea (Antonio de)	何大化	葡萄牙	西紀一六三六(崇禎九年)西紀一六七七年二月十四日(康熙十六年)福州	蒙引要覽
Gravina (Geronimo de)	賈宜睦	意大利	西紀一六三七(崇禎十年)西紀一六六二年九月四日(康熙元年)漳州	提正編　辨惑論

Greslon (Addrien)	聶仲遷	法蘭西	西紀一六七五(康熙十四年)西紀一六九七年三月(康熙十八年)贛州	古聖行實
Hinderer (Romain)	德瑪諾	法蘭西	西紀一七〇七(康熙十六年)西紀一七四四年八月四日(乾隆九年)南京	輿彌撒功程
Intorcetta (Prospero)	殷鐸澤	意大利	西紀一六五九(順治十六年)西紀一六九六年十月三日(康熙十七年)杭州	耶穌會例　西文四書直解　泰西殷覺斯先生行述
Kogler (Ignace)	戴進賢	日耳曼	西紀一七一六(康熙五十五年)西紀一七四六年三月二十九日(乾隆十一年)北京	曆象考成後編　儀象考成　璣衡撫辰儀記
Lobelli (Giovani-Andrea)	陸安德		西紀一六五九(順治十六年)西紀一六八三(康熙二十二年)澳門	聖教略說　眞福直指　善生福終正路　聖教問答　聖教撮言　聖教要理　默想大全　默想規矩　萬民四末圖
Longobardi (Nico'us)	龍華民	意大利	西紀一五九七(萬歷二十五年)西紀一六五四年九月一日(順治十年)北京	死說　念默想規程　靈魂道體說　聖教日課　聖若撒法行實　地震解　急事宜救　聖人禱文
Magarhae:s (Gabriel de)	安文思	葡萄牙	西紀一六四〇(崇禎十三年)西紀一六七七年五月六日(康熙十六年)北京	復活論
Mailla(Joseph Marie Anne de Moyria de)	馮秉正	法蘭西	西紀一七〇三(康熙四十二年)西紀一七四八年六月二十八日(乾隆十二年)北京	明來集說　聖心規程　聖體仁愛經規條　聖經廣益　盛世芻蕘　聖年廣益　避靜彙鈔
Martini (Martino)	衛匡國	匈牙利	西紀一六四三(崇禎十六年)西紀一六六一(順治十八年)杭州	眞主靈性理證　逑反篇
Mendez (Manoel)	孟由義	葡萄牙	西紀一六八四(康熙二十三年)西紀一七四三年十二月(乾隆八年)澳門	
Monteiro (Joao)	孟儒望	葡萄牙	西紀一六三七(崇禎十年)西紀一六四八(順治五年)印度	天學略義　天學辨敬錄　炤迷鏡

Motel (Jacques)	穆迪我	荷蘭	西紀一六五七(順治十四年) 西紀一六九二年六月二日(康熙三十一年)武昌	聖洗規儀　同
Noel (Francois)	衛方濟	比利時	西紀一六八七(康熙二十六年) 西紀一七二九年九月十七日(雍正七年)Lill:	人罪至重
Ortiz (Hortis)	白多瑪	西班牙	西紀一六九五(康熙三十五年) 未詳	聖教功要　四終略意
Pantoja (Didacus de)	龐迪我	西班牙	西紀一五九九(萬歷二十七年) 西紀一六一八年一月一日(萬歷四十六年)澳門	耶穌苦難禱文　未來辯論　天主實義續編　龐子遺詮　七克大全　天神魔魂說　人類原始　受難始末　辯揭　奏疏
Parrenin (Dominque)	巴多明	法蘭西	西紀一六八九(康熙三十八年) 西紀一七四一年九月二日(乾隆六年)北京	濟美篇　德行譜
Pereyra (Thomaz)	徐日昇	西班牙	西紀一六七三(康熙十二年) 西紀一七〇八年十二月二十四日(康熙四十七年)北京	南先生行述　律呂正義續篇
Pinuela (Pedoro)	賓紐拉	墨西哥	西紀一六七六(康熙十五年) 西紀一七〇四年七月三十日(康熙四十三年)漳州	初會問答　永暫定衡　大赦解略　默想神功　哀矜煉靈略說
Premare (Joseph Marie de)	馬若瑟	葡萄牙	西紀一六九八(康熙三十八年) 西紀一七三八年九月十七日(乾隆三年)澳門	聖若瑟傳　楊淇園行蹟
Rho (Giacomo)	羅雅各	意大利	西紀一六二四(天啟四年) 西紀一七三八年九月十七日(乾隆三年)澳門	聖若瑟傳　楊淇園行蹟　天主經解　天主聖教啟蒙　齋克　哀矜行詮　求說　聖記百言　聖母經解　周歲警言　測量全義　比例規解　五緯表　五緯歷指　月離歷指　月離表　月躔歷指　日躔表　赤黃正球　籌算　歷引　日躔考　晝夜刻分

Ricci (Matteo)	利瑪竇	意大利	西紀一五八三(萬歷十一年) 西紀一六一〇年五月二日(萬歷三十八年)北京	天主實義 幾何原本 交友論 同文算指通篇 西國記法 勾股義 二十五言 圜容較義 畸人十篇 徐光啟行略 辯學遺牘 乾坤體義 經天該 奏疏 齋旨 測量法義 西字奇蹟 渾蓋通憲圖說 萬國輿圖 西琴曲意
Rocha (Joannes de)	羅如望	葡萄牙	西紀一五九八(萬歷十六年) 西紀一六二三年三月(天啟三年)杭州	天主聖教啟蒙 啟蒙 天主聖像略說
Rougemont (Francois)	盧日滿	荷蘭	西紀一六五九(順治十六年) 西紀一六七六年二月四日(康熙十五年)漳州	要理六端 天主聖教要理 問世編
Rudomina (Andre)	盧安德	利查尼	西紀一六二六(天啟六年) 西紀一六三二年九月五日(崇禎五年)福州	
Ruggieri (Michaele)	羅明堅	意大利	西紀一五八一(萬歷九年) 西紀一六〇七年五月二日(萬歷三十五年)	天主聖教實錄
Sambiaso (Francesco)	畢方濟	意大利	西紀一六一四(萬歷四十二年) 西紀一六四九(順治六年)廣東	畫答 睡畫二答 靈言蠡勺 奏摺 皇帝御製詩
San Juan Bautista (Manuel de)	利安寧	西班牙	西紀一六八五(康熙二十四年) 西紀一七一〇年三月十日(康熙四十九年)北京	破迷集 聖文都辣聖母日課
San Poscual (Augustin de)	利安定	西班牙	西紀一六七〇(康熙九年) 西紀一六九五(康熙三十四年) 未詳何地	永福天衢 天成人要集
Santa Maria (Antonio de)	利奥圖	西班牙	西紀一六三三(崇禎六年) 西紀一六六九年五月十三日(康熙八年)廣東	正學鏐石

Sande (Eduardus da)	孟三德	葡萄牙	西紀一五八五(萬歷十三年) 西紀一六〇〇年六月二十二日 (萬歷二十八年)澳門	崇禎歷書(預修) 長歷補註解惑 主制羣徵 主教緣起 進呈圖像 渾天儀說
Schall von Bell (Johannes Adam)	湯若望	日耳曼	西紀一六二二(天啟二年) 西紀一六六六年八月十五日 (康熙五年)北京	眞福訓詮 古今交日考 西洋測日歷 星圖 交食歷指 交食表 恆星歷測 恆星表 共譯各圖 八線表 恆星出沒 學歷小辨 測食略 測天略說 大測 奏疏 新歷曉惑 新法歷引 歷法 西傳 新法表異 勅諭禱文 遠鏡說 火攻揭要
Semedo (Alvaro)	曾德照	葡萄牙	西紀一六一三(萬歷四十一年) 西紀一六五八年五月六日(順治十五年)澳門	字考
Silva (Antonio de)	林安多	葡萄牙	西紀一六九五(康熙三十四年) 未詳	崇修精蘊
Soerio (Joao)	蘇如漢	葡萄牙	西紀一五九五(萬歷二十三年) 西紀一六〇七年八月(萬歷三十五年)澳門	聖敎約言
Tellez (Manoel)	德瑪諾	葡萄牙	西紀一七〇四(康熙四十三年) 西紀一七三三(雍正元年)饒州	顯像十五端玫瑰經
Terenz (Jean)	鄧玉函	日耳曼	西紀一六二一(天啟元年) 西紀一六三〇(崇禎三年)北京	遠西奇器圖說 人身說概 測天約說 黃赤距度表 正球升度表 大測
Trigault (Nicolas)	金尼閣	法蘭西	西紀一六一六年(萬歷四十四年) 西紀一六二八年二月十四日 (崇禎元年)杭州	宗徒禱文 西儒耳目資 況義(伊索寓言選集) 意拾諭言(同上) 推歷年瞻禮法
Tudeschini (Augustin)	杜奥定	日奴	西紀一五九八(萬歷二十六年) 西紀一六四三(崇禎十六年)福州	渡海苦蹟記 杜奥定先生東來渡海苦跡

Ursis (Sabatt[illegible]inus de)	熊三拔	意大利	西紀一六〇六（萬歷三十四年） 西紀一六二〇年五月三日（泰昌元年）澳門	泰西水法 表度說 簡平儀說
Vagnoni (P. Alphonsus)	高一志 王豐肅	意大利	西紀一六〇五（萬歷三十五年） 西紀一六四〇年四月十九日（崇禎十三年）漳州	則聖十篇 西學齊家 天主聖教 聖人行實 達道紀言 四末論 修身西學 譬學 勵學古言 聖教解略 寰宇始末 聖母行實 神鬼眞紀 十慰 童幼教育 空際格致 西學治平 斐錄彙答 推驗正道論
Varo (Francisco)	萬濟谷		西紀一六五四（順治十一年） 未詳	聖教明證
Verbiest (Ferdinand)	南懷仁	比利時	西紀一六五九（順治十六年） 西紀一六八八年一月二十九日（康熙二十七年）北京	妄推吉凶辯 熙朝定案 驗氣圖說 坤輿圖說 告解原義 善惡報略說 教要序論 不得已辯 靈臺儀象志 儀象圖 康熙永年表 測念記略 坤輿全圖 簡平規總星圖 赤道南北星圖 妄占辯 預推紀驗 形性理推 光向異驗理推 理辨之引咎 目司總圖 理推各國說 御覽簡平新儀式用法 坤輿外紀 七奇圖說 進呈窮理學 盛京推算表 神武圖說
Xavier (Saint Francois de)	方濟各	西班牙	未詳 西紀一五五二年三月二日（嘉靖三十一年）上川島	

第五章 清代之開拓

元代疆域最廣。然其藩部與治理中國之法迥殊。元史地理志僅載中書省及行中書省所屬之路府州縣。西北諸藩。則附錄其地名。不能詳其建置道里也。

元史西北地附錄。篤來帖木兒月祖伯。不賽因三藩所轄之地及吉利吉思。撼合納。謙州。益蘭州等處。清代考求元史者。據經世大典圖。推究其方位。證以今地十九可信。學者須讀洪鈞元史譯文證補。屠寄蒙兀兒史記。丁謙經世大典圖考等書。

明之疆域。殆僅得元之半。爲直隸者二。爲布政使司者十三。西北各地。仍爲蒙古所有。交趾布政司。立而復廢。故亦無足稱述。惟元明兩朝。開闢雲貴等省及置川廣等土司。於中國本部亦有開拓之功。欲知清代之開拓者。不可不考其由來也。

〔讀史方輿紀要〕(顧祖禹)自開元之季。南詔漸強。天寶九載。遂有雲南之地。僭國號曰大蒙。貞元十年。改國號曰南詔。大中十三年。改稱大禮。光化四年國亂。改稱大長和。後唐天成三年。國號大天興。明年稱大義寧。石晉天福二年。屬於大理。宋初因之。自熙寧八年以後。段氏衰。元祐元年。高氏代立。號大中國。元符二年。段氏復興。號後理國。淳祐十二年 蒙古憲宗蒙哥二年 蒙古忽必烈滅大理。前後凡二十二傳·歷三百五十年·段氏雖滅·元人復設大理路軍民總管府·以段氏子孫世守其職· 元至元十三年。立雲南等處行中書省。元亡。其梁王把匝剌瓦爾密及段明分據其地。洪武十五年。討平之。始置雲南等處承宣布政使司。

【同上】貴州。禹貢荆梁二州荒裔。自春秋以來。皆爲蠻夷地。漢時亦爲牂柯南境。三國時。相傳諸葛武侯封牂柯蠻酋濟火爲羅甸王。國於此。唐時。羅羅鬼主居之。宋時。爲羅施鬼國地。元於此置八番順元等處軍民宣慰使司都元帥府。隸四川行省。至元二十八年。改隸湖廣行省。明初。以其地分隸四川湖廣雲南三布政司。洪武十五年。設貴州都指揮使司。永樂十一年。始建貴州等處承宣布政使司。

【明史土司列傳】西南諸蠻。有虞氏之苗。商之鬼方。西南之夜郎。靡莫。邛。莋。僰。爨之屬。皆是也。自巴夔以東及湖湘嶺嶠盤踞數千里。種類殊別。歷代以來。自相君長。　迨明踵元故事。大爲恢拓。分別司郡州縣。額以賦役。聽我驅調。而法始備。　洪武初。西南夷來歸者。即用原官授之。其土官銜號。曰宣慰司。曰宣撫司。曰招討司。曰安撫司。曰長官司。以勞績之多寡。分尊卑之等差。而府州縣之名。亦往往有之。

清起滿洲。撫有東胡及內蒙諸部。入關後。奄有明代兩直隸十三布政司之地。康熙元年設安徽巡撫。六年設江蘇安徽兩布政使司。始分明之南直隸爲江蘇安徽二省。又分明之湖廣爲湖北湖南兩省。各設布政使司治之。陝西甘肅亦於康熙元年分治。　康熙二十二年。收臺灣。三十六年。平外蒙古。乾隆二十二年。平準部。二十四年。平回部。遂合爲新疆省。而青海蒙古西藏喇嘛。亦於康雍間。先後用兵平之。其幅員之遼廓。遠非宋明所及。故清代諸帝。恆以此自詡。然屬地既多。治理匪易。或以宗教之異。或因種族之殊。雖同屬一主權。而文化之相去甚遠。雖及今日。亦尚未能齊一焉。

清之十八省。號曰中國本部。以大致言之。固可謂爲漢族世居之地。其文化遠過於各屬部。然即此十八省中。人種錯雜。文言歧異。殆亦不可勝舉。西南各省之種人。曰苗。曰猺。曰蠻。曰猓玀。曰犵狫。曰夷。曰土人。每種復分數種至數十種。而其異種如黎人峒人之類。復有數十種。語言文字。往往與漢人殊。風俗習慣。亦都截然不同。是固不可以一概論也。

《地理講義》(姚明輝)我國南境居民。華夏而外。種類紛繁。色目衆多。不勝縷述。近人括之以苗族。古人號之曰南蠻。今由滇蜀而東。歷黔楚兩粵。迤及閩浙山谷中最盛。或襲土職。或已歸流。或守舊習。或同華化。總計苗之種二十有八。猺之種十有一。蠻之種十有四。猓玀之種十有八。犵狫之種五。夷之種三。土人之種三。而異種則如僰人。如白人。如浦人。如沙人。如莽人。如峒人。如黎人。如皿人。如狭人。如狑人。如犽人。如狠人。如獞人。如儂人。如狆人。如俅人。如怒人。如蠻人。如木狫。如犵兜。如土獠。如麼些。如八番。如六額子。雜種則如狄佯狑狪猺獞。此皆皇清職貢圖所載。而尚有職貢圖所不載者也。

元征大理。而順寧騰越之地以通。明討思南而石阡黎平諸府以闢。有清一代。開拓土司。改爲漢官者尤多。而至清季。猶存土司五百六十有奇。(據清會典。甘肅土司二十四。青海三十九。四川二百六十九。西藏三十九。廣西四十六。雲南五十。貴州八十一。共計五百六十六土司。)其未開化者多矣。

〔省〕	〔府〕	〔州縣〕	〔某年置〕	〔原爲某土司〕
湖北	宜昌	鶴峯	雍正十三年	容美土司
湖北	施南	宣恩	雍正十三年	施南土司

〔省〕	〔府〕	〔州縣〕	〔某年置〕	〔原爲某土司〕
湖北	宜昌	長樂	雍正十三年	五峯石寶土司
湖北	施南	來鳳	雍正十三年	散毛土司

湖北	施南	咸豐	雍正十三年	大田土司
湖南	辰州	乾州	康熙四十三年	箄邊紅苗
湖南	辰州	永綏	雍正八年	六里紅苗
湖南	永順	龍山	雍正七年	白崖洞土司
湖南	永順	桑植	雍正七年	桑植土司
四川	雅州	天全	雍正八年	天全土司
四川	雅州	懋功	乾隆四十年	金川土司
廣西	慶遠	東蘭	雍正七年	那地土司
廣西	鎮安	歸順	雍正七年	思恩土司
雲南	廣南	寶寧	順治十六年	廣南土司
雲南	東川	會澤	康熙三十八年	東川土司
雲南	昭通	永善	雍正六年	烏蒙土司
雲南	普洱	寧洱	雍正七年	車里土司
雲南	楚雄	姚州	清初	姚安土司

湖北	施南	利川	雍正十三年	施南土司
湖南	辰州	鳳凰	康熙四十三年	箄邊紅苗
湖南	永順	永順	雍正七年	永順土司
湖南	永順	保靖	雍正七年	保靖土司
四川	敘州	雷波	雍正六年	雷波土司
四川	雅州	清溪	雍正八年	黎州土司
四川	酉陽	秀山	乾隆元年	酉陽土司
廣西	太平	寧明	康熙五十八年	思明土司
廣西	泗城	西隆	雍正五年	思恩土司
雲南	開化	文山	康熙六年	教化三部土司
雲南	昭通	恩安	雍正六年	烏蒙土司
雲南	昭通	鎮雄	雍正六年	鎮雄土司
雲南	普洱	思茅	雍正七年	車里土司
雲南	順寧	緬寧	乾隆十二年	宣猛土司

雲南	元江	新平	順治六年	元江土司
雲南	鎮沅	蒙化	康熙四年	蒙化土司
雲南	鎮沅	威遠	雍正三年	威遠土司
貴州	黎平	古州	雍正七年	生苗
貴州	鎮遠	台拱	雍正十一年	九股苗
貴州	都勻	丹江	雍正六年	生苗
貴州	安順	郎岱	康熙五年	郎岱土司
貴州	南籠	永豐	雍正五年	安籠土司
貴州	大定	平遠	康熙三年	水西土司
貴州	大定	威寧	康熙三年	水西土司
川邊	巴安	巴安	光緒三十一年	巴塘土司
川邊	巴安	三壩	光緒三十二年	巴塘土司
川邊	巴安	定鄉	光緒三十二年	裏塘土司
川邊	康定	貢嶺	光緒三十二年	裏塘土司

雲南	鎮沅	思樂	雍正五年	鎮沅土司
雲南	鎮沅	景東	康熙四年	景東土司
貴州	貴陽	長寨	雍正四年	狆苗
貴州	銅仁	松桃	雍正八年	紅苗
貴州	都勻	八寨	雍正六年	天壩土司
貴州	都勻	都江	雍正六年	生苗
貴州	安順	歸化	雍正十二年	康佐土司
貴州	南籠	普安	順治十八年	馬乃夷地
貴州	大定	黔西	康熙三年	水西土司
貴州	大定	水城	康熙三年	水西土司
川邊	巴安	鹽井	光緒三十一年	巴塘土司
川邊	康定	裏化	光緒三十二年	裏塘土司
川邊	康定	稻成	光緒三十二年	裏塘土司
川邊	康定	河口	光緒三十二年	裏塘土司

川邊　康定　康定　光緒三十四年　明正土司兼通土司　川邊　登科　鄧柯　宣統元年　德格土司春科土司高日土司靈葱土司

川邊　登科　德化　宣統元年　德格土司　川邊　登科　同普　宣統元年　德格土司

川邊　登科　石渠　宣統元年　德格土司　川邊　昌都　乍了　宣統三年　乍了呼圖克圖

川邊　登科　白玉　宣統元年　德格土司

川邊　昌都　昌都　宣統三年　察木多

〔清季經營西康始末記〕西康委員有得榮（巴塘）江卞（康地）貢覺（康地）桑昂（康地）雜瑜（康地）三巖（番地）甘孜（麻書孔撒兩土司地）章谷（章谷土司）道塢（麻書孔撒兩土司及丹東魚科明正倬斯等土司與下羅科番地）瞻對（瞻對土司）鑪定橋（俄里沈邊冷邊三土司）等委員。皆未設縣治。姑先設征糧委員者。其奏設流官之時。均在宣統中。

各地種人雖與漢人迥殊。然漸摩禮俗。間亦與漢人同化。清代諸書多有紀述之者。

〔黔記〕（李宗昉）宋家苗在貴陽安順二屬。多讀書者。　水犵狫。在施秉餘慶等屬。俱循漢禮。知法畏官。　狆猪苗。在清平都匀者。衣服與漢人同。遵師教。多有入泮者。　紫薑苗在平越州者。讀書應試。見之者多不識爲苗。　硐家苗。在荔波縣。雖通漢語。不識文字。以木刻爲信。

〔古州雜記〕（林溥）苗人素不識字。無文券。即貨賣田產。惟鋸一木刻。各執其半。以爲符信。今則附郭苗民悉敦絃誦。入郡庠者接踵而起。（此書成於嘉慶中）

《粵滇雜記》（趙翼）仲家苗。已有讀書發科第者。而婦女猶不著袴。某作吏。致書其妻。謂到任須袴而入。妻以素所未服。寧不赴任。

《說蠻》（檀萃）諸苗中惟狆家聰慧能讀書。頗有仕宦官詞臣者。姓字衣飾多與漢同。不盡用苗飾也。狆本作仲。　宋家苗。通漢語。識文字。勤耕織。　峒人衣冠如漢俗者久。子弟多讀書。補諸生。　連山八排猺最獷悍。臀微有肉尾。脚皮厚寸。太平日久。其人向化深。新興猺童亦能文字。

《苗疆風俗考》（嚴如熤）苗民不知文字。父子遞傳。以鼠牛虎馬記年月。暗與歷書合。有所控告。必倩士人代書。性善記。懼有遺忘。則結於繩。爲契券。刻木以爲信。近設苗學（嚴書亦當嘉慶中）間亦有知命童子入學。日負雜糧數升。就師傳授句讀。默記而歸。中亦有甚聰俊者。犵狫中童子聰秀者。讀書識字。畧解文義。書狀能自作。

右皆記乾嘉間各種人開化之狀也。而陳鼎滇黔土司婚禮記謂龍氏爲禮樂之鄉。

《滇黔土司婚禮記》（陳鼎）滇之東土司稱文物者。以龍氏爲最。蓋其先於周漢上諸姬也。其族通漢書漢語者十九。而一秉周制。翩然風雅。駸駸乎禮樂之鄉。

則土司之中。亦有文化高於清代者。蓋中國聖賢之裔。淪於荒徼。不可以他地未開化之人例之也。

清初東北疆域遼廓。東有庫頁島。北踰興安嶺。南有俄之沿海州。顧以地廣而荒。不甚愛惜。自康熙迄光緒。迭爲俄人日人所侵占。遂至僅以黑龍江烏蘇里江圖們江鴨綠江爲界。然一考其內部之開化。則清之忽視東三省。殆不止於損失邊地也。蓋遼東之地久屬中國。而自遼金以降。其文化轉日晦塞。清之入關。務保守其舊俗。凡東三省悉以將軍都統治之。與內地政體迥異。至光緒末年。始仿內地行省之例。設立道府州縣。文化之不進。實由於此。又清初禁例極嚴。出入山海關。必憑文票。

《柳邊紀略》(楊賓)凡出關者。旗人須本旗固山額眞送牌子至兵部。起滿文票。漢人則呈請兵部或印官衙門。起漢文票。至關。旗人赴和敦大北衙記檔驗放。漢人赴通判南衙記檔驗放。進關者如出時。記有檔案。搜檢參貂之後。查銷放進。否則漢人赴附關衙門起票。從南衙驗進。旗人赴北衙記檔即進。

故漢人多不樂至其地。惟謫戍者居焉。其地之荒陋有極可笑者。

《柳邊紀略》(楊賓)陳敬尹於順治十二年流寧古塔。尙無漢人。滿洲富者。緝麻爲寒衣。擣麻爲絮。貧者衣麅鹿皮。不知有布帛。有撥什庫某。得一白布綴衣。元旦服之。見者羨焉。

《絕域紀略》(方拱乾)寧古塔無陶器。有一瓷碗。如重寶然。凡器皆木爲之。大率出土人手。有餅餌。無定名。但可入口。即曰佳也。

《龍沙紀略》(方式濟)東北諸部落未隸版圖以前。無釜甑罌瓿之屬。熟物刳木貯水。灼小石焠水中數十次。瀹而食之。商賈初通時。以貂易釜。實令滿。一釜常數十貂。後漸以貂蒙釜口易之。

《黑龍江外紀》(西清)黑龍江滿洲漢軍。有在奉天入學之例。鄉試屆期。京師必行文給咨取生監。不過奉行故事。其實曾應童試者無。土人習漢書者。三字經。千字文外。例讀百家姓。名賢集。然於論孟學庸。略能上口即止。間有治一經。誦古文數首者。

又皆從事佔畢。不求甚解。是以通者絕少。第能句讀部檄。得其大旨。則群起而指目爲不凡。　漢軍知習漢書。然能執筆爲文者絕少。流人通文者。例以教書自給。土人無知醫者。醫多來自內地。

此皆東三省鄙陋之實狀也。夫寧古塔等地。爲清朝發祥之所。清既奄有天下。當先開化其祖宗故地。顧轉放棄不問。且惟恐漢人私赴其地。深閉固拒。任其自爲風氣。雖其後之漸次進化。亦由漢人流徙者漸多使然。然清代諸帝固不欲其同化於漢人也。

清於蒙古亦取閉塞主義。因其游牧之俗。而以喇嘛教愚之。蒙古諸部雖久奉喇嘛教。初未統屬於喇嘛也。清初喀爾喀衆議投俄羅斯時。喇嘛呼圖克圖勸之事清。故清人德之。特封爲大喇嘛。使掌黃教。雍正五年。發帑金十萬兩。建慶寧寺於庫倫。以居活佛。使如達賴喇嘛治西藏故事。於是喇嘛之權始盛。其詳見松筠綏服紀略圖詩注。及高宗慶寧寺碑記。　蒙漢市易鈐制甚嚴。

《清會典》理藩院。　凡互市商給以院票。所至令將軍若大臣若扎薩克稽察之。頒其商禁。　注曰。票商定限一年。催回。不準潛留各部落娶妻立產。止准支搭帳房。不准苫蓋房屋。不准取蒙古名字。無票者卽屬私商。查出照例治罪。逐回。貨物一半入官。科布多所屬。除土爾扈特。和碩特。向不與商民交易。杜爾伯特。明阿特。額魯特。扎哈沁。准與商民交易外。其烏梁海一部。止准來科布多城交易。不准商民私赴烏里雅蘇臺。北邊九站。不准商民通市。

故蒙古雖屬清二百數十年。而實未開化。

《喀爾喀風土記》(李德)少販於蒙古諸愛瑪克。嘗至外喀爾喀。其人騎獸。似鹿而非。有語言。無文字。無機械。如游循蜚因提之世。

《蒙古考略》（龔柴）蒙古地雖遼闊。半係沙礫不毛。戶口稀若晨星。五穀不植。草萊不闢。曠野無垠。北鄙華民。徙居其地。從事稼穡。始漸有振興氣象。

《蒙古及蒙古人》（俄人婆資德奈夜夫）由那彥烏拉稍北。爲準莫多之荒地。有中國人之廣漠耕田。此地農業之發達。近十年內事耳。（此書著於一八九二年）

蓋清以蒙古爲屏藩。既欲其愚昧無知。受中朝之籠絡。又懼漢人煽誘。謀爲不軌。以圖報復。故任其地廣人稀。絕不輕議開放。至其季年。始弛禁例。而補救已遲。雖有漢人入蒙古從事於農商者。亦未能大著功效也。

清於青海西藏。亦皆以舊俗羈縻。惟開拓新疆。以郡縣之法統治之。自乾隆中葉迄光緒末。雖漸墾地千餘里。而天山南北兩路。實日漸開化。

《新疆紀略》烏魯木齊亦準噶爾故地。及平定伊犁。額魯特人種皆剿絕。千里空廬。渺無人煙。邇來甘省民戶。移駐數千家。及內地發遣人犯數千。皆散處於昌吉瑪納斯等處開墾草萊充斥。其地爲四達之區。以故字號店舖鱗次櫛比。市衢寬敞。人民雜輳。茶寮酒肆。優伶歌童。工藝伎巧之人。無一不備。繁華富庶。甲於關外。迪化州。屬阜康昌吉兩縣。建立黌宮及文武二廟。州學縣學歲取諸生十餘名。彬彬乎玉帛鼓鐘。覃敷其地矣。

《同上》葉爾羌回疆一大城也。中國商賈山陝江浙之人。不辭險遠。貨販其地。而外藩之人。如安集延。克什米爾等處。皆來貿易。每當會期。貨若雲屯。人如蜂聚。奇珍異寶。往往有之。

《新疆建置志》(王樹枏)迪化府。西北路一大都會也。華戎商賈良細。挾資斧往來。聚族列闠而錯居。以萬數。而學士大夫之遣戍者。往往出於其間。軍興以來。湘楚人爲多。庚子後。津沽商旅挈累重者踵係。大都楚人多仕宦。津人多大賈。秦人多負販。

鎭西廳及迪化府有學額。黌校生徒數千人。鎭西之民。皆來自秦隴。厚重多君子。黌序之士。祁祁如也。

蓋新疆不禁漢人移殖。視東三省蒙古之爲禁地者不同。故其結果亦異。以此知開拓新地。惟吾族擅有推廣文化之力。滿人無所知也。

清代土地爲前代所未開闢者。曰臺灣。而臺灣亦漢人所闢也。鄭氏據臺灣。設府縣。立學校。興種穀製糖煮鹽煉瓦之業。清之郡縣臺灣。因鄭氏之制耳。然防禁綦嚴。渡臺者至不許攜眷口。

《臺灣志》康熙六十年。有朱一貴之亂。禁官吏攜眷渡臺。雍正十二年。定例。官吏四十無子者。始准攜眷往臺灣。乾隆十年。許渡臺民攜家。二十年。再禁之。二十五年。始開禁。

其教化番社者。仍多漢人之功。

《六十七番社采風圖考》臺灣番社。不知所自昉。考四明沈文開筆記。言自海舶飄來。及宋零丁洋師敗遁此。南北諸社熟番。於雍正十二年。始立社師。擇漢人之通文理者敎之。其後歲科試童子。亦知文理。有背誦詩易經無訛字者。作字亦有楷法。冠履衣帛如漢人。

嘉慶中。姚瑩官臺灣同知。始開闢噶瑪蘭。(後爲宜蘭縣)光緒中。劉銘傳爲巡撫。始改爲行省。開闢利源。駸駸爲國之外府。

『東方兵事紀略』光緒乙酉。中法和議成。建臺灣行省。經營鐵路商輪屯墾開煤礦。歲入三百萬。而不十年。棄之於日本。惜哉。

第六章　清代之制度

清之制度。一切皆沿朱明之舊。其異者。特因事立制。久而相沿。隨時補敝救偏。無大規模之建設也。就中特異之點。莫甚於雜用滿蒙之人而定其額。

《清會典》內閣大學士。滿洲二人。漢二人。六部尚書。滿洲一人。漢一人。左右侍郎。均滿洲一人。漢一人。

《同上》凡內外官之缺。有宗室缺。有滿洲缺。有蒙古缺。有漢軍缺。有內務府包衣缺。有漢缺。凡宗室京堂而上。得用滿洲缺。蒙古亦如之。內務府包衣亦如之。漢軍司官而上。得用漢缺。京堂而上。兼得用滿洲缺。凡外官。蒙古得用滿洲缺。滿洲蒙古漢軍包衣。皆得用漢缺。滿洲蒙古無微員。宗室無外任。

其不定額者。亦時時用滿人爲之。其人多不學無術。驕奢淫佚。又時與漢官爭權。其能延國祚至數百年。亦云幸矣。乾隆時。嘗欲盡用旗人爲知縣。賴劉文正一言而止。否則民事之受滿人荼毒者。更不知若何焉。

《清先正事略劉統勳傳》(李元度)戶部奏天下州縣府庫多空闕。高宗震怒。欲盡罷州縣之不職者。而以筆帖式等官代之。召公對。諭以此事。且曰。朕思之三日矣。汝意云何。公默然不言。上變色詰責。公徐曰。聖聰思至三日。臣昏耄。誠不敢遽對。容退而熟審之。異日入對。頓首言曰。州縣。治百姓者也。當使身爲百姓者爲之。語未竟。上霽顏。事遂寢。

清沿明制。以大學士掌國政。明制之不善。已為學者所訾。

《明史職官志》太祖承前制。設中書省。置左右丞相。洪武十三年正月。誅丞相胡惟庸。遂罷中書省。二十八年。敕諭群臣。國家罷丞相。設府部院寺以分理庶務。立法至為詳善。以後嗣君其毋得議置丞相。臣下有奏請設立者。論以極刑。當是時。以翰林春坊詳看諸司奏啓。兼司平駁。大學士特侍左右。備顧問而已。建文中。改大學士為學士。成祖即位。特簡解縉胡廣楊榮等直文淵閣。參預機務。閣臣之預務。自此始。仁宗以楊士奇為禮部侍郎。兼華蓋殿大學士。楊榮為太常卿。兼謹身殿大學士。閣職漸崇。景泰中。王文以左都御史進吏部尚書。入內閣。自後六部承奉意旨。靡所不領。而閣權益重。

《明夷待訪錄》(黃宗羲)有明之無善治。自高皇帝罷丞相始也。 古者君之待臣也。臣拜。君必答拜。秦漢以後。廢而不講。然丞相進。天子御座為起。在輿為下。宰相既罷。天子更無與為禮者矣。遂謂百官之設。所以事我。能事我者。我賢之。不能事我者。我否之。設官之意既訛。尚能得作君之意乎。 入閣辦事者。職在批答。猶開府之書記也。其事既輕。而批答之意又必自內授之。而後擬之。可謂有其實乎。

清自雍正後。又移內閣之權於軍機處。而大政皆出於軍機。

《簷曝雜記》(趙翼)軍機處。本內閣之分局。國初承前明舊制。機務出納。悉關內閣。其軍事付議政王大臣議奏。雍正年間。用兵西北兩路。以內閣在太和門外。儤直者多。慮漏泄事機。始設軍需房于隆宗門內。後名軍機處。地近宮廷。便于宣召。為軍機大臣者。皆親臣重臣。於是承旨出政。皆出於是矣。

觀其職掌。凡非軍機者亦皆屬焉。

《清會典》軍機大臣掌書諭旨。綜軍國之要。以贊上治機務。凡諭旨明降者。既述。則下於內閣。諭軍機大臣行者。既述。則封寄焉。凡有旨存記者皆書於册而藏之。屆時。則提奏。議大政。讞大獄。得旨則與。軍旅則考其山川道里與兵馬錢糧之數。以備顧問。

一國之政皆曰軍機。是可知滿人之治吾國。惟以軍事爲重。不知有所謂國政也。

明代地方之官。以布政使爲主。

《明史職官志》布政使掌一省之政。凡僚屬滿秩。廉其稱職不稱職。上下其考。報撫按。以達於吏部都察院。三年。率其府州縣正官朝覲京師。以聽察典。十年。會戶版。以登民數田數。賓興貢省合之士而提調之。宗室官吏師生軍伍。以時班其祿俸廩糧。祀典神祇。謹其時祀。民鰥寡孤獨者養之。孝弟貞烈者表揚之。水旱疾疫災祲。則請於上蠲賑之。凡貢賦役。視府州縣土地人民豐瘠多寡而均其數。凡有大興革及諸政務。會都按議。經畫定而請於撫按若總督。

其巡按總督巡撫諸官皆屬朝官之出使者。非地方之長官也。

《明史職官志》巡撫之名。起於懿文太子巡撫陝西。永樂十九年。遣尚書蹇義等二十六人。巡行天下。安撫軍民。以後不拘尚書侍郎都御史少卿等官。事畢復命。卽或停遣。初名巡撫。或名鎭守。後以鎭守侍郎與巡按御史不相統屬。文移窒礙。定爲都御史巡撫兼軍務者加提督。有總兵地方。加贊理或參贊。所轄多事重者加總督。他如整飭撫治巡治總理等項。皆因事特設。其以尚書侍郎任總督軍務者。皆兼都御史以便行事。

清以總督巡撫爲地方長官而名實淆矣。

〔清會典〕吏部。乃頒職于天下。凡京畿盛京吉林黑龍江及十九省之屬。皆受治于將軍與尹與總督巡撫。而以達於部。將軍與尹。分其治於道府州縣。總督巡撫分其治於布政司。於按察司。於分守分巡道。司道分其治於府。於直隸廳。於直隸州。府分其治於廳州縣。直隸廳直隸州復分其治於縣。而治其吏戶禮兵刑工之事。

滿族盛時各省大吏皆其族。漢人僅能至兩司而已。

〔清稗類鈔〕(徐珂)世祖入關時。初議各省督撫盡用滿人。時柏鄉魏文毅公裔介方爲給事中。獨抗疏力爭。謂當宏立賢無方之治。不當專用遼左舊人。議遂寢。康熙時。三藩既平。僅議定山西陝西兩撫不用漢人而已。當時漢大臣之爲督撫者本多於滿人。故議用滿人巡方以監察之。雍正一朝。督撫十之七八皆漢軍。硃批諭旨。常有斥漢軍卑鄙下賤之語。至乾隆朝。則直省督撫滿人爲多。漢人仕外官者。能洊至兩司。則已爲極品矣。及季年。各省督撫凡二十有六缺。漢人僅畢沅。孫士毅。秦承恩三人耳。

咸同軍興漢人始握地方之政柄。然猶常招滿人之猜忌。種族之關係甚哉。

〔清稗類鈔〕(徐珂)自定鼎以來。至咸豐初。滿人爲督撫者十之六七。粵寇倡亂。滿督撫有殉節者。然無敢與抗。文宗崩。孝貞孝欽二后垂簾。恭親王輔政。乃汰滿用漢。同治初。官文恭公文總督湖廣。自官罷而滿人絕迹者三年。僅英翰擢至安徽巡撫耳。當同治已巳庚午間。各省督撫提鎮。湘淮軍功臣占其大半。及恭王去位。滿人勢復盛。光緒甲午後。滿督撫又遍各省。遂訖於宣統遜位。

明有行取之制。在外之推官知縣。可以入任科道。

《石渠餘紀》(王慶雲)行取之制。始于明。明初。科道用人。其途甚廣。厥後定制。在內用主事中行評博。而在外取三年考滿之推官知縣。謂之行取。惟特薦者不以資限。

清初猶沿其法。乾隆中。停止之。而內外官之制始嚴。

《石渠餘紀》(王慶雲)康熙元年。令科道專用部員。行取官但升主事。　乾隆十六年。諭。行取知縣。此制始于前明。其時專重資格。按俸升轉。不得不以部用一途疏通壅滯。今州縣升途甚廣。才能傑出之員。無不保題擢用。實無壅滯之歎。向來沿襲具文。著永行停止。

清之六科給事中。雖亦沿明之職掌。

《明史職官志》六科給事中。掌侍從規諫補闕拾遺。稽察六部百司之事。凡制敕宣行。大事覆奏。小事署而頒之。有失。封還執奏。凡大事廷議。大臣廷推。大獄廷鞫。六掌科皆預焉。

《清會典》六科給事中。掌發科鈔。稽察在京各衙門之政事。而注銷其文卷。皆任以言事。　朝會。則糾其儀。凡科鈔。給事中親接本于內閣。各分其正鈔外鈔而下于部。應封駁。則以聞。(部院督撫本章·已經奉旨·如確有未便施行之處·許該科封還執奏·如內閣票籤批本錯誤·及部院督撫本內事理未協·並聽駁正·)歲終。則彙其本以納于內閣。

然雍乾以來。惟例行之本章始歸內閣。其重要之摺奏出入於軍機處。

『簷曝雜記』(趙翼)雍正以來本章歸內閣。機務及用兵皆軍機大臣承旨。天子無日不與大臣相見。無論宦寺不得參。卽承旨諸大臣。亦祗供傳述繕撰。而不能稍有贊畫。

故封駁之名雖存。亦無所用之焉。淸人盛稱淸代廷寄之法之善。然獨夫專制。而無人能監督之。自淸始也。

『簷曝雜記』(趙翼)軍機處有廷寄諭旨。凡機事慮漏泄。不便發抄者則軍機大臣面承後撰擬進呈。出發。卽封入紙函。用辦理軍機處銀印鈐之。交兵部加封。發驛馳遞。其遲速皆由軍機司員判明于函外。曰馬上飛遞者。不過日行三百里。有緊急。則另判日行里數。或四五百里。或六百里。並有六百里加快者。卽此一事。已爲前代所未有。機事必頒發而後由部行文。則已傳播人口。且驛遞遲緩。探事者可雇捷足先驛遞而到。自有廷寄之例。始密且速矣。此例自雍正年間始。其格式乃張文和所奏定也。

帝王威權之重。惟淸爲甚。如明代朝儀。臣僚四拜或五拜耳。

『明史禮志』大朝儀。贊禮唱鞠躬。大樂作。贊四拜。興。　常朝儀。朔望御奉天殿。常朝官一拜三叩頭。謝恩見辭官。于奉天門外。五拜三叩頭。

淸始有三跪九叩首之制。

『淸會典』大朝。王公百官行三跪九叩禮。其他朝儀亦如之。

明代大臣得侍坐。

《明史禮志》早朝行禮畢。四品以上官入侍殿內。　凡百官于御前侍坐。有官奏事。必起立。奏畢。復坐。

清則奏對無不跪于地者。蓋滿人惟恐漢人之不尊之。故因前代帝王之制而益重耳。明代六曹答詔皆稱卿。

《野獲編》(沈德符)從來六尚書與左右都御史一切謝恩乞休之類。旨下皆稱卿。以示重。不論南北也。嘉靖之末。以至今上初年。(此書成於萬歷時)凡南六卿一切叱名。識者以爲非禮。萬歷己亥大計。南六卿自陳。旨下有得稱卿者。一時以爲榮遇。自後漸復舊制。

清則率斥爲爾。而滿蒙大吏之于摺奏。咸自稱奴才。以奴才而爲大吏。其國之政治可知矣。

清代有一事爲清人所極口稱誦者。曰丁賦攤入地糧。自康熙五十年以後。永不加賦是也。

《石渠餘紀》(王慶雲)我朝初撫方夏。丁徭之法。悉沿明舊。有丁則有賦。時除其逃缺者。以戶口消長。定州縣吏之殿最。順治十八年編審。直省人丁二千一百六萬有奇。至康熙五十年編審。二千四百六十二萬有奇。嘗疑聖祖深仁厚澤。休養五十年間。滋生不過十分之二。蓋各省未以加增之丁。盡數造報也。先是巡幸所至。詢民疾苦。或言戶有五六丁。止納一丁。或言戶有九丁十丁。止納二三丁。於是五十一年。定丁額。諭曰。海宇承平日久。戶口日增。地畝並未加廣。應將現今丁數勿增勿減。永爲定額。自後所生人丁。不必徵收錢糧。編審時。止將實數察明造報。廷議。五十年以後。謂之盛世滋生人丁。永不加賦。惟五年一編審如故。雍正初。定丁隨地起之法。直省丁賦。以次攤入地糧。(康熙末年·廣東四川兩省丁隨地起·雍正元年以後·通行各省·惟奉天及山西陽曲等十九州縣·廣西之融縣·貴州貴陽等四十三處·仍另編丁銀·又山西平定等二十五州縣·有編丁之鄉·于是丁徭口賦。取之田畝。而編審之法愈寬。

乾隆以降編審雖停。而戶日增。

〔石渠餘紀〕(王慶雲)明初因賦定役。丁夫出于田畝。迨黃册成。而役出于丁。凡役三等。曰里甲。曰均徭。曰雜派。其間累經更制。有銀差。力差。十段錦。一條鞭之法。厥後工役繁興。加派無藝。編審輕重無法。里甲之弊。遂與有明一代相終始。國初革里正加派諸弊。賦役之法。載在全書。悉沿萬曆條鞭舊制。初定三年一編審。後改爲五年。順治十三年凡里百有十戶。推丁多者十人爲長。餘百戶爲十甲。屆期。坊廂里長城中曰坊·近城曰廂·在鄉曰里·造册送州縣。由是而府而司。達于部。皆有册。凡載籍之丁。六十以上開除。十六以上添注。丁增而賦隨之。有市民鄉民富民佃民客民之分。丁之外。有軍匠竈屯站土丁名。凡丁賦。合均徭里甲言之。曰徭里銀。凡徵丁賦。有分三等九則者。有一條編徵者。有丁隨丁起者。有丁隨地派者。率因其地之舊。不必盡同。都直省徭里銀三百餘萬兩。間徵米豆。其科則輕自每丁一分數釐。重則山西之丁有四兩者。鞏昌有八九兩者。自康熙五十年。定丁額。于是戶部議缺額人丁。以本戶新添者抵補。不足。以親戚丁多者抵補。又不足。以同甲糧多丁頂補。編審時所謂擦除擦補者。大略如此。顧有司于民。非能家至而日見。科則既不可強齊。除補且易滋流弊。于是雍正間以次攤入地糧。爲均徭銀。自丁歸地糧。乾隆五年。遂併停編審。以保甲丁額造册。三十七年上諭。李瀚奏請停編審造册。所見甚是。舊例原恐漏戶逃差。是以五年編造。今丁既攤入地糧。滋生人丁又不加賦。則編審不過虛文。況各省民穀數。俱經督撫年終奏報。更無藉五年查造。嗣後停止。

自是惟有漕衛所軍丁四年一編審而已。

〔同上〕乾隆十四年。總計直省人丁一萬七千七百四十九萬有奇。距定額方三十餘年。所增七八倍。蓋自丁隨地起。無編審之擾。自無減匿之弊。二男三女。皆樂以其數上聞。又是時更定保甲之法。奉行者惟謹。戶口之數。大致得其實矣。又三十餘歲。爲乾隆四十八年。其數二萬八千四百有三萬有奇。又十歲。五十八年。各省奏報民數三萬七百四十六萬。又二十歲嘉慶十七年。會典載各省册報丁口三萬六千一百六十九萬有奇。而京師滿蒙漢丁檔。掌於八旗俸餉處。外藩札薩克丁檔。掌於理藩院者。尚不在此數云。

是固歷代所無之盛事。然無地之人丁不納國賦。遂不復知人民對於國家之義務。且執永不加賦之說。而國用恆苦不足。遂不得不開捐納。

〔淸稗類鈔〕(徐珂)捐輸。粃政也。開國卽行之。順治己丑。戶部奏軍旅繁興。歲入不給。議開監生吏典等援納。並給僧道度牒。准徒杖折贖。康熙丁巳。侍郎宋德宜奏稱。捐輸三載。所入二百餘萬。知縣最多。計五百餘人。與吏治有礙。請停。未幾。噶爾丹戰事起。又開。且加捐免保舉各例。御史陳菁奏請删捐免保舉一條。增捐應升先用。陸隴其亦以爲言。部議不允。乾隆丙辰。下詔停止。又留戶部捐監一條。壬辰。川督文綬奏請暫開。奉旨申飭。嘉道以後。援踵又開。始而軍務。甚而河工振務。亦藉口開捐。一若舍此無以生利者。貪官蠹吏。投貲一倍而來。挾貲百倍而去。吏治愈不可問矣。　捐納一途。至同光之際。流品益雜。朝入貲錢。暮膺章服。輿臺廝養無擇也。小康子弟。不事詩書。則積貲捐職。以爲將來啖飯計。至若富商巨室。擁有多金者。襁褓中乳臭物。莫不紅頂翠翎。捐候選道。加二品頂戴並花翎也。

徵釐金。

《清稗類鈔》（徐珂）釐金之起。由副都御史雷以誠幫辦揚州軍務。時江北大營部統琦善爲欽差大臣。所支軍餉。皆部解省協。雷部分撥甚寡。無計請益。乃立釐捐局。抽收百貨奏明專供本軍之用。行數月。較大營支餉爲優。運使金安清繼之。總理江北籌餉局。爲法益密。各省亦起而仿之。然上不在軍。下不在民。利歸中飽。行之既久。官吏待缺者。視爲利藪。設局日多。立法日密。胥吏僕役。一局數十人。大者官侵。小者吏蝕。甚至石米束布。搜括無遺。

又不足。則借洋債。

《清稗類鈔》（徐珂）光緒初年。新疆用兵。左文襄公倡議借用洋債。此爲政府募集外債之始。

至今爲國之大害。而國民猶以加賦爲戒。但願政府間接騙取。而不肯直接任賦役之責。此則清之制度所造成也。

自元明以來。以生銀爲貨幣。後雖用銅錢。納稅仍以銀計。而銀有火耗焉。又自明都燕。歲運東南之糧以漕于京師。而兌運有耗米焉。明之官俸最薄。

《二十二史劄記》（趙翼）明初百官之俸。皆取給于江南官田。其後令還田給祿。洪武十三年。已定文武官祿。正一品月俸米八十七石。從一品至正三。遞減十三石。從三品。二十六石。正四品。二十四石。從四品二十一石。正五品。十六石。從五品。十四石。正六品。十石。從六品。八石。正七品至從九。遞減五斗。至五石而止。自後爲永制。洪武時。官全給米。間以錢鈔兼給。錢一千。鈔一貫。抵一石。官高者支米十之四五。卑者支米十之七八。九品以下全支米。後折鈔者每米一石給鈔十貫。（時以鈔賤。故十貫抵一石。）又凡折色俸。上半年給鈔。下半年給蘇木胡椒。成化七年。戶部鈔少。乃以布估給。布一匹。當鈔二百貫。是時鈔一貫僅値錢二三文。而米一石折鈔十貫。是一石米僅値二三十錢也。布一匹亦僅値二三百錢。而折米二十石。是一石米僅値十四五錢也。明史食貨志謂自古官俸之薄。未有若此者。

清代因之。雖兼支錢米。亦不敷生活。

〔清會典〕文職官一品。歲支銀一百八十兩。二品。一百五十兩。三品。一百三十兩。四品。一百五兩。五品。八十兩。六品。六十兩。七品。四十五兩。八品。四十兩。正九品。三十三兩有奇。從九品未入流。三十一兩有奇。 京員例支雙俸。以所列各數爲正俸。復照數添給恩俸。又每正俸銀一兩。兼支米一斛。大學士六部尚書侍郎俸米復加倍支給。

故官吏皆須得非分之財。而養成貪汚之習。京官則恃外官之餽送。外官則取之于耗羨。自雍正間耗羨歸公。而耗羨之外。仍有額外之收。所謂耗羨之外。更添耗羨也。

〔清稗類鈔〕(徐珂)雍正間。耗羨歸公。定直省各官養廉。其端則發於山西巡撫諾岷。布政司高成齡。蓋先是州縣徵收火耗。藉資日用。上司所需。取給州縣。不無貪吏藉口。上司容隱之弊。雍正甲辰。諾岷請將山西一年所得耗銀。提解司庫。除抵補無著虧空外。分給各官養廉。而成齡復請倣山西例。通行直省。上以剔除弊竇。必更良法。耗羨必宜歸公。養廉須有定額。詔王大臣九卿會議。會各省皆望風奏請。議遂定。

〔同上〕沈端恪公（近思）嘗爭耗羨。力言今日正項之外。更添正項。他日必于耗羨之外。更添耗羨。他人或不知。臣起家縣令。故知其必不可行。世宗曰。汝爲令。亦私耗羨乎。沈曰。非私也。非是且無以養妻子。

當時不知改革幣制。清釐賦法。徒沿積弊。惭輿一加賦之方。而官吏之貪墨。初不因之而改也。

第七章　清初諸儒之思想

明清之交。士習之壞。前已言之。然其間亦未嘗無殊尤卓絕之士。不爲科舉利祿所惑。而以道德經濟氣節學術爲士倡者。如黄宗羲。顧炎武。王夫之。李顒。顔元等。皆以明之遺民。爲清之大儒。其思想議論。皆有影響于後世。而世之論者。或多其反對明儒。或矜其昌明古學。且若其所就不逮乾嘉諸子之盛者。實則清初諸儒之所詣。遠非乾嘉間人所可及。乾嘉間人僅得其考據之一部分。而于躬行及用世之術。皆遠不逮。其風氣實截然爲二。不可併爲一談也。

諸儒之學。其功夫皆在博學。

《梨洲先生神道碑》(全祖望)忠端之被逮也。謂公曰。學者不可不通知史事。可讀獻徵錄。公遂自明十三朝實錄。上遡二十一史。靡不究心。而歸宿于諸經。既治經。則旁求之九流百家。于書無所不窺者。　公謂明人講學。襲語錄之糟粕。不以六經爲根柢。束書而從事于游談。故受業者必先窮經。經術所以經世。方不爲迂儒之學。故兼令讀史。又謂讀書不多。無以證斯理之變化。多而不求于心。則爲俗學。故凡受公之教者。不墮講學之流弊。

《亭林先生神道表》於書無所不窺。　晚益篤志六經。謂古今安得別有所謂理學者。經學卽理學也。自有舍經學以言理學者。

而邪說以起。不知舍經學。則其所謂理學者禪學也。 凡先生之遊。以二馬二騾載書自隨。所至阨塞。即呼老兵退卒。詢其曲折。或以平日所聞不合。則即坊肆中發書而對勘之。或徑行平原大野。無足留意。則于鞍上嘿誦諸經注疏。偶有遺忘。則即坊肆中發書而熟復之。

《二曲先生窆石文》家無書。俱從人借之。其自經史子集。以至二氏之書。無不觀。然非以資博覽。其所自得。不滯于訓故文義。曠然見其會通。 年四十以前。嘗著十三經糾繆二十一史糾繆諸書。以及象數之學。無不有述。其學極博。既而以爲近于口耳之學。無當于身心。不復示人。

《顏氏學記》（戴望）先生幼讀書。二三過不忘。年二十餘。好陸王書。未幾從事程朱學。信之甚篤。 帥門弟子行孝弟。存忠信。日習禮習樂射習書數。究兵農水火諸學。堂上琴竽弓矢籌管森列。 先生自幼學兵法技擊馳射陰陽象緯。無不精。

《王先生夫之傳》（余廷燦）自明統絕祀。先生著書凡四十年。其學深博無涯涘。而學必見之躬行。

《梨洲先生神道碑》（全祖望）公晚年益好聚書。所抄自鄞之天一閣范氏。歙之叢桂堂鄭氏。禾中倦圃曹氏。最後則吳之傳是樓徐氏。然嘗戒學者曰。當以書明心。無玩物喪志也。當事之豫于聽講者。即曰。諸公愛民盡職。即時習之學也。

《與友人論學書》（顧炎武）愚所謂聖人之道者如之何。曰博學于文。曰行己有恥。自一身以至于天下國家。皆學之事也。自子臣弟友以至出入往來辭受取與之間。皆有恥之事也。恥之于人大矣。不恥惡衣惡食。而恥匹夫匹婦之不被其澤。故曰萬物皆備于我矣。反身而誠。嗚呼。士而不先言恥。則爲無本之人。非好古而多聞。則爲空虛之學。以無本之人。而講空虛之學。吾見其日從事于聖人而去之彌遠也。

『二曲先生窆石文』(全祖望)其論學曰。天下之大根本。人心而已矣。天下之大肯綮。提醒天下之人心而已矣。是故天下之治亂。由人心之邪正。人心之邪正。由學術之晦明。嘗曰古今名儒倡道者。或以主敬窮理爲宗旨。或以先立乎大爲宗旨。或以心之精神。或以自然。或以復性。或以致良知。或以隨處體認。或以正修。愚則以悔過自新爲宗旨。蓋下愚之與聖人。本無以異。但氣質蔽之。物欲誘之。積而爲過。此其道在悔。知悔必改。改之必盡。夫盡。則吾之本原已復。復則聖矣。曷言乎自新。復其本原之謂也。悔過者。不于其身。于其心。則必于其念之動者求之。故易曰知幾其神。　其論朱陸二家之學曰。學者當先觀象山慈湖陽明白沙之書。闡明心性。直指本初。熟讀之。則可以洞斯道之大源。然後取二程朱子以及康齋敬軒涇野整庵之書玩索。以盡踐履之功。收攝保任。由功夫以合本體。下學上達。內外本末。一以貫之。

『顏氏學記』(戴望)先生之學。確守聖門舊章。與後儒新說別者。大致有三。其一。謂古人學習六藝以成其德行。而六藝不外一禮。猶四德之該乎仁。禮必習行而後見。非專恃書册誦讀也。孔子不得已而周流。大不得已而删訂。著書立說。乃聖賢之大不得已。奈何以章句爲儒舉聖人參贊化育經綸天地之實事。一歸於章句。而徒以讀書纂注爲功乎。

『船山遺書俟解』(王夫之)讀史亦博文之事。而程子斥謝上蔡爲玩物喪志。所惡于喪志者玩也。玩者喜而弄之之謂。如史記項羽本紀及竇嬰灌夫傳之類。淋漓痛快。讀者流連不舍。則有代爲悲喜。神飛魂蕩。而不自持。于斯時也。其素所志尚者不知何往。此之謂喪志。以其志氣橫發。無益于身心也。豈獨讀史爲然哉。經亦有可玩者。玩之亦有所喪。如玩七月之詩。則且沈溺于婦子生計米鹽布帛之中。玩東山之詩。則且淫泆于室家嚅喔寒温拊摩之內。春秋傳此類尤衆。故必約之以禮。皆以肅然之心臨之。一節一目。一字一句。皆引歸身心。求合于志之大者。則博可弗畔。而禮無不在矣。

蓋諸儒之學雖不必同。而其以讀書講學爲立身行已之基則一。其專務讀書。不知治身者。且以玩物喪志譏之。不似乾嘉間人不顧行檢。但事博涉也。亭林反對明人之空談最力。

【日知錄】(顧炎武)劉石亂華。本于清談之流禍。人人知之。孰知今日之清談有甚于前代者。昔之清談談老莊。今之清談談孔孟。未得其精而已遺其粗。未究其本而先辭其末。不習六藝之文。不考百王之典。不綜當代之務。舉夫子論學論政之大端一切不問。而曰一貫。曰無言。以明心見性之空言。代修己治人之實學。股肱惰而萬事荒。爪牙亡而四國亂。神州蕩覆。宗社丘墟。昔王衍將死云。吾曹向若不祖尙浮虛。戮力以匡天下。猶可不至今日。今之君子。得不有愧乎其言。

然其言博學于文。必兼行已有恥言之。非謂反對空談。卽不講品節也。觀其與人書注重在人心風俗。

【亭林文集與人書九】(顧炎武)目擊世趨。方知治亂之關。必在人心風俗。而所以轉移人心。整頓風俗。則教化綱紀爲不可闕矣。百年千世養之而不足。一朝一夕敗之而有餘。

日知錄中世風一卷。尤反復言之。甚至謂務正人心。急于抑洪水。

【日知錄】(顧炎武)彼都人士爲人說一事。置一物。未有不索其酬者。百官有司受朝廷一職事。一差遣。未有不計其獲者。自府史胥徒。上而至于公卿大夫。眞可謂之同心同德者矣。苟非返普天率土之人心。使之先義而後利。終不可以致太平。故愚以爲今日之務正人心。急于抑洪水也。

此則清初諸大儒共有之精神。抑亦承宋明諸儒之教。有見于人之本原。不隨流俗爲轉移者。而不圖其以反對空談。使後之學者但騖于語言文字之末也。

清初漢族諸儒。皆反對清室。不得已而姑認滿人居位。亦思立一王之法。以待後世之興。故船山有黃書。亭林有郡縣論。皆極注意于法制。而梨洲之明夷待訪錄。則並專制之君主亦極力反對。不徒爲種族所囿也。

《明夷待訪錄原君篇》(黃宗羲)有生之初。人各自私也。人各自利也。天下有公利而莫或興之。有公害而莫或除之。有人者出。不以一己之利爲利。而使天下受其利。不以一己之害爲害。而使天下釋其害。此其人之勤勞。必千萬于天下之人。夫以千萬倍之勤勞。而己又不享其利。必非天下之人情所欲居也。故古之人君。量而不欲入者。許由務光是也。入而又去之者。堯舜是也。初不欲入而不得去者。禹是也。豈古之人有所異哉。好逸惡勞。亦猶夫人之情也。後之爲人君者不然。以爲天下利害之權皆出于我。我以天下之利盡歸于己。以天下之害盡歸于人。亦無不可。使天下之人不敢自私。不敢自利。以我之大私爲天下之公。始而慙焉。久而安焉。視天下爲莫大之產業。傳之子孫。受享無窮。漢高帝所謂某業所就。孰與仲多者。其逐利之情。不覺溢之于辭矣。此無他。古者以天下爲主。君爲客。凡君之所畢世而經營者。爲天下也。今也以君爲主。天下爲客。凡天下之無地而得安寧者。爲君也。是以其未得之也。屠毒天下之肝腦。離散天下之子女。以博我一人之產業。曾不慘然。曰。我固爲子孫創業也。其旣得之也。敲剝天下之骨髓。離散天下之子女。以奉我一人之淫樂。視爲當然。曰。此我產業之花息也。然則爲天下之大害者。君而已矣。向使無君。人各得自私也。人各得自利也。嗚呼。豈設君之道固如是乎。古者。天下之人愛戴其君。比之如父。擬之如天。誠不爲過也。今也。天下之人怨惡其君。視之如寇讎。名之爲獨夫。固其所也。而小儒規規焉以君臣之義無所逃于天地之間。至桀紂之暴。猶謂湯武不當誅之。而妄傳伯夷叔齊無稽之事。乃兆人萬姓崩潰之血肉。曾不異夫腐鼠。豈天地之大。于兆人萬姓之中。獨私其一人一姓乎。是故武王。聖人也。孟子之言。聖人之言也。後世之君。均以如父如天之空名。禁人之窺伺者。皆不便于其言。至廢孟子而不立。非導源于小儒乎。雖然。使後之爲君者。果能保此產業。傳之無窮。亦無怪乎其私之也。旣以產業視之。人之欲得產業。誰不如我。攝緘縢。固扃鐍。一人之智力。不能勝天下欲得之者之衆。遠者數世。近者及身。其血肉之崩潰。在其子孫矣。昔人願世世無生帝王家。而毅宗之語公主。亦曰。若何爲生我家。痛哉斯言。囘思創業時。其欲得天下之心。有不廢然摧阻者乎。是故明乎爲君之職分。則唐虞之世。人人能讓。許由務光非絕塵也。不明乎爲君之職分。則市井之間。人人可欲。許由務光所以曠後世而不聞也。然君之職分難明。以俄頃淫樂。不易無窮之悲。雖愚者亦明之矣。

習齋二曲。皆以用世爲的。

《顏氏學記》（戴望）必有事焉。學之要也。心有事則存。身有事則修。家之齊。國之治。皆有事也。無事則道與治俱廢。故正德利用厚生曰事。不見諸事。非德非用非生也。德行藝曰物。不徵諸物。非德非行非藝也。先生之學。以事物爲歸。而生平未嘗以空言立教。

【同上】議書院規模。建正廳三間。曰習講堂。東第一齋。西向。榜曰文事。課禮樂書數天文地理等科。西第一齋。東向。榜曰武備。課黃帝及太公孫吳諸子兵法攻守營陣水陸諸戰法並射御技藝等科。東第二齋。西向。曰經史。課十三經歷代史誥制章奏詩文等科。西第二齋東向。曰藝能。課水學火學工學象數等科。門內直東曰理學齋。課主靜持敬程朱陸王之學。直西曰帖括齋。課八比舉業。皆北向以應時制。且漸引之也。北空二齋。左處儐介。右宿來學。門外左房六間。榻行賓。右廈六間。容車騎。東爲更衣亭。西爲步馬射圃。堂東北隅爲倉庫廚竈。西北隅積柴炭。

【二曲集體用全學】(李顒)　經世之法。莫難於用兵。俄頃之間。勝敗分焉。非可以漫嘗試也。今學者無志於當世。固無論矣。即有志當世。往往於兵機多不致意。以爲兵非儒者所事。然則武侯之偉略。陽明之武功。非耶。學者於此。苟能深討細究而有得焉。異日當機應變。作用必有可觀。　自大學衍義。至歷代名臣奏議等書。皆適用之書也。道不虛談。學貴實效。學而不足以開物成務。康濟時艱。眞擁衾之婦女耳。亦可羞已。　律令最爲知今之要。而今之學者。至有終其身未聞者。讀書萬卷不讀律。致君堯舜終無術。夫豈無謂云然乎。　農政全書。水利全書。泰西水法。地理備要等書。咸經濟所關。宜一一潛心。然讀書易。變通難。趙括能讀父書。究竟何補實際。神而明之。存乎其人。夫豈古板書生所能辦乎。

【李顒答王天如書】今時非同古時。今人不比古人。須明古今法度。通之於當今而無不宜。然後爲全儒。而可以語治平事業。須運用酬酢。如探囊中而不匱。然後爲資之深。取之左右逢其原。而眞爲己物。若懼蹈誦詩三百之失。而謂至誠自能動物。體立自然用行。則空疏杜撰。猶無星之戥。無寸之尺。臨時應物。又安能中竅中會。動協機宜乎。茲以呂新吾論士說一篇寄覽。亦足以知空軀殼餓肚腸究無補於實用分毫也。

雖其途術不同。要皆明於學問之非專爲學問。必有益於社會國家。徒以清代專任滿人及胥吏爲治。雖時復徵聘諸儒。僅欲以名位羈之使不己畔。亦無實行其學之志。故其學不昌。惟亭林之講音韻。考金石。於世道無與。其學派轉盛於東南焉。

與黃顧顏李諸儒相望者。有陸世儀。張履祥。孫奇逢。陳瑚。張爾岐。劉獻廷等。皆以博學篤志砥節勵俗。爲當時所宗仰。

《陸先生世儀傳》（全祖望）嘗謂學者曰。世有大儒。決不別立宗旨。譬之大醫國手。無科不精。無方不備。無藥不用。豈有執一海上方而沾沾語人曰。舍此更無科無方無藥也。近之談宗旨者。皆海上方也。凡先生思辨錄所述。上自周漢諸儒。以迄於今。仰而象緯律歷。下而禮樂政事異同。旁及異端。其所疏證剖析。蓋數百萬言。無不粹且醇。

《張楊園先生事略》（李元度）先生嘗曰。學者舍稼穡別無治生之道。能稼穡則無求於人而廉恥立。知稼穡艱難。則不敢妄取於人而禮讓興。廉恥立。禮讓興。而世道可以復古矣。故其所補農書。皆得之身試者。

《孫徵君傳》（方苞）少倜儻好奇節。而內行篤修。負經世之略。常欲赫然著功烈。而不可强以仕。國朝定鼎。率子弟躬耕。四方來學願留者。亦授田使耕。所居遂成聚。　人無賢愚。苟問學。必開以性之所近。使自力於庸行。

《陳先生瑚傳》（王鎏）二十一。補諸生。館陸桴亭家。兩人憂天下多故。乃講求天文地理兵農禮樂之書。旁及奇門六壬之術。時復彎弓橫槊。弄刀舞劍。將以爲用世具也。順治乙酉。大兵渡江。奉父遷徙無常。丁亥。與諸子講學。著蓮社約法。教以人倫相戒以不妄言。不詐私。不謀利。不作無益。又以端心術。廣氣類。崇儉素。均勞逸。爲蔚村講規。以孝弟。力田。行善。爲蔚村三約。又有五柳堂學規。曰德行。曰經學。曰治事。曰文藝。其小學之規曰習禮。曰受書。曰作課。曰講書。曰歌詩。蓋先生知道不行。而隨處爲世道人心之計。故立教周詳如此。

《張處士爾岐墓表》（錢載）先生之學。深於漢儒之經。而不沿訓故。邃於宋儒之理。而不襲語錄。其答論學書云。士生今日。欲倡正學於天下。不必多所著述。當以篤志力行爲先。蓋闇然君子之自得者也。

《劉處士獻廷墓表》（王源）嘗謂學者曰。人苟不能斡旋氣運。徒以其知能。爲一身家之謀。則不得謂之人。何足爲天地之心哉。故處士生平志在利濟天下後世。造就人才。而身家非所計。處士於禮樂象緯醫藥書數法律農桑火攻器製。旁通博考。浩浩無涯涘。

《劉繼莊傳》（全祖望）繼莊之學。主於經世。自象緯律歷。以及邊塞關要財賦軍器之屬。旁而岐黃者流。以及釋道之書。無不留心。深惡雕蟲之技。其生平自謂於聲音之道。別有所窺。足窮造化之奧。百世而不惑。嘗作新韻譜。其悟自華嚴字母入。而參之以天竺陀羅尼。泰西蠟頂話。小西天梵書。暨天方蒙古女眞等音。囊括浩博。學者驟見而或未能通也。

而李塨王源。尤顏學中之錚錚者。

《顏氏學記恕谷編》（戴望）先生年二十餘。爲諸生。既承習齋教。自治甚嚴。仿習齋爲日譜。記身心言行得失。不爲文飾。而於田賦郊社禘祫宗廟諸禮。及諸史志所載經世諸務。與古帝王治績可爲法者。考校甚備。錄其語曰寥忘編。 三藩平後。四方名士競集京師。共爲學會。先生與焉。因歷及古今升降。民物安危。學術明晦之所以然。以及太極河洛圖書之辨。屯田水利天官地理兵農禮樂之措置。諸公悚聽。相顧謂曰。乾坤賴此不毀也。

《同上或庵編》先生於儕輩中。獨與劉處士獻廷善。日討論天地陰陽之變。伯王大略。兵法文章典制古今興亡之故。恕谷爲極言顏先生明親之道。遂介恕谷往博野。執贄顏先生門。著平書十卷。一曰分民。二曰分土。三曰建官。四曰取士。五曰制田。六曰武備。七曰財用。八曰河淮。九曰刑罰。十曰禮樂。

雖二人皆爲清之舉人。非諸儒之爲明遺民比。然亦不仕清室。

《顏氏學記》(戴望)李塨以康熙三十九年庚午舉於鄉。 王源中式康熙三十二年舉人。或勸更應禮部試。謝曰。吾寄焉。爲謀生計。使無詬厲已耳。

視其他之試鴻博者。爲不同矣。要之清代學術與宋明異者有一要點。即宋明諸儒專講爲人之道。而清代諸儒則只講讀書之法。(此指乾嘉學派而言)惟明末清初之學者。則兼講爲人與讀書。矯明人之空疏。而濟之以實學。凡諸魁傑。皆欲以其學大有造于世。故其風氣與明異。亦與清異。其後文網日密。士無敢談法制經濟。惟可講求古書。盡萃其才力聰明於校勘訓詁。雖歸本於清初諸儒。實非諸儒之本意也。

第八章 康乾諸帝之于文化

滿清之盛。惟康熙雍正乾隆三朝。嘉道而下。國祚衰矣。滿人既主中夏。爲帝王者。自必習中國之文學。康熙諸帝。尤精力過人而事博涉。

《清先正事略序》(曾國藩)聖祖嘗自言。年十七八時。讀書過勞。至於咯血。而不肯少休。老耄而手不釋卷。臨摹名家手卷。多至萬餘。寫寺廟匾榜。多至千餘。蓋雖寒畯不能方其專。而天象地輿歷算音樂考禮行師刑律農政。下至射御醫藥奇門壬遁滿蒙西域外洋之文書字母。殆無一而不通。

《清朝全史》(稻葉君山)乾隆帝甚耽漢人之文化。御製詩至十餘萬首。所作之多。爲陸放翁所不及。又好鑒別書畫。嘗獲宋刻後漢書及九家杜注。甚愛惜之。命畫苑之供奉。畫其像於書上。帝于書法酷愛董其昌。與康熙帝相似。惟帝之異于康熙者。在西洋科學知識之缺乏是也。

頌美清室者。且謂其家法軼於前代。

《簷曝雜記》(趙翼)本朝家法之嚴。卽皇子讀書一事。已迴絕千古。余內直時。屆早班之期。率以五鼓入。時部院百官未有至者。惟內府蘇喇數人往來黑暗中。然已隱隱望見有白紗燈一點入隆宗門。則王子進書房也。天家金玉之體。日日如是。既入書房作詩文。每日皆有程課。未刻畢。則又有滿洲師傅敎國書。習國語及騎射等事。薄暮始休。

然清帝詩文字畫。大都南書房翰林代筆。未必盡出己手。聖祖之學。多李光地梅㲄成等承其意而演述之。所謂御纂諸書。率託名耳。

〔檢論〕（章炳麟）李光地字晉卿。安谿人。治漳浦黃道周之術。善占卦。會康熙朝尊朱學。故以朱學名。其習業因時轉移。聞時貴律歷。卽爲章算幾何。貴訓詁。卽稍稍理故書。貴文言幽眇。卽皮傅周易與中庸篇。爲無端厓之辭。然惟算術爲通明。卒以是傅會得人主意。稱爲名相。 自光地在朝。君臣相顧驩甚。累官至文淵閣大學士。玄曄自言通八線諸術。又數假稱閩學。而光地能料量讎對。故玄曄命錄札記進御。又時時令參訂朱熹書。常曰。知光地者莫如朕。知朕者亦莫光地若也。

〔疇人傳〕（阮元）乙酉二月。南巡狩。李光地以撫臣扈從。上問宣城處士梅文鼎者今焉在。光地以在署對。歸時。召對御舟中。從容垂問。至於移時。如是者三日。臨辭。特賜績學參微四大字。越明年。命其孫㲄成內廷學習。 㲄成肄業蒙養齋。以故數學日進。御製數理精蘊。歷象考成諸書。皆與分纂。

康乾間。武英殿雕刻御製欽定之書。凡經類二十六部。史類六十五部。子類三十六部。集類二十部。論者謂歷代政府刻書之多。未有若清朝者。然清代纂集之書。以圖書集成爲最鉅。其體例蓋創自陳夢雷。

〔東華錄雍正一〕康熙六十一年十二月癸亥諭。陳夢雷原係叛附耿精忠之人。章炳麟檢論·耿精忠據福建·李光地詣精忠不用·時編修陳夢雷亦爲精忠迫脅·常託病支吾·以其形勢阸塞密示光地·光地遣使間道入京·以蠟丸上封事·光地以功高蒙殊遇·而陳夢雷方以降賊坐斬·光地微白之·得不死·夢雷以光地欲攘己功·令已下獄·發憤作書絕交·天下稱光地賣友· 皇考寬仁免戮。發往關東。後東巡時。以其平日稍知學問。帶回京師。交誠親王處行走。累年以來。招搖無忌。不法甚多。京師斷不可留。著將陳夢雷父子發遣邊外。陳夢雷處所存圖書集成一書。皆皇考指示訓誨。欽定條例。費數十年聖心。故能貫穿今古。彙合經史。天文地理。皆有圖記。下至山川草木。百工製造。海西秘法。靡不備具。洵爲典籍之大觀。此書工猶未竣。著九卿公舉一二學問淵通之人。令其編纂竣事。原稿內有訛錯未當者。即加潤色增刪。

經始于康熙中。至雍正三年始成。

〔叢書舉要〕（李之鼎）圖書集成。共六彙編。三十二典。六千一百九部。都一萬卷。五百七十六函。五千册。又目錄二十册。此書初爲陳夢雷侍皇三子誠親王所編。時在康熙三十九年也。四十五年四月。書成。名曰彙編。凡爲彙編者六。爲志三十有二。爲部六千有奇。越十年。進呈。賜名古今圖書集成。命儒臣重加編校。十年未就。世宗復命蔣廷錫督在事諸臣成之。編仍其舊。志易爲典。殿本以聚珍銅字。其圖鋟銅爲之者最佳。

其書雖不逮永樂大典之博。卷數亦僅及其半。然永樂大典成而未刊。則類書之印行于世者。無過于此書矣。

康雍兩朝。經營圖書集成。至乾隆朝。則編訂四庫全書。乾隆三十七年。詔求海內遺書。大興朱筠請將永樂大典擇取繕寫。各自爲書。三十八年。遂命諸臣校核永樂大典。定名四庫全書。

〔四庫全書提要〕乾隆三十八年二月二十一日。大學士劉統勳等議奏。校辦永樂大典條例一摺。奉旨依議。將來辦理成編時。著名四庫全書。

至四十七年告竣。計文淵閣著錄者。三千四百五十七部。七萬九千七十卷。其附于存目者。六千七百六十六部。九萬三千五百五十六卷。

〔清朝全史〕(稻葉君山)自乾隆三十八年。開設四庫全書館。任皇室郡王及大學士爲總裁。六部尚書及侍郎爲副總裁。然實際任編纂者乃爲總纂官孫士毅陸錫熊紀昀三人。而紀昀之力尤多。分任編纂之事者。不少著名學者。如校勘永樂大典纂修官。有戴震邵晉涵。校辦各省送到遺書纂修官。有姚鼐朱筠。篆隸分校官。有王念孫。總目協勘官。有任大椿。副總裁以下。無慮三百餘名。該書至乾隆四十七年告竣。總計存書三千四百五十七部。七萬九千七十卷。存目六千七百六十六部。九萬三千五百五十六卷。所謂存書。乃著錄於四庫者。存目。乃僅錄其書目而已。

其內容凡分六種。

〔清朝全史〕(稻葉君山)四庫館編纂之主旨。採六種方法。第一爲敕撰本。自清初以至乾隆時。依敕旨所編纂者。第二內府本。乃康熙以來自宮廷收藏者。凡經史子集存書約三百二十六部。存目。凡三百六十七部。第三永樂大典本。存書存目。凡五百餘種。其著名於當時者。如舊五代史。續資治通鑑長編。建炎以來繫年要錄。嶺外代答。諸蕃志。宋朝事實等。第四爲各省採進本。命總督巡撫等進獻其地方遺書。採書最多者爲浙江。最少者爲廣東。湖北湖南山西陝西次之。據浙江採集遺書總錄。總數四千五百二十三種。五萬六千九百五十九卷。別分卷者二千九十二冊。第五私人進獻本。係當時著名之藏書家所進獻。知名於清初者。如浙江寧波范氏之天一閣。慈谿鄭氏之二老閣。杭州趙氏之小山堂。嘉興項氏之天籟閣。朱氏之曝書亭。江蘇常熟錢氏之述古樓。崑山徐氏之傳是樓等。四庫館令此等藏書家之子孫進獻之。約以進獻之書謄寫後。即付還。因之地方藏書家進獻頗多。一人送到五百餘種以上者。朝廷各賞圖書集成一部。百種以上者。賜以初印之佩文韻府一部。第六通行本。乃世間流行之書籍。約以上各端。乾隆之編纂四庫全書。在支那書籍之蒐集史上。實爲空前之偉觀。

同時繕錄七部。分貯于文淵。文源。文溯。文津。文匯。文宗。文瀾七閣。淵源津溯。稱內廷四閣。匯宗瀾。稱江浙三閣。嗜奇好學之士。准其赴閣檢視鈔錄。

【清朝全史】(稻葉君山)乾隆帝編纂四庫全書。造文淵閣於北京紫禁城內。造文源閣於圓明園。文溯閣於奉天。文津閣於塞外之熱河。爲貯藏之所。此稱內廷四閣。文淵閣建造式。仿浙江范氏天一閣爲之。當全書告成之後。又命起文匯閣於江蘇揚州之大觀堂。文宗閣於鎮江金山寺。文瀾閣於浙江杭州聖因寺之行宮。亦各藏四庫全書一部。此稱江浙三閣。凡七閣既成。帝曰。我國荷承休命。重熙累洽。同軌同文。所謂禮樂百年而後興。此其時也。又謂朕蒐集四庫之書。非徒博右文之名。以示其得意焉。內廷四閣。非特別之資格與得許可者不准閱覽。江浙三閣。聽學者皆得閱覽抄錄。七閣之中。今日尚儼然存者。惟文津文淵文三溯閣。他如文宗文匯二閣。亡於太平之兵亂。圓明園文源閣燬於火。文瀾閣亦多有散亡云。

此則滿清高宗對于中國文化之偉業也。

然而清高宗之修四庫全書。同時有保存文化及摧殘文化之兩方面。古書之湮佚者。固賴此舉而復彰。而名人著述之極有關係者。又因玆舉而銷毀焉。此世之所以不滿于高宗也。

〔檢論哀焚書〕（章炳麟）滿洲乾隆三十九年。既開四庫館。下詔求書。命有觸忌諱者毀之。四十一年。江西巡撫海成獻應毀禁書八千餘通。傳旨褒美。督他省摧燒益急。自爾獻媚者蜂起。初下詔時。切齒於明季野史。其後四庫館議。雖宋人言遼金元。明人言元。其議論偏繆尤甚者。一切擬毀。及明隆慶以後諸將相獻臣所著奏議文錄。若高拱（邊略）張居正（太岳集）申時行（綸扉簡牘）葉向高（四夷考·遽編·蒼霞草·蒼霞餘草·蒼霞續草·蒼霞奏草·蒼霞尺牘）高攀龍（高子遺書）鄒元標（鄒忠介奏疏）楊漣（楊忠烈文集）左光斗（左忠毅集）繆昌期（從野堂存稿）熊廷弼（按遼疏稿書牘·熊芝岡詩稿）孫承宗（孫高陽集）倪元璐（倪文正遺稿奏牘）盧象昇（宣雲奏議）孫傳庭（罷省錄）姚希孟（清閟全集·沆瀣集·文遠集·公槐集·公槐集中有建夷授官始末一篇）馬世奇（澹寧居集）諸家。絲袠寸札。靡不燕爇。雖茅元儀武備志不免於火。（武備志今存者·終以詆斥尚少·故弛之耳）厥在晚明。當弘光隆武。則袁繼咸（六柳堂集）黃道周（廣百將傳注）金聲（金太史集）當永歷及魯王監國。則錢肅樂（偶吟）張肯堂（寓農初議）國維（撫吳疏草）煌言（北征紀略）自明之亡。一二大儒。孫氏則夏峯集。顧氏則亭林集。日知錄。黃氏則行朝錄。南雷文定。及諸文士侯魏邱彭所撰述。皆以詆觸見燼。其後紀昀等作提要。孫顧諸家稍復入錄。而頗去其貶文。或曰。朱邵數君子實左右之。然隆慶以後。至於晚明將相獻臣所著。僅有孑遺矣。其他遺聞軼事。皆前代逋臣所錄。非得於口耳傳述。而被焚毀者。不可勝數也。由是觀之。夷德之戾。雖五胡金元。抑猶有可以末減者耶。

〔滿朝全史〕（稻葉君山）在編纂四庫全書諭旨前後。又布一禁書令。甚可注意。禁書者。即明代關於滿洲祖先之著述。據帝之諭旨。此等逆書。不合於本朝一統之旨。勿使行於世。蓋文弱之漢人。被北人驅逐時。藉文學以發抒不平之氣。爲唯一之武器。其著述之數極多。帝此時不僅欲一掃此種明末之紀錄。並思將其正史一切付諸銷燬。其處置殊不公允。此種命令。始於乾隆三十九年至四十三年。再加二年之期限至四十六年。又展限一年。據兵部報告。當時銷毀之次數二十四回。書五百三十八種。共一萬三千八百六十二部云。然猶以爲未足。至乾隆五十三年。尚嚴諭遵行。從大體而言。在北方諸省較完全遵行。其東南各省。未能禁絕。

當康熙初年。已有莊氏史案。

『清稗類鈔』(徐珂)明相國烏程朱文恪公國楨。嘗作明史。舉大經大法者筆之。刊行於世。謂之史概。未刊者爲列朝諸臣傳。明亡後。朱氏家中落。以稿本質千金於莊廷鑨。廷鑨家故富。因竄名於中。攘爲己作。刻之。補崇禎一朝事。中多指斥本朝語。康熙癸卯。歸安知縣吳之榮罷官。謀以告訐爲功。藉作起復地。白其事於杭州將軍松魁。魁咨巡撫朱昌祚。昌祚牒督學胡尚衡。廷鑨並納重賂以免。乃稍易指斥語。重刊之。之榮計不行。特購初刊本。上之法司。事聞。遣刑部侍郎出讞獄。時廷鑨已死。戮其尸。誅其弟廷鉞。舊禮部侍郎李令晳嘗作序。亦伏法。並及其四子。序中稱舊史朱氏者。指文恪也。之榮素怨南潯富人朱佑明。遂嫁禍。且指其姓名以證。並誅其五子。魁及幕客程維藩械赴京師。魁以八議僅削官。維藩戮於燕市。昌祚尚衡賄讞獄者。委過於初申覆之學官。歸安烏程兩學官。並坐斬。而昌祚尚衡乃幸免。湖州太守譚希閔。涖官甫半月。事發。與推官李煥。皆以隱匿罪至絞。滸墅關榷貨主事李希白。聞閶門書坊有是書。遣役購之。適書賈他出。役坐於其鄰朱家少待之。及書賈返。朱爲判其價。時希白已入京。以購逆書罪立斬。書賈及役斬於杭。鄰朱某者因年踰七十免死。偕其妻發極邊。歸安茅元錫。方爲朝邑令。與吳之鏞之銘兄弟嘗預參校。悉被戮。時江楚諸名士列名書中者皆死。刻工及鬻書者同日刑。惟海寧查繼璜。仁和陸圻。

當獄初起時。先首告。謂廷鑨慕其名。列之參校中。得脫罪。是獄也。死者七十餘人。婦女並給邊。或曰死者二百二十一人。

後又有南山集案。

《清稗類鈔》（徐珂）桐城方孝標。嘗以科第起官至學士。後因族人方猷主順治丁酉江南試。與之有私。並去官。遣戍。遇赦歸。入滇。受吳三桂僞翰林承旨。吳敗。孝標先迎降。得免死。因著鈍齋文集。滇黔紀聞。戴名世見而善之。所著南山集中。多采錄孝標所紀事。尤雲鶚方正玉爲之捐貲刊行。雲鶚正玉及同官汪灝朱書劉巖王源皆有序。板藏於方苞家。又與其弟子余生一書。論修史之例。謂本朝當以康熙壬寅爲定鼎之始。世祖雖入關十八年。時明祀未絕。若循蜀漢之例。則順治不得爲正統云。時趙申喬爲都諫。奏其事。九卿會鞫。中戴名世大逆法。至寸磔。族皆棄市。未及冠笄者。發邊。朱書王源已故。免議。尤雲鶚方正玉汪灝劉巖余生方苞以謗論罪絞。時孝標已死。以名世之罪罪之。子登嶧雲旅。孫世樵。並斬。方氏有服者皆坐死。且剉孝標尸。尚書韓菼侍郎趙士麟御史劉灝。淮揚道王英謨。庶吉士汪份等三十二人。並別議降謫。疏奏後。凡議絞者改戍邊。灝以曾效力書局。赦出獄。苞編管旗下。雲鶚正玉免死。徙其家。方氏族屬謫黑龍江。菼以下平日與名世論文牽連者。俱免議。此康熙辛卯壬辰間事也。

死徙者不必論。即就方苞所記當時獄中狀況。已可謂之黯無天日矣。

《望溪集外文獄中雜記》（方苞）康熙五十一年三月。余在刑部獄。見死而由竇出者日三四人。有洪洞令杜君者。作而言曰。此疫作也。今天時順正。死者尚希。往歲多至日數十人。余叩所以。杜君曰。是疾易傳染。遘者雖戚屬不敢同臥起。而獄中爲老監者四。監五室。禁卒居中央。牖其前以通明。屋極有窗以達氣。旁四室則無之。而繫囚常二百餘。每薄暮。下管鍵。矢溺皆閉其中。與飲食之氣相薄。又隆冬。貧者席地而臥。春氣動。鮮不疫矣。獄中成法。質明。啓鑰。方夜中。生人與死者並踵頂而臥。無可旋避。此所以染者衆也。又可怪者。大盜積賊殺人重囚氣傑旺。染此者十不一二。或隨有瘳。其駢死。皆輕繫及牽連佐證。治所不及者。余曰。京師有京兆獄。有五城御史司坊。何故刑部繫囚之多至此。杜君曰。邇年獄訟。情稍重。京兆五城卽不敢專決。又九門提督所訪緝糾詰。皆歸刑部。而十四司正副郎好事者及書吏獄官禁卒。皆利繫者之多。少有連。必多方鉤致。苟入獄。不問罪之有無。必械手足。置老監。俾困苦不可忍。然後導以取保。出居于外。量其家之所有以爲劑。而官與吏剖分焉。中家以上。皆竭資取保。其次求脫械居監外板屋。費亦數十金。惟極貧者無依。則械繫不稍寬。爲標準以警其餘。或同繫情罪重者。反出在外。而輕者無罪者罹其毒。積憂憤。寢食違節。及病。又無醫藥。故往往至死。　凡死刑獄上者。先俟于門外。使其黨入索財物。名曰斯羅。富者就其戚屬。貧則面語之。其極刑。曰順我。卽先刺心。否則四肢解盡。心猶不死。其絞縊。曰順我。始縊卽氣絕。否則三縊加別械。然後得死。惟大辟無可要。然猶質其首。用此富者賂數十百金。貧亦罄衣裝。絕無有者。則治之如所言。主縛者亦然。不如所欲。則縛時卽先折筋骨。每歲大決。勾者十三四。留者十六七。皆縛至西市待命。其傷於縛者。卽幸留。病數月乃瘳。或竟成痼疾。　余同逮以木訊者三人。一人予二十金。骨微傷。病間月。一人倍之。傷膚。兼旬愈。一人六倍。卽夕行步如常。

而雍乾間文字之獄。尤夥。若查嗣庭。呂留良。胡中藻。王錫侯。徐述夔等之案。不可勝數。

《清稗類鈔》（徐珂）雍正丙午。查嗣庭僉鴻圖典江西試。以君子不以言舉人二句。山徑之蹊間一節。命題。其時方行保舉。廷旨謂其有意譏刺。三題茅塞於心。廷旨謂其不知何指。其居心不可問。因查其筆札詩草。語多悖逆。遂伏誅。並其兄愼行嗣瑮遣戍有差。浙人因之停丁未科會試。或曰。查所出題。爲維民所止。忌者謂維止二字。意在去雍正二字之首也。世宗以爲大不敬。命搜行篋中。有日記二本。乃按條搜求。謂其捏造怨望語。難枚舉。遂下嚴旨拏問。

【同上】呂留良。字莊生。又名光綸。字用晦。號晚村。石門人。自以爲淮府儀賓之後。追念明代。以發抒種族思想。著爲書。誓不仕。郡守以隱逸薦之。乃削髮爲僧。康熙辛酉卒。雍正時。以曾靜文字獄之牽涉。戮尸。著述均燬。　先是湖南人曾靜。遣其徒張熙。投書川陝總督岳鍾琪。勸以同謀舉事。鍾琪以聞。詔刑部侍郎杭奕祿。副都統海蘭。至湖南會同巡撫王國棟。提曾靜質訊。靜供稱因應試州城。得見留良評選時文。內有論夷夏之防及井田封建等語。又與留良之徒嚴鴻逵沈在寬等往來投契等語。於是將靜熙提解來京。並命浙江總督李衛。查留良鴻逵在寬家藏書籍。所獲日記等書。並案內人犯。一併拏解赴部。命內閣九卿等研訊。世宗以留良之罪尙在靜之上。諭九卿科道會議具奏。旋將留良鴻逵。及留良之子葆中。皆剉尸梟示。子孫遣戍。婦女入官。在寬凌遲處死。而靜熙免罪釋放。

【同上】湖南學政胡中藻。著堅磨生詩。中多謗訕語。經人告發。乾隆乙亥三月十三日。大學士九卿等奉上諭。我朝撫有天下。於今百有餘年。凡爲臣子。自乃祖乃父。食毛踐土。宜其胥識尊親大義。乃尙有出身科目。名列清華。而鬼蜮爲心。於語言吟詠之間。肆其悖逆詆訕怨望。如胡中藻者。實非人類之所應有。其所刻詩。題曰堅磨生詩鈔。堅磨出自魯論。孔子所稱磨涅。乃指佛肸而言。胡中藻以此自號。是誠何心。從前查嗣庭汪景祺呂留良等詩文日記。謗訕譸張。大逆不道。蒙皇考申明大義。嚴加懲創。以正倫紀而維世道。數十年來。以爲中外臣民。咸知警惕。而不意尚有此等鴟張狺吠之胡中藻。卽檢閱查嗣庭等舊案。其悖逆之詞。亦未有連篇累牘。至於如此之甚者。　甲寅。大學士等奏稱。胡中藻違天叛道。覆載不容。合依大逆凌遲處死。該犯的屬男十六歲以上。皆斬立決。諭胡中藻免其凌遲。著卽行處斬。爲天下後世炯戒。其案內一應干涉之人。除鄂昌另行審結外。其餘一概免其查究。

【同上】乾隆丁酉十一月。新昌王瀧南呈首舉人王錫侯。刪改康熙字典。另刻字貫。高宗閱其進呈之書。第一本序文凡例。將聖祖世宗廟諱及御名字樣開列。實爲大逆不法。命鎖押解京。交刑部審訊。錫侯及其子孫。並處重刑。燬其板。且禁售賣。緣坐者。亦分起解京治罪。

【同上】東臺舉人徐述夔。著一柱樓詩。多詠明末時事。乾隆戊戌。東臺令上其事。廷旨謂語多悖逆。實爲罪大惡極。時述夔已卒。命剖棺戮尸。其子懷祖。以刊刻遺詩。及孫食田等。提解至京。命廷臣集訊。定以大逆不道正法。詩集悉銷燬。江蘇藩司陶易。揚州府知府謝啓昆等。亦悉置重典。

前代文人受禍之酷。殆未有若清代之甚者。故雍乾以來。志節之士。蕩然無存。有思想才力者。無所發洩。惟寄之于考古。庶不干當時之禁忌。其時所傳之詩文。亦惟頌諛獻媚。或徜徉山水。消遣時序。及尋常應酬之作。稍一不愼。禍且不測。而清之文化可知矣。

第九章　學校教育

清代學校教育。率沿明制。在清季末興學堂以前。其所謂學校。卽科舉之初基。固無當于教育。然其學分大中小。官有教授教諭等。亦近世學校名義之所沿也。

〔清會典〕凡學皆設學官。以課士。府曰教授。州曰學正。縣曰教諭。皆以訓導副之。　凡生員。有廩膳生。有增廣生。有附生。各視其大學中學小學以爲額。（順治四年·定直省儒學·視人文多寬優絀·分大中小學·取進童生·大學四十名·中學三十名·小學二十名·直省各學廩膳生增廣生·府學各四十名·州學各三十名·縣學各二十名·衛學各十名·直省取進童生·大府二十名·大州縣十五名·小縣四五名·）奉恩詔。則廣額。巡幸亦如之。其永廣之額。則視其事以爲差。　簡學政以董教事。及按試。嚴以關防。歲試各別其文之等第。以賞罰而勸懲之。取其童生之優者以入學。　凡試生員。令學官册而送於院。試童生。令地方官册而送於院。鄉試。則錄科。各申以禁令。三年報滿。各列所剔之弊。題而下於部。以考覈。　凡教學。必習其禮事。明其經訓。示其程式。敦其士習。正其文體。　凡生員食餼久者。各以其歲之額而貢於太學。曰歲貢。有恩詔。則加貢焉。曰恩貢。學官舉其生員之優者。三歲。學政會巡撫試而貢之。曰優貢。十有二歲。乃各拔其學之尤者而貢之。曰拔貢。

明惟府教授秩從九品。餘俱無官品。

〔明史〕儒學府教授一人。（從九品）訓導四人。州學正一人。訓導三人。縣教諭一人。訓導二人。教授學正教諭掌教誨所屬生員。訓導佐之。

清高宗始加其品級。

【清文獻通考】先是直省教職未入流品。雍正十三年九月（時高宗初即位）奉諭。各省教職。乃師儒之官。所以訓迪約束。爲多士之表率也。若不賞給品秩。則與雜職無異。恐本人遂以冗散自居。不知殫心課士。以盡職任。著加給品級。以示鼓舞責成之意。尋吏部議。准京府教授。四氏學教授。各府衛儒學教授。爲正七品官。各州學正。各縣教諭。爲正八品官。各府州縣衛訓導。爲從八品官。

然師儒地位。本不以官品爲尊卑。清之定爲職官。似屬尊師。亦未得尊之之法也。其國學曰國子監。亦沿前代之制。有師儒之官。

【清會典】國子監管理監事大臣一人。祭酒。滿洲一人。漢一人。司業。滿洲一人。蒙古一人。漢一人。掌國學之政令。凡貢生監生學生及舉人之入監者皆教焉。　凡貢生之別有六。曰恩貢生。曰拔貢生。曰副貢生。曰歲貢生。曰優貢生。曰例貢生。監生之別四。曰恩監生。曰廕監生。曰優監生。曰例監生。學生之別二。曰八旗官學生。曰算學生。貢生監生教於堂。學生教於學。凡入貢入監非以俊秀者曰正途。　凡教。有月課。有季考。皆第其優劣。歲終則甄別。各視學之成否而咨焉。察爲經明事治者以聞而備用。六堂率性堂助教漢一人。學正漢一人。修道堂。助教漢一人。學正漢一人。誠心堂。助教漢一人。學正漢一人。正義堂。助教漢一人。學正漢一人。崇志堂。助教漢一人。學錄漢一人。廣業堂。助教漢一人。學錄漢一人。掌分教肄業之士。凡肄業。按其內外班之額而分撥焉。各率以班長。南學則董以學官。率以齋長。皆月課以時講貫其義。　算學。管理大臣滿洲一人。助教漢一人。教習漢二人掌數算法。

其監生多援例捐納者。世多卑視之。

清之學校。最重流品。一切賤籍。不得應試。

〔清通考〕定例。娼優隸卒之家。不准考試。其皁隸馬快小馬禁卒之子孫。有曚混捐納者。俱照例斥革。至門子長隨。湖南省有濫行報捐者。均予斥革。惟民壯一班。雍正年間。先後議准與兵丁一律拔補。非賤役可比。不便阻其進身之階。但各省俱有皁快民壯三班。隨時改撥者。應令地方官查明。除未經改撥之民壯子孫。准其報捐應試外。其由民壯改充皁快。及其先曾充當皁快者。仍不准報捐應試。以杜冒濫。

童生應試。必有保結。

〔清會典〕童生考試。以同考五人互結。廩生認保出結。府州縣試。令童生親填年貌籍貫三代。認保姓名。並各結狀。黏送府州縣。試畢造册。申送學政。

其有違誤。保者連坐。

〔清會典〕童生考試。有冒籍頂替倩代匿喪假捏姓名身遭刑犯及出身不正如門子長隨番役小馬皁隸馬快步快禁卒仵作弓兵之子孫。倡優奴隸樂戶丐戶蜑戶吹手。凡不應應試者。混入。認保派保互結之五童。互相覺察。容隱者五人連坐。廩保黜革治罪。

而舉貢生員並免差徭。視一切平民。顯有階級之別焉。

【清通考】乾隆元年。命免舉貢生員雜色差徭。是時各省有令生員充當總甲圖書之役者。奉諭嗣後舉貢生員等著概行免派雜差。俾得專心肄業。倘於本戶之外。別將族人借名濫充。仍將本生按律治罪。

學校之外有書院。亦沿宋明之制。

【清會典】京師設立金臺書院。每年動撥直隸正項銀兩。以爲師生膏火。由布政司詳請總督報銷。直省省城設立書院。直隸曰蓮池。山東曰濼源。山西曰晉陽。河南曰大梁。江蘇曰鍾山。江西曰豫章。浙江曰敷文。福建曰鼇峯。湖北曰江漢。湖南曰嶽麓。曰城南。陝西曰關中。甘肅曰蘭山。四川曰錦江。廣東曰端溪。曰粵秀。廣西曰秀峯。曰宣城。雲南曰五華。貴州曰貴山。皆奉旨賜帑。贍給師生膏火。奉天曰瀋陽。酌撥每學學田租銀爲膏火。令有志嚮上無力就師各生。入院肄業。書院師長。由督撫學臣。不分本省鄰省已仕未仕。擇經明行修足爲多士模範者以禮聘請。

而其性質蓋有區別。清初各地方之書院。猶尚講學。如二曲之于關中。

【二曲集歷年紀略】康熙十二年。總督鄂善修復關中書院。肅幣聘先生講學。先生登座。公與撫軍藩臬以下。抱關擊拆以上。及德紳名賢進士舉貢文學子衿之衆。環階席而侍聽者。幾千人。先生立有學規會約。約束禮儀。整肅身心。三月之內。一再舉行。鼓蕩摩厲。士習丕變。

習齋之于漳南。

《顏氏學記》（戴望）肥鄉有漳南書院。邑人郝文燦請先生往設教。三聘始往。爲立規制甚宏。從遊者數十人。遠近翕然。

張蔡之于鼇峯。

《先正事略》（李元度）儀封張清恪公伯行。嘗建請見書院。與鄉人士講明正學。　所至必修建書院學舍。閩士肖公象。祀於鼇峯。

《蔡公世遠墓誌銘》（方苞）儀封張清恪公撫閩。延公父壁。主鼇峯書院。而招公入使院。共訂先儒遺書。　公丁父艱歸。大府復以鼇峯屬公。公尙氣節。敦行孝弟。好語經濟。而一本於誠信。由是閩士慨然興於正學。而知記誦辭章之爲末也。

沈史之于姚江。

《姚江書院志》姚江講學之盛。前稱徐錢。後稱沈史。　沈求如先生國模。字叔則。餘姚人。崇禎末。與念臺劉子會講證人社。劉子死節。哭之慟。自謂後死。作人明道之意益篤。使門人重績義學。月旦臨講。曰。陵谷變遷。惟學庶留人心不死。　史拙修先生孝咸。衣冠言動。一準儒者。醇潔之士多歸之。沈先生卒。拙修先生主書院。和平光霽。以名教爲宗主。家貧。日食一粥。泊如也。

皆明代講學之書院之法也。雍正中。直省皆建書院。

《淸通考》雍正十一年。命直省省城設立書院。各賜帑金千兩。爲營建之費。諭內閣。各省學政之外。地方大吏。每有設立書院。聚集生徒。講誦肄業者。但實有裨益者少。浮慕虛名者多。近見各省大吏。漸知崇尙實政。不事沽名邀譽之爲。而讀書應舉者。亦頗能屏去囂浮奔競之習。則建立書院。擇一省文行兼優之士。讀書其中。使之朝夕講誦。整躬勵行。有所成就。俾遠近士子觀感奮發。亦興賢育才之一道也。督撫駐箚之所。爲省會之地。著該督撫商酌奉行。各賜帑金一千兩。將來士子羣聚讀書。須預爲籌畫。資其膏火。以垂永久。其不足者。在於存公銀內支用。封疆大臣等並有化導士子之職。各宜殫心奉行。黜浮崇實。以廣國家菁莪棫樸之化。則書院之設。於士習文風。有裨益而無流弊。乃朕之所厚望也。

以屏去浮囂杜絕流弊爲宗旨。故主之者不復講學。第以考試帖括。頒布膏火而已。袁枚書院議。謂上之人。挾區區稟假。以震動黜陟之。謂能教士。實中當時之弊。

《書院議》（袁枚）民之秀者。已升之學矣。民之尤秀者。又升之書院。升之學者。歲有餼。升之書院者。月有餼。此育才者甚盛意也。然士貧者多。富者少。於是求名賒而謀食殷。上之人探其然也。則又挾區區之稟假以震動黜陟之。而自謂能教士。噫。過矣。

然如鄂爾泰教滇士以讀書。亦未始無勸學之用。

《徵滇士入書院教》（鄂爾泰）滇舊有書院。使者分爲三舍。課其優絀。以高下其廩餼。然使者竊憂之。慮其應上者之鮮實心。而操之無具。故奇才異能之士未嘗數數覯也。使者先已置二十一史諸書於院中。學者尚未及讀。至是復取架上十三經及周秦以來之書若干部。各用圖書印記。注之簿册。貯之書院。掌之學官。傳之永久。又將招致四方之善讀書而能好古者。以充學舍。厚其廩餼。而以時親課讀之。　讀書之法。經爲主。史副之。四書本經孝經。此童而習之者。外此。則先之以五經。其次如左傳之淹博。公穀之精微。儀禮之謹嚴。周禮之廣大。爾雅辨晰毫芒。大至無外而細入無間。此十三經者。闕其一。卽如手足之不備而不可以成人者也。至於史。則先史記。次前漢書。次後漢書。此三史者。亦闕一不可。讀本紀。可以知一代興亡盛衰之由。讀年表世家。可以知大臣創業立功之所自。讀列傳。可以知人臣邪正公私。卽以關係國家得失利害之分。讀忠孝節義隱逸儒林文學方伎等傳。可以知各成其德。各精其業。以各造其極。而得其或顯當時或傳後世之故。讀匈奴大宛南蠻西域諸傳。可以知安內攘外柔遠綏邊恩威各得之用。讀天官歷律五行諸書志。可以觀天。而並可以知天人相感之原。讀河渠地理溝洫郡國諸書志。可以察地。而並可以知險要之機。讀禮樂郊祀儀衛輿服等書志。可以知典禮掌故之因革。而有所參訂。讀藝文經籍等志。可以知七略九種四部六庫著作之源流。而有所考稽。讀平準食貨諸書志。可以知出入取予制節謹度之大要。而有所規鑒。讀刑法兵營等志。可以知賞罰征伐懲惡勸善討罪立功之大法。而有所折衷。此讀史之大要也。讀左傳。以史記副之。讀公羊穀梁儀禮周官爾雅。而以前後兩漢副之。十三經與三史既讀。此外如家語國語國策離騷文選老莊荀列管韓。以及漢唐宋元人之文集。與三國志晉書以下諸史。參讀參看。擇其尤精粹者讀之。其餘則分日記覽。 如借書院爲納交聲氣之地。觴酒酬酢。慶賀往還。遊蕩門外。招搖市中。是尤不肖之甚。貽羞書院。恥笑士林。此使者之所深惡。毋過吾門也。

其後如阮元之創詁經精舍及學海堂。

《阮文達公傳》(劉毓崧)所至必以興學教士爲急。在浙江則立詁經精舍。在廣東則立學海堂。選諸生知務實學者肄業其中。士習蒸蒸日上。至今官兩省者皆奉爲矩矱。

《先正事略》(李元度)阮元爲浙江巡撫時。立詁經精舍。祀許叔重鄭康成兩先生。延王述庵孫淵如主講席。選高材生讀書其中。課以經史疑義及小學天文地理算法。許各搜討書傳條對。不用扃試糊名法。刻其文尤雅者曰詁經精舍集。不十年。上舍士致身通顯。及撰述成一家言者。不可殫數。東南人才稱極盛焉。　調兩廣總督。立學海堂。以經古學課士。如在浙江時。

黃體芳之建南菁書院。

《黃先生以周墓志銘》(繆荃孫)黃漱蘭侍郎視學江蘇。建南菁講舍。延先生主講。先生教以博文約禮。實事求是。　宗湘文觀察。建辨志精舍於寧波。請先生定其名義規制。而專課經學。著錄弟子千餘人。

以及俞樾。劉熙載。朱一新等之掌教各書院。

《俞先生樾行狀》(繆荃孫)先生歷主講蘇州紫陽上海求志德清清溪歸安龍湖等書院。而主杭州詁經精舍至三十一年。爲歷來所未有。其課諸生。一稟阮文達公成法。王侍郎昶。孫觀察星衍兩先生之緒。至先生復起而振之。兩浙知名之士。承聞訓迪。蔚爲通材者。不可勝數。

《劉融齋中允別傳》(蕭穆)其主講龍門書院。與諸生講習。終日不倦。每五日必一一問其所讀何書。所學何事。黜華崇實。祛惑存眞。嘗午夜周覽諸生寢室。其嚴密如是。

《朱君一新別傳》(金武祥)粵督張香濤尚書。延爲肇慶府端溪書院山長。復延入廣州。爲廣雅書院山長。廣雅規模宏大。張公所新建者。儲書甚富。山長專課諸生以經訓性理及史事詞章有用之學。兩廣東西高才生咸請業。

皆以博習經史詞章爲主。與專試時文之書院固不同。亦與講求理學之書院異趣焉。

書院之外。有社學義學等。則爲教育幼童及孤貧者而設。

《清通考》康熙九年。令各直省置社學社師。凡府州縣每鄉置社學一。選擇文藝通曉行誼謹厚者。考充社師。免其徭役。給餼廩優膳。學政按臨日。造姓名册申報考察。

《同上》五十四年。諭直隸巡撫趙宏燮。畿輔之地。乃王化所先。宜于窮鄉僻壤。皆立義學。延師教讀。以勉厲孝弟。可望成人矣。

《清會典》京師暨各省府州縣。俱設義學。京師由順天府尹愼選文行兼優之士。延爲館師。諸生中貧乏無力者。酌給薪水。各生由府州縣董理。酌給膏火。每年仍將師生姓名。册報學政。直省府州縣大鄉巨堡。各置社學。擇學優行端之生員爲師。免其差役。由地方官量給廩餼。仍報學政查覈。

其教課不過童蒙識字之書。間授以珠算。取足謀生而已。通常士商之子弟。則多學于家塾。或就師塾聚讀。敏異者則授以經書及史鑑之類。愚鈍者則學尺牘。習珠算。至年十四五。爲商賈之徒弟焉。塾師之教最重記誦。

《蒿庵閒話》(張爾岐)邢懋循嘗言其師教之讀書用連號法。初日誦一紙。次日又誦一紙。並初日所誦誦之。三日又並初日次日所誦誦之。如是漸增引至十一日。乃除去初日所誦。每日皆連誦十號。誦至一週。遂成十週。人即中下。已無不爛熟矣。又擬目若干道。書簽上貯之筒。每日食後。拈十簽。講說思維。令有條貫。逮作文時。遂可不勞餘力。

然亦有注重啓發者。觀王筠教童子法。雖專爲學生作文應試計。而其用心未嘗不與今之教育家言相近焉。

《教童子法》(王筠)蒙養之時。識字爲先。不必遽讀書。先取象形指事之純體教之。識日月字。卽以天上日月告之。識上下字。卽以在上在下之物告之。乃爲切實。純體字既識。乃教以合體字。又須先易講者。而後及難講者。講文不必盡說正義。但須說入童子之耳。不可出之我口便算了事。如弟子鈍。則識千餘字後。乃爲之講。能識二千字。乃可讀書。讀亦必講。然所識之二千字。前已能解。則此時合爲一句講之。若尚未解。或並未曾講。只可逐字講之。八九歲時。神智漸開。則四聲虛實韻部雙聲疊韻事事都須教。兼當教之屬對。且每日教一典故。才高者全經及國語國策文選盡讀之。即才鈍。亦五經周禮左傳全讀之。儀禮公穀摘鈔讀之。才高十六歲可以學文。鈍者二十歲不晚。初學文。先令讀唐宋古文之淺顯者。即令作論。以寫書爲主。不許說空話。以放爲主。越多越好。但於其虛字不順者少改易之。以圈爲主。等他知道文法。而後使讀隆萬文。不難成就也。　學生是人。不是豬狗。讀書而不講。是念藏經也。嚼木札也。鈍者或俯首受驅使。敏者必不甘心。人皆尋樂。誰肯尋苦。讀書雖不如嬉戲樂。然書中得有樂趣。亦相從矣。　凡每日屬對。必相其本日所讀。有可對者而后出之。可以驗其敏鈍。即或忘之。亦教責之而無詞也。　小兒無長精神。必須使有空閒。空閒即告以典故。但典故有死有活。死典故日日告之。如十三經何名。某經作註者誰。作疏者誰。二十四史何名。作之者姓名。日告一事。一年即有三百六十事。間三四日。必須告以活典故。如問之曰。兩鄰爭一雞。爾能知確是某家物否。能知者即大才矣。不能知而后告以南史。先問兩家飼雞各用何物。而后剖嗉驗之。弟子大喜者。亦有用人也。自心思長進矣。　教弟子如植木。但培養澆灌之。令其參天蔽日。其大本可爲棟梁。即其小枝亦可爲小器具。今之教者。欲其爲几也。即曲折其木以爲几。不知器是做成的。不是生成底。迨其生機不遂而夭閼以至枯槁。乃猶執夏楚而命之曰是棄材也。非教之罪也。嗚乎。其果無罪耶。　沂州張先生筠之父執李刑原。名映軫先生師也。嘗言從學時。每日早飯後輒曰各自理會去。弟子皆出。各就隴畔畦間。比反。各道其所理者何經何文。有何疑義。張先生即解說之。吾安邱劉川南先生名其旋十餘歲時。師爲之講書數行。輒請曰。如此則與某章反背。師令退思之。而復講。如是者每日必有之。半年後。師遂不窮於答問。是謂教學相長。然此等高足那可多得。故爲弟子講授。必時時詰問之。令其善疑。誘以審問。則其作文時。必能標新領異矣。

第十章　考證學派

滿清中葉。考據之學大興。當時號爲漢學。

『近代漢學變遷論』(劉師培)古無漢學之名。漢學之名。始於近代。或以篤信好古。該漢學之範圍。然治漢學者未必盡用漢儒之說。即用漢儒之說。亦未必用以治漢儒所治之書。是則所謂漢學者不過用漢儒之訓故。以說經。及用漢儒注書之條例。以治羣書耳。

江藩著漢學師承記。自康雍至嘉慶間。學者略備。而道咸以來之學者。其學派亦多演自乾嘉。迄今猶有盛稱漢學者。其淵源不可不考也。劉師培著近儒學術統系論。先舉清國初之理學。後述雍乾以降之經學。于各地方之風氣。條分縷析。頗簡而要。茲分錄之。以見清代學術變遷之概。蓋清初諸大儒。學行兼崇。固不分所謂漢宋。

『近儒學術統系論』(劉師培)明清之交。以浙學爲最盛。黃宗羲授學蕺山。而象數之學兼宗漳浦。文獻之學遠溯金華先哲之傳。復兼言禮制。以矯空疏。傳其學者數十人。以四明二萬爲最著。而象數之學則傳於查愼行。又沈昀張履祥亦授學蕺山。沈昀與應撝謙相切磋。黜王崇朱。刻苦自厲。而履祥之傳較遠。其別派則爲向璿。呂留良從宗羲履祥遊。所學略與履祥近。排斥餘姚。若放淫辭。傳其學者。浙有嚴鴻逵。湘人有曾靜。再傳而至張熙。及文獄既興。而其學遂泯。別有沈國模。史孝咸。承海門石梁之緒。以覺悟爲宗。略近禪學。宗羲雖力摧其說。然沈氏弟子有韓當。邵曾可。勞史。邵氏世傳其學。至於廷采。其學不衰。時東林之學有高愈。高世泰。顧培。上承涇陽梁谿之傳。講學錫山。實應朱澤澐。從東林子弟游。兼承鄉賢劉靜之之學。亦確宗紫陽。王茂竑繼之。其學益趨於徵實。又吳人朱用純。張夏。彭瓏。歙人施璜。吳愼。亦篤守高顧之學。順康以降。其學亦衰。　孫奇逢講學百泉。持朱陸之平。弟子尤衆。以耿介張沐爲最著。湯斌之學。亦出於奇逢。然所志則與奇逢異。　李顒講學關中。指心立教。然關中之士。若王山史。李天生。皆敦崇實學。及顧炎武流寓華陰。以躬行禮教之說。倡導其民。故受學於顒者。若王爾緝之流。均改宗紫陽。顒曾施教江南。然南人鮮宗其學。故其學亦失傳。　博野顏元。以實學爲倡。精研禮樂兵農。蠡縣李塨。初受學毛大可。繼從元說。故所學較元尤博。大興王源。初喜論兵。與魏禧劉繼莊友善。好爲縱橫之談。繼亦受學於元。故持論尤高。及元游豫省。而顏學被於南。塨寓秦中。而顏學播於西。即江浙之士。亦間宗其學。然一傳以後。其學驟衰。惟江寧程廷祚。私淑顏李。近人德清戴望。亦表彰顏李之書。舍是。傳其學者鮮矣。　太倉陸世儀。幼聞幾社諸賢之論。頗留心經世之術。繼受學馬負圖。兼好程朱理學。陳言夏亦言經世。與世儀同。世儀講學蘇松間。當時鮮知其學。厥後吳江陸燿。宜興儲大文。武進李兆洛。蓋皆聞世儀之風而興起者。故精熟民生利病。而辭無迂遠。　贛省之間。南宋以降。學風漸衰。然道原之博聞。陸王之學術。歐曾王氏之古文。猶有存者。故易堂九子均好古文。三魏從王源劉繼莊游。兼喜論兵。而文辭亦縱橫。惟謝秋水學宗紫陽。與陸王異派。及雍乾之間。李紱起於臨川。確宗陸學。兼修博聞。喜爲古文詞。蓋合贛學三派爲一途。粵西謝濟世。黨於李紱。亦崇陸黜朱。然成植躬嚴正。不屈於威武。瑞金羅臺山。早言經世。亦工說經。及伊鬱莫伸。乃移治陸王之學。兼信釋典。合淨土禪宗爲一。吳人彭尺木。薛湘文。汪大紳。從臺山游。卽所學亦相近。惟羅學近心齋卓吾。彭汪以下。多宅心淸淨。由是吳中學派。多合儒佛爲一談。至嘉道之際。猶有江沅。實則贛學之支派也。　閩中之學。自漳浦以象數施教。李光地襲其唾餘。兼通律呂音韻。又說經近宋明。析理宗朱子。卒以致身貴顯。光地之弟光坡作禮記述注。其子鍾倫亦作周禮訓纂。蓋承四明萬氏之學。楊名時受學光地。略師其旨以說經。而律呂音韻之奧。惟傳於王蘭生。又閩人蔡世遠。著言朱學。亦自謂出於光地。雷鋐受業於世遠。兼從方苞問禮。然所學稍實。不欲曲學媚世。以直聲著聞。　自此以外。則湘有王夫之。論學確宗橫渠。兼信紫陽。與餘姚爲敵。亦雜治經史百家。蜀有唐甄。論學確宗陸王。尤喜陽明。論政以便民爲本。嫉政教禮制之失平。然均躬自植晦。不以所學授於鄉。故當時鮮宗其學。別有劉原淥。姜國霖。講學山左。李閶章。范鎬鼎。講學河汾。均以宗朱標其幟。弟子雖衆。然不再傳其學亦晦。此皆明末國初諸儒理學之宗傳也。

其後雖亦有祖述而私淑之者。然由理學而趨于考據。乾嘉之際。漢學之幟。遂風靡一時。講求修身行己治國成人者之風。遠不如研究音韻文字校勘金石目錄之學者之盛。雖經學家有古文今文西漢東漢之區別。然亦承乾嘉之風而演進。仍以漢學相高。一涉宋明心性之談。則相率而嗤之矣。

《近儒學術統系論》(劉師培)理學而外。則詩文之學。在順康雍乾之間。亦各成派別。然雕蟲小技。其宗派不足言。其有派別可言者。則宋學之外。厥惟漢學。漢學以治經爲主。考經學之興。始於顧炎武。張爾岐。顧張二公。均以壯志未伸。假說經以自遣。毛大可解易說禮。多述仲兄錫齡之言。閻若璩少從詞人游。繼治地學。與顧祖禹。黃儀。胡渭相切磋。胡渭治易。多本黃宗羲。張弨與炎武友善。吳玉搢與詔同里。故均通小學。吳江陳啓源與朱鶴齡偕隱。並治毛詩三傳。厥後大可毛詩之學。傳於范家相。鶴齡三傳之學。傳於張尚瑗。若璩尚書之學。傳於馮景。又吳江王錫闡潘檉章。雜治史乘。尤工歷數。檉章弟耒。受數學於錫闡。兼從炎武受經。秀水朱彝尊。亦從炎武問故。然所得均淺狹。　別有宣城梅文鼎。殫精數學。鄂人劉湘奎。閩人陳萬策。均受業其門。文鼎之孫瑴成。世其家學。泰州陳厚燿。亦得梅氏之傳。而歷數之學漸顯。　武進臧琳。閉門窮經。研覃奧義。根究故訓。是爲漢學之始。東吳惠周惕。作詩說易傳。其子士奇繼之。作易說春秋傳。棟承祖父之業。始確宗漢詁。所學以掇拾爲主。扶植微學。篤信而不疑。厥後掇拾之學。傳於余蕭客。尚書之學。則江聲得其傳。故余江之書。言必稱師。江藩受業於蕭客。作周易述補。以續惠棟之書。藩居揚州。由是鍾懷李宗泗徐復之流。均聞風興起。　先是徽歙之地。有汪紱江永。上承施璜吳愼之緒。精研理學。兼尚躬行。然即物窮理。師考亭格物之說。又精於三禮。永學尤博。於聲律音韻歷數之學。均深思獨造。長於比勘。金榜從永受學。獲窺禮堂論贊之緒。學特長於禮。戴震之學。亦出於永。然發揮光大。曲證旁通。以小學爲基。以典章爲輔。而歷數音韻水地之學。咸實事求是。以求其原。於宋學之誤民者。亦排擊防閑不少懈。徽歙之士。或游其門。或私淑其學。各得其性之所近。以實學自鳴。由是治數學者。前有汪萊。後有洪梧。治韻學者。前有洪榜。後有江有誥。治三禮者。則有凌廷堪及三胡。程瑤田亦深三禮。兼通數學。辨物正名。不愧博物之君子。此皆守戴氏之傳者也。及戴氏施敎燕京。而其學益遠被。聲音訓故之學。傳於金壇段玉裁。而高郵王念孫所得尤精。典章制度之學。傳於興化任大椿。而李惇劉臺拱汪中。均與念孫同里。臺拱治宋學。上探朱王之傳。中兼治詞章。雜治史籍。及從念孫游。始專意說經。顧九苞與大椿同里。備聞其學。以授其子鳳毛。焦循少從鳳毛游。

時淩廷堪亦居揚州。與循友善。繼治數學。與汪萊切磋尤深。阮元之學。亦得之焦循淩廷堪。繼從戴門弟子游。故所學均宗戴氏。以知新爲主。不惑於陳言。然兼治校勘金石。黃承吉亦友焦循。移焦氏說易之詞。以治小學。故以聲爲綱之說。寖以大昌。時山左經生有孔繼涵。孔巽軒。均問學戴震。巽軒於學尤精。兼工儷詞。嗣棲霞郝懿行。出阮元門。曲阜桂馥。亦從元游。故均治小學。懿行治爾雅。承阮氏之例。明於聲轉。故遠邁邢疏。又大興二朱。河間紀昀。均篤信戴震之說。後膺高位。汲引漢學之士。故戴學愈興。別有大興翁方綱。與阮元友善。篤嗜金石。河南之儒。以武億爲最喜。億從朱門諸客游。兼識方綱。故說經之餘。亦兼肄金石。而金石之學遂昌。時江浙之間。學者亦爭治考證。先是錫山顧棟高從李紱方苞問故。與任啓運陳亦韓友善。其學均雜糅漢宋。言淆雅俗。而吳人何焯。以博覽著名。所學與浙西文士近。吳江沈彤。承其學。漸以說經。嘉定錢大昕於惠戴之學。左右采獲。不名一師。所學界精博之間。王鳴盛與錢同里。所學略與錢近。惟博而不精。大昕兼治史乘。旁及小學天算地輿。其弟大昭傳其史學。族子塘坫。一精天算。一專地輿。坫兼治典章訓故。塘坫之弟有錢侗錢繹。兼得大昕小學之傳。而錢氏之學萃於一門。繼其後者。則有元和李銳。受數學於大昕。武進臧庸。傳其遠祖臧琳之學。元和顧千里。略得錢段之傳。均以工於校勘。爲阮元所羅致。嗣有長洲陳奐。所學兼出於段王。朱駿聲與奐並時。亦執贄段氏之門。故均通訓故。若夫鈕樹王袁廷檮之流。亦確宗錢段。惟所學未精。

常州之學。復別成宗派。自孫星衍。洪亮吉。初喜詞華。繼治掇拾校勘之學。其說經篤信漢說近於惠棟王鳴盛。洪氏之子飴孫。傳其史學。武進張惠言久游徽歙。主金榜家。故兼言禮制。惟說易則同惠棟。確信讖緯。兼工文詞。莊存與與張同里。喜言公羊。侈言微言大義。兄子綬甲傳之。復昌言鐘鼎古文。綬甲之甥。有武進劉逢祿。長洲宋翔鳳。均治公羊。

黜兩漢古文之說。翔鳳復從惠言游。得其文學。而常州學派以成。

皖北之學。莫盛於桐城。方苞幼治歸氏古文。託宋學以自飾。繼聞四明萬氏之論。亦兼言三禮。惟姚範校覈羣籍。不惑於空談。及姚鼐興。亦挾其古文宋學與漢學之儒競名。繼慕戴震之學。欲執贄於其門。爲震所卻。乃飾漢學以自固。然篤信宋學之心不衰。江寧管同梅曾亮。均傳其古文。惟里人方東樹。作阮元幕賓。略窺漢學門徑。乃挾其相傳之宋學。以與漢學爲仇。作漢學商兌。故桐城之學自爲風氣。疏於考古。工於呼應頓挫之文。篤信程朱。有如帝天。至於今不衰。惟馬宗璉馬瑞辰間宗漢學。

浙中之士。初承朱彝尊之風。以詩詞博聞相尚。於宋代以前之書籍。束而勿觀。杭世駿興。始稍治史學。趙一清。齊召南興。始兼治地理。惟餘姚四明之間。則士宗黃萬之學。於典章文獻。探討尤勤。鄞縣全祖望。熟於鄉邦佚史。繼游李紱之門。又從詞科諸公游。故所聞尤博。餘姚邵晉涵。初治宋明史乘。所學與祖望近。繼游朱珪錢大昕門。故兼治小學。會稽章學誠。亦熟於文獻。既乃雜治史例。上追劉子玄鄭樵之傳。區別古籍。因流溯源。以窮其派別。雖游朱珪之門。然所學則與戴震立異。及阮元秉鉞越省。越人趨其風尚。乃轉治金石校勘。樹漢學以爲幟。臨海金鶚。尤善言禮。湖州之士。亦雜治說文古均。此漢學輸入浙江之始。厥後仁和龔麗正。壻於段玉裁之門。其子自珍。少聞段氏六書之學。繼從劉申受游。亦喜言公羊。而校讎古籍。又出於章學誠。矜言鐘鼎古文。又略與常州學派近。特所得均淺狹。惟以奇文聳衆聽。仁和曹籀。譚獻。均篤信龔學。惟德清戴望。受毛詩於陳奐。受公羊於宋翔鳳。又篤嗜顏李之學。而搜輯明季佚事。又與全邵相同。雖以公羊說論語。然所學不流於披猖。近人俞樾。孫詒讓。則又確守王阮之學。於訓故尤精。定海黃氏父子。學糅漢宋。尤工說禮。所言亦近阮氏。然迥與龔氏之學異矣。

江北淮南之士。則繼焦黃而起者。有江都淩曙。曙問故張惠言。又游洪榜之門。故精於言禮。兼治公羊。惟以說禮爲本。時阮元亦鄉居。故漢學益昌。先大父受經凌氏。改治左傳。寶應劉寶楠。兼承族父端臨之學。專治論語。別有薛傳均。治說文。梅植之。治穀梁。時句容陳立。丹徒汪芷柳興宗。旌德姚佩中。涇縣包世榮包愼言。均寓揚州。山陽丁晏。海州許桂林。亦往來邗水之間。立受學凌氏。專治公羊。芷治毛詩。興宗通穀梁。佩中治漢易。世榮治禮。兼以禮釋詩。愼言初治詩禮。繼改治公羊。桂林亦治穀梁。尤長曆數。晏徧說羣經。略近惠棟。然均互相觀摩。互相討論。故與株守之學不同。甘泉羅士琳。受曆數之學於桂林。尤精數學。時魏源包世臣亦縱游江淮間。士承其風。間言經世。然仍以治經爲本。　燕京爲學士所萃。先是大興徐松。治西北地理。壽陽祁韻士。兼考外藩史乘。及道光中葉。寖成風會。而韻士之子寯藻。兼治說文。躋膺高位。由是平定張穆。光澤何秋濤。均治地學。以小學爲輔。尤熟外藩佚事。魏源龔自珍亦然。故考域外地理者。必溯源張何。至王筠。許瀚。苗夔。則專攻六書。咸互相師友。然斯時宋學亦漸興。　先是贛省陳用光。傳姚鼐古文之學。派衍於閩中粤西。故粤西朱琦龍翰臣。均以古文名。而仁和邵懿辰。山陽潘德輿。均治古文理學。略與桐城學派相近。粤東自阮氏提倡後。曾釗。侯康。林伯桐。均治漢學。守阮氏之傳。至陳澧遂雜治宋學。朱次琦崛起。漢宋兼采。學蘄有用。曾國藩出。合古文理學爲一。兼治漢學。由是學風驟易。黔中有鄭珍。莫友芝。倡六書之學。兼治校勘。至於黎庶昌。遂兼治桐城古文。閩中陳壽祺。確宗阮氏之學。其子喬樅。雜治今文詩。至於陳捷南。則亦兼言宋學。湘中有鄧顯鶴。喜言文獻。至於王先謙之流。雖治訓故。然亦喜言古文。是皆隨曾氏學派爲轉移者也。惟湘中前有魏源。後有王闓運。均言公羊。故今文學派亦昌。傳於西蜀東粤。

漢學家之弊。方東樹漢學商兌言之詳矣。要其人所自稱許者。無過于徵實。

《近代漢學變遷論》（劉師培）江戴之學興於徽歙。所學長於比勘。博徵其材。約守其例。悉以心得爲凴。且觀其治學之次第。莫不先立科條。使綱舉目張。同條共貫。可謂無徵不信者矣。即嘉定三錢。於地輿天算各擅專長。博極羣書。於一言一事必求其徵。而段王之學溯源戴君。尤長訓故。於史書諸子。轉相證明。或觸類而長。所到冰釋。即凌程三胡。或條列典章。或詮釋物類。亦復根據分明。條理融貫。恥於輕信而篤於深求。徵實之學。蓋至是而達於極端矣。

近人尤盛稱其治學之法。謂合于西洋之科學方法。實則搜集證佐。定爲條例。明代學者已開其端。非清人所得專美。

《毛詩古音考序》（明陳第）列本證旁證二條。本證者詩自相證也。旁證者采之他書也。二者俱無。則宛轉以審其音。參錯以諧其韻。

《毛詩古音考序》（焦竑）李立作古音考一書。取詩之同韻者。臚列之爲本證。已取老易太玄騷賦參同急就古詩謠之類。臚列之爲旁證。

雖科條精密。後勝于前。然其能成爲科學者。自文字音韻外。初不多覯也。高郵王氏校訂羣書。最稱精善。然其法大抵先取宋人所輯類書。如太平御覽册府元龜玉海等書。比其異同。即據爲已意。先立一說。而後引類書以證之。如

《讀書雜志逸周書第二》（王念孫）闢開修道。念孫案。闢開修道。文不成義。開本作關。闢關修道。皆所以來遠人。故下文言遠旅來至。關人易資也。俗書關字作閞。開字作開。二形相似而譌。玉海二十四、六十引此。並作闢關。（據此文。似先定爲關字。然後檢玉海得其證者。其實是先以玉

海校此書見玉海作關字，遂據以爲說，而後引玉海爲證，下均仿此。

《同上》水性歸下農民歸利。念孫案。此本作水性歸下。民性歸利。民性與水性對文。民字總承上文士農商賈而言。非專指農民而言。今本作農民者。即涉上農民歸之而誤。玉海六十引此。正作民性歸利。

《同上世俘篇》凡武王俘商舊玉億有百萬。念孫案。此文本作凡武王俘商得舊寶玉萬四千。佩玉億有八萬。億有八萬乃佩玉之數。非舊寶玉之數。鈔本北堂書鈔衣冠部二引此。正作武王俘商得舊寶玉萬四千佩玉億有八萬。藝文類聚寶部上。太平御覽珍寶部三。並同。

《同上周月篇》凡四時成歲有春夏秋冬。念孫案。歲下更有歲字。而今脫之。太平御覽時序部二引此。正作歲有春夏秋冬。

此類甚多。不可勝舉。特宋人之類書以講漢學。謂是即超邁宋人。不知在宋時其書本不誤。自亦不必有校勘之學矣。漢學家所尙者考證。然其考證亦時有疏漏。觀魏源譏紀昀之言可見。

《古微堂集書宋名臣言行錄後》（魏源）乾隆中修四庫書紀文達公以侍讀學士總纂。文達故不喜宋儒其總目多所發揮。然未有如宋名臣言行錄之甚者也。曰茲錄於安石惠卿皆節取。而劉安世氣節凜然。徒以嘗劾程子。遂不登一字。以私滅公。是用深譏。是說也。於茲錄發之。於元城語錄發之。於盡言集發之。又於宋如珪名臣琬琰錄發之。於淸江三孔集發之。於唐仲友經世圖譜發之。昌言抨擊。訖再訖四。昭昭國門可懸。南山不易矣。雖然吾不知文達所見何本也。茲錄前集起宋初。後集起元祐。而劉公二十餘事在焉。宋本今本五百年未有改也。吾未知文達所見何本也。

未觀原書。遽以己意妄下論斷。是豈得爲考證之法乎。蓋漢學家所考證者局部之考證。于唐以下之書率不屑讀。尤鄙夷宋人。好事詆斥。此皆其所短也。

世尊乾嘉諸儒者。以其以漢儒之家法治經學也。然吾謂乾嘉諸儒所獨到者。實非經學。而爲考史之學。考史之學。不獨趙翼二十二史劄記。王鳴盛十七史商榷。或章學誠文史通義之類。爲有益于史學也。諸儒治經。實皆考史。或輯一代之學說。（如惠棟易漢學之類）或明一師之家法。（如張惠言周易虞氏義之類）于經義亦未有大發明。特區分畛域。可以使學者知此時代此經師之學若此耳。其于三禮。尤屬古史之制度。諸儒反覆研究。或著通例。（如江永儀禮釋例，凌廷堪禮經釋例之類，）或著專例。（如任大椿弁服釋例之類）或爲總圖。（如張惠言儀禮圖之類）或爲專圖。（如戴震考工記圖，阮元車制圖考之類，）或專釋一事。（如沈彤周官祿田考，王鳴盛周禮軍賦說，胡匡衷儀禮釋宮之類，）或博考諸制。（如金鶚求古錄禮說，程瑤田通藝錄之類，）皆可謂研究古史之專書。卽今文學家標舉公羊義例。（如劉逢祿公羊何氏釋例，凌曙公羊禮說之類，）亦不過說明孔子之史法。與公羊家所講明孔子之史法耳。其他之治古音。治六書。治輿地。治金石。皆爲古史學。尤不待言。惟限于三代語言文字制度名物。尚未能舉歷代之典籍。一一如其法以治之。是則尚有待於後來者耳。

第十一章　國際貿易與鴉片之禍

淸初沿明例。許澳門葡人至廣東市易。

【柔遠記】(王之春)順治四年八月。佛郎機(時尙沿明之誤)來廣東互市。廣督佟養甲疏言。佛郎機國人寓居濠鏡澳門。與粵商互市。於明季已有歷年。後因深入省會。遂飭禁止。請嗣後仍准番舶通市。自後每歲通市不絕。惟禁入省會。

及平臺灣。開海禁。設榷關。而西洋諸國商舶來者益衆。

【柔遠記】(王之春)康熙二十二年夏六月。開海禁。　時沿海居民雖復業。尙禁商舶出洋互市。施琅等屢以爲言。又荷蘭以曾助剿鄭氏。首請通市。許之。而大西洋諸國因荷蘭得請。於是凡明以前未通中國。勤貿易而操海舶爲生涯者。皆爭趨。疆臣因請開海禁。設粵海。閩海。浙海。江海榷關四。於廣州之澳門。福建之漳州。浙江之寧波府。江南之雲臺山。署吏以涖之。

康雍間。英人屢來互市。

【柔遠記】(王之春)康熙三十七年。置定海榷關。英吉利來互市。　浙海關在寧波。商船出入海港。往返百四十里。中多礁石。每回帆遲去。英吉利貨船時往來澳門廈門。復北泊舟山。寧波海關監督屢請移關定海縣。部議未許。至是監督張聖詔。以定海港澳闊深。水勢平緩。堪容番舶。亦通各省貿易。請捐建衙署。移關以便商船。詔可。乃於定海城外。道頭街西。建紅毛館一區。以安置夾板艙水梢人等。此英吉利商船來定海之始。然時雖通市。亦不能每歲來華也。

【同上】雍正七年。英吉利復來通市。　英吉利自康熙間通市後。亦不常來。至是始互市不絕。

然未嘗立約通商。其立約通商者惟俄羅斯。中俄之立條約。始于康熙二十八年尼布楚之約。

【俄羅斯互市始末】（何秋濤）俄羅斯國於順治十二年。始遣使入貢。康熙十五年貿易商人尼果賴等至。聖祖召見之。賜察罕汗書諭邊界事。時其國所屬羅刹滋擾黑龍江境。出沒於尼布楚雅克薩諸地。屢經大兵剿撫。而盤踞如故。康熙二十一年。大臣馬喇奏言。雅克薩城恃田禾為食。尼布楚城與車臣汗部所屬巴爾呼接壤。時以牲畜易貂皮。宜刈田禾。絕互市。以困之。乃詔車臣汗諸爾部。飭所屬與絕市。迨二十七年。命以屢諭情由。作書付荷蘭及西洋國轉達俄羅斯察罕處。察罕汗尋上疏乞撤雅克薩城之圍。於二十八年。經內大臣索額圖等赴尼布楚議定疆界。立約曰。和好既定以後。一切行旅。有准令往來文票者。許其貿易不禁。　三十二年定例。俄羅斯國準其隔三年來京貿易一次。不得過二百人。在路自備馬駝盤費。一應貨物。不令納稅。犯禁之物。不准交易。到京時。安置俄羅斯館。不支廩給。限八十日起程還國。此在京互市著令之始也。

【約章大全俄羅斯部】黑龍江俄約六款。係康熙二十八年領侍衛內大臣索額圖等與俄國使臣費岳多額里克謝在尼布楚議定。是為我國入本朝以來因界務而與他國立約之始。其時國勢正盛。所定界綫。尚以大興安嶺為限。厥後漸移而南。以黑龍江為限矣。

至雍正五年。有恰克圖之約。

『約章大全』恰克圖界約凡十一款。立于雍正五年。

『俄羅斯互市始末』(何秋濤)恰克圖名初不著。以互市故始大顯。 先是俄羅斯人祇准隔三年來京一次。而喀爾喀土謝圖汗部與俄羅斯接壤。其邊界之民互相貿易。向惟土謝圖汗自爲經理。初未設官彈壓。亦未著于功令也。康熙五十九年。理藩院議准哲布尊丹巴呼圖克圖庫倫地方。俄羅斯與喀爾喀互相貿易。民人叢集。難以稽察。嗣後內地民人有往喀爾喀圖庫倫貿易者。令該管官出具印文。將貨物人數開明報院。給與執照。出何邊口。令守口官弁驗明院照放行。如帶軍器禁物。立即查拏送院。交該部從重治罪。由院委監視官一人。前往會合喀爾喀土謝圖汗等彈壓稽查。二年一次更代。是爲庫倫准互市之始。 雍正五年八月。遣郡王策凌。內大臣伯四格。侍郎圖理琛等與俄羅斯使臣薩瓦議定楚庫河等處邊界。安設卡倫。以恰克圖爲常互市所。人數不得過二百。設監視官一員。由理藩院司官內揀選。二年一代。是爲恰克圖准互市駐部員之始。詔非市期。毋許俄羅斯踰楚庫河界。

中數因事停止貿易。

『俄羅斯互市始末』(何秋濤)乾隆二十九年。停止恰克圖互市。 三十三年。准市易如初。 四十四年。再停恰克圖互市。 五十六年冬奉旨。著理藩院檄行俄羅斯。准其所請開關市易。

乾隆五十五年。復立恰克圖市約五條。觀其約文。可以見清室是時之國威焉。

『約章大全』恰克圖市約。凡五款。立于乾隆五十七年。 (一)恰克圖互市。于中國初無利益。因你薩那特衙門籲請。是以開市。

（一）中國與你國貨物。原係兩邊商人自相定價。你國商人。應由你國嚴加管束。彼此貨物交易後。各令不爽約期。即時歸結。勿令負欠。致起爭端。（一）今你國守邊官。皆恭順知禮。我游牧官亦相稱好。你從前守邊官皆能視此。又何致兩次失和。嗣後你守邊官。當慎選賢能。與我游牧官遜順相接。（一）恰克圖以西十數卡倫。你之布里雅特。哈里雅特不法。故致有烏呼勒咱之事。今你國宜嚴加禁束。杜其盜竊。（一）此次通市。一切仍照舊章。已頒行你薩那特衙門矣。兩邊民人交涉事件。如盜賊人命。各就查驗緝獲罪犯。會同邊界員審訊。明確後。本處屬下人由本處治罪。你處屬下人由你處治罪。各行文知照示衆。其盜竊之物。或一倍。或幾倍罰賠。一切皆照舊例辦理。

清初與俄國交涉。恆用西洋教士。以其通兩國之文字也。

《正教奉褒》（黃伯祿）康熙二十五年。上遣閔明我執兵部文。泛海由歐羅巴洲往俄羅斯京。會商交涉事宜。　二十八年。徐日昇張誠奉命。隨同內大臣索額圖等往塞外。與俄國會議兩國邊疆。　二十八年。徐日昇張誠奉命。隨內大臣索額圖等往尼布楚會晤俄國使臣。勘議兩國疆界。議定約章七條。書滿。漢。拉提諾。蒙古。俄羅斯五體文字。兩國使臣相會。日昇將約章當場宣讀。畢。兩國使臣俱畫押蓋印。各執一分。　三十三年。閔明我回華復命。奏陳遵旨會商各情。

其後雖因俄事命翰林等習外國文字。然亦未聞精于俄文者。

《柔遠記》（王之春）康熙四十四年。大學士等以俄羅斯貿易來使齎至原文繙譯進呈。上閱之曰。此乃拉提諾（拉丁）託多烏祖克（蒙古）俄羅斯三種文也。此後翰林院宜學習外國文字。

而俄國與中國通商。乃特遣子弟來學滿漢語言文字。

《俄羅斯盟聘記》(魏源)俄羅斯國在大西洋。崇天主教。其南境近哈薩克者。崇同教。其東境近蒙古者。崇佛教。故嘗遣人至中國。學剌麻經典。以綏東方之衆。並遣子弟入國子監習滿漢語言文字。居于舊會同館。十年更代爲例。柔遠記·雍正五年·定俄人來學剌麻者額數六人·學生額數四人·十年更代爲例·派滿州助教一人·漢助教一人·教習之·

且以其書籍與中國交換佛經。

《俄羅斯盟聘記》(魏源)道光二十五年。汗上表言。丹珠爾經。佛教所重。而本國無之。奏求頒賜。上命發雍和宮藏本八百餘冊賜之。越數月。其汗因肄業換班學生進京。乃盡繕其國所有書籍來獻。凡三百五十七號。有書有圖。通體皆俄羅斯字。當事奏請存于理藩院。以俟繙譯焉。

蓋其時淸之國勢強于俄。故文字隨之而有輕重也。又其時海上航行未若後來之利便。俄之所需茶葉大黃。皆藉陸地輸出。閉關停市。亦足以控制之。

《簷曝雜記》(趙翼)中國隨地產茶。無足異也。而西北游牧諸部。則恃以爲命。其所食羶酪甚肥膩。非此無以淸榮衞也。自前明已設茶馬御史。以茶易馬。外番多款塞。我朝尤以是爲撫馭之資。喀爾喀及蒙古回部。無不仰給焉。大西洋距中國十萬里。其番舶來。所需中國之物。亦惟茶是急。滿船載歸。則其用且極于西海以外矣。俄羅斯則又以中國之大黃爲上藥。病者非此不治。舊嘗通貢使。許其市易。其入口處曰恰克圖。後有數事渝約。上命絕其互市。禁大黃勿出口。俄羅斯遂懼而不敢生事。

道咸以降。輪船大通。其形勢始變焉。

雍正中。西南洋諸國多來互市。

《柔遠記》(王之春)雍正七年。西南洋諸國來互市。先是康熙中雖設海關與大西洋互市。尙嚴南洋諸國商販之禁。自安南外。並禁止內地人民往販。此因粵閩浙各疆臣。以弛禁奏請。是年遂大開洋禁。凡南洋之廣南港口。柬埔寨。及西南之埭仔。六坤。大呢。吉蘭丹。丁噶奴。單咀。彭亨諸國。咸來互市。

瑞典亦以此時始通中國。

《柔遠記》(王之春)雍正十年。瑞丁來互市。 瑞丁國即瑞典。粵中呼爲藍旗國。

乾隆中。蘇祿欲以土地編入版圖。

《柔遠記》(王之春)乾隆十九年。蘇祿入貢。禁商民充外洋正副貢使。 時蘇祿國蘇老丹嘛喊味安柔律噒。遣使附閩人楊大成船入貢。福建巡撫陳宏謀以聞。部議該國王遣使嘮獨萬喳喇等。齎捧表文方物來閩。應如所請。給夫馬勘合。委員伴送來京。所帶土產貨物。聽照例貿易。免徵關稅。惟該國以楊大成列爲副使。楊大成即武舉楊廷魁。緣事被斥。復藉出洋貿易。冒充該國副使。若不嚴加懲儆。恐內地民人習以爲常。出洋滋事。應請照例發黑龍江充當苦差。並行文該督撫。知照該國王。嗣後凡內地在洋貿易之人。不得令承充正副使。至該國王願以地土丁戶。編入天朝圖籍。伏思我朝統御中外。荒夷向化。該國土地人民。久在薄海臣服之內。該國王懇請來年專使齎送圖籍之處。應毋庸議。從之。

美利堅亦來市茶。

【柔遠記】(王之春)乾隆四十九年。米利堅來購茶。 米利堅。粵東俗稱花旗。北亞墨利加洲大國也。 華盛頓甫立新國。即于是年遣船至中國購茶。是爲米利堅來粵互市之始。

清之國勢之隆。正如日之方中。故于英使馬加尼之來。痛挫折之。英人亦無如之何。

【石渠餘紀】(王慶雲)乾隆五十七年冬十月。廣東巡撫郭世勳奏稱英吉利國夷人至粵。譯言國王以前年大皇帝八旬萬壽。遣使臣馬戛爾尼 George, Earl of Macartney 航海至京修貢。約明年二三月可抵天津。 次年五月十二日。貢船始過澳門。二十七日泊定海。六月十三日過登州廟島。船中夷官五十餘人。從人水手八百餘名。各疆吏次第以聞。時車駕駐熱河。命鹽政瑞徵護送以來。 督臣梁肯堂宣旨。貢使但免冠竦立。瑞徵爲言連日學習跪叩。乃使欽天監副索德超賀清泰等至熱河帶領。以皆西洋人。便肄習也。八月。貢使至山莊。上諭。使臣禮節多未諳悉。朕心深爲不愜。前此沿途款接過優。以致妄自驕矜。將來應由內河水路。前抵江南。由長江度梅嶺。再由水路至廣東。供頓不可過豐。經過營汛墩臺。務須完整嚴肅。以昭威重。尋軍機大臣以訓戒夷使。頗知悔懼聞。時外藩咸集山莊慶賀。上連日御萬樹園大幄次及澹泊敬誠殿。馬戛爾尼偕副使斯當東 George Staunton 等。卒隨緬甸諸陪臣舞蹈跪叩。宴賚成禮而退。于是許令由寧波乘船回國。 及譯出表文。則有派人留京照料買賣學習教化之請。有寧波天津收泊交易之請。有照俄羅斯在京設立貨行之請。有給珠山相近小海島居住之請。有給廣東省城小地方一處之請。有澳門居住夷人出入自便之請。有廣東下澳門由內河且減稅之請。又使臣議言請准夷人傳教。上震怒。既責夷使以所請皆不可行。又于答給國王敕書之外。別爲敕諭一道。前後二千六百餘言。反覆開諭。乃定以九月三日令侍郎松筠押帶。由定海上船回國。馬戛爾尼請改由內地至粵。松筠許之。

然後來割地租地傳教通商以及最惠條例利益均霑之事均萌芽于是時矣。

嘉慶中。禁英人傳教。

《柔遠記》(王之春)嘉慶十九年冬十一月。禁英人傳教。先是乾隆間。英人司當東隨貢使至京。後貢使歸。司當東留住澳門。誘惑愚民甚衆。至是降旨。聞有英吉利夷人司當東留住澳門已二十年。通曉漢語。夷人來粵者。大率聽其教誘。日久恐　滋生事端。著蔣修銛等查明妥辦。

又却其貢使。

《柔遠記》(王之春)嘉慶二十一年六月。英吉利貢使羅爾美都 Lord Amherst 副貢使馬禮遜 Robert Morrison 乘貢舟。五達天津。上命戶部尚書和世泰。工部尚書蘇楞額。往天津。率長蘆鹽政廣惠。料理貢使來京。一晝夜間。馳至圓明園。請朝。上升殿受朝會。時正使已病。副使言衣車未至。無朝服。何以成禮。和世泰懼獲譴。遂飾奏貢兩使皆病。上怒。却其貢。不納。遣廣東伴押使臣回粵。

而其測我內情益熟。至道光中。遂有鴉片之戰。

鴉片產于印度。唐代譯籍。已載吸烟之事。

《癸巳類稿》(俞正燮)鴉片煙事述。唐譯毗耶那雜事律云。在王城嬰病。吸藥煙瘳損。苾芻白佛。有病者聽吸煙。佛言。以兩椀相合。底上穿孔。中著火置藥。以鐵管長十二指。置孔吸之。用了。用小袋盛挂杙笐竿上。復用時。置火中燒以取淨。不應用竹。不應水洗。此則西域古有之。

明代南洋諸國多以之入貢。

《癸巳類稿》(俞正燮)明四譯館同文堂外國來文八册。有譯出暹羅國來文云。那侃備辦金葉表文。差握坤大通事衆頭目。到廣東布政使司。給文赴北京叩頭皇帝。那侃進皇帝蘇木二千斤。樹香二千斤。馬前二百斤。鴉片二百斤。進皇后蘇木一千斤。樹香一千斤。馬前三百斤。鴉片一百斤。　大明會典九十七九十八。各國貢物。暹羅。爪哇。榜葛剌三國。俱有烏香。卽鴉片。繙文與會同館册合。知三國明時已有鴉片。且入貢品。蓋藥物也。

其價與黃金等。

《癸巳類稿》(俞正燮)明徐伯齡蟫精雋云。成化癸卯。令中貴收買鴉片。其價與黃金等。其國自名合浦融。是成化時。市廛已有貨賣者。

而其以商品輸入則自澳門之葡人始。

《清朝全史》(稻葉君山)外國鴉片初入中國。由通商之葡人始。雍正七年。上諭發布之輸入數。一年大約不出二百箱。此輸入至乾隆三十八年。專在葡人手中。　蓋十八世紀時。外國輸入鴉片。僅爲醫藥用品。已經許可。明萬歷十七年。對於鴉片沒藥乳香阿魏等商品之輸入課取關稅。萬歷四十三年。及康熙二十七年。雍正十一年。制定稅則。鴉片亦照樣處置。乾隆十八年。廣東稅關之紀錄中。鴉片一擔取三兩。自雍正七年起。外國鴉片輸入。不受中國政府之關涉。至乾隆三十八年止。每年約加增二十箱。

清乾隆中英之印度公司專賣鴉片輸入日增。始爲禍于中國。

【柔遠記】(王之春)鴉片煙。一曰波畢。Poppy 一曰阿芙蓉。一曰阿片。本罌粟殼所造。產印度之孟加拉。及麻打拉薩。孟買諸處。有公班白皮紅皮大小土之分。明中葉始入中國。(見李時珍本草綱目及龔雲林醫鑑)康熙初。以藥材入口。每擔稅銀三兩。又每包加稅二兩四分五厘。時尚無吸食者。其入內地。附西洋諸商船。歲不過二百箱。自英吉利在孟加拉購片土。立市埔。至乾隆二十年。因搆釁、襲滅孟加拉。乘勝蠶食五印度諸部。其中東南三部。則全爲所役屬。地產棉花。又產鴉片。英人倍徵其稅。遂專擅印度鴉片之利。其運載亦附英人船旅。船名格拉巴。約載三百躉(千六百八十斤爲一躉)每箱載兩滿。每滿各重六十七棒。(十二兩爲一棒 棒一作磅。)其價自一千三百至千五百魯卑不等。(二魯卑值一番銀)以分售各處。乾隆季年。閩粵吸食漸多。粵督奏禁入口。然官吏奉行有名無實。

【清朝全史】(稻葉君山)乾隆三十八年。英國東印度會社。獲取由孟加拉彼哇及俄利薩產出鴉片之專賣權。而英國商人最初輸入鴉片。卽在乾隆三十八年。由加爾格達 Calcutta 送于廣東。乾隆五十四年。由印度輸出。漸次增加至四千零五十四箱。由是中國國內到處皆有鴉片。惟廣東爲最。因外國鴉片皆由此地進入。供給他處。

其後英雖廢公司專賣之權。而其國家仍許商人運售鴉片。輸入之數更盛于前。

【柔遠記】(王之春)道光十三年。英商公司罷。十四年。英國王遣領事律勞卑 Load Napier 來粵。十六年。繼遣義律 Captain Charles Elliot 來粵。設審判衙門。專理各洋商交涉訟事。其貿易仍聽散商自理。

【同上】道光十八年。鴻臚寺卿黃爵滋奏。自鴉片流入中國。道光三年以前。每歲漏銀數百萬兩。其初不過紈袴子弟。習爲浮靡。嗣後上自官府搢紳。下至工商優隸。以及婦女僧尼道士。隨在吸食。粵省奸商。勾通兵弁。用扒龍快蟹等船。運銀出洋。運煙入口。故自道光三年至十一年。歲漏銀一千七百萬兩。十一年至十四年。歲漏銀二千餘萬兩。十四年至今。漸漏至三千萬兩之多。福建浙江山東天津各海口。合之亦數千萬兩。以中土有用之財。填海外無窮之壑。易此害人之物。漸成病國之憂。日復一日。不知伊于胡底。查鴉片煙製自英吉利。嚴禁本國人勿食。專以誘他國之人。使其軟弱。既以此取葛留巴。又欲誘安南。爲安南嚴禁始絕。今則蔓延中國。槁人形骸。蠱人心志。喪人身家。實生民未有之大患。其禍烈于洪水猛獸。

是實國際史上最大之汚點也。

【南越筆記】(李調元)廣州城南設有十三行。　按十三行。今實止八行。爲豐進。泰和。同文。而益。逢源。源泉。廣順。裕元云。

粵之通商。以洋行爲之介。輸出輸入。悉由洋行。所謂官商也。

【清朝全史】(稻葉君山)自十七世紀末年以前。在中國通商之外人。皆集中于廣東。　當時有所謂官商者。其性質實指定一人爲經手人。外國人等購買茶絹。皆出于其手。又其時外貨銷入內地者。由彼購買少數。以限制之。

【同上】康熙五十九年。廣東商人等組織一種機關。名曰公行。其目的。專爲制定價格而設。卽販賣于歐人之貨物。彼等定以正當之價格。不論賣者爲何人。總之對于貨物應得若干之純利益。乾隆三十六年。公行解散。四十七年。又設立公行。對于外國通商。爲唯一之經理者。又對于政府命令。保證其適當之服從。成爲政府與外商之傳遞機關。又可作爲介紹者。此後六十年間。公行所有特權及組織。毫無改變。

而官吏因緣爲奸。所損于外商者至鉅。

《柔遠記》(王之春)嘉慶十五年。英商請減行用銀。不許。行用者。每價銀一兩。奏抽三分。以給洋行商人之辛工也。繼而軍需出其中。貢項出其中。各商攤還洋行貨亦出其中。遂分內用外用名目。此外尚有官吏之需求。與間遊之款接。亦皆出于入口出口長落之貨價。以故洋利漸薄。是年大班喇咈等訴于廣東巡撫韓崶。略曰。始時洋商行用少。與夷無大損益。今行用日夥。致壞遠人貿遷。如棉花一項。每石價銀八兩。行用二錢四分。連稅銀約四錢耳。茲棉花進口。三倍于前。行用亦多至三倍。每石約銀二兩。即二十倍矣。他貨物稱是。洋商其何以堪。伏懇酌量裁減。韓崶與總督監督及屬僚核議。僉謂洋人無利可獲。或可杜其偕來。遂不許。

又倚國勢之盛。時時凌辱之。

《道光二十年澳門新聞紙》三十三年以來。我等所受之凌辱欺負。眞係難以比較。中國人不獨不准我等與中國官府相交。乃除洋商之外。亦不准我等與中國之人民有一些往來。即各洋商。因係與我等貿易往來。所以亦被中國人之輕忽鄙賤。即在中國人之示諭上。亦以紅毛夷人番鬼等名號。輕賤我等。

鴉片之利。既可償行用之損失。而內地之人。復與外商勾結。視為利藪。

《中西紀事》(江上蹇叟)道光元年。申煙禁。二年。廷寄交廣督阮元密查。奏請暫事羈縻。徐圖禁絕。而其時鴉片躉船泊急水門金星門等處。勾結內地奸民。往來傳送。包買則有窰口。說合則有行商。私受土規。則有關汛為之奧援。包攬運載。則有快蟹艇資其護送。于是躉船之來。每歲驟增至數萬箱。

《致姚亮甫中丞書》(包世臣)煙禁眞行。則粵閩之富人失業。而洋商尤不便此。勢必慫恿英夷出頭恫喝。又聞粵中水師皆食土規。一日有事。情必外向。內地既有謀主。沿海復多脅從。英夷亦難保其不生歹心。

官吏欲禁而有所不能。又其時內治之窳敝已多。為外人所窺破。

《道光二十一年澳門新聞紙》當林(此指林文忠公則徐)親身看守消燬鴉片之時。亦有人將其鴉片成箱偷出。每箱賣銀七百至一千元不等。林掌如此大權。尚有人膽敢違犯皇帝諭旨。若林一去以後。鴉片必定復興。 中國人若可以倚靠。北京皇宮內亦不致有鴉片之污穢。

《同上》中國之兵。說有七十萬之衆。若有事之時。未必有一千合用。餘皆係聚集下等之輩。其砲臺卻似花園之闌牆。周圍有窗。在海岸遠望。亦是破壞。砲架亦不能轉動。卻似蜂巢。其師船之樣。若得一隻我等(當是英人自稱)或咪唎嘡之兵船。在一點鐘之久。即可趕散各師船。中國敵外國人。不過以紙上言語。眞可謂之紙王諭國。

雖以林則徐之公誠。焚燬煙土。罷英互市。卒不能申其志。

【柔遠記】(王之春)道光十九年春正月。欽差大臣林則徐至廣東查禁鴉片煙。夏四月。燬鴉片煙土。通查躉船所存烟土。實數呈出凡一萬二百八十三箱。卽在虎門外銷燬。每箱償茶葉五斤。十一月。罷英吉利互市。 二十二年八月。英義律來天津要撫。以琦善爲欽差大臣赴粵。罷兩廣總督林則徐。

卒劫于英之武力。割香港。賠煙款。立五口通商之約焉。

【柔遠記】(王之春)道光二十一年春正月。琦善以香港許英。二月。英人寇虎門。四月。犯廣州城。七月。陷厦門。八月。陷定海鎮海。進據寧波府。二十二年二月。攻慈谿。四月。犯乍浦。五月。陷寶山上海。犯松江府。六月。陷鎮江。七月。犯江寧。耆英伊里布牛鑑與英人成和。

【約章大全】中英江寧條約十三款。 (一)嗣後大清大皇帝。大英國君王。永存和平。所屬華英人民。彼此友睦。各住他國者。必受該國保佑。身家安全。 (一)自今以後。大皇帝恩准英國人民帶同所屬家眷。寄居沿海之廣州。福州。厦門。寧波。上海等五處港口。貿易通商無礙。英國君主派設領事管事等官。住該五處城邑。專理商賈事宜。與各該地方官公文往來。令英人按照下條開敍之例。清楚交納貨稅鈔餉等費。 (一)因英國商船遠路涉洋。往往有損壞須修補者。自應給予沿海一處。以便修船及存守所用物料。今大皇帝准將香港一島給予英國君主。暨嗣後世襲主位者。常遠主掌。任便立法治理。 (一)因欽差大臣等于道光十九年二月間。將英國領事官及民人等强留粵省。嚇以死罪。索出鴉片以爲贖命。今大皇帝准以洋銀六百萬元。補償原價。 (一)凡英國商民在粵貿易。向例全歸額設行商。亦稱公行者。承辦。今大皇帝准其嗣後不必仍照向例。凡有英商等赴各該口貿易者。勿論與何商交易。均聽其便。且向例額設行商等。內有累欠英商甚多。無措清還者。今酌定洋銀三百萬圓。作爲商欠之數。由中國官爲償還。（一）欽差大臣等向英國官民人等不公強辦。致須撥發軍士。討求伸理。今酌定水陸軍費洋銀一千二百萬圓。大皇帝准爲償補。惟自道光二十一年六月十五日以後。英國在各城收過銀兩之數。按數扣除。（一）以上酌定銀數。共二千一百萬圓。此時交銀六百萬圓。癸卯年六月間。交銀三百萬圓。十二月間。交銀三百萬圓。共銀六百萬圓。甲辰年六月間。交銀二百五十萬圓。十二月間。交銀二百五十萬圓。共銀五百萬圓。乙巳年六月間。交銀二百萬圓。十二月間。交銀二百萬圓。共銀四百萬元。自壬寅年起。至乙巳年止。四年共交銀二千一百萬圓。儻按期未能交足。則酌定每年每百圓應加息五圓。（一）凡係英國人。無論本國屬國軍民等。今在中國所管轄各地方被禁者。大皇帝准卽釋放。（一）凡係中國人。前在英人所據之邑居住者。或與英人有來往者。或有跟隨及伺候英國官人者。均由大皇帝俯降諭旨。謄錄天下。恩准免罪。凡係中國人爲英國事被拏監禁者。亦加恩釋放。（一）前第二條內言明開關。俾英國商民居住通商之廣州等五處。應納進口出口貨稅餉費。均宜秉公議定則例。由部頒發曉示。以便英商按例交納。今又議定。英國貨物自在某港按例納稅後。卽准由中國商人徧運天下。而路所經過稅關。不得加重稅例。只可照估價則例若干。每兩加稅不過某分。（一）議定英國住中國之總管大員。與中國大臣。無論京內京外者。有文書來往。用照會字樣。英國屬員。用申陳字樣。大臣批覆。用劄行字樣。兩國屬員往來。必當平行照會。若兩國商賈上達官憲。不在議內。仍用奏明字樣。（一）俟奉大皇帝允准和約各條施行。並以此時准交之六百萬圓交清。英國水陸軍士當卽退出江寧京口等處江面。並不再行攔阻中國各省商賈貿易。至鎮海之招寶山亦將退讓。惟有定海縣之舟山海島。厦門廳之鼓浪嶼小島。仍歸英兵暫爲駐守。迨及所議洋銀全數交淸。而前議各海口均已開闢。俾英人通商後。卽將駐守二處軍士退出。不復占據。（一）以上各條。均關議和要約。應俟大臣等分別奏明大淸皇帝。大英君主。各用親筆批准後。卽速行相交。俾兩國分執一冊。以昭信守。

第十二章　內治之腐敗及教匪髮捻之亂

自乾隆中葉至道咸間。清代內治之腐敗。達于極度。雖無外患。亦不足以自保。蓋高宗習于汰侈。務爲誇大。金川緬甸安南諸役。俱以苟且蔵事。而朝野莫敢直言。相尙以欺詐蒙蔽。積之既久。如瓣決疣潰。所在皆患。而繼起者。復皆庸碌無能之輩。浸淫醞釀。愈引愈鉅。清之祚幾斬焉。藉非漢族出死力以維之。清之亡久矣。然當時政治之腐敗。不盡由于滿人。大小官吏。貪墨狼藉。十九皆漢人也。要亦以劫于滿人之威勢。有明知其不可。而不得不爲之者。觀當時諸人之言論可見。

《聖武記》(魏源)國朝軍需。固皆發帑。無加賦。而州縣吏私派之弊。實不能免。邊省尤甚。乾隆征緬之役。調滿洲索倫兵各五千。朝廷軫念民艱。每站夫馬倍給雇價。然多供有司侵潤。未必寬差徭以實惠也。其見于趙氏翼簷曝雜記者曰。鎭安府應兵夫馬。皆民間按田均派。每糧銀一兩。科至六兩餘。因藩庫不先發。令有司墊辦。有司亦令民墊辦。俟差事畢始給。及差畢而給否。莫敢過問矣。至黔苗應徭役。一家出夫。則數家助之。故夫役尤多云云。此皆令典所無。甚有軍需告竣。而已加之賦。吏不肯減。遂沿爲成例者。

此僅指邊地言也。實則其時州縣侵蝕貪冒。所在皆是。洪亮吉征邪教疏言之。

【征邪教疏】（洪亮吉）今日州縣之惡。百倍于十年二十年以前。上敢顯天子之法。下敢竭百姓之資。以臣所聞。湖北之宜昌。四川之達州。雖稍有邪教。然民皆保身家。戀妻子。不敢犯法也。州縣官既不能消弭化導于前。及事有萌蘖。即借邪教之名。把持之。誅求之。不逼至于爲賊不止。臣請凡邪教所起之地。必究其激變與否。與起釁之由。而分別懲治之。或以爲事當從緩。然此輩實不可一日姑容。明示創懲。既可舒萬姓之冤。亦可塞邪民之口。蓋今日州縣。其罪有三。凡朝廷捐賑撫卹之項。中飽于有司。皆聲言塡補虧空。是上恩不逮下。一也。無事則蝕糧冒餉。有事則避罪就功。府縣以蒙其道府。道府以蒙其督撫。甚至督撫即以蒙皇上。是使下情不上達。二也。有功則長隨幕友皆得冒之。失事則掩取遷流顚踣于道之良民以塞責。然此實不止州縣。封疆之大吏。統率之將弁。皆公然行之。安怪州縣之效尤乎。三也。

章學誠上執政論時務書言之。

【上執政論時務書】（章學誠）近年以來。內患莫甚於蒙蔽。外患莫大于教匪。事雖二致。理實相因。賊揚言官逼民反。九重既知之矣。夫由官逼民反觀之。則吏治一日不清。逆賊一日得藉口以惑衆也。以良民脅從推之。則吏治之壞。恐亦有類于脅從者也。蓋事有必至。理有固然。天下之患。莫患于知其不可。而羣趨于不得不然之勢。今之州縣是也。夫賊之反。以官逼爲辭。而吏治之壞。又有不得不然之說。則吏治與寇患相爲呼吸。必當切究其故而急去之。斯非一切庶事可以從容待次第者比也。州縣倉庫空虛。緩急俱不可恃。此根本之說也。州縣典守皆不可信。一切留存預備之項。多提貯于司庫。此救弊而不揣其本者也。此猶未見寇患相與呼吸。其最與寇患相呼吸者。情知虧空爲患。而上下相與講求彌補。謂之設法。天下未有盈千百萬已虧之項。祇此有無出納之數。而可爲彌補之法者也。設法者。巧取于民之別名耳。　蓋既講設法。上下不能不講通融。州縣有千金之通融。則胥役得乘而牟萬金之利。督撫有萬金之通融。州縣得乘而牟十萬之利。　韋布書生。初膺民社。趨謁大吏。首請指揮。即令肩承前官累萬盈千虧項。責以分卯限年。設法彌補。强者欲矯名節而無從。弱者欲退初服而無路。惟有俯就羈勒。馳驅于習俗之中。久且心與之化。而不肖者之因以爲利。又無論矣。　側聞所設之法。有通扣養廉。而不問有無虧項者矣。有因一州縣所虧之大。而分累數州縣者矣。有人地本屬相宜。特因不善設法。上司委員代署。而勒本員閒坐會城。或令代攝佐貳者矣。有貪劣有據。勒令繳出贓金。而掩覆其事者矣。有聲名向屬狼藉。幸未破案。而丁故回籍。或陞調別省。勒令罰金若干。免其查究者矣。有臃腴之缺。不問人地宜否。但能擔任彌補。許買陞調者矣。　種種意料難測。筆墨難罄之弊。皆由設法而生。

而洪以直言被罪。章言之亦不見聽。

【清先正事略】(李元度)洪稚存先生初第時。大臣掌翰林院者。網羅人才。以傾動聲譽。先生知其無成。欲早自異。遂于御試征邪教疏內。力陳中外弊政。發其所忌。又先生上書成親王暨當事大僚言事。成親王以聞。即日落職。交刑部治罪。奏上。免死。戍伊犁。

蓋清自和珅用事以來。上下相蒙。公私交困。非一日也。

【上執政言時務書】(章學誠)自乾隆四十五年以來。訖于嘉慶三年而往。和珅用事幾二十年。上下相蒙。惟事婪贓瀆貨。始則蠶食。漸至鯨吞。初以千百計者。俄而非萬不交注矣。俄而萬且以數計矣。俄以數十萬計。百萬計矣。一時不能猝辦。由藩庫代支。州縣徐括民財歸款。貪墨大吏。胸臆習爲寬侈。視萬金呈納。不過同于壺簞餽問。屬吏迎合。非倍往日之搜羅剔括。不能博其一歡。官場如此。日甚一日。則今之盈千百萬所以乾而竭者。其流溢所注。必有在矣。道府州縣。向以狼藉著者。詢於舊治可知。而奸胥鉅魁。如東南戶漕。西北兵驛。盈千累萬。助虐肥家。亦必可知。督撫兩司。向以貪墨聞者。詢于廷臣可知。聖主神明洞鑒。亦必有知其概者。此輩蠹國殃民。今之寇患。皆其所釀。今之虧空。皆其所開。其罪浮于川陝敎匪。駢誅未足蔽辜。

由嘉慶至道光。雖經教匪及英人之禍。而其弊依然不改。且加甚焉。劉蓉致某官書曾痛言之。

【致某官書】（劉蓉）今天下之吏亦衆矣。未聞有以安民爲事者。而賦斂之橫。刑罰之濫。朘民膏而殃民命者。天下皆是。　國家牧民之吏。其始取之也。以記誦詞章。而不必有德行道藝之實。其職之也。以科條律令。而不必有慈祥仁愛之施。其課之也。以錢穀刑名。而不必有撫字教化之效。是固已失出治安民之本矣。況夫科目之外。又雜以捐納之途。是驅之使責償于民。而肆其貪婪之志也。法律之外。又加以條例之煩。是借之使挾以爲奸。而制其死生之命也。考成之外。又責以苞苴之私。是敎之使斂怨于下。而快其谿壑之欲也。是以才者既盡其所欲爲。而不顧斯民之疾苦。不才者又茫然不省。一聽猾胥之所欲爲。而因以便其私計。　又有甚者。府史胥徒之屬。不名一藝。而坐食于州縣之間者。以千計。而各家之中。不耕織而享鮮美者。不下萬焉。鄉里小民。偶有睚眦之故。相與把持愚弄。不破其家不止。　今之大吏。以苞苴之多寡。爲課績之重輕。而黜陟之典亂。今之小吏。以貨賄之盈虛。決訟事之曲直。而刑賞之權乖。　州縣之中。稍有潔己自好者。不惟白首下僚。無望夫官階之轉。而參劾且隨之。而貪污者流。既以肥身家。樂妻子。而升擢之榮。歲且數至。彼此相形。利害懸絕。彼廉吏者。名既無成。利亦弗就。而獨舍天下之所甚利。犯當世之所甚忌。此豈其情也哉。宜乎競通私賄。煽起貪風。雖或負初心。虧素守。然猶每顧而不悔者也。

【同上】民之黠者。既巧爲規避。而非法律所得制。富者。又得以獻納贖免。雖罹禁網而不刑。是以法之所及。止于愚魯貧民。而豪猾者流。日寢饋于法禁之中。而常逍遙于文網之外。于是法律之施。不惟不足以整齊夫風俗。又且驅天下之風俗而益敗壞之。 今天下僻遠之邑。綠林深密之地。盜賊羣聚而據焉。大者以千計。小者亦以百計。造柵置寨。屠狗椎牛。晝則羣飲于市肆。賭博叫囂。夜則刼掠于鄉村。縱橫騷擾。而鄉里莫之敢發。州縣莫之敢問。隸卒莫之敢攖者。誠畏其勢而無可如何也。夫國家治盜之法亦嚴矣。然而令行而禁不止。此其弊有二。一則縱賊以爲利。一則諱盜以爲功。今穿窬小賊。每流鄉里。惟强有力者乃能自捕而解之縣。縣得民之賫。而後繫之。旋納盜之賄。而又出之。是故盜以囹圄爲逆旅。而吏視盜賊猶客商。此所謂縱賊以爲利之弊也。至其大者。則又修好于鄉里之民。以固其巢穴。締交于豪强之吏。以廣其羽翼。而勢焰既張。有司者熟視而莫敢發。苟發而不能捕。捕而不能獲。則參罰且隨其後。今一諱之。苟不至于刼財害命。則固可以幸旦夕之安。而不病于考成之法。此所謂諱盜以爲功者也。

【同上】往歲洋烟之禁。初下。詔旨嚴切。有犯者。大則誅辟。小則流配。不三數日。而決遣已定。蓋國家立法之嚴。大吏奉法之亟。未有捷于此者。然當時吏旨胥役之徒。邊遠偏僻之邑。肆然犯禁。莫敢過而問焉。不數日而法禁漸弛。糾察漸惰。則城市都會間。蓋已有之。半年之後。上下相忘。而價值且廉于舊。若不知此之爲禁者。則夫國家政令之不行。與其他良法美意之不克施于下。亦可見矣。今時弊之積于下者。不必盡聞于上。其聞于上者。又必再四詳愼。不甚關于忌諱。然後敢入告焉。公卿大臣。又必再三審慮。不甚戾于成法。然後勉而行焉。則夫弊所及除之端。蓋無幾耳。而禁令之不行。抑又如此。則是天下之弊。終無釐革之日也。（曾紀澤注，此蓋作于道光辛丑壬寅年間。）

故教匪髮捻之迭起爲果而官吏貪墨舞弊實爲之因。此清室中葉以降之眞相也。

教匪者。白蓮教也。

《清朝全史》（稻葉君山）白蓮敎非始于清朝。元有欒城韓山童者。以其祖父所創之白蓮敎。煽惑人民。焚香誘衆。倡言彌勒佛降生。白蓮敎之名自此始。明天啓五年。白蓮會又蔓延于山東直隸河南山西陝西四川等省。清之白蓮敎敎義。以禱告及念咒可以治病。號召黨徒。與前明不異。白蓮敎之是否邪敎。殊未易言。支那民間信仰頗雜。必非出于儒釋道三敎之一途。指人民之信仰即以爲邪敎。未得爲當。究其眞意。謂此種信仰稍帶有政治意味。未始不可。然事多出于變動之結果。不能歸罪于人民信仰。而在上者反卸其責而不問也。

其端起于乾隆四十年至嘉慶九年而始定。

《聖武記》（魏源）乾隆四十年。安徽劉松以河南鹿邑邪敎事發。被捕。遣戍甘肅。復分遣其黨劉之協宋之淸授敎傳徒。徧川陝湖北。日久黨益衆。遂謀不靖。倡言劫運將至。以同敎鹿邑王氏子曰發生者。詭明裔朱姓。以煽動流俗。乾隆五十八年。事覺。復捕獲。各伏辜。嘉慶元年。湖北四川敎匪起。蔓延河南陝西甘肅。乘新政之宵旰。與五省環攻之兵力。且撫且剿。猶七載而後定。

靖餘孽者又二載。先後糜餉逾萬萬金。

後又舉事于清宮。

『清朝全史』(稻葉君山)嘉慶十八年。有極大膽之陰謀。破裂于北京宮廷。陰謀作于天理教徒。其時因政府對于白蓮教之法律過嚴。此乃其變名。實則仍爲白蓮教也。

是亦可見其時人民仇滿之思想。而滿清之兵力亦由剿辦教匪而顯其不足恃。漢人之團練。因之勃興。是則滿漢勢力消長之關鍵。實在嘉慶初年矣。

『清朝全史』(稻葉君山)嘉慶二年。德楞泰條呈堅壁清野之法。 又有著名之合州知州龔景瀚條呈謂八旗官兵不可恃。其軍紀廢弛。所過地方受害甚于盜賊。 嘉慶四年。嘗詔徵黑龍江之兵。往返數千里。供應浩繁。水土不服。不熟賊情。計調一黑龍江之兵。可以募數十鄉勇。且可衛身家免擄掠。當使嗣後鄉勇有功者。如八旗官兵保奏議卹。以收敵愾同仇之效。可知清廷意在節省經費募集鄉勇。行德楞泰之策。自嘉慶元年至二年。四川一省鄉勇之數已越三十萬人。 總之。無論爲堅壁清野。或募集鄉勇。皆可證明滿洲常備軍不足以保障國家維持社會也。

道光末年。各地土匪蜂起。而洪秀全所部。復明制。蓄髮以示敵清。清人謂之髮逆。洪起兵四年。遂都江寧。建號太平天國。至同治三年六月。清兵克江寧。其黨始漸平。

『克復江寧摺』(曾國藩)洪逆倡亂粵西。于今十有五年。竊據金陵者十二年。其蹂躪竟及十六省。淪陷至六百餘城之多。

而其後復有捻匪。

《湘軍記》(王定安)捻之患。不知其所自始。或曰。鄉民行儺逐疫。裹紙然膏。爲龍戲。謂之捻。其後報讎嚇財。掠人勒贖。侵淫爲寇盜。或數人爲一捻。或數十百人爲一捻。白晝行刼。名曰定釘。山東之兗沂曹。河南之南汝光歸。江蘇之徐淮。直隸之大名。安徽之廬鳳潁壽。承平時在在有之。咸豐三年。洪秀全陷安慶。踞金陵。遣黨徇臨淮鳳陽。出歸德以擾河朔。于是皖豫捻患益熾。

又越數年始平。捻爲流寇。無宗旨。與髮殊。然其爲清室政治不良造成禍亂之現象則一也。

太平軍之起。以推翻清室倡行耶教爲宗旨。

《湘軍記》(王定安)洪秀全者。廣東花縣人。少飲博無賴。敢爲大言。粗知書。賣卜爲活。聞妖人朱九濤倡上帝會。與同邑馮雲山往師之。以其術游廣西。桂平曾玉珩延爲塾師。武宣蕭朝貴與貴縣石達開秦日綱。皆師事秀全。秀全詐死七日。復甦。謬衆云。上帝召我。有大劫。拜天則免。遂託泰西人所稱耶穌教者。造眞言寶誥。謂天曰耶和華。耶穌爲長子。秀全次子。其咒辭贊美上帝。以誑衆斂錢。男婦多信事之。

《清朝全史》(稻葉君山)洪秀全以嘉慶十八年生于廣東花縣。彼族實由嘉應州移來之客民也。身幹長大。有雄姿。略識文字。其父名國游。母早死。頗信基督教。其後得香港美國宣教師羅把茲之教訓。然尚未受洗禮。未幾。彼忽組織上帝會。其黨與爲洪雲山與洪仁玕。彼主張神聖之三位一體。卽第一位爲天父。第二位爲基督。卽天兄。而已則爲天弟。咸豐元年正月。在大黃江自號太平王。閏八月。陷永安州。在此建立太平天國之國號。自稱天王。

世多稱其制度。

『清朝全史』（稻葉君山）太平軍之軍制。其初甚爲完備。洪王右手握劍。左手捧耶穌敎之信條。專鼓吹全軍之勇氣。在一八五八年之末期。遣籍太平軍者。有五十萬乃至六十萬之男子。其女子在五十萬以上。兵之訓練。就定營規條觀之。陣營中之敎訓。並不懈怠。恪遵天命。熟讀天條讚美。男女兩營有別。禁吸阿片飲酒。約法極嚴。　太平軍初頒之規條如左。（一）恪遵天命。（二）熟識天條讚美。早晚禮拜。以感謝頒布之規矩及詔諭。（三）因欲練成好心腸。不得吸烟飲酒。宜公正和平。毋得弄弊徇情。順下逆上。（四）同心合力。各遵有司。不得隱藏兵數及收匿金銀器飾。（五）男營與女營有別。不得授受相親。（六）宜熟諳日夜點兵鳴鑼吹角擂鼓之號令。（七）無事勿得過他營行別軍。以荒誤公事。（八）宜學習爲官之稱呼問答禮制。（九）各整軍裝鎗礮。以備急用。（十）不許謊言國法王章。訛錯軍機將令。

且謂其能行共產主義。

（清朝全史）（稻葉君山）統治軍政。天京分設男館女館。分前後左右中五軍。女館分八軍。軍有女軍師一人。下有女百長數十。此館之創置。一面預防逃亡。一面便于布敎。咸豐三四年。收容此館者共計二十四五萬人。對于城南之一般住民。行門牌制。凡男子自十六歲至五十歲者。爲牌面。其餘曰牌尾。以便戶口稽查。而土地分給之制。則彼等所創造者也。癸卯三年（西一八五三年）頒行之天朝田畝制度。分田爲九等。每田一畝。以早晚二季出千二百斤者爲上上田。出千一百斤者爲上中田。以下遞減。出四百斤者爲下下田。上上田一畝。當下下田三畝。照人口分給。受田之標準。男婦一人。每十六歲以上。受田十五歲以下。給其中。若一家六人。三人受好田。三人受劣田。以一年爲定。關于此制之精神。確有所在。彼云天下之田。天下之人同耕之。此處不足。遷移彼處。彼處不足。遷移此處。又曰。凡天下之田。豐荒相通。此處若荒。移彼豐處。以賑此荒處。彼處若荒。移此豐處。以賑彼荒處。務使天下共享天父上主皇上帝之天福。有田同耕。有飯同食。有衣同穿。使地無不均勻。使人無不飽暖。此等理想之下。土地田畝不爲私有。金錢不許私藏。故貯藏銀十兩金一兩者爲私藏犯法。須處罰云。

然其理想單簡。務破壞中國從來一切制度。而又未能得他國完美之法以爲之導。故其法制可稱者止此。其後據地廣袤日事兵爭。救死不暇。亦無復建設之力矣。

由太平軍之反動。而滿洲之勢力益衰。湘軍崛起。以書生農夫奮死與洪楊角逐。而後滿洲之兵權幾完全歸于漢人之手。

《湘軍記》(王定安)自洪楊倡亂。大吏久不習兵。綠營呰窳驕惰。聞征調則驚號。比至前敵。秦越楚燕之士。雜糅並進。勝則相妬。敗不相救。號令岐出。各分畛域。迄不得一兵之用。于是諸路將帥。頗厭征調勞費。稍事招募。潮勇川勇。萌蘖漸起。然其人多游民劇盜。剽悍繹騷。民尤患苦之。江忠源初創楚軍。劉長佑助之。挈其鄉人子弟。慷慨赴敵。始講節制。禁騷擾。義聲日起。其時草昧締構。實爲湘軍濫觴。迨曾國藩以儒臣治軍長沙。羅澤南王鑫皆起諸生。講學敦氣誼。乃選士人領山農。滑弁遊卒及市井無賴。擯斥不用。初立三百六十人爲一營。已而改五百人爲一營。營分四哨。哨官四人。統以營官。自兩營迄數十營。視材之大小而設統領焉。一營之中。指臂相聯。弁勇視營哨官。營哨官視統領。統領視大帥。皆如子弟之事其父兄焉。 其後湘軍戰功徧天下。從戎者日益衆。迨左宗棠劉錦棠平秦隴。率師出關。所部百數十營。雖號老湘營。間用他省人。錯雜其間。然其營制薪糧。猶遵循未改也。

淮軍繼之。參以西法。遂開近數十年軍閥之統系焉。

〔淮軍平捻記〕(周世澄)淮軍之始也。于同治元年。其營制一准楚勇。　淮軍之精于礮火也。以李公之雇募英法弁兵教練洋槍隊始。李公初至上海。雇募英法弁兵。通習軍器者。仿照製辦。並令參將韓殿甲督率中國工匠。盡心學習。

〔清朝全史〕(稻葉君山)當時上海富商。組織一愛國會。各出軍資。使歐人助之。以防太平軍。美國人華爾及白齊文。受愛國會之囑託。于一八六〇年六月。募集歐人一百。馬尼亞人二百。攻擊松江。　華爾轉戰浙江慈谿陣亡。白齊文後以不服從清吏而解職。英國陸軍少將戈登代之。統率常勝軍。

世謂湘軍之精神。在維持名教。

〔清朝全史〕(稻葉君山)咸豐四年。曾國藩頒布討粵匪檄。　自唐虞三代以來。歷世聖人。扶持名教。敦敘人倫。君臣父子。上下尊卑。秩然如冠履之不可倒置。粵匪竊外夷之緒。崇天主之教。自其僞君僞相。下逮兵卒賤役。皆以兄弟稱之。謂惟天可稱父。此外凡民之父。皆兄弟也。凡民之母。皆姊妹也。農不能自耕以納賦。謂田皆天主之田也。商不能自賈以取息。謂貨皆天主之貨也。士不能誦孔子之經。而別有所謂耶穌之說。新約之書。舉中國數千年禮義人倫詩書典則。一旦掃地蕩盡。此豈獨我大清之變。乃開闢以來名教之奇變。我孔子孟子之所痛哭于九泉。凡讀書識字者。又焉能袖手坐觀。不思一爲之所也。自古生有功德。沒則爲神。王道治明。神道治幽。雖亂臣賊子。窮凶極醜。亦往往敬畏神祇。李自成至曲阜。不犯聖廟。張獻忠至梓潼。亦祭文昌。粵匪焚郴州之學宮。毀宣聖之木主。十哲兩廡。狼藉滿地。所過州縣。先毀廟宇。即忠臣義士。如關帝岳王之凜凜。亦汚其宮室。殘其身首。以至佛寺道院。城隍社壇。無廟不焚。無像不滅。此又鬼神所共憤怒。欲一雪此憾于冥冥之中者也。

〔同上〕湘中主將。皆係書生。祗知中國固有之學問名教。曾之檄文。實湘軍之精神。彼指摘洪軍焚郴州之學宮。孔子之木主及十哲之兩廡等。謂孔子孟子當痛哭于九泉。此語最爲緊要。後日洪軍之政策。亦許讀孔孟書。以冀人心之和緩矣。　湘軍非勤王主義。亦非雷同性之侵略。意在維持名教。其最終之目的。即恢復異宗教之南京是也。是故湘軍可稱爲一種宗教軍。

觀彭玉麟之宗旨。固可以見湘軍之動機。

〔淸朝全史〕(稻葉君山)彭玉麟爲長江水師之指揮者。三十餘年之久。當從軍之初。立二誓約。其一曰不私財。其二曰不受朝廷之官。咸豐十一年。授安徽巡撫。彼辭不受。同治三年。克復南京。賞一等輕車都尉世爵。加太子少保銜。續任爲漕運總督。朝賞頻至。彼亦不受。彼上痛切之辭表曰。臣本寒儒。傭書養母。咸豐三年母物故。曾國藩謬用虛名。强之入營。初次臣見國藩。誓必不受朝廷之官職。國藩見臣語誠實。許之。顧十餘年來。任知府。擢巡撫。由提督補侍郎。未嘗一日居其任。應領收之俸給及一切銀兩。從未領納絲毫。誠以朝恩實受。官猶虛也。又曰。臣素無室家之樂。安逸之志。治軍十餘年。未嘗營一瓦之覆。一畝之殖。受傷積勞。未嘗請一日之假。終年于風濤矢石之中。未嘗移居岸上。以求一人之安。誠以親喪未終。出從戎旅也。既難免不孝之罪。又豈敢爲一己之圖乎。臣嘗聞士大夫之出處進退。關于風俗之盛衰。臣既從軍。志在滅賊。賊既滅而不歸。近于食位。

夫天下之亂。不徒在盜賊之未平。而在士大夫之進無禮退無義。中興大業。宜扶樹名教。振起人心云。　彼擴張長江水師。使至一萬餘人。一切兵餉。以鹽稅及長江釐金稅充之。不煩戶部。亂平後。尚餘六十餘萬。報告兩江總督。寄託于鹽道之手。取其利息。加水師公費。彼曰。予以寒士來。願以寒士歸也。觀以上之事實。湘軍組織之動機。非對于朝廷之義務。又不爲賞爵所激動。全由自衛之必要而起。然則洪軍之平定。偏祉于湘軍。與朝廷無涉。而朝廷之設施。直隔靴搔癢而已。

然亦足徵吾國人之能力。雖以滿淸之壓制。亦能崛起而大有爲。惜乎後來之淮軍無此風氣也。

第十三章　外患與變法

淸代之外患。雖自鴉片之戰始。然壬寅立約後。朝野上下。一切如故。初未因外患而有所變革也因外患而有所變革自咸豐庚申始而其事尤極可笑。初則以禁洋人入廣東省城啟釁。而有天津和約。繼則以禁洋人入北京啟釁。而有北京和約。而增開口岸。

〔咸豐八年中英續約〕第十款。長江一帶各口。英商船隻俱可通商。惟現在長江上下游均有賊匪。除鎭江一年後立口通商外。其餘俟地方平靖。大英欽差大臣與大淸特派之大學士尙書會議。准將自漢口溯流至海各地。選擇不逾三口。准爲英船出進貨物通商之區。　第十一款。廣州福州廈門寧波上海五處。已有江寧條約舊准通商外。卽在牛莊登州臺灣潮州瓊州等府城口。嗣後皆准英商亦可任意與無論何人買賣。船貨隨時往來。至于聽便居住賃房買屋租地起造禮拜堂醫院墳塋等事。並另有取益防損諸節。悉照已通商五口無異。

〔中法條約〕第六款。中國多添數港。准令通商。屢試屢驗。實爲近時切要。因此議定將廣東之瓊州潮州。福建之臺灣淡水。山東之登州。江南之江寧六口。與通商之廣東福州廈門寧波上海五口。准令通市無異。

〔咸豐十年中英續增條約〕第四款。大淸大皇帝允以天津郡城海口作爲通商之埠。凡有英國民人等至此居住貿易。均照經准各條所開各口章程比例畫一無別。

《中法續約》第七款。從兩國大臣畫押蓋印之日起。直隸省之天津府。尅日通商。與別口無異。

協定稅率。

《中英續約》第二十六款。前在江寧立約第十條內。定進出口各貨稅。彼時欲綜算稅餉多寡。均以價值爲率。每價百兩。征稅五兩。大概核計。以爲公當。旋因條內載列各貨種式。多有價值漸減而稅餉定額不改。以致原定公平稅則。今已較重。擬將舊則重修。允定此項立約。如有印信之後。奏明請派戶部大員。卽日前赴上海。會同英員迅速商奪。俾俟本約奉到硃批。可卽按照新章迅行措辦。　第二十七款。此次新定稅則。並通商各款。日後彼此兩國再欲重修。以十年爲限。期滿須于六個月之前。先行知照。酌量更改。若彼此未曾先期聲明更改。稅則稅課仍照前章完納。復俟十年再行更改。以後均照此限此式辦理。永行弗替。

《中法條約》大法國人在通商各口貿易。凡入口出口。均照兩國欽差大臣所定印押而附章程之稅則。輸納鈔餉。但因兩國貨物或土產或工藝。一時不同。而價直有低昂之殊。其稅則有增減之別。每七年較訂一次。以資允協。七年之內。已定稅銀。將來並不得加增。亦不得有別項規費。

《中國近時外交史》(劉彥)獨立國家由主權發動。有制定稅率之權。外國商人不可不服從之。以前俄英商人不過哀求我國減稅。朝廷以澤及遠人之意。特從寬減。至此以外人之强制。由主客二國協定稅率。是獨立國大傷體面之事。且此協定稅率並非用互惠條款。彼可得之于我。我不能求償于彼。其損害及于我國財政上經濟上尤甚大。

領事有裁判之權。

《中英續約》第十六款。英國民人有犯事者。皆由英國懲辦。中國人欺凌擾害英民。皆由中國地方官自行懲辦。兩國交涉事件。彼此均須會同公平審斷。以昭允當。　第十七款。凡英國民人控告中國民人事件。應先赴領事官衙門投稟。領事官即當查明根由。先行勸息。使不成訟。中國民人有赴領事官告英國民人者。領事官亦應一體勸息。間有不能勸息者。即由中國地方官與領事官會同審辦。公平訊斷。

《中國近時外交史》(劉彥)凡國家對于領土內行使主權。雖外國人不可不服從之。即國家獨立權所在也。故外國人入領土內。必服從其法律。領事裁判權許與。則外人入我領土之內。不服從我國法律。即國際法上國家之獨立權受制限是也。

利益有均霑之例。

《中英續約》第五十四款。上年立約。所有英國官民。理應取益防損各事。今仍存之。勿失。倘若他國今後別有潤及之處。英國無不同獲其美。

《咸豐八年中美條約》第三十款。現經兩國議定。嗣後大清國有何惠政恩典利益施及他國或其商民。無論關涉船隻海面通商貿易政事交往等事情。爲該國並其商民從來未沾。抑爲此條約所無者。亦當立准大合衆國官民一體均沾。

以及傳教游歷。

《中英續約》第八款。耶穌聖教暨天主教。原係爲善之道。待人如己。自後凡有傳授習學者。一體保護。其安分無過。中國官毫不得刻待禁阻。

《中法條約》第十三款。天主教原以勸人行善爲本。凡奉教之人。皆全獲保佑身家。其會同禮拜誦經等事。概聽其便。凡按第八款備有蓋印執照。安然入內地傳教之人。地方官務必厚待保護。凡中國人願信崇天主教而循規蹈矩者。毫無查禁。皆免懲治。向來所有或寫或刻奉禁天主教各明文。無論何處。概行寬免。

《中美條約》耶穌基督聖教。又分天主教。原爲勸人行善。凡欲人施諸己者。亦如是施于人。嗣後所有安分傳教習教之人。當一體矜恤保護。不可欺侮凌虐。凡有遵照教規安分傳習者。他人毋得騷擾。

《中英條約》第九款。英國民人准聽持照前往內地各處游歷通商。執照由領事官發給。由地方官蓋印。經過地方。如飭交出執照。應即隨時呈驗無訛放行。雇人裝運行李貨物。不得攔阻。如其無照。其中或有訛誤。以及有不法情事。就近送交領事官懲辦。沿途止可拘禁。不可凌虐。如通商各口。有出外遊玩者。地在百里。期在三五日內。毋庸請照。惟水手船上人等不在此列。應由地方官會同領事官。另定章程。妥爲彈壓。

《中法條約》第八款。凡大法國人欲至內地及船隻不准進之各埠頭遊行。皆准前往。然務必與本國欽差大臣或領事等官。預領中法合寫蓋印執照。其執照上仍應有中華地方官鈐印以爲憑。如遇執照有遺失者。大法國人無以繳送。而地方官員無憑查驗。不肯存留。以便再與領事等官復領一件。聽憑中國官員護送進口。領事官收管。均不得毆打傷害虐待所獲大法國人。凡照舊約在通商各口地方大法國人。或長住。或往來。聽其在附近處所散步動作。毋庸領照。一如內地人民無異。惟不得越領事官與地方官議定界址。其駐劄中國大法國官員。如給執照之時。惟不准前往暫有匪徒各省分。其執照惟准給予體面有身家之人爲憑。

售賣洋藥。

『中英通商章程』第五款。向來洋藥銅錢米穀豆石硝磺白鉛等物。例皆不准通商。現定稍寬其禁。聽商遵行納稅貿易。洋藥准其進口。議定每百斤納稅銀三十兩。惟該商祇准在口銷賣。一經離口。即屬中國貨物。祇准華商運入內地。外國商人不得護送。即天津條約第九條所載英民持照前往內地通商並二十八條所載內地關稅之例。與洋藥無涉。其如何徵稅。聽憑中國辦理。嗣後遇修改稅則。仍不得按照別貨定稅。

『中西紀事』(江上蹇叟)壬寅約內。絕不提煙土一字。　自通商議行。鴉片弛禁。於是利權操之於外洋。而煙土遂爲各行之首業。此豈特漏卮之患而已哉。　壬寅通商之後。鴉片之禁大開。直至咸豐八年。始定稅則。是法窮則變也。

禁書夷字。

『中英續約』第五十一款。嗣後各式公文。無論京外內敘大英國官民。自不得提書夷字。

自由建造等事。

『咸豐十年中法續約』第六款。應如道光二十六年正月二十五日上諭。即頒示天下黎民。任各處軍民人等傳習天主教。會合講道。建堂禮拜。且將濫行查拏者予以應得處分。又將前謀害奉天主教者之時所充之天主堂學堂塋墳田土房廊等件。應贖還。交法國駐紮京師之欽差大臣。轉交該處奉教之人。並任法國傳教士。在各省租買田地建造自便。

無往而不允其所請。正不獨賠款割地之爲國恥也。

咸豐八年。賠英商損害銀二百萬兩。英國軍費二百萬兩。賠法國損害費與軍費共銀二百萬兩。咸豐十年。改賠英款爲八百萬兩。法款亦八百萬兩。咸豐十年中英續增條約第六款。允以廣東九龍司地方一區。付與大英君主。

清廷受此鉅創。始漸有改革政法之意。首建總理各國通商事務衙門。

《柔遠記》(王之春)咸豐十年冬十月。建總理各國通商事務衙門。時各國交涉紛繁。軍機處難以兼理。因議建總理衙門。奉諭。恭親王等奏辦理通商善後章程一摺。即照原議辦理。京師設立總理各國通商事務衙門。著即派恭親王奕訢大學士桂良戶部左侍郎文祥管理。並著禮部頒給欽命總理各國通商事務關防。應設司員。即於內閣部院軍機處各司員內滿漢挑取八員。即作爲定額。毋庸並兼軍機處行走。輪班辦理。侍郎銜候補京堂崇厚。著作爲辦理三口通商大臣。駐紮天津。管理牛莊天津登州三口通商事務。會同各該將軍督撫府尹辦理。並頒給辦理三口通商大臣關防。其廣州福州廈門寧波上海及內江三口。潮州瓊州臺灣淡水各口通商事務。著江蘇巡撫薛煥辦理。新立口岸。惟牛莊一口。歸山海關監督經管。其餘登州各口。著該督撫會同崇厚薛煥派員管理。所有各國照會。隨時奏報。並將原照一併呈覽。一面咨禮部。轉咨總理衙門。並著各該將軍督撫互相知照。其吉林黑龍江中外邊界事件。並著該將軍等據實奏報。不准稍有隱飾。

及同文館。

《清會典》總理各國事務衙門親郡王貝勒大臣大臣上行走。掌各國盟約。昭布朝廷德信。凡水陸出入之賦。舟車互市之制。書幣聘饗之宜。中外疆域之限。文譯傳達之事。民教交涉之端。王大臣率屬定議。大事上之。小事則行。每日集公廨以治庶務。奏事日。則直朝房以待召見。 凡各國使臣入覲。先奏請覲所定期。皇帝御殿閣。則導其使臣入。使臣行禮。如見其國君。使臣呈遞國書。代陳御案。使臣陳詞。皇帝宣慰畢。則帥以退。 凡各國使臣以事期會。則集公廨。接以賓禮。紀問答。要事則錄備進呈。往會亦如之。 凡使臣來賀元旦令節。於歲首約期。部院堂官咸集。接以賓禮。往賀亦如之。凡有約之國十有六。曰俄羅斯 俄國通商之始，自康熙二十八年議定黑龍江約六條，咸豐八年議定愛琿城約三條，又立天津約十二條，皆在衙門未設以前 曰英吉利。道光二十二年，在江寧立約十三條。 曰瑞典那威。道光二十七年，在廣東立約三十三條。 曰米利堅。道光二十四年，在廣東立約三十四款。 曰法蘭西。咸豐八年，在天津立約四十二款。 曰德意志。咸豐十一年，立通商條約四十二款。 曰丹麻爾。同治二年，立約五十五款。 曰荷蘭。同治二年，立約十六款。 曰日斯巴尼亞。同治三年，立約五十二款。 曰比利時。同治四年，立約四十七款。 曰意大利亞。同治五年，立約五十五款。 曰奧斯馬加。同治八年，立約四十五款。 曰日本。同治十年，立約十八款。 曰祕魯。同治十三年，立約十九款。 曰巴西。光緒七年，立約十七款。 曰葡萄牙。光緒十三年，立約五十四款。 分五股以理各國交涉事務。曰俄國股。日本附焉。曰英國股。奧斯馬加附焉。曰美國股。德意志祕魯意大利亞瑞典那威比利時丹麻爾葡萄牙附焉。曰法國股。荷蘭日斯巴尼亞巴西附焉。曰海防股。 按會典成書律，續訂條約各國，曰剛果，則在光緒二十四年，曰墨西哥，曰韓國，則在光緒二十五年，其交涉之事，亦兼附各股。

《柔遠記》(王之春)同治六年春三月。設同文館於京師。 時京師有洋館。乃議設同文館。並招集士子學習推算及泰西文字語言。而雇西人教習。廷臣諫疏皆留中。

《清會典》同文館管理大臣。掌通五大洲之學。以佐朝廷一聲教。考選八旗子弟與民籍之俊秀者。記名入冊。以次傳館。設四國語言文字之館。曰英文前館。曰法文前館。曰俄文前館。曰德文前館。曰英文後館。曰法文後館。曰俄文後館。曰德文後館。天文，化學，算學，格致，醫學，共八館。

其議蓋發於文祥。

《文文忠公別傳》（匡輔之）咸豐十年。擬善後章程六條。（一）京師立總理各國事務衙門。（一）分設南北口岸大臣。（一）新立稅關。派員專理。（一）各省辦理外國事件。將軍督撫互相知照。以免歧誤。（一）廣東上海各擇通外國語言文字者二人來京。仿俄羅斯館教習例。選八旗子弟年十三四以下者學習兩年後。考其勤惰。有成者優獎。（一）各海口內外商情。並外國新聞紙。按月咨報總理各國事務衙門備覈。

而其時號爲理學者。頗非之。

《倭文端公別傳》（匡輔之）同治六年正月。同文館招考天文算學。由滿漢之正途出身五品以下京外各官考試錄取。延聘西人在館教習。公奏言立國之道。尙禮義不尙權謀。根本之圖。在人心不在技藝。今求諸一藝之末。又奉夷人爲師。無論所學未必果精。卽使教者誠教。學者誠學。其所成就。不過術數之士。未聞有恃術數而能起衰振弱者也。自耶穌之敎盛行。無識愚民。半爲所惑。所恃讀書明理之儒。或可維持人心。今復舉聰明儁秀國家所培養而儲以有用者。使之奉夷人爲師。恐所習未必能精。而讀書人已爲所惑。夫術爲六藝之一。本儒者所當知。非歧途可比。然天文算學。爲益甚微。西人教習正途。所損甚大。伏望立罷前議。以維大局而彌隱患。事遂止。旋命公在總理各國事務衙門行走。公懇請收回成命。上不允。尋上疏固辭。

比遣使出洋。稍識外情。

《柔遠記》(王之春)同治七年六月。遣使出洋。與美國增訂條約。 時外洋諸國公使領事等交錯來華。周知內地虛實。而中國於外洋情事。僅得傳聞。未親歷目覩。有以彼能來。我亦能往爲言者。於是特派欽差爲重任大臣。二品頂戴志剛孫家穀均充辦理中外交涉事務大臣。赴大東洋。抵華盛頓。與美國總理各國事務大臣增訂條約八款。

《初使泰西記》(滿洲宜厚)大清同治六年丁卯十二月初二日。總理各國事務衙門。以軍功花翎記名海關道總辦章京志剛篤實懇摯。器識宏通。保奏。奉旨派充使臣。與本衙門章京候選知府孫家穀並賞給二品頂戴。偕同美國欽使蒲安臣。英國協理柏卓安。法國協理德善等。恭齎國書。前往西洋有約各國。辦理中外交涉事件。 初十日。使者與孫家穀詣乾清門。預備召見。御前大臣帶領進養心殿。皇太后問由何路行走。奏對。由陸路到上海。上火輪船。經日本。過大東洋。到米利堅。由米利堅渡大西洋。到英吉利。過海到法蘭西。往北。順路到比里時。荷蘭。丹麻爾。瑞典。俄羅斯。往南。回路到布路斯。再南。仍經法蘭西。到西班牙。意大利。由地中海。經大南洋。順廣東福建江浙中國海面。自天津回京。諭。隨從人務須管束。不可被外國人笑話。奏對。謹當嚴加管束。不准其在外滋事。

《隨使日記》(張德彝)中國既與海外諸國通商。於是各遣使臣來華駐劄。修和好。保商民。以期辦事確切。通信迅速。光緒元年。皇上以華民出洋日衆。非有重臣旬宣。不足以資鎮撫。特准齎詔前往各國。以通和好。適値英人馬嘉理在滇被戕一案。乃奉旨派花翎兵部右侍郎郭嵩燾爲正使，花翎三品銜候補五品京堂劉錫鴻爲副使，蒞英吉利國。按同治七年志剛等之出使，僅爲修交立約，初非駐使。同治四年侍郎崇厚使法國，專爲陳述天津焚教堂殺領事案情而往，而至郭嵩燾之使，始爲常駐使臣之始。

始知西洋立國自有本末。

《使西紀程》（郭嵩燾）西洋立國自有本末，誠得其道，則相輔以致富强，由此而保國千年可也。不得其道，其禍亦反是。

欲洗國中積弊而更張之。然其時國人猶蔽於故見，以不談洋務爲高，即有倡議改革者，率爲羣議所阻。觀李鴻章答郭嵩燾書，可知其時之風氣矣。

《李文忠朋僚函稿卷十七》（光緒三年復郭筠僊星使書）西洋政教規模，弟雖未至其地，留心諮訪考究，幾二十年，亦略聞梗概。自同治十三年海防議起，鴻章即瀝陳煤鐵礦必須開挖，電綫鐵路必應仿設，各海口必應添設洋學格致書館，以造就人才。其時文相目笑存之，廷臣會議皆不置可否。是年冬晤恭邸，極陳鐵路利益，請先試造淸江至京，以便南北轉輸，邸意亦以爲然。謂無人敢主持。復請其乘間爲兩宮言之，渠謂兩宮亦不能定此大計，從此遂絕口不談矣。　人才風氣之固結不解，積重難返。鄙論由於崇尚時文小楷誤之，世重科目，時文小楷，卽其根本，來示萬事皆無其本，卽傾國考求西法，亦無裨益，洵破的之論。而中國上下，果眞傾國考求，未必遂無轉機，但考求者僅執事與雨生、鴻章三數人，庸有濟耶。

光緒初年，外患之來，相續不絕，日奪琉球，俄割伊犁，法奪安南，英取緬甸，淸之國勢已岌岌不可保，而淸人猶泰然安之。雖時時仿傚西法，以塗飾耳目，而根本實未嘗變。

【原强】（嚴復）中國知西法之當師。不自甲午有事敗衂之後始也海禁大開以還。所興發者亦不少矣。譯署一也。同文館二也。船政三也。出洋肄業四也。輪船招商五也。製造六也。海軍七也。海署八也。洋操九也。學堂十也。出使十一也。礦務十二也。電郵十三也。鐵路十四也。拉雜數之。蓋不止一二十事。此中大半皆西洋以富以强之基。而自吾人行之。則淮橘爲枳。若存若亡。不能實收其效。

及甲午之役海軍幾盡。遼東幾亡。韓國獨立。臺灣割讓。償金二億。開埠四處。內江自由通航。內地從事製造。皆爲從前軍事所未有。交涉所未有。

【中國近時外交史】（劉彥）光緒二十一年。馬關媾和條約二十一款。其主要如左。（一）中國確認韓國爲完全獨立自主國。所有該國向中國修貢獻典禮等。自後全行廢絕。（二）中國將左開之地域。及在該地域之城壘兵器工廠及一切官有物。永遠割讓與日本國。（甲）奉天省南部。即自鴨綠江口溯江至安平河口。從該河口北線至鳳凰城海城及營口而止。所有北線以南地方。及遼東灣東海黃海北岸屬於奉天省諸島嶼。概爲割讓地。（乙）臺灣全島及其附屬諸島嶼。（丙）澎湖列島。即英國格林尼址東經百九十度起至百二十度。及北緯二十三度起至二十四度間之諸島嶼。右割讓地方之中國人民願遷居割讓地方以外者。准於二年內任便變賣產業。遷居界外。但二年期滿後。尚未遷徙者。即認爲日本臣民。（三）中國賠償日本軍費庫平銀二萬萬兩。內一萬萬兩自本條約批准後十二個月內。分二期交還。餘一萬萬兩自本條約批准後七年內。分六次交還。未納銀每年付五釐利息。（四）兩國從前之條約。一概作廢。中國以與歐洲各國現行約章爲基礎。速與日本結通商航海及陸路交通貿易新條約。又遵行以下諸項。　中國現今已通商口岸之外。爲日本國臣民新開沙市重慶蘇州杭州爲通商口岸。日本得置領事官。且享有中國已開市場之特典與便宜。　自宜昌至重慶。自上海入吳淞江入運河至蘇州杭州間之航路。准日本汽船自由通航。　日本臣民在中國內地購置貨品及生產物。又向中國內地輸入之運送品。皆有租棧房存貨之權。免除稅鈔及一切派徵諸費。　日本臣民在中國各通商口岸。得自由從事各種製造業。又各種機器。僅納進口稅。便得自由裝運進口。　日本臣民在中國內地製造之貨物。其一切稅課及租借棧房之利益。均照日本臣民輸入貨物之例辦理。並享受一切之優例豁免。

清之朝野上下。始覺感受非常之痛苦。而病舊制之不適矣。未幾而英俄德法諸國踵起。強迫立約。割我土地。定彼範圍。

【中國近時外交史】(劉彥)光緒二十四年。列國對中國形勢一變。英結揚子江不割讓與他國之約。德結租借膠州灣之約。俄租旅順大連。日本約福建不割讓與他國。法亦租借廣州。

于是康有爲等上書德宗。力請變法。

【上皇帝第一書】(康有爲)所欲言者三。曰變成法。通下情。愼左右而已。　【第三書】乞及時變法。富國養民。教士治兵。求人材而愼左右。通下情而圖自强。　富國之法有六。曰鈔法。曰鐵路。曰機器。曰輪舟。曰開礦。曰鑄銀。曰郵政。　養民之法。一曰務農。二曰勸工。三曰惠商。四曰恤窮。　教有及於士。有逮於民。有明其理。有廣其智。　治兵之法。一曰汰冗兵而合營勇。二曰起民兵而立團練。三曰練旗兵而振滿蒙。四曰募新製以精器械。五曰廣學堂而練將才。六曰厚海軍以威海外。 凡此富國養民教士練兵之策。所以審端致力者。則在於求人才而擢不次。慎左右而廣其選。通下情而合其力而已。〔第四書〕今當以開創治天下。不當以守成治天下。當以列國並爭治天下。不當以一統無爲治天下。

〔請開制度局疏〕立制度局以總其綱。十二局以分其事。一曰法律局。二曰度支局。三曰學校局。四曰農局。五曰工局。六曰商局。七曰鐵路局。八曰郵政局。九曰礦務局。十曰游會局。十一曰陸軍局。十二曰海軍局。

德宗遂詔定國是。廢八股取士舊制。諭立學堂。譯新書。奮然欲大革積弊。

〔光緒政要〕光緒二十四年四月。詔定國是。 數年以來。中外臣工。講求時務。多主變法自强。邇者詔書數下。如開特科。裁冗兵。改武科。創立大小學堂。皆經再三審度。籌之至熟。始定議施行。惟是風氣尚未大開。論說莫衷一是。或狃於老成憂國。以爲舊章應行墨守。新法必當擯除。衆喙嘵嘵。空言無補。至今日時局如此。國勢如此。若仍以不練之兵。有限之餉。士無實學。工無良師。强弱相形。貧富懸絕。豈眞能制梃以撻堅甲利兵乎。朕惟國是不定。則號令不行。極其流弊。必至門戶紛爭。互相水火。徒蹈宋明積習。於實政毫無裨益。卽以中國大經大法而論。五帝三王。不相沿襲。譬之冬裘夏葛。勢不兩存。用是明白宣示。爾中外大小諸臣。自王公以及士庶。各宜努力向上。憤然爲雄。佩聖賢義理之學。植其根本。又須博采西學之切於時務者。實力講求。以救空疏迂謬之弊。 五月。詔改八股取士舊制。 總理衙門會同軍機處奏籌辦京師大學堂事宜。 諭各省府廳州縣設立學校。 六月。諭派康有爲督辦官報。飭各衙門刪改則例。 派梁啓超辦理譯書局。 七月。宣示變法之意。並准滿臬道府専摺奏事。

爲孝欽后及諸守舊者所沮。不久咸復其舊。而維新者多誅竄焉。

『光緒政要』光緒二十四年八月。御史楊深秀軍機章京譚嗣同林旭楊銳劉光第康廣仁正法。並宣示康有爲罪狀。諭復一切舊制。

由戊戌變法之反動。而有庚子拳匪之禍。

『中國近時外交史』(劉彥)光緒二十四年春。帝與師傅翁同龢謀。決計變法。適恭王以四月十日薨。帝遂於四月二十三日下更新國是之詔。五日後。召見康有爲於頤和園仁壽殿。諮詢革新政略。五月五日。廢八股取士制。天下耳目一新。先是康有爲於召見之前。開保國會於北京。士大夫熱心集合者數百人。其時御史潘慶瀾黃桂鋆李盛鐸等屢加彈劾。召見之後。彈者益多。帝不爲動。且擢康有爲同志楊銳林旭劉光第譚嗣同四人爲四品京卿。參與新政。凡奏章皆經四人閱覽。上諭皆依四人起稿。維新詔敕。日如雨下。又許天下士民皆得上封奏。維新政論。日益增勢。而各省督撫熱心改革者。以湖南巡撫陳寶箴爲首。一時治績。大有可觀。且帝欲效康熙乾隆之例。御懋勤殿。選英才。聘外國人。共議興革制度。先草一詔。求太后諭允。乃事變莫測。未幾遂有太后垂簾窮治黨人之事。蓋改革過急。其主意與利益皆相反對之守舊派王大臣等。厭帝之所爲。竭全力妨礙之。勸皇太后訓政。先以榮祿易王文韶爲直隸總督。次黜翁同龢職。八月七日。太后垂簾訓政。十三日。捕楊銳林旭劉光第譚嗣同楊深秀康廣仁六人。戮於市。政府實權。全歸守舊派之手。詔天下萬事皆復舊。康有爲梁啓超逃海外。自是守舊派以帝在位恐與己不利。益陰有所謀。八月十一日。詔天下名醫診帝疾。二十五年十一月二十五日。忽下謹遵慈訓立端郡王載漪之子溥儁爲穆宗毅皇帝之子以繼皇緒之諭。斯時端郡王以皇太子生父之故。勢力增大。且性剛愎。有胆略。素富排外精神。而軍機大臣剛毅徐桐榮祿等皆與之深相結託。端郡王遂隱然爲北京排外派之大首領。適義和團起自山東。東撫毓賢極言義和團忠君愛國。有驅逐洋人能力。端王與剛毅等迷信之。奏請保護。於是政府有與義和團一體之勢。

八國聯軍入京。清皇室遁之陝西。賴李鴻章與各國訂辛丑年和約。賠款四百五十兆兩。

〔中國近時外交史〕(劉彥)光緒二十七年七月二十五日。北京和議成。其條約第六項。中國皇帝允付諸國償款海關銀四百五十兆兩。

而守舊者奪氣。不敢反對新政。於是劉坤一張之洞等上變法之摺。其言多見於施行。二十年來。舊制之日趨消滅。新法之日有增益。基於此也。

〔光緒政要〕(二十七年五月兩江總督劉坤一湖廣總督張之洞第一次會奏變法事宜疏)中國不貧於財而貧於人才。不弱於兵而弱於志氣。人才之貧由於見聞不廣。學問不實。志氣之弱。由於苟安者無履危救亡之遠謀。自足者無發憤好學之果力。保邦致治。非人無由。謹先就育才興學之大端。參考古今。會通文武。籌議四條。一曰設文武學堂。二曰酌改文科。三曰停罷武科。四曰獎勵游學。敬爲聖主陳之。(一)設文武學堂。取士之法。自漢至隋爲一類。自唐至明爲一類。無論或用選舉。或憑考試。立法雖有短長。而大意實不相遠也。要之。皆就已有之人才而甄拔之。未嘗就未成之人才而教成之。故家塾則有課程。官學但憑考校。此皆與三代學校之制不合。現行科舉章程。本是沿襲前明舊制。承平之世。其人才尚足以佐治安民。今日國蹙患深。才乏文敝。若非改絃易轍。何以拯此艱危。考周官司徒之職。小戴禮學記之文。大率皆以德行道藝兼教並學。學成而後用之。此外見於經傳者。鄉國之學。皆兼六藝。大夫之職。必備九能。書禮干戈。司成並教。寄象鞮譯。王制分官。海外圖經。伯益所傳。潤色專對。論語所重。又按三代之制。庠序之稱曰士。卒伍之稱亦曰士。實爲文武合一。文武並重之明徵。若孔子兼通文武。學於四夷。尤聖人躬行垂教之彰彰者。今泰西各國學校之法。猶有三代遺意。禮失求野。或尚非誣。臣等謹參酌中外情形酌擬今日設學堂辦法。擬令州縣設小學校。童子八歲以上。入蒙學。習識字。正語音。讀蒙學歌訣諸書。除四書必讀外。五經可擇讀一二部。家塾義塾。悉聽其便。由紳董自辦。官勸導而稽其數。每年報聞上司可也。十二歲以上。入小學校。習普通學。兼習五經。先講解。後記誦。但解經書淺顯義理。兼看中外簡略地圖。學粗淺算法。至開立方止。學粗淺繪圖法。至畫出地面平形止。習中國歷代史事大略。本朝制度大略。習柔軟體操。三年而畢業。紳董司之。官考察之。十五歲以上。入高等小學校。解經書較深之義理。學行文法。學策論詞章。看中外詳細地圖。學較深算法。至代數幾何止。學較深繪圖法。至畫出地上平剖面立剖面水底平剖面止。習中國歷史大事。外國政治學術大略。習器具體操。兼習外國一國語言文字之較淺者。此學必設兵隊操場。三年而畢業。官司之。紳董佐之。府設中學校。十八歲高等小學畢業者。入中學校。習普通學。此學溫習經史地理。仍兼習策論詞章。並習公牘書記文字。學精深算法。至弧三角航海駛船法止。學精深繪圖法。至測算經緯度行軍圖目揣遠近斜度止。習中國歷史兵事。習外國歷史法律格致等學。外國政治條約。即附於律法之內。並講明農工商等學之大略。習兵式體操。兼習外國一國語言文字之較深者。詞章一門。亦設教習。學生願習與否。均聽其便。此學亦必設兵隊操場。三年而畢業。學政考之。給予憑照。送入省城高等學校。省城應設高等學校一區。大省容二三百人。中小省容百餘人。屋舍不便者。分設兩三處亦可。但教法必須一律。非由中學校普通學畢業者不能收入。擬參酌中西學制。分爲七專門。一經學。中國經學文學皆屬焉。二史學。中外史學中外地理學皆屬焉。三格致學。中外天文學外國物理學化學電學力學光學皆屬焉。四政治學。中外政治學外國律法學財政學交涉學皆屬焉。五兵學。外國戰法學軍械學經理學軍醫學皆屬焉。六農學。七工學。凡測算學繪圖學道路河渠營壘製造軍械火藥等事皆屬焉。共七門。各認習一門。惟人人皆須兼習一國語言文字。此學亦必設兵隊操場。至醫學一門。以衛生爲義。本爲養民强國之一大端。然西醫不習風土。中醫又鮮眞傳。止可從緩。惟軍醫必不可緩。故附於兵學之內。並另設農工商礦四專門學校各一區。專以考驗實事爲主。機器藥料試驗所皆備。亦三年而畢業。其普通學成。願入此四學者聽。入此四學者。中國政學文學皆令温習。無論何學。皆有兵隊操場。其習武者。專設一武備學校。擇普通畢業之廪生願習武者送入。四書義中國歷史策論人人兼習。其餘悉依外國教課之法。並專習一國語言文字。或仿日本並設一礮工學校。專學製造槍礮之法。均三年而畢業。文學生高等學校畢業後。除農工商礦專門四學。另爲章程外。此七門學生。學律法者。派入交涉局。學習實事。名曰練習學生。其餘六門學生。均隨其所願。派入農工商礦等局。兼習實事。名曰兼習學生。均以實在局在營一年爲度。農工商礦四專門學生。三年畢業後。農學派赴本省外縣山鄉水縣考驗農業。工學派赴本省外省華洋工廠考驗製造。商學派赴南北繁盛口岸考驗商務。礦學派赴本省外省開礦之山煉礦之廠考驗采煉。均名曰練習學生。亦均以實在出外遊歷練習一年爲度。其武學生武備學校畢業後。令入營學習操練一年。半年充兵。半年充弁。以實在營一年爲度。合計在學肄業及出外練習文武各門。均四年。學成。先由督撫學政考之。再由主考考之。取中者。除送入京師大學校外。或卽授以官職。令其效用。大學校學業又益加精門目與省城所設高等專門學校同。三年學成。會試總裁考之。取中者授以官。此大中小學教法門目等級年限之大略也。(一)酌改文科。擬卽照光緒二十四年臣張之洞奏變通科舉奉旨允准之案酌辦。大約係三場先後互易。分場發榜。各有去取。以期場場核實。頭場取博學。二場取通才。三場歸純正。以期由粗入精。頭場試中國政治史書。二場試各國政治地理武備農工算法之類。三場試四書五經經義。經義卽論說考辨之類也。頭場十倍中額。原奏經禮部通行。陝西有案可查。惟聲光化電等學。場內不能試驗。擬請刪去。此係原本朱子救弊須兼他科目取人之意。歐陽修隨意去留鄙惡乖誕以次先去之法。而又略仿現行府縣覆試童生學政會考優貢之章。似乎有益無弊。簡要易行。(一)停罷武科。武科硬弓刀石之拙。固無益於戰征。弧矢之利。亦遠遜於火器。至於默寫武經。大率皆係代倩。文字且不知。何論韜略。以故軍興以來。以武科立功者。概乎其未有聞。凡武生武舉武進士之流。不過恃符豪霸。健訟佐鬬。抗官擾民。旣於國家無益。實於治理有害。近年自故督臣沈葆楨以後。中外大臣。言武科改章者甚多。蓋人已共知其弊。臣等揆之今日時勢。武科無益有損。擬請宸斷奮然徑將武科小考鄉會試等場一切停罷。此誠自强講武之一大關鍵也。(一)奬勵游學。查外國學堂法整肅而不苦。教知要而有序。爲教師者。類皆實有專長。其教人亦有專書定法。教法尤以日本爲最善。文字較近。課程較速。其盼望學生成就之心。至爲懇切。傳習易。經費省。回華速。較之學於歐洲各國者。其經費可省三分之二。其學成及往返日期。可速一倍。

江鄂等省學生。在日本學堂者多。故臣等知之甚確。此時宜令各省分遣學生出洋遊學。文武兩途。及農工商學專門之學。均須分門認習。須擇其志定文通者。乃可派往。學成後。得有憑照。回華加以覆試。如學業與憑照相符。即按其等第。作爲進士舉貢。以輔各省學堂之不足。最爲善策。此時日本人才已多。然現在歐洲學堂附學者尚數百人。此舉之有益可知。並宜專派若干人。入其師範學堂。專習師範。以備回華充小學中學普通教習。尤爲要著。再官籌學費。究屬有限。擬請明諭各省士人。如有自備資斧出洋遊學。得有優等憑照者。回華後覆試相符。亦按其等第。作爲進士舉貢。如此則遊學者衆。而經費不必盡由官籌。蓋遊學外國者。但籌給經費。而可省無數之心力。得無數之人才。可謂善策矣。若自備資斧遊學者。准給憑照錄用。則經費並不必多籌。尤善之善者矣。此四條爲求才圖治之首務。其間事理皆互相貫通補益。故先以此四條上陳。

【光緒二十七年六月兩江總督劉坤一兩湖總督張之洞第二次會奏變法事宜疏】立國之道。大要有三。一曰治。二曰富。三曰強。國既治。則貧弱者可以力求富強。國不治。則富強者亦必轉爲貧弱。整頓中法者。所以爲治之具也。采用西法者。所以爲富強之謀也。謹將中法之必應整頓變通者。酌擬十二條。一曰崇節儉。二曰破常格。三曰停捐納。四曰課官重祿。五曰去書吏。六曰去差役。七曰恤刑獄。八曰改選法。九曰籌八旗生計。十曰裁屯衛。十一曰裁綠營。十二曰簡文法。敬備朝廷采擇。臚陳於左。

(一)崇節儉。今京畿凋殘。秦晉飢饉。賠款浩大。民生困窮。以後更不知如何景象。此時若欲挽回天意。激勵人心。非貶損寅畏。力行節儉不可。擬請明降諭旨。力行節儉。始自宮廷。所有不急之務。一切停罷。無益之費。一切裁減。即不能不舉之工。務從儉省核實。內務府諸臣。再有營私糜費者。必重懲之。並請諭飭內外大小臣工。務從節儉。力禁奢華。所有宮室輿服。力求樸素。應酬讌會。勿得浮糜。上官歲時之供億。一概禁絕。督撫巡閱。學政按試。以及一切馳驛過境之貴官要差。所有舟車館舍。廚傳供張。嚴禁華侈。不准需索騷擾。寬於商民。嚴於職官。有違旨者。上司立予糾參。此不惟愛惜物力之心。乃所以昭不忘憂患之意也。(二)破常格。竊謂此時朝廷一切舉動。宜視爲草昧締造之時。視爲與民同患之時。將一切承平安樂之繁文縟節。量爲簡省變通。中外大小臣工。尤以除官氣。達下情爲主。應行破除常格之處甚多。茲先約舉最要者三事。一曰敷奏。奏對之際。天威咫尺。往往戰栗矜持。不能盡言。至於上疏陳言。每以不盡能稱旨爲慮。導之使言。猶多顧忌。若以折檻批鱗爲戒。則雖至於顛覆。而無人爲朝廷言之矣。擬請明諭中外。凡臣工奏疏召對。務以直言正諫。指陳利害爲主。不必稍存忌諱。言事過於戇直者。體式稍有未合者。亦望朝廷曲予優容。以收從善納規之益。一曰儀文。今日文武官員。官氣最重。實爲失人心。害政事之根。故大學士曾國藩。故巡撫胡林翼。常切言之。文官賤視其民。罕與民接。炫之以儀從。威之以鞭扑。故罕通民隱。武將賤視其兵。罕與兵親。驅爲賤役。視爲利藪。故罕識兵情。夫不得民心而能治。不得兵心而能勝。未之有也。應請切戒文武各官。務須屏除官氣。不尙虛文。必其誠意感孚。然後兵民皆可用矣。一曰用人。承平用人多計資格。所以抑躁進。時危用人必取英俊。所以濟時艱。今之仕途。不必其皆下劣也。同一才具。而依流平進者多驕惰。精力漸衰者憚改作。資序已深者恥下問。平日論吏才者。患更事之不多。今當變政之際。則惟患更事之太多。蓋其所謂更事者。不過循習空文。於中外時局素未講求。安有閱歷。而迂談謬論。成見塞胸。不惟西法之長。不能采取學步。卽中法之弊。亦必不肯銳意掃除。古人有言。老者謀之。壯者行之。施之今日。似爲有當。(三)停捐納。捐納有害吏治。有妨正途。人人能言之。戶部徒以每年可收捐三百萬。遂致不肯停罷。查常捐若衙封翎枝貢監等項。本不可停。若將常捐量爲推廣。但係虛與榮名。無關實政者。皆可擴充。擬請敕下戶部。博采衆議。量爲推擴。必可抵補損數大半。即或不敷百餘萬。然今日須籌賠款數千萬。斷不宜惜此區區。以致牽絓有妨自强要政。擬請俟此次秦晉賑捐完竣後。即行永遠停罷。以作士氣而清治源。(二)課官重祿。方今事變日多。京外各衙門。斷非僅通時文。諳查成例者所能勝任。欲濟世用。非學無由。擬請京城設仕學院。外省設校吏館。仕學院校吏館中。多備中外各種政治之書。凡中外輿圖公法條約學制武備天算地理農工商礦各學之書。咸萃其中。選派端正博通之員爲教習。令候備各員均入其中。分門講習。嚴定課程。切實考核。進功者給予憑照。量材任用。昏惰者懲儆留學。不可教者。勒令回籍。其實缺各官。願入館討論求益者。亦聽其便。惟善教以培其材。尤須重祿以養其廉。查京職俸銀俸米。爲數無多。加以銀賤物貴。實不足以自給。而科道爲風憲之官。翰詹爲儲才之地。俸銀尤宜從優。光緒八年戶部奏定令各省關籌解京官津貼銀廿六萬兩。乃行之一年。旋將此項撥充餉需。且原定數目較少。大小各官不能徧及。其分給者。爲數亦不敷用度。今日亟宜另籌辦理。至三品以上大員。用度較繁。關係甚重。必應一併籌及。其名目即稱爲養廉。勿庸再稱津貼。方爲名正言順。大約必須籌款百萬。方足敷各衙門辦公之需。杜乞貸苞苴之習。至外省各府縣等官。甘苦亦不一致。州縣有民社之寄。知府有表率之責。斷不可令其苦累。州縣瘠區則科派罰獄而病民。衝繁則虧挪庫款而病國。不得已而爲調劑調署之策。則傳舍無常。而國與民交病。其號稱優缺者。不過隱匿稅契雜稅。減削驛站經費。甚至捏報例災。蓋州縣官卑事繁。科場考棚之攤捐。解役緝捕之繁費。驛路大差之供億。委員例差之應酬。其養廉萬不足以給用。不得不迫而出此。故州縣多一分之繁費。則國帑暗傷一分之進款。知府公費。無非取給州縣。然公費多少不一。往往藉端挑剔。格外誅求。故府州縣皆須令其辦公有資。然後能盡心於國事。應請飭下各省。體察本省情形。省州縣之繁簡。禁上司之需索。州縣既無累可言。則可令其久任。責以實政。設遇地方有重要難辦之事。只可因擇人而量移。不准因恤累而更調。一切公款。責令切實報解。不得藉口侵欺。知府辦公竭蹶者。亦爲籌增公費。至增加養廉公費以後。京外各官。如再有貪墨敗檢者。除參革外。仍行追罰充公。果使賢才無北門貧窶之憂。當官有公而忘私之志。則爲國家所省者多矣。

(一)去書吏。蠹吏害政。相沿已二千年。臣等歷年來所見部文。不過查叙舊案。核算數目。從未論及事理。下等司官皆優爲之。其准者不過曰與某案尚屬相符。尚屬實在情形。其駁者不過曰與舊案不合。窒礙難行。間有援據古今。發爲議論。指陳事理。語有斷制者。則必係司官秉筆。或經堂官改定。一望而知決非經承稿書所能爲。然則此輩一無所長。但工作弊索賄。至外省各衙門書吏。弊竇亦多。若督撫衙門之兵房。藩司之吏房戶房。州縣之戶糧房稅契房。皆所不免。而州縣爲尤甚。緣兵燹以後。魚鱗冊多已無存。催徵底冊。皆在書吏之手。緩欠飛灑。弊混極多。把持州縣。盤剝鄉民。稅契一項。包攬隱匿。官無如何。其實無論大小衙門。書吏伎倆皆極庸劣。凡緊要奏牘咨札詳稟。或本官親自屬稿。或委員幕友擬稿。從無書吏能動筆者。所能爲者。不過例行公事。依樣葫蘆而已。若各局文件。多非循例之事。則皆係委員辦稿。至親書則滿紙俗別謬說脫落。尤爲惡劣。實於公事有妨。茲擬將各省書吏。一律汰除。改用委員。其額設辦稿經承。督撫司道知府直隸州衙門。用本省候補佐貳雜職爲之。稱爲稿委。繕寫清書。用本省生員爲之。稱爲寫生。督撫司道衙門書吏。向有飯食津貼各項銀兩。即以撥充稿委寫生薪水之用。州縣等衙門應就地籌款。惟各州縣戶房糧房。藏匿收徵底冊以爲居奇。最爲狡法可惡。擬請將各省州縣戶房糧房應分爲數年裁汰。由督撫體察情形。一年先辦六七縣或十餘縣。擇其易於清理者辦起。如該吏有敢抗匿銷毀糧冊者。即行奏請正法。俟辦有規模。即可一律推行。永除要官朘民之弊矣。(一)去差役。差役之爲民害。各省皆同。必鄉里無賴。始充此業。傳案之株連。過堂之勒索。看管之陵虐。並相驗之科派。緝捕之淫擄。白役之助虐。其害不可殫述。民見差役。無有不疾首蹙額。視如虎狼蛇蠍者。差役擾民之事。其報官者不過什之一。其報官而懲辦者不過什之五。師徒相承。專習爲惡之事。良由換官不換差役。故根株蟠結。黨羽繁滋。斥革旋復。雖有良吏。只能遇事懲儆。稍戢其暴而已。而終不能令種種擾民害民之弊一概杜絕。蓋官署事事需差。州縣不皆久於其任。勢不能鋤而去之。別籌良法。今欽奉明諭。令將差役白役分別裁汰。此誠恤民圖治之要端也。此事自當轉飭有司。欽遵實辦。惟州縣之聽訊理刑催科緝捕等事。不能不需人以供驅使。若繁劇州縣。人少亦不敷用。例定役食無多。不足以資雇募。擬令州縣自行募勇。以供驅遣。大縣百餘名。小縣數十名。以供上項各種驅使。此勇既由官選募。必自擇妥實可信之人。去留在官。自然不能把持。習氣未深。作弊不能甚巧。但使本官約束嚴明。即可不爲民害。各國清查保甲巡街查夜禁暴戢奸。皆係巡捕兵之責。其人並非下流猥賤之人。其頭目即係武弁。日本名爲警察。其頭目名爲警察長。而統之以警察部。其章程用意。大要以安民防患爲主。與保甲局及營兵堆卡略同。然警察係出於學堂。故章程甚嚴而用意甚厚。凡一切查戶口。清道路。防火患。別良莠。詰盜賊。皆此警察爲之。聞京城現擬設立巡捕。將來自可仿辦。茲擬州縣用勇。即與用巡捕兵之意相近。當於繁盛城鎮。采取外國成法。並參酌本地情形。先行試辦。以次推行。警察若設。則差役之害可以永遠革除。此尤爲吏治之根基。除莠安良之良策矣。(一)恤刑獄。州縣有司。政事過繁。文法過密。經費過絀。而實心愛民者不多。於是濫刑株累之酷。囹圄凌虐之弊。往往而有。雖有良吏。不過隨時消息。終不能盡挽頹風。外國人來華者。往往親入州縣之監獄。旁觀州縣之問案。疾首蹙額。譏爲賤視人類。驅民入教。職此之由。今酌擬九條。一曰禁訟累。每有訴訟。差役家丁必索訟費。視其家道以爲多少。至少者制錢四千。薄有田產者任意誅求。不滿其欲者。則詭曰案未傳齊。致官不能過堂。卽恤民之官。爲之酌減定數。不准多索。然一官所禁。後任復然。差役不革。此弊不除。至傳案株累。最爲民害。其中有原告誣攀者。亦有吏役從恿本官者。亦必須裁去吏役。方能杜絕。二曰省文字。承審之例限處分太嚴。而命盜案之報少。必俟犯已認供而後詳報。盜案之例限開參太嚴。且必獲犯過半。兼獲盜首。方予免議。而諱盜之事多。諱有爲無。諱劫爲竊。諱多爲少。各省從無一實報人數者。命案罕報罕結。則多私和人命及拖斃證人之事。民冤所以不伸也。盜案不早報。不實報。則萑苻已起而上官不知。寇亂所以潛伏也。此事關係甚大。非寬減例處。斷無禁絕拖延命案諱飾盜案之法。至於上控之案。其官吏偏私。實有冤抑者。自應澈底嚴懲。乃近來上控者。往往有訟棍主持。意圖攀累訛索。圖准而不圖審。以致被告覊繫日久。而原告不到案。雖有原告兩月不到。將案註銷之例。而兩月之久。拖累已多。卽由省押發。或已經逃匿。或中途潛逃。誣累害人。情尤可惡。應請明定例章。如上控案已經批發。而兩月後並不到案者。除照例註銷外。並將上控之人通緝治罪。以後再將此案上控者。亦卽駁斥治罪。究出架訟之人。一律嚴辦。並請將上控承審遲延之處分。分別情節辦理。此亦省拖累之一端也。三曰省刑責。敲扑呼號。血肉橫飛。最爲傷和害理。有悖民牧之義。地方官相沿已久。漠不動心。擬請以後除盜案命案證據已確而不肯供認者。准其刑嚇外。凡初次訊供時。及牽連人證。斷不准輕加刑責。其笞杖等罪。應由地方官體察情形。酌量改爲羈禁。或數日。或數旬。不得凌虐久繫。四曰重衆證。外國問案。專憑證人。衆證既確。即無須本犯之供。查例載衆證明白。即同獄成。不須對問。然照此斷擬者。往往翻控。非誣問官受賄。即詆證人得贓。以故非有確供。不敢詳辦。於是反覆刑求。則有拷虐之慘。多人拖累。則有瘐斃之冤。擬請以後斷案。除死罪必須有輸服供詞外。其軍流以下罪名。若本犯狡供拖延至半年外者。果係衆證確鑿。其證人皆係公正可信。上司層遞親遞覆訊皆無疑義者。即按律定擬。奏咨立案。如再京控上控。均不准理。此即省酷刑拖累之大端也。五曰修監羈。州縣監獄之外。又有羈所。又有交差押等名目。狹隘污穢。凌虐多端。暑疫傳染。多致瘐斃。仁人不忍覩聞。等之於地獄。外人尤爲痛詆。比之以番蠻。夫監獄不能無。而酷虐不可有。宜令各省設法籌款。將臬司府廳州縣各衙門內監外監。大加修改。地面務須寬敞。屋宇務須整潔。優給口糧及冬夏調理各費。禁卒凌虐。隨時嚴懲。至羈所一項。所以管押竊賊地痞。及案情干涉甚重。而供情未確。罪名未定。保人未到者。定例雖無明文。而各省州縣無處無之。蓋此等案犯。若取保則什九潛逃。斷不能行。若令還住客店。交差看守。則勒虐更甚。無從稽考。故羈所一項。其勢不能不設。擬請明定章程。各處羈所。務須寬潔整淨。不准虐待。亦不准多押。至傳質者歸入候審所。各省多已設立。其餘差帶官店等事。務須禁絕。此事之實辦與否。有房屋可驗。不能掩飾。六曰教工藝。近年各省多有設立遷善所改過所者。亦間教以工藝等事。然行之不廣。且教之亦不認眞。應令天下各州縣有獄地方。均於內監中必留一寬大空院。修工藝房一區。令其學習。將來釋放者可以謀生改行。禁繫者亦可自給衣履。七曰恤相驗。凡有命案應相驗者。驗屍棚廠官吏夫馬之費甚多。均取之被告家。不足則派之族鄰。小村單戶。則派之一半里外之遠鄰。間有恤民之吏。自備夫馬帳棚。嚴禁差役科派。然亦不過百之一二。終無禁絕之法。查四川有三費局。由紳民糧戶捐出。一爲招解費。一爲相驗費。一爲夫馬費。民甚便之。行已三十年。此事似宜令各州縣就地籌款。務以辦成爲度。仍責令州縣輕騎簡從。不准縱擾。違者嚴參。八曰改罰鍰贖罰之刑。古經今律皆同有之。惟其途尙隘。査命案盜案應按律治罪。竊賊地痞惡棍傷人詐騙訟棍。宜量予扑責監禁。藉以儆其悍暴。曉示良民。此數項應不准罰贖。此外如戶婚田土家務錢債等類之案。其中多係紳衿。且兩造必係親族鄉鄰。不宜苦辱過甚。致本人有礙上進。並使兩造子孫永爲仇隙。除按其曲直審斷外。其曲者按其罪名輕重。酌令罰繳贖罪銀若干。以爲修理監獄經費。舉貢生監職員封職犯事罪不致軍遣者。除褫革外。並罰繳修理監獄經費。看管數月。免其刑責。似於化民善俗之義有合。罰繳之數。令其詳報上司。私罪及入己者罪之。九曰派專官。監獄一事。固須屋宇廣潔。尤須隨時體恤。禁絕凌虐。必有專官司之。方有實濟。吏目典史。卑於州縣。不能考察。査各府皆有同知通判。所司淸軍鹽捕水利等事。久成具文。一無事事。按今之通判。宋亦名通判。或名簽判。明曰推官。皆兼管獄囚訴訟。故文人稱爲司李。俗人稱爲刑廳。擬請著爲定章。每府卽派實缺同知。專司稽察各屬監獄之事。同知不同城者。派同城通判。每兩月徧赴所屬外縣稽察一次。同城兼有同通者。兩員分任。一月稽察一次。同城縣監。十日稽察一次。監獄不善。凌虐未禁者。准其據實稟明督撫臬司。比照濫刑例參處。稽察府監。責成本道司監。由督撫隨時委員稽察。要之。事事皆有確實辦法。庶可以仰裨聖朝尙德緩刑之治。而驅民入敎之患可漸除矣。(一)改選法。明季以來。部選之官。皆係按班依次選用。査冊之外。輔以掣籤。並無考核賢否之法。候選人員。多係遣人投供。必託部吏査探選期已近。始行親自入都。選缺到省。必令赴任。間有留省學習。不過一年數月。其中多有紈袴子弟。鄉僻寒儒。罕能通曉吏事。至本省情形。則更茫然。每出一缺。或應外補。或應內選。或一沓一留。或兩沓一留。班次糾紛。章程繁細。各官但算計得缺之遲早。班次之通塞。心思識解。日趨鄙俗。竊擬略爲變通。以後州縣同通。統歸外補。無論正途保舉捐納。皆令分發到省。補用試用。令其學習政治。上官亦得以考核其才識之短長。遇有缺出。按照部章。應補何班。即於本班內統加酌量擬補。不必拘定名次。惟到省未滿一年者。除本班無人外。不得請補。(一)籌八旗生計。京外八旗生齒日繁。餉額有定。且銀價漸低。物價日貴。國家雖費鉅款。而旗兵旗丁仍不免拮据之憂。殊鮮飽騰之樂。擬請將京外八旗餉項。仍照舊額開支。惟照舊法略爲變通。寬其約束。凡京城及駐防旗人。有願至各省隨宦遊幕。投親訪友。以及農工商賈各業。悉聽其便。僑寓地方。願寄籍應小考鄉試者。亦聽其便。准附入所寄居地方之籍。一律取中。但註明寄居某旗人而已。有駐防省分。或即附入駐防之額。其自願歸入民卷者。必其自揣文藝可與衆人爭衡。即不爲之區別。寄籍者即歸地方官。與民人一體約束看待。惟出京寄籍自謀生理之人。其錢糧即行開除。不必另補。但將馬步甲兵。豫定一至少減至若干之額。省出餉銀餉米。即以專充八旗廣設學堂之費。士農工商兵五門。隨所願習。惟習武備。須擇年在二十歲以下者。如係當兵者。既入學堂。則尋常舊例操演勿庸再到。以免分其學堂之日力。其習武備者。留以供禁旅之用。習他項者。令其爲謀生之資。所學未成。不能營生之時。餉項照舊給發。五年以後。省餉日鉅。學堂日增。十年以後。充兵者可以禦侮。則不患弱。改業者各有所長。則亦不患貧矣。(一)裁屯衞漕運一事。種種有名無實。亟應設法變通。査有漕各省。屯田本爲贍運軍而設。各衞所守備千總。本爲徵屯餉押漕運而設。今日無論折漕與否。運漕皆係輪船民船。運軍久無其人。衞官一無所事。而屯田屯餉。弊竇尤多。一衞所屬屯田。有隔在別府者。有跨在別省者。衞官並不知其田在何處。數有若干。其冊皆在該衞數書吏之手。至於荒熟豐歉。更無影響可尋。衛官但向書吏索取年例陋規而已。此等積弊。各省皆同。臣等查之甚悉。計十年之中。江南湖北各衛官。以爭利謀缺訐訟滋鬧之案甚多。謬妄離奇。直不知官場爲何事。不文不武。形同贅疣。若屯田屯餉改歸所隸州縣徵收。則每年豐歉完欠皆有可考矣。(一)裁綠營。綠營之無用。自嘉慶初年川楚教匪之亂而已著。自髮捻之亂而大著。調派出征。則聞風推諉。其不能當大敵禦外侮。固不待言。卽土匪鹽梟。亦且不能剿捕。三十年來。以裁汰綠營爲言者。不止數十百人。自光緒十一年。奉懿旨。令裁汰綠營。光緒二十二年。又奉上諭。裁汰綠營。各省雖已分別裁汰。然現存者尙復不少。合計各省原營額餉挑練加餉歲費餉銀餉米馬乾。照光緒十一年八月二十二日懿旨綠營兵餉一千五百萬兩之數核算。此時尙需銀一千萬兩以外。物力艱難。年年巨耗。眞不知何所底止也。裁汰之要義有二。一則宜籌從容消散之方。一則宜籌抵補彈壓地方之具。擬請將各省綠營。不論挑練之兵。原營之兵。分馬步戰守。限每年裁二十分之一。計百人裁五。統限二十年裁竣。應裁者每名發給恩餉一年。責成各省督撫藩司。每年餉銀餉米。就現在應發之數。於二十成中扣發一成。其何營應開除幾名。令各該營自行按數開除。惟是此項省出之餉。祇能改爲養緝勇設警察之費。不能指爲充裕庫儲之計。蓋精練備戰之營。只可屯劄省城及要隘重鎭兩三處。斷不宜各處分劄。又蹈營汛之失。省外府縣。亦未便聽其空虛。可卽以此項省出之餉。酌營緝捕勇營。派赴外府。擇要分防。並設警察之勇。歸州縣調度。不過改募勇丁。則整頓去留。其權在地方官。勇可隨時裁募。兵可隨時更換。於弭亂安民既有實際。而經費可免另籌。此卽與新增巨款無異矣。(一)簡文法。約有三端。一曰省虛文。凡部院文移。外省公牘。多有陳陳相因。無益實政者。有冊籍浩繁。無關利弊者。有末節細故。往返駁查。稽延時日者。有循舊具報出結。並無實事者。此類不可殫述。擬請敕下京外各衙門通行澈查。酌量省罷。至於無謂儀節。徒致廢務妨要者。亦請查核。酌改從簡。

一曰省題本。查題本乃前明舊制。既有副本。又有貼黃。兼須繕寫宋字。繁複遲緩。我朝雍正年間。諭令臣工將要事改爲摺奏。簡速易覽。遠勝題本。五十年來各省已多改題爲奏之案。上年冬間。曾經行在部臣。奏請將題本暫緩辦理。此後擬請查核詳議。永遠省除。分別改爲奏咨。一曰寬例處。范仲淹之言曰。士大夫公罪不可無。私罪不可有。洵爲名論。方今吏議繁密。京外各官。殆無一人無一日不干吏議者。而州縣爲尤甚。治民之本。全在州縣。救過不暇。何暇論及教養乎。牽纏既多。於是遇事諉卸。多方彌縫。上官亦知其情多爲難。不肯苛求。姑從掩覆。既明知爲無益勸懲之事。何必存此虛文。應請敕下吏部兵部都察院。查核處分舊例。分別公私輕重。量加寬減刪除。如此則臣下之於朝廷。僚屬之於上官。可以進實言。辦實事矣。以上十二條。皆中國積弱不振之故。而尤爲外國指摘詬病之端。臣等所擬辦法。或養民力。或澄官方。或作士氣。前人論及此者多矣。特以誤於弊去太甚之言。怵於諸事更張之謗。律令文告。都成具文。小有設施。不規久遠。今日外患日深。其樂因循。務欺飾者。動以民心固結爲言。不知近日民情。已非三十年前之舊。羨外國之富。而鄙中土之貧。見外兵之强。而疾官軍之懦。樂海關之平允。而怨釐局之刁難。誇租界之整肅。而苦吏胥之騷擾。於是民從洋教。商掛洋旗。士人洋籍。始由否隔。寖成渙散。亂民漸起。邪說乘之。邦基所關。不勝憂懼。必先將以上諸弊一律剗除。方可冀民心固結永遠。然後親上死長。禦侮捍患。可得而言矣。

【光緒二十七年兩江總督劉坤一兩湖總督張之洞第三次會奏變法事宜疏】西法綱要。更僕難終。情形固自有異同。行之亦必有次第。臣等謹就切要易行者。臚舉十一條。一曰廣派遊歷。二曰練外國操。三曰廣軍實。四曰修農政。五曰勸工藝。六曰定礦律路律商律交涉刑律。七曰用銀圓。八曰行印花稅。九曰推行郵政。十曰官收洋藥。十一曰多譯東西各國書。大要皆以變而不失其正爲主。

第十四章　譯書與游學

譯書之事。盛於明季。清初譯者漸少。穆尼閣之天步眞原。蔣友仁之地球圖說。無大影響於學者也。

【疇人傳】（阮元）穆尼閣順治中寄寓江寧。喜與人談算術而不招人入會。在彼敎中。號爲篤實君子。靑州薛鳳祚嘗從之游。所譯新西法曰天步眞原。穆尼閣新西法。與湯羅諸人所說互異。當時旣未行用。而薛鳳祚所譯。又言之不詳。以故知其術者絕少。

【羅士琳疇人傳二編】錢大昕官贊善時。適西洋人蔣友仁。以所著之地球圖說進。奉旨繙譯。並詔大昕與閣學何國宗同潤色。

道光中。海疆事棘。學者欲通知四裔之事。始競編譯地志。若海國圖志。瀛環志略。朔方備乘等書。皆雜採諸書爲之。非專譯也。

【海國圖志序】（魏源）海國圖志六十卷。何所據。一據前兩廣總督林尙書所譯西夷之四洲志。再據歷代史志及明以來島志及近日夷圖夷語。鉤稽貫串。創榛闢莽。前驅先路。大都東南洋西南洋增於原書者十之八。大小西洋北洋外大西洋增於原書者十之六。又圖以經之。表以緯之。博參羣議以發揮之。何以異於昔人海圖之書。曰彼皆以中土人談西洋。此則以西洋人談西洋也。原刻僅五十卷。嗣增補爲六十卷。道光二十七載。增爲百卷。重刻於揚州。仍其原敘。不復追改。

〔山西通志徐繼畬傳〕繼畬官福建巡撫。入覲。宣宗詢以各國風土形勢。奏對甚悉。爰命采輯爲書。書成曰瀛環志略。

〔何秋濤傳〕（張星鑑）嘗考東北邊疆之要。成書百卷。尚書某公爲進呈。賜名朔方備乘。

咸豐中。海寧李善蘭客上海。與英人艾約瑟偉烈亞力等游。譯述重學幾何微積等書。於是譯事復興。

〔疇人傳三編〕（諸可寶）李善蘭字壬叔。號秋紉。海寧人。咸豐初。客上海。識英吉利文士偉烈亞力艾約瑟韋廉臣三人。從譯諸書。　幾何原本後九卷續譯序云。泰西歐几里得（Euclid）撰幾何原本十三卷。後人續增二卷。共十五卷。明徐利二公所譯。其前六卷也。未譯者九卷。　自明萬歷迄今。中國天算家願見全書久矣。道光壬寅。國家許息兵。與泰西各國定約。此後西士願習中國經史。中士願習西國天文算法者。聽聞之心竊喜。歲壬子。來上海。與西士偉烈君亞力約。續徐利二公未完之業。偉烈君無書不覽。尤精天算。且熟習華言。遂以六月朔爲始。日譯一題。中間因應試避兵諸役。屢作屢輟。凡四歷寒暑。始卒業。是書泰西各國皆有譯本。顧第十卷闡理幽玄。非深思力索。不能驟解。西士通之者亦尠。故各國俗本掣去七八九十四卷。六卷後即繼以十一卷。又有前六卷單行本。俱與足本並行。各國言語文字不同。傳錄譯述。既難免參錯。又以讀全書者少。翻刻譌奪。是正無人。故夏五三豕。層見疊出。當筆受時。輒以意匡補。偉烈君言。異日西士欲求是書善本。當反訪諸中國矣。　重學二十卷附曲綫說三卷序云。艾君約瑟語余曰。西國言重學者。其書充棟。而以胡君威立所著者爲最善。約而該也。先生亦有意譯之乎。余曰諾。於是朝譯幾何。暮譯重學。閱二年。同卒業。　代微積拾級十八卷序云。羅君密士。合衆之天算名家也。取代數微分積分三術。合爲一書。分類設題。較若列眉。嘉惠後學之功甚大。偉烈君亞力聞而善之。亟購求其書。請余共事。譯行中國。

既竣。即名之曰代微積拾級。時幾何原本刊行之後一年也。談天十八卷序云。余與偉烈君所譯談天一書。皆主地動及橢圓立說。又京卿所譯西書尚有植物一種。凡八卷。論曰。李京卿邃於數理。專門名家。用算學爲郎。王公交辟。居譯署者幾二十年。

同治初。總理衙門設同文館。並設印書處。以印譯籍。吳人馮桂芬倡議。上海廣東均應仿設。

《顯志堂稿上海設立同文館議》(馮桂芬)互市二十年來。彼酋類多能習我語言文字之人。其尤者能讀我經史。於朝章國政吏治民情。言之歷歷。而我官員紳士中。絕無其人。宋聾鄭昭。固已相形見絀。且一有交涉。不得不寄耳目於所謂通事者。而其人遂爲洋務之大害。上海通事。人數甚多。獲利甚厚。遂於士農工商之外。別成一業。廣州寧波人居多。其人不外兩種。一爲無業商賈。凡市井中游閒跅弛。不齒鄉里。無復轉移執事之路者。以學習通事爲逋逃藪。一爲義學生徒。英法兩國。設立義學。廣招貧苦童稚。與以衣食而教督之。市兒村豎。流品甚雜。不特易於漸染洋涇習氣。且多傳習天主教。更出無業商賈之下。此兩種人者。聲色貨利之外。不知其他。惟藉洋人勢力。狐假虎威。欺壓平民。蔑視官長。以求其所欲。又其人質性中下。識見淺陋。叩其所能。僅通洋語者十之八九。兼識洋字者十之一二。所識洋字。亦不過貨名銀數與俚淺文理。不特於彼中政治張弛之故。瞢焉無知。即間有小事交涉。一言一字。輕重緩亟。展轉傳述。往往影響附會。失其本指。幾何不以小嫌釀大釁。夫通習西語西文。例所不能禁。亦勢所不可少。與其使市井無賴獨能之。不若使讀書明理之人共能之。前見總理衙門文。新設同文館。招八旗學生。聘西人教習諸國語言文字。與漢教習相輔而行。此舉最爲善法。行之既久。能之者必多。必有端人正士奇尤異績之資。出於其中。然後得西人之要領而馭之。綏靖邊陲之原本實在於是。惟是洋人總匯之地。以上海廣州二口爲最。種類較多。書籍較富。聞見較廣。凡語言文字之淺者。一教習已足。其深者。務在博采周資。集思廣益。則非上海廣州二口不可。愚以爲莫如推廣同文館之法。令上海廣州仿照辦理。各爲一館。募近郡年十五歲以下之穎悟誠實文童。聘西人如法教習。仍兼聘品學兼優之舉貢生監。兼課經史文藝。不礙其上進之路。三年爲期。學習有成。調京考試。量予錄用。遇中外交涉事件。有此一種讀書明理之人。可以咨訪。可以介紹。卽從前通事無所施其伎倆。而洋務之大害去矣。至西人之擅長者。歷算之學。格物之理。制器尙象之法。皆有成書。經譯者十之一二耳。必能盡見其未譯之書。方能探賾索隱。由粗迹而入精微。

蘇撫李鴻章從其議。遂就上海敬業書院地址。建廣方言館。教西語西學。以譯書爲學者畢業之證。

【墨餘錄】同治建元。歲次壬戌。蘇撫李鴻章題准就上邑設立廣方言館。時新移敬業書院於學宮舊址。乃卽院西隙地。起造房廊。制極宏敞。官紳馮桂芬等擬定章程十二條。稟准頒行。 肄業生額設四十名。延英士中之有學問者二人。爲西教習。以近郡品學兼優紳士一人爲總教習。舉貢生員四人爲分教習。分教經學史學算學詞章爲四類。 諸生於三年期滿後。有能一手繙譯西書全帙。而文理亦斐然成章者。由中西教習移道。咨送通商衙門考驗。照奏定章程關會學政。作爲附生。以後通商各衙門應添設繙譯官。承辦洋務。督撫卽可遴選承充。不願就者聽。其能繙譯而非全帙者。作佾生。一體出館。

後又移併於製造局。

【瀛壖雜志】廣方言館向設於舊學宮之西偏。同治己巳。應敏齋方伯於南門外製造局。大拓基地。以建書院。庚午春間。廣方言館移附於此。

而製造局的繙譯館。尤專以譯述爲事。

〔江南製造局記〕(江南製造局編)繙譯館。同治六年設。翻譯格致化學製造各書。提調一人。口譯二人。筆述三人。校對書圖四人。

〔瀛壖雜志〕廣方言館。後爲繙譯館。人各一室。日事撰述。旁爲刻書處。乃剞劂者所居。口譯之西士。則有傅蘭雅。林樂知。金楷理諸人。筆受者則爲華若汀。徐雪村諸人。自象緯輿圖格致器藝兵法醫術。罔不搜羅畢備。誠爲集西學之大觀。

〔清稗類鈔〕無錫徐雪村壽。精理化學。於造船造槍礮彈藥等事。多所發明。並自製鏹水棉花藥汞爆藥。我國軍械既賴以利用。不受西人之居奇抑勒。顧猶不自滿。進求其船堅礮利工藝精良之原。始知悉本於專門之學。乃創議繙譯泰西有用之書。以探索根柢。曾文正公深韙其言。於是聘訂西士偉力亞利。傅蘭雅。林樂知。金楷理等。復集同志華蘅芳。李鳳苞。王德均。趙元益諸人以研究之。閱數年。書成數百種。

西人之來華傳教行醫。亦恆以圖書爲鼓吹之具。雖其譯筆不佳。要亦可以新當時之耳目。然論者恆病之。

〔西學書目表序例〕曾文正開府江南。創製造局。首以繙譯西書爲第一要義。數年之間。成者百種。而同時同文館及西士之設會教於中國者。相繼譯錄。至今二十餘年。可讀之書約三百種。　譯出各書。都爲三類。一曰學。二曰政。三曰教。今除教類之書不錄。外自餘諸書。分爲三卷。上卷爲西學諸書。其目曰算學。曰重學。曰電學。曰化學。曰聲學。曰光學。曰汽學。曰天學。曰地學。曰全體學。曰動植物學。曰醫學。曰圖學。中卷爲西政諸學。其目曰史志。曰官制。曰學制。曰法律。曰農政。曰礦政。曰工政。曰商政。曰兵政。曰船政。下卷爲雜類之書。其目曰游記。曰報章。曰格致。曰西人議論之書。曰無可歸類之書。官局所譯者。兵政類爲最多。蓋昔人之論以爲中國一切皆勝西人。所不如者兵而已。西人教會所譯者。醫學類爲多。蓋教士多業醫也。製造局首重工藝。而工藝必本格致。故格致諸書雖非大備。而崖略可見。惟西政各籍。譯者寥寥。官制學制農政諸門。竟無完帙。

【論譯書之弊】（葉瀚）自中外通商以來。譯事始起。京師有同文館。江南有製造局。廣州有醫士所譯各書。登州有文會館所譯學堂使用各書。上海益智書會又譯印各種圖說。總稅務司赫德譯有西學啓蒙十六種。傅蘭雅譯有格致彙編。格致須知各種。館譯之書。政學爲多。製局所譯。初以算學地學化學醫學爲優。兵學法學皆非專家。不得綱領。書會稅司各學館之書。皆師弟專習口說明暢。條理秩然。講學之書。斷推善本。然綜論其弊。皆未合也。（一）曰不合師授次第。統觀所譯各書。大多類編專門。無次第。無層級。無全具文學卷帙。無譯印次第章程。一也。（二）曰不合政學綱要。其總綱則有天然理數測驗要法。師授先造通才。後講專家。我國譯書。不明授學次第。餘則或祇零種。爲報章摘錄之作。爲教門傳贊之書。讀者不能觀厥會通。且罔識其門逕。政學則以史志爲據。法律爲綱。條約章程案據爲具。而尤以哲學理法爲其本。我國尤不達其大本所在。隨用逐名。實有名而無用。二也。（三）曰文義難精。泰西無論政學。有新造之字。有沿古之字。非專門不能通習。又西文切音。可由意拼造。孳乳日多。漢字尙形。不能改造。僅能借用。切音則字多詰屈。閱者生厭。譯義則見功各異。心志難齊。此字法之難也。泰西文法。如古詞例語有定法。法各不同。皆是剏造不如我國古文駢文之虛構砌用。故照常行文法。必至扞格不通。倘仿子史文法。於西文例國相合。又恐初學難解。此文法之難也。三也。(一)曰書既不純。讀法難定。我國所譯。有成法可遵者。有新理瑣事可取者。有專門深純著作。前尚有數層功夫。越級而進。萬難心解者。取材一書。則嫌不備。合觀各書。又病難通。起例發凡。蓋甚難焉。四也。坐此四弊。則用少而功費。讀之甚難。欲讀之而標明大要。以便未讀之人。又難之難也。

馬建忠嘗議設繙譯書院。其言亦未能實行。

〔擬設繙譯書院議〕(馬建忠)(一)書院之設。專以造就譯才為主。入院者分兩班。一選已曉英文或法文。年近二十。而資性在中人以上者。十餘名。入院。校其所造英法文之淺深。酌量補讀。而日譯新事數篇。以為功課。加讀漢文。如唐宋諸家之文。而上及周秦漢諸子。日課論說。務求其辭之達而理之舉。如是者一年。即可從事繙譯。一選長於漢文。年近二十。而天姿絕人者。二十餘名。每日限時課讀英法文字。上及辣丁希臘語言。不過二年。洋文即可通曉。蓋先通漢文。後讀洋文。事半功倍。為其文理無間中外。所異者事物之稱名耳。(一)請一兼通漢文之人。為書院監理。并充洋文教習。(一)請長於古文詞者四五人。專為潤色已譯之書。並充漢文教習。(一)應譯之書。擬分三類。其一為各國之時政。外洋各國內治之政。如上下議院之立言。各國交涉之件。如各國外部往來信札。新議條款。信使公會之議。其原文皆有專報。此須隨到隨譯。按旬印報。書院初設。即應舉辦者也。其二為居官者考訂之書。如行政治軍生財交鄰諸大端所必需者也。為書甚繁。今姑舉其尤當譯者數種。如羅瑪律要。為諸國定律之祖。諸國律例異同。諸國商律考異。民主與君主經國之經。山林漁澤之政。郵電鐵軌之政。公法例案。備載一切交涉原委。條約集成。自古迄今。宇下各國。凡有條約。無不具載。其為卷甚富。譯成約可三四百卷。東方領事便覽。生財經權之學。國債消長。銀行體用。方輿集成。凡五洲險要皆有詳圖。爲圖三千餘幅。乃輿圖中最爲詳備之書。羅瑪總王貴撒爾(Julius caesar)行軍日記。法王那波倫第一行軍日記。此兩王者西人稱爲古今絕無僅有之將材。所載攻守之法。至爲詳備。他書應譯者。不可勝記。

甲午以後。學者多學日語。以譯日本所譯著之書。其淺劣殆更甚於官局及教會之譯籍焉。

近世譯才。以侯官嚴復爲稱首。其譯赫胥黎天演論。標舉譯例。最中肯綮。

《天演論譯例言》(嚴復)　(一)譯事三難。信達雅。求其信。已大難矣。顧信矣不達。雖譯猶不譯也。則達尚焉。海通已來。象寄之才。隨地多有。而任取一書。責其能與於斯二者。則已寡矣。其故在淺嘗。一也。偏至。二也。辨之者少。三也。　(一)西文句中名物字。多隨舉隨釋。如中文之旁支。後乃遙接前文。足意成句。故西文句法。少者二三字。多者數十百言。假令仿此爲譯。則恐必不可通。而删削取徑。又恐意義有漏。此在譯者將全文神理融會於心。則下筆抒詞。自然互備。至原文詞理本深。難於共喻。則當前後引襯。以顯其意。凡此經營。皆以爲達。爲達即所以爲信也。　(一)信達而外。求其爾雅。此不僅期以行遠已耳。實則精理微言。用漢以前字法句法。則爲達易。用近世利俗文字。則求達難。往往抑義就詞。毫釐千里。審擇於斯二者之間。夫固有所不得已也。　又原書論說。多本名數格致及一切畸人之學。倘於名數者向未問津。雖作者同國之人。言語相通。仍多未喻。矧夫出以重譯耶。

嗣譯斯密亞丹之原富。穆勒約翰之名學。斯賓塞爾之羣學肄言。孟德斯鳩之法意。甄克思之社會通詮等書。悉本·

信達雅三例。以求與晉隋唐明諸譯書者相頡頏。於是華人始知西方哲學計學名學羣學法學之深邃。非徒製造技術之軼於吾土。是爲近世文化之大關鍵。然隋唐譯經。規模宏大。主譯者外。襄助孔多。嚴氏則惟憑一人之力。售稿於賈豎。作輟不恆。故所出者亦至有限。此則近世翻譯事業之遠遜前人者也。嚴復之外。若林紓之譯拿破侖本紀。布匿第二次戰紀。（按即迦太基與羅馬之第二次戰爭，布匿即 Punic 也）特史部之簡本。雖文筆雅潔。實不足與復相比。惟舌人口授紓筆述之。法頗近古。又其屬文甚速。所出小說不下數百種。亦能使華人知西方文學家之思想結構焉。

與譯事並興者。爲印刷術。鉛印石印之類皆興於同光間。

〔瀛壖雜志〕西人設有印書局數處。墨海其最著者。以鐵製印書車牀。長一丈數尺。廣三尺許。旁置有齒重輪二。一旁以二人司理印事。用牛旋轉。推送出入。懸大空軸二。以皮條爲之經。用以遞紙。每轉一過。則兩面皆印。甚簡而速。一日可印四萬餘紙。字用活板。以鉛澆製。墨用明膠煤油合攪煎成。印牀西頭有墨槽。以鐵軸轉之。運墨於平板。旁則聯以數墨軸。相間排列。又揩平板之墨。運之字板。自無濃淡之異。墨勻則字迹清楚。乃非麻沙之本。印書車牀。重約一牛之力。墨海後廢。而美士江君。別設美華書館於南門外。造字製板。悉以化學。實爲近今之新法。按西國印書之器。有大小二種。大以牛運。小以人挽。人挽者亦殊便捷。不過百金可得一具云。

〔淞南夢影錄〕石印書籍。用西國石版。磨平如鏡。以電鏡映像之法。攝字迹於石上。然後傅以膠水。刷以油墨。千百萬頁之書。不難竟日而就。細若牛毛。明如犀角。剞劂氏二子。可不煩磨厲以須矣。英人所設點石齋。獨擅其利者已四五年。（是書作於光緒癸未之後，則點石齋之創立當在光緒初年近則寧人之拜石山房。粵人之同文書館。與之鼎足而立。

中國舊籍。亦資以廣爲傳播。又進而有銅版玻璃版之類。影印書畫。不下眞迹。實爲文化之利器焉。又其藉印刷之速而日出不窮者。有新聞紙及雜誌。

《瀛壖雜志》西人於近事。日必刊刻。傳播遐邇。謂之新聞紙。有似京師按日頒行之邸報。特此官辦。彼則民自爲之耳。滬上設有專局。非止一家。亦聚鉛字成版。皆係英文。排印尤速。同治初年。字林印字館始設華文日報。嗣後繼起者。一曰申報。倡於同治十一年。英人美査主之。一曰彙報。倡於同治十三年。美人葛理主之。皆筆墨雅飭。識議宏通。而字林遂廢。

《滬游雜記》申報。美查洋行所售也。館主爲西人美查。秉筆則中華文士。始於壬申三月。除禮拜。按日出報。每紙十文。京報新聞各種告白。一一備載。各省碼頭風行甚廣。先有上海字林洋行之上海新報。繼有粵人之匯報。彙報。益報等館。皆早閉歇。

《同上》萬國公報。出林華書院。摘錄京報及各國近事。逢禮拜六出書一卷。此爲週報之始本名中西新報。周年五十本。售洋一元。

《同上》格致彙編。秉筆者爲英國傅蘭雅。John Fryer 編內詳論格致工夫及製造機器諸法。繪圖集解。月出一卷。周年價値半元。在格致書院印售。

《淸稗類鈔》江海關道譯英國藍皮書。送之總署及通商大臣各督撫。藉以略通洋情。然人民多不得見。曰西國近事彙編。月出一册。此我國報章之最古者。是爲月報之始。

始則僅通消息。繼則討論政治。表示民意。提倡學術。指導社會之法。一寓於其間。

【清稗類鈔】申報創行於同治時。是爲日報之始。蓋英人美查耶松二人相友善。來華貿易。美查創辦申報。延山陰何桂笙。上海黃夢畹主筆政。特所載猥瑣。每逢試年。必載解元闈藝。與外報之能開通智識。昌明學術者。相去霄壤。時天南遯叟王紫詮韜頗有時名。間撰時務論說。弁之報首。銷數遂以漸推廣。獲利亦不貲。耶松設一船廠。開創之始。連年折閱。美查遂以申報所獲。補助耶松船廠。得以維持永久。而申報館因之大受影響。光緒中葉改組。添招商股。由吳縣席裕福經理之。旋由江海關道蔡乃煌出資收買。後又展轉售與滬人。是報爲吾國之首創者。至於今滬市賣報人。於所賣各報。必大聲呼曰賣申報。是申報二字。在滬已成爲新聞紙之普通名詞。繼申報而起者。在南洋叨埠曰叨報。在上海曰字林滬報。癸巳冬。電報滬局總辦上虞經元善。糾股設一報館曰新聞報。往往用二等官電傳遞緊要新聞。消息較靈捷。甲午之役。痛詆當局失計。直言不諱。一時風行滬上。以其消數之多。廣告雲集。至今商家廣告仍以新聞報爲最。 若夫預聞政事之報。當以時務日報爲首。是報爲光緒戊戌汪康年梁啓超所經營者。旋改爲中外日報。始終有官費補助。所謂半官報者也。中外日報。紀載中外大事。評論時事得失。凡政治學術風俗人心之應匡正。應輔翼者。無不據理直陳。頗爲士大夫所重視。 至於反對政府。鼓吹革命者。前惟蘇報。後惟民呼民吁二報。宣統辛亥秋。則各報一律排滿。而民立報聲價尤高。販賣居奇。較原價昂至十倍。

【同上】光緒戊戌之變。康有爲梁啓超既出走。乃設清議報於日本之橫濱。詆毁孝欽后黨。不遺餘力。是時唐才常亦設置亞東時報於上海。以翼清議。庚子唐死。梁之同志復創辦新民叢報。以言論自效。當是時京朝士夫及草野志士。咸思變法圖强。喜得新民叢報之爲指導也。故其消數乃達十萬以上。 戊戌以後。內地革命思潮既已流轉各地。而東瀛留學界更爲狂熱。乃各集鄉人刊行雜誌。於是湖北有湖北學生界。浙江有浙江潮。湖南有湖南。以及游學譯編。民報之類。殆皆以鼓吹革命爲宗旨。

爲文者務極痛快淋漓。以刺激人之心目。又欲充實篇幅。不憚冗長。而近世文字之體格乃大變。其以覺世牖民爲主者。則用通俗之語。述淺近事理。期略識文字之人亦能閱覽。而白話文學遂萌芽焉。

近世輸入西方之文明。自譯書外。以游學爲一大導線。初各國訂約。未有及游學者。同治七年。志剛孫家穀等使美。訂中美續約。始立專款。

《中美續約》第七款。嗣後中國人欲入美國大小官學學習各等文藝。須照相待最優國之人民。一體優待。美國人可以在中國按約指準外國人居住地方。設立學堂。中國人亦可在美國一體照辦。

曾國藩李鴻章等。遂議遣幼童出洋肄業。

《李文忠譯署函稿卷一論幼童出洋肄業函》擬派員在滬設局。訪選各省聰穎幼童。每年以三十名爲率。四年計一百二十名。分年搭船赴洋。在外國肄習。十五年後。按年分起挨次回華。計回華之日。各幼童不過三十歲上下。年力方强。正可及時報效。通計費用。首尾二十年。需銀百二十萬兩。然此款不必一時湊撥。分析計之。每年接濟六萬兩。尚不覺其過難。 英國威使來京。告以此事。亦頗欣許。謂英國大書院極多。將來亦可隨便派往。同治十年五月

初次率領學生赴美者。爲刑部主事陳蘭彬。江蘇同知容閎。學生抵美。多在哈佛(Hartford, Conn.)各校肄業。

《新大陸游記》(梁啓超)哈佛者。中國初次所派出洋學生留學地也。中國初次出洋學生。除歸國者外。其餘尙留美者約十人。內惟一鄭蘭生者。於工學心得甚多。有名於紐約。眞成就者此一人也。次則容揆。在使館爲翻譯。文學甚優。亦一人也。其餘或在領事署爲譯員。或在銀行爲買辦。人人皆有一西婦。

《留美中國學生會小史》同治末年。湘鄉曾國藩奏請派幼童出洋留學。議成於一八七〇年。使豐順丁日昌募集學生。翌年。適吳川陳蘭彬出使美國。遂命香山容閎率學生同來。以高州區諤良爲監督新會容增祥副之。學生卽唐紹儀。梁誠。梁敦彥。容揆。歐陽庚。侯良登。詹天佑。鄭蘭生等。此爲中國學生留美第一期。各生初到時。清政府在干拿得傑省(Connecticut)之哈佛埠。(Hartford)購置一室。爲留學生寄宿舍。

其後沈葆楨督辦福州船政局。又請選派生徒出洋肄業。

《沈文肅公政書 同治十二年十月十八日 船工將竣謹籌善後事宜摺》臣竊以爲欲日起而有功。在循序而漸進。將窺其精微之奧。宜置之莊嶽之間。前學堂。習法國語言文字者也。當選其學生之天資穎異。學有根柢者。仍赴法國。深究其造船之方及其推陳出新之理。後學堂。習英國語言文字者也。當選其學生之天資穎異。學有根柢者。仍赴英國。深究其駛船之方及其練兵制勝之理。速則三年。遲則五年。必事半而功倍。 按此議至光緒二年。文肅始與李文忠會奏實行。當時所定章程。選派製造學生十四名。製造藝徒四名。赴法國學製造。選派駕駛學生十二名。赴英國學駕駛兵船。均以三年爲限。

此游學之第一時期也。赴美幼童。先後都百五十八。嗣遂停止。

〔留美中國學生會小史〕光緒六年。南豐吳惠善爲監督。其人好示威。一如往日之學司。接任之後。卽招各生到華盛頓使署中敎訓。各生謁見時。均不行拜跪禮。監督僚友金某大怒。謂各生適異忘本。目無師長。固無論其學難期成材。卽成亦不能爲中國用。具奏請將留學生裁撤。署中各員均竊非之。但無敢言者。獨容閎力爭無效。卒至光緒七年。遂將留學生一律撤回。

光緒十六年。總理衙門奏請出使英法俄德美五國大臣每屆酌帶學生兩名。後又各增兩名。爲數旣少。功效亦未大彰。甲午以後。游學之風復盛。人取速化。不求深造。官私學生。多往日本游學。

據光緒二十五年總理衙門奏摺。光緒二十一年。南北洋及鄂省派赴日本學校學生各二十名。又浙江四名。費由各省籌給。

辛丑變法。各省創辦學校。赴日本學師範者尤夥。其議實張之洞倡之。日本高等師範學校校長嘉納治五郎爲之特設速成師範班於弘文學院。有數月畢業者。有一年畢業者。略講教授管理之法。卽歸國創辦學校。而陸軍學生亦多。光緒末年提倡教育改革軍制者。大抵皆日本留學生也。光緒三十一年，考試出洋學生。予以進士舉人出身。並授以檢討主事等官。

〔光緒政要〕（光緒二十九年八月。湖廣總督張之洞奏陳約束鼓勵出洋游學章程疏）　查日本學生。年少無識。惑於邪說。言動囂張者。固屬不少。潛心向學者。亦頗不乏人。自應明定章程。各一通。　計擬定約束章程十款。鼓勵章程十款。　三十一年六月。予出洋學生出身諭云。本日引見之出洋學生金邦平唐寶鍔。均著給予進士出身。賞給翰林院檢討。張鍈緒曹汝霖錢承鍈胡宗瀛戢翼翬。均著給予進士出身。按照所習科學。以主事分部學習行走。陸宗輿。著給予舉人出身。以內閣中書用。王守善陸世芬王宰善高淑琦沈琨林棨均著給予舉人出身。以知縣分省補用。

利祿之途大開。人人以出洋爲獵官之捷徑。而日本之中國學生多至數萬。是爲游學之第二時期。

當赴日學生極盛時。留學於歐美者亦不乏人。有由官吏派遣者。有由教會資給者。有由自費而遠遊者。觀於游日者之足以得官。亦爭歸而應考試。故光緒三十二年考試出洋學生。其予出身而授官者。大都留學於歐美各國者也。

『光緒政要』(光緒三十二年九月賜游學生畢業出身諭)本日學部帶領引見之考驗游學畢業生。陳錦濤著賞給法政科進士。顏惠慶賞給譯科進士。謝天保賞給醫科進士。顏德慶賞給工科進士。施肇基賞給法政科進士。徐景文賞給醫科進士。張煜全賞給法政科進士。田書年賞給法政科舉人。施肇祥賞給工科舉人。陳仲篪賞給醫科醫士。王季點賞給工科舉人。廖世綸賞給工科舉人。曹志沂賞給醫科舉人。黎淵賞給法政科舉人。李應泌賞給醫科醫士。王鴻年賞給法政科舉人。胡振平賞給法政科舉人。王榮樹賞給農科舉人。路孝植賞給法政科舉人。薛錫成賞給法政科舉人。王宏業賞給法政科舉人。陳威賞給法政科舉人。權量賞給商科舉人。董鴻禕賞給法政科舉人。嵇鏡賞給法政科舉人。富士英賞給法政科舉人。陳耀典賞給農科舉人。羅會坦賞給農科舉人。傅汝勤賞給醫科醫士。陳爵賞給商科舉人。

然其人數究不迨在日本者之多。故其灌輸西洋文化。較之由日本間接而得者。勢反有所不敵。光緒三十四年。美國國會議決退還庚子賠款。美金一千三百六十五萬四百九十圓。清廷議以其款按年派學生百人往美留學。以四年爲限。第五年後。在認解賠款期內二十九年。

（每年派學生至少五十人。）逾年遂設游美學務處於北京。並建游美學生肄業館於清華園。於是游美之學生日多。

『留美中國學生會小史』光緒季年。國家多難。於是設立學堂派遣學生之議再起。是時盛杏蓀選北洋學堂畢業生九人。派來美國留學。以傅蘭雅爲監督。此時學生即王寵惠王寵祐張煜全陳錦濤嚴錦鎔胡棟朝吳桂齡陸耀廷等。同時有游學會派出數名。如譚天池王建祖等。多留西美之加拿寬省。　自一九〇九年（宣統元年）一九一〇年之後。中美之密西根芝加谷威士干臣衣里內等大學。中國學生漸多。　自一九一一年留美中國學生會成立後。各埠中國學生多隸會籍。當時會員約八百餘名。翌年清華派百人來。而自備資斧者亦日多。民國成立後。中央政府及各省選派者亦日來日衆。至一九一四年夏間。會員數將達千三百名。今則千五百以外。（此文作於民國六年）按留學生數已達千五百餘名。若照官費生經費每人每年九百六十圓美金爲例。則我國每年共輸出美金一百四十四萬圓。合華幣將及三百萬圓。倘能以此在國內興辦大中小學。事半而工倍。況造就人材。爲數十倍於千五百名耶。

女學生亦踵武遠遊。不限於日本一國。

『留學生中國學生會小史』前清晚季。我國女子渡東洋求學者。盛極一時。但來美者尙無其人。留學美國畢業於大學者。殆自江西康女士及湖北石女士二人始。然繼兩女士而來者。實繁有徒。去年留美學生名錄中。已有一百五十九人。今數將及二百矣。

民國以來。學術思想。多採美國之風尙。以此也。

美國之廣收吾國學生。始於國務卿海約翰之建議。美人見其成績之佳。輒歎其用心之善。

【紐約星期報】(論華人留學美洲之今昔 見東方雜誌十四卷十二號)華人之最初來美留學者。爲已故之容閎博士。容君於一八五九年返華。力勸當局派學生來美。竟費十二年之游說。始能動心量較大者之聽。卒奏聞清廷。得俞允。派生赴美肄業。然當日華人不知外國教育之價値。多躊躇不願報名。歷一年之久。始招集學生三十名。於一八七二年來美國。其後三年間。又續派數批。每批各三十名。諸生在美受監督極嚴。須穿華服。保存辮髮。守祀孔之古禮。然雖有此等禁令。後仍嫌諸生中有違背古訓。效法美俗。就近外人者。而尤惡其接近美國女子。信仰耶教。遂一概命之歸國。 至一九〇八年。始復派學生來美。蓋從當日美國國務卿海約翰之建議。美國以中國應付之庚子賠款給還一半。卽作中國學生來美留學之經費焉。 是年招考此幫學生。投考者六百餘人。錄取四十七名。翌年一九〇九派送來美。先入中學。旋升入著名各大學。如哈佛。耶魯。康耐爾。里海。波杜及麥塞邱塞工業學校。諸生學業皆優良。尤以麥塞邱塞工校爲最。 綜計現分佈於由大西洋至太平洋間美國各校之中國學生。共一千一百七十人。凡被派來美之學生。均經競爭試驗錄取者。亦有政府未經錄取而由親友私費資送來美者。是可見中國人留學外國之熱忱矣。分別計之。由賠款供給之留美學生計三百七十人。由各省官費供給約二百人。其餘私費生近六百人。 綜而論之。海約翰氏之主張。其識見之遠。關係之大。不止一端。第一。此法拯救中國。不至破產。第二。以中國之款。供給一種新用途。有裨於中國政府與人民之進步。夫美國退還中國之款。固仍以補助美國學校。然此區區利益。與中美二國將來之親密聯結較之。又何足比數耶。學成歸國之中國少年。一日在中國教育商政諸界具有勢力。卽美國之勢力一日將在中國歷史上爲操縱一切之元素。此在今日尤有特別意味。蓋日本目前正執亞洲之牛耳。然不得謂日本將永執此牛耳也。就近事觀之。中國終非容易受人指揮者。眞正之指揮。或有一日轉操之於中國。誠未可知。而此中國。乃一部分受訓練於美國之中國也。

然近年美人對於中國學生。頗致不滿。

【民國十一年五月十一日時報世界週刊歐美特約通信】美國自由思想派新聞記者班佛先生。近應中國的留美學生月報記者之請。著爲歸國留學生一篇。以眞誠懇切之詞。發爲憤慨惋惜之調。對於中國留美學生之已往成績。多所抱憾。

華人之激烈者。責備之詞尤嚴焉。

【論留學生】亦見時報世界週刊（馬素）本期留美學生月報。載班佛先生論文。頗惹余之注意。余亦學生之一。未敢議論留學生。但余觀西人之歸自東方者。往時多說。救中國者惟有留學生。而今則改變其辭曰。禍中國者。官僚之外。卽留學生。前後結斷。截然不同。余從實際觀察。不得不佩班佛先生之眼光過人。今請稍舉淺鮮事實。以明班佛先生之未嘗過誣我留學生。留學生敗德之不可掩塞者。一曰虛浮。歸國留學生。往往妄自高大。不屑以碩士學士之資格。與未出國門者同列。未先嘗試。卽求大用。寧爲高等游民。不肯屈就卑職微俸。外國學生。於大學畢業後。皆從小事練起。而中國留學生。則多數好高誇大。豈非誤於虛浮。官費學生。多數來自清華。自費學生。大半出身教會學校。清華與教會學校向來偏重英文。對於中國學術漠不關心。故留美學生。大半國文不通。國情不懂。不作中國文章。不看中國報紙。見有新從中國來者。輒向探聽消息。偶聞一二。則轉相傳述。

正誤、不辨。新舊不分。去年留美學生內鬨。有所謂某聯合會長者。投函紐約華字報紙。不能自寫中文信。余聞而異之。後見美國書肆刊一巨册。即出此人手筆。英文非常可觀。此等學生。從外國人皮相觀察。能不視爲中國之救星。然由我國人自視則何如。此等喪失民族固有文明之怪象。實不能全歸咎於留學生。蓋中國教育當局於選派毫無根蒂之青年出洋時。即種惡因也。留美學生因犯虛浮與蔑視國學之病。當然缺乏深沈的思慮與獨立的精神。模擬而不創造。依人而不自主。故治國則主親美。經商則爲買辦。服務社會。則投降教會機關。辦理教育。則傳播拜金主義。怠惰苟且。甚少建白。辛亥革命。無留美學生之流血。五四運動。無留美學生之犧牲。人家吃盡辛苦。而留美學生安享其成。彼不明華事之美國人。動輒稱許留美學生爲改造中國之發動機。其實此等浮誇之諛詞。適足消磨留美學生之志氣而已。」

第十五章　機械之興

中國近世之事變。原因非一。其最大之一因。則歐美之發明機械也。自西歷一七六九年（清乾隆三十四年）蘇格蘭人瓦特 James Watt 發明蒸汽機關。而世界之變更。即肇於是。一八〇七年（嘉慶十二年）美人富爾登 Robert Fulton 發明汽船。一八二五年（道光五年）英人史蒂芬 George Stephenson 發明汽車。一八三七年（道光十七年）美人摩爾斯 H.B. Morse 發明電報。皆若與吾國邈不相涉也。而其後鴉片之戰。天津北京聯軍之役。胥此等機械成之。咸同之交。吾國深識之士。知世局既變。吾國不可墨守故技而不之變。故以仿製機械為立國之要圖。而五千年閉關自守之國。乃崛起而與世界日新焉。

仿造機械。始於曾國藩。

【曾文正公奏議】（同治七年輪船工竣並陳機器局情形疏）中國試造輪船之議。臣於咸豐十一年七月覆奏購買船礮摺內。即有此說。同治元二年間。駐紮安慶。設局試造洋器。全用漢人。未雇洋匠。造成一小輪。而行駛遲鈍。不甚得法。

【清稗類鈔】無錫徐壽。專究格物致知之學。曾文正公檄委創機器局於安慶。同治丙寅三月。造成木質輪船一艘。長五十餘尺。每小時能行二十餘里。文正錫名黃鵠。

李鴻章繼之。創建江南製造總局於上海。

〔李文忠公奏稿〕（同治四年八月置辦外國鐵廠機器摺）御史陳廷經奏。夷情叵測。恃有戰艦機器之精利。逞其貪縱。然彼機巧之器。非不可以購求學習。以成中國之長技。請於廣東等處海口設局。行取西洋工匠。置造船礮等語。與臣所籌議不謀而合。玆經收買上海虹口地方洋人機器鐵廠一座。改爲江南製造總局。此項鐵廠所有係製器之器。無論何種機器。逐漸依法仿製。卽用以製造何種之物。生生不窮。目前未能兼及。仍以鑄造槍礮。藉充軍用爲主。

〔曾文正公奏議〕（輪船工竣並陳機器局情形疏）同治二年冬間。派令候補同知容閎出洋購買機器。漸有擴充之意。四年五月。在滬購買機器一座。派委知府馮焌光沈保靖等開設鐵廠。適容閎所購之器亦於是時運到。歸併一局。六年四月。奏請撥洋稅二成。以一成爲專造輪船之用。仰蒙允准。於是撥款漸裕。購料漸多。蘇松太道應寶時及馮焌光沈保靖等。朝夕討論。期於必成。從前上海洋廠自製輪船。其汽鑪機器。均係購自外洋。帶至內地裝配船殼。從未有自構式樣。造成重大機器汽爐全具者。此次創辦之始。考究圖說。自出機杼。本年七月初旬。第一號告竣。命名曰惠吉輪船。其汽爐船殼兩項。均係廠中自造。船身長十八丈五尺。闊二丈七尺二寸。先在吳淞口外試行。由銅沙直出大洋。至浙江舟山而旋。復於八月十三日駛至江寧。臣親自登舟試行至采石磯。每一時上水行七十餘里。尙屬堅緻靈便。可以涉歷重洋。原議擬造四號。今第一號係屬明輪。此後卽續造暗輪。將來漸推漸精。卽二十餘丈之大艦。可伸可縮之煙囱。可高可低之輪軸。或亦可苦思而得之。又曰。該局向在上海虹口暫租洋廠。諸多不便。六年夏間。乃於上海城南興建新廠。購地七十餘畝。（據墨餘錄。機器局基廣二百餘畝。蓋同治七年以後逐漸擴充者。）修造公所。其已成者曰汽爐廠。曰機器廠。曰熟鐵廠。曰洋槍樓。曰木工廠。曰鑄銅鐵廠。

【江南製造局記】同治四年創辦之初。廠中機器均未全備。先就原有機器推廣。造成大小機器三十餘座。用以鑄造槍礮炸彈。六年始造輪船。十三年仿製黑色火藥。光緒四年仿造九磅子四十磅子前膛快礮。九年更造前膛四十磅八十磅各種開花實心彈。七年造箭式一百磅藥。碰雷。熟鐵浮雷。及生鐵沈雷。十年造林明敦中針槍。十一年停造輪船。專修理南北洋各省兵輪船隻。十六年仿造新式全鋼後膛快礮。十七年改造快利新槍。試煉鋼料。又造各種新式後膛快礮。及五十二噸四十七噸大礮。十九年仿製栗色火藥。二十一年試造無煙火藥。二十四年造七密里九口徑新毛瑟槍。三十年添造銅元。旋歸江寧合辦。三十一年將船塢及輪船鍋爐機器三廠。劃歸海軍商廠辦理。

同時南京天津亦設立機器局。

【續纂江寧府志】機器製造總局。在南門外掃帚巷東首。同治四年興工。五年七月告竣。

【李文忠公奏稿】(奏報機器局經費摺)天津機器局。自同治六年四月開局。前任三口通商大臣崇厚等創辦。【津門雜記】機器局。製造局。一在城南三里海光寺。以機器製造洋槍礮架等物。兼製大小輪船。一在城東八里直沽東北。人稱東局。專製火藥及各種軍械水雷。水師電報各學堂併附於東機器局。

福建則設立船政局。

【東方雜誌第十四卷馬江船塢之歷史】船政之設。在同治五年。湘鄉左宗棠總制閩浙。實創是局。相地之宜。以馬尾為最。議既定宗棠移督陝甘。舉候官沈葆楨以代。聘訂法員日意格。德克碑爲正副監督。並法員匠數十人以爲導。同治八年。第一號萬年清輪船告成。十二年。華匠徒於製造之技漸能悟會。遂於是年遣散洋員匠回國。計九年之間。成大小兵商輪船十五號。洋人所經理全成者十二號。餘三號則皆華人完全成之。後此續製各船。截至光緒三十三年。共成船四十號。雖多以製造船械爲主。偏重於海陸軍之用。然始意未嘗不爲生利計也。

〔李文忠公奏稿〕（置辦鐵廠機器摺）洋機器於耕織印刷陶埴諸器皆能製造。有裨民生日用。原不專爲軍火而設。惟其先華洋隔絕。雖中土機巧之士。莫由鑿空而談。逮其久風氣漸開。凡人心智慧之同。且將自發其覆。臣料數十年後。中國富農大賈。必有仿造洋機器製作以自求利益者。

其時學者如徐壽。華衡芳。及壽子建寅等。皆殫心研究。具有成效。

〔清稗類鈔〕文正設江南製造局。令雪村徐壽字總理局務。時百事草創。雪村於製造船槍礮彈等事。多所發明。建寅字仲虎。壽之仲子也。從壽精研理化製造之學。壽與華衡芳謀造黃鵠輪船。時苦無法程。日夕凝想。仲虎累出奇思以佐之。黃鵠遂成。旋於上海製造局助成惠吉。操江。測海。澄慶。馭遠等船。光緒庚子春。在漢陽藥廠配合棉質無煙藥轟斃。

光緒初。山東設立機器局。建寅實主其事。

〔光緒政要〕光緒元年。山東巡撫丁寶楨奏設機器局。咨調徐建寅來東商辦。就省城外濼口地方買民地設局。先造子藥。次造槍礮。

朝鮮之變法。且遣人至天津學造器械焉。

李文忠公奏稿。光緒六年妥籌朝鮮製器練兵摺具載其事。

通商之始。各國輪船屬至。吾國航業之利。幾盡爲所奪。於是議者思倡行商船。

〔李文忠公奏稿〕（同治十一年試辦招商輪船摺）同治六七年間。曾國藩丁日昌在江蘇督撫任內。疊據道員許道身同知容閎創議華商置造洋船章程。分運漕米。兼攬客貨。經總理衙門核准。飭由江海關道曉諭各口試辦。

同治十一年。始設局招股購置輪船。

〔李文忠公奏稿〕（試辦輪船招商摺）購集堅捷輪船三隻。（光緒元年輪船招商請獎摺）計有自置輪船並承領閩廠輪船八號。現又添招股分向英國續購兩號。分往南北洋各海口及外洋日本呂宋新嘉坡等處貿易。

〔郵傳部第一次統計表〕該局資本。先後撥用直隸江蘇江西湖北東海關等處官款。計一百九十萬八千兩。自光緒六年起。分期繳還。迄今並無官款。惟商股四百萬兩。

光緒二年。收買美國旗昌公司船隻。其業始盛。

〔郵傳部第一次統計表〕光緒二年。兩江總督沈葆楨。奏撥浙江等省官款。買併旗昌公司。增大小輪船十八號。而外洋船舶盡力排擠。李文忠於光緒三年二月。奏明沿江沿海各省。遇有海運官物。統歸商船經理。並請蘇浙海運漕米。分四五成。撥給該局承運。以顧商本。免爲外人傾軋。賴此扶助。局基益堅定矣。

迄今數十年。招商局船凡三十一艘。載重六萬六千餘噸。資本八百四十萬。爲吾國航業公司之巨擘。其內河商輪。亦年有增設民國五年。統計各省內河商輪凡一千零七十七艘。載重七萬餘噸。較之咸同以前。航行江海。專恃帆船者。其敏鈍霄壤矣。然外人在華之航業。實遠過於吾國。民國五年夏季江海關進出之航海汽船。凡一千八百三十餘艘。三百一十七萬餘噸。日本船七百二十八艘。一百二十二萬餘噸。英國船五百四十九艘。一百零七萬餘噸。中國船則僅有四百一十九艘。五十三萬餘噸。是則相形而見絀者也。歐戰以來。各國商船缺乏。製造亦有所不及。美國航務部乃向吾國船廠定造四艘。其大者至一萬四千餘噸。製造家詫爲未有焉。

《東方雜誌》(十七卷十二號)戰時。美國航務部。因商船缺乏。特向我國上海江南造船廠定造商船四艘。其最大者爲官府號。計重一萬四千七百五十噸。排水量一萬噸。速率每小時十海里半。於民國九年六月三日下水。美國公使克蘭夫人行命名典禮。計中國所建商船。以此船最大矣。

次於船舶者爲電機。同治十三年。日本覬覦臺灣。沈葆楨奏請設立電報。以利軍備。事寢不行。光緒五年。李鴻章於大沽北塘海口礮臺設線。以達天津。極言其便。翌年遂試設南北兩洋電線。

《李文忠公奏稿》(光緒六年請設南北洋電報片)俄國海線可達上海。旱線可達恰克圖。其消息靈捷極矣。卽如曾紀澤由俄國電報到上海。祇須一日。而由上海至京城。現係輪船附寄。尙須六七日到京。如遇海道不通。由驛必以十日爲期。是上海至京僅二千數百里。較之俄國至上海數萬里。消息反遲十倍。　同治十三年。日本犯臺灣。沈葆楨等屢言其利。而因循迄無成就。臣上年曾於大沽北塘海口礮臺試設電報以達天津，號令各營頃刻響應。現自北洋以至南洋。調兵饋餉。在在俱關緊要。亟宜設立電報。以通氣脈。

初由官辦。光緒八年。改歸商辦。陸續展設水陸各線。遍及南北各省。以逮新疆蒙古。綜計線路十餘萬里。光緒二十八年。清廷議收電報為國有。嗣因商情不協。允各股商悉仍其舊。其時官商股本合計二百二十萬元而為商股官辦之局。

《郵傳部第一次統計表》南北洋電報既成。由盛宣懷招集商股。於八年三月起。接歸商辦。自時厥後。行之二十年。歷辦無異。二十八年改歸官辦。特設電政大臣以督之。二十九年設立郵傳部。歸部直轄。中國新政完全屬於中國主權。無外人權力羼雜其中者。惟電報一事耳。

舊傳江愼修能為傳聲機。而其法不傳。

《清稗類鈔》江愼修永嘗置一竹筒。中用玻璃為蓋。有鑰開之。開則向筒說數千言。言畢即閉。傳千里內。人開筒側耳。其音宛在。如面談也。過千里。則音漸漸散不全。愼修乾隆壬午年卒。則其法發明之時。尚在留聲機電話之前也。

通商以後。海上始有電話機。

《淞南夢影錄》上海之有德律風。始於壬午季夏。其法。沿途豎立木桿。上繫鉛綫。綫條與電報無異。惟其中機括不同。傳遞之法。只須向綫端傳語。無異一室晤言。其初有英人皮曉浦。在租界試行。分設南北二局。嗣以經費不敷。不久遂廢。癸未春。經天主教司鐸能慕谷重設。由徐家匯達英法各界。聞此法由歐人名德律風者所創。故即以其名名之。

光緒末年。各省競設電話局。

『郵傳部第一次統計表』上海電話局。係光緒三十二年十二月分開辦。 太原電話局。係光緒三十二年十月分開辦。 北京天津廣東奉天河南各地電話局表不載撥辦年月。

民國初年。設京津長途電話。近又議設寧滬長途電話。傳達消息日捷於前矣。

電之為用極廣。電報電話之外。電燈電車之屬。皆興於光緒中。

『清稗類鈔』電燈始於光緒中葉。創辦者為西人德里。創議之初。華人聞者以為奇事。一時謠諑紛傳。謂將遭雷擊。人心洶洶不可抑制。當道患其滋事。函請西官禁止。後以試辦無害。其禁乃開。

『同上』滬上通行電車。始於光緒戊申。 上海電車乃西人所經營。華人雖亦投資。而實權皆為彼所握。初開時。華人慮或觸電。多望而卻步。西人廣為招徠。不及一年。其營業日益發達。

始自上海。繼則及於各地。電氣事業。殆有方興未艾之勢。然自外人觀之。則其程度較日本猶遠遜焉。

『最近支那經濟』大正六年出版（善生承助）據最近調查。支那電氣事業經營之現在數。凡八十有七。其所在地。則支那本部二十二。滿洲二十五。 依其性質分類。則業電力供給等八十。製造電氣機械者三。供給電力與電氣鐵道合併經營者四。 支那本部開設電氣鐵道之市街。僅上海三。香港天津各一。北京則屢議敷設而未成。按北京已於民國十三年開行電車 其大連撫順之電氣鐵路。則日本滿鐵會社之所經營也。 支那全體動力用之電力。使用高現僅三萬三千馬力。比之日本北海道之三萬五千馬力。尚有不逮。又電燈全部之燭力。亦不過百三十七萬五千燭光。比之日本東京市電氣局與東京電燈株式會社所有設備之百九十萬燭光。亦遠不及云。

近年海陸軍多用無線電機。

『世界年鑑』北京南苑天津保定陸軍用無綫電。乙巳年設立。北京南京海軍用無線電。辛亥年設立。

且擬設西安至喀什噶爾之無線電。

據東方雜誌民國七年交通部與馬可尼無線電報公司訂立合同。政府爲設西安喀什噶爾間安全之通信。擬購買并建設三臺無線電報機器。向該公司訂購馬可尼弧光最新式無線電板機三臺。

上海交通大學亦設無線電機以供試驗而通消息。異時無線電信當代有線者而日興矣。

按民國十三年北京交通日報載中國境內無線電臺。爲中國自辦者凡十三所。卽北京張家口。武昌。吳淞。福州。廣州。崇明。上海。南苑。保定。天津。煙臺。大沽等處。又爲外國所經營者凡二十處。計日本八。法國五。美國四。英國二。俄國一。大抵皆在使館及領事館兵營中。

光緒二年。英商自上海租界造鐵路達吳淞。行駛火車。是爲外人侵我路權之始。江督沈葆楨購其路而毀之。蓋其時輿論。不僅以爲損失主權。且於鐵路火車特具一深惡痛絕之意。故不惜重資以求消毀其萌蘖也。

『中國鐵路史』(袁德宣)同治五年七月。英怡和洋行創設上海江灣間鐵路。光緒二年。上海江灣間鐵路延長至吳淞口。長三十里名淞滬鐵路。時風氣未開。國人視爲異物。兩江總督沈葆楨以銀二十八萬五千兩購回淞滬鐵道。毁拆棄諸河。

其後以外患日亟。思造鐵路以助軍用。

《光緒政要》(光緒六年劉銘傳請開鐵路以圖自强疏)俄自歐洲造鐵路。漸近浩罕。又將由海參崴鐵路以達琿春。不出十年。禍將不測。日本一彈丸國耳。師西洋之長技。恃有鐵路。藐視中華。亦遇事與我爲難。臣每私憂竊歎。以爲失今不圖自强。後雖欲圖。恐無及矣。練兵造器。固宜次第舉行。然其機括則在於急造鐵路。鐵路之利於漕務賑務商務礦務釐捐行旅者。不可殫述。而於用兵一道。尤爲急不可緩之圖。中國要道。南路宜開二條。一條由清江經山東。一條由漢口經河南。俱達京師。北路宜由京師東通盛京。西通甘肅。惟工費浩繁。急切未能並舉。擬請先修清江至京一路。與本年議修之電線相表裏。

而開平煤礦之鐵路。遂爲全國鐵路之嚆矢。

《中國鐵路史》光緒四年。美國留學生唐景聲。請於直督李鴻章。創辦唐山開平煤礦。聘英人金達爲技師長。築鐵路以便運輸。初用馬車。繼改用小機關車。光緒十二年改築。軌廣四尺八寸半。爲中國鐵路軌道定例。

光緒十五年。張之洞奏辦蘆漢鐵路。

《光緒東華錄》張之洞奏鐵路之用。以開通土貨爲急。中國物産之盛。甲於五洲。然腹地奥區。工艱運貴。其生不蕃。其流不廣。且土貨率皆質粗價廉。非用機器化學。不能變粗賤爲精良。化無用爲有用。苟有鐵路。則機器可入。笨貨可出。本輕費省。山鄉邊郡之産。悉可致諸江岸海壖。而流衍於九洲四瀛之外。民之利既見。而國之利因之。臣愚以爲宜自京城外之蘆溝橋起。經行河南。達於湖北之漢口鎭。自保定正定磁州歷彰衛懷等府。在淸化鎭以南。榮澤口以上。作橋以渡黃河。自河以南。則由許鄭信陽驛路以抵漢口。

雖定議而未實行。總計甲午以前中國鐵路僅成榆關內外七百零五里。

『中國鐵路史』光緒十三年直督李鴻章募集股本敷設由天津經大沽至灤州之古冶線。長三百十一里。謂之商路。光緒十六年。又延長古冶至關外之中後線。長三百九十四里。謂之官路。共長七百零五里。

中日戰後。朝野上下。始知築造鐵路爲不容緩之事。遂設鐵路總公司於上海。先造盧漢幹路。次及蘇滬粵漢等。

『光緒政要』光緒二十年。直督王文韶。鄂督張之洞。會陳盧漢鐵路辦法。並保津海關道盛宣懷督辦。宣懷請設鐵路總公司。先造盧漢幹路。其餘蘇滬粵漢等處。亦准公司次第展造。

於是借款購料。一切仰給於外人。而各國爭我路權者蠭起。

『約章大全』光緒二十三年盧漢鐵路商訂比國借款合同第一條。除總公司已有成本銀一千三百萬外。並准總公司向比國銀行工廠合股公司借款四百五十萬金鎊。二十四年續訂比國借款詳細合同章程第二十五款。全路所需材料。除漢陽各廠所能造者先儘購辦外。皆歸比公司承辦。

『中國鐵路史』時各國鐵路政策懷抱已久。一聞募外債之議。無不踴躍爭先。首請者爲美公司。次爲英德兩公司。惟比利時公司以輕便條約。商定於政府。比利時者。受俄法之指使而來者也。俄法勢力潛伏於比公司之下。比營之。卽俄法營之也。英聞之。恐礙其揚子江一帶勢力。遂扼榆營鐵路監督權。遮斷東清鐵路。弗與京漢聯絡。德聞之。又與英協商握津鎮鐵路敷設權。沿運河。出揚子江。以與京漢頡頏。

光緒二十九年。商部奏定鐵路簡章。以獎勵華商。抑制洋股爲主。各省紳民。乃議自辦鐵路。潮汕。滇川。常辰。江西江蘇福建浙江安徽分省自築之路。同時均見於奏報。而粵漢京漢亦次第借款贖回。然各省自辦鐵路。多鮮實力。其成者僅潮汕新寧滬浙數路。而其材料機器。仍須購之國外。無完全自辦之路也。辛亥革命起於鐵路國有之議。而民國成立以後。商辦鐵路次第收爲國有。蓋民力不充。仍不能不資外力也。

鐵路附設之學校。以唐山工業專門學校爲最著。

《民國行政統計彙報交通類》唐山工業專門學校。創始於前清光緒三十一年。原由津榆鐵路籌資設立。民國元年。改爲唐山鐵路學校。三年。改名爲工藝專門學校。其學科專以鐵路工程爲主。

而製造廠亦以唐山爲巨。

《鐵路協會報京奉路線始末記》唐山有極大極完備之工廠。工人約三千名。該廠從前或裝配車輛。或建造客貨車及裝配機車。現在該廠能自行建造機車及車輛。但特別之部分仍須購自外洋。溝幫子地方有一修理車輛廠。從前機車均向英國北方機車公司購買。其餘或向美國之保魯敦或比國購買。然該廠近年亦能製造機車。

據民國三年京奉鐵路報告。唐山廠自造機平轉車盤車頂灣樑汽機起重機等。並代道清京張吉長各路。造車輛汽筩鍋爐等。凡數千具。是則機械工學進步之徵也。

吾國採礦。多恃人工。其用機械開採化鍊。亦自同光間始。

〔李文忠公奏議〕（光緒七年直境開辦礦務摺）從前江西之樂平。及山西湖南等省。皆以土法開采煤鐵等礦。近來如臺灣之基隆。湖北之荆門。安徽之池州。經營煤礦。漸用洋法。然或因創辦伊始。或因經費未敷。尚難驟得大效。光緒元年。聞灤州所屬之開平鎮煤鐵礦產頗旺。飭候選道唐廷樞馳往察勘。唐廷樞勘得灤州所屬。距開平西南十八里之唐山。山南舊煤穴甚多。光緒四年。鑽地探試。深六十丈。得有高煙煤六層。計所得之煤。足供六十年之用。旋於五年購辦機器。按西法開提煤貫風抽水。水井開深六十丈。就所得之煤論之。可與東洋頭號煙煤相較。將來愈深愈美。尤勝東洋。開煤既旺。則鍊鐵可以漸圖。

開平之煤。漠河之金。

〔光緒政要〕光緒十二年黑龍江將軍恭鏜招集商股開辦漠河金廠。

大冶之鐵。萍鄉之煤。

〔漢冶萍公司紀略〕光緒十六年。張文襄公督鄂。創辦漢陽鐵廠。採鍊大冶之鐵。大冶鐵礦。據英倫鋼鐵會史戴德化驗之報告。爲世界不多覯之佳礦。就浮面之鐵測算。年採一百萬噸。足供百年。光緒二十二年。盛宣懷接辦。於萍鄉發現一大煤田。其面積長三十里。寬十里。技師賴倫言。每年採取百萬噸。可繼五百餘年。

〔中國工藝沿革史略〕漢陽鐵政局。爲中國最大之製鐵所。其鐵砂在湖北武昌大冶縣屬之鐵山舖。其坑之重要者。在下陸雖雄獅子山鐵山等處。其地產鐵。自古有名。光緒十六年。兩湖總督張之洞。派德國技師至大冶縣探礦。十八年。乃創立漢陽鐵政局。一切機械。均由比利時購入。本年始開始製鍊。初以管理非人。財政困難。改聘比國人爲管理。至二十二年。乃讓於盛宣懷。盛氏大招股本。改爲股本公司。現今之漢冶萍煤鐵礦廠有限公司。卽是物也。其礦石之種類。(一)爲磁鐵礦及赤鐵礦床。(二)爲褐鐵床。光緒二十八年。每月磁鐵礦產二千七百噸。褐鐵礦六百噸。其產出礦石。除供給漢陽鐵廠外。每年尙有千餘萬噸。輸出於日本之八幡製鐵所。其製成鐵料。自光緒二十六年。與日本有輸出之特約。每年不下六萬餘噸。

爲世所豔稱。而山西河南之煤鐵。四川雲南之銅錫。湖南之銻。延長之石油。亦相繼而以西法開採。、

《約章大全》(光緒二十五年總署奏湘省嚴禁私運銻沙摺)湘省各屬所在多銻。足供製造機器之用。因招粵商大成公司來湘。就近揭煉。　光緒二十八年。豫撫錫良奏開河南礦務。並派豫豐公司總辦。光緒二十九年。晋撫趙爾巽奏請山西礦務先儘豐公司辦理。光緒三十三年。度支部奏興復雲南舊礦。均可考見各省礦產之歷史。　《中華礦產調查記》(賴繼光)四川彭縣礦銅礦。於清光緒三十一年。歸礦政局撥款開採。　《中國工藝沿革史略》光緒三十二年。有湖南洪某者。服官陝西。頗識新學。請之當道。籌資千餘萬。購買機器。並聘日本技師。在延長開採石油。凡鑿四井。內二井出油甚旺。陝西省城各機關所有燈油。皆此礦所出。因此延安石油漸爲世人所注意。

其沿鐵道之礦。爲外人攫取。若撫順淄川各地之煤。更無論矣。

清代貨幣。兼用銅銀。銅曰制錢。銀曰元寶。而廣東與外人互市。多用墨西哥銀元。光緒十六年。張之洞督粵。設銀元

局自鑄銀幣。其後各省亦相繼仿鑄。

《約章大全》（光緒三十一年財政處奏整頓圜法摺）中國鑄造銀圓。始於廣東。嗣後湖北江南直隸浙江安徽奉天吉林等省。亦陸續購機製造。

而銅元之制。亦倡於廣東。福建繼之。辛丑以後。各省競鑄銅元。制錢之用遂微。光緒三十一年。戶部設造幣廠於天津。兼鑄銅銀各幣。民國因之。雖未能統一中國錢幣。而其規制特宏焉。

《財政月刊天津造幣總廠報告書》北洋銀圓局踵機器局而成立。總廠既建。購機美廠。不足。調於寧鄂各省。民國肇興。魯豫閩各省舊設銅圓局相繼停辦。其機械亦先後運致。動機改用電力。以期利用。

甲午以前。官辦局廠之用機械者雖多。而商民之創辦公司。經營製造者。尚未大盛。自中日條約明訂裝運機器進口。任便從事各項工藝製造之條。於是土貨益爲洋貨所制。而商民始知自奮。

《約章大全》（中日馬關條約第六款第四項）日本臣民得在中國通商口岸城邑。任便從事各項工藝製造。又得將各項機器任便裝運進口。日本臣民在中國製造一切貨物。其於內地運送稅內地鈔課雜派。以及在中國內地沾及寄存棧房之益。即照日本臣民運入中國之貨物一體辦理。

紡織印刷釀造陶瓷紙革茶糖澱粉玻璃肥皂火柴之類。靡不購機設廠。競師西法。以民國三年農商統計表觀之。各省工廠用原動力者凡三百五十九廠。蒸汽機三百五十七具。電機三百三十二具。其他機關四百七十六具。雖較之他國尚屬幼稚。而二十年間。由手工而日趨於機械工業。是實文化之一大進步也。

機械工業之興。不過數十年耳。論者謂其歷史可分爲四時期。

『支那之工業』(東亞同文會編纂)自支那固有之工場進一步。而洋式機械工業之發生者。同治初年。即距今約五十年以前之事也。是書大正六年出版 爾來經幾多之變遷。漸次舉支那工業界革命之實。以及今日。試回顧其歷史。可分爲左之時期。(一)官督商辦時代 此時代爲洋式工業萌芽期，自同治初年，至光緒二十年，約三十年間. (二)外人企業時代 此時代自日清媾和條約締結後，至商部設立，約九年間. (三)利權收回時代 自光緒二十九年至民國元年，約八年間，即支那因日露戰爭之影響，奮然自覺，以獎勵實業振興工藝爲目的，頒行官制之改廢，法令之制定，一方則民間利權收回熱爆發，對於外人既得之權利，苟有隙可乘，無不思收回其權利，而自當其經營，此等企業熱之勃興，以光緒三十年爲最旺盛. (四)國貨維持時代 自民國元年至現在國民運動正在進行中.

其變遷蓋亦多矣。顧自歐戰以來。西人鑒於機械工業之害。乃轉以吾國之工業未開發爲幸。蓋機械工業之害。在以人爲機械。較之手工之時代。其違反人道殊甚。

『楊端六記羅素未開發國之工業演說文』所痛恨於工業主義者。乃以其逼迫老幼男女。使之違反其本性。從事於不自然的不自發的人爲的生活。果使工業發達至極。則人類將不復見有青草之地。新雨之後。不復嗅得泥土之氣。惟促處於數尺之地方。四圍囂而塵上。不得不竭一日多數時間之力。以營單一無趣之機械工作。婦女則大率不得不於工廠中謀生。舍其子女。求他人顧兒童。苟不入工廠。則留作學校之中。十分督責其功課。聰穎子弟。受害尤大。凡此違反本性之生活。足使從事工業之人民。日爲社會所輕蔑。而激動殺人戰爭之事。將不絕於人間矣。

然以經濟競爭之所驅迫。目前之狀況。仍不能不隨歐美之軌轍以進行也。

第十六章 種族革命與政治革命

滿清之主中國。二百數十年。而種族之界甚嚴。漢族隱忍銜恨。雖不能恢復明室。而祕密集會。陰圖顛覆滿清者。所在多有。

〔清稗類鈔〕三合會之成立。在康熙甲寅。相傳其原起之目的。以少林寺僧被官焚殺。志在復讎。 自乾隆至嘉道間。臺灣兩廣江西南方一帶。三合會至跋扈。而以福建為醞釀之所。雖官吏下嚴令痛制之。卒無效。 世多以洪秀全為三合會首領。呼粵寇曰三合賊。實大謬也。秀全僅容納三合會之一部分耳。非自為三合會員也。雖其復明逐滿。兩者俱同。蓄髮易服。不背三合會之主旨。然三合會所奉為道教佛教。上帝教所奉為基督教。其根原實大相剌謬。

〔同上〕哥老會一稱哥弟會。祕密會黨也。或謂其成立於乾隆時。同治朝以粵寇平而撤湘軍。其人窮於衣食。多入此會。 哥老會之宗旨與三合會無異。亦以復明為言。

道咸以來。外患日棘。滿人之無能力。為漢族所共喻。而歐美之思想。又漸次輸入。於是官僚學者。思以新法扶翼清室。而反之者。則以推翻清室。恢復主權為職志。孫文等之倡興中會。即由清室之不足恃。以禦外侮而起。

〔孫文學說〕予自乙酉中法戰敗之年。始決傾覆清廷。創建民國之志。

〔清稗類鈔〕興中會之起。在光緒壬辰。倡首者爲孫逸仙。陸皓東。楊鴻飛等人。

庚子拳匪之亂。以滿人仇外。貽漢族無窮之禍。

〔國債輯要〕庚子賠款。自一九〇一年至一九四〇年。合計一萬四千二百八十六萬三千六百一十一鎊。

漢人之怨讟益深。唐才常欲起事於漢口。不成。

〔清稗類鈔〕庚子七月。瀏陽拔貢唐才常等。謀起事於漢口。結合江湖會黨。設自立軍。散放富有票。議起自立軍。事洩被誅。

而研求國故之士。如章炳麟。鄒容。劉師培等。時時刺舉宋明遺老之言論行誼。以鼓吹革命。故革命之分子。實合祕密社會下流無賴之徒。及經生學子能爲文章之士兩者而成焉。

鄒容之革命軍。革命之原動力也。

〔孫文學說〕章太炎。吳稚暉。鄒容等。借蘇報以鼓吹革命。爲清廷所控。太炎鄒容被拘囚租界監獄。吳亡命歐洲。此案涉及清帝個人爲朝廷與人民聚訟之始。清朝以來所未有也。清廷雖訟勝。而章鄒不過僅得囚禁兩年而已。於是民氣爲之大壯。鄒容著有革命軍一書。爲排滿最激之言論。華僑極爲歡迎。其開導華僑風氣。爲力甚大。

析其性質。蓋有四因。

（一）則根於歷史。

〔革命軍〕（鄒容）自秦以來。狐鳴篝中。王在掌上。卯金伏誅。魏氏當塗。黠盜姦雄。覬覦神器者。史不絕書。於是石勒。成吉思汗等。

類以游牧腥氈之胡兒。亦得乘機竊命。君臨我禹域。臣妾我神種。

《同上》吾讀揚州十日記。嘉定屠城記。吾未盡。吾幾不知流涕之自出也。吾爲言以告我同胞曰。揚州十日。嘉定三屠。是又豈當日賊滿人殘戮漢人一州一縣之代表哉。夫二書之記事。不過略舉一二耳。想當日旣縱焚掠之軍。又嚴薙髮之令。賊滿人鐵騎所至。屠殺擄掠。必有十倍於二地者也。有一有名之揚州嘉定。有千百無名之揚州嘉定。

(二)則動於譯籍。

《革命軍》(鄒容)吾幸夫吾同胞之得盧梭民約論。孟得斯鳩萬法精理。彌勒約翰自由之理。法國革命史。美國獨立檄文等書。譯而讀之也。

(三)則憾權利之不平。

《革命軍》(鄒容)滿洲人之在中國。不過十八行省中之一最小部分耳。而其官於朝野者。則以一最小部分。敵十八行省而有餘。今試以京官滿漢缺觀之。自大學士尚書侍郎。滿漢二缺平列外。如內閣衙門。則滿學士六。漢學士四。滿蒙侍讀學士六。漢軍漢侍讀學士二。滿侍讀十二。漢侍讀二。滿蒙中書九十四。漢中書三十。又如六部衙門。則滿郎中員外主事缺額約四百名。吏部三十餘。戶部百餘。禮部三十餘。兵部四十。刑部七十餘。工部八十餘。其餘各部堂主事皆滿人。無一漢人。而漢郎中員外主事缺額不過一百六十二名。

(四)則憾戰禍之獨受。

【革命軍】(鄒容)禍至則漢人受之。福至則滿人享之。太平天國之立也。以漢攻漢。山屍海血。所保者滿人。甲午戰爭之起也。以漢攻倭。償款二百兆。割地一行省。所保者滿人。團匪之亂也。以漢攻洋。血流近京。所保者滿人。故今日强也。亦滿人强耳。於我漢人無與焉。今日富也。亦滿人富耳。於我漢人無與焉。

故竭力提倡革命。以推翻滿族為的。然其所受革命之因。已不全為種族之爭。而含有政體之異。故其主張之條件。實欲舉舊民族舊國家。改造為一新民族新國家。

【革命軍】(鄒容)革命要義。(一)當知中國人者。中國人之中國也。(一)人人當知平等自由之大義。(一)當有政治法律之觀念。由斯三義。更生四種。(一)曰養成上天下地。惟我自尊。獨立不羈之精神。(一)曰養成冒險進取。赴湯蹈火。樂死不辜之氣概。(一)曰養成相親相愛愛羣愛己。盡瘁義務之公德。(一)曰養成個人自治。團體自治。以進人格之人羣。

【同上】革命獨立之大義。(一)中國人為中國人之中國。我同胞皆須自認為自己的漢種中國人之中國。(一)不許異種人沾染我中國絲毫權利。(一)所有服從滿洲人之義務。一律銷滅。(一)先推倒滿洲人所立北京之野蠻政府。(一)驅逐居住中國中之滿洲人。或殺以報仇。(一)誅殺滿洲人所立之皇帝。以儆萬世不復有專制之君主。(一)對敵干預我中國革命獨立之外國人及本國人。(一)建立中央政府。為全國辦事之總機關。(一)區分省分。于各省中投票公舉一總議員。由各省總議員中投票公舉一人為暫行大總統。為全國之代表人。又舉一人為副總統。各府州縣又舉議員若干，(一)全國無論男女。皆為國民。(一)全國男子有軍國民之義務。(一)人人有致忠于此所新建國家之義務。(一)人人有承擔國稅之義務。(一)凡爲國人。男女一律平等。無上下貴賤之分。(一)各人不可奪之權利。皆由天授。(一)生命自由及一切利益之事。皆屬天付之權利。(一)不得侵人自由。如言論思想出版等事。(一)各人權利必需保護。須經人民公許建設政府。而各假以權。專掌保護人民權利之事。(一)無論何時。政府爲有干犯人民權利之事。人民即可革命。推倒舊日之政府。而求遂其安全康樂之心。迨其既得安全康樂之後。經承公議。整頓權利。更立新政府。亦爲人民應有之權利。(一)定名中華共和國。(一)中華共和國爲自由獨立之國。(一)自由獨立國中。所有宣戰議和訂盟通商及獨立國一切應爲之事。俱有十分權利與各大國平等。(一)立憲法。悉照美國憲法。參照中國性質立定。(一)自治之法律。悉照美國自治法律。(一)凡關全體個人之事及交涉之事。及設官分職國家上之事。悉準美國辦理。

觀其次項所列之二十五條。惟前七條爲對於滿洲而發。(亦含有對他國之意)餘者純採美國獨立之制度。而爲政治之革命。故清末之革命。與前史之朱明推翻胡元迥殊。彼則純乎種族之爭。此則借種族之爭以引起政治之改革耳。章炳麟革命軍序。亦分析此二義。以光復革命互舉。

《革命軍序》(章炳麟)吾聞之同族相代。謂之革命。異族攘竊。謂之滅亡。改制同族。謂之革命。驅除異族。謂之光復。今中國既滅亡于逆胡。所當謀者光復也。非革命云爾。容之署斯名。何哉。諒以其所規畫。不止驅除異族而已。雖政教學術禮俗材性。猶有當革者焉。故大言之曰革命也。

故徒謂推翻滿族爲蕆革命之志事者。實非首事諸人之初意也。

鄒容死於獄。章炳麟走日本。孫文亦至日。乃開支那亡國二百四十二年紀念會。組織同盟會。

『清稗類鈔』拳亂以後。通國大興教育。留日學生亦驟衆。孫文乃乘此注入其主義于留學生。會章炳麟游日本。更鼓吹民族革命主義。秦力山亦創開支那亡國二百四十二年紀念會。以激勵之。其會爲駐日公使蔡鈞借日警力所阻。時留學生提倡革命者益多。人數亦益衆。幾逾萬人。而內地革命失敗之徒。復紛然來集。各交換意見。上下議論。而湖南黃興。直隸張繼。隱執牛耳。會孫文由歐美游歷至日。因開歡迎會。是爲革命黨統一之權輿。乃組織中國同盟會。舉孫爲首領。復發刊民報。以爲革命黨之機關。揭載六大綱。(一)顚覆現今之惡劣政府。(二)建設共和政黨。(三)維持世界眞正之平和。(四)土地國有。(五)主張中日兩國之國民連合。(六)要求世界各國贊成中國革新事業。

刊行民報。而擁護清室者。則以君主立憲爲平和之改革。

『中華民國開國史』(谷鍾秀)孫文在日本開會演講。留學生服膺其說者。月異而歲不同。于是設同盟會于東京。漸擴充及于內地各省。刊行民報。汪兆銘主其事。標示推倒滿清政府。建設中華民國之大旨。適値梁啓超于新民叢報大倡開明專制之議。違反人心之傾向。民報痛駁其非。遂風行一世。是時楊度等刊行新中國報。亦深斥開明專制之議。惟恐因革命以召外禍。主張君主立憲。速開國會。爲平和之改革。是說亦頗犂然有當於人心。

清廷派載澤。戴鴻慈。端方。尙其亨。李盛鐸等。赴各國考察政治。歸而宣布預備立憲。

『光緒政要』光緒三十二年正月。考察政治大臣載澤。尙其亨。李盛鐸等。奏請宣布立憲。七月宣布預備立憲事宜。諭曰。載澤等回國陳奏。皆以國勢不振。實由於上下相蒙。內外隔閡。官不知所以保民。民不知所以衞國。而各國之所以富强者。實由於行憲法。取決公論。軍民一體。呼吸相通。博采衆長。明定權限。以及籌備財用。經畫政務。無不由仿行憲政。公之於黎庶。又兼各國相師。變通盡利。政通民和。有由來矣。時處今日。惟有及時詳晰甄核。大權統於朝廷。庶政公諸輿論。以立國家萬年有道之基。但目前規制未備。民智未開。若操切從事。徒布空文。何以對國民而昭大信。故廓清積弊。明定責成。必從官制入手。亟應先將官制分別議定。次第更張。並將各項法律。詳慎釐訂。而又廣興教育。清理財政。整頓武備。普設巡警。使紳民明晰國政。以備立憲基礎。

宣統元年。遂設各省諮議局及資政院。以爲議院之先導。憲政編查館。則採擇德日憲法。編制憲法大綱。預定立憲期限。然滿人用事。政治益趨腐敗。各省諮議局聯合會。請願速開國會。及另組責任內閣。皆不獲遂。平和而文明之人民。亦大失望。

〔中華民國開國史〕（谷鍾秀）袁世凱坐鎭北洋。參與朝政。銳意圖改革。於是有派遣五大臣出洋考察政治之舉。歸而有預備立憲之詔。然第一次中央官制改革案。竟爲鐵良等所扼。而爲有名無實之更張。後雖有資政院之設。定期召集國會之明文。而滿族內閣與皇族內閣相遞嬗。其首領之奕劻。以貪鄙著聞於天下。載澤因其妻與隆裕爲姊妹。握財政管鑰。其勢與奕劻抗。載洵載濤。皆以其兄載灃監國之故。分掌海陸軍大權。藉以殖其私財。賣官鬻缺。苞苴競進。

〔同上〕各省請願國會者。接踵而至京師。甚至有割指斷臂。誓期成功者。雖激於一時之感情。然人民希望立憲之意。亦云至矣。

乃政府始終冥頑如故。最後竟以軍警驅逐請願代表回籍。而人民立憲之希望遂絕。

黨人之謀革命也。或以個人行暗殺之策。或以團體爲起義之舉。乙巳九月。吳樾圖炸斃出洋考察憲政之五大臣。未中。丁未五月。徐錫麟殺安徽巡撫恩銘。辛亥三月。溫生才殺廣州將軍孚琦。而起兵者亦相踵。丁未七月。黃興起於廣州。十月。孫文起於鎮南關。戊申三月。黃又起於河口。七月。熊成基起於安慶。庚戌正月。倪映典起於廣州。辛亥三月。黃與趙聲等復起於廣州。雖皆不成。而革命之機日迫。清廷又以鐵路國有之策。大失民心。辛亥八月十九日。民軍遂起於武昌。

《中華民國開國史》(谷鍾秀)辛亥八月十九日。即陽歷十月初十日。民軍起義於武昌。擁黎元洪爲都督。稱中華民國軍政府。以黃帝紀元。宣布宗旨。所有文告。皆用中華民國軍政府鄂都督名義。末署黃帝紀元四千六百零九年某月日。藉種族問題。激動軍民之感情。蓋共和意義。一般軍民驟難索解。一觸其感情。則大多數翕然向風。而清亡矣。

各省聞風響應。清以袁世凱爲內閣總理。督兵攻民軍。而袁亦不慊於清廷。首鼠兩端。十月。遂停戰議和。十七省代表。公舉孫文爲中華民國臨時大總統。設臨時政府於南京。爲南北對峙之局。袁命唐紹儀爲代表。與南軍代表伍廷芳議開國會。而陰迫清帝退位。是年十二月二十五日。(即中華民國元年二月十二日)清頒退位詔。而四千餘年帝制之國。遂一變而爲民主之國。

中華民國之基礎。以民國元年各省代表所組織之參議院制定之約法爲主。茲錄其全文於左。

(一)中華民國由中華人民組織之。

(二)中華民國之主權。屬於國民全體。

(三)中華民國領土。爲二十二行省內外蒙古西藏青海。

(四)中華民國以參議院臨時大總統國務員法院。行使其統治權。

(五)中華民國人民一律平等。無種族階級宗教之區別。

(六)人民得享左列各項之自由權。(1)人民之身體。非依法律。不得逮捕拘禁審問處罰。(2)人民之家宅，非依法律，不得侵入或搜索。(3)人民有保有財產及營業之自由。(4)人民有言論著作刊行及集會結社之自由。(5)人民有書信秘密之自由。(6)人民有居住遷徙之自由。(7)人民有信教之自由。

(七)人民有請願於議會之權。

(八)人民有陳訴於行政官署之權。

(九)人民有訴訟於法院。受其審判之權。

(十)人民對於官吏違法損害權利之行爲。有陳訴於行政院之權。

(十一)人民有應任官考試之權。

(十二)人民有選舉及被選舉之權。

(十三)人民依法律有納稅之義務。

(十四)人民依法律有服兵之義務。

(十五)本章所載人民之權利。有認爲增進公益。維持治安。或非常緊急必要時。得依法律限制之。

(十六)中華民國之立法權。以參議院行之。

(十七)參議院以第十八條所定各地方所選之參議員組織之。

(十八)參議員每行省內蒙古外蒙古西藏各選派五人。青海選派一人。其選派方法。由各地方自定。參議院會議時。每參議員有一表決權。

(十九)參議院之職權如左。(1)議決一切法律案。(2)議決臨時政府之預算決算。(3)議決全國之稅法幣制及度量衡之準則。(4)議決公債之募集及國庫有負擔之契約。(5)承議第三十四條三十五條四十條事件。(6)答覆臨時政府諮詢事件。(7)受理人民之請願。(8)得以關於法律及其他事件之意見建議於政府。(9)得提出質問書於國務員。並要求其出席答復。(10)得咨請臨時政府查辦官吏納賄違法事件。(11)參議院對於臨時大總統認爲有謀叛行爲時。得以總員五分四以上之出席。出席員四分三以上之可決。彈劾之。(12)參議院對於國務員認爲失職或違法時。得以總員四分三以上之出席。出席員三分二以上之可決。彈劾之。

(二十)參議院得自行集會開會閉會。

（二十一）參議院之會議。須公開之。但有國務員之要求。或出席議員過半數之可決者。得秘密之。

（二十二）參議院議決事件。咨由臨時大總統公布施行。

（二十三）臨時大總統對於參議院議決事件。如否認時。得於咨達後十日內。聲明理由。咨院覆議。但參議院對於覆議事件。如有到會員三分二以上。仍執前議時。仍照第二十二條辦理。

（二十四）參議院議長由參議員用記名投票法互選之。以得票滿投票總數之半者。爲當選。

（二十五）參議院議員於院內之言論及表決。對於院外不負責任。

（二十六）參議院參議員。除現行犯及關於內亂患之犯罪外。會期中非得本院許可。不得逮捕。

（二十七）參議院法。由參議院自定之。

（二十八）參議院以國會成立之日解散。其職權由國會行之。

（二十九）臨時大總統副總統。由參議院選舉之。以總員四分三以上出席。得票滿投票總數三分二以上者。爲當選。

（三十）臨時大總統代表臨時政府。總攬政務。公布法律。

（三十一）臨時大總統爲執行法律或基於法律之委任。得發布命令。並得使發布之。

（三十二）臨時大總統統帥全國海陸軍隊。

（三十三）臨時大總統得制定官制官規。但須提交參議院議決。

(三十四)臨時大總統得任免文武職員。但任命國務員及外交大使公使。須得參議院同意。
(三十五)臨時大總統經參議院之同意。得宣戰媾和及締結條約。
(三十六)臨時大總統得依法律宣告戒嚴。
(三十七)臨時大總統代表全國。接受外國之大使公使。
(三十八)臨時大總統得提出法律案於參議院。
(三十九)臨時大總統得頒給勳章及其他榮典。
(四十)臨時大總統得宣告大赦特赦減刑復權。但大赦須經參議院之同意。
(四十一)臨時大總統受參議院彈劾後。由最高法院全院審判官互選九人組織特別法庭審判之。
(四十二)臨時副總統於臨時大總統因故去職或不能視事時。得代行其職權。
(四十三)國務總理及各部總長。均稱爲國務員。
(四十四)國務員輔佐臨時大總統。負其責任。
(四十五)國務員於臨時大總統提出法律案公布法律及發布命令時。須副署之。
(四十六)國務員及其委員。得於參議院出席及發言。
(四十七)國務員受參議院彈劾後。臨時大總統應免其職。但得交參議院覆議一次。

（四十八）法院以臨時大總統及司法總長分別任命之法官組織之。法院之編制法及法官之資格。以法律定之。

（四十九）法院依法律審判民事訴訟及刑事訴訟。但關於行政訴訟及其他特別訴訟。則以法律定之。

（五十）法院之審判須公開之。但有認爲擾害安寧秩序者。得秘密之。

（五十一）法官獨立審判。不受上級官廳之干涉。

（五十二）法官在任中。不得減俸或轉職。非依法律受刑罰宣告或應免職之懲戒處分。不得解職。懲戒條規以法律定之。

（五十三）本約法施行後。限十個月內。由臨時大總統召集國會。其國會之組織及選舉法。由參議院定之。

（五十四）中華民國之憲法。由國會制定。憲法未施行以前。本約法之效力與憲法等。

（五十五）本約法由參議院參議員三分二以上或臨時大總統之提議。經參議員五分四以上之出席。出席員四分三之可決。得增修之。

（五十六）本約法自公布之日施行。臨時政府組織大綱。於本約法施行之日廢止。

吾國由人治國變爲法治國。由民意規定國家組織有成文之法律。明定人民之權利義務。實始於此。而行政之人極苦其不便。三年三月第一任大總統袁世凱召集約法會議。五月公布新約法。凡元年約法束縛總統國務院之權力之文。悉删改之。五年袁世凱叛國而死。黎元洪執行大總統職權。復令憲法未定以前。仍遵用元年三月十一日公布之臨時約法。至憲法成立時爲止。六年五月。舊國會二次解散。元年約法復失效力。南方各省起兵力爭。援擴多年。事變百出。訖今尚無成文之憲法。曹錕爲總統時。有賄選議員所制之憲法。世亦未行。故元年約法。猶有憲法之效焉。

種族革命至辛亥十二月巳告成功。而政治革命。迄今尚未成事實。蓋國民習於帝制者久。不知履行國民之權利義務。於代議政治非所素諳。又不知政黨之性質與選舉之重要。元年以臨時參議院議決之國會組織法。召集國會。而國民黨與進步黨勢成水火。二年十月。袁世凱被舉爲正式大總統。十一月。卽解散國民黨。取消國民黨籍之議員。三年一月。國會停止職權。而袁世凱遂以新約法所定之參政院議決變更國體。改行君主立憲。建元洪憲。不百日而能。五年八月。舊國會復開。至六年。又爲各省督軍所迫而解散。七年二月。段祺瑞所召集之參議院。修改國會組織法。重選國會議員。舊國會議員之暴橫者。仍靡集於南方。而同時遂有新舊兩國會。十年。南北政府均有劇變。黎元洪復職。而廣州之國會復移於北京。十二年。曹錕賄選爲總統。國會復分裂。十三年。江浙奉直之戰。段祺瑞起而執政。國會復解散。十五年。段祺瑞復被逐。法統之說。泯焉莫知所從。雖懸一中華民國之幟。而實則僅造成武人專制強藩割據之局。是又革命之始所不及料者矣。

第十七章　法制之變遷

清季迄今。變遷之大。無過於法制。綜其大本。則由德治而趨法治。由官治而趨民治。漩渦激盪。日在蛻變之中。而世界潮流。亦以此十數年中變動爲最劇。吾民竭蹶以趨。既棄吾之舊法。以從歐美之舊法。又欲棄歐美之舊法而從彼之新法。思想之劇變。正日進而未有艾。雖其功效之若何。及其歸宿之若何。目前未易預測。而過去之事跡。固亦有可述也。

清季變法。首在司法制度。其起原則以修改商約。外人不慊於吾國法律。不得已而變通法律。以期從同。

【光緒政要】(光緒三十年伍廷芳沈家本奏疏)光緒二十八年四月初六日。奉上諭。現在通商交涉。事益繁多。著派沈家本伍廷芳將一切現行律例。按照交涉情形。參酌各國法律。悉心考訂。妥爲擬議。務期中外通行。有裨治理等因。當經臣等酌擬大概辦法。並遴選諳習中西律例司員。分任纂輯。延聘東西各國精通法律之博士律師。以備顧問。復調取留學外國卒業生。從事翻譯。請撥專款。以資辦公等因在案。計自光緒三十年四月初一日開館以來。各國法律之譯成者。德意志曰刑法。曰裁判法。俄羅斯曰刑法。日本曰現行刑法。曰改正刑法。曰陸軍刑法。曰海軍刑法。曰刑事訴訟法。曰監獄法。曰裁判所構成法。曰刑法義釋。校正者曰法蘭西刑法。至英美各國刑法。臣廷芳從前游學英國。夙所研究。該二國刑法雖無專書。然散見他籍者不少。飭員依類輯譯。不日亦可告成。復令該員等比較異同。分門列表。展卷瞭然。各國之法律已可得其大略。臣等以中國法律與各國參互考證。各國法律之精意。固不能出中律之範圍。第刑制不盡相同。罪名之等差亦異。綜而論之。中重而西輕者爲多。蓋西國從前刑法。較中國尤爲慘酷。近百數十年來。經律學家幾經討論。逐漸改而從輕。政治日稱美善。中國之重法。西人每訾爲不仁。其旅居中國者。皆藉口於此。不受中國之約束。夫西國首重法權。隨一國之疆域爲界限。中國之人僑寓乙國。卽受乙國之裁制。乃獨於中國不受裁制。轉予我以不仁之名。此亟當幡然變計者也。方今改訂商約。英美日葡四國。均允中國修訂法律。首先收回治外法權。實變法自強之樞紐。臣等奉命考訂法律。恭譯諭旨。原以墨守舊章。授外人以口實。不如酌加甄採。可默收長駕遠馭之效。現在各國法律既已得其大凡。卽應分類編纂。以期刻日成書。

始設法律館起草。繼經憲政編查館核訂。資政院第一期議會議決。而刑律遂逐漸變遷。

【大清新刑律釋義】(秦瑞玠)我國自有歷史以來。向崇道德宗教禮儀政治。而不言法律。故一般法制。幾無歷史沿革之可言。惟刑名則與禮制相出入。與政術同作用。又與兵事類列。較之一般法制史。其沿革起原爲最早。始自唐虞。迄於前明。以至今日。就刑法上沿革論之。略可分爲兩大時期。　第一期。自虞夏至前明。此時期可分之爲二。(甲)自虞夏至隋唐。(乙)自唐以後至前明。　第二期。自國初以至今日。其間又可細分爲三時代。(甲)舊律時代。自國初至光緒二十八九年間爲止。所奉行者。爲原有之大清律例。實悉本唐律及明律之舊。分吏戶禮兵刑工等總目而爲六。又分名例職制公式至斷獄營造河防等門目爲三十。更分子目爲四百三十有六。以律爲本。例各隨之。(乙)現律時代。自光緒二十九年後。至宣統三年爲止。所奉行者。爲大清律例已修改之現行律例。蓋舊律承自前明。實始有唐。歷千餘年。多不合於現時之應用。如流囚家屬。私出外境。違禁下海。封禁礦山。朝見留難。文官不許封公侯等條。均成虛設。官制既改。又不得不廢六律之名。而廢凌遲梟首戮屍等慘酷之刑。及免緣坐除刺字。尤爲仁政所暨。笞杖改爲罰金。徒流均免實發。改爲工作。廢死罪之虛擬。改併律定之笞杖徒流死及例定之軍遣。而爲死遣流徒罰之五種。禁人口賣買。廢關於奴婢奴僕之條例。改減蒙古例。訂滿漢通行刑律。刪除旗籍與民人輕重互異之條。變通秋審之制。又另增私鑄銀行。竊毀礦路物件。及揭損郵票等各專律。均爲此數年間刑法上沿革之大略。(丙)新律時代自豫定宣統四年實行以後。至於將來均屬之。新刑律草案。由修訂法律館起草。自光緒三十三年八月告成。經各部及各省簽注。加以修正。復經憲政編查館核訂。經資政院第一期議會議決通過總則。而分則不及議畢。於宣統二年十二月一併奉旨頒布。雖聲明仍可提議修正。而大致無甚變更。其調查考訂之事。雖出於日本岡田朝太郎者爲多。而歸安沈公實始終主持其事。溝合新舊。貫通中外。爲現時最新最完備之法典。

迄於民國。仍行援用。

《民國元年三月十日臨時大總統令》現在民國法律未經議定頒布。所有從前施行之法律及新刑律。除與民國國體抵觸各條。應失效力外。餘均暫行援用。以資遵守。

當資政院議決刑律草案時。嘗發生極大之爭執。後卒從新黨之議。

《大清新刑律釋義序》(秦瑞玠)自新刑律草案出。而禮教之爭議生。主進化者。謂新刑律與禮教並不相妨。主國粹者。謂新刑律於禮教縱有違背彼此相持爭議甚劇。議者一則曰。全棄中律。概從外邦。再則曰。專摹外人。置本國風俗於不顧。三則曰。不爲本國數萬萬人計。專爲外國流寓之數千人計。憲政編查館核訂刑律原奏有云。刑律之是非但論收效之治亂爲何如。不必以中外而區畛域。且必上折衷於唐虞夏商刑措之盛。而不容指秦漢以後之刑律爲周孔之教所存。

其於官制。則改刑部爲法部。(民國曰司法部)大理寺爲大理院。定四級三審之制。於京外次第設立各級審判廳。民國仍之。時以司法獨立爲言。

『支那年鑑』民國之司法制度襲用前清之法院編制法。爲四級三審制。京師設大理院及總檢察廳。爲全國上訴最高機關。又設高等以下各級廳。管理京兆屬縣及京師地方之訴訟。各省省城設高等廳。縣鄉鎮設地方及初級廳。

然未設審檢各廳之處。縣知事仍得審理訴訟。

『現行法令全書』民國三年四月五日頒行縣知事審理訴訟暫行章程。

未能盡行獨立。而華盛頓會議。我國提議取消治外法權。各國復以調查爲口實。於清季改法律以保國權之目的尚未達焉。

『華盛頓會議記事』(黃惟志)治外法權案。由代表王寵惠提出。遠東委員會議定。八國政府各派代表。調查中國現行治外法權之現狀。此項委員會於大會閉幕後之三月完全成立。一年內繕具報告。各國有自由接受或拒絕建議全部或一部分之權。惟無論如何。不得藉中國許諸任何利益特權而接受之。此案吾國亦願派委員一人加入治外法權委員會。且亦有接受拒絕之權。在第四次大會正式通過。

清季修改刑律。同時議訂民律及商律。

《光緒政要》(光緒三十三年民政部奏請釐訂民律疏)東西各國法律。有公法私法之分。公法者。定國與人民之關繫。卽刑法之類是也。私法者。定人民與人民之關繫。卽民法之類是也。二者相因。不可偏廢。而刑法所以糾匪僻於已然之後。民法所以防爭僞於未然之先。治忽所關。尤爲切要。各國民法。編制各殊。而要旨宏綱。大略相似。舉其犖犖大者。如物權法。定財產之主權。債權法。堅交際之信義。親族法。明倫類之關係。相續法。杜繼承之紛爭。靡不縷析條分。著爲定律。中國律例。民刑不分。而民刑之稱。見於尙書孔傳。歷代律文戶婚諸條。實近民法。然皆缺焉不完。李悝六篇不載戶律。漢興增廏戶爲三。北齊析戶婚爲二。國家損益明制。戶例分列七目。共八十二條。較爲完密。然第散見雜出於刑律之中。以視各國列爲法典之一者。猶有輕重之殊。因時制宜。折衷至當。非增删舊律。別著專條。不足以昭畫一。

《同上》光緒二十九年三月諭派載振袁世凱伍廷芳先訂商律。作爲則例。俟商律編成奏定後。卽行特簡大員開辦商部。

民律訖未編定。僅有民事訴訟法一種。

《光緒政要》(光緒三十二年修律大臣伍廷芳沈家本奏呈刑事民事訴訟法疏)中國舊制。刑部專理刑名。戶部專理錢債田產。微有分析刑事民事之意。若外省州縣。俱係以一身兼行政司法之權。官制攸關。未能驟改。然民事刑事。性質各異。雖同一法庭。而辦法要宜有區別。臣等從事編輯。悉心比絜。考歐美之規制。款目繁多。於中國之情形。未能盡合。謹就中國現時之程度。公同商定簡明訴訟程序。分別刑事民事。探討日久。始克告成。綜計全編分爲五章。凡二百六十條。是疏並陳各國通例亟應取法者二端。一設陪審員。一用律師。

民國十年。修訂法律館復加修正。僅以期其應用耳。

《現行法令全書》民事訴訟法草案。十年七月二十二日公布。凡七百五十五條。

商律。則清季已定商人通例公司律破產律等。

《光緒政要》光緒二十九年十二月。商部疏稱訂立商人通例九條。公司律一百三十一條。三十二年。商部疏稱。訂立破產律六十九條。

民國初年。張謇任農商總長。首以乞靈法律爲政見。

《農商公報張謇政見宣言》(一)當乞靈於法律。世界以大企業立國。而中國以公司法破產法不備之故。遂敗壞不可收拾。故農林工商部第一計畫。即在立法。擬提出關於農工商法案。若耕地整理法。森林保護法。工場法。及商人通則。公司法。破產法。運輸保險等規則。

陸續頒行權度法。森林法。商會法。及商人通例。公司條例。公司保息條例。礦業條例等。均詳見農商公報 視民法較詳備。然其影響於商業者。亦未大見進步也。

清季行政制度。自辛丑議和後。陸續改變。首改總理各國事務衙門爲外務部。光緒二十七年六月 次設商部 二十八年七月 學部。三十一年九月

劃議行憲政。明定行政之權。以爲預備立憲之基。遂定內閣及各部官制。

【光緒政要】(光緒三十二年九月慶親王等奏改內閣部院官制疏)行政之事。專屬之內閣各部大臣。內閣有總理大臣。各部尙書亦爲內閣政務大臣。故分之爲各部。合之皆爲政府。而情無隔閡。入則參閣議。出則各治部務。而司事貫通。 司法之權。則專屬之法部。以大理院任審判。而法部監督之。 此外有資政院以持公論。有都察院以任糾彈。有審計院以查濫費。亦皆獨立。不爲內閣節制。 分職之法。首外務部。次吏部。次民政部。次度支部。次禮部。次學部。次陸軍部。次法部。次農工商部。次郵傳部。次理藩部。專任之法。內閣各大臣同負責任。除外務部載在公約。其餘均不得兼充繁重差缺。各部尙書祗設一人。侍郎祗設二人。皆歸一律。 特設承政廳。使左右丞任一部總匯之事。設參議廳。使左右參議任一部謀議之事。其郎中員外郎主事以下。視事之繁簡。定額缺之多寡。要使責有專歸。官無濫設。

其外省地方官制。亦以次遞改。

【光緒政要】(光緒三十二年編制館擬定外省官制疏)我朝承明制。管官官多。管民官少。州縣以上。府道司院。層層鈐制。而以州縣一人。萃地方百務於其身。又無分曹爲佐。遂致假手幕賓。寄權胥役。壞吏治。釀禍亂。皆由於此。今擬仿漢唐縣分數級之制。分地方爲三等。甲等曰府。乙等曰州。丙等曰縣。每府州縣各設六品至九品官。分掌財賦巡警教育監獄農工商及庶務。同集一署辦公。 每省以督撫經管外務軍政。兼監督一切行政司法。以布政司專管民政。兼管農工商。以按察使專管司法上之行政。監督高等審判廳。另設一財政司。專管一省之財政。兼管交通事務。秩視運司。均酌設屬官。佐理一切。此外學鹽糧關河各司道。仍舊制。光緒三十三年五月。諭改各省按察使爲提法使。並增設巡警勸業道缺。裁撤分守分巡各道。由東三省先行開辦。直隸江蘇兩省亦先爲試辦。

宣統三年四月。頒行內閣官制。內閣設總理大臣協理大臣及外務民政度支學務陸軍海軍司法農工商郵傳理藩十大臣。號稱責任內閣。蓋仿日本之制。而變通滿清舊制以就之。民國肇建。官制官規。時有改變。其實大體亦循清季官制。第變大臣之名爲總理總長。變內閣爲國務院耳。農工商嘗分農林工商二部。尋合併。理藩部改爲蒙藏院。不在國務員之列。國務總理嘗改稱國務卿。要其大致實循清季內閣制度。民國初年。地方官制僅存兩級。即一縣之長官及一省之長官。其名稱亦時有變更。自民國三年以來。設置道尹。地方行政官復爲三級制。然行政實權仍在一縣及一省。省長道尹幾等駢枝。又以軍閥暴橫。司民政者恆仰司軍政者之鼻息。近方爭議廢督。其制故無足述也。

清代財政素不公布。甲午以後。劉嶽雲輯光緒會計表。李希聖輯光緒會計錄。世始稍知其出入之概。然學者所纂錄。固非法定之案牘也。光緒末葉。趙炳麟請定預算決算表。整理財政。

《光緒政要》光緒三十二年十二月。度支部議覆御史趙炳麟奏製定預算決算表事宜。

至宣統中。始由政府及地方官吏編製預算。交資政院及諮議局議決歲出歲入。乃由黑暗而漸趨於光明。民國之法。國家行政費由國會議決。地方行政費由省議會議決。逐年預算亦有可稽。然國會屢散。政局不定。訖未議及決算。即預算亦多等於具文。其審計院雖專司決算。而鉤稽瑣碎。逐年積壓。於大宗用費之不當者。反多不能審核。第存其法而已。

【現行法令全書】審計院編制法　審計院直隸於大總統。依審計法。審定國家歲出歲入之決算。　審計院於每會計年度之終。須以審計成績呈報於大總統。　審計院對於各官署職官。於出納事項。有違背法令或不正當之情事者。須呈報於大總統。　審計院對於預算及財政事項。得依其審計之經驗。陳述意見於大總統。

光緒末葉憲政編查館設立統計局。並請立各省調查局。以爲編制法規統計政要之助。是爲統計初桄。

【光緒政要】(光緒三十三年憲政編查館請令各省設立調查局疏)臣館職司編制統計二局。亟當預籌京外通力合作之辦法。以期推行盡利。　仿東西各國成法。令各省分設調查局。以爲編制法規統計政要之助。開辦之始。必須事事先求其簡明確實。斷不可參以虛飾之詞。敷衍之見。乃可望由疏而至密。祛僞以存眞。

宣統初頒定表式。郵傳部之路電郵航四政。學部之各學校。遂均製成統計表。而他部闕然。

【宣統新法令】(宣統元年二月憲政編查館奏擬定民政財政統計表式疏)臣館遵旨設立統計局。奏定辦事章程。並由各部院分設統計處。各省分設調查局。搜集各種事項。彙齊辦理。以備刊行統計年鑑。　謹督館員參考中西。斟酌義類。擬訂統計總例十有四條。又爲民政統計部表七十有六。省表七十有二。財政統計部表九十。省表八十有八。並將所以立表之意。填表之法。各於表後繫以解說。　請飭下內外各衙門。自此項奏文到日起。統限半年內。務各查照表式例要。逐一確實迅速填報。

民國之制。國務院有統計局。各官署亦有專司統計之職。

【現行法令全書】各部官制通則　各部設總務廳。所掌事務(二)編製統計及報告。

所製統計表。較清季之形式頗為進步。然各部亦僅內務司法農商教育交通之統計。逐年編布。其軍財二宗。訖未編訂。而農商戶口之統計。亦多嚮壁虛造。不可遽據之以覘國勢也。

民國草創。百度更新。官有一制。事有一法。規程條例。日出不窮。有經國會議決者。有未經國會議決。但以命令頒布者。雖曰法制萬能。實多軼出法制之外。吾書亦不能為之毛舉。第有一事。為前清之所無者。即行政訴訟法及平政院之制。較之他事為可稱述。從前官吏損害人民權利。雖亦有京控叩閽等事。然無明定條文以為保障。民國特定行政訴訟法及設立平政院以司之。是亦抑制官權。伸張民權之要點也。

《現行法令全書》行政訴訟　人民對於左列各類之事件。除法令別有規定外。得提起行政訴訟於平政院。（一）中央或地方最高級行政官署之違法處分。致損害人民權利者。（二）中央或地方行政官署之違法處分。致損害人民權利。經人民依訴願法之規定。訴願至最高級行政官署。不服其決定者。

袁氏當國。欲復前清御史之制。於平政院設肅政廳。置肅政使。其意似在整頓吏治。實則誤解清代法制及民國法制之原則。前代之有御史，非專治官吏，實在監督君主，民國以國會監督總統，其中央及地方之官吏，亦有國會及地方議會以監督之，可以隨時彈劾，

《現行法令全書》平政院編制令　平政院肅政史。於人民未陳訴之事件。得依行政訴訟條例之規定。對於平政院提起行政訴訟。　平政院肅政使。依糾彈條例。糾彈行政官吏之違反憲法。行賄受賄。濫用威權。玩視民瘼事件。　平政院之裁決。由肅政使監視執行。肅政廳對於平政院獨立。行其職務。

袁氏敗而肅政廳亦廢。惟平政院如故。裁決行政訴訟。亦時有可紀焉。

吾國立國之法。自來惟有封建郡縣二制。雖有時藩鎮跋扈。外重內輕。或叛臣自立。脫離關繫。要皆聽事勢之自然。非有法制以爲之解說也。民國既立。研究憲法。求之域外。學說孔多。有單一制。有聯合制。有總統制。有內閣制。有中央集權制。有地方分權制。有職業代議制。有全民與政制。有政治的民主政治。有社會的民主政治。黨派紛歧。主張各異。二年國會憲法起草委員會所制之憲法草案。與民國十一年國是會議所擬之憲法草案。其根本即大相逕庭。

《天壇憲法草案》第一章。國體。第一條。中華民國永遠爲統一民主國。

《國是會議憲法草案甲種》第一章。總則。第一條。中華民國爲聯省共和國。第二章。聯省及各省權限之劃分。第五條。凡事之關於全國者。由聯省機關立法或執行之。茲列舉如下。(一)外交(二)陸海軍(三)幣制銀行(四)度量權衡(五)海關稅其他國稅(六)國債(七)郵政(八)電報(九)鐵路及國道(十)航業(十一)兩省以上之水利(十二)沿海漁業(十三)民法(十四)刑法(十五)商法(十六)民事刑事訴訟法(十七)全國法院編制法(十八)國籍法(十九)發明及專利法(二十)礦法(二十一)移民法(二十二)土地收用法(二十三)聯省官制官規(二十四)聯省監獄(二十五)全國戶口調查及統計(二十六)勞動法(二十七)產業公有法。第六條。各省得自定憲法。凡事之關於一地方者。由各省或地方機關立法或執行之。茲列舉如下。(一)省之官制官規(二)省之稅法(三)省以內之實業(四)省之民團(五)省債之募集(六)省之公產處分(七)省之學制之規定(八)省以下之地方制度(九)省以內之水利(十)省道或其他省內交通(十一)省以內之電話(十二)省之警察(十三)違犯省法之罰則(十四)衛生及慈善事項(十五)省監獄。第七條。各省憲法應規定以下各項。(一)各省應設省議會代表民意。(二)省之行政首長或爲一人或爲數人之委員會由省之人民或議會選舉。但不得以退職未滿三年之軍人充選。(三)凡非省內官吏住居省內二年以上者。依其省之憲法或法律享有選舉及被選舉權利。(四)各省各設民團。其額數由各省省議會議定之。(五)省議會應詳訂關於一切選舉之舞弊法。(六)各省行政機關中之文官。應定考試任用及保障之法。不因一省內政治狀況而更動。第八條。聯省法律之效力在省法律效力之上。第九條。聯省政憲府應保證各省之民主政治。如一省內政體變動。有違反本憲法或各該省憲法者。聯省政府應干涉之。各省有不能履行本法上之義務者。聯省政府應督促之。甲省有以武力侵犯乙省者。聯省政府應阻止之。第十條。中華民國之國體發生變動。各省得互相聯合。維持憲法上規定之組織。至原狀恢復時。各省之行動應即停止。

蓋一則屬於單一制。一則屬於聯合制。一則徒取法於歐洲舊式之憲法。一則兼採取歐洲最近之新憲法也。天壇憲法草案。近亦經國會修改而爲曹錕時代之憲法。國是會議所擬之草案。則已有數省採取實行。如湖南省憲法及浙江省憲法。皆採聯合制。以省爲全國中一自治區域。而各自編定憲法者也。湖南省憲法與浙江省憲法有同有異。如省議員由全省公民直接選舉。其同者也。

《湖南省憲法》第四章。省議會。第二十八條。省議會以全省公民直接選出之議員組織之。

《浙江省憲法》第四章。省議院。第三十八條。省議院以全省人民直接選出之議員組織之。

省長之選舉法律之表決。其異者也。

〔湖南省憲法〕第五章。省長及省務院。第四十七條。省長由省議會選出四人。交由全省公民總投票決選。以得票最多數者爲當選。

〔浙江省憲法〕第五章。省長及省政院。第五十三條。省長由全省選民分區組織選舉會選舉之。其選舉程序另以法律定之。

〔湖南省憲法〕第六章。立法。第六十四條。法律案由省議會議員或省務院以省長之名義提出之。第六十五條。法定之省教育會農會工會商會律師公會及其他依法律組織之各職業團體。得提出關於各該團體範圍內之法律案。省議會必須以之付議。第六十六條。全省公民百分之一以上連署動議。或全省縣議會及一等市議會三分之一以上連署動議。得提出法律案。呈請省長。咨省議會議決。省議會對於此項議案。如擱置不議。或議而否決時。省長應將該案及否決之理由。付全省公民總投票表決。可決時。即成爲法律。第六十八條。凡本法所規定得由公民提案。及須公民總投票表決之事項。其提案及投票之方法。以省法律定之。

〔浙江省憲法〕第九章。立法。第九十四條。法律案由省議院議員或省政院提出之。第九十七條。有三分之一以上之縣。每縣選民一千人以上之連署。得提出法律案於省議院。請其議決。省議院對於所提全案不同意時。應交付全省縣議會特別市議會投票表決。如得半數以上可決時。由省長公布之。

世界日新。吾國人理想中之法律亦隨之而日新。然理想進步事實殊不能與之相應。有全民表決之制。而全民之不知者。殆十八九。是則不能不有待於教育之普及也。

省之自治。既已成爲最新之趨勢。而省以下之自治區域。亦有新舊法律之不同。清季以來。談國是者。咸以地方自治爲立國之基礎。

【光緒政要】光緒三十三年正月民政部奏飭各省查報鄉社情形以重治本疏　地方自治。一時未能驟行。而各省鄉社辦法之善否。卽爲地方治忽民生休戚所關。欲興民政。自以考求各省鄉社情形爲入手辦法查會典。保正甲長鄉約等。本懸之功令。自咸豐同治以來。地方多事。舉凡辦防集捐。供支兵差。清理奸宄諸事。各牧令又無不藉鄉社之力。於是邊腹各地。名目紛立。推擇各殊。有曰鄉正鄉耆里正者。有曰寨長圩長者。有曰團總練總者。有曰公正公直者。有曰鎭董村董者。有曰社首會首者。龐雜離奇。不可勝舉。近年推行警政。如奉天等省。則各鄉社又多稱巡長等名。此名目之不同也。其經理之地。有僅止一村者。有多至數村十村者。邊遠州縣。鄉保且有管至百十里者。此地勢廣狹之不同也。其更代之法。有一年一易者。有數年一易者。有輪流充當者。有由地方官劄諭派委者。而以公衆推舉者爲多。所遴用者。或爲生員。或爲職銜軍功人員。或爲平人。地方官待遇之者。或貴之如搢紳。或賤之如皁隸。而要之官民相通。又皆以鄉社爲樞紐。是以細故之裁判。公用之科攤。案證之傳質。護田防盜之計畫。新政舊章之頒布。多隱以鄉社司之。且有牧令倚以收賦稅集團練者。大約如古之王烈田疇者固不乏人。而猾貪虎冠。爲地方之患者。亦在所不免。蓋有爲者不善。善者不爲之勢。近年海口通商之處。亦多有研究自治組織會所者。較之相沿鄉社辦法已有進步。然當棉蕞之初。尤宜詳爲調查。以期整齊而免流弊。

第須行城鎮鄉地方自治章程而未實行。民國初年各省競行自治。旋爲袁氏所廢。

〔民國三年二月三日停辦各地方自治會令〕近據甘肅山東山西湖北湖南河南直隸安徽等省民政長電呈。各屬自治會良莠不齊。平時把持財政。抵抗稅捐。干預詞訟。妨礙行政。請取消改組等語。 著各省民政長。通令各屬。將各地方現設之各級自治會。立予停辦。

民國八年九月。復公布縣自治法。十年七月。公布市自治制及鄉自治制。大致亦根據清季城鎮鄉自治章程。縣爲官民合治之制。市鄉則屬於縣而純任民治。湖南省憲法。憲制大綱。市鄉自治制大綱。則與之迥異。如縣長由議會公舉。及一等市直接受省政府之監督等條。皆較政府所制之法不同。

〔湖南省憲法〕第十章縣制大綱第一百零三條。縣長由縣議會選舉六人。交由全縣公民決選二人。呈請省長擇一任命。第十一章市鄉自治大綱。第一百廿一條。省以內之都會商埠。人口滿二十萬以上者。爲一等市。人口滿五萬以上。不及二十萬者。爲二等市。人口滿五千以上。不及五萬人者爲三等市。不及五千人者。屬於鄉。第一百十二條。一等市直接受省政府之監督。

廣東縣自治條例。縣長亦由民選。其選舉及被選資格。以服工役三日。或繳納免工費六毫爲條件。是亦可以覘法制思想之進步者也。

清季之倡地方自治者。首推江蘇之南通。以實業爲之基。以教育啓其知。而其他道路工程。慈善事業。皆緣之而經營發展。不遺餘力。

【南通指南】南通實業。以大生紡織公司為母。墾牧公司。大生第二廠。大生第三廠。廣生油廠。復興麵廠。資生鐵廠。大達外江輪船公司。大達內河小輪公司。通明電燈公司。通燧火柴廠。大聰電話公司。阜生蠶業公司。繡織局。頤生酒廠等。皆其後起。 通海墾牧公司。又為各鹽墾公司之母。其他繼起者。有大有晉鹽墾公司。大豫鹽墾公司。大賚鹽墾公司。大豐鹽墾公司。華成鹽墾公司。新通墾植公司。新南墾植公司。大祐墾植公司。 其資本總計約一千餘萬元。

【同上】南通教育。以師範學校為母。其次有女子師範學校。中學校。高等小學。專門有醫學校。紡織學校。甲種有農業學校。商業學校。中學校。外分二十一市鄉國民學校。以十六方里設一校。計凡三百三十二所。高等小學以全縣計凡十二所。 總計學生合一萬七千餘人。

【同上】公共機關。有博物苑。圖書館。軍山氣象臺。五公園。唐閘公園。地方路工處。地方市政處。教養公積社。南通自治會。 慈善機關。有育嬰堂。養老院。殘廢院。盲啞學校。南通醫院。貧民工場。濟良所。棲流所。

其自治會之章程。則定於已經興辦各種事業之後。故能名副其實。具有積極之精神。

【南通縣自治會報告書】（南通縣自治會章程）第二條。本會規定屬於全縣之自治事宜如左。（一）教育（二）實業（三）交通（四）水利（五）工程（六）衛生（七）慈善（八）公共營業（九）依法令及行政公署委託辦理事宜。

然其弊在紳權之太重。民國之倡地方自治者。首推山西。山西號稱村本政治。其施行之法。訂立村範。使各村設立禁約。

【山西政治述要】某某村公議禁約如左。不准販賣金丹洋煙。不准吸食金丹洋煙。不准聚賭窩娼。不准打架鬬毆。不准游手好問。不准忤逆不孝。不准兒童無故失學。不准偷竊田禾。不准毀壞樹木。不准挑唆詞訟。不准纏足。不准放牧牛羊踏毀田禾。不准侵佔別人財產。

又立息訟會及採訪村仁化之法。

【山西政治述要】息訟會條文。（一）每編村設立息訟會。村長兼充會長另由村人公推公斷人四名或六名。爲會員。均義務職。公推後。將公斷人姓名。報由區長轉報縣署立案。（二）村中除命案外。凡有兩造爭訟事件。均親願請求公斷者。本會得公斷之。如甲編村人民與乙編村人民爭訟時。由兩村公斷人合組臨時公斷會。公平公斷之。其組織法。由兩村公斷人協定之。（三）公斷時。以公斷人多數取決。如可否同數時。由會長決定之。（四）公斷後。如兩造有不服者。應聽其自由起訴。（五）公斷事件。有涉及會長或公斷人之本身者。會長應自行迴避。由公斷人推舉臨時會長。至公斷人應不到場。（六）公斷人之任期。於每屆村長改選時爲滿期。但得連舉連任。

【同上】採訪村仁化之標準。親慈　子孝　兄愛　弟敬　夫義　妻賢　友信　隣睦　右之八項標準。派員往各縣調查。據實報告。擇尤褒揚。並專刊於報名曰村話。

各省亦有慕其法。而欲設立新村。以爲自治模範者。然其弊在主動之在官。要之。法制變遷之時代。由官治而趨民治。非大多數之人民曉然於德治法治之義。未能達於完全美善之域也。

第十八章　經濟之變遷

吾國歷代雖有與各國通商互市之事。然在滿清道咸以前。大都鎖國獨立。其經濟之變遷要皆限於國內。自五口通商以後。門戶洞開。海陸商埠。逐年增闢。加以交通之進步。機械之勃興。而吾國之經濟。遂息息與世界各國相通。昔之荒陬僻壤。可變爲最重要之都市。昔之家給人足者。多變爲不平均之發展。語物力之開發。則爲遠軼於前。論財政之困難。又覺迥殊於古。而國民之思想道德。根於經濟之變遷而變遷者。尤爲治史者所當深究矣。

經濟之變遷無他。吸收散殊之各點。集中於新闢之地。新興之業。與外人相競爭。而卒之仍爲外人所操縱。而吾國之巧黠者。又襲取其術以操縱吾愚民。而愚民遂日隨以顚倒而已。集中之法。第一在通商市埠。商埠之開。始多迫於條約。繼則自保利權。輪船走集。物貨塡委。其附近各地及與之關連者。罔不仰通商大埠之鼻息。而此通商大埠。又聽命於世界各大商場。銅山東崩。洛鐘西應。牽連鈎貫。而盈虧消息。恆多不能自主。此數十年間經濟變遷之主因也。

附各省商埠表。

【省名】	【地名】	【開放年月】	【設關年月】
直隸	北京南苑	光緒二十八年中美條約	
	天津	咸豐十年中英法北京續約	咸豐十一年二月十三日設津海關
	秦皇島	光緒二十四年奏准開放	光緒二十七年十一月初五日設秦皇島分關
	張家口	咸豐十年中俄條約民國三年一月奉令開放	
山東	煙臺	咸豐八年中英天津條約	咸豐十一年七月十七日設東海關
	濟南	光緒三十四年四月奏准開放	
	濰縣	光緒三十年四月初一日奏准開放	
	青島	光緒二十年中德曹州教案條約	光緒二十四年設膠海關
	周村	光緒三十年四月初一日奏准開放	
	龍口	民國三年一月八日奉令開放	
江蘇	上海	道光二十二年中英南京條約	道光二十二年設江海關
	吳淞	光緒二十二年奏准開放	
	鎮江	咸豐八年中英天津條約	咸豐十一年四月初一日設江海關

	南京	光緒二十三年奏准開放	清光緒二十五年三月二十日設金陵關
	蘇州	光緒二十一年中日馬關和約	清光緒二十二年八月二十日設蘇州關
	海州	光緒三十一年九月二十六日奏准開放	
	浦口	民國元年奉令開放	
安徽	蕪湖	光緒二年中英煙臺條約	光緒三年二月十八日設蕪湖關
	安慶	清光緒二十八年中英條約	
河南	鄭州	民國十一年自行開放	
江西	九江	咸豐八年中英條約	同治元年十一月初一日設九江關
湖北	漢口	咸豐八年中英條約	咸豐十一年十一月初一日設江漢關
	沙市	光緒二十一年中日馬關和約	光緒二十二年八月二十日設沙市關
	宜昌	光緒二年中英煙臺條約	光緒三年二月十八日設宜昌關
	武昌	光緒二十六年十月初八日奏准開放	
湖南	岳州	光緒二十四年奏准開放	光緒二十五年十月一日設岳州關
	長沙	光緒三十年奏准開放	光緒三十年五月十八日設長沙關

	湘潭	光緒三十一年八月初六日奏准開放	
	常德	光緒三十一年八月初六日奏准開放	
四川	重慶	光緒十六年中英條約及光緒二十一年中日馬關和約	光緒十七年正月十一日設重慶關
	萬縣	光緒二十八年中英商約	民國四年設萬縣分關
浙江	寧波	道光二十二年中英南京條約	道光二十二年設浙海關
	溫州	光緒二年中英煙臺條約	光緒三年十二月八日設甌海關
	杭州	光緒二十一年中日馬關和約	光緒二十二年八月二十日設杭州關
福建	福州	道光二十二年中英南京條約	道光二十二年設閩海關
	廈門	道光二十二年中英南京條約	道光二十二年設廈門關
	三都澳	光緒二十四年奏准開放	光緒二十五年三月二十九日設福海關
	鼓浪嶼	光緒二十八年十月二十二日奏准開放	
廣東	廣州	道光二十二年中英南京條約	道光二十二年設粵海關
	九龍	光緒二十四年中英條約	光緒二十四年設九龍關
	澳門	光緒十三年開放	光緒十三年設拱北關

	汕頭	咸豐八年中英法天津條約	咸豐九年十二月初九日設潮海關
	瓊州	咸豐八年中英法天津條約	光緒二年三月初七日設瓊海關
	北海	光緒二年中英煙臺條約	光緒三年三月十八日設北海關
	三水	光緒二十八年中英緬甸條約	光緒二十三年五月初五日設三水關
	江門	光緒二十八年中英日商約	光緒三十年正月設江門關
	惠州	光緒二十八年中英商約	
	公益埠	民國元年省署批准開辦	
廣西	南寧	光緒二十四年奏准開放	光緒三十二年十一月十七日設南寧關
	梧州	光緒二十三年中英緬甸條約	光緒二十三年五月初五日設梧州關
	龍州	光緒十三年中法條約	光緒十五年五月初三日設龍州關
甘肅	嘉峪關	光緒七年中俄條約	光緒十一年八月初十日設關
雲南	昆明	光緒三十年四月十一日奏准開放	
	騰越	光緒二十三年中英條約	光緒二十八年四月初一日設騰越關
	思茅	光緒二十一年中法條約	光緒二十二年十一月二十九日設思茅關

蒙自	光緒十三年中法條約	光緒十五年七月二十八日設蒙自關
河口	光緒二十一年中法條約	光緒二十三年六月初二日設河口分關
大理	光緒二年中英條約	
奉天		
營口	咸豐八年中英天津條約	咸豐十一年六月初四日設山海關
大連灣	光緒二十四年中俄條約	光緒三十三年五月二十一日設大連關
安東		同上年月日設安東關
大東溝	光緒二十九年中美日通商條約	同上年月日設大東溝分關
瀋陽		光緒三十二年實行開放
遼陽	光緒三十一年中日條約	光緒三十三年五月十八日實行開放
新民屯	同上	光緒三十二年八月二十一日實行開放
法庫門	同上	光緒三十二年七月二十二日實行開放
通江子	同上	同上
鐵嶺	同上	同上
鳳凰城	同上	光緒三十二年五月十八日實行開放

洮南	民國三年一月奉令開放	
葫蘆島	同上	
鄭家屯	同上	
天錦縣	民國五年自行開放	

吉林

哈爾濱	清光緒三十一年中日條約	宣統元年五月十四日設濱江關
吉林	同上	光緒三十二年十二月初一日實行開放
長春	同上	同上
琿春	同上	光緒三十三年五月十八日設琿春關
寧古塔	同上	同上年月日開放
三姓	同上	宣統元年五月十四日設三姓分關
局子街	宣統元年中日圖們江界約	宣統元年九月實行開放
龍井村	同上	宣統元年九月設分關
頭道溝	同上	宣統元年九月實行開放
百草溝	同上	同上

黑龍江	齊齊哈爾	清光緒三十一年中日條約	光緒三十二年十二月初一日實行開放
	愛琿	同上	宣統元年六月初十日設大黑河分關
	海拉爾	同上	光緒三十三年五月十八日實行開放
	滿洲里	同上	光緒三十四年正月初四日設滿洲里分關
熱河	赤峯	民國三年一月奉令開放	
察哈爾	多倫諾爾	同上	
綏遠	歸化城	同上	
新疆	伊犁	咸豐元年中俄條約	
	塔爾巴哈臺	同上	
	喀什噶爾	咸豐十年中俄條約	
	烏魯木齊	光緒七年中俄條約	
	古城	同上	
	哈密	同上	
	吐魯番	同上	

外蒙古	庫倫	咸豐十年中俄條約	
	恰克圖	雍正五年中俄條約	
	烏里雅蘇臺	光緒七年中俄條約	
	科布多	同上	
西藏	亞東	光緒十九年中英藏印條約	光緒二十年三月二十六日設關
	江孜	光緒三十一年中英藏印條約	宣統元年三月二十二日設關
	噶大克	同上	同上

其次則爲公司。吾國商業從來雖有獨資合資之別。要皆無大規模。自與西人通商。震於其公司之財力雄厚。知非小商業所能抵制。則集小資本爲大資本。而公司之制。以與。同光之間。李鴻章創辦輪船織布等局。招商集股。尙未名爲公司。

『李文忠公奏稿覆陳招商局疏』輪船招商局之設。係由各商集股作本。按照貿易規程。自行經理。已於同治十一年十一月創辦之初奏明。盈虧全歸商認。與官無涉。

『同上試辦織布局摺』飭據鄭官應等擬稟估需成本銀四十萬兩。分招商股足數。議有合同條規。尙屬周妥。當經批准。先在上海設局試辦。

其後各省經營鐵路。相率仿行公司之制。清廷修訂商律。首頒公司法。分爲合資公司。合資有限公司。股分公司。股分有限公司四種。

【公司律】第一條。凡湊集資本共營貿易者。名爲公司。共分四種。一合資公司。一合資有限公司。一股分公司。一股分有限公司。第四條。合資公司。係二人或二人以上集資營業。公取一名號者。　第六條。合資有限公司。係二人或二人以上集資營業。聲明以所集資本爲限者。　第十條。股分公司。係七人或七人以上創辦。集資營業者。　第十三條。股分有限公司。係七人或七人以上創辦。集資營業。聲明資本若干。以此爲限。

民國初年。頒行公司條例。又爲改定名稱。

【公司條例】第一條。本條例所謂公司。謂以商行爲業而設立之團體。　第二條。公司共分爲四種。一無限公司。二兩合公司。三股分有限公司。四股分兩合公司。

並定保息條例。以示提倡大規模商業之意。而公司之數乃日增。

【第三次農商統計表】民國二年調查。五年印行。內載全國公司數凡一一一〇家。資本金共九〇五二三一七二元。公積金共一六七五二八七元。

然公司法律雖極嚴密。其權往往操之大股東及經理人之手。小資本之股東。目擊其腐敗而無可如何。惟有聽其浪擲。久之而股分公司之信用墮落。已成者破產倒閉。未成者或積久而不能募集焉。民國十年。頒行交易所條例。

買賣證券者。尤舉國若狂。經濟變遷。益趨激烈。因之貧困自殺者。時有所聞。蓋經濟集中。則影響孔鉅。投機之業。尤易引人妄念。詐欺奢侈。相因而生。舉凡從前儉勤謹信之德。率緣經濟之潮流而變矣。

其次則爲銀行。吾國昔之操金融權者。惟錢莊與票號。錢莊營業不鉅。資本亦微。票號流通全國。爲匯兌專業。其資本亦不過數十萬兩。

《支那經濟全書》(東亞同文會編)（按此書有宣統二年經濟學會編譯本，改名中國經濟全書。）第五編山西票莊篇票號爲支那金融機關中最有勢力者。其經營者多山西人。嚴守秘密。研究至難。　山西票莊之組織。頗爲嚴密。其取引之習慣規矩極嚴。故其基礎堅固。所雇傭者。決不用他省人。而又賞罰嚴明。使彼等對於業務不倦不撓。且互守秘密不洩。　自清初迄今。凡經二百數十年。日益繁榮增長。　其資本大概。小則十萬兩。大至五六十萬兩。惟南幫義善源及源豐潤。皆百萬兩。

甲午戰後。講求變法。始有倡設銀行。以爲通商惠工之本者。

《光緒政要》(二十二年十一月總理衙門奏覆四品京堂盛宣懷條陳自強大計請開設銀行摺)查原奏謂西人通商惠工之本。其樞紐皆在銀行。中國亦宜仿行。及另片所奏。遴選各省公正殷實之紳商。舉爲總董。招集股本銀五百萬兩。先在京都上海設立中國銀行。其餘各省會口岸以次添設。由商董自行經理。　奉旨責成盛宣懷選擇殷商。設立總董。招集股本。合力興辦。

盛宣懷首設中國通商銀行。

【民國元年世界年鑑經濟類】中國通商銀行。爲盛宣懷等發起。資本五百萬兩。創始於光緒二十四年。爲股分有限公司之組織。具普通商業銀行性質。

嗣由政府設立戶部銀行（後改爲大清銀行，民國元年改爲中國銀行。）**及交通銀行。**

【中國泉幣沿革】光緒三十年正月。財政處戶部奏由部試辦銀行。二月。又奏定試辦銀行章程三十二條。三十一年七月始奏明在京師天津上海等處先行開設。是爲戶部銀行。三十四年正月。度支部奏改戶部銀行爲大清銀行。並定則例二十四條。宣統三年。革命軍起。上海大清銀行改爲中國銀行。民國元年。各處均改爲中國銀行。二年四月十五日。公布中國銀行則例三十條。

【同上】光緒三十三年十一月。郵傳部奏設交通銀行。定章程三十八條。民國三年三月。公布交通銀行則例二十三條。

【光緒政要】（光緒三十三年郵傳部奏擬設交通銀行綰合輪路電郵四政收回利權摺）擬由臣部設一銀行。官商合辦。股本銀五百萬兩。招募商股六成。由臣部認股四成。名曰交通銀行。將輪路電郵各局存款。改由該行經理。就臣部各項散款。合而統計。以握其經畫之權。一切經營。悉照各國普通商業銀行辦法。

【世界年鑑】中國銀行。由中華民國政府設立。資本五千萬兩。總行在北京。各省均有分行。凡政府發行之期票匯票及公債票等。皆可貼現及抵押借款。具中央銀行性質。

【同上】交通銀行。資本五百萬兩。分爲五萬股。內百萬兩。由招商局電報局及盛氏所承買。餘招諸各地商人。照股份有限公司辦理。總行在北京。其漢口天津上海南京香港廣東芝罘新加坡卑南等處。均有分行。其內部組織。分爲放款存款滙兌三課。係仿西制。具殖業銀行之性質。

民國以來。銀行猥多。中央及地方政府所設之銀行。固爲全國經濟之樞紐。商民合資開設者。亦競進而與官立銀行爭利。於是全國經濟。又集中於銀行或類似銀行之銀號錢局之類。

〔第三次農商統計表〕銀行類　民國三年。全國銀行總數凡五十九家。資本金總額五六七一七二〇六元。各戶存款額共三四一〇二八四一元。紙幣發行額共一五八三一四六六元。

附民國十一年銀行年鑑簡表。

〔行名〕	〔總行所在地〕	〔分行數〕	〔資本金〕	〔公積金〕
中國銀行	北京	八二	六〇〇〇〇〇〇〇元	五九七八四〇元
交通銀行	北京	四九	一〇〇〇〇〇〇〇兩	三五九二五二三兩
浙江興業銀行	上海	六	二五〇〇〇〇〇元	六八〇〇〇〇元
浙江地方實業銀行	杭州	四	二〇〇〇〇〇〇元	三二七一五一元
上海商業儲蓄銀行	上海	六	二五〇〇〇〇〇元	四〇〇〇〇〇元
鹽業銀行	北京	九	五〇〇〇〇〇〇元	二三〇〇〇〇〇元

中孚銀行	天津	四	二〇〇〇〇〇〇元	一八〇〇〇〇元
聚興誠銀行	四川重慶	七	一〇〇〇〇〇〇元	三四〇〇〇〇元
四明商業儲蓄銀行	上海	三	二五〇〇〇〇〇兩	
中華商業銀行	上海		二五〇〇〇〇元	一二一〇〇〇元
廣東銀行	香港	四	一二〇〇〇〇〇鎊	四〇〇〇〇〇元
金城銀行	天津	三	五〇〇〇〇〇〇元	六〇〇〇〇〇元
新華儲蓄銀行	北京	二	五〇〇〇〇〇〇元	六六〇〇〇〇元
東萊銀行	青島	四	二〇〇〇〇〇〇元	二八七二〇〇元
大陸銀行	天津	五	五〇〇〇〇〇〇元	四七四三一六元
東亞銀行	香港	三	一〇〇〇〇〇〇元	二〇〇〇〇〇元
永亨銀行	上海		五〇〇〇〇〇元	一四〇〇〇〇元
中國實業銀行	天津	五	二〇〇〇〇〇〇〇元	二三七〇〇六元
東陸銀行	北京	三	二〇〇〇〇〇〇元	一〇六六八三八元
正利商業銀行	上海		五〇〇〇〇〇元	三七四〇〇元

中國通商銀行	上海	二	五〇〇〇〇〇〇兩	一七七〇〇〇〇兩
四海通銀行	新嘉坡	二	二〇〇〇〇〇〇元	一二五〇〇〇〇元
北洋保商銀行	北京	二	六〇〇〇〇〇〇元	二二一八九四元
江蘇銀行	上海	五	一〇〇〇〇〇〇元	二九五二四〇元
山東銀行	濟南	九	五〇〇〇〇〇〇元	八一三四八元
華孚銀行	杭州	三	一〇〇〇〇〇〇元	—
常州商業銀行	常州		二〇〇〇〇〇元	六七〇〇〇元
北京商業銀行	北京	二	一〇〇〇〇〇〇元	一八五〇〇〇元
五族商業銀行	北京	一	一〇〇〇〇〇〇元	二四五九二〇元
大宛農工銀行	北京		一〇〇〇〇〇〇元	一三五〇〇〇元
山東工商銀行	濟南	二	二〇〇〇〇〇〇元	四二三六一元
杭縣農工銀行	杭州		二〇〇〇〇〇元	四五七九元
浙江儲蓄銀行	杭州		三〇〇〇〇〇元	三〇〇〇元
新亨銀行	北京	二	一〇〇〇〇〇〇元	一五〇〇〇元

中華儲蓄銀行	北京	一	一〇〇〇〇〇〇元	一四八〇〇〇元
南昌振商銀行	南昌		二〇〇〇〇〇元	七二〇〇〇元
勸業銀行	北京	四	五〇〇〇〇〇〇元	一五二一三七元
華大銀行	上海		一〇〇〇〇〇〇元	一七一〇九元
邊業銀行	北京	六	一〇〇〇〇〇〇〇元	一三四四七〇元
廈門商業銀行	廈門		一二〇〇〇〇〇元	六一八〇元
中南銀行	上海	一	二〇〇〇〇〇〇〇元	
中華勸工銀行	上海		一〇〇〇〇〇〇元	六五三二元
上海惠工銀行	上海		一〇〇〇〇〇〇元	
江蘇典業銀行	蘇州		一〇〇〇〇〇〇元	一五一一元
浙江儲蓄銀行	杭州		五〇〇〇〇〇元	
杭州惠通銀行	杭州		二〇〇〇〇〇元	
工商銀行	香港	二	五〇〇〇〇〇〇元	
中興銀行	馬尼拉		一〇〇〇〇〇〇〇元	一二〇〇〇〇元

和豐銀行	新加坡	五	二〇〇〇〇〇〇〇元	
淮海實業銀行	南通	六	五〇〇〇〇〇〇元	三八〇〇〇〇元
東三省銀行	哈爾濱	六	八〇〇〇〇〇〇元	一五〇〇〇〇元
富華銀行	常州	一	二〇〇〇〇〇元	一三三〇〇元
中國棉業銀行	上海		一〇〇〇〇〇〇元	
通易銀行	上海	二	三〇〇〇〇〇〇元	
上寶農工銀行			三〇〇〇〇〇〇元	
永大銀行	北京	一	二五〇〇〇〇元	一二〇〇〇元
上海江南銀行	上海		一〇〇〇〇〇〇元	
中原實業銀行	漢口	一	五〇〇〇〇〇元	三六五九四元
濟南通惠銀行	濟南		一〇〇〇〇〇〇〇元	
長春益通銀行	長春		一〇〇〇〇〇〇元	
杭州道一銀行	杭州		三一〇〇〇〇元	
大生銀行	北京		二〇〇〇〇〇〇元	

於此有一連帶之事。不可不並述者。即外人在華所設之銀行是也。吾國未設銀行之先。西商已在各商埠設立銀行。經營中外滙兌兼存款放款之業。其力實足操縱吾國金融。

《世界年鑑》通商以來。各埠外國銀行之設立。日多一日。以補助其母國商人。攫奪遠東商權。外商之能操縱金融者。惟銀行是賴。且其資本金及公積金之雄厚。迥非我國銀行所及。又能發行紙幣。吸收我國現金。故一舉手間。社會金融已隱在外人掌握。外國銀行之在我國者。計十有三家。（一）麥加利銀行 一八五三年立 （二）花旗銀行 一九〇一年立 （三）英國寶信銀行 一九〇二年立 （四）滙豐銀行 一八六七年立 （五）中華滙理銀行 一八九一年立 （六）義豐銀行 未詳 （七）德華銀行 歐戰中停辦 （八）華比銀行 一九〇三年立 （九）東方滙理銀行 一八七五年立 （十）有利銀行 一八九二年立 （十一）荷蘭銀行 一八四四年立 （十二）華俄道勝銀行 一八九六年立 歐戰中停辦 （十三）橫濱正金銀行。

而清季貪墨官吏。懼以贓私獲罪者。多存儲於外國銀行。辛亥以來尤甚。歐戰之時。各國經濟困難。其銀行或倒閉。或停付。清之親貴大僚損失至鉅。而近年之軍閥。仍多以其盜取之金錢。輦致外國銀行。外人乃取而貸之吾國政府。盤剝重利。干我主權。要我抵品。是至可痛之事也。民國元年。英美法德四國組織銀行團。專營借款。嗣又加入俄日二國。而美國尋即退出。歐戰時。銀行團解散。至歐戰既終。又組織新銀團以謀我。而共同管理財政之聲。日有所聞。

《東方雜誌第十七卷第七號》借款團歷史及改組新銀行團經過 借款團新名。在中國始見於一九一二年。為英美法德四國所成立。第一次成立。爲借給新中華民國建立共和之行政。及發展經濟一切用途之經費。本借款。借款團有監督權。擔保品爲鹽稅。　一九一三年。俄日兩國始新加入借款團。是年三月。美國退出借款團。　一九一三年七月。英國提議。以後借款團不借給中國經濟借款。只供給政治借款。　一九一四年。因大戰借款團機關解散。　一九一八年六月。美國首發起組織新借款團。集英法日美四國爲團員。美國合三十一家大銀行。共派一財政家。赴中國專門調查。　一九一九年五月十二日。協商國各重要銀行代表。在巴黎開一大會。擬定組織新借款團草案。(一)新團員爲英法美日四強國。借款團爲借給中國必需借款。(二)新借款團。非徒供給中國政治借款。亦當供給經濟借款。(三)新團員各國。因從前借款在中國所得之特權與優先權。當各放置於新借款團。或統還中國。

而吾國之業銀行者。初不以保護國權爲意。發行紙幣。既極紛歧。經理借款。尤多弊竇。甚至以儲蓄之款。爲帝制之用。舉贏餘之利。供政黨之事。其以紙幣之兌換價格之漲落。因之獲利鉅萬者。更不足論矣。

近數十年。物價日益騰貴。生計日益困難。推其原因。則貨幣之淆雜濫僞及價值低落。實爲主因之一。觀民國二年泉幣司之調查。各省銀銅貨幣之龐雜。已可概見。

【中國泉幣沿革現行銀銅幣統計】　據民國二年十二月十七日財政部泉幣司所製之調查表。計天津廣東武昌四川江南奉天雲南湖南河南福建吉林江蘇清江安徽山東江西浙江十七處銀銅元局廠。自開辦以來。截至是年報告之時爲止。除川廠所鑄藏元不計其枚數及折合元數。分列如左表。折合元數。以十角或千文合一元。

【幣質】	【種類及價值】	【所鑄枚數】	【折合銀元數】
銀元	一元	二〇六四二八一五二枚	二〇六〇二八一五二元
	五角	三二二七九四二一枚	一六一三九七一〇元
	二角五分	一一四一〇〇〇枚	二八五二五〇元
	二角	一二三二八六〇四四二枚	二四六五七二〇八八元
	一角	二三五〇〇四二一二枚	二三五〇〇四二二元
	五分	五一七四六六九枚	二五八七三三元
銅元	百文	四四七二五三枚	四四七二五元
	五十文	二六五三五四八枚	一三二六七七元
	二十文	二七四七八六四八八枚	五四九五七二九元
	十文	二八五八三一九五九五六枚	二八五八三一九五九元
	五文	三七九四二九五二枚	一八九七一四元
	二文	二八〇四九六七一枚	五六〇九九元
	一文	一八五九三七六六一枚	一八五九三七元

制錢	一文	五二五〇一〇二〇〇〇枚	五二五〇一〇二元

如上表。總計合銀元七萬八千九百九十七萬一千三百零一元三角三分三釐。約言之可稱七萬九千萬元。其中一元銀主幣約占二萬零六百餘萬。五角以下銀輔幣約占二萬八千六百餘萬。二角者約占二萬四千六百餘萬　銅輔幣約占二萬零一千七百餘萬。十文者實占二萬八千五百餘萬　銀銅輔幣合計約五萬八千三百餘萬。與一元主幣之數相較。大約主幣居一而輔幣幾居三。　統計局廠十七處。惟津粵鄂川寧奉滇吉八廠。銀銅幣並鑄。其餘湘豫閩蘇皖魯贛浙濟江九廠。均祇鑄銅幣。現在祇留津粵鄂川寧奉滇湘八廠。餘均停撤。

清季及民國初年。均擬整頓錢幣。頒行條例。皆不果行。

【中國泉幣沿革】宣統二年四月十六日。度支部奏釐定幣制。酌擬則例。同日明諭內外大臣。遵照則例。切實奉行。

【同上】民國三年二月八日。頒國幣條例及施行細則。三月八日。特設幣制局。監督進行。議借外債。剋期辦理。秋間歐戰忽起。借款無望。年杪總裁辭職。撤局。

近年幣制日益紊亂。發行兌換券之銀行。既日出不窮。已經停鑄之銅元局。又重行開鑄。雖經人民之呼籲。而在位者竟無術以劑其敝焉。

【東方雜誌第十八卷第三號】全國銀行公會建議案　改革幣制之條陳。裒然成帙。然民國幣制破壞擾亂。甚於前清。即就兌換券一端言之。民國四年十月。政府曾擬訂取締條例。凡已經發行紙幣之銀錢行號。有特別規定者。於營業年限後。應即全數收回。無特別規定者。由財政部酌定期限。陸續收回。未發行者。概不得發行。乃三年來。凡稱中外合辦銀行。無不特許發行紙幣。即一二與政府當局有關係之銀行。亦享此特權。致令市面紙幣駁雜。商民疑懼。 流弊所至。必至相率濫發。擾亂金融。一旦有停兌之事。全國將蒙其殃。 至於停鑄銅元。中國商民之籲請。外國商會之要求。至再至三。政府已允飭令各廠一律停鑄。乃昨年以來。因鑄款無法。向外商賒購生銅。密令南京武昌等廠開鑄銅元。變售銀元。以鑄餘利充行政經費。於是各省效尤。紛紛加鑄。安慶開封已奉部令裁撤之銅元局。均已開鑄銅元。近聞天津總廠。至有以全廠押借外款。專鑄銅元。並發行銅元券之說。 圖目前之少利。壞國家之大法。勢必至以整理幣制之權。授之外人而後已。

清代國用。歲不過數千萬兩。

《清財政考略》順治七年以前。每歲入數一千四百八十五萬九千餘兩。出數一千五百七十三萬四千餘兩。 康熙六十年。地丁銀二千八百餘萬兩。鹽課銀三百三十七萬兩。關稅雜稅三百萬有奇。米麥六百九十萬擔各有奇。 雍正元年。歲入計共四千餘萬。 乾隆五十六年。各省實徵歲入銀四千三百五十九萬。歲出銀三千一百七十七萬。而漕糧兵糧不與。 嘉慶十七年。歲入銀四千一十三萬有奇。歲出銀三千五百一十萬有奇。 道光二十二年。歲入地丁鹽課關稅共銀三千七百一十四萬。歲出三千一百五十餘萬。 同治末年。歲入六千餘萬。歲出在七千萬上下。

宣統之末。增至三萬數千萬元。

《宣統四年歲入歲出預算表》歲入總計銀三萬五千八十五萬九千九百八十二元。 歲出總計銀三萬五千六百三十六萬一千·六百七元。出入相抵，共虧銀五百五十萬一千六百二十五元。

至民國八年。增至五萬萬元。

〔民國八年歲入歲出預算表〕歲入總計四萬九千零四十一萬九千七百八十六元。歲出總計四萬九千五百七十六萬二千八百八十八元。

其支出之最鉅者。厥惟軍費。以光緒甲午以前額軍餉乾及勇餉之數。較之民國海陸軍費之數。眞有天壤之別。

光緒會計表　出項總表

〔年分〕	〔餉乾〕	〔勇餉〕
光緒十一年	一七三三一五〇二兩	二五二三一七四一兩
光緒十二年	一八五九八四六〇兩	二七七一五七八〇兩
光緒十三年	二〇二四四九七三兩	二〇一七六九六九兩
光緒十四年	一八三六一四二五兩	二二七九八八五一兩
光緒十五年	一八七四八五三七兩	二〇五八七三七〇兩
光緒十六年	二〇三五六一五九兩	一九九九三二五三兩
光緒十七年	二七九三八七七七兩	一八二六八三一三兩

光緒十八年	一九七五七一七九兩	一八六〇七二五五兩
光緒十九年	一八四九五二六九兩	一九〇六九七二〇兩
光緒二十年	二三七六六七三四兩	一八九〇八〇二五兩

民國元年及八年軍費表

【年分】	【陸軍】	【海軍】
民國元年	一六一六九五七九二元	八九八二九三五元
民國八年	二〇七八三二四二〇元	九三七九五〇六元

蓋民國一年中所用於陸海軍之費。可以供同光以前政府全部之經費三四倍而有餘。即比之宣統末年之國用。亦已佔其三分之二。而其他獨立省分所用之軍費。尚不在北京政府預算之內。此豈國民所能擔負乎。國用增加。則恃內外債以救目前之急。而外資遂源源輸入。一方則患其貧。一方則見其富。債款集中。而使用此債款者。任意揮霍。奢侈無藝。畸形之發達。乃以此十數年中為驟。居必洋房。行必汽車。賭博冶遊。日支千萬。無吝色。問其來源。皆國債也。前清國債。自庚子賠款外。僅以中日戰役之後所借七次外債為最鉅。同光間借款。在甲午前後陸續還清。

『民國行政統計彙報』甲午以後。連借外債七次。統計債額銀一千萬兩。法金四萬佛郎。英金二千七百萬鎊。

其清末幣制借款。僅付四十萬鎊。餘未及交而革命事起。

『國債輯要』千九百十一年一千萬鎊之大借款。兩方交涉。正在困難之中。忽辛亥之亂起。四國銀行團僅交付四十萬鎊之前付金。其餘均一時終止。

民國以來。政綱瓦解。中央政府不能節制地方。舉凡到期之外債。急需之軍費政費。舉恃外債以應之。於是逐年以債累債。積至十二萬萬有奇。

民國十一年財政部公布外債數。有抵押品者。約共十萬二千九百餘萬元。無抵押品者。約二萬零四十萬元。合計約十二萬六千九百餘萬元。

而各省單獨所負之債及交通部之債額。尚不在內。

『國債輯要』鐵道外資總額。合計三〇九八九〇〇〇鎊。

此民國政府所以為世所詬病也。清季嘗募昭信股票及愛國公債。是為內債之濫觴。

『民國行政統計彙報』我國內債濫觴於前清光緒甲午年昭信股票之發行。定額一萬萬兩。年息五釐。二十年還清。然其時人民鮮知運用公債之利。當道辦理多未得法。以致購買無人。卒歸失敗。辛亥事起。清政府復發行愛國公債。定額三千萬元。年息六釐。通共收數不滿一千二百萬元。

民國以來。以外債之不能應手。累年發行內國公債。積至民國十一年。凡欠內債四萬五千萬有奇。

民國十一年財政部公布內債數。有抵押品者。約共二萬零八百四十餘萬元。無抵押品者。約二萬四千九百餘萬元。合計約四萬五千七百餘萬元。

論者謂國民之實力即此可覘。然以人民有限之財。供當局無厭之欲。要亦所謂取之盡錙銖。用之如泥沙耳。

【全國銀行公會建議案】民國發行內債。計元年公債一萬二千餘萬元。三年公債二千四百萬元。四年公債二千四百萬元。五年公債一千五百餘萬元。七年長短期公債七十餘萬元。八年公債一千九百餘萬元。八釐軍需公債五百七十餘萬元。整理金融公債。截至最近止。已發行四千七百餘萬元。共計票面三萬餘元。其間市價高低不一。以目下時價計之。約計現洋二萬萬元左右。此皆募自民間者。 年來變亂相乘。公私交困。而能吸收內債如此之鉅。孰謂吾國民無實力乎。

經濟之變遷。全視人口與物質之關係。清代人口雖無精確之統計。然當道光中已達四百兆之數。髮捻之亂。人口銳減。同光以來。生息又復其故。稽其約數。最近之人口。殆不下四億三千餘萬。而近人之慾望與需要。遠軼於前數十年。供求不相應。則時時現恐慌之狀。道德之墮落因之。思想之激烈因之。是亦自然之趨勢也。

近數十年人口約數表

道光二十二年	（西一八四二年）	四一三〇二一〇〇〇
三十年	（西一八五〇年）	四一四四九三〇〇〇
咸豐十年	（西一八六〇年）	三六〇九二五四〇〇
光緒八年	（西一八八二年）	三八一三九〇〇〇

十一年	（西一八八五年）	三七七六三六〇〇〇	
二十七年	（西一九〇一年）	四〇七二五三〇一九	以上均據民國元年世界年鑑
宣統二年	（西一九一〇年）	四三八四二五〇〇〇	
民國十年	（西一九二一年）	四四三三八二〇〇〇	以上據海關册

人口增加而土地初未增拓。則生計自然日形困難。以民國五年農商部統計表觀之。全國農田園圃凡十五萬萬餘畝。以四百兆人分之。一人不足四畝。即以所列荒田合計。亦不過人得五畝。而常年災歉之地。又占其三分之一強。此所以常懸民食不足之問題也。

《民國五年農商部統計表》各省田圃面積。一五七八三四七九二五畝。荒地面積。五七八八六七二九六畝。災歉田地面積。六五三四七五四四五畝。

吾國北方人民多食豆麥雜糧。南方人民則全食米。米價騰貴。則百物之價值隨之而長。各地米價雖不一致。以上海近年米價騰貴推之。即可得其梗概。

《東方雜誌第十七卷第十五號》民食問題　上海米價。在歐戰以前。每擔約五元。到去年十二月（民國八年）已經漲到七元二角。今年四五月間。到了八元五角。六月初間。到了十一元。二十日以後。居然漲到了十六七元。

吾國號稱農業立國。然每年尚須購入食米數百萬擔或數十萬擔。

民國元年至八年食米出入口統計表

【年分】	【米入口】	【米出口】	【入超】
民國元年	二七〇〇三九一擔	〇擔	二七〇〇三九一擔
民國二年	五四一四八九六擔	〇擔	五四一四八九六擔
民國三年	六八一四〇〇三擔	二七九三九擔	六七八六〇六四擔
民國四年	八四七六〇五八擔	二三二六三擔	八四五三七九五擔
民國五年	一〇二八四〇二四擔	二二五一五擔	一〇二六一五〇八擔
民國六年	九八三七一八二擔	三七九一二擔	九七九九二七〇擔
民國七年	六九八四〇二五擔	三三二八一擔	六九五〇七四四擔
民國八年	一八〇九七四九擔	一二三七六九二擔	五八二〇五七擔

故遇大荒或鄰國荒歉需購吾米之時。則食料不敷分配。而貧民有因以斷炊者矣。

近年世界各國因經濟之變遷而致工人能工者所在皆是。吾國受其影響以及國內經濟之變遷。亦時有能工之舉。而勞工問題遂爲社會最重要之一事。雖都會及商埠與內地情形迥殊。不可一概而論。然牽聯鉤貫各地之工價隨時增長。亦如潮流之澎湃。試就清末漢口工廠之工價與近年廣州勞工之工價相較。即知其增長之趨勢矣。

【漢口】日本水野幸吉著，光緒三十四年劉鴻樞譯。 武昌織布廠工二千人。工錢分上中下三等。上等一日一人二百文。中等百五十文。下等百文。執業之時間。午前自六時至十二時。午後自一時至六時。夜晚七時至十一時。 紡紗局職工一千五六百人。工錢分三等。上等四百文。中等三百文。下等百文以上。執業之時間。午前六時至十二時。午後一時至六時。目下雖不爲夜業。若有夜業時。則給以一日分之工錢。 官絲局職工四百七十人。皆係女工。工錢上等百八十文。中等百二十文。下等九十文。執業時間。午前自六時半至十一時半。正午自十二時至六時半。 第一工場職工四百五十三人。男工一日最高十五仙。最低七仙。女工最高十三仙。最低六仙。執業時間。每日午前七時至午後六時。 漢陽鐵政局職工。男工四百餘人。女工千人以上。爐子房男工。月薪六元。押板房六元。脫板房四元。上藥房六元。軋刀房六元。裝盒房女工。每日五仙。抽斗業五仙。成包房七仙。

【廣州勞工狀況調查錄】(鄭壽伯)東方雜誌第十八卷第七號 織布工廠內漂紗及上機用男工。月薪十餘元。織布則多女工。每織布一丈。得工值五分。每日約得二三角。 織毛巾者多女工。每織一打。得工值三角。日可獲四五角。 機器工人月薪可得二三十元。造木船工人月薪不過七八元。造汽船者恆至二三十元。 電燈工人分修路線與廠內司機二種。廠內司機者月薪可數十元。工作時間。分日夜班。每班約八時至十時。修理路線者月薪僅八元或十元耳。 建築工人。分泥水造木兩種。所業雖各不同。而工作必須互相聯絡。工值從前每日三角。近日已漲至七角。店主得一角。工人得六角。工作時間。如每日由六時開工。則至九時必休息一時或二時。至十一時後開工。至一時又必暫停。下午五時。則一日之工作完矣。 人力車夫。日夜二人交替。合租一車。如遇旺時。日夜可得一元八角餘。除車租外。實得一元二三角。二人均分。每人得六七角。

國內之地。不足以養其人則必求食於國外。華人之移殖海外者。遠起宋元。至明代而漸盛。清代嚴海禁。而冒禁出洋者殊夥。大抵皆閩廣人也。清季華工之出洋者益多。往往受外人之排斥。而政府初不保護之。任其自爲謀。

【中國五十年來之外交】同治十二年。古巴之夏灣拿 Havana 有虐待華工事。政府與日斯巴尼亞交涉。至光緒三年始議結。廢同治三年招工之約。聽華僑之自爲謀。 光緒六年。中美續約。中國承認美國得有限定在美華工人數及華工居美年數之權。 是後十餘年。美國對於華工之取締。逐漸加嚴。而歐工之中之愛爾蘭人。仇視華工亦日以加厲。中國既承認美國之有權限制。則惟有聽其所爲而已。 二十年。駐美公使楊儒。與之訂中美保工條約。中國允自禁華工之前往。 從此。在美華工有減無增。

間思吸取華僑之金錢。則派員一巡視。而名爲愛護僑民。

【光緒政要】光緒三十四年。命農工商部右侍郎楊士琦。考察南洋華僑商業情形。歷經美屬之飛獵濱。法屬之西貢。暹羅之曼谷。和屬爪哇之巴達維亞。三寶壟。泗水。日惹。梭羅。及附近蘇門答臘之汶島。英屬之新加坡。檳榔嶼。及附近之大小霹靂等埠。

而於外人之苛待。固無術以抵之。

【中國五十年來之外交】英荷所屬之馬來半島及東印度羣島。華商頗佔勢力。而僑民之數亦特多。英屬各大埠。我國早設置領事。而荷蘭屬地則否。華僑深以爲苦。光緒三十年以後。荷人對於華僑更設種種之苛例。僑民大窘。屢告急於政府。宣統三年。始立設立領事條約。

論者謂吾國通商口岸輸入恆超過輸出。而其所恃以抵補者。在海外工商。能以其工資及商業所得輸入祖國。然其數雖不能確定。大致亦甚微也。

吾國之對外貿易總額年有增加。自表面觀之。亦可謂爲經濟之進步。

《東方雜誌第二十卷第三號》三十年來之經濟進展觀　國際貿易之有統計。始於光緒三年之海關冊。全國進出口總數。自光緒三年以至十三年。均在二億萬兩以內。其後歷年增加。光緒三十四年。增至六億萬兩左右。宣統年間。增至八億萬兩左右。民國五年。增至九億萬兩左右。迨及民國十年。則歷年增進。竟達於十五億萬兩。在光緒十九年間。全國貿易進出口總數。共爲二億七千餘萬兩。今則十年度上海一埠之貿易總額數。已有六億三千餘萬兩之巨。殆兩倍於當年之全國總數。苟就貿易統計以觀察之。則三十年來國際貿易之趨勢。固不能謂爲無進展也。

然自通商以來。僅有光緒二年出口之數超過入口。餘均有絀無贏。

《四十五年來中國貿易統計》輸出超過輸入。僅最初光緒二年。計贏一千餘萬兩。自光緒三年起。無歲不絀。光緒六年。絀數最少。爲一百四十萬餘兩。民國九年。絀數最多。爲二萬二千零六十一萬餘兩。民國三年。歐戰發生。各國軍事倥偬。無暇擴張商業。我國正宜利用時機。大興實業。發展對外貿易。以求輸出之增加。乃當民國四年歐戰正烈之時。雖輸入頓減。尙絀至三千五百六十一萬餘兩之鉅。此四十五年中。共絀二十九萬二千一百九十九萬七千三百三十九兩。除光緒二年。贏一千零五十八萬零九百三十八兩。實絀二十九萬一千一百四十一萬六千四百六十一兩。平均每年約絀六千四百七十萬兩。

故吾謂吸收散殊之各點。集中於新闢之地。新興之業。與外人相競爭。而卒之仍爲外人所操縱也。

第十九章　最近之文化

最近之文化。當以學校教育爲主。淸自同光以來。旣由科舉而漸傾向於學校。至光緒三十年。詔廢科舉。民志益定。十餘年來中央政府與地方政府。雖對於教育有提倡與摧殘之二方面。而社會之心理。殆皆公認學校爲民族文化之一大事。雖有私塾與其他講學之團體。其盛衰固懸別也。民國初年。迭製教育統計。觀其數字。固可以見其進步之梗概。

民國元年至民國五年全國學校概況表（教育部總計表）

【事項】	【民國元年第一次統計】	【民國三年第二次統計】	【民國五年第三次統計】
學校	八七二七二所	一〇八四四八所	一二一〇七七所
學生	二九三三三八七人	三六四三二〇六人	四〇三四八九三人
卒業生	一七三二〇七人	一三二二二一一人	二四八二八三人
教員	一二九二九七人	一六四六〇七人	一八七三五〇人
職員	九八九二九人	一二三二一七四人	一二〇五三六人

歲入	二九六四七〇九八元	三四一七〇〇八二元	三六八八二一六一元
歲出	二九六六七八〇三元	三五一五一三六一元	三八二六九四九五元
資產	八三〇四一一九九元	九八〇八七一五八元	一一八一三七四〇元

以新教育雜誌調查表觀之。尤可以見各地文化之優劣焉。

新教育第五卷第四期全國各等學校學生數表（民國十一年）

〔省別〕	〔小學校學生數〕	〔中等學校學生數〕	〔高等專門大學學生數〕	〔總數〕
直隸	五五一〇七三人	一三五七〇人	六九一七人	五七一五六〇人
山東	五二三三一一人	七八〇一人	六九二人	五三一八〇六人
山西	三二〇八六一人	六三八五人	一〇三五人	三二八二八一人
陝西	一四九一〇七人	一八一〇人	一三九人	一五一〇五六人
江蘇	三六九七三〇人	一二二〇五人	一三七九人	三七三三一四人
浙江	三五三一五四人	九二八五人	五一四人	三六二九五三人
安徽	七〇八四〇人	三三九三人	八八人	七四三二一人
江西	一三四一七二人	五五二九人	六二七人	一四〇三二八人

河南	二四八五二六人	五七二八人	六七六人	二五四九三〇人
湖北	二三二六一七人	五二五九人	一六六九人	二三九五四五人
湖南	二四四七六五人	一三〇六七人	一〇三二人	二五八八五五人
福建	一三九三三七人	五四七五人	六一六人	一四五四二六人
廣東	三六八六一六人	一〇五四七人	五三九人	二七九七〇二人
廣西	一六八五三八人	三九一一人	二三七人	一七二六七六人
甘肅	六九八八六人	一六〇八人	七一人	七一〇五六五人
四川	五三五六〇三人	一二四八九人	一三八人	五四八四一〇人
貴州	六四一三八人	二二三五人	二八一人	六六六五四人
雲南	一九二九二七人	三五人	三二人	一九六八一〇人
蒙古				
新疆	四三二一人	五四人		四三六六人
西藏				
黑龍江		一〇六五人	一一七人	

奉天	三六三二七四人	五二八五人	二〇九人	三七二二〇二人
吉林		二二五九人	九二人	
熱河		四三九人		
綏遠	二六九〇〇人	一二七人		二七六二八人
察哈爾		一六二人		
其他	五一三一六八七人	一三二四三二人	一九二八二人	四一八三四〇一人

清季教育多取法於日本。張之洞所定學堂章程。最注重於讀經。以其爲中國文化之根本也民國以來之教育。多取法於歐美。而中小學校之讀經。首先廢止。高等大學之經學科目。亦以次改革。急進之士。尤以反對孔子之學說。提倡後進。改造解放之聲。震於一時。於是有所謂新文化運動者。以排斥舊道德。改革舊文學。創造新民族、建設新國家爲目的。其他之主張革新而較爲平和者。則以提倡職業教育。施行選科制度。採取歐美最新之教學法。如設計教學及道爾敦制等。今方日進而未有艾焉。

新文化之運動。始於北京大學。北京大學之歷史。亦吾書所不可不述也。時事新報載北京大學之成立及其沿革甚詳。茲節其要於左。

【北京大學之成立及其沿革】光緒二十二年。侍郎李端棻疏請立大學於京師。二十四年。始由軍機處及總理衙門擬具大學章程八十餘條。呈請開辦。命孫家鼐爲管學大臣。即景山下馬神廟四公主府爲大學基址。置仕學院。令進士舉人出身各京曹入院學習。庚子拳禍作。生徒四散。校舍封閉。大學停辦者二年。二十七年。張百熙被命爲管學大臣。延吳汝綸爲總教習。汝綸病卒。副總教習張鶴齡繼主教務。二十八年七月。奏定大學堂章程。十一月。開學招生。甄拔各省績學之士。風氣驟變。二十九年。張之洞奏上學堂章程。以總理學務大臣統轄全國學務。別設大學總監督。三十年正月。改刊管學大臣印爲京師大學堂總監督印。至是大學始成獨立機關。三十三年。劉廷琛爲總監督。宣統元年十一月。始籌辦分科。設經法文格致農工商七科。各科俱以預科及譯學館畢業學生升入。武昌起義。各科學生多有散歸者。民國成立。改稱北京大學校。總監督改稱校長。嚴復任校長時。學生增至八百十八人。至三年。胡仁源署校長。全校學生增至九百四十二人。四年。增至千三百三十三人。五年。增至千五百零三人。六年。胡仁源辭職。赴美調查工業。蔡元培任大學校長。釐頓校規。祛除弊習。停辦工農各科。專辦文理法三科。至六年暑假。全校學生增至二千人。校中又創設各會。如進德會。哲學會。理科化學演講會。雄辯會。音樂會。書法研究會。畫法研究會。體育會。技擊會。靜坐會。成美學會。及閱書報社。學生儲蓄銀行。消費公社等。

北京大學之倡新文化。當民國七八年間。其時歐戰既平。巴黎和議將以青島付之日本。北京學生憤之。乃於八年五月四日。大舉示威運動。以驅除賣國賊曹汝霖陸宗輿章宗祥爲幟。迭經軍警干涉。而學生之氣不稍挫。於是五四運動之名詞。赫然爲教育界之一大事。

〔東方雜誌〕中國大事記　八年五月四日。北京中學以上各校生。因巴黎和會議定將青島讓與日本。非常憤激。於本日聚集數千人。排隊出行。爲一種示威運動。並四處分送傳單。手白布旗。書力爭山東問題。排除賣國漢奸。及賣國賊曹汝霖陸宗輿章宗祥等字。先至東交民巷各國公使署。遞意見書。途經曹汝霖住宅。羣擁入質問。適回國駐日公使章宗祥在曹宅。被衆毆。受傷甚重。尋曹宅火發。學生整隊散去。警察及步軍游擊隊捕去學生數十人。未幾卽經保釋。事後交通總長曹汝霖。幣制局總裁陸宗輿。及敎育總長傅增湘等。均呈請辭職。國立北京大學校長蔡元培亦辭職出京。

後以政府財政困難。恆欠學校經費。國立諸校常感恐慌。而所倡之新文化。恆受社會之反對。其燄稍稍衰焉。

吾國教育之不能普及。原因孔多。論者謂文字之艱深亦其一因。遂有改造漢字之議。倡始於王照之官話字母及勞乃宣之簡字。

『統一國語問題』(陳懋治)五十年來國語問題及其改進之歷史。分爲四期。 第一期。用羅馬字母拼音代漢字。此期起原遠在明季。其時基督舊教始來我國。歐西人士入我內地者。輒用羅馬字寫其地之方音。以便學習華語。有清一代。新舊兩教教徒來者益多。於是此羅馬字拼中國音之法。傳播益廣。此類之書。今教會中新舊都有出售。 第二期。白話書報初起。各地拼音文字之發生。此期大略在前清光緒甲午年以後。敎育普及之說。萌芽是時。故白話書報往往出版於各大都會。而浙江之杭州白話報。北京之京話日報。其最著者也。又因基督教所設學校。其教科書頗用白話。於是亦有仿爲之者。是卽今日學校用語體文之濫觴矣。至各地之造拼音文字者。首有廣東王炳燿氏。嗣有福建蔡毅若氏。而推行最廣者。爲直隸王照氏之官話字母。因官廳之提倡。北京天津東三省山西傳習者甚衆。其後浙江勞乃宣氏。用王氏字母。改名簡字。奏設學堂於江寧。大江南北習之者亦不少。

民國二年。教育部召集讀音統一會。制定注音字母。至七年公布。

『統一國語問題』(陳懋治)民國元年十二月。教育部頒布讀音統一會章程。二年二月十五日開會。三閱月而會畢。製定注音字母三十有九。審定字音六千五百餘。 會員七十九人。公議選用字母時。頗多爭執。結果議決用固有之漢字。擇筆畫最簡單者。取其雙聲以爲聲母。取其疊韻以爲韻母。其寫法。則凡與楷書易混者。皆改用篆體。

『同上』民國七年十一月。教育部公布注音字母。

於是小學校之讀本。改國文爲國語。師範學校亦以國語與國文並教。然其始冀以省筆之字母代繁筆之漢文者。後則變爲以俚俗之方言代通行之文句。而讀音雖號統一。又有京音及國音之別。各成風氣。不相爲謀。統一之期。蓋有待也。

與改造漢字並時而興者。有中國打字機。而其原則本於漢字之不可廢。

『創製中國打字機圖說』(王汝鼎)日本山本憲氏著有息邪一篇。篇中以中文與西文相較。其便與利之點。悉屬中文。而不便與不利者。都係西文。因知中文爲現今世界最完善之一種文字。西文之勃興。徒以隨其國勢而然耳。故其斷案曰。中國文字。不獨現今流行於東亞各國。他日必遍布於宇內。倡漢文廢止論者。妄也。倡漢字節減論者。亦妄也。

初。美日兩國人。均思創造中文打字機。均未完善。有無錫周厚坤者。創造一機。能配置中文六千字。

〔創製中國打字機圖說〕（王汝鼎）一美國教士之寓北京者。曰翕腓而特。於一八九九年。創一打字機。形爲一直徑四尺之大平圓板。上置四千整形之中國字模印。附以其他成印之機件。惜尙未完全製成。 又有一日本工程師。其機方在實驗中。

〔同上〕周君厚坤。一千九百十年。留學美國意里那大學。習鐵路工程科。明年。轉學於波士頓麻省理工大學。改習機械造船兩科。一九一四年。同時畢業。得機械造船兩學士位。一九一二年。創造中國打字機。 其機內部有同式之圓筒四。每筒直徑三英寸。長十英寸。於其週圍。約可配一千五百字。字之大小。爲一英方寸四分之一。四筒共可配置六千字。此數可隨意增減。一十字機架支於兩端之機幹上。負此四筒。如太陽之環以行星焉。（見東方雜誌十二卷十號）

周仍思實驗而再求改良。此可以見漢字之不適於用之說。未可盡信也。

歐戰以後。世界思潮回皇無主。吾國學者。亦因之而靡所折衷。不但不慊於中國舊有之思想制度。亦復不滿於近世歐美各國之思想制度。故極端之改革派。往往與俄國之過激主義相近。次則誦述吾國老莊鮑生之說。期反於原人社會而抉破近世之桎梏。是亦時勢使然也。然因此現象。復生二種思潮。一則欲輸入歐美之眞文化。一則欲昌明吾國之眞文化。又以歐美人之自訟其短。有取法於吾國先哲之思。

〔申報德國通信〕德國近半世紀以來。因物質文明發達之故。一般人多趨重物質主義。而喪失精神生活。一部分有思想之青年。遂相約逃出物質反於自然。於是所謂遊鳥及自由德意志青年等等團體發生。此等團員。大率衣履務尙儉樸。行動極求自由。其出版物中。會有一文曰莊子解說中之道教。文中極推崇老子。並謂老子堪作彼輩唯一無二之大師云。現在德國智識階級中幾無一人不知老子。除老派外。又有所謂孔派。凡屬國際青年團之人。幾無一人不知孔子。該團每次開會。往往先讀論語一節。頗似耶穌教徒之念聖經。至於演說。更屢次提及孔子。對於孔子文化所陶養之中國人。尤引爲唯一無二之良友。

而吾國人以昌明東方文化爲吾人之大任之念乃油然以生。

【東方文化與吾人之大任篇】(陳嘉異)東方文化一語。其內涵之意義。決非僅如所謂國故之陳腐乾枯。精密言之。實含有中國民族之精神。或中國民族再興之新生命之義蘊。所謂吾人之大任一語。乃對吾民族而言。非對一二先哲爲言。抑非僅對吾民族而言。實對世界人類而言。以故吾人今日所以振興東方文化之道。不在存古。乃在存中國。抑且進而存人類所以立於天壤之眞面目。亦尙非保存國粹之說所得而自囿者也。（東方雜誌十八卷一號）

又進而以儒家之根本精神爲解決今世人生問題之要義。

【先秦政治思想史】(梁啓超)吾儕確信人之所以異於禽獸者。在有其精神生活。但吾儕又確信人類精神生活。不能離却物質生活而獨自存在。吾儕又確信人類之物質生活。應以不妨害精神生活之發展爲限度。太豐妨焉。太觳妨焉。應使人人皆爲不豐不觳的平均享用。以助成精神生活之自由而向上。吾儕認儒家解答本問題。正以此爲根本精神。於人生最爲合理。

吾儕今所欲討論者。在現代科學昌明的物質狀態之下。如何而能應用儒家之均安主義。使人人能在當時此地之環境中。得不豐不觳的物質生活實現而普及。換言之。則如何而能使吾中國人免蹈近百餘年來歐美生計組織之覆轍。不至以物質生活問題之糾紛。妨害精神生活之向上。此吾儕對於本國。乃至對於全人類之一大責任也。

其思想之衝突而相成。實一最奇幻之事也。

文化非一端可罄。學術亦非一事可概。近人提倡孔老哲學者。既由舊理想一變而為新理想。而研究考據之學者。又因交通之關繫。物質之發展。亦陰受其賜。而有與世界各國學者共同研究之風。如殷虛之古甲骨。如漢晉之木簡。如敦煌石室之古寫本。既自清季發見。而中外學者聞聲相應。研尋考索。所得於古史事。大有發明。故論者謂今日專門舊學之進步。實與羣衆普通舊學之退步為正比例。是亦一奇幻之事也。

【東方雜誌十九卷第三號抗父氏最近二十年間中國舊學之進步】（一）殷商文字。光緒戊戌己亥間。河南安陽縣西北洹水崖岸為水所齧。土人得龜甲牛骨。上有古文字。估客攜至京。為福山王懿榮所得。庚子秋。王殉難。所藏悉歸丹徒劉鐵雲鶚。而洹水之虛。土人於農隙掘地。歲皆有得。亦歸劉氏。光宣間所出。則大半歸於上虞羅叔言振玉。王氏所藏凡千餘片。劉氏藏三千餘片。羅氏藏二三萬片。其餘散在諸家者。當以萬計。而駐彰德之某國牧師（本誌編者按即英人明義士 J. M. Menzies 君）所藏亦近萬片。其拓墨影印成書者。有劉氏之鐵雲藏龜十冊。羅氏之殷虛書契前編八卷。後編二卷。殷虛書契菁華一卷。鐵雲藏龜之餘一卷。後英人哈同。復得劉氏所藏之一部八百片。印行戩壽堂所藏殷虛文字一卷。甲骨所刻。皆殷王室所卜祭祀伐征行幸田獵之事。其文字較比彝器尤古。且所裨益於文字學者尤大。（二）漢晉木簡。實英印度政府官吏匈牙利人斯坦因博士 A. Stein 之所發掘。博士於光緒壬寅癸卯間。曾游我國新疆天山南路。於和闐之南。發掘古寺廢址。得唐以前遺物甚夥。復於尼雅河之下流。獲魏晉間人所書木簡四十枚。博士所著于闐之故蹟 Ancient Khotan 中曾揭其影本。法國沙畹教授 Ed Chavannes 爲之箋釋。又於丁未戊申間。復游新疆全土及甘肅西部。於敦煌西北長城遺址發掘兩漢人所書木簡。約近千枚。復於尼雅河下流故址。得後漢人所書木簡十餘枚。於羅布淖爾東北海頭故城。得魏晉間木簡百餘枚。皆當時公牘文字及屯戍簿籍。其後日本大谷伯爵光瑞前後所派遣之西域探險隊。僅於吐魯番近側。得魏晉間木簡三四枚而已。斯氏戊申年所得之木簡。沙畹教授復爲之考釋。影印成書。羅君復與海寧王靜安氏國維重加考訂。於甲寅之春。印以行世。爲流沙墜簡三卷。考釋三卷。補遺一卷。附錄二卷。(三)敦煌千佛洞石室所藏古寫書。石室之開。蓋在光緒己亥庚子之際。然至光緒季年尚未大顯。至戊申歲。斯坦因博士與法國伯希和 P. Pelliot 先後至此。得六朝及隋唐人所寫卷子本書各數千卷。及古梵文古波斯文及突厥回鶻諸古國文字無算。始爲我國人所知。其留在石室者。尚近萬卷。後取歸學部所立之京師圖書館。前後復經盜竊。散歸私家者。亦數千卷。其中佛典居百之九。其四部書爲我國宋以後所久佚者。經部則有未經天寶改字之古文尚書孔氏傳及陸氏尚書釋文。糜信春秋穀梁傳解釋。鄭氏論語注。陸法言切韻。史部則有孔衍春秋後語。唐時西州沙州諸圖經。慧超往五天竺國傳。子部則有老子化胡經。摩尼教經。景教經。集部則有玄謠集。雜曲子。及唐人通俗詩小說各若干種而已。逸四部書之不重要者。及大藏經論。尚不在此數。皆宋元以後所未見也。羅氏就伯氏所寄之影本。寫爲敦煌石室遺書。排印行世。越一年。復印行其影本。爲石室秘寶十五種。又十一年。癸丑。復刊行鳴沙石室逸書十八種。又五年。戊午。刊行鳴沙石室古籍叢殘三十種及鳴沙石室佚書續編四種。又四年。辛酉。伯氏復以陸法言切韻三種影本寄羅君。石印以行世。

又自民國初年農商部設立地質調查所。集中外地質學者。調查吾國之地史。而吾國未有史籍以前之器物。古始以來地層構造變化之狀。亦漸可說明其系統。而治斯學者且出所得與萬國地質學者聚會而討論焉。是亦前此講學者之所未見而實有所不逮者也。

自清嘉慶中英人瑪禮遜來華傳教。為耶穌教（即新教）傳入中國之嚆矢。

『歐美人於中國之文化事業』（日本山口昇著）對於支那人最初宣傳新教之教義者。有英國浸禮教會之瑪爾斯門Joshua Marshman氏。其人生於澳門。為一美人之助手。嘗費十六年之功。以漢文譯新約聖經。然通常之說。則以一八〇七年九月一日到廣東之倫敦會之瑪禮遜 Robert Morrisson (1782－1834)氏。為對支那宣傳新教之嚆矢。

至道光中五口通商。教士之來華者漸多。設立醫院及學校。從事布教事業。其勢漸軼於舊日天主教士之上。

『歐美人於中國之文化事業』（山口昇）一八四三年。開第一回宣教師大會於香港。出席宣教師之數。僅十五人。經二十年。至一八六五年。組織支那內地會。益進而宣傳於內地。其時宣教師之數。達一百十二名。教會正會員至三千一百三十二名。一八九〇年開第三回宣教師大會於上海。其時宣教師之數。達一千二百九十六名。教會正會員共三萬七千二百八十七名。

庚子拳匪之亂。教會之進行雖似少挫。然辛丑議和之後。國人懲於前事。無敢非議耶教。甚且以入教求學。得受歐美之文化為榮。而教會之勢。乃炎炎日上。

『歐美人於中國之文化事業』（山口昇）團匪事變。聯軍佔領北京。兩宮蒙塵。處排外官吏以嚴罰。償以鉅額之賠款。使支那人感覺吸收泰西新文明之必要。大促識者之覺醒。從來向低級之支那人試行布教之宣教師。於茲一變方針。乃爲滿足此等支那人之希望。爰以各教會之合同及各科協會之力。著手於支那之高等教育。一九〇七年。於上海開新教百年紀念。據其報告。一九〇五年。宣教師有三千四百四十五人。教會正會員有十七萬八千二百五十四人。

民國成立以來。教會之學者。漸進而居於政治教育之要地。其勢益盛。據一九一八年之調查。其進步之速率。及事業之廣被。至可驚詫。

《歐美人於中國之文化事業》（山口昇）一九一八年之新教大勢如下。（一）布教關係。計外國宣教師五九六一人。華人宣教師二三三四五人。外人駐在地九四四處。教會正會員（受洗禮者）三一二九七〇人。信徒六五四六五八人。日曜學校四三〇一所。日曜學生二一〇三九七人。華人捐款八四六七八七元。（二）學校關係。計大學校十八所。大學學生七七二人。中學校二二八所。中學學生一一八九二人。初等小學校五三二九所。初等小學生一三八九四三人。高等小學校五七三所。高等小學生二〇八三二人。師範學校一一九所。師範學生三一二五人。神學校三十所。神學生六一〇人。實業學校三二所。實業學生一三七五人。幼稚園七五五所。幼稚園生三四九七人。孤兒院三十八所。孤兒院生一一五八人。外國男教師四〇五人。外國女教師五九二人。中國男教師七六三五人。中國女教師二九九八人。（三）醫療關係。計外國男醫士二七〇八人。外國女醫士八十一人。外國看護婦一六二人。病院三二〇所。註册診病者三二八五〇六七人。醫學校二十一所。醫學生男三八九人。女六十三人。華人捐款八六二〇八六元。

民國十一年。各地學生有非宗教同盟之舉。

『東方雜誌時事日誌』民國十一年三月十六日。世界基督教學生同盟。定於本年四月一日在北京淸華學校開第一次大會。

同時。上海方面。發生非宗教學生同盟大運動。發表宣言。通電全國學生。

而論者謂信仰基督教。視信仰近日各地新興之社院等。猶爲彼善於此。

『評非宗教同盟』(梁啓超)現在瀰漫中國的下等宗教。什麼同善社。悟善社。五教道院等。其實猖獗。其勢力大於基督教不知幾十倍。其毒害是經過各個家庭。侵蝕到全國兒童的神聖情感。我們全國多數人。在此等信仰狀態之下。實在沒有顏面和基督教徒爭是非。

蓋國事不寧。社會紊亂。國外之宗教。旣挾其國力與其文化。乘我之隙而得我之民心。而迷信中國舊日之神教者。亦竊其法。欲假宗教之力以弭人心之不安。是皆時勢之所造成也。

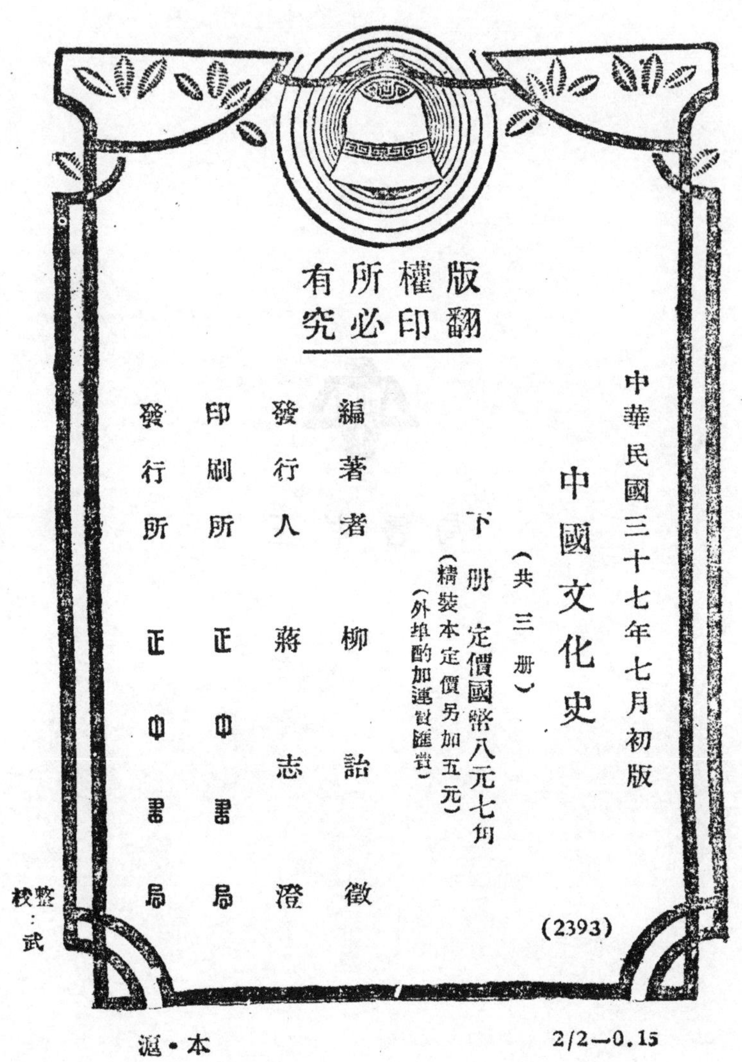

中華民國三十七年七月初版

中國文化史
（共三册）

下册　定價國幣八元七角
（精裝本定價另加五元）
（外埠酌加運費匯費）

(2393)

編著者　柳詒徵

發行人　蔣志澄

印刷所　正中書局

發行所　正中書局

整校：武

滬・本　2/2—0.15

正中書局

近代稀见旧版文献再造丛书

民国中國文化史要籍汇刊（影印本）

侯杰 主编

第三卷 中

柳诒徵 中国文化史（中）

南開大學出版社

大學用書

中國文化史

(中)

柳詒徵編著

正中書局印行

大學用書

中國文化史

（中）

柳詒徵編著

正中書局印行

中册目次

第二編 中古文化史

第一章 中國文化中衰及印度文化東來之故……一
第二章 佛教入中國之初期……九
第三章 諸族並興及其同化……一五
第四章 南北之對峙……二八
第五章 清談與講學……三六
第六章 選舉與世族……四九
第七章 三國以降文物之進步……五七
第八章 元魏之制度……七三
第九章 佛教之盛興……八五
第十章 佛教之反動……一〇一
第十一章 隋唐之統一及開拓……一一〇

第十二章　隋唐之制度……………………一二〇
第十三章　隋唐之學術文藝……………………一四三
第十四章　工商進步之特徵……………………一六一
第十五章　隋唐之佛教……………………一七一
第十六章　唐宋間社會之變遷……………………一八六
第十七章　雕板印書之盛興……………………一九六
第十八章　宋儒之學……………………二〇四
第十九章　政黨政治……………………二二三
第二十章　遼夏金之文化……………………二三七
第二十一章　蒙古之文化……………………二五八
第二十二章　宋元之學校及書院……………………二七八
第二十三章　宋元間之文物……………………二九九
第二十四章　河流漕運及水利……………………三二九
第二十五章　明儒之學……………………三四一
第二十六章　明之文物……………………三五一

第二編　中古文化史

第一章　中國文化中衰及印度文化東來之故

自太古至秦漢。爲吾國人創造文化及繼續發達之時期。自漢以降。則爲吾國文化中衰之時期。雖政治教育。仍多沿古代之法。而繼續演進。且社會事物。亦時有創造發明。足以證人民之進化者。然自全體觀之。則政教大綱。不能出古代之範圍。種族衰弱。時呈擾亂分割之狀。雖吾民亦能以固有之文化。使異族同化於吾。要其發榮滋長之精神。較之太古及三代秦漢。相去遠矣。於此時期有一大事足紀者。卽印度之文化輸入於吾國。而使吾國社會思想以及文藝美術建築等。皆生種種之變化。且吾民吸收之力。能使印度文化變爲中國文化。傳播發揚。且盛於其發源之地。是亦不可謂非吾民族之精神也。

治此期之歷史。所當致疑者二事。吾國文化何以中衰乎。印度文化何故東來乎。欲解此二疑問。當就種種方面推究其原因。茲舉其大者數端以明之。

(一)則壞於盜賊無賴也。　秦以前創業開國者多聖哲。秦以後。起事革命者多盜賊。盜賊無賴之徒。成則爲帝王。

固不識治國御世之道。敗則肆焚掠。尤不解保護文化之誼。故自漢以來。增進文化之力。恆不及摧毀鑿削之力之強。觀隋牛弘論書之五厄。卽可推知其故。

《隋書牛弘傳》弘以典籍遺逸。上表請開獻書之路。曰。堯稱至聖。猶考古道而言。舜其大智。尚觀古人之象。周官外史掌三皇五帝之書及四方之志。武王問黃帝顓頊之道。太公曰。在丹書。是知握符御曆。有國有家者。曷嘗不以詩書而爲教。因禮樂而成功也。周德既衰。秦皇馭寓。事不師古。始下焚書之令。行偶語之刑。先王墳籍。掃地皆盡。本既先亡。從而顚覆。此則書之一厄也。此事須與第一編所引劉大櫆焚書辨參看。實則秦書之焚。仍是項羽等盜賊所爲也。王莽之末。長安兵起。宮室圖書。並從焚燼。此則書之二厄也。孝獻移都。吏民擾亂。圖書縑帛。皆取爲帷囊。所收而西。裁七十餘乘。屬西京大亂。一時燔蕩。此則書之三厄也。劉石憑陵。京華覆滅。朝章闕典。從而失墜。此則書之四厄也。侯景渡江。破滅梁室。秘省經籍。雖從兵火。其文德殿內書史。宛然猶存。蕭繹平侯景。收文德之書及公私典籍重本七萬餘卷。悉送荊州。江表圖書。盡萃於繹。周師入郢。繹悉焚之於外城。所收十纔一二。此則書之五厄也。

以官書例私家。以文籍例他事。則武人暴客。烈火利兵。實文化之大讎敵。民之憔悴呻吟於瘡痍水火者。非從容休養。不能增益其文教。從容休養數百年或百數十年。卽加以一大刼。

《牛弘傳》牛弘曰。仲尼以後。迄於當今年踰千載。數遭五厄。自項羽燒咸陽。至周師入梁。實七百一十年。(自西歷前二〇六至後五五四年)此七百年中。大刼五。小刼尚不可勝計。

此其所以不但不能進步。而且日見退化之故也。

(二)則壞於科舉利祿也。　科舉之制。爲此時期之產物。發源於漢。而大備於唐。而其爲弊。亦卽累積而不可返。史策所載當時之人。論列其弊者夥矣。

《後漢書左雄傳論》漢初詔舉賢良方正。州郡察孝廉秀才。斯亦貢士之方也。中興以後。增敦朴有道賢能直言獨行高節質直清白敦厚之屬。榮路既廣。觖望難裁。自是竊名僞服。浸以流競。權門貴仕。請謁繁興。魏晉以降。多用九品中正舉人。然亦常舉行州郡孝秀之制。試以策問。梁沈約嘗論之曰。假使秀才對五問可稱。孝廉答一策能過者。乃雕蟲小道。非關理功得失。以此求才。徒虛語耳。

《舊唐書薛登論舉人疏》今之舉人。有乖事實。或明詔試令搜揚。則驅馳府寺。請謁權貴。陳詩奏記。希咳唾之澤。摩頂至足。冀提攜之恩。故俗號舉人爲覓舉。夫覓者自求之稱。非人知我之謂也。故選曹授職。諠囂於禮闈。州郡貢士。爭訟於階闥。謗議紛紜。寖成風俗。

《同上趙匡舉選議》國朝舉選。用隋氏之制。歲月既久。其法益訛。夫才智因習就。固然之理。進士者時共貴之。主司褒貶。實在詩賦。務求巧麗。以此爲賢。溺於所習。悉昧本原。欲以啓導性靈。奬成後進。斯亦難矣。故士林鮮體國之論。其弊一也。又人之心智。蓋有涯分。而九流七略。書籍無窮。主司徵問。不立程限。故修習之時。但務鈔略。比及就試。偶中是期。業無所成。固由於此。故當代寡人師之學。其弊二也。疏以釋經。蓋筌蹄耳。明經讀書。勤勞已甚。既口問義。又誦疏文。徒竭其精華。習不急之業。而當代禮法。無不面牆。及臨人決事。取辦胥吏之口而已。所謂所習非所用。所用非所習者也。故當官少稱職之吏。其弊三也。

雖科舉考試。可以泯貴族平民之階級。然以利祿誘人。奬競召僞。大損人格。實與古代教育之義相反。夫人民止知尚利祿。而不尚道義。非獨科舉爲害也。即行學校之制。亦足爲害。班固論漢代學校。已斥其祿利勸人。

《漢書儒林傳贊》自武帝立五經博士。開弟子員。設科射策。勸以官祿。訖於元始。百有餘年。傳業者寖盛。支葉蕃滋。一經說至百餘萬言。大師衆至千餘人。蓋祿利之路然也。

宋代嘗有意於學校。然亦無非以利祿誘之。

《文獻通考》宋熙豐復立三舍之法。不過試之以浮靡之文。而誘之以利祿之途。爲士者內恥於習業之未精。外誘於榮途之可慕。其坐學之日。自不容不久。

是學校科舉名二而實一也。論者徒謂漢以後學校科舉。一本儒術。故以國家社會之不進步。歸咎儒家。實則教育之根本既歧。無論崇尚何種學術。皆不能免於腐敗也。

(三)則宗教信仰之缺乏也。　吾國國民脫離初民之迷信最早。唐虞三代之聖哲。專以人事言天道。卽殷人尚鬼。有似於宗教性質。然其祭祀仍專重人鬼。無宗教家荒誕之說也。後之立國者。於政治教育。不能盡饜人望。又無宗教以資其維繫。則人心之饑渴。乃甚於原有宗教之國家。戰國以來。神仙方士之說。因之以盛。

《史記封禪書》自齊威宣之時。騶子之徒論著終始五德之運。及秦帝而齊人奏之。故始皇采用之。而宋毋忌。正伯僑。充尙羨門子高最後。皆燕人。爲方僊道。形解銷化。依於鬼神之事。騶衍以陰陽主運。顯於諸侯。而燕齊海上之方士。傳其術。不能通。然則怪迂阿諛苟合之徒自此興。不可勝數也。自威宣燕昭。使人入海求蓬萊方丈瀛洲。此三神山者。其傳在勃海中。去人不遠。患且至。則船風引而去。蓋嘗有至者。諸僊人及不死之藥皆在焉。其物禽獸盡白。而黃金銀爲宮闕。未至。望之如雲。及到三神山。

反居水下臨之風輒引去終莫能至云世主莫不甘心焉

而其效不可睹。

『史記封禪書』方士之候伺神人入海求蓬萊。終無有驗。而公孫卿之候神者。猶以大人之跡爲解。無有效。天子益怠厭方士之怪迂語矣。然羈縻不絕。冀遇其眞。自此之後。方士之言神祠者彌衆。然其效可睹矣。

東漢圖讖占候之學。與神仙方技之說相混。

後漢書方術列傳所載。有學星占圖讖者。如唐檀公沙穆董扶之類 有治神仙方技者。如費長房薊子訓之類

而張角張陵張魯之徒出。

『後漢書皇甫嵩傳』鉅鹿張角。自稱大賢良師。奉事黃老道。畜養弟子。跪拜首過。符水呪說以療病。病者頗愈。百姓信向之。角因遣弟子八人使於四方。以善道教化天下。轉相誑惑。十餘年間。衆徒數十萬。連結郡國。自青徐幽冀荊揚兗豫八州之人。莫不畢應。遂置三十六方。大方萬餘人。小方六七千。各立渠帥。訛言蒼天已死。黃天當立。歲在甲子。天下大吉。

『三國志張魯傳』魯祖父陵客蜀。學道鵠鳴山中。造作道書以惑百姓。從受道者出五斗米。故世號米賊。陵死。子衡行其道。衡死。魯復行之。魯據漢中。以鬼道教民。自號師君。其來學道者。初皆名鬼卒。鬼卒受本道已信。號祭酒。各領部衆。多者爲治頭大祭酒。皆教以誠信不欺詐。有病。自首其過。大都與黃巾相似。諸祭酒皆作義舍。如今之亭傳。又置義米肉。懸於義舍。行路者量腹取足。若過多。鬼道輒病之。犯法者三原。然後乃行刑。不置長吏。皆以祭酒爲治。夷民便樂之。

其流爲孫恩盧循等。

『晉書孫恩傳』世奉五斗米道。叔父泰師事錢唐杜子恭。而子恭有秘術。嘗就人借瓜刀。其主求之。子恭曰。當即相還耳。既而刀主行至嘉興。有魚躍入船中。破魚得瓜刀。其爲神效。往往如此。子恭死。泰傳其術。浮狡有小才。誑誘百姓。愚者敬之如神。泰見天下兵起。以爲晉祚將終。乃扇動百姓。私集徒衆。三吳士庶多從之。會稽內史謝輶發其謀。道子誅之。恩逃於海。衆聞泰死。惑之。皆謂蟬蛻登仙。故就海中資給。恩聚合亡命。會稽吳郡等八郡。一時俱起。旬日之中。衆數十萬。於是恩據會稽。自號征東將軍。號其黨曰長生人。　劉裕大破恩於扈瀆。恩遠迸海中。窮蹙赴海自沈。妖黨及妓妾謂之水仙。投水從死者百數十。餘衆復推恩妹夫盧循爲主。（循後亦爲劉裕所敗）

要其爲術。足以惑下愚。而不足以啟上智。而佛教當此時流入中國。正合於中國人心渴仰宗教之潮流。其始雖僅以神異動顓愚。

『晉書藝術傳』佛圖澄妙通玄術。常服氣自養。能積日不食。善誦神呪。能役使鬼神。腹旁有一孔。常以絮塞之。每夜讀書。則拔絮。孔中出光。照於一室。又嘗齋時。平旦至流水側。從腹旁孔中。引出五臟六腑洗之。訖。還內腹中。又能聽鈴音以言吉凶。莫不懸驗。　鳩摩羅什博覽五明諸論。及陰陽星算。莫不必盡。妙達吉凶。言若符契。　姚興嘗謂羅什曰。大師聰明超悟。天下莫二。何可使法種少嗣。遂以使女十人逼令受之。爾後不住僧舍。別立廨舍。諸生多效之。什乃聚針盈鉢。引諸僧謂之曰。若能見效食此者。乃可畜室耳。因舉匕進針。與常食不別。諸僧媿服乃止。

其繼則以譯籍開慧智。語上語下。胥可起人之信仰。此則吾國由無宗教而有宗教之故也。

（四）則東西交通之適合也。　吾國東南皆濱海。以航海術之未精。往往求海上新地而不得。

『三國志』孫權黃龍二年。遣將軍衛溫諸葛直。將甲士萬人浮海。求夷洲及亶洲。亶洲在海中。長老傳言。秦始皇帝遣方士徐福。將童男童女數千人入海。求蓬萊神山及仙藥。止此洲不還。世相承有數萬家。其上人民。時有至會稽貨布。會稽東縣人海行。亦有遭風流移至亶洲者。所在絕遠。卒不可得至。但得夷洲數千人還。史記言求三神山者。臨之。風輒引去。即緣航海術不精之故。

北方沙漠苦寒。人亦多不願往。惟西方大陸。綿亙無際。城郭之國。與漢俗同。

『漢書西域傳』西域諸國。大率土著。有城郭田畜。與匈奴烏孫異。

雖有身熱頭痛。繩行沙渡之險。

『漢書西域傳』皮山以南。國或貧小。乞匄無所得。又歷大頭痛小頭痛之山。赤土身熱之阪。令人身熱無色。頭痛嘔吐。驢畜盡然。又有三池盤石阪道。陿者尺六七寸。長者徑三十里。臨崢嶸不測之深。行者騎步相持。繩索相引。二千餘里。乃到縣度。畜隊未半。阬谷盡靡碎。人墮。勢不得相收視。險阻危害。不可勝言。

然其行也有數道。

『漢書西域傳』自玉門陽關出西域。有兩道。從鄯善。傍南山北。波河西行。至莎車。為南道。南道西踰葱嶺。則出大月氏安息。自車師前王庭。隨北山。波河西行。至疏勒。為北道。北道西踰葱嶺。則出大宛康居奄蔡焉耆。按此惟指新疆一方而言。據史記西南夷傳。蜀布邛竹杖。從身毒國來。則川藏間西行之道。當時已有蹤跡矣。

故自漢以降。交通不絕。而佛教自西而東。以大月氏罽賓為轉輸之中心。

《後漢書西域傳》大月氏初為匈奴所滅。遷於大夏。分其國為五翖侯。後貴霜翖侯邱就卻。攻滅四翖侯。自立。得王國。號貴霜王。侵安息。取高附地。又滅濮達罽賓。悉有其國。邱就卻年八十餘死。子閻膏珍代為王。復滅天竺。置將一人監領之。丁謙地理志考證曰。印度史西歷紀元之初。韃靼（即大月氏）在印度北境立一大國。四鄰咸服。其最出名之王名鉛尼希加。（即迦膩色迦之異譯）以卡希米（即克什米爾）為都。屬國甚多。南至亞格拉。（中印度地）及沁特。（西印度地）北至耶根德（即當濮達）可根德（即當高附）云云。即指貴霜王父子。

《東洋史要》（日本桑原隲藏著）漢明帝永平三年。迦膩色迦王君大月氏。雅響佛法。會五百僧侶於罽賓。為四次集會。（其先已有集會三次）佛教徒多來集於大月氏。維時。北印度為佛教之中心。自西北兩印度。經中亞。囊括葱嶺以東于闐疏勒諸國。故天山南路未幾佛法遂昌。會中國漢明帝出。銳意闢疆。與西域之關係滋密。佛法於中國境寖獲東漸之機。

西僧之來中土者。多月氏罽賓之人。（詳後）而吾民之往彼者。始則僅詣其傳播之區。繼則直詣其發源之地。有往還皆遵陸者。有陸往而海還者。其道孔多。故所得於西方者。為他三方所莫及焉。

第二章　佛教入中國之初期

印度無歷史。佛書亦不以紀年爲要。故佛之時世言人人殊。

『魏書釋老志』所謂佛者本號釋迦文者。譯言能仁。謂德充道備。堪濟萬物也。釋迦前有六佛。釋迦繼六佛而成道。釋迦卽天竺迦維衛國王之子。天竺其總稱。迦維別名也。初釋迦於四月八日夜。從母右脅而生。旣生。姿相超異者三十二種。天降嘉瑞以應之亦三十二。其本起經說之備矣。釋迦生時當周莊王九年。春秋魯莊公七年夏四月。恆星不見夜明是也。至魏武定八年。凡一千二百三十七年云。釋迦年三十成佛。導化羣生。四十九載。乃於拘尸那城娑羅雙樹間以二月十五日而入般涅槃。涅槃譯云滅度。或言常樂我淨。明無遷謝及諸苦累也。

『釋氏稽古略』(釋贊寧)稽夫如來之生也。當此周昭王九年甲寅之四月八日。其出家也。當昭王之二十七年壬申之二月八日。其成道也。當昭王三十三年之戊寅。其滅度也。當穆王三十六年壬申之二月十五日。此引正宗記語

『東洋史要』佛教祖師名瞿曇悉達多。一作喬答摩悉達。或號爲釋迦牟尼。中印度迦維衛國今印度哥爾克波爾附近王子也。生於周靈王之十五年。約與孔子老聃同時。釋迦見人類不能離生老病死四者之苦。遂出家入山。求解脫法。新闢一宗教。力反婆羅門所爲。唱說平等主義。抉差別種姓之藩籬。謂一切衆生。不問其所自出。但能杜絕邪慾。脫離世網。卽皆可於未來受無量福。以周

敬王四十三年。入般涅槃。

吾國固有之佛字。惟以髣髴爲義。非以稱釋迦也。

《說文》佛。仿佛也。从人。佛聲。

後世附會之說。謂孔子時已知西方有佛。

《列子仲尼篇》商太宰見孔子。問三王五帝聖者歟。孔子皆答以不知。商太宰大駭曰。然則孰者爲聖。孔子動容有間曰。西方之人有聖者焉。不治而不亂。不言而自信。不化而自行。蕩蕩乎民無能名焉。丘疑其爲聖。弗知眞爲聖歟。眞不聖歟。

其言固不足爲據。即謂西漢獲休屠王祭天金人爲佛道流通之漸。

《魏書釋老志》漢武元狩中。遣霍去病討匈奴。至臯蘭。過居延。斬首大獲。昆邪王殺休屠王。將其衆五萬來降。獲其金人。帝以爲大神。列於甘泉宮。金人率長丈餘。不祭祀。但燒香禮拜而已。（此吾國祭祀神鬼。以燒香爲禮之始。）此則佛道流通之漸也。及開西域。遣張騫使大夏還。傳其旁有身毒國。一名天竺。始聞有浮屠之敎。

亦不足爲佛教入中國之證。

《休屠王金人考》（日本羽溪了諦）（見史林第三卷第四號） 霍去病獲金人時當元狩二年（西紀前一二一年）。印度尚未有佛像之製作。印度史上有名之阿育王時代（西紀前二七二至三二一年）所建佛陀伽耶之摩訶菩提寺。始有雕刻。至西紀前一二世紀製作之石垣石門。均無佛像。前者惟有佛座。後者只表佛足之形。緣其時學者。以爲佛之形像。神聖不可褻瀆也。其後至犍陀羅美術始有佛像之製作。實當西紀後一二世紀頃。故知西紀前一世紀。無所謂金身佛像也。

佛教之入中國。蓋在西漢之末東漢之初。

《魏書釋老志》哀帝元壽元年。博士弟子秦景憲。受大月氏王使伊存口授浮屠經。中土聞之。未之信了也。

世或謂東漢明帝永平十年。始得佛經。說亦未確。

《釋氏稽古略》佛教流通東土之始。永平七年。帝夢金人長大。頂有白光。飛至殿庭。且問羣臣。太學聞人傅毅奏曰。周昭王時。西域有佛出世。其形長一丈六尺。而黃金色。陛下所夢。將必是乎。博士王遵。推周書異記佐之。帝遂遣中郎蔡愔。博士秦景等十八人使西域求佛法。蔡愔等至天竺隣境月氏國。遇攝摩騰竺法蘭二人。奉佛經像來震旦。遂同東還。(永平十年至京)

《魏書釋老志》孝明帝夜夢金人。頂有白光。飛行殿庭。乃訪羣臣。傅毅始以佛對。帝遣郎中蔡愔博士弟子秦景等使於天竺。寫浮屠遺範。愔仍與沙門攝摩騰竺法蘭東還洛陽。中國有沙門及跪拜之法。自此始也。

蓋蔡愔等永平十年始還。

《佛教西來玄化應運略錄》(宋程輝)永平七年正月十五日。明帝夢金人。遣王遵等十八人西訪佛法。永平十年丁卯十二月。回洛陽。

而楚王英在永平八年。已祠浮屠。

《後漢書楚王英傳》永平八年。英奉黃縑白紈贖罪。詔報曰。楚王誦黃老之微言。尚浮屠之仁祠。潔齋三月。與神爲誓。何嫌何疑。

當有悔吝。其還贖。以助伊蒲塞桑門之盛饌。

足知佛法之來。決非始於愔等。惟譯經造寺。始此時耳。

《魏書釋老志》愔得佛經四十二章及釋迦立像。明帝令畫工圖佛像。置淸涼臺及顯節陵上。經緘於蘭臺石室。愔之還也。以白馬負經而至。漢因立白馬寺於洛城雍關西。摩騰法蘭咸卒於此寺。

《高僧傳》（釋慧皎）攝摩騰。本中天竺人。解大小乘經。冒涉流沙。至乎雒邑。明帝甚加賞接。於城西門外立精舍以處之。騰譯四十二章經一卷。初緘在蘭臺石室第十四間中。　竺法蘭。亦中天竺人。旣達雒陽。與騰同止。少時便善漢言。愔於西域獲經。卽爲翻譯。所謂十地斷結。佛本生。法海藏。佛本行。四十二章等五部。移都寇亂。四部失本。不傳江左。唯四十二章經今見在。可二千餘言。漢地見存諸經。唯此爲始也。

攝竺東來。旣受優遇。故月氏安息之高僧。接踵而至。

《高僧傳》安淸字世高。安息國太子也。諷持禪經。備盡其妙。遊方弘化。徧歷諸國。以漢桓之初。始到中夏。才悟機敏。一聞能達。至止未久。卽通習華言。於是宣譯衆經。改梵爲漢。先後所出經論。凡三十九部。（釋道安經錄。安世高以漢桓帝建和二年。至靈帝建寧中。二十餘年。譯出凡三十餘部經。）支婁迦讖。亦直云支讖。月支人。漢靈帝時。遊於雒陽。以光和中平之間。傳譯梵文。出般若道行般舟首楞嚴等三經。　竺佛朔。天竺沙門。亦漢靈時賫道行經來適雒陽。卽轉梵爲漢。棄文存質。深得經意。　安玄。安息國人。亦以漢靈之末。遊賈雒陽。以功號曰騎都尉。常以法事爲己任。漸解漢言。志宣經典。常與沙門講論道義。　康僧會。康居人。世居天竺。其父因商賈移於交趾。會年十餘歲。二親並終。出家。篤志好學。明解三藏。 支謙。字恭明。月氏人。來遊漢境。桓靈之世。有支讖（即支婁迦讖）譯出衆經。有支亮。字紀明。資學於讖。謙又受業於亮。博覽經籍。通六國語。謙以大教雖行。而經多梵文。未盡翻譯。已妙善方言。乃收集衆本。譯爲漢語。

翻譯佛典。凡數百部。

《開元釋教錄》（釋智昇）後漢從明帝永平十年至獻帝延康元年。緇素一十二人。所出經律并新舊集失譯諸經總二百九十二部。三百九十五卷。

然漢魏之際。其教猶未盛行。雖桓帝祠浮圖。歷見史傳。

《後漢書桓帝紀論》設華蓋以祠浮圖老子。

《同上襄楷傳》楷諫桓帝疏曰。聞宮中立黃老浮屠之祠。此道清虛。貴尚無爲。好生惡殺。省慾去奢。或言老子入夷狄爲浮屠。浮屠者不三宿桑下。不欲久生恩愛。精之至也。

《釋氏稽古略》桓帝永興二年。帝鑄黃金浮圖老子像。覆以百寶蓋。宮中身奉祠之。世人以金銀作佛像。自此而始也。

其視佛教。殆與道家言相等。未能區別其異同。當時惟聽西域人出家。禁漢人效之。

《高僧傳》石虎時著作郎王度稱。漢明感夢。初傳其道。惟聽西域人得立寺都邑。以奉其神。其漢人皆不得出家。魏承漢制。亦循前軌。

是漢時視佛教。正如清代之視耶教。禁止內地人民之信奉。其後流傳漸廣。始不以種族而分宗教耳。

第三章　諸族並興及其同化

自漢獻帝建安元年。至隋文帝開皇九年。凡三百八十四年。爲中國擾亂分裂之時。視兩漢之統一。歷年相若也。以帝王篡竊之氏號別之。則其中有魏蜀吳三國之六十年。（漢獻建安元年。曹操遷帝於許。已爲曹氏之時代。惟自魏文受禪至晉武滅吳計之。凡六十年。）西晉統一之二十三年。（晉惠帝太安二年。李特已建元。）東晉偏安之百有三年。華夷雜糅之僭竊與晉對峙之百三十六年。（自太安二年至北魏滅北涼。凡百三十六年。）而南北朝截然畫分。南朝之宋五十九年。齊二十三年。梁五十五年。陳三十二年。北朝之魏統一九十四年。（自世祖太平眞君元年至孝武永熙二年。）其後爲西魏二十二年。東魏十六年。又爲北齊二十八年。北周二十四年。而南北始歸於一。治史者以此時期爲最繁難。實則政治主權者轉移與分裂。雖爲若干界限。而民族地方之發展。不必拘拘於此界限。欲考其時民族之強弱變化。正當彙而觀其通耳。

此時期中。謂爲異族蹂躪中夏之時期可。謂爲異族同化於中夏之時期亦可。蓋華夏之文化。冠絕東方。且夙具吸收異族灌輸文化之力。如春秋戰國時所謂蠻夷戎狄之地。後皆化於華夏。武力雖或不逮。而文教足使心折。是固吾國歷史特著之現象也。惟漢以前。政治主權。完全在夏族。而他族則以被治者而同化。漢以後。政治主權不全在夏族。而他族則以征服夏族者而同化。蓋夏族自太古至漢。經歷若干年。已呈老大之象。而他族以驍雄勁悍之種性。漸被吾之文教。轉有新興之勢。新陳代謝。相磨相鏃。而成兩晉南北朝之局。其變化遷嬗之跡。固可按史策而推知也。

兩晉南北朝勃興之種族有五。世謂之五胡。其實氐羌之類。不得謂之胡也。史稱諸族之由來。多出於古代之聖哲。

《史記匈奴列傳》匈奴。其先祖夏后氏之苗裔也。曰淳維。

《後漢書西羌傳》西羌之本。出自三苗。姜姓之別也。

《晉書載記》慕容廆字弈洛瓌。昌黎棘城鮮卑人也。其先有熊氏之苗裔。

《同上》姚弋仲。南安赤亭羌人也。其先有虞氏之苗裔。禹封舜少子於西戎。世爲羌酋。

《魏書序紀》昔黃帝有子二十五人。或內列諸華。或外分荒服。昌意少子。受封北土。國有大鮮卑山。因以爲號。其後世爲君長。統幽都之北。廣漠之野。畜牧遷徙。射獵爲業。淳朴爲俗。簡易爲化。不爲文字。刻木紀契而已。世事遠近。人相傳授。如史官之紀錄焉。黃帝以土德王。北俗謂土爲托。謂后爲跋。故以爲氏。其裔始均。入仕堯世。逐女魃於弱水之北。民賴其勤。帝舜嘉之。命爲田祖。爰歷三代。以及秦漢。獯鬻獫狁山戎匈奴之屬。累代殘暴。作害中州。而始均之裔。不交南夏。是以載籍無聞焉。

其爲附會。無足深論。兩漢之世。諸族頗多雜亂。

《後漢書鮮卑傳》和帝永元中。大將軍竇憲。遣右校尉耿夔。擊破匈奴。北單于逃走。鮮卑因此轉徙據其地。匈奴餘種留者。尙有十餘萬落。皆自號鮮卑。鮮卑由此漸盛。據此。是漢以後之鮮卑。爲匈奴與鮮卑混合之種族矣。

《晉書載記》呂光字世明。略陽氐人也。其先呂文和。漢文帝初。自沛避難徙焉。世為酋豪。（據此，是晉時所謂氐，亦非純粹氐人，中間頗有漢族。）

其後遷徙內地。益與漢族雜居。

《晉書匈奴傳》前漢匈奴大亂。五單于爭立。而呼韓邪單于失其國。攜率部落入臣於漢。漢嘉其意。割并州北界以安之。於是匈奴五千餘落入居朔方諸郡。與漢人雜處。呼韓邪感漢恩來朝。漢因留之。賜其邸舍。猶因本號。聽稱單于。歲給綿絹錢穀。有如列侯。子孫傳襲。歷代不絕。其部落隨所居郡縣。使宰牧之。與編戶大同。而不輸貢賦。多歷年所。戶口漸滋。彌漫北朔。轉難禁制。後漢末。天下騷動。羣臣競言胡人猥多。懼必為寇。宜先為其防。建安中。魏武帝始分其眾為五部。部立其中貴者為帥。選漢人為司馬以監督之。魏末。復改帥為都尉。其左部都尉所統可萬餘落。居於太原故茲氏縣。右部都尉可六千餘落。居祁縣。南部都尉可三千落。居蒲子縣。北部都尉可四千餘落。居新興縣。中部都尉可六千餘落。居太陵縣。武帝踐阼後。塞外匈奴大水。塞泥黑難等二萬餘落歸化。帝復納之。使居河西故宜陽城下。後復與晉人雜居。由是平陽西河太原新興上黨樂平諸郡。靡不有焉。

《後漢書西羌傳》建武九年。班彪上言。今涼州部皆有降羌。羌胡被髮左衽。而與漢人雜處。　十一年夏。先零種寇臨洮。隴西太守馬援破降之。後悉歸服。徙置天水隴西扶風三郡。

《晉書載記》李特巴西宕渠人。其先廩君之苗裔也。秦并天下。謂之賨人。漢末。張魯居漢中。以鬼道教百姓。賨人敬信巫覡。多往奉之。值天下大亂。自巴西之宕渠遷於漢中楊車坂。抄掠行旅。百姓患之。號為楊車巴。魏武帝剋漢中。特祖將五百餘家歸之。

魏武帝拜爲將軍。遷於略陽北土。復號之爲巴氐。特父慕爲東羌獵將。特少仕州郡。見異當時。

雖異族多仍故俗。猶以部落爲別。

《晉書匈奴傳》北狄以部落爲類。其入居塞者。有屠各種鮮支種寇頭種烏譚種赤勤種捍蛭種黑狼種赤沙種鬱鞞種萎莎種禿童種勃蔑種羌渠種賀賴種鍾企種大樓種雍屈種眞樹種力羯種。凡十九種。皆有部落。不相雜錯。

且語言形貌。亦與華夏不同。

《晉書載記》石閔誅胡羯時。高鼻多鬚。至有濫死者。據此.是胡羯多高鼻多鬚.與漢人形貌不同.

《隋書經籍志》後魏初定中原。軍容號令。皆以夷語。後染華俗。多不能通。故錄其本言。相傳教習。謂之國語。據此.是鮮卑等族之語.入居中國後.仍沿用之.

然嚮慕華風。交通婚媾。冒姓養子。譜諜不明者甚多。

《晉書載記》初漢高祖以宗女爲公主。以妻冒頓。約爲兄弟。故其子孫遂冒姓劉氏。

《同上》冉閔字永曾。小字棘奴。季龍之養孫也。父瞻字弘武。本姓冉名良。魏郡內黃人也。其先漢黎陽騎都督。累世牙門。勒破陳午獲瞻。時年十二。命季龍子之。閔幼而果銳。季龍撫之如孫。

《魏書序紀》詰汾皇帝無婦家。力微皇帝無舅家。史謂詰汾遇天女生力微.實傅會之說.蓋其初無譜諜.莫可稽考耳.

故謂諸族皆出於夏族者固非。謂其純粹爲異族而排斥之。亦不盡然也。

兩漢之世。華戎雜居。所以徠遠示恩。彰其歸化之盛也。至魏武時。反倚羌胡實邊助國。其勢漸成反客爲主。故至晉而益不可制。觀郭欽江統諸人之論可見。

〔通鑑卷八十一〕漢魏以來羌胡鮮卑降者。多處之塞內諸郡。其後數因忿恨殺害長吏。漸爲民患。侍御史西河郭欽上疏曰。戎狄彊獷。歷古爲患。魏初民少。西北諸郡。皆爲戎居。內及京兆魏郡弘農。往往有之。今雖服從。若百年之後。有風塵之警。胡騎自平陽上黨。不三日而至孟津。北地西河太原馮翊安定上郡。盡爲狄庭矣。宜及平吳之威。謀臣猛將之略。漸徙內郡雜胡於邊地。峻四夷出入之防。明先王荒服之制。此萬世之長策也。帝不聽。

〔同上卷八十三〕太子洗馬陳留江統。以爲戎狄亂華。宜絕其原。乃作徙戎論。以警朝廷曰。秦始皇幷天下。兵威旁達。攘胡走越。當是時。中國無復四夷也。漢建武中。馬援領隴西太守。討叛羌。徙其餘種於關中。居馮翊河東空地。數十歲之後。族類蕃息。既恃其肥彊。且苦漢人侵之。永初之元。羣羌叛亂。覆沒將守。屠破城邑。鄧騭敗北。侵及河內。十年之中。夷夏俱敝。任尚馬賢。僅乃克之。自此之後。餘燼不盡。小有際會。輒復侵叛。中世之寇。惟此爲大。魏興之初。與蜀分隔。疆埸之戎。一彼一此。武帝徙武都氐於秦川。欲以弱寇彊國。扞禦蜀虜。此蓋權宜之計。非萬世之利也。今者當之。已受其敝矣。　當今之宜。宜及兵威方盛。衆事未罷。徙馮翊北地新平安定界內諸羌。著先零罕幵析支之地。徙扶風始平京兆之氐。出還隴右。著陰平武都之界。　關中之人。百餘萬口。率其少多。戎狄居半。　幷州之胡。本實匈奴桀惡之寇也。建安中。使右賢王去卑誘質呼廚泉。聽其部落。散居六郡。今五部之衆。戶至數萬。人口之盛。過於西戎。其天性驍勇。弓馬便利。倍於氐羌。若有不虞。風塵之慮。則幷州之域可爲寒心。

朝廷不能用。

近人論史者。專歸咎於漢人之失策。蓋僅知其遠因。而不見其近因也。

《中國歷史》(夏曾佑)西北諸游牧族。本與中國雜居。至戰國之末。諸侯力政。諸戎乃爲中國所滅。餘類奔迸。逸出塞外。其後族類稍繁。又復出爲中國患。兩漢之世。竭天下之力。歷百戰之苦。僅乃克之。而後烏桓鮮卑匈奴氐羌西域之衆。悉稽首漢廷。稱臣僕。漢之勢可謂盛矣。然漢人之所以處置之者。其法甚異。往往於異族請降之後。卽遷之內地。宣帝時納呼韓邪。居之亭障。委以候望。趙充國擊西羌。徙之於金城郡。光武時亦以南庭數萬衆。徙入西河。亦轉至五原。連延七郡。而煎當之亂。馬援遷之三輔。在漢人之意。以爲遷地之後。卽不復爲患。不知其後之患。轉甚於未滅時。董卓之亂。汾晉蕭然。已顯大亂之象。故其時深識之士。類能知之。

異族之禍。以永嘉末年爲最甚。石勒劉曜等所殺晉人不下數十萬人。其被驅掠轉徙者。尚不可勝計。

《通鑑卷八十七》永嘉五年夏四月。石勒率輕騎追太傅越之喪。及於苦縣寧平城。大敗晉兵。縱輕騎圍而射之。將士十餘萬人。相踐如山。無一人得免者。 漢主聰。使前軍大將軍呼延晏。將兵二萬七千。寇洛陽。比及河南。晉兵前後十二敗。死者三萬餘人。始安王曜王彌石勒等。皆引兵會之。六月丁酉。王彌呼延晏克宣陽門。入南宮。升太極前殿。縱兵大掠。士民死者三萬餘人。遂發掘諸陵。焚宮廟官府皆盡。曜納惠帝羊皇后。遷帝及六璽於平陽。

其後冉閔之殺胡羯。數亦相等。

《晉書載記》石鑒僭位。以石閔爲大將軍。龍驤孫伏都等。結羯士三千。欲誅閔等。閔攻斬伏都。自鳳陽至琨華。橫尸相枕。流血成渠。宣令內外六夷。敢稱兵杖者斬之。胡人或斬關。或踰城而出者。不可勝數。令城內曰。與官同心者住。不同心者各任所之。敕城門不復相禁。於是趙人百里內悉入城。胡羯去者填門。閔知胡之不爲己用也。班令內外趙人。斬一胡首送鳳陽門者。文官進位三等。武職悉拜牙門。一日之中。斬首數萬。閔躬率趙人。誅諸胡羯。無貴賤男女少長皆斬之。死者二十餘萬。尸諸城外。悉爲野犬豺狼所食。屯據四方者。所在承閔書誅之。時晉穆帝永和五年。距永嘉五年。僅三十九年。

四十年間。胡漢相殺。若循環然。事亦慘矣。而石虎苻生等。殺人尤極殘酷。無復人理。自晉以降之史策。殆血史耳。然自文化一方觀之。則諸族之布在中夏。亦多同化於中國之文教。就其大者言之。約有數端。

（一）則諸族酋豪多躬染中國之文學也。

《晉書載記》劉淵。幼好學。師事上黨崔游。習毛詩。京氏易。馬氏尚書。尤好春秋左氏傳。孫吳兵法。略皆誦之。史漢諸子。無不綜覽。嘗謂同門生朱紀范隆曰。吾每觀書傳。常鄙隨陸無武。絳灌無文。道由人弘。一物之不知者。固君子之所恥也。　劉和。好學夙成。習毛詩。左氏傳。鄭氏易。　劉宣。師事樂安孫炎。沈精積思。不舍晝夜。好毛詩。左氏傳。炎每歎曰。宣若遇漢武。當踰於金日磾也。學成而返。不出門閭蓋數年。每讀漢書。至蕭何鄧禹傳。未嘗不反覆詠之曰。大丈夫若遭二祖。終不令兩公獨擅美於前矣。　劉聰。幼而聰悟好學。博士朱紀大奇之。年十四。究通經史。兼綜百家之言。孫吳兵法。靡不誦。工草隸。善屬文。著述懷詩百餘篇。賦頌五十餘篇。　劉曜。讀書志於廣覽。不精思章句。善屬文。工草隸。尤好兵書。略皆闇誦。常輕侮吳鄧。而自比樂毅蕭曹。

石勒。雅好文學。雖在軍旅。常令儒生讀史書而聽之。每以其意論古帝王善惡。朝賢儒士聽者。莫不歸美焉。嘗使人讀漢書。聞酈食其勸立六國後。大驚曰。此法當失。何得遂成天下。至留侯諫。乃曰。賴有此耳。其天資英達如此。　石弘。幼受經於杜嘏。誦律於續咸。　石虎。雖昏虐無道。而頗慕經學。　慕容皝。尚經學。善天文。　慕容儁。博觀圖書。有文武幹略。　苻堅。八歲請師就家學。祖洪曰。汝戎狄異類。世知飲酒。今乃求學耶。欣而許之。堅性至孝。博學多才藝。　苻丕。少而聰慧。好學博綜經史。　姚襄。少有高名。好學博通。雅善談論。　姚興。與舍人梁喜等講論經籍。不以兵難廢業。　姚泓。博學善談論。尤好詩詠。　李流。少好學。　李庠。才兼文武。　慕容寶。敦崇儒學。工談論。善屬文。　禿髮傉檀。與尚書郎韋宗論六國縱橫之規。三家戰爭之略。機變無窮。辭致清辨。宗歎曰。命世大才。不必華宗夏士也。　慕容德。博觀羣書。性清慎。多才藝。　沮渠蒙遜。博涉羣史。頗曉天文。

【魏書】明元帝。好覽史傳。撰新集三十篇。採經史。該洽古傳。　景穆帝。好讀經史。皆通大義。（孝文事詳後）

(二)則諸酋立國。亦多倣中國之教學也。

【晉書載記】劉曜。立太學於長樂宮東。小學於未央宮西。簡百姓年二十五以下十三以上。神志可教者千五百人。選朝賢宿儒明經篤學以教之。　石勒。立太學。簡明經善書吏。署爲文學掾。選將佐子弟三百人教之。復又增置宣文宣教崇儒崇訓十餘小學於襄國四門。簡將佐豪右子弟百餘人以教之。稱趙王後。立經學祭酒律學祭酒史學祭酒等官。親臨大小學。考諸生經義。尤高者賞帛有差。咸和六年。造明堂辟雍靈臺於襄國城西。命郡國立學官。每郡置博士祭酒二人。弟子百五十人。　石虎。令諸郡國立五經博士。復置國子博士助教。又遣國子博士詣洛陽寫石經。　慕容皝。立東庠於舊宮。以行鄉射之禮。每月臨觀。考試優劣。學徒甚盛。至千餘人。　慕容儁。立小學於顯賢里。以教胄子。　苻堅。廣修學宮。召郡國學生通一經以上充之。六卿以下子孫。並遣受業。堅親臨太學。考學生經義優劣品而第之。行禮於辟雍。祀先師孔子。其太子及公侯卿大夫士之元子。皆束修釋奠焉。以安車蒲輪。徵隱士樂陵王勸爲國子祭酒。禁老莊圖讖之學。中外四禁二衞四軍長上將士。皆令修學。課後宮。置典學。立內司於掖庭。選閹人及女隸有聰識者。置博士以授經。　姚萇。令諸鎮各置學官。勿有所廢。考試優劣。隨才擢敘。

姚興時。天水張龜。東平淳于岐。馮翊郭高等。皆耆儒碩德。經明行修。各門徒數百。教授長安。諸生自遠而至者。萬數千人。興每於聽政之暇。引龜等於東堂講論道藝。錯綜名理。涼州胡辯。苻堅之末。東徙洛陽講授。弟子千有餘人。關中後進。多赴之請業。興敕關尉曰。諸生諮訪道藝。修己厲身。往來出入。勿拘常限。於是學者咸勸。儒風盛焉。　馮跋。營建太學。以長樂劉軒。營丘張熾。成周翟崇爲博士郎中。簡二千石以下子弟年十三以上教之。　禿髮利鹿孤。以田玄沖趙誕爲博士祭酒。以教胄子。

（三）則諸國政事。亦多倣中國之法意也。

《晉書載記》石勒。僞稱趙王。依春秋列國漢初侯王。每世稱元。改稱趙王元年。始建社稷。立宗廟。營東西官署。遣使循行州郡。勸課農桑。朝會常以天子禮樂。饗其羣下。威儀冠冕。從容可觀。又下書禁國人不聽報嫂及在喪婚娶。其燒葬令如本俗。始制軒懸之樂。八佾之舞。爲金根大輅。黃屋左纛。天子車旗。禮樂備矣。　慕容廆。移居大棘城。教以農桑。法制同於上國。二京傾覆。幽冀淪陷。廆刑政修明。虛懷引統。路有頌聲。　苻堅。僭稱大秦天王。修廢職。繼絕世。禮神祇。課農桑。立學校。鰥寡孤獨。高年不自存者。賜穀帛有差。其殊才異行。孝友忠義。德業可稱者。令所在以聞。是秋大旱。堅減膳撤懸。金玉綺繡。皆散之戎士。後宮悉去羅綺、衣不曳地。開山澤之利。公私共之。堅起明堂。繕南北郊。祀其祖洪以配天。宗祀其伯健於明堂。以配上帝。親耕籍田。其妻苟氏親蠶於近郊。以王猛爲侍中中書令京兆尹。其中丞鄧羌。性鯁直不撓。與猛協規齊志。數旬之間。貴戚強豪誅死者二十有餘人。於是百寮震肅。豪右屏氣。路不拾遺。風化大行。堅歎曰。吾今始知天下之有法也。天子之爲尊也。王猛整齊風俗。政理稱舉。學校漸興。關隴清晏。百姓豐樂。自長安至於諸州。皆夾路樹槐柳。二十里一亭。四十里一驛。旅行者取給於途。工商貿販於道。當時諸國法制·大抵依倣漢晉·其不然者·史輒著之·如李雄傳稱雄爲國·無威儀·官無祿秩·班序不別·君子小人服章不殊·行軍無號令·用兵無部對·戰勝不相讓·敗不相救·攻城破邑·動以虜獲爲先·此其所以失也·以此知他國之有秩序者·多倣中國之制矣·

推其所以同化之故。亦有三因。（一）則雜居既久。習於中國之政教也。（二）則中國政教。根柢深固。雖經三國兩晉之擾亂。其爲扶世翼俗之本。固天下所公認也。三國之時·公私學校·雖遜於兩漢·然亦未盡廢絕·魏黃初五年·立太學·制五經課試之法·太和青龍中·太學諸生有千數·吳孫休永安元年·詔按舊制·置學官·立五經博士·蜀亦有儒林校尉·典學校尉·勸學從事·典學從事等官·據蜀志·譙周爲勸學從事·徙典學從事·晉書文立傳·立在蜀時·游太學·專毛詩三禮·師事譙周·是周嘗教於蜀之太學也·西晉時·太學置博士十九人·太學生三千人·太始中·太學生至七千餘人·蓋統一之後·學校且漸盛矣·東晉元帝置博士八人·而不立學校·成帝始立國學·孝武增之·其房屋僅百五十間·而品課無章·世多譏之·此則學校教育·因喪亂而衰替而亦未始廢絕之證也·（三）則諸酋割據。仍多用漢人爲政也。如石勒之張賓·苻堅之王猛等皆是·晉書載記備列其傳·而慕容廆傳言之尤詳·廆所用之裴嶷·既有傳·廆傳又稱曰·推舉賢才·委以庶政·以河東裴嶷·代郡魯昌·北平陽耽爲謀主·北海逄羨·廣平游邃·北平西方虔·渤海封抽·西河宋奭·河東裴開爲股肱·渤海封弈·平原宋該·安定皇甫岌·蘭陵繆愷·以文章才俊·任居樞要·會稽朱左車·太山胡毋翼·魯國孔纂·以舊德清望·引爲賓友·平原劉讚·儒學該通·引爲東庠祭酒·其世子皝率國胄束修受業焉·可見鮮卑之同化首由諸漢人矣·漢人之仕異族·不足爲訓·而於異族不爲無補·

唐史臣稱石勒褫氈裘。襲冠帶。釋介胄。開庠序。鄰敵懼威而獻款。絕域承風而納貢。古之爲國。曷以加諸。雖曰凶殘。亦一時傑也。殆未知所以造成此時之豪傑之原因。徒美其人之姿稟耳。

諸族之興。亦非僅同化於中夏也。其輸入印度文化。亦有力焉。漢季佛教東來。初未普及。三國時。孫權孫皓。皆致疑於佛教。崇信未深。

《高僧傳》康僧會以吳赤烏十年。初達建業。營建茅茨。設像行道。時吳國以初見沙門。覩形未及其道。疑爲矯異。有司奏曰。有胡人入境。自稱沙門。容服非恆。事應檢察。權卽召會詰問有何靈驗。會曰。如來遷迹。忽踰千載。遺骨舍利。神曜無方。昔阿育王起塔。乃八萬四千。夫塔寺之興。以表遺化也。權以爲誇誕。乃謂會曰。若能得舍利。當爲造塔。如其虛妄。國有常刑。會請期三七。果獲舍利。明旦呈權。舉朝集觀。權大歎服。卽爲建塔。以始有佛寺。故號建初寺。因名其地爲佛陀里。由是江左大法遂興。至孫皓卽位。法令苛虐。廢棄淫祠。乃及佛寺。並欲毀壞。

《釋氏稽古略》皓有疾。請會說法悔罪。會爲開示玄要。及授五戒。少頃疾愈。由是奉會爲師。崇飾寺塔。

至石勒石虎苻堅姚興等。始敬禮佛圖澄鳩摩羅什。

《晉書藝術傳佛圖澄傳》石勒屯兵葛陂。專行殺戮。沙門遇害者甚衆。大將軍郭黑略。稱澄智術非常。勒召澄試以道術。信之。勒死。季龍僭位。傾心事澄。有重於勒。朔會之日。引之升殿。常侍以下。悉助舉輿。太子諸公。扶翼而上。主者唱大和尙。衆坐皆起。以彰其尊。又使司空李農旦夕親問。其太子諸公五日一朝。尊敬莫與爲比。

《同上鳩摩羅什傳》龜茲王迎之。廣說諸經。苻堅聞之。密有迎羅什之意。乃遣驍騎將軍呂光等。率兵七萬。西伐龜茲。謂光曰。若獲羅什。卽馳驛送之。光破龜茲。獲羅什。還至涼州。堅已爲姚萇所害。於是竊號河右。羅什在涼州積年。呂光父子既不弘道。故蘊其深解。無所宣化。姚興遣姚碩德西伐。破呂隆。乃迎羅什待以國師之禮。

而譯學始興。演說亦盛。

〔晉書鳩摩羅什傳〕興使羅什入西明閣及逍遙園。譯出衆經。羅什多所諳誦。無不究其義旨。既覽舊經。多有紕繆。於是興使沙門僧叡僧肇等八百餘人。傳受其旨。更出經論。凡三百餘卷。

〔同上姚興傳〕興如逍遙園。引諸沙門於澄玄堂。聽鳩摩羅什演說佛經。羅什通辨夏言。尋覽舊經。多有乖謬。不與胡本相應。興與羅什及沙門僧略僧遷道樹僧叡道坦僧肇曇順等八百餘人。更出大品。羅什持胡本。興執舊經。以相考核。其新文異舊者。皆會於理義。續出諸經并諸論三百餘卷。今之新經皆羅什所譯。

州郡化之。事佛者。十室而九。

〔晉書姚興傳〕興既託意於佛道。公卿已下。莫不欽附。沙門自遠而至者五千餘人。起浮屠於永貴里。立波若臺於中宮。沙門坐禪者恒有千數。州郡化之。事佛者十室而九矣。

釋道安之傳佛教於南方。亦與澄什相表裏。

〔魏書釋老志〕沙門常山衛道安。覃思構精。神悟妙賾。會至鄴。候浮圖澄。澄見而異之。澄卒後。中國紛亂。道安乃率門徒南遊新野。欲令玄宗在所流布。分遣弟子。各趣諸方。法汰詣揚州。法和入蜀。道安與慧遠之襄陽。道安後入苻堅。堅宗以師禮。時西域有胡沙門鳩摩羅什。思通法門。道安思與講譯。每勸堅致羅什。什亦承安命問。謂之東方聖人。

蓋異族之信宗教。視夏人爲易。故晉世諸族迭興。一方爲吾國儒教所濡染。一方又爲印度思想之媒介。不獨混合各方之種族。並且混合各方之文化焉。是亦吾國自有歷史以來一特別之現象也。

第四章　南北之對峙

吾國疆域遼闊。國民胸襟廣大。本無畛域之見。雖中庸有南方之強。北方之強之語。然其所謂南北。並無明確之界限。自封建變爲郡縣。四海之內。統於一政府。南方未開化之地。日益開闢。陝洛之人。視楚越之風氣。固有差異。

《史記貨殖傳》楚越之地。地廣人稀。飯稻羹魚。或火耕而水耨。果隋蠃蛤。不待賈而足。地勢饒食。無饑饉之患。以故呰窳偷生。無積聚而多貧。是故江淮以南。無凍餓之人。亦無千金之家。

《漢書吳王濞傳》上患吳會輕悍。《地理志》江南卑濕。丈夫多夭。其失巧而少信。

然未嘗排斥南人也。東漢以降。分爲三國。吳之與魏。遂有南北對抗之勢。

《通鑑卷六十九》黃初三年。文帝自許昌南征。曹休在洞口。自陳願將銳卒虎步江南。因敵取資。事必克捷。帝恐休便渡江。驛馬止之。侍中董昭侍側曰。竊見陛下有憂色。獨以休濟江故乎。今者渡江。人情所難。就休有此志。勢不獨行。

《同上卷七十》黃初六年。帝如廣陵故城。臨江觀兵。戎卒十餘萬。旌旗數百里。有渡江之志。吳人嚴兵固守。時天寒冰。舟不得入江。帝見波濤洶湧。歎曰。嗟乎。固天所以限南北也。遂歸。

吳國人才。多產南土。山越之地。迭經開闢。

《吳志諸葛恪傳》恪以丹陽山險。民多果勁。出之。可得甲士四萬。衆議以丹陽與吳郡會稽新都鄱陽四郡鄰接。周旋數千里。山谷萬重。其幽邃人民。未嘗入城邑。後漢書劉寵傳，拜會稽太守，山民愿朴，乃有白首不入市井者，頗爲官吏所擾，寵簡除煩苛，禁察非法，郡中大化，徵爲將作大匠，山陰縣有五六老叟，龐眉皓髮，自若邪山谷間出，人齎百錢以送寵，寵勞之曰，父老何自苦，對曰，山谷鄙生，未嘗識郡朝，今聞當見棄去，故自扶奉送，可與此文相證，皆仗兵野逸。征伐爲難。權拜恪撫越將軍。領丹陽太守。恪移書屬城長吏。令各保界分內諸將。羅兵幽阻。不與交鋒。候其穀熟。縱兵芟刈。山民饑窮。漸出降首。人數皆如本規。

《十七史商榷》（王鳴盛）山越事見恪傳。又見吳主孫權傳。建安五年。嘉禾三年。又見太史慈。孫賁。吳主權徐夫人。周瑜。黃蓋。韓當。朱治。張溫。賀齊等傳中。或言鎮撫。或言討平。或言山越懷附云云。陳書三卷。世祖本紀。授會稽太守。山越深險。皆不賓附。新唐書百八十二卷。裴休傳。貞元時。浙東劇賊栗鍠。誘山越爲亂。蓋山越歷六朝至唐。爲害未息。

南及交廣。物產饒衍。故立國江東。不滅於中土也。

晉室平吳。暫復統一。吳人入洛。頗爲北人所輕。

《晉書周處傳》陳準曰。周處吳人。有怨無援。

《同上陸機傳》范陽盧志。於衆中問機曰。陸遜陸抗。於君遠近。機曰。如君於盧毓盧珽。志默然。既起。雲謂機曰。殊邦遐遠。容不相悉。何至於此。機曰。我父祖名播四海。寧不知耶。

《通鑑卷八十五》王彰諫成都王穎曰。陸機吳人。殿下用之太過。北土舊將皆疾之。

惠愍之際。海內大亂。獨江東差安。中國士民避亂。相率南徙。號曰渡江。元帝定都建康。而南方爲漢族正統之國者。

二百七十餘年。中州人士。僑寄不歸。

〔晉書地理志〕元帝渡江。建都揚州。是時司冀雍涼青并兗豫幽平諸州皆淪沒。江南所得。但有揚荊江梁益交廣。其徐州則有過半。豫州惟得譙城而已。中原亂離。遺黎南渡。並僑置牧司。在廣陵丹徒南城。非舊土也。及胡寇南侵。淮南百姓皆渡江。成帝初。蘇峻祖約爲亂於江淮。胡寇又大至。百姓南渡者轉多。乃於江南僑立淮南郡及諸縣。又於尋陽僑置松滋郡。遙隸揚州。咸康四年。僑置魏郡廣川高陽堂邑等諸郡。并所統縣。并寄居京邑。改陵陽爲廣陵。孝武寧康二年。又分永嘉郡之永寧縣。置樂成縣。是時上黨百姓南渡。僑立上黨郡爲四縣。寄居蕪湖。　永嘉之亂。臨淮淮陵並淪沒石氏。元帝渡江之後。徐州所得惟半。乃僑置淮陽陽平濟陰北濟陰四郡。又琅邪國人隨帝過江者。遂置懷德縣及琅邪郡以統之。是時幽冀青并兗五州及徐州之淮北流人。相帥過江淮。帝並僑立郡縣。以司牧之。割吳郡之海虞北境。立郯朐利城祝其厚丘西隰襄賁七縣。寄居曲阿。以江乘置南東海南琅邪南東平南蘭陵等郡。分武進立臨淮淮陵南彭城等郡。屬南徐州。又置頓丘郡。屬北徐州。明帝又立南沛南清河南下邳南東莞南平昌南濟陰南濮陽南太平南泰山南濟陽南魯等郡。以屬徐兗二州。初或居江南。或居江北。或以兗州領州。郗鑒都督青兗二州諸軍事。兗州刺史。加領徐州刺史。鎭廣陵。蘇峻平後。自廣陵還鎭京口。又於漢故九江郡界。置鍾離郡。屬南徐州。江北又僑立幽冀青并四州。穆帝時。移南東海七縣。出居京口。義熙七年。始分淮北爲北徐州。淮南但爲徐州。

始猶以貴族陵蔑南士。

《晉書周玘傳》玘宗族強盛。人情所歸。帝疑憚之。於是中州人士。佐佑王業。而玘自以爲不得調。內懷怨望。復爲刁協輕之。恥恚愈甚。時鎭東將軍祭酒東萊王恢。亦爲周顗所侮。乃與玘陰謀誅諸執政。推玘及戴若思諸南士。共奉帝以經緯世事。謀泄。玘憂憤發背而卒。將卒。謂子勰曰。殺我者諸傖子。能復之。乃吾子也。吳人謂中州人曰傖。故云耳。勰字彥和。常緘父言。時中土亡官失守之士。避亂來者。多居顯位。駕御吳人。吳人頗怨。勰因之欲起兵。豪傑樂亂者翕然附之。元帝以周氏奕世豪望。吳人所宗。故不窮法。撫之如舊。

或以流人。志圖振復。

《晉書祖逖傳》逖字士稚。范陽遒人也。世吏二千石。爲北州舊姓。京師大亂。逖率親黨數百家。避地淮泗。逖多權略。少長咸宗之。推逖爲行主。達泗口。元帝逆用爲徐州刺史。尋徵軍諮祭酒。居丹徒之京口。逖以社稷傾覆。常懷振復之志。賓客義徒。皆暴桀勇士。逖遇之如子弟。時揚土大饑。此輩多爲盜竊。攻剽富室。逖撫慰問之曰。比復南塘一出不。或爲吏所繩。逖輒擁護救解之。

《同上王導傳》桓彝初過江。見朝廷微弱。謂周顗曰。我以中州多故。來此欲求全活。而寡弱如此。將何以濟。憂懼不樂。往見導。極談世事。還謂顗曰。得見管夷吾。無復憂矣。過江人士。每至暇日。相要出新亭飲宴。周顗中坐而歎曰。風景不殊。舉目有江山之異。皆相視流涕。惟導愀然變色曰。當共戮力王室。剋復神州。何至作楚囚相對泣耶。

洎久而相安。北人遂爲南人。而留仕異族及羌胡諸種。乃爲北人。學問文章。禮尚風俗。從此有南北之殊矣。

晉時北方紛亂。未有定名。至宋魏分立。畫淮而治。於是南人呼北人爲索虜。北人呼南人爲島夷。

《晉書石虎傳》吾南擒劉岳北走索頭。索頭之名。晉時已有。蓋時人呼鮮卑之稱也。

《宋書索虜傳》索虜姓託跋氏。其先漢將李陵後也。匈奴有數百千種。各立名號。索頭亦其一也。晉初。索頭種有部落數萬家在雲中。按託跋氏非李陵之後。李陵降匈奴。亦未辮髮。漢書李陵傳。衛律持牛酒勞漢使。博飲。兩人皆胡服椎結。又曰。陵墨不應。熟視而自循其髮。答曰。吾已胡服矣。是匈奴之俗椎結。鮮卑之俗辮髮。二種截然不同。

《魏書僭晉司馬叡傳》叡僭即大位。都於丹陽。因孫權之舊所。即禹貢揚州之地。去洛二千七百里。其地多山水。陽鳥攸居。厥土爲塗泥。厥田惟下下。所謂島夷卉服者也。

《通鑑卷六十九》司馬光曰。漢室顛覆。三國鼎峙。晉氏失馭。五胡雲擾。宋魏以降。南北分治。各有國史。互相排黜。南謂北爲索虜。北謂南爲島夷。注。索虜者。以北人辮髮。謂之索頭也。島夷者。以東南際海。謂之島中也。

《洛陽伽藍記》(楊衒之)魏楊元慎嘲梁使陳慶之曰。吳人之鬼。住居建康。小作冠帽。短製衣裳。自呼阿儂。語則阿傍。菰稗爲飯。茗飲作漿。呷啜蓴羹。唼嗍蟹黃。手把豆蔻。口嚼檳榔。乍至中土。思憶本鄉。急急遠去。還爾丹陽。

雖或通使往來。猶時致其嘲弄。

北方之無恥者。至專以教子弟學鮮卑語爲能事。

《顏氏家訓》齊朝有一士大夫。嘗謂吾曰。我有一兒。年已十七。頗曉書疏。教其鮮卑語及彈琵琶。稍欲通解。以此伏事公卿。無不寵愛。亦要事也。吾時俛而不答。異哉此人之教子也。若由此業自致卿相。亦不願汝曹爲之。

其文化之相懸可知。北史儒林文苑傳。略述當時南北學派之別。

《北史儒林傳》大抵南北所爲章句好尙。互有不同。江左。周易則王輔嗣。尙書則孔安國。左傳則杜元凱。河洛。左傳則服子愼。尙書周易則鄭康成。詩則並主於毛公。禮則同遵於鄭氏。南人約簡。得其英華。北學深蕪。窮其枝葉。考其終始。要其會歸。其立身成名。殊方同致矣。

《同上文苑傳》自漢魏以來。迄乎晉宋。其體屢變。前哲論之詳矣。暨永明天監之際。太和天保之間。洛陽江左。文雅尤盛。彼此好尙。雅有異同。江左宮商發越。貴於淸綺。河朔詞義貞剛。重乎氣質。氣質則理勝其詞。淸綺則文過其意。理深者便於時用。文華者宜於詠歌。此其南北詞人得失之大較也。

顏氏家訓。紀南北禮俗之異點尤多。

《顏氏家訓後娶篇》江左不諱庶孽。喪室之後。多以妾媵終家事。疥癬蚊虻。或未能免。限以大分。故稀鬬鬩之恥。河北鄙於側出。不預人流。是以必須重娶。至於三四。母年有少於子者。後母之弟。與前婦之兄。衣服飮食。爰及婚宦。至於士庶貴賤之隔。俗以爲常。身沒之後。辭訟盈公門。謗辱彰道路。子誣母爲妾。弟黜兄爲傭。播揚先人之辭迹。暴露祖考之長短。以求直己者。往往而有。

《同上治家篇》江東婦女。略無交遊。其婚姻之家。或十數年間未相識者。唯以信命贈遺。致殷勤焉。鄴下風俗。專以姑持門戶。爭訟曲直。造請逢迎。車乘塡街衢。綺羅盈府寺。代子求官。爲夫訴屈。此乃恆代之遺風乎。南間貧素。皆事外飾。車乘衣服。必貴齊整。家人妻子。不免饑寒。河北人事。多由內政。綺羅金翠。不可廢闕。羸馬顇奴。僅充而已。唱和之禮。或爾汝之。

《同上風操篇》別易會難。古人所重。江南餞送。下泣言離。北間風俗。不屑此事。歧路言離。歡笑分首。　凡家親世數。有從父。有從祖。有族祖。江南風俗。自茲以往。高秩者通呼爲尊。同昭穆者。雖百世猶稱兄弟。若對他人稱之。皆云族人。河北士人。雖二三十世。猶呼爲從伯從叔。梁武帝嘗問一中土人云。卿北人。何故不知有族。答云。骨肉易疏。不忍言族耳。　江南喪哭。時有哀訴之言耳。山東重喪。則唯呼蒼天。期功以下。則唯呼痛深。

《同上書證篇》南方以晉渡江後。北間傳記。皆名爲僞書。不貴省讀。

《同上音辭篇》南方水土和柔。其音清舉而切詣。失在浮淺。其辭多鄙俗。北方山川深厚。其音沉濁而訛鈍。得其質直。其辭多古語。然冠冕君子。南方爲優。閭里小人。北方爲愈。易服而與之談。南方庶士。數言可辨。隔垣而聽其語。北方朝野。終日難分。而南染吳越。北雜夷虜。皆有深弊。不可具論。

《同上雜藝篇》晉宋以來。多能書者。故其時俗。遞相染尚。所有部帙。楷正可觀。不無俗字。非爲大損。至梁天監之間。斯風未變。大同之末。訛替滋生。蕭子雲改易字體。邵陵王頗行僞字。前上爲草。能傍作長之類是也。朝野翕然。以爲楷式。北朝喪亂之餘。書迹鄙陋。加以專輒造字。猥拙甚於江南。乃以百念爲憂。言反爲變。不用爲罷。追來爲歸。更生爲蘇。先人爲老。如此非一。徧滿經傳。　弧矢之利。以威天下。先王所以觀德擇賢。亦濟身之急務也。江南謂世之常射。以爲兵射。冠冕儒生。多不習者。別有博射。弱弓長箭。施於準的。揖讓昇降。以行禮焉。防禦寇難。了無所益。亂離之後。此術遂亡。河北文士。率曉兵射。非直葛洪一箭。已解追兵。三九讌集。常縻榮賜。雖然。要輕禽。截狡獸。不願汝輩爲之。

以政權之不一。致文化亦分畛域。彌年歷禩。相去益遠。互事訾謷。各從習慣。致令後之人。雖在統一之時。亦受其影響。奸分爲南北兩派之言。是則異族陵轢中夏之害也。

第五章　清談與講學

東漢之季。由樸學而趨游談。士之善談論者。輒獲盛名。

《後漢書郭太傳》博通墳籍。善談論。美音制。游於洛陽。始見河南尹李膺。膺大奇之。遂相友善。於是名震京師。

《同上謝甄傳》與陳留邊讓。並善談論。俱有盛名。

《同上符融傳》游太學。師事少府李膺。膺夙性高簡。每見融。輒絕它賓客。聽其言論。融幅巾奮褎。談辭如雲。膺每捧手歎息。

或爲美語。相爲題品。

《後漢書黨錮傳》學中語曰。天下模楷李元禮。不畏强禦陳仲舉。天下俊秀王叔茂。

《同上儒林傳》召馴博通書傳。鄉里號之曰。德行恂恂召伯春。此在東漢初許愼博學經籍。時人爲之語曰。五經無雙許叔重。

或以覈論高下人物。

《後漢書許劭傳》劭與靖俱有高名。好共覈論鄉黨人物。每月輒更其品題。故汝南俗有月旦評焉。

此一時之風氣也。漢魏之際。天下大亂。乘時趨勢者。不以道義爲重。

《魏志》建安十九年十二月。令曰。夫有行之士。未必能進取。進取之士。未必能有行也。陳平豈篤行。蘇秦豈守信耶。而陳平定漢業。蘇秦濟弱燕。由此言之。士有偏短。庸可廢乎。有司明思此義。則士無遺滯。官無廢業矣。

《同上裴松之注》建安二十二年八月。令曰。昔伊摯傅說。出於賤人。管仲桓公賊也。皆用之以興。蕭何曹參縣吏也。韓信陳平負污辱之名。有見笑之恥。卒能成就王業。聲著千載。吳起貪將。殺妻自信。散金求官。母死不歸。然在魏。秦人不敢東向。在楚。則三晉不敢南謀。今天下得無有至德之人。放在民間。及果勇不顧。臨敵力戰。若文俗之吏。高才異質。或堪為將守。負污辱之名。見笑之行。或不仁不孝。而有治國用兵之術。其各舉所知。勿有所遺。

曠達之士。目擊衰亂。不甘隱避。則託為放逸。

《魏志》阮瑀子籍。才藻艷逸。而倜儻放蕩。行己寡欲。以莊周為模則。時又有譙郡嵇康。文辭壯麗。好言莊老。《魏氏春秋》籍以世多故。祿仕而已。聞步兵校尉缺。廚多美酒。營人善釀酒。求為校尉。遂縱酒昏酣。遺落世事。

而何晏王弼等遂開清談之風。

《晉書王衍傳》魏正始中。何晏王弼等。祖述老莊。立論以為天地萬物。皆以無為為本。無也者。開物成務。無往不存者也。陰陽恃以化生。萬物恃以成形。賢者恃以成德。不肖恃以免身。故無之為用。無爵而貴矣。

《日知錄》(顧炎武)魏明帝殂。少帝即位。改元正始。凡九年。其十年。則太傅司馬懿殺大將軍曹爽。而魏之大權移矣。三國鼎立。至此垂三十年。一時名士風流。盛於洛下。乃其棄經典而尚老莊。蔑禮法而崇放達。視其主之顛危。若路人然。即此諸賢為之倡也。自此以後。競相祖述。如晉書言王敦見衛玠。謂長史謝鯤曰。不意永嘉之末。復聞正始之音。沙門支遁。以清談著名。於時莫不崇敬。以爲造微之功。足參諸正始。宋書言羊玄保有二子。太祖名曰咸曰粲。謂玄保曰。欲令卿二子有林下正始遺風。王微與何偃書曰。卿少陶玄風。淹雅修暢。自是正始中人。南齊書言袁粲言於帝曰臣觀張緒有正始遺風。南史言。何尚之謂王球。正始之風尚在。其爲後人企慕如此。

晉室之興。世亂未已。向秀之徒。益尚玄風。

〖晉書向秀傳〗好老莊之學。爲之隱解。發明奇趣。振起玄風。讀之者超然心悟。莫不自足一時也。惠帝之世。郭象又述而廣之。儒墨之迹見鄙。道家之言遂盛焉。

名士達官。翕然傾嚮。不治世務。祖尚浮虛。

〖晉書王衍傳〗衍有盛才美貌。明悟若神。常自比子貢。兼聲名藉甚。傾動當世。妙善玄言。唯談老莊爲事。　衍將死。顧而言曰。嗚呼。吾曹雖不如古人。向若不祖尚浮虛。戮力以匡天下。猶可不至今日。

〖同上樂廣傳〗廣性沖約。有遠識。寡嗜慾。與物無競。尤善談論。每以約言析理。以厭人之心。其所不知。默如也。尚書令衛瓘。朝之耆舊。逮與魏正始中諸名士談論。見廣而奇之曰。自昔諸賢既沒。常恐微言將絕。而今乃復聞斯言於君矣。命諸子造焉。曰。此人之水鏡。見之瑩然。若披雲霧而覩青天也。王衍自言與人語甚簡至。及見廣。便覺已之煩。其爲識者所歎美如此。

故論者謂五胡之亂。由於清談焉。

〖日知錄〗講明六藝。鄭王爲集漢之終。演說老莊。王何爲開晉之始。以至國亡於上。教淪於下。羌戎互僭。君臣屢易。非林下諸賢之咎而誰咎哉。

按魏晉人之性質。當分數種。有志世事。橫受誣汚。以其清高目爲浮華。一也。

何晏鄧颺等事曹爽。志在彊魏之宗室。司馬懿以詭譎殺爽等。而世論多集矢於何王。非確論也。

故作曠達。以免誅戮。不守禮法。近於佯狂。二也。

《晉書阮籍傳》籍本有濟世志。屬魏晉之際。天下多故。名士亦少有全者。籍由是不與世事。遂酣飲爲常。 籍嫂嘗歸寧。籍相見與別。或譏之。籍曰。禮豈爲我設耶。 籍著大人先生傳。其略曰。世之所謂君子。惟法是修。惟禮是克。手執圭璧。足履繩墨。行欲爲目前檢。言欲爲無窮則。少稱鄉黨。長聞鄰國。上欲圖三公。下不失九州牧。獨不見羣蝨之處褌中。逃乎深縫。匿乎壞絮。自以爲吉宅也。行不敢離縫。動不敢出褌襠。自以爲得繩墨也。然炎丘火流。焦邑滅都。羣蝨處於褌中而不能出也。君子之處域內。何異夫蝨之處於褌中乎。此亦籍之胸懷本趣也。

風氣既成。自矜領袖。一倡百和。以言取名。三也。正始之風。未必即肇永嘉之禍。求其因果。宜更推勘其曲折變遷。不可以一概論也。

《世說新語卷一德行類》晉文王稱阮嗣宗至愼。每與之言。言皆玄遠。未嘗臧否人物。 《劉孝標注引王隱晉書》魏末阮籍嗜酒荒放。露頭散髮。裸袒箕踞。其後貴游子弟阮瞻王澄謝鯤胡毋輔之之徒。皆祖述於籍。謂得大道之本。故去巾幘。脫衣服。露醜惡。同禽獸。甚者名之謂通。次者名之謂達。 據此是阮籍以佯狂爲謹愼。而晉代諸人則以狂蕩爲率眞。其跡同。其心實大異也。

淸談者崇尚老莊。則以任天率眞爲貴。推之政治。遂有鮑生無君之論。

《抱朴子外篇第四十八詰鮑篇》鮑生敬言好老莊之書。治劇辯之言。以爲古者無君。勝於今世。故其著論云。儒者曰。天生烝民。而樹之君。豈其皇天諄諄言。亦將欲之者爲辭哉。夫強者凌弱。則弱者服之矣。智者詐愚。則愚者事之矣。服之。故君臣之道起焉。事之。故力寡之民制焉。然則隸屬役御。由乎爭強弱而校愚智。彼蒼天果無事也。夫混茫以無名爲貴。羣生以得意爲歡。故剝桂刻漆。非木之願。拔鶡裂翠。非鳥所欲。促轡銜鑣。非馬之性。荷軏運重。非牛之樂。詐巧之萌。任力違眞。伐生之根。以飾無用。捕飛禽以供華玩。穿本完之鼻。絆天放之腳。蓋非萬物並生之意。夫役彼黎烝。養此在官。貴者祿厚。而民亦困矣。夫死而得生。欣喜無量。則不如向無死也。讓爵辭祿。以釣虛名。則不如本無讓也。天下逆亂焉。而忠義顯矣。六親不和焉。而孝慈彰矣。曩古之世。無君無臣。穿井而飲。耕田而食。日出而作。日入而息。汎然不繫。恢然自得。不競不營。無榮無辱。山無蹊徑。澤無舟梁。川谷不通。則不相并兼。士衆不聚。則不相攻伐。勢利不萌。亂禍不作。干戈不用。城池不設。萬物玄同。相忘於道。疫癘不流。民獲考終。純白在胸。機心不生。含餔而熙。鼓腹而遊。其言不華。其行不飾。安得聚斂以奪民財。安得嚴刑以爲坑穽。降及叔季。智用巧生。道德既衰。尊卑有序。繁升降損益之禮。飾紱冕玄黃之服。起土木於淩霄。搆丹綠於棼橑。傾峻搜寶。泳淵探珠。聚玉如林。不足以極其變。積金成山。不足以贍其費。澶漫於淫荒之域。而叛其大始之本。去宗日遠。背朴彌增。造剡利之器。長侵割之患。弩恐不勁。甲恐不堅。鋒恐不利。盾恐不厚。若無淩暴。此皆可棄也。故曰。白玉不毀。孰爲珪璋。道德不廢。安取仁義。使夫桀紂之徒。得燔人。辜諫者。脯諸侯。葅方伯。剖人心。破人脛。窮驕淫之惡。用炮烙之虐。若令斯人。並為匹夫。性雖凶奢。安得施之。使彼肆酷恣欲。屠割天下。由於為君。故得縱意也。君臣既立。眾慝日滋。而欲攘臂乎桎梏之間。愁勞於塗炭之中。人主憂慄於廟堂之上。百姓煎擾乎困苦之中。閑之以禮度。整之以刑罰。是猶闢滔天之源。激不測之流。塞之以撮壤。障之以指掌也。（抱朴子成於東晉成帝咸和五年·（西三三〇年）鮑生之文·成於其前·）

反之者則又崇尚實務。勤於人事。

《晉書卞壼傳》阮孚謂壼曰。卿恆無閑泰。常如含瓦石。亦不勞乎。壼曰。諸君以道德恢弘。風流相尚。執鄙吝者。非壼而誰。時貴游子弟。多慕謝鯤王澄等之行為。以為通達。壼因怒曰。悖禮傷教。罪莫斯甚。中朝傾覆。實由於此。

《晉陽秋》（鄧粲）陶侃勤而整。自強不息。又好督勸於人。常云。民生在勤。大禹聖人。猶惜寸陰。至於凡俗。當惜分陰。豈可遊逸。生無聞於時。死無聞於後。是自棄也。又老莊浮華。非先王之法。言而不敢行。君子當正其衣冠。攝以威儀。何有亂頭養望。自謂宏達耶。侃嘗檢校佐吏。若得樗蒱博弈之具。投之曰。樗蒱。老子入胡所作。外國戲耳。圍棋。堯舜以教愚子。博弈。紂所造。諸君國器。何以為此。若王事之暇。患邑邑者。文士何不讀書。武士何不射弓。談者無以易也。

蓋時當大亂。人心不寧。或憤慨而流於虛無。或憂懼而趨於篤實。皆時會所造。各因其性而出之。而理想之高。事功之成。亦分途並進。不相揜也。

清談有尚簡括者。

《晉書阮瞻傳》遇理而辯。辭不足而旨有餘。見司徒王戎。戎問曰。聖人貴名敎。老莊明自然。其旨同異。瞻曰。將無同。戎咨嗟良久。

命辟之。時人謂之三語掾。

有尙博辯者。

《世說新語》謝鎭西少時。聞殷浩能清言。故往造之。殷爲謝標榜諸義。作數百語。既有佳致。兼辭條豐蔚。甚足以動心駭聽。謝注

神傾意。不覺流汗交面。

時人至以此爲南北之判。

《世說新語》褚季野語孫安國云。北人學問淵綜廣博。孫答曰。南人學問清通簡要。支道林聞之曰。聖賢固所忘言。自中人以還。

北人看書。如顯處視月。南人學問。如牖中窺日。

然自東晉以降。南方之人。實兼有南北各地之性質。不能以此斷之。趙翼論六朝清談之習。謂梁時講經亦染談義之習。

《廿二史劄記》(趙翼)當時父兄師友之所講求。專推究老莊。以爲口舌之助。五經中惟崇易理。其他盡閣束也。至梁武帝。始崇

尙經學。儒術由之稍振。然談義之習已成。所謂經學者。亦皆以爲談辯之資。

此則清談與講學。頗有連帶之關係。雖講經義與談老莊殊科。其爲言語之進化。則事屬一貫。研究三國六朝之風氣者。不可不於此注意焉。

漢代有講經之法。

『漢書宣帝紀』甘露三年三月。詔諸儒講五經同異。太子太傅蕭望之等平奏其議。上親稱制臨決焉。

『後漢書章帝紀』建初四年。詔太常將大夫博士議郎郎官及諸生諸儒。會白虎觀。講議五經同異。使五官中郎將魏應承制問。侍中淳于恭奏。帝親稱制臨決。如孝宣甘露石渠故事。作白虎議奏。

魏沿其制。人主亦嘗幸太學講經。

『魏志高貴鄉公傳』帝幸太學講易畢。復命講尚書。講禮記。（其詞甚長不錄）

梁武之講孝經。沿其例也。

『陳書岑之敬傳』梁武帝令之敬升講座。敕中書舍人朱异。執孝經。唱士孝章。武帝親自論難。之敬剖釋縱橫。應對如響。左右莫不嗟服。

然後漢之時。師徒教授。有解說詳富者。

『後漢書楊政傳』善說經書。京師爲之語曰。說經鏗鏗楊子行。

有倚席不講者。

『後漢書儒林傳序』自安帝覽政。薄於藝文。博士倚席不講。（注。倚席。言不施講席也。）

魏晉人之談易。亦復不尚多言。

《管輅別傳》鄧颺問輅。君善易而語初不及易中辭義。何故也。輅曰。夫善易者不論易也。何晏含笑而讚之。可謂要言不煩也。

《晉書阮修傳》王衍當時談宗。自以論易略盡。然有所未了。及與修談。言寡而旨暢。衍乃歎服焉。

南渡以後。私庭講習。論難猶病其多。

《世說新語》孝武將講孝經。謝公兄弟與諸人私庭講習。車武子難苦問謝。謂袁羊曰。不問則德音有遺。多問則重勞二謝。

其後聚徒講說者。乃盛見於史策。講說之法。亦多標著於史。

《南史伏曼容傳》宋明帝好周易。常集朝臣於清暑殿講。詔曼容執經。曼容宅在瓦官寺東。施高坐於廳事。有賓客。輒升高坐為講說。（古者講學皆席於地。伏之置高坐。特異於衆。故史著之。）生徒常數十百人。

《同上嚴植之傳》兼五經博士。館在潮溝。生徒常百數。講說有區段次第。析理分明。（此可見其時講書實有條理）每當登講。五館生畢至。聽者千餘人。

《同上崔靈恩傳》靈恩聚徒講授。聽者常數百人。性拙朴。無風采。及解析經理。甚有精致。都下舊儒。咸稱重之。

《同上盧廣傳》為國子博士。徧講五經。時北人有崔靈恩孫詳蔣顯。並聚徒講說。而音辭鄙拙。惟廣言論清雅。不類北人。

《同上沈峻傳》周官一書。實為羣經源本。孫詳蔣顯亦經聽習。而音革楚夏。故學徒不至。惟峻特精此書。時開講肆。羣儒並執經下坐。北面受業。徐勉奏峻兼五經博士。於館講授。聽者常數百人。

《同上張譏傳》梁武帝嘗於文德殿釋乾坤文言。譏整容而進。諮審循環。辭令溫雅。帝甚異之。陳天嘉中。為國子助教。時周弘正在國學。發周易題。弘正第四弟弘直亦在講席。弘正屈於譏議。弘直危坐厲聲。助其申理。譏謂弘直曰。今日義集。辯正名理。不得有助。弘直曰。僕助君師。何爲不可。弘正嘗謂人曰。吾每登坐。見張譏在席。使人懍然。此可見當時講經·聽者亦多問難·

《北史劉獻之傳》獻之善春秋毛詩。每講左氏。盡隱公八年便止。云義例已了。不復講解。由是弟子不能究竟其說。此可見當時講經·須舉全部·方爲究竟·

《同上張吾貴傳》曾在夏學。聚徒千數而不講傳。生徒竊云。張生之於左氏。似不能說。吾貴聞之曰。我今夏講暫罷。後當說傳。君等來日皆當持本。此可見講經時·學生皆持本·生徒怪之。三旬之中。吾貴兼讀杜服。隱括兩家。異同悉舉。諸生復集。便爲講之。義例無窮。皆多新異。

《同上劉蘭傳》張吾貴以聰辯過人。其所解說。不本先儒之旨。惟蘭推經傳之由。本注者之意。甚爲精悉。瀛州刺史裴植。徵蘭講書於州南館。植爲學主。此可見地方講學者有學主 生徒甚盛。海內稱焉。

《同上徐遵明傳》教授門徒。每臨講坐。先持執疏。然後敷講。學徒至今。寖以成俗。據此似遵明之前凡講書者不持疏解·至是始變耳·

《同上權會傳》性甚儒愞。似不能言。及臨機答難。酬報如響。由是爲諸儒所推。貴游子弟。慕其德義者。或就其宅。或寄宿鄰家。晝夜承間。受其學業。會欣然演說。未嘗懈怠。

《同上樊深傳》深經學通贍。每解書。多引諸家義而說之。後生聽其言者。不能曉悟。背而譏之曰。樊生講書多門戶。

《同上熊安生傳》尹公正使齊。問所疑。安生皆爲一一演說。咸究其根本。公正嘆服。

且南北風氣相同。均以敷陳義旨演述周析爲尙。是亦學術之一大進步也。

淸談所標。皆爲玄理。晉宋之際。遂有玄學之目。至立學校以相教授。

《宋書何尙之傳》上以尙之爲丹陽尹。立宅南郭外。置玄學。聚生徒。東海徐秀。廬江何曇黃回。潁川荀子華。太原孫宗昌王延秀。魯郡孔惠宣。並慕道來遊。謂之南學。

《文獻通考》宋文帝雅好藝文。使丹陽尹廬江何尙之立玄學。太子率更令何承天立史學。司徒參軍謝元立文學。散騎常侍雷次宗立儒學。爲四學。

談論者爲玄言。著述者爲玄部。

《南史張譏傳》譏篤好玄言。講周易老莊而敎授焉。吳郡陸元朗朱孟博。一乘寺沙門法才。法雲寺沙門慧拔。至眞觀道士姚綏。皆傳其業。譏所撰周易義三十卷。老子義十一卷。莊子內篇義十二卷。外篇義二十卷。雜篇義十卷。玄部通義十二卷。游玄桂林二十四卷。

欲精其學。亦至不易。

《南齊書王僧虔傳》僧虔戒子書曰。往年有意於史。取三國志聚置床頭。百日許。復徙業就玄。自當小差於史。猶未近彷彿。曼倩有云。談何容易。見諸玄。志爲之逸。腸爲之抽。專一書。轉通十數家注。自小至老。手不釋卷。尙未敢輕言。汝開老子卷頭五尺許。未知輔嗣何所道。平叔何所說。馬鄭何所異。指例何所明。而便盛於塵尾。自呼談士。此最險事。

梁世盛加提倡玄風遂爾廣播。

《顏氏家訓勉學篇》何晏王弼。祖述玄宗。遞相誇尚。景附草靡。皆以農黃之化。在乎己身。周孔之業。棄之度外。洎於梁世。茲風復闡。莊老周易總謂三玄。武皇簡文躬自講論。周宏正奉贊大猷。化行都邑。學徒千餘。實爲盛美。

稽其理論。多與釋氏相通。故自晉以來。釋子盛治老莊。

《世說新語》支遁與許詢謝安共集王濛家。謝顧謂諸人。今日可謂彥會。時既不可留。此集固亦難常。當共言詠。以寫其懷。許乃問主人有莊子不。正得漁父一篇。謝看題。便各使四座通。支道林先通作七百許語。敘通精麗。才藻奇拔。衆咸稱善。

《高僧傳》釋慧遠博綜六經。尤善莊老。

清談者亦往往與釋子周旋。

《世說新語》僧意在瓦官寺中。王苟子來與共語。便使其唱理。意謂王曰。聖人有情不。王曰無。重問曰。聖人如柱耶。王曰如籌算。雖無情。運之者有情。僧意云。誰運聖人耶。苟子不得答而去。

佛教之與吾國學說融合。由是也。梁陳講學。或在宮殿。或在僧寺。

《南史張譏傳》後主在東宮。令于温文殿講莊老。宣帝幸宮臨聽。後主嘗幸鍾山開善寺。召從臣坐於寺西南松林下。敕譏豎義。

或以佛與儒道諸書並講。

《陳書馬樞傳》樞博極經史。尤善佛經及周易老子義。梁邵陵王綸爲南徐州刺史。素聞其名。引爲學士。綸時自講大品經。令樞講維摩老子周易。同日發題。道俗聽者二千人。數家學者。各起問端。楇依次剖判。開其宗旨。然後枝分流別。轉變無窮。論者拱默聽受而已。

足知清談講學者。皆與佛教溝通。當時盛流。咸受緇衣薰染矣。

第六章　選舉與世族

東漢之季世。重清議而薄朝政。貴賤榮辱。朝野相反。故至魏晉有九品官人之法。

〔魏志陳羣傳〕九品官人之法。羣所建也。

〔文獻通考〕延康元年（魏文帝爲魏王。改建安二十五年爲延康元年。後又改爲黃初元年。）尚書陳羣以爲天朝選用。不盡人才。乃立九品官人之法。州郡皆置中正。以定其選。擇州郡之賢有識鑒者爲之。區別人物。第其高下。又制郡口十萬以上。歲察一人。其有秀異。不拘戶口。其武官之選。俾護軍主之。　州郡縣俱置大小中正。各取本處人。在諸府公卿及各省郎吏。有德充才盛者爲之。區別所管人物。定爲九等。其言行修著。則升進之。或以五升四。以六升五。倘或道義虧缺。則降下之。或自五退六。自六退七矣。以吏部不能審定天下人才士庶。故委中正銓第等級。憑之授受。謂免乖失。及法弊也。

朝廷用人。率依中正品第。

〔文獻通考〕晉依魏氏九品之制。內官吏部尚書司徒左長史。外官州有大中正。郡國有小中正。皆掌選舉。凡吏部選用。必下中正。徵其人居及祖父官名。

〔廿二史箚記〕魏文帝初定九品中正之法。郡邑設小中正。州設大中正。由小中正品第人才。以上大中正。大中正核實以上司徒。司徒再核。然後付尚書選用。

中正定品。三年一更。

〔晉書石虎傳〕魏立九品之制。三年一清定之。

多設訪問助之調查。並爲品狀。

〔晉書孫楚傳〕王濟爲太原大中正。訪問者論邑人品狀。至孫楚。則曰。此人非卿所能目。吾自爲之。乃狀曰。天才英博。亮拔不羣。

〔同上劉卞傳〕卞初入太學。試經。當爲四品。臺吏訪問（趙翼曰。助中正采訪之人。）欲令寫黃紙一鹿車。卞不肯。訪問怒。言於中正。乃退爲尚書令史。

小中正有失。大中正當舉發之。不得徇隱。

〔晉書卞壺傳〕淮南小中正王式。父沒。其繼母終喪。歸於前夫之子。後遂合葬於前夫。壺劾之。以爲犯禮害義。幷劾司徒及揚州大中正。淮南大中正含容徇隱。詔以式付鄉邑清議。廢終身。

雖中正所黜陟。政府亦得變更之。

〔晉書霍原傳〕燕國中正劉沈舉霍原爲二品。司徒不過。（即不准也）沈上書。謂原隱居求志。行成名立。張華等又特奏之。乃爲上品。

〔同上張軌傳〕張華素重張軌。安定中正蔽其善。（當是抑置下品）華爲延譽。得居二品。

然被糾彈付清議者。多致廢棄。

【日知錄】九品中正之設。雖多失實。凡被糾彈付清議者。卽廢棄終身。同之禁錮。至宋武帝篡位。乃詔有犯鄉論清議。贓汙淫盜。一皆蕩滌洗除。與之更始。自後凡遇非常之恩赦文。並有此語。齊梁陳詔並云洗除先注。當日鄉論清議。必有記注之目。

南北朝時。其風猶然。

【文獻通考】梁初無中正制。敬帝太平二年。復令諸州各置中正。仍舊放選擧。皆須中正押上。然後量授。不然則否。　後魏州郡皆有中正。掌選擧。每以季月與吏部銓擇可否。其秀才對策第居中上。表敘之。正始元年。乃罷諸郡中正。

【同上】南朝至於梁陳。北朝至於周隋。選擧之法。雖互相損益。而九品及中正至開皇中方罷。

其制之得失。論者不一。擧其得。則曰重清議。

日知錄清議一篇言之甚詳。

斥其失。則曰徇私情。

【文獻通考】于時雖風教頹失而無典制。然時有清議。尙能勸俗。陳壽居喪。使女奴丸藥。積年沈廢。郄詵篤孝。以假葬違常。降品一等。其爲懲勸如此。其後中正任久。愛憎由己。而九品之法漸弊。遂計官資以定品格。天下惟以居位者爲貴。尙書僕射劉毅以九品者始因魏初喪亂。是軍中權時之制。非經久之典也。宜用土斷。復古鄉擧里選之法。上疏曰。夫九品有八損。而官才有三難。皆興替之所由也。人物難知。一也。愛憎難防。二也。情僞難明。三也。今之中正。定九品高下任意。榮辱在手。操人主威福。奪天朝權勢。愛惡隨心。情僞由己。上品無寒門。下品無世族。公無考校之負。私無告訴之忌。損政之道一也。置州郡者。本取州里清議。咸所歸服。將以鎭異同。一言議。不謂一人之身。了一州之才。一人不審。遂爲坐廢。使是非之論。橫於州里。嫌隙之讎。結於大臣。損政之道二也。本立格制。謂人倫有序。若貫魚成次。才德優劣。倫輩有首尾也。今之中正。坐徇其私。推貴異之器。使在九品之下。負載不肖。越在成人之首。損政之道三也。委以一國之重。而無賞罰之防。使得縱橫。無所顧憚。諸受枉者。抱怨積久。獨不蒙天地無私之德。長壅蔽於邪人之銓。損政之道四也。一國之士。多者千數。或流徙異邦。或給事殊方。而中正知與不知。將定品狀。必采聲於台府。納毀於流言。任己則有不識之弊。聽受則有彼此之偏。所知以愛憎奪其平。所不知者以人事亂其度。損政之道五也。凡所以立品設狀者。求人才而論功報也。今於限當報。雖職之高。還附卑品。無績於官。而獲高敍。是爲抑實功而崇虛名也。損政之道六也。凡官不同事。人不同能。今九品不狀才能之所宜。而以九等爲例。以品取人。或非才能之所長。以狀取人。則爲本品之所限。若狀得其實。猶品狀相妨。況不實者乎。損政之道七也。前九品詔書。善惡必書。以爲褒貶。今之九品。所下不章其罪。所上不列其善。廢褒貶之義。任愛憎之斷。天下之人。焉得不懈於德行。而銳於人事乎。損政之道八也。職名中正。實爲姦府。事名九品。而有八損。臣以爲宜罷中正。除九品。棄魏氏之弊法。立一代之美制。

然其中猶有一義焉。則所謂紳士政治是也。魏晉以降。易君如舉棋。帝王朝代之號。如傳舍然。使人民一仰朝廷君主之所爲。其爲變易紊亂。蓋不可勝言矣。當時士大夫。於無意中保守此制。以地方紳士。操朝廷用人之權。於是朝代雖更。而社會之勢力仍固定而不爲搖動。豈惟可以激揚清濁。抑亦所以抵抗君權也。

趙翼陔餘叢考論六朝忠臣無殉節者一篇。謂自漢魏易姓以來。勝國之臣。卽爲興朝佐命。久已習爲固然。其視國家禪代。一若無與於己。且轉藉爲遷官受賞之資云云。實則其時國家大權在紳士。不在君主。故紳士視國家禪代無與於己也。廿二史箚記論南朝多以寒人掌機要篇。謂魏正始晉永熙以來。皆大臣當國。晉元帝忌王氏之盛。欲政自己出。用刁協劉隗等爲私人。卽召王敦之禍。自後非幼君卽孱主。悉聽命於柄臣。八九十年。已成故事。其至宋齊梁陳諸君。無論賢否。皆威福自己。不肯假權於大臣。而其時高門大族。門戶已成。令僕三司。可安流平進。不屑竭智盡心。以邀恩寵。且風流相尚。罕以物務關懷。人主遂不能藉以集事。於是不得不用寒人云云。亦可見自晉以來。紳士權力甚大。雖人君威福自己。而紳士自居高位。不屑爲人主私人也。

九品中正之弊。專論門第。則高位顯職。皆爲世族子弟所得。雖無世襲之制。實有階級之分。

《南史謝弘微傳》晉世名家。身有國封者。起家多拜員外散騎侍郎。

《梁書張纘傳》秘書郎有四員。宋齊以來。爲甲族起家之選。待次入補。其居職例數十百日便遷任。

《初學記》秘書郎與著作郎。江左以來。多爲貴游起家之選。故當時諺曰上車不落爲著作。體中何如。則秘書。

至於位宦高卑。皆依家牒爲斷。

《南史王僧孺傳》入直西省。知撰譜事。先是尚書令沈約。以爲晉咸和初。蘇峻作亂。文籍無遺。後起咸和二年以至於宋。所書並皆詳實。並在下省左戶曹前廂。謂之晉籍。有東西二庫。此籍既並精詳。實可寶惜。位宦高卑。皆可依案。宋元嘉二十七年。始以七條徵發。既立此科。人姦互起。按宋書索虜傳·元嘉二十七年·軍旅大起·兵力不足·尚書左僕射何尚之·參議發南兗州三五民丁·父祖伯叔兄弟仕州居職從事·及仕北徐兗州爲皇弟皇子從事庶姓主簿·諸皇弟皇子府參軍督護·國三令以上·相府舍者·不在發例·其餘悉倩暫行·疑卽所謂七條徵發之法·僞狀巧籍。歲月滋廣。以至於齊。患其不實。於是東堂校籍。置郎令史以掌之。競行姦貨。

以新換故。昨日卑細。今日便成士流。宋齊二代。士庶不分。雜役減闕。職由於此。竊以晉籍所餘。宜加寶愛。武帝以是留意譜籍。因詔僧儒改定百家譜。

《同上》晉太元中員外散騎侍郎平陽賈弼。篤好簿狀。乃廣集衆家。大搜羣族。所撰十八州。一百一十六郡。合七百一十二卷。凡諸大品。略無遺闕。藏在秘閣。副在左戶。及弼子太宰參軍匪之。匪之子長水校尉深。世傳其業。太保王弘。領軍將軍劉湛。並好其書。弘日對千客。不犯一人之諱。湛爲選曹。始撰百家以助銓序。

州郡屬吏。亦須辟引著姓。

《梁書楊公則傳》爲湘州刺史。保己廉愼。爲吏民所悅。湘俗單家以賂求州職。公則至。悉斷之。所辟引皆州郡著姓。高祖班下諸州以爲法。

南朝如此。北地亦然。

《陔餘叢考》(趙翼)當時風尚。右豪宗而賤寒畯。南北皆然。牢不可破。高允請各郡立學。取郡中清望人行修謹者爲學生。先儘高門。次及中等。魏孝文帝以貢舉猥濫。乃詔州郡愼所舉。亦曰門盡州郡之高。才極鄉閭之選。

甚至帝王雖寵其人。而不能躋之於士大夫之列。

《陔餘叢考》習俗所趨。積重難返。雖帝王欲變易之而不能。宋文帝寵中書舍人宏興宗。謂曰。卿欲作士人。得就王球坐。乃當判爾。若往詣球。可稱旨就席。及至。宏將坐。球舉扇曰。卿不得爾。宏還奏。帝曰。我便無如此何。他日帝以語球。欲令與之相知。球辭曰。士庶區別。國之常也。臣不敢奉詔。按南史王球傳、時中書舍人徐爰、有寵於上、嘗命球及殷景仁與之相知、球辭曰、士庶區別、國之章也、臣不敢奉詔、上改容謝焉、是球所拒者、爲徐爰、非宏也、 紀僧眞自寒官歷至尉軍府參軍主簿。宋孝武帝嘗目送之曰。人生何必計門戶。紀僧眞堂堂貴人所不及也。其寵之如此。及僧眞啓帝曰。臣小人。出自本州武吏。他無所須。惟就陛下乞作士大夫。帝曰。此事由江斆謝瀹。我不得措意。可自詣之。僧眞承旨詣斆。登榻坐定。斆命左右移吾牀讓客。僧眞喪氣而退。告帝曰。士大夫固非天子所命。

其爲社會中一種特殊勢力。殆尤過於古代之世族。春秋時代、世族專橫、如魯三桓鄭七穆之類、雖亦具有特殊勢力、然發生於封建世祿之時代、無足異也、自秦以降、社會階級已經鏟除、無所謂平民貴族之別、而漢魏以來、復造成此種階級之制、斯可異耳、 降至唐代。其風猶存。柳芳著論至以此爲魏晉隋唐治亂興衰之徵。

《新唐書柳沖傳》初太宗命諸儒譔氏族志。甄差羣姓。其後門胄興替不常。沖請修改其書。帝詔魏元忠張錫蕭元忠岑羲崔湜徐堅劉憲吳兢及沖共取德功時望國籍之家。等而次之。開元初。詔沖與薛南金復加刊竄。乃定。後柳芳著論甚詳。今刪其要。著之左方。 魏氏立九品。置中正。尊世胄。卑寒士。權歸右姓。其州大中正主簿。郡中正功曹。皆取著姓士族爲之。以定門冑品藻人物。晉宋因之。始尚姓已。然其別貴賤。分士庶。不可易也。於時有司選舉。必稽譜籍。而考其眞僞。故官有世胄。譜有世官。賈氏王氏。譜學出焉。由是有譜局。令史職皆具。過江則爲僑姓。王謝袁蕭爲大。東南則爲吳姓。朱張顧陸爲大。山東則爲郡姓。王崔盧李鄭爲大。關中亦號郡姓。韋裴柳薛楊杜首之。代北則爲虜姓。元長孫宇文于陸源竇首之。郡姓者。以中國士人差第閥閱爲之制。凡三世有三公者曰膏粱。有令僕者曰華腴。尚書領護而上者爲甲姓。九卿若方伯者爲乙姓。散騎常侍大中大夫者爲丙姓。吏部正員郎爲丁姓。凡得入者。謂之四姓。北齊因仍。舉秀才州主簿郡功曹。非四姓不在選。故江左定氏族。凡郡上姓第一。則爲右姓。太和以郡四姓爲右姓。齊浮屠曇剛類例。凡甲門爲右姓。周建德氏族以四海通望爲右姓。隋開皇氏族。以上品茂姓則爲右姓。唐貞觀氏族志。凡第一等則爲右姓。路氏著姓略。以盛門爲右姓。柳沖姓族系錄。凡四海望族則爲右姓。不通歷代之說。不可與言譜也。今流俗獨以崔盧李鄭爲四姓。加太原王氏。號五姓。蓋不經也。夫文之弊至於尚官。官之弊。至於尚姓。姓之弊。至於尚詐。隋承其弊。不知其所以弊。乃反古道。罷鄉舉。離地著。尊執事之吏。於是乎士無鄉里。里無衣冠。人無廉恥。士族亂而庶人僭矣。山東之人質。故尚婚婭。江左之人文。故尚人物。關中之人雄。故尚冠冕。代北之人武。故尚貴戚。管仲曰。爲國之道。利出一孔者王。二孔者强。三孔者弱。四孔者亡。故冠婚者人道大倫。周漢之官人。齊其政。一其門。使下知禁。此出一孔也。故王。魏晉官人。尊中正。立九品。鄉有異政。家有競心。此出二孔也。故强。江左代北諸姓。紛亂不一。其要無歸。此出三孔也。故弱。隋氏官人以吏道治天下。人之行不本鄉黨。政煩於上。人亂於下。此出四孔也。故亡。唐承隋亂。宜救之以忠。忠厚。則鄉黨之行修。鄉黨之行修。則人物之道長。人物之道長。則冠冕之緒崇。冠冕之緒崇。則教化之風美。乃可與古參矣。

其力崇貴族。正與今日各國盛獎平民者相反。至唐末五代。種族混亂。不崇門閥。其風始衰替焉。

第七章　三國以降文物之進步

三國以降。學術風俗。均日衰替。

『三國志董昭傳』竊見當今年少。不復以學問爲本。專更以交遊爲業。國士不以孝弟清修爲首。乃以趨勢游利爲先。

『魏略』(魚豢)正始中。有詔議圜丘。普延學士。是時郎官及司徒領吏二萬餘人。而應書與議者。略無幾人。又是時朝堂公卿以下四百餘人。其能操筆者。未有十人。多皆飽食相從而退。嗟夫。學業沉隕。乃至於此。

『晉紀』(干寶)論曰。朝寡純德之人。鄉乏不貳之老。風俗淫僻。恥尚失所。學者以莊老爲宗而黜六經。談者以虛蕩爲辯而賤名檢。行身者以放濁爲通而狹節信。進仕者以苟得爲貴而鄙居正。當官者以望空爲高而笑勤恪。由是毀譽亂於善惡之實。情慝奔於貨欲之塗。選者爲人擇官。官者爲身擇利。世族貴戚之子弟。陵邁超越。不拘資次。悠悠風塵。皆奔競之士。列官千百。無讓賢之舉。其婦女裝櫛織紝。皆取成於婢僕。未嘗知女工絲枲之業。中饋酒食之事也。先時而婚。任情而動。故皆不恥淫佚之過。不拘妬忌之惡。父兄不之罪也。天下莫知非也。又況責之聞四教於古。修貞順於今。以輔佐君子者哉。禮法刑政。於此大壞。

然治經之人。亦賡續不絕。

『經學歷史』(皮錫瑞)世傳十三經注。除孝經爲唐明皇御注外。漢人與魏晉人各居其半。鄭君箋毛詩。注周禮儀禮禮記。何休注公羊傳。趙岐注孟子。凡六經。皆漢人注。孔安國尚書傳。王肅僞作。王弼易注。何晏論語集解。凡三經。皆魏人注。杜預左傳集解。范甯穀梁集解。郭璞爾雅注。凡三經。皆晉人注。　當漢學已往。唐學未來。絕續之交。諸儒倡爲義疏之學。有功於後世甚大。南如崔靈恩三禮義宗左氏經傳義。沈文阿春秋禮記孝經論語義疏。皇侃論語禮記義。戚袞禮記義。張譏周易尚書毛詩孝經論語義。顧越喪服毛詩孝經論語義。王元規春秋孝經義記。北如劉獻之三禮大義。徐遵明春秋義章。李鉉撰定孝經論語毛詩三禮義疏。沈重周禮儀禮二記毛詩喪服經義。熊安生周禮禮記義疏孝經義。皆見南北史儒林傳。今自皇熊二家。見采於禮記疏外。其餘書皆亡佚。然淵源有自。唐人五經之疏。未必無本於諸家者。論先河後海之義。亦豈可忘篳輅藍縷之功乎。

研究諸子者。亦時有之。

《魏志杜恕疏》今之學者。師商韓而上法術。競以儒家爲迂闊。

《蜀志》先主遺詔曰。歷觀諸子及六韜商君書。益人意智。聞丞相爲寫申韓管子六韜一通已畢。

《晉書魯勝傳》其著述爲世所稱。遭亂遺失。惟注墨辯存。其敘曰。名者所以別同異。明是非。道義之門。政化之準繩也。孔子曰。必也正名。名不正則事不成。墨子著書作辯經以立名本。惠施公孫龍祖述其學。以正刑名顯於世。孟子非墨子。其作辯言正辭。則與墨同。荀卿莊周等皆非毀名家。而不能易其論也。名必有形。察形莫如別色。故有堅白之辯。名必有分明。分明莫如有無。故有無序之辯。是有不是。可有不可。是名兩可。同而有異。異而有同。是之謂辯同異。至同無不同。至異無不異。是謂辯同辯異。同異生是非。是非生吉凶。取辯於一物。而原極天下之汙隆。名之至也。自鄧析至秦時名家者。世有篇籍。率頗難知。後學莫復傳習。於今五百餘歲。遂亡絕。墨辯有上下經。經各有說。凡四篇。與其書衆篇連第。故獨存。今引說就經。各附其章。疑者闕之。又采諸衆雜集爲刑名一篇。略解指歸。以俟君子。

論者甚至謂江左有愈於漢。

《五朝學》(章炳麟)魏晉者。俗本之漢。陂陀從迹以至。非能驟潰。濟江而東。民有甘節。清劭中倫。無曩時中原媮薄之德。乃度越漢時也。嘗試論之。漢之純德。在下吏諸生間。雖魏晉不獨失也。魏晉之侈德。下在都市。上即王侯貴人。雖漢不獨亡也。粤晉之東。下訖陳。盡五朝三百年。往惡日湔。而純美不忒。此爲江左有愈於漢。

蓋歷史現象變化繁賾。有退化者。有進化者。有蟬嫣不絕者。有中斷或突興者。固不可以一概論也。

天算之學後盛於前。三國以降。算書特多。今世所傳算經十書。九章算術。魏劉徽所注也。

《九章算術注序》(劉徽)徽幼習九章。長再詳覽。觀陰陽之割裂。總算術之根源。探賾之暇。遂悟其意。是以敢竭頑魯。采其所見。爲之作注。

海島算經。徽所著也。

《隋書經籍志》九章重差圖一卷。劉徽撰。 《戴震海島算經跋》徽之書本名重差。初無海島之目。隋志九章十卷。下云劉徽撰。蓋以九章九卷。合此爲十也。而隋志唐志又皆有九章重差圖一卷。蓋圖本單出。故別著於錄。唐選舉志稱算學生。九章海島共限習三年。試九章三條。海島一條。則改題海島。自唐初已然矣。

孫子算經。亦漢以後人所輯。

《四庫全書總目》孫子算經三卷。朱彝尊曝書亭集有孫子算經跋。以爲出於孫武。今考書內設問。有云長安洛陽相去九百里。又云佛書二十九章。章六十三字。則後漢明帝以後人語。孫武春秋末人。安有是語乎。

晉有夏侯陽算經。張邱建算經。

《夏侯陽算經跋》(戴震)隋經籍志有夏侯陽算經二卷。不言陽爲何代人。宋史禮志載算學祀典有云。封魏劉徽淄川男。晉姜岌成紀男張邱建信成男。夏侯陽平陸男。後周甄鸞無極男。又張邱建算經序云。夏侯陽之方倉。則陽爲晉人。

《四庫全書總目》張邱建算經三卷。原本不題撰人時代。唐志載張邱建算經一卷。甄鸞注。則當在甄鸞之前。書首邱建自序引及夏侯陽孫子之術。則當在夏侯陽之後也。

北周甄鸞撰五經算術。又注孫子算經及五曹算經。

《四庫全書提要》五經算術二卷。北周甄鸞撰。鸞精於步算。仕北周。爲司隸校尉漢中郡守。嘗釋周髀等算經。不聞其有是書。而隋書經籍志有五經算術一卷。五經算術錄遺一卷。皆不著撰人姓名。唐藝文志則有李淳風注五經算術二卷。亦不言其書爲誰人所撰。今考是書舉尚書孝經詩易論語三禮春秋之待算方明者列之。而推算之術。悉加甄鸞案三字於上。則是書當即鸞所撰。

則自周髀及唐王孝通所撰之緝古算經外。皆此時期之人所著也。(周髀注亦甄鸞重述)所奇者。南北朝對峙。各出算學大家。北有甄鸞。南有祖冲之。先後相望。祖先於甄約五十年而祖氏所發明尤爲卓絕。

《南齊書祖冲之傳》有機思。又特善算。注九章。造綴述數十篇。

《中國圓周率略史》(茅以昇)(科學雜誌第三卷第四期第四一一至四一八頁)周三徑一之率。荒古已有其說。後漢有張衡率。魏有劉徽。吳有王蕃。各求新率。徽率之精約。已無間言。至祖冲之圓率。則精麗罕儔。千古獨絕。隋書律歷志曰。宋末。南徐州從事史祖冲之。更開密率法。以圓徑一億爲一丈。圓周盈數三丈一尺四寸一分五厘九毫二秒七忽。朒數三丈一尺四寸一分五厘九毫二秒六忽。正數在盈朒二限之間。密率圓徑一百一十三。周三百五十五。約率圓徑七。周二十二。此第五世紀世界最精之圓率也。其時印度僅有三一四一六。歐人亦纔至三一四一五五二之率。視此自有愧色。祖率睥睨天下。九原有知。亦自豪矣。

孰謂南朝尚空談而無研究實學者乎。

算術與製造有密切之關係。漢魏時人多治算術。故新奇之製作。亦相因而起。諸葛亮之作連弩木牛流馬。世已奇其術。

《蜀志諸葛亮傳》亮性長於巧思。損益連弩。木牛流馬。皆出其意。《魏氏春秋》(孫盛)亮損益連弩。謂之元戎。以鐵爲矢。矢長八寸。一弩十矢俱發。亮集載木牛流馬法曰。木牛者。方腹曲頭。一脚四足。頭入領中。舌著於腹。載多而行少。宜可大用。不可小使。特行者數十里。羣行者二十里也。曲者爲牛頭。雙者爲牛脚。橫者爲牛領。轉者爲牛足。覆者爲牛背。方者爲牛腹。垂者爲牛舌。曲者爲牛肋。刻者爲牛齒。立者爲牛角。細者爲牛鞅。攝者爲牛鞦。軸牛仰雙轅。人行六尺。牛行四步。載一歲糧。日行二十里。而人不大勞。流馬尺寸之數。肋長三尺五寸。廣三寸。厚二寸二分。左右同。前軸孔分墨去頭四寸。徑中二寸。前脚孔分墨二寸。去前軸孔四寸五分。廣一寸。前杠孔去前脚孔分墨二寸七分。孔長二寸。廣一寸。後軸孔去前杠分墨一尺五分。大小與前同。後脚孔分墨去後軸孔三寸五分。大小與前同。後杠孔去後脚孔分墨二寸七分。後載剋去後杠孔分墨四寸五分。前杠長一尺八寸。廣二寸。厚一寸五分。後杠與等。板方囊二枚。厚八分。長二尺七寸。高一尺六寸五分。廣一尺六寸。每枚受米二斛三斗。從上杠孔去肋下七寸。前後同。上杠孔去下杠孔分墨一尺三寸。孔長一寸五分。廣七分。八孔同。前後四脚廣二寸。厚一尺五分。形制如象。靬長四寸。徑面四寸三分。孔徑中三脚杠長二尺一寸。廣一寸五分。厚一寸四分。同杠耳。

而馬鈞之巧過之。

『魏志杜夔傳注』時有扶風馬鈞。巧思絕世。傅玄序之曰。馬先生。天下之名巧也。爲博士居貧。乃思綾機之變。舊綾機五十綜者五十躡。六十綜者六十躡。先生患其喪功費日。乃皆易以十二躡。其奇文異變。因感而作者。猶自然之成形。陰陽之無窮。居京都城內。有坡可爲園。患無水以灌之。先生作翻車。令兒童轉之。而灌水自覆。更入更出。其巧百倍於常。其後人有上百戲者。能設而不能動也。先生受詔作之。以大木彫構。使其形若輪。平地施之。潛以水發焉。設爲歌樂舞象。至令木人擊鼓吹簫。作山嶽。使木人跳丸擲劍。緣絙倒立。出入自在。百官行署。舂磨鬬雞。變巧百端。先生見諸葛亮連弩。曰。巧則巧矣。未盡善也。言作之可令加五倍。又患發石車。敵人之於樓邊。懸濕牛皮。中之則墮。不能連屬而至。欲作一輪。懸大石數十。以機鼓輪爲常。則以斷懸石。飛擊敵城。使首尾電至。嘗試以車輪。懸瓴甓數十。飛之數百步矣。

祖沖之之巧又過之。

『南齊書祖沖之傳』初宋武平關中。得姚興指南車。有外形而無機巧。每行。使人於內轉之。昇明中。太祖輔政。使沖之追修古法。沖之改造銅機。圓轉不窮。而司方如一。馬鈞以來未有也。沖之以諸葛亮有木牛流馬。乃造一器。不因風水。施機自運。不勞人力。又造千里船於新亭江。試之。日行百餘里。

此雖間世一出。未足為普徧之徵。然即史策所傳觀之。亦可見吾國人創造之能。無論何時。皆有所表見也。

三國以來。學者之務實用。不獨精於算數。掇製奇器已也。其於規天法地之事。亦時時推陳出新。以期致用。如王蕃陸績等之製渾天儀象。

『晉書天文志』順帝時。張衡製渾天儀象。其後陸績亦造渾象。至吳時中常侍廬江王蕃善數術。傳劉洪乾象歷。依其法而制渾儀。古舊渾象以二分為一度。凡周七尺三寸半分。張衡更制以四分為一度。凡周一丈四尺六寸。蕃以古制局小。星辰稠概。衡器傷大。難可轉移。更制渾象。以三分為一度。凡周天一丈九寸五分分之三也。

『隋書天文志』梁華林重雲殿前所置銅儀。其制則有雙環規相並。間相去三寸許。正豎當子午。其子午之間。應南北極之衡。各合而為孔。以象南北樞。植楗於前後以屬焉。又有單橫規。高下正當渾之半。皆周匝分為度數。署以維辰之位。以象地。又有單規。斜帶南北之中。與春秋二分之日道相應。亦周匝分為度數。而署以維辰。並相連著。屬楗植而不動。其裏又有雙規相並。如外雙規。內徑八尺。周二丈四尺。而屬雙軸。軸兩頭。出規外各二寸許。合兩爲一。內有孔圓徑二寸許。南頭入地下。注於外雙規南樞孔中。以象南極。北頭出地上。入於外雙規北樞孔中以象北極。其運動得東西轉。以象天行。其雙軸之間。則置衡長八尺。通中有孔。圓徑一寸。當衡之半。兩邊有關。各注著雙軸。衡既隨天象東西轉運。又自於雙軸間。得南北低仰。所以準驗辰歷。分考次度。其於揆測。唯所欲爲之者也。檢其鐫題。是僞劉曜光初六年史官丞南陽孔挺所造。則古之渾儀之法者也。

《同上》宋文帝以元嘉十三年。詔太史更造渾儀。太史令錢樂之依案舊說。采效儀象。鑄銅爲之。五分爲一度。徑六尺八分少。周一丈八尺二寸六分少。地在天內不動。立黃赤二道之規。定南北二極之規。布列二十八宿。北斗極星。置日月五星於黃道上。爲之杠軸。以象天運。昏明中星。與天相符。梁末置於文德殿前。　吳時又有葛衡明達天官。能爲機巧。改作渾天。使地居于天中。以機動之。天動而地止。以上應晷度。則樂之之所放述也。到元嘉十七年。又作小渾天。二分爲一度。徑二尺二寸。周六尺六寸。安二十八宿。中外官宿備足。以白青黃等三色珠爲三家星。其日月五星。悉居黃道。亦象天運。而地在其中。宋元嘉中所造儀象器。開皇九年平陳後。並入長安。大業初移於東都觀象殿。

裴秀謝莊等之製地圖。

《晉書裴秀傳》以禹貢山川地名。從來久遠。多有變易。於是甄擿舊文。隨事注列。作禹貢地域圖十八篇奏之。藏於秘府。其序曰。制圖之體有六焉。一曰分率。所以辨廣輪之度也。二曰準望。所以正彼此之體也。三曰道里。所以定所由之數也。四曰高下。五曰方邪。六曰迂直。此三者各因地而制宜。所以校夷險之異也。

『宋書謝莊傳』作左氏經傳方丈圖。隨國立篇。製木爲圖。山川土地。各有分理。離之則州郡殊別。合之則宇內爲一。皆注重實際。非徒尙空談也。雖有製或不精密。且其物亦都不傳。無由考其法度。然亦可見其時有一部分之人。崇尙虛玄。猶有一部分之人。殫精實學矣。

隋書經籍志載天文圖書凡九十七部。六百七十五卷。其大宗皆三國六朝時人所製。中有婆羅門天文經二十一卷。婆羅門竭伽仙人天文說三十卷。婆羅門天文一卷。摩登伽經說星圖一卷。蓋六朝時。不但繼續秦漢以來天文家之言。兼採及印度測驗天文之書也。 地理類載漢以後地圖。有洛陽圖一卷。湘州圖副記一卷。江圖三卷。周地圖記一百九卷。冀州圖經一卷。齊州圖經一卷。幽州圖經一卷。而摯虞陸澄等地理書。實爲研究地理之鉅製。隋代因之。有區宇圖志及諸州圖經等書焉。志曰。晉世摯虞。依禹貢周官作畿服經。其州郡。及縣。分野。封略。事業。國邑。山陵。水泉。鄉亭城。道里。土田。民物風俗。先賢舊好。靡不具悉。凡一百七十卷。今亡。而學者因其經歷。並有記載。然不能成一家之體。齊時陸澄聚一百六十家之說。依其前後遠近。編而爲部。謂之地理書。任昉又增陸澄之書八十四家。謂之地記。陳時顧野王抄撰衆家之言。作輿地志。隋大業中。普詔天下諸郡。條其風俗物產地圖。上於尙書。故隋代有諸郡物產土俗記一百三十一卷。區宇圖志一百二十九卷。諸州圖經集一百卷。其餘注記甚衆。

魏晉之世。有一最大之憾事。卽古樂亡於是時也。秦漢之際。古樂雖已失傳。然制氏猶能記其鏗鏘鼓舞。雅樂四曲。至魏猶存。永嘉之亂。始殄滅無餘焉。

『隋書音樂志』董卓之亂。正聲咸蕩。漢雅樂郎杜夔。能曉樂事。八音七始。靡不兼該。魏武平荊州。得夔。使其刊定雅律。魏有先代古樂。自夔始也。自此迄晉。用相因循。永嘉之寇。盡淪胡羯。

《晉書樂志》杜夔傳舊雅樂四曲。一曰鹿鳴。二曰騶虞。三曰伐檀。四曰文王。皆古聲辭。及太和中。左延年改夔騶虞伐檀文王三曲。更自作聲節。其名雖存。而聲實異。唯因夔鹿鳴。全不改易。每正旦大會。太尉奉璧。羣后行禮。東廂雅樂常作者是也。　永嘉之亂。海內分崩。伶官樂器。皆沒於劉石。

魏得晉樂。不知採用。後平河西。雜以秦聲。

《隋書音樂志》道武帝皇始元年。破慕容寶於中山。獲晉樂器。不知采用。皆委棄之。　太武帝平河西。得沮渠蒙遜之伎。賓嘉大禮。皆雜用焉。此聲所興。蓋苻堅之末。呂光出平西域。得胡戎之樂。因又改變。雜以秦聲。所謂秦漢樂也。

降至周隋。禮崩樂壞。所用雅樂。皆胡聲也。

《隋書音樂志》開皇二年。齊黃門侍郎顏之推上言。禮崩樂壞。其來自久。今太常雅樂。並用胡聲。請馮梁國故事。考尋古典。高祖不從。俄而柱國沛公鄭譯奏上。請更修正。詔求知音之士。集尙書參定音樂。譯云。考尋樂府鍾石律呂。皆有宮商角徵羽變宮變徵之名。七聲之內。三聲乖應。每恒求訪。終莫能通。先是周武帝時。有龜茲人曰蘇祇婆。從突厥皇后入國。善胡琵琶。聽其所奏。一均之中間有七聲。因而問之。答云。父在西域。稱爲知音。代相傳習。調有七種。以其七調。勘校七聲。冥若合符。一曰婆陁力。華言平聲。卽宮聲也。二曰雞識。華言長聲。卽南呂聲也。三曰沙識。華言質直聲。卽角聲也。四曰沙侯加濫。華言應聲。卽變徵聲也。五曰沙臘。華言應和聲。卽徵聲也。六曰般贍。華言五聲。卽羽聲也。七曰俟利箑。華言斛牛聲。卽變宮聲也。譯因習而彈之。始得七聲之正。

蓋樂之不傳。由律之不明。晉荀勖等校魏鐘律。已多不諧。

《晉書律志》武帝泰始九年。中書監荀勖校大樂。八音不和。始知後漢至魏。尺長於古四分有餘。勖乃部著作郎劉恭。依周禮制尺。所謂古尺也。依古尺更鑄銅律呂。以調聲韻。時人稱其精密。惟陳留阮咸。譏其聲高。

梁武帝自製四通。與古法迥異。

《隋書音樂志》武帝自制定禮樂。立爲四器。名之爲通。通皆施三弦。一曰玄英通。二曰青陽通。三曰朱明通。四曰白藏通。

蓋當時所謂知音者。僅知當時之音。不能深解古樂之本原矣。

古樂亡而音韻之學與語言文字之用。因以益精。是亦三國以降異於兩漢以前之一特點也。漢以前人不知反切。魏世反切始大行。

《顏氏家訓》鄭玄注六經。高誘解呂覽淮南。許愼造說文。劉熙製釋名。始有譬況假借。以證音字。而古語與今殊別。其間輕重清濁。猶未可曉。加以外言內言急言徐言讀若之類。益使人疑。孫叔然創爾雅音義。是漢末人獨知翻語。至於魏世。此事大行。高貴鄉公不解反語。以爲怪異。自茲厥後。音韻鋒出。

《經典釋文》(陸德明)古人音書。止爲譬況之說。孫炎始爲翻語。魏朝以降漸繁。

旣乃分別五聲。

《韻纂序》(隋潘徽)三蒼急就之流。微存章句。說文字林之作。唯別體形。至於尋聲推韻。良爲疑混。末有李登聲類。呂靜韻集。始別清濁。纔分宮羽。

『封氏聞見記』(封演)魏時有李登者。撰聲類十卷。凡一萬一千五百二十字。以五聲命字。不立諸部。

又分平上去入四聲。

『南史庾肩吾傳』齊永明中。王融謝朓沈約。文章始用四聲。『陸厥傳』時盛爲文章。吳興沈約陳郡謝朓琅邪王融。以氣類相推轂。汝南周彥倫善識聲韻。約等文皆用宮商。將平上去入四聲。以此制韻。有平頭上尾蠭腰鶴膝。五字之中。音韻悉異。兩句之內。角徵不同。不可增減。世呼爲永明體。『周顒傳』始著四聲切韻行於時。『沈約傳』撰四聲譜。以爲在昔詞人。累千載而未悟。而獨得胸衿。窮其妙旨。自謂入神之作。

而音韻之學興矣。漢魏之際。文章已趨於排偶。至晉宋而益盛。至齊梁而駢文之式大成。五言詩亦開後來律詩之端。是皆與聲韻之學進步相關者也。世謂吾國之有字母傳自西域。

『通志七音略』(鄭樵)切韻之學。起自西域。舊所傳十四字。貫一切音。文省而音博。謂之婆羅門書。其後又得三十六字母。而音韻之道始備。

其法始於大般涅槃經。

『十駕齋養新錄』(錢大昕)大般涅槃經。文字品。字音十四字。哀阿壹伊塢理釐鷖藹汚暗奧菴惡。比聲二十五字。迦呿伽咺俄。舌根聲。遮車闍膳若。舌齒聲。吒咃茶咤拏。上咢聲。多他陀駄那。舌頭聲。婆頗婆婆摩。脣吻聲。虵邏羅縛奢沙娑呵。此八字超聲。

此見於一切經音義者也。與今華嚴經四十二母殊不合。元應音義首載華嚴經。終於五十八卷。初無字母之說。今所傳八十一卷者。乃實叉難陀所譯。玄應未及見也。然涅槃所載比聲二十五字。與今所傳見溪羣疑之譜。小異而大同。前所列字音十四字。即影喻來諸母。然則唐人所撰三十六字母。實采涅槃之文。參以中華音韻而去取之。謂出於華嚴則妄矣。

《大藏目錄》大般涅槃經四十卷。北涼曇無讖譯。　大般涅槃經三十六卷。宋慧嚴等依泥洹經加之。

則音韻之學。亦受佛教東來之影響也。

古無所謂文集。自東漢以降。始有之。於是有別集總集之目。

《隋書經籍志》別集之名。蓋漢東京之所創也。自靈均以降。屬文之士衆矣。然其志尚不同。風流殊別。後之君子。欲觀其體勢。而見其心靈。故別聚焉。名之爲集。辭人景慕。並自記載。以成書部。年代遷徙。亦頗遺散。其高唱絕俗者。略皆具存。總集者。以建安之後。辭賦轉繁。衆家之集。日以滋廣。晉代摯虞。苦覽者之勞倦。於是採摘孔翠。芟翦繁蕪。自詩賦下。各爲條貫。合而編之。謂爲流別。是後文集總鈔。作者繼軌。屬辭之士。以爲覃奧。而取則焉。

蓋古之學者。以學爲文。未嘗以文爲學。漢魏而下。經子之學衰。而文章之術盛。作者如林。不可殫述。專就文學論。實以斯時爲進化之極軌。色澤聲調。均由樸拙而日趨於工麗。無間南北。翕然同聲。

北史稱永明天監之際。太和天保之間。洛陽江左。文雅尤盛。彼此好尚。雅有異同。江左宮商發越。貴於清綺。河朔詞義貞剛。重乎氣質。蓋就文章氣骨細晰言之。南北固有區別。而一時風氣。亦未嘗大相懸絕。庾信南人。仕於北朝。駢儷之文。實集大成。亦可見南北好尚之同矣。

於是有評論文章之書。

『梁書鍾嶸傳』嶸嘗品古今五言詩。論其優劣。名爲詩評。

『同上劉勰傳』勰撰文心雕龍五十篇。論古今文體。引而次之。沈約取讀。大重之。謂爲深得文理。

有選錄文章之書。

『梁書昭明太子統傳』撰古今典誥文言。爲正序十卷。五言詩之善者。爲文章英華二十卷。文選三十卷。

世且傳爲選學焉。

『舊唐書曹憲傳』憲所撰文選音義。甚爲當時所重。初江淮間爲文選學者。本之於憲。又有許淹。李善。公孫羅。復相繼以文選敎授。由是其學大興於代。

漢代隸草始興。

『書斷』(張懷瓘)章艸。漢黃門史游所作也。王愔云。漢元帝時。史游作急就章。解散隸體。漢俗簡惰。遂以行之。

後漸變隸爲楷。

『流沙墜簡釋文』(羅振玉)永和以降之竹簡。楷七隸三。魏景元四年簡。則全爲楷書。

而鍾繇王羲之等。遂以書名。觀晉書稱羲之善隸書。知晉唐時人猶呼楷字爲隸矣。

《晉書王羲之傳》羲之尤善隸書。爲古今之冠。子獻之亦工草隸。獻之工草隸。嘗書壁爲方丈大字。羲之甚以爲能。

晉時石刻之字。筆畫多方整。及宋初猶然。

如任城太守孫夫人碑。齊太公呂望表。及齊州刺史爨龍顏碑。皆漢隸體也。爨碑間有楷法。

而閣帖所載晉人牋帖。則多圓美。碑帖之歧自此始矣。齊梁碑版傳者不多。北魏周齊石刻極夥。其字畫往往工妙。

《集古錄》(歐陽修)南朝士氣卑弱。書法以清媚爲佳。北朝碑誌之文。辭多淺陋。又多言浮屠。其字畫則往往工妙。

近世學書者。多宗北碑。論書法之進化。自秦漢來。當推北朝矣。北朝書家著於史者。有張景仁。冀儁。趙文深等。

《北史張景仁傳》幼以學書爲業。遂工草隸。選補內書生。及立文林館。總判館事。除侍中。封建安王。自倉頡以來。八體取進。一人而已。

《同上冀儁傳》善隸書。特工模寫。

《同上趙文深傳》少學楷隸。雅有鍾王之則。筆勢可觀。當時碑牓。唯文深冀儁而已。

而不稱鄭道昭能書。

魏書及北史均有鄭道昭傳。僅稱其綜覽羣言。好爲詩賦。凡數十篇。

以今日碑刻言之。則北人之書無過於道昭者。

《語石》(葉昌熾)鄭道昭雲峯山上下碑及論經詩諸刻。上承分篆。其筆力之健。可以剸犀兕搏龍蛇。而游刃於虛。全以神運。不獨北朝書家第一。自有眞書以來。一人而已。舉世瞰名。稱右軍爲書聖。其實右軍書碑無可見。余謂道昭。書中之聖也。千秋論定。不在史傳之贊否。可知史傳之不足憑。而人之自立。但有一才一藝。獨造其極。絕不患其湮沒無聞也。

第八章 元魏之制度

南北分治之時。後魏之境域。實廣於南朝。

《讀史方輿紀要》(顧祖禹)後魏起自北荒。道武珪。克并州。下常山。拔中山。盡取慕容燕河北地。明元嗣時。漸有河南州郡。太武燾。西克統萬。東平遼西。又西克姑臧。南臨瓜步。獻文之世。長淮以北。悉爲魏有。孝文都洛。復取南陽。宣武恪時。又得壽春。復取淮西。續收漢川。至於劍閣。於是魏地北逾大磧。西至流沙。東接高麗。南臨江漢。

由破裂而漸趨統一。而其國之制度。亦遂煥然可觀。魏之制度最善者。首推均田。自秦以降。田皆民有。無復限制。議者多病之。

《漢書食貨志》董仲舒說上曰。秦用商鞅之法。改帝王之制。除井田。民得賣買。富者田連阡陌。貧者無立錐之地。漢興。循而未改。古井田法雖難猝行。宜少近古。限民名田。以贍不足。塞并兼之路。然後可善治也。竟不能用。

王莽欲復古制。民皆不便。事竟不行。

《漢書食貨志》王莽篡位。下令更名天下田曰王田。奴婢曰私屬。皆不得買賣。其男口不滿八而田過一井者。分餘田與九族鄉黨。犯令法至死。制度不定。吏緣爲姦。天下謷謷然。陷刑者衆。後三歲。莽知民愁。下詔諸食王田及私屬。皆得賣買。勿拘以法。

晉武平吳之後。計丁課田。粗有限制。然亦未有授受之法。

《晉書食貨志》平吳之後。制戶調之式。丁男之戶。歲輸絹三匹。綿三斤。女及次丁男爲戶者半輸。其諸邊郡或三分之二。遠者三分之一。夷人輸賨布。戶一匹。遠者或一丈。男子一人占田七十畝。女子三十畝。其外丁男課田五十畝。丁女二十畝。次丁男半之。女則不課。男女年十六以上至六十爲正丁。十五以下至十三。六十一以上至六十五爲次丁。十二以下。六十六以上爲老小。不事。遠夷不課田者。輸義米戶三斛。遠者五斗。極遠者輸算錢人二十八文。其官品第一至於第九。各以貴賤占田。品第一者占田五十頃。第二品四十五頃。第三品四十頃。第四品三十五頃。第五品三十頃。第六品二十五頃。第七品二十頃。第八品十五頃。第九品十頃。而又各以品之高卑。蔭其親屬。多者及九族。少者三世。宗室國賓先賢之後。及士人子孫。亦如之。而又得蔭人。以爲衣食客及佃客。品第六以上。得衣食客三人。第七第八品二人。第九品一人。其應有佃客者。官品第一第二者。佃客無過五十戶。第三品十戶。第四品七戶。第五品五戶。第六品三戶。第七品二戶。第八品第九品一戶。

南渡以後。軍國所須。臨時徵賦。乃無恆法定令。

《隋書食貨志》自東晉寓居江左。歷宋齊梁陳。軍國所須雜物。隨土所出。臨時折課市取。乃無恆法定令。列州郡縣。制其任土所出。以爲徵賦。其無貫之人。不樂州縣編戶者。謂之浮浪人。樂輸亦無定數。任量。

而拓跋氏興於北荒。采入中原。值大亂之後。民廢農業。轉能計口授田。

《魏書食貨志》太祖定中山。接喪亂之敝。兵革並起。民廢農業。既定中山。分徙吏民及徒何種人工伎巧十萬餘家。以充京都。各給耕牛。計口授田。

蓋亂世田土無主。地多入官。復由民有之制。漸變爲國有之制。至孝文帝太和中。遂普行均田之法。

《魏書食貨志》太和九年。下詔均給天下民田。諸男夫十五以上。受露田四十畝。婦人二十畝。奴婢依良。丁牛一頭。受田三十畝。限四牛。所授之田率倍之。三易之田再倍之。以供耕作及還受之盈縮。諸民年及課則受田。老免及身沒則還田。奴婢牛隨有無以還授。諸桑田不在還受之限。但通入倍田分。於分雖盈。沒則還田。不得以充露田之數。不足者以露田充倍。諸初受田者。男夫一人給田二十畝。課蒔餘種桑五十樹。棗五株。榆三根。非桑之土。夫給一畝。依法課蒔榆棗。奴婢依良。限三年種畢。不畢。奪其不畢之地。於桑榆地分雜蒔餘果及多種桑榆者不禁。諸應還之田。不得種桑榆棗果。種者以違令論。地入還分。諸桑田皆爲世業。身終不還。恆從見口。有盈者無受無還。不足者受種如法。盈者得賣其盈。不足者得買所不足。不得賣其分。亦不得買過所足。諸麻布之土。男夫及課。別給麻田十畝。婦人五畝。奴婢依良。皆從還受之法。諸有舉戶老小癃殘無授田者。年十一以上及癃者。各授以半夫田。年踰七十者。不還所受。寡婦守志者。雖免課。亦授婦田。諸還受民田。恆以正月。若始受田而身亡。及賣買奴婢牛者。皆至明年正月乃得還受。諸土廣民稀之處。隨力所及。官借民種蒔。役有土居者。依法封授。諸地狹之處。有進丁受田而不樂遷者。則以其家桑田爲正田分。又不足。不給倍田。又不足。家內人別減分。無桑之鄉。準此爲法。樂遷者聽逐空荒。不限異州他郡。惟不聽避勞就逸。其地足之處。不得無故而移。諸民有新居者。三口給地一畝。以爲居室。奴婢五口給一畝。男女十五以上。因其地分。口課種菜五分畝之一。諸一人之分。正從正。倍從倍。不得隔越他畔。進丁受田者。恆從所近。若同時俱受。先貧後富。再倍之田。放此爲法。諸遠流配謫無子孫及戶絕者。墟宅桑榆。盡爲公田。以供授受。授受之次。給其所親。未給之間。亦借其所親。諸宰民之官。各隨地給公田。刺史十五頃。太守十頃。治中別駕各八頃。縣令郡丞六頃。更代相付。賣者坐如律。

論者謂其法異於王莽。故能久行而無弊。

『文獻通考』或謂井田之廢已久。驟行均田。奪有餘以予不足。必致煩擾以興怨讟。不知後魏何以能行。然觀其立法。所受者露田。諸桑田不在還受之限。意桑田必是人戶世業。是以栽植桑榆其上。而露田不栽樹。則似所種者皆荒閑無主之田。必諸遠流配謫無子孫及戶絕者。墟宅桑榆。盡爲公田。以供授受。則固非盡奪富者之田。以予貧人也。又令有盈者無受不還。不足者受種如法。盈者得賣其盈。不足者得買所不足。不得賣其分。亦不得買過所足。是令其從便賣買以合均給之數。則又非强奪之以爲公田。而授無田之人。與王莽所行異矣。此所以稍久而無弊歟。

然推其原始實由無主之田。爭訟不決。豪强兼並。乃爲均給。

『魏書李安世傳』時民困飢流散。豪右多有占奪。安世乃上疏曰。竊見州郡之民。或因年儉流移。棄賣田宅。漂居異鄉。事涉數世。三長既立。始返舊墟。廬井荒毀。桑榆改植。事已歷遠。易生假冒。彊宗豪族。肆其侵淩。遠認魏晉之家。近引親舊之驗。又年載稍久。鄉老所惑。羣證雖多。莫可取據。各附親知。互有長短。兩證徒具。聽者猶疑。爭訟遷延。連紀不判。良疇委而不開。柔桑枯而不採。僥倖之徒興。繁多之獄作。欲令家豐歲儲。人給資用。其可得乎。愚謂今雖桑井難復。宜更均量。審其徑術。令分藝有準。力業相稱。細民獲資生之利。豪右靡餘地之盈。則無私之澤。乃均播於兆庶矣。又所爭之田。宜限年斷事。久難明。悉屬今主。然後虛妄之民。絕望於覬覦。守分之士。永免於凌奪矣。高祖深納之。後均田之制起於此。

又立三長。確定戶籍。校比戶籍。遂得其實。

【資治通鑑】齊永明四年。（即魏太和十年）魏無鄉黨之法。唯立宗主督護。民多隱冒。三五十家始爲一戶。內秘書令李冲上言。宜準古法。五家立鄰長。五鄰立里長。五里立黨長。取鄉人彊謹者爲之。鄰長復一夫。里長二夫。黨長三夫。三載無過。則升一等。其民賦一夫一婦。帛一匹。粟二石。大率十匹爲公調。二匹爲調外費。三匹爲百官俸。此外復有雜調。民年八十以上。聽一子不從役。孤獨癃老篤疾貧窮不能自存者。三長內迭養食之。書奏。詔百官通議。太尉丕曰。方有事之月。校比戶口。民必勞怨。請過今秋至冬。乃遣使者。於事爲宜。冲曰。民可使由之。不可使知之。若不因調時。民徒知立長校戶之勤。未見均徭省賦之益。心必生怨。宜及調課之月。令知賦稅之均。既識其事。又得其利。行之差易。羣臣多言一旦改法。恐成擾亂。文明太后曰。立三長則課調有常準。苞蔭之戶可出。僥倖之人可止。何爲不可。甲戌。初立黨里鄰三長。定民戶籍。民始皆愁苦。豪彊者尤不願。既而課調。省費十餘倍。上下安之。（按通鑑永明三年·載李安世疏·四年·載李冲之言·是三長之立·在安世上疏之後·然李疏明云·三長既立·始返舊墟·似三長立後·始行均田·魏書李安世傳未言其上疏年月·而食貨志明云九年下詔均田·十年李冲上言立三長·疑李安世之疏·非太和九年所上·）

且喪亂多年。戶口稀少。計口均給。不虞不足。

兩漢盛時。民戶皆千數百萬。口五千餘萬。（漢書地理志·元始二年·戶千二百二十三萬三千六十二·口五千九百五十九萬四千九百七十八·續漢郡國志·永壽二年·戶千六百七萬九百六·口五千六百四十八萬六千八百五十六。然東漢戶口。猶非實數。後漢書建武十五年，詔州郡檢覆墾田，帝以天下墾田多不以實自占，又戶口年紀，互相增減，乃下詔州郡檢覆，於是刺史太守多爲詐巧，或優饒豪右，侵刻羸弱，是東漢時戶口之數，多不實也。計其最盛之時。或尙不止於此。三國以降戶口銳減。後魏雖較晉爲多。然亦不逮漢之盛。茲爲列表以明之。

魏	六六三四二三戶	四四三二八八一口	蜀	二八〇〇〇〇戶	一〇八二〇〇〇口
吳	五三〇〇〇〇戶	二五六七〇〇〇口	西晉	二四五九八〇四戶	一六一六三八六三口
前燕	二四五八九六九戶	九九九八七九三五口	宋	九〇六八七〇戶	四六八五五〇一口
後魏	五〇〇〇〇〇〇戶	二〇〇〇〇〇〇〇口	北齊	三〇三二五二八戶	二〇〇〇六八八〇口
北周	三五九〇〇〇〇戶	九〇〇九六〇四口	陳	五〇〇〇〇〇戶	二〇〇〇〇〇〇口

魏之戶口無確數。魏書地形志謂正光以前時惟全盛。戶口之數。比夫晉之太康倍而餘矣。文獻通考據此推算。謂其盛時戶至五百餘萬。故亦準此數假定其人口爲三千餘萬。然以一戶五口計之。尙未必有此數也。

積此三因。遂能於周秦以後實行均產之策以弭生計之不平。沿及北周北齊。亦均仿之。

【隋書食貨志】北齊河清三年定令人居十家爲比鄰。五十家爲閭里。百家爲族黨。男子十八以上六十五以下爲丁。十六以上十七以下爲中。六十六以上爲老。十五以下爲小。率以十八受田輸租調。二十充兵。六十免力役。六十六退田。免租調。京城四面諸坊之外。三十里內爲公田。受公田者三縣代遷。其方百里外及州人。一夫受露田八十畝。婦四十畝。奴婢依良人。丁牛一頭。受田六十畝。限止四牛。又每丁給永業二十畝爲桑田。其中種桑五十根。榆三根。棗五根。不在還受之限。非此田者。悉入還

受之分土。不宜桑者。給麻田。如桑田法。率人一牀。調絹一匹。綿八兩。凡十斤。綿中折一斤作絲。墾租二石。義租五斗。奴婢各准

良人之半。牛調二尺。墾租一斗。義租五升。

〔同上〕後周太祖作相。創制六官。司均掌田里之政令。凡人口十以上。宅五畝。口九以上。宅四畝。五口以下。宅二畝。有室者田百四十畝。丁者田百畝。司賦掌功賦之政令。凡人自十八以至六十有四。與輕癃者。皆賦之。其賦之法。有室者歲不過絹一疋。綿八兩。粟五斛。丁者半之。其非桑土。有室者。布一疋。麻十斤。丁者又半之。豐年則全賦。中年半之。下年三之。皆以時徵焉。若艱札凶。則不徵其賦。

而隋唐之制。亦淵源於魏周焉。

魏自道武帝時。已頗知學。

〔宋書索虜傳〕什翼犍子開。字涉珪。王有中州。自稱曰魏。號年天賜。治代郡桑乾縣之平城。立學官。置尚書曹。開頗有學問。曉天文。

明元以降。多娶漢族女爲后妃。

〔魏書皇后傳〕明元密皇后杜氏。魏郡鄴人。初以良家子選入太子宮。有寵。生世祖。　文成元皇后李氏。梁國蒙縣人。生顯祖。獻文思皇后李氏。中山安喜人。生高祖。

故至孝文。醉心華夏之禮教。深厭其國俗。禁同姓爲婚。

《魏書高祖紀》太和七年。詔曰。淳風行於上古。禮化用乎近葉。是以夏殷不嫌一族之婚。周世始絕同姓之娶。斯皆教隨時設。治因事改者也。皇運初基。中原未混。撥亂經綸。日不暇給。古風遺樸。未遑釐改。後遂因循。迄茲莫變。朕屬百年之期。當復仁之政。思易質舊。式昭維新。自今悉禁絕之。有犯以不道論。

罷一切淫祀。

《魏書禮志》太和四年。詔曰。國家自先朝以來。饗祀諸神。凡有一千二百餘處。今欲減省羣祀。務從簡約。神聰明正直。不待煩祀也。

建明堂太廟。

《魏書禮志》魏先之居幽都也。鑿石爲祖宗之廟於烏洛侯國西北。自後南遷。其地隔遠。歲遣使詣石室告祭。太和四年。經始明堂。改營太廟。

定車服禮樂。

《魏書高祖紀》太和十年四月。始制五等公服。甲子。帝初以法服御輦。祀於西郊。十一年正月。詔定雅樂。非雅者除之。十二年正月。車駕有事於圜丘。於是初備大駕。

祀孔子。

《魏書高祖紀》太和十三年七月。立孔子廟於京師。十六年二月。改諡宣尼曰文聖尼父。告謚孔廟。十九年四月。幸魯城。親祠孔子廟。

立史官。

《魏書高祖紀》太和十四年二月。初定起居注制。十五年正月。初置左右史官。

耕籍田。

《魏書高祖紀》太和十七年二月。始籍田於都南。

制律令。

《魏書高祖紀》太和元年九月。詔羣臣定律令於太華殿。十五年八月。議律令。十六年四月。班新律令。十七年六月。詔作職員令二十一卷施行。

一切師法中土古制。而猶以爲未足。由平城遷都洛陽。

《魏書任城王澄傳》高祖謂澄曰。國家興自北土。徙居平城。雖富有四海。文軌未一。此間用武之地。非可文治。移風易俗。信爲甚難。崤函帝宅。河洛王里。因茲大舉。光宅中原。任城意以爲何如。澄曰。伊洛中區。均天下所據。陛下制御華夏。輯平九服。蒼生聞此。應當大慶。高祖曰。北人戀本。忽聞將移。不能不驚擾也。澄曰。此既非常之事。當非常人所知。惟須決之聖懷。此輩亦何能爲也。

《通鑑卷百三十九》帝謂陸叡曰。北人每言北俗質魯。何由知書。朕聞深用憮然。今知書者甚衆。豈皆聖人。顧學與不學耳。朕修百官。興禮樂。其志固欲移風易俗。朕爲天子。何必居中原。正欲卿等子孫。漸染美俗。聞見廣博。若永居恆北。復値不好文之主。不免面牆耳。

禁其國人胡服胡語。

《魏書高祖紀》太和十八年十二月。壬寅革衣服之制。

《通鑑卷百三十九》魏主欲變易舊風。壬寅詔禁士民胡服。國人多不悅。

《魏書高祖紀》太和十九年六月。己亥。詔不得以北俗之語言於朝廷。若有違者。免所居官。

《同上咸陽王禧傳》高祖曰。自上古以來。及諸經籍。焉有不先正名而得行禮乎。今欲斷諸北語。一從正音。年三十以上。習性已久。容或不可卒革。三十以下。見在朝廷之人。語音不聽仍舊。若有故爲。當降爵黜官。各宜深戒。如此漸習。風化可新。若仍舊俗。恐數世之後。伊洛之下。復成被髮之人。王公卿士。咸以然否。禧對曰。實如聖旨。宜應改易。高祖曰。朕嘗與李沖論此。沖言四方之語。竟知誰是。帝者言之。卽爲正矣。何必改舊從新。沖之此言。應合死罪。乃謂沖曰。卿實負社稷。合令御史牽下。沖免冠陳謝。

又改其姓氏。與漢族通婚姻。

《魏書高祖紀》太和二十年正月。詔改姓爲元氏。

《通鑑卷百四十》魏主下詔。以爲北人謂土爲拓。后爲跋。魏之先出於黃帝。以土德王。故爲拓跋氏。夫土者。黃中之色。萬物之元也。宜改姓元氏。諸功臣舊族。自代來者。姓或重複。皆改之。於是始改拓跋氏爲長孫氏。達奚氏爲奚氏。乙旃氏爲叔孫氏。丘穆陵氏爲穆氏。步六孤氏爲陸氏。賀賴氏爲賀氏。獨孤氏爲劉氏。賀樓氏爲樓氏。勿忸于氏爲于氏。尉遲氏爲尉氏。其餘所改。不可勝紀。魏主雅重門族。以范陽盧敏。清河崔宗伯。滎陽鄭羲。太原王瓊四姓。衣冠所推。咸納其女以充後宮。隴西李冲。以才識見任。當朝貴重。所結姻婭。莫非清望。帝亦以其女爲夫人。詔黃門郎司徒左長史宋弁定諸州士族。多所升降。又詔以代人先無姓族。雖功賢之胤。無異寒賤。故宦達者位極公卿。其功衰之親。仍居猥任。其穆陸賀劉樓于嵇尉八姓。自太祖已降。勳著當世。位盡王公。灼然可知者。且下司州吏部。勿充猥官。一同四姓。自此外應班清流者。尋續別敕。其舊爲部落大人。而皇始以來。三世官在給事以上。及品登王公者。爲姓。若本非大人。而皇始以來。三世官在尚書以上。及品登王公者。亦爲姓。其大人之後。而官不顯者。爲族。若本非大人而官顯者。亦爲族。凡此姓族。皆應審覈。勿容僞冒。魏舊制。王國舍人皆應娶八族及清修之門。咸陽王禧娶隸戶爲妃。帝深責之。因下詔爲六弟聘室。前者所納。可爲妾媵。咸陽王禧聘隴西李輔女。河南王幹聘代郡穆明樂女。廣陵王羽聘滎陽鄭平城女。潁川王雍聘范陽盧神寶女。始平王勰聘隴西李冲女。北海王詳聘滎陽鄭懿女。懿羲之子也。時趙郡諸李人物尤多。各盛家風。故世之言高華者。以五姓爲首。

於是胡漢混淆。不復可辨。惡異族者。恆痛斥之。

《讀通鑑論》(王夫之)拓跋宏之僞也。儒者之恥也。自馮后死。宏始親政。以後五年之間。作明堂。正祀典。定祧廟。祀圜丘。迎春東郊。定次五德。朝日養老。修舜禹周孔之祀。耕耤田。行三載考績之典。禁胡服胡語。親祠闕里。求遺書。立國子大學。四門小學。定族姓。宴國老庶老。聽羣臣終三年之喪。諸儒爭艷稱之以爲榮。凡此者。典謨之所不道。孔孟之所不言。立學終喪之外。皆漢儒依託附會。逐末舍本。雜讖緯巫覡之言。塗飾耳目。是爲拓跋宏所行之王道而已。尉元爲三老。游明根爲五更。豈不辱名敎而羞當世之士哉。故曰儒者之恥也。

然腥羶之族。國勢已彊。保其故俗。未始不可爲國。而孝文當強盛之時。汲汲然自同於華夏。即所行者未盡爲周孔之道。而出於漢之說經家附會之詞。亦可見文化之權威。足以折蠻野而使之同化矣。

第九章　佛教之盛興

漢魏以降。佛教盛興。西域僧徒之來華者。先後相望。茲依高僧傳略表於左。

維祇難	天竺人	吳黃武三年	來至武昌
竺律炎	同	同	同
曇柯迦羅	中天竺人	魏嘉平中	來至雒陽
康僧鎧	康居人	魏嘉平末	來至雒陽
曇帝	安息人	魏正元中	來遊雒陽
無羅叉	西域人	魏晉間	居河南
竺曇摩羅刹	月支人	晉武帝時	自燉煌至長安
帛尸梨蜜多羅	西域人	晉永嘉中	始到中國值亂過江
僧伽跋澄	罽賓人	苻堅建元十七年	來入關中
佛圖羅刹	不知	亦當苻世	久遊中土

曇摩難提	兜佉勒人	苻氏建元中	至長安
僧伽提婆	罽賓人	同	同 晉太元中渡江至廬山 隆安元年來遊京師
僧伽羅叉	罽賓人	晉隆安中	在晉京師
曇摩耶舍	罽賓人	晉隆安中	初達廣州至義熙中來長安
曇摩掘多	天竺人	晉義熙中	來關中
鳩摩羅什	天竺人	姚興弘始三年	至長安
弗若多羅	罽賓人	秦弘始中	入關
曇摩流支	西域人	弘始七年	達關中
卑摩羅叉	罽賓人	弘始八年	達關中後至壽春復適江陵
佛陀耶舍	罽賓人	姚興時	至長安
佛馱跋陀羅	迦維羅衞人	姚興時	至青州往長安復至廬山及江陵
曇無讖	中天竺人	北涼玄始中	至河西
佛馱什	罽賓人	宋景平元年	屆揚州
浮陀跋摩	西域人	宋元嘉中	達西涼

求那跋摩	罽賓人	宋元嘉中	至廣州達建業
僧伽跋摩	天竺人	宋元嘉十年	自流沙至京邑
曇摩蜜多	罽賓人	宋元嘉中	自流沙到燉煌展轉至蜀至荆州
畺良耶舍	西域人	宋元嘉初	遠冒沙河至於京邑
求那跋陀羅	中天竺人	元嘉十二年	自廣州至京都
僧伽達多	天竺人	元嘉中	來宋境
僧伽羅多哆	天竺人	元嘉中	來宋境
阿那摩低	康居人	孝建中	來京師
求那毗地	中天竺人	齊建元初	來京師
僧伽婆羅	扶南人	梁初	來京師
菩提流支	北天竺人	魏永平初	來游東夏處永寧寺
拘那羅陀	西天竺人	梁大同中	自南海屆京邑
月婆首那	中天竺人	元象中	遊化東魏後又南渡
求那跋陀	于闐僧	太清二年	在梁國

須菩提	扶南人	陳初	在揚州
那連提黎耶舍	北天竺人	北齊天保中	居于京鄴
闍那崛多	北天竺人	西魏後元中	由鄯州至長安
攘那跋陀羅	波頭摩國人	北周初年	在長安
達摩流支	摩勒國人	天和中	同上
闍那耶舍	摩伽陀國人	天和中	在長安

其他弘法之士。殆尙不止於此。隋書經籍志稱姚萇時。鳩摩羅什至長安。大譯經論。時胡僧至長安者數十輩。惟羅什才德最優。是僅姚秦一時。胡僧已數十輩。高僧傳所載。特其著者耳。稽其蹤迹。大抵自西域入關中至洛陽鄴中者居多。其南來者或抵青州。或屆南海。隨緣所至。亦無定方焉。當此之時。中土僧俗。亦多銳意西行求法。其詳見梁任公近著第一輯中卷千五百年前之中國留學生篇。商務印書館出版。自朱士行。

《高僧傳》(釋慧皎)朱士行潁川人。少懷遠悟。脫落塵俗。出家已後。專務經典。昔漢靈之時。竺佛朔譯出道行經。文句簡略。意義未周。士行嘗於洛陽講道行經。覺文意隱質。諸未盡善。每歎曰。此經大乘之要。而譯理不盡。誓志捐身。遠求大本。遂以魏甘露五年。發迹雍州。西渡流沙。既至于闐。果得梵書正本。凡九十卷。遣弟子弗如檀。此言法饒。送經梵本。還歸洛陽。士行遂終於于闐。弗如檀亦西來之一僧。惟前表所舉者。多大師。此則轉是中國西行僧徒之弟子耳。

至宋雲。

『洛陽伽藍記』(楊衒之)城北聞義里。有燉煌人宋雲宅。雲與惠生向西域取經。得一百七十部。皆大乘妙典。

『魏書嚈噠傳』熙平中。明帝遣王伏子統宋雲沙門法力等往西域求訪佛經。時有沙門慧生者與偕行。正光中還

寶暹等。殆不下六七十人。

『續高僧傳』(釋道宣)齊僧寶暹道邃僧曇等十人。以武平六年相結同行。採經西域。往返七載。將事東歸。凡獲梵本二百六十部。

其最著者。爲江陵辛寺釋法顯。

『高僧傳』釋法顯姓龔。平陽武陽人。三歲便爲沙彌。及受大戒。志行明敏。常慨經律舛闕。誓志尋求。以晉隆安三年。與同學慧景道整慧應慧嵬等。發自長安。西度流沙。凡所經歷三十餘國。後至中天竺。于摩竭提波連弗邑阿育王塔南天王寺。得摩訶僧祇律。又得薩婆多律。抄雜阿毗曇心綫經。方等泥洹經等。顯留三年。學梵經梵書。方躬自書寫。於是持經像寄附商客。到師子國。同旅十餘。或留或亡。停二年。復得彌沙塞律。長雜二含及雜藏。並漢土所無。既而附商人大舶。循海而還。經十餘日。達耶婆提國。停五月。復隨他商東適廣州。舉帆二十餘日。夜忽大風。合舶震懼。任風隨流。忽至青州長廣郡牢山南岸。遂南造京師。就外國禪師佛馱跋陀。于道場寺。譯出摩訶僧祇律。方等泥洹經。雜阿毗曇心論。垂有百餘萬言。後至荊州。卒於辛寺。春秋八十有六。

而月支之僧。如竹曇摩羅剎者。先由吾國而西。既乃還歸中夏。則兼兩方之事而一之焉。

《高僧傳》竺曇摩羅剎此云法護。其先月支人。本姓支氏。世居燉煌郡。年八歲出家。事外國沙門竺高座爲師。是時晉武之世。寺廟圖像雖崇京邑。而方等深經。蘊在葱外。護乃慨然發憤。志弘大道。遂隨師至西域。遊歷諸國。外國異言三十六種。書亦如之。護皆遍學。貫綜詁訓。音義字體。無不備識。遂大齎梵經。還歸中夏。自燉煌至長安。沿路傳譯。寫爲晉文。所獲賢劫正法華光讚等一百六十五部。孜孜所務。惟以弘通爲業。終身寫譯。勞不告倦。經法所以廣流中華者。護之力也。

弘法之事。莫重於翻譯。漢開其端。而後累朝列國。踵其事。譯業之盛。殆無過於此時。茲據開元釋教錄表之如左。

魏	沙門五人	所出經戒羯磨	一二部	一八卷
吳	緇素五人	所出經并失譯	一八九部	四一七卷
西晉	緇素十二人	所出經戒集等	三三三部	五九〇卷
東晉	緇素十六人	所譯經律論	一六八部	四六八卷
苻秦	沙門六人	所譯經律論	一五部	一九七卷
後秦	沙門五人	所譯經律論	九四部	六二四卷
西秦	沙門一人	所譯經律論	五六部	一一〇卷
前涼	外國優婆塞一人	所譯經律論	四部	六卷

北涼	緇素九人	所譯經律論	八二部	三一一卷
宋	緇素廿二人	所譯經律論	四六五部	七一七卷
齊	沙門七人	所譯經律論	一二部	三三卷
梁	緇素八人	所譯經律論	四六部	二〇一卷
元魏	緇素十二人	所譯經律論	八三部	二七四卷
北周	緇素四人	所譯經律論	一四部	二九卷
北齊	緇素二人	所譯經律論	八部	五二卷
共計	一一五八人（其實不止此數當是但計主名）	所譯經律論	一五八一部	四〇四七卷

翻譯之法。多據梵本間憑口誦。

近人謂初期譯業。率無原本。但憑譯人背誦。按高僧傳。漢靈之時。天竺沙門竺佛朔齎道行經來適雒陽。即轉梵爲漢。又沙門曇果。於迦維羅衞國得梵本。康孟詳與竺大力譯爲漢文。又支謙以大教雖行。而經多梵文。未盡翻譯。已妙善方言。乃收集衆本譯爲漢語。是漢魏時譯經明有梵本之證。至朱士行等求經。則梵本輸入更多。

譯人之兼釋華梵者。衆共推之。

《高僧傳》竺佛念涼州人。諷習衆經。麤涉外典。其蒼雅訓詁。尤所明達。少好遊方。備貫風俗。家世西河。洞曉方語。華戎音義。莫不兼釋。苻氏建元中。有僧伽跋澄曇摩難提等入長安。趙正請出諸經。當時名德。莫能傳譯。衆咸推念。於是澄執梵文。念譯爲晉。質疑斷義。音字方明。自苻姚二代。爲譯人之宗。故關中僧衆。咸共嘉焉。

至法顯法勇等直詣西域專學梵書梵語。

法顯學書見前。

《高僧傳》曇無竭。此云法勇。姓李。幽州黃龍人。以宋永初元年。招集同志沙門僧猛曇朗之徒二十五人。遠適西方。至罽賓國。禮拜佛鉢。停歲餘。學梵書梵語。 寶雲。涼州人。以晉隆安之初。遠適西域。與法顯智嚴先後相隨。遂歷于闐天竺諸國。雲在外域徧學梵書。天竺諸國音字詁訓。悉皆備解。晚出諸經。多雲所治定。華梵兼通。音訓允正。雲之所定。衆咸信服。

則直接讀書勝於僅憑展轉之迻譯矣。

魏黃初中中國人始依佛戒剃髮爲僧。

《隋書經籍志》魏黃初中。中國人始依佛戒。剃髮爲僧。

《高僧傳》曇柯迦羅。以魏嘉平中。來至雒陽。於時魏境雖有佛法。而道風訛替。亦有衆僧未稟歸戒。正以剪落殊俗耳。此可見嘉平以前。已以剪落爲僧俗之別。迦羅既至。立羯磨法。受戒中夏。戒律始自乎此。

於是四民之外別有出家之民。至道安時。復定以釋命氏。

《高僧傳》初魏晉沙門。依師爲姓。故姓各不同。安以爲大師之本。莫尊釋迦。乃以釋命氏。復獲增一阿含。果稱四河入海。無復河名。四姓爲沙門。皆稱釋種。既懸與經符。遂爲永式。

姚興命僧䂮爲僧主。爰有僧正等秩。

『高僧傳』姚興下書曰。大法東遷。於今爲盛。僧尼已多。應須綱領宣授遠規。以濟頹緒。僧䂮學優早年。德芳暮齒。可爲國內僧主。僧遷禪慧兼修。即爲悅衆。法欽慧斌共掌僧錄。給車輿吏力。䂮資侍中秩。傳詔羊車各二人。遷等並有厚給。僧正之興。䂮之始也。

魏道武帝以法果爲道人統。綰攝僧徒。

『魏書釋老志』皇始中有沙門法果誡行精至。太祖聞其名。以禮徵赴京師。後以爲道人統。綰攝僧徒。

後改爲沙門統。

『魏書釋老志』高宗時。京師沙門師賢爲道人統。和平初。師賢卒。曇曜代之。更名沙門統。

又立監福曹。以斷僧務。

『魏書釋老志』先是立監福曹。又改爲昭玄。備有官屬。以斷僧務。

其寺宇則有維那都維那等職。

『金石萃編孫秋生等造像記跋』(王昶)魏書釋老志。若爲三寶巡民教化者。在外齎州鎮維那文移。在臺者。齎都維那等印牒。然後聽行。違者加罪。又翻譯名義。南山之聲論翻爲次第。謂知僧事之次第。寄歸傳云華梵兼舉也。維是綱維。華言也。那是梵語。刪去羯磨陀三字也。僧史略云。梵語羯磨陀那。譯爲知事。亦云悅衆。謂知其事。悅其衆也。音義指歸云。僧如網。假有德之人爲綱繩也。隋智琳。潤州刺史李海游命琳爲斷事綱維。爾後寺立三綱。上座維那典座也。此碑稱維那。因附詳於此。

則宗教而兼有政治之性質矣。

僧尼衣住均與俗殊。初服赤衣。後改雜色。

《魏書釋老志》漢世沙門皆衣赤布。後乃易以雜色。

袈裟梵服。雖犯嘲譏。不顧也。

《高僧傳》或嘲支孝龍（晉初人）曰。大晉龍興。天下爲家。沙門何不全髮膚。去袈裟。釋胡服。被綾羅。龍曰。剪髮毀容。改服變形。彼謂我辱。我棄彼榮。

東漢之季。已有浮圖。至於晉世。洛中益盛。

《後漢書陶謙傳》笮融聚衆數百。往依于謙。謙使督廣陵下邳彭城運糧。遂斷三郡委輸。大起浮圖寺。上累金盤。下爲重樓。又堂閣周回。可容三千許人。作黃金塗像。衣以錦綵。每浴佛。輒多設飲飯。布席於路。其有就食及觀者且萬餘人。

《魏書釋老志》自洛中構白馬寺。盛飾佛圖。畫迹甚妙。爲四方式。凡宮塔制度。猶依天竺舊狀而重構之。從一級至三五七九。世人相承。謂之浮圖。或云佛圖。晉世洛中佛圖有四十二所矣。

吾國建築之式。遂增入印度制度。南北相望。競事營構。唐杜牧詩云。南朝四百八十寺。以金陵一地而論。已有四百八十寺之多。他可知矣。近人輯南朝佛寺志。博考諸書。約有二百三十有一寺。吳一．晉三十七．宋六十．齊二十六．梁九十六．陳十一．未能語其全也。其立寺之類別。有由僧尼營建者。

如長干寺本吳時尼居。宋熙寺爲天竺僧伽羅多哆所造之類。

有由帝王創造者。

如晉簡文帝造波提寺。梁武帝立同泰寺等。

有由個人捨宅而成者。

如莊嚴寺爲謝尙捨宅所造。平陸寺爲宋平陸令許桑捨宅建刹。因以官名名之之類。

有由僧徒啓乞而立者。

如瓦官寺本陶瓦處。沙門慧力啓乞爲寺之類。

有專居一僧者。

如佛馱什至京。諸檀越立罽賓寺。求那跋陀羅譯經。特立天竺寺。摩訶乘都。建外國寺以居之之類。

有爲人求福者。

如蕭惠開爲父思話造禪岡寺。宋孝武帝爲殷貴妃立新安寺之類。

有人民爲帝王而立者。

如宋泰始中京師民爲孝武帝立天保寺之類。

有達官以寺爲家者。

如法輪寺爲何點家寺點常居其中之類』

一時風尙波起雲興而魏之寺塔尤盛於南。

『魏書釋老志』自興光至太和京城內寺新舊且百所僧尼二千餘人四方諸寺六千四百七十所僧尼七萬七千二百五十人。

延昌中天下州郡僧尼寺積有一萬三千七百二十七人。神龜中寺至三萬有餘。

洛陽伽藍記載永寧寺之壯麗可見其時建築之宏大焉。

『洛陽伽藍記』(楊衒之)永寧寺熙平元年靈太后胡氏所立中有九層浮圖一所架木爲之高九十丈有刹復高十丈合去地一千尺去京師百里遙已見之刹上有金寶瓶容二十五石寶瓶下有承露金盤三十重周匝皆垂金鐸浮圖有九級角角皆懸金鐸合上下有一百二十鐸浮圖有四面面有三戶六窗戶皆金漆扉上有五行金鈴合有五千四百枚僧房樓觀一千餘間雕梁粉壁青瑣綺疏難得而言波斯國胡人言此寺精麗遍閻浮所無也。

佛教之興首由翻譯次卽講學當時高僧旣聚徒衆旦夕講貫。

『高僧傳』康法朗在中山門徒數百講法相係。支遁於沃洲小嶺立寺行道僧衆百餘常隨稟學。竺法義受業弟子常有百餘。釋道安住受都寺徒衆數百。竺僧朗立精舍於金輿谷聞風而造者百有餘人朗孜孜訓誘勞不告倦。釋法遇止江甯長沙寺。講說衆經。受業者四百餘人。

復時開講席。兼教僧俗。

『高僧傳』竺法義。大開講席。王導孔敷並承風敬友。 竺法汰形解過人。流名四遠。開講之日。黑白觀聽。士庶成羣。及諸豪門徒。以次駢席。三吳負袠至者千數。 釋慧持講法華毗曇。四方雲聚。千里遙集。

問難質疑。不憚往復。

『高僧傳』支遁晚出山陰。講維摩經。遁爲法師。許詢爲都講。遁通一義。衆人咸謂詢無以厝難。詢每設一難。亦謂遁不復能通。如此至竟。兩家不竭。凡在聽者。咸謂審得遁旨。迴令自說。得兩三反便亂。 于法開。每與支道林爭即色空義。廬江何默。申明開難。高平郗超。宣述林解。並傳於世。 開有弟子法威。嘗出都。經過山陰。支遁正講小品。開語威言。道林講。比汝至。當至某品中。示語攻難數十番。云此中舊難通。威既至郡。正值遁講。果如開言。往復多番。遁遂屈。 道安事佛圖澄爲師。澄講。安每覆述。衆未之愜。咸言須待後次。當難殺崐崙子。即安後更覆講。疑難鋒起。安挫銳解紛。行有餘力。人語曰。漆道人。驚四鄰。

每有勝義。講者恆爲歛服。

『高僧傳』沙門道恆。頗有才力。常執心無義。大行荆土。竺法汰曰。此是邪說。應須破之。乃大集名僧。令弟子曇壹難之。據經引理。析駁紛紜。恆拔其口辯。不肯受屈。明旦更集。慧遠就席。攻難數番。關責鋒起。恆自覺義途差異。神色微動。麈尾扣案。未即有答。遠曰。不疾而速。杼軸何爲。坐者皆笑。心無之義。於此而息。 僧苞東下京師。正値祇洹寺發講。乘驢往看。衣服垢弊。貌有風塵。

堂內既迮。坐驢驢於戶外。高座舉題適竟。苞致問數番。皆是先達思力所不逮。高座無以抗其辭。遂遜退而止。

故世族學子。聞而信奉。非徒以迷信也。

魏書釋老志載魏世造像鑿石之鉅。

《魏書釋老志》興光元年。鑄釋迦立像五。各長一丈六尺。都用赤金二萬五千斤。　曇曜白文成帝。於京城西武州塞。鑿山石壁。開窟五所。鐫建佛像各一。高者七十尺。次六十尺。雕飾奇偉。冠於一世。　顯祖於天宮寺造釋迦立像。高四十三尺。用赤金十萬斤。黃金六百斤。　景明初。世宗詔大長秋卿白整準代京靈巖寺石窟。於洛南伊闕山。為高祖文昭皇太后營石窟二所。初建之始。窟頂去地三百一十尺。至正始二年中。始出斬山二十三丈。永平中。中尹劉騰奏為世宗復造石窟一。凡為三所。從景明元年至正光四年六月以前。用功八十萬二千三百六十六。

及其度僧之多。

《魏書釋老志》高宗制。諸州郡縣於眾居之所。各聽建佛圖一區。任其財用。不制會限。其好樂道法。欲為沙門。不問長幼。出於良家。性行素篤。無諸嫌穢。鄉里所明者。聽其出家。率大州五十。小州四十人。其郡遙遠臺者十人。　太和十六年。詔四月八日。七月十五日。聽大州度一百人為僧尼。中州五十人。下州二十人。以為常。　熙平二年。靈太后令曰。常度僧依限大州應百人者。州郡於前十日解送三百人。其中州二百人。小州百人。州統維那與官及精練簡取充數。　正光以後。僧尼大眾二百萬矣。

多本於宗教之信仰。而其推行佛教之普遍。亦至可驚。君后倡於上。士氏應於下。以今日所存造像推之。其奉佛之風之盛可想。

《金石萃編》(王昶)造像立碑。始於北魏。迄於唐之中葉。大抵所造者。釋迦彌陀彌勒及觀音勢至爲多。或刻山崖。或刻碑石。或造石窟。或造佛堪。或造浮圖。其初不過刻石。其後或施以金塗綵繪。其形模之大小廣狹。製作之精粗不等。造像或稱一區。或稱一堪。其後乃稱一鋪。造像必有記。凡造像人自稱曰佛弟子。正信佛弟子。淸信士。淸信女。優婆塞。優婆夷。凡出資造像者。曰像主。副像主。東西南北四面像主。發心主。都開光明主。光明主。天宮主。南面北面上堪中堪像主。檀越主。大像主。釋迦像主。開明像主。彌勒像主。彌勒開明主。觀世音像主。无量壽佛主。都大檀越都像主。像齋主。左右葙齋主。造塔者曰塔主。造鍾者曰鍾主。造浮圖者曰東面西面南面浮圖主。造燈者曰登主。登明主。世石主。勸化者曰化主。敎化主。東西南北面化主。左右葙化主。都化主。大都化主。大化主。都錄主。坐主。高坐主。邑中助緣者曰邑主。大都邑主。都邑主。東西面邑主。邑子。邑師。邑正。左右葙邑正。邑老。邑胥。邑謂。邑政。邑義。邑日。都邑忠正。邑中正。邑長。鄉正。邑平正。鄉黨治律。其寺職之稱曰和上。比丘。比丘尼。都維那。維那。典錄。典坐。香火。沙彌。門師。都邑維那。邑維那。行維那。左右葙維那。左右葙香火。其名目之繁如此。

《語石》(葉昌熾)造像莫先於元魏。道俗人等同心發願。余所見景明三年四人造象。其最少矣。遞增而有廿三人(神龜元年杜遷等)。卅二人。(景明三年高樹解伯都等)卅五人。(神龜三年趙阿歡等)又自四十(孝昌三年臨菑郡師僧達等)五十(武平三年雹水村四部道俗邑義等)六十(孝昌三年臨菑邑儀)七十。(正始元年高洛周等)以至二百。(景明三年孫秋生等)三百餘人。(武定二年王貳郎縮法義三百人造象 武平二年比丘僧道略三百餘人造象)

而佛經之刻石。亦相繼而興。若泰山金剛經。徂徠般若經。

〔語石〕泰山有金剛經全部。徂徠山映佛巖有大般若經。錢竹汀謂皆齊武平中王子椿所刻。其字徑尺。

風峪華嚴經等。

〔語石〕風峪華嚴經。亦北齊刻。其地在太原西三里。甃甓一穴。方五丈。共石柱一百二十有六。

其寫刻之多。幾過於儒家之石經矣。

第十章 佛教之反動

佛教入中國。而士農工商之外。增一釋氏之民。無家族。無君臣。翕然奉他國之宗教。衣食居處。舉止聲容。悉與吾國禮教風俗乖異。此社會一大變化也。社會當變化之際。必不能無所抵觸。懷新者信其理想非吾所有。篤舊者詫其習慣爲吾所無。則以觀念之不同。而生事實之衝突。此勢所必至也。魏晉以來。佛教雖曰盛興。然社會中衝突之狀。亦往往見於史策。約舉之蓋有數端。

(一)則華夷之界也。佛教初來其勢微弱。故世不之異。至其寖盛。則排之者首在華夷之界。五胡之君。自以戎神爲本。而當時猶有以此爲言者。

《高僧傳》佛圖澄道化既行。民多奉佛。皆營造寺廟。相競出家。眞僞混淆。多生愆過。虎下書問中書曰。佛號世尊。國家所奉。里閭小人無爵秩者。爲應得事佛與不。又沙門皆應高潔貞正。行能精進。然後可爲道士。今沙門甚衆。或有姦宄避役。多非其人。可料簡詳議眞僞。中書著作郎王度奏曰。夫王者郊祀天地。祭奉百神。載在祀典。禮有常饗。佛出西域。外國之神。功不施民。非天子諸華所應祀奉。(中述漢魏之制見前)今大趙受命。率由舊章。華戎異制。人神流別。外不同內。饗祭殊禮。華夏服祀。不宜雜錯。國家可斷趙人悉不聽詣寺燒香禮拜。以遵典禮。其百辟卿士。下逮衆隸。例皆禁之。其有犯者。與淫祀同罪。其趙人爲沙門者。還從四民之服。僞中書令王波同度所奏。虎下書曰。度議云。佛是外國國神。非天子諸華所可宜奉。朕生自邊壤。忝當期運。君臨諸夏。至於饗祀。應兼從本俗。佛是戎神。正所應奉。夫制由上行。永世作則。苟事允無虧。何拘前代。其夷趙百蠻。有捨於淫祀樂事佛者。悉聽爲道。

比及南朝。學者亦抱此見。顧歡夷夏論。力斥中夏之人。効西戎之法。

《南史顧歡傳》歡著夷夏論。 端委搢紳。諸華之容。剪髮曠衣。羣夷之服。擎跽磬折。侯甸之恭。狐蹲狗踞。荒流之肅。棺殯槨葬。中夏之風。火焚水沈。西戎之俗。全形守禮。繼善之教。毀貌易性。絕惡之學。 今以中夏之性。効西戎之法。既不全同。又不全異。下棄妻孥。上絕宗祀。嗜欲之物。皆以禮伸。孝敬之典。獨以法屈。悖禮犯順。曾莫之覺。

而信佛者。袁粲謝鎮之朱昭之朱廣之及僧愍等。羣起駁之。（其論見南史及弘明集中） **或謂從道不從俗。**

《南史》袁粲託爲道人通公駮之曰。 清信之士。容衣不改。息心之人。服貌必變。變本從道。不遵彼俗。俗風自殊。無患其亂。

或謂華夷一軌。

《難夷夏論》（朱昭之）又云。以國而觀。則夷虐夏溫。請問炮烙之苦。豈康竺之刑。流血之悲。詎齊晉之子。刳剔之苦。實非左衽之心。秋露含垢。匪海濱之士。推檢情性。華夷一軌。

或謂天竺卽中國。

《戎華論》（僧愍）君責以中夏之性。效西戎之法者。子自出自井坎之淵。未見江湖之望矣。如經曰。佛據大地之中。而清導十方。

故知天竺之土。是中國也。

可見顧之持論。甚中要害。不與力辯。則不能免用夷變夏之譏也。

（二）則倫理之爭也。　出世法與世法殊科。其於君臣父子夫婦兄弟之倫。皆所割捨。而吾國素重倫理者也。魏晉以來。雖多蔑棄禮法之士。而禮教之信條深入人心。大多數之人。必不以背棄君父爲然。故佛教與儒教之衝突。卽因而生。晉世庾冰桓玄等均謂沙門宜敬王者。慧遠著論釋之。意謂佛教無妨於忠孝。

《沙門不敬王者論出家篇》（慧遠）凡在出家。皆遯世以求其志。變俗以達其道。變俗則服章不得與世典同禮。遯世則宜高尚其跡。夫然者。故能拯溺俗於沈流。拔幽根於重劫。　如令一夫全德。則道洽六親。澤流天下。雖不處王侯之位。亦已協契皇極。在宥生民矣。是故內乖天屬之重。而不違其孝。外闕奉主之恭。而不失其敬。

至梁世毀佛教者。造三破論。仍主倫理以破之。

《滅惑論》（劉勰）或造三破論。第一破曰。入國而破國者。誑言說僞。興造無費。苦剋百姓。使國空民窮。不助國生人。減損。況人不蠶而衣。不田而食。國滅人絕。由此爲失。日用損費。無纖毫之益。五災之害。不復過此。第二破曰。入家而破家。使父子殊事。兄弟異法。遺棄二親。孝道頓絕。憂娛各異。歌哭不同。骨肉生讎。服屬永棄。悖化犯順。無昊天之報。五逆不孝。不復過此。第三破曰。入身而破身。人生之體。一有毀傷之疾。二有髡頭之苦。三有不孝之逆。四有絕種之罪。五有亡體從誡。唯學不孝。何故言哉。誡令不跪父母。便競從之。兒先作沙彌。其母復作阿尼。則跪其兒。不禮之教。中國絕之。何可得從。

唐宋諸儒。反對佛教。亦無非因此等根本不同。遂深惡而痛絕。比之夷夏之辨。爲尤重矣。

(三)則宗教之歧也。　老子本非宗教。而自漢以來。即以黃老與浮屠並稱。且有老子入夷狄爲浮屠之說。

後漢書襄楷傳即有或言老子入夷狄爲浮屠之語。見前

晉世信天師道者多。而其教理不敵佛教。於是道士作老子化胡經。謂其出於道教。

《高僧傳》法祖與祭酒王浮每爭邪正。浮屢屈。既瞋不自忍。乃作老子化胡經。以誣謗佛法。

其後南北朝之學道者。多揚其波而事爭辯。

《南史顧歡傳》文惠太子竟陵王子良並好釋法。吳興孟景翼爲道士。太子召入玄圃。衆僧大會。子良使景翼禮佛。景翼不肯。子良送十地經與之。景翼造正一論。大略曰。寶積云佛以一音廣說法。老子云聖人抱一以爲天下式。一之爲妙。空玄絕於有境。神化贍於無窮。爲萬物而無爲。處一數而無數。莫之能名。强號爲一。在佛曰實相。在道曰玄牝。道之大象。即佛之法身。　曠劫諸聖。共遵斯一。老釋未始嘗分。迷者分之而未合。

《同上》司徒從事中郎張融作門論云。道之與佛。逗極無二。吾見道士與道人戰儒墨。道人與道士辨是非。昔有鴻飛天首。積遠難亮。越人以爲鳧。楚人以爲乙。人自楚越。鴻常一耳。

《續高僧傳曇無最傳》元魏正光元年。明帝加朝服大赦。請釋李兩宗上殿。齋訖。侍中劉騰宣敕。請諸法師等與道士論義。時清通觀道士姜斌與最對論。帝問佛與老子同時不。斌曰。老子西入化胡成佛。佛以爲侍者。文出老子開天經。據此明是同時。

帝遣尚書令元乂宣敕令斌下席。乂議開天經是誰所說。中書侍郎魏收尚書郎祖瑩就觀取經。太尉蕭綜等讀訖。奏云。老子止著五千文。餘無言說。

此則因釋排道。而道家欲援釋以為重。雖似溝通教理。實則爭持門戶。此吾國歷史上宗教之競爭也。

佛教既盛。愚智同歸。游食之徒。避役之氓。皆可假託以為生。是亦社會之變相也。晉世桓玄。已主沙汰。

《弘明集》(僧祐)桓玄與僚屬沙汰僧衆教。 京師競其奢淫。榮觀紛於朝市。天府以之傾匱。名器為之穢瀆。避役鍾於百里。逋逃盈於寺廟。乃至一縣數千。猥成屯落。邑聚游食之羣。境積不羈之衆。傷治害政。塵滓佛教。彼此俱弊。實污風軌。使可嚴下在此諸沙門。有能伸述經誥。暢說義理者。或禁行修整。奉戒無虧。恆為阿練若者。或山居養志。不營流俗者。皆足以宣寄大化。亦所示物以道。弘訓作範。幸兼內外。其有違於此者。皆悉罷道。所在領其戶籍。嚴為之制。速申下之。

義熙之季。目為五橫。

《弘明集釋駁論》晉義熙之年。江左袁何二賢。商略治道。諷刺時政。發五橫之論。 世有五橫。而沙門處其一焉。大設方便。鼓動愚俗。一則誘諭。一則迫脅。云行惡必有累劫之殃。修善便有無窮之慶。敦厲引導。逼强切勸。上減父母之養。下損妻孥之分。會同盡餚膳之甘。寺廟極壯麗之美。割生民之珍玩。崇無用之虛費。罄私家之年儲。闕軍國之資實。

而北魏太武。因信道教。兼惡沙門不法。遂盛加誅戮。

《魏書釋老志》世祖得寇謙之道。以清淨無為。有仙化之證。遂信行其術。時司徒崔浩博學多聞。帝每訪以大事。浩奉謙之道。尤不信佛。與帝言。數加非毀。常謂虛誕。爲世費害。會蓋吳反杏城。關中騷動。帝西至長安。先是長安沙門種麥寺內。御騶牧馬於麥中。帝入觀馬。沙門飲從官酒。從官入其便室。見大有弓矢矛楯。出以奏聞。帝怒曰。此非沙門所用。命有司案誅一寺。閱其財產。大得釀酒具及州郡牧守富人所寄藏物。蓋以萬計。又爲窟室與貴室女私行淫亂。帝既忿沙門非法。浩時從行。因進其說。詔誅長安沙門。焚破佛像。勑留臺下四方。一依長安行事。自王公以下。有私養沙門者。皆送官曹。不得隱匿。限今年二月十五日。過期不出。沙門身死。容止者誅一門。　又下詔曰。自今以後。敢有事胡神及造形像泥人銅人者。門誅。雖言胡神。問今胡人。共云無有。皆是前世漢人無賴子弟劉元眞呂伯彊之徒。乞胡之誕言。用老莊之虛假。附而益之。皆非眞實。　有司宣告征鎭諸軍刺史。諸有佛圖形像及胡經。盡皆擊破焚燒。沙門無少長悉坑之。是歲眞君七年三月也。

然宋魏對峙。宋不之禁。沙門多避難南來。

《高僧傳》僧導立寺於壽春。會虜滅佛法。沙門避難投之者數百。悉給衣食。其有死於虜者。皆設會行香。爲之流涕哀慟。

至魏文成帝時。復弛其禁。

《魏書釋老志》高宗踐極。詔諸州郡縣各聽建佛圖一區。往時所毀圖寺。仍還修矣。佛像經論。皆復得顯。

明帝正光初。釋李之辯。釋氏優勝。李宗遂屈焉。

齊周對峙之時。道釋之爭尤烈。齊尙佛教。令道士皆染鬚。

《續高僧傳》文宣受禪。齊祚大興。天保年中。釋李二門。交競優劣。會梁武啓運。天監三年。下敕捨道。道士陸修靜不勝其憤。遂與門人亡命。叛入北齊。傾散金玉。贈諸貴遊。託以襟期。冀興道法。帝惑之。乃敕召諸沙門與道士對校道術。曇顯對之。帖然無驗。諸道士等相顧無顏。文宣處座。自驗臧否。其徒爾日皆捨邪從正。求哀濟度。未發心者。敕令染鬚。

周崇儒術。辯論頻年。

《北周書武帝紀》天和三年八月癸酉。帝御大德殿。集百僚及沙門道士等親講禮記。 四年二月戊辰。帝御大德殿。集百僚道士沙門等討論釋老義。 建德二年十二月癸巳。集羣臣及沙門道士等。帝升高座。辯釋三教先後。以儒教爲先。道教爲次。佛教爲後。

後遂斷佛道二教。罷沙門道士。並令還民。

《北周書武帝紀》建德三年四月丙子。初斷佛道二教。經像悉毀。罷沙門道士。並令還民。并禁諸淫祀。禮典所不載者盡除之。

《續高僧傳》天和四年。歲在己丑。三月十五日。敕召有德衆僧名儒道士文武百官二千餘人於正殿。帝昇御坐。親量三教優劣廢立。衆議紛紜。各隨情見。較其大抵。無與相抗者。至其月二十日。又依前集。衆論乖咎。是非滋生。並莫簡帝心。索然而退。至四月初。敕又廣召道俗。令極言陳理。又敕司隸大夫甄鸞詳佛道二教。定其先後淺深同異。鸞乃上笑道論三卷。至五月十日。帝又大集羣臣。詳鸞上論。以爲傷蠹道士。卽於殿庭焚之。 至建德三年。歲在甲午。五月十七日。乃普滅佛道二宗。

《同上》帝遂破前代關山東西數百年來官私佛寺。掃地並盡。融刮聖容。焚燒經典。禹貢八州。見成寺廟出四十千。並賜王公。充爲第宅。三方釋子。減三百萬。皆復軍民。還歸編戶。

然猶立通道觀。以闡教義。

《北周書武帝紀》建德三年六月戊午。詔曰。三墨八儒。朱紫交競。九流七略。異說相騰。道隱小成。其來舊矣。不有會歸。爭驅靡息。今可立通道觀。聖哲微言。先賢典訓。金科玉篆。秘賾玄文。所以濟養黎元。扶成教養者。並宜弘闡。一以貫之。

《續高僧傳》別置通道觀。簡釋李有名者。普著衣冠。爲學士焉。

視魏太武之肆行誅戮者有別。蓋自佛教輸入以來。疑信雜出。綿歷歲年。至是遂成三教鼎立之勢。

《舊唐書經籍志》齊三教論七卷。衞元嵩撰。據此。是三教之名。始於周世。

其詆訶排擠者。雖以道家爲當。然至隋世。道教仍屈於佛焉。

《隋書經籍志》漢時諸子道書之流。有三十七家。大旨皆去健羨。處冲虛而已。無上天官符籙之事。其黃帝四篇。老子二篇。最得深旨。故言陶宏景者。隱於句容。好陰陽五行風角星算。修辟穀導引之法。受道經符籙。武帝素與之游。及禪代之際。弘景取圖讖之文。合成景梁字以獻之。由是恩遇甚厚。又撰登眞隱訣。以證古有神仙之事。又言神丹可成。服之則能長生。與天地永畢。帝令弘景試合神丹。竟不能就。乃言中原隔絕。藥物不精故也。帝以爲然。敬之尤甚。然武帝弱年好事。先受道法。及卽位。猶自上章。朝士受道者衆。三吳及邊海之際。信之踰甚。陳武世居吳興。故亦奉焉。後魏之世。嵩山道士寇謙之。自云嘗遇眞人成公興。後遇太上老君。授謙之爲天師。而又賜之雲中音誦科誡二十卷。又使玉女授其服氣導引之法。遂得辟穀。氣盛體輕。顏色鮮麗。弟子十餘人。皆得其術。其後又遇神人李譜。云是老君玄孫。授其圖籙眞經。劾召百神六十餘卷。及銷鍊金丹雲英八石玉槧之法。太武始光之初。奉其書而獻之。帝使謁者奉玉帛牲牢。祀嵩岳。迎致其餘弟子。於代都東南起壇宇。給道士百二十餘人。顯揚其法。宣布天下。太武親備法駕而受符籙焉。自是道業大行。每帝即位。必受符籙。以爲故事。刻天尊及諸仙之象而供養焉。遷洛已後。置道場於南郊之傍。方二百步。正月十月之十五日。並有道士哥人百六人拜而祠焉。後齊武帝遷鄴。遂罷之。文襄之世。更置館宇。選其精至者使居焉。後周承魏。崇奉道法。每帝受籙。如魏之舊。尋與佛法俱滅。開皇初。又興。高祖雅信佛法。於道士蔑如也。魏書釋老志紀道士之事甚詳，然限於魏世，故引此志略述其梗概。

第十一章　隋唐之統一及開拓

自隋文帝開皇九年至唐玄宗天寶十四年。爲中世史第一次統一之時。（中間雖有隋末羣雄之亂不過十年）肅代以後。遂成藩鎮割據之局。唐祚雖仍延至百五十餘年。其實不得謂之統一也。然隋唐統一之時。亦不過一百六十七年。比之漢室。則遠不逮。此亦可見幅員既廣。則破裂易而整理難。非有特殊之才德及適當之法制。而又值羣衆心理厭亂思治。能以向心力集中於一政府者。未易統治此泱泱大國也。吾國疆域。至秦漢時已極廓大。然三國兩晉以降。未始不繼續開拓。如吳平山越。蜀定南蠻。

《蜀志諸葛亮傳》建興三年。亮率衆南征。其秋悉平。軍資所出。國以富饒。《李恢傳》先生以恢爲庲降都督。使持節領交州刺史。住平夷縣。（裴松之注，庲降地名，去蜀二千餘里，時未有寧州，號爲南中，立此職以總攝之，晉泰始中，始分爲寧州，）恢鉏盡惡類。徙其豪帥於成都。賦出叟濮耕牛戰馬金銀犀革充繼軍實。於時費用不乏。

氐楊之闢仇池。

《魏書氐傳》漢建安中。有楊騰者。爲部落大帥。勇健多計略。始徙居仇池。仇池方百頃。因以爲號。四面斗絕。高七里餘。羊腸蟠道三十六回。其上有豐水泉。煮土成鹽。騰後有名千萬者。魏拜爲百頃氐王。千萬孫名飛龍。漸彊盛。養外甥令狐茂搜爲子。晉惠帝元康中。茂搜自號輔國將軍右賢王。羣氐推以爲主。關中人士流移者多依之。

鮮卑之開青海。

《隋書吐谷渾傳》吐谷渾本遼西鮮卑徒何涉歸子也。涉歸死。吐谷渾與弟若洛廆不協。遂西度隴。止於甘松之南。洮水之西。南極白蘭山數千里之地。其後遂以吐谷渾爲國氏焉。當魏周之際。始稱可汗。都伏俟城。在青海西十五里。其器械衣服。略與中國同。

爨氏之居曲靖龍和。

《文獻通考》西爨蠻。自云本安邑人。七世祖晉南寧太守。中國亂。遂王蠻中。梁元帝時。南寧州刺史徐文盛召詣荆州。有爨瓚者。據其地延袤二千餘里。土多駿馬犀象明珠。既死。子震翫分統其衆。隋開皇初。遣使朝貢。

麴氏之王高昌焉者。

《隋書高昌傳》高昌國者。漢車師前王庭也。其地有漢時高昌壘。故以爲國號。初蠕蠕立闞伯周爲高昌王。伯周死。子義成立。爲從兄首歸所殺。首歸自立爲高昌王。又爲高車阿伏至羅所殺。以敦煌人張孟明爲主。孟明爲國人所殺。更以馬儒爲主。以鞏顧麴嘉二人爲左右長史。儒又通使後魏。請内屬。人皆戀土。不願東遷。相與殺儒。立嘉爲王。嘉字靈鳳。金城榆中人。既立。屬焉耆爲挹怛所破。衆不能自統。請主於嘉。嘉遣其第二子爲焉耆王。由是始大。益爲國人所服。其風俗政令。與華夏略同。

或前代所未經營。或昔時未隸疆索者。皆由華人或他族分途競進。以爲後來統一之預備。於是隋若唐襲累世之成勢。集合其地。又加之以恢廓。而造成空前之版圖焉。據隋唐二志之言。似較之漢地有過有不及。

《隋書地理志》東西九千三百里。南北萬四千八百一十五里。東南皆至於海。西至且末。北至五原。隋氏之盛。極於此。

《新唐書地理志》太宗元年。因山川形便。分天下爲十道。一曰關內。二曰河南。三曰河東。四曰河北。五曰山南。六曰隴右。七曰淮南。八曰江南。九曰劍南。十曰嶺南。至十三年定簿。凡州府三百五十八。縣一千五百五十一。明年平高昌。又增州二。縣六。其後北殄突厥頡利。西平高昌。北踰陰山。西抵大漠。其地東極海。西至焉耆。南盡林州南境。北接薛延陀界。東西九千五百一十一里。南北一萬六千九百一十八里。　舉唐之盛時。開元天寶之際。東至安東。西至安西。南至日南。北至單于府。蓋南北如漢之盛。東不及而西過之。

然高宗時。高麗百濟皆屬唐。開元中。始以薩水以南地界新羅。則其東界亦軼於漢矣。

中國南北之分。以江河爲最大之界限。故欲通南北。必先通江淮。以爲之樞。春秋時吳將伐齊。先城邗溝。通江淮。

《左傳》哀公九年。秋。吳城邗溝。通江淮。

《春秋大事表》(顧棟高)春秋列國地形口號。邗溝通屬江淮沂濟波。積成今日轉漕河。夫差爭長黃池歲。卻已功成半又過。哀九年。

吳城邗溝。通江淮。杜注。通糧道也。今廣陵邗江是。又哀十三年。會於黃池。杜注。在封邱縣南近濟水。國語。夫差起師北征。闕爲深溝於商魯之間。北屬之沂。西屬之濟。以會晉公午於黃池。案邗溝今日漕河。起於揚州府城東南二里。歷邵伯高郵寶應諸湖。北至黃浦。接淮安界。其合淮處曰末口。在淮安府北五里。自江達淮。南北共長三百餘里。又十三年。旣溝通江淮。遂帥舟師。自淮入泗。自泗入沂。復穿魯宋之境。連屬水道有不通者。鑿而通之。以達於封邱之濟。卽杜氏所云近濟水也。蓋吳人溝通之路。由今考城過杞縣北境。歷蘭陽而至於封邱。今日漕河由淮而北。連合沂泗汶洸及山東諸泉。以濟運都。放其遺法。漕河沿革考曰。漕河之北段。卽元人之會通河。其南段春秋吳子所開之邗溝也。

歷秦漢至南北朝。其道漸湮而迹猶存。故隋世屢開之。

《隋書文帝紀》開皇七年夏四月。於揚州開山陽瀆。以通運漕。胡身之曰：春秋吳城邗溝，通江淮，山陽瀆通於廣陵尚矣，隋特開而深廣之，將以伐陳也。煬帝開邗溝詳下。

而通濟永濟二渠。江南之河。皆與邗溝銜接。

《通鑑》大業元年營建東京。發河南淮北諸郡民前後百餘萬開通濟渠。杜佑曰：陳留郡城西有通濟渠，煬帝開以通江淮漕運，兼引汴水，即莨蕩渠也。自西苑引穀洛水達於河。復自板渚引河歷滎澤入於汴。又自大梁之東。引汴水入泗。達於淮。又發淮南民十餘萬開邗溝自山陽至揚子入江。渠廣四十步渠旁皆築御道。樹以柳。自長安至江都。置離宮四十餘所。

《同上》大業四年發河北諸軍百餘萬穿永濟渠。引沁水南達於河。北通涿郡。

《同上》大業六年。敕穿江南河自京口至餘杭。八百餘里。廣十餘丈。

於是南至餘杭。北至涿郡。西至洛陽。胥可以舟航直達。此隋唐之所以能統一中國之一大主因也。

《通鑑》大業七年。討高麗。詔總徵天下兵。無問遠近。俱會於涿。又發江淮以南水手一萬人。弩手三萬人。嶺南排鑹手三萬人。於是四遠奔赴如流。五月。敕河南淮南江南造戎車五萬乘送高陽。供載衣甲幔幕。令兵士自挽之。發河南北民夫以供軍須。秋七月。發江淮以南民夫及船運黎陽及洛口諸倉米至涿郡。舳艫相次千餘里。此皆可見南北交通之便

漢都長安。舊有運渠與渭並行。東抵潼關。隋時修之。名爲廣通渠。

《通鑑》陳至德二年。開皇四年 隋主以渭水多沙。深淺不常。漕者苦之。詔太子左庶子宇文愷帥水工鑿渠。引渭水。自大興城東至

灞關三百餘里名曰廣通渠。漕運通利。關內賴之。

唐天寶初。韋堅爲水陸運使。又開廣運潭。與渠通。而四方之舟。遂可畢萃於長安城下。

《舊唐書韋堅傳》天寶元年爲水陸轉運使。自西漢及隋。有運渠自關門西抵長安。以通山東租賦。奏請於咸陽擁渭水作興成堰。截灞滻水。傍渭東注。至關西永豐倉下。與渭合。於長安城東九里長樂坡下。滻水之上。架苑墻。東面有望春樓。樓下穿廣運潭以通舟楫。二年而成。堅預於東京汴水。取小斛底船三二百隻。置於潭側。其船皆署牌表之。若廣陵郡船。即于栿背上堆積廣陵所出錦鏡銅器海味。丹陽郡船。即京口綾衫段。晉陵郡船。即折造官端綾繡。會稽郡船。即銅器羅吳綾絳紗。南海郡船。即玳瑁眞珠象牙沈香。豫章郡船。即名瓷酒器茶釜茶鐺茶椀。宣城郡船。即空青石紙筆黃連。始安郡船。即蕉葛蚺蛇膽翡翠。船中皆有米。吳郡即三破糯米方丈綾。凡數十郡。駕船人皆大笠子寬袖衫芒屩。如吳楚之制。

有唐一代財賦。悉仰給於東南。使非累世經營。通達江淮河渭之路。何能使舟航無阻乎。

《新唐書食貨志》唐都長安。而關中號稱沃野。然其土地狹。所出不足以給京師。備水旱。故常轉漕東南之粟。高祖太宗之時。用物有節。水陸漕運。歲不過二十萬石。故漕事簡。自高宗以後。歲益增多。而功利繁興。民亦罹其弊。　韋堅開廣運潭。歲漕山東粟四百萬石。

《同上》劉晏爲鹽鐵使。吳越揚楚鹽廩至數千。歲得錢百餘萬緡。以當百餘州之賦。

《同上》元和中。供歲賦者。浙西浙東宣歙淮南江西鄂岳福建湖南八道。戶百四十四萬。比天寶纔四之一。兵食於官者。八十三萬。加天寶三之一。通以二戶養一兵。京西北河北以屯兵廣。無上供。

國內統一。則其力足以外競。隋唐其明證也。煬帝之伐高麗。世多譏之。而發見流求。

《隋書》大業三年。煬帝令羽騎尉朱寬入海訪求異俗。到流求國。　明年。帝遣武賁郎將陳稜。朝請大夫張鎮州。率兵自義安浮海擊之。

通使倭國。

《隋書》大業三年。倭王思利北孤遣使朝貢。使者曰。聞海西菩薩天子重興佛法。故遣朝拜。兼沙門數十人來學佛法。　明年。遣文林郎裴清使於倭國。

南招赤土。

《隋書》煬帝即位。募能通絕域者。大業三年。屯田主事常駿。虞部主事王君政等請使赤土。帝大悅。賜駿等帛各百匹。時服一襲。而遣齎物五千段以賜赤土王。其年十月。駿等至赤土國。其王以船來迎。至王宮。駿等宣詔訖。王詔駿曰。今是大國中人。非復赤土國矣。尋遣那邪迦隨駿貢方物。

西達波斯。

《隋書》煬帝遣雲騎尉李昱使通波斯。尋遣使隨昱貢方物。

皆其時事之可紀者也。裴矩之撰西域圖記。雖亦出於逢君之惡。然周知四國。招徠遠人。亦賢哲所當為。正不可以

閉關自守之見斥之也。

《隋書裴矩傳》時西域諸蕃多至張掖。與中國交市。帝令矩掌其事。矩知帝方勤遠略。諸商胡至者。矩誘令言其國俗山川險易。撰西域圖記三卷奏之。其序曰。臣既因撫納。監知關市。尋討書傳。訪採胡人。或有所疑。卽譯衆口。依其本國服飾儀形。王及庶人各顯容止。卽丹青撫寫。爲西域圖記。共成三卷。合四十四國。仍別造地圖。窮其要害。從西頃以去。北海之南。縱橫所亙。將二萬里。帝令矩往張掖。引致西蕃。至者十餘國。及帝西巡。次燕支山。高昌王伊吾設等。及西蕃胡二十七國。謁於道左。皆令佩金玉。被錦罽。焚香奏樂。歌舞諠譟。復令武威張掖士女。盛飾縱觀。騎乘塡咽。周亘數十里。以示中國之盛。矩以蠻夷朝貢者多。諷帝令都下大戲。徵四方奇技異藝。陳於端門街。衣錦綺珥金翠者。以十數萬。又勒百官及民士女。列坐棚閣而縱觀焉。皆被服鮮麗。終月乃罷。又令三市店肆。皆設帷帳。盛列酒食。遣掌蕃率蠻夷與民貿易。所至之處。悉令邀延就坐。醉飽而散。蠻夷嗟歎。謂中國爲神仙。

唐太宗高宗時國威之隆尤無倫比。

《東洋史要》(桑原隲藏)唐太宗高宗兩朝。國勢之盛。曠古無兩。雖力征經營。專屬東西北三面。於南徼或未暇及。而威聲所播南方諸小國先後朝貢稱藩。如占城(今中國交趾)眞臘(今柬埔寨)扶南(今暹羅)婆利(今婆羅洲)闍婆(今爪哇)室利佛逝(今蘇門答剌)諸國。以及東謝(今四川涪陵縣)西趙(今雲南鳳儀縣)牂柯(今貴州思南縣)諸蠻皆於其時來廷。於是唐威令所行。東綜遼海。北跨大磧。西被達曷水。(今低格里河)南極天竺。暨海洋洲中諸小國。既擁此廣土。欲籌所以統理之者。乃卽其部落列置州縣。其大者爲都督府。以其首領爲都督刺史。皆得世襲。雖貢賦版籍多不上戶部。然聲敎所覃。皆邊州都督都護所領。著於令式。其突厥回紇黨項吐谷渾隸關內道者。凡府二十九州九十。突厥別部及奚（東部鮮卑宇文之別種。據今內蒙喀喇沁部地。）契丹靺鞨降胡百濟高麗隸河北道者。凡府十四州四十六。突厥回紇黨項吐谷渾之別部。及自于闐以西。波斯以東十六國。隸隴右道者凡府五十一。州百九十八。羌蠻隸劍南道者。凡州二百六十一。蠻隸江南道者凡州五十一。隸嶺南道者。凡州九十三。又有黨項州二十四。不知其隸屬。大凡府州八百五十六。號爲羈縻云。都督府爲數較多。又分併置罷不常。茲不具載。都護府例置大都護一。副大都護各二。皆由唐廷特簡。其治所及所統。列表如左。

（一）安西都護府　統西域天山南路至波斯以東　治西州（今吐魯番）後徙龜茲（今庫車）
（二）燕然都護府　統漠北　治天德軍（今吳喇忒西北黃河北岸）
（三）單于都護府　統陰山之陽黃河之北　治振武軍（今托克托西北）
（四）瀚海都護府　統漠南　治雲中（今大同）
（五）崑陵都護府　統西突厥五咄陸部落　治碎葉川東
（六）濛池都護府　統西突厥五弩失畢部落　治碎葉川西
（七）安東都護府　統高麗百濟降戶　治平壤後徙新城
（八）北庭都護府　統金山以西及天山北路　治庭州（今迪化）
（九）安南都護府　統諸蠻　治交州（今安南東京）
（十）峯州都護府　統蜀爨蠻　治嘉寧（今安南太原）

突厥回紇之酋長並列於朝。

《舊唐書突厥傳》太宗用溫彥博計。於朔方之地。自幽州至靈州。置順祐化長四州都督府。又分頡利之地六州。左置定襄都督府。右置雲中都督府。以統其部衆。其酋首至者。皆拜爲將軍中郎將等官。布列朝廷。五品以上百餘人。因而入居長安者數千家。《回紇傳》顯慶元年。程知節等大破賀魯於陰山。盡收所據之地。執賀魯送洛陽。以賀魯種落分置州縣。西盡波斯。加婆閏右衛大將軍兼瀚海都督。婆閏故回紇酋長吐迷度之子初官右屯衛大將軍翊左郎將。

新羅日本之生徒。駢羅於學。

《舊唐書新羅傳》貞觀二十二年。金春秋請詣國學觀釋奠及講論。太宗因賜以所制溫湯及晉祠碑。并新撰晉書將歸國。開元十六年。其王興光上表。請令人就中國學問經教。上許之。

黃遵憲日本國志。載唐高祖太宗時。並有日本學生詳東亞史。

碑版照耀於絕域。

《語石平百濟碑》（葉昌熾）顯慶五年。賀遂亮文權懷素書。廠估王某渡海精拓。並拓得劉仁願紀功碑。亦初唐之佳搆。此二碑皆在忠清道扶餘縣。

《金石萃編姜行本紀功碑》（王昶）今在哈密城北。天山之麓。土人名闞石圖。漢之碑嶺也。考唐書姜行本傳。高昌之役。磨去古刻。更刊頌陳國威靈。卽此碑也。　案唐代紀功碑東西相望。至今尚存。實爲國光。其尤可寶貴者。蒙古突厥故庭。亦有唐碑。葉昌熾語石曰。俄人於娑陵水上。訪得回鶻故宮。又於鄂勒昆河。訪得突厥舊庭。又訪得唐碑三。一爲苾伽可汗碑。開元廿三年李融文。一爲闕特勤碑。開元廿年御製。一爲九姓回鶻可汗碑。斷爲五石。亦唐刻。此三碑雖非太宗高宗時所立。然亦可證唐代文教之遠。

詔書震動於殊方。

『舊唐書天竺傳』貞觀十五年。尸羅逸多自稱摩伽佗王。遣使朝貢。太宗降璽書慰問。尸羅逸多大驚。問諸國人曰。自古曾有摩訶震旦使人至吾國乎。皆曰。未之有也。乃膜拜而受詔書。

觀太宗自誇之詞。

『通鑑』太宗嘗謂侍臣曰。自古帝王雖平定中夏。不能服戎狄。朕才不逮古人。而成功過之。所以能及此者。自古皆貴中華賤夷狄。朕獨愛之如一。故其種落皆依朕如父母。

及其時蕃將之盛。

『陔餘叢考』(趙翼)唐初多用蕃將。史大奈本西突厥特勒。馮盎本高州土酋。阿史那社爾本突厥處羅可汗之子。阿史那忠本蘇尼失之子。契苾何力本鐵勒莫賀可汗之孫。黑齒常之本百濟西部人。泉男生本高麗蓋蘇文之子。李多祚亦靺鞨酋長之後。論弓仁本吐蕃族。尉遲勝本于闐國王。尚可孤本鮮卑別種。他如李光弼、渾瑊、裴玢等。亦皆外蕃久居中國者。

知唐時初非專恃強大。黷武開邊。其於撫綏夷落。懷柔遠人。實有一視同仁之概。故視隋爲尤盛焉。

第十二章　隋唐之制度

三國以降世亂如棼絲。凡百政治苟且補苴。無所謂經制也。北朝元魏頗有善制。孝文以後復不能繼續進步。嬖倖擅國以至於亡。北周繼魏有志復古。蘇綽盧辯等咸有制作。

《北周書蘇綽傳》太祖召綽拜大行臺右丞。參典機密。綽始制文案程式。朱出墨入。及計帳戶籍之法。又爲六條詔書。奏施行之。其一先治心。其二敦敎化。其三盡地利。其四擢賢良。其五卹獄訟。其六均賦役。太祖令百司習誦之。其牧守令長。非通六條及計帳者。不得居官。

《同上盧辯傳》除太常卿太子少傅。孝武西遷。朝章禮度。湮墜咸盡。辯因時制宜。皆合軌度。 初太祖欲行周官。命蘇綽專掌其事。未幾而綽卒。令辯成之。於是依周禮建六官。置公卿大夫士。幷撰次朝儀。車服器用。多依古禮。革漢魏之法。事幷施行。 辯所述六官。太祖以魏恭帝三年始命行之。自茲厥後。世有損益。宣帝嗣位。事不師古。官員班品。隨意變革。 於時雖行周禮。其內外衆職。又兼用秦漢等官。

然徒務復古。而無古人之精神。又不能盡革時弊。未足語於善制也。惟隋承周而唐承隋。因革損益。亦當遠溯其源焉。

隋書經籍志史部。有舊事官職儀注。刑法四篇。皆六代之典制。惜其書多不傳。然其綱要則散見於五代史志中。

『隋書考證』唐武德五年起居舍人令狐德棻奏請修五代史。五代謂梁陳齊周隋也 十二月詔中書令封德彝舍人顏師古修隋史。綿歷數載不就而罷。貞觀三年續詔秘書監魏徵修隋史。十年正月。徵等詣闕上之。 十五年又詔左僕射於志甯太史令李淳風。著作郎韋安仁。符璽郎李延壽同修五代史志。凡勒成十志。三十卷。顯慶元年上進。詔藏秘閣。後又編第入隋書。其實別行。亦呼爲五代史志。

學者欲知自漢以來一切制度之變遷。當詳覽隋志。茲篇不能僂述。節錄百官志序以見一班。

『隋書百官志序』漢高祖除暴甯亂。輕刑約法。而職官之制。因于嬴氏。光武中興。聿遵前緒。唯廢丞相與御史大夫。而以三司綜理衆務。洎於叔世。事歸臺閣。論道之官。備員而已。魏晉繼及。大抵略同。爰及宋齊。亦無改作。梁武受終。多循齊舊。然而定諸卿之位。各配四時。置戎秩之官。百有餘號。陳氏繼梁。不失舊物。高齊創業。亦遵後魏。臺省位號。與江右稍殊。有周創據關右。日不暇給。洎於克清江漢。爰議憲章。酌酆鎬之遺文。置六官以綜務。詳其典制。有可稱焉。高祖踐極。百度伊始。復廢周官。還依漢魏。唯以中書爲內史。侍中爲納言。自餘庶僚。頗有損益。煬帝嗣位。意存稽古。建官分職。率由舊章。大業三年。始行新令。於時三川定鼎。萬國朝宗。衣冠文物。足爲壯觀。旣而以人從欲。待下若讎。號令日改。官名日易。尋而南征不復。朝廷播遷。圖籍注記。多從散佚。今之存錄者。不能詳備焉。

唐之制度。亦多變遷。綜其一代。未可概論。然欲考求有唐一代良法美意。莫若先治唐六典。蓋六典成於開元中。正唐室全盛之時。弘綱鉅旨。粲然明備。足與周官頡頏。而宋以後所行之法。亦多孕育於其中。

《唐六典序》(王鏊)周之後莫善於唐。唐有六典。可追倣周禮。 國家官制。則象周官。於唐制固若未暇。而亦未嘗遺之。蓋唐以中書門下尚書三省參領天下之務。今六部雖分。顧猶尚書省之舊。而內閣則隱然中書。通政給事。則門下之遺也。其餘寺監府院。以分衆職。品爵勳階。以叙羣材。尙多唐舊。

雖書中所云。亦未盡施用。

《四庫全書提要》唐六典卅卷。其書以三師三公三省九寺五監十二衛。列其職司官佐。叙其品秩。以擬周禮。書錄解題。引韋述集賢記注曰。開元十年。起居舍人陸堅。被旨修是書。帝手寫白麻紙六條。曰理教禮政刑事。令以類相從 二十六年。奏草上。迄今在直院。亦不行用。程大昌雍錄則曰。唐世制度。凡最皆在六典。 草制之官。每入院必首索六典。則時制盡在故也。二說截然不同。考呂溫集請删定六典。狀稱宣示中外。星紀六周。未有明詔施行云云。與韋述之言相合。唐人所說。當無譌誤。疑當時討論典章。亦相引據。而公私科律。則未嘗事事遵用。如明代之會典也。

然考求吾國人立國之法。自周官外。無逾是書者矣。

周官所重。體國經野。唐六典則惟重設官分職。而其體國經野之法。則具於戶部職中。

《唐六典》戶部尚書侍郎。掌天下戶口井田之政令。 郎中員外郎。掌領天下州縣戶口之事。凡天下十道。任土所出。而爲貢賦之差。分十道以總之。一曰關內道。凡二十有二州。東距河。西抵隴坂。南據終南之山。北邊沙漠。厥賦絹綿布麻。厥貢岱赭鹽山角弓龍鬚席蓯蓉野馬皮麝香。二曰河南道。凡二十有八州。東盡於海。西距函谷。南瀕於淮。北薄於河。厥賦絹絁綿布。厥貢紬絁文綾絲葛水葱蘪心席瓷石之器。三曰河東道。凡十有九州。東距恆山。西據河。南抵首陽太行。北邊匈奴。厥賦布繭。厥貢䌰扇龍鬚席墨蠟石英麝香漆人參。四曰河北道。凡二十有五州。東並於海。南迫於河。西距太行恆山。北通渝關薊門。厥賦絹綿及絲。厥貢羅綾平紬絲布絲紬鳳翮葦席墨。五曰山南道。凡三十有三州。東接荆。西抵隴蜀。南控大江。北據商華之山。厥賦絹布綿紬。厥貢金漆蜜蠟蠟燭鋼鐵芒硝麝香布交梭白縠紬紵綾葛綵綸蘭干。六曰隴右道。凡二十有一州。東接秦。西逾流沙。南連蜀及吐蕃。北界朔漠。厥賦布麻。厥貢麩金礪石碁石蜜蠟蠟燭毛毼麝香白氎及鳥獸之角羽毛皮革。七曰淮南道。凡一十有四州。東臨海。西抵漢。南據江。北距淮。厥賦絁絹綿布。厥貢交梭紵絺孔雀熟絲布青銅鏡。八曰江南道。凡五十有一州。東臨海。西抵蜀。南極嶺。北帶江。厥賦麻紵。厥貢紗編綾綸蕉葛練麩金犀角鮫魚藤朱砂水銀零陵香。九曰劍南道。凡三十有三州。東連牂柯。西界吐蕃。南接羣蠻。北通劍閣。厥賦絹綿葛紵。厥貢麩金羅綾綿紬交梭彌牟布絲葛麝香羚羊犛牛角尾。十曰嶺南道。凡七十州。東南際海。西極羣蠻。北據五嶺。厥賦蕉紵落麻。厥貢金銀沈香甲香水馬翡翠孔雀象牙犀角龜殼鼉鼊絲藤竹布。新唐書地理志：開元二十一年，又因十道，分山南江南爲東西道，增置黔中道及京畿都畿，置十五採訪使檢察，如漢刺史之職。

其地方分州縣兩級。其下有鄉里村坊之別。

《唐六典》四萬戶以上爲上州。三萬戶以上爲中州。不滿爲下州。六千戶以上爲上縣。二千戶以上爲中縣。一千戶以上爲中下縣。不滿一千戶皆爲下縣。百戶爲里。五里爲鄉。兩京及州縣之廓內分爲坊。郊外爲村。里及村坊皆有正以司督察。四家爲鄰。

五家爲保。保有長。以相禁約。

其民有計帳戶籍。

《唐六典》凡男女始生爲黃。四歲爲小。十六歲爲中。二十有一爲丁。六十爲老。每一歲一造計帳。三年一造戶籍。縣以籍成於州。州成於省。戶部總而領焉。（諸造籍起正月，畢三月，所須紙筆裝潢軸帙，皆出當戶內，口別一錢。計帳所須，戶別一錢。）

分等而載之。計年而比之。

《唐六典》凡天下之戶。量其資產。定爲九等。每定戶以中年。（子卯午酉）造籍以季年。（丑辰未戌）州縣之籍恆留五比。省籍留九比。

計口授田。度地之肥瘠寬狹而居之。

《唐六典》凡天下之田。五尺爲步。二百有四十步爲畝。百畝爲頃。度其肥瘠寬狹。以居其人。凡給田之制有差。丁男中男以一頃。（中男年十八以上者，亦依丁男給。）老男篤疾廢疾以四十畝。寡妻妾以三十畝。若爲戶者則減丁之半。凡分田爲二等。一曰永業。一曰口分。丁之田。二爲永業。八爲口分。凡道士給田三十畝。女冠二十畝。僧尼亦如之。凡官戶受田減百姓口分之半。凡天下百姓。給園宅地者。良口三人以上給一畝。三口加一畝。賤口五人給一畝。五口加一畝。其口分永業不與焉。凡給口分田。皆從便近。居城之人。本縣無田者。則隔縣給受。凡應收授之田。皆起十月。畢十二月。凡授田先課後不課。先貧後富。先無後少。凡州縣界內所部受田悉足者爲寬鄉。不足者爲狹鄉。

按其法。蓋多沿魏周及隋之制而變通之也。

『文獻通考』隋代中男丁男永業露田皆遵後齊之制。開皇九年。任墾田千九百四十四萬四千二百六十七頃，開皇十二年。文帝以天下戶口歲增京輔及三河地少而人衆。衣食不給。議者咸欲徙就寬鄉。帝乃發使四出。均天下之田。其狹鄉每丁纔至二十畝。老少又少焉。至大業中。天下墾田五千五百八十五萬四千四十頃。

『同上』隋文帝頒新令界女三歲以下爲黃。十歲以下爲小。十七歲以下爲中。十八歲以上爲丁。以從課役。六十爲老。乃免。開皇三年。乃令人以二十一成丁。煬帝卽位。戶口益多。男子以二十二爲丁。高熲奏人間課稅雖有定分。年恆徵納。除注常多。長吏肆情。文帳出沒。既無簿籍。難以推校。乃定輸籍之樣。請徧下諸州。每年正月五日縣令巡人各隨近五黨三黨共爲一團。依樣定戶上下。帝從之。自是姦無所容。

雖人戶之數。隋唐相等。

『文獻通考』煬帝大業二年。戶八百九十萬七千五百三十六。口四千六百一萬九千九百五十六。

『通典』天寶十四載。管戶總八百九十一萬九千三百九。口五千二百九十萬九千三百九。

尚未可以比於漢室。然論者頗稱其法焉。

『文獻通考』載蘇軾曰。自漢以來。丁口之蕃息。與倉廩府庫之盛。莫如隋。其貢賦輸籍之法。必有可觀者。然學者以其得天下不以道。又不過再世而亡。是以鄙之而無傳焉。

唐之設官。大抵皆沿隋故。

《新唐書百官志》唐之官制。其名號爵秩。雖因時增損。而大抵皆沿隋故。其官司之別。曰省曰臺曰寺曰監曰衛曰府。各統其屬。以分職定位。其辨貴賤叙勞能。則有品有爵有勳有階。以時考覈而升降之。

其格令定於開元二十五年。

《文獻通考》開元二十五年。刊定職次。著爲格令。尚書省以統會衆務。舉持繩目。門下省以侍從獻替。規駁非宜。中書省以獻納制册。敷揚宣勢。秘書省以監錄圖書。殿中省以供修膳服。內侍省以承旨奉引。御史臺以肅淸僚庶。九寺（太常、光祿、衛尉、宗正、太僕、大理、鴻臚、司農、太府爲九寺、）五監（少府、將作、國子、軍器、都水、爲五監、）以分理羣司。六軍（左右羽林、左右龍武、左右神武、爲六軍、）十六衛（左右衛、左右驍衛、左右武、左右威、左右領軍、左右金吾、左右監門、左右千牛、爲十六衛、）以嚴其禁禦。一詹事府。二春坊。三寺（家令寺、率更寺、太僕寺、）十率府（左右衛、左右司禦、左右淸道、左右監門、左右內侍、凡十率府、）俾乂儲宮。牧守督護。分臨畿服。設官以經之。置使以緯之。（按察採訪等使以理州縣、節度團練等使以督府軍事、租庸轉運鹽鐵靑苗營田等使以毓財貨、其餘細務、因事置使者、不可悉數、）自六品以下。率由選曹。居官者以五歲爲限。

論者謂門下省給事中之掌封駁。爲一代極善之制。

《唐六典》給事中侍奉左右。分判省事。凡百官奏鈔。侍中審定。則先讀而署之。以駁正違失。凡制敕宣行。大事則稱揚德澤。褒美功業。覆奏而請施行。小事則署而頒之。凡國之大獄。三司詳決。若刑名不當。輕重或失。則援法例。退而裁之。凡文武六品已下授職。所司奏擬。則校其仕歷深淺。功狀殿最。訪其德行。量其材藝。若非其人。理失其事。則白侍中而退量焉。凡天下冤滯未申。及官吏刻害者。必聽其訟。與御史及中書舍人同計其事宜而申理之。

『日知錄卷九』（顧炎武）人主之所患。莫大乎唯言而莫予違。漢哀帝封董賢。而丞相王嘉封還詔書。後漢鍾離意爲尚書僕射。數封還詔書。自是封駁之事。多見於史。而未以爲專職也。唐制。凡詔敕皆經門下省。事有不便。得以封還。而給事中駁正違失之掌。著於六典。如袁高崔植韋弘景狄兼謩鄭肅韓佽韋溫鄭公輿之輩。並以封還敕書。垂名史傳。亦有召對慰諭。如德宗之於許孟容。中使嘉勞。如憲宗之於薛存誠者。而元和中。給事中李藩在門下。制敕有不可者。卽於黃紙後批之。吏請別連白紙。藩曰。別以白紙。是文狀也。何名批敕。宣宗以右金吾大將軍李燧爲嶺南節度使。已命中使賜之節。給事中蕭倣封還制書。上方奏樂。不暇別召中使。使優人追之。節及燧門而返。人臣執法之正。人主聽言之明。可以並見。五代廢弛。宋太宗淳化四年。始復給事中封駁。而司馬池猶謂門下雖有封駁之名。而詔書一切自中書以下。非所以防過舉也。明代雖罷門下省長官。而獨存六科給事中。以掌封駁之任。旨必下科。其有不便。給事中駁正到部。謂之科參。六部之官。無敢抗科參而自行者。故給事中之品卑而權特重。

蓋漢代人主及大臣之於政務。多與羣僚會議。自三國以降。君主及大臣之權。漫無限制。故唐以門下省給事中掌封駁。使糾正其違失。沿及明清。猶存其制之遺意。孰謂君主之世。皆專制哉。

魏晉以來。國之大政。多總於中書。中書舍人掌撰制誥。其職尤重。唐代因之。諸官莫比。

『文獻通考』中書省自魏晉始。梁陳時。凡國之政事。並由中書省。隋初改爲內史省。唐武德三年。復中書省。　隋內史舍人專掌詔誥。武德三年。改爲中書舍人。專掌詔誥。侍從署敕。宣旨勞問。授納訴訟。敷奏文表。分判省事。自永淳以來。天下文章道盛。臺閣鸞彥。無不以文章達。故中書舍人爲文士之極任。朝廷之盛選。諸官莫比焉。

而尚書省奉行政令。分立六部。後世多因此以分職。迄清末始改。蓋自漢置五曹。至隋置六部。歷經研究。始定此政務之大綱。

隋置吏禮兵刑民工六部尚書。唐與之同。惟民部曰戶部。

而行政之法。遂詳備焉。六部行政各有區別。就其總者言之。如官司之奏報。文牘之施行。皆有定式。是亦可覘唐制之善矣。

《唐六典》尚書都省掌舉諸司之綱紀。與其百僚之程式。以正邦理。凡內外百司所受之事。皆印其發日。爲之程限。一日受。二日報。小事五日。中事十日。大事二十日。獄案三十日。其急務者不與焉。小事判句經三人已下者給一日。四人以上給二日。中事每經一人給二日。大事各加一日。內外諸司。咸率此。若諸州計奏達於京師。量事之大小多少以爲之節。二十條以上。二日。倍之。三日。又倍之。四日。又倍之。五日。雖多。不是過焉。凡制敕施行。京師諸司有符移關牒。諸下州者。必由於都省以遣之。凡文案旣成。勾司行朱訖。皆書其上端。記年月日。納諸庫。凡施行公文應印者。監印之官考其事目。無或差謬。而後印之。必書於曆。每月終。納諸庫。凡內外百僚。日出而視事。既午而退。有事則直官省之。其務繁不在此例。

天下大政。曰財曰兵。其制度之變遷。則以唐爲古今大判之樞。唐行授田之法。其賦役亦因以定制。爲租調庸徭四目。

《唐六典》凡賦役之制有四。一曰租。二曰調。三曰役。四曰雜徭。課戶每丁租粟二石。其調隨鄉土所產綾絹絁各二丈。布加五分之一。輸綾絹絁者綿三兩。輸布者麻三斤。皆書印焉。凡丁歲役二旬。無事則收其庸。每日三尺。有事而加役者。旬有五日免其調。三旬則租調俱免。凡庸調之物。仲秋而斂之。季秋發於州。租則準土收穫早晚。量事而斂之。仲秋起輸。孟春而納畢。

其取於民也均。開元以後。法度廢弊。又經大亂。版籍難定。於是有楊炎兩稅之法。

《文獻通考》租庸調法以人丁爲本。開元後久不爲版籍。法度廢弊。丁口轉死。田畝換易。貧富升降。悉非向時。而戶部歲以空文上之。天寶中王鉷爲戶口使。務聚斂。乃按舊籍除當免者。積三十年。責其租庸。人苦無告。法遂大弊。至德後。天下兵起。人口凋耗。版圖空虛。賦斂之司。莫相統攝。綱紀大壞。王賦所入無幾。科斂凡數百名。 德宗時。楊炎爲相。遂作兩稅法。夏輸無過六月。秋輸無過十一月。置兩稅使以總之。凡百役之費。先度其數而賦之於民。量出制入。戶無主客。以見居爲簿。人無丁中。以貧富爲差。不居處而行商者。在所州縣稅三十之一。度所取與居者均。使無僥利。其租庸雜徭悉省。而丁額不廢。其田畝之稅。以大歷十四年墾田之數爲定。而均收之。

後世專重田賦。分爲夏秋兩稅。又不計土壤高下。沿各地所收舊數而高下之。皆本楊炎之法。而古者均地均賦之義亡矣。唐之兵制。亦因周隋設府兵。

《文獻通考》周太祖輔西魏時。用蘇綽言。始仿周典置六軍。籍六等之民。擇魁健材力之士。以爲之首。盡蠲租調。而刺史以農隙教之。合爲百府。每府一郎將主之。分屬二十四軍。開府各領一軍。

《新唐書兵志》府兵制起自西魏後周而備於隋唐。唐興因之。諸府總曰折衝府。凡天下十道。置府六百三十四。皆有名號。而關內二百六十有一。皆以隸衛。凡府三等。兵千二百人爲上。千人爲中。八百人爲下。凡民年二十爲兵。六十而免。其隸於衞也。左右衛皆領六十府。諸衛領五十至四十。凡當宿衛者番上。兵部以遠近給番。五百里爲五番。千里爲七番。千五百里八番。二千里十番。外爲十二番。皆一月上。若簡留直衛者。五百里爲七番。千里八番。二千里十番。外爲十二番。亦月上。

實卽今日所謂徵兵之制。亦卽古者兵農不分之意。

《文獻通考》府兵平日皆安居田畝。每府有折衝領之。折衝以農隙教習戰陣。國家有事徵發。則以符契下其州及府。參驗發之。

開元之後。改爲募兵。而從來徵兵之制不可復矣。

《文獻通考》自開元之末。張說始募長征兵。謂之彍騎。其後益爲六軍。及李林甫爲相。奏諸軍皆募人爲兵。兵不土著。又無宗族。不自重惜。忘身徇利。禍亂自生。

唐代京師學校。皆隸於國子監。沿隋制也。其學校有六。一曰國子。二曰太學。三曰四門。四曰律學。五曰書學。六曰算學。其學生以階級分之。

《唐六典》國子博士掌教文武官三品以上及國公子孫從二品以上曾孫之爲生者。太學博士掌教文武官五品以上及郡縣公子孫三品曾孫之爲生者。四書博士掌教文武官七品以上及侯伯子男子之爲生者。若庶人子爲俊士生者。律學博士書學博士算學博士掌教文武官八品以下及庶人子之爲生者。

各有定額。及專業年限。

『新唐書選舉志』國子學生三百人。太學生五百人。四門學生千三百人。（內八百人，以庶人之俊異者爲之。）律學生五十人。書學生三十人。算學生三十人。　凡生限年十四以上。十九以下。律學十八以上。二十五以下。

『唐六典』國子生五分其經以爲之業。習周禮儀禮禮記毛詩春秋左氏傳。每經各六十人。餘經亦兼習之。習孝經論語限一年業成。尚書春秋穀梁公羊各一年半。周易毛詩周禮儀禮各二年。禮記左氏春秋各三年。其習經有暇者。命習隸書。幷國語說文字林三倉爾雅。　太學生五分其經以爲之業。每經各百人。　四門分經同太學。　律學生以律令爲專業。格式法例。亦兼習之。　書學生以石經說文字林爲專業。餘字書亦兼習之。石經三體書限三年業成。說文二年。字林一年。　算學生二分其經以爲之業。習九章海島孫子五曹張邱建夏侯陽周髀十有五人。習綴術緝古十有五人。孫子五曹共限一年業成。九章海島共三年。張邱建夏侯陽各一年。周髀五經算共一年。綴術四年。緝古一年。

入學有束修。每旬有考試。

『唐六典』其生初入置束帛一篚。酒一壺。脩一案。號爲束修之禮。每旬前一日。則試其所習業。

業成者上於監。無成者免。

『唐六典』凡六學生每歲有業成上於監者。丞以其業與司業祭酒試之。明經帖經口試策經義。進士帖一中經。試雜文策時務徵事。其明法明書算。亦各試所習業。登第者上於尚書禮部。主簿掌印句檢監事。凡六學生有不率師教者。則舉而免之。其頻三年下第九年在學及律生六年無成者亦如之。假違程限及作樂雜戲亦同。惟彈琴習射不禁。

其地方之學校學生亦有定額。

《新唐書選舉志》京都學生八十人。大都督中都督府上州各六十人。下都督府中州各五十人。下州四十人。京縣五十人。上縣四十人。中縣中下縣各三十五人。下縣二十人。

設博士助教等教之。

《唐六典》京兆河南太原三府及各州。皆有經學博士一人。助教二人或一人。魏晉以下。郡國並有文學。即博士助教之任。並皇朝置。

別有弘文崇文館學生講習經業兼學書法。

《唐六典》門下省宏文館學生三十人。置講經博士。考試經業。准試貢舉。兼學書法。太子崇文館學生二十人。其課試舉送如弘文館。

當太宗時。學風最盛。

《新唐書選舉志》自高祖入長安。開大丞相府。下令置生員自京師至於州縣。皆有數。既即位。又詔秘書外省別立小學。以教宗室子孫及功臣子弟。其後又詔諸州明經秀才俊士進士。明於理體爲鄉里稱者。縣考試。州長重覆。歲隨方物入貢。吏民子弟學藝者。皆送於京學。爲設考課之法。州縣鄉皆置學焉。及太宗卽位。益崇儒術。乃於門下別置弘文館。又增置書律學進士。加讀經史一部。十三年。東宮置崇文館。自天下初定。增築學舍至千二百區。雖七營飛騎。亦置生。遣博士爲授經。四夷若高麗百濟新羅高昌吐蕃。相繼遣子弟入學。遂至八千餘人。

天寶後。學校遂衰。員額均減於舊。

《新唐書選舉志》自天寶後。學校益廢。生徒流散。元和二年。定生員。西京國子館生八十人。太學七十人。四門三百人。廣文六十人。（天寶九載。始置廣文館於國學。）律館二十人。書算館各十人。東都國子館十人。太學十五人。四門五十人。廣文十人。律館三人。書館三人。算館二人而已。

而學風之壞。亦頗爲時人所譏焉。

《與太學諸生書》（柳宗元）僕少時。嘗有意遊太學。受師說。以植志持身。當時說者咸曰。太學生聚爲朋曹。侮老慢賢。有墮窳敗業而利口食者。有崇飾惡言而肆鬭訟者。有凌傲長上而誶罵有司者。其退然自克特殊於衆人者無幾耳。僕聞之。遂退託鄉閭家塾。考厲志業。過太學之門。而不敢跼顧。

唐代重科舉。其學校亦科舉之一法。非專爲講學之地。天寶中。嘗令舉人專由國學及郡縣學。後又復鄉貢。

《新唐書選舉志》舉人舊重兩監。後世祿者以京兆同華爲榮。而不入學。天寶十二載。敕天下罷鄉貢。舉人不由國子及郡縣學者勿舉送。十四載。復鄉貢。

故終唐之世。人悉騖於科名。而唐之科目亦特備。

《新唐書選舉志》唐制取士之科。多因隋舊。然其大要有三。由學館者曰生徒。由州縣者曰鄉貢。皆升於有司而進退之。其科之目。有秀才。有明經。有進士。有俊士。有明法。有明字。有明算。有一史。有三史。有開元禮。有道舉。有童子。而明經之別。有五經。有三經。有二經。有學究一經。有三禮。有三傳。有史科。此歲舉之常選也。其天子自詔者曰制舉。所以待非常之才焉。

士皆懷牒自列於有司。

《新唐書選舉志》每歲仲冬。州縣館監舉其成者送之尚書省。其不繇館學者。謂之鄉貢。皆懷牒自列於州縣。試已。長吏以鄉飲酒禮。會屬僚。設賓主。陳俎豆。備管弦。牲用少牢。歌鹿鳴之詩。因與耆艾叙長少焉。既至省。皆疏名列到結款通保及所居。始由戶部集閱而關於考功員外郎試之。

各科之試法不同。要以明經進士二科爲重。

《新唐書選舉志》凡秀才試方略策五道。以文理通粗爲上上。上中。上下。中上。凡四等。爲及等。　凡明經。先帖文。然後口試經問大義十條。答時務策三道。亦爲四等　凡開元禮通大義百條。策三道者。超資與官。義通七十。策通二者。及第。散試官能通者依正員。　凡三傳科。左氏傳問大義五十條。公羊穀梁傳三十條。策皆三道。義通七以上。策通二以上爲第。白身視五經。有出身及前資官視學究一經。　凡史科。每史問大義百條。策三道。義通七。策通二以上爲第。能通一史者。白身視五經三傳。有出身及前資官視學究一經。三史皆通者獎擢之。　凡童子科。十歲以下能通一經及孝經論語卷誦文十通者予官。通七予出身。　凡進士。試時務策五道。帖一大經。經策全通者爲甲第。策通四。帖過四以上爲乙第。　凡明法。試律七條。令三條。全通爲甲第。通八爲乙第。凡書學。先口試。通乃墨試說文字林二十條。通十八爲第。　凡算學。錄大義本條爲問答。明數造術。詳明術理。然後爲通。試九章三條。海島孫子五曹張邱建夏侯陽周髀五經算各一條。十通六。記遺三等數帖讀十得九爲第。試綴術緝古錄大義爲問答者。明數造術。詳明術理。無注者。合數造術。不失義理。然後爲通。綴術七條。緝古三條。十通六。記遺三等數帖讀十得九爲第。落經者雖通六不第。

《同上》開元二十九年。始置崇玄學。習老子莊子文子列子。亦曰道舉。其生京都各百人。諸州無常員。官秩蔭第同國子。舉送課試如明經。

其得第者。大抵百分之一。

《文獻通考》開元以後。四海晏淸。士恥不以文章達。其應詔而舉者。多則二千人。少不減千人。所收百纔有一。

世多病其法之不善。然九品中正之弊。致成貴族政治。矯之以科舉。而平民與貴族。乃得均享政權。是亦未始無關於國家社會之進化也。

隋都長安。以洛陽爲東都。唐室因之。以長安爲西京。洛陽爲東京。兩京城坊之壯麗。軼於前世。兩京城坊考詳述之。

《兩京城坊考》(徐松)唐西京初曰京城。隋之新都也。開皇二年所築。原注：按周漢皆都長安，而皆非隋唐之都城。文王作豐，在今西安府鄠縣。武王宅鎬，在今咸陽縣西南。漢都城在唐城西北十三里。自劉聰劉曜石勒苻健苻堅姚萇所據，皆漢城也。隋開皇二年，始移於龍首原。唐天寶元年曰西京。宮城東西四里。南北二里二百七十步。周十三里一百八十步。其崇三丈五尺。南卽皇城。隋時規建，先築宮城，次築皇城，次築外郭城。傳宮城之南面曰皇城。亦曰子城。東西五里一百一十五步。南北三里一百四十步。周十七里一百五十步。城中南北七街。東西五街。左宗廟。右社稷。百寮廨署。列於其間。自兩漢以後，至於晉齊梁陳，並有人家在宮闕之間，隋文帝以爲不便於事，於是皇城之內，惟列府寺，不使雜居，公私有辨。外郭城隋曰大興城。唐曰長安城。亦曰京師城。前直子午谷。後枕龍首山。左臨灞岸。

右抵灃水。東西一十八里一百一十五步。南北一十五里一百七十五步。周六十七里。其崇一丈八尺。面各三門。郭中南北十四街。東西十一街。其間列置諸坊。有京兆府萬年長安二縣所治。寺觀邸第編戶錯居焉。當皇城南面朱雀門。有南北大街曰朱雀門街。東西廣百步。萬年長安二縣以此街爲界。萬年領街東五十四坊及東市。長安領街西五十四坊及西市。

《同上》東京一名東都。始築於隋大業元年。謂之新都。唐顯慶二年。曰東都。　宮城在皇城北。東西四里一百八十八步。南北二里八十五步。周一十三里二百四十一步。其崇四丈八尺。　皇城傅宮城南。東西五里一十七步。南北三里二百九十八步。周一十三里二百五十步。高三丈七尺。城中南北四街。　東西京城。隋大業元年築。曰羅郭城。唐長壽二年李昭德增築。改曰金城。前直伊闕。後倚邙山。東出瀍水之東。西出澗水之西。雒水貫都。有河漢之象焉。周五十二里。南東各三門。北二門。城內縱橫各十街。凡坊一百十三。市三。

日本之平安京。即仿唐之長安城。彼國至今猶盛稱之。考史者所宜資以比較者也。唐之都會。民居與市廛不雜。故商店悉聚於兩市。

《兩京城坊考》(徐松)西京東市隋曰都會市。東西南北各六百步。四面各開二門。四面街各廣百步。北街當皇城南之大街。東出春明門。廣狹不易於舊。東西及南面三街向內開。北廣於舊。街市內貨財二百二十四行。四面立邸。四方珍奇皆所積集。

西市隋曰利人市。南北盡兩坊之地。市內店肆。如東市之制。長安縣所領四萬餘戶。比萬年爲多。浮寄流寓。不可勝計。

《同上》東都南市。隋曰豐都市。唐以其在雒水南。故曰南市。東西南北居二坊之地。其內一百二十行。三千餘肆。四壁有四百餘店。貨賄山積。其西市北市之制未言。當亦等於南市。

而掌以市令。

《唐六典》京都諸市令掌百族交易之事。丞爲之貳。以二物平市。秤以格·斗以概·以三賈均市。精爲上賈·次爲中賈·粗爲下賈·凡與官交易及懸平贓物。並用中賈。其造弓矢長刀。官爲立樣。仍題工人姓名。然後聽鬻之。諸器物亦如之。以僞濫之物交易者沒官。短狹不中量者還主。凡賣買奴婢牛馬。用本司本部公驗以立券。凡賣買不和而榷固及更出開閉共限一價若參市而規自入者並禁之。凡市以日午擊鼓三百聲。而衆以會。日入前七刻。擊鉦三百聲。而衆以散。

其地方亦各有市令焉。

《唐六典》漢代諸郡國。皆有市長。晉宋以來。皆因之。隋氏始有市令。皇朝初。又加市丞。戶四萬以上者省補市令。州市令不得用本市內人。縣市令不得用當縣人。

唐人之居室。以貴賤爲差等。其制掌於左校令。

《唐六典》左校令掌供營構梓匠之事。致其雜材。差其曲直。制其器用。程其功巧。丞爲之貳。凡宮室之制。自天子至於士庶。各有差等。天子之宮殿·皆施重拱藻井·王公諸臣三品以上九架·五品以上七架·並廳廈兩頭·六品以下五架·其門舍三品以上五架·三間五品以上三間兩廈·六品以下及庶人一間兩廈·五品以上得制烏頭門·若官修者·左校爲之·私家自修者制度准此·

後世民居。多則五間。少則三間。沿唐制也。衣服之制。別之以色。則起於隋。

《通鑑卷一百八十一》大業六年十二月。上以百官從駕。皆服袴褶。於軍旅間不便。是歲始詔從駕涉遠者。文武官皆戎衣。五品以上通著紫袍。六品以下。兼用緋綠。胥史以青。庶人以白。屠商以皂。士卒以黃。

其禮服兼用歷代之制。

《唐六典》乘輿之服。則有大裘冕袞冕（王公第一品服之）鷩冕（二品服之）毳冕（三品）絺冕（四品）玄冕（五品）通天冠武弁弁服白黑幘白紗幘平巾幘翼善冠之服。（六品至九品服爵弁）百官有朝服公服弁服平巾幘服袴褶之服。

常服則用袍。

《唐六典》凡常服。親王三品以上二王後服用紫。飾以玉。五品以上服用朱。飾以金。七品以上服用綠。飾以銀。九品以上服用青。飾以鍮石。流外庶人服用黃。飾以銅鐵。

其闊狹長短均有定例。

《唐會要》（王溥）袍襖衫等曳地不得長二寸以上。衣袖不得廣一尺三寸以上。婦人制裙。不得闊五幅以上。裙條曳地不得長三寸以上。襦袖等不得廣一尺五寸以上。

然各地風氣亦有變遷。奢侈者往往流於長闊焉。

《唐會要》開成四年。淮南觀察使李德裕奏。管內婦人袖先闊四尺。今令闊一尺五寸。裙先曳地四五寸。今令減五寸。

唐人之飲食亦有階級。觀其膳部所掌官吏食料。可以考見唐人飲食之材料及其節日之所尚。

《唐六典》膳部郎中。掌邦之牲豆酒膳。辨其品數。凡親王以下。常食料各有差。（每日細白米二升·粳米粱米各一斗五升·粉一升·油五斤·鹽一升·醋二升·蜜三合·粟一斗·

梨七顆·酥一合·乾棗一升·木橦十根·炭十斤·葱韭豉蒜薑椒之類各有差·每月給羊二十口·豬肉六十斤·魚三十頭·各一尺·酒九斗·三品以上常食料九盤。每日細米二升二合粳米八合·麵二升四合·酒一升半·羊肉四分·醬四合·醋四合·瓜三顆·鹽豉葱薑葵韭之類各有差·木橦春二分·冬三分五釐·炭春三斤·冬五斤·四品五品常食料七盤。每日細米二升·麵二升三合·酒一升半·羊肉三分·瓜兩顆·餘並同三品·若斷屠及決囚日停肉·給油一合·小豆三合·三品以上亦同此·六品以下九品以上常食料五盤。每日白米二升·麵一升一合·油三勺·小豆一合醬三合·醋三合·豉鹽葵韭之類各有差·木橦春二分·冬三分·凡諸王以下皆有小食料。午時粥料各有差。復有設食料設會料。每事皆加常食料。又有節日食料。謂寒食麥粥·正月七日三月三日煎餅·正月十五日並晦日膏糜·五月五日粽䊦·七月七日斫餅·九月九日麻葛糕·十月一日黍臛·皆有等差·各有配食料·

六典載珍羞署有餳匠良醞署有酒匠皆唐所特置此可見唐人之嗜餳與酒矣。

《唐六典》珍羞署餳匠五人。皇朝置 良醞署酒匠三十人。皇朝置·鄄州出美酒·張去奢爲刺史·進其法·今則取鄄州人爲酒匠以供御及時燕賜·

唐之交通均有定法按驛程定其遲速。

《唐六典》駕部郎中掌邦國之輿輦車乘。及天下之傳驛廄牧官私馬牛雜畜之簿籍。司其名數。凡三十里一驛。天下凡一千六百三十有九所。二百六十所水驛·一千二百九十七所陸驛·八十六所水陸相兼·又度支郎中。掌水陸道路之利。凡陸行之程。馬日七十里。步及驢五十里。車三十里。水行之程。泝河日三十里。江四十里。餘水四十五里。沿流之舟。河日一百五十里。江百里。餘水七十里。

其運價亦有定數。

《唐六典》河南河北河東關內等四道諸州運租庸雜物等脚每馱一百斤。一百里。一百文。山阪處一百二十文。車載一千斤。九百文。黃河及江水并從幽州運至平州。上水十六文。下水六文。餘水上十五文。下五文。從澧荆等州至揚州四文。其山陵險難驢少處不得過一百五十文。平易處不得下八十文。

各地長官皆置進奏院於京師。以通文報。

《兩京城坊考》(徐松)崇仁坊有東都。河南。商。汝。汴。淄。青。淮南。兗州。太原。幽州。冀州。豐州。滄州。天德。荆南。宣。歙。江西。福建。廣。桂。安南。邕。寧。黔南進奏院。

京師之事。亦有日報達於四方。

《讀開元雜報》(孫樵)樵曩於襄漢間得數十幅書。繫日條事。不立首末。其略曰。某日皇帝親耕籍田。某日百僚行大射禮於安福樓內。某日安北諸蕃長請扈從封禪。某日宣政門宰相與百寮廷爭十刻罷。如此凡數十百條。樵當時未知何等書。有知者曰。此開元政事及來長安日見條報朝廷事者。徒曰今日除某官。明日授某官。今日幸于某。明日幸于某。樵爲此文。在大中五年。是唐自開元至大中。日日有朝報也。世以新聞紙創自泰西。實則吾國早有此制。特朝報祗載朝廷之事。不紀民間社會之狀況。且不著議論。與今之報紙不同。然其性質之爲傳播消息。使人易於周知。則一也。

故其疆域雖廣。而內外貫通。無隔閡之虞也。

自漢時創常平倉。

《漢書食貨志》五鳳中。歲數豐穰。大司農中丞耿壽昌奏令邊郡皆築倉。以穀賤時增其價而糴。以利農。穀貴時減價而糶。名曰常平倉。

歷代因之。藉以利民。

《文獻通考》後漢明帝永平五年作常平倉。晉武帝泰始二年立常平倉。

至隋又立社倉由軍民共立。

《文獻通考》開皇五年。工部尙書長孫平奏。請令諸州百姓及軍人勸課當社共立義倉。收穫之日。隨其所得。勸課出粟及麥於當社。造倉窖貯之。即委社司執帳檢校。每年收積。勿使損敗。若時或不熟。當社有饑饉者。卽以此穀賑給。由是諸州儲峙委積。

十六年。詔社倉準上中下三等稅。上戶不過一石。中戶不過七斗。下戶不過四斗。

唐代並置常平倉及義倉。常平積穀或錢。而義倉惟積穀。畝別徵之。以備荒年。

《唐六典》凡王公以下。每年戶別據已受田及借荒等具所種苗頃畝。造青苗簿。諸州以七月以前申尙書省。至徵收時。畝別納粟二升。以爲義倉。凡義倉之粟。唯荒年給糧。不得雜用。

《文獻通考》太宗詔畝稅二升。粟麥秔稻土地所宜。寬鄉斂以所種。狹鄉據青苗簿而督之。田耗十四者免其半。耗十七者皆免。商賈無田者。以其戶爲九等。出粟自五石至五斗爲差。下下戶及夷獠不取。歲不登則以賑民。或貸爲種。至秋而償。其後洛相幽徐齊并秦蒲州又置常平倉。粟藏九年。米藏五年。下濕之地。藏粟五年。米藏三年。皆著於令。

《同上》開元七年。敕關內隴右河南河北五道及荆揚襄夔緜益彭蜀資漢劍茂等州並置常平倉。其本上州三千貫。中州二千貫。下州一千貫。每糴具本利與正倉帳同申。

維持民食。調節經濟。使穀價常平。而人民知思患預防。且食互助之益。一善制也。天寶中天下諸色米積九千六百

餘萬石。而義倉得六千三百餘萬石。可見人民合力之所積。愈於官吏之所儲矣。

第十三章　隋唐之學術文藝

吾國文化自漢以來。雖迭因兵燹而遭摧毀。然治亂相間。亦時時有人整理而紹述之。即以書籍而論。牛弘所舉五厄。自破壞方面言之也。而與此五厄相錯者。則自荀勖因鄭默中經著新簿。始分四部。至隋唐而分析益密。目錄之學。遠紹劉略班志之緒。

《隋書經籍志》魏氏代漢。采掇遺亡。藏在秘書中外三閣。魏秘書郎鄭默始制中經。秘書監荀勖又因中經更著新簿。分爲四部。總括羣書。一曰甲部。紀六藝及小學等書。二曰乙部。有古諸子家近世子家兵書兵家術數。三曰丙部。有史記舊事皇覽簿雜事。四曰丁部。有詩賦圖讚汲冢書。大凡四部。合二萬九千九百四十五卷。但錄題及言。盛以縹囊。書用緗素。至於作者之意。無所論辯。惠懷之亂。京華蕩覆。渠閣文籍。靡有孑遺。東晉之初。漸更鳩聚。著作郎李充以勖舊簿校之。其見存者。但有三千一十四卷。充遂總沒衆篇之名。但以甲乙爲次。自爾因循。無所變革。其後中朝遺書。稍流江左。宋元嘉八年。秘書監謝靈運造四部目錄。大凡六萬四千五百八十一卷。元徽元年。秘書丞王儉又造目錄。大凡一萬五千七百四卷。儉又別撰七志。一曰經典志。紀六藝小學史記雜傳。二曰諸子志。紀今古諸子。三曰文翰志。紀詩賦。四曰軍書志。紀兵書。五曰陰陽志。紀陰陽圖緯。六曰術藝、志。紀方技。七曰圖譜志。紀地域及圖書。其道佛附見。合九條。然亦不述作者之意。但於書名之下。每立一傳。而又作九篇條例編乎首卷之中。齊永明中。秘書丞王亮監謝朏又造四部書目。大凡一萬八千一十卷。齊末兵火延燒秘閣經籍遺散。梁初。祕書監任昉躬加部集。又於文德殿內列藏衆書。華林園中總集釋典。大凡二萬三千一百六卷。而釋氏不預焉。梁有秘書監任昉殷鈞四部目錄。又文德殿目錄。其術數之書更爲一部。使奉朝請祖暅撰其名。故梁有五部目錄。普通中。有處士阮孝緒。沈靜寡慾。篤好墳史。博采宋齊以來王公之家凡有書紀。參校官簿。更爲七錄。一曰經典錄。紀六藝。二曰記傳錄。紀史傳。三曰子兵錄。紀子書兵書。四曰文集錄。紀詩賦。五曰技術錄。紀數術。六曰佛錄。七曰道錄。其分部題目。頗有次序。

計其都數。隋唐最盛。

《隋書經籍志》中原文教之盛。苻姚而已。宋武入關。收其圖籍。府藏所有。纔四千卷。　後魏始都燕代。南略中原。粗收經史。未能全具。孝文徙都洛邑。借書於齊。秘府之中。稍以充實。暨於爾朱之亂。散落人間。　後周始基關右。外逼强鄰。戎馬生郊。日不暇給。保定之始。書止八千。後稍加增。方盈萬卷。周武平齊。先封書府。所加舊本。纔止五千。　隋開皇三年。祕書監牛弘表請分遣使人。搜訪異本。每書一卷。賞絹一匹。校寫既定。本卽歸主。於是民間異書。往往間出。及平陳以後。經籍漸備。內外之閣。凡三萬餘卷。　唐武德五年。克平僞鄭。盡收其圖書及古跡焉。命司農少卿宋遵貴載之以船。泝河而上。將致京師。行經底柱。多被漂沒。兵所存者。十不一二。其目錄亦爲所漸濡。時有殘缺。今考見存。分爲四部。合條爲一萬四千四百六十六部。有八萬九千六百六十六卷。

《新唐書藝文志》自漢以來。史官列其名氏篇第。以爲六藝九種七略。至唐始分爲四類。曰經史子集。而藏書之盛。莫盛於開元。

其著錄者五萬三千九百一十五卷。而唐之學者自爲之書又二萬八千四百六十九卷。 初隋嘉則殿書三十七萬卷。至武德初有書八萬卷。重複相糅。王世充平。得隋舊書八千餘卷。太府卿宋遵貴監運東都。漂舟泝河。西致京師。經砥柱舟覆。盡亡其書。 兩都各聚書四部。以甲乙丙丁爲次。列經史子集四庫。其本有正有副。軸帶帙籤皆異色以別之。而安祿山之亂。尺簡不藏。元載爲宰相。奏以千錢購書一卷。至文宗時。四庫之書復完。分藏於十二庫。

分寫副本尤極精美。

《隋書經籍志》平陳所得。多太建時書。紙墨不精。書亦拙惡。於是總集編次。存爲古本。召天下工書之士。京兆韋霈南陽杜頵等。於秘書內。補續殘缺。爲正副二本。藏於宮中。其餘以實秘書。 煬帝即位。秘閣之書。限寫五十副本。分爲三品。上品紅瑠璃軸。中品紺瑠璃軸。下品漆軸。於東都觀文殿東西搆廂屋以貯之。東屋藏甲乙。西屋藏丙丁。

《新唐書藝文志》貞觀中。魏徵虞世南顏師古繼祕書監。請購天下書。選五品以上子孫工書者爲書手。繕寫藏於內庫。以宮人掌之。玄宗命左散騎常侍昭文館學士馬懷素爲修圖書使。與右散騎常侍崇文館學士褚无量整比。會幸東都。乃就乾元殿東序檢校。无量建議。借民間異本傳錄。及還京師。遷書東宮麗正殿。置修書院於著作院。其後大明宮光順門外東都明福門外皆創集賢書院。學士通籍出入。既而太府月給蜀郡麻紙五千番。季給上谷墨三百三十六丸。歲給河間景城清河博平四郡兎千五百皮爲筆材。

《唐六典》四庫之書。兩京各二本。共三萬五千九百六十一卷。皆以益州麻紙寫。其經庫書鈿白牙軸黃帶紅牙籤。史庫書鈿青牙軸縹帶綠牙籤。子庫書雕紫檀軸紫帶碧牙籤。集庫書綠牙軸朱帶白牙籤。以爲分別。

典校裝寫並設專官。

《唐六典》秘書省監一人。從三品。掌邦國經籍圖書之事。少監二人。從四品上。秘書郎四人。從六品上。掌四部之圖籍。分庫以藏之。以甲乙丙丁爲之部目。校書郎八人。正九品上。正字四人。正九品下。掌讎校典籍。刊正文字。皆辨其紕繆。以正四庫之圖史。令史四人。書令史九人。典書八人。楷書手八十人。熟紙裝潢匠各十人。筆匠六人。

《同上》宏文館學士無員數。掌詳正圖籍。校書郎二人。掌校理典籍。刊正錯繆。典書二人。搨書手三人。筆匠三人。熟紙裝潢匠九人。

《同上》集賢殿學士掌刊緝古今之經籍。知書官八人。書直及寫御書一百人。搨書手六人。裝書直十四人。造筆直四人。

所貯副本並以賜人。

《唐六典》凡四部之書。必立三本。曰正本副本貯本。以供進內及賜人。凡敕賜人書。秘書無本。皆別寫給之。（如武后賜新羅吉凶禮，并文辭五十篇等，皆秘書所寫也。）

此帝王之以國力保存文化者也。其士大夫之藏書者。自晉以來。多著稱於史策。

《晉書》張華雅愛書籍。身死之日。家無餘財。惟有文史溢於几篋。嘗徙居載書三十乘。秘書監摯虞撰定官書。皆資華之本以取正焉。天下奇秘。世所希有者。悉在華所。

《南史》張纘好學，兄緬有書萬餘卷，晝夜披讀，殆不輟手。沈約聰明過人，好墳籍，聚書至二萬卷，都下無比。任昉博學，於書無所不見，家雖貧，聚書至萬餘卷，率多異本。及卒後，武帝使學士賀縱共沈約勘其書目，官無者就其家取之。王僧孺好墳籍，聚書至萬餘卷，率多異本，與沈約任昉家書埒。

至唐而藏書者尤多。

《舊唐書》吳兢家聚書頗多，嘗自錄其卷帙，號吳氏西齋書目。（淵鑑類函引鴻書吳兢西齋書一萬三千四百餘卷）韋述少聰敏，篤志文學，家有書二千卷。述爲兒童時，記覽皆徧，人駭異之。述澹于勢利，家聚書二萬卷，皆自校定鉛槧，雖御府不逮也。兼古今朝臣圖，歷代知名人書，魏晉以來草隸眞迹數百卷，古碑古器藥方格式錢譜璽譜之類，當代名公品題，無不畢備。蔣乂代爲名儒，而又史官吳兢之外孫，以外舍富墳史，幼便記覽不倦，手不釋卷，老而彌篤，旁通百家，尤精歷代沿革，家藏書一萬五千卷。田弘正於府舍起書樓，聚書萬餘卷。李磎聚書至多，手不釋卷，時人號曰李書樓。韋處厚聚書踰萬卷，多手自刊校。蘇弁聚書至二萬卷，皆手自刊校，至今言蘇氏書，次於集賢秘閣焉。

《送諸葛覺往隨州讀書詩》（韓愈）鄴侯家多書，插架三萬軸，一一題牙籤，新若手未觸，爲人強記覽，過眼不再觸。

《寄許孟容書》（柳宗元）家有賜書三千卷，尚在善和里舊宅，宅今已三易主，書存亡不可知。

好學者率手自鈔錄。

《舊唐書》柳仲郢廐無名馬，衣不熏香，退公布卷，不捨晝夜，九經三史一鈔，魏晉以來南北史再鈔，手鈔分門三十卷，號柳氏自備。又精釋典。瑜伽智度大論皆再鈔。自餘佛書多手記要義。小楷精謹。無一字肆筆。此隋唐所以能賡續前緒。使文教翼進而不墜者也。

有唐一代。爲文學美術最盛之時。而其他學術。亦時有樹立。其於經有經典釋文五經正義等書。而南北之學。以之統一。

《經學歷史》（皮錫瑞）學術隨世運爲轉移。亦不盡隨世運爲轉移。隋平陳而天下統一。南北之學亦歸統一。此隨世運爲轉移者也。天下統一南併於北。而經學統一。北學反併於南。此不隨世運爲轉移者也。經學統一之後。有南學無北學。南學北學。以所學之宗主分之。非以其人之居址分之也。隋書經籍志於易云。梁陳鄭玄王弼二注。列於國學。齊代唯傳鄭義。至隋王註盛行。鄭學浸微。于書云。梁陳所講。有鄭孔二家。齊代唯傳鄭義。至隋孔鄭並行。而鄭氏甚微。於春秋云。左氏唯傳服義。至隋杜氏盛行。服義浸微。是僞孔王杜之盛行。鄭服之浸微。皆在隋時。故天下統一之後。經學亦統一。而北學從此絕矣。　唐太宗以儒學多門。章句繁雜。詔國子祭酒孔穎達與諸儒撰定五經義疏。凡一百七十卷。名曰五經正義。穎達既卒。博士馬嘉運駁其所定義疏之失。有詔更定。未就。永徽二年。詔諸臣復考證之。就加增損。永徽四年。頒孔穎達五經正義於天下。每年明經。依此考試。自唐至宋。明經取士。皆遵此本。其所定五經疏。易主王注。書主孔傳。左氏主杜解。鄭注易書。服注左氏。皆置不取。其時同修正義者。周易則馬嘉運趙乾叶。尚書則王德韶李子雲。毛詩則王德韶齊威。春秋則谷那律楊士勳。禮記則朱子奢李善信賈公彥柳士宣范義頵張權。標題孔穎達一人之名者。以年輩在先。名位獨重耳。　按周易正義十六卷，尚書正義二十卷，毛詩正義四十卷，禮記正義七十卷，春秋正義三十六卷。是爲五經正義。此外賈公彥有周禮疏五十卷。儀禮疏五十卷。楊士勛有春秋穀梁傳疏十三卷。皆成於唐初。惟徐彥公羊傳疏二十八卷。不詳其時代。

前乎唐人義疏。爲經學家所寶貴者。有陸德明經典釋文。三十卷 經典釋文亦是南學。其書創始於陳後主元年。成書在未入隋以前。而易主王氏。書主僞孔。左主杜氏。爲唐人義疏之先聲。

于史有晉梁陳周齊隋諸書及南北二史。而五朝之事。得無失墜。

《舊唐書藝文志》晉書一百三十卷。許敬宗等撰。 梁書五十卷。姚思廉撰。實五十六卷 陳書三十六卷。姚思廉撰。 後周書五十卷。令狐德棻撰。 北齊書五十卷。李百藥撰。 隋書八十卷。魏徵等撰。 南史八十卷。李延壽撰。 北史一百卷。李延壽撰。

外此。如李鼎祚周易集解。司馬貞史記索隱。張守節史記正義。顏師古漢書注等。皆有考證輯錄之功。其見於唐志而不傳者尚多。無俟具論。比而觀之。唐之史學。盛於經學。如劉子玄著史通。議評古今。

《史通自序》（劉知幾）三爲史臣。再入東觀。其所載削。皆與俗浮沈。雖自謂依違苟從。然猶大爲史官所嫉。退而私撰史通。以見其志。 史通之爲書也。蓋傷當時載筆之士。其義不純。思欲辨其指歸。殫其體統。夫其書雖以史爲主。而餘波所及。上窮王道。下掞人倫。總括萬殊。包吞千有。其爲義也。有與奪焉。有褒貶焉。有鑒誡焉。有諷刺焉。其爲貫穿者深矣。其爲網羅者密矣。其所商略者遠矣。其所發明者多矣。

杜佑撰通典。條貫事類。

《通典序》（李翰）京兆杜公君卿。雅有遠度。志於邦典。探五經羣史。上自黃帝。至於有唐天寶之末。每事以類相從。舉其始終。歷代沿革廢置及當時羣士論議得失。靡不條載。附之於事。如人支脈散綴於體。凡有八門。號曰通典。

皆史家之創製。迄今人猶誦法之。其讀經者。多務速成。罕治大經。

《唐會要》開元八年。國子司業李元瓘言。今明經所習。務在出身。禮記文少。人皆競讀。周禮儀禮公羊穀梁歷代宗習。今兩監及州縣以獨學無友。四經殆絕。事資訓誘。不可因循。開元十六年。國子祭酒楊瑒奏。今之明經。習左氏者十無一二。又周禮儀禮公羊穀梁亦請量加優獎。

雖有壁書五經。石刻九經。而名儒不窺。謬誤甚多。世盛譏之焉。

《唐會要》劉禹錫國學新修五經壁記。大歷中名儒張參爲司業。始詳定五經。書於論堂東西廂之壁。文宗太和七年。勅於國子監講論堂兩廊。創立石壁九經。幷孝經論語爾雅共一百五十九卷。(開成二年始成)

《舊唐書文宗紀》石經立後數十年。名儒皆不窺之。

隋承南朝之緒。注重天文曆算之學。其曆天文漏刻視祲各有博士及生員。

《隋書百官志》秘書省領著作太史二曹。太史曹置令丞各二人。司曆二人。監候四人。其曆天文漏刻視祲各有博士及生員。

《同上天文志》高祖平陳。得善天官者周墳。以爲太史令。墳博考經書。勤於教習。自此太史觀生。始能識天官。

唐因其制。設官益多。

《唐六典》太史局令二人。從五品下。掌觀察天文。稽定歷數。凡日月星辰之變。風雲氣色之異。率其屬而占候焉。丞二人。從七品下。司歷二人。從九品上。保章正一人。從八品下。曆生三十六人。裝書曆生五人。監候五人。從九品下。天文觀生九十人。雲臺郎二人。正八品下。天文生六十人。挈壺正二人。從八品下。司辰十九人。正九品下。漏刻典事十六人。漏刻博士六人。漏刻生三百六十人。典鐘二百八十人。典鼓一百六十人。

故精於測算製作者。不乏其人。王孝通著緝古算經。爲後世立天元術所本。

《疇人傳》（阮元）王孝通武德九年爲算術博士。復爲通直郎太史丞。著緝古算經一卷。並自爲之注。　李銳曰。算書以緝古爲最深。學之未易通曉。惟以立天元術御之。則其中條理秩然。　阮元曰。孝通緝古實後來立天元術之所本也。

李淳風梁令瓚等製儀象。史稱其精博。後世不能過。

《新唐書天文志》星經歷法。皆出於數術之學。唐興。太史李淳風浮圖一行尤稱精博。後世未能過也。　貞觀初。太宗詔淳風爲渾儀。七年。儀成。表裏三重。下據準基。狀如十字。末樹鼇足。以張四表。一曰六合儀。有天經雙規金渾緯規金常規。相結於四極之內。列二十八宿十日十二辰經緯三百六十五度。二曰三辰儀。圓徑八尺。有璿璣規月游規。列宿距度。七曜所行。轉于六合之內。三曰四游儀。玄樞爲軸。以連結玉衡游筩。而貫約矩規。又玄樞北樹北辰。南矩地軸。傍轉於內。玉衡在玄樞之間。而南北游。仰以觀天之辰宿。下以識器之晷度。皆用銅。　開元九年。一行受詔改治新曆。率府兵曹參軍梁令瓚以木爲游儀。一行是之。請更鑄以銅鐵。十一年儀成。　玄宗又詔一行與令瓚等更鑄渾天儀。圓天之象。具列宿赤道及周天度數。注水激輪。令其自轉。一晝夜而天運周。外絡二輪。綴以日月。令得運行。每天西旋一周。日東行一度。月行十三度十九分度之七。二十九轉有餘而日月會。三百六十五轉而日周天。以木櫃爲地平。令儀半在地下。晦明朔望。遲速有準。立木人二於地平上。其一前置鼓以候刻。至一刻則自擊之。其一前置鐘以候辰。至一辰亦自撞之。皆於櫃中各施輪軸。鈎鍵關鎖。交錯相持。

而瞿曇羅瞿曇悉達等以西域人制曆譯書。

《疇人傳》(阮元)瞿曇羅官太史令。神功二年甲子南至。改元聖曆。命瞿曇作光宅歷。將頒用。三年罷之。

《同上》瞿曇悉達開元六年官太史監。受詔譯九執術。上言臣等謹案九執術法。梵天所造。五通仙人承習傳授。肇自上古。 臣等謹遵天旨。專精鑽仰。凡在隱秘。咸得解通。 其算法用字乘除。一舉札而成。凡至十進入前位。每空位處恆安一點。

世謂卽今西法所自出。是尤唐代曆算學之特色矣。

阮元曰。九執術卽今西法之所自出。名數雖殊。理則無異。惟九執譯於唐時。其法尙疏。後人精益求精。故今之西法爲更密合耳。

唐人於地理之學。亦甚注重。州府三年一造地圖。鴻臚有外國山川風土圖。

《唐六典》職方郎中員外郎。掌天下之地圖及城隍鎭戍烽候之數。辨其邦國都鄙之遠邇及四夷之歸化者。凡地圖委州府三年一造。與板籍偕上省。其外夷每有番客到京。委鴻臚訊其人本國山川風土。爲圖以奏焉。副上於省。其五方之區域。都鄙之廢置。疆場之爭訟者。舉而正之。

唐書經籍志載長安十道圖。開元十道圖等。當卽其時州府所上。惜其後不傳耳。

《舊唐書經籍志》長安四年十道圖十三卷。 開元三年十道圖十卷。

高宗時。許敬宗等譔西域圖志。按其卷數。當更詳於裴矩之西域圖記。

《新唐書藝文志》西域圖志六十卷高宗遣使分往康國吐火。訪其風俗物產。畫圖以聞。詔史官譔次。許敬宗領之。顯慶三年上。

而製作之法未聞。德宗時。賈躭畫隴右山南圖及海內華夷圖。史載其折算及題色之法。

《舊唐書賈躭傳》躭好地理學。凡四夷之使及使四夷還者。必與之從容訊其山川土地之終始。是以九州之夷險。百蠻之土俗。區分指畫。備究源流。自吐蕃陷隴右積年。國家守於內地。舊時鎮戍。不可復知。躭乃畫隴右山南圖。兼黃河經界遠近。聚其說。爲書十卷。表獻曰。隴右一隅。久淪蕃寇。職乃失其圖記。境土難以區分。輒扣課虛微。採掇輿議。畫關中隴右及山南九州等圖一軸。諸州諸軍須論里數人額。諸山諸水須言首尾源流。圖上不可備書。憑據必資記注。謹譔別錄六卷。又黃河爲四瀆之宗。西戎乃羣羌之帥。臣並研尋史牒。罄所聞知。編爲四卷。通錄都成十卷。 貞元十七年。又譔成海內華夷圖及古今郡國縣道四夷述四十卷。表獻之曰。興元元年。伏奉進止。令臣修撰國圖。閒以衆務。不遂專門。近乃力竭衰病。思殫所聞見。聚於丹青。謹令工人畫海內華夷圖一軸。廣三丈。從三丈三尺。率以一寸。折成百里。別章甫左衽。奠高山大川。縮四極於纖縞。分百郡於作繢。 幷撰古今郡國縣道四夷述四十卷。中國以禹貢爲首。外夷以班史發源。凡諸疏舛。悉從釐正。其古郡國題以墨。今州縣題以朱。今古殊文。執習簡易。

後世圖書分別朱墨。所由昉也。躭之圖世猶傳其橅本。而書亦不傳。今所存唐人地理書。惟李吉甫元和郡縣圖志。

爲後世地志之祖。

《元和郡縣圖志序》(李吉甫)前上元和國計簿。審戶口之豐耗。續撰元和郡縣圖志。辨州域之疆理。起京兆府。盡隴右道。凡四十七鎭。成四十卷。每鎭皆圖在篇首。冠於序事之前。幷目錄兩卷。總四十二卷。宋時圖已亡。獨志存。

其書詳載四至八到。及開元元和戶數鄉數之比較。不獨資當時之實用。且可供後世之考證焉。

唐人尙文學。學者必精熟文選。

《困學紀聞》(王應麟)李善精於文選。爲注解。因以講授。謂之文選學。少陵有詩云。續兒誦文選。又訓其子熟精文選理。蓋選學自成一家。

然唐人能變選文之文。而自開風氣。由橅仿而創造。備極文章之能事。故論文與詩。莫盛於唐。雖其風氣迭變。作者代出。未可以一概論。

《新唐書文藝傳》唐有天下三百年。文章無慮三變。高祖太宗。大難始夷。沿江左餘風。絺句繪章。揣合低卬。故王楊爲之伯。玄宗好經術。羣臣稍厭雕瑑。索理致。崇雅黜浮。氣益雄渾。則燕許擅其宗。是時唐已百年。諸儒爭自名家。大歷貞元間。美才輩出。擩嚌道眞。涵泳聖涯。於是韓愈倡之。柳宗元李翺皇甫湜等和之。排逐百家。法度森嚴。抵轢晉魏。上軋漢周。唐之文完然爲一王法。此其極也。若侍從酬奉。則李嶠宋之問沈佺期王維。制册則常袞楊炎陸贄權德輿王仲舒李德裕。言詩則杜甫李白元稹白居易劉禹錫。譎怪則李賀杜牧李商隱。皆卓然以所長爲一世冠。其可尙已。

要以杜甫李白之詩。韓愈柳宗元之文。極雄奇深秀之致。前無古人。後無來者。足爲有唐一代之特色。至其體製。由排偶而單行。由浮華而質樸。而律詩絕詩諸體。又以諧協聲律擅長。雖齊梁人之講聲律者。尙不之逮。則進化之表見於文藝者也。

隋唐之世。書法亦益進化。世稱隋碑爲古今書學大關鍵。

《語石》(葉昌熾)隋碑上承六代。下啓三唐。由小篆八分。趨於隸楷。至是而巧力兼至。神明變化。而不離於規矩。誠古今書學一大關鍵也。

唐初書家。歐虞皆嘗仕隋。則隋唐之書法。亦難畫分界域也。按隋始置書學博士。唐代因之。

《唐六典》隋置書學博士一人。從九品下。皇朝加置二人。

以書爲教。故善書者特多。不但著名之書家。卓然各成家法。卽尋常流傳文字。亦皆雅健深厚。近世發見敦煌石室之經卷。多唐人書。雖其不經意之作。今人亦鮮能及焉。唐太宗好書法。躬撰晉書王羲之傳論。自謂心慕手追。

《晉書王羲之傳》制曰。詳察古今。研精篆素。盡善盡美。其惟王逸少乎。觀其點曳之工。裁成之妙。煙霏露結。狀若斷而還連。鳳翥龍蟠。勢如斜而反正。翫之不覺爲倦。覽之莫識其端。心慕手追。此人而已。其餘區區之類。何足論哉。

臨終至以蘭亭序殉葬。

《法書要錄》貞觀二十三年。聖躬不豫。臨崩。謂高宗曰。吾欲從汝求一物。高宗流涕聽受制命。太宗曰。吾所欲得蘭亭。可與我將去後隨仙駕入玄宮矣。

唐書以二王等書載之小學類。

《新唐書藝文志》二王張芝張昶等書一千五百一十卷。太宗出御府金帛，購天下古本，命魏徵虞世南褚遂良定眞僞，凡得羲之眞行二百九十紙，爲八十卷，又得獻之張芝等書，以貞觀字爲印章跡，命遂良楷書小字以影之，其古本多梁隋官書，梁則滿騫徐僧權沈熾文朱异，隋則江總姚察署記，帝令魏褚卷尾各署名，開元五年，敕陸玄悌魏哲劉懷信檢校，分益卷帙，玄宗自書開元自爲印。

故知唐人之工書，不第由學校教授，且經貞觀開元之提倡，視其他藝術爲獨尊也。古碑無行書，至唐始有之。

《語石》（葉昌熾）隋以前碑無行書，以行書寫碑，自唐太宗晉祠銘始，開元以後，李北海蘇靈芝皆以此體擅長。

草書亦至唐而盛。張旭懷素並稱草聖，顏眞卿傳旭筆法。

《唐書張旭傳》後人論書，歐虞褚陸皆有異論，至旭無非短者，傳其法惟崔邈顏眞卿云。

眞書行草集篆籀分隸之大成。

《宣和書譜》論者謂顏眞卿書點如墜石，畫如夏雨，鉤如屈金，戈如發弩，篆籀分隸而下，同爲一律，號爲大雅，豈不宜哉。

自宋及清學書者無不師顏。亦可證張旭之所詣矣。

與書學並進者，又有繪事。隋置寶蹟臺以藏畫，與妙楷臺之藏書並重。

《隋書經籍志》煬帝聚魏以來古蹟名畫，於觀文殿後起二臺，東曰妙楷臺，藏古跡。按楷書之名當始於此，隋祕書省有楷書員二十人，唐亦有楷書手。西曰寶蹟臺，藏古畫。

至唐而集賢殿書院有畫直。

《唐六典》畫直八人。開元七年敕緣修雜圖訪取二人，八年又加六人，十九年院奏定爲直院。

畫直之官且志之於史籍。

《新唐書藝文志》楊昇畫望賢宮圖安祿山眞。張萱畫伎女圖乳母將嬰兒圖按羯鼓圖鞦韆圖並開元館畫直。前史不志圖畫，唐志始載之子部藝術類，自漢王元昌畫漢賢王圖，至周昉畫撲蝶圖，凡四十餘種，亦可見唐之重畫矣。

是皆可爲隋唐注重繪事之證。前代繪畫多重人物。如晉之顧愷之梁之張僧繇等。皆以畫人物擅名。宋之宗炳始畫山水於壁以供臥遊。

《名畫錄》宋宗炳字少文善書畫。好山水。西涉荆巫。南登衡嶽。因結宇衡山。以疾還江陵。歎曰。老疾俱至。名山恐難遍遊。當澄懷觀道。臥以遊之。凡所遊歷。皆圖於壁。坐臥向之。

至唐而王維李思訓吳道子等。始以畫山水著名。

《唐畫斷》王右丞維畫山水松石。風標特出。今京都千福寺西塔院有掩障。一畫楓成。一圖輞川。山谷鬱盤。雲水飛動。意出塵外。怪生筆端。又曰。山水松石。妙上上品。

《同上》開元中。諸衞將軍李思訓子昭道爲中舍。俱得山水之妙。時人云大李將軍小李將軍是也。思訓格品高奇。山川妙絕。鳥獸草木。皆極其能。中舍之圖。山水鳥獸甚多。繁巧智思。筆力不及也。天寶中。玄宗召思訓畫大同殿壁兼掩障。異日因奏斷詔云。卿所畫掩障。夜聞水聲。通神之佳手。國朝山水第一。思訓神品。昭道妙上品。

《同上》吳道玄字道子。年未弱冠。窮丹青之妙。玄宗天寶中忽思蜀中嘉陵江山水。遂假吳生驛遞。令往寫貌。及迴日。帝問其狀。奏云。臣無粉本。並記在心。遣於大同殿圖之。嘉陵江三百里山水一日而畢。時有李將軍山水擅名。亦畫大同殿壁。數月方畢。玄宗云。李思訓數月之功。吳道玄一日之跡。皆極其妙也。

然亦兼工人物。不專畫山水。

《唐畫斷》吳道子畫人物佛象鬼神禽獸山水臺殿草木皆神妙也。國朝第一。

若閻立本韓幹等。尤專以人物著。唐志所載。皆人物圖也。

《新唐書藝文志》閻立本畫秦府十八學士圖。凌煙閣功臣二十四人圖。 韓幹畫龍朔功臣圖。姚宋及安祿山圖。相馬圖。玄宗試馬圖。寧王調馬打球圖。

近年燉煌石室發見唐畫。皆極工細之人物。

《石室祕寶》載唐畫五。一畫壁彌陀法會圖。一藻井畫佛堂內諸佛圖。一畫壁千佛岩圖。一畫壁明王象。一畫壁太子求佛舍利圖。

故知唐畫專以工細象形為主。非若後世之寫意畫。潦草簡率。謂得神似矣。

唐人學藝之精者。自詩文書畫外。復有二事。曰音樂。曰醫藥。觀其制度。蓋皆以為專門之學。廣置師弟以教之。教樂則有太樂署。

《唐六典》太樂令掌教樂人。調合鍾律。以供邦國之祭祀饗燕。丞爲之貳。　凡習樂立師以教。每歲考其師之課業。爲上中下三等。申禮部。十年大校之。若未成。則又五年而校之。量其優劣而黜陟焉。若職事之爲師者。則進退其考。習業者亦爲之限。既成得進爲師。凡樂人及音聲人應教習。皆著簿籍。核其名數。而分番上下。（短番散樂一千人．諸州有定額．長上散樂一百人．太常自訪召關外諸州者分爲六番．關內五番．京兆府四番．並一月上．一千五百里外兩番併上．六番者上日教至申時．四番者上番日至午時．）皆教習檢察以供其事。

教醫則有太醫署。

《唐六典》太醫令掌諸醫療之法。丞爲之貳。其屬有四。曰醫師。鍼師。按摩師。呪禁師。皆有博士以教之。其考試登用。如國子監之法。　醫博士掌以醫術教授諸生。習本草甲乙脈經。分而爲業。一曰體療。二曰瘡腫。三曰少小。四曰耳目口齒。五曰角法。　鍼博士掌教鍼生。以經脈孔穴。使識浮沉澁滑之候。又以九鍼爲補瀉之法。凡鍼疾先察五臟有餘不足而補瀉之。凡鍼生習業者教之。如醫生之法。　按摩博士掌教按摩生。以消息導引之法。以除人八疾。一曰風。二曰寒。三曰暑。四曰濕。五曰飢。六曰絕。七曰勞。八曰逸。凡人支節府藏積而疾生。導而宣之。使內疾不留。外邪不入。若損傷折跌者。以法正之。　呪禁博士掌教呪禁生。以呪禁拔除邪魅之爲厲者。（其京兆府各大都督府各州．皆有醫學博士及助教學生等．諸州每年任土所藥物可用者．隨時收採．以給人之疾患．）

故唐之精於音樂者特多。上自帝王卿相。（如玄宗汝陽王璡宋璟杜鴻漸等．）下至優伶工人。（如李龜年黃幡綽等皆有特殊之藝．）雖其所工與古之雅樂異趣。而言梨園者必始於唐。

『舊唐書音樂志』玄宗於聽政之暇。敎太常樂工子弟三百人爲絲竹之戲。音響齊發。有一聲誤。玄宗必覺而正之。號爲皇帝弟子。

梨園弟子以置院近於禁苑之梨園。太常又有別敎院敎供奉新曲。太常每淩晨鼓笛亂發於太樂別署。敎院廩食常千人。

至醫藥專家。則有甄權孫思邈等。

『舊唐書方伎傳』甄權撰脈經針方明堂人形圖各一卷。孫思邈撰千金方三十卷。

世雖屬之方伎。然與袁天綱觀相。李虛中之推命。固有學術之殊焉。

第十四章　工商進步之特徵

唐代工商進步之特徵有四。其一曰飛錢。飛錢者，紙幣及匯兑之濫觴也。欲知其制之發生，當先知唐以前貨幣行使之沿革。秦漢幣制，黄金與銅錢并用。漢武新莽，廣爲貨幣，率未盡行。（其詳見漢書食貨志）東漢以降，各地自爲風氣，不盡用錢。

王莽亂後，貨幣雜用布帛金粟。至建武十六年，始行五銖錢。三國時，吳蜀均用錢。而魏文帝罷五銖錢，使百姓以穀帛爲市。晉太始中，河西荒廢，不用錢，裂匹以爲貨。安帝元興中，桓玄輔政，議欲廢錢用穀帛，朝議以爲不可，乃止。宋齊兩代，皆嘗鑄錢。梁初，惟京師及三吳、荆郢江襄梁益用錢。其餘州郡，則雜以穀帛交易。交廣之域，則全以金銀爲貨。後魏孝文帝時，始詔天下用錢。而河北諸州，猶以他物交易，錢略不入市。（參諸史及文獻通考）

蓋執政者率不知錢幣之原理，隨時補苴而已。隋唐之時，天下統一，悉行當時官鑄之錢。而人口日增，商業日盛，行鑄之錢，往往不周於用。唐開元中，屢敕禁民用錢。

《唐會要》（王溥）開元十三年，敕綾羅絹布雜貨等，皆令通用。如聞市肆必須見錢，深非通理。自今後，與錢貨並用。違者準法罪之。

〔同上〕開元廿二年敕貨物兼通。將以利用。自今以後。所有莊宅交易。並先用絹布綾羅絲綿等。其餘布價至一千以上。亦令錢物兼用。違者科罪。

德宗憲宗時。迭申錢禁。而飛錢之制以興。

〔舊唐書食貨志〕貞元初。駱谷散關禁行人以一錢出者。民間錢益少。繒帛價輕。州縣禁錢不出境。商賈皆絕。浙西觀察使李若初請通錢往來。而京師商賈齎錢四方貿易者。不可勝計。詔復禁之。二十年。命市井交易。以綾羅絹布雜貨與錢兼用。

〔同上〕憲宗以錢少。復禁用銅器。時商賈至京師。委錢諸道進奏院及諸軍諸使富家。以輕裝趨四方。合券乃取之。號飛錢。京兆尹裴武請禁與商賈飛錢者。廋索諸坊。十人爲保。

嗣因商民之利。遂准其於官府飛錢。

〔舊唐書食貨志〕自京師廢飛錢。家有滯藏。物價寖輕。判度支盧坦。兵部尚書判戶部事王紹。鹽鐵使王播。請許商人於戶部度支鹽鐵三司飛錢。每千錢增給百錢。然商人無至者。復許與商人敵貫而易之。然錢重帛輕如故。憲宗爲之出內庫錢市布帛。而富家錢過五千貫者死。王公重貶。沒入於官。以五之一賞告者。

蓋錢幣專重流通。流通則其數雖少而若多。不通則雖多而若少。然苟明於匯兌之理。則一紙即可代錢。視挾貲以遠行爲便。當時政府不知研究錢幣與商業之關係。創立新法。而商賈獨能發明此理。則唐時商賈之智。高於政府中人多矣。

其二曰瓷器。唐虞之時。卽有陶器。不過今之盆盎之類。無細瓷也。日用飲食之物。大都用竹木。後又進而用銅。至唐禁銅器。而陶瓷之業以盛。

《新唐書食貨志》開元十一年。詔禁賣銅錫及造銅器者。以錢少之故 文宗病幣輕錢重。詔方鎮縱錢穀交易。時雖禁銅爲器。而江淮嶺南列肆鬻之。鑄千錢爲器。售利數倍。宰相李珏請加鑪鑄錢。於是禁銅器。官一切爲市之。

瓷之興。蓋自晉至北魏而漸多。

《景德鎭陶錄》東甌陶。 甌越也。昔屬閩地。今爲浙之温州府。自晉已陶。其瓷青。當時著尙。杜毓荈賦所謂器擇陶揀。出自東甌者也。

《同上》關中窰。 元魏時所燒。出關中。卽今西安府咸陽等處。陶以供御。

《同上》洛京陶。 亦元魏燒造。卽今河南洛陽縣也。初都雲中。後遷都此。故亦曰洛京所陶。皆供御物。

其見於史策者。則自隋之何稠始。

《隋書何稠傳》稠性絕巧。有智思。覽博古圖。多識舊物。時中國久絕琉璃之作。匠人無敢厝意。稠以綠瓷爲之。與眞不異。

唐時製瓷之地。如河南。邢州。豫章等處。既見於史志。

《新唐書地理志》河南府貢埏埴盎缶。 邢州貢瓷器。

《唐六典》河南府貢瓷器。 邢州貢瓷器。

《新唐書韋堅傳》豫章瓷飲器茗鐺釜。

而壽州。洪州。越州。鼎州。婺州。岳州。邛州。均產名陶。

《景德鎭陶錄》壽窯。洪州窯。越窯。鼎窯。婺窯。岳窯。蜀窯。均唐代所燒造。

其品第見於陸羽茶經。

《茶經》(陸羽)盌。越州爲上。其瓷類玉類冰。青而益茶。茶色綠。邢瓷不如也。鼎州瓷盌次於越器。婺器次於鼎。岳器次於婺。壽瓷色黃最下。洪州瓷褐。令茶色黑。品更次壽州。

其昌南鎭之瓷。則今之景德鎭瓷器之祖也。

《景德鎭陶錄》陶窯。唐初器也。土惟白壤。體稍薄。色素潤。鎭鍾秀里人陶氏所燒造。邑誌云。唐武德中。鎭民陶玉者。載瓷入關中。稱爲假玉器。且貢於朝。於是昌南鎭瓷名天下。

綜歷代之用器觀之。竹籩木豆瓦簋銅槃。漸變而爲瓷盌瓷盂。而精美輕細。不止於適用而已。此非化學工藝之進步乎。迄今世界各國。猶推吾國之瓷爲首。故自隋唐迄今。直可謂之瓷器時代。

其三曰茶鹽。茶之興後於鹽。而言唐之征商者。多以茶鹽並舉。是二者皆唐之大商業也。古無茶字。故孟子稱冬日則飲湯。夏日則飲水。未嘗言飲茶也。茶茗之稱。始於三國。

《吳志韋曜傳》韋曜素飲酒。不過二升。初見禮異時。常爲裁減。或密賜茶荈以當酒。

至晉而飲者猶少，

〔世說新語〕王濛好飲茶。人至輒飲之。士大夫每往。必云今日有水厄。

唐書陸羽傳稱其時尚茶成風。且以之與外國市易。

〔新唐書陸羽傳〕羽嗜茶。著茶經三篇。言茶之原。茶之法。茶之具。尤備。天下益知飲茶矣。時鬻茶者。至陶羽形。置煬突間。祀為茶神。其後尚茶成風。回紇入朝。始驅馬市茶。

知飲茶之風。至唐始盛。而茶可為商品。則產地之多可知矣。白居易琵琶行。稱茶商重利。而唐書載其時茶稅特重。

〔新唐書食貨志〕初德宗納戶部侍郎趙贊議。稅天下茶漆竹木。十取一。以為常平本錢。及出奉天。乃下詔罷之。貞元八年。以水災減稅。明年。諸道鹽鐵使張滂。奏出茶州縣若山。及商人要路。以三等定估。十稅其一。自是歲得錢四十萬緡。穆宗即位。鹽鐵使王播圖寵以自幸。乃增天下茶稅。率百錢增五十。江淮。浙東西。嶺南。福建。荊襄茶。播自領之。兩川以戶部領之。天下茶加斤至二十兩。播又奏加取焉。其後王涯判二使。置榷茶使。徙民茶樹於官場。焚其舊積者。天下大怨。 武宗即位。鹽鐵轉運使崔珙。又增江淮茶稅。是時茶商所過州縣有重稅。或掠奪舟車。露積雨中。諸道置邸以收稅。謂之搨地錢。故私販益起。大中初。鹽鐵轉運使裴休著條約。私鬻三犯皆三百斤。乃論死。長行群旅。茶雖少皆死。雇載三犯至五百斤。居舍儈保四犯至千斤者。皆死。園戶私鬻百斤以上。杖背。三犯加重徭。伐園失業者。刺史縣令以縱私鹽論。廬壽淮南皆加半稅。私商給自首之帖。天下稅茶增倍。貞元。江淮茶為大摸。一斤至五十兩。諸道鹽鐵使于悰每斤增稅錢五。謂之剩茶錢。自是斤兩復舊。

官稅愈嚴。私販愈夥。知茶之爲利溥矣。今日國貨之消於域外者。尙以茶爲大宗。溯其權輿。固當詳稽唐之茶法也。

吾國自唐虞以來。久知食鹽之利。其後太公管子及漢之劉濞孔僅等。多以鹽爲富國之本。

《史記齊太公世家》太公至國。通商工之業。便魚鹽之利。而人民多歸齊。齊爲大國。

《管子海王篇》海王之國。謹正鹽筴。十口之家。十人食鹽。百口之家。百人食鹽。終月大男食鹽五升少半。大女食鹽三升少半。吾子食鹽二升少半。此其大歷也。鹽百升而釜。令鹽之重升加分彊。釜五十也。升加一彊。釜百也。升加二彊。釜二百也。鍾二千。十鍾二萬。百鍾二十萬。千鍾二百萬。萬乘之國。人數開口千萬也。禺筴之商日二百萬。十日二千萬。一月六千萬。萬乘之正。九百萬也。月人三十錢之籍。爲三千萬。今吾非籍之諸君吾子。遂有二國之籍者六千萬。

《漢書吳王濞傳》吳有豫章銅山。卽招致天下亡命盜鑄錢。東煮海水爲鹽。以故無賦。國用饒足。

《漢書食貨志》東郭咸陽孔僅爲大農丞。領鹽鐵事。元狩五年。僅咸陽言山海天地之藏。宜屬少府。陛下弗私。以屬大農佐賦。願募民自給費。因官器作鬻鹽。官爲牢盆。浮食奇民。欲擅斡山海之貨。以致富羨。役利細民。其阻事之議。不可勝聽。敢私鑄鐵器鬻鹽者。釱左趾。沒入其器物。使僅咸陽乘傳舉行天下鹽鐵。作官府。除故鹽鐵家富者爲吏。吏益多賈人矣。

而言鹽法者。多推劉晏。

《新唐書食貨志》乾元元年。鹽鐵鑄錢使第五琦初變鹽法。就山海井竈近利之地置監院。游民業鹽者爲亭戶。免雜徭。盜鬻者以法論。及琦爲諸州榷鹽鐵使。盡榷天下鹽。斗加時價百錢而出之。爲錢一百一十。自兵起。流庸未復。稅賦不足供費。鹽鐵使劉晏以爲因民所急而稅之。則國足用。於是上鹽法輕重之宜。以鹽吏多則州縣擾。出鹽鄉因舊監置吏。亭戶糶商人。縱其所之。江嶺去鹽遠者有常平鹽。每商人不至。則減價以糶民。官收厚利。而人不知貴。

蓋管子孔僅及第五琦等皆用官專賣法。而晏則用就場征稅之法。視鹽與其他商貨相等。糶之商人。聽其所之。故鹽商之業甚盛。天下之賦。鹽利居半。

《新唐書食貨志》晏之始至也。鹽利歲纔四十萬緡。至大歷末。六百餘萬緡。天下之賦。鹽利居半。宮闈服御軍饟百官祿俸。皆仰給焉。

而淮浙之鹽利。迄今遠過於齊魯晉蜀者。亦自晏開之焉。

《新唐書食貨志》晏隨時爲令。遣吏曉導。倍於勸農。吳越揚楚鹽廩至數千。積鹽二萬餘石。有漣水。湖州。越州。杭州四場。嘉興海陵。鹽城。新亭。臨平。蘭亭。永嘉。太昌。侯官。富都十監。歲得錢百餘萬緡。以當百餘州之賦。

其四曰互市。自漢以降。久與外國通商。

《漢書地理志》自日南障塞。徐聞合浦船行可五月。有都元國。又船行可四月。有邑盧沒國。又船行可二十餘日。有諶離國。步行可十餘日。有夫甘都盧國。自夫甘都盧國船行可二月餘。有黃支國。民俗略與珠崖相類。其州廣大。戶口多。多異物。自武帝以來皆獻見。有譯長。屬黃門。與應募者俱入海。市明珠璧流離奇石異物。齎黃金雜繒而往。所至國皆稟食爲耦。蠻夷賈船轉送致之。

《後漢書西域傳》大秦王常欲通使於漢。而安息欲以漢繒綵與之交市。故遮閡不得自達。至桓帝延熹九年。大秦王安敦遣使自日南徼外獻象牙犀角瑇瑁。始一通焉。

《梁書諸夷傳》孫權黃武五年。大秦賈人字秦倫。來交趾。太守吳邈遣使詣權。權差吏會稽劉咸送倫。咸於道物故。倫乃逕返本國。

交廣諸州最稱富饒者。以有互市之利也。然其商市率掌於地方官吏。未有專官司其事者。至隋始有互市專官。

《唐六典》漢魏以降。緣邊郡國。皆有互市。與諸蕃交易。致其物產也。並郡縣主之。而不別置官吏。至隋諸緣邊州置交市監。

《隋書職官志》四夷使者各一。掌其方國及互市事。其屬有監置互市監。參軍事等。監置掌安置其駞馬車船。並糾察非違。互市監掌互市。參軍事掌出入交易。

唐亦設互市監。掌諸蕃交易。

《唐六典》南互市監各掌諸蕃交易之事。丞爲之貳。凡互市所得馬駞驢牛等。各別其色。具齒歲膚第。以言於所隸州府。

而廣州復有市舶使。

《國史補》(李肇)南海舶外國船也。每歲至安南廣州。師子國舶最大。梯上下數丈。皆積寶貨。至則本道奏報。郡邑爲之喧闐。有蕃長爲主。領市舶使籍其各物。納舶價。禁珍異。

《文獻通考》唐有市舶使。以右威衞中郎將周慶立爲之。見柳澤劾慶立疏 唐代宗廣德元年。有廣州市舶使呂太一。

知嶺南商業尤盛於諸邊矣。西歷九世紀阿剌伯人伊賓戈爾他特賓 Ibn Khordabeh 著一書曰道程及郡國志。中述唐代商港凡四。

《伊賓戈爾他特賓所述支那貿易港考》(桑原隲藏)唐時支那與大食之間。海上之交通極其繁盛。當時模哈麥特教徒之來航於支那之貿易港者尤多。西歷九世紀之半頃。阿剌伯地理學者伊賓戈爾他特賓嘗記之於道程及郡國志。此書之著作年代。頗多異說。英國學者認爲西歷八百六十四年頃之作。德國學者認爲西歷八百四十六年之作。法人認爲西歷八百四十四年乃至四十八年之作。要之必在西歷九世紀之半頃也。 其書之關於支那之貿易港者。略曰。支那之最初貿易港曰龍編。(即安南之河內) 有支那上等之鐵器瓷器及米穀等。次則廣府。距龍編海程約四日。陸行約二十日。此地所產果實及野菜小麥大麥米及甘蔗等甚夥。自廣府行八日而達膠府。(此譯音尚不知何地) 其地之物產。亦同於廣府。自膠府行六日至揚州。其產物亦與前兩地相同。此等支那之貿易港。外人皆得航行。其城市皆臨大河之口。而河水通流。亦不受潮水漲落之影響。河中多鵝鴨及其他之鳥類云。

今人所擬定者曰廣州。曰揚州。於廣州則知其地有猶太波斯人等十餘萬。

《中國歷史研究法》(梁啓超)九世紀時。阿剌伯人所著中國見聞錄。(即桑原氏所譯道程及郡國志) 中一節云。有廣府 Gonfu 者。爲商舶薈萃地。紀元二百六十四年。(此回教歷) 叛賊黃巢 Punzo 陷廣府。殺回耶教徒及猶太波斯人等十二萬。其後有五朝爭立之亂。貿易中絕。

於揚州。則以文宗德音證之。知南海蕃舶可直達揚州也。

《全唐文卷七十五》文宗太和八年。疾愈德音。南海蕃舶本以恭化而來。固在接以恩仁。使其感悅。其嶺南福建及揚州蕃客宜委節度觀察使常加存問。除舶脚收市進奉外。任其往來通流。自爲交易。不得重加率稅。

然唐書稱邊境走集最要者七。

《新唐書地理志》入四夷之路與關戍走集最要者七。一曰營州入安東道。二曰登州海行入高麗渤海。三曰夏州塞外通大同雲中道。四曰中受降城入回鶻道。五曰安西入西域道。六曰安南通天竺道。七曰廣州通海夷道。

則中外之商業。亦不僅廣東蕃舶一途。唐之京師。賈胡薈萃。

《通鑑》大歷十四年。詔回紇諸胡在京師者。各服其服。無得效華人。先是回紇留京師者常千人。商胡僞服而雜居者又倍之。縣官日給饔餼。殖產貲。開第舍。市肆美利皆歸之。日縱貪橫。吏不敢問。或衣華服。誘取妻妾。故禁之。

懷柔遠人。至給饔餼。使殖貲產。不徒官吏存問。僅收市脚而已。蓋當時之政。見以天朝上國自居。不屑與外夷較利害。故待之極寬大。不似今之講國際商業者。以國家爲商賈之行爲。而外商遂輻輳於吾國之通都大市。迄今猶稱中國人曰唐人。知唐人所以來遠人者。感之深矣。

第十五章　隋唐之佛教

佛教之入中國蟬嫣五六百年。至于隋唐之時。遂成爲極盛時代。隋雖短祚。特崇譯學。西來大德中土僧俗。飆起雲興。齋經譯梵。

『釋道宣續高僧傳』那連提黎耶舍。隋言尊稱。北天竺烏場國人。天保七年。届于京鄴。文宣禮遇隆重。安置天平寺中。請爲翻經。三藏殿内梵本千有餘夾。敕送于寺。又敕昭玄大統沙門法上等二十餘人監掌翻譯。沙門法智居士萬天懿傳語。初翻衆經五十餘卷。有隋御宇重隆三寶。開皇之始。梵經遥應。爰降璽書。請來弘譯。二年七月。住大興善寺。敕昭玄統沙門曇延等三十餘人。令對翻傳。凡前後所譯經論一十五部。八十許卷。即菩薩見實。月藏。日藏。法勝毗曇等是也。並沙門僧琛明芬。給事李道寶等度語筆受。昭玄統沙門曇延。昭玄都沙門靈藏等二十餘僧監護始末。　時又有同國沙門毗尼多流支。隋言滅喜。開皇三年。于大興善譯象頭精舍大乘總持經二部。給事李道寶傳語。沙門法纂筆受。

『同上』闍那崛多。隋言德志。北賢豆揵陀囉國人。以周明帝武成年初届長安。漸通華語。　有齊僧寶暹道邃僧曇等十人。以武平六年。採經西域。往返七載。凡獲梵本二百六十部。　大隋受禪。暹等齎經來。開皇元年季冬。届止京邑。　開皇五年。大興善寺沙門曇延等三十餘人。請敕延崛多來還京闕。尋敕敷譯新至梵本。或經或書。且内且外。諸有翻傳。必以崛多爲主。　爾時耶舍已亡。事當元匠。于大興善。更召婆羅門僧達摩笈多。幷勑居士高天奴高和仁兄弟等同傳梵語。又置十大德沙門僧休法粲法經慧藏洪遵慧遠法纂僧暉明穆曇遷等監掌翻事。銓定宗旨。沙門明穆彥琮重對梵本。再審覆勘。循歷翻譯。合三十七部。一百七十六卷。　高祖又勑崛多共西域沙門若那竭多。開府高恭恭息。都督天奴和仁及婆羅門毗舍達等。于內史內省。翻梵古書及乾文。至開皇十二年。書度翻訖。合二百餘卷。　時又有達摩般若。隋言法智。本中天竺國人。妙善方言。執本自傳。不勞度語。譯業報差別經等。

〔同上〕達摩笈多。隋言法密。本南賢豆羅囉國人。開皇十年。入京。奉勑翻經。處之興善。所翻經論七部。合三十二卷。

煬帝置翻經館及翻經學士。

〔續高僧傳〕煬帝定鼎東都。勑于洛水南濱。上林園內。置翻經館。撰舉翹秀。永鎮傳法。

〔同上〕大業二年。東都新治。彥琮與諸沙門詣闕朝賀。因即下勑。于洛陽上林園立翻經館。以處之。　新平林邑所獲佛經。合五百六十四夾。一千三百五十餘部。並崐崙書。多黎樹葉。有勑送館。付琮披覽。幷使編叙目錄。以次漸翻。

〔同上〕時有翻經學士成都費長房。妙精玄理。撰三寶錄一十五卷。始于周莊之初。上編甲子。下錄年號。幷諸代所翻經部卷目。

又有翻經學士涇陽劉馮。撰內外旁通比校數法一卷。

沙門彥琮尤精譯事。

〔續高僧傳〕釋彥琮。俗緣李氏。趙郡柏人人也。周武平齊。延談玄籍。勑預通道觀學士。　開皇三年。西域經至。勑琮翻譯。住大興善。琮專尋教典。日誦萬言。大品法華維摩楞伽攝論十地等皆親傳梵書。受持讀誦。每日闇閱。要周乃止。仁壽二年。敕撰衆經目錄。乃分爲五例。謂單譯重翻。別生疑僞。隨卷有位。尋又敕令撰西域傳前後譯經。合二十三部。一百許卷。

妙體梵文。以垂譯式。所舉八備。世多稱之焉。

《續高僧傳》琮晚以所誦梵經四千餘偈十三萬言七日一遍。用爲常業。著辯正論。以垂翻譯之式。經不容易理藉名賢常思品藻。終慚水鏡。兼而取之。所備者八。誠心愛法。志願益人。不憚久時。其備一也。將踐覺場。先牢戒足。不染譏惡。其備二也。筌曉三藏。義貫兩乘。不苦闇滯。其備三也。旁涉墳史。工綴典詞。不過魯拙。其備四也。襟抱平恕。器量虛融。不好專執。其備五也。耽于道術。澹于名利。不欲高衒。其備六也。要識梵言。乃閑正譯。不墜彼學。其備七也。薄閱蒼雅。粗諳篆隸。不昧此文。其備八也。八者備矣。方是得人。

唐代譯業。尤盛于隋。道宣續高僧傳贊寧高僧傳三集。譯經篇中所載西來高僧。不下數十人。

波羅頗迦羅蜜多羅　中天竺人　武德九年　由突厥入京

那提三藏　中印度人　永徽六年　由南海來

伽梵達磨　西印度人　永徽中

阿地瞿多　中印度人　永徽三年　自西印度居長安

佛陀波利　罽賓國人　儀鳳元年　涉流沙來華

釋地婆訶羅	中印度人	儀鳳初	
那跋陀羅	波陵國人	儀鳳三年	由交州入唐
菩提流志	南天竺人	永淳二年	
釋提雲般若	于闐國人	永昌元年	
阿你眞那	迦濕彌羅人	長壽二年	
實叉難陀	于闐人	證聖元年	由于闐來
般刺蜜帝	中印度人	神龍中	由南海來
彌陀山	覩貨邏人	天后時	
輸波迦羅(善無畏)	中印度人	開元四年	自北印至長安
阿目佉跋折羅(不空)	北天竺人		幼隨叔父來華
釋跋日羅菩提(金剛智)	摩賴耶國人	開元七年	由師子國來
般刺若	北天竺人	貞元二年	由師子國來
牟尼室利	北印度人	貞元十六年	
佛陀多羅	罽賓人		

釋勿提提犀魚　龜茲人

尸羅達摩　于闐人　貞元中

釋蓮華　中印度人　興元元年

般若　罽賓人　憲宗時

滿月　西域人　開成中

右皆有專傳者。外此如義淨傳有吐火羅沙門達磨末磨。中印度沙門拔弩。罽賓沙門達磨難陀。居士東印度首領伊舍羅。居士中印度李釋迦度頗多。居士東印度瞿曇金剛等。釋無極高傳。有中印度大菩提阿難律木叉師。迦葉師等。釋極量傳。有烏萇國沙門彌伽釋迦。日照傳。有沙門戰陀般若提婆。菩提流志傳。有天竺沙門波若屈多。亦皆有功于譯業者也。他若神策軍正將羅好心。爲般剌若之表兄。金滿郡公尉遲智嚴。爲于闐國質子。以及迦濕彌羅國王子阿順。爲義淨證譯。均可見唐時西域僧俗來居中國者之多矣。

其西行求經者。有玄奘。

《舊唐書僧玄奘傳》僧玄奘。姓陳氏。洛州偃師人。大業末出家。博涉經論。嘗謂翻譯者多有訛謬。故就西域廣求異本。以參驗之。貞觀初。隨商人往遊西域。玄奘既辯博出群。所在必爲講釋論難。蕃人遠近咸尊伏之。在西域十七年。經百餘國。悉解其國之語。仍採其山川謠俗土地所有。撰西域記十二卷。貞觀十九年。歸至京師。太宗見之大悅。與之談論。于是詔將梵本六百五十七部。于弘福寺翻譯。

《釋慧立彥琮慈恩傳》法師于西域所得大乘經二百二十四部。大乘論一百九十二部。上座部經律論一十五部。三彌底部經律論一十五部。彌沙塞部經律論二十二部。迦葉臂耶部經律論一十七部。法密部經律論四十二部。說一切有部經律論六十七部。因明論三十六部。聲論一十三部。凡五百二十夾。六百五十七部。

義淨。

《釋道宣續高僧傳三集》義淨姓張氏。范陽人也。慕玄奘之風。欲遊西域。咸亨二年年三十有七方遂發足。初至番禺。得同志數十人。及將登舶。餘皆罷退。淨奮勵孤行。備歷艱險。所至之境。皆洞言音。經二十五年。歷三十餘國。以天后證聖元年乙未仲夏。還至河洛。得梵本經律論近四百部。合五十萬頌。

不空。

《續高僧傳三集》釋不空。梵名阿目佉跋折羅。華言不空金剛。幼失所天。隨叔父觀光東國。開元二十九年。附崐崙舶。離南海。至訶陵國界。達師子國。廣求密藏及諸經論五百餘部。次遊五印度境。至天寶五載還京。

及會寧。

《釋道宣續高僧傳二集》麟德年中。成都沙門會寧泛舶西遊。路經波凌國。與智賢同譯涅槃後分二卷。寄達交州。寧方之西域。

悟空等。

《續高僧傳二集》釋悟空。京兆雲陽人。姓車氏。天寶十年。隨使臣西去。留健陀羅投舍利越摩落髮。後巡歷數年。迴及龜茲。翻成十地迴向輪經。以貞元五年已達京師。

其翻譯之規模遠軼前代。

《舊唐書僧玄奘傳》玄奘于弘福寺翻譯。勅右僕房玄齡。太子左庶子許敬宗。廣召碩學沙門五十餘人。相助整比。高宗在東宮爲文德太后追福。造慈恩寺及翻經院。內出大幡。敕九部樂及京城諸寺幡蓋衆伎送玄奘及所翻經像。諸高僧等入住慈恩寺。顯慶元年高宗又令左僕射于志寗侍中許敬宗。中書令來濟李義府杜正倫。黃門侍郎薛元超等共潤色玄奘所定之經。國子博士范義碩。太子洗馬郭瑜。弘文館學士高若思等。助加翻譯。凡成七十五部。後移于宜君山故玉華宮。六年卒。

《續高僧傳二集》貞觀十九年五月。奘師于弘福寺創開翻譯。召沙門慧明靈潤等以爲證義。沙門行友玄賾等以爲綴緝。沙門智證辯機等以爲錄文。沙門玄模以證梵語。沙門玄應以定字僞。 自前代以來。所譯經敎。初從梵語。倒寫本文。次乃迴之。順同此俗。然後筆人觀理文句。中間增損。多墜全言。今所翻傳。都由奘旨。意思獨斷。出語成章。詞人隨寫。卽可披翫。

《慈恩傳》麟德元年。法師屬纊。嘉尚法師具錄所翻經論。合七十四部。總一千三百三十五卷。

《續高僧傳三集》義淨自天后久視。迄睿宗景雲。都翻出五十六部。二百三十卷。又出說一切有部跋窣堵約七十八卷。

《同上》不空譯經。起于天寶。迄大歷六年。凡一百二十餘卷。七十七部。

而玄奘之論勝異邦。

《續高僧傳二集》戒日王于曲女城大會沙門婆羅門一切異道。請奘昇座標舉論宗。命衆徵覈竟十八日。無敢問者。王大嗟賞。施銀錢三萬。金錢一萬。上氎衣一百具。仍令大臣執奘袈裟。巡衆唱言支那法師論勝。十八日來。無敢問者。並宜知之。

譯華爲梵。尤前此所未有也。

《續高僧傳二集》敕令翻老子五千文爲梵言。以遺西域。奘乃召諸黃巾。述其玄奧。領疊詞旨。方爲翻述。（彥琮傳，有王舍城沙門，遠來謁帝，將還本國，請舍利瑞圖經及國家祥瑞錄，敕令琮翻隋爲梵，合成十卷，賜諸西域，此譯華爲梵之始，然琮所譯，爲當世之文，玄奘所譯，爲古哲之說，其難易當有別。）

自晉至唐。中土之講佛學者各有宗派。近人綜爲十宗。諸宗有至唐而已微者。有至唐而始盛者。三論成實則至唐而已微者。

《十宗略說》（楊文會）成實論譯於姚秦羅什三藏。六朝名德專習者衆。別爲一宗。至唐而漸衰。後世則無聞焉。

《同上》中論。百論。十二門論。是爲三論。亦在性空宗。文殊師利實爲初祖。馬鳴龍樹清辨等菩薩繼之。鳩摩羅什在秦盛弘此道。一時學者宗之。生肇融叡。並肩相承。生公門下。曇濟大師輾轉傳持。以至唐之吉藏。專以此宗提振學徒。三論之旨于斯爲盛。天台亦提中論。其教廣行于世。而習三論者鮮矣。

俱舍賢首慈恩律密諸宗。皆盛于唐。

《十宗略說》（楊文會）世親菩薩造俱舍論。陳眞諦三藏譯出。併作疏釋之。唐玄奘法師重譯三十卷。門人普光作記。法寶作疏。大爲闡揚。當時傳習有專門名家者。遂立爲一宗焉，

《同上》華嚴爲經中之王。秘于龍宮。龍樹菩薩乘神通力。誦出略本。流傳人間。有唐杜順和尙者。文殊師利化身也。依經立觀。是爲初祖。繼其道者。雲華。智儼。賢首。法藏。以至清涼。澄觀。而綱目備舉。

《同上》天竺有性相二宗。性宗即是前之三論。相宗則從楞伽深密嚴等經流出。有瑜伽顯揚諸論。而其文約義豐。莫妙于成唯識論。以彌勒爲初祖。無著天親護法等菩薩。相繼弘揚。唐之玄奘。至中印度。就學于戒賢論師。精通其法。歸國譯傳。是爲慈恩宗。窺基。慧沼。智周。次第相承。

《印度哲學概論》（梁漱溟）律宗從所主律藏得名。遠祖爲優波離尊者。此方開宗者。唐道宣律有大小乘。宣公以小乘律釋通大乘。立爲圓宗。戒體所弘通者爲四分律。著述甚多。其行事鈔等稱五大部。宋有元照。復作資持記等釋之。中興律宗。

《同上》眞言宗一曰密宗。以秘密眞言爲宗。故名。奉大日經等爲本。大日如來傳金剛薩埵。再傳龍樹。龍樹授之龍智。再授之金剛智。金剛智唐時來中國。偕者有不空。不空能漢語。共譯經論。既受其傳。更還天竺。親接龍智。密宗之弘。在此師也。善無畏先來。未開宗。

淨土則始于晉而盛于唐。世或分爲二流。

《佛學大綱》（謝无量）淨土宗持念佛法門。實三根普被之要路也。念佛緣因。出于起信論。繼則龍樹天親。亦間論念佛。如震旦開宗。實始于東晉慧遠。慧遠姓賈氏。雁門樓煩人。博極羣書。尤善老莊。爲道安法師之高弟。專倡淨土法門。道俗皈依。共結蓮社。魏曇鸞。雁門人。家近五臺。歷觀聖迹。發心出家。逢天竺三藏菩提流支。以觀無量壽經授之。鸞遂作往生論注二卷。蓮宗著述推爲巨擘。唐道綽姓衞。并州汶水人。十四歲出家。講大涅槃經二十四徧。景慕曇鸞淨土之業。繼其後塵。住玄中寺。道俗赴者彌衆。講觀無量壽經將二百徧。瑞應甚多。著有安樂集二卷。善導者不知何處人。見禪師九品道場講論觀經。大喜曰。此眞入佛之津要也。入見其念佛一聲。有一光明從口中出。百聲千聲。亦復如是。著有觀經疏及各種淨土典籍傳世。

《印度哲學概論》(梁漱溟)淨土宗從其歸依淨土得名。以無量壽經觀無量壽經阿彌陀經爲本。在天竺則馬鳴造起信論。勸修淨土。龍樹造十住論。而宏念佛。世親造淨土論。而樂往生。中土則有二流。一爲晉之遠公。結蓮社于匡廬。一爲唐之善導。化俗衆于長安。中間曇鸞道綽。製作最宏。

天台則倡于齊而繼于唐。說復分爲三部。

《印度哲學概論》天台宗從智者大師所棲天台山得名。此宗法華經爲本。而以智度論爲指趣。以涅槃經爲輔翼。以大品經爲觀法。專習禪定。先是北齊惠文悟一心三觀。以授南岳惠思。惠思傳智顗。卽大師。大師以爲道有傳行。亦必有說。于是由一法華。說爲三部。一玄義以判教相。二文句以解名義。三止觀以示觀行。中唐有荆溪作釋籤疏記輔行。如次第以釋三部。大振其宗。

而禪宗六祖。唐居其三。

《佛學大綱》(謝无量)佛之心印。卽是般若波羅密。五祖令人誦金剛般若經。六祖稱爲學般若菩薩。皆以般若爲心印也。後人名爲禪宗。是出世間上上禪。世尊在靈山會上。拈花示衆。是時衆皆默然。唯迦業尊者破顏微笑。世尊曰。吾有正法眼藏。涅槃妙心。實相無相。微妙法門。不立文學。教外別傳。付囑摩訶迦葉。故迦葉爲禪宗第一祖　二十八祖菩提達摩尊者爲中華初祖。尊者本南天竺國香至王第三子。得法于般若多羅尊者。承師遺命。泛海達廣州。在梁普通元年。廣州刺史蕭昂館之。表聞于朝。武帝迎至金陵。尊者知機不契。遂渡江居洛陽。止于嵩山少林寺。面壁坐九年。人莫能測。終爲東土禪宗之初祖。　二祖慧可。武牢姬氏子。參初祖于少林。勤懇備至。後付袈裟。以表傳法。並爲說偈。又付楞伽四卷。令諸衆生開示悟入。　三祖僧璨。住舒州皖公山。往來于太湖縣司空山。作信心銘六百言。流傳于世。　四祖名道信。蘄州人。姓司馬氏。三祖付以衣法。後住蘄春破頭山。　五祖名宏忍。黃梅人。前生爲破頭山栽松道者。再來爲浣衣女子棄子。四祖識其法器。令出家。付以衣法。住破頭山。後遷黃梅東山。宗風大振。　六祖名慧能。姓盧。嶺南新州人。家貧。鬻薪供母。聞人誦金剛經。問所由來。遂往黃梅參五祖。祖令入碓坊舂米。人稱盧行者。經八月。述一偈曰。菩提本無樹。明鏡亦非臺。本來無一物。何處惹塵埃。五祖即付囑心傳。并授袈裟。且曰。衣止汝身。不復傳。六祖至嶺南。經十五載。一日至廣州法性寺昇座說法。聞者傾心。別傳之道。由此大行。

南嶽青原。分開五派。今之佛寺禪宗。皆傳自唐者也。

【釋氏稽古略】（釋覺岸）六祖弟子最著者。衡州懷讓。吉州行思。是爲南嶽青原二宗。唐末。南嶽復分爲潙仰。（靈佑福州長谿人·居潭州潙山·傳慧舜·韶州懷化人·居袁州仰山·是爲潙仰宗·）臨濟（義玄曹州人·居鎮州臨濟寺·是爲臨濟宗·）二派。青原又分爲曹洞（良价越州會稽人·居豫章高安之洞山·其弟子本寂·泉州莆田人·改山名曰曹·是爲曹洞宗·）雲門（文偃浙西秀水人·居韶州雲門山·是爲雲門宗·）法眼（文益餘杭人·居金陵清涼寺·謚法眼禪師·是爲法眼宗·）三派。

有唐一代。自詩文書畫而外。其宗派林立。超軼前世者。殆無過于宗教哲學矣。

唐之佛教寺廟。掌于禮部。據唐六典。開元中。天下寺總五千三百五十八所。

《唐六典》凡天下寺總五千三百五十八所。三千二百四十五所僧，二千一百一十三所尼。每寺上坐一人。寺主一人。都維那一人。共綱統衆事。而僧持行有三品。一曰禪。二曰法。三曰律。大抵皆以清淨慈悲爲宗。凡僧尼之薄籍。三年一造。其籍一本送祠部，一本送鴻臚，一本留于州縣。

至武宗時。增至四萬餘所。

《通鑑》會昌五年。祠部奏報天下寺四千六百。蘭若四萬。僧尼二十六萬五百。

以道士之毀。遂大汰僧尼。

《通鑑》會昌五年。上惡僧尼耗蠹天下。欲去之。道士趙歸眞等復勸之。乃先毀山野招提蘭若。敕上都東都兩街各留二寺。每寺留僧三十人。天下節度觀度使治所及同華商汝州各留一寺。分爲三等。上等留僧二十人。中等留十人。下等五人。餘僧及尼。并大秦穆護祆。皆勒歸俗。寺非應留者。立期令所在毀撤。仍遣御史分道督之。財貨田產並沒官。寺材以葺公廨驛舍。銅像鐘磬以鑄錢。

世謂北魏太武帝周武帝及唐武帝爲三武。皆反對佛教最力者也。然不數年。所毀者盡復。

《通鑑》大中元年閏月。敕應會昌五年所廢寺。有僧能營葺者。聽自居之。有司毋得禁止。是時君相務反會昌之政。故僧尼之弊。皆復其舊。

故至唐末。禪宗之盛。轉軼于前焉。

唐代之于佛教。不獨譯經求法。分宗立寺。爲最盛也。即整理佛教經籍。亦以唐爲最。大藏經之確定。即緣于開元釋教之目錄。

《大藏經雕印考》(常盤大定)自後漢之末葉。至元之初期。佛典傳譯之時期。前後通計千三百有餘年。當時及其後之多數學者。整理此極紛雜之典籍。調撰目錄。達六十次以上。今其存者二十餘部。此皆調查大藏經內容之變遷。所不可或缺之材料也。多數目錄中最可貴重者。前有隋錄。中有開元錄。後有至元錄。此三種者。諸目錄中之尤最也。而三錄又以開元錄爲中心。自漢以至五代。僅有繕寫之藏經。至宋初雕印大藏。於是爲大藏經畫一時期。而爲宋初雕印之基礎者。開元錄也。故大藏經有種種之經過。至唐有開元錄。而後完全。因之自目錄上研究大藏。亦遂可謂至開元錄而結束矣。

開元目錄。釋智昇撰。體例最善。

《大藏經雕印考》(常盤大定)開元錄者。自後漢永平十年。至開元十八年。六百六十四年間之傳譯者。百七十六人。所出大小二乘之三藏及集傳並失譯。總計二二七八部。七〇四六卷。至是而大藏經之本體。始確定不動矣。智昇之分類法。定大乘經爲般若。寶積。大集。華嚴。涅槃。五大部。其外開重譯單譯各門。大乘論中開釋義集義二門。小乘經中開根本四阿含。四阿含中別譯。及四阿含外重譯單譯各門。小乘律中開正及眷屬二門。小乘論中開有部根本身足支派二門。賢聖集中開梵本翻譯此方撰述二門。秩序整然。殆達於目錄完成之域。

貞元間雖有新定釋教目錄。實不逮其整備也。

《大藏經雕印考》後世刻經。不據新定貞元錄。而仰範開元錄。以成宋之刻藏。故此錄有左右大藏之力。

唐代譯經文義之美既極其盛。而禪宗語錄。又別開一俗語釋典之例。觀六祖壇經所載問答之語。

《壇經》懷讓禪師至曹溪禮拜。師曰。甚處來。曰。嵩山。師曰。什麼物恁麼來。

《同上》一僧問師云。黃梅意旨甚麼人得。師云。會佛法人得。僧云。和尚還得否。師云。我不會佛法。

爲宋代儒家語錄之祖。亦爲今之倡語體文者所稱道也。大抵諸宗學派。皆尚文言。惟禪宗六祖。徒恃慧力。不用功于文字。故其後別成一種風氣。而佛典之優美。與語錄之鄙俚。實不可以一律視之也。

唐代宗教之盛。自佛教外。首推道教。蓋唐出李氏。崇拜老子。故盛倡道教。

《舊唐書禮儀志》開元二十年正月己丑。詔兩京及諸州各置玄元皇帝廟一所。並置崇玄學。其生徒令習道德經及莊子列子文子等。每年準明經例舉送。天寶元年。詔史記古今人表玄元皇帝昇入上聖。莊子號南華眞人。文子號通玄眞人。列子號沖虛眞人。庚桑子號洞虛眞人。改莊子爲南華眞經。文子爲通玄眞經。列子爲沖虛眞經。庚桑子爲洞虛眞經。兩京崇玄學。各置博士助教。又置學生一百員。

其道觀亦掌于祠部。

《唐六典》凡天下觀總一千六百八十七所。一千一百三十七所道士、五百五十所女道士。每觀觀主一人。上座一人。監齋一人。共綱統衆事。而道士修行有三號。其一曰法師。其二曰威儀師。其三曰律師。其德高思精謂之鍊師。而齋有七名。其一曰金錄大齋。其二曰黃錄齋。

其三曰明眞齋。其四曰三元齋。其五曰八節齋。其六曰塗炭齋。其七曰自然齋。而禳謝復三事。其一曰章。其二曰醮。其三曰理沙。大抵以虛寂自然無爲爲宗。　凡道士女道士之簿籍。亦三年一造。

外此則有祆教摩尼教景教等。景教詳第三編

【通典職官門】視流內有正五品薩寶。從七品薩寶府祆正。又視流外有勳品薩寶府祓祝。四品薩寶府率。薩寶府史。杜佑自注。祆者。西域天神。佛經所謂摩醯首羅也。武德四年。置祆祠及官。

【舊唐書憲宗紀】元和六年正月。回紇請于河南府太原府置摩尼寺。許之。　八年十二月二日。宴歸國回鶻摩尼八人。　長慶元年五月。回鶻宰相都督公主摩尼等五百七十三人入朝。

【同上回鶻傳】元和初。以摩尼至。其法。日晏食。飲水茹葷。屏湩酪。可汗常與其國摩尼至京師。歲往來西市。商賈頗與囊橐爲奸。

武宗初年。命有司收摩尼書若象。燒于道。產貲入之官。

武宗之排佛也。大秦寺即景教寺摩尼寺皆廢罷。京城女摩尼七十八皆流回紇。于道死者大半。景教僧祆僧二千餘人。並放還俗。詳見唐會要故惟道佛二教。流衍至宋焉。

第十六章　唐宋間社會之變遷

自唐迄宋。變遷孔多。其大者則藩鎮之禍。諸族之興。皆于政治文教有種種之變化。其細者則女子之纏足。貴族之高坐。亦可以見體質風俗之不同。而雕板印刷之術之勃興。尤于文化有大關係。故自唐室中晚以降。爲吾國中世紀變化最大之時期。前此猶多古風。後則別成一種社會。綜而觀之。無往不見其蛻化之迹焉。

唐之藩鎮之禍。自安史始。

《新唐書藩鎮傳》安史亂天下。至肅宗大難略平。君臣皆幸安。故瓜分河北地付授叛將。護養孽萌。以成禍根。亂人乘之。遂擅署吏以賦稅自私。不獻于朝廷。效戰國肱髀相依。以土地傳子孫。脅百姓加鋸其頸。利怵逆汚。遂使其人自視猶羌狄然。一寇死。一賊生。訖唐亡百餘年。卒不爲王土。

論者謂由于節度使之制之不善。

《二十二史箚記》(趙翼)唐之官制。莫不善於節度使。其始察刺史善惡者有都督。後以其權重。改置十道按察使。開元中。或加采訪觀察處置黜陟等號。此文官之統州郡者也。其武臣掌兵。有事出征。則設大總管。無事時。鎮守邊要者。曰大都督。自高宗永徽以後。都督帶使持節者。謂之節度使。然猶未以名官。景雲二年。以賀拔延嗣爲涼州都督河西節度使。節度使之官由此始。然猶第統兵。而州郡自有按察等使。司其殿最。至開元中。朔方隴右河東河西諸鎮。皆置節度使。每以數州爲一鎮。節度使即統此數州。州刺史盡爲其所屬。故節度使多有兼按察使安撫使支度使者。既有其土地。又有其人民。又有其甲兵。又有其財賦。於是方鎮之勢日强。安祿山以節度使起兵。幾覆天下。及安史既平。武夫戰將以功起行陣爲侯王者。皆除節度使。大者連州十數。小者猶兼三四。所屬文武官。悉得署置。未嘗請命於朝。遂成尾大不掉之勢。或父死子握其兵而不肯代。或取舍由於士卒。往往自擇將吏。號爲留後。以邀命於朝。天子力不能制。則含羞忍恥。因而撫之。姑息愈盛。方鎮愈驕。其始爲朝廷患者。祇河朔三鎮。其後淄青淮蔡無不據地倔强。甚至同華逼近京邑。而周智光以之反。澤潞亦連畿甸。而盧從史劉稹等以之叛。迨至末年。天下盡分裂於方鎮。而朱全忠遂以梁兵移唐祚矣。推原禍始。皆由於節度使掌兵民之權故也。

然立國之道。初非一端。或困于法。或刼于勢。或歉于德。或緣于才。其爲因果。蓋亦多矣。大抵秦漢以來。轄地太廣。民治既湮。惟恃中央一政府。其力實有所不及。故非君主有梟雄過人之才。其所屬之地。必易於分裂。無論唐法之蔽。釀成五代之亂。

【二十二史箚記】(趙翼)五代諸鎮節度使。未有不用勳臣武將者。徧檢薛歐二史。文臣爲節度使者。惟馮道暫鎮同州。桑維翰暫鎮相州及泰寧而已。兜鍪積功。恃勳驕恣。酷刑暴斂。荼毒生民。固已比比皆是。乃至不隸藩鎮之州郡。自朝廷除刺史者。亦多以武人爲之。歐史郭延魯傳。謂刺史皆以軍功拜。論者謂天下多事。民力困敝之時。不宜以刺史任武夫。恃功縱下。爲害不細。薛史安重榮傳亦云。自梁唐以來。郡牧多以勳授。不明治道。例爲左右群小所惑。賣官鬻獄。割剝蒸民。誠有慨乎其言之也。

即宋之改制。亦僅能救一時之弊。而于經營全國之法。初未能盡善。

《宋史紀事本末》(陳邦瞻)乾德元年春正月。初以文臣知州事。五代諸侯强盛。朝廷不能制。每移鎮受代。先命近臣諭旨。且發兵備之。尚有不奉詔者。帝即位初。異姓王及帶相印者不下數十人。至是用趙普謀。漸削其權。或因其卒。或因遷徙致仕。或以遙領他職。皆以文臣代之。夏四月。詔設通判於諸州。凡軍民之政。皆統治之。事得專達。與長吏均禮。大州或置二員。又令節鎮所領支郡。皆直隸京師。得自奏事。不屬諸藩。於是節度使之權始輕。三年三月。初置諸路轉運使。自唐天寶以來。藩鎮屯重兵。租稅所入。皆以自贍。名曰留使留州。其上供者甚少。五代藩鎮益强。率領部曲主場務。厚斂以入己。而輸貢有數。帝素知其弊。趙普乞命諸州度支經費外。凡金帛悉送汴都。無得占留。每藩鎮帥缺。即令文臣權知。所在場務。凡一路之財。置轉運使掌之。雖節度防禦團練觀察諸使及刺史。皆不預簽書金穀之籍。於是財利盡歸於上矣。八月。選諸道兵入補禁衛。先是帝詔殿前侍衛二司各閱所掌兵。揀其驍勇者。升爲上軍。至是命諸州長吏擇本道兵驍勇者。送都下。以補禁旅之闕。又選强壯卒。定爲兵樣。分送諸道。召募教習。俟其精練。即送闕下。復立更戍法。分遣禁旅。戍守邊城。使往來道路。以習勤苦。均勞佚。自是將不得專其兵。而士卒不至於驕惰。皆趙普之謀也。

故對內則財權兵權悉操自上。而對外則力多不競。遼夏迭興。無以制之。其中因果得失。蓋難言矣。

唐室中葉。漢族勢力日衰。沙陀契丹黨項諸族並興。

《中國民族志》(劉師培)沙陀爲突厥別種。居天山東北。服屬吐蕃。後東徙。代邊款關內附。爲唐平亂。立功中原。據汾晉之疆。擁甲兵以自固。而沙陀勢力日盛。　契丹處潢河附近。殘食鄰封。其屬土包滿洲蒙古。唐末率衆南侵。營平之州既淪。楡關之險遂失。而契丹勢力日盛。　黨項處西川邊徼。服屬唐廷。以苦吐蕃之侵。徙涸靈夏。部族漸蕃。其酋長拓跋思恭助唐討亂。據夏銀綏宥靜五州。稱靖難節度使。而黨項勢力日盛。

五代之君。既多西戎雜種。

《新五代史唐本紀》其先本號朱邪。蓋出於西突厥。　明宗本夷狄。無姓氏。太祖養以爲子。賜名嗣源。　《晉本紀》高祖父臬捩雞本出於西夷。自朱邪歸唐。從朱邪入居陰山。臬捩雞生敬瑭。其姓石氏。不知其得姓之始。　《漢本紀》高祖姓劉氏。名知遠。其先沙陀部人也。

契丹女眞之南侵。摧殘中國之文化。尤甚于劉石之亂華。

《通鑑》開運二年。契丹連歲入寇。中國疲於奔命。邊民塗地。　三年。契丹主大舉入寇。至洛陽。趙延壽請給上國兵廩食。契丹主曰。吾國無此法。乃縱胡騎四出。以牧馬爲名。分番剽掠。謂之打草穀。丁壯斃於鋒刃。老弱委於溝壑。自東西兩畿及鄭滑曹濮數百里間。財畜殆盡。　契丹入汴。縱胡騎打草穀。又多以其子弟及親信左右爲節度使刺史。不通政事。華人之狡獪者。多往依其麾下。教之妄作禍福。掊斂貨財。民不堪命。　契丹主發大梁。晉文武諸司從者數千人。諸軍吏卒又數千人。宮女宦官又數百人。盡載府庫之寶以行。所留樂器儀仗而已。

《遼史太宗紀》大同元年三月壬寅。晉諸司僚吏嬪御宦寺方伎百工圖籍歷象石經銅人明堂刻漏太常樂譜諸宮縣鹵簿法物及鎧仗悉送上京。所歸順凡七十六處得戶一百九萬百一十八。

《宋史欽宗紀》靖康二年夏四月庚申朔。金人以帝及皇后太子北歸。凡法駕鹵簿皇后以下車輅鹵簿冠服禮器法物。大樂教坊樂器祭器。八寶九鼎。圭璧渾天儀。銅人。刻漏古器景靈宮供器。太清樓秘閣三館書。天下州府圖。及官吏內人內侍技藝工匠娼優。府庫畜積爲之一空。

《南燼紀聞》(黃冀之)靖康元年十一月二十五日京城陷。北兵入城。十二月初五日。遣兵搬運書籍。及國子監三省六部司式官制。天下戶口圖籍賦役及宗室玉牒。初九日。又運車輅鹵簿太常樂器及鐘鼓刻漏。因是朝廷儀注法物。取之無遺。

而漢族之混亂遷流亦爲從前所未有。

《中國民族志》(劉師培)遼金南下以來其影響及漢族者有三。一曰漢族之北徙也。自契丹南征。朔方淪陷。漢民陷虜實繁有徒。或歸化於虜廷。(許元宗奉使行程錄，言幽民苦劉守光暴虐，逃入契丹，契丹建灤州而處之，其證也。)或見俘於異域。(金地理志，言遼以所俘望都民置海山縣，以所俘安喜民置遷安縣，以所俘定州民置昌黎縣，皆漢族爲契丹所俘之證，又宋人儒林公議云，太宗征契丹後，河朔之民數被其毒，驅掠善民入國中，分諸部落，鞭笞淩辱，酷不忍聞，亦漢族見俘之證。)而契丹民族遂向華風。(契丹用漢族之民，爲漢族所化，觀金人以契丹人爲漢人，而以宋人爲南人，可以知漢族多與契丹族相合矣。)及金人南伐。漢民罹禍尤深。(大金國志，言盧益奉使時，言國主自入燕以後，所虜中原士大夫家子姊姬凡二三千北歸。)此實漢族遷徙之一大關鍵也。加以漢族不振。浸染夷風。祖國山川。棄之如遺。甚至偷息苟生。右虜下漢。(儒林公議云，始石晉時，關南山後初陷虜，民既不樂附，又爲虜所侵辱日久，企思中國，常若偷息苟生，周世宗止平關南，功不克就，歲月既久，漢民宿齒盡逝，新少者漸便習不怪，居常右虜下漢，其間士人及有識者，亦常憤然，無可奈何。)影響及漢族者此其一。二曰異族之雜處也。(金皇統五年創屯田軍。凡女眞契丹之民。皆自本部徙中土。計戶受田。與民雜處。號明安穆昆。自燕南至淮隴以北，皆有之，凡數萬人。)(金曹望之論便宜疏云，山東河北，明安穆昆，與百姓雜處，民多失業，此明安穆昆害民之證，驅游牧之蠻民適中華之樂土。是直以中國爲牧場矣。金史天會六年。禁民漢服。令民削髮。漢族之禮俗。無一不變於夷矣。影響及漢族者。此其二。（第三段漢族排外思想，略之，）

義兒養子胡漢雜糅。

〔五代史義兒傳〕世道衰。人倫壞而親疏之理反其常。干戈起於骨肉。異類合爲父子。開平顯德五十年間。天下五代而實八姓。其三出於丐養。 李嗣昭本姓韓氏。汾州大谷縣民家子也。太祖取之。命弟克柔養之爲子。 嗣本本姓張氏。雁門人也。世爲銅冶鎭將。嗣本少事太祖。太祖愛之。賜以姓名。養爲子。 嗣恩本姓駱。吐谷渾部人也。少事太祖。能騎射。賜姓名以爲子。 存信本姓張氏。其父君政回鶻李思忠之部人也。存信少善騎射。能四夷語。通六蕃書。從太祖起代北。遂賜姓名以爲子。 存進。振武人也。本姓孫名重進。太祖攻破朔州。得之。賜以姓名。養爲子。 存賢。許州人也。本姓王名賢。少爲軍卒。太祖擊黃巢於陳州。得之。賜以姓名。養爲子。

巨室世家沒爲奴隸。

〔容齋三筆〕（洪邁）靖康之後。陷於金虜者。帝子王孫。宦門仕族之家。盡沒爲奴婢。使供作務。每人一月支稗子五斗。令自舂爲米。得一斗八升。用爲餱糧。歲支麻五把。令緝爲裘。此外更無一錢一帛之入。男子不能緝者。則終歲裸體。虜或哀之。則使執爨。雖時負火得煖氣。然纔出外取柴歸。再坐火邊。皮肉脫落。不日輒死。惟喜有手藝。如醫人繡工之類。尋常只團坐地上。以敗席或蘆藉襯之。遇客至開筵。引能樂者使奏技。酒闌客散。各復其初。依舊環坐刺繡。任其生死。視如草芥。

而昔之標舉門第崇尚族望之風。由茲而隳。南北文化。亦以迥殊焉。

『中國民族志』（劉師培）江淮大河以北古稱膏腴之區。文物之國者何今北省諸地。人才湮沒。文化陵夷。等於未開化之壤耶。則以與蠻族同化之故也。按陔餘叢考，宋南渡時，凡世家之官于朝者，多從行，如韓肖胄侂胄，皆琦之曾孫也，王倫，旦之裔孫也，呂本中祖謙祖儉祖泰，皆公著後也，常同，安民之子也，晏敦復，殊之後也，曹友聞，彬之後也，葉石林記南渡後詔隨駕官員攜眷屬者，聽于寺廟居住，又李心傳朝野雜紀，渡江後將帥，韓世忠，綏德軍人，曲端，鎮戎軍人，吳玠吳璘郭浩，德順軍人，張俊劉琦王燮秦州人，楊惟忠李顯忠，環州人，王淵，階州人，馬廣，熙州人，楊政，涇州人，皆西北人也，劉光世，保大軍人，楊存中，代州人，趙密，太原人，苗傳，隆德人，岳飛，相州人，王彥，懷州人，皆北人也，據此，知宋室南渡，不惟文人學者從之而南，即將帥武人之生長西北者，亦多居于南方，舉各地優秀之人，皆居江淮以南，宜江淮以北之民族，逐漸退化也。

自唐以降漢族不振。固有各種原因。而婦女之纏足。亦其一也。按俞正燮癸巳類稿趙翼陔餘叢考。皆以弓足盛于五代及宋元之時。

『癸巳類稿書舊唐書輿服志後』（俞正燮）劉昫等作志。時言婦人貴賤履舄及靴。略本開元禮序例下及唐六典內官尚服注。皇后太子妃青韈舄。加金飾。開元初或著丈夫靴。　迨後婦人足弓。於南唐漸成風俗。　南唐裹足。亦僅聞窅娘道山新聞言之最詳。　弓足之事。宋以後則實有可徵。鶴林玉露云。建炎四年。柔福帝姬至。以足大疑之。顰蹙曰。金人驅迫跣行萬里。豈復故態。上爲惻然。徐積唯陽蔡張氏詩云。手自植松柏。身亦委塵泥。何暇裹兩足。但知勤四支。已以足大不裹爲異。老學庵筆記云。宣和末。婦人鞵底尖以二色合成。名曰錯到底。元時亦有之。張翥多麗詞云。一尖生色合歡鞵是也。　輟耕錄云。元豐以前。猶少裹足。宋末遂以大足爲恥。此南宋時事。而嶺外代答云。安南國婦人足加鞋韈。遊於衢路。與吾人無異。所謂吾人。今廣西人。是宋時嶺外皆不弓足。輟耕錄云。程鵬舉宋末被擄。配一宦家女。以所穿鞋易程一履。是其時宦家亦有不弓足者。至金元之制。楓窗小牘云。汴京閨閣。宣和以後。花靴弓履。窮極金翠。今虜中閨飾復爾。瘦金蓮方瑩面丸。遍體香。皆自北傳南者。是金循舊俗。而元時南人亦有不弓足者。湛淵靜語云。伊川先生後人居池陽。其族婦人不纏足。蓋言其族女子不肯隨流俗纏足也。野獲編則云。明浙東丐戶。男不許讀書。女不許裹足。是反以裹足為貴。今徽州寧國小戶亦然。積習所以難反。

〔陔餘叢考〕(趙翼)婦女弓足。不知起於何時。有謂起於五代者。道山新聞謂李後主令宮嬪窅娘以帛繞脚。令纖小作新月狀。由是人皆效之。杜牧詩。鈿尺裁量減四分。纖纖玉笋裹輕雲。周達觀引之以為唐人亦裹足之證。尺減四分。尚未纖小。第詩家已詠其長短。則是時俗尚已漸以纖小為貴可知。至於五代。乃盛行扎脚耳。湛淵靜語謂程伊川六代孫淮居池陽。婦人不裹足。不貫耳。至今守之。陶九成輟耕錄謂扎脚五代以來方為之。熙寧元豐之間。為之者猶少。此二說皆在宋元之間。去五代猶未遠。必有所見聞。固非臆說也。今俗裹足已遍天下。而兩廣之民。惟省會效之。鄉村則皆不裹。滇黔猺苗僰夷亦然。蘇州城中女子以足小為貴。而城外鄉婦皆赤脚種田。尚不纏裹。蓋各隨其風土。不可以一律論也。

女子纏足。則身體孱弱。所生子女。必不強壯。此正漢族不及他族之弱點。而後世反以此為中國特別之風俗。取其與他族婦女有別。或且嚴禁而不能實行。斯則事之至可怪者也。

〔陔餘叢考〕(趙翼)康熙三年。詔禁裹足。王大臣等議。元年以後所生女子。不得裹足。違者枷責流徙。十家長及該管官皆有罪。(事見蚓庵瑣語)康熙七年。禮部奏罷此禁。(事見池北偶談)

中國古人皆席地而坐。其坐或與跪相近。

《陔餘叢考》(趙翼)朱子跪坐拜說。謂古者坐與跪相類。漢文帝不覺膝之前於席。管甯坐不箕股。榻當膝處皆穿。諸所謂坐。皆跪也。蓋以膝隱地。伸腰及股。危而不安者。跪也。以膝隱地。以尻著蹠。而體便安者。坐也。今成都學所存文翁禮殿刻石諸像。皆膝地危坐。兩蹠隱然見於坐後帷裳之下。尤足證云。又後漢書向栩坐板牀。積久板乃有膝踝足指之處。據此則古人之坐與跪。皆是以膝著地。但分尻著蹠與不著蹠耳。其有偃蹇伸脚而坐者。則謂之箕踞。漢書陸賈傳尉佗箕踞。顏師古註。伸其兩脚如箕形。佛家盤膝而坐。則謂之趺坐。皆非古人常坐之法也。

雖戰國時已有高坐者。然尚未爲普通之俗。唐宋以來。始有繩牀椅子杌子墩子諸物。是亦俗尚之大異于古者也。

《陔餘叢考》(趙翼)古人席地而坐。其憑則有几。詩所謂授几有緝御也。寢則有牀。詩所謂載寢之牀也。應劭風俗通。趙武靈王好胡服。作胡牀。此爲後世高坐之始。然漢時猶皆席地。文帝聽賈誼語。不覺膝之前於席。暴勝之登堂坐定。雋不疑據地以示尊敬是也。至東漢末。始斲木爲坐具。其名仍謂之牀。又謂之榻。如向栩管甯所坐可見。又三國魏志蘇則傳。文帝據牀拔刀。晉書桓伊據胡牀。取笛作三弄。南史紀僧眞詣江斅。登榻坐。斅令左右移吾牀讓客。狄當周赳詣張敷。就席。敷亦令左右移牀遠客。此皆高坐之證。然侯景升殿踞胡牀垂脚而坐。梁書特記之。以爲殊俗駭觀。則其時坐牀榻。大概皆盤膝無垂脚者。至唐又改木榻而穿以繩。名曰繩牀。程大昌演繁露云。穆宗長慶二年十二月。見群臣於紫宸殿。御大繩牀是也。而尚無椅子之名。其名之曰椅子。則自宋初始。丁晉公談錄。竇儀雕起花椅子二。以備右丞及太夫人同坐。王銍默記。李後主入宋後。徐鉉往見。李卒取椅子相待。鉉曰。但正衙一椅足矣。李主出具賓主禮。鉉辭。引椅偏乃坐。張端義貴耳錄。交椅卽胡牀也。向來只有栲栳樣。秦太師偶仰背墜巾。吳淵乃製荷葉託首以媚之。遂號曰太師樣。此又近日太師椅之所由起也。然諸書椅子。猶或作倚字。近代乃改從椅。蓋取桐椅字假借用之。至杌子墩子之名。亦起於宋。見宋史丁謂傳。及周益公玉堂雜記。

古人行路多乘車。以馬牛曳之。自晉以來。始有肩輿。

《晉書王羲之傳》子敬乘平肩輿入顧氏園。

《梁書蕭淵藻傳》在益州乘平肩輿。巡行賊壘。

唐宋大臣年老或有疾者。始乘肩輿。餘多乘馬。

《唐書崔祐甫傳》被病。詔肩輿至中書。

《宋史輿服志》神宗優待宗室。老病不能騎者。聽肩輿出入。

宋室南渡。仕宦皆乘輿。無復騎馬者。

《癸巳類稿》(俞正燮)引丁特起靖康紀聞云。靖康元年十二月初五日。籍馬與金人。自是士大夫出入。止跨驢乘轎。至有徒步者。都城之馬搜括無遺矣。靖康二年正月二十九日。送戚里權貴女於金。搜求肩輿賃轎之家。悉取無遺。張端義貴耳集云。渡江以前。無今之轎。却掃編云。汴京皆乘馬。建炎初。駐蹕揚州。特詔百官悉用肩輿出入。東南紀聞云。思陵在揚州傳旨百官。許乘肩輿。朝野雜記。故事百官乘馬。建炎初。以維揚磚滑。詔特許乘轎。演繁露云。扈京乘轎自揚州始。其後不復乘馬。

居處行動。皆求安適。人之文弱。蓋緣于此矣。

第十七章　雕板印書之盛興

吾國書籍。代有進化。由竹木而帛楮。由傳寫而石刻。便民垂遠。其法夥矣。降及隋唐。著作益富。卷軸益多。讀書者亦益衆。于是雕板印書之法。卽萌芽于是時焉。

《中國雕板源流考》（孫毓修）陸深河汾燕閒錄。隋文帝開皇十三年十二月日。敕廢像遺經。悉令雕造。《燉煌石室書錄》大隋永陀羅尼本經上面。左有施主李和順一行。右有王文沼雕板一行。宋太平興國五年翻雕隋本。《柳玭訓序》中和三年。在蜀閱書肆所鬻字書。率雕本。《國史志》唐末益州始有墨版。多術數小學字書。《猗覺寮雜記》（朱昱）唐末益州始有墨版。

然隋唐之時。雕板之法。僅屬萌芽。尚未大行。故唐人之書。率皆寫爲卷軸。而印刷成册者。流傳甚希。雕板大興。蓋在五代。官書家刻。同時並作。

《舊五代史》後唐明宗長興三年。宰相馮道李愚。請令制國子監田敏校正九經。刻板印賣。

《五代會要》（王溥）長興三年二月。中書門下奏請依石經文字。刻九經印板。敕令國子監集博士生徒。收西京石經本。各以所業本經。廣爲鈔寫。子細看讀。然後雇召能雕字匠人。各部隨帙刻印。廣頒天下。如諸色人要寫經書。並須依所印敕本。不得更使雜木交錯。其年四月。敕差太子賓客馬縞。太常丞陳觀。太常博士段顒路航。尚書屯田員外郎田敏充詳勘官。兼委國子監於諸色選人中。召能書人端楷寫出。旋付匠雕刻。每日五紙。與減一選。　周廣順三年六月。尚書左丞兼判國子監事田敏進印板九經書五經字樣各二部。一百三十册。又和凝傳。凝長於短歌艷曲。尤好聲譽。有集百卷。自篆於板。模印數百册分惠於人焉。

《揮麈錄》(王明清)蜀相毋公。蒲津人。先爲布衣。常從人借文選初學記。多有難色。公歎曰。恨余貧不能力致。他日稍達。願刻板印之。庶及天下學者。後公果貴顯於蜀。乃命工日夜雕板印成二書。復雕九經諸史。西蜀文字由此大興。

度其情勢。似以蜀中刻板爲早。自唐季及五代。時時有雕板印書者。故毋昭裔必就蜀中刻之。而唐周官板所刻既多。費時亦鉅。自長興至廣順。歷四朝七主二十二年乃成。可知創始之不易矣。

北宋之初。雕印書籍。先佛藏而後儒書。

《大藏經雕印考》(常磐大定)引南宋僧志盤佛祖統記曰。宋太祖開寶四年。敕高品張從信往益州雕大藏經板。至太宗太平興國六年板成。進上。凡四百八十一函。五千四十八卷。

以其所刻藏經之數。與五代所刻儒書之數校之。則九經一百三十册。歷二十二年始成。佛藏五千餘卷。僅十二年而成。可以見雕印之法之進步矣。嗣是賡續刻書。經史注疏皆備。

《玉海》(王應麟)太宗端拱元年。敕司業孔維等校勘孔穎達五經正義。詔國子監鏤板行之。　眞宗景德二年。幸國子監。歷覽書庫。觀群書漆板。問祭酒邢昺曰。板數幾何。昺曰。國初印板。止及四千。今至十萬。經史義疏悉備。帝褒之。因益書庫十步。以廣所藏。

後世官書。多雕印于國子監。號稱監本。亦歷史上相沿之例也。

刻板之法既興。視鈔寫爲便矣。然猶必按書雕之。不能以簡馭繁也。于是又有活字排印之法。

《皇朝事實類苑》(江少虞)慶歷中。有布衣畢昇爲活板。其法用膠泥刻字。薄如錢脣。每字爲一印。火燒令堅。先設一鐵板其上。以松脂蠟和紙灰之類冒之。欲印則以一鐵範置鐵板上。乃密布字印。滿鐵範爲一板。持就火煬之。藥稍鎔。則以一平板按其面。則字平如砥。若止印三二本。未爲簡易。若印數十百千本。則極爲神速。常作二鐵板。一板印刷。一板已用布字。此印者纔畢。則第二板已具。更互用之。瞬息可就。每一字皆有數印。如之也等字。每字有二十餘印。以備一板內有重複者。不用則以紙貼之。每韻爲一貼。木格貯之。有奇字素無備者。旋刻之。以草火燒。瞬息可成。

慶歷當西歷紀元後一千〇四十餘年。距西洋人之發明。蓋先四百餘年。

《西洋通史》關於活板之發明。荷蘭人謂始於可斯特。Coster 德國人則謂始於葛登堡。Gutenburg(1397-1468) 其他異說尚多。要以可斯特發明刻板於一四二〇年之說爲近。(明永樂十八年) 葛登堡則由訪問可斯特Coster之工場。見其木板。後於一四三八年(明正統三年)始改良而爲木製活字。其後更與佛奧斯忒(Johan Fust)等共製金屬活字板。時在一四五二年(明景泰三年)

西人多稱其印刷術得自中國。殆卽畢昇之法。惜昇之生平無可考耳。

古書多作卷軸。後始變爲單葉。宋人之書。多作蝴蝶裝。卽今西書式也。

《中國雕板源流考》（孫毓修）引張萱疑耀曰。秘閣中所藏宋板書皆如今制鄉會進呈試錄。謂之蝴蝶裝。其糊經數百年不脫落。　孫毓修曰。按清季發內閣藏書。宋本多作蝴蝶裝。直立架中如西式書。糊漿極堅牢。

惟其書甚長大。不便翻閱。故宋時又別有巾箱本。以今日所傳宋本書考之。其小者板心高不過三寸許。寬二寸半。一頁刊三百二十四字。幾如今之石印縮本。而字畫淸朗。不費目力。此可見宋時刻工之精矣。刻書多而書肆興。不第售官印之本。且自刻而自售焉。是爲坊本。宋時書肆有名者。如

王氏梅溪精舍　魏氏仁實書堂　秀巖書堂　翟源蔡潛道宅墨堂　廣都裴宅　稚川世家傳授堂　建安劉日省三桂堂　建邑王氏世翰堂　建安王懋甫桂堂　建安鄭氏宗文堂　建寧王八郎書鋪　建安愼獨齋　建安劉叔剛宅

皆有書傳于今。爲研究宋板者所稱。而建安余氏。自唐已設書肆。至宋益盛。有勤有堂。雙桂堂。三峯書舍。廣勤堂。萬卷堂。勤德書堂等名。蓋刻書售書之世家也。建安書肆。皆聚於麻沙崇化二坊。其板本書籍行四方者。無遠不至。惟校勘不精。故世稱書板之惡劣者曰麻沙板。

《天祿琳瑯書目續編》儀禮圖。是刊序後刻余志安刊於勤有堂。按宋板列女傳。載建安余氏靖安刻於勤有堂。乃南北朝余祖煥。始居閩中。號勤有居士。蓋建安自唐爲書肆所萃。余氏世業之仁仲最著。岳珂所稱建安余氏本也。　孫毓修曰。按余氏勤

有堂之外。別有雙桂堂三峯書舍廣勤堂萬卷堂勤德書堂等名。平津館鑒藏記。千家集注分類杜工部集及分類李太白集。皆有建安勤有堂刊篆書木記。

《福建省志物產門》書籍出建陽麻沙崇化二坊。麻沙書坊元季燬。今書籍之行四方者。皆崇化書坊所刻者也。

《陸遊老學庵筆記》三舍法行時。有教官出易義題云。乾爲金。坤又爲金。何也。諸生乃懷監本至簾前請曰。先生恐是看了麻沙板。若監本則坤爲釜也。

印售之書既多。藏書者亦因之而多。考宋初崇文院著錄及宣和館閣嘉定書目。其數雖不迨隋唐。

《文獻通考》(馬端臨)祖宗藏書之所。曰三館秘閣。在左昇龍門北。是爲崇文院。自建隆至大中祥符。著錄總三萬六千二百八十卷。　景祐三年。詔購求逸書。倣開元四部錄。爲崇文總目。慶歷初成書。凡三萬六百六十九卷。　淳熙四年。秘書少監陳騤等言。中興館閣藏書。前後搜訪。部帙漸廣。乞仿崇文總目類次。五年書目成。計見在書四萬四千四百八十六卷。較崇文所載。實多一萬三千八百一十七卷。後參三朝所志。多八千二百九十卷。兩朝所志。多三萬五千九百九十二卷。嘉定十三年。以四庫之外。書復充斥。詔秘書丞張攀等續書目。又得一萬四千九百四十三卷。而太常博士之藏。諸郡諸路刻板而未及獻者。不預焉。

《宋史藝文志》徽宗時。更崇文總目之號爲秘書總目。詔購求士民藏書。其有所秘未見之書。足備觀采者。仍命以官。且以三館書多逸遺。命建局以補全校正爲名。設官總理。募工繕寫。一置宣和殿。一置太淸樓。一置秘閣。自熙寧以來。搜訪補輯。至是爲盛矣。嘗歷考之。始太祖太宗眞宗三朝。三千三百二十七部。三萬九千一百四十二卷。次仁英兩朝。一千四百七十二部。八千四百四十六卷。次神哲徽欽四朝。一千九百六部。二萬六千二百八十九卷。最其當時之目。爲部六千七百有五。爲卷七萬三千八百七十有七焉。

而士大夫家以藏書名者。所在多有。其逾萬卷者。如

榮王宗綽　《史略》(高似孫)濮安懿王之子榮王宗綽。聚書七萬卷。

王欽臣　《宋史新編》(柯維騏)王洙。字原叔。汎覽傳記。無所不通。子欽臣。字仲至。性嗜古。藏書數萬卷。手自讎正。　《卻掃編》(徐度)王仲至家書目四萬三千卷。而類書之卷帙浩博。如太平廣記之類。皆不在其間。

宋敏求　《宋史新編》(柯維騏)宋敏求。字次道。家藏書三萬卷。皆略誦習。

李淑　《郡齋讀書志》(晁公武)李淑撰邯鄲圖書志。載其家所藏圖書二萬三千一百八十六卷。

田偉　《郡齋讀書志》(晁公武)田偉居荆南。家藏書幾三萬卷。　《荆州府志》宋田偉。燕人。爲江陵尉。因家焉。作博古堂。藏書三萬七千卷。

蘇頌　《嘉定鎭江志》(羅憲)蘇丞相頌。家藏書萬卷。

李常　《宋史李常傳》李常。字公擇。少讀書廬山僧舍。留所鈔書九千卷。名曰李氏山房。　《齊東野語》(周密)李氏山房藏書之富。二萬卷。

晁公武 《直齋書錄解題》(陳振孫)晁氏讀書志二十卷。晁公武撰。 《郡齋讀書志》(晁公武)吾家舊藏。除其重複。得二萬四千五百卷。

蔡致君 《夷門蔡氏藏書目序》(蘇過)蔡致君喜收古今之書。手校而積藏之。凡五十年。今二萬卷矣。

葉夢得 《揮麈錄》(王明清)葉少蘊平生好收書。逾十萬卷。

鄭寅 《澹生堂藏書訓》(郁承璞)莆田鄭子敬藏書卷帙。不減李獻臣。李淑字獻臣

陳振孫 《齊東野語》(周密)陳直齋藏舊書至五萬一千一百八十餘卷。且倣讀書志作解題。極其精詳。

周密 《杭州府志》周密字公謹。官義烏令。著有齊東野語。 《齊東野語》(周密)吾家三世積累。凡有書四萬二千餘卷。

皆以藏書爲世所稱。其最富者。至逾十萬卷。蓋超過于宋之館閣矣。

得書易。則讀書者不甚愛惜。其學力轉不逮印刷未興之先。宋人之文多有論之者。

《李氏山房藏書記》(蘇軾)余猶及見老儒先生。自言其少時欲求史記漢書而不可得。幸而得之。皆手自書。日夜誦讀。惟恐不及。近歲市人轉相摹刻。諸子百家之書。日傳萬紙。學者之於書多且易致如此。而後生科舉之士。皆束書不觀。游談無根。

《文獻通考》(馬端臨)葉夢得曰。唐以前。凡書籍皆寫本。未有摹印之法。人以藏書爲貴。人不多有。而藏者精於讎對。故往往皆有善本。學者以傳錄之艱。故其誦讀亦精詳。五代時。馮道始奏請官鏤板印行。國朝淳化中。復以史記前後漢付有司摹印。自是書籍刊鏤者益多。士大夫不復以藏書爲意。學者易於得書。其誦讀亦因滅裂。

然宋時博聞強記之士甚多。皆由刻書藏書者之衆所致。未可以束書不觀。及誦讀滅裂。概全體之學者也。

第十八章 宋儒之學

有宋一代。武功不競。而學術特昌。上承漢唐。下啓明清。紹述創造。靡所不備。言小學則二徐之于說文。

《直齋書錄解題》(陳振孫)說文解字三十卷。漢許愼撰。凡十四篇。并序目一篇。各分上下卷。凡五百四十部。九千三百五十三文。重一千一百六十三。雍熙中右散騎常侍徐鉉奉詔校定。以唐李陽冰排斥許氏爲臆說。 說文解字繫傳四十卷。南唐校書郎廣陵徐鍇楚金撰。爲通釋三十篇。部敍二篇。通論三篇。祛妄類聚錯綜疑義系述各一篇。鍇與兄鉉齊名。或且過之。此書援引精博。小學家未有能及之者。

邢昺之于爾雅。

《直齋書錄解題》(陳振孫)爾雅疏十卷。邢昺等撰。共其事者杜鎬而下八人。 陳傅良跋曰。國初諸儒獨追古。依郭氏注爲之疏。爾雅稍稍出。

吳棫之于古音。

《小學考》(謝啓昆)吳氏棫毛詩補音十卷。佚。棫字才老。本武夷人。後家同安。 《詩考》古音自才老始。

司馬光之于切韻。

《小學考》(謝啓昆)司馬光切韻指掌圖三卷存。王行書後曰。華音之有翻切。未審昉於何時。世所大行。惟陸法言之五卷。至於圖列音母。以簡御煩。則又自司馬公始也。大中祥符初。敕增修唐韻爲廣韻。昭陵又敕增爲集韻。是圖之作。實羽翼夫韻書也。

實開後來漢學家之涂徑。言史學則溫公之通鑑。

《文獻通考》(馬端臨)資治通鑑二百九十四卷。目錄三十卷。考異三十卷。鼂氏曰。治平中司馬光奉詔編集歷代君臣事迹。許自辟官屬。以館閣書在外聽。以書局自隨。至元豐七年。凡十七年始奏御。上起戰國。下終五代。凡一千三百六十二年。又略舉事目。年經國緯。以備檢閱。別爲目錄。參考同異。俾歸一途。別爲考異。各一編。公自謂精力盡于此書。

夾漈之通志。

《文獻通考》通志略。莆田鄭樵漁仲撰。淳熙間經進。自序略曰。臣今總天下之大學術。而條其綱目。名之曰略。凡二十略。百代之憲章。學者之能事。盡於此矣。中興四朝藝文志別史類。載通志二百卷。其後敍述云。中興初鄭樵採歷代史及他書。自三皇迄隋。爲書曰通志。仿遷固爲紀傳。而改表爲譜。志爲略。

袁樞之紀事本末。

《文獻通考》通鑑紀事本末四十二卷。陳氏曰。工部侍郎袁樞機仲撰。

馬端臨之文獻通考。

《進文獻通考表》(王壽衍)饒州路樂平州儒人馬端臨。乃故宋丞相廷鸞之子。嘗著述文獻通考三百四十八卷。總二十四類。

其書與唐杜佑通典相為出入。

並為奕世著作家所宗仰。他若考證金石。羣推歐趙。

《直齋書錄解題》(陳振孫)集古錄跋尾十卷。歐陽修撰集古目錄二十卷。公子禮部郎官棐字叔弼撰。

《同上》金石錄三十卷。東武趙明誠撰。蓋仿歐陽集古錄。而數則倍之。

研求目錄。尤重晁陳。

《直齋書錄解題》晁氏讀書志二十卷。昭德晁公武撰。其所發明。有足觀者。

《四庫全書提要》直齋書錄解題。宋吳興陳振孫撰。以歷代典籍。分為五十三類。各詳其卷帙多少。撰人名氏。且為品題其得失。

古書之不傳于今者。得藉是以資徵信。而其校核精詳。議論醇正。于考古亦有助焉。

推之地志年譜鐘鼎款識泉貨文字之類。皆惟宋人考訂述作為多。而宋人之治經學者派別尤夥。有專主復古者。

《直齋書錄解題》(陳振孫)古周易八卷。中書舍人清豐晁說之以道所錄。卦爻一。彖二。象三。文言四。繫辭五。說卦六。序卦七。雜卦八。其說曰。以彖象文言雜八卦中。自費氏始。孔穎達又謂輔嗣之意。彖象本釋經。宜相附近。分爻之象辭。各附逐爻。則費氏初變古制時。猶若今乾坤二卦各存舊本歟。古經始變于費氏。而卒大亂于王弼。奈何後之儒者尤而效之。杜預分左氏傳于經。宋衷范望散太玄測贊于八十一首之下。是其明比也。

『日知錄』(顧炎武)周易自漢以來爲費直鄭玄王弼所亂。取孔子之言。逐條附于卦爻之下。程正叔傳因之。及朱元晦本義。始依古文。故于周易上經條下云。中間頗爲諸儒所亂。近世晁氏始正其失。而未能盡合古文。呂氏又更定著爲經二卷。傳十卷。乃復孔氏之舊云。

有勇于疑古者。

『易童子問』(歐陽修)曰。繫辭非聖人之作乎。曰。何獨繫辭焉。文言說卦而下。皆非聖人之作。而衆說淆亂。亦非一人之言也。若余者。可謂不量力矣。邈然遠出諸儒之後。而學無師授之傳。其勇于敢爲而決于不疑者。以聖人之經尚在。可以質也。

『尚書古文疏證』(閻若璩)書古文出魏晉間。距東晉建武元年。凡五十三四年。始上獻于朝。立學官。建武元年。下到宋南度初。八百一十有一年。有吳棫字才老者出。始以此書爲疑。眞可謂天啓其衷矣。 其言曰。伏生傳于旣耄之時。而安國爲隸古。又特定其所可知者。而一篇之中。一簡之內。其不可知者。蓋不無矣。乃欲以是盡求作書之本意。與夫本末先後之義。其亦可謂難矣。而安國所增多之書。今書目具在。皆文從字順。非若伏生之書屈曲聱牙。至有不可讀者。夫四代之書。作者不一。乃至二人之手而定爲一體乎。其亦難言矣。

『朱子語類』問林少穎說盤誥之類。皆出伏生。如何。曰。此亦可疑。蓋書有古文。有今文。今文乃伏生口傳。古文乃壁中之書。禹謨說命高宗肜日西伯戡黎泰誓等篇。凡易讀者。皆古文。況又是科斗書。以伏生書字文考之。方讀得。豈有數百年壁中之物。安得不訛損一字。又卻是伏生記得者難讀。此尤可疑。今人作全書解。必不是。

〔同上〕尙書注幷序。某疑非孔安國所作。蓋文字善困。不類西漢人文章。亦非後漢之文。尙書決非孔安國所註。尙書孔安國傳。此恐是魏晉間人所作。託安國爲名。與毛公詩傳大段不同。

〔同上〕詩大序亦只是後人作。其間有病句。詩序東漢儒林傳分明說道是衞宏作。後來經意不明。都是被他壞了。某又看得亦不是衞宏一手作。多是兩三手合成一序。愈說愈疏。

〔困學紀聞〕（王應麟）王介甫答韓求仁問春秋曰。此經比他經尤難。蓋三傳不足信也。尹和靖云。介甫不解春秋。以其難之也。廢春秋非其本意。朱文公亦曰。春秋義例。時亦窺其一二大者。而終不能自信于心。故未嘗敢措一辭。

有各持所見不爲苟同者。

〔困學紀聞〕（王應麟）歐陽公以河圖洛書爲怪妄。東坡云。著于易。見于論語。不可誣也。南豐云。以非所習見。則果于以爲不然。是以天地萬物之變。爲可盡于耳目之所及。亦可謂過矣。蘇曾皆歐陽公門人。而論議不苟同如此。

〔朱子語類〕邵浩云。蘇子由却不取小序。曰。他雖不取下面言語。留了上一句。便是病根。伯恭專信序。又不免牽合。伯恭凡百長厚。不肯非毀前輩。要出脫回護。不知道只爲得個解經人。却不曾爲得聖人本意。是便道是。不是便道不是。方得。

有貫串羣書務極精博者。

〔四庫全書目錄提要〕儀禮釋宮一卷。宋李如圭撰。如圭旣爲儀禮集釋。又爲是書。以考論古人宮室之制。仿爾雅釋宮。條分臚序。各引經記注疏。參考證明。深得經義。非空言說禮者所能也。

〔同上〕禮記集說一百六十卷。宋衛湜撰。其書作于開禧嘉定間。自序言日編月削。幾二十餘載而後成。採摭羣言。最爲賅博。去取亦最爲精審。自鄭注而下。所取凡一百四十四家。其他之涉于禮記者所採錄。不在此數焉。朱彝尊經義考採摭最爲繁富。而不知書其書與不知其人者。凡四十九家。皆賴此書以傳。亦可云禮家之淵海矣。

故謂宋人空疏不學。較之後世若遠不逮者。實目論也。然而宋儒之學雖已有此種種特色。而猶未足爲宋儒之學之主體。其爲宋儒之學之主體者。卽宋史特立一傳之道學。而世所稱爲理學者也。

道學之名。不見于古。宋史已言之。而其特立此傳者。以宋儒講求此學者獨盛也。

〔宋史道學傳〕道學之名。古無是也。三代盛時。天子以是道爲政教。大臣百官有司以是道爲職業。黨庠術序師弟子以是道爲講習。四方百姓日用是道而不知。于斯時也。道學之名。何自而立哉。 宋中葉。周敦頤出于舂陵。乃得聖賢不傳之學。作太極圖說通書。推明陰陽五行之理。命于天而性于人者。瞭若指掌。張載作西銘。又極言理一分殊之情。然後道之大原出于天者。灼然而無疑焉。仁宗明道初年。程顥及弟頤實生。及長受業周氏。已乃擴大其所聞。表章大學中庸二篇。與語孟並行。于是上自帝王傳心之奧。下至初學入德之門。融會貫通。無復餘蘊。迄宋南渡。新安朱熹得程氏正傳。其學加親切焉。大抵以格物致知爲先。明善誠身爲要。詩書六藝之文。與夫孔孟之遺言。顚錯于秦火。支離于漢儒。幽沈于魏晉六朝者。至是皆煥然大明。秩然而各得其所。此宋儒之學所以度越諸子而上接孟氏者歟。

道學傳以周程張邵朱張爲主。程朱門人亦以類從。

〔宋史道學傳〕邵雍高明英悟。程氏實推重之。舊史列之隱逸。未當。今置張載後。張栻之學。亦出程氏。既見朱熹。相與博約。又大進焉。其他程朱門人。考其源委。各以類從。

而呂祖謙蔡元定陸九齡九淵等。則列之儒林傳。其意蓋嚴于統系。而未能備見宋儒之學派。近代黃宗羲全祖望編宋元學案。自胡瑗孫復至王安石蘇軾等。皆編爲學案。標舉其學術宗旨。而宋儒之學。囊括無遺。蓋周程諸儒。固擅道學之正統。而自安定泰山以下。乃至荆蜀之學。雖有淺深純駁之差。而其講求修身爲人之道。則同一鵠的。上下千古。求其學者。派別孔多。而無不講求修身爲人之道者。殆無過于趙宋一朝。故謂有宋爲中國學術最盛之時代。實無不可。今就宋元學案所列諸儒之學。臚列其派別之大者于左。

宋儒學派表

安定胡瑗翼之——伊川程頤正叔（見後）

泰山孫復明復——徂徠石介守道
　　　　　　——樂圃朱長文伯原——武夷胡安國康侯

濂溪周敦頤茂叔——明道程顥伯淳
　　　　　　　——伊川程頤正叔

高平范仲淹希文——文忠富弼彥國
　　　　　　　——橫渠張載子厚

廬陵歐陽修永叔——南豐曾鞏子固
　　　　　　　——臨川王安石介甫
　　　　　　　——眉山蘇軾子瞻
　　　　　　　——潁川焦千之伯強——滎陽呂希哲原明（見後）

康節邵雍堯夫——（子）邵伯溫子文

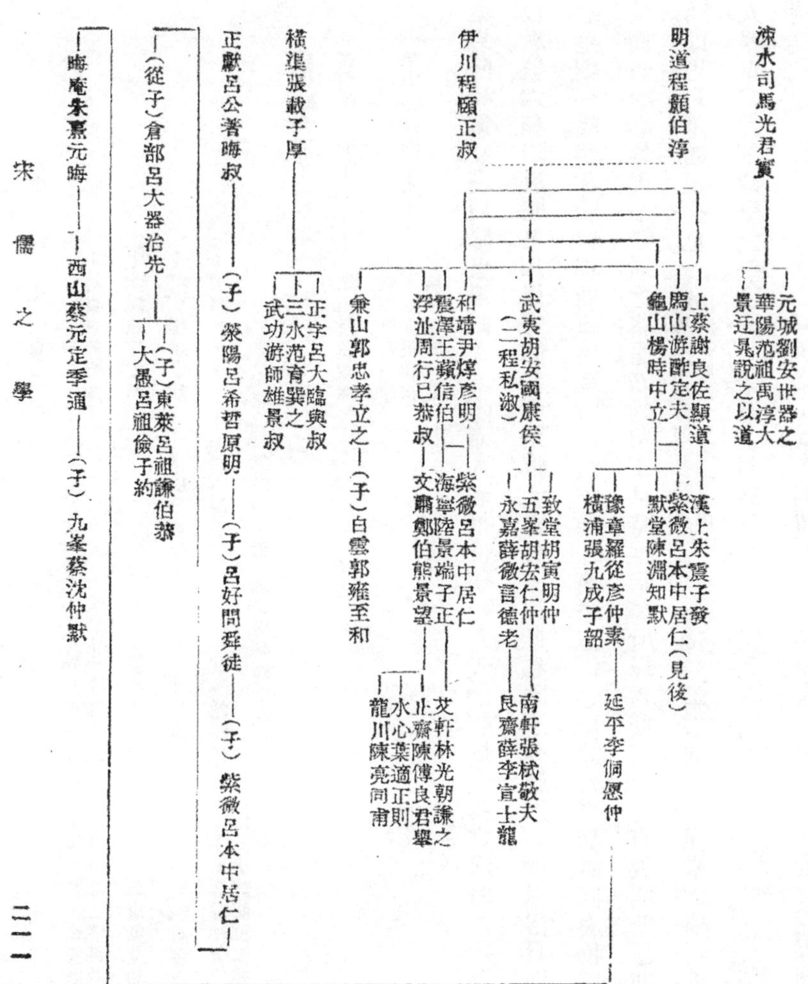
涑水司馬光君實
元城劉安世器之
華陽范祖禹淳夫
景迂晁說之以道
明道程顥伯淳
伊川程頤正叔
上蔡謝良佐顯道
漢上朱震子發
廌山游酢定夫
紫微呂本中居仁(見後)
龜山楊時中立
默堂陳淵知默
豫章羅從彥仲素
延平李侗愿仲
橫浦張九成子韶
武夷胡安國康侯
(二程私淑)
致堂胡寅明仲
五峯胡宏仁仲
南軒張栻敬夫
永嘉薛徽言德老
艮齋薛季宣士龍
和靖尹焞彥明
紫微呂本中居仁
震澤王蘋信伯
海寧陸景端子正
艾軒林光朝謙之
浮沚周行已恭叔
文肅鄭伯熊景望
止齋陳傅良君舉
水心葉適正則
龍川陳亮同甫
兼山郭忠孝立之
(子)白雲郭雍至和
橫渠張載子厚
正字呂大臨與叔
三水范育巽之
武功游師雄景叔
正獻呂公著晦叔
(子)滎陽呂希哲原明
(子)呂好問舜徒
(子)紫微呂本中居仁
(從子)倉部呂大器治先
(子)東萊呂祖謙伯恭
大愚呂祖儉子約
晦庵朱熹元晦
西山蔡元定季通
(子)九峯蔡沈仲默

勉齋黃榦直卿
- 北山何基子恭——魯齋王柏會之(元人)——仁山金履祥吉父
- 雙峯饒魯伯輿
  - 東齋陳大猷文獻——(子)雲莊陳澔可大
  - 徽庵程若庸逢原——草廬吳澄幼淸

北溪陳淳安卿

潛庵輔廣漢卿——訥庵余端臣正君——王文貫貫道——於越黃震東發

詹體仁元善——西山眞德秀景元——江漢趙復仁甫
- 魯齋許衡仲平
- 靜修劉因夢吉

鶴山魏了翁華父(南軒晦庵私淑)

梭山陸九韶子美

復齋陸九齡子壽——定川沈煥叔晦

象山陸九淵子靜
- 慈湖楊簡敬仲
- 絜齋袁燮和叔
- 廣平舒璘元質

秦以降。學術衰。漢以降。世風敝。乘其隙而入者惟佛學。發人天之祕。拯盜殺之迷。而吾國思想高尙之人。遂多入于彼教。披六朝隋唐歷史。凡墨守儒教者。殆無大思想家。以此也。隋唐外競雖力。而風俗日卽于奢淫。士習日趨于卑陋。皇綱一墜。藩鎭朋興。悍將驕兵。宦官盜賊。充塞于唐季五代之史籍。人羣棼亂極矣。物極則反。有宋諸帝。崇尙文治。而研窮心性。篤于踐履之諸儒。乃勃興于是時。推諸儒所以勃興之原。約有數端。(一)則鑒于已往之社會之墮落。而思以道義矯之也。如司馬光歐陽修等。皆熟習唐五代之史事。且深痛其時之人不知禮義廉恥。以致亡國。(二)則鑒于從來之學者專治訓詁詞章。不足以淑人羣也。(三)則韓李之學。已開其緒。至宋而盛行古文。遂因文而見道也。唐韓愈作原道。排佛老。李翺作復性書。述大學中庸之說。皆宋儒之先聲。近人謂程子始提倡學庸之說。不知本出于翺。(四)則書籍之流通。盛于前代。其傳授鼓吹。極易廣被也。而其尤大之原因。則溝通佛老。以治儒書。發前八之所未發。遂別成爲一時代之學術。雖其中有力求與佛說異者。要皆先嘗涉獵。而後專治儒書。是固不必爲之諱也。

《朱子語類卷一百二十六》近看石林過庭錄載上蔡說伊川參某僧後。有得。遂反之。偷其說來做已使。是爲洛學。某也嘗疑。如石林之說固不足信。卻不知上蔡也恁地說時怎生地。後見某僧與伊川帖。乃載山谷集中。其差謬類如此。但當初佛學只是說。無存養底工夫。至唐六祖始教人存養工夫。當初學者亦只是說。不曾就身上做工夫。至伊川方教人就身上做工夫。所以謂伊川偷佛說爲已使。

按此可見洛學之近于禪。朱子雖辨之。而謂其就身上做工夫。與六祖相同。此可以見唐以降佛學惟禪宗最盛。及儒學惟理學家最盛之消息矣。就身上做工夫一語最妙。文周孔孟皆是在身上做工夫者。自漢以來。惟解釋其文學。考訂其制度。轉忽略其根本。其高者亦不過謹于言行。自勉爲善。于原理無大發明。至宋儒始相率從身上做工夫。實證出一種道理。不知者則以是爲虛誕空疏之學。反以考據訓詁爲實學。不知腹中雖貯書萬卷而不能實行一句。仍是虛而不實也。

宋儒之學。派衍支分。不可殫述。有講術數者。如邵康節之皇極經世司馬光之潛虛之類有務事功者。如薛季宣陳傅良葉適陳亮之類世所稱永嘉永康學派者是也有以禮制爲主者。如張橫渠之類有兼治樂律者。如蔡元定之類而朱陸之分。尤爲灼然共見。故汎稱宋學。必無一定義以賅之也。吾觀于諸儒之學。擇其可以表示文化之進步。軼于前代。而爲後人所祖述者。大要有四。

(一)則修養之法之畢備也。躬行實踐。不專事空談。此宋儒共同之點。雖其途術各有不同。要皆以實行有得。人人能確指修養之法。以示學者。如

周子之主一。

『通書』聖可學乎。曰可。曰有要乎。曰有。請問焉。曰一爲要。一者無欲也。無欲則靜虛動直。靜虛則明。明則通。動直則公。公則溥。明通公溥。庶矣乎。

張子之變化氣質。

『橫渠理窟』爲學大益。在自能變化氣質。不爾卒無所發明。不得見聖人之奥。

明道之識仁。

『程子識仁篇』學者先須識仁。識得此理。以誠敬存之。不須防檢。不須窮索。

伊川之用敬致知。

『伊川語錄』涵養須用敬。進學則在致知。

上蔡之去矜。

『近思錄』謝子與伊川別一年。往見之。伊川曰。相別一年。做得甚工夫。謝曰。也只去得個矜字。曰何故。曰予細檢點得來。病痛盡在這裏。

延平之觀喜怒哀樂未發前氣象。

〔延平問答〕羅先生令靜中看喜怒哀樂未發時作何氣象。此意不惟于進學有方。兼得養心之要。

南軒之辨義利。

〔朱子張南軒行狀後述〕公之教人。必先使之有以察乎義利之間。而後明理居敬以造其極。象山語錄亦曰、凡欲爲學、當先識義利公私之辨、

朱子之格物致知。

〔朱子補大學格物致知傳〕大學之教。必使學者卽凡天下之物。莫不因其已知之理而益窮之。以求至乎其極。至于用力之久。而一旦豁然貫通。則衆物之表裏精粗無不到。而吾心之全體大用無不明矣。

象山之先立乎大。

〔象山語錄〕大凡爲學須要有所立。論語云。已欲立而立人。卓然有不爲流俗所移。乃爲有立。須思量天之所以與我者是甚底。爲還是要做人否。理會得這個明白。然後方可謂之學問。

皆諸儒以其生平得力之處。示學者以正鵠。學者可由之以證入之法也。

(二)則教育之復興也。自漢以後。學校教育皆利祿之途。無所謂人格教育也。宋仁宗時。胡瑗倡教於蘇州湖州及太學。以經義治事分齋。而以身教人之風始盛。周張二程皆於私家講學。而師道大興。濂洛之學。遂成統系。朱陸諸子。亦隨在講學。或設書院。或於家塾。雖爲世所詆毀。而師生相從。講習不倦。宋史朱熹傳、劉德秀爲諫官、首論留正引僞學之罪、右諫議大夫姚愈論

（道學楷臣結爲死黨，窺伺神器，乃命直學士院高文虎草詔諭天下，於是攻僞學日急，而熹日與諸生講學不休，或勸其謝遣生徒者，笑而不答。）觀諸儒之教人。或隨事指示。

《朱子近思錄》程明道曰。昔受學于周茂叔。每令尋仲尼顏子樂處。所樂何事。又曰。吾年十六七時。好田獵。既見茂叔。則自謂已無此好矣。茂叔曰。何言之易也。但此心潛隱未發。一日萌動。復如初矣。後十二年。復見獵者。不覺有喜心。乃知果未也。

《宋元學案》明道先生與門人講論有不合者。則曰更有商量。明道見謝子記問甚博。曰賢卻記得許多。謝子不覺面赤身汗。先生曰。只此便是惻隱之心。

《同上》陸九淵始至行都。從游者甚衆。先生能知其心術之微。言中其情。多至汗下。一生飯次交足。飯既。先生謂之曰。汝適有過。知之乎。生曰已省。其規矩之嚴又如此。

或訂爲教條學則。

《朱子白鹿洞書院教條》熹竊觀古昔聖賢所以教人爲學之意。莫非使之講明義理。以修其身。然後推以及人。非徒欲其務記覽爲詞章。以釣聲名取祿利而已也。今人之爲學者。既反是矣。然聖賢所以教人之法。具存于經。有志之士。固當熟讀深思而問辨之。苟知其理之當然。而責其身以必然。則夫規矩禁防之具。豈待他人設之而後有所持循哉。（此可見宋儒教人，專望人之自覺自動，並不取干涉主義。）近世于學有規。其待學者爲已淺矣。而其爲法。又未必古人之意也。故今不復以施于此堂。而特取凡聖賢所以教人爲學之大端。條列如右。而揭之楣間。諸君其相與講明遵守。而責之于身焉。則夫思慮云爲之際。其所以戒謹而恐懼者。必有嚴于彼者矣。其有不然而或出于禁防之外。此言之所棄。則彼所謂規者。必將取之。固不得而略也。

『程董學則』程端蒙、董銖、皆朱子弟子、二人所定學則、世稱程董學則。凡學于此者。必嚴朔望之儀。謹晨昏之令。居處必恭。步立必正。視聽必端。言語必謹。容貌必莊。衣冠必飭。飲食必節。出入必謹。省書必專一。寫字必楷敬。几案必整齊。堂室必潔淨。相呼必以齒。接見必有定。修業有餘功。游藝有適性。使人莊以恕。而必專所聽。此與白鹿洞教條、似有初學與成人之分、白鹿洞教條示成人也、程董學則示初學也、兩者皆從積極方面言、不專事消極也、

其所感化。自門弟子以至鄉人異端。皆有徵驗。

『宋史』侯師聖學于程頤。未悟。訪周敦頤。敦頤曰「吾老矣。說不可不詳。留對榻夜談。越三日乃還。頤驚異之曰。非從周茂叔來耶」其善開發人類此。又司馬光兄事邵雍。而二人純德尤爲鄉里所慕嚮。父子昆弟每相飭曰。毋爲不善。恐爲司馬端明邵先生知。

『宋元學案』尹彥明先生窮居講論。不肯少自貶屈。拱手斂足。即醉後未嘗別移一處。在平江累年所用止有一扇。用畢置架上。凡百嚴整有常。一僧見之曰。吾不知儒家所謂周孔如何。恐亦只如此也。

第取朱子語類觀之。當時學子對於其師之一話一言。皆謹錄之以爲世法。錄者九十九人。成書至一百四十卷。亦自古所未有也。所惜者古代教育必兼禮樂莊敬和樂內外兼之。宋時禮樂均失傳。故惟恃教者之躬行示之模範。而以口語輔之。學者或有執滯於語言。

『宋元學案』上蔡曰。昔伯淳先生教予只管看他言語。伯淳曰。與賢說話。却是扶醉漢。救得一邊。倒了一邊。只怕人執著一邊。

及病其拘苦者。

《宋元學案》二程隨侍太中知漢州。宿一僧寺。明道入門而右。從者皆隨之。伊川入門而左。獨行至法堂上相會。伊川自謂此是某不及家兄處。蓋明道和易。人皆親近。先生嚴重。人不敢近也。

《宋史紀事本末》(陳邦瞻)胡紘未達時。嘗謁朱熹于建安。熹待學士惟脫粟飯。遇紘不能異也。紘不悅。語人曰。此非人情。隻雞斗酒。山中未爲乏也。及爲監察御史。乃銳然以擊熹自任。

要之。人師之多。人格之高。蔑有過于宋者也。

(三)則哲學之大昌也。宋儒之哲學。大抵本於周易鴻範。而各加以推闡之功。司馬光作潛虛。立原熒本卝基之名象。邵雍作皇極經世。立太陰太陽少陰少陽太剛太柔少剛少柔之名象。蓋一則出於五行。一則出於八卦也。

周敦頤作太極圖及說。首曰無極而太極。其說更進於繫辭。而儒家爲此斷斷爭辨。累世不休。

陸象山與朱子書曰。梭山兄謂太極圖說與通書不類。疑非周子所爲。不然。或是其學未成時所作。不然。則或是傳他人之文。後人不辨也。 易大傳曰。易有太極。聖人言有。今乃言無。何也。 朱子發謂濂溪得太極圖于穆伯長。伯長之傳。出於陳希夷。其必有考。希夷之學。老氏之學也。無極二字。出于老子知其雄章。吾聖人之書所無有也。

朱子答書曰。伏羲作易。自一畫以下。文王演易。自乾元以下。皆未嘗言太極也。而孔子言之。孔子贊易。自太極以下。未嘗言無極也。而周子言之。夫先聖後聖。豈不同條而共貫哉。 若論無極二字。乃是周子灼見道體。迥出常情。不顧旁人是非。不計自己得失。勇往直前。說出人不敢說底道理。今後之學者。曉然見得太極之妙。不屬有無。不落方體。若于此看得破。方見此老眞得千聖以來不傳之祕。前書所謂不言無極。則太極同于一物而不足爲萬化根本。不言太極。則無極淪于空寂而不能爲萬化根本。乃是推本周子之意以爲當時若不如此兩下說破則讀者錯認語意。必有偏見之病。老子復歸于無極。無極乃無窮之義。如莊生入無窮之門以遊無極之野云爾非若周子所言之意也。

其實無極二字卽出於道家。亦無礙於學理。太極之先。自必有無極。周朱皆見及此。而陸似執著於學派家法。而未求之於太極之先也。然諸儒公認太極以下諸說。而力爭太極以上有無無極之義。其不囿於人生觀而必欲窮宇宙之原理。亦爲前此儒家所未有矣。張子及二程子。雖不言無極太極之理。而張子推本於太和。

《張子正蒙》太和所謂道。中涵浮沈升降動靜相感之性。此所謂太和，當卽易所謂太極。

明道推本於乾元一氣。

《二程全書》凡人類禽獸草木莫非乾元一氣所生。此義亦是本于太極

亦皆有意說明人物之本源而程子謂冲穆無朕萬象森然已具。尤有契於此旨。

《二程全書》冲穆無朕。萬象森然已具。未應不是先。已應不是後。如百尺之木。自根本至枝葉。皆是一貫。不可道上面一段是無形無兆。卻待人旋安排引出來教入塗轍。既是塗轍。卻只是一個塗轍。

蓋宋之大儒。皆嘗從靜養中作工夫。故其所見所證。確然有以見萬物一體。而有無朕無形。萬化自具之妙。故或說性卽理。

『二程全書』性卽理也。所謂理性是也。『朱子中庸注』性卽理也。

或說天卽理。

『朱子論語注』天卽理也。

其名義儘自分立。其理性無不貫徹。大抵周秦經子之書。已蘊其端。至宋始發揮透闢。世或斥其說爲古人所未有。或謂其涉於異端。

戴震曰。大學開卷說虛靈不昧。便涉異學。以具衆理而應萬事。非心字之恉。論語開卷說可以明善而復其初。出莊子。全非孟子擴充言學之意。中庸開卷說性卽理也。如何說性卽是理。

要皆未嘗親證宋儒所造之境。惟就文字訓詁測之耳。

（四）則本末之一貫也。　自宋以前。儒者之學。僅注重於人倫日用之間。而不甚講求玄遠高深之原理。道釋二氏。則又外於倫紀而爲絕人出世之想。惟宋之諸儒。言心言性。務極其精微。而於人事復各求其至當。所謂明體達用。本末兼賅。此尤宋儒之特色也。雖其中亦有偏於虛寂。頗近禪學者。而程朱諸儒。則皆一天人。合內外。而無所不備。

『宋元學案』唐一庵曰。明道之學。嫡衍周派。一天人。合內外。立于敬而行之以恕。明于庶物而察于人倫。務于窮神知化。而能開物成務。

〔同上〕伊川曰。學者不可不通世務。天下事譬如一家。非我爲。則彼爲。非甲爲。則乙爲。人惡多事。或人憫之。世事雖多。盡是人事。人事不教人做。更責誰做。

〔同上〕朱子曰。今也須如僧家行脚。接四方之賢士。察四方之事情。覽山川之形勢。觀古今興亡治亂得失之迹。這道理方見得周徧。士而懷居。不足以爲士矣。不是塊然守定這物事。在一室閉戶獨坐便了。便可以爲聖賢。自古無不曉事情底聖賢。亦無不通變底聖賢。亦無關門獨坐底聖賢。聖賢無所不通。無所不能。那個事理會不得。如中庸天下國家有九經。便要理會許多事物。如武王訪箕子。陳洪範。自身之貌言視聽思。極至于天人之際。以人事則有八政。以天時則有五紀。稽之于卜筮。驗之于庶徵。無所不備。如周禮一部書。載周公許多經國制度。便有國家當自家做。只是古聖賢許多規模大體。也要識得這道理無所不該。無所不在。且如禮樂射御書數。許多周旋升降。文章品節之繁。豈有妙道精義在。只是也要理會。理會得熟時。道理便在上面。又如律歷刑法天文地理軍旅職官之類。都要理會。雖未能洞究其精微。然也要識個規模大概。道理方浹洽通透。若只守個些子。捉定在這裏。把許多都做閒事。便都無事了。如此只理會得門內事。門外事便了不得。

即象山之學。亦以宇宙內事爲己分內事。

〔宋元學案〕陸九淵讀古書至宇宙二字。解者曰。四方上下曰宇。往古來今曰宙。忽大省曰。宇宙內事乃己分內事。己分內事乃宇宙內事。

故其服官治政。治效卓然。亦非徒事玄虛。不務人事也。近人病宋學者。往往以爲宋學虛而不實。或病其無用。或病其迂腐。要皆未知宋儒之實際也。觀張子西銘。

『張子西銘』乾稱父。坤稱母。予茲藐焉。乃渾然中處。故天地之塞。吾其體。天地之帥。吾其性。民吾同胞。物吾與也。大君者。吾父母宗子。其大臣。宗子家相也。尊高年。所以長其長。慈孤弱。所以幼其幼。聖其合德。賢其秀也。凡天下疲癃殘疾惸獨鰥寡。皆吾兄弟之顚連而無告者也。

及論語說。

『橫渠論語說』爲天地立心。爲生民立命。爲往聖繼絕學。爲萬世開太平。

其心量之廣遠。迥非區區囿於一個人一家族一社會一國家一時代者所可及。蓋宋儒眞知灼見人之心性。與天地同流。故所言所行。多徹上徹下。不以事功爲止境。亦不以禪寂爲指歸。此其所以獨成爲中國唐五代以後勃興之學術也。

第十九章　政黨政治

自漢以來。君主政體無所變革。然政治之中心。往往不在君主本身。而旁及於女主外戚宦寺變倖宗王強藩之手。有宋盡革其弊。雖間有女主垂簾。宦者得勢之時。要皆視兩漢晉唐爲不侔。

〔宋史后妃傳〕慈聖光獻曹后擁佑兩朝。宣仁聖烈高后垂簾聽政。而有元祐之治。　宋三百餘年。外無漢王氏之患。內無唐武韋之禍。豈不卓然而可尚哉。

〔同上宦者傳〕宋世待宦者甚嚴。太祖初定天下。掖庭給事不過五十人。宦寺中年方許養子爲後。又詔臣僚家毋私蓄閹人。民間有閹童孺爲貨鬻者論死。去唐未遠。有所懲也。厥後太宗却宰相之請。不授王繼恩宣徽。眞宗欲以劉承規爲節度使。宰相持不可而止。中更主幼母后聽政者凡三朝。在于前代。豈非宦者用事之秋乎。祖宗之法嚴。宰相之權重。貂璫有懷姦慝。旋踵屏除。君臣相與防微杜漸之慮深矣。然而宣政間童貫梁師成之禍。亦豈細哉。南渡苗劉之逆。亦宦者所激也。

蓋宋之政治。士大夫之政治也。政治之純出於士大夫之手者。惟宋爲然。故惟宋無女主外戚宗王強藩之禍。宦寺雖爲禍而亦不多。而政黨政治之風。亦開於宋。

論語曰。君子羣而不黨。以黨爲不良之名詞。故世多以黨爲戒。後漢始有黨錮。

『後漢書靈帝紀』建寧二年冬十月丁亥。中常侍侯覽諷有司奏前司空虞放。太僕杜密長樂少府李膺。司隸校尉朱㝢。潁川太守巴肅沛相荀翌。河内太守魏朗。山陽太守翟超。皆爲鉤黨。下獄死者百餘人。妻子徙邊。諸附從者錮及五屬。制詔州郡大舉鉤黨。于是天下豪傑及儒學行誼者。一切結爲黨人。 熹平五年閏月。永昌太守曹鸞坐訟黨人棄市。詔黨人門生故吏父兄子弟在位者。皆免官禁錮。 光和二年四月丁酉。大赦天下。諸黨人禁錮。小功以下皆除之。 中平元年三月壬子。大赦天下黨人。還諸徙者。

唐代亦有牛李之黨。

『通鑑目錄』穆宗長慶元年。李德裕李宗閔始爲朋黨。

『通鑑』長慶三年三月。以牛僧孺爲中書侍郎。同平章事。時僧孺與李德裕皆有入相之望。德裕出爲浙西觀察使。八年不遷。以爲李逢吉排己。引僧孺爲相。由是牛李之怨愈深。 太和七年二月。以兵部尚書李德裕同平章事。德裕入謝。上與之論朋黨事。對曰。方今朝士三分之一爲朋黨。 八年十一月。李宗閔言李德裕制命已行。不宜自便。乙亥。復以德裕爲鎭海節度使。不復兼平章事。時德裕宗閔各有朋黨。互相擠援。上患之。每歎曰。去河北賊易。去朝中朋黨難。

其事雖不同。要皆不可目爲政黨。蓋漢之黨人。徒以反對宦官。自樹名節爲目的。固無政策之關係。其與之爲難之宦官。更不成爲敵黨。唐之牛僧孺李德裕。雖似兩黨之魁。然所爭者官位。所報者私怨。亦無政策可言。故雖號爲黨。而皆非政黨也。

宋仁宗時。始有朋黨之議。

《宋史紀事本末慶歷黨議篇》(陳邦瞻)仁宗景祐三年。禮部員外郎天章閣待制判國子監范仲淹。以呂夷簡執政。進用多出其門。上百官圖。指其次第。又爲四論以獻。大抵譏切時敝。夷簡訴仲淹越職言事。離間君臣。引用朋黨。仲淹對益切。由是落職。知饒州。集賢校理余靖請改前命。坐落職。監筠州酒稅。館閣校勘尹洙上疏。自承是仲淹之黨。夷簡怒。斥監郢州酒稅。館閣校勘歐陽修責司諫高若訥不能諫。若訥怒。上其書。修坐貶夷陵令。館閣校勘蔡襄作四賢一不肖詩。以譽仲淹靖洙修而譏若訥。都人士相傳寫。鬻書者市之。得厚利。 御史韓縝。希夷簡旨。請以仲淹朋黨牓朝堂。戒百官越職言事者。從之。 寶元元年冬十月丙寅。詔戒百官朋黨。

歐陽修著論。謂惟君子有朋。

《宋史紀事本末》(陳邦瞻)慶歷三年三月。以歐陽修王素蔡襄知諫院。 自范仲淹貶饒州。修及尹洙余靖。皆以直仲淹見逐。羣邪目之曰黨人。于是朋黨之議遂起。修乃爲朋黨論以進曰。臣聞朋黨之說。自古有之。惟幸人君辨其君子小人而已。大凡君子與君子以同道爲朋。小人與小人以同利爲朋。此自然之理也。然臣謂小人無朋。惟君子則有之。 故爲人君者。但當退小人之僞朋。用君子之眞朋。

蓋已明於君子執政。必多集同志以行其政策。不必以朋黨爲諱矣。然慶歷中雖有黨論。而並無兩黨相對峙之形式。范仲淹歐陽修等爲黨。而反對范歐等之呂夷簡夏竦等。並不能爲黨。呂雖反對范。後轉爲之畫策。明與夏非黨。

《宋史紀事本末》(陳邦瞻)夏竦怨石介斥己。欲因以傾富弼等。乃使女奴陰習介書。僞作介爲富弼撰廢立詔草。飛語上聞。帝雖不信而弼與仲淹恐懼。不自安于朝。皆請出按西北邊。不許。適契丹伐夏。仲淹固請行。乃獨允之。仲淹將赴陝。過鄭州。時呂夷簡已老居鄭。仲淹往見之。夷簡問何事遽出。仲淹對以暫往經撫兩路。事畢卽還。夷簡曰。君此行正蹈危機。豈復再入。若欲經制西事。莫如在朝廷爲便。仲淹愕然。

范之無憾於呂。尤能分別公私之界。

《宋史范仲淹傳》夷簡再入相。帝諭仲淹使釋前憾。仲淹頓首謝曰。臣鄉論蓋國家事。于夷簡無憾也。

故仁宗時之黨議。不得謂之政黨。而君子之風有足多者。

中國之有政黨。殆自宋神宗時之新舊兩黨始。其後兩黨反復互爭政權。訖北宋被滅於金始已。

北宋新舊黨政爭表

【元首】	【年號】	【黨派】	【首領】	【執政年間】
神宗	熙寧 元豐	新	王安石 章惇 呂惠卿 蔡確	一六
哲宗、高太后	元祐	舊	司馬光 呂大防 范純仁	九
親政	紹聖	新	章惇 蔡卞 曾布	六
徽宗 向太后	建中靖國	舊	韓忠彥	二
親政	崇寧以後	新	曾布 蔡京	二〇

論史者恆以宋之黨禍比於漢唐。實則其性質大不相同。新舊兩黨。各有政見。皆主於救國。而行其道。特以方法不同。主張各異。遂致各走極端。縱其末流。不免於傾軋報復。未可純以政爭目之。而其黨派分立之始。則固純潔爲國。初無私憾及利祿之見羼雜其間。此則士大夫與士大夫分黨派以爭政權。實吾國歷史上僅有之事也。

自唐五代以降。因仍苟且。政法大敝。宋室區區僅能謀政權之統一。圖皇位之世襲。而於民生國計之要。初未能有大經大法。起積弊而垂之於無窮。故有識之士。咸思奮發有爲。范仲淹歐陽修等。皆嘗持改革之論。

《宋史范仲淹傳》帝方銳意太平。數問當世事。仲淹語人曰。上用我至矣。事有先後。久安之弊。非朝夕可革也。帝再賜手詔。又爲之開天章閣。召二府條對。仲淹退而上十事。一曰明黜陟。二曰抑僥倖。三曰精貢舉。四曰擇長官。五曰均公田。六曰厚農桑。七曰修武備。八曰推恩信。九曰重命令。十曰減徭役。 仲淹以天下爲己任。裁削倖濫。考覈官吏。日夜謀慮興致太平。然更張無漸。規模闊大。論者以爲不可行。（據此是范文正實首倡改革者，然以其知久安之弊非朝夕可革，故持論尚取其近而易行者，而當時之人，已以爲更張無漸，規模闊大，而不可行矣。）

《本論》（歐陽修）今之務衆矣。所當先者五也。其二者有司之所知。其三者則未之思也。足天下之用。莫先乎財。繫天下之安危。莫先乎兵。此有司之所知也。然財豐矣。取之無限。而用之無度。則下益屈而上益勞。兵強矣。而不知所以用之。則兵驕而生禍。所以節財用兵者。莫先乎立制。制已具備。兵已可使。財已足用。所以共守之者。莫先乎任人。 天下之勢。方若敝廬。補其奧則隅壞。整其桷則棟傾。枝撑扶持。苟存而已。 是以兵無制。用無節。國家無法度。一切苟且而已。 今宋之爲宋。八十年矣。天下爲一。海內晏然。爲國不爲不久。天下不爲不廣也。然而財不足用于上而下已敝。兵不足威于外而敢驕于內。制度不可爲萬世法。而日益叢雜。一切苟且。不異五代之時。此甚可歎也。

至神宗時積弊愈甚而王安石呂惠卿等以學者見信於神宗遂力主改革舊弊創立新法十餘年間於理財講武恤民救災興學育才建官明法之要政粗有圖議尚未能大樹規模而當時之守舊者若司馬光富弼韓琦文彥博范純仁等羣起反對致王呂之志事未能展其六七蓋以其施行太驟陳義太高蚩蚩之民相率咨怨而奉行之官吏又不能盡如立法者之意有以貽反對者之口實也今觀其施行次第。

〔宋史神宗紀〕熙甯二年二月己亥。以王安石參知政事。甲子。陳升之王安石創置三司條例。議行新法。三月乙酉。詔漕運鹽鐵等官各具財用利害以聞。丁巳。遣使諸路察農田水利賦役。七月辛巳。立淮浙江湖六路均輸法。九月丁卯。立常平給斂法。十一月乙丑。命韓絳制置三司條例。丙子。頒農田水利約束。閏月差官提舉諸路常平廣惠倉兼管句農田水利差役事。三年正月乙卯。詔諸路散青苗錢。禁抑配。十二月己未。立諸路更戍法。舊以他路兵雜戍者遣還。乙丑。立保甲法。丁卯。以韓絳王安石并同中書門下平章事。丁丑。初行免役法。四年正月壬辰。王安石請鬻天下廣惠倉田爲三路及京東常平倉本。從之。二月丁巳朔。罷詩賦及明經諸科。以經義論策試進士。置京東西陝西河東河北路學官。使之教導。辛酉。詔治吏沮青苗法者。三月庚寅。詔給諸路學田。增教官員。辛卯。遣使察奉行新法不職者。十月壬子朔。罷差役法。使民出錢募役。戊辰。立太學生內外上舍法。五年三月丙午。以內藏庫錢置市易務。四月己未。括閑田置弓箭手。六月乙亥。置武學。八月甲辰。頒方田均稅法。六年三月庚戌。置經局。命王安石提舉。己未。置諸路學官。丁卯。詔進士諸科並試明法注官。四月甲戌。置律學。戊戌。裁定在京吏祿。八月戊戌。復比閭族黨之法。九月壬寅。置兩浙和糴倉。立斂散法。戊申。詔興水利。七年三月己未。行方田法。四月丙戌。王安石罷知江寧府。以韓絳同中書門下平章事。監修國史。翰林學士呂惠卿參知政事。十月庚辰。置三司會計司。以韓絳提舉。八年二月癸酉。以王安石同中書門下平章事。六月己酉。頒王安石詩書周禮義于學官。辛亥。以安石爲尚書左僕射兼門下侍郎。九月壬寅。罷手實法。九年十月丙午。王安石罷知江寧府。十年五月癸巳。王安石以使相爲集禧觀使。九月癸酉。立義倉。元豐元年正月乙卯。以王安石爲尚書左僕射舒國公集禧觀使。二年五月戊子。御史中丞蔡確參知政事。三年二月丙午。以翰林學士章惇參知政事。六月丙午。詔中書詳定官制。九月乙亥。正官名。乙酉。以王安石爲特進改封荆國公。五年四月癸酉。官制成。以王珪爲尚書左僕射兼門下侍郎。蔡確爲尚書右僕射兼中書侍郎。甲戌。以太中大夫章惇爲門下侍郎。五月辛巳朔。行官制。

則安石初執政時。改革最銳。至再執政。僅頒行三經新義及罷手實法而已。元豐初政。惟改官制。餘多循熙甯之法行之。則以反對者之烈。未能舉舊制一一研索。掃地而更張也。

神宗崩。高太后聽政。元祐諸賢力反王呂章蔡所爲。

《宋史紀事本末元祐更化篇》(陳邦瞻)元豐八年五月。詔起司馬光知陳州。光過闕入見。留爲門下侍郎。七月。罷保甲法。十一月丙戌。罷方田。十二月壬戌。罷市易法。罷保馬法。元祐元年三月。司馬光請悉罷免役錢。復差役法。諸色役人皆如舊制。光居政府。凡王安石呂惠卿所建新法。劃革略盡。八月辛卯。詔復常平舊法。罷青苗錢。

其勢似頗專於守舊。然其於學校貢舉。亦思多立新制以祛舊弊。

《宋史紀事本末學校科舉之制篇》(陳邦瞻)元祐元年四月辛亥。司馬光請立經明行修科。五月戊辰。命程頤等修定學制。頤以爲學校禮義相先之地。而月使之爭。殊非教養之道。請改試爲課。有所未至。則學官召而教之。更不考定高下。置尊賢堂。以延天下道德之士。鐫解額以去利誘。及置待賓吏師齋。立觀光法。如是者亦數十條。七月癸酉。立十科舉士法。一曰行義純固。可爲師表。二曰節操方正。可備獻納。三曰智勇過人。可備將帥。四曰公正聰明。可爲監司。五曰經術精通。可備講讀。六曰學問該博。可備顧問。七曰文章典麗。可備著述。八曰善聽獄訟。盡公得實。九曰善治財賦。公私俱便。十曰練習法令。能斷請讞。

使溫公等執政稍久。未必不別有所建設。惟其建設之法。必有鑒於王呂等不期急進。而務得民心。且即王呂之所創置。亦未嘗不可採用。如差役之法。蘇軾范純仁等。皆以爲不如免役。足證守舊者未必不知新法之孰長孰短。即溫公一概抹殺。而蘇范且抗顏力爭矣。

宋之新黨近於管商。舊黨近於黃老。其根本觀念不同。故政策亦各有所蔽。第以司馬溫公與王荊公辯論之書觀之。即可知其政策之原本。

《司馬光與王介甫書》竊見介甫獨負天下大名三十餘年。才高而學富。難進而易退。遠近之士。識與不識。咸謂介甫不起則已。起則太平可立致生民咸被其澤矣。天子用此起介甫于不可起之中。引參大政。豈非欲望衆人之所望于介甫邪。今介甫從政始期年。而士大夫在朝廷及自四方來者。莫不非議介甫如出一口。下至閭閻細民小吏走卒亦切切怨歎。人人歸咎于介甫。不知介甫亦嘗聞其言而知其故乎。

今天下之人惡介甫之甚者。詆毁無所不至。光獨知其不然。介甫固大賢。其失在于用心太過自信太厚而已。何以言之。自古聖賢所以治國者。不過使百官各稱其職。委任而責成功也。其所以養民者。不過輕租稅薄賦斂。已逋責也。介甫以爲此皆腐儒之常談。不足爲。思得古人所未嘗爲者而爲之。于是財利不以委三司而自治之。更立制置三司條例司。聚文章之士及曉財利之人。使之講利。

又置提舉句當常平廣惠倉使者四十餘人。使行新法于四方。先散青苗錢。次欲使比戶出助役錢。次又欲更搜求農田水利而行之。

所遣者雖皆選擇才俊。然其中亦有輕佻狂躁之人。陵轢州縣。騷擾百姓者。于是士大夫不服。農商喪業。故謗議沸騰。怨嗟盈路。迹其本原。或以此也。

夫侵官者。亂政也。介甫更以爲治術而先施之。貸息錢。鄙事也。介甫更以爲王政而力行之。繇役自古皆從民出。介甫更欲斂民錢雇市傭而使之。此三者。常人皆知其不可。而介甫獨以爲可。非介甫之智不及常人也。直欲求非常之功。而忽常人之所知耳。

介甫素剛直。每議事于人主前。如與朋友爭辨于私室。不少降辭氣。視斧鉞鼎鑊無如也。及賓客僚屬謁見論事。則唯希意迎合。曲從如流者。親而禮之。或所見小異。微言新令之不便者。介甫輒艴然加怒。或詬駡以辱之。或言于上而逐之。不待其辭之畢也。明主寬容如此。而介甫拒諫乃爾。無乃不足于恕乎。

光昔從介甫遊。于諸書無不觀。而特好孟子與老子之言。今得君得位而行其道。是宜先其所美。必不先其所不美也。孟子曰。仁義而已矣。何必曰利。又曰。爲民父母。使民盻盻然。將終歲勤動。不得以養其父母。又稱貸而益之。惡在其爲民父母也。今介甫爲政。首制置條例。大講財利之事。又命薛向行均輸法于江淮。欲盡奪商賈之利。又分遣使者散青苗錢于天下而收其息。使人人愁痛。父子不相見。兄弟妻子離散。此豈孟子之志乎。老子曰。天下神器不可爲也。爲者敗之。執者失之。又曰。我無爲而民自化。我好靜而民自正。我無事而民自富。我無欲而民自樸。又曰。治大國若烹小鮮。今介甫爲政。盡變更祖宗舊法。先者後之。上者下之。右者左之。成者毀之。棄者取之。矻矻焉窮日力繼之以夜而不得息。使上自朝廷。下及田野。內起京師。外周四海。士吏兵農工商僧道無一人得襲故而守常者。紛紛擾亂。莫安其居者。豈老氏之志乎。何介甫總角讀書。白頭秉政。乃盡棄其所學而從今世淺丈夫之謀乎。 觀介甫之意。必欲力戰天下之人。與之一決勝負。不復顧義理之是非。生民之憂樂。國家之安危。光竊爲介甫不取也。 光今所言。正逆介甫之意。明知其不合也。然光與介甫趣嚮雖殊。大歸則同。介甫方欲得位以行我道。澤天下之民。光方欲辭位以行其志。救天下之民者。所謂和而不同者也。故敢一陳其志。以自達于介甫。以終益友之義。其捨之取之。則在介甫矣。

《王安石答司馬諫議書》某啓。昨日蒙教。竊以爲與君實游處相好之日久。而議事每不合。所操之術多異故也。雖欲強聒。終必不蒙見察。故略上報。不復一一自辨。重念蒙君實視遇厚。于反覆不宜鹵莽。故今具道所以。冀君實或見恕也。蓋儒者所爭。尤在于名實。名實已明。而天下之理得矣。今君實所以見教者。以爲侵官生事。征利拒諫。以致天下怨謗也。某則以謂受命于人主。議法度而修之于朝廷。以授之于有司。不爲侵官。舉先王之政。以興利除弊。不爲生事。爲天下理財。不爲征利。闢邪說。難壬人。不爲拒諫。至于怨誹之多。則固前知其如此也。人習于苟且非一日。士大夫多以不恤國事。同俗自媚于衆爲善。上乃欲變此。而某不量敵之衆寡。欲出力助上以抗之。則衆何爲而不洶洶然。盤庚之遷。胥怨者民也。非特朝廷士大夫而已。盤庚不爲怨者故改其度。度義而後動。是而不見可悔故也。如君實責我以在位久。未能助上大有爲。以膏澤斯民。則某知罪矣。如曰今日當一切不事事。守前所爲而已。則非某之所敢知。無由會晤。不任區區向往之至。

惟舊者偏徇俗見。新者間雜意氣。則皆不免爲賢者之累。其後新黨爲衆論所排。不得不用政見相同之人。而小人乃乘而爲利。舊黨當元祐中雖暫得勢。尋復分裂而有洛蜀朔黨之別。而兩方始不以政策爲重。而以黨派爲爭矣。

『宋史紀事本末』(陳邦瞻)元祐二年。呂公著獨當國。羣賢咸在朝。不能不以類相從。遂有洛黨蜀黨朔黨之語。洛黨以程頤爲首。而朱光庭賈易爲輔。蜀黨以蘇軾爲首。而呂陶等爲輔。朔黨以劉摯梁燾王巖叟劉安世爲首。而輔之者尤衆。

熙豐元祐之分黨。最爲純潔。其於異黨之人。雖亦排斥。然未嘗明著黨籍。誣加罪狀也。其後紹述調停。翻覆不已。而蔡京當國。遂至仇異黨而刻石示衆。

『宋史紀事本末蔡京當國篇』(陳邦瞻)崇寧元年秋七月戊子。以蔡京爲尚書右僕射。兼中書侍郎。 九月己亥。立黨人碑于端禮門。籍元符末上書人分邪正等黜陟之時。元祐元符末羣賢貶竄死徙者略盡。蔡京猶未愜意。乃與其客强浚明。葉夢得。籍宰執司馬光。文彥博。呂公著。呂公亮。呂大防。劉摯。范純仁。韓忠彥。王珪。梁燾。王巖叟。王存。鄭雍。傅堯俞。趙瞻。韓維。孫固。范百祿。胡宗愈。李清臣。蘇轍。劉奉世。范純禮。安燾。陸佃。曾任待制以上官蘇軾。范祖禹。王欽臣。姚勔。顧臨。趙君錫。馬默。王汾。孔文仲。孔武仲。朱光庭。孫覺。吳安持。錢勰。李之純。趙彥若。趙卨。孫升。李周。劉安世。韓川。呂希純。曾肇。王覲。范純粹。楊畏。呂陶。王古。陳次升。豐稷。謝文瓘。鮮于侁。賈易。鄒浩。張舜民。餘官程頤。謝良佐。呂希哲。呂希績。晁補之。黃庭堅。畢仲游。常安民。孔平仲。司馬康。吳安詩。張耒。歐陽棐。陳瓘。鄭俠。秦觀。徐常。湯馘。杜純。宋保國。劉唐老。黃隱。王鞏。張保源。汪衍。余爽。常立。唐義問。余卞。李格非。商倚。張廷堅。李祉。陳佑。任伯雨。朱光裔。陳郛。蘇嘉。龔夬。歐陽中立。吳儔。呂仲甫。劉當時。馬琮。陳彥。劉昱。魯君貺。韓跋。內臣張士良。曾燾。趙約。譚扆。王偁。陳詢。張琳。裴彥臣。武臣王獻可。張巽。李備。胡田。凡百二十人。等其罪狀。謂之姦黨。請御書刻石于端禮門。京等復請下詔籍元符末日食求言章疏及熙寧紹聖之政者。付中書定爲正上正中正下三等。邪上邪中邪下三等。于是鍾世美以下四十一人爲正等。悉加旌擢。范柔中以下五百餘人爲邪』等。降責有差。

《金石萃編元祐黨籍碑》(王昶)碑有二本。一是裝本。正書隸額。有饒跋。在靜江府。碑高六尺。廣三尺一寸五分。行字多寡不等。正書額題元祐黨籍碑五字。亦正書。有沈跋。在融縣。　元祐黨籍碑。徽宗朝。元有兩本。崇寧元年九月己亥。御書刻石于端禮門者。初本也。三年六月戊午。重定一籍。通三百九人。御書刊石置文德殿門東壁。又詔蔡京書之。頒之州縣。令皆刻石者。再刻本也。五年正月。以星變除毀朝堂石刻。如外處有石刻。亦令除毀。而元刻無有存者。今世所傳。乃南宋人所翻三百九人之本。　玩碑文先立於宮學。次及太學辟雍。又次及天下郡邑。則宮學在太學之上矣。此碑今存者。山左較多。河南次之。

此則政黨史之汚點也。蔡京與王安石有連。然當王呂時。未嘗得志。元祐初。且以復差役爲司馬光所賞。

《宋史紀事本末》(陳邦瞻)初差役之復。爲期五日。同列病其太迫。知開封府蔡京獨如約。悉改畿縣雇役。無一違者。詣政事堂白光。光喜曰。使人人奉法如君。何不可行之有。

則徽宗時之斥逐姦黨。直元祐叛黨所爲。而無與於熙豐之黨也。

熙豐元祐之政黨。敗壞於蔡京。經宣和靖康之變。而新黨無所容喙。觀崔鶠之疏。可知當日羣議之歸向。

『宋史紀事本末羣奸之竄篇』(陳邦瞻)宣和七年十二月。右正言崔鶠上疏曰。數十年來。王公卿相。皆自蔡京出。要使一門生死。則一門生用。一故吏逐。則一故吏來。更持政柄。無一人害己者。　王安石除異己之人。著三經之說。以取士。天下靡然雷同。陵夷至于大亂。　京又以學校之法馭士人。如軍法之馭卒伍。一有異論。累及學官。若蘇軾黃庭堅之文章。范鎮沈括之雜說。悉以嚴刑重賞。禁其收藏。其苛錮多士。亦已密矣。　仁宗英宗選敦樸敢言之士。以遺子孫。安石目爲流俗。一切逐去。司馬光復起而用之。元祐之治。天下安於泰山。及章惇蔡京倡爲紹述之論。以欺人主。紹述一道德而天下一於諂佞。紹述同風俗。而天下同于欺罔。紹述理財而公私竭。紹述造士而人才衰。紹述開邊而寒塵犯闕矣。　京奸邪之計。大類王莽。而朋黨之衆。則又過之。願斬之以謝天下。累章極論。時議歸重焉。

建炎倉猝之際。首詔停散青苗錢。及還元祐黨籍及上書人恩數。

『宋史高宗本紀』建炎元年五月庚寅朔。帝即位。改元建炎。　罷天下神霄宮。住散青苗錢。　六月辛未。還元祐黨籍及上書人恩數。

而洛蜀諸人之學術。復重於世。荆公之新說衰矣。然朱子所訂社倉事目。實本熙甯青苗之法。

『史傳今義』(梁啓超)後此有陰竊青苗法之實而陽避其名者。則朱子之社倉是也。其法取息十二。夏放而冬收之。此與青苗何異。朱子行之于崇安而效。而欲以施之天下。亦猶荆公行之于鄞而效。而欲以施之天下也。朱子平日痛詆荆公。謂其汲汲財利。使天下囂然喪其樂生之心。及倡社倉議。有詰之者。則奮然曰。介甫獨散青苗一事是耳。俱見朱子語類

社倉事自見朱子集卷十五。

是洛黨學者亦未嘗不用新法之善者也。

宋代黨論歷時最久。元祐黨案甫衰。慶元黨案復起。

宋元學案有元祐黨案慶元黨案兩表。

然僞學之禁。雖亦由執政者之分黨相攻。而韓侂胄京鏜等初無政策可言。趙留朱蔡等亦未嘗標榜政策。反對異黨。其事止類於後漢之黨錮。與北宋之黨爭不同也。自是而後。惟學有黨。而政無黨。明之東林黨議。雖亦以政權相傾軋。歷時至五十年。

《明史紀事本末東林黨議篇》顧憲成謫歸。講學于東林。故楊時書院也。孫丕揚鄒元標趙南星之流。賽諤自負。與政府每相持。其附閣臣沈一貫者。科道亦有人。而憲成講學。天下趨之。一貫持權求勝。受黜者身去而名益高。此東林浙黨所自治也。其後更相傾軋。垂五十年。

然反對東林者。亦復不足齒數。上下數千年。惟北宋卓然有政黨。豈不異哉。

第二十章　遼夏金之文化

自後梁開平元年。遼太祖安巴堅稱帝。而契丹立國於吾國之東北。傳九世。二百一十九年。宋仁宗寶元元年。（遼興宗重熙七年。）夏景宗曩霄稱帝。而西夏立國於吾國之西北。傳十世。百九十年。宋徽宗政和五年。（遼天祚帝天慶五年。）金太祖阿古達稱帝。而女眞遂滅遼而與宋平分中夏。傳九世。百二十年。宋寧宗開禧二年。（金章宗泰和六年。夏襄宗雍天元年。）蒙古太祖鐵木眞稱成吉思汗。而其後遂滅夏金。入主中國。國號曰元。傳十四世。一百六十二年。故自五代迄元末。爲漢族式微。西北諸族崛興之時。（凡四百六十一年。）其禍且甚於晉隋之際。觀於宋人之衰弱。幾疑中國之文化。實足爲國家種族之害。反不若野蠻人種之尚武。可以凌駕文明國人之上。然試考諸國之歷史。則其事殊不盡然。凡異族之以武力興者。率多同化於漢人之文教。卽其文字有特創者。亦多出於華文。此則文化不以種族而分之證也。蒙古之事。具於後篇。茲先述遼夏及金之梗概。

契丹雖興於元魏之時。而進化甚遲。至唐季始有城邑。

《遼史太祖本紀贊》懿祖生匀德實。始教民稼穡。善畜牧。國以殷富。是爲玄祖。玄祖生撒剌的。仁民愛物。始置鐵冶。教民鼓鑄。是爲德祖。卽太祖之父也。世爲契丹遙輦氏之夷離菫。執其政柄。德祖之弟述瀾。北征于厥室韋。南略易定。奚霫。始興板築。置城邑。教民種桑麻。習織組。已有廣土衆民之志。而太祖受可汗之禪。遂建國。

太祖之立。實本漢人之教。

《新五代史四夷附錄》契丹部族之大者曰大賀氏。後分爲八部。部之長號大人。而常推一大人建旗鼓以統八部。至其歲久。或其國有災疾而畜牧衰。則八部聚議。以旗鼓立其次而代之。　某部大人遙輦次立時。八部之人。以爲遙輦不任事。選于其衆。以阿保機代之。　是時劉守光暴虐。幽涿之人多亡入契丹。阿保機乘間入塞。攻陷城邑。俘其人民。依唐州縣置城以居之。漢人教阿保機曰。中國之王。無代立者。由是阿保機益以威制諸部。而不肯代。其立九年。諸部以其久不代。共責誚之。阿保機不得已。傳其旗鼓而謂諸部曰。吾立九年。所得漢人多矣。吾欲自爲一部。以治漢城。可乎。　漢城在炭山東南灤河上。有鹽鐵之利。其地可植五穀。阿保機率漢人耕種。爲治城郭邑屋廛市如幽州制度。漢人安之。不復思歸。

用兵四方。恆用漢字刻石紀功。

《遼史太祖紀》三年夏四月乙卯。詔左僕射韓知古。建碑龍化州大廣寺。以紀功德。　五年三月。次灤州。刻石紀功。　神册元年八月。拔朔州。擒節度使李嗣本。勒石紀功于奇塚南。（按此時契丹字尚未創製。所云刻石紀功。當係用漢字。）

且自矜其能漢語。

《新五代史》阿保機謂姚坤曰。吾能漢語。然絕口不道于部人。懼其效漢而怯弱也。

則其機智絕倫。所以能彈壓諸部者。自有吾國文教之關係矣。據遼史本紀。當時三教並崇。

《遼史太祖紀》神册三年五月乙亥。詔建孔子廟佛寺道觀。

然以義宗傳證之。則太祖實獨尊孔教。

《遼史義宗列傳》太祖常問侍臣曰。受命之君。當事天敬神。有大功德者。朕欲祀之。何先。皆以佛對。太祖曰。佛非中國教。倍曰。孔子大聖。萬世所尊。宜先。太祖大悅。卽建孔子廟。命倍春秋釋奠。

義宗既好漢籍。

《五代史》突欲好飲酒。工畫。頗知書。其自契丹歸中國。載書數千卷。樞密使趙延壽每假其異書醫經。皆中國所無者。

其立國東丹一用漢法。

《遼史義宗傳》太祖改渤海國曰東丹。以倍爲人皇王主之。仍賜天子冠服。建元甘露。稱制。置左右大次四相及百官。一用漢法。

太宗既立。以東平爲南京。徙倍居之。倍既歸國。起書樓于西宮。

自後遼室諸帝皆通漢學。

《遼史聖宗紀》帝幼喜書翰。十歲能詩。既長。精射法。曉音律。好繪畫。　《興宗紀》善騎射。好儒術。通音律。　《道宗紀》咸雍九年十月丁丑。詔有司頒行史記漢書。　大安二年正月癸丑。召權翰林學士趙孝嚴知制誥王師儒等講五經大義。　四年四月癸卯。召樞密直學士耶律儼講尚書洪範。五月辛亥。命燕國王延禧寫五子之歌。

不獨太宗置官立制皆依中國也。

《五代史》契丹以幽州爲燕京。改天顯十一年爲會同元年。更其國號大遼。置百官。皆依中國。參用中國之人。

五代之時中國多有契丹人。

《五代史四夷附錄》德光遣禿餒萴剌等。以五千騎救王都。又遣惕隱赫邈益禿餒以騎七千。明宗斬禿餒等六百餘人。而赦赫邈。選其壯健者五千餘人。爲契丹直。長興元年。突欲自扶餘泛海奔于唐。明宗因賜其姓爲東丹。而更其名曰慕華。其部曲五人。皆賜姓名。罕只曰罕友通。穆葛曰穆順義。撒羅曰羅賓德。易密曰易師仁。蓋禮曰蓋來賓。以爲歸化歸德將軍郎將。又賜前所獲赫邈姓名曰狄懷惠。揑列曰列知恩。萴剌曰原知感。福郎曰服懷造。竭失訖曰訖懷宥。其餘爲契丹直者。皆賜姓名。

而契丹尤喜用中國人。

《五代史》當阿保機時。有韓延徽者。幽州人也。爲劉守光參軍。守光遣延徽聘于契丹。阿保機奇之。遂用以爲謀主。阿保機攻黨項室韋。服諸小國。皆延徽謀也。阿保機僭號。以延徽爲相。號政事令。契丹謂之崇文令公。張礪。明宗時翰林學士。德光重其文學。仍以爲翰林學士。礪常思歸。逃至境上。爲追者所得。德光責之。礪曰。臣本漢人。衣服飲食言語不同。今思歸而不得。生不如死。德光顧其通事高唐英曰。吾戒爾輩善待此人。致其逃去。過在爾也。因笞唐英一百。而待礪如故。

太宗之入晉。尤樂晉之儀制。

《五代史》德光胡服視朝于廣政殿。被中國冠服。百官常參起居。如晉儀。

《同上》德光服靴袍御崇元殿，百官入閤。德光大悅。顧其左右曰。漢家儀物。其盛如此。我得于此殿坐。豈非眞天子耶。

故遼之制度。有國制漢制之別。

《遼史百官志》太祖神册六年。詔正班爵。至于太宗。兼制中國。官分南北。以國制治契丹。以漢制待漢人。國制簡朴。漢制則沿名之風固存也。

用以招徠中國之人。

《遼史百官志》遼有北面朝官矣。既得燕代十有六州。乃用唐制。復設南面三省六部臺院寺監諸衛東宮之官。誠有志帝王之盛制。亦以招徠中國之人也。

甚至以漢人漢兒名其職務。

《遼史百官志》漢人樞密院本兵部之職。太祖初有漢兒司。韓知古總知漢兒司事。太宗入汴。因晉置樞密院。掌漢人兵馬之政。

《同上》漢兒行宮都部署院。亦曰南面行宮都部署司。聖宗開泰九年。改左僕射。又某宮漢人行宮都部署。某宮同知漢人都部署。

其南面軍官。大抵用宋人。

《遼史百官志》南面軍官。傳曰。雖楚有材。晉實用之。遼自太祖以來。攻掠五代宋境。得其人則就用。東北二部。以農以工。有事則從軍政。計之善者也。

蓋純用契丹之人。契丹之法。決不足以爲國也。遼史諸志。備詳漢制。

〔遼史禮志〕太宗克晉。稍用漢禮。今國史院有金陳大任遼禮儀志。皆其國俗之故。又有遼朝雜禮。漢儀爲多。

〔同上樂志〕遼有國樂。猶先王之風。其諸國樂。猶諸侯之風。故志其略。　自漢以後。相承雅樂。有古頌焉。有古大雅焉。遼闕郊廟禮。無頌樂。大同元年。太宗自汴將還。得晉太常樂譜。宮懸樂架。委所司先赴中京。　自漢以來。因秦楚之聲置樂府。至隋得西域七聲。由是雅俗之樂皆用之。晉高祖使馮道劉煦册應天太后太宗皇帝。其聲器工官與法駕同歸于遼。　今之散樂。俳優歌舞雜進。往往漢樂府之遺聲。晉天福三年。遣劉煦以伶官來歸。遼有散樂。蓋由此矣。

〔同上儀衛志〕遼國自太宗入晉之後。皇帝與南班漢官用漢服。太后與北班契丹臣僚用國服。其漢服卽五代晉之遺制也。

太宗皇帝會同元年。晉使馮道劉煦等備車輅法物。上皇帝皇太后尊號册禮。自此天子車服。昉見于遼。太平中行漢册禮。乘黃令陳車輅。尚輦奉御陳輿輦。盛唐輦輅盡在遼廷矣。

至謂遼之所重。以漢仗爲大端。

〔遼史儀衛志〕金吾黃麾六軍之仗。遼受之晉。晉受之後唐。後唐受之梁唐。其來也有自。　大賀失活入朝于唐。娑固兄弟繼之。尙主封王。飫觀上國。開元東封。邵固扈從。又覽太平之盛。自是朝貢歲至于唐。遼始祖涅里立。遙輦氏世爲國相。目見耳聞。歆企帝王之容輝有年矣。遙輦致鼓纛于太祖帳前。曾何足以副其雄心霸氣之所睥睨哉。厥後交梁聘唐。不憚勞勤。至于太宗。

立晉以要册禮。入汴而收法物。然後累世之所願欲者。一舉而得之。太原擅命。力非不敵。席卷法物。先致中京。蹤棄山河。不少顧慮。志可知矣。于是秦漢以來帝王文物。盡入于遼。周宋按圖更製。乃非故物。遼之所重。此其大端。故特著焉。

中原文物。爲榛狉陋族所歆羨如此。非惟可以覘遼國之風化。抑亦可以見元代修遼史者之心理焉。契丹太祖時。嘗製契丹大字。

《遼史太祖紀》神册五年正月乙丑。始製契丹大字。 九月壬寅。大字成。詔頒行之。

突呂不實贊其事。

《遼史列傳第五》突呂不。字鐸袞。幼聰敏嗜學。事太祖。見器重。及製契丹大字。突呂不贊成爲多。

字體亦本漢文。

《書史會要》(陶宗儀)遼太祖用漢人。以隸書之半增損之。制契丹字數千。以代刻木之約。

字數雖不多。然已敷繙譯漢籍之用。且自成其爲遼文。

《遼史義宗傳》工遼漢文章。嘗譯陰符經。

《同上蕭韓家奴傳》欲帝知古今成敗。譯通歷。貞觀政要。五代史。

是契丹亦能食中國之文化而自成其文化矣。第遼族以文學著者。多以工漢文得名。

《廿二史劄記》(趙翼)遼太祖起朔漠。而長子人皇王貝已工詩善畫。藏書于醫巫閭山絕頂。其浮海適唐也。刻詩海上。曰小山麗大山。大山全無力。羞見故鄉人。從此投外國。情詞悽惋。言短意長。已深有合于風人之旨矣。平王隆先。亦博學能詩。有閬苑集行世。其他宗室內亦多以文學著稱。如耶律國留善屬文。坐罪在獄。賦寤寐歌。世競稱之。其弟資忠。亦能詩。使高麗被留。有所著號西亭集。耶律庶成善遼漢文。尤工詩。耶律富魯爲牌印郎君。應詔賦詩。立成以進。其父庶箴。嘗寄戒諭詩。富魯答以賦。時稱典雅。耶律韓留。工詩。重熙中詔進述懷詩。帝嘉歎。耶律辰嘉努。遇太后生辰進詩。太后嘉獎。耶律良重熙中。從獵秋山。進秋獵賦。清寧中上幸鴨子河。良作捕魚賦。嘗請編御製詩文曰清寧集。上亦命良詩爲慶會集。親製序賜之。耶律孟簡。六歲能賦曉天星月詩。後以太子濬無辜被害。以詩傷之。無意仕進。作放懷詩二十首。耶律古裕工文章。興宗命爲詩友。此皆宗室之能文者。按道宗長子濬。幼而能言。好學知書。鐸盧斡。好學喜屬文。嘗作古詩三章見志。當時名士。稱其高情雅韻。不減古人。蕭韓家奴博覽經史。通遼漢文字。耶律昭。博學善屬文。蕭文。篤志力學。喜愠不形。皆遼人之以文學著者。若耶律儼。好學。有詩名。則漢人之入遼賜國姓者也。

其以工遼文著者。僅義宗及蕭韓家奴耶律庶成三數人耳。

遼史無藝文志。清盧文弨補遼金元三史藝文志。載遼人著作。寥寥無幾。

（補遼金元藝文志）（盧文弨）所載遼人著作。僅脩行均。龍龕手鏡四卷。耶律儼皇朝實錄七十卷。蕭韓家奴耶律庶成同撰。遙輦可汗至重熙以來事迹二十卷。王鼎。焚椒錄一卷。耶律庶成蕭韓家奴禮書。遼朝雜禮。無卷數無名氏。七賢傳。王白。百中歌。亦無卷數。耶律純。星命秘訣五卷。按興宗清寧集。耶律良慶會集。均未著錄。

葉氏語石統計遼碑不過數十通且謂其絕無佳迹。

〔語石〕(葉昌熾)遼碑文字皆出自釋子及村學究絕無佳迹。 余著錄遼幢五十餘通中多唐梵兩體惟劉李河白氏兩幢結構尚可觀此外行列整齊者如今刻書之宋體字潦草者如市中計簿滿幅題名皆某兒某郎婦之類北傖喬野之風于此可見。

則契丹所得於中國之文化之成績亦至尠矣惟涿州刻經遠續隋唐之緒。

〔金石萃編〕(王昶)涿州白帶山雲居寺東峯續鐫成四大部經記幽州沙門釋靜琬精有學識于隋大業中發心造石經一藏以備法滅遂于幽州西南白帶山上鑿爲石室以石勒經藏諸室內滿卽用石塞戶以鐵錮之其後雖成其志未滿其願以唐貞觀十三年奄化歸眞門人導公繼焉導公歿有儀公繼焉儀公歿有暹公繼焉暹公歿有法公繼焉自琬至法凡五代焉不絕其志。 聖宗皇帝委故瑜伽大師法諱可元提點鐫修勘訛刊謬補缺續新興宗皇帝重熙七年出御府錢委官吏佇之歲析輕利俾供書經鐫碑之價自太平七年至清寧三年中間續鐫造到大般若經八十卷計碑二百四十條以全其部也又鐫寫到大寶積經一部合一百二十卷計碑三百六十條以成四大部數也都總合經碑二千七百三十條。

雖非創造亦不可謂非文字之鉅工也。

西夏出於拓跋氏世爲唐宋官故亦通漢文元昊之興尤以兼通內外典籍始能剏製物始。

〔宋史西夏傳〕曩霄本名元昊。 性雄毅多大略善繪畫能剏製物始曉浮屠學通蕃漢文字。 案上置法律常携野戰歌太乙金鑑訣。

設官置吏。亦多本於唐宋。

《宋史西夏傳》其官分文武班。曰中書。曰樞密。曰三司。曰御史臺。曰開封府。曰翊衞司。曰官計司。曰受納司。曰農田司。曰羣牧司。曰飛龍院。曰磨勘司。曰文思院。曰蕃學。曰漢學。自中書令宰相樞密使大夫侍中太尉已下。皆分命蕃漢人爲之。

諒祚繼世。慕嚮中國。易服求書。益重文治。

《宋史西夏傳》諒祚。景宗長子也。嘉祐六年。上書自言慕中國衣冠。明年當以此迎使者。詔許之。 表求太宗御製草詩隸書石本。且進馬五十匹。求九經。唐史。册府玄龜。及宋正至朝儀。詔賜九經。還所獻馬。

乾順以降。興學養賢。崇祀孔子。弈世不衰。

《宋史西夏傳》建中靖國元年。乾順始建國學。設弟子員三百。立養賢務。以廩食之。 紹興十三年。夏改元人慶。始建學校于國中。立小學于禁中。親爲訓導。 十五年八月。夏重大漢太學。親釋奠。弟子員賜予有差。十六年。尊孔子爲文宣帝。十七年。改元天盛。策舉人。始立唱名法。十八年。復建內學。選名儒主之。增修律成。賜名鼎新。

蓋夏雖以武力背宋。其於文化未嘗背宋也。即其剏製之文字。形式雖殊。仍不出漢字系統。

《宋史西夏傳》元昊自制蕃書。命野利仁榮演繹之。成十二卷。字形體方整。類八分。而書頗重複。教國人紀事用蕃書。而譯孝經爾雅四言雜字爲蕃語。

以今世所傳西夏書考之。其字之分行楷篆各體。亦猶漢字之有行隸篆諸種也。

『西夏國書略說』（羅福萇）西夏國書有楷書。有行書。有篆書。　宋史蕃書字體方整類八分。而書頗重複。此謂楷書也。今傳世石刻及掌中珠佛經等皆是。　西夏之有行書。前籍所未載。日本西本願寺所得西夏人書殘經數紙。書迹至草率。與石刻及他寫經不同。以漢字之名定之。則爲行書。綠可疑也。　宋史但言元昊制蕃書。方整類八分。不言有篆書。金史西夏傳與宋史同。而云又若符篆。隆平集亦稱元昊自爲番書十二卷。文類符篆。均似謂西夏蕃字。旣若隸書。又若符篆者。惟遼史西夏傳則言之頗明析。曰李繼遷子德明。（此元昊之誤）製蕃書十二卷。又製字如符篆。蓋如隸書者謂楷書。如符篆者謂篆書也。今其傳世篆書。有感通塔記碑額。蓋就其楷書略變爲婉曲。可以其楷書推知。惟又有傳世西夏銅印。其文則塡委屈疊。與其楷書甚遠。與感通塔記之額亦迴殊。是西夏篆書。亦有二種。殆猶篆書中有摹印諸體之別歟。

契丹文字傳世者少。西夏亦然。然近人因東西學者之考訂。乃知西夏遺文傳世者尙十餘種。

『西夏國書略說』西夏文字傳世者。曩但有金石刻而已。近十餘年。歐人始于我西陲得各種經文等。茲就所知者錄之。（一）重修護國寺感應塔碑。　（二）黑水河建橋祭神敕。　（三）莫高窟造象記。　（四）居庸關六體刻經。　（五）西夏官印。（六）西夏國書銅牌。　（七）西夏國書錢。　（八）陁羅尼鏡。　（九）添品妙法蓮華經。　（十）殘佛經。　（十一）掌中珠字書。

且於蕃漢對譯之法。亦有所得。以塵薶七百年之文字。迺復爲中外學者所重。亦非野利仁榮等所及料矣。

『西夏國書略說』西歷一千九百十年。俄大佐柯智洛夫氏 Kozlov 于張掖掘得西夏國書刻本經册十數箱。中有漢語及夏國語對譯字書一冊。約五十葉。名掌中珠。夏國書傍皆注漢字音。漢語傍亦注西夏字音。每字均兩對譯語。及兩國字音。四言駢列。殆即宋史夏國傳所謂四言雜字者歟。又其所得西夏書像不少。像之下方多有銘贊。均以其國書書之。並藏于俄都大學附屬人種博物館。

金之先。出於靺鞨。當唐時。粟末靺鞨嘗建渤海國。有文字禮樂官府制度。

『金史世紀』金之先。出靺鞨氏。靺鞨本號勿吉。勿吉古肅慎地也。元魏時。勿吉有七部。曰粟末部。曰伯咄部。曰安車骨部。曰拂涅部。曰號室部。曰黑水部。曰白山部。隋稱靺鞨而七部並同。唐初有黑水靺鞨。粟末靺鞨。其五部無聞。粟末靺鞨始附高麗。姓大氏。李勣破高麗。粟末靺鞨保東牟山。後爲渤海稱王。傳十餘世。有文字禮樂官府制度。

五代時。渤海亡。而黑水靺鞨之生女眞代之而興。觀其初起之情狀。若未受渤海文化之影響。然黑水粟末實同一種。粟末先進。既能吸受中國之文教。則女眞後起者。雖專以武力勝。故亦易於濡染華風矣。

石晉文物入於遼。遼亡而金受之。

『金史』太祖收國五年十一月。命杲。昱。宗翰。宗幹。宗望等伐遼。詔曰。若克中京。所得禮樂儀仗圖書文籍。並先次津發赴闕。

北宋文物萃於汴。汴破而金得之。故遼所得者。止於石晉及唐之遺。金所得者。兼有遼宋南北兩方之積。北宋文物。經八帝百八十餘年之儲蓄創造。迥非石晉可比。雖以女眞之虓暴。未必能一一研索而得其用。然其所承受之豐。自必影響於民族。且契丹未嘗南下。國都僻在東北。金則自燕而汴。都邑屢遷。兵力所及。遠至江浙。其爲宋患者滋深。卽其受宋教者亦滋鉅。金史文藝傳。謂金之制作。非遼所及。宜矣。

《金史文藝傳》金初未有文字。世祖以來。漸立條教。太祖既興。得遼舊人用之。使介往復。其言已文。太宗繼統。乃行選舉之法。及伐宋。取汴經籍圖。宋士多歸之。熙宗款謁先聖。北面如弟子禮。世宗章宗之世。儒風丕變。庠序日盛。士繇科第位至宰輔者接踵。當時儒者。雖無專門名家之學。然而朝廷典策。鄰國書命。粲然有可觀者矣。金用武得國。無以異于遼。而一代制作。能自樹立唐宋之間。有非遼世所及。以文而不以武也。

金自熙宗讀書講學。尊崇孔教。效法中國之帝王。已足爲同化於漢族之標準。

《金史熙宗本紀》天眷二年六月己未。上從容謂侍臣曰。朕每閱貞觀政要。見其君臣議論。大可規法。翰林學士韓昉對曰。皆由太宗溫顏訪問。房杜輩竭忠盡誠。其書雖簡。足以爲法。上曰。太宗固一代賢君。明皇何如。昉曰。唐自太宗以來。惟明皇憲宗可數。明皇所謂有始而無終者。初以艱危得位。用姚崇宋璟。惟正是行。故能成開元之治。末年怠于萬機。委政李林甫。奸諛是用。以致天寶之亂。苟能愼終如始。則貞觀之風。不難追矣。上稱善。又曰。周成王何如主。昉對曰。古之賢君。上曰。成王雖賢。亦周公輔佐之力。後世疑周公殺其兄。以朕觀之。爲社稷大計。亦不當非也。

《同上》皇統元年二月戊午。上親祭孔子廟。北面再拜。退謂侍臣曰。朕幼年游佚。不知志學。歲月逾邁。深以爲悔。孔子雖無位。其道可尊。使萬世景仰。大凡爲善。不可不勉。自是頗讀尚書論語及五代遼史諸書。或以夜繼焉。

世宗嗜讀史籍。尤尙儒風。

《金史世宗本紀》大定二十年十月壬寅。上謂宰臣曰。近覽資治通鑑。編次累代廢興。甚有鑒戒。司馬光用心如此。古之良史。無以加也。校書郎毛麾。朕屢問以事。善于應對。眞該博老儒。可除太常職事。以備討論。

《同上》二十六年十一月丙寅。上謂侍臣曰。朕于聖經不能深解。至于史傳。開卷輒有所益。每見善人不忘忠孝。檢身廉潔。皆出天性。至於常人。多喜爲非。有天下者苟無以懲之。何由致治。孔子爲政七日而誅少正卯。聖人尙爾。況餘人乎。

欲以五經譯本徧化女眞種人。

《金史世宗本紀》二十三年九月。譯經所進所譯易書論語孟子老子楊子文中子劉子及新唐書。上謂宰臣曰。朕所以令譯五經者。正欲女眞人知仁義道德所在耳。命頒行之。

猛安謀克皆須通知古今。

《金史世宗本紀》二十五年三月丁酉。以親軍完顏乞奴言。制猛安謀克皆先讀女眞字經史。然後承襲。因曰。但令稍通古今。則不肯爲非。爾一親軍粗人。乃能言此。審其有益。何憚而不從。

氈裘毳幕之俗。至是蓋不變矣。然世宗雖慕華夏文教。仍欲葆其種族舊風。諄諄訓誡。屢見於史。

《金史世宗本紀》十三年三月乙卯。上謂宰臣曰。會甯乃國家興王之地。自海陵遷都永安。女眞人寖忘舊風。朕時嘗見女眞風俗。迄今不忘。今之燕飲音樂。皆習漢風。蓋以備禮也。非朕心所好。東宮不知女眞風俗。第以朕故。猶尙存之。恐異時一變此風。非常久之計。甚欲一至會甯。使子孫得見舊俗。庶幾習效之。四月乙亥。上御睿思殿。命歌者歌女眞詞。顧謂皇太子及諸王曰。朕思先朝所行之事。未嘗暫忘。故時聽此詞。亦欲令汝輩知之。汝輩自幼惟習漢人風俗。不知女眞純實之風。至于文字語言。或不通曉。是忘本也。汝輩當體朕意。至于子孫。亦當遵朕教誡也。　五月戊戌。禁女眞人毋得譯爲漢姓。

〔同上〕十六年正月丙寅。上與親王宰執從官從容論古今興廢事。曰。經籍之興。其來久矣。垂教後世。無不盡善。今之學者。既能誦之。必須行之。然知而不能行者多矣。苟不能行。誦之何益。女眞舊風。最爲純直。雖不知書。然其祭天地。敬親戚。尊耆老。接賓客。信朋友。禮意款曲。皆出自然。其善與古書所載無異。汝輩當習學之。舊風不可忘也。

〔同上〕二十五年十二月丙子。上問宰臣曰。聞原王見事甚明。予奪皆不失當。又聞有女眞人訴事。以女眞語問之。漢人訴事。漢語問之。大抵習本朝語爲善。不習則淳風將棄。

種族之念未融。同化之效亦僅矣。按金時所謂漢人。實係遼地雜種。與宋之純粹夏族者有別。

〔二十二史箚記〕（趙翼）金元取中原後俱有漢人南人之別。金則以先取遼地人爲漢人。繼取宋河南山東人爲南人。元則以先取金地人爲漢人。繼取南宋人爲南人。金史完顏勳傳。女眞無文字。及破遼。獲契丹漢人。始通契丹漢字。此以遼地爲漢人也。賀揚庭傳。世宗謂揚庭曰。南人獷直敢爲。漢人性姦。臨事多避。異時南人不習詩賦。故中第者少。近年河南山東人中第者多。殆勝漢人。此以河南山東人爲南人也。元史百官志序。諸官職皆以蒙古人爲之長。而漢人南人貳焉。文宗詔各道廉訪司官用蒙古二人。畏兀。河西。回回。漢人。南人各一人。是漢人南人亦各分名目。程鉅夫傳。世祖命鉅夫爲御史中丞。臺臣言鉅夫南人。不宜用。帝曰。汝未用南人。何以知南人不可用。自今省部臺院。必參用南人。按鉅夫由南宋人入附。故稱南人。此以南宋人爲南人也。

世宗慮其族之染漢俗。蓋以遼宋雜種。多亡國敗家之民。未足以勝女眞。故寧保其舊風。無汚惡習。而於中國聖賢之文化。仍力主導揚。正不可謂其無見。其後清代諸帝。恆引世宗之言以訓其族。則其所指之漢人。爲全中國之人。與金之所謂漢人。實不相同。是又讀史者所不可不析也。

金之暴主曰海陵庶人亮。其荒淫無道極矣。然金之有國學。實始於海陵之時。

《金史海陵本紀》天德三年正月甲午。初置國子監。

世宗章宗。迭加增益。文教之盛。實軼於遼。

《續文獻通考》遼太祖時。上京置國子監。設祭酒司業監丞主簿等官。太宗時。置南京太學。聖宗統和九年八月。以南京太學生員寖廣。特賜水磑莊一區。道宗清寧六年六月。中京置國子監。所紀止此。可見簡略。

《同上》金海陵天德三年。始置國子監。後定制。詞賦經義生百人。小學生百人。以宗室及外戚皇后大功以上親。諸功臣及三品以上官。兄弟子孫年十五以上者入學。不及十五者入小學。　世宗大定六年。置太學。初養士百六十人。後定五品以上官兄弟子孫百五十人。曾得府薦及終場人二百五十人。通四百人。　章宗明昌二年四月。增太學博士助教員。承安四年二月。詔建太學于京城之南。總爲屋七十五區。西序置古今文籍。祕省新所賜書。東序置三代鼎彝俎豆敦槃尊罍及春秋釋奠合用祭器。　泰和元年九月。更定贍學養士法。生員給民佃官田人六十畝。歲支粟三十石。國子生人百八畝。歲給以所入。

遼時州府雖亦有學校。其制不詳。

〔續通考〕遼道宗清寧元年十二月。詔設學養士。頒五經傳疏。置博士助教各一員。 時五京黃龍興中二府及諸州縣皆有學。其設官並同。咸雍時。太公鼎爲良鄉令。省徭役。務農桑。建孔子廟學。部民服化。太康時。耶律孟簡爲高州觀察使。修學校。招生徒。以循吏著。

金則京府節鎮各處設學。定額數千。雖至衰世不廢廩給。

〔續通考〕世宗大定十六年四月。詔京府設學養士。 凡十七處。共千人。

〔同上〕二十九年。(時章宗已即位)詔計州府戶口。增養士之數。 時上封事者。乞興學校。下尚書省集百官議。戶部尚書鄧儼等謂唐太宗養士至八千人。亡宋兩學五千人。今策論詞賦經義三科取士。而太學所養。止百六十人。外京府或止十人。天下僅及千人。今若每州設學。專除教授。月加考試。每舉所取數多者。賞其學官。月試定爲三等籍之。一歲中頻在上等者。優復之。不率教行惡者。黜之。庶幾得人之道也。帝從其議。遂計州府戶口。于舊制京府十七處千人之外。置節鎮防禦刺史州學六十處。增養千人。各設教授一員。選五舉終場或進士年五十以上者爲之。府學二十有四。學生九百五人。節鎮學三十九。六百一十五人。防禦州學二十一。二百三十五人。凡千八百人。其長貳官各以進士提控其事。至承安四年八月。詔諸路學校生徒少者罷教官。止以本州府文資官提控。

〔同上〕宣宗興定元年二月。尚書省請罷州府學生廩給。不許。 自章宗泰和元年九月。定贍學養士法。生員給民佃官田人六十畝。歲支粟三十石。至是省臣以軍儲不足。請罷之。帝曰。自古文武並用。向在中都。設學養士。猶未嘗廢。況今日乎。其令仍舊給之。

其國學印行書籍。亦不下於宋監。

〔續通考〕凡經。易用王弼。韓康伯注。書用孔安國注。詩用毛萇注。鄭康成箋。春秋左氏傳用杜預注。禮記用孔穎達疏。周禮用鄭康成注。賈公彥疏。論語用何晏注。邢昺疏。孟子用趙岐注。孫奭疏。孝經用唐明皇注。史記用裴駰注。前漢書用顏師古注。後漢書用李賢注。三國志用裴松之注。及唐太宗晉書。沈約宋書。蕭子顯齊書。姚思廉梁書陳書。魏收後魏書。李百藥北齊書。令狐德棻周書。魏徵隋書。新舊唐書。新舊五代史。老子用唐明皇注疏。荀子用楊倞注。揚子用李軌。宋咸。柳宗元。吳祕注。皆自國子監印之。授諸學校。

世傳金刊經籍。雕鏤極工。雖南宋精槧不能及。雖未知爲金之監本與否。然亦可見金之朝野極重文事矣。

〔鐵琴銅劍樓藏書目〕尚書注疏二十卷。金刊本。蠅頭小楷。雕鏤極工。雖南宋精槧不能及也。

女眞初興無文字。完顏希尹始製女眞字。其法蓋由漢人楷字及契丹字中脫化而出。

〔金史完顏希尹傳〕金人初無文字。國勢日強。與鄰國交好。乃用契丹字。太祖命希尹撰本國字。備制度。希尹乃依倣漢人楷字。因契丹字制度。合本國語。製女眞字。天輔三年八月。字書成。太祖大悅。命頒行之。賜希尹馬一匹。衣一襲。其後熙宗亦製女眞字。與希尹所製字俱行用。希尹所撰。謂之女眞大字。熙宗所撰。謂之小字。

按女眞字之傳於今者有皇弟都統經略郎君行記及國書碑。

《金石萃編卷一百五十四》（王昶）皇弟都統經略郎君行記。　碑高一丈八尺。廣八尺三寸。記在碑之中。女眞書五行。譯正書六行。行二十三字。額題大金皇弟都統經略郎君行記十二字。篆書。在乾州。

《同上卷一百五十九》國書碑。　碑連額高七尺。廣二尺五寸。二十三行。字數多寡不等。連額並國書。

孰爲大字小字不可考。皇弟都統經略郎君行記。字多集合體。筆畫重疊。國書碑則較簡單。疑前爲大字。後則小字也。金用其字教女眞人。號爲女眞學。其教學選舉與用漢文者相等。

《續通考》金世宗大定十三年。置女眞國子學。　自大定四年。以女眞大小字譯尙書。頒行諸路。擇明安穆昆內良家子弟爲學生。至三千人。九年。取其尤俊秀者百人。至京師。以編修官溫特赫吉達教之。至是始設國子學。定策論生百人。小學生百人。凡取國子學生之制。皆與詞賦經義生同。又定制每穆昆取二人。若宗室每二十戶內無願學者。則取有物力人家子弟年十三以上二十以下者充。凡會課三日作策論一道。季月私試。如漢生制。

其通女眞字者。均著於史。

《金史宗憲傳》頒行女眞字書。年十六。選入學。太宗幸學。宗憲與諸生俱謁。宗憲進止恂雅。太宗召至前。令誦所習。語音清亮。善應對。侍臣奏曰。此左副元帥宗翰弟也。上嗟賞久之。兼通契丹漢字。

《同上仲傳》仲本名石古乃。體貌魁偉。通女眞契丹漢字。

《同上阿鄰傳》穎悟辯敏。通女眞契丹大小字及漢字。

徒單鎰等且以譯書教學。廣播女眞文字。

《金史徒單鎰傳》鎰穎悟絕倫。甫七歲。習女眞字。大定四年。詔以女眞字譯書籍。五年。翰林侍講學士徒單子溫進所譯貞觀政要。白氏策林等書。六年。復進史記西漢書。詔頒行之。選諸路學生三十餘人。令編修官溫迪罕締達敎以古書。習作詩策。鎰在選中最精詣。遂通契丹大小字及漢字。該習經史。久之樞密使完顏思敬請敎女眞人舉進士。下尚書省議。奏曰。初立女眞進士科。且免鄉府兩試。其禮部試廷試止對策一道。限字五百以上。在都設國子學。諸路設府學。並以新進士充敎授。士民子弟願學者聽。歲久學者當自衆。卽同漢人進士。三年一試。從之。九年八月。詔策女眞進士。問以求賢爲治之道。侍御史完顏蒲涅太常博士李晏。應奉翰林文字阿不罕德甫移剌傑。中都路都轉運副使奚顒考試。鎰等二十七人及第。鎰授兩官。餘授一官。上三人爲中都路敎授。四名以下。除爲各路敎授。十五年。詔譯諸經。著作佐郎溫迪罕締達。編修官宗璧。尚書省譯史阿魯。吏部令史楊克忠。譯解翰林修撰移剌傑。應奉翰林文字移剌履講究其義。鎰自中都路敎授選爲國子助敎。

不得謂剃頭辮髮者。無創造文化之力也。

《大金國志》金俗好衣白。編髮垂肩。與契丹異。垂金環。留顱後髮。繫以色絲。富人用珠金飾。婦人辮髮盤髻。亦無冠。　天會七年六月。行下禁民漢服及削髮。不如式者死。

《曲洧雜纂》（俞樾）剃頭髮辮。金人已然。宋湯璹建炎德安守禦錄。建炎二年十二月二十八日。有北來一項羣賊數萬人。皆剃頭辮髮。作金人裝束。

第二十一章　蒙古之文化

遼夏及金。以殊族而同化於漢族。固不能出中國之範圍也。至於蒙古則不然。成吉斯汗之興。先用兵於西北。至於太宗憲宗之世。其疆域已據有今之內外蒙古天山南北路中國之西北部。阿富汗波斯之北部。俄羅斯之南部。而分爲四大汗國。（欽察汗國，東自吉利吉思荒原，西至歐洲匈牙利國境，及高加索以北地，察合台汗國，據錫爾河東天山附近一帶之地，伊兒汗國，據阿母河外西亞一帶之地，窩闊台汗國，據阿爾泰山附近一帶之地，後窩闊台嗣爲大汗，）至世祖時。始滅宋而全有華夏。故蒙古所吸收之文化。蓋兼中國印度大食及歐洲四種性質。未可專屬於中國之系統。是亦吾國歷史上特殊之事也。

蒙古之興。初無文字。太祖之滅乃蠻。始用畏兀字教授子弟。並以記言。

《元史塔塔統阿傳》塔塔統阿。畏兀人也。性聰慧。善言論。深通本國文字。乃蠻太陽汗尊之爲傅。掌其金印及錢穀。太祖西征。乃蠻國亡。塔塔統阿懷印逃去。俄就擒。帝詰之曰。太陽人民疆土悉歸于我矣。汝負印何之。對曰。臣職也。將以死守。欲求故主授之耳。安敢有他。帝曰。忠孝人也。問是印何用。對曰。出納錢穀。委任人材。一切事皆用之。以爲信驗耳。帝善之。命居左右。是後凡有制旨。始用印章。仍命掌之。帝曰。汝深知本國文字乎。塔塔統阿悉以所蘊對。稱旨。遂命教太子諸王以畏兀字書國言。

畏兀卽回紇。其文字之起原不可考。

『元史譯文證補』(洪鈞)元之畏吾兒。爲回紇衰後分國。 回紇文字。至今猶存。所謂托忒字體是也。與西里亞文字相仿。故泰西人謂唐時天主教人自西里亞東來傳教。唐人稱爲景教。陝西之景教碑。碑旁字兩行。卽西里亞字。此其確證。回紇之有文字。實由天主教人授以西里亞文字之故。此一說也。回紇人自元以後。大率盡入天方教。而天方文字本于西里亞。故信教之回人謂蒙古文字出于回紇。回紇文出于天方。以歸功于謨罕默德。此又一說也。

當南宋時。中亞各國。多奉回教。其文字通行於西域。故蒙古襲用之。至世祖時。始命八思巴作蒙古新字。

『元史釋老傳』帝師八思巴者。吐蕃薩斯嘉人。相傳自其祖多爾濟以其法佐國主霸西海者十餘世。八思巴生七歲。誦經數十萬言。能約通大義。國人號聖童。年十五。謁世祖于潛邸。與語大悅。日見親禮。中統元年。世祖卽位。尊爲國師。授以玉印。命製蒙古新字。字成上之。其字僅千餘。其母凡四十有一。其相關紐而成字者。則有韻關之法。其以二合三合四合而成字者。則有語韻之法。而大要則以諧聲爲宗也。至元六年。詔頒行于天下。詔曰。朕惟字以書言。言以紀事。此古今之通制。我國家肇基朔方。俗尚簡古。未遑制作。凡施用文字。因用漢楷及畏吾兒字。以達本朝之言。考諸遼金及遐方諸國。例各有字。今文治寖興。而字書有闕。于制爲未備。故特命國師八思巴創爲蒙古新字。譯寫一切文字。期于順言達事而已。今後凡有璽書頒降者。並用蒙古新字。仍各以其國字副之。

據至元詔書。則蒙古字未興之先。已以漢楷與畏吾兒字並用。蒙古字既頒之後。各國之字。仍副之而行。則蒙古未代宋之時。固亦通用漢文。然蒙古新字。實原本西番之字。應屬梵文一支系。非若遼金夏之文字。仍本於漢文也。

【二十二史箚記】(趙翼)有元諸帝多不習漢文一條。稱元史本紀至元二十三年。翰林承旨撒里蠻言國史纂修太祖累朝實錄。請先以畏吾字繙譯進讀。再付纂定。元貞二年兀都帶等進所譯太宗憲宗世祖實錄。是皆以國書進呈也。其散見于他傳者。世祖問徐世隆以堯舜禹湯爲君之道。世隆取書傳以對。帝喜曰。汝爲朕直解進讀。書成。令翰林承旨安藏譯寫以進。曹元用奉旨譯唐貞觀政要爲國語。元明善奉武宗詔節尙書經文。譯其關于政事者。乃舉文陞同譯。每進一篇。必稱善。虞集在經筵。取經史中有益于治道者。用國語漢文兩進讀。譯潤之際。務爲明白。數日乃成一篇。馬祖常亦譯皇圖大訓以進。皆見各本傳是凡進呈文字。必皆譯以國書。可知諸帝皆不習漢文也。　按歷代北方種族。入居中夏。多通漢文。惟元不然。是一異點。

蒙古部族複雜。又以兵力戡定西北各地。所撫馭之部族益多。故在元世有蒙古色目漢人南人之別。輟耕錄稱元代蒙古有七十二種。色目三十一種。漢人八種。據近人所考定。則蒙古支派有黑塔塔兒白塔塔兒野塔塔兒。三大系。

【新元史氏族表上】(柯劭忞)蒙古氏族。凡阿蘭豁阿夢與神遇。生三子之後。爲尼而倫派。曰哈特斤氏。薩而助特氏。泰亦兀赤氏。哀而狄干氏。西族特氏。起訥氏。奴牙特氏。兀魯特氏。忙兀特氏。巴鄰氏。蘇哈奴特氏。貝魯剌思氏。黑特而斤氏。札只剌忒氏。都黑拉特氏。貝亦速特氏。蘇嘎特氏。烏而訥兀特氏。亨力希牙特氏。其餘爲都而魯斤派。亦稱塔立斤派。曰都而斤氏。烏梁黑特氏。鴻火拉特氏。亦乞列思氏。呼愼氏。蘇而徒思氏。伊而都而斤氏。巴牙烏特氏。斤特吉氏。皆爲黑塔塔兒。非蒙古人。而歸于蒙古者。曰札剌兒氏。蘇畏亦忒氏。塔塔兒氏。蔑兒乞氏。郭而路烏忒氏。衞拉特氏。貝格林氏。布而古忒氏。忽里氏。土斡剌斯氏。

秃馬特氏。布而嘎勤氏。格而謨勤氏。忽而罕氏。賽哈亦忒氏。皆爲白塔塔兒。曰烏拉特氏。帖楞格特氏。客斯的迷氏。林木中烏梁黑氏。皆爲野塔塔兒。蓋拉施特所述蒙古支派如此。今列而序之。參以秘史。證其差別。爲蒙古氏族表。至色目氏族。則以見于史傳者爲據。陶宗儀所稱蒙古七十二種。色目三十一種。舛訛重複。不爲典要。故弗取焉。（拉施特 Fadl Allah Rashid Eddin 波斯人其書以波斯文著成名 Djami Ut. Tewarikh 譯言世界史 ）

色目人凡二十三族。

《新元史氏族表》色目人曰畏吾氏。唐兀氏。康里氏。乃蠻氏。雍古氏。欽察氏。伯牙吾氏。阿速氏。乞失迷兒氏。賽夷氏。烏思藏掇族氏。回回氏。于闐氏。阿里馬氏。昔里馬氏。古速魯氏。也里可温氏。木速蠻氏。哈剌魯氏。答失蠻哈喇魯氏。合魯氏。阿魯渾氏。尼波羅氏。見于史傳者。凡二十有三族。

外此則漢人中。尚有契丹高麗女眞渤海等族。

《輟耕錄》（陶宗儀）漢人八種。契丹。高麗。女眞。竹因歹。朮里闊歹。竹温。竹亦歹。渤海。

以與宋之南人混合。故蒙古入中國。實爲異族與漢族大混合之時期。當時女眞之人。多改漢姓。

《輟耕錄》金人姓氏。完顏。漢姓曰王。烏古論曰商。乞石烈曰高。徒單曰杜。女奚烈曰郎。兀顏曰朱。蒲察曰李。顏盞曰張。温迪罕曰温。石抹曰蕭。奥屯曰曹。孛朮魯曰魯。移剌曰劉。斡勒曰石。納剌曰康。夾谷曰仝。裴滿曰麻。尼忙古曰魚。斡准曰趙。阿典曰雷。阿里侃曰何。温敦曰空。吾魯曰惠。抹顏曰孟。都烈曰强。散答曰駱。阿不哈曰田。烏林答曰蔡。僕散曰林。朮虎曰董。古里甲曰汪。

蒙古色目人與漢族又互相仿效更易名姓氏族淆惑乃不可辨。

『陔餘叢考』(趙翼)元時蒙古色目人有同漢人姓名者。如察罕帖木兒系出北庭。以祖父家于潁州。遂姓李。字庭瑞。丁鶴年。本西域人。以其父職馬祿丁爲武昌達魯花赤。遂以丁爲姓。而名鶴年。又有內地人作蒙古名者。如賀勝。鄠縣人。字伯顏。楊朵耳只。及來阿八赤。皆寧夏人。劉哈喇不花。本江西人。褚不華。本隰州人。昂吉兒。本張掖人。朵兒赤。本寧州人。楊傑只哥。本寶坻人。李忽蘭吉。本隴西人。抄兒。本汴梁陽武人。謝仲溫。本豐州人。而其孫名孛完。綦公直。益都人。而其子名忙古台。事俱見元史。亦一時風尚也。

又其時蒙古色目人皆散處各地。且有與內地人聯姻者。血統之雜。益可見矣。

『陔餘叢考』元時蒙古色目人聽就便散居內地。如貫雲石。乃功臣阿里海牙之孫。而居江南。葛邏祿迺顏。隨其兄宦遊。而居浙之鄞縣。薩都剌。本答失乃蠻氏。而爲鴈門人。泰不華。本伯牙吾氏。其父塔不台。始家台州。余闕。本唐兀氏。其父始居廬州。肯乃台。本禿伯怯烈氏。而家東平。忽都鐵木祿。本赤合魯氏。而家南陽。徹里。本燕只吉台氏。以曾祖太赤封徐邳二州。遂家徐州。怯烈。本西域人。而家太原。察罕。本西域人。鐵連。本乃蠻人。而皆居絳州。孟昉。本西域人。而居北平。紇石烈希元。本契丹人。而居成都。伯顏師聖。本哈剌魯氏。而居濮陽。石抹宜孫。以其父鎮台州。遂家于台。明史道同。河間人。其先蒙古族也。又趙榮。其先本西域人。元時入中國。家閩縣。遂爲閩人。如此類者甚多。顧嗣立元詩選。所謂元時漢北諸部仕于朝者。多散處內地是也。按元史世祖至元二十三年。以從官南方者多不歸。遣使盡徙北還。可見自元初色目人已多散處他邑。不寧惟是。更有與內地人聯姻者。如伯顏不花之母鮮于氏。乃鮮于樞之女。（見元史）松江人俞俊。娶也先普化之姪女。（見輟耕錄，按遼史太宗會同三年，詔契丹人授漢官者，聽與漢人婚姻，則遼時已有此例，）元史大德七年。以行省官久任。多與所部人聯姻。乃詔互選其久任者。

蒙古之興。僅奉初民所迷信之神教。其後軍鋒所及。蹂躪回耶各教教堂教士。恆極殘虐。

《元史譯文證補》（洪鈞）太祖攻圍布哈爾城。城中伊瑪姆（教士之稱）暨文士等出降。帝入城。見教堂。疑是王宮。駙馬問民以教堂對。帝下馬入堂。諭馬飢。速飼馬。因取經箱爲馬槽。令教士守馬。又以酒囊置堂中。（天方教戒酒，故特記受辱之事，）傳集謳者歌舞。蒙兀兵亦歌呼爲樂。

《同上拔都傳》破物拉的迷爾城。二守王戰沒。嬪御官紳皆入禮拜堂拒守。焚以火。熏灼盡死。

然轄地既廣。宗教各別。勢亦不能取而一之。故各教之民。咸仍其舊。而蒙古之人。反多同化於他族。

《元史譯文證補伯勒克傳》（洪鈞）伯勒克信天方教。常集教士于鄂爾多。講論教律教理。太祖後裔入天方教者。自伯勒克始。

埃及王比拔而斯與旭烈兀有兵怨。知伯勒克同教。思引爲援。發使贈以哈里發家乘。當埃及使人北行時。伯勒克使亦至埃及。貽書謂我兄弟四人皆入教。願合約以攻旭烈兀。比拔而斯優禮款接。復書致幣。並可蘭經纏頭布一方。由麥喀禮拜堂中取至。以伯勒克不能親往禮拜。故遣人代符得此以贈。

《馬哥博羅遊記》撒馬爾罕。大城也。居民耶回雜處。其王卽大可汗之姪。據土人言。當年城中有一異事。數年前。國王曰察哈台。蒙古大可汗之胞弟也。王改奉基督教。教徒勢力倍增。時教徒欲建一寺。供奉施洗約翰。寺之頂爲圓形。中支一柱。柱下盤石。

係教徒請于王。得之于某回教寺中。時回人以王右耶而左回。不敢與爭。察哈台死。繼其位者。不直耶教徒。回人因得請于王。索還龕柱之石。耶教徒許酬以金。回教徒不允。耶教徒無術。哭訴于施洗約翰之靈。至約定移石之日。柱忽自起。離石可三掌。石移去後。柱仍懸立空際。至今尚然。

至其撫有中國。亦各教並立。有木速兒蠻。答失蠻。也里可溫。斡脫。和尚。先生等名。據元史譯文證補。木速兒蠻卽天方教。答失蠻亦木速兒蠻教中別派。也里可溫為天主教。（詳見第三編）斡脫卽猶太教。和尚先生。則釋道二教也。

元史譯文證補。有元世各教名考甚詳。

元之崇奉佛教。自帝師八思巴始。

《元史紀事本末》（陳邦瞻）世祖號八思巴曰大寶法王。至元十六年。八思巴死。詔贈皇天之下一人之上宣文輔治大聖至德普覺眞智佑國如意大寶法王西天佛子大元帝師。其弟亦憐眞嗣。凡六歲死。復以答兒麻八剌乞列嗣位。自是每帝師一人死。必自西域取一人為嗣。終元世無改。

其徒所奉之教。卽西藏之喇嘛教。

《聖武記》（魏源）西藏古吐蕃。元明為烏斯藏。在五天竺之東。非古佛國也。而距天竺較近。故經教至多。持陀羅尼尤驗。多僧無城郭。僧居土臺者。皆持戒律。不持戒者。居土臺外。自唐太宗以文成公主下嫁吐番贊普。好佛。立寺廟。西藏始通于中國。元世祖封西番高僧八思巴為帝師大寶法王。以領其地。後嗣世襲其號。而西藏始為釋教宗主。

與漢魏以來中土佛教迥異。元之諸帝崇奉之徒以害民病國而已。道教雖在唐宋已盛。而元之派別特多。

『元史釋老傳』丘處機登州棲霞人。自號長春子。太祖稱之曰神仙。其徒尹志平等世奉璽書。襲掌其教。　正一天師者。始自漢張道陵。其後四代曰盛。來居信之龍虎山。相傳至三十六代宗演。當至元十三年。世祖召之。待以客禮。子孫襲領江南道教。主領三山符籙。　眞大道教者。始自金季道士劉德仁之所立。其教以苦節危行爲要。五傳而至酈希誠。居燕城天寶宮。見知憲宗。始名其教曰眞大道。授希誠太玄眞人。領教事。　太一教者。始金天眷中道士蕭抱珍。傳太一三元法籙之術。因名其教曰太一。

據元史百官志。宣政院專掌釋教僧徒。

『元史百官志』宣政院秩從一品。掌釋教僧徒及吐蕃之境而隸治之。　其用人則自爲選。其爲選則軍民通攝。僧俗並用。

而武宗紀載宣政院奏免僧道也里可温答失蠻租稅。則各教之人皆轄於宣政院矣。

蒙古風俗之陋。最爲漢族所鄙。鄭所南心史言之歷歷。

『心史大義略序』（鄭思肖）韃靼所居。並無屋宇。氈帳爲家。得水草即住。獸皮爲衣。無號令以合同出入。不識四時節候。以見草青爲一年。人問歲數。但以幾度草青爲答。自忒沒眞驅金酋入南。嘉定癸酉歲。據古幽州爲巢穴。即亡金僭稱燕京大興府也。漸學居屋。亦荒陋。逮咸淳間。韃僭取大宋開封府大內式。增大新粧。始略華潔。虜民咸可造穹廬。與韃主通說。韃法人凡相見。來不揖。去不辭。卑求尊。跪而語。韃禮止于一跪而已。雙足跪爲重。單足跪次之。忽必烈篡江南後。一應漸習僭行大宋制度。

猶禽獸而加衣裳。終非其本心。故辮髮囚首。地坐無別。逆心惡行。滅裂禮法。卒不能改也。　韃人甚耐寒暑雨雪饑渴。深雪中可張幕露宿。今皆不懼熱。且慣于乘舟。高山窮谷。馬皆可到。裹糧以肉爲麨。乾貯爲備。饑則水和而食。甚漲。飽可一二日。攪馬乳爲酒。味腥酸。飲亦醉。羣虜會飲。殺牛馬曰大茶飯。但飲酒曰把盞。雜坐喧溷。上下同食。舉杯互飲。不恥殘穢。飲酒必囚首。氈藉地坐。以小刀剌肉授人。人即開口接食。爲相愛。卑者跪坐受賜。行坐尙右爲尊。久不相見。彼此兩手相抱肩背。交頸搖首。齧肉。跪膝摩臁。爲極慇懃。韃主剃三搭辮髮。頂笠穿靴。衣以出袖海青。衣爲至禮。其衣于前臂肩間開縫。卻于縫間出內兩手。衣裳袖。然後虛出海青兩袖。反雙懸紐背縫間。儼如四臂。諛虜者妄謂郎主爲天蓬後身。衣曰海青者。海東青本鳥名。取其鳥飛迅速之義。曰海青使臣之義亦然。虜主虜吏虜民僧道男女上下尊卑禮節服色一體無別。云三搭者。環剃去頂上一彎頭髮。留當前髮。剪短散垂。卻析兩旁髮垂綰兩髻。懸加左右肩衣襖上。曰不狼兒。言左右垂髻。礙于回視。不能狼顧。或合辮爲一。直拖垂衣背。男子俱戴耳墜。

而馬哥博羅遊記述元代都城之壯麗。則極口稱歎。

【馬哥博羅遊記卷一第五十七章】自章哈淖爾(Changanor)向東北行三日。至一城。名曰上都。(Xanadu)。此城爲今日御極之大可汗忽必烈所造。上都今日已毀圮，其故址在科爾沁旗，以雲母大理華貴之石爲宮殿。構製宏壯華麗無比。殿中悉施金藻。其宮一面內向。一面向城垣。宮牆周圍十六英里。

【同上卷二第六章】大可汗每歲于陽歷十二正二等三月。皆居汗巴路大城中。城之位置在契丹(Cathay)之極東北。城之南。

宮殿在焉。宮之制。劃地築垣。圍以巨濠。垣爲方形。每面長八英里。於兩端之中闢一門。以便行人出入。垣以內沿牆凡寬一英里之地。皆屬廣場。羽林之軍駐焉。過此又有一垣。垣內之地。縱橫皆六英里。南北兩垣。闢門凡三。其中央者稍大。常時關閉。非大可汗出入。不啓也。其兩旁之門。則以通行人焉。通計南北六門。東西二門。每門之內。有武庫一所。各庫所儲武器。各有不同。如鞿轡足鐙之類。屬於騎兵者。爲一庫。弓矢弦韜之類。屬於弓兵者。又爲一庫。甲冑盔鎧又爲一庫。餘倣此。此城之內。更有一城牆垣至厚。高二十五尺。雉堞甕城皆塗白堊。此城方四英里。每面長一英里。共闢六門。此城內始爲宮殿 城內亦有八庫。內儲大可汗御用之物。沿城徧栽樹木。間以草地。蓄麋鹿麞麝無數。草場遼廣。有石砌之道。以通往來。道上不染纖塵。中凸。天雨則水自兩旁流下。藉以灌溉草地。大可汗之宮。正建其中。此宮之華麗宏大。實爲天下之冠。宮起城北。直達城南。除天井外。餘無隙地。其中惟貴官及司宿衛之兵往來而已。宮殿均一層。無有樓者。然殿頂崇高無比。殿基爲石臺。高數丈。四圍皆白石之欄。無論何人。非經君問。不得過石欄一步。殿牆繪龍鳳鳥獸。亦有繪兩軍鏖戰狀者。仰牆亦施藻繪金漆。殿之四面。均有石級。自平地直接殿基石臺。大殿既深且廣。當大可汗賜宴羣臣時。容人至夥。宮之全部。零落星散。故觸眼多勝景。殿頂覆以五彩之瓦。搆造極堅。能歷久不壞。窗門之上。嵌以明瓦。通透若琉璃。宮殿之最後。有寶庫。凡珍珠寶石金銀及他貴重之物。皆儲焉。

〔同上卷二第七章〕汗巴路城。建於契丹省內大河之旁。自古稱爲雄都。汗巴路(Cambaluc)之義。卽皇都也。大可汗於河之對岸。另建新都。名之曰大都。兩都之間。中隔以河。大都爲方形。周圍長二十四英里。每面長六英里。城垣以土爲之。牆基寬十尺。漸漸向上。峻削至牆頂。僅寬三步而已。城垛皆作白色。城形既方。其街衢均尙直。故人登南城遠望。能見北城之樓。通衢兩旁。商肆林立。各家區地建屋。亦成正方。無參差先後之不齊。每家之長。各得地若干。建屋其中。世世居之。自高處下視全城。極類棋盤。有城門十二。每面三門。四角各有角門。門上建危樓一座。樓中皆儲軍械。每門撥兵一千守之。城之中央。有鐘樓一所。每晚鐘鳴。至第三次。則街上禁止行人。其因延醫或接產婆必須外出者。必須提燈。否則仍以犯夜論罪。城外商店居民更多。市場遠出三四英里以外。以戶口論。城外尚多於城內也。商店居民之外。尚有旅館多處。各路客商。咸有專門旅館。例如回民有回民之旅館。蠻子有蠻子之旅館也。城內外之樂戶。約計有妓二萬五千人。公家設專官取締之。

蓋鄭氏所譏者。蒙古草昧之風。而歐人所覩者。元代極盛之世。當時漢族文教制度。遠軼韃靼。故深惡其野蠻。歐洲文教制度。不及中國。故大驚其宏偉。參兩者而觀之。則蒙古之由遊牧民族。席遼金及宋之遺產。而成城郭之國。之規模。其進步之速。亦可稱矣。

元代統馭東亞。鞭笞萬里。典章制作。必有遠軼前代者。顧其傳世諸書。若元祕史聖武親征錄等。皆祗述戰勝攻取之事。

『那珂通世成吉思汗實錄序論』忙豁侖紐察脫卜赤顏。元太祖時撰。續集太宗十二年撰。　元朝秘史十卷。續集二卷。明洪武十五年譯。　元朝秘史十五卷。永樂大典十二先元字韻中所收。錢大昕鈔出本。張穆連筠簃刻本。李文田注刻本。

又修正紐察脫卜赤顏（元史察罕傳稱脫必赤顏。虞集傳稱脫卜赤顏。）　聖武開天記（仁宗時。察罕譯脫必赤顏以成。）　聖武親征記（邵遠平元史類編所引）　皇元聖武親征錄（兩淮鹽政採進本。四庫全書提要存目。）

經世大典。則僅存序錄。

『補三史藝文志』(倪燦)經世大典八百八十卷。目錄十二卷。公牘一卷。纂修通議一卷。天歷二年。命趙世延虞集等撰，悉取諸有司掌故修之。

『元文類』卷四十至四十二載經世大典序錄。

至元新格。風憲宏綱。大元通制。並散佚無存。

『補三史藝文志』風憲宏綱。趙世延撰。世延所校定律令。 至元新格。何榮祖撰。

『元史紀事本末』(陳邦瞻)英宗至治三年二月。命完顏納丹曹伯啓等。纂集累朝格例而損益之。凡爲條二千五百三十有九。名曰大元通制。

『元典章跋』(沈家本)元代掌故之編。如至元新格。風憲宏綱。大元通制。並亡失不可復。

今可考見元代制度者。自元史紀志外。僅元典章及典章新集二書。

『元典章跋』(錢大昕)此書題云大元聖政國朝典章。凡六十卷。首詔令。次聖政。次朝綱。次臺綱。次六部。書成於至治之初。故稱英宗爲今上皇帝也。其後又有至治二年新集條例。三百餘頁。仍冠以大元聖政典章之名。

彙集案牘。俚俗無文。

『元典章跋』(沈家本)此書乃彙集之書。而非修纂之書。故所錄皆條畫原文。未加刪潤。頗似今日官署通行之案牘。大都備錄全文以資參考。總目議其所載皆案牘之文。兼雜方言俗語。浮詞妨要者。十之七八。又體例瞀亂。漫無端緒。乃吏胥鈔記之條格。不可以資考證。

蓋元制百官皆蒙古人爲之長。雖省部臺院。參用南人。多無實權。

《廿二史劄記》(趙翼)元世祖定制。總政務者曰中書省。秉兵柄者曰樞密院。司黜陟者曰御史臺。其次在內者。有寺。有監。有衛。有府。在外者有行省。行臺。宣慰司使。廉訪使。其牧民者。曰路。曰府。曰州。曰縣。官有常職。位有常員。其長皆以蒙古人爲之。而漢人南人貳焉。(元史百官志序)故一代之制。未有漢人南人爲正官者。中書省爲政本之地。太祖太宗時。以契丹人耶律楚材爲中書令。宏州人楊惟中繼之。楚材子鑄亦爲左丞相。(元制尚右)此在未定制以前。至世祖時。惟史天澤以元勳宿望。爲中書右丞相。仁宗時。欲以回回人哈散爲相。哈散以故事丞相必用蒙古勳舊。故力辭。帝乃以伯答沙爲右丞相。哈散爲左丞相。太平。本姓賀。名惟一。順帝欲以爲御史大夫。故事。臺端非國姓不授。惟一固辭。帝乃改其姓名曰太平。後仕至中書省左丞相。終元之世。非蒙古而爲丞相者。止此三人。哈散尙係回回人。其漢人止史天澤賀惟一耳。丞相之下。有平章政事。有左右丞。有參知政事。則漢人亦得爲之。其時亦稱宰執。然中葉後。漢人爲之者亦少。順帝紀。至正十三年。始詔南人有才學者。依世祖舊制。中書省樞密院御史臺皆用之。是時江淮兵起。故以是收拾人心。然亦可見久不用南人。至是始特下詔也。鄭鼎傳。鼎子制宜爲樞密院判官。車駕幸上都。舊制樞府官從行。歲留一人司本院事。漢人不得與。至是以屬制宜。制宜力辭。帝曰。汝豈漢人比邪。竟留之。可見樞密屬僚掌權之處。漢人亦不得與也。御史大夫非國姓不授。既見太平傳。而世祖初命程鉅夫爲御史中丞。臺臣言。鉅夫南人。不宜用。帝曰。汝未用南人。何以知南人不可用。自今省部臺院必參用南人。（鉅夫傳）可見未下詔以前。御史中丞之職。漢人亦不得居也。中書省分設於外者曰行省。初本不設丞相。後以和林等處多勳戚。行省官輕。不足以鎭之。乃設丞相。而他處行省遂皆設焉。董文用傳。行省長官素貴。同列莫敢仰視。跪起稟白。如小吏。文用至。則坐堂上。侃侃與論。可見行省中蒙古人之爲長官者。雖同列不敢與講鈞禮也。成宗本紀。各道廉訪司必擇蒙古人爲使。或缺。則以色目世臣子孫爲之。其次始參以色目及漢人。文宗本紀。詔御史臺。凡各道廉訪司官用蒙古二人。畏兀河西。回回。漢人。南人各一人。是漢人南人則於廉訪司者。僅五之一也。其各路達嚕噶齊。亦以蒙古人爲之。至元二年。詔以蒙古人充各路達嚕噶齊。漢人充總管。回回人爲同知。永爲定制。其諸王駙馬分地。並令自用達嚕噶齊。仁宗始命以流官爲之。而諸王駙馬所用者爲副。未幾仍復舊制。文宗詔諸王封邑所用達嚕噶齊擇本部識治體者爲之。或有冒濫罪及王相。然亦未聞有以漢人爲之者。此有元一代中外百官偏重國姓之制也。

故其經國之法。亦鮮可稱。據鄭介夫之言。則當時法令雜亂。家自爲政。實極無法之弊。

《元史紀事本末》（陳邦瞻）成宗大德三年。鄭介夫上言。今天下所奉以行者。有例可援。無法可守。官吏因得以並緣爲欺。如甲乙互訟。甲有力則援此之例。乙有力則援彼之例。甲乙之力俱到。則無所可否。遷調歲月名曰撤放。使天下黔首。蚩蚩然狼顧鹿駭。無所持循。 內而省部。外而郡守。抄寫格例至數十册。遇事爲難決。則檢尋舊例。或中無所載。則旋行議擬。是百官莫知所守也。民間自以耳目所得之勅旨條令。雜採類編。刊行成帙。曰斷例條章。曰仕民要覽。各家收置一本。以爲準繩。試閱二十年間之例。較之三十年前。半不可用矣。更以十年間之例。較之二十年前。又半不可用矣。是百姓莫知避也。今者號令不常。有同兒戲。或一年二年前後不同。或綸音初降。隨即泯沒。遂致民間有一緊二慢三休之謠。上無道揆。下無法守。不聞如是可以立國者。　衙門紛雜。事不歸一。十羊九牧。莫之適從。普天率土。皆爲王民。豈可家自爲政。人自爲國。今正宮位下自立中政院。匠人自隸金玉府。校尉自歸拱衛司。軍人自屬樞密院。諸王位下自有宗正府。內史府。僧則宣政院。道則道教所。又有宣徽院。徽政院。都護府。白雲宗所管戶。計諸司頭目。布滿天下。各自管領。不相統攝。凡有公訟。並須約會。或事涉三四衙門。動是半年。虛調文移。不得一會。或指日對問。則各司所管。互相隱庇。至一年二年。事無杜絕。遂至於强凌弱。衆暴寡。貴抑賤。無法之弊。莫此爲甚。

然詳觀元代史事。則民治與封建。實爲元之立國根本。民治之法。詳見元典章戶部立社門。

《元典章戶部》立社　勸農立社事理十五款。　至元二十八年。尚書省奏奉聖旨節該。將行司農司勸農司衙門罷了。勸課農桑事理。倂入按察司。除遵依外。照得中書省先於至元二十三年六月十二日奏過事內一件。奏立大司農司的聖旨。奏呵。與者麼道聖旨有來。又仲謙那的每行來的條畫。在先他省官人每的印信文字行來。如今條畫根底省家文字裏交行呵。怎生麼道奏呵。那般者麼道聖旨了也。欽此。聖旨定到條畫開坐前去。仰依上勸課行

元史食貨志約舉其法。詡爲用心周悉。

《元史食貨志》農桑之制十四條。（當是十五條）條多不能盡載。載其所可法者。縣邑所屬村疃。凡五十家立一社。擇高年曉農事者一

人爲之長。增至百家者。別設長一員。不及五十家。與近村合爲一社。地遠人稀。不能相合。各自爲社者。聽。其合爲社者。仍擇數村之中立社長官司長以教督農桑爲事。凡種田者。立牌橛於田側。書某社某人於其上。社長以時點視勸誡。不率教者。籍其姓名以授提點官責之。其有不敬父兄及兇惡者亦然。仍大書其所犯於門。俟其改過自新乃毀。如終歲不改。罰其代充本社夫役。社中有疾病凶喪之家。不能耕種者。衆爲合力助之。一社之中災病多者。兩社助之。凡爲長者。復其身。郡縣官不得以社長與科差事。農桑之術。以備旱暵爲先。凡河渠之利。委本處正官一員。以時濬治。或民力不足者。提舉河渠官相其輕重。官爲導之。地高水不能上者。命造水車。貧不能造者。官具材木給之。俟秋成之後。驗使水之家。俾均輸其直。田無水者鑿井。井深不能得水者。聽種區田。其有水田者。不必區種。仍以區田之法。散諸農民。種植之制。每丁歲種桑棗二十株。土性不宜者。聽種榆柳等。其數亦如之。種雜果者。每丁十株。皆以生成爲數。願多種者聽。其無地及有疾者不與。所在官司申報不實者罪之。仍令各社布種苜蓿。以防饑年。近水之家。又許鑿池養魚幷鵝鴨之屬。及種蒔蓮藕雞頭菱芡蒲葦等。以助衣食。凡荒閑之地。悉以付民。先給貧者。次及餘戶。每年十月。令州縣正官一員巡視境內。有蟲蝗遺子之地。多方設法除之。其用心周悉若此。亦仁矣哉。

尋其法意。蓋舉農田水利樹藝漁畜教育勸懲。一寓於立社之中。此實漢族先哲研求民治培植國本之法。而蒙古游牧之族。入主中國。乃能施行此制。是亦一奇事也。按北宋關中呂氏鄉約。有約正及同約之人。以德業相勵。過失相規。禮俗相交。患難相恤。爲約。而於勸農興學之事。未之及也。

《宋元學案呂范諸儒學案》呂大鈞字和叔。於橫渠爲同年友。心悅而好之。遂執弟子禮。於是學者靡然知所趨向。橫渠之教。以禮爲先。先生條爲鄉約。關中風俗爲之一變。

朱子社倉事目有社首保正副等名。亦止及積穀一事。

《朱子集卷十五社倉事目》每十人結爲一保。遞相保委。 逐年十二月。分委諸部社首保正副。將舊簿重行編排。 某里第某都社首某人今同本都大保長隊長。編排到都內人口數下項。

元之社長職務綦繁。所立規程亦極周密。蓋承兩宋地方制度。而又加以研究。此必非蒙古人所能爲。然漢族賢者爲立此制。按元史食貨志。世祖中統二年。立勸農司。以陳邃崔斌等八人爲使。至元七年。立司農司。以左丞張文謙爲卿。則立社之法。殆即陳邃張文謙等所建白。而彼族能用之。則元之能承中國國統。亦匪無故矣。

封建之制殊無定法。惟擁立大汗。必由諸王宗室集會推舉。則封建之關係有可稱者。

《蒙兀兒史記斡歌歹可汗本紀》(屠寄)歲丁亥秋七月。成吉思汗殂於靈州。會葬禮畢。汗與諸皇子諸王各還本封。蒙兀俗。大位繼承。必經忽里勒塔之定策。忽里勒塔者。華言大會議也。汗雖有成吉思前命。大位猶未定。故戊子年拖雷監國。其秋拖雷即遣使召集左右手諸王駙馬萬戶千戶官人。期以明年夏會議立君。

又其統轄諸國。全恃驛站之交通。諸書稱元之所以強盛。多紀其制。

《元史兵志》元制。站赤者。驛傳之譯名也。蓋以通達邊情。布宣號令。古人所謂置郵而傳命。未有重于此者焉。凡站陸則以馬以牛。或以驢。或以車。而水則以舟。其給驛傳璽書謂之鋪馬聖旨。遇軍務之急。則又以金字圓符爲信。銀字者次之。內則掌之天府。外則國人之爲長官者主之。其官有驛令。有提領。又置脫脫禾孫於關會之地。以司辨詰。皆總之於通政院及中書兵部。而站戶闕乏逃亡。則可以時僉補。且加賑恤焉。於是四方往來之使。止則有館舍。頓則有供帳。饑渴則有飲食。而梯航畢達。海宇會同。元之天下。視前代所以爲極盛也。

『馬哥博羅遊記』汗巴路爲大可汗之所居。故皆有大道。以通各省及諸藩屬。大道之上。每隔二十五英里或三十英里。必設驛站一所。以便官員或公差在此歇宿。此等驛站。名之曰雅伯木站。屋極寬大。每站必有修潔之屋數間。陳設極其華麗。雖王公貴人之會。亦不以爲簡陋也。其中飲饌一切。均自左近大城中購置。尙有數站。爲貴人所常至。此其供應。均由內廷發給。每站蓄良馬四百匹。以便外國使臣或官府往來之用。蓋長途陸行。馬易困乏。故一至前站。則以疲馬委之站員。而易馬以行。沿途無濡滯之患。卽高山大漠之中。去城絕遠。四無居人。而驛站仍續續不斷。飲饌馬匹。供應周全。大可汗每以內地無業之民。遣送荒僻之地。充站役。賜之耕種之地。不數年間。其左近自成村落矣。因有此項制度。故各國貢使。以及大可汗派赴各國各省之專使。長途均無缺乏之苦。可謂周至極矣。驛站之間。每隔三英里。必有一小村落。約有居民四五十家。此亦公家所設。其居戶大都均爲郵卒。其人腰際縛韁。上繫以鈴。疾行道上。聲聞甚遠。每遇投遞公文。甲站之人。負之疾行三英里。以之交付乙站。乙站之人。再以交付丙站。故人不疲而遞信極速。其所以腰間繫鈴者。使前站之人。預知將有公文遞至。有所準備。以期不誤時間也。大可汗所轄版圖綿亙。非如此不足以寄號令於邊遠。往往邊界有警。不數日卽可達於大可汗。有時大可汗居上都。

汗巴路旱間摘佳果。令郵卒遞呈大可汗。至明日午後。已達上都。若尋常旅行。自汗巴路至上都。須十日之程也。每村之中。設書記一員。專記某件公文何日何時到站發出。尙有巡查各站之官。每月稽查站吏郵卒之勤惰一次。記其功過。郵卒除不納丁稅外。每月尙可支領工食。驛站馬匹。均由左近城市人民供其喂養之費。每年由各城官吏調查戶口一次。計其歲入之多寡。責令每人納費若干。以供驛站經費。此項捐納仍併入地丁錢糧一同赴櫃交納。官吏但於錢糧解京之時。扣留若干。以充驛站經費。前言每站有馬四百匹。其實常川在廐者。僅二百匹耳。蓋馬居廐中。時常應差。則易消瘦。故分馬四百匹爲兩班。甲班供差時。則乙班放牧。每班一月一輪。故馬亦得休息之時。途中遇有河流阻梗。則近處城鎭或村落。必須時備渡船數艘。待於河岸。設遇沙漠之地。中無人居者。其最近城鎭。亦有供應馬匹糧食飲水之義務。惟此等城鎭。每年仍受俸給。以補償其所失耳。　如遇重要軍情。須加緊遞送者。則每日必行二百或二百五十英里。背插飛鷹標識。以示緊急之意。此等重要軍情往往必以二人遞送。人各急裝。纏布於首。策快馬。同時並行。至第二站。必有二駿馬鞍轡以待於此。並不休息。立即換馬遄行。如是者逢站更馬。一日之中。可行二百五十英里。如係最要公文。卽夜間亦加班遞送。如遇月在上下弦。黑暗不便夜行。則站吏供給人役。令執炬前導。惟夜行時。不似白晝之迅耳。

蓋元之疆域。亙古無匹。使非有特殊制度。以便利交通。則其國家必不能摶結爲一。諸書所言。較之前代驛傳。實有緩急之殊。故欲考元代所以能合亞洲全境及歐洲東北部爲一大國者。不可不注意於此也。然此特其制度之一端。他事殊未能稱此。定宗薨後。諸王已有意見。

詳元史譯文證補定宗憲宗本紀補異。

世祖立而海都抗命。諸王叛者相屬。

詳元史譯文證補海都補傳。

故當極盛之時。已有分裂之兆。其後元室淪亡。而蒙古支裔。猶縣延歷世。論者謂爲封建之效。

『新元史宗室世表序』（柯劭忞）太祖分封子弟。墳服荒遠。其後乃顏海都雖有鬩牆之釁。然昭宗北走和林。不失舊物。歷二三百年。成吉思汗之族。雄長北邊。至今日猶爲中國之藩服。然後知先王封建之制。爲不可易也。

然使其族能精研法制。無使渙散。其勢豈止於是哉。

第二十二章　宋元之學校及書院

自唐以降。取士皆以科舉。學校之制。大抵具文。不足語於教育也。然有宋諸儒。恆思興起國學。其州郡之學。亦至宋始盛。是亦有足稱者。書院之名起於唐至五代而有講學之書院。宋元間儒者多於書院講學。其風殆盛於國庠及州郡之學。迄明清猶然。故欲知中國近代教育學術之變遷。不可不知書院之原起及其規制也。茲先略述宋元學校制度。而次及書院。

唐末學校頹廢。五季區區。莫之能振。經用不足。則命官吏及監生輸錢。名爲光學。

《文獻通考》(馬端臨)咸通中。劉允章爲禮部侍郎。建言羣臣輸光學錢。治庠序。宰相五萬。節度使四萬。刺史萬。詔可。　梁開平三年。國子監奏修建文宣王廟。請率在朝及天下見任官俸錢。每貫尅留一十五文。　後唐天成五年。國子監奏當監舊例。初補監生。有束脩錢二千。及第後。光學錢一千。當監諸色舉人及第後。多不於監司出給光學文鈔。及不納光學錢。

其窘迫之狀可想矣。宋室初興。增修學舍。而國子監僅容釋奠齋庖。太學未嘗營建。止假錫慶院廊廡爲之。勸學之風。殆亦未盛。

《文獻通考》宋初增修國子監學舍。　熙寗四年。侍御史鄧綰言。國家治平百餘年。雖有國子監。僅容釋奠齋庖。而生員無所容。

至於太學。未嘗營建。止假錫慶院廊廡數十間。生員纔三百人。

雖有胡瑗孫覺等。樹立師道。稍復古風。而學校規模。猶在漢唐之下。

《文獻通考》皇祐末。以胡瑗爲國子監講書。專管句太學。數年。進天章閣侍講。猶兼學正。其初人未甚信服。乃使其徒之已仕者。盛僑顧臨輩。分治其事。又令孫覺說孟子。中都人士。稍稍從之。一日升堂講易。音韻高朗。指意明白。衆方大服，然在列者不喜。謗議蜂起。瑗不顧。强力不倦。卒以有立。 瑗在學時。每公私試罷。掌儀率諸生會於首善。令雅樂歌詩。乙夜乃散。諸齋亦自歌詩。奏琴瑟之聲。徹於外。瑗在湖學。敎法最備。始建太學。有司請下湖學。取瑗之法。以爲太學法。至今爲著令。

熙寧元豐。厲行新法。太學三舍規制始宏。

《宋史紀事本末》(陳邦瞻)熙寧四年十月。立太學生三舍法。釐生員爲三等。始入太學爲外舍。定額爲七百人。外舍升內舍。員三百。內舍升上舍。員一百。各執一經。從所講官受學。月考試其業。優等以次升舍。上舍免發解，及禮部試。召試賜第。其正錄學諭。以上舍生爲之。經各二員。學行卓異者。主判直講復薦之於中書。除官。其後增置八十齋。齋三十人。外舍生至二千人。歲一試。補內舍生。間歲一試。補上舍生。彌封謄錄。如貢舉法。

《文獻通考》元豐二年。頒學令。太學置八十齋。齋容三十人。外舍生二千人。內舍生三百人。上舍生百人。總二千四百。

《宋史職官志》凡諸生之隸於太學者。分三舍。始入學。驗所隸州公據。以試補。中者充外舍。齋長諭月書其行藝於籍。行謂率敎不戾規矩。藝謂治經程文。季終考於學諭。次學錄。次學正。次博士。然後考於長貳。歲終校定。具注於籍。以俟覆試。視其校定之數。參驗而序進之。凡私試。孟月經義。仲月論。季月策。公試。初場以經義。次場以論策。試上舍如省試法。凡內舍行藝與所試之等俱優者。爲上舍上等。取旨命官。一優一平爲中。以俟殿試。一優一否或俱平爲下。以俟省試。唯國子生不預考選。

〔同上〕祭酒掌國子太學武學律學小學之政令。司業爲之貳。丞參領監事。　博士十人。（舊係國子監直講。元豐三年。詔改爲大學博士。每經二人。）掌分經講授。考校程文。以德行道藝訓導學者。　正錄各五人。掌舉行學規。凡諸生之戾規矩者。待以五等之罰。　職事學錄五人。掌與正錄通掌學規。學諭二十人。掌以所授經傳諭諸生。直學四人。掌諸生之籍及幾察出入。凡八十齋。齋置長諭各一人。掌表率齋生。凡戾規矩者。糾以齋規五等之罰。乃月考齋生行藝。著於籍。

崇寧中罷科舉取士。一出於學。而太學生至三千八百人。

〔宋史紀事本末〕徽宗崇寧元年八月甲戌。蔡京請興學貢士。縣學生選考升諸州學。州學生每三年貢太學。考分三等。上等補上舍。中等補中舍。下等補內舍。餘居外舍。諸州軍解額各以三分之一充貢士。京又請建外學。乃詔即京城南門外營建。賜名辟雍。外圓內方。爲屋千八百七十二楹。太學專處上舍內舍生。而外學則處外舍生。士初貢至。皆入外學。經試補入上舍內舍。始得進處太學。太學外舍。亦令出居外學。於是上舍至二百人。內舍六百人。外舍三千人。

〔同上〕三年九月罷科舉法。時雖設辟雍太學。以待士之升貢者。然州縣猶以科舉貢士。蔡京以爲言。遂詔天下取士。悉由學校升貢。其州郡發解凡試禮部法皆罷。　四年五月。行三舍法於天下。（按宋史選舉志。宣和三年。詔罷天下三舍法。開封府及諸路。並以科舉取士。惟太學仍存三舍。以甄序課試。遇科舉仍自發解。蓋科舉之罷。爲時未久也。）

雖其法出於新黨。論者多不謂然。

『朱子學校貢舉私議』熙寧以來。所謂太學者。但爲聲利之場。而掌其教事者。不過取其善爲科舉之文。師生相視。漠然如行路之人。月書季考。祗以促其嗜利苟得冒昧無恥之心。殊非立學教人之本意。

葉適論學校曰。崇觀間。以俊秀聞於學者。旋爲大官。宣和靖康所用誤國之臣。大抵學校之名士也。

然陳東等請誅六賊。用李綱。

『宋史陳東傳』東字少陽。鎮江丹陽人。蚤有儁聲。以貢入太學。欽宗即位。率其徒伏闕上書。論事。請誅蔡京。梁師成。李彥。朱勔。王黼。童貫六賊。明年。金人迫京師。李邦彥議與金和。李綱主戰。邦彥因少失利。罷綱而割三鎮。東復率諸生。伏宣德門下上書。請用綱。斥邦彥。軍民從者數萬。書聞。傳旨慰諭。衆莫肯去。舁登聞鼓撾壞之。喧呼震地。於是亟召綱入。復領行營。遣使撫諭。乃稍引去。高宗即位五日。相李綱。又五日。召東至。未得對。會綱去。乃上書乞留綱而罷黃潛善汪伯彥。潛善激怒高宗。殺之。

與漢之太學生救鮑宣。褒李膺者。後先相映。亦不可謂非養士之效也。

『漢書鮑宣傳』宣坐距閉使者。亡人臣禮。大不敬不道。下廷尉獄。博士弟子濟南王咸。舉幡太學下曰。欲救鮑司隸者會此下。諸生會者千餘人。朝日遮丞相孔光自言。丞相車不得行。又守闕上書。上遂抵宣罪。減死一等。髡鉗。

『後漢書黨錮傳』太學諸生三萬餘人。郭林宗賈偉節爲其冠。並與李膺陳蕃王暢。更相褒重。

宋代太學之外。有律算書畫醫諸學。

【文獻通考】（馬端臨）律學。熙寧六年置。教授四員。凡命官舉人皆得自占入學。舉人須命官二員任其平素。先入學聽讀。而後試補。習斷案人。試案一道。習律令人。試大義五道。月一公試。三私試。需用古今刑書。許於所屬索取。凡朝廷新頒條令。刑部畫日關送。

【同上】算學。崇寧三年立。其業以九章周髀及假設疑數爲算問。仍兼海島孫子五曹張邱建夏侯陽算法。并歷算三式天文書爲本科。本科外。人占一小經。願占大經者聽。公私試三舍法。略如太學。上舍三等推恩。以通仕。登仕。將仕郎。爲次。

【同上】書學。篆隸草三體字。說文字說爾雅博雅方言五書。仍兼通論語孟子義。願占大經者聽。三舍試補升降。略同算學法。推恩差降一等。

【同上】畫學。曰佛道人物山水鳥獸花竹屋木。以說文爾雅方言釋名教授。說文則令篆字著音訓。餘書皆設答。以所解義。觀其能通畫意與否。仍分士流雜流。別其齋以居之。士流兼習一大經一小經。雜流則誦小經。或讀律。考畫文等以不做前人。而物之情態形色俱若自然。筆韻高簡爲工。三舍試補升降以及推恩。略同書學。惟雜流授官。止自三班借職以下三等。

【同上】醫學。初隸太常寺。神宗時。置提舉判局。始不隸太常。亦置教授一員。翰林醫官以下。與上等學生及在外良醫爲之。學生常以春試。取三百人爲額。三學生願預者聽。做三學之制。立三舍法。爲三科。以教諸生。有方脈科。鍼科。瘍科。方脈以素問難經脈經爲大經。病源千金翼方爲小經。考察升補等。略如諸學之法。其選用最高者。爲尙藥醫師。以次醫職。餘各以等補官。爲本學博士正錄。及外州醫學教授云。

又有武學。以兵書弓馬武藝訓誘學者。

《宋史職官志武學》慶曆三年。詔置武學於武成王廟。以阮逸爲教授。八月。罷武學。以議者言古名將如諸葛亮羊祜杜預等。豈專學孫吳故也。熙寧五年。樞密院言古者出師受成於學。文武弛張。其道一也。乞復置武學。詔於武成王廟置學。元豐官制行。改教授爲博士。紹興十六年。詔修建武學。武博武諭以兵書弓馬武藝誘誨學者。

而慶曆以後。州郡無不有學。

《宋史職官志》景祐四年。詔藩鎭始立學。他州勿聽。慶曆四年。詔諸路州軍監各令立學。學者二百人以上。許更置縣學。自是州郡無不有學。始置教授。以經術行義訓導諸生。掌其課試之事。而糾正不如規者。委運司及長史於幕職州縣內薦。或本處舉人有德藝者充。熙寧六年。詔諸路學官委中書門下選差。至是始命於朝廷。元豐元年。州府學官共五十三員。諸路惟大郡有之。軍監未盡置。元祐元年。詔齊廬宿常等州各置教授一員。自是列郡各置教官。建炎三年。教授並罷。紹興三年。復置四十二州。十二年。詔無教授官州軍令吏部申尚書省選差。二十六年。詔並不許兼他職。令提舉司常切遵守。

宋儒文集。多有州郡建學碑記。可見一代風氣。金石萃編載永興軍牒及中書劄子。

《金石萃編永興軍牒》（王昶）戶部侍郎知永興軍范雍奏。國家剽甲敦儒。宅中開緒云云。臣伏見本府城中見有係官隙地。欲立學舍五十間。乞於國子監請經典史籍一監。仍撥係官莊田一十頃。以供其費。訪經明行修者爲之師範。召篤學不倦者補以諸生。候勅旨牒。奉敕依奏。許建立府學。仍勘會於係官荒閑土地內量撥伍頃。充府學支用。及令國子監賜與九經書籍。不得假借出外。及有損汚散失。仍令本軍常切選差官一員管句。

〖同上永興軍中書箚子〗戶部侍郎知河陽軍范雍奏臣昨知永興軍。體量得前資寄任官員頗多。子弟輩不預肯構。唯恣嘲詐輕薄。鬬諜詞訟。自來累有條約。與諸處不同。有過犯情理重者。並奏聽敕裁。然終難悛革。蓋由別無學校勵業之所。是致輕悍成風。臣到任後。奏乞建置府學。兼賜得九經書。差官主掌。每日講授。據本府分析。即今見有本府及諸州修業進士一百三十人在學。關中風俗稍變。頗益文理。見是權節度掌書記陳諭管句。欲乞特降勅命指揮下本府管句官員。令常切遵守所立規繩。不得隳廢。候敕旨。右奉聖旨依奏。箚付永興軍准此者。

知宋初各地立學。尚須特奏。關中爲自古都會。而學校久廢。待范雍而後興。則自北宋中葉以降。無論路府州軍。皆立學校教授。不得謂非文化之鉅典也。

雖然宋代學校。究不逮科舉之盛。宋之君主。多注重取士。臨軒試士。待之極渥。

〖文獻通考〗(馬端臨)太祖開寶八年。親試舉人。得王嗣宗等三十六人。　按殿前試士。始於唐武后。然唐制以考功郎中任取士之責。后不過下行其事。以取士譽。非於考功已試之後再試之也。　開寶六年李昉知舉。放進士。後下第人徐士廉等打鼓論榜。上遂於講武殿命題重試。御試自此始。　然是年雖別試。而共爲一榜。亦未嘗有省試殿試之分。　至八年。覆試禮部貢院合格舉人王式等於講武殿。內出試題。得進士三十六人。而以王嗣宗爲首。王式者。禮部所定合格第一人。則居其四。蓋自是年御試。始別爲升降。始有省試殿試之分。省元狀元之別云。

而糊名考校。解衣閱視之令又極嚴。

『文獻通考』淳化三年。諸道舉人凡萬七千餘人。蘇易簡知舉殿試。始令糊名考校。 景德四年。令禮部糊名考校。

『同上』大中祥符五年。上聞貢院監門官以諸科舉人挾書爲私。悉解衣閱視。失取士之體。亟令止之。又令貢院錄諸州發解試題以聞。以將廷試。慮或重複。自是用以爲例。

其舉也限以年。

『文獻通考』英宗治平三年。詔曰。先帝以士久不貢。怠於學。而豪傑者不時舉。故下間歲之令。而自更法以來。其弊浸長。里選之牒仍故。而郡國之取減半。計偕之籍屢上。而道塗之勞良苦。朕甚閔焉。其令禮部三歲一貢舉。

其取也判以甲。

『文獻通考』太平興國八年。試進士始分三甲。第一甲並知縣。

定其解額。先以秋試。

『文獻通考』紹興十一年。始就諸路秋試。每五人解一名。省試七人取一名。

於是天下學者。悉萃精力於考試。反視學校進身不如科舉之捷。雖以王安石之提倡經術。

『宋史選舉志』王安石曰。今人材乏少。且其學術不一。異論紛然。不能一道德故也。一道德則修學校。欲修學校。則貢舉法不可不變。若謂此科嘗多得人。自緣仕進別無他路。其間不容無賢。若謂科法已善。則未也。今以少壯時。正當講求天下正理。乃閉門學作詩賦。及其入官。世事皆所不習。此科法敗壞人才。致不如古。既而中書門下言古之取士。皆本學校。道德一於上。習俗成於下。其人才皆足以有爲於世。今欲追復古制。則患於無漸。宜先除去聲病對偶之文。使學者得專意經術。以俟朝廷興建學校。然後講求三代所以教育選舉之法。施於天下。則庶幾可以復古矣。於是改法罷詩賦帖經墨義。士各占治易詩書周禮禮記一經。兼論語孟子。每試四場。初大經。次兼經大義凡十道。（後改論語孟子義各三道）次論一首。次策三道。禮部試卽增二道。中書撰大義式頒行。試義者須通經有文采。乃爲中格。不但如明經墨義。粗解章句而已。

蔡京之主廢科舉。

見前。

其弊卒不能革。蓋利祿之途既開。奔競之心日甚。亦勢之無可如何者也。

南宋學制。亦沿三舍之法。太學初僅養士七百八。

《宋史選舉志》紹興八年。葉琳上書請建學。而廷臣皆以兵興餽運爲辭。十三年。兵事稍寧。始建太學。置祭酒司業各一員。博士三員。正錄各一員。養士七百人。上舍生三十員。內舍生百員。外舍生五百七十員。

慶元嘉定中增外舍生至千四百員。申嚴積分之法。

《續文獻通考》慶元嘉定中。增外舍生至千四百員。內舍校定。不繫上舍試年分。以八分爲優等。外舍生晏泰亨以七分三釐乞理爲三優。朝命不許。遂申嚴學法。今後及八分者。方許歲校三名。如八分者止有一人。而援次優三優之例者。亦須止少一二三鶩。方可陳乞特放。

其學規有關暇遷齋夏楚屏斥諸目。

《續文獻通考》學規五等。輕者關暇幾月。不許出入。此前廊所判也。重則前廊關暇。監中所行也。又重則遷齋。或其人果不肯。則所遷之齋亦不受。又遷別齋。必須委曲人情方可。直須本齋同舍力告公堂。方許放還本齋。此則比之徒罪。又重則下自訟齋。比之黥罪。自宿自處。同舍亦不敢過而問焉。又重則夏楚屏斥。比之死罪。自此不與士齒矣。

吳自牧夢粱錄詳載臨安學校規制。觀之可以見南宋國學及府縣學校之概。

《夢粱錄》(吳自牧)太學有二十齋。扁曰服膺。禔身。習是。守約。存心。允蹈。養正。持志。節性。率履。明善。經德。循理。時中。篤信。果行。務本。貫道。觀化。立禮。十七齋扁俱米友仁書。餘節性。經德。立禮齋扁張孝祥書。各齋有樓。揭題名於東西壁。廳之左右爲東西序。對列。位後爲爐亭。又有亭宇。揭以嘉名甚夥。紹興年間。太學生員額三百人。後增置一千員。今爲額一千七百一十有六員。以上舍額三十人。內舍額二百單六人。外舍額一千四百人。國子生員八十人。諸生衫帽出入。規矩森嚴。朝家所給學廩。動以萬計。日供飲膳。爲禮甚豐。宗學在睦親坊。按國朝宗子分爲六宅。宅各有學。學各有訓導之官。中興後。惟睦親一宅。置諸王宮大小學教授。專以訓迪南班子弟。嘉定歲。始改宮學爲宗學。凡有籍之宗子。以三歲一試。補入爲生員。如太學法。置教授博士宗諭。立講課。隸宗正寺掌之。學立大成殿。御書閣。明倫堂。立教堂。汲古堂。齋舍有六。扁曰貴仁。立愛。大雅。明賢。懷德。升俊。　杭州府學在凌家橋西。士夫嫌其湫隘。故帥臣累增闢規模。廣其齋舍。總爲十齋。扁曰進德。興能。登俊。賓賢。持正。崇禮。致道。尚志。率性。養心。又有小學齋舍。在登俊後。以東西二教。掌其教訓之職。次有前廊錄正等生員。各齋有長諭。月書季考。供膳亦厚。學廩不下數千。出納。學正領其職。仁和錢塘二縣學。在縣左。建廟學養士。仁和學有齋舍四。扁曰教文。教行。教忠。教信。錢塘學齋舍六。曰友善。辨志。敦行。教信。教文。教忠。諸縣學亦如之。各縣有學官。次有學職生員。日供飲膳。月修課考。悉如州縣學。各州縣學廩。不下數百。以爲養士之供。醫學在通江橋北。又名太醫局。建殿扁曰神應。奉醫師神應王。以岐伯善濟公配祀。講堂扁曰正紀。朝家以御診長聽充判局職。本學以醫官充教授四員。領齋生二百五十人。月季教課。出入冠帶如上學。禮學廩飲膳豐厚不苟。大約視學校規式嚴肅。局有齋舍者八。扁曰守一。全沖。精微。立本。慈和。致用。深明。稽疾。

癸辛雜識痛詆當時學者。

《癸辛雜識》(周密)三學之橫。盛於淳祐景定之際。凡其所欲出者。雖宰相臺諫。亦直攻之使必去。權乃與人主抗衡。或少見施行。則必借秦爲論。動以坑儒惡聲加之。時君時相。略不過而問焉。其所以招權受賂。豪奪庇姦。動搖國法。作爲無名之謗。扣閽上書。經臺投卷。人畏之如狼虎。若市井商賈。無不被害。而無所赴愬。非京尹不敢過問。雖一時權相如史嵩之。丁大全。亦未如之何也。大全時極力與之爲敵。重修丙辰監令。榜之三學。時則方大猷實有力焉。其後諸生竭力合黨以攻大全。大全終於得罪而去。至於大猷。實有題名之石。磨去以爲敗羣之罰。自此之後。恣橫益甚。至賈似道作相。度其不可以力勝。遂以術籠絡。每重其恩數。豐其餽給。增撥學田。種種加厚。於是諸生啖其利而畏其威。雖目擊似道之罪。而噤不敢發一語。

然太學諸生。能直攻宰相臺諫而使之去。其權至與人主抗衡。則正宋室養士之效。以賈似道之姦而不敢得罪學生。僅思以術籠絡。其賢過於今之政府多矣。元代京師有國子學。及蒙古國子學。回回國子學。蓋其文字不專用一國也。蒙古國子學以教蒙文。

《續文獻通考》世祖至元八年正月。立京師蒙古國子學。命於隨朝蒙古漢人百官及集賽臺官員。選子弟俊秀者入學。幷令好學者兼習算學。以通鑑節要用蒙古語言譯寫教之。俟生員學習成效。出題試問。觀其所對。精通者量授官職。十四年。又立蒙古國子監。至成宗大德十年二月。增生員廩膳爲六十員。 仁宗延祐二年。生員百人。蒙古五十人。色目二十人。漢人三十人。而百官子弟之就學者。常不下二三百人。

回回國子學以教回文。

《續文獻通考》至元二十六年八月。置回回國子學。尚書省臣言。亦思替非文字宜施於用。今翰林院伊普迪哈魯鼎能通其字學。乞授以學士之職。凡公卿大夫與夫富民之子。皆依漢人入學之制。日肄習之。帝可其奏。遂置回回學。 泰定二年閏正月。以入學者衆。其學官及生員五十餘人。已給飲膳者二十七人。外助教一人。生員二十四人。廩膳並令給之。學之建置。在於國都。凡百司庶府所設譯史。皆從本學以取充焉。

於吾國之文化無大關係。其國子學之教漢文者。則沿宋代之制。建孔子廟。分齋舍。行積分法。

《賈侯修廟學頌序》(吳澄)世祖皇帝至元二十四年。設國子學。命立孔子廟。暨順德忠獻王哈喇哈孫相成宗。始克繼先志。成其事。而工部郎中賈侯董其役。廟在東北緯塗之南。北東經塗之東。殿四阿。崇十有七仞。南北五尋。東西十筵者三。左右翼之。

廣亦如之。衡達於兩廡。兩廡自北而南七十步。中門崇九仞有四尺。修半之。廣十有一步。門東門西之廡各廣五十有二步。外門左右爲齋宿之室。以間計。各十有五。神廚神庫南直殿之左右翼。以間計各七。殿而廡。廡而門。外至於外門。內至於廚庫。凡四百七十有八楹。肇謨於大德三年之春。訖功於大德十年之秋。於是設官教國子已二十年矣。寄寓官舍。不正其名。乃營國學於廟之西。中之堂爲監。前以公聚。後以燕處。旁有東西夾。夾之東西各一堂以居博士。東堂之東。西堂之西。有室。東室之東。西室之西。有庫。庫之前爲六館。東西嚮以居弟子員。一館七室。助教居中以涖之。館南而東而西爲兩塾。以屬於門。屋四周通百間。踰年而成。

《元史選舉志》仁宗延祐二年。用集賢學士趙孟頫。禮部尚書元明善等所議。國子學貢試之法更定之。一曰陞齋等第。六齋東西相向。下兩齋左曰游藝。右曰依仁。凡誦書講說小學屬對者隸焉。中兩齋。左曰據德。右曰志道。講說四書課肄詩律者隸焉。上兩齋。左曰時習。右曰日新。講說易書詩春秋科習明經義等條文者隸焉。每齋員數不等。每季考其所習經書課業及不違規矩者以次遞陞。二曰私試規矩。漢人驗日新時習兩齋。蒙古色目取志道據德兩齋。本學舉實歷坐齋二周歲以上未嘗犯過者。許令充試。限實歷坐齋三周歲以上以充貢舉。漢人私試。孟月試經疑一道。仲月試經義一道。季月試策問表章詔誥內科一道。蒙古色目人孟仲月各試明經一道。季月試策問一道。辭理俱優者爲上等。準一分。理優辭平者爲中等。準半分。每歲通計其年積分。至八分以上者。陞充高等生員。以四十名爲額。內蒙古色目各十名。漢人二十名。歲終試貢。員不必備。惟取實才。有分同闕少者。以坐齋月日先後多少爲定。其未及等幷雖及等無闕未補者。其年積分並不爲用。下年再行積算。每月初二日蚤且圓揖後。本學博士助教公座面引應試生員各給印紙。依式出題考試。不許懷挾代筆。各用印紙眞楷書寫。本學正錄彌封謄錄。餘並依科舉式。助教博士以次考定。次日監官覆考於名簿內籍記各得分數。本學收掌。以俟歲終通考。三日黜罰科條。應私試積分生員。其有不事課業。及一切違戾規矩者。初犯罰一分。再犯罰二分。三犯除名。從學正錄糾舉。正錄知見而不糾舉者。從本監議罰之。應已補高等生員。其有違戾規矩者。初犯殿試一年。再犯除名。從學正錄糾舉。正錄知見而不糾舉者。亦從本監議罰之。應在學生員。歲終實歷坐齋不滿半歲者。並行除名。除月假外。其餘告假並不準算。學正錄歲終通行考校。應在學生員除蒙古色目別議外。其餘漢人生員三年不能通一經及不肯勤學者。勒令出學。

要亦科舉之變相。不足以言教育。其府州縣學校。則見於史籍者。爲數頗多。

《元史世祖本紀》至元二十三年。大司農司上諸路學校之數。凡二萬一百六十六所。二十五年。二萬四千四百餘所。二十八年。二萬一千三百餘所。

蓋合社學而言。或沿宋金之制。惟雲南創建學校。於推廣文化有可紀焉。

《續通考》至元十九年四月。命雲南諸路皆建學。祀先聖。　雲南俗無禮義。子弟不能讀書。且未知尊孔子。祀王逸少爲師。至元三年。賽音謂德齊沙木斯鼎爲雲南行省平章。創建孔子廟。明倫堂。購經史。授學田。十五年。張立道爲忠慶路總管。亦首建孔子廟。置學舍。勸士人子弟以學。擇蜀士之賢者。迎以爲弟子師。歲時率諸生行釋菜禮。人習禮讓。風俗稍變。至是復有是命。二十九年四月。設雲南諸路學校。其教官以蜀士充。

書院之名。昉於唐而盛於宋元。

《唐六典》開元十三年。改集賢殿修書所爲集賢殿書院。有學士。直學士。侍講學士。修撰官。校理官。知書官等。集賢院學士掌刊緝古今之經籍。以辨明邦國之大典。而備顧問應對。凡天下圖書之遺逸。賢才之隱滯。則承旨而徵求焉。其有籌策之可施於時。著述之可行於代者。較其才藝。考其學術。而申表之。凡承旨撰集文章。校理經籍。月終則進課於內。歲終則考最於外。

宋初有四大書院。曰白鹿洞。曰嶽麓。曰應天。曰嵩陽。其建置實先於各州之學。

《文獻通考》（馬端臨）宋初有四書院。廬山白鹿洞。嵩陽書院。嶽麓書院。應天府書院。未建州學也。

王應麟玉海述四書院之歷史甚詳。今節錄之。

白鹿洞書院

唐李渤與兄涉俱隱白鹿洞。後爲江州刺史。即洞創臺榭。南唐昇元中。因洞建學館。置田以給諸生。學者大集。以李善道爲洞主。掌教授。當時謂之白鹿洞國庠。宋太平興國二年。知江州周述言廬山白鹿洞學徒數千百人。請賜九經書肄習之。詔從之。皇祐五年。孫琛即故址爲學館十間。榜曰白鹿洞之書堂。俾子弟居而學焉。淳熙六年。南康守朱熹重建。八年。賜國子監經書。

嶽麓書院

開寶九年。潭州守朱洞。始於嶽麓山抱黃洞下。以待四方學者。作講堂五間。齋序五十二間。咸平二年。潭守李允則。益崇大其規模。中開講堂。揭以書樓。塑先師十哲之象。畫七十二賢。請下國子監賜諸經釋文義疏史記玉篇唐韻。從之。大中祥符五年。

山長周式請於太守劉師道。廣其居。山長之名始此八年。拜式爲國子主簿。仍增給中秘書。於是書院之稱聞天下。

應天府書院

祥符二年。詔應天府新建書院。以曹誠爲助教。國初有戚同文者。通五經業。聚徒百餘人。於是誠卽同文舊居。建學舍百五十間。聚書千五百餘卷。願以學舍入官。令同文孫舜賓主之。故有是命。景祐二年。以書院爲府學。給田十頃。

嵩陽書院

至道二年七月甲辰。賜院額及印本九經書疏。祥符三年。賜太室書院九經。景祐二年。西京重修太室書院。詔以嵩陽書院爲額。按續通考，嵩陽書院在河南登封縣太室山下，五代時建。

此外則衡州石鼓書院建置亦甚久。

《文獻通考》石鼓書院。唐元和間衡州李寬所建。國初賜額。

故言宋初四大書院者或舉石鼓而不及嵩陽。蓋嵩陽後來無聞。而石鼓則南宋時猶存也。

北宋諸儒多講學於私家。南宋諸儒多講學於書院。故南宋時書院最盛。

《續通考》宋自白鹿。石鼓。應天。嶽麓四書院後。日增月益。書院之建。所在有之。寧宗開禧中。則衡山有南嶽書院。掌教有官。育士有田。略倣四書院之制。嘉定中。則涪州有北巖書院。至理宗時尤夥。其得請於朝。或賜額。或賜御書。及間有設官者。應天有明道書院。蘇州有鶴山書院。丹陽有丹陽書院。太平有天門書院。徽州有紫陽書院。建陽有考亭書院。廬峯書院。崇安有武夷書院。金華有麗澤書院。寧波有甬東書院。衢州有柯山書院。紹興有稽山書院。黃州有河東書院。丹徒有淮海書院。道州有濂溪書院。興化有涵江書院。桂州有宣成書院。全州有清湘書院。度宗朝。則淳安有石峽書院。衢州有清獻書院。其他名賢戻止士大夫講學之所自爲建置者。不與焉。

其法亦有仿三舍制者。

《續通考》理宗淳祐六年。敕湖廣善化縣別建湘西書院。 潭州故有嶽麓書院。至是御書其額賜之。復於湘水西別建書院。州學生月試積分高等升湘西嶽麓書院生。又積分高等升嶽麓精舍生。潭人謂爲三學生。

按宋時書院性質殆有官立私立兩種。官立者如白鹿嶽麓等是。私立者如泰山書院浮沚書院等是。

《泰山書院記》(石介)泰山先生(孫明復)於泰山之陽。起學舍講堂。聚先聖之書滿屋。與羣弟子居之。

《宋元學案》周行己字恭叔。永嘉人。大觀中築浮沚書院以講學。

其由私立改爲官立者。如戚同文講學之所復改爲應天書院是。

《宋元學案》戚同文字同文。晉末喪亂。絕意祿仕。將軍趙直爲築室聚徒。請益之人。不遠千里而至。

《答張徵士問四大書院帖子》(全祖望)戚同文講學睢陽。生徒即其居爲肄業之地。祥符三年。賜額。晏元獻公延范希文掌教焉。

續通考所未載者。尚有傳貽書院

《宋元學案》輔廣。字漢卿。崇德人。築傳貽書院。教授學者。稱傳貽先生。

石坡書院

《宋元學案》桂萬榮。字夢協。慈溪人。嘗築石坡書院講學。

杜洲書院

《宋元學案》童居易。字行簡。慈溪人。累世講學。其孫金築杜洲書院。

同人書院

《宋元學案》高定。字瞻叔。知夾江縣。作同人書院。

石洞書院

《宋元學案》饒魯。字伯輿。餘干人。於家作石洞書院。前有兩峯。因號雙峯。

象山書院等。

〔宋元學案彭世昌傳〕陸象山奉祠歸家。世昌登應天山。樂之。因爲建一精舍。以居象山。即所謂象山書院也。

其規模大小亦不等。如白鹿書院。不過小屋四五間。

《申修白鹿洞書院小貼子》(朱熹)所立書院。不過小屋四五間。不敢妄有破費官錢。傷耗民力。

杜洲書院則有禮殿講堂等。

《杜洲書院記》(全祖望)有先聖碑亭。有禮殿。有講堂。有六齋。曰志道。曰尚德。曰復禮。曰守約。曰愼獨。曰養浩。有書庫。有祭器。門廊庖湢纖悉畢備。

學生膏火有取之田租者。

《杜洲書院記》(全祖望)有田租以養學者。

有取之官費者。

《措置潭州嶽麓書院牒》(朱熹)游學之士。依州學則例。日破米一升四合。錢六十文。其排備齋舍几案床榻之屬。并帖錢糧官於本州贍學料次錢及書院學糧內。通融支給。

講學之法。或官吏延師。或主者自教。或別請大儒。

《宋元學案》陸象山至白鹿洞書院。朱子率僚友請其講義。以警學者。象山爲講君子喩於義。小人喩于利一章。

或代以高第弟子。蓋亦無一定之規則也。

《宋元學案》陸象山在應天山精舍。學者坐以齒。傅子雲居末席。象山令設一席於旁。時令代講。或疑之。象山曰。子雲天下英才也。及出守荆門。盡以書院事付之。

元代書院視宋尤盛。書院山長亦爲定員。

《元史選舉志》至元二十八年。令江南諸路學及各縣學內。設立小學。選老成之士敎之。或自願招師。或自受家學於父兄者。亦從其便。其他先儒過化之地。名賢經行之所。與好事之家。出錢粟贍學者。並立爲書院。凡師儒之命於朝廷者。曰教授。路府上中州置之。命於禮部及行省及宣慰司者。曰學正山長學錄教諭。路州縣及書院置之。路設教授學正學錄各一員。散府上中州設教授一員。下州設學正一員。縣設教諭一員。書院設山長一員。

書院之著者。不下百數。

〔續通考〕自太宗八年。行中書省事楊惟中。從皇子庫春伐宋。收集伊洛諸書。送燕京。立宋儒周敦頤祠。建太極書院。延儒士趙復王粹等講授其間。此元建書院之始。其後昌平有諫議書院。河間有毛公書院。景州有董子書院。京兆有魯齋書院。開州有崇義書院。宣府有景賢書院。蘇州有甫里書院。文正書院。文學書院。松江有石洞書院。常州有龜山書院。池州有齊山書院。婺源有明經書院。太原有冠山書院。濟南有閔子書院。曲阜有洙泗書院。尼山書院。東阿有野齋書院。鳳翔有岐陽書院。郿縣有橫渠書院。湖州有安定書院。東湖書院。慈谿有慈湖書院。寧波有鄮山書院。處州有美化書院。台州有上蔡書院。南昌有宗濂書院。豐城有貞文書院。餘干有南溪書院。安仁有錦江書院。永豐有陽豐書院。武昌有南湖書院。龍川書院。長沙有東岡書院。喬岡書院。益陽有慶州書院。常德有沅陽書院。福州有勉齋書院。同安有大同書院。瓊州有東坡書院。凡此蓋約略舉之。不能盡載也。

觀其書院之多。足知元雖以蒙古入主中國。而教育之權。仍操之吾族儒者之手。而宋儒講學之風。雖易代不衰。亦可見矣。

宋元之世。自有國學及府縣之學。而此外又有書院者。蓋學校多近於科舉。不足以饜學者之望。師弟子不能自由講學。故必於學校之外。別闢一種講學機關。其官立者。雖有按年積分之制。而私家所設。或地方官吏自以其意延師講授者。初無此等拘束。故淡於榮利。志在講求修身治人之法者。多樂趨於書院。此實當時學校與書院之大區別也。宋時州縣學校。皆有田產。以贍學者。然以屬於官吏。亦可爲強權所奪。

《續通考》至元二十三年。詔江南學校舊有學田。復給之以養士。時江南行省理財方急。賣所在學田。以價輸官。利用監徹爾奉使至。見之。謂曰。學有田。所以供祭祀育人才也。安可鬻。遽止之。還朝以聞。帝嘉納焉。至二十九年正月。詔江南州縣學田。其歲入聽其自掌。春秋釋奠外。以廪給師生及士之無告者。貢士莊田。則令覈數入官。

若書院之刱自私人者。其田產當然屬於書院。不至爲政府沒收。第須規制完善。經理得人。其事反視官立學校爲可恃。故當時定令。各地雖皆有學校。而士大夫仍於學校之外。增設書院。不以並行爲病。是亦書院與學校異趣者也。嗚呼。講學自由。經濟獨立。非今日學者所渴望者乎。稽之史策。固有前規。凡今人之所壞。何莫非昔人所見及者乎。

第二十三章　宋元間之文物

歷史進化之迹。隨在可見。而民族之能力。亦不必隨國運之盛衰爲消長。兩宋之時。漢族對外之力固甚薄弱。至於元世。則全體受制於蒙古。益似無發展之餘地矣。然詳考其時之文物。則仍繼續進步。纚纚不休。文學工藝美術製造。無不各有所新創。綜其全體論之。宋代民族審美之風。實又進於唐代。任就何事觀察。皆可見其高尚優美之概。不得謂宋人講理學。偏於迂腐鄙樸。而薄文藝不屑爲也。

宋元之詩文家極夥。稽其數量。倍蓰於唐。

《舊唐書經籍志》集部凡八百九十二部。一萬二千二十八卷。通前代總計

《宋史藝文志》凡集類二千三百六十九部。三萬四千九百六十五卷。據此。是有宋一代集部。較之戰國至唐之集部。增加二倍有奇也。

《補遼金元藝文志》凡集部六百六家。七千二百三十一卷。遼金集部不多。大宗皆元代之作。舊唐書記唐代僅一百一十二家。則元代較之約多五倍矣。

而其作品又多別開戶牖。能發唐人之所未發。宋之散文大家三倍於唐之大家。世稱唐宋八家。歐曾王蘇占八分之六。詩與四六又皆有特造之境。而經義之別爲一體者。無論矣。

經義始于宋。宋藝文志不別爲類。補遼金元藝文志則有制舉類七家。三十二卷。

其他詩話文評。尤多作者。論其性質。則近世所謂修辭學也。

宋元文學之特產。尤有三焉。曰詞。曰曲。曰小說。詞起於唐。

《全唐詩注》唐人樂府。原用律絕等詩雜和聲歌之。其並和聲作實字。長短其句以就曲折者。爲塡詞。開元天寶肇其端。元和太和衍其流。大中咸通以後。迄于南唐二蜀。尤家工戶習。以盡其變。凡有五音二十八調。各有分屬。今皆失傳。

漸盛於五代。論者謂南唐二主之詞。等於書家之羲獻。其時代皆在宋初。故謂二主詞亦宋詞可也。北宋之工詞者。有晏殊。歐陽修。柳永。張先。蘇軾。秦觀。周邦彥等。南宋之工詞者。有辛棄疾。陳亮。陸游。姜夔。吳文英等。前掩唐而後無元明。蓋倚聲極盛之時也。詞之妙。在聲韻。至於有井水處。皆能歌之。

《避暑錄話》（葉夢得）嘗見一西夏歸朝官云。凡有井水飲處。卽能歌柳詞。

《藏一話腴》（陳郁）周美成樂府獨步。貴人學士市儈妓女皆知其詞可愛。

蓋詞尙協律。便於弦歌。由詩而進於詞。其體愈美。而其用愈普。是亦可徵人事之進化也。

小說家著於漢志。後世藝文志鮮及之。而小說之作。實亦日新不已。宋李昉等所集太平廣記。大都採自唐以前及唐人之小說。

《太平廣記跋》（談愷）宋太平興國間。旣得諸國圖籍。而降王諸臣。皆海內名士。或宣怨言。盡收用之。寘之館閣。厚其廩餼。使修羣書。以修文御覽。藝文類聚。文思博要。經史子集一千六百九十餘種。編成一千卷。賜名太平御覽。又以野史傳記小說諸家編成五百卷。分五十五部。賜名太平廣記。

宋時小說。尤爲發達。有演述史事者。

《事物紀原》(高承)宋仁宗時。市人有能談三國事者。或採其說。加緣飾。作影人。(此卽後世三國演義之始)

有直陳時事者。

《七修類稿》(郎瑛)小說起宋仁宗時。國家閒暇。日欲進一奇怪之事以娛之。故小說得勝頭迴之後。卽曰話說趙宋某年云云。

其書以說爲主。故多用當時語言。與文章家用古文法紀事者有別。

《夢粱錄》(吳自牧)小說講經史一則云。說話者謂之舌辯。雖有四家數。各有門庭。談經者。謂演說佛書。說參請者。謂賓主參禪悟道等事。有寶庵管庵喜然和尚等。又有說諢經者戴忻庵。講史書者。謂講說通鑑漢唐歷代書史文傳興廢爭戰之事。有戴書生周進士張小娘子宋小娘子邱機山徐宣教。又有王六大夫。元係御前供話。爲幕士請給講諸史俱通。于咸淳年間。敷演復華篇及中興名將傳。聽者紛紛。蓋講得字眞不俗。記問淵源甚廣耳。

又其述說不限時日。故必多分章回。以便使人聽而忘倦。今世所傳宣和遺事。卽章回小說之最古者也。

合詞與小說而爲戲曲。亦始於宋時。然宋時雜劇。今多不傳。傳於世者。惟元人之傳奇。傳奇之體。皆代當時之人立言。或用俗語演述。或用韻文申敍。其韻文則謂之曲。

《宋元戲曲史》(王國維)唐代僅有歌舞劇及滑稽劇。至宋金二代。始有純粹演故事之劇。故謂眞正之戲劇。起于宋代。無不可也。然宋金演劇之結構雖略如上述。而其本則無一存。故當日已有代言體之戲曲否。已不可知。而論眞正之戲曲。不能不從元雜劇始。

曲出於詞而較長。各按宮商而爲調。元時又有南曲北曲之分。

『元曲選序』(臧晉叔)世稱宋詞元曲。夫詞在唐李白陳後主皆已優爲之。何必稱宋。惟曲自元始。有南北各十七宮調。

北曲字多而聲調緩。南曲字少而聲調繁。蓋因南北習尙而各爲風氣者也。元劇至多。今傳於世者。尙有百十六種。

『宋元戲曲史』今日確存之元劇。爲吾輩所能見者。實得一百十六種。

其著名之作者。有關漢卿。馬致遠。白樸。鄭至。王實甫等。其詞多雜俚語。而表情述事。眞摯秀傑。實可稱爲白話文學。

推其所以特盛之故。則由出於考試。

『元曲選序』或謂元取士有塡詞科。若今帖括然。取給風簷寸晷之下。故一時名士。雖馬致遠喬孟符輩。至第四折往往强弩之末矣。或又謂主司所定題目外。止曲名及韻耳。其賓白。則演劇時伶人自爲之。故多鄙俚蹈襲之語。

而蒙古以野蠻之族。初通中土語文。故亦不克講求典雅。近世英法諸國。翻譯元曲。殆不下一二三十種。(見宋元戲曲史)蓋其文與西洋文學性質相近也。

宋之書家。多由唐人變化而出。未足爲一代之特色。而法帖則以宋爲盛。集古今名人書札。摹勒上石。名曰法帖。始於南唐。

《輟耕錄》(陶宗儀)江南李後主命徐鉉以所藏古今法帖入石。名昇元帖者。則在淳化之前。當爲法帖之祖。

至宋太宗時命侍書王著以棗木仿刻。仍題曰勒石。

《輟耕錄》宋太宗留意翰墨。淳化中。出御府所藏。命侍書王著臨搨。以棗木鏤刻。釐爲一十卷。于每卷末篆題云。淳化三年壬辰歲十一月六日奉聖旨模勒上石。

仁宗時。又詔僧希白刻石於祕閣。

《輟耕錄》仁宗嘗詔僧希白刻石于秘閣。前有目錄。卷尾無篆書題字。

徽宗時。又刻續法帖及大觀帖。

《輟耕錄》徽宗建中靖國間。出內府續所收書。令刻石。卽今續法帖也。大觀中。又奉旨摹搨歷代眞迹。刻石于太清樓。字行稍高。而先後之次。與淳化則少異。其間數帖。多寡不同。各卷末題云。大觀三年正月一日奉聖旨摹勒上石者。蔡京書也。而以建中靖國續帖十卷。易去歲月名銜以爲後帖。又刻孫過庭書譜。及貞觀十七帖。總爲二十二卷。謂之大觀太清樓帖。

自是學書者多取法於帖。而法帖亦孳乳寖多。有絳帖潭帖諸本。

《輟耕錄》絳帖者。尙書郎潘師旦以官帖摹刻于家爲石本。而傳寫字多譌舛。世稱爲潘駙馬帖二十卷。其次序卷帖雖與淳化官帖不同。而實則祖之。特有所增益耳。單炳文曰。淳化官本法帖。今不復多見。其次絳帖最佳。而舊本亦已艱得。

《同上》潭帖者。慶歷中。劉丞相師潭日。以淳化官帖。命慧照大師希白模刻于石。寘之郡齋。增入傷寒十七日王濛顏眞卿諸帖。

而字行頗高。與淳化閣本差不同。

考證批評亦因以盛。是固一時之風氣也。

《文獻通考》(馬端臨)法帖釋文十卷。晁氏曰。淳化法帖。既以焚板。元祐中。有劉次莊者。模刻之石。復取帖中草書所病讀者爲釋文。行於世。

《同上》法帖刊誤二卷。陳氏曰。黃伯思長睿撰。淳化帖出于待詔王著。去取時秘府墨迹。眞贋雜居。著不能辨也。但欲備晉宋間名迹。遂至以江南人一手僞帖。竄入其間。鄙惡之甚。米南宮辨之。十已得七八。至長睿益精詳矣。

《同上》絳帖評二十卷。陳氏曰。鄱陽姜夔堯章撰。山谷黃氏跋絳本法帖。心能轉腕。手能轉筆。書字便如人意。古人工書無他異。但能用筆耳。

又自唐代推崇王羲之所書蘭亭序。至於宋季。遂有一百一十七刻。

《輟耕錄》(陶宗儀)蘭亭一百一十七刻。裝褫作十册。乃宋理宗內府所藏。每版有內府圖書鈐縫玉池上。後歸賈平章。

至於偏傍點畫。亦一一有所考證。識者譏爲玩物喪志。蓋審美之極。辨析毫芒。遂至是耳。

《文獻通考》蘭亭博議十五卷。淮海桑世昌撰。 此書累十餘卷。不過爲晉人一遺帖作。自是無益。玩物喪志。

唐代繪事。已甚發達。至宋元而尤爲進步。黃筌之花卉。李公麟之人物。米芾及子友仁之山水。皆卓絕於世。徽宗嗜書畫。嘗設書畫學及書藝畫圖等局。

《宋史徽宗本紀》建中靖國三年六月壬子。置書畫算學。大觀四年三月庚子。詔醫學生併入太醫局。算入太史局。書入翰林書藝局。畫入翰林書圖局。學官等并罷。

有書畫學博士。

《宋史米芾傳》召爲書畫學博士。

故繪事幾成專家之學。據宣和畫譜錄畫凡十門。

《四庫全書總目》宣和畫譜二十卷。所載共二百三十一人。計六千三百九十六軸。分爲十門。一道釋。二人物。三宮室。四蕃族。五龍魚。六山水。七鳥獸。八花木。九墨竹。十蔬果。

皆御前書畫所諸名家所審定。

《鐵圍山叢談》(蔡絛)崇寧初命宋喬年值御前書畫所。喬年後罷去。繼以米芾輩。迨至末年。上方所藏。率至千計。

提倡美術。殆莫盛於宣和。降及南渡。仍仿宣和故事。置御前畫院。當時待詔有四大家之稱。

《四庫全書總目》南宋仿宣和故事。置御前畫院。有待詔祇候諸官。品其所作。卽名爲院畫。當時如李唐劉松年馬遠夏珪等。有四大家之稱。

其餘知名者。殆不下百數。

《南宋院畫錄》(厲鶚)載南宋畫家凡九十六人。

《輟耕錄》(陶宗儀)自高宗建炎初至幼主德祐乙亥。能畫者一百五十一人。

所謂上有好者下必有甚焉者也。元承宋緒。畫手益多。九十年間。著名者至二百餘人。

《輟耕錄》夏文彥品藻名蹟。自至元丙子至今九十餘年間二百餘人。

蓋元文宗能畫。

《輟耕錄》文宗居金陵潛邸時。命臣房大年畫京都萬歲山。大年辭以未嘗至其地。上索紙爲運筆。布畫位置。令按稿圖上。

當時有鑒畫博士。

《四庫全書總目》柯九思在元文宗時。爲鑒畫博士。

故畫學蟬嫣不衰。輟耕錄稱畫家有十三科。

《輟耕錄》畫學十三科。佛菩薩相。玉帝君王道相。金剛鬼神羅漢聖僧。風雲龍虎。宿世人物。全境山林。花竹翎毛。野騾走獸。人間動物。界畫樓台。一切傍生。耕種機織。雕青嵌綠。

其分目視宣和畫譜爲多。如宣和祇有道釋一門。而元則分佛道鬼神等三類。雖其性質相近。知必各有專精矣。

近人論畫者。謂宋畫集古之大成。爲西十五世紀前大地萬國之最。

《萬木草堂畫目》(康有爲)畫至于五代。有唐之朴厚而新。開精深華妙之體。至宋人出而集其成。無體不備。無美不臻。且其時院體爭奇競新。甚且以之試士。此則雖歐美之重物質。尚未之及。吾徧游歐美各國。頻觀于其畫院。考其十五世紀前之畫。皆爲神畫。無少變化。若印度突厥波斯之畫。尤板滯無味。自檜以下矣。故論大地萬國之畫。當西十五世紀前。無有我中國若。卽吾中國動尊張陸王吳。大概亦出於尊古過甚。鄙意以爲中國之畫。亦到宋而後變化至極。非六朝唐所能及。如周之文監二代而郁郁。非夏殷所能比也。故敢謂宋人畫爲西十五紀前大地萬國之最。後有知者。當能證明之。

又謂歐人油畫出於吾國。

《萬木草堂畫目》易元吉寒梅雀兎圖立軸絹本。油畫逼眞。奕奕有神。宋澥山水册幅一絹本。油畫與歐畫全同。乃知油畫出自吾中國。吾意馬哥波羅得中國油畫。傳至歐洲。而後基多(Giotto)璉腻(Leonardo da Vinci)拉非爾(Raphael)乃發之。觀歐人畫院之畫。十五世紀前無油畫可據。此吾創論。後人當可證明之。趙永年雪犬册幅一絹本油畫奕奕如生。襲吉兎册幅一絹本。油畫。陳公儲畫龍册幅一絹本。油畫。公儲固以龍名。而此爲油畫。尤足資考證。

其說之然否。尚待考訂。惟謂中國畫學之衰。始於元四家。則實爲評畫至論。

《萬木草堂畫目》中國自宋前畫皆象形。雖貴氣韻生動。而未嘗不極尚逼眞。院畫稱界畫。實爲必然無可議者。今歐人尤尚之。自東坡謬發高論。以禪品畫。謂作畫必須似見與兒童鄰。則畫馬必須在牝牡驪黃之外。於是元四家大癡雲林叔明仲圭出。以其高士逸筆。大發寫意之論。而攻院體。尤攻界畫。遠祖荆關董巨。近取營邱華原。盡掃漢晉六朝唐宋之畫。而以寫胸中邱壑爲尙。於是明淸從之。惟是模山範水梅蘭竹菊蕭條之數筆。則大號曰名家。蓋中國畫學之衰。至今爲極矣。則不能不追源作俑。以歸罪於元四家也。

畫必形神兼至。徒得神而遺形。已失畫之本意矣。

美術與工藝至有關繫。宋代繪畫極精。故其工藝亦冠絕古今。世所傳李誡營造法式。詳載當時宮殿戶牖柱階簷井建築雕刻彩畫塗堅之法。

『江寧圖書館書目』營造法式。三十六卷。宋李誡奉敕撰。

『影印營造法式跋』(俞紀琦)宋李誡營造法式三十六卷。內分總例釋例二卷。制度十二卷。工限十卷。料例並工作等三卷。圖樣六卷。

至今猶詫爲精絕。若僧懷丙詹成等絕技。世雖不傳。要必由普通工藝之精。然後有特殊之人物也。

『宋史方技傳』僧懷丙眞定人。巧思出天性。眞定搆木爲浮圖十三級。勢尤孤絕。既久而中級大柱壞。欲西北傾。他匠莫能爲。懷丙度短長別作柱。命衆工維而上。已而卻衆工。以一介自從。閉戶良久。易柱下。不聞斧鑿聲。

『輟耕錄』(陶宗儀)詹成者。宋高宗朝匠人。雕刻精妙無比。嘗見所造鳥籠。四面花版。皆於竹片上刻成宮室人物山水花木禽鳥。纖悉俱備。其細若縷。而且玲瓏活動。求之二百餘年。無復此一人矣。

元代亦重工藝。經世大典工典凡列二十二目。

『經世大典序錄』工典總敘。一曰宮苑。二曰官府。三曰倉庫。四曰城郭。五曰橋梁。六曰河渠。七曰郊廟。八曰僧寺。九曰道宮。十曰廬帳。十一曰兵器。十二曰鹵簿。十三曰玉工。十四曰金工。十五曰木工。十六曰摶埴之工。十七曰石工。十八曰絲枲之工。十九曰皮工。二十日氈罽之工。二十一日畫塑之工。二十二日諸匠。

諸匠之中畫塑尤精繪塑佛象。特設專官提舉。

《元史職官志工部》 梵像提舉司。董繪畫佛像及土木刻削之工。

畫塑之象。並可以絲織之。

《元代畫塑記》成宗大德十一年十一月二十七日。勅丞相脫脫。平章禿堅帖木兒等。成宗皇帝貞慈靜懿皇后御影。依大天壽萬寧寺內御容織之。南木罕太子及妃。晉王及妃。依帳殿內所畫小影織之。

塑像之藝之精者曰阿爾尼格。

《元史》阿爾尼格尼博囉國人也。同學有爲繪畫粧塑業者。讀尺寸經。阿爾尼格一聞卽記。長善畫塑及鑄金爲像。 從帝師帕克斯巴入朝。帝命取明堂針灸銅像示之曰。此安撫王檝使宋時所進。歲久闕壞。無能修完之者。汝能新之乎。對曰。臣雖未嘗爲此。請試之。至元二年。新像成。關鬲脈絡皆備。金工歎其天巧。莫不愧服。凡兩京寺觀之像。多出其手。爲七寶鑌鐵法輪。車駕行幸。用以前導。原廟列聖御容。織錦爲之。圖畫弗及也。

《元代畫塑記》大德三年。命阿你哥塑三淸殿神像。八年。又令阿你哥塑城隍廟三淸神像。阿你哥卽阿爾尼格之異譯。

其弟子曰劉元。亦稱絕藝。

《元史》有劉元者。嘗從阿爾尼格學西天梵相。亦稱絕藝。 至元中。凡兩都名刹塑範金摶換爲佛像出元手者。神思妙合。天下稱之。摶換者漫帛土偶上而髹之。已而去其土。髹帛儼然成像云。

至今燕京寺刹尙有劉元所塑像。此元代之特色也。

宋人之精於天算者。以沈括蘇頌爲最。括有渾儀浮漏景表三議。見宋史天文志。其景表議尤爲世所稱。

《疇人傳》(阮元)沈括於步算之學。深造自得。所上三議。並得要領。其景表一議。尤有特見。所謂煙氣塵氛。出濁入濁之節。日日不同。即西人蒙氣差所自出也。

頌於元祐間與韓公廉創製儀象。著新儀象法要三卷。史稱其所製儀象。脗合躔度。最爲奇巧。

《宋史天文志》蘇頌更作儀象。上置渾儀。中設渾象。旁設昏曉更籌。激水以運之。三器一機。脗合躔度。最爲奇巧。

而秦九韶著數學九章。發明立天元一法。尤爲有功於算術。

《疇人傳》(阮元)秦九韶字道古。秦鳳間人也。寓居湖州。少爲縣尉。淳祐四年。以通直郎通判建康府。著數學九章九卷。

《四庫全書總目》數學九章十八卷。宋秦九韶撰。是書分爲九類。一曰大衍。以奇零求總數。爲九類之綱。二曰天時。以步氣朔晷影及五星伏見。三曰田域。以推方圓冪積。四曰測望。以推高深廣遠。五曰賦役。以均租稅力役。六曰錢穀。以權輕重出入。七曰營建。以度土功。八曰軍旅。以定行陣。九曰市易。以治交易。雖以九章爲名。而與古九章門目迥別。蓋古法設其術。九韶則別其用耳。　此書大衍術中所載立天元一法。能舉立法之意而言之。其用雖僅一端。而以零數推總數。足以盡奇偶和較之變。全爲精妙。苟得其意而用之。凡諸法所不能得者。皆隨所用而無不通。後元郭守敬用之於弧矢。李冶用之於句股方圓。歐邏巴新法易其名曰借根方。用之於九章八線。其源實開自九韶。亦可謂有功於算術者矣。

蓋宋重算學。設校教士。故古算書多出於是時。學者因之研究精微。以故名家輩出也。

《疇人傳》(阮元)楊輝著續古摘奇算法。言古今算書。元豐七年。刊入秘書省。又刻於汀州學校者十書。曰黃帝九章。周髀算經。五經算法。海島算經。孫子算法。張邱建算法。五曹算法。緝古算法。夏侯算法。算術記遺。元豐紹興淳熙以來刊刻者。有議古根原。益古算法。證古算法。明古算法。辨古算法。明源算法。金科算法。指南算法。應用算法。曹康算法。賈憲九章。通微集。通機集。盤珠集。走盤集。(據此知珠算作于宋時) 三元化零歌。鈐經。鈐釋。十八種。嘉定咸淳德祐等年所刊。 輝所稱算書十書而外。今無一存者。

元之李冶著測圓海鏡益古演段二書。演繹立天元法益精。

《疇人傳》李冶字仁卿。號敬齋。眞定欒城人。晚家元氏。登金進士第。至元二年。召爲翰林學士。知制誥。同修國史。著測圓海鏡十二卷。益古演段三卷。

《四庫全書總目》測圓海鏡十二卷。元李冶撰。 其書以句股容圓爲題。自圓心圓外。縱橫取之。得大小十五形。皆無奇零。次列識別雜記數百條。以窮其理。次設問一百七十則。以盡其用。探賾索隱。參伍錯綜。雖習其法者。不能驟解。而其草則多言立天元一。按立天元一法見於宋秦九韶九章大衍數中。厥後授時草及四元玉鑑等書。皆屢見之。而此書言之獨詳。其關乎數學者甚大。 歐邏巴人始以借根方進呈聖祖仁皇帝。授蒙養齋諸臣習之。梅瑴成乃悟卽古立天元一法。於赤水遺珍中詳解之。且載西名阿爾熱巴拉(Algebra)卽華言東來法。知卽冶之遺書。流入西域。又轉而還入中原也。

而郭守敬之學尤爲集古今天算之大成。

〔元史郭守敬傳〕守敬字若思。順德邢臺人。巧思絕人。　至元十三年。帝以守敬與王恂率南北日官。分掌測驗。　守敬首言歷之本在於測驗。而測驗之器莫先儀表。今司天渾儀宋皇祐中汴京所造。不與此處天度相符。比量南北二極。約差四度。表石年深。亦復欹側。守敬乃盡考其失而移置之。既又別圖高爽地。以木爲重棚。創作簡儀高表。用相比覆。又以爲天樞附極而動。昔人嘗展管望之。未得其的。作候極儀。極辰既位。天體斯正。作渾天象。象雖形似。莫適所用。作玲瓏儀。以表之矩方。測天之正圜。莫若以圜求圜。作仰儀。古有經緯。結而不動。守敬易之。作立運儀。日有中道。月有九行。守敬一之。作證理儀。表高景虛。罔象非眞。作景符。月雖有明。察景則難。作闚几。歷法之驗。在於交會。作日月食儀。天有赤道。輪以當之。兩極低昂。標以指之。作星晷定時儀。又作正方案。九表懸正儀座。正儀爲四方行測者所用。又作仰規覆矩圖。異方渾蓋圖。日出入永短圖。與上諸儀互相參考。（元史天文志詳載守敬所製簡儀仰儀正方案圭表景符闚几諸器制度）　守敬奏。唐一行開元間。令南宮說天下測景。書中見者凡十三處。今疆宇比唐尤大。若不遠方測驗。日月交食分數時刻不同。晝夜長短不同。日月星辰去天高下不同。即目測驗人少。可先南北立表。取直測景。帝可其奏。遂設監候官一十四員。分道而出。東至高麗。西極滇池。南踰朱崖。北盡鐵勒。四海測驗。凡二十七所。（元史天文志載四海測驗處曰南海·衡嶽·嶽臺·和林·鐵勒·北海·大都·上都·益都·高麗·太原·興元·涼州·大名·河南府·鄂州·雷州·北京·登州·西京·安西府·成都·東平·南京·揚州·吉州·瓊州·）　十七年。新歷告成。守敬與諸臣同上奏。自漢造三統歷至姚舜輔造紀元歷。計千一百八十二年。歷經七十改。其創法者十有三家。臣等用創造簡儀高表。憑其測實數。所考正者凡七事。

『疇人傳郭守敬傳』（阮元）論推步之要測與算二者而已。簡儀仰儀景符闚几之製前此言測候者未之及也。垜疊招差句股弧矢之法。前此言算造者弗能用也。先之以精測。繼之以密算。上考下求。若應準繩。施行於世垂四百年。可謂集古法之大成。爲將來之典要者矣。自三統以來。爲術者七十餘家。莫之倫比也。

其時回回之法東來儀器算書。皆可補中土所未備。

『元史天文志西域儀象』　世祖至元四年。札馬魯丁造西域儀象。　咱秃哈剌吉。漢言渾天儀也。　咱秃朔八台。漢言測驗周天星曜之器也。　魯哈麻亦渺凹只。漢言春秋分晷影堂。　魯哈麻亦木思塔餘。漢言冬夏至晷影堂。　苦來亦撒麻。漢言渾天圖。　苦來亦阿兒子。漢言地理志也。　案志稱其制以木爲圓球·七分爲水·其色綠·三分爲土地·其色白·畫江河湖海·脈絡貫串·于其中畫作小方井·以計幅員之廣袤·道里之遠近。是卽今日地球儀·非地理志書也·　兀速都兒剌不定。漢言晝夜時刻之器。

『元祕書監志』（王士點商企翁）至元十年十月。北司天臺申本臺合用文書。　兀忽列的四擘算法段數十五部。　罕里速窟允解算法段目三部。　撒唯那罕答昔牙諸般算法段目幷儀式十七部。　麥者思的造司天儀式十五部。　海牙剔窮歷法段數七部。　呵些必牙諸般算法八部。　積尺諸家歷四十八部。　速瓦里可瓦乞必星纂四部。　撒那的阿剌忒造渾儀香漏八部。　撒非那諸般法度纂要十二部。　黑牙里造香漏幷諸般機巧二部。　兀速剌八个窟勒小渾天圖。　阿剌的殺密剌測太陽晷影一個。　牙秃魯小渾儀一個。　拍兒可兒潭定方圓尺一個。

疑守敬所製。必有參取回回之法。而又加以新意者。惜其器之不盡傳也。

宋代地志極夥。今所傳者。如太平寰宇記。元豐九域志。輿地廣記等。固爲總志之要書。

〔四庫全書總目〕太平寰宇記一百九十三卷。宋樂史撰。史進書序譏賈耽李吉甫爲漏闕。故其書採摭繁富。惟取賅博。於列朝人物。一一並登。至於題詠古蹟。若張祜金山詩之類。亦皆並錄。後來方志必列人物藝文者。其體皆始於史。蓋地理之書記載至是書而始詳。體例亦自是而大變。

〔同上〕元豐九域志十卷。宋王存等撰。 輿地廣記。三十八卷。宋歐陽忞撰。

而郡邑地志。賡續修葺。冠以年號。前後相踵。若乾道臨安志。咸淳臨安志之類。亦始於宋。

〔四庫全書總目〕乾道臨安志三卷。宋周淙撰。乾道五年以右文殿修撰知臨安府創爲此志。於南宋地志中爲最古之本。考武林掌故者。必以是書爲稱首。

〔同上〕咸淳臨安志九十三卷。潛說友撰。

後世志乘之廣。遠軼前代。以備史料。以覘文化。信而有徵。不得謂非宋人啓之也。宋人志地者。既多附圖。或曰圖經。或曰圖志。（如朱長文吳郡圖經。王招無湖圖志之類。）而各種地圖著於史籍者尤夥。

宋史藝文志載地理圖一卷。者二。皆不知作者。又有南北對鏡圖。混一圖。指掌圖。西南蠻夷朝貢圖。契丹疆宇圖。契丹地理圖。交廣圖。福建地理圖。益州地理圖等。

以今所傳契丹國志之圖觀之。道里準望。殊未正確。不足稱重。然齊劉豫時所刻禹跡華夷二圖。迄今猶爲中外人所稱道。

『金石萃編』（王昶）禹蹟圖。高廣各三尺四寸二分。在西安府。圖劉豫時刻。考豫以宋紹興元年爲金所立。則是年當丁巳。亦金天會之十五年也。每折地方百里。所載山川。多與古合。唐宋以來。地圖之存。惟此而已。關中金石記

『同上』華夷圖。高廣各三尺四寸二分。在西安府。有華夷圖。不著刻人名氏。題云。阜昌七年十月朔岐學上石。蓋劉豫時所刻。其年十一月。豫爲金人所廢。阜昌之號。終於此矣。唐貞元中。賈躭圖海內華夷。廣三丈。縱三丈三尺。以寸爲百里。斯圖蓋仿其製。而方幅縮其什之九。京府州軍之名。皆用宋制。潛研堂金石文跋尾

『語石』（葉昌熾）齊阜昌之禹迹圖。華夷圖。開方記里。雖簡實輿圖之鼻祖也。山西稷山縣有摹本。在保眞觀。石橫二尺五寸。爲方七十一。豎三尺。爲方八十一。共方五千七百五十一。每方折地百里。誌禹貢山川古今州郡山水地名極精。阜昌圖方廣各三尺餘。此石旁綱。非得墨本。不能別其同異。

英倫皇家地理學會地理月刊稱。西元十一二世紀頃。中國測繪之術。有卓越之進步。其地圖現存於西安府之石碑者。精緻遠過於西洋後出之圖。卽指阜昌禹蹟華夷二圖而言。

則宋人在地理上之成績。亦非無歷史上之價值也。元有大一統志。

『補遼金元藝文志』元大一統志一千卷。集賢大學士孛蘭肹昭文館大學士岳鉉等進本

『四庫全書總目』輿志之書。出自官撰者。自唐元和郡縣志。宋元豐九域志外。惟元岳璘等所修大元一統志。最稱繁博。國史經

籍志載其目共爲一千卷。今已散佚無傳。雖永樂大典中各韻中頗見其文。而割裂叢碎。又多漏脫。不復能排比成帙。惟浙江汪氏所獻書內尚存原刊本二卷。頗可以考見其體製。明代修一統志。其義例一仍元志之舊。故書名亦沿用之。

其纂修原委。具見於祕書志。

『元祕書志卷四』至元乙酉。欲實著作之職。乃命大集萬方圖志而一之。以表皇元疆理無外之大。詔大臣近侍提其綱。聘鴻生碩士立局置屬庀其事。凡九年而成書。續得雲南遼陽等書。又纂修九年而始就。今秘府所藏大一統志是也。

其中有中國各地之圖。兼有回回等地圖。

『元祕書志』至元二十三年。祕書監札馬剌丁奏過下項事理。一奏在先漢兒田地些小有來。那地理的文字册子四五十册有來。如今日頭出來處。日頭沒處。都是咱每的。有的圖子有也者。那遠的他每怎生般理會的。回回圖子我根底有。都總做一箇圖子呵。怎生麼道奏呵。那般者麼道聖旨了也。

每路卷首。必有地理小圖。

『元祕書志』至元三十一年八月。本監移準中書兵部關。編寫至元大一統志。每路卷首。必用地理小圖。

各地至上都大都里數。一一詳載。

『元祕書志』元貞二年十一月初二日。著作郎呈黏連到大一統志凡例。(一)某路。　所轄幾州開。　本路親管幾縣開。
(一)建置沿革。　禹貢州域。天象分野。歷代廢置。周秦漢後漢晉南北朝隋唐五代宋金大元。　(一)各州縣建置沿革。　依上開。(一)本路親管坊郭鄉鎮。依上開。(一)本路至上都大都并里至。(一)各縣至上都大都并里至。(一)名山大川。(一)土山。(一)風俗形勢。(一)古蹟。(一)寺觀祠廟。(一)宦蹟。(一)人物。

其書凡六百冊。一千三百卷。

『元祕書監志』大德七年五月初二日集賢大學士卜蘭禧。昭文館大學士祕書監岳鉉等奏。祕書監修撰大一統志。元領奉世祖皇帝聖旨編集。始自至元二十三年。至今才方成書。以是繕寫。總計六百冊。一千三百卷。

實地志之鉅觀。惜乎其不存也。

宋代有一最著之美術工藝。爲歷朝所不及者。曰磁器。江西景德鎮之磁器。雖源於唐。而大著宋眞宗之世。

『景德鎮陶錄』(藍浦)景德窰。宋景德年間燒造。土白壤而埴。質薄膩。色滋潤。眞宗命進御瓷器。底書景德年製四字。其器尤光緻茂美。當時則效。著行海內。於是天下咸稱景德鎮瓷器。而南昌之名遂微。

然宋代陶瓷之美者。尙不數景鎮。而以定汝官哥爲最有名。

『景德鎮陶錄』(藍浦)定窰。宋時所燒。出直隸定州。有南定器北定器。土脈細膩。質薄。有光素凸花劃花印花繡花諸種。多牡丹萱草飛鳳花式。以白色而滋潤。爲正白骨而加以泑水有如淚痕者佳。俗呼粉定。又稱白定。其質粗而微黃者低。俗呼土定。東坡試院煎茶詩云。定州花瓷琢紅玉。蔣記云。景德鎮陶器有饒玉之稱。視眞定紅瓷足相競。則定器又有紅者。間造紫黑定。然惟紅白二種。當時尙之。唐氏肆考云。古定器以政和宣和間窰爲最好。色有竹絲刷紋。其出南渡後者。爲南定。北貴於南。

〔同上〕汝窯。汝亦汴京所轄。宋以定州白器有芒。不堪用。遂命汝州建青器窯。土細潤如銅。體有厚薄。色近雨過天青。汁水瑩厚若堆脂。有銅骨無紋。銅骨釉子紋二種。

〔同上〕官窯。宋大觀政和間。汴京自置窯燒造。命曰官窯。土脈細潤。體薄色青帶粉紅。濃淡不一。有蟹爪紋。紫口鐵足。大觀中。釉尙月白粉青大綠三種。政和以後。惟青分濃淡耳。

〔同上〕龍泉窯。宋初處州府龍泉縣琉田市所燒。土細埴。質頗粗厚。色甚葱翠。亦分淺深。無紋片。　哥窯。宋代所燒。本龍泉琉田窯。處州人章姓兄弟分造。兄名生一。當時別其所陶曰哥窯。土脈細紫。質頗薄。色青。濃淡不一。有紫口鐵足。多斷紋。隱裂如魚子。釉惟米色粉青二種。汁純粹者貴。　章龍泉窯。卽生一之弟章生二所陶者。仍龍泉之舊。又號章窯。或曰處器青器。土脈細膩。質薄。亦有粉青色翠青色。深淺不一。足亦鐵色。但少紋片。

外此復有吉州均州磁州諸窯。及象窯東窯建窯湘湖窯碎器窯等。蓋自唐以來。陶瓷之業日見發達。五代時。柴窯已爲古來諸窯之冠。

〔陶錄〕柴窯。五代周顯德所燒。出北地河南之鄭州。其地本宜於陶。以世宗姓柴。故名。然當時亦稱御窯。入宋始以柴窯別之。其瓷青如天。明如鏡。薄如紙。聲如磬。滋潤細媚。有細紋。製精色異。爲古來諸窯之冠。但足多粗黃土耳。　唐氏肆考云。柴窯起於汴。相傳當日請器式。世宗批其狀曰。雨過天青雲破處。者般顏色作將來。

至于北宋諸帝。皆精研美術。士大夫復提倡品茶繪畫諸事。故陶瓷工藝。因之盡美極妍。世稱宋代爲陶業完成而大放光彩之時代。非虛譽也。

『支那陶磁全書』(大西林五郎)霍布孫氏 (R. L. Hobson 著 "Chinese Pottery and Porcelain") 目宋代爲支那陶業之成功時代。蓋通計支那古今陶瓷隆盛之時代惟宋明兩代、就中宋承唐代勃興之機運。集其大成更加一段之創意與發明。有華有實可爲陶磁史上特筆大書之時代。 又唐代陶工者之品位。已慚增高出其佳品良作受王室及貴紳之待遇。然尚未達於十全之域。及入宋代。陶業咸受王室之保護彼之定汝官哥諸窯。皆在敕命之下而經營者。於是陶工遂占享受世人崇敬之地步。此宋代陶磁業發達之因由也。

元有浮梁磁局。(見元史職官志) 專掌景德鎮磁器世稱爲樞府窯。而民間所造者。則有宣州臨川南豐諸窯。(均見景德鎮陶錄) 然其成績不能超過兩宋也。

西人之知有火器。始于一三五四年。(元順帝至正十四年) 相傳其法得自東方。蓋吾國久有火藥。

『格致鏡原』(清陳元龍)引物原云。軒轅作礮。呂望作銃。魏馬鈞製爆仗。隋煬帝益以火藥雜戲。(按古所謂礮・僅用機發石・非後世之火礮・所謂馬鈞製爆仗・隋煬帝益以火藥・殆尚可信・)

至宋而以火藥製礮爲戰具。

『海鰌船賦序』(楊萬里)紹興辛巳。逆亮至江北。掠民船欲濟。虞允文伏舟七寶山後。舟中發一霹靂礮。蓋以紙爲之。而實以石灰硫黃。礮自空而下。墜水中。硫黃得水。而火自跳出。其聲如雷。紙裂而石灰散爲煙霧。眯其人馬之目。遂壓虜舟。人馬皆溺。大敗之。

〔陔餘叢考〕（趙翼）宋史虞允文采石之戰發霹靂礮以紙爲之實以石灰硫磺投水中而火自水跳出紙裂而石灰散爲煙霧。眯其人馬遂敗之又魏勝創礮車施火石可二百步其火藥用硝石硫磺柳炭爲之此近代用火具之始。按允文之礮，不過今日爆竹之類，魏勝之礮車，則槍礮之始，勝字彥威，宿遷人，其砲車之製，嘗上于朝，孝宗詔諸軍遵其式製造，孝宗當西歷十二世紀，距西人之製火藥，殆一百餘年矣。

蒙古得回回人製造大礮其法益精。

〔元史工藝傳〕阿喇卜丹回回氏西域茂隆里人也至元八年世祖遣使徵礮匠於宗王額呼布格王以阿喇卜丹伊斯瑪音應詔二人舉家馳驛至京師給以官舍首造大礮豎於五門前帝命試之賜衣段十一年國兵渡江平章阿爾哈雅遣使求礮手匠命阿喇卜丹往破潭州靜江等郡悉賴其力十五年授宣武將軍管軍總管二十二年改元帥府爲回回礮手軍匠上萬戶府以阿喇卜丹爲副萬戶

〔同上〕伊斯瑪音回回氏西域實喇人也善造礮至元八年與阿喇卜丹至京師十年從國兵攻襄陽未下伊斯瑪音相地勢置礮於城東南隅重一百五十斤機發聲震天地所擊無不摧陷入地七尺宋安撫呂文煥懼以城降　十一年以疾卒子本布襲職時國兵渡江宋兵陳於南岸擁舟師迎戰本布於北岸豎礮以擊之舟悉沈沒後每戰用之皆有功。

元代與歐洲常通使命故其法流傳彼土而開後來世界火器大興之局故論利用礮火以爲戰爭利器者不得不首推吾國也。

西人之製航海磁針盤。始于一三〇二年。（元成宗大德六年）其法尤後于我國。我國歷史相傳自古已有指南車。

《宋書禮志》指南車。其始周公所作以送荒外遠使。地域平漫。迷於東西。造立此車。使常知南北。鬼谷子云。鄭人取玉。必載司南。爲其不惑也。至於秦漢。其制無聞。後漢張衡始復創造。漢末喪亂。其器不存。魏高堂隆秦朗。皆博聞之士。爭論於朝。云無指南車。記者虛說。明帝青龍中。令博士馬鈞更造之。而車成。晉亂復亡。石虎使解飛。姚興使令狐生又造焉。安帝義熙十三年。宋武帝平長安。始得此車。其制如鼓車。設木人於車上。舉手指南。車雖回轉。所指不移。大駕鹵簿。最先啓行。范陽人祖沖之有巧思。常謂宜更構造。宋順帝升明末。齊王爲相。命造之焉。車成。使撫軍丹陽尹王僧虔。御史中丞劉休試之。其制甚精。百屈千回。未嘗移變。晉代又有指南舟。索虜拓跋燾使工人郭善明造指南車。彌年不就。扶風人馬岳又造。垂成。善明酖殺之。（宋史輿服志亦載指南車爲仁宗天聖五年工部郎中燕肅造。）

其用磁針與否。雖未能定。惟宋人著述。恆稱磁石指南之事。

《夢溪筆談》（沈括）方家以磁石磨針鋒。則能指南。然常偏東。不全南也。水浮多蕩搖。指爪及盌脣上皆可爲之。運轉尤速。但堅滑易墜。不若縷懸爲最善。其法取新纊中獨繭縷。以芥子許蠟綴於針腰。無風處懸之。則針常指南。其中有磨而指北者。予家指南北者皆有之。磁石之指南。猶柏之指西。莫可原其理。

其時海商多用指南針以定方向。

《萍洲可談》（朱彧）海舶大者數百人。小者百餘人。以巨商爲綱首雜事。市舶司給朱記。許用笞治其徒。有死亡者。籍其財。船舶去以十一月十二月就北風。來以五月六月就南風。船方正若一木斛。非風不能動。其檣植立。而帆側掛。以一頭就檣柱。如門扇。謂之加突。方言也。海中不惟使順風。開岸就岸風皆可使。惟風逆則倒退。須用矴石。使不行。舟師識地理。夜則觀星。晝則觀日。陰晦觀指南針。此即宋時海商用磁針盤之確證。或以十丈繩鉤取海底泥嗅之。便知所至。海中無雨。凡有雨則近山矣。宋時舟師具知天文地理。其航海之術。不專恃磁針。惟陰晦始觀磁針。而西人以發明指南針爲一大事。其智豈不出宋代舟師之下哉。

固自早于歐人也。夏德 (F. Hirth) 支那太古代史考我國用指南針之事甚詳。謂中國之知有磁針。固在最古時代。其用以航海則由阿拉伯商人之發見。然其所舉例證。第以沈括爲杭州人推之。

《支那古代史》(夏德)沈括。杭州人。杭州爲當時阿剌伯及波斯之商賈盛行通商之處。其人不惟能知悉磁針。且當時一般之方士。爲卜方角。恆使用之。故支那人由此而得其製法。進而應用於航海。

括之祖籍在杭州。然括固常居鎮江。未可以此爲斷也。

宋元之間。工商發達。而以木棉織布。亦以其時始盛行于各地。

《大學衍義補》(邱濬)漢唐之世。木棉雖入貢中國。未有其種。民未以爲服。宋元間傳其種。關陜閩廣首得其利。蓋閩廣海船通商。關陜接壤西域故也。

元代特設專官提舉木棉。

《元史世祖紀》至元二十六年。置浙東江東江西湖廣福建木棉提舉司。責民歲輸木棉十萬匹。以都提舉司總之。

觀其地域。當以浙東江東江西湖廣福建爲產棉最多之區。或其地初未有棉。惟以氣燠宜種。故設官以教民耳。輟耕錄載黃道婆自崖州來松江。始教民以紡織。知元初江蘇各地織棉之業。尙未大盛矣。

『輟耕錄』(陶宗儀)松江烏泥涇土田磽瘠。謀食不給。乃覓木棉種於閩廣。初無踏車椎弓之制。率用手去其子。線弦竹弧按掉而成。其功甚艱。有黃道婆自崖州來。教以紡織。人遂大獲其利。未幾道婆卒。乃立祠祀之。三十年祠毀。鄉人趙愚軒重立云。

唐人之創飛錢。雖爲紙幣之權輿。而其性質。尙非完全之紙幣也。完全之紙幣。實始于宋初蜀中之交子。

『宋會要』蜀人以鐵錢重。始爲券。謂之交子。以便貿易。諸豪富以時聚首。用同一色紙印造。印文用屋木人物。鋪戶押字。各自隱密題號。朱墨間錯。以爲私記。塡貫不限多少。收入人戶見錢。便給交子。無遠近行用。動及萬百貫。其後富人資稍衰。不能償所負。爭訟數起。寇瑊守蜀。乞禁之。轉運使薛田議廢交子則貿易不便。請官爲置務。禁民造。詔從其請。置交子務於益州。

其後又有錢引會子關子等名。皆紙幣也。

『文獻通考』(馬端臨)大觀元年。改四川交子爲錢引。　紹興三十年。戶部侍郎錢端禮被旨造會子。樁見錢於城內外流轉。其合發官錢。幷許兌會子。赴左藏庫送納。　會子初止行於兩浙。後又詔通行於淮浙湖北京西。除亭戶鹽本並用見錢外。其不通水路去處。上供等錢。許盡用會子解發。其沿流州軍錢會中半。民間典賣田宅牛畜車船等如之。或全用會子者聽。　隆興元年。詔官印會子。以隆興尙書戶部官印會子之印爲文。更造五百文會。又造二百三百文會。

『同上』紹興二十九年。印給公據關子。赴三路總領所。淮西湖廣各關子八十萬緡。淮東公據四十萬緡。自十千至百千。凡五等。

內關子作三年行使。公據二年。許錢銀中半入納。

金入宋後置局于汴京。造官會。謂之交鈔。與錢並行。

《續文獻通考》海陵貞元二年五月。始置交鈔庫。　戶部尚書蔡松年請行鈔引法。遂設印造鈔引庫及交鈔庫。印一貫二貫三貫五貫十貫五等。謂之大鈔。一百二百三百五百七百五等。謂之小鈔。與錢並行。以七年爲限。

章宗時。鑄造銀錠。而以生銀造爲元寶之制以興。

《續文獻通考》章宗承安二年十一月。鑄承安寶貨。　尚書省議官俸軍需。皆以銀鈔兼給。舊例。銀每錠五十兩。其直百貫。民間或有截鑿之者。其價亦隨低昂。遂改鑄銀。名承安寶貨。一兩至十兩。分五等。每兩折錢二貫。公私同見錢用。（按元寶每錠五十兩之數。始見於此。其名則元初所命也。）

降及元代。遂銀鈔並用。

《續文獻通考》至元三年。始鑄元寶。　《輟耕錄》（陶宗儀）銀錠上字號揚州元寶。乃至元十三年平宋回至揚州。丞相巴延令搜檢將士行李。所得撒花銀子。銷鑄作錠。每重五十兩。歸朝獻納。世祖宴會。從而頒賜。或用貨買。所以民間有此錠也。後朝廷亦自鑄。至元十四年者。重四十九兩。十五年者。重四十八兩。遼陽元寶。乃至元二十三四年征遼東所得銀子鑄者。

《元史》世祖中統元年。始造交鈔。以絲爲本。每銀五十兩。易絲鈔一千兩。諸物之直。並從絲例。是年十月。又造中統元寶鈔。其文以十計者四。曰一十文。二十文。三十文。五十文。以百計者三。曰一百文。二百文。五百文。以貫計者二。曰一貫文。二貫文。每一貫同交鈔一兩兩貫同白銀一兩。又至元十二年添造釐鈔。其例有三。曰二文。三文。五文。初鈔印用木爲板。十三年鑄銅易之。

二十四年。改造至元鈔。自二貫至五文。凡十有一等。與中統鈔通行。每一貫當中統鈔五貫文。至大二年。武宗復以物重鈔輕。改造至大銀鈔。自二兩至二釐。定爲一十三等。每一兩準至元鈔五貫。白銀一兩。赤金一錢。元之鈔法。至是蓋三變矣。

然鈔法不善。價値與所定者恆不相合。故其時仍多用銀。觀元史所載用銀之多。幾可稱元爲專用生銀時代。

『元史世祖本紀』中統元年七月。以史天澤扈從先帝有功。賜銀萬五千兩。十二月賜親王穆哥銀二千五百兩。諸王按只帶。忽剌忽兒合丹忽剌出勝納合兒。銀各五千兩。以後逐年均有賜銀。不備載。

蓋宋元之人。祇知鈔可代錢。而不知儲積準備。及操縱維持之法。故屢用紙幣。而屢致失敗。雖別定價値。改立名目。行之不久。其法卽敝。仍不得不用現貨也。中國各地。習用錢鈔。而元代雲南尙用貝爲錢。不識鈔法。

『續文獻通考』至元十三年正月。雲南行交會𧴩子。雲南民以貝代錢。時初行鈔法。民不便之。行省賽音諤德齊言雲南不諳鈔法。莫若以交會𧴩子公私通行爲便。從之。至十九年九月。定雲南稅賦用金爲則。以貝子折納。每金一錢。直貝子二十索。

王圻曰。雲南𧴩以一爲莊。四莊爲手。四手爲苗。四苗爲索。

降及明代猶然。

『湧幢小品』(朱國禎)南人用貝一枚曰莊。四莊曰手。四手曰苗。五苗曰索。貝之爲索。猶錢之爲緡也。

是則最古之風之流行于近世者矣。

宋代風俗。具見于吳自牧夢粱錄。如社會

『夢粱錄社會』(吳自牧)　文士有西湖詩社。此乃行都搢紳之士。及四方流寓儒人。寄興適情賦詠。膾炙人口。流傳四方。非其他社集之比。武士有射弓踏弩社。皆能攀弓射弩。武藝精熟。射放嫺習。方可入此社耳。更有蹴鞠打球射水弩社。則非仕宦者爲之。蓋一等富室郎君風流子弟與閒人所習也。奉道者有靈寶會。諸寨建立聖殿者。俱有社會。諸行亦有獻供之社。　諸行市戶俱有社會。迎獻不一。如府第內官以馬爲社。七寶行獻七寶玩具爲社。又有錦體社。臺閣社。窮富賭錢社。遏雲社。女童淸音社。蘇家巷傀儡社。青果行獻時果社。東西馬塍獻異松怪檜奇花社。魚兒活行以異樣龜魚呈獻。豪富子弟緋綠淸音社。十間等社。　奉佛者有上天竺寺光明會。　又有善女人皆府室宅舍內司之府第娘子夫人等。建庚申會。誦圓覺經。俱帶珠翠珍寶首飾赴會。人呼曰鬬寶會。更有城東城北善友道者。建茶湯會。遇諸山寺院建會設齋。又神聖誕日。助緣設茶湯供衆。

按宋史程顥傳。鄉民爲社會。爲立條旌別善惡。使有勸有恥。知北宋時已有各種社會。今人稱地方團體爲社會。蓋本于此。

團行等。

『夢粱錄』市肆謂之團行者。蓋因官府回買而立此名。不以物之大小。皆置爲團行。雖醫卜工役。亦有差使。則與當行同也。其中亦有不當行者。如酒行。食飯行。而借此名。有名爲團者。如城西花團。泥路靑菜團。後市街柑子團。渾水閘鮝團。又有名爲行者。如官巷方梳行。銷金行。冠子行。城北魚行。城東蟹行。薑行。菱行。北豬行。候潮門外南豬行。南上北土門菜行。壩子橋鮮魚行。橫河頭布行。雞鵝行。更有名爲市者。如炭橋藥市。官巷花市。融和西坊珠子市。修義坊肉市。城北米市。　或名爲作分者。如碾玉作。鑽捲作。篦刀作。腰帶作。金銀打鈒作。裹貼作。鋪翠作。裱褙作。裝鑾作。油作。木作。甎瓦作。泥水作。石作。竹作。漆作。釘鉸作。箍桶作。裁縫作。修香澆燭作。打紙作。冥器等作分。又有異名行者。如買賣七寶者謂之骨董行。鑽珠子者名曰散兒行。做靴鞋者名雙線行。開浴堂者名曰香水行。

皆可考見其時士農工商集合團體共司生活之狀況。其慈善事業。如米場。柴場。藥局及慈幼局。養濟院之類。亦詳記其施行之法。

《夢粱錄》或年歲荒歉。米價頓窮。官司置立米場。以官米賑濟。或量收價錢。務在實惠及民。更因熒惑爲災。延燒民屋。官司差官吏於火場上具抄被災之家。各家老小。隨口數分大小。給散錢米。官置柴場。城內外共設二十一場。許百司官廳及百姓從便收買。價錢官司量收。與市價大有饒潤。民有疾病。州府置施藥局於戒子橋西。委官監督。依方修製丸散㕮咀。來者診視。詳其病源。給藥醫治。朝家撥錢一十萬貫下局。令帥府多方措置。行以賞罰。課督醫員。月以其數上於州家。備申朝省。或民以病狀投局。則畀之藥。必奏更生之效。局側有局名慈幼。官給錢典雇乳婦。養在局中。如陋巷貧窮之家。或男女幼而失母。或無力撫養。拋棄於街坊。官收歸局養之。月給錢米絹布。使其飽暖。養育成人。聽其自便生理。官無所拘。若民間之人願收養者。聽。官仍月給錢一貫。米三斗。以三年住支。更有老疾孤寡貧乏不能自存及丐者等人。州縣陳請於朝。即委錢塘仁和縣官。以病坊改作養濟院。籍家姓名。每名官給錢米贍之。

蓋北宋時。已有安濟坊居養院等。以濟貧病無告之人。

《續通鑑》崇寧元年八月辛未。置安濟坊。養民之貧病者。仍令諸州縣並置。

《同上》九月戊子。京師置居養院以處鰥寡孤獨。仍以戶絕財產給養。

至南宋又推廣之。後世相承。自政府及平民。靡不認慈善事業爲公共事業之最要者。其風實自宋啓之。是亦宜著之史策。以明吾國人非徒致重于貴族之文藝美術。其于救濟社會扶助貧弱之法。亦遠有淵源也。

第二十四章　河流漕運及水利

吾國各地河流自禹貢以來多有遷徙。而黃河之潰決遷徙爲最劇。自周漢以迄元明。黃河決溢之事。無慮百數。

〔全河備考〕(葉方恆)周定王五年。河徙砱礫。始失故道。漢文帝時。決酸棗。東潰金隄。(在河南延津滎陽諸縣至大名清豐一帶。延亙千里。)武帝時。溢平原。(屬德州。徙頓邱。今清豐縣。)又決濮陽。(瓠子口開州界)注鉅野。(即大野。屬濟寧州。)通淮泗。蓋河始與淮通。尚未入淮也。元帝時。決館陶。(屬臨清。漢靈鳴犢口。今高唐州。)成帝時。決東郡金隄。決平原。溢渤海清河高唐州一帶。唐玄宗時。決博州。(今東昌。)溢魏州。(今大名。冀州。)五代時。決鄆州。(今鄆城縣。)博之楊劉。(今東平之東阿縣楊劉鎭。)滑之魚池。宋太祖時。決東平之竹村。開封之陽武。大名之靈河。澶淵。太宗時。決溫縣滎澤頓邱。泛於澶濮曹濟諸州。東南流至彭城界。(即今徐州。)入於淮。自此爲河入淮之始。眞宗時。決鄆及武定州。尋溢滑澶濮曹鄆諸州邑。浮於徐濟而東入淮。仁宗時。決開州館陶。神宗時。決冀州棗强大名州邑。一合南清河以入淮。一合北清河以入海。南渡後。河上流諸郡爲金所據。獨受河患。其亡也。始自開封北衞州決而入渦河。南直壽亳蒙城懷遠之間。元初。決衞輝之新鄉。開封之陽武。杞縣之蒲口。滎澤之塔海莊。(歸德封邱諸界。)其時專議疏塞而已。自至元二十六年。開會通河以通運道。而河遂與運相終始。

要其大者。周定王五年一徙。王莽始建國三年再徙。宋仁宗廣歷八年三徙。金章宗明昌五年四徙。元世祖至元二十六年五徙。自宋以前其患疏。自宋以降其患數。

禹貢錐指』(胡渭)周定王五年河徙。初大禹導河。自積石孟津過洛汭。及至大伾。乃釃二渠北過降水。至於大陸。又北播為九河。同為逆河。入於海。帝堯八十載。告厥成功。至是凡一千六百七十六年。河始決宿胥口。東徙漯川。逕長壽津。與漯別行。東北至成平。復合於禹故河。此黃河大徙之始。 自定王五年己未。下逮王莽始建國三年辛未。而北瀆遂空。凡六百七十二歲。自王莽始建國三年辛未。河徙由千乘入海。復五十九歲。為後漢明帝永平十三年庚午。 王景治河功成。下逮宋仁宗景祐元年甲戌。有橫隴之決。又十四歲。為慶歷八年戊子。復決於商胡。而漢唐之河遂廢。凡九百七十七歲。 自仁宗慶歷八年戊子。逮金章宗明昌五年甲寅。實宋光宗之紹熙五年。而河決陽武。出胙城南。南北分流入海。凡一百四十六歲。自金明昌甲寅之徙。河水大半入淮。而北清河之流猶未絕也。下逮元世祖至元二十六年己丑。會通河成。於是始以一淮受全河之水。凡九十五歲。

降及明代。全河注于一淮。

『禹貢錐指』元末河復北徙。自東明曹濮下及濟寧。而運道壞。明洪武初。命徐達自曹州東引河自魚臺入泗。以通運。永樂九年。又命宋禮自黃疏河經濮州東北入會通河。是北流猶未絕也。迨遷都之後。仰給於會通者重。始畏河之北。北即塞之。弘治中。兩決金龍口。直衝張秋。議者為漕計。遂築斷黃陵岡支渠。而北流於是永絕。始以清口一綫。受萬里長河之水。

而河淮間之工程。幾爲全國之一大事。治河之法。惟以堰閘爲務。

《禹貢錐指》黃淮既合。則惟以堰閘爲務。堰者高家堰。閘者淮南諸湖閘口也。堰閘以時修固。則淮不南分。助河衝刷黃沙。使海口無壅。

東南之人受其害者數百年。至清咸豐五年。河決銅瓦廂。（蘭儀縣）由大清河入海。東南始無河患。

宋都大梁。特汴河爲運道。以黃河。惠民河。廣濟河輔之。

《宋史食貨志》宋都大梁。有四河以通漕運。曰汴河。曰黃河。曰惠民河。曰廣濟河。而汴河所漕爲多。

靖康以後。南北分立。河淮之間。墟爲戰場。故無取其交通也。元明都燕。以北方控制東南。聚南方之金帛粟米。供給北方之政府。而漕運乃爲國之大事。至元二十六年。開會通河。

《元史紀事本末》（陳邦瞻）至元二十六年。開會通河。從壽張縣尹韓仲暉等言。開河以通運道。起項城縣安山渠西南。由壽張西北至東昌。又西北至臨淸。引汶水以達御河。長二百五十餘里。中建閘三十有一。以時蓄洩。河成。渠官張禮孫等言。開魏博之渠。通江淮之運。古所未聞。詔賜名會通河。

二十九年。開通惠河。而江淮之粟。直達燕都。

《元史紀事本末》至元二十九年。開通惠河。以郭守敬領都水監事。導昌平縣白浮村神山泉。過雙塔榆河。引一畝玉泉諸水入京城。匯於積水潭。逾年畢工。自是都民免陸輓之勞。公私便之。

明代復修會通河。運道益便。

『大學衍義補』(邱濬)會通河初開。岸狹水淺。不能負重。每歲之運。不過數十萬石。洪武二十四年。河決原武。漫過安山湖。而會通河遂淤。往來者悉由陸以至德州下河。永樂初。運糧由江入淮。由淮入黃河。運至陽武。發山西河南二處丁夫。由陸運至衛輝下御河。水運至北京。厥後濟寧州同知潘叔正因州夫遞運之難。請開會通舊河。朝廷命工部尚書宋禮發丁夫十餘萬疏鑿。以復故道。又命刑部侍郎金純自汴城北金龍口開黃河故道。分水下達魚臺縣塌場口。以益漕河。十年。宋尚書請從會通河通運。十三年。始罷海運。而專事河運。明年。平江伯陳瑄又請復淮安莊閘一帶沙河。自淮以北。沿河立淺鋪。築牽路。樹柳木。穿井泉。自是漕法通便。

蓋自隋煬開通濟永濟二渠。雖已使南北之舟可以直達。然其運道迂遠。自修武至館陶。皆偏于西方。而臨清東昌以南之路未通也。自元明開此一途。而南北之運河。始聯絡而成一綫。論者徒謂隋煬開掘運河。蓋未詳其始末也。

漕運之道。即通商之路。運河開通。商業自因之發達。觀元代商賈多造大船以運貨物。即可推見其概。

『元史紀事本末』(陳邦瞻)仁宗延祐二年二月。省臣言江南行省起運諸物。由會通河以達於都。多踰期不至。詰其故。皆言始開河時。止許行百五十料船。近來權勢之人。并富商大賈貪嗜貨利。造三四百料或五百料船於此河行駕。以致阻滯往來舟楫。今宜於沽頭臨清二處各置小石閘一。禁約二百料以上之船不許入河。違者罪之。

由明迄清。運漕之卒。又多帶貨物。以供給南北人之需要。

《明史食貨志》自英宗後。漕政日弛。軍以耗米易私物。道售稽程。比至。反買倉米補納。多不足數。

《田漕弊議》(清姚文)從前運道深通。督漕諸臣只求重運。如期到通。一切並不苛察。各丁於開運時。多帶南物。至通售賣。復易北貨沿途銷售。卽水手人等攜帶梨棗蔬菜之類。亦爲歸幫時餬口之用。 又如從前商力充裕。軍船回空。過淮時。往往私帶鹽斤。衆意以每年不過一次。不甚窮搜。

蓋商業興而關征重。商民所運之貨。必有因捐稅而增加價値者。而漕卒則夾帶私貨。無捐稅之累。其價廉而利厚。執政者亦姑息而不問。故始則以爲私弊者。繼則公然承認之矣。

《明史食貨志》宣德四年設鈔關。稅商船。於是有漷縣濟寧徐州淮安揚州上新河滸墅九江金沙洲臨清北新諸鈔關。量舟大小修廣而差其額。謂之船料。不稅其貨。惟臨清北新則兼收貨稅。各差御史及戶部主事監收。自南京至通州。經淮安濟寧徐州臨淸。每船百料。納鈔百貫。 淮安臨淸等處。皆因運河開通。商旅輻輳。故設關也。

吾國東南濱海。故自陸路交通外。多有海上往來者。

《日知錄》(顧炎武)海道用師。古人蓋屢行之矣。吳徐承率舟師自海入齊。此蘇州下海至山東之路。越王句踐命范蠡舌庸率師沿海泝淮以絕吳路。此浙東下海至淮上之路。唐太宗遣强偉於劍南伐木造舟船。自巫峽抵江揚趨萊州。此廣陵下海至山東之路。漢武帝遣樓船將軍楊僕從齊浮渤海擊朝鮮。魏明帝遣海南太守田豫督青州諸軍自海道討公孫淵。秦苻堅遣石越率騎一萬自東萊出右逕襲和龍。唐太宗伐高麗。命張亮率舟師自東萊渡海趨平壤。薛萬徹率甲士三萬自東萊渡海入鴨綠水。此山東下海至遼東之路。漢武帝遣中大夫嚴助發會稽兵浮海救東甌。橫海將軍韓說自句章浮海擊東越。此浙江下海至福建之路。劉裕遣孫處沈田子自海道襲番禺。此京口下海至廣東之路。隋伐陳。吳州刺史蕭瓛遣燕榮以舟師自東海至吳。此又淮北下海至蘇州也。公孫度越海攻東萊諸縣。侯希逸自平盧浮海據青州。此又遼東下海而至山東也。宋李寶自江陰率舟師敗金兵於膠西之石臼島。此又江南下海而至山東也。

戰時藉海道以運兵平時亦資海舟以轉餉。

《日知錄》唐時海運之事。不詳於史。蓋柳城陷沒之後。至開元之初。新立治所。乃轉東南之粟以餉之耳。及其樹蓺已成。則不復資於轉運。非若元時以此爲恆制也。　舊唐書懿宗紀。咸通三年。南蠻陷交趾。徵諸道兵赴嶺南。時湘灕泝運。功役艱難。軍屯廣州乏食。潤州人陳磻石詣闕上書。言江西湖南泝流運糧。不濟軍師。士卒食盡則散。此宜深慮。臣有奇計。以饋南軍。天子召見。磻石因奏臣弟聽思曾任雷州刺史。家人隨海船至福建。往來大船一隻。可致千石。自福建裝船。不一月至廣州。得船數十艘。便可致三萬石至廣府。又引劉裕海路破盧循故事。執政是之。以磻石爲鹽鐵巡官。往揚子院專督海運。於是康承訓之軍皆不闕供。

然其事不恆至元始以海運爲常事。

《元史紀事本末》(陳邦瞻)至元十九年十二月。始海運。初朝廷糧運。仰給江南者。或自浙西涉江入淮。由黃河逆流至中灤。陸運至淇門。入御河。以至京師。又或自利津河或由膠萊河入海。勞費無成。初宋季有海盜朱淸者。嘗爲富家傭。殺人亡命入海島。與其徒張瑄乘舟抄掠海上。備知海道曲折。尋就招爲防海義民。伯顏平宋時。遣清等載宋庫藏等物。從海道入京師。授金符千戶。二人遂言海運可通。乃命總管羅璧暨瑄等造平底船二十艘。運糧四萬六千餘石。由海道入京。然創行海洋。沿山求嶼。風信失時。逾年始至。朝廷未知其利。仍舊通運。立京畿江淮都漕運二司。各置分司。以督綱運。二十年。復海運。二十四年。立行泉府司。專掌海運。 成宗大德八年。定海運米爲百四十五萬石。

其歲運糧數。詳載元史及大元海運記。其漕運水程。亦具見海運記中。

《大元海運記》至元十九年。創開海運。每歲糧船於平江路劉家港等處聚綜。經由揚州路通州海門縣。黃連沙頭萬里長灘開洋。沿山捉嶼。使于淮安路鹽城縣歷西海州。海寧府。東海縣。密州膠州界。放雲山洋。投東北。取成山路。多有淺沙。行月餘才抵成山。羅璧朱清張瑄講究水程。自上海等處開洋。至楊村馬頭下卸處。經過地名山川經直多少迂回。計一萬三千三百五十里。

此在今日視之。固至平常之事。然元時則詫爲盛舉。固前此歷代之所無也。明初猶行海運。至會通河通利始罷。

《大學衍義補》(邱濬)洪武三十年。海運糧七十萬石。給遼東軍餉。永樂初。海運七十萬石至北京。至十三年。會通河通利。始罷海運。

隆慶中復試行之。

《野獲編》(沈德符)隆慶五年。山東巡撫梁夢龍等上海運議曰。今漕河多故。言者爭獻開膠河之說。此非臣等所敢任。第考海道南自淮安至膠州。北自天津至海倉。各有商販往來。中間自膠州至海倉一帶。亦有島人商賈出入其間。臣等因遣官自淮安運米二千石。自膠州運麥一千五百石。各入海。出天津。以試海道。無不利。此其淮安至天津以道計三千三百里。風便兩旬可達。況舟皆由近洋。洋中島嶼聯絡。遇風可依。非如橫海而渡。風波難測。　事下部覆。海運法廢已久。難以盡復。乞勅漕司量撥漕糧十二萬自淮入海。工部即發節省銀萬五千兩。雇募海舟。淮揚局稅亦許暫支萬五千兩。充備召水手。詔從之。

然明清運道。專主于河。雖知海運之利。終憚行之。至清道光中。始復用海運。

詳見魏源道光丙戌海運記。

初用帆船。至通商後。乃改輪運焉。

三代之時。田有溝洫。無所謂水利。戰國以降。溝洫之制廢。則視地方官吏治水之善否。以爲農業興廢之徵。觀胡渭論關中土質。即知昔之膏腴。復爲瘠土之故。

《禹貢錐指》(胡渭)或問漢書云。自鄭渠成。爲舃鹵之地四萬餘頃。關中始爲沃野。無凶年。然則前此未有渠時。渭北之地皆爲鹵也。雍田何以稱爲上乎。曰此地之爲舃鹵。以溝洫廢也。溝洫之制廢。則水泉瀉去。其地爲鹹鹵。五穀不殖。秦人患之。此鄭國之策所以行也。然渠成之後。舃鹵仍不少。兒寬所謂鄭國旁高卬之田。嚴熊所謂重泉以東故惡地是也。故又有輔渠白渠龍首渠之役。及後漢都雒。諸渠漸廢。杜佑云。秦漢時鄭渠溉田四萬頃。白渠溉田四千五百餘頃。唐永徽中所溉惟萬許頃。洎大歷初。又減至六千頃。則兩渠之利。至唐而益微矣。宋人以鄭渠久廢。不可復興。惟修三白渠。其所溉者。涇陽富平等六縣田三千八百餘頃而已。熙寧中。於仲山旁更穿豐利渠。溉田二萬五千餘頃。元至正初。以新渠堰壞。乃復治舊渠口。溉田四萬五千餘頃。其數不減於漢。然未幾亦廢。

大抵宋以前西北各地農田水利尚多修舉。故富力不偏于南方。

《日知錄》(顧炎武)歐陽永叔作唐書地理志。凡一渠之開。一堰之立。無不記之其縣之下。實兼河渠一志。亦可謂詳而有體矣。蓋唐時爲令者。猶得以用一方之財。興期月之役。而志之所書。大抵在天寶以前者。居什之七。至於河朔用兵之後。則以催科爲急。而農功水道。有不暇講求者歟。

自宋以降。西北水利不修。而南方圩田大興。于是南北之饒瘠迥殊。

《宋史食貨志》大抵南渡後。水田之利。富於中原。故水利大興。

《文獻通考》(馬端臨)江東水鄉。隄河兩涯。田其中。謂之圩。農家云圩者圍也。內以圍田。外以圍水。蓋河高而田在水下。沿隄通斗門。每門疏港以溉田。故有豐年而無水患。

論者雖謂圍湖爲田。易致水旱。

《文獻通考》圩田湖田多起於政和以來。其在浙間者。隸應奉局。其在江東者。蔡京秦檜相繼得之。大概今之田。昔之湖。徒知湖中之水可涸以墾田。而不知湖外之田將胥而爲水也。

然其利究過于害。此研究宋元以來經濟變遷者所當知也。

自宋熙寧中遣使察農田水利。議興修塘堰圩隄。

《文獻通考》神宗熙寧元年遣使察農田水利程顥等八人充使王明言保州塘濼以西可築隄植木。凡十九里。隄內可引水處即種稻。水不及處並爲方田又因出土作溝。以限戎馬從之。中書言諸州縣古跡陂塘。異時皆蓄水漑田。民利數倍。近歲多所湮廢詔諸路監司訪尋州縣可興復水利。如能設法勸誘興修塘堰圩隄。功利有實當議旌寵。

元亦置都水庸田使司。掌種植稻田之事。

《元史百官志》都水庸田使司。至元二年置。至正十二年。因海運不通詔河南窪下水泊之地置屯田八處。於汴梁添立都水庸田使司。正三品。掌種植稻田之事。

明初復廣遣國子生集吏民修治水利。

《日知錄》(顧炎武)洪武末遣國子生人才分詣天下郡縣。集吏民乘農隙修治水利。二十八年奏開天下郡縣塘堰凡四萬九百八十七處。河四千一百六十二處。陂渠堤岸五千四十八處。

似歷代政府皆注意於水利。各地之水利宜皆隨時修舉而無所歧異矣。然觀明周用理河事宜疏。則山東河南之困於水旱。殊非他省之比。

《理河事宜疏》(周用)臣竊見河南府州縣。密邇黃河地方。歷年親被衝決之患。民間田地決裂破壞。不成隴畝。耕者不得種。種者不得收。徒費工力。無裨飢餓。加以額辦稅糧。催科如故。中土之民。困於河患。實不聊生。至於運河以東。山東濟南東昌兖州三府州縣地方。雖有汶沂洸泗等河。然與民間田地支節脈絡。不相貫通。每年泰山徂徠諸山水發之時。漫爲巨浸。潰決城郭。漂沒廬舍。耕種失業。亦與河南河患相同。或不幸而值旱暵。又並無自來修繕陂塘渠堰蓄水以待雨澤。遂致齊魯之間。一望赤地。於時蝗蝻四起。草穀俱盡。東西南北。橫亙千里。天災流行。往往有之。

蓋黃河之患。至宋而劇。綿歷元明。不時潰決。民無久計。官無經圖。故其現象若此也。其後徐貞明著潞水客談。亦曰西北之地。旱則赤地千里。潦則洪流萬頃。惟雨暘時若。庶樂歲無飢。則明季西北諸省水利亦均不修。不獨河南山東爲然矣。

《明史徐貞明傳》貞明爲給事中。上水利議。謂神京雄據上游。兵食宜取之畿甸。今皆仰給東南。豈西北古稱富強地。不足以實廩而練卒乎。夫賦稅所括。皆民脂膏。而軍船夫役之費。常以數石致一石。東南之力竭矣。又河流多變。運道多梗。竊有隱憂。聞陝西河南故渠廢堰。在在有之。山東諸泉。引之率可成田。而畿輔諸郡。或支河所經。或澗泉自出。皆足以資灌溉。北人未習水利。惟苦水害。不知水害未除。正由水利未興也。　元虞集欲于京東濱海地築塘捍水以成稻田。若倣集意。招徠南人。俾之耕藝。北起遼海。南濱青齊。皆良田也。

《同上》貞明被謫至潞河。著潞水客談。以畢其說。其略曰。西北之地。旱則赤地千里。潦則洪流萬頃。惟雨暘時若。庶幾樂此無饑。此可常恃哉。惟水利興而後旱潦有備。　譚綸見而美之曰。我歷塞上久。知其必可行也。

貞明小試其說。而未竟其功。

【明史徐貞明傳】戶部尚書畢鏘等採貞明疏議為六事。請郡縣有司以墾田勤惰為殿最。聽貞明舉劾。地宜稻者。以漸勸率。宜黍宜粟者。如故。不遽責其成。召募南人。給衣食農具。俾以一教十。能墾百畝以上者。即為世業。子弟得寄籍入學。其卓有明效者。仿古孝弟力田科。量授鄉遂都鄙之長。墾荒無力者。貸以穀。秋成還官。旱潦則免。郡縣民壯。役止三月。使疏河芟草。而墾田則募專工。帝悉從之。　貞明領墾田使。已墾至三萬九千餘畝。　御史王之棟畿輔人也。言水田必不可行。帝乃諭令停役。貞明識敏才練。慨然有經世志。京東水田實百世利。事初興而即為浮議所撓。論者惜之。

清雍正中。設營田水利府。經營京畿水田。亦僅成數千頃而罷。（詳清通考田賦考）　迄今河淮以北之水利。仍不及江南之修備焉。

第二十五章　明儒之學

宋儒學派最多。元承其緒。光燄漸衰。許衡劉因吳澄諸儒之學。不能出南宋朱陸之範圍。故論學術者。以元儒附于宋儒。學案明其僅爲宋之餘波而已。有明一代。或謂理學極盛。

《明儒學案發凡》（黃宗羲）嘗謂有明文章事功。皆不及前代。獨于理學。前代之所不及也。牛毛繭絲。無不辨晰。眞能發先儒之所未發。程朱之闢釋氏。其說雖繁。總是只在迹上。其彌近理而亂眞者。總是指他不出。明儒于毫釐之際。使無遁影。

或謂儒術式微。

《明史儒林傳序》有明諸儒。衍伊雒之緒言。探性命之奧旨。錙銖或爽。遂啓歧趨。襲謬承訛。指歸彌遠。至專門經訓。授受源流。則二百七十餘年。未聞以此名家者。經學非漢唐之精專。性理襲宋元之糟粕。論者謂科舉盛而儒術微。殆其然乎。

平心論之。明儒風氣。亦自成爲一派。固與漢唐不同。亦與宋元有別。蓋合唐宋以來禪學理學而別開一種心性之學。分茅設蕝。與國相終。此論史者所宜注意者也。

明人之崇心性之學。始于帝王之提倡。及科舉之統一。蓋自宋儒尊崇四書。代有闡釋。然于學術尚未能統一也。自元仁宗皇慶中定制。專以宋儒四書注及經注試士。

《元史選舉志》仁宗皇慶二年。考試程式。蒙古色目人第一場經問五條。大學論語孟子中庸內設問。用朱氏章句集注。其義理精明文辭典雅者爲中選。漢人南人第一場明經經疑二問。大學論語孟子中庸內出題。並用朱氏章句集注。復以己意結之。限三百字以上。經義一道。各治一經。詩以朱氏爲主。尚書以蔡氏爲主。周易以程氏朱氏爲主。已上三經。兼用古注疏。春秋許用三傳及胡氏傳。禮記用古注疏。限五百字以上。不拘格律。

宋儒之說。始奪漢唐諸儒之席而代之。明以制義試士。亦專主宋儒之書。

《明史選舉志》科目者。沿唐宋之舊。而稍變其試士之法。專取四子書及易書詩春秋禮記五經命題試士。蓋太祖與劉基所定。其文略仿宋經義。然代古人語氣爲之。體用排偶。謂之八股。通謂之制義。　科舉定式。初場試四書義三道。經義四道。四書主朱子集注。易主程傳朱子本義。書主蔡氏傳及古注疏。詩主朱子集傳。春秋主左氏公羊穀梁三傳及胡安國張洽傳。禮記主古注疏。永樂間。頒四書五經大全。廢注疏不用。其後春秋亦不用張洽傳。禮記止用陳澔集說。

而永樂所定之三大全。尤爲造成一代學術思想之根柢。

《四庫全書總目》周易大全二十四卷。明胡廣等奉敕撰。考明成祖實錄。永樂十二年十一月甲寅。命行在翰林院學士胡廣。侍講楊榮金幼孜修五經四書大全。十三年九月。告成。成祖親製序弁之卷首。命禮部刊賜天下。賜胡廣等鈔幣有差。仍賜宴于禮部。同時預纂修者。自廣榮幼孜外。尚有翰林編修葉時中等三十九人。此其五經之首也。朱彝尊經義考。謂廣等就前儒成編。雜爲鈔錄。而去其姓名。　二百餘年以此取士。一代之令甲在焉。錄存其書。見有明儒者之經學。其初之不敢放軼者。由于此。其後之不免固陋者。亦由于此。鄭曉今言曰。洪武開科。五經皆主古注疏。及宋儒易程朱。書蔡。詩朱。春秋左公羊穀梁程胡張。禮記陳。後乃盡棄注疏。不知始于何時。或曰始于頒五經大全時。以爲諸家說優者采入故耳。

〔同上〕四書大全三十六卷。明永樂十三年。翰林學士胡廣等奉敕撰。成祖御製序文。頒行天下。二百餘年尊爲取士之制者也。初與五經大全並頒。然當時程式以四書義爲重。故五經率皆庋閣。所研究者惟四書。所辨訂者亦惟四書。後來四書講章浩如烟海。皆是編爲之濫觴。蓋由漢至宋之經術。于是始盡變矣。特錄存之。以著有明一代士大夫學問根柢具在于斯。亦足以資考鏡焉。

〔同上〕性理大全七十卷。明胡廣奉敕撰。是書與五經四書大全同以永樂十三年九月告成奏進。故成祖御製序文。稱二百二十九卷。統七部而計之也。 廣等所採宋儒之說凡一百二十家。其中自爲卷帙者。爲周子太極圖說一卷。通書二卷。張子西銘一卷。正蒙二卷。邵子皇極經世書七卷。朱子易學啓蒙四卷。家禮四卷。蔡元定律呂新書二卷。蔡沈洪範皇極內篇二卷。共二十六卷。自二十七卷以下。摭拾羣言。分爲十三目。曰理氣。曰鬼神。曰性理。曰道統。曰聖賢。曰諸儒。曰學。曰諸子。曰歷代。曰君道。曰治道。曰詩。曰文。

以帝王之尊崇及科舉之需要。故凡嚮風慕化者。無不濡染浸漬于身心性命之說。而其蔚然成爲儒宗者。則由科舉之學進而表示人格。創造學說。而超出于八股之生活者也。

然而以帝王科舉之力造成一世之風氣。固亦有絕大之關係。而人心之演進。常無一成不變之局。故其趨勢絕不爲最初提倡者所囿。明儒之學之墨守程朱之傳者。固出于科舉及三大全之影響。而其後學派一變。有顯與朱子背馳者。則非科舉及三大全所預必也。

《明史儒林傳序》原夫明初諸儒。皆朱子門人之支流餘裔。師承有自。矩矱秩然。曹端胡居仁篤踐履。謹繩墨。守儒先之正傳。無敢改錯。學術之分。則自陳獻章王守仁始。宗獻章者曰江門之學。孤行獨詣。其傳不遠。宗守仁者曰姚江之學。別立宗旨。顯與朱子背馳。門徒徧天下。流傳逾百年。其教大行。其弊滋甚。嘉隆而後。篤信程朱。不遷異說者。無復幾人矣。

明儒之謹守程朱學派者。以吳與弼薛瑄爲最。

《明儒學案》(黃宗羲)吳與弼字子傳。號康齋。撫州之崇仁人。從洗馬楊溥學。讀伊洛淵源錄。慨然有志于道。身體力驗。只在走趨語默之間。出作入息。刻刻不忘。久之自成片段。所謂敬義夾持。誠明兩進者也。一切玄遠之言。絕口不道。學者依之。眞有途轍可循。

《同上》薛瑄字德溫。號敬軒。山西河津人。講習濂洛諸書。歎曰。此問學正路也。前輩論一代理學之儒。惟先生無間言。闕先生讀書錄。多兢兢檢點言行間。所謂學貴踐履。意蓋如此。

黃宗羲特標之爲崇仁河東學案。而于其他謹守篤信之儒。則彙立爲諸儒學案。明其不足獨成一派也。與弼傳婁諒。諒傳王守仁。而開陽明學派。陳獻章亦受業于與弼。而別開白沙學派。湛若水受業于獻章。而別開甘泉學派。三派之學。皆與吳氏不同。而以陽明之派爲最廣。

『明儒學案』婁諒字克貞。別號一齋。廣信上饒人。少有志于聖學。聞康齋在臨川。乃往從之。 凡康齋不以語門人者。于先生無所不盡。

『同上』王守仁字伯安。學者稱爲陽明先生。餘姚人也。十八歲過廣信。謁婁一齋。慨然以聖人可學而至。登弘治己未進士第。授刑部主事。改兵部。劉瑾矯旨逮南京科道官。先生抗疏救之。下詔獄。廷杖四十。謫貴州龍場驛丞。瑾誅。知廬陵縣。歷吏部主事。員外郎郎中。陞南京太僕寺少卿。鴻臚寺卿。以左僉都御史巡撫南贛。平漳南橫水桶岡大帽俐頭諸寇。聞宸濠反。遂還吉安。起兵討之。遇于樵舍。三戰俘濠。陞南京兵部尚書。封新建伯。嘉靖丁亥征思田。以歸師襲八寨斷藤峽。破之。卒年五十七。

『同上』陳獻章字公甫。新會之白沙里人。 至崇仁受學于康齋先生。歸卽絕意科舉。築春陽臺。靜坐其中。屢薦不起。

『同上』湛若水字元明。號甘泉。廣東增城人。從學于白沙。

『明儒學案』姚江之敎。自近而遠。其最初學者。不過郡邑之士耳。龍場而後。四方弟子始益進焉。郡邑之以學鳴者。亦僅僅緒山錢德洪號 龍溪。王畿別號 此外則椎輪積水耳。然一時之盛。吾越尙講誦。習禮樂。弦歌之音不絕。

語其派別。則有浙中之王學。

有江右之王學。

『明儒學案』姚江之學。惟江右爲得其傳。東廓。念菴。兩峯。雙江。其選也。再傳而爲塘南思默。皆能推原陽明未盡之旨。是時越中流弊錯出。挾師說以杜學者之口。而江右獨能破之。陽明之道賴以不墜。蓋陽明一生精神。俱在江右。亦其感應之理宜也。

有南中之王學。

『明儒學案』南中之名王氏學者。陽明在時。王心齋。黃五岳。朱得之。戚南玄。周道通。馮南江其著也。陽明沒後。緒山龍溪所在講學。于是涇縣有水西會。寧國有同善會。江陰有君山會。貴池有光岳會。太平有九龍會。廣德有復初會。江北有南譙精舍。新安有程氏世廟會。泰州復有心齋講堂。幾乎比戶可封矣。

有楚中之王學。

『明儒學案』楚學之盛。惟耿天臺一派。自泰州流入。

有北方之王學。

『明儒學案』北方之爲王學者獨少。　張後覺字志仁。號弘山。山東茌平人。早歲受業顏中溪徐波石。深思力踐。洞朗無礙。猶以取友未廣。南結會于香山。西結會于丁塊。北結會于大雲。東結會于王遇。齊魯間遂多學者。

有粤閩之王學。

『明儒學案』嶺海之士。學于文成者。自方西樵始。及文成開府贛州。從學者甚衆。文成言潮在南海之涯。一郡耳。一郡之中。有薛氏之兄弟子姪。旣足盛矣。而又有楊氏之昆季。其餘聰明特達毅然任道之器以數十。

其別出者。又有李材王艮諸派。

『明儒學案』李材字孟誠。別號見羅。豐城人。初學致良知之學。已稍變其說。

《同上》王艮字汝止。號心齋。泰州之安豐場人。 聞陽明講學江西。以古服進見。陽明出迎于門外。始入。先生據上坐。辨難。稍心折。移其坐于側。論畢。乃歎曰。簡易直截。艮不及也。下拜自稱弟子。 陽明卒于師。先生迎哭至桐廬。經紀其家而後反。開門授徒。遠近皆至。同門會講者。必請先生主席。

最後之東林蕺山。亦皆出于王學。而求濟其末流之弊。

《明儒學案》有東林蕺山二學案。東林者。顧憲成高攀龍等講學之書院。蕺山者。劉宗周講學之書院也。

故明儒之學。一王陽明之學而已。

宋元諸儒。多務闡明經子。不專提倡數字以爲講學宗旨。明儒則一家有一家之宗旨。各標數字以爲的。白沙之宗旨曰靜中養出端倪。

《明史陳獻章傳》獻章之學。以靜爲主。其教學者。但令端坐澄心。于靜中養出端倪。

甘泉之宗旨曰隨處體驗天理。

《明史湛若水傳》若水初與守仁同講學。後各立宗旨。守仁以致良知爲宗。若水以隨處體驗天理爲宗。守仁言若水之學爲求之于外。若水亦謂守仁格知之說不可信者四。又曰陽明與吾之心不同。陽明所謂心。指方寸而言。吾之所謂心者。體萬物而不遺者也。故以吾之說爲非。一時學者。遂分王湛之學。

陽明之宗旨曰致良知。

『明儒學案』(黃宗羲)陽明先生之學。始泛濫于詞章。繼而徧讀考亭之書。循序格物。顧物理吾心終判爲二。無所得入。于是出入于佛老者久之。及至居夷處困。動心忍性。因念聖人處此。更有何道。忽悟格物致知之旨。聖人之道。吾性自足。不假外求。其學凡三變而始得其門。自此以後。盡去枝葉。一意本原。以默坐澄心爲學的。 江右以後。專提致良知三字。默不假坐。心不待明。不習不慮。出之自有天則。

又曰知行合一。

『明儒學案』先生以聖人之學。心學也。心卽理也。故于致知格物之訓。不得不言致吾心良知之天理于事事物物。則事事物物皆得其理。夫以知識爲知。則輕浮而不實。故必以力行爲功。夫良知感應神速。無有等待。本心之明。卽知不欺。本心之明。卽行也。不得不言知行合一。此其立言之大旨。不出于是。

其後鄒守益主戒懼愼獨。

『明史鄒守益傳』穆孔暉自名王氏學。浸淫入于釋氏。而守益于戒懼愼獨。蓋兢兢焉。

『明儒學案』東廓以獨知爲良知。以戒懼愼獨爲致良知之功。此是師門本旨。

羅洪先之主靜無欲。

『明儒學案』王門惟心齋氏盛傳其說。從不學不慮之旨。轉而標之曰自然。曰學樂。末流衍蔓。浸爲小人之無忌憚。羅先生復起。有憂之。特拈收攝保聚四字爲致良知符訣。故其學專求之未發一機。以主靜無欲爲宗旨。

李材主止修。

《明儒學案》文成而後。李先生又自出手眼。諄諄以止修二字。壓倒良知。

王畿周汝登主無善無惡。

《明儒學案》王畿天泉證道記。謂師門教法。每提四句。無善無惡心之體。有善有惡意之動。知善知惡是良知。爲善去惡是格物。

《明史許孚遠傳》官南京。與尙寶司卿周汝登並主講席。汝登以無善無惡爲宗。孚遠作九諦以難之。

高攀龍主靜坐。

《明史》高攀龍與顧憲成同講學東林書院。以靜爲主。

明儒學案載高攀龍說靜坐之語甚多。

劉宗周主愼獨。

《明儒學案》（黃宗羲）蕺山先生以愼獨爲宗。儒者人人言愼獨。惟先生始得其眞。

紛然如禪宗之傳授衣鉢標舉宗風者然。謂爲由宋元以來。講求理學。漸從由書册。直指人心。可謂爲墮入禪學。遁于虛無亦可。要之明儒之學。與宋元之學。固大不同也。

陽明之學之最有益于世道者。卽在主張知行合一之一語。自宋以來。書册日多。著述日富。講求討論。雖進于前。而人之立身行事。反與書册所言分而爲二。充其弊必有學術日昌。人心日壞之象。陽明著眼此點。故勸人卽知卽行。

使知不但徒騰口說無益。即冥心妙悟而不驗之實事亦無益。此正當時科舉中人口孔孟而心跖蹻之對證妙藥。抑亦吾國從古以來聖哲眞傳蓋吾國自古相傳之法。惟注重于實行。苟不實行。即讀書萬卷。著作等身。亦不過販賣術鬻之徒。予己于人毫無實益。即不得謂之學問。使後之學者。咸準陽明之說而行。無知愚賢不肖。行事一本良心。則舉世可以無一壞人而政治風俗。亦無一不可以臻于盡善盡美之域。無如人心痼蔽。惟喜求知而憚實行。談玄說妙者務出新說以相勝。安于卑近者。轉執其流弊以相訾謷。甚至在爲人行己之外。別求一種學問以爲能。研究此等文字者。方足爲學。而其他皆空談。是豈陽明所及料哉。

《傳習錄》古人所以旣說一個知。又說一個行者。只爲世間有一種人。懵懵懂懂的任意去做。全不解思惟省察。也只是箇冥行妄作。所以必說箇知。方纔行得是。又有一種人茫茫蕩蕩懸空去思索。全不肯著實躬行。也只是箇揣摸影響。所以必說一箇行。方纔知得眞。此是古人不得已補偏救弊的說話。若見得這箇意時。即一言爲足。今人却就將知行分作兩件去做。以爲必先知了。然後能行。我如今且去講習討論做知的工夫。待知得眞了。方去做行的工夫。故遂終身不行。亦遂終身不知。此不是小病痛。其來已非一日矣。某今說箇知行合一。正是對病的藥。又不是某鑿空杜撰。知行本體。原是如此。今若知得宗旨時。即說兩箇亦不妨。亦只是一箇。若不會宗旨。便說一箇。亦濟得甚事。只是閒說話。

第二十六章　明之文物

歷代史書所志藝文經籍。大抵兼舉前代及當時所有之書籍。惟明史不志前代之書。第述有明一代之著作。

《明史藝文志》四部之目。昉自荀勖。晉宋以來因之。前史兼錄古今載籍。以爲皆其時柱下之所有也。明萬歷中。修撰焦竑修國史。輯經籍志。號稱詳博。然延閣廣內之藏。竑亦無從徧覽。則前代陳編。何憑記錄。　今第就二百七十年各家著述。稍爲釐次。勒成一書。凡卷數莫考。疑信未定者。寧闕而不詳云。

其都數爲十萬零五千九百七十四卷。觀其一朝之人著作之富。則其當時之文化。可以推想。史稱北京文淵閣貯書近百萬卷。

《明史藝文志》明太祖定元都。大將軍收圖籍。致之南京。復詔求四方遺書。設秘書監丞。尋改翰林典籍以掌之。永樂四年。帝御便殿。閱書史。問文淵閣藏書。解縉對以尚多闕略。帝曰。士庶家稍有餘資。尚欲積書。況朝廷乎。遂命禮部尚書鄭賜遣使訪購。惟其所欲與之。勿較値。北京既建。詔修撰陳循取文淵閣書一部至百部。各擇其一。得百櫃。運致北京。宣宗嘗臨視文淵閣。親披閱經史。與少傅楊士奇等討論。　是時秘閣貯書約二萬餘部。近百萬卷。刻本十三。抄本十七。

蓋宋遼金元之書。悉萃其中。故卷數之富。爲歷代館閣所未有也。祕閣之外。行人司藏書亦富。

《識小錄》(王夫之)翰林名譔中秘書而實無一書之可讀。惟行人司每一員出使。則先索書目以行。購書目中所無者。多至數册。少亦必一册。納之司署。專設司吏一人收貯簡曬。故行人司藏書最富。

蓋古者太史采風陳詩之遺也。其他貴族縉紳儒流士庶藏書之家。尤指不勝屈。若朱睦㮮。

《明史諸王傳》鎭國中尉睦㮮字灌甫鎭平王諸孫。被服儒素。覃精經學。《萬卷堂書目跋》(睦㮮)余宅西游息之所。建堂五楹。以所儲書環列其中。倣唐人法。分經史子集。用各色牙籤識別。經類凡十一。易詩書春秋禮樂孝經論語孟子經解小學。凡六百八十部。六千一百二十卷。史類凡十二。正史編年雜史制書傳記職官儀注刑法譜牒目錄地志雜志。凡九百三十部。一萬八千卷。子類凡十。儒道釋農兵醫卜藝小說五行家。凡一千二百部。六千零七十卷。集類凡三。楚詞別集總集。凡一千五百部。一萬二千五百六十卷。編爲四部。

葉盛

《乾隆蘇州府志》(習嵩)崑山葉文莊公盛宅在東城橋西。公生平嗜書。手自讎錄。至數萬卷。

《靜志居詩話》(朱彝尊)文莊儲藏之目爲卷止二萬餘。然奇秘者多。亞于册府。

楊循吉

《澹生堂藏書訓》(祁承㸁)楊儀部君謙名循吉。吳人。性最嗜書。家本素封。以購書故。晚歲赤貧。所藏書十餘萬卷。

何良俊

《列朝詩傳》何良俊字元朗。少而篤學。每喟然歎曰。吾有清森閣在東海上。藏書四萬卷。

王世貞

《少室山房筆叢》（胡應麟）王長公（即世貞，太倉人。）小酉館在弇州園涼風堂後。凡三萬卷。二典不與。構藏經閣貯焉。

胡應麟

《澹生堂藏書訓》婺州胡元瑞以一孝廉。集書至四萬二千三百八十四卷。

黃虞稷

《黃氏千頃齋藏書記》（錢謙益）虞稷之先人。少好讀書，老而彌篤。自爲舉子。以迄學官。修脯所入衣食所餘。未嘗不以市書也。藏書千頃齋中。約六萬餘卷。余小子（此據虞稷自稱）裒聚而附益之。又不下數千卷。

徐𤊹

《紅雨樓家藏書目序》（徐𤊹）合先君子先伯兄所儲。可盈五萬三千餘卷。

毛晉

《同治蘇州府志》毛晉世居迎春門外七星橋。少爲諸生。性嗜卷軸。湖州書舶雲集于門。邑中爲之諺曰。三百六十行生意。不如鬻書于毛氏。前後積至八萬四千册。構汲古閣目耕樓以庋之。

謝兆申等。

《筆精》(徐𤊹)邵武謝兆申好書盡罄家資。而買墳籍。藏蓄幾盈五六萬卷。

皆收藏至二三萬卷以上。其范氏之天一閣。

《茶餘客話》(阮葵生)范欽號東明。喜購舊本。兩浙藏書以天一閣爲第一。

錢氏之絳雲樓。

《絳雲樓書目題詞》(曹溶)虞山宗伯所積。幾埒內府。視葉文莊吳文定及西亭王孫或過之。　晚歲居紅豆山莊。出所藏書。重加繕治。區分類聚。栖絳雲樓上大櫝七十有三。

尤爲目錄家所豔稱。士大夫咸以嗜書殖學爲務。故能上紹唐宋。而下開有淸之文治焉。

官書之風。以明爲盛。

《書隱叢說》(袁栝)官書之風。至明極盛。內而南北兩京。外而道學兩署。無不盛行雕造。官司至任。數卷新書。與土儀並充餽品。稱爲書帕本。　孫毓修曰。明時官司衙署刊本。周弘祖古今書刻略載之。明祖分封諸王。各賜宋板書帖。諸王亦能于養尊處優之餘。校刊古籍。模印精審。至今見稱。如瀋唐潞晉徽益諸藩。皆有傳刻。

南北兩監。藏板至夥。歷代正史。一再雕印。

《南雍志》(黃佐)梓刻本末金陵新志所載集慶路儒學史書梓數。正與今同。則本監所藏諸梓。多自舊國子學而來。按元代刻史·多分路雕刻·若建昌路刊南北史·瑞州路刊隋書之類·不能畢十七史而同在一處刊刻·至明彙集其板·始有彙刻全史之舉·　自後四方多以書板送入。洪武永樂時。兩經修補。板既叢亂。旋補旋亡。成化初。祭酒王倎會計亡數。已逾二萬篇。宏治初。始作庫。供儲藏。嘉靖七年。錦衣衛間住千戶沈麟奏准校刊史書。禮部議以祭酒張邦奇司業江汝璧學博才裕。使將原板刊補。其廣東原刻宋史差取付監。遼金二史原無板者。購求善本翻刻。以成全史。後邦奇汝璧遷去。祭酒林文俊司業張星繼之。方克進呈。

《善本書室藏書志》(丁丙)北監二十一史。奉敕重修者。祭酒吳士元司業黃錦也。自萬歷二十四年開雕。閱十有一載。至三十四年竣事。皆從南監本繕寫刊刻。

書坊之多。以燕京江浙爲盛。

《經籍會通》(胡應麟)今海內書凡聚之地有四。燕市也。金陵也。閶闔也。臨安也。閩楚滇黔則余間得其梓。秦晉川洛則余時友其人。輦下所雕者。每一當浙中三。紙貴故也。越中刻本亦希。而其地適當東南之會。文獻之衷。三吳七閩。典籍萃焉。吳會金陵。擅名文獻。刻本至多。鉅帙類書。咸會萃焉。自本方所梓外。他省至者絕寡。燕中書肆。多在大明門之右。及禮部門之外。及拱宸門之西。武林書肆。多在鎮海樓之外。及湧金門之內。及弼教坊清和坊。皆四達衢也。金陵書肆。多在三山街及太學前。姑蘇書肆。多在閶門內外及吳縣前。書多精整。率其地梓。 凡刻之地有三。吳也。越也。閩也。蜀宋本稱最善。近世甚希。燕粵秦楚今皆有刻。類自可觀。而不若三方之盛。其精吳爲最。其多。閩爲最。越皆次之。其直重。吳爲最。其直輕。閩爲最。越皆次之。

工匠刻書價值亦廉。

《茶香室續鈔》(俞樾)明劉若愚酌中志云。刻字匠徐承惠供。本犯與刻字工銀每字一百。時價四分。因本犯要承惠僻靜處刻。

勿令人見。每百字加銀五釐。約工銀三錢四分。今算妖書八百餘字。與工銀費相同。按此知明時刻書價值至廉。今日奚翅倍之也。

然如永樂大典之鉅書。當國家財力全盛之時。亦未能付諸雕板。是亦至可惜之事也。

明代儒臣奉敕編輯之書至夥。而卷册最富者。無過于永樂大典。

《明史藝文志類書類》永樂大典二萬二千九百卷。　原注。永樂初解縉等奉敕編文獻大成既竣。帝以爲未備。復敕姚廣孝等重修。四歷寒暑而成。更定是名。成祖製序。復以卷帙太繁。不及刊布。嘉靖中。復加繕寫。

其書以韻爲綱。而以古書字句排列于下。以便檢尋。而體例不一。至有舉全部大書悉納于一韻之一字中者。與前此類書割裂原文以事相次者有別。故元以前佚文祕典世所不傳者。轉賴其全部全篇收入。得以復見于世。

《四庫全書總目》明實錄載成祖諭解縉等。嘗觀韻府回溪二書。事雖有統。而採摘不廣。紀載太略。爾等其如朕意。凡書契以來經史子集百家之書。至于天文地志陰陽醫卜僧道技藝之言。備輯爲一書。無厭浩繁云云。故此書以洪武正韻爲綱。全如韻府之體。其每字之下。詳列各種書體。亦用顏眞卿韻海鏡原之例。惟其書割裂龐雜。漫無條理。或以一字一句分韻。或析取一篇以篇名分韻。或全錄一書。以書名分韻。與卷首凡例多不相應。殊乖編纂之體。　然元以前佚文秘典世所不傳者轉賴其全部全篇收入。得以排纂校訂。復見于世。

當明之世。南北二京。僅有寫本三部。

《四庫全書總目》永樂大典二萬二千八百七十七卷。目錄六十卷。明永樂元年七月奉敕撰。二年十一月奏進。賜名文獻大成。總其事者。爲翰林院學士兼右春坊大學士解縉。與其事者凡一百四十七人。既而以所纂尚多未備。復命太子少保姚廣孝。刑部侍郎劉季篪。與縉同監修。與其事者。凡二千一百六十九人。于永樂五年十一月奏進。改賜名曰永樂大典。以上俱見明實錄併命復寫一部。鋟諸梓。以永樂七年十月訖工。事見明趙友同存軒集後以工費浩繁而罷。見舊京詞林志定都北京以後。移貯文樓。文樓即今之宏義閣嘉靖四十一年。選禮部儒士程道南等一百人。重錄正副二本。命高拱張居正校理。事見明實錄至隆慶初告成。仍歸原本於南京。見舊京詞林志其正本貯文淵閣。副本別貯皇史宬。事見春明夢餘錄明祚既傾。南京原本與皇史宬副本並燬。今貯翰林院庫者。即文淵閣正本。僅殘闕二千四百二十二卷。顧炎武日知錄以爲全部皆佚。蓋傳聞不確之說。書及目錄共二萬二千九百三十七卷。與原序原表並合。明實錄作二萬二千二百一十一卷。明史藝文志作二萬二千九百卷。亦字畫之誤也。

議者雖請鐫印頒發國學。訖未實行。

《野獲編》(沈德符)甲午春。南祭酒陸可教有刻書一疏。謂文皇帝所修永樂大典。人間未見。宜分頒巡方御史各任一種校刊彙成。分貯兩雍。以成一代盛事。上即允行。至今未聞頒發也。按此書至二萬餘卷。即大內止寫本一部。至世宗重錄。以備不虞。亦至穆宗朝始告竣。效勞諸臣。俱敘功優陞。若付梨棗。更豈易言。

至清僅存殘本一部。修四庫書時。曾就其中輯錄古書數百種。

《四庫全書總目》今裒輯成編者。凡經部六十六種。史部四十一種。子部一百三種。集部一百七十五種。共四千九百二十六卷。

然其可採者尚多。翰林之嗜古者。往往從而鈔輯。至庚子之亂。燬于兵燹。今祇存六十四册。

《京師圖書館善本書目》永樂大典六十册。清翰林院書 明解縉等撰。嘉靖重錄正本存二支。九眞。十八陽。十九庚。二十尤。六姥。四霽。五御。一屋。二質等韻。 此書尚有四册。留教育部。

尚有零册散入外國。頗爲外人珍視。美之圖書館曾以珂羅版影印一册焉。

京師圖書館藏有美國圖書館長勃特蘭博士所贈珂羅版印永樂大典一册。 自一萬九千七百八十五卷至一萬九千七百八十六卷。 僅一服字韻中。繪衣服圖甚多。

明代取士。專重科舉。試以制義。至清猶沿其法。此世所詬病也。

《明史選舉志》科目者。沿唐宋之舊。而稍變其試士之法。專取四子書及易詩書春秋禮記五經命題試士。 三年大比。以諸生試之直省。曰鄉試。中式者爲舉人。次年以舉人試之京師。曰會試。中式者天子親策於廷。曰廷試。亦曰殿試。分一二三甲。以爲名第之次。一甲止三人。曰狀元。榜眼。探花。賜進士及第。二甲若干人。賜進士出身。三甲若干人。賜同進士出身。狀元榜眼探花之名。制所定也。而士大夫又通以鄉試第一爲解元。會試第一爲會元。二三甲第一爲傳臚云。子午卯酉年鄉試。辰戌丑未年會試。鄉試以八月。會試以二月。皆初九日爲第一場。又三日爲第二場。又三日爲第三場。初設科舉時。初場試經義二道。四書義一道。二場論一道。三場策一道。中式後十日。復以騎射書算律五事試之。後頒科舉定式。初場試四書義三道。經義四道。二場試論一道。判五道。詔誥表內科一道。三場試經史時務策五道。廷試以三月朔。鄉試直隸於京府。各省於布政司。會試於禮部。主考鄉會試俱二人。同考。鄉試四人。會試八人。提調一人。在內京官。在外布政司官。會試。禮部官監試二人。在內御史。在外按察司官。會試。御史供給收掌試卷彌封謄錄對讀受卷及巡綽監門搜檢懷挾。俱有定員。各執其事。舉子則國子生及府州縣學生員之學成者。儒士之未仕者。官之未入流者。皆由有司申舉性資敦厚文行可稱者應之。其學校訓導專教學生。及罷閑官吏。倡優之家與居父母喪者。俱不許入試。試卷之首。書三代姓名。及其籍貫年甲所習本經。所司印記。試日入場講問。代冒者有禁。晚未納卷給燭三枝。文字中迴避御名廟號及不許自序門地。彌封編號作三合字。考試者用墨。謂之墨卷。謄錄用硃。謂之硃卷。試士之所。謂之貢院。諸生席舍。謂之號房。人一軍守之。謂之號軍。試官入院。輒封鑰內外門戶。在外提調監試等謂之外簾官。在內主考同考謂之內簾官。廷試用翰林及朝臣文學之優者爲讀卷官。共閱對策。擬定名次。候臨軒。或如所擬。或有所更定。傳制唱第。狀元授修撰。榜眼探花授編修。二三甲考選庶吉士者。皆爲翰林官。其他或授給事御史主事中書行人評事太常國子博士。或授府推官知州知縣等官。舉人貢生不第。入監而選者。或授小京職。或授府佐及州縣正官。或授教職。此明一代取士之大略也。

然明初立法。實非專尚時文。

《日知錄》(顧炎武)太祖實錄。洪武三年八月。京師及各行省開鄉試。初場四書疑問本經義及四書義各一道。原注：洪武三年開科，以大學古之欲明明德于天下者二節，孟子道在邇而求諸遠一節，合爲一題，問二書所言平天下大指同異。此即宋時之法。 第二場論一道。第三場策一道。中式者後十日復以五事試之。曰騎射書算律。騎觀其馳驅便捷。射觀其中之多寡。書通於六義。算通於九法。律觀其決斷。 此眞所謂求實用之士者矣。至十七年。

命禮部頒行科舉成式。文辭增而實事廢。蓋與初詔求賢之法稍有不同而行之二百餘年。非所以善述祖宗之意也。

其後展轉流變士益不務實學至有八股盛而六經微十八房興而廿一史廢之歎。

《日知錄》十八房之刻自萬歷壬辰鉤玄錄始旁有批點自王房仲選程墨始至乙卯以後而坊刻有四種。曰程墨。則三場主司及士子之文。曰房稿。則十八房進士之作。曰行卷。則舉人之作。曰社稿。則諸生會課之作。至一科房稿之刻。有數百部。皆出於蘇杭。而中原北方之賈人市買以去。天下之人惟知此物可以取科名享富貴。此之謂學問此之謂士人。而他書一切不觀。昔邱文莊當天順成化之盛去宋元未遠。已謂士子有登名前列。不知史冊名目朝代先後字書偏旁者舉天下而惟十八房之讀。讀之三五年而一幸登第。則無知之童子儼然與公卿相揖讓。而文武之道棄如弁髦。嗟乎八股盛而六經微十八房興而廿一史廢。昔閔子馬以原伯魯之不說學而卜周之衰。余少時見有一二好學者。欲通旁經而涉古書。則父師交相譙呵。以爲必不得顓業於帖括。而將爲坎軻不利之人。豈非所謂大人患失而惑者歟。

蓋人心嗜利苟得有可以簡陋而得虛榮者。則相率從之。而目務實用者爲迂遠。雖有善法。不時時爲之改良。其歸宿亦猶是耳。

明初最重學校。以學校爲科舉之本。而出身學校者。可不必由科舉。

《明史選舉志》科舉必由學校。而學校起家。可不由科舉。

觀明初國學之制及國子生之盛。殆遠軼于唐宋。

『明史選舉志』國子學之設。自明初乙巳始。洪武元年。令品官子弟及民俊秀通文義者並充學生。天下既定。詔擇府州縣學諸生入國子學。初改應天府學爲國子學。後改建於鷄鳴山下。既而改學爲監。設祭酒司業及監丞博士助教學正學錄典籍掌饌典簿等官。分六堂以館諸生。曰率性。修道。誠心。正義。崇志。廣業。學旁以宿諸生。謂之號房。厚給廩餼。歲時賜布帛文綺襲衣巾鞾。正旦元宵諸令節俱賞節錢。孝慈皇后積糧監中。置紅倉二十餘舍。養諸生之妻子。歷事生未娶者賜錢婚聘。及女衣二襲。月米二石。諸生在京師歲久。父母存。或父母亡而大父母伯叔父母存。皆遣歸省。人賜衣一襲。鈔五錠。爲道里費。其優恤之如此。而其教之之法。每旦祭酒司業坐堂上。屬官自監丞以下首領則典簿以次序立。諸生揖畢。質問經史。拱立聽命。惟朔望給假。餘日升堂會饌。乃會講覆講背書輪課以爲常。所習自四子本經外。兼及劉向說苑及律令書數御製大誥。每月試經書義各一道。詔誥表策論判內科二道。每日習書二百餘字。以二王智永歐虞顏柳諸帖爲法。每班選一人充齋長。督諸生工課。衣冠步履飲食必嚴飭中節。夜必宿監。有故而出。必告本班教官。令齋長帥之以白祭酒。監丞置集愆簿。有不遵者書之。再三犯者決責。四犯者至發遣安置。其學規條目。屢次更定。寬嚴得其中。堂宇宿舍飲饌澡浴俱有禁例。司教之官。必選耆宿。

各地土官及日本琉球暹羅諸國。皆有官生入監讀書

『明史選舉志』直省諸士子雲集輦下。雲南四川皆有土官生。日本琉球暹羅諸國亦皆有官生入監讀書。輒加厚賜。并給其從人。永宣間先後絡繹。至成化正德時。琉球生猶有至者。

『續文獻通考學校考』洪武三年。高麗遣其國金濤等四人來學。次年濤成進士歸。自是日本琉球暹羅諸國皆有官生入監讀

書。朝廷輒加厚賜。并給其從人。雲南四川等土官時遣子弟民生入監者甚衆。給賜與日本諸國同。監前別造房百間居之。

蔣一葵長安客話曰。國初高麗遣金濤等入太學。其後各國及土官亦皆遣子入監。監前別造房居之。名王子書房。今太學前有交趾號舍。蓋成祖設北監以來。所以處交趾官生者。

其學生最盛之時。幾及萬人。

《南雍志儲養考》(黃佐)永樂十八年。監生九千五百五十二人。　十九年。九千八百八十四人。　二十年。九千九百七十二人。二十一年。九千八百六十一人。　二十二年。九千五百三十三人。

而整理田賦。清查黃册。與修水利等事。皆命監生爲之。

《南雍志》洪武二十年春二月戊子。魚鱗圖册成。先是上命戶部覈實天下土田。而蘇松富民畏避徭役。以土產詭寄親鄰佃僕。相習成風。奸弊百出。於是富者愈富。貧者愈貧。上聞之。遣國子生武淳等往。隨糧多寡。定爲幾區。每區設糧長四人。使集里甲耆民。躬履田畝。以量度之。量其方圓。次其字號。悉書主名及丈尺四至。編類爲册。給狀若魚鱗然。故名。至是浙江布政使司及直隸蘇州等府縣册成進呈。上喜。賜淳等鈔錠有差。

《同上》二十四年八月乙卯朔。初令監生往後湖清查黃册。　戶部所貯天下黃册。俱送後湖收架。委監察御史二員。戶科給事中一員。監生一千二百名。以舊册比對清查。如有戶口田糧埋沒差錯等項。造冊徑奏。其官員監生合用飲饌器皿等項。并膳夫。俱於國子監取用。如不敷。於都稅司并上元江寧縣等衙門支撥。其後奏準本監惟供給監生。凡官員監生吏卒人匠等。每五日一次。過湖曬晾。

〔同上〕二十七年八月乙亥。遣監生及人材分詣天下郡縣。督吏民修治水利。給道里費而行。

或繕寫書籍。或學習翻譯。

〔南雍志〕永樂二年十月丁巳。翰林院進所纂錄韻書。賜名文獻大成。上以其未備。遂命重修。以祭酒胡儼兼翰林院侍講及學生王景等爲總裁。開館於文淵閣。禮部簡能書監生繕寫。

〔同上〕五年三月癸酉。命禮部選監生胡敬蔣禮等三十八人隸翰林院習譯書。人月給米一石。遇開科令就試。仍譯所作文字。合格準出身。置館於長安右門之外處之。以四夷字學分爲四齋。命都指揮李賢以錦衣衛軍守門。務令成業。

或以特事遣使。或以巡狩從行。

〔南雍志〕永樂元年四月。頒敕二萬道。令監生馬宗誠等齎之。賜道里費。

〔同上〕二年正月丁未。遣監生劉源等三十三人分行郡縣。訪求高皇帝御製詩文。

〔同上〕七年二月壬午。巡狩北京。車駕發京師。擇吏部歷事監生四十人。譯寫四夷文字監生十三人以從。

而分部歷事。

〔南雍志〕洪武二十九年六月壬寅。初令監生年長者分撥諸司。歷練政事。建文二年十月。定監生歷事考覈法。歷事各衙門者。一年爲滿。從本衙門考覈。分上中下三等引奏。上等不拘選用。中等下等仍歷一年再考。上等者依上等用。中等者不拘品級。隨材任用。下等者仍監讀書。

隨時任官。尤爲重視。

〔續通考〕洪武二十六年十月。擢監生六十四人爲布政使等官。先是天下初定。北方喪亂之餘。人鮮知學。嘗遣國子生林伯雲等三百六十六人分教各郡。旣而推及他省。擇其壯歲能文者。爲教諭等官。至是乃盡擢劉政龍鐔等六十四人爲行省布政按察兩使及參政參議副使僉事等官。李擴等自文華武英擢御史。按明史選舉志。洪武初。擇年少舉人趙惟一等及貢生董昶等入學讀書。賜以衣帳。命于諸司先習吏事。謂之歷事監生。取其中尤英敏者李擴等。入文華武英堂說書。謂之小秀才。其才學優贍聰明俊偉之士。使之博極羣書。講明道德經濟之學。以期大用。謂之老秀才。故續考舉李擴等爲言。擴尋改給事中兼齊相府錄事。蓋臺諫之選。亦出於太學。其常調者乃爲府州縣六品以下官。時雖復行科舉。而監生與薦舉人才參用者居多。故其時布列中外者。太學生最盛。

蓋明之國學。第爲儲才之地。並無畢業之期。以師儒督其學。以世務練其才。隨時選任。不拘資限。斯實從古以來。惟一重用學校人才之時代。世徒以明祖定八股試士之制。遂謂其欲使天下英雄腐心于無用之空文。豈知當時事實並不如是。第其後偏重科舉。而學校又有納粟之例。流品日雜。學生始不爲天下所重耳。

〔續通考〕宣宗以後。進士日益重。薦舉寖廢。舉貢日益輕。迨開納粟之例。流品漸淆。且庶民亦得援生員之例入監。謂之民生。亦謂之俊秀。而監生益輕。

明代國學。有南北兩監。

《續通考》成祖永樂元年二月。設北京國子監。在城東北隅。即元國學遺址。明初爲北平府學。至是改爲。十八年遷都。乃以京師國子監爲南京國子監。而太學生有南北之分矣。

此外府州縣衛無不有學。教養之法甚備。

《明史選舉志》郡縣之學。與太學相維。創立自唐始。宋置諸路州學官。元頗因之。其法皆未具。迄明。天下府州縣衛所皆建儒學。教官四千二百餘員。弟子無算。教養之法備矣。洪武二年。太祖初建國學。諭中書省臣曰。學校之教。至元其弊極矣。上下之間。波積風靡。學校雖設。名存實亡。兵變以來。人習戰爭。惟知干戈。莫識俎豆。朕惟治國以教化爲先。教化以學校爲本。京師雖有太學。而天下學校未興。宜令郡縣皆立學校。延師儒授生徒。講論聖道。使人日漸月化。以復先王之舊。於是大建學校。府設教授。州設學正。縣設教諭。各一。俱設訓導。府四。州三。縣二。生員之數。府學四十人。州縣以次減十。師生月廩食米人六斗。有司給以魚肉。學官月俸有差。生員專治一經。以禮樂射御書數設科分教。務求實才。頑不率者黜之。

學有額田。

《續通考》洪武十五年四月。賜學糧。增師生廩膳。初制。師生月廩食米人六斗。有司給以魚肉。學官月俸有差。至是命凡府州縣田租入官者。悉歸於學。俾供祭祀及師生廩膳。仍定爲三等。府學一千石。州學八百石。縣學六百石。應天府學一千六百石。各設吏一人以司出納。學生月給廩膳米一石。

教有定規。

《續通考》洪武二十五年定禮射書數之法。(一)頒行經史律誥禮儀等書生員皆須熟讀精通以備科貢考試。(一)朔望習射。於學校外置射位初三十步加至九十步每耦二人各挾四矢以次相繼長官涖射。射畢中的飲三爵中鵠飲二爵。(一)習書。依名人法帖日五百字(一)數學務精通九章之法。

《顏氏學記》(戴望)祁州學碑刻洪武八年頒學校格式六藝以律易御禮律書爲一科訓導二員教之樂射算爲一科訓導二員教之守令每月考試。三月學不進訓導罰俸半月監察御史按察司巡歷考試府生員十二名州八名縣六名學不進者守令教授訓導罰俸有差甚多則教官革職守令笞四十。三代後無此學政亦無此嚴法誰實壞之。王源曰三代以後開創帝王可與言三代治道者明太祖一人而已。

學生名額復迭有增加。

《明史選舉志》生員雖定數於國初未幾卽命增廣不拘額數宣德中定增廣之額在京府學六十人在外府學四十人州縣以次減十。成化中定衛學之例四衛以上軍生八十人三衛以上軍生六十人二衛一衛軍生四十人有司儒學軍生二十人士官子弟許入附近儒學無定額。增廣既多於是謂初食廩者謂之廩膳生員增廣者謂之增廣生員及其既久人才愈多。又於額外增取附於諸生之末謂之附學生員士子未入學者通謂之童生。

惜其後學生僅務考試而埋首于時文明初善制以漸而廢提學者亦祇分諸生等第不復問六藝之科目耳。

《明史選舉志》提學官在任三歲兩試諸生先以六等試諸生優劣謂之歲考一等前列者視廩膳生有缺依次充補其次補增

廣生。一二等皆給賞。三等如常。四等撻責。五等則廩增遞降一等附生降爲青衣。六等黜革。纔取一二等爲科舉生員。俾應鄉試。謂之科考。其充補廩增給賞。悉如歲試。其等第仍分爲六。而大抵多置三等。三等不得應鄉試。撻黜者僅百一。亦可絕無也。

府州縣學之外又有社學。

《續通考》洪武八年正月。詔天下立社學。　詔曰。今京師及郡縣皆有學。而鄉社之民未睹教化。有司其更置社學。延師儒以教民間子弟。導民善俗。稱朕意焉。於是鄉社皆置學。令民間子弟兼讀御製大誥及本朝律令。　二十年。令社學子弟讀誥律者赴京。禮部較其所誦多寡。次第給賞。　英宗正統元年。詔有俊秀向學者。許補儒學生員。　弘治十七年。令各府州縣訪保明師。民間幼童年十五以下者。送社讀書。講習冠婚喪祭之法。

官吏之留心民事者。恆以興舉社學爲務。

《王文成全書興舉社學牌》看得贛州社學鄉館教讀。賢否尚多淆雜。是以詩禮之教久已施行。而淳厚之俗未見興起。爲此牌仰嶺北道督同府縣官吏。即將各館教讀。通行訪擇。務使學術明正。行止端方者。乃與茲選。官府仍籍記姓名。量行支給薪米。以資勤苦。優其禮待。以示崇勸。其各童生之家。亦各通飭行戒。務在隆師重道。教訓子弟。毋得因仍舊染。習爲偷薄。自取愆咎。

社學教讀且與有地方風化之責。

《王文成全書頒行社學教條》先該本院據嶺北道選送教讀劉伯頌等。頗已得人。但多係客寓。日給爲難。今欲望以開導訓誨。亦須量資勤苦。已經案仰該道通加禮貌優待。給以薪米紙筆之資。各官仍要不時勸勵敦勉。令各教讀務遵本院原定教條。盡心訓導視童蒙如己子。以啓迪爲家事。不但訓飭其子弟。亦復化喻其父兄。不但勤勞於詩禮章句之間。尤在致力於德行心術之本。務使禮讓日新。風俗日美。庶不負有司作興之意。與士民趨向之心。

觀王文成訓蒙大意。亦可見當時教讀督責幼兒之法。及儒者研究教育之學說焉。

《王文成年譜訓蒙大意》(錢德洪)示教讀劉伯頌等曰。今教童子者。當以孝弟忠信禮義廉恥爲專務。其培植涵養之方。則宜誘之歌詩。以發其志意。導之習禮。以肅其威儀。諷之讀書。以開其知覺。今人往往以歌詩習禮爲不切時務。此皆末俗庸鄙之見。烏足以知古人立教之意哉。大抵童子之情。樂嬉戲而憚拘檢。如草木之始萌芽。舒暢之則條達。摧撓之則衰痿。故凡誘之歌詩者。非但發其志意而已。亦所以洩其跳號呼嘯於咏歌。宣其幽抑結滯於音節也。導之習禮者。非但肅其威儀而已。亦所以周旋揖讓而動盪其血脈。拜起屈伸而固束其筋骸也。諷之讀書者。非但開其知覺而已。亦所以沈潛反復而存其心。抑揚諷頌以宣其志也。若責其檢束而不知導之以禮。求其聰明而不知養之以善。彼視學舍如囹獄而不肯入。視師長如寇讎而不欲見矣。求其爲善也得乎。

宋元之間。書院最盛。至明而寖衰。蓋國學網羅人才。士之散處書院者。皆聚之于兩雍。雖有書院。其風不盛。

《續通考》初太祖因元之舊。洪武元年立洙泗尼山二書院。各設山長一人。憲宗成化十二年。命江西貴溪縣重建象山書院。孝宗弘治元年。以吏部郎中周本言。修江南常熟縣學道書院。武宗正德元年。江西按察司副使邵寶奏修德化縣濂溪書院。其時各省皆有書院。弗禁也。

其後國學之制漸隳。科舉之弊孔熾。士大夫復倡講學之法。而書院又因之以興。王陽明講學之所。若龍崗書院。

《王文成年譜》（錢德洪）正德三年在龍場。夷人日來親狎。以所居湫濕。乃伐木搆龍岡書院以居之。

若貴陽書院。

《王文成年譜》正德四年在貴陽。提學副使席書聘主貴陽書院。

若濂溪書院。

《王文成年譜》正德十三年在贛。九月修濂溪書院。四方學者輻輳。始寓射圃。至不能容。乃修濂溪書院居之。

若稽山書院。

《王文成年譜》嘉靖三年在越。闢稽山書院。聚八邑彥士。身率講習以督之。於是蕭璆楊汝榮楊紹芳等來自湖廣。楊仕鳴薛宗禮黃夢星等來自廣東。王艮孟源周衡等來自直隸。何秦黃弘綱等來自南贛。劉邦采劉文敏等來自安福。魏良政魏良器等來自新建。曾忭來自泰和。宮剎卑隘。至不能容。蓋環坐而聽者三百餘人。

若敷文書院。

《王文成年譜》嘉靖七年。巡撫兩廣。興南寧學校。委原任監察御史降揭陽縣主簿季本主教敷文書院。

既皆隨處經營。隱然以復古學校為己任。而同時如鄒守益之築復古書院。

《王文成年譜》鄒守益謫判廣德州。築復古書院以集生徒。刻諭俗禮要以風民俗。

湛若水之建白沙書院。

《明史湛若水傳》若水生平所至。必建書院以祀獻章。

又與陽明相應和。比陽明歿而建書院以祀之者尤夥。

《王文成年譜》(錢德洪)嘉靖四年十月。立陽明書院於越城。門人爲之也在越城西郭門內光相橋之東。後十二年丁酉。巡按御史門人周汝貞建祠於樓前。匾曰陽明先生祠。

《同上》嘉靖九年。門人薛侃建精舍于天眞山。祀先生。十三年。鄒守益建復古書院于安福。祀先生。按復古書院之建已見前。此時特祀之耳。十六年。僉事沈謐建書院于文湖。祀先生。十九年。周桐應典等建書院于壽巖。祀先生。二十一年。范引年建混元書院于青田。祀先生。二十三年。徐珊建虎溪精舍于辰州。祀先生。二十七年。萬安同志建雲興書院。祀先生。陳大倫建明經書院于韶。祀先生。二十九年。史際建嘉義書院于溧陽。祀先生。三十三年。劉起宗建水西書院。祀先生。三十五年。趙鏜修復初書院。祀先生。沈寵建仰止祠于崇正書院。祀先生。四十二年。耿定羅汝芳建志學書院于宣城。祀先生。

學校性質幾變而爲宗教性質。世宗因言者請毀書院而嚴禁之。殆以此故。

《續通考》世宗嘉靖十七年四月。吏部尙書許讚請毀書院。從之。十六年二月。御史游居敬疏斥南京吏部尙書湛若水倡其邪學。廣收無賴。私刱書院。乞戒諭以正人心。帝慰留若水。而令所司毀其書院。至是讚復言撫按司府多建書院。聚生徒。供億科擾。亟宜撤毀。詔從之。

然一方面撤毁。而一方面依然建設。（如混元雲興等書院，皆建于嘉靖十七年以後，）是其時社會勢力固不下於政府也。萬曆間。張居正當國。再申嚴禁。亦未盡革。迄居正敗。其事復興。

《野獲編》（沈德符）書院之設。昉于宋之泰山徂徠及白鹿洞。本朝舊無額設明例。自武宗朝。王新建以良知之學行江浙兩廣間。而羅念庵唐荆川諸公繼之。于是東南景附。書院頓盛。雖世宗力禁。而終不能止。嘉靖末年。徐華亭以首揆爲主盟。一時趨鶩者人人自託吾道。凡撫臺涖鎮。必立書院。以鳩集生徒。冀當路見知。其後間有他故。駐節其中。于時三吳間竟呼書院爲中丞行臺矣。今上初政。江陵公痛恨講學。立意翦抑。適常州知州施觀民以造書院科歛見糾。遂徧行天下拆毁。其威令之行。峻于世廟。江陵敗而建白者力攻。亦以此爲權相大罪之一。請盡行修復。當事者以祖制所無折之。其議不果行。近年理學再盛。爭以皋比相高。書院聿興。不減往日。李見羅在鄖陽。遂拆參將衙門改造。幾爲武夫所殺。于是人稍有戒心矣。至于林下諸君子相與切磋講明。各立塾舍名書院者。又不入此例也。

明末書院之著者。曰首善。曰東林。以講學者忤魏閹。遂并天下書院毁之。

《續通考》神宗萬歷十年。閣臣張居正以言官之請。檗行京省查革。然不能盡撤。後復稍稍建。其最著者。京師曰首善書院。江南曰東林書院。

《燕都游覽志》首善書院在宣武門內左方。天啓初。都御史鄒元標副都御史馮從吾爲都人士講學之所。大學士葉向高撰碑志。禮部尚書董其昌書。黨禍起。魏忠賢矯旨毁天下書院。撞碎碑。嗣即其地開局修歷。《春明夢餘錄》

《孫登澤》東林。無錫書院名也。宋儒楊時建。後廢爲僧寺。萬歷中。吏部考功郎顧憲成罷歸。即其地建龜山祠。同志者爲搆精舍居焉。乃與行人高攀龍等開講其中。及攀龍起爲總憲。疏發御史崔呈秀之贓。呈秀遂父事魏忠賢。日嗾忠賢曰。東林欲殺我父子。旣而楊漣左光斗交章劾忠賢。益信呈秀之言不虛也。于是遂首毁京師書院。而天下之書院俱毁矣。

魏閹敗。儒者復立書院講學。劉宗周之證人書院。其尤著者也。

《明史劉宗周傳》宗周始受業于許孚遠。已入東林書院。與高攀龍輩講習。馮從吾首善書院之會。宗周亦與焉。越中自王守仁後。一傳爲王畿。再傳爲周汝登陶望齡。三傳爲陶奭齡。皆雜于禪。奭齡講學白馬山。爲因果說。去守仁益遠。宗周憂之。築證人書院。集同志講肆。且死。謂門人曰。學之要。誠而已。主敬其功也。

明儒講學之所。自書院之外。復有寺觀祠宇之集會。月有定期。以相砥礪。

《王文成年譜》(錢德洪)嘉靖四年。先生歸姚江。定會于龍泉寺之中天閣。每月以朔望初八廿三爲期。書壁以勉諸生曰。雖有天下易生之物。一日暴之。十日寒之。未有能生者也。承諸君之不鄙。每予來歸。咸集于此。問學爲事。甚盛意也。然不能旬日之留。而旬日之間。又不過三四會。一別之後。輒復離羣索居。不相見者動經年歲。然則豈惟十日之寒而已乎。若是而求萌蘖之暢茂條達。不可得矣。故予切望諸君勿以予之去留爲聚散。或五六日。或八九日。雖有俗事相妨。亦須破冗一會于此。務在誘掖獎勵。砥礪切磋。使道德仁義之習。日親日近。則勢利紛華之染。亦日遠日疏。所謂相觀爲善。百工居肆。以成其事者也。相會之時。尤須虛心遜志。相親相敬。大抵朋友之交。以相下爲益。或議論未合。要在從容涵育。相感以成。不得動氣求勝。長傲遂非。務在默而成之。不言而信。

陽明門人集會尤盛。

【王文成年譜】嘉靖十一年正月。門人方獻夫合同志會于京師。 歐陽德方獻夫等四十餘人始定日會之期。聚于慶壽山房。

【同上】十二年。門人歐陽德合同志會于南畿。 遠方志士四集。類萃羣趨。或講于城南諸刹。或講于國子雞鳴。倡和相稽。疑辯相繹。

徐階靈濟宮之會。聽者至數千人。

【明史羅汝芳傳】汝芳爲太湖知縣。召諸生論學。公事多決于講座。遷刑部主事。歷寧國知府。民兄弟爭產。汝芳對之泣。民亦泣。訟乃已。棘開元會。罪囚亦令聽講。入覲。勸徐階聚四方計吏講學。階遂大會于靈濟宮。聽者數千人。

【明儒學案徐階傳】（黃宗羲）先生受業聶雙江。故得名王氏學。及在政府。爲講會于靈濟宮。使南野雙江松溪分主之。學徒雲集至千人。其時癸丑甲寅。爲自來未有之盛。丙辰以後。諸公或歿或去。講壇爲之一空。戊午何吉陽自南京來。復推先生爲主盟。仍爲靈濟之會。然不能及前矣。

當時講學之鉅子。所至集會開講。至老不衰。

【明史錢德洪傳】德洪既廢。遂周遊四方。講良知學。時士大夫率務講學爲名高。而德洪王畿以守仁高第弟子。尤爲人所宗。

【同上陳時芳傳】年八十餘。猶徒步赴五峯講會。

【同上王畿傳】畿既廢。益務講學。足跡遍東南。吳楚閩越皆有講舍。年八十餘。不肯已。善談說。能動人。所至聽者雲集。每講雜以禪機。亦不自諱也。

隨事舉示。亦無定法。

《明儒學案耿定理傳》(黃宗羲)京師大會。舉中義相質。在會各呈所見。先生默不語。忽從座中崛起拱立曰。請諸君觀中。因歎曰。舍當下言中。沾沾于書本上覓中。終身罔究。在會中因有省者。其機鋒迅利如此。

樵夫陶匠農工商賈無人不可聽講。無人不可講學。

《明儒學案》樵夫朱恕。泰州草堰場人。聽王心齋講。浸浸有味。每樵必造階下聽之。飢則向都養乞漿。解裹飯以食。聽畢則浩歌負薪而去。　陶匠韓樂吾。興化人。以陶瓦爲業。慕朱樵而從之學。久之覺有所得。遂以化俗爲任。隨機指點。農工商賈從之遊者千餘。秋成農隙。則聚徒談學。一村既畢。又之一村。前歌後答。絃誦之聲。洋洋然也。

明人之集會講學。蓋本於文士之以詩文結社。自元季以來。東南士夫盛聯詩社。斯實前世之所未有也。

《明史張簡傳》當元季。浙東西士大夫以文墨相尚。每歲必聯詩社。聘一二文章鉅公主之。四方名士畢至。讌賞窮日夜。詩勝者輒有厚贈。

至明而其風不衰。

《明史林鴻傳》閩中善詩者稱十才子。鴻爲之冠。閩人言詩者率本于鴻。　無錫浦源。慕鴻名。踰嶺訪之。造其門。鴻弟子周元王元請誦所作。曰。吾家詩也。鴻延之入社。

《同上謝榛傳》李攀龍王世貞輩結詩社。榛爲長。攀龍次之。

《同上李攀龍傳》攀龍之始官刑曹也。與濮州李先芳臨清謝榛。孝豐吳維岳輩倡詩社。王世貞初釋褐。先芳引入社。遂與攀龍定交。明年先芳出爲外吏。又二年。宗臣梁有譽入。是爲五子。未幾。徐中行吳國倫亦至。乃改稱七子。諸人多少年才高氣銳。互相標榜。視當世無人。七才子之名播天下。

《同上王世貞傳》世貞好爲詩古文。官京師。入王宗沐李先芳吳維岳等詩社。

《明史袁宏道傳》宏道年十六。爲諸生。即結社城南。爲之長。

達官爲之倡。而山人名士附之。

《野獲編》（沈德符）山人之名本重。如李鄴侯僅得此稱。不意數十年來。出遊無籍輩。以詩卷遍贄達官。亦謂之山人。始于嘉靖初年。盛於今上之近歲。吳中人遂有作三人歌曲者。而情狀著矣。

《明史王穉登傳》嘉隆萬歷間。布衣山人以詩名者十數。俞見文王叔承沈明臣輩。尤爲世所稱。然聲華烜赫。穉登爲最。

始則標榜風雅。交通聲氣。繼則聯結黨朋。干預政事。至其季世之復社。且以嗣東林。則轍故文人之社。與儒者之會。實有相互之關係焉。

《明史張溥傳》溥集郡中名士相與復古學。名其文社曰復社。　四方啖名者爭走其門。盡名爲復社。溥亦傾身結納。交游日廣。

聲氣通朝右。所品題甲乙。頗能爲榮辱。諸奔走附麗者。輒自矜曰吾以嗣東林也。執政大僚由此惡之。里人陸文聲者。輸貲爲監生。求入社。不許。文聲詣闕言風俗之弊。皆原于士子。溥采爲盟主。倡復社。亂天下。張采、溥同里人、號婁東二張、

明代詩文字畫均有名家。然無特創之體。其特創者惟八股文。以王鏊唐順之歸有光胡友信爲最。

《明史歸有光傳》有光制舉義湛深經術。卓然成大家。後德清胡友信與齊名。世並稱歸胡。　明代舉子業最擅名者。前則王鏊唐順之。後則震川思泉。思泉友信別號也。

順之有光皆能爲古文。然其古文亦有八股文氣息。八股文既盛行。於是有彙選評點之本。而學者之治古書。往往亦用此法。故明代批評經史子集之書最多。是亦一時之風氣也。

《經史百家簡編序》（曾國藩）自六籍燔于秦火。漢世掇拾殘遺。徵諸儒能通其讀者。支分節解。于是有章句之學。劉向父子勘書秘閣。刊正脫誤。稽合同異。于是有校讎之學。梁世劉勰鍾嶸之徒。品藻詩文。褒貶前哲。其後或以丹黃識別高下。于是有評點之學。三者皆文人所有事也。前明以四書經義取士。我朝因之。科場有句股點句之例。蓋猶古者章句之遺意。試官評定甲乙。用朱墨旌別其旁。名曰圈點。後人不察。輒仿其法。以塗抹古書。大圈密點。狼藉行間。故章句者。古人治經之盛業也。而今專以施之時文。圈點者。科場時文之陋習也。而今反以施之古書。末流之遷變。何可勝道。　按宋呂祖謙選文章關鍵、謝枋得選文章軌範、始創評點選本、然于古人全書未有評點者、明代選本之加評點者不可勝紀、而古書如尚書左傳史記莊子等、皆有詳圈密點之本。歸有光鍾惺等皆可稱評文家、

時文之外。小說戲曲頗有創製。今世所傳三國演義。水滸傳。西遊記。金瓶梅等。皆明人所著。

交翠軒筆記稱三國演義爲明人作。郎潛紀聞稱三國志爲羅貫中所作。水滸傳相傳爲元施耐庵著。而七修類稿謂係羅貫中作。茶香室續鈔亦稱水滸傳爲洪武初越人羅貫中作。冷廬雜志稱西游記爲嘉靖中淮安吳承恩作。金瓶梅則相傳爲王世貞作。以毒唐順之者也。

今人以小說爲純文學。則明代小說之盛。當軼於古文之價值矣。元代傳奇以質樸勝。即最有名之西廂琵琶諸記。亦多質過於文。至明之湯顯祖阮大鋮等所編傳奇。則綜各種文體。皆入於詞曲中。尤可見文藝之進化。至魏良輔等以崑曲著。則又因傳奇之盛興。而自製新調也。

《琵琶行》(吳偉業)百餘年來操南風。竹枝水調謳吳儂。里人度曲魏良輔。高士塡詞梁伯龍。 注引陳僖客窗偶筆。崑有魏良輔者。造曲律。世所謂崑腔者。自良輔始。

《靜志居詩話》(朱彝尊)梁辰魚字伯龍。崑山人。雅善詞曲。所撰江東白苧。妙絕時人。時邑人魏良輔能喉囀音聲。始變弋陽海鹽故調爲崑腔。伯龍塡浣紗記付之。

明太祖以僧爲帝。其立國極重釋教。明之諸儒講心學者。又多出入於釋氏。然禪門如溈仰雲門法眼三宗俱已失傳。惟臨濟曹洞蟬聯不絕。

《答汪魏美問濟洞兩宗爭端書》(黃宗羲)今溈仰雲門法眼三宗俱絕。存者惟曹洞臨濟耳。

而隋唐諸宗更無論矣。明僧之著者。僅萬曆間紫柏雪浪蓮池憨山諸僧。

《列朝詩集》(錢謙益)閏集有憨山大師德清紫柏大師眞可蓮池大師袾宏雪浪法師洪恩等傳。

大抵以禪宗參淨土未能特創一宗也明之佛教較之歷代當以刻經之多爲其時之特色考佛藏雖自北宋以來。已有官私諸本。

《大藏經雕印考》(常盤大定)藏經種類(一)宋朝官板蜀本。(二)宋朝私板福州本。(三)南宋私板思溪本。(四)元代私版普寧寺本。(五)元代官本。

而明代所刻最多官刻者既有南北兩藏及石藏。

《續釋氏稽古略》(幻輪)永樂十八年旨刻大藏經板二副。南京一藏六行十七字。北京一藏。五行十五字。據常盤大定大藏經雕印考。南藏爲太祖時所刻。

《同上》旨石刻一藏。安置大石洞。聖旨。向後木的壞了有石的正。

又有武林徑山二本。

《大藏經雕印考》(常盤大定)南北兩藏刊刻之後。浙之武林。仰承德風。更造方册。歷歲既久其刻逡遲。緣山目錄稱法珍尼爲欲刻宏通簡便的方册本。決意自斷其臂。激發四方。由是海內感動。或破產鬻子以應之。至三十餘年始告成功。此則方册之創制也。舊刻藏經皆梵夾本。故方册本爲創制。

《同上》緣山目錄稱萬歷十四年。有密藏禪師者。追悼珍尼藏板之歸于烏有。欲繼興方册藏板。化緣時熟。經五六十年。藏板方成。縮藏目錄序稱比時緇素。如響之應。紫柏憨山等等碩德羽翼之。陸光祖袁了凡馮開之等贊成之。始刻于五臺山。未幾藏師沒。幻余禪師代之。亦遷化。其初與藏師共事者四十人。至萬歷二十九年存沒各半。其半之繼續刊刻者。不知告終于何年。其辛苦勤勞可謂至矣。爾來海內緇素。得以繙閱大藏。皆密藏師之賜也。

徑山改梵夾爲方册。於嘉興楞嚴寺發售。無論僧俗。皆可按價購買。其功尤盛於從前之刻藏。

《大藏經雕印考》宋元諸藏。與明本所異者。實在根本目的。宋元之刻藏。以藏經爲法寶。欲藏之于名山大刹而崇拜之。明末則以普及于天下爲事。

明末諸儒多通內典。卽緣佛藏流通之影響也。

世譏明人之學多空疏。實亦不可概論。明之研究詩文心學者。固亦多博洽之士。他如李時珍之著本草綱目。

《明史方技傳》李時珍字東璧。蘄州人。好讀醫書。醫家本草。自神農所傳止三百六十五種。梁陶弘景所增亦如之。唐蘇恭增一百一十四種。宋劉翰又增一百二十種。至掌禹錫唐愼微輩先後增補。合一千五百五十八種。時稱大備。然品類旣繁。名稱多雜。或一物而析爲二三。或二物而混爲一品。時珍病之。乃窮搜博採。芟煩補闕。歷三十年。閱書八百餘家。稾三易而成書。曰本草綱目。增藥三百七十四種。釐爲一十六部。合成五十二卷。首標正名爲綱。餘各附釋爲目。次以集解詳其出產形色。又次以氣味主治附方。書成。將上之朝。時珍遽卒。未幾。神宗詔修國史。購四方書籍。其子建元以父遺表及是書來獻。天子嘉之。命刊行天下。自是士大夫家有其書。

宋應星之著天工開物。

《重印天工開物記》（丁文江）宋應星。字長庚。江西奉新縣北鄉人。萬歷四十三年乙卯舉人。崇禎七年。任分宜教諭。著天工開物。十年。刊行。書計十八卷九册。凡食物被服用器以及冶金製器丹青珠玉之原料工作。無不具備。說明之外。各附以圖。三百年前。言工業天產之書。如此其詳且明者。世界之中。無與比倫。

方以智之著物理小識。

《明末理學闡微》（錢嘉淦）當有明末造。愛新覺羅氏興于滿洲。國家運命。危于旦夕。山林隱逸者流。抱殘守缺。從事著述。而理學亦起于此時。至崇禎十六年。即西歷千六百四十三年。適彼理學界之雙明星。意人卡利利 Galileo 逝而英人奈端 Newton 生之翌年。有密山愚者方以智著物理小識六卷。公諸世。大別爲十五門。（天歷風雷雨暘地占候人身醫藥飲食衣服金石器用草木鳥獸鬼神方術異事）搜羅綦廣。時有精義。今中國若後于現世界文明數世紀。而當奈氏之前。已有此著。誠可引以自豪者矣。

今之講博物及物理者。多盛稱其書。正不得以空疏二字。該明之一切學者也。又明之儒者。多究心於武事。如王守仁唐順之等之兼資文武。既見於史傳。

《王文成年譜》（錢德洪）先生留情武事。凡兵家秘書。莫不精究。

《明史唐順之傳》順之于學無所不窺。自天文樂律地理兵法弧矢句股壬奇禽乙。莫不究極原委。

至其末年。尚有陳元贇者。以拳術開日本之柔道。

〔陳元贇與柔道始祖〕(下川潮)陳元贇字義都。明之虎林人。寬永十五年(崇禎十年)避亂來我國。以支那之拳法傳福野七郎右衛門等。

此明之風氣與清不同者也。

明代工藝之盛有軼於前代者數事。一曰陶器。江西景德鎮之磁器。莫盛於明。以諸帝之年號名其窰。而一朝有一朝之特色。

〔南村隨筆〕景德鎮所造。永樂尚厚。成化尚薄。宣德青尚淡。嘉靖青尚濃。成青未若宣青。宣彩未若成彩。宣德祭紅以西紅寶石末入泑。凸起瑩厚如堆脂。

〔陶說〕(朱琰)宣德窰選料製料。畫器題款。無一不精。此明窰極盛時也。

宜興陶器亦始於明。

〔陽羨名陶錄〕(吳騫)今吳中較茶者。壺必言宜興瓷。云始萬歷間大朝山(當是金沙寺)寺僧。傳供春。供春者。吳氏小史也。至時大彬以盛。

雅淡質素與景德磁以濃彩勝者不同。蓋明人講求服用務極風雅。故工藝因之以興也。一曰漆器。亦多古所未有。

〔物理小識〕(方以智)漆器永樂果園廠製最精。有剔紅。塡漆。鎗金。倭漆。螺鈿諸種。近徽吳氏漆絹胎。鹿角灰磨者。螺鈿用金銀粒雜蚌片成花者。皆絕。古未有此。

一曰銅器。宣德中以銅鑄鼎彝爐鬲等。是爲宣德爐。其材料多選各國各地絕精之物爲之。

如暹羅國風磨銅。天方國硇砂。三佛齊國紫石。渤泥國臙脂石。琉球國安瀾砂。及辰州珠砂。雲南棋子等。

每銅一斤。煉十二次。僅存銅精四兩。光色煥發。又以赤金水銀等物塗而熏之。故與尋常銅器迥異。

詳見宣德鼎彝譜

是皆明代工藝美術之特色也。至若南京報恩寺塔。九級八面。咸覆以五色琉璃瓦。建築經二十九年始成。自永樂十年至宣德六年爲中外人士所豔稱。

《陶庵夢憶》（張岱）中國之大古董。永樂之大窰器。則報恩塔是也。報恩塔成于永樂初年。此說誤。據江寧府志。永樂十年敕工部造九級琉璃塔。至宣德六年。凡二十九年始成。非成祖開國之精神。開國之物力。開國之功令。其膽智才略足以吞吐此塔者。不能成焉。塔上下金剛佛象千百億。金身。一金身琉璃磚十數塊湊成之。其衣摺不爽分。其面目不爽毫。其鬚眉不爽忽。鬥筍合縫。信屬鬼工。聞燒成時具三塔相。成其一。埋其二。編號識之。今塔上損甎一塊。以字號報工部。發一甎補之。如生成焉。夜必燈。歲費油若干斛。天日高霽。霏霏靄靄。搖搖曳曳。有光怪出其上。如香烟繚繞。半日方散。永樂時。海外夷蠻重譯至者。百有餘國。見報恩塔必頂禮讚歎而去。謂四大部洲所無也。

北京宮殿及曲阜孔顏諸廟。雕刻石柱。咸精深華美。至今猶存。可以推見明之注重工藝矣。

元以蒙古入主中夏。其冠服車輿雜用宋金之制。並存其族之舊俗。故天子有冕服。儒士有唐巾。皆沿中夏之法。惟常服之質孫。則爲胡服。

〔元史輿服志〕質孫。漢言一色服也。天子質孫。冬服十有一等。夏服十有五等。百官質孫。冬服九等。夏服十四等。　按其制有暖帽鈸笠比肩等。暖帽鈸笠大致如滿清之暖帽涼帽。比肩則今所謂背心也。

明祖崛起濠上。驅逐胡人。爰詔衣冠悉如唐制。

〔明史太祖本紀〕洪武元年二月壬子。詔衣冠如唐制。

此實漢族戰勝異族之標識。而明史輿服志僅稱其車服尙質。酌古通今。合乎禮意。

〔明史輿服志〕太祖甫有天下。考定邦禮。車服尙質。酌古通今。合乎禮意。

不言其取別胡元之意。蓋諱之也。明之服制。雖與古禮亦不盡同。然上自袞冕。下至深衣。大抵皆周漢以來相承之式。自滿淸入關。辮髮胡服。而明人多抵死不從者。實亦文野之教殊也。

明代階級之制甚嚴。宮室服用。均有等差。

〔明史輿服志〕明初禁官民房屋。不許雕刻古帝后聖賢人物及日月龍鳳狻猊麒麟犀象之形。凡官員任滿致仕。與見任同。其父祖有官身歿。子孫許居父祖房舍。洪武二十六年定制。公侯前廳七間兩廈九架。中堂七間九架。後堂七間七架。門三間五架。用金漆及獸面錫環。家廟三間五架。覆以黑板瓦。脊用花樣瓦獸。梁棟斗拱簷桷綵繪飾。門窗枋柱金漆飾。廊廡庖庫從屋不得過五間七架。一品二品廳堂五間九架。屋脊用瓦獸。梁棟斗拱簷桷青碧繪飾。門三間五架。綠油獸面錫環。三品至五品廳堂五間七架。屋脊用瓦獸。梁棟簷桷青碧繪飾。門三間三架。黑油錫環。六品至九品廳堂三間七架。梁棟飾以土黃。門一間三架。黑門鐵環。品官房舍門窗戶牖不得用丹漆。功臣宅舍之後留空地十丈。左右皆五丈。不許那移軍民居止。更不許于宅前後左右多占地構亭館。開池塘以資游眺。庶民廬舍洪武二十六年定制。不過三間五架。不許用斗拱飾綵色。三十五年。復申禁飭。不許造九五間數。房屋雖至一二十所。隨其物力但不許過三間。正統十二年。令稍變通之。庶民房屋架多而間少者。不在禁限。

（同上）器用之禁。洪武二十六年定公侯一品二品酒注酒盞金。餘用銀。三品至五品酒注銀。酒盞金。六品至九品酒注酒盞銀。餘皆甆漆木器。不許用硃紅及抹金描銀。雕琢龍鳳文。庶民酒注錫。酒盞銀。餘用甆漆。百官牀面屏風槅子雜色漆飾。不許雕刻龍文並金飾朱漆。建文四年。申飭官民。不許僭用金酒爵。其椅棹木器亦不許朱紅金飾。正德十六年定一品二品器皿不用玉。止許用金。商賈技藝家器皿不許用銀。餘與庶民同。

（同上）明初庶人婚。許假用九品服。洪武三年。庶人初戴四帶巾。改四方平定巾。雜色盤領。衣不許用黃。又令男女衣服。不得僭用金繡綺紵絲綾羅。止許紬絹素紗。其靴不得裁製花樣金線裝。首飾釵鐲。不許用金玉珠翠。止用銀。六年令庶人巾環不得用金玉瑪瑙珊瑚琥珀。未入流品者同。庶人帽不得用頂帽珠。止許水晶香木。十四年令農衣紬紗絹布。商賈止衣絹布。農家有一人為商賈者。亦不得衣紬紗。二十三年令耆民衣制袖長過手。復回不及肘三寸。庶人衣長去地五寸。袖長過手六寸。袖樁廣一尺。袖口五寸。正德元年。禁商販僕役倡優下賤。不許服用貂裘。

卽平居相見官民亦有分別。

〔明史禮志〕洪武五年令凡鄉黨序齒。民間士農工商人等平居相見。及歲時宴會。謁拜之禮。幼者先施。坐次之列。長者居上。十二年。令內外官致仕居鄉。惟于宗族及外祖妻家序尊卑如家人禮。若筵宴則設別席。不許坐于無官者之下。與同致仕官會。則序爵。爵同序齒。其與異姓無官者相見。不須答禮。庶民則以官禮謁見。凌侮者論如律。凡民間子孫弟姪甥婿見尊長。生徒見其師。奴婢見家長。久別行四拜禮。近別則行揖禮。其餘親戚長幼悉依等第。久別行兩拜禮。近別行揖禮。平交同。

然明初甚重耆民。其糧長至京者得朝見。其老人得聽斷鄉間獄訟。

〔日知錄〕〔顧炎武〕明初以大戶爲糧長。掌其鄉之賦稅。或多至十餘萬。運糧至京得朝見天子。洪武中或以人材授官。

〔同上〕洪熙元年。巡按四川監察御史何文淵言太祖令天下州縣設立老人。必選年高有德衆所信服者。使勸民爲善。鄉閭爭訟。亦使理斷。

〔同上太祖實錄〕洪武二十七年四月壬午。命有司擇民間年高老人公正可任事者。理其鄉之詞訟。若戶婚田宅鬥毆者。則會里胥決之。事涉重者。始白于官。若不由里老處分。而徑訴縣官。謂之越訴。

其儒者涖官亦有以鄉約輔官治者。

〔王文成全書南贛鄉約〕同約中推年高有德爲衆所敬服者一人爲約長。二人爲約副。又推公直果斷者四人爲約正。通達明察者四人爲約史。精健廉幹者四人爲知約。禮儀習熟者二人爲約贊。置文簿三扇。其一扇備寫同約姓名。及日逐出入所爲。

知約司之。其二扇一書彰善。一書糾過。約長司之。同約之人。每一會人出銀三分。送知約。具飲食。會期以月之望。立約所于道里平均之處。擇寺觀寬大者爲之。彰善者其辭顯決。糾過者其辭隱而婉。不能改者。糾而書之。又不能改。然後白之官。又不能改。同約之人執送之官。明正其罪。勢不能執。戮力協謀官府請兵滅之。通約之人。凡有危疑難處之事。皆須約長會同約之人與之裁處區畫。必當于理。濟于事而後已。不得坐視推託。陷人于惡。罪坐約長約正諸人。親族鄉里。一應門毆不平之事。鳴之約長等。公論是非。

蓋雖官治極盛之時。亦時時思以民治爲基本。第未能一切決於民治而使之蕩然平等耳。

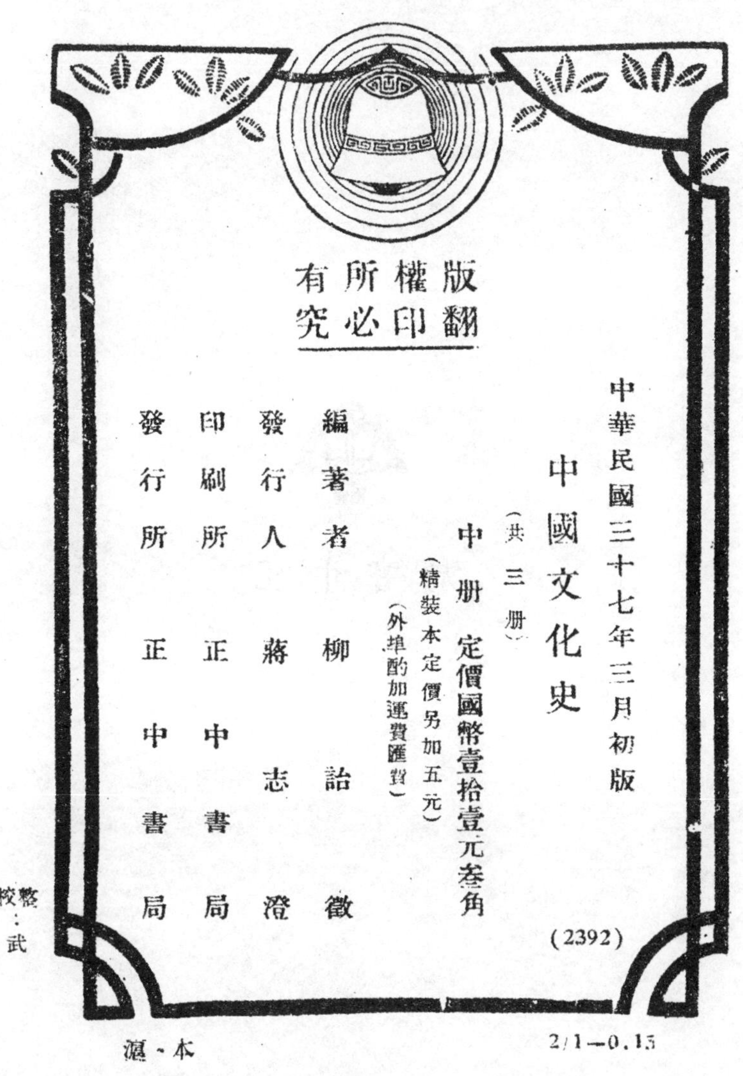

中華民國三十七年三月初版

中國文化史（共三冊）

中冊 定價國幣壹拾壹元叁角
（精裝本定價另加五元）
（外埠酌加運費匯費）

(2392)

編著者 柳詒徵
發行人 蔣志澄
印刷所 正中書局
發行所 正中書局

整校：武

滬·本　　2/1—0.15

正中書局

近代稀见旧版文献再造丛书

民国中国文化史要籍汇刊（影印本）

侯杰 主编

第三卷 上

柳诒徵 中国文化史（上）

南開大學出版社

图书在版编目(CIP)数据

民国中国文化史要籍汇刊. 第三卷 ：全 3 册 / 侯杰主编. —影印本. —天津 ：南开大学出版社，2019.1
(近代稀见旧版文献再造丛书)
ISBN 978-7-310-05720-7

Ⅰ. ①民… Ⅱ. ①侯… Ⅲ. ①文化史－文献－汇编－中国 Ⅳ. ①K203

中国版本图书馆 CIP 数据核字(2018)第 278483 号

南开大学出版社出版发行
出版人:刘运峰
地址:天津市南开区卫津路 94 号　　邮政编码:300071
营销部电话:(022)23508339　23500755
营销部传真:(022)23508542　　邮购部电话:(022)23502200
*
北京隆晖伟业彩色印刷有限公司
全国各地新华书店经销
*
2019 年 1 月第 1 版　　2019 年 1 月第 1 次印刷
210×148 毫米　32 开本　36.75 印张　12 插页　1052 千字
定价:460.00 元

如遇图书印装质量问题,请与本社营销部联系调换,电话:(022)23507125

出版说明

一、本书收录民国时期出版的中国文化史著述，包括通史性文化著述、断代史性文化著述和专题性文化史著述三大类；民国时期出版的非史书体裁的文化类著述，如文化学范畴类著述等，不予收录；同一著述如有几个版本，原则上选用初始版本。

二、个别民国时期编就但未正式出版过的书稿如吕思勉的《中国文化史六讲》和民国时期曾以文章形式公开发表但未刊印过单行本的著述如梁启超的《中国文化史·社会组织篇》，考虑到它们在文化史上的重要学术影响和文化史研究中的重要文献参考价值，特突破标准予以收录。

三、本书按体裁及内容类别分卷，全书共分二十卷二十四册；每卷卷首附有所收录著述的内容提要。

四、由于历史局限性等因，有些著述中难免会有一些具有时代烙印、现在看来明显不合时宜的内容，如『回回』『满清』『喇嘛』等称谓及其他一些提法，但因本书是影印出版，所以对此类内容基本未做处理，特此说明。

南开大学出版社
二〇一八年十一月

总序

侯杰

中国文化，是世代中国人的集体创造，凝聚了难以计数的华夏子孙的心血和汗水，不论是和平时期的锲而不舍、孜孜以求，还是危难之际的攻坚克难、砥砺前行，都留下了历史的印痕，闪耀着时代的光芒。其中，既有精英们的思索与创造，也有普通人的聪明智慧与发奋努力；既有中华各民族儿女的发明创造，也有对异域他邦物质、精神文明的吸收、改造。中国文化，是人类文明的一座巨大宝库，发源于东方，却早已光被四表，传播到世界的很多国家和地区。

如何认识中国文化，是横亘在人们面前的一道永恒的难题。虽然，我们每一个人都不可避免地受到文化的熏陶，但是对中国文化的态度却迥然有别。大多离不开对现实挑战所做出的应对，或恪守传统，维护和捍卫自身的文化权利、社会地位，或从中国文化中汲取养料，取其精华，并结合不同历史时期的文化冲击与碰撞，进行综合创造，或将中国文化笼而统之地视为糟粕，当作阻碍中国迈向现代社会的羁绊，欲除之而后快。这样的思索和抉择，必然反映在人们对中国文化的观念和行为上。

中国文化史研究的崛起和发展是二十世纪中国史学的重要一脉，是传统史学革命的一部分——传统史学在西方文化的冲击下，偏离了故道，即从以帝王为中心的旧史学转向以民族文化为中心的新史学，又和中国的现代化进程有着天然的联系。二十世纪初，中国在经受了一系列内乱外患后，千疮百孔，国力衰微；与此同时，西方的思想文化如潮水般涌入国内，于是有些人开始对中国传统文化产生怀疑，甚至持否定态度，全盘西化论思潮的出笼，更是把这种思想推向极致。民族自信力的丧失既是严峻的社会现实，又是亟待解决的问题。而第一次世界大战的惨剧充分暴露出西方社会的弊端，其文化取向亦遭到人们的怀疑。人们认识到要解决中国文化的出路问题就必须了解中国文化的历史和现状。很多学者也正是抱着这一目的去从事文化史研究的。

在中国文化史书写与研究的初始阶段，梁启超是一位开拓性的人物。早在一九〇二年，他就深刻地指出：『中国数千年，唯有政治史，而其他一无所闻。』为改变这种状况，他进而提出：『历史者，叙述人群进化之现象也。』而所谓『人群进化之现象』，其实质是文化演进以及在这一过程中所进发出来的缤纷事象。以黄宗羲『创为学史之格』为楷模，梁启超呼吁：『中国文学史可作也，中国种族史可作也，中国财富史可作也，中国宗教史可作也。诸如此类，其数何限？」从而把人们的目光引向中国文化史的写作与研究。一九二一年他受聘于南开大学，讲授『中国文化史』，印有讲义《中国文化史稿》，后经过修改，于一九二二年在商务印书馆以《中国文化史稿第一编——中国历史研究法》之名出版。截至目前，中国学术界将该书视为最早的具有史学概论性质的著作，却忽略了这是梁启超对中国文化历史书写与研究的整体思考和潜心探索之举，充满对新史学的拥抱与呼唤。

与此同时，梁启超还有一个更为详细的关于中国文化史研究与写作的计划，并拟定了具体的撰写目录。梁启超的这一构想，部分体现于一九二五年讲演的《中国文化史·社会组织篇》中。在这个关于中国文化史的构想中，梁启超探索了中国原始文化以及传统社会的婚姻、姓氏、乡俗、都市、家族和宗法、阶级和阶层等诸多议题。虽然梁启超终未撰成多卷本的《中国文化史》（其生前，只有《中国文化史·社会组织篇》等少数篇目问世），但其气魄、眼光及其所设计的中国文化史的书写与研究的构架令人钦佩。因此，鉴于其对文化史的写作影响深远，亦将此篇章编入本丛书。

此后一段时期，伴随中西文化论战的展开，大量的西方和中国文化史著作相继被翻译、介绍给中国读者。桑戴克的《世界文化史》和高桑驹吉的《中国文化史》广被译介，影响颇大。国内一些学者亦仿效其体例，参酌其史观，开始自行编撰中国文化史著作。一九二一年梁漱溟出版了《东西文化及其哲学》，这是近代国人第一部研究文化史的专著。尔后，中国文化史研究进入了一个短暂而兴旺的时期，一大批中国文化史研究论著相继出版。在二十世纪二三十年代，有关中国文化史的宏观研究的著作不可谓少，如杨东莼的《本国文化史大纲》、陈国强的《物观中国文化史》、柳诒徵的《中国文化史》、陈登原的《中国文化史》、王德华的《中国文化史略》等。在这些著作中，柳诒徵所著《中国文化史》被称为『中国文化史的开山之作』，而杨东莼所撰写的《本国文化史大纲》则是第一本试图用唯物主义研究中国文化史的著作。与此同时，对某一历史时期的文化研究也取得很大进展。如孟世杰的《先秦文化史》、陈安仁的《中国上古中古文化史》和《中国近世文化史》等。在宏观研究的同时，微观研究也逐渐引起学人们的注意。其中，中西文化交流史研究成绩斐然，如郑寿麟的《中西文化之关系》、张星烺的《欧化东渐史》等。一九三六至一九三七年，商务印书馆出版了由王云五等主编的《中国文化史丛书》，共有五十余种，体例相当庞大，内容几乎囊括了中国文化史的大部分内容。

此外，国民政府在三十年代初期出于政治需要，成立了『中国文化建设会』，大搞『文化建设运动』，致力于『中国的本位文化建设』。一九三五年十月，陶希盛等十位教授发表了《中国本位文化建设宣言》，提出『国家政治经济建设既已开始，文化建设亦当着手，而且更重要』。因而主张从中国的固有文化即传统伦理道德出发建设中国文化。这也勾起了一些学者研究中国文化史的兴趣。

同时，这一时期又恰逢二十世纪中国新式教育发生、发展并取得重要成果之时，也促进了『中国文化史』课程的开设和教材的编写。清末新政时期，废除科举，大兴学校。许多文明史、文化史的著作因非常适合作为西洋史和中国史的教科书，遂对历史著作的编纂产生很大的影响。在教科书撰写方面，多部中国史的教材，无论是否以『中国文化史』命名，实际上都采用了文化史的体例。而这部分著作也占了民国时期中国文化史著作的一大部分。如吕思勉的《中国文化史二十讲》（现仅存六讲）、王德华的《中国文化史略》、丁留余的《中国文化史问答》、李建文的《中国文化史讲话》、范子田的《中国文化小史》等。

二十世纪的二三十年代实可谓中国学术发展的黄金时期，这一时期的文化史研究成就是有目共睹的，不少成果迄今仍有一定的参考价值。此后，从抗日战争到解放战争十余年间，中国文化史的书写和研究遇到了困难，陷入了停顿，有些作者还付出了生命的代价。但尽管如此，仍有一些文化史论著问世。此时，综合性的文化史研究著作主要有缪凤林的《中国民族之文化》、陈安仁的《中国文化史》、王治心的《中国文化史类编》、陈竺同的《中国文化史略》和钱穆的《中国文化史导论》等。其中，钱穆撰写的《中国文化史导论》和陈竺同撰写的《中国文化史略》两部著作影响较为深远。钱穆的《中国文化史导论》，完成于抗日战争时期。该书是继《国史大纲》后，他撰写的第一部系统讨论中国文化史的著作，专就中国通史中有关文化史一端作的导论。因此，钱穆建议读者『此书当与《国史大纲》合读，庶易获得写作之大意所在』。不仅如此，钱穆还提醒读者该书虽然主要是在专论中国，实则亦兼论及中西文化异同问题。数十年来，『余对中西文化问题之商榷讨论屡有著作，而大体论点并无越出本书所提主要纲宗之外』。故而，『读此书，实有与著者此下所著有关商讨中西文化问题各书比较合读之必要，幸读者勿加忽略』。陈竺同的《中国文化史略》一书则是用生产工具的变迁来说明文化的进程。他在该书中明确指出：『文化过程是实际生活的各部门的过程』，『社会生产，包含着生产力与生产关系。这本小册子是着重于文化的过程。至于生产关系，就政教说，乃是权力生活，属于精神文化，而为生产力所决定』。除了上述综合性著作外，这一时期还有罗香林的《唐代文化史研究》、朱谦之的《中国思想对于欧洲文化之影响》等专门性著作影响较为深远。

不论是通史类论述中国文化的著作，还是以断代史、专题史的形态阐释中国文化，都包含着撰写者对中国文化的情怀，也与其人生经历密不可分。柳诒徵撰写的《中国文化史》也是先在学校教习之用，后在出版社刊行。鉴于民国时期刊行的同类著作，有的较为简略，有的只可供学者参考，不便于学年学程之讲习，所以他发挥后发优势，出版了这部比较丰约适当之学校用书。更令人难忘的是，柳诒徵不仅研究中国文化史，更有倡行中国文化的意见和主张。他在《弁言》中提出：『吾尝妄谓今之大学宜独立史学院，使学者了然于史之封域非文学、非科学，且创为斯院者，宜莫吾国若。三二纪前，吾史之丰且函有亚洲各国史实，固俨有世界史之性。丽、鲜、越、倭所有国史，皆师吾法。夫以数千年丰备之史为之干，益以近世各国新兴之学拓其封，则独立史学院之自吾倡，不患其异于他国也。』如今，他的这一文化设想，在南开大学等国内高校已经变成现实。正是由于有这样的文化观念，所以他才自我赋权，主动承担起治中国文化史者之责任：『继往开来……择精语详，以诏来学，以贡世界。』

杨东莼基于『文化就是生活。文化史乃是叙述人类生活各方面的活动之记录』的认知，打破朝代观念，将各时代和作者认为有关而又影响现代生活的重要事实加以叙述，并且力求阐明这些事实前后相因的关键，希望读者对中国文化史有一个明确的印象，而不会模糊。不仅如此，他在叙述中，尽力坚持客观的立场，用经济的解释，以阐明一事实之前因后果与利弊得失，以及诸事实间之前后相因的关联。这也是作者对『秉笔直书』『夹叙夹议』等历史叙事方法反思之后的选择。

至于其他人的著述，虽然关注的核心议题基本相同，但在再现中国文化的时候却各有侧重，对中国文化的评价也褒贬不一，存在差异。这与撰写者对中国文化的认知，及其史德、史识、史才有关，更与其学术乃至政治立场、占有的史料、预设读者有关。其中，既有学者之间的对话，也有学者与读者的倾心交流，还有对大学生、中学生、小学生的知识普及与启蒙，对中外读者的文化传播，及其跨文化的思考。他山之石，可以攻玉。二十世纪二十年代日本学者高桑驹吉的著述以世界的眼光，叙述中国文化的历史，让译者感到：数千年中，我过去的祖先曾无一息与世界相隔离，处处血脉流转，气息贯通。如此叙述历史，足以养成国民的一种世界的气度。三十年代，中国学者陈登原不仅将中国文化与世界联系起来，而且还注意到海洋所带来的变化，以及妇女地位的变化等今天看来都亟待解决的重要议题。实际上，早在二十世纪二十年代，就有一些关怀中国文化命运的学者对十九世纪末到二十世纪初通行课本大都脱胎于日本人撰写的《东洋史要》一书等情形提出批评：以外人目光编述中国史事，精神已非，有何价值？而陈旧固陋，雷同抄袭之出品，竟占势力于中等教育界，垂二十年，亦可怜矣。乃者，学制更新，旧有教本更不适用。为改变这种状况，顾康伯广泛搜集文化史料，因宜分配，撰成《中国文化史》，脉络分明，宗旨显豁，不徒国史常识可由此习得，即史学门径，亦由此窥见。较之旧课本，不可以道里计，故而受到学子们的欢迎。此外，中国文化的海外传播、中国对世界文化的吸收以及中西文化关系等问题，也是民国时期中国文化史撰写者关注的焦点议题。

围绕中国文化史编纂而引发的有关中国文化的来源、内涵、特点、价值和贡献等方面的深入思考，耐人寻味，发人深思。孙德孚更将翻译美国人盖乐撰写的《中国文化辑要》的收入全部捐献给因日本侵华而处于流亡之中的安徽的难胞，令人感佩。

实际上，民国时期撰写出版的中国文化史著作远不止这些，出于各种各样的原因，没有收入本丛书，也是非常遗憾的事情。至于已经收入本丛书的各位作者对中国文化的定义、解析及其编写体例、使用的史料、提出的观点、得出的结论，我们并不完全认同。但是作为一种文化产品值得批判地吸收，作为一种历史的文本需要珍藏，并供广大专家学者，特别是珍视中国文化的读者共享。

感谢南开大学出版社的刘运峰、莫建来、李力夫诸君的盛情邀请，让我们徜徉于卷帙浩繁的民国时期中国文化史的各种论著，重新思考中国文化的历史命运；在回望百余年前民国建立之后越演越烈的文化批判之时，重新审视四十年前改革开放之后掀起的文化反思，坚定新时代屹立于世界民族之林的文化自信。

感谢与我共同工作、挑选图书、撰写和修改提要，并从中国文化中得到生命成长的区志坚、李净昉、马晓驰、王杰升等香港、天津的中青年学者和志愿者。李力夫全程参与了很多具体工作，表现出一位年轻编辑的敬业精神、专业能力和业务水平，从不分分内分外，让我们十分感动。

总目

第一卷 梁启超 中国历史研究法（中国文化史稿第一编）
钱　穆 中国文化史导论

第二卷 梁漱溟 中国文化要义

第三卷 柳诒徵 中国文化史（上、中、下）

第四卷 杨东莼 本国文化史大纲

第五卷 陈登原 中国文化史（上、下）

第六卷 顾康伯 中国文化史（上、下）

第七卷 顾康伯 本国文化史
王其迈 中国文化史

第八卷　王德华　中国文化史略
陈竺同　中国文化史略

第九卷　李继煌译　中国文化史

第十卷　姚名达　朱鸿禧　中国文化小史
范子田　中国文化小史
常乃悳　中国文化小史

第十一卷　李建文　中国文化史讲话
靳仲鱼　中国文化史要
孙德孚译　中国文化辑要

第十二卷　王云五　编纂中国文化史之研究
陈安仁　中国文化建设问题
陈安仁　中国文化演进史观

陈国强　物观中国文化史（上、下）

第十三卷　丁留余　中国文化史问答

姚江滨　民族文化史论

缪凤林　中国民族之文化

第十四卷　王治心　中国文化史类编（上、中）

第十五卷　雷海宗　中国文化与中国的兵

蒋星煜　中国隐士与中国文化

第十六卷　孟世杰　先秦文化史

罗香林　唐代文化史研究

第十七卷　陈安仁　中国上古中古文化史

第十八卷　陈安仁　中国近世文化史

第十九卷　朱谦之　中国思想对于欧洲文化之影响

第二十卷

张星烺　欧化东渐史

郑寿麟　中西文化之关系

梁启超　中国文化史·社会组织篇

吕思勉　中国文化史六讲

柳诒徵《中国文化史》（上、中、下）

柳诒徵（1880—1956），字翼谋，亦字希兆，号知非，晚年号劬堂，江苏镇江人，历史学家、古典文学家。曾师从缪荃孙、黄以周、李瑞清等宿儒名家。先后任教、工作于南京高等师范学校、东南大学、江苏省立国学图书馆、上海文物保管委员会。除《中国文化史》外，还撰写了《国史要义》《中国教育史》《东亚各国史》等著作，与梅光迪、吴宓、刘伯明、胡先辅等创办《学衡》杂志形成『学衡派』，成为后世新儒家的滥觞。

《中国文化史》一书撰写于一九一九至一九二一年间，最初是南京高等师范学校文史地部的课程讲义。文稿于一九二五年起在《学衡》杂志上陆续发表，一九二八年由中央大学出版排印本，一九三二年由南京钟山书局正式印行。一九四七年，作为大学用书由正中书局出版发行。全书采用纲目体，以文化交融为主线，将中国历史分为上古（远古至两汉）、中古（东汉至明末）和近世（明末至民国初年）三个阶段，从宗教、文艺、社会、风俗以及经济、生活、物产等方面，对中华文化的发生、发展进行了详尽论述。此书是近代以来思想冲突和『五四』运动前后思想变革在史学领域的具体反映，既存在大量信古、复古的观点，也受西方史学的影响，同时体现作者『昌明国粹，融化新知』的文化观念。

大學用書

中國文化史

（上）

柳詒徵編著

正中書局印行

大學用書

中國文化史

柳詒徵編著

正中書局印行

弁　言

往玷學校講席。草創文化史稿。管窺蠡測。無當萬一。未敢以問世也。吳君雨僧猥附之學衡。社友論譔。繆贊虞張曉峯諸子設鍾山書局。復因中華紙版印布千部。蜀中又有綫裝本及縮印本。轉相流布。覆視之。恆自愧汗。不足語於述作。既病嫻。復牽迫他務。不克充其意增削之。良懼傳播之誤學者。顧是稿刊布後。梁新會有縱斷之作。纔成一二目。未竟其緒。王君雲五復匈各作家分輯專史。所輯亦未賅備。且分帙猥多。祇可供學者參考。不便於學年學程之講習。又凡陳一事。率與他事有連。專治一目者。必旁及相關之政俗。苟盡芟緟複。又無以明其聯繫之因果。此縱斷之病也。他坊肆有譯籍及規仿爲之者。率不饜衆望。荏苒迄今。言吾中國文化。蓋尚未有比較豐約適當之學校用書。吳君士選乃爲正中書局訂約複印是稿。且屬再爲弁言。嗟乎。此覆醬瓿之本。閱廿年無進境。尙安足言。無已。姑仍其管蠡言之。

史非文學。非科學。自有其封域。古之學者治六藝。皆治史耳。故漢志有六藝。不專立史目。劉宋以史儷文儒玄三學。似張史學。而乙部益以滋大。顧儒學卽史學。而玄又出於史。似四學之並立未諦。近世學校史隸文科。業此而雋其曹者稱文學博士。名實詭矣。西國史籍之萌芽。多出文人。故以隸文科。與吾國邃古以來史爲政宗異趣。近人欲屬之科學而人文與自然逕庭。政治經濟社會諸學皆產於史。子母不可偶。故吾嘗妄謂今之大學。宜獨立史學院。使學者瞭然於史之封域非文學非科學。且剏爲斯院者。宜莫吾國若。三二紀前吾史之豐。且函有亞洲各國史實。固儼有世界史之性。麗鮮越倭所爲國史。皆師吾法。夫以數千年豐備之史爲之幹。益以近世各國新興之學拓其封。則獨立史學院之自吾倡。不患其異於他國也。

吾國聖哲遺訓。曰立天之道曰陰與陽。立地之道曰柔與剛。立人之道曰仁與義。持仁義以爲人。爰以參兩天地。實即以天地之道立人極。故曰天地之道。博也厚也高也明也悠也久也。博厚配地。高明配天。悠久無疆。又曰。惟天下之至誠。爲能盡其性。能盡其性。然後能盡人之性。能盡人之性。然後能盡物之性。能盡物之性。則可以贊天地之化育。可以贊天地之化育。則可以與天地參矣。人之性根於天地。汩之則日小。而人道以亡。盡之則無疆。而人道以大。本之天地者。極之參天地。豈惟是營擾於物欲。遂足爲人乎。故古之大學明示正鵠。曰明明德。曰新民。曰止於至善。立學校。非以爲人之資歷。爲人之器械也。又申之曰。古之欲明明德於天下者。先治其國。欲治其國者。先齊其家。欲齊其家者。先修其身。欲修其身者。先正其心。欲正其心者。先誠其意。欲誠其意者。先致其知。致知在格物。又曰。自天子以至於庶人。壹是皆以修身爲本。庶人修其身。不愧天子。天子不修其身。不足儕庶人。此是若何平等精神。而其大欲。在明明德於天下。非曰張霸權於世界。攫政柄於城中也。彝訓炳然。百世奉習。官禮之興以此。文教之昌以此。約之爲史。於是遷固之學。爲儒之別子。史之祖構者。亦即以此。遷之言曰。夫學者載籍極博。猶考信於六藝。又曰。究天人之際。通古今之變。成一家之言。固之言曰。修六藝之術。觀九家之言。舍短取長。可以通萬方之略矣。又曰。凡漢書敍帝皇。列官司。建侯王。準天地。統陰陽。闡元極。步三光。分州域。物土疆。窮人理。該萬方。緯六經。綴道綱。總百氏。贊篇章。函雅故。通古今。正文字。惟學林。嗚呼。吾聖哲之心量之廣大。福吾族姓。撫有土宇。推暨邊裔。函育萬有。非史家之心量能翕受其遺產。惡足以知盡性之極功。彼第知研悅文藻。標舉語錄。鑽索名物者。蓋得其偏而未覩其全。而後史之闕宂。又緣政術日替。各族闌入。雖席聖哲之餘緒。而本實先撥。顧猶因其服習之久。綿綿然若存若亡。而國史方志文儒之傳記。得託先業而增拓其封畛焉。吾之譾劣。固不足以語史。第嘗妄謂學者必先大其心量。以治吾史。進而求聖哲立人極參天地者何在。是爲認識中國文化之正軌。徒姝姝暖暖於一先生之言。扣槃捫籥。削足適屨。則所謂不賅不備一曲之士耳。

雖然。世運日新。吾國亦邁進未已。後此之視吾往史。殆不過世界史中之一部域一階程。吾人正不容以往史自囿。然立人之道。參天地。盡物性。必有其宗主。而後博厚高明。可推暨於無疆。故吾往史之宗主。雖在此廣宇長宙中若僅僅占有東亞之一方。數千禩之短晷。要其磊磊軒天地者。固積若干聖哲賢智創垂賡續以迄今茲。吾人繼往開來。所宜擇精語詳。以詔來學。以貢世界。此治中國文化史者之責任。而吾此稿之擇焉不精語焉不詳之不足副吾懸想。即吾所爲覆視而愧汗者也。遷史曰。述往事。思來者。吾豈甘爲前哲之奴。正私挾其無窮之望。以企方來之宗主耳。三十六年夏五月。柳詒徵。

上册目次

緒論……一

第一編　上古文化史

第一章　中國人種之起源……一一
第二章　洪水以前之制作……二〇
第三章　家族及私產制度之起源……二八
第四章　政法之萌芽……三三
第五章　文字之興……三九
第六章　洪水以後之中國……四八
第七章　衣裳之治……五五
第八章　治歷授時……六三
第九章　唐虞之讓國……六九

第十章 治水之功……七七
第十一章 唐虞之政教……八五
第十二章 夏之文化……九九
第十三章 忠孝之興……一〇九
第十四章 洪範與五行……一一六
第十五章 湯之革命及伊尹之任……一二三
第十六章 殷商之文化……一三〇
第十七章 傳疑之制度……一四四
第十八章 周室之勃興……一五二
第十九章 周之禮制……一六三
一 國土之區畫……一六七
二 官吏之職掌……一七二
三 鄉遂之自治……一七六
四 授田之制 附兵制……一八四

五 市肆門關之政……一九一
六 王朝之教育……一九七
七 城郭道路宮室之制……二〇三
八 衣服飲食醫藥之制……二〇八
九 禮俗……二二二
十 樂舞……二三〇
十一 王朝與諸侯之關繫……二三八
十二 結論……二四五
第二十章 文字與學術……二四九
第二十一章 共和與民權……二六一
第二十二章 周代之變遷……二六七
第二十三章 學術之分裂……二八三
第二十四章 老子與管子……二九二
第二十五章 孔子……三〇〇

第二十六章　孔門弟子……………………………………三一九
第二十七章　周末之變遷………………………………三三二
第二十八章　諸子之學…………………………………三五一
第二十九章　秦之統一…………………………………三七四
第三十章　秦之文化……………………………………三八四
第三十一章　漢代內外之開闢…………………………三九三
第三十二章　兩漢之學術及文藝………………………四〇一
第三十三章　建築工藝之進步…………………………四二三

緒論

歷史之學。最重因果。人事不能有因而無果。亦不能有果而無因。治歷史者。職在綜合人類過去時代複雜之事實。推求其因果而爲之解析。以詔示來茲。舍此無所謂史學也。人類之動作。有共同之軌轍。亦有特殊之蛻變。欲知其共同之軌轍。當合世界各國家各種族之歷史以觀其通。欲知其特殊之蛻變。當專求一國家一民族或多數民族組成一國之歷史。以覘其異。今之所述。限於中國。凡所標舉。函有二義。一以求人類演進之通則。一以明吾民獨造之眞際。蓋晚清以來。積腐襮著。綜他人所詬病。與吾國人自省其闕失。幾若無文化可言。歐戰既輟。人心惶擾。遠西學者。時或想像東方之文化。國人亦頗思反而自求。然證以最近之紛亂。謂吾國必有持久不敝者存。又若無以共信。實則憑短期之觀察。遽以概全部之歷史。客感所淆。矜餒皆失。欲知中國歷史之眞相。及其文化之得失。首宜虛心探索。勿遽爲之判斷。此吾所渴望於同志者也。

吾書凡分三編。第一編自邃古以迄兩漢。是爲吾國民族本其創造之力。由部落而建設國家。構成獨立之文化之時期。第二編自東漢以迄明季。是爲印度文化輸入吾國。與吾國固有文化由抵牾而融合之時期。第三編自明季迄今日。是爲中印兩種文化均已就衰。而遠西之學術思想宗教政法以次輸入。相激相盪而卒相合之時期。此三期者。初無截然畫分之界限。特就其蟬聯蛻化之際。略分畛畔。以便尋繹。實則吾民族創造之文化。富於彈性。自古迄今。繩繩相屬。雖間有盛衰之判。固未嘗有中絕之時。苟從多方診察。自知其於此見爲墮落者。於彼仍見其進行。第二三期吸收印歐之文化。初非盡棄所有。且有相得益彰者焉。

中國文化爲何。中國文化何在。中國文化異於印歐者何在。此學者所首應致疑者也。吾書卽爲答此疑問而作。其詳具於本文。未可以一言罄。然有一語須先爲學者告者。卽吾中國具有特殊之性質。求之世界。無其倫比也。夫世界任何國家之構成。要皆各有其特殊之處。否則萬國雷同。何必特標之爲某國某國。然他國之特殊之處。有由強盛而崩裂者。有由弱小而積合者。有由複雜而渙散者。事例綦多。而求之吾民族吾國家。乃適相反。此吾民所最宜懸以相較。藉覘文化之因果者也。

就今日中國言之。其第一特殊之現象。卽幅員之廣袤。世無其匹也。世界大國。固有總計其所統轄之面積。廣大於中國者。然若英之合五洲屬地。華離龐雜。號稱大國者。固與中國之整齊聯屬。純然爲一片土地者不同。卽以美洲之合衆國較之中國。其形勢亦復不侔。合衆國之東西道里。已遜於我。（中國東至西凡六十度五十五分。美國東至西凡五十七度三十九分。）其南北之距離。則尤不逮。（中國南至北凡三十八度三十六分。美國南至北凡二十四度二十六分。）南北距離既遠。氣候因以迴殊。有溫度自華氏表平均七十九度。以至三十六度。相差至四十餘度。其棲息於此同一主權之下之土地之民族。一切性質習慣。自亦因之大相懸絕。然試合黑龍江北境之人與廣東南境之人於一堂。而叩其國籍。固皆自承爲中華民國之人。而無所歧視也。且此等廣袤國境。固由漢唐元明清累朝開拓以致此盛。然自堯典禹貢以來。其所稱領有之境域。已不減於今之半數。

〔書堯典〕分命羲仲宅嵎夷曰暘谷。 申命羲叔宅南交。 分命和仲宅西曰昧谷。 申命和叔宅朔方曰幽都。 今人多疑堯典爲儒家僞造·不可盡信·然墨子節用篇·昔者堯治天下·南撫交趾·北降幽都·東西至日所出入·莫不賓服·足見堯典所言國境·非儒家臆造之語·即使此等境界·爲儒墨兩家想像之詞·初非唐虞時事實·亦可見春秋之末戰國之初之人·已信吾國有此廣大領域也·

〔禹貢〕東漸於海。西被於流沙。朔南暨聲敎。訖於四海。

聖哲立言。恆以國與天下對舉，

〔老子〕以正治國。以奇用兵。以無事取天下。 大國者下流。天下之交。

〔大學〕古之欲明明德於天下者。先治其國。國治而後天下平。

此雖夸大之詞。要必自來所見恢廓無倫。故以思力所及。名曰天下。由是數千年來。治權時合時分。而國土之增闢。初無或間。今之擁有廣土。皆席前人之成勞。試問前人所以開拓此天下。摶結此天下者。果何術乎。

第二則種族之複雜。至可驚異也。今之中國。號稱五族共和。其實尚有苗猺獞蠻諸種。不止五族。其族之最大者。世稱漢族。稽之史策。其血統之混雜。決非一單純種族。數千年來。其所吸收同化之異族。無慮百數。春秋戰國時所謂蠻夷戎狄者。無論矣。秦漢以降。若匈奴。若鮮卑。若羌。若奚。若胡。若突厥。若沙陀。若契丹。若女眞。若蒙古。若靺鞨。若高麗。若渤海。若安南。時時有同化於漢族。易其姓名。習其文敎。通其婚媾者。外此。如月氏。安息。天竺。回紇。唐兀。康里。阿速。欽察。雍古。弗林諸國之人。自漢魏以至元明。逐漸混入漢族者。復不知凡幾。

〔漢書〕金日磾。字翁叔。本匈奴休屠王太子也。

〔晉書〕卜珝。字子玉。匈奴後部人也。　又段匹磾東郡鮮卑人也。　又喬智明。字元達。鮮卑前部人也。元魏以後，鮮卑人之化爲漢族者，不可勝數，

〔通志氏族略〕黨氏本出西羌。

〔唐書〕王世充。字行滿。本姓支。西域胡人也。　又李懷仙。柳城胡人也。　又哥舒翰。突騎施首領哥舒部落之裔也。　又代北李氏。本沙陀部落。　又王武俊。契丹怒皆部落也。　又李光弼。營州柳城人。其先契丹之酋長。　又李懷光。勃海靺鞨人也。　又高仙芝。本高麗人。　又王毛仲。本高麗人。　又姜公輔。安南人。　又史憲誠。其先出於奚虜。　又李寶臣。范陽城旁奚族也。

〔通志〕支氏。其先月支胡人也。　又安氏。安息王子入侍。遂爲漢人。　又竺氏。本天竺胡人。

〔元史〕昔班。畏吾人。　又余闕。唐兀人。　又斡羅思。康里氏。　又杭忽思。阿速人。　又完者都。欽察人。　又馬祖常。並爲雍古部。又愛薛。西域弗林人。此類甚多，姑舉以示例，

〔日知錄卷二十三〕章邱志言洪武初。翰林編修吳沈奉旨譔千家姓。得姓一千九百六十八。而此邑如朮。如偶。尙未之錄。廣韻偶字下注云，齊大夫名，今訪之朮姓有三四百丁。自云金丞相朮虎高琪之後。原注，士人呼朮爲張一反，按金史朮虎漢姓曰董，今則但爲朮姓，　蓋二字改爲一字者。而譔姓之時。尙未登於黃册也。以此知單姓之改。並在明初以後。而今代山東氏族其出於金元之裔者多矣。永樂元年九月庚子。上謂兵部尙書劉儁曰各衞韃靼人多同名。宜賜姓以別之。於是兵部請如洪武中故事。編置勘合賜給姓氏。按洪武中勘合賜姓，實錄不載，惟十六年二月，故元雲南右丞觀音保降，賜姓名李觀，又宣宗實錄，丑閭洪武二十一年來歸，賜姓名李賢，　從之。三年七月。賜把都帖木兒名吳允誠。倫都兒灰名柴秉誠。保住

名楊效誠。自此遂以爲例。

凡漢族之大姓。若王。若李。若劉者。其得氏之始。雖恆自附於中國帝王。實則多有異族之改姓。其異族之姓。如金。如安。如康。如支。如竺。如元。如源。如冒者。在今日視之。固亦儼然漢族與姬姜子姒若同一血統矣。甄克思有言廣進異種者。其社會將日即於盛強。

《社會通詮》（甄克思）世界歷史。所必不可誣之事實。必嚴種界。使常清而不雜者。其種將日弱而馴致於不足以自存。廣進異種者。其社會將日即於盛強。而種界因之日泯。此其理自草木禽獸。以致文明之民。在在可徵之實例。孰得孰失。非難見也。

希臘邑社之制。即以嚴種界而衰滅。羅馬肇立。亦以嚴種界而幾淪亡。橫覽五洲之民。其氣派繁雜者強。英法德美之民皆雜種也。其血胤單簡者弱。東方諸部。皆眞種人矣。

顧歐陸諸國。雖多混合之族。而其人至今猶嚴種界。斯拉夫條頓日耳曼之界。若鴻溝然。而求之吾國。則非族異心之語。島夷索虜之爭。

《左傳》成公四年。史佚之志有之曰。非我族類。其心必異。

《通鑑》卷六十九。宋魏以降。南北分治。南謂北爲索虜。北謂南爲島夷。

固亦時著於史。而異族之強悍者。久之多同化於漢族。漢族亦遂泯然與之相忘。試問吾國所以容納此諸族。溝通此諸族者。果何道乎。

第三則年祺之久遠相承勿替也世界開化最早之國曰巴比倫曰埃及曰印度曰中國比而觀之中國獨壽。

『西洋上古史』(浮田和民)迦勒底王國始於西元前四千年以前至一千三百年而亡亞述即亞西里亞興於西元前一千三百年至六百零六年而亡巴比倫興於西元前六百二十五年至五百三十八年爲波斯所滅。埃及舊帝國興於西元前四千年中帝國當西元前二千一百年新帝國當西元前一千七百年至五百二十七年爲波斯所滅。

『印度五十年史』(高桑駒吉)印度吠陀時代始於西元前二千年。西元後七百十四年爲回敎徒所征服。

中國歷年之久姑不問緯書荒誕之說。

『春秋元命苞』天地開闢至春秋獲麟之歲凡二百七十六萬歲。

即以今日所傳書籍之確有可稽者言之據書經堯典則應託始於西元前二千四百年據龜甲古文則作於西元前一千二百年據詩經則作於西元前一千一百年至共和紀元以後則逐年事實皆有可考是在西元前八百四十一年漢唐而降雖常有異族入主之時然以今日五族共和言之則女眞蒙古滿洲諸族皆吾中國之人是即三四千年之間主權有轉移而國家初未亡滅也並世諸國若法若英若俄大抵興於梁唐以後即日本號稱萬世一系然彼國隋唐以前之歷史大都出於臆造不足徵信則合過去之國家與新興之國家而較之未有若吾國之多歷年所者也試問吾國所以開化甚早歷久猶存者果何故乎。

答此問題。惟有求之於史策。吾國史籍之富。亦爲世所未有。今日所傳之正史共計三千五百卷。

《史記》一百三十卷。漢司馬遷撰。《漢書》一百二十卷漢班固撰。《後漢書》一百二十卷。宋范曄撰。內續漢志三十卷晉司馬彪撰《三國志》六十五卷。晉陳壽撰。《晉書》一百三十卷。唐房喬等撰。《宋書》一百卷。梁沈約撰。《南齊書》五十九卷。梁蕭子顯撰。《梁書》五十六卷。唐姚思廉撰。《陳書》三十六卷唐姚思廉撰。《魏書》一百十四卷。北齊魏收撰。《北齊書》五十卷。唐李百藥撰。《周書》五十卷。唐令狐德棻撰。《隋書》八十五卷。唐魏徵等撰。《南史》八十卷唐李延壽撰。《北史》一百卷。唐李延壽撰。《舊唐書》二百卷。晉劉昫等撰。《新唐書》二百五十五卷。宋歐陽修宋祁撰。《舊五代史》一百五十二卷。宋薛居正撰。《新五代史》七十五卷。宋歐陽修撰。《宋史》四百九十六卷。元脫脫等撰。《遼史》一百十六卷。元脫脫等撰。《金史》一百三十五卷。元脫脫等撰。《元史》二百十卷。明宋濂等撰。《新元史》二百五十七卷。清柯劭忞撰。《明史》三百六十卷。清張廷玉等撰。

自隋書經籍志以下。史部之書。每較經子集爲多。

《隋書經籍志》

六藝經緯	六二七部	五三七一卷
史部	八一七部	一三二六四卷
子部	八五三部	六四三七卷
集部	五五四部	六六二二卷
道佛	二三二九部	七四一四卷
經錄	五七五部	六二四一卷

《舊唐書經籍志》

史	八四〇部	一七九四六卷
子	七五三部	一五六三七卷
集	八九二部	一二〇二八卷
釋道書	二五〇〇部	九五〇〇卷

《新唐書藝文志》

經	五九七部	六一四五卷
史	八五七部	一六八七四卷
子	九六七部	一七一五二卷
集	八五六部	一一九二三卷

《宋史藝文志》

經	一三〇四部	一三六〇八卷
史	二一四七部	四三一〇九卷
子	三九九九部	二八二九〇卷
集	二三六九部	三四九六五卷

《明史藝文志》

經	九四九部	八七四六卷
史	一三一六部	二八〇五一卷
子	九七〇部	三九二二一卷
集	一三九八部	二九九六六卷

《清四庫書目》

經	六九四部	一〇二六〇卷
史	五六三部	二一九四一卷
子	九〇七部	一七八九六卷
集	一二七七部	二九二五四卷

然經子集部。以至道釋二藏之性質。雖與史書有別。實亦無不可備史料。其第以編年紀事及紀傳表志諸體爲史

書之界限者。初非深知史者也。世恆病吾國史書。爲皇帝家譜。不能表示民族社會變遷進步之狀況。實則民族社會之史料。觸處皆是。徒以浩穰無紀。讀者不能博觀而約取。遂疑吾國所謂史者。不過如坊肆綱鑑之類。止有帝王嬗代及武人相斫之事。舉凡教學文藝社會風俗。以至經濟生活物產建築圖畫雕刻之類。舉無可稽。吾書欲祛此惑。故於帝王朝代國家戰伐。多從删略。惟就民族全體之精神所表現者。廣搜而列舉之。兹事體大。掛漏孔多。姑發其凡。以待來哲爾。

第一編　上古文化史

第一章　中國人種之起原

中國人種之起源。蓋不可考。其故有二。

(一)無文字之證。研究歷史。自來皆依據文字。吾人今日所知之文字。僅能及於商周之時。（世所傳夏代文字多不可信）所讀之書。大抵周秦以來之書。周秦之人之去太古。不知若干萬年。視吾人之去周秦之年歲。不止十百倍蓰。故雖周秦人相傳之說。不能盡信爲正確之史料。後世穿鑿附會之說。更不足言。

(二)無器物之證。僅據文字以考史事。不過能識有史以後之事。其未有文字以前之史事。仍無從考證。故欲推測人種之起原。必須得未有文字以前之器物以爲證。近世東西學者。若勞夫爾及烏居龍藏等。研究中國各地所發見之石器。多不能定其時代。且謂其未必爲中國民族之石器。蓋古器湮沈。僅從浮土中略得數事。不足據以考史也。

周秦之人。已知此理。故其推論古初。約有二法。

（一）約舉其理。

『易序卦』有天地然後有萬物。有萬物然後有男女。有男女然後有夫婦。有夫婦然後有父子。有父子然後有君臣。有君臣然後有上下。有上下然後禮義有所錯。

『乾鑿度』有太易。有太初。有太始。有太素。太易者。未見氣也。太初者。氣之始也。太始者。形之始也。太素者。質之始也。氣形質具而未相離。故曰渾淪。渾淪者。言萬物相渾淪而未相離也。視之不見。聽之不聞。循之不得。故曰易也。易無形埒。易變而爲一。一變而爲七。七變而爲九。九者。氣之究也。乃復變而爲一。一者。形變之始也。清輕者上爲天。濁重者下爲地。冲和氣者爲人。故天地含精。萬物化生。亦見列子天瑞篇．蓋襲乾鑿度文．

古無文字。無名號。無年代。故人類起原之時。不可確指。僅能以理想推測其發生次序如此。今人以地質及古物推究人類之年代及進化之次第。亦僅約計。不能如有史以後之事實。可確指其距今若干年。在何地。有何事實也。

（二）斥言其誣。

『列子楊朱篇』楊朱曰。太古之事滅矣。孰誌之哉。三皇之世。若存若亡。五帝之事。若覺若夢。三王之事。或隱或顯。億不識一。當身之事。或聞或見。萬不識一。目前之事。或存或廢。千不識一。太古至於今日。年數固不可勝紀。但伏羲以來。三十餘萬歲。賢愚好醜。成敗是非。無不消滅。但遲速之間耳。

此論極詆歷史爲不可信。蓋謂吾人於目前之事亦不能盡得其眞相。況欲上考太古乎。其謂太古滅矣。孰誌之哉。亦可見有史以後雖不能謂史事完全眞確。尙可確知有人誌記。有史以前旣無人爲之記錄。但憑後人推測。則更屬渺茫矣。

後世治歷史者因亦不復遠溯古初。僅自羲農黃帝堯舜以來言之。而近世學者以西人稱吾國人種來自西方。於是周秦以來所不能確定而質言者。今人轉鑿鑿言之。或謂來自中央亞細亞。或謂來自阿富汗。或謂來自巴比倫。或謂來自于闐。或謂來自馬來半島。衆說紛紜。莫衷一是。而以法人拉克伯里 (Lacouperie) 所倡支那太古文明西元論。最爲學者所信。

《中國人種從來考》(丁謙)中國史書皆始於盤古。而三皇繼之。伏羲神農黃帝又繼之。並無言他處遷來之事。自光緒二十年西歷一千八百九十四年法人拉克伯里著支那太古文明西元論。引據亞洲西方古史。證中西事物法制之多同。而彼間亦實有民族東遷之事。於是中東學者。翕然贊同。初無異詞。且搜采古書以證明其說。如劉光漢之華夏篇。思故國篇。黃帝之立國篇。章太炎之種姓篇。蔣觀雲之中國人種考。及日本人所著之興國史譚等。雖各有主張。要無不以人種西來之說爲可信。

而德人夏德(F. Hirth)所著支那太古史。力斥拉克伯里之傅會。近日學者亦多駁斥其說。蓋中國古書多不可信。年代對比亦難正確。如謂巴克民族爲盤古。當先確定盤古之有無。

《中國人種從來考》(丁謙)西史謂徙中國者爲巴克民族。巴克乃盤古轉音。中國人謂盤古氏開闢天地。未免失實。而盤古氏之爲中國始遷祖。則固確有可考矣。

『五運歷年記』（徐整）元氣濛鴻。萌芽茲始。遂分天地。肇立乾坤。啓陰感陽。分布元氣。乃孕中和。是爲人也。首生盤古。垂死化身。氣成風雲。聲爲雷霆。左眼爲日。右眼爲月。四肢五體爲四極五嶽。血液爲江河。筋脈爲地里。肌肉爲田土。髮髭爲星辰。皮毛爲草木。齒骨爲金石。精髓爲珠玉。汗流爲雨澤。身之諸蟲。因風所感。化爲黎甿。　『三五歷記』天地混沌如雞子。盤古生其中。萬八千歲。天地開闢。陽淸爲天。陰濁爲地。盤古在其中。一日九變。神於天。聖於地。天日高一丈。地日厚一丈。盤古日長一丈。如此萬八千歲。天數極高。地數極深。盤古極長。後乃有三皇。此等荒誕之說。丁氏亦知失實。然猶信盤古爲中國始遷祖。則傅會之過也。

『中國歷史』（夏曾佑）盤古之名。古籍不見。疑非漢族舊有之說。或盤古槃瓠音近。槃瓠爲南蠻之祖。後漢書南蠻傳此爲南蠻自說其天地開闢之文。吾人誤用以爲己有也。故南海獨有盤古墓。桂林又有盤古祠。任昉述異記不然吾族古皇並在北方。何盤古獨居南荒哉。

謂靏南國王爲黃帝。亦難確定黃帝之年代。

『中國人種從來考』（丁謙）西亞古史中國人種爲丢那尼安族。其族分二派。一思米爾。一阿加逖。皆起於亞洲中境。思米爾人先入美索波達米南境。建立迦勒底國。阿加逖人後至沙蛟山麓。建都城於蘇薩。稱靏南國。其王廓特奈亨臺。兼併迦勒底諸部。既乃率其種人遷入中華。謂卽黃帝。以此王時代。在西元前二千二百八十年間也。但其說不確。因此年數。卽彼土亦不衷一。或謂在二十四世紀至二十七世紀。據竹書所紀之年。上推黃帝。爲二千六百二十年。與第一說不相應。而與第二說差近。

但亦無實證，不足爲憑。

《中國通史》（陳漢章）近今一般社說。並謂中國黃種皆黃帝子孫。而黃帝實由西北方遷徙而來。按法人拉克伯里說。以奈亨臺爲丟那尼安種。非塞米的種。與黃種合矣。底格里士河邊地。與幼發拉的河側地。並即迦勒底古國。而裏海西岸之巴克。並其統領迦勒底國之地。當時實爲波斯巴撒迦特族人所居。若率巴克民族東來。則東來者仍是白種。西人說波斯古國者，或云哈母種，或云阿利安種，皆白種，非黃種。且紀元前二千八百八十二年。當中國顓頊帝之二十二年。據四裔年表推之。猶得以底格里士河邊之酋長由土耳其斯坦來中國者爲黃帝乎。

至以八卦與楔形字爲一源。則無論年代不合。但以卦象與楔形字比而觀之。一則有橫無縱。而數止於三。一則縱橫兼備。而筆畫亦無定數。雖至愚極淺之人。亦可知其不類也。

《中國通史》（陳漢章）或謂八卦即巴比倫之楔形文字。試問巴比倫始造尖楔文字在西歷紀元前二千一百四十七年。當中國帝摯時。四裔年表帝摯八年。能與伏羲時代附合乎。

中國人種之起原既不可知。以從來所傳不可盡信之說比而觀之。大約可得二義。一則出於多元也。羲農以前之事。多見於緯書。論者謂緯書爲古史書。

《癸巳類稿》（俞正燮）緯書論緯者古史書也。孔子定六經。其餘文在太史者。後人目之爲緯。

今其書亦不完。即其所存者觀之。多荒誕不經之說。猶各國古史之有神話也。諸緯書所述古事。始於三皇。繼分十紀。

【春秋命歷序】天地初立。有天皇氏十二頭。淡泊無所施爲。而俗自化。木德王。歲起攝提。兄弟十二人立。各一萬八千歲。地皇十一頭。火德王。一姓十一人。興於熊耳龍門山。亦各萬八千歲。　人皇九頭。提羽蓋。乘雲車。使風雨。出暘谷。分九河。　人皇出於提地之國。九男。九兄弟相似。別長九國。凡一百五十世。合四萬五千六百年。

【同上】自開闢至獲麟。二百二十七萬六千歲。分爲十紀。每紀爲二十六萬七千年。凡世七萬六百年。（此說以春秋元命苞證之當云凡二百六十七萬歲每紀爲二十六萬七千年、凡世云云當係衍文。）　一曰九頭紀。二曰五龍紀。三曰攝提紀。四曰合雒紀。五曰連通紀。六曰敘名紀。七曰循蜚紀。八曰因提紀。九曰禪通紀。十曰疏仡紀。　按緯書所云十紀。並未實指某紀有某氏某氏。惟云人皇九頭。故曰九頭紀。皇伯。皇仲。皇叔。皇季。皇少。五姓同期。俱駕龍。號曰五龍。至宋羅泌路史雜采諸書。傅會其說。始云攝提紀傳五十九世。合雒紀傳四世。連通紀傳六世。敘命紀傳四世。循蜚紀傳二十二世。有鉅靈氏。句彊氏。譙明氏。涿光氏。鉤陳氏。黃神氏。狟神氏。犂靈氏。大騩氏。鬼騩氏。弇茲氏。太逢氏。冉相氏。蓋盈氏。大敦氏。雲陽氏。巫常氏。太一氏。空桑氏。神民氏。倚帝氏。次民氏。因提紀傳十三世。有辰放氏。蜀山氏。豗傀氏。渾敦氏。東戶氏。皇覃氏。啓統氏。吉夷氏。几蘧氏。豨韋氏。大巢氏。燧人氏。庸成氏。禪通紀傳十九世。有倉頡氏。軒轅氏。伏羲氏。女媧氏。大庭氏。柏皇氏。中央氏。栗陸氏。驪連氏。尊盧氏。祝融氏。混沌氏。昊英氏。有巢氏。葛天氏。陰康氏。朱襄氏。無懷氏。神農氏。雖其說不盡無稽。要不可據爲正確之系統也。

大抵出於肊造。然卽此肊造之說推之。亦可立三義。以破後來之謬論。

（一）人類之生歷年久遠也。古無立法則紀年必不能如後世之正確。所稱若干萬年不過約舉肊測。不能視爲確數。然以地質證之自生民之初至於有史時代。至少亦必經數十萬年。若謂吾國茫茫九有。從古初無人類。必待至最近數千年中始由巴比倫中央亞細亞轉徙而來。是則理之所不可信者也。

（二）人類之生不限一地也。　天皇起於崐崙則西方之種族也。地皇興於熊耳龍門。則中部之酋長也。人皇出於暘谷九河則東方之部落也。吾國地勢固西高而東下。然亦未必人類悉出於西方。吾意天皇地皇人皇。初非後先相繼。特十口相傳之說。謂吾國東中西三方有最初發生之部落。因目之爲天地人三皇。而後世遂以天地人分先後若近世帝皇相嬗者然。實則緯書之言僅可爲人類初生不限一地之證。不當以後世帝皇例之也。

（三）一地之人各分部落也。　天皇十二頭兄弟十二人地皇十一頭一姓十一人人皇九頭兄弟九人。此可見最古之時但有人類。即分部落。部落之中各有酋長。後世傳說謂其地之相近者。皆此一姓兄弟所據。實則其時父子夫婦之倫未分。惡有所謂兄弟。緯書之言若干頭。猶後世盜賊分據山林各擁頭目耳。以此推之。合雒禪通諸紀之某氏某氏。亦非一時代祇有一氏。蓋同時有若干部分。即有若干氏。其紛爭合併之迹。雖不可詳考。要之羲農以後所謂華夏之族。實由前此無數部落混合而成。必實指此種族爲崛興於某地。或由來於某地。鑿矣。彼以爲中國土著祇有一族。後之戰勝者亦祇外來之一族者。皆不知古書之傳說。固明示以多元之義也。

次則興於山嶽也。世多謂文明起於河流。吾謂吾國文明實先發生於山嶽。蓋吾國地居大陸。人種之生本不限於一地。其擁部衆而施號令者。必具居高臨下之勢。始可以控制多方。非若、海濱島國。地狹人少。徒取一隅之便利也。

周秦諸書。雖不盡可據爲上古之信史。然自來傳說古代諸部。興於山嶺者多。而起於河流者少。如天皇興於柱州崐崙山。地皇興於熊耳龍門山。人皇興於刑馬山。出暘谷分九河之類。實吾民先居山嶺。後沿河流之證。更以其後言之。則證據尤多。

(一)君主相傳號爲林烝。爾雅。林烝君也。蓋古之部落。其酋長多深居山林。故後世譯古代林烝之名。卽君主之義。

(二)唐虞時諸侯之長。尙號爲嶽。尙書四嶽之名。說者不一。或謂爲一人。或謂四方各一人。要皆可證古者諸侯之長。多居山嶽。故以嶽爲朝臣首領也。

(三)巡狩之朝諸侯。必於山嶽。舜巡四嶽。禹會諸侯於塗山。卽其證。

(四)人民相傳號爲丘民。孟子謂得乎丘民爲天子。丘民蓋古者相傳之稱。禹貢有降丘宅土之文。是洪水以前及洪水時。民多居丘也。

(五)爲帝王者。必登山封禪。管子有云。古者封泰山禪梁父者七十二家。而夷吾所記者。十有二焉。昔無懷氏封泰山禪云云。虙戲氏封泰山禪云云。神農氏封泰山禪云云。炎帝封泰山禪云云。黃帝封泰山禪亭亭。顓頊封泰山禪云云。帝嚳封泰山禪云云。堯封泰山禪云云。舜封泰山禪云云。禹封泰山禪會稽。湯封泰山禪云云。周成王封泰山禪於社首。此非古人迷信山林之神也。最古之大部強酋。多居山嶽。故後之爲帝王者。雖已奠都造邑。亦必循古代的儀式。登山行禮。然後爲衆所推尊。書稱堯納舜於大麓。亦卽此意也。

此外更有可玩味者。古代諸氏。雖皆後人傳說。不盡可憑。然弈禩相傳。不謂之某林某蒸。或某君某主。而槪稱之曰氏。則氏字必有其定義。後世胙土始命之氏。氏之名義。實根於土。說文之釋氏字。卽援此義爲說。

《說文》氏巴蜀名山岸脅之以旁箸欲落墮者曰氏。氏崩。聲聞數百里。象形。 段玉裁注。氏象傍於山脅也。氏之附於姓者類此。

然則古所謂某氏某氏者。卽所謂某山之部落。某山之酋長耳。諸氏並起於山。故後世傳會名山之古迹。往往有某某之丘。某某之臺。

《山海經》有九丘。以水絡之。名曰陶唐之丘。有叔得之丘。蓋盈之丘。昆吾之丘。黑白之丘。赤望之丘。參衞之丘。武夫之丘。神民之丘。

《同上》帝堯臺。帝嚳臺。帝丹朱臺。帝舜臺。各二臺。臺四方。在崑崙東北。

其後漸次混合。謀便交通。始有開闢河流。制作舟楫之事。此事實之次序。固可以理測度者也。

第二章　洪水以前之制作

部落時代。統系無徵。年祀莫考。諸稱某皇某帝之事跡年代。要皆僅可存疑。

《禮含文嘉》三皇。虙戲燧人神農。

《春秋運斗樞》伏羲女媧神農。爲三皇也。

《潛夫論》(王符)世多以伏羲神農爲三皇。其一者。或曰燧人。或曰祝融。或曰女媧。是與非未可知也。

《春秋命歷序》炎帝號曰大庭氏。傳八世。合五百二十歲。黃帝一曰帝軒轅。傳十世。二千五百二十歲。次曰帝宣。曰少昊。一曰金天氏。則窮桑氏。傳八世五百歲。次曰顓頊。則高陽氏。傳二十世。三百五十歲。次是帝嚳。卽高辛氏。傳十世。四百歲。乃至堯。

孔子删書。斷自唐虞。蓋以唐堯時有洪水。考史者當以此爲界限。洪水以前之文物。大都爲洪水所蕩滌。雖有傳說。多不足據也。洪水之禍。歷時甚久。

《中國歷史》(夏曾佑)帝典稱洪水滔天。浩浩懷山襄陵。則其水之大可知。然不詳其起於何時。一若起於堯時者然。今案女媧氏時。四極廢。九州裂。水浩洋而不息。於是女媧氏斷鼇足以立四極。積蘆灰以止淫水。(此據淮南子覽冥訓文·實不可信·論衡談天篇極言其誕·然論衡謂儒書云云·又曰·此久遠之文·蓋傳說甚久·可取以爲洪水之證·)其後共工氏與顓頊爭爲帝。怒而觸不周之山。共工氏振滔洪水。以薄窮桑。江淮流通。四海溟涬。氏皆土邱陵赴樹木。淮南子本經訓語似洪水之禍實起於堯以前特至堯時人事進化始治之耳。考天下各族述其古事莫不有洪水。巴比倫古書言洪水乃一神西蘇羅斯所造。洪水前有十王。凡四十三萬年洪水後乃今世。希伯來創世記言耶和華鑒世人罪惡貫盈。以洪水滅之。歷百五十日。不死者惟挪亞一家。舊約創世記最近發見雲南猓猓古書。亦言洪水。言古有宇宙乾燥時代。其後即洪水時代。有兄弟四五人。三男一女。各思避水。長男乘鐵箱。次男乘銅箱。三男與季女同乘木箱。其後惟木箱不沒。而人類遂存。日本鳥居龍藏引西書觀此則知洪水爲上古之實事。而此諸族者。亦必有相連之故矣。

前後地勢亦有變遷。

【尸子】古者龍門未開。呂梁未鑿。河出於孟門之上。大溢逆流。無有丘阜高陵皆滅之。名曰鴻水。禹於是疏河決江。十年不闚其家。

【墨子】古者禹治天下。西爲西河漁竇。以泄渠孫皇之水。北爲防原泒。注后之邸嘑池之竇。灑爲底柱。鑿爲龍門。以利燕代胡貉與西河之民。東方漏之陸。防孟諸之澤。灑爲九澮。以楗東土之水。以利冀州之民。南爲江漢淮汝。東流之注五湖之處。以利荊楚干越與南夷之民。此文所述地名。有後世所無者。度皆洪水以前之名稱。諸家務以後世地理證之。殆未悟此義。

然由洪水以後觀之。社會事物。已漸完備。似非一時所能創造。則其淵源所自。必多因襲於前人。其由草昧榛狉。漸底開明之域。歷年甚遠。作者孔多。後世所傳逸文隻句。雖多挂漏。尚可推尋。所謂自古在昔先民有作者。不得悉詆爲謬言也。

記載洪水以前之制作者。莫詳於世本。世本有作篇。專記歷代之制作。今據高郵茆泮林所輯世本佚文。錄之於左。

〖燧人〗燧人出火。造火者燧人。因以爲名。

〖庖羲〗(一)伏羲以儷皮制嫁娶之禮。 (二)庖羲氏作瑟。 宓羲作瑟。八尺二寸。四十五弦。 庖羲氏作五十弦。黃帝使素女鼓瑟。哀不自勝。乃破爲二十五弦。具二均聲。 (三)伏羲作琴。 伏羲作琴瑟。 (四)伏羲臣芒氏作羅。 芒作罔。宋衷曰：芒，庖羲之臣。

〖神農〗(一)神農和藥濟人。 (二)農神作琴。曰神農氏琴長三尺六寸六分。上有五弦。曰宮商角徵羽。文王增二弦。曰少宮商。 (三)神農作瑟。

〖蚩尤〗蚩尤作兵。 蚩尤以金作兵器。 蚩尤作五兵。戈矛戟酋矛夷矛。宋衷曰：蚩尤，神農臣也。

〖黃帝〗(一)黃帝見百物。始穿井。 (二)黃帝樂名咸池。 (三)黃帝造火食旃冕。 黃帝作旃冕。 黃帝作旃。 黃帝作冕旒。 黃帝作冕。 (四)羲和占日。 (五)常儀占月。 羲和作占月。 (六)后益作占歲。 (七)臾區占星氣。 (八)大撓作甲子。 黃帝令大撓作甲子。 (九)隸首作算數。 隸首作數。 (十)伶倫造律呂。 (十一)容成造曆。 (十二)蒼頡作書。 蒼頡造文字。 沮誦蒼頡作書。並黃帝時史官。 (十三)史皇作圖。 (十四)伯余作衣裳。 (十五)胡曹作衣。 胡曹作冕。 (十六)於則作屝履。 (十七)雍父作舂杵臼。 (十八)胲作服牛。 (十九)相土作乘馬。 (二十)膈作駕。 (二十一)共鼓貨狄作舟。注曰：二人，黃帝臣也。 (二十二)女媧作笙簧。 女媧作簧。宋衷注曰：

女媧·黃帝臣也。(二十三)隨作笙。宋衷注：隨·女媧氏之臣。隨作竽。(二十四)夷作鼓。(二十五)揮作弓。(二十六)夷牟作矢。(二十七)巫彭作醫。

〖顓頊〗祝融作市。宋衷注：祝融顓頊臣，爲高辛氏火正。

右皆唐虞洪水以前之制作也其唐虞時之制作未能確定爲洪水前後者如

〖堯〗(一)巫咸初作醫。巫咸作筮。巫咸作鼓。(二)無句作磬。(三)化益作井。

〖舜〗(一)舜始陶。夏臣昆吾更增加。(二)倕作規矩準繩。(三)垂作耒耜。垂作耒耨。垂作銚耨。(四)咎繇作耒耜。(五)伯夷作五刑。(六)簫。舜所造。其形參差象鳳翼。十管。長二尺。(七)垂作鐘。(八)夔作樂。(九)磬。叔所造。叔·舜時人。(十)烏曹作簙。

〖夏〗(一)鯀作城郭。(二)禹作宮室。(三)奚仲作車。(四)夏作贖刑。(五)儀狄造酒。

亦見於作篇。皆可爲研究古代社會開化之資料者也。外此則諸經諸子紀載古代之制作。亦可與作篇相參證。如

〖易繫辭〗古者包犧氏之王天下也。仰則觀象於天。俯則觀法於地。觀鳥獸之文。與地之宜。近取諸身。遠取諸物。於是始作八卦。以通神明之德。以類萬物之情。作結繩爲罔罟。以佃以漁。蓋取諸離。

〖同上〗包犧氏沒。神農氏作。斲木爲耜。揉木爲耒。耒耨之利。以教天下。蓋取諸益。日中爲市。致天下之民。聚天下之貨。交易而退。各得其所。蓋取諸噬嗑。

【同上】神農氏沒。黃帝堯舜氏作。通其變。使民不倦。神而化之。使民宜之。易窮則變。變則通。通則久。是以自天祐之。吉无不利。黃帝堯舜垂衣裳而天下治。蓋取諸乾坤。 刳木爲舟。剡木爲楫。舟楫之利。以濟不通。致遠以利天下。蓋取諸渙。 服牛乘馬。引重致遠。以利天下。蓋取諸隨。 重門擊柝。以待暴客。蓋取諸豫。 斷木爲杵。掘地爲臼。杵臼之利。萬民以濟。蓋取諸小過。 弦木爲弧。剡木爲矢。弧矢之利。以威天下。蓋取諸睽。

【同上】上古穴居而野處。後世聖人易之以宮室。上棟下宇。以待風雨。蓋取諸大壯。

【同上】古之葬者。厚衣之以薪。葬之中野。不封不樹。喪期无數。後世聖人易之以棺槨。蓋取諸大過。

【同上】上古結繩而治。後世聖人易之以書契。百官以治。萬民以察。蓋取諸夬。

【管子】虙戲造六峜。以迎陰陽。作九九之數。以合天道。

【同上】黃帝作鑽燧生火。以熟葷臊。

【尸子】宓羲氏之世。天下多獸。故教民以獵。

【呂氏春秋】大撓作甲子。黔如作虜首。容成作歷。羲和作占日。尙儀作占月。后益作占歲。胡曹作衣。夷羿作弓。祝融作市。儀狄作酒。高元作室。虞姁作舟。伯益作井。赤冀作臼。乘雅作駕。寒哀作御。王冰作服牛。史皇作圖。巫彭作醫。巫咸作筮。

【山海經】殳始爲侯。鼓延是始爲鐘。 番禺是始爲舟。 吉光始以木爲車。 般始爲弓矢。晏龍是爲琴瑟。 帝俊有子八人。是始爲歌舞。 義均是始爲巧倕。是始作下民百巧。 后稷是播百穀。 稷之孫曰叔均。是始作牛耕。 大比赤陰是始爲國。

禹鯀是始布土。均定九州。

《白虎通》神農制耒耜。教民農作。黃帝作宮室。以避寒暑。

《說文》瑟。庖犧所作弦樂也。琴。神農所作。古者芒氏初作羅。古者夙沙氏初作煮海鹽。黃帝初教作糜。古者黃帝初作冕。古者掘地爲臼。古者共鼓貨狄刳木爲舟。剡木爲楫。以濟不通。古者女媧作簧。古者隨作笙。古者揮作弓。古者夷牟初作矢。古者巫彭始作醫。古者巫咸初作巫。古者伯益初作井。古者昆吾作匋。古者垂作耒梠。以振民也。古者垂作鐘。古者烏曹作簙。車夏后氏奚仲所造。

《漢書》黃帝作舟車。以濟不通。

《釋名》黃帝造車。故號軒轅氏。

右皆可見洪水以前制作之盛。然諸書所言多有牴牾。制作之方亦未詳舉。吾儕研究古史。隨在皆見可疑之迹。如繫辭明言農神氏作。斲木爲耜。揉木爲耒。而世本稱耒耜爲垂與咎繇所作。馬驌繹史雖謂垂爲神農臣。與茆輯世本以垂爲舜臣者不同。然咎繇固舜臣也。神農既已創作。何待咎繇更作。然此猶兩書所言不同也。世本一書。卽有不同。如言伏羲作琴瑟。又言神農作琴瑟。言黃帝始穿井。又言化益作井。言夷作鼓。又言巫咸作鼓。言巫彭作醫。又言巫咸初作醫。言常儀占月。又言羲和作占月。言伯余作衣裳。又言胡曹作衣。言黃帝作冕旒。又言胡曹作冕。有同時而二人並作者。有異代而前後迭制者。是果何故歟。

考工記曰。知者創物。巧者述之守之世謂之工。百工之事。皆聖人之作也。爍金以爲刃。凝土以爲器。作車以行陸。作舟以行水。此皆聖人之所作也。知創巧述。皆得謂之作。而世本所載。一器爲前後迭作者。尤可見古代進化之迹。神農之去伏羲遠矣。伏羲作琴瑟。大抵出於草創。未能完善。傳至神農時。神農又加以研究。於是琴瑟之制。始漸如後世之制。後世溯其原始。獨稱伏羲不可也。獨稱神農亦不可也。則兩紀之而草創與改良之人。均稱曰作焉。此一義也。後世之人發明一物。往往有同時異地各不相謀者。矧古代交通不便。未有文書。倣傚傳播。不若後世之捷乎。黃帝作井之法。或限於一地。或久而失傳。唐堯之時。化益別於一地作井。則作井之人。後先有二矣。神農作耒耜於陳。咎繇作耒耜於虞。度亦同之。此又一義也。發明創制。不必一人。亦不必同時。伯余胡曹皆作衣。猶之共鼓貨狄皆作舟。或相續爲之。或各極其意匠。後世以其皆在黃帝時代。則並舉曰黃帝時某某作某。是亦無足異也。

【檢論尊史篇】(章炳麟)夫古器純樸。後制麗則。故有名物大同。形範革良者。一矣。(若古自有笛。漢丘仲亦作笛。京房乃備五音也。)禮極而褫。樂極而崩。遺器墜失。光復舊物者。二也。(若前漢冕已亡。明帝始作。)此既冠帶。彼猶毛薪。則其閉門創造。眇與佗會者。三矣。(泰古關梁不通。故合宮衢室。黃唐鉤備。及古公還岐。猶陶復陶穴。未有家室。此見質文變革。遠及千年。禹域一隅。自爲胡越。今時牀几。由來久矣。而席地之儀。猶在日本。古之九州。亦若神州東國。進化異時。諒無多怪者也。)三者非始作。然皆可以作者稱之。

自燧人以迄唐虞洪水之時。其歷年雖無確數。以意度之。最小當亦不下數千年。故合而觀其制作。則驚古聖之多。分而按其時期。則見初民之陋。犧農之時。雖有琴瑟罔罟耒耜兵戈諸物。其生活之單簡可想。至黃帝時。諸聖勃興。而宮室衣裳舟車弓矢文書圖畫律歷算數。始並作焉。故洪水以前。實以黃帝時爲最盛之時。後世盛稱黃帝。有以也。然黃帝時之制作。或恃前人之經驗。或賴多士之分工。萬物並興。實非一手一足之烈。故知社會之開明。必基於民族之自力。非可徒責望於少數智能之士。而研究歷史。尤當滌除舊念。著眼於人民之進化。忽認開物成務。爲一人一家之績也。

第三章　家族及私產制度之起原

上古歷史。雖多懵昧難考。然卽周秦以來之書。推究上古社會之狀況。亦往往有端緒可尋。蓋自草昧社會。進而至於開明。其中階級甚多。必經若干年歲之蛻化。始漸卽於完成。而後來社會之語言文字思想制度。亦必仍有前此之迹象。蟬聯寓伏於其中。由後推前。不難見其經過之迹也。今世學者。研究社會制度。病其拘牽束縛。欲一切破壞。以求其理想中廓然大公之境。實則草昧社會。本無後來一切制度。而人類之思想。所以必搆造此拘束人生自由之具。相沿至於數千年者。要必有其不得已之故。此非研究上古歷史。無以明其由來也。

上古之社會。無所謂家族也。人類之生。同於禽獸。男女無別。亦無名稱。

《說文》男丈夫也。從田力。言男子力於田也。龜甲古文男字作[illegible]。鐘鼎文作[illegible]。

據此可知男女之別。起於農業既興之後。漁牧時代。男女羣行。初無分別。至後服田力穡。則為男子專職。女子家居。席地作事。古女字象人席地坐別無所持。說文婦从女持帚。灑埽也。妻。婦與已齊者也。从女从屮从又。又持事。妻職也。屮聲。是皆可以文字推求其原始者也。

至於伏羲之時。始有夫婦之制。

《白虎通》古之時。未有三綱六紀。民人但知其母。不知其父。能覆前而不能覆後。臥之詓詓。起之吁吁。饑卽求食。飽卽棄餘。茹毛飲血而衣皮革。於是伏羲仰觀象於天。俯察法於地。因夫婦正五行始定人道。其原創制之始。必以人類男女之欲。不可漫無禁制。不立夫婦之制。則淫汚爭斂。其害有不可勝言者。以後世婚禮推之。卽知其制之出於不得已矣。

《中國歷史教科書》(劉師培)上古婚禮未備。以女子爲一國所共有。故民知母不知父。且當時之民。非惟以女子爲一國所共有也。且有刼奪婦女之風。禮言陽侯殺穆侯。刼其夫人。卽其證。凡戰後他族。必係纍婦女以備嬪嬙。故取女必於異部。如神農母爲有蟜氏。少昊母爲西陵氏。顓頊母爲蜀山氏是。而婦女亦與奴婢相同。如婦字像持帚之形。而奴字古文象女子械係之形。婢字亦从女卑。其始也。盛行一妻多夫之制。及男權日昌。使女子終身事一夫。故一妻多夫之制革。而一夫多妻之制。仍屬盛行。伏羲之世。慮刼略之易於造亂。乃創爲儷皮之禮。定夫婦之道。而女媧亦佐伏羲定婚禮。並置女媒。見風俗通 然儷皮之禮。卽買賣婦女之俗也。故視婦女爲財產之一。如妃字本義爲帛匹。帑字本義爲庫藏。後世婚姻行納采納吉問名。納徵請期親迎六禮。納采納吉皆奠雁。而納徵則用玄纁束帛。儀禮所以沿買賣婦女之俗也。而親迎必以昏者。則古代刼略婦女。必乘婦家之不備。且使之不知爲誰何。故必以昏時。

按劉氏之說。大致可以證明婚姻制度因亂交而起。至以聘禮爲買賣。則有未當。古者相見必執贄。或執羔。或執雁。國家聘使則以玉帛。皆所以表示敬禮。不得謂之買賣也。婚姻之道。男下女。女從男。故男子以其所有贈遺於女子。游獵之民所有者惟獸皮。爰以此爲贈品。後世相沿。則委禽焉。非惡俗也。

伏羲之時。漁獵之時代也。家族等名起於獵。

《說文》家居也。从宀。豭省聲。古文家从古文家。

按豕爲家畜。屋下覆豕。實爲私產之起原。有私家之觀念。於是有私產之制度。家字雖未必起於伏羲之時。然後世造字之觀念。必根於前人之思想。可斷言也。

《說文》族矢鏠也。束之族族也。从㫃从矢。所以標衆矢之所集。

按族之本義爲矢族。後衍爲親族之誼。其字亦必不起於伏羲之時。然族之所以爲親族者。大抵因血統相近。部落相鄰之人。同事畋獵。或相爭奪。於是各樹旗幟。以供識別。凡在一旗幟之下者。卽爲一族。故古之分族。猶滿洲之分旗也。

財產之制起於漁。

《說文》貝海介虫也。古者貨貝而寶龜。

按所謂古者。未知何時。而以貝爲貨。必起於漁。貨財等字皆从貝。知人之私財。由漁得貝。矜爲奇寶而起。人類之有私心。其來固已久矣。降而至於神農之世。由漁獵進而爲農田。人有定居。益愛護其私產。

《說文》里居也。从田从土。　段玉裁曰。有田有土而可居矣。

按遊牧之民無定居。農業之民則有定居。有定居則愛護私產之念益深。此定理也。

由田土而有疆界。

【說文】畕比田也。畺界也。从畕三。其界畫也。

按疆起於田土之界。後世引申爲國家郡邑之疆界。據此是有田土卽有此疆爾界之意。漁獵之時。無界限也。

由居宅而有公私。

【韓非子五蠹篇】古者蒼頡之作書也。自環者謂之厶。背私謂之公。

按自環者。人私其居。築爲垣墉。以自圍帀也。字起於蒼頡。而人之有私意。必在蒼頡之先。

又按後世以私爲厶。而稼字从禾家聲。穡字从禾嗇聲。可見農業之人各私其家。務爲吝嗇。勝於他業矣。說文嗇。愛濇也。田夫謂之嗇夫。蓋田夫多務蓋藏。不肯以所得公之於人也。

種穀作酒。宴其部族。而酋長尊屬。遂由之起。

【說文】酋繹酒也。尊酒器也。

按酋長等義。皆引申之義。是古代初無尊卑。由種穀作酒之後。始以飲食之禮而分尊卑也。

原其所以私田產而分尊卑。要亦以人類彼此爭攘。無有厭足。非各謀自衞。有家族之組織。不能免禍而爭存也。人類有私必有爭。有爭而私心愈熾。有聖哲出。或因其私而嚴爲限制。或因其爭而別謀變通。故家族之制。相沿不廢。而商市井田之制。則因爭因私而謀所以調劑之者也。日中爲市。始於神農。（見前章）蓋由私有之物。不能供其所須。故必甲以私有之物。易乙丙私有之物。而後欲望始平。易稱交易而退。各得其所者。卽各得其私心之所須也。然提挈負戴之物，可持以入市交易者，有市易以厭其欲。而田土家屋之不可持以爲市者，猶時有多寡肥瘠遺傳繼續侵占無主之爭，無善法以處之，則生人賊殺鬬爭之禍未已也。浸淫至於黃帝之時，於是以田土爲公有，而井田之法起焉。

《通典》昔黃帝始經土設井，以塞爭端。立步制畝，以防不足。使八家爲井，井開四道而分八宅，鑿井於中。一則不洩地氣，二則無費一家，三則同風俗，四則齊巧拙，五則通財貨，六則存亡更守，七則出入相同，八則嫁娶相媒，九則有無相貸，十則疾病相救。是以情性可得而親，生產可得而均。均則欺凌之路塞，親則鬬訟之心弭。

按井田之始，專爲塞爭，亦猶市易之使人各得其所也。土地所有權雖屬於公而不得私，而八家各遂其私。是實限制私產之意，特求私產之平均耳。通典所言十利雖詳，而授受之法初未陳述。疑黃帝時僅肇其端，亦未遍行於各地，歷唐虞夏商而至周，始詳制其授受之法也。

第四章 政法之萌芽

太古之世。無所謂政治。亦無所謂君主。各分部落。不相統一。剡林木以爲兵。用水火以勝敵。強陵弱。大呑小。不知經若干之歲月。始漸由衆部而集爲大羣。

《呂氏春秋蕩兵篇》兵所自來者久矣。黃炎故用水火矣。共工氏固次作難矣。五帝固相與爭矣。遞興遞廢。勝者用事。又曰蚩尤作兵。蚩尤非作兵也。利其械矣。未有蚩尤之時。民固剡林木以戰矣。勝者爲長。長則猶不足治之。故立君。君又不足以治之。故立天子。天子之立也出於君。君之立也出於長。長之立也出於爭。

其羣愈大者。其爭亦愈烈。蚩尤共工。戰禍最酷。

按漢書古今人表。列共工於女媧氏後。太平御覽引帝王世紀。女媧氏末。有諸侯共工氏。任智刑以強伯。而列子淮南子諸書。或云共工與顓頊爭帝。或云共工與高辛爭帝。管子揆度篇稱共工之王。水處什之七。陸處什之三。乘天勢以隘制天下。蓋共工氏爲古部落之最強者。自伏羲氏之末。至高辛氏時。常爲世患。其子孫部落。固襲稱共工氏。卽其同盟之部落。散處各地者。亦以共工氏之名號。表示於敵。故有水處什七陸處什三之說。蓋水陸各地。在在有共工氏之名號也。章炳麟檢論尊史篇。古者王伯顯人之號。或仍世循用。不乃撫取先民。與今歐羅巴人無異。是可知古代共工之多。實非一人。　蚩尤爲炎帝時諸侯。而漢書高帝紀注臣瓚引大戴禮用兵。謂蚩尤爲庶人之貪者。書經釋文引馬融說。又謂蚩尤爲少昊末九黎君號。亦猶共工之不一其人也。龍魚河圖稱蚩尤兄弟八十一人。或曰七十二人。蓋同時稱兵之酋長有七八十人。皆以蚩尤爲號。故謂之爲兄弟耳。雖經炎黃之聖。亦不能取諸部而一一平之。故撻伐與羈縻之策並行。凡舉部族以從號令者。卽因其故土而封之。使世襲爲侯國。此封建之制所由起也。

《封建論》（柳宗元）封建非聖人意也。彼其初與萬物皆生。草木榛榛。鹿豕狉狉。人不能搏噬。而且無毛羽。莫克自奉自衞。荀卿有言。必將假物以爲用者也。夫假物者必爭。爭而不已。必就其能斷曲直者而聽命焉。其智而明者。所伏必衆。告之以直而不改。必痛之而後畏。由是君長刑政生焉。故近者聚而爲羣。羣之分。其爭必大。大而後有兵有德。又有大者。衆羣之長。又就而聽命焉。以安其屬。於是有諸侯之列。則其爭又有大者焉。德又大者。諸侯之列。又就而聽命焉。以安其封。於是有方伯連帥之類。則其爭又有大者焉。德又大者。方伯連帥之類。又就而聽命焉。以安其人。然後天下會於一。是故有里胥而後有縣大夫。有縣大夫而後有諸侯。有諸侯而後有方伯連帥。有方伯連帥而後有天子。自天子至於里胥。其德在人者。死必求其嗣而奉之。故封建非聖人意也。勢也。

封建之制。實爲吾國雄長東亞成爲大一統之國家之基。而外觀雖號統一。內部之文化。實分無限之階級。自太古以至今日。無論何時何代。舉不能以一語概括其時全國文化之程度。此實治中國歷史者所當知之第一義也。上古之人觀於鄰近部落之多。及其降服酋豪之衆。而曠覽大地實亦廣漠無窮。故往往好爲大言以自表其所轄之廣遠。後世傳述其說。因亦不加深考。

《春秋命歷序》神農始立地形。甄度四海。遠近山川林藪所至。東西九十萬里。南北八十三萬里。引此第以見古人好爲夸詞不必深究其以若干爲一里

《史記五帝本紀》黃帝置左右大監。監於萬國。

《漢書地理志》昔在黃帝。作舟車以濟不通。旁行天下。方制萬里。畫野分州。得百里之國萬區。

實則當時土地之開闢者。曾不足方數千里。而其建置國家。亦必不能整齊畫一。如畫棋局然。所謂國家。不過如今之村落。其數或逾萬。或不逾數千。亦不能確定也。

當時諸侯之國。固甚藐小。卽各部落所共戴之中央政府。亦未必能統轄若干地域。觀於相傳之輔佐之數。及其官吏所掌職務。卽可推見其政刑之簡。

《論語摘輔象》伏羲六佐。金提主化俗。鳥明主建福。視默主災惡。紀通爲中職。仲起爲海陸。陽侯爲江海。

《同上》黃帝七輔。風后受金法。天老受天籙。五聖受道級。知命受糾俗。窺紀受變復。地典受州絡。力墨受準斥州選擧。翼佐帝德。

《左傳昭公十七年》郯子曰。昔者黃帝氏以雲紀。故爲雲師而雲名。炎帝氏以火紀。故爲火師而火名。共工氏以水紀。故爲水師而水名。太皞氏以龍紀。故爲龍師而龍名。我高祖少皞摯之立也。鳳鳥適至。故紀於鳥。爲鳥師而鳥名。鳳鳥氏。歷正也。玄鳥氏。司分者也。伯趙氏。司至者也。青鳥氏。司啓者也。丹鳥氏。司閉者也。祝鳩氏。司徒也。雎鳩氏。司馬也。鳲鳩氏。司空也。爽鳩氏。司寇

也。鶻鳩氏司事也。五鳩。鳩民者也。五雉爲五工正。利器用正度量夷民者也。九扈爲九農正。扈民無淫者也。自顓頊以來。不能紀遠。乃紀於近。爲民師而命以民事。

《管子五行篇》黃帝得蚩尤而明於天道。得大常而察於地利。得奢龍而辯於東方。得祝融而辯於南方。得大封而辯於西方。得后土而辯於北方。黃帝得六相而天地治。神明至。蚩尤明乎天道。故使爲當時。大常察乎地利。故使爲廩者。奢龍辯乎東方。故使爲士師。祝融辯乎南方。故使爲司徒。大封辯乎西方。故使爲司馬。后土辯乎北方。故使爲李。

諸書所言。雖未盡可據。大抵羲黃官簡。而少皞顓頊以來。乃漸多。政治之進化。蓋緣土地漸闢。人事漸繁而然也。

古之帝皇。雖有統一各部而爲共主之勢。然其居處無定。等於行國。非若後世中央政府有確定之都城也。

《遁甲開山圖》伏羲生成紀。徙治陳倉。

《帝王世紀》庖犧氏稱太昊。都陳。

《同上》神農都於陳。又徙於魯。

《史記五帝本紀》黃帝披山通道。未嘗寧居。東至於海。登丸山及岱宗。西至於空桐。登雞頭。南至於江。登熊湘。北逐葷粥。合符釜山。而邑於涿鹿之阿。遷徙往來無常處。以師兵爲營衞。

《同上》黃帝居軒轅之丘。而娶於西陵之女。是爲嫘祖。嫘祖爲黃帝正妃。生二子。其後皆有天下。其一曰玄囂。是爲青陽。青陽降居江水。其二曰昌意。降居若水。

『大戴禮五帝德篇』孔子曰。顓頊。帝之孫。昌意之子也。乘龍而至四海。北至於幽陵。南至於交趾。西濟於流沙。東至於蟠木。

以黃帝顓頊之遷徙往來。即可證伏羲神農之徙都。亦由於本無確定之都邑。第視兵力所至。形勢利便。即屯其衆於是。比其老死。即葬身於所死之地。亦不必反其故居。如神農死葬長沙黃帝死葬橋山之類後來堯舜禹亦然而其子孫分居各地。亦無定處。沿及夏商。其風猶然。史稱成湯至契八遷周之后稷公劉亦常遷徙蓋由古代地曠人稀。而宮室服御。亦甚簡陋。雖至農稼社會。猶存遊獵社會之風。治史者正不可徒執一二古迹。謂某帝某皇曾都於是。因以求其文化之發展途轍。或強分爲南北東西之部族也。由部落酋長而發生帝皇官吏之政治。其勢實由下而上。故古代雖有君主政體。其君民之別。初不甚嚴。君者羣也。

『荀子王制篇』力不若牛。走不若馬。而牛馬爲用。何也。曰。人能羣。彼不能羣也。君者。善羣也。

『春秋繁露』君者。不失其羣者也。

『白虎通』君。羣也。羣下之所歸心也。

必得其羣之歡心。然後爲衆所推戴。神農黃帝皆有明堂。蓋合部民議事之所。後世承之。因有衢室街庭等制。

『淮南子主術訓』神農之治天下也。月省時考。歲終獻功。以時嘗穀。祀於明堂。明堂之制。有蓋而無四方。

『管子桓公問篇』黃帝立明台之議者。上觀於賢也。堯有衢室之問者。下聽於人也。舜有告善之旌。而主不蔽也。禹立諫鼓於朝。而備訊唉。湯有總街之庭。以觀人誹也。武王有靈台之復。而賢者進也。

故謂君主政治。即爲專制政治者。實誤解古代之事迹也。近人以書有黎民百姓之語。遂謂古代區分民與百姓爲二階級。百姓者。王公之子孫。民者。冥也。言未見人道。故民字專爲九黎有苗而設。夏曾佑中國歷史劉師培中國歷史教科書皆言之.按史記稱黃帝二十五子。其得姓者十四人。世本諸侯篇云。蜀之爲國。肇自人皇。蜀無姓。相承云黃帝後。是古之無姓者夥矣。以百姓爲貴族。民爲黎苗之稱。則黃帝之子之無姓者。皆黎苗乎。孔子稱黃帝高辛時事。數數言民。使上古視民爲賤族。則大戴記及史記所書之民字。均應改爲百姓矣。

《大戴禮五帝德篇》黃帝撫萬民。度四方。史記五帝本紀同此文生而民得其利百年。死而民畏其神百年。亡而民用其敎百年。史記無此文

《同上》顓頊治氣以敎民。史記作治氣以敎化

《同上》帝嚳知民之隱。史記作知民之意撫致萬民而利誨之。史記作撫敎萬民而利誨之

第五章　文字之興

文字之功用有二。通今及傳後也。草昧之世交通不廣。應求之際專恃口語。固無需乎文字。其後部落漸多。範圍漸廣傳說易歧且難及遠。則必思有一法。以通遐邇之情。爲後先之證。而文字之需要。乃隨世運而生。吾國之有文字。實分三階級。一曰結繩。二曰圖畫。三曰書契。是三者。皆有文字之用。而書契最便。故書契獨擅文字之名。

《說文序》黃帝之史倉頡見鳥獸蹏迒之迹。知分理之可相別異也。初造書契。《同上》倉頡之初作書。蓋依類象形。故謂之文。其後形聲相益。卽謂之字。是書契獨擅文字之名也。

惟三者爲同時並興抑後先相禪，則古史瞢昧。未能確定也。

依說文序則圖畫始於庖羲。結繩始於神農。

《說文序》古者庖犧氏之王天下也。仰則觀象於天。俯則觀法於地。觀鳥獸之文。與地之宜。近取諸身。遠取諸物，於是始作易八卦。以垂憲象。按垂憲象者卽圖畫也　及神農氏結繩爲治而統其事。

而段茂堂則謂結繩在畫八卦之先。

《說文序注》（段玉裁）自庖犧以前。及庖犧及神農。皆結繩爲治。而統其事也。繫辭曰。易之興也。其於中古乎。虞翻曰。興易者。

謂庖犧也。庖犧爲中古。則庖犧以前爲上古。黃帝堯舜爲後世聖人。按依虞說。則傳云上古結繩而治者。神農以前皆是。

《同上》庖犧作八卦。雖卽文字之肇端。但八卦尚非文字。自上古至庖羲神農專恃結繩。

夫以上古二字。定結繩爲庖羲以前事。未足據爲確證。惟易繫辭言結繩者凡二。

《易繫辭》古者庖犧氏之王天下也。（中略）作結繩而爲網罟。

《同上》上古結繩而治。

既以作結繩而爲罔罟。專屬於庖犧。則結繩而治。不屬於庖羲可知。庖羲以下。神農黃帝堯舜所作。一一可以指實。則所謂上古者。必非神農黃帝之時代。又可知。以此推之。結繩之法。蓋先圖畫而興也。

結繩之法。不可詳考。鄭玄所言。殆出於臆測。

《周易正義》（引鄭康成注）事大。大結其繩。事小。小結其繩。

近人所謂一二三等字之古文。及一丨丶乀諸字。皆結繩時代之字。尤爲傅會。

《文學教科書》（劉師培）結繩之字。不可復考。然觀一二三諸字古文則作弌式弎。蓋田獵時代。以獲禽記數。故古文之一二三字。咸附列戈字於其旁。所以表田獵所得之物數也。是爲結繩時代之字。（蓋結繩時代。並無弋字之形。惟於所獲禽獸之旁。以結繩記數。）結繩之文始於一字。衡爲一。從爲丨。縮其形則爲丶。斜其體則爲丿。（考密切）反其體則爲乀。（分勿切）折其體則爲┐（□及反）┐爲乚（鳴旱切）轉乚爲乚（隱反）乚爲∟（居月切）┐及乚（隱）之合體爲口。轉環之則爲〇。是結繩文字。不外方圓平直。此結繩時代本體之字也。

實則結繩時代。初不限於太古。即近世之苗蠻。猶有結繩之俗。

【苗疆風俗考】(嚴如煜)苗民不知文字。父子遞傳。以鼠牛虎馬記年月。暗與歷書合。有所控告。必倩士人代書。性善記。懼有忘。則結於繩。爲契券。刻木以爲信。太古之意猶存。

欲知太古結繩之法。當求之今日未開化之人種。以所結之繩。實證其分別表示之法。不可徒以後世篆隸字畫求之。古今人類思想。大致相等。惟進化之遲速不同耳。美洲之秘魯。亞洲之琉球。皆有結繩之俗。吾國古代之結繩。當亦與之相近。觀東西學者所述。自可得其梗概。

【涉史餘錄】(若林勝邦)述法國人白爾低猷氏之人類學。嘗記秘魯之克伊普法曰。秘魯國土人。不知文字。惟以克伊普爲記號。克伊普者。即以條索織組而成。於其各節各標。表示備忘之意之法也。凡人民之統計。土地之界域。各種族及兵卒之標號。以及刑法宗教之儀仗。無不用克伊普。且各異其種類。故有專攻克伊普之學者焉。克伊普之法雖不一。大抵以色彩示意。赤色爲軍事及兵卒。黃色爲黃金。白色爲銀及和睦。綠色爲穀物。其紀數以繩索之結節爲符號。如單結雙結三結等。即所以示其單數複數及十百千萬等之數也。又其記載家畜之法。以一大繩爲軸。附以小繩若干。其第一繩爲牡牛。第二繩爲牝牛。三爲犢。四爲羊。其頭數年齡。悉以結節表之。又曰。琉球所行之結繩。分指示及會意兩類。凡物品交換租稅賦納。用以記數者。爲指示類。使役人夫。防讓田園。用以示意者。則爲會意類。其材料多用藤蔓草莖或木葉等。今其民尚有用此法者。

結繩者必託於繩以示意。無繩或未及攜繩。則所記識者無從表示也。進而爲圖畫。則隨在皆可表示其符號。或畫於地。或畫於石。或以指蘸水。或以堊示色。既無攜持之累。且免積壓之患。其爲便利。過於結繩遠矣。世本作篇謂黃帝時史皇作圖。以圖畫與書契同時幷興。

《歷代名畫記》(張彥遠)史皇黃帝之臣也。始善圖畫。創制垂法。體象天地。功侔造化。云見世本。

然圖畫實始於伏羲。

《易通卦驗》伏羲方牙蒼精作易。無書。以畫事。

《尸子》伏羲始畫八卦。

世謂史皇作圖者。圖畫之法。至史皇而始精耳。

易稱庖羲作八卦。以仰觀俯察諸法得之。又稱其出於河圖洛書。

《繫辭》河出圖。洛出書。聖人則之。

《春秋緯》河以通乾出天苞。洛以流坤吐地符。河龍圖發。洛龜書感。河圖有九篇。洛書有六篇。

《禮含文嘉》伏羲德合上下。天應以鳥獸文章。地應以河圖洛書。

後世說者。又謂包羲因燧皇之圖而制八卦。

《魏志高貴鄉公傳》易博士淳於俊曰。包羲因燧皇之圖而制八卦。帝曰。若使包羲因燧皇而作易。孔子何以不云。燧人氏沒。包羲氏作乎。俊不能答。

是一奇一偶之卦象。初非偶然創獲。實積種種思考經驗。而後發明此種符號。以易說卦考之。八卦所以代表各種名物。

如乾爲天。爲圜。爲君。爲父。爲玉。爲金。爲寒。爲冰。爲大赤。爲良馬。爲老馬。爲瘠馬。爲駁馬。爲木果。坤爲地。爲母。爲布。爲釜。爲吝嗇。爲均。爲子母牛。爲大輿。爲文。爲衆。爲柄。其於地也爲黑之類。

非專象一事一物。故能以簡馭繁。不必一一求其形似。其後事物日多。衆庶難於辨別。因之一一圖像。務求相肖。而象形之字作矣。

八卦之性質。介乎圖畫文字之間。故世多謂卦象即古之文字。

《易緯乾鑿度》☰古文天字。☷古地字。☴古風字。☶古山字。☵古水字。☲古火字。☳古雷字。☱古澤字。

《文學教科書》(劉師培)八卦爲文字之鼻祖。乾坤坎離之卦形。即天地水火之字形。試舉其例如左。

乾爲天。　今天字草書作≷。　象乾卦之形。

坤爲地。　古坤字或作巛。　象坤卦之倒形。

坎爲水。　篆文水字作𣱱。　象坎卦之倒形。

離爲火。　古文火字作火。　象離卦之象。

《寃言》(趙曾望)伏羲畫八卦。爲萬世文字之祖。人皆知其然。未必皆知其所以然也。夫八卦之畫。有何文字哉。蓋因而屈曲之。

因而轉移之。因而合併交互之。而文字肇興焉。如乾三連。☰也。屈曲之則爲巛。合併之則爲天。坤六斷。☷也。屈曲轉移之。則爲𠕄。合併交互之則爲𡍼。

夫以八卦爲八字。則其象甚少。其用甚隘。僅以八字示人。人必不能解也。謂後世之篆隸因襲卦象。顚倒屈曲之。則可謂古之卦象。祇作後世篆隸一字之用。則大誤矣。

世人附會中國人種西來之說。謂八卦卽巴比倫之楔形字。愚謂卦象獨具橫畫。不作縱畫。實爲與楔形字之極大區別。楔形字或縱或橫。且多寡不一。故亦無哲理之觀念。八卦之數止於三畫。又以一畫之斷續。分別陰陽。而顚倒上下。卽寓陰陽消息之義。故八卦可以開中國之哲學。以一爲太極。以- -爲兩儀。以☰爲天地人。舉宇宙萬有悉可歸納其中。雖伏羲畫卦時。未必卽有此意。然文王周公能因之以推闡。實亦由卦畫之簡而能賅所致。使世人觀玩巴比倫楔形文字。雖極力附會。必不能成一有系統之哲學也。

書契之作。亦非始於倉頡。倉頡蓋始整齊畫一之耳。

【造字緣起說】（章炳麟）荀子解蔽篇曰。好書者衆矣。而倉頡獨傳者。壹也。依此。是倉頡以前。已有造書者。亦猶后稷以前。神農已務稼穡。后夔以前。伶倫已作律呂也。人具四肢。官骸常動。持莛畫地。便已縱橫成象。用爲符號。百姓與能。自不待倉頡也。今之俚人。亦有符號。家爲典型。部爲徽識。倉頡以前。亦如是矣。一二三諸文。橫之縱之。本無定也。馬牛魚鳥。諸形埶則臥起飛伏。皆可則象也。體則鱗羽毛鬣。皆可增減也。字各異形。則不足以合契。倉頡者。蓋始整齊畫一。下筆不容增損。由是率爾箸形之符號始爲約定俗成之書契。彼七十二王皆有刻石。十二家中。無懷已在伏戲前矣。所刻者。則猶俚人之符號也。

以近世苗蠻之俗證之。中國數千年來已成同文之治。而苗蠻之俗。猶沿契刻之文。

《峒谿纖志》(陸次雲)木契者。刻木爲符。以志事也。苗人雖有文字。不能皆習。故每有事。刻木記之。以爲約信之驗。

《猺獞傳》(諸匡鼎)刻木爲齒。與人交易。謂之打木格。

《苗俗紀聞》(方亨咸)俗無文契。凡稱貸亦易。刻木爲信。未嘗有渝者。木。即常木。或一刻。或數刻。以多寡遠近不同。分爲二。各執一。如約時合之。若符節也。

足見倉頡之時。各部落皆有契刻之法。黃帝部落。欲統一四方之部落。則以其所定之符號。與各部落相要約。而書契之式。遂由複雜而畫一。世遂以爲文字始於黃帝時之倉頡矣。易稱百官以治。萬民以察。知文字之用。始於官書。吾國幅員遼闊。種族複雜。而能摶結爲一大國家者。即恃文字爲工具也。

倉頡時之文字。不可詳考。依許愼之說。則其時文字。止有指事象形二種。

《說文序》倉頡之初作書。蓋依類象形。故謂之文。其後形聲相益。即謂之字。 段玉裁注云。依類象形。謂指事象形二者也。指事亦所以象形也。形聲相益。謂形聲會意二者也。有形則必有聲。聲與形相附爲形聲。形與形相附爲會意。其後。爲倉頡以後也。

倉頡有指事象形二者而已。

然以韓非之說公厶考之。則倉頡作書。已有會意之法。

《韓非子五蠹篇》倉頡之作書也。自環者謂之厶。背私者謂之公。　段玉裁曰。自環爲厶。六書之指事也。八厶爲公。六書之會意也。

有會意。亦必有形聲相合之字。雖形聲之字多後出者。未必當時絕無此類。（如江河爲形聲字。伏羲黃帝時。已有江水河水。未必當時祇書爲水也。）故六書之法。倉頡時必已具有四種。惟轉注叚借爲後起之事。世或以倉頡作書之時已有六書者。亦未明文字發生之次第也。

象形文字。爲初民同具之思想。然吾國文字。獨演象形之法。綿延至數千年。而埃及象形之字不傳於後。此實研究人類思想之一問題也。夫人類未有文字。先有語言。演文字者必以語言爲根柢。然太古之時。地小而人少者。聲音易於齊同。地廣而人衆者。語言難於畫一。以一地一族表示語言之符號。行之千百里外。必致輾轉淆訛。不若形象之易於辨識。雖極東西南朔之異音。仍可按形而知義。吾國文字。演形而不演聲者。殆此故歟。

洪水以前之語言。流傳於世者絕稀。愚意爾雅歲陽歲陰等名。實吾國最古之語言。

《爾雅釋天》太歲在甲曰閼逢。在乙曰旃蒙。在丙曰柔兆。在丁曰強圉。在戊曰箸雍。在己曰屠維。在庚曰上章。在辛曰重光。在壬曰玄黓。在癸曰昭陽。（歲陽）太歲在寅曰攝提格。在卯曰單閼。在辰曰執徐。在巳曰大荒落。在午曰敦牂。在未曰協洽。在申曰涒灘。在酉曰作噩。在戌曰閹茂。在亥曰大淵獻。在子曰困敦。在丑曰赤奮若。（歲陰）

此等名詞。詩書古史鮮有用之者。注爾雅者亦無解說。（郭璞爾雅注云。其事義皆所未詳通。故闕而不論。）

惟史記歷書以之紀年。疑閼逢困敦等語。當未有甲子等字之時。已立此名。既立甲子之後。書寫者以甲子爲便。讀時仍用閼逢困敦之音。其後語言日漸變遷。凡四合五合之音。一律變爲二合音。惟史官自黃帝以來世守其書傳其音讀。故至秦漢時。以今隸譯寫古音。而其義則蔑有知者。

『史記歷書』少皞氏之衰也。九黎亂德。民神雜擾。不可放物。禍菑薦至。莫盡其氣。顓頊受之。乃命南正重司天以屬神。命火正黎司地以屬民。使復舊常。無相侵瀆。其後三苗服九黎之德。故二官咸廢所職。而閏餘乖次。孟陬殄滅。攝提無紀。歷數失序。

蓋三苗九黎之亂。其古代語言變遷之關鍵乎。楚辭攝提貞於孟陬兮。用爾雅之文。屈原生於南方。或由三苗在南方傳述古語。楚人猶用以紀年歟。

第六章　洪水以後之中國

孔子删書。斷自唐虞。蓋自洪水既平。歷史始漸詳備可考。

《史記五帝本紀贊》學者多稱五帝尚矣。然尚書獨載堯以來。而百家言黃帝。其文不雅馴。薦紳先生難言之。孔子所傳宰予問五帝德及帝繫姓。儒者或不傳。《史記探原》(崔適)太史公自序。述陶唐以來至於麟止。則五帝本紀。本當爲陶唐本紀。是史記亦始於唐虞也。

吾國文化之根本。實固定於是時。國家種族之名。胥自是而始見。雖其緣起不可知。然名義所函。具有精理。後世之國民性及哲學家之主張。罔不本焉。是固不可忽視也。

吾國之名爲中國。始見於禹貢。

《禹貢》中邦錫土姓。《史記》中國錫土姓。鄭康成曰。中即九州也。孫星衍曰。史遷邦作國者。非避諱字。後遇國字率改爲邦。誤矣。是禹貢邦字當從史記作國。

後世遂沿用之。

《左傳》倉葛曰。德以威中國。刑以威四夷。僖二十五年

《王制》中國戎夷五方之民。皆有性也。不可推移。

雖亦有專指京師。

『詩民勞』此惠中國。以綏四方。『毛傳』中國。京師也。四方。諸夏也。

或專指幾甸者。

『孟子』堯崩。三年之喪畢。舜避堯之子於南河之南。天下諸侯朝覲者。不之堯之子而之舜。訟獄者。不之堯之子而之舜。謳歌者。不謳歌堯之子而謳歌舜。夫然後之中國。踐天子位焉。

按孟子以中國與南河之南對舉。似以當時畿甸之地爲中國。而畿甸以外卽非中國者。要以全國之名爲正義。且其以中爲名。初非僅以地處中央。別於四裔也。

『中華民國解』(章炳麟)中國之名。別於四裔而爲言。印度亦稱摩迦陀爲中國。日本亦稱山陽爲中國。此本非漢土所獨有者。就漢土言漢土。則中國之名。以先漢郡縣爲界。然印度日本之言中國者。舉中土以對邊郡。漢土之言中國者。舉領域以對異邦。此其名實相殊之處。

按此說未盡然。文明之域與無教化者殊風。此吾國國民所共含之觀念也。

『公羊傳』不與夷狄之執中國也。 何休曰。因地不接京師。故以中國正之。中國者。禮義之國也。隱七年

『原道』(韓愈)孔子之作春秋也。諸侯用夷禮則夷之。進於中國則中國之。

據此。是中國乃文明之國之義。非方位界域種族所得限。是實吾國先民高尚廣遠之特徵。與專持種族主義。國家主義。經濟主義者。不幾霄壤乎。

唐虞之時。所以定國名爲中者。蓋其時哲王深察人類偏激之失。務以中道詔人御物。

《論語》堯曰。咨爾舜。允執厥中。舜亦以命禹。

《中庸》舜其大知也歟。擇其兩端。而用其中於民。

《堯典》帝曰夔。汝典樂。教胄子。直而溫。寬而栗。剛而無虐。簡而無傲。

《皋陶謨》亦行有九德。寬而栗。柔而立。愿而恭。亂而敬。擾而毅。直而溫。簡而廉。剛而塞。彊而義。

據此。是唐虞時之教育。專就人性之偏者。矯正而調劑之。使適於中道也。以爲非此不足以立國。故制爲累世不易之通稱。一言國名。而國性即以此表見。其能統制大宇。混合殊族者以此。其民多鄉原。不容有主持極端之人。或力求偏勝之事。亦以此也。

按中國民性。異常複雜。不得謂之尚武。亦不得謂之文弱。不得謂之易治。亦不得謂之難服。推原其故。殆上古以來。尙中之德所養成也。然中無一定之界域。故無時無地。仍不能免於偏執。惟其所執。恆不取其趨於極端耳。

吾國種族之名爲夏。亦見於唐虞時。

《堯典》蠻夷猾夏。

或謂卽夏代之人以時代之名代表種族。

《愈愚錄》(劉寶楠)書蠻夷猾夏，此夏史所記夏者禹有天下之號。

然以說文證之則夏爲人種之特稱。

《說文》夏中國之人也从夊从頁从𦥑𦥑兩手夊兩足也。𡕛古文夏。　《段注》中國之人謂以別於北方狄。東方貉。南方蠻閩。西方羌。西南焦僥。東方夷也。

蓋夏爲象形字實卽古之圖畫。當各族並與之時。吾民先祖崛起而特強。侵掠四方。漸成大族。於是表異於衆。自繪其形。具有頭目手足。而彼四方之衆悉等於犬豸虫羊。此可望文而知義者也。

《說文》羌西戎羊種也从羊儿羊亦聲南方蠻閩从虫北方狄从犬東方貉从豸西方羌从羊。此六種也。西南僰人焦僥从人。蓋在坤地頗有順理之性。唯東夷从大大人也夷俗仁。仁者壽。有君子不死之國。

按此雖漢人之說。然沿用之文字。其來蓋久。未必屬小篆也。古人說東方西南之人。尙近於人類。惟西北之人。則斥之爲非人類。明示夏人之非西方種族矣。

先有種名。後有代號。故朝代雖易而種名不替。

《左傳》戎狄豺狼不可厭也。諸夏親暱。不可棄也。(閔元年)　裔不謀夏。(定十年)

《論語》夷狄之有君。不如諸夏之亡也。

使以沿用爲解。則庶殷之名亦見於書。

《召誥》乃以庶殷攻位於洛汭。 庶殷丕作。

何諸人皆稱夏而不稱殷乎。夫一族之民。自視爲優越之種。而斥他族爲非類。其義似隘。然人類皆具獸性。吾族先民。知獸性之不可以立國。則自勉於正義人道。以爲殊族之倡。此其所以爲大國民也。

春秋之時。吾族復有華稱。

《左傳》裔不亂華。定十年

他書未見此名。而後世相沿。自稱華人。要不若夏之有所取義。近人附會華夏之說。類多鑿空無稽。章太炎釋中華民國。謂華取華山。夏取夏水。雖頗自圓其說。亦不盡可信也。

《中華民國解》諸華之名。因其民族初至之地而爲言。世言昆侖爲華國者。特以他事比擬得之。中國前皇曾都昆侖與否。史無明徵。不足引以爲質。然神靈之胄。自西方來。以雍梁二州爲根本。宓犧生成紀。神農產姜水。黃帝宅橋山。是皆雍州之地。高陽起於若水。高辛起於江水。舜居西城。據世本。西城爲漢漢中郡屬縣。禹生石紐。是皆梁州之地。觀其帝王所產。而知民族奧區。斯爲根極。雍州之地。東南至於華陰而止。梁州之地。東北至於華陽而止。就華山以定限名其國土曰華。則緣起如此也。按此亦屬想當然耳之說。其後人跡所至。徧及九州。至於秦漢。則朝鮮越南。皆爲華民耕稼之鄉。華之名於是始廣。華本國名。此亦未確非種族之號。然今世已爲通語。世稱山東人爲侉子。侉卽華之遺言矣。正言種族。宜就夏稱。說文云。夏中國人也。或言遠因大夏。此亦與昆侖華國同類。

質以史書夏之爲名。實因夏水而得。是水或謂之夏。或謂之漢。或謂之漾。或謂之沔。凡皆小別互名。本出武都。至漢中而始盛。地在雍梁之際。因水以爲族名。猶生姬水者之氏姬。生姜水者之氏姜也。夏本族名。非邦國之號。是故得言諸夏。其後因族命地。而關東亦以東夏著。下逮劉季。撫有九共。與匈奴西域相抑倚。聲教遠暨。復受漢族之稱。此雖近起一王。不爲典要。然漢家建國。自受封漢中始。於夏水則爲同地。於華陽則爲同州。用爲通稱。適與本名符會。是故華云。夏云。漢云。隨舉一名。互攝三義。建漢名以爲族。而邦國之義斯在。建華名以爲國。而種族之義亦在。此中華民國之所以謚也。

洪水前後有一大事。至虞夏之時。始稍平靖者。九黎與三苗是也。九黎三苗之事。見於書呂刑及國語。

〔呂刑〕若古有訓。蚩尤惟始作亂。延及於平民。罔不寇賊。鴟義姦宄。奪攘矯虔。苗民弗用靈。制以刑。惟作五虐之刑曰罰。殺戮無辜。 馬融曰。蚩尤。少昊之末。九黎君名。 鄭康成曰。蚩尤霸天下。黃帝所伐者。學蚩尤爲此者。九黎之君。少昊之代也。苗民謂九黎之君也。九黎之君。於少昊氏衰而棄善道。上效蚩尤重刑。變九黎言苗民者。有苗九黎之後。顓頊代少昊誅九黎。分流其子孫。居於西裔者爲三苗。至高辛之衰。又復九黎之惡。堯興。又誅之。堯末。又在朝。舜臣堯。又竄之。禹攝位。又在洞庭逆命。禹又誅之。

〔楚語〕少皞之衰也。九黎亂德。其後三苗復九黎之德。 韋昭曰。少皞。黃帝之子。金天氏也。九黎。黎氏九人。三苗。九黎之後。高辛氏衰。三苗爲亂。行其凶德。如九黎之爲也。

據鄭韋之說。黎苗實一族。其爲亂累世不絕。堯舜及禹。迭加誅竄。吾族始獲安枕。此洪水以後之中國。所大異於洪水以前者也。近人或謂黎苗實古代之地主。

《中國歷史》(夏曾佑)古時黎族散處江湖間。先於吾族不知幾何年。至黃常時。民族競爭之禍乃不能不起。遂有黃帝蚩尤之戰事。按呂刑之蚩尤。非黃帝時之蚩尤。觀鄭注可見。 又曰。南蠻爲神洲之土著。黃帝時蚩尤之難。幾覆諸夏。少昊之衰。九黎亂德。顓頊媾三苗之亂。至於歷數失序。及堯戰於丹水之浦。呂覽召類篇。堯戰于丹水之浦。以服南蠻。夏氏謂即今南陽浦岸。 舜時遷三苗於三危。原注。三危西裔也。謂逐之西去。稍以衰落。至禹三危既宅。原注。謂可居。 三苗丕敘。原注。謂服敎。 於是洞庭彭蠡之間。史記五帝本紀正義。三苗之國。左洞庭而右彭蠡。 皆王跡之所經。無舊種人之歷史矣。蓋吾族與土族之爭。自黃帝至禹。上下亙千年。至此而興亡乃定。

又謂即今日南方黎苗之祖。其實亦未盡可信。觀章炳麟之文。自知其中之區別矣。

《太炎文錄別錄一》苗種得名。其說各異。大江以南。陪屬猓僛之族。自周訖唐。通謂之蠻。別名則或言獠。言俚。言陸梁。未有謂之苗者。稱苗者自宋始。明非耆老相傳存此舊語。乃學者逆據尚書三苗之文。以相傅麗耳。漢時諸蠻無苗名。說尚書者。固不以三苗爲荊蠻之族。虞書竄三苗於三危。馬季長曰。三苗國名也。縉雲氏之後。爲諸侯。蓋饕餮也。淮南修務訓。高誘注曰。三苗蓋謂帝鴻氏之裔子渾敦。少昊氏之裔子窮奇。縉雲氏之裔子饕餮。三族之苗裔。故謂之三苗。此則先漢諸師說三苗者。皆謂是神靈苗裔。與今時苗種不涉。

第七章　衣裳之治

繫辭稱黃帝堯舜之德。首舉垂衣裳而天下治。（見前）其義至可疑。治天下之法多矣。何以首舉垂衣裳乎。顧君惕森謂古衣字象覆二人之形。衣何以覆二人。義亦不可解。衣字之下半。當即北字。古代北方開化之人。知有冠服。南方則多裸體文身。故衣字象北方之人戴冠者。其說至有思想。衣裳之原起於禦寒。西北氣寒。而東南氣燠。故王制述四夷。惟西北之人有衣。東南無衣也。

《王制》東方曰夷。被髮文身。南方曰蠻。雕題交趾。西方曰戎。被髮衣皮。北方曰狄。衣羽毛穴居。

以文字證之。南北曰袤。

《說文》袤。衣帶以上。从衣。矛聲。一曰南北曰袤。東西曰廣。

邊地曰裔。

《方言》裔。夷狄之總名。郭璞曰。邊地爲裔。

固皆以衣分中外。而衣服之服。古以爲疆界之名。

《皋陶謨》弼成五服。《禹貢》五百里甸服。五百里侯服。五百里綏服。五百里要服。五百里荒服。

推其引申段借之由。必非出於無故。以事實證之。禹時有裸國。

〔呂氏春秋貴因篇〕禹之裸國。裸入衣出。

當商時。荆蠻之俗。文身斷髮。

〔史記太伯世家〕太伯仲雍二人奔荆蠻。文身斷髮。

至戰國時。於越猶然。

〔莊子逍遙遊篇〕宋人資章甫而適諸越。越人斷髮文身。無所用之。

中夏之文明。首以冠裳衣服爲重。而南北之別。聲教之暨胥可於衣裳覘之。此繫辭所以稱垂衣裳而天下治歟。

衣服之原料。古惟有羽皮。

〔禮運〕昔者先王未有麻絲。衣其羽皮。後聖有作。然後治其麻絲。以爲布帛。

若卉服則惟南方有之。

〔禹貢〕揚州島夷卉服。

不知何人發明績麻養蠶之法。世傳伏羲作布。

〔白氏帖〕伏羲作布。

又稱其化蠶桑爲繐帛。說均未足據。

『皇圖要覽』伏羲化蠶桑爲繐帛。西陵氏始養蠶。俱見路史注

然羲農時已有琴瑟。琴瑟皆用絲弦。則絲之發明久矣。禹貢載九州貢物。凡六州有衣服原料。

兗州　厥貢絲　厥篚織文　青州　厥貢絺絲枲　厥篚檿絲

徐州　厥篚玄纖縞　揚州　厥篚織貝

荆州　厥篚玄纁璣組　豫州　厥貢枲絺紵　厥篚纖纊

則洪水以後。吾民之利用天產者。其地固甚廣矣。

冠服進化之迹。以冠爲最著。太古之時。以冃覆首。

『說文』冃。小兒及蠻夷頭衣也。『段注』小兒未冠。夷狄未能言冠。故不冠而冃。荀卿曰。古之王者。有務而拘領者矣。『楊注』舊讀爲冒。拘與句同。淮南書曰。古者有鍪而綣領以王天下者。『高注』古者。蓋三皇以前也。鍪。著帽。言未知制冠。務與鍪。皆讀爲冃。冃。卽今帽字。後聖有作。因冃以制冠冕。而冃遂爲小兒蠻夷頭衣。

其後則有弁。

『說文』覍。冕也。弁。或覍字。㝸。籀文覍。『段注』㝸爲籀文。則覍本古文也。　按覍从皃。其小。象形。蓋古者簡易之制也。

有冕。

『說文』古者黃帝初作冕。

有冠。

《說文》冠。絭也所以絭髮弁冕之總名也。从冖。元。元亦聲。冠有法制。故从寸。

而法制漸備黃帝之冕有旒。

《世本》黃帝作冕旒。垂旒。目不邪視也。

後世因之以玉爲旒。

《尚書》（大小夏侯說）冕版廣七寸。長尺二寸。前圓後方。前垂四寸。後垂三寸。用白玉珠。十二旒。

爲冠制之至尊者。然冕之布以麻爲之。而施以漆。仍存尚質之意。惟麻縷細密。異於餘服耳。

《禮書通故》（孔安國鄭玄說）麻冕三十升布爲之。蔡邕云。周爵弁。殷冔。夏收。皆以三十升漆布爲殼。賈公彥曰。布八十縷爲升。

弁制用皮。而別其色。

《釋名》以爵韋爲之。謂之爵弁。以鹿皮爲之。謂之皮弁。以韎韋爲之。謂之韋弁。

亦以示法古尚質之義。

《白虎通》皮弁者。何謂也。所以法古至質冠之名也。弁之爲言攀也。所以攀持其髮也。上古之時質。先加服皮。以鹿皮者。取其文章也。禮曰。三王共皮弁素積。言至質不易之服。反古不忘本也。戰伐田獵皆服之。

太古冠亦以布。其色白。齋戒之時。則著黑色之冠。

〔儀禮記〕太古冠布。齋則緇之。

後世則易以皂繒。此其進化之概也。

〔儀禮記〕委貌。周道也。章甫。殷道也。毋追。夏后氏之道也。〔禮書通故續漢志〕委皃。以皂繒爲之。孔疏云。三冠皆緇布爲之。蓋非。記曰。太古冠布則毋追章甫委貌不以布矣。

古之男子。上衣下裳。

〔白虎通〕聖人所以制衣服何。以爲絺綌蔽形。表德勸善。別尊卑也。所以名爲裳何。衣者隱也。裳者障也。所以隱形自障蔽也。何以知上爲衣。下爲裳。以其先言衣也。

其材或以絲。或以布。

〔周制〕朝服用十五升布。裳用白素絹。爵弁服純衣。〔鄭注〕純衣。絲衣也。是衣之材。或用布。或用絲也。

其色。上玄而下黃。

〔續漢輿服志〕乾坤有文。故上衣玄。下裳黃。

間亦有他色。

禮記玉藻。狐裘黃衣以裼之。是衣亦有黃色也。儀禮。玄端。玄裳黃裳雜裳可也。是裳亦有玄色也。若皮弁服之用白布衣。爵弁服之纁裳純衣。各視其冠帶而爲色。初非一律玄衣黃裳也。

其進化之迹不甚可考。觀孔子述黃帝之衣裳。知其時已尙絺繪。

《大戴禮五帝德篇》黃帝黃黼黻衣。大帶黼裳。　注白與黑謂之黼。若斧文。黑與靑謂之黻。若兩已相戾。

帝嚳帝堯之衣。皆與黃帝同。

《大戴禮》帝嚳黃黼黻衣。帝堯黃黼黻衣。

史記稱帝堯黃收純衣。是其衣亦有時不繪黼黻也。

《史記五帝本紀》帝堯黃收純衣。　《索隱》純。讀曰緇。

虞舜欲觀古人之象。以五采彰施於五色。於是衣裳之文繡。盛行於中國者。數千年。

《益稷》予欲觀古人之象。日。月。星。辰。山。龍。華蟲。作會。宗彝。藻。火。粉米。黼。黻。絺繡。以五采彰施於五色。作服。汝明。

雖其說頗多聚訟。不能確定何說爲得眞。

唐虞衣服之制有二說。尙書大傳曰。天子衣服。其文華蟲。作繢。宗彝。藻。火。山龍。諸侯作繢。宗彝。藻。火。山龍。子男。宗彝。藻。火。山龍。大夫藻。火。山龍。士。山龍。故書曰。天命有德。五服五章哉。又曰。山龍。靑也。華蟲。黃也。作繢。黑也。宗彝。白也。藻。火。赤也。天子服五。諸侯服四。次國服三。大夫服二。士服一。此今文家說也。鄭玄曰。自日月至黼黻。凡十二章。天子以飾祭服。凡畫者爲繪。刺者爲繡。此繡與繪各有六。衣用繪。裳用繡。天子冕服十二章。以日月星辰山龍華蟲繪於衣。以宗彝藻火粉米黼黻繡於裳。諸侯九章。自山以下。伯七章。自華蟲以下。子男五章。自藻以下。卿大夫三章。自粉米以下。尊者繪衣。卑者不繪衣。此古文家說也。

然觀堯典及臯陶謨之文。則此繪繡之法。非第爲觀美也。文采之多寡。實爲階級之尊卑。而政治之賞罰。即寓於其中。故衣裳爲治天下之具也。

《堯典》車服以庸。《臯陶謨》天命有德。五服五章哉。

階級之制。雖非盡善之道。然當人類未盡開明之時。少數賢哲。主持一國之政俗。非有術焉辨等威而定秩序。使賢智者有所勸。而愚不肖者知愧恥而自勉。則天下脊脊大亂矣。黃帝堯舜之治天下。非能家喻而戶說也。以勸善懲惡之心。寓於尋常日用之事。而天下爲之變化焉。則執簡馭繁之術也。尙書之文簡奧。讀者多不能喻其意。惟尙書大傳釋之最詳。

《尙書大傳》古之帝王。必有命民。能敬長矜孤取舍好讓者。命於其君。然後得乘飾車駢馬。衣文錦。未有命者。不得衣。不得乘。乘衣者有罰。　又曰。未命爲士者不得乘飾車朱軒。不得衣繡。庶人單馬木車。衣布帛。

觀此文。則知古之車服。以爲人民行誼之飾。非好爲區別。故示民以異同也。不究其勸勉人民爲善之心。第責其區分人民階級之制。則曰此實不平之事。或愚民之策耳。

衣服之用。有賞有罰。故古代之象刑。即以冠履衣服爲刑罰。

《尙書大傳》唐虞象刑。而民不敢犯。苗民用刑。而民興相漸。唐虞之象刑。上刑赭衣不純。中刑雜屨。下刑墨幪。以居州里。而民恥之。又唐虞象刑。犯墨者蒙皂巾。犯劓者赭其衣。犯臏者以墨幪其臏處而畫之。犯大辟者。布衣無領。

荀子嘗斥象刑之非。

《荀子正論篇》世俗之爲說者曰。治古無肉刑而有象刑。墨黥。（楊注·墨黥當爲墨幪·但以墨巾幪其頭而已·）慅嬰。（楊注·當爲澡纓·謂澡濯其布爲纓·澡或讀爲草·愼子作草纓·）共艾畢。（楊注·共艾未詳·或衍字·艾·蒼白色·畢·與韠同·）菲對屨。（楊注·菲·草屨也·對·當爲紂·紂·枲也·）殺赭衣而不純。治古如是。是不然。以爲治耶。則人固莫觸罪。非獨不用肉刑。亦不得用象刑。以爲人或觸罪矣。而直輕其刑。然則是殺人者不死。傷人者不刑也。罪至重而刑至輕。庸人不知惡矣。亂莫大焉。

按書之象刑與流宥五刑鞭扑並舉。初非專恃象刑一種。

《堯典》象以典刑。流宥五刑。鞭作官刑。扑作敎刑。金作贖刑。眚災肆赦。怙終賊刑。

人之知有羞恥者。略加譴責。已惕然自愧。若無所容。其無恥者。雖日加以桁楊桎梏。而無所畏。是固不可以一概論也。後世犯法者。衣服亦異於常人。殆由古者嘗以是爲罰。後雖用刑。猶沿其制而不廢歟。

第八章　治歷授時

古人立國。以測天爲急。後世立國。以治人爲重。蓋後人襲前人之法。勸農教稼。已有定時。躔度微差。無關大體。故覺天道遠而人道邇。不汲汲於推步測驗之術。不知邃古以來。萬事草創。生民衣食之始。無在不與天文氣候相關。苟無法以貫通天人。則在在皆形枘鑿。故古之聖哲。殫精竭力。繇祀歷年。察懸象之運行。示人民以法守。自羲農經顓頊迄堯舜。始獲成功。其艱苦憤悱。史雖不傳。而以其時代推之。足知其常耗無窮之心力。吾儕生千百世後。日食其賜而不知。殊無以謝先民也。

歷算之法。相傳始於伏羲。

《周髀算經》古者包犧立周天歷度。《漢書律歷志》自伏羲畫八卦。由數起。

至神農時有歷日。

《物理論》(楊泉)疇昔神農正節氣。審寒溫。以爲早晚之期。故立歷日。

而史記歷書不言黃帝以前之法。

《歷書》太史公曰。神農以前尚矣。

惟索隱謂黃帝以前有上元太初等歷。

《歷書》昔自在古歷建正。作於孟春。《索隱》案古歷者。謂黃帝調歷以前有上元太初歷等。皆以建寅爲正。謂之孟春。

據漢書上元泰初歷距漢武帝元封七年凡四千六百一十七歲。不知爲何人所製也。

《漢書律歷志》迺以前歷上元泰初四千六百一十七歲。至於元封七年。復得閼逢攝提格之歲。

洪水以前歷法之詳備。當推黃帝之時。黃帝之歷曰調歷。

《史記索隱系本》及《律歷志》黃帝使羲和占日。常儀占月。臾區占星氣。伶綸造律呂。大撓作甲子。隸首作算數。容成綜此六術而著調歷也。

置閏定歲。

《歷書》黃帝考定星歷。建立五行。起消息。正閏餘。

建子爲正。

《史記索隱》黃帝及殷周魯。並建子爲正。

說者謂其時已分二十四氣。

《歷書》昔者黃帝合而不死。名察度驗。定清濁。起五部。建氣物分數。　孟康曰。五部。五行也。天有四時。爲五行也。氣。二十四氣。物。萬物也。

然左傳稱少皞時以諸鳥定分至啓閉。是古祇分四時。未有二十四氣之目也。

《左傳》少皞摯之立也。鳳鳥適至。故紀於鳥。爲鳥師而鳥名。鳳鳥氏。歷正也。玄鳥氏。司分者也。伯趙氏。司至者也。青鳥氏。司啓者也。丹鳥氏。司閉者也。

少皞之後。歷法嘗再亂。

《歷書》少皞氏之衰也。九黎亂德。禍菑薦至。莫盡其氣。顓頊受之。命南正重司天以屬神。命火正黎司地以屬民。使復舊常。無相侵瀆。其後三苗服九黎之德。故二官咸廢所職。而閏餘乖次。孟陬殄滅。攝提無紀。歷數失序。

至唐堯時復定歷法。而以閏月定四時成歲之制。遂行用至四千餘年。

《堯典》朞三百有六旬有六日。以閏月定四時成歲。允釐百工。庶績咸熙。

考其定歷之法。以實測於四方爲主。

《堯典》命羲仲宅嵎夷曰暘谷。寅賓出日。平秩東作。日中星鳥。以殷仲春。命羲叔宅南交。平秩南訛。敬致。日永星火。以正仲夏。命和仲宅西曰昧谷。寅餞納日。平秩西成。宵中星虛。以殷仲秋。命和叔宅朔方曰幽都。平在朔易。日短星昴。以正仲冬。

而羲和以世官之經驗掌制歷之事。則步算尤其專長矣。

《歷書》堯復遂重黎之後。不忘舊者。使復典之。而立羲和之官。 鄭玄曰。堯育重黎之後。羲氏和氏之賢者。使掌舊職。

制歷之關係。莫先於農時。書稱敬授民時。以民間不知氣候。定播種收穫之期。則爲害乎民事匪尠也。尚書大傳釋授時之法最詳。

《尚書大傳》主春者張。昏中可以種穀。主夏者火。昏中可以種黍。主秋者虛。昏中可以種麥。主冬者昴。昏中可以收斂。又曰。田獵斷伐。當上告之天子。而下賦之民。故天子南面而視四星之中。知民之緩急。急則不賦籍。不舉力役。故曰敬授人時。此之謂也。

農時之外。一切行政。亦皆根據時令。故書有允釐百工庶績咸熙之說。大傳亦釋之。而其文不全。然其意可推而知也。

《尚書大傳》天子以秋命三公將率。選士厲兵。以征不義。決獄訟。斷刑罰。趣收斂。以順天道。以佐秋殺。以冬命三公謹蓋藏。閉門閭。固封境。入山澤田獵。以順天道。以佐冬固藏。

推測步算。必資器具。世傳古有渾儀。

《事物紀原》劉氏曆曰。高陽造渾儀。黃帝爲蓋天。則渾儀始於高陽氏也。

《春秋文耀鉤》黃帝即位。羲和立渾儀。

未能詳其形製。以尚書考之。舜時有璿璣玉衡。

《堯典》璿璣玉衡。以齊七政。

馬鄭之說。皆以爲渾天儀。

馬融曰。璿。美玉也。璣。渾天儀。可轉旋。故曰璣。衡。其中橫簫。所以視星宿也。視璿爲璣。以玉爲衡。蓋貴天象也。日月星。皆以璿璣玉衡度知其盈縮退進所在。鄭玄曰。璿璣玉衡。渾天儀也。

而蔡邕說其制較詳。

〔史記正義〕蔡邕云。玉衡長八尺。孔徑一寸。下端望之。以視星宿。蓋縣璣以象天。而以衡望之。轉璣窺衡。以知星宿。璣徑八寸。圓周二尺五寸而强。

疑漢代史官固有相傳之古器。邕曾見之。其爲虞舜之物與否。能未定也。

〔晉書天文志〕漢靈帝時。蔡邕於朔方上書。言宣夜之學。絕無師法。周髀術數具存。考驗天狀。多所違失。惟渾天近得其情。今史官銅候臺所用銅儀。則其法也。（據此。是蔡邕親見史官銅儀。惟是否玉璿璣玉衡。不可知耳。）

〔同上〕虞書曰。在璇璣玉衡。以齊七政。考靈曜云。分寸之晷。代天氣生。以制方圓。方圓以成。參以規矩。昏明主時。乃命中星。觀玉儀之游。鄭玄謂以玉爲渾儀也。春秋文曜鉤云。唐堯即位。羲和立渾儀。此則儀象之設。其來遠矣。綿代相傳。史官禁密。學者不睹。故宣蓋沸騰。（據此。是史官所掌渾儀。禁人窺視。蔡邕曾爲史官。故親見渾儀。而其他學者不能睹也。）

諸書又傳刻漏始於黃帝。

〔梁刻漏經〕肇於軒轅之日。宣於夏商之代。

〔隋書天文志〕昔黃帝創觀漏水。制器取則。以分晝夜。其後因以命官。周禮挈壺氏。則其職也。其法。總以百刻。昏於晝夜。冬至晝漏四十刻。夜漏六十刻。夏至晝漏六十刻。夜漏四十刻。春秋二分。晝夜各五十刻。日未出前。二刻半而明。既沒後。二刻半乃昏。減夜五刻。以益晝漏。謂之昏旦。漏刻皆隨氣增損。冬夏二至之間。晝夜長短。凡差二十刻。每差一刻爲一箭。冬至互起其首。凡有四十一箭。晝有朝。有禺。有中。有晡。有夕。夜有甲乙丙丁戊。昏旦有星中。每箭各有其數。皆所以分時代守。更其作役。

疑亦史官世守之器。以定日夜之時刻者也。

古代星歷之事。掌於史官。世傳其學。往往守之歷千百年。漢晉之人。猶及見古歷。

《漢書藝文志》黃帝五家歷三十三卷。顓頊歷二十一卷。顓頊五星歷十四卷。夏殷周魯歷十四卷。

雖推驗多所不合。

《長歷說》(杜預)自古以來。論春秋者多述謬誤。或用黃帝以來諸歷。以推經傳朔日。皆不諧合。春秋四十七日蝕。黃帝歷得一蝕。顓頊歷得八蝕。夏歷得十四蝕。眞夏歷得一蝕。漢末宋仲子集七歷以考春秋，其夏周二歷術數，皆與藝文志所記不同，故更名爲眞夏歷、眞周歷。殷歷周歷得十三蝕。眞周歷得一蝕。魯歷得十三蝕。

然算術古疏後密。未可以不合遽斥爲僞。惜晉以後諸歷多不傳。遂無由知其歷式矣。

第九章　唐虞之讓國

吾國聖哲之教。以迨後世相承之格言。恆以讓爲美德。遠西諸國。無此禮俗。卽其文字。亦未有與吾國讓字之義相當者。故論中國文化。不可不知遜讓之風之由來也。人情好爭而不相讓。中土初民。固亦如是。如呂覽謂君之立出於長。長之立出於爭。可見吾民初非不知競爭。第開化旣早。經驗較多。積千萬年之競爭。熟睹慘殺紛亂之禍之無已。則憬然覺悟。知人類非相讓不能相安。而唐虞之君臣。遂身倡而力行之。高位大權。鉅富至貴。靡不可以讓人。而所爭者惟在道德之高下。及人羣之安否。後此數千年。雖曰爭奪刼殺之事。不絕於史策。然以遜讓爲美德之意。深中於人心。時時可以殺忿爭之毒。而爲和親之媒。故國家與民族。遂歷久而不敝。此非歷史人物影響於國民性者乎。

唐虞讓國之事。紀於尙書。尙書開宗明義。卽曰允恭克讓。明其所重在此也。第今世所傳之尙書。非完全之本。欲考其讓國之迹。殊不能得完全之眞相。此讀史者一大憾事也。孔子所刪之書。有堯典舜典大禹謨。今惟存堯典。而晉以後所傳之舜典。實卽堯典之文。舜典之首二十八字（曰若稽古帝舜。曰重華。協於帝。濬哲文明。溫恭允塞。玄德升聞。乃命以位。）及大禹謨。皆後人所僞撰。不可信。故唐堯讓位之事。可徵於書。而虞舜讓位之事。則必以他書證之。

唐堯讓位之事。見於書序及書者。如左。

『尚書序』昔在帝堯。聰明文思。光宅天下。將遜於位。讓於虞舜。作堯典。 虞舜側微。堯聞之聰明。將使嗣位。歷試諸難。作舜典。

『尚書堯典』帝曰。明明揚側陋。師錫帝曰。有鰥在下。曰虞舜。 帝曰。格汝舜。詢事考言。乃言底可績。三載。汝陟帝位。舜讓於德弗嗣。正月上日。受終於文祖。 二十有八載。帝乃殂落。月正元日。舜格於文祖。

今本大禹謨所稱帝曰。格汝禹。朕宅帝位。三十有三載。耄期倦於勤。汝惟不怠。總朕師。禹曰。朕德罔克。民不依。及禹拜稽首固辭。正月朔旦。受命於神宗。率百官若帝之初。此皆仿堯典之文為之。非其原文也。

述唐虞禪讓之事最詳者。無過於孟子。

『孟子萬章上』舜相堯二十有八載。堯崩。三年之喪畢。舜避堯之子於南河之南。天下諸侯朝覲者。不之堯之子而之舜。訟獄者。不之堯之子而之舜。謳歌者。不謳歌堯之子而謳歌舜。夫然後之中國。踐天子位焉。 昔者舜薦禹於天。十有七年。舜崩。三年之喪畢。禹避舜之子於陽城。天下之民從之者。若堯崩之後。不從堯之子而從舜也。

次則史記。

『史記五帝本紀』堯知子丹朱之不肖。不足授天下。於是乃權授舜。授舜。則天下得其利。而丹朱病。授丹朱。則天下病。而丹朱得其利。堯曰。終不以天下之病。而利一人。而卒授舜以天下。舜子商均亦不肖。舜乃豫薦禹於天。十七年而崩。三年喪畢。禹亦乃讓舜子。如舜讓堯子。諸侯歸之。然後禹踐天子位。堯子丹朱。舜子商均。皆有疆土。以奉先祀。服其服。禮樂如之。以客見天子。天子弗臣。示不敢專也。

【同上夏本紀】舜薦禹於天。爲嗣。十七年。而帝舜崩。三年喪畢。禹辭避舜之子商均於陽城。天下諸侯皆去商均而朝禹。禹於是遂即天子位。南面朝天下。帝禹立而擧皋陶薦之。且授爲政。而皋陶卒。而后擧益。任之政。十年。帝禹東巡狩。至於會稽而崩。以天下授益。三年之喪畢。益讓帝禹之子啓。而辟居箕山之陽。禹子啓賢。天下屬意焉。於是啓遂即天子之位。

二書所言如此。則堯舜禹之皆讓國。爲實事。無可疑矣。外此諸書論述唐虞之事者。凡分三種。

一則附會其事。謂堯舜歷讓於諸人。不獨讓於舜禹也。

【莊子逍遙遊】堯讓天下於許由。許由曰。予無所用天下爲。【讓王】堯以天下讓許由。許由不受。又讓於子州支父。子州支父曰。以我爲天子。猶之可也。雖然。我適有幽憂之病。方且治之。未暇治天下也。舜讓天下於子州支伯。子州支伯曰。予適有幽憂之病。方且治之。未暇治天下也。舜以天下讓善卷。善卷曰。余立於宇宙之中。冬日衣皮毛。夏日衣葛絺。春耕種。形足以勞動。秋收斂。身足以休食。日出而作。日入而息。逍遙於天地之間。而心意自得。吾何以天下爲哉。悲夫。子之不知予也。遂不受。去而入深山。莫知其處。舜以天下讓其友石戶之農。石戶之農曰。捲捲乎后之爲人。葆力之士也。以舜之德未爲至也。於是夫負妻戴攜子以入於海。終身不反也。

【呂氏春秋離俗覽】舜讓其友北人無擇。北人無擇曰。異哉后之爲人也。居於畎畝之中。而游入於堯之門。不若是而已。又欲以其辱行漫我。我羞之。而自投於蒼領之淵。

此皆因書之稱禪讓而加以附會者也。

一則謂古者天子最勞苦故堯禹樂於讓國也。

《韓非子五蠹》堯之王天下也。茅茨不翦。采椽不斲。糲粢之食。藜藿之羹。冬日麑裘。夏日葛衣。雖監門之服養。不虧於此矣。禹之王天下。身執耒臿。以爲民先。股無胈。脛不生毛。雖臣虜之勞。不苦於此矣。以是言之。夫古之讓天子者。是去監門之養。而離臣虜之勞也。古傳天下而不足多也。今之縣令。一日身死。子孫累世絜駕。故人重之。是以人之於讓也。輕辭古之天子。難去今之縣令者。薄厚之實異也。

此則純以俗情度堯禹。然亦未嘗謂堯舜未行禪讓之事也。

一則疑其讓國爲虛語。且其得國等於後世之簒弑也。

《史通疑古篇》（劉子玄）案汲冢瑣語云。舜放堯於平陽。而書云某地有城。以囚堯爲號。識者憑斯異說。頗以禪授爲疑。據山海經謂放勳之子爲帝丹朱。而列君於帝者。得非舜雖廢堯。仍立堯子。俄又辱其帝者乎。斯則堯之授舜。其事難明。謂之讓國。徒虛語耳。虞書舜典云。五十載陟方乃死。注云。死蒼梧之野。因葬焉。案蒼梧者。地總百越。山連五嶺。人風婐劃。地氣歊瘴。百金之子。猶憚經履其途。萬乘之君。而堪巡幸其國。兼復二妃不從。怨曠生離。萬里無依。孤魂溘盡。讓王高蹈。豈其若是。斯則陟方之死。其殆文命之志乎。汲冢書云。舜放堯於平陽。益爲啓所誅。又曰。太甲殺伊尹。文丁殺季歷。凡此數事。語異正經。其書近出。世人多不之信也。舜之放堯。無事別說。足驗其情。益與伊尹見戮。並與正書猶無其證。推而論之。如啓之誅益。仍可覆也。何者。舜廢堯而立丹朱。禹黜舜而立商均。益手握機衡。事同舜禹。而欲因循故事。坐膺天祿。其事不成。自貽伊咎。觀夫近古篡奪。桓獨不全。馬仍反正。若啓之誅益。亦猶晉之殺玄者乎。禹舜相代。事業皆成。唯益覆車。伏辜夏后。亦猶桓效曹馬而獨致元興之禍者乎。

此則因後世奸雄。假借禪讓。因疑古人亦以禪讓飾其爭奪也。

至於近世。民主之制勃興。遂有謂堯舜爲首倡共和者。夫共和根於憲法。選舉多由政黨。總統任事。必有年限。唐虞之時。胥無之。正不容以史事相傅會也。

堯典所載君臣交讓。其事非一。

帝曰。咨四岳。朕在位七十載。汝能庸命巽朕位。岳曰。否德忝帝位。

帝曰。俞。咨禹。汝平水土。惟時懋哉。禹拜稽首。讓於稷契皋陶。

帝曰。疇若予工。僉曰。垂哉。帝曰。俞。咨垂。汝共工。垂拜稽首。讓於殳斨暨伯與。

帝曰。疇若予上下草木鳥獸。僉曰。益哉。帝曰。俞。咨益。汝作朕虞。益拜稽首。讓於朱虎熊羆。

帝曰。咨四岳。有能典朕三禮。僉曰。伯夷。帝曰。俞。咨伯。汝作秩宗。伯拜稽首。讓於夔龍。

皋陶謨尤盛稱讓德之效。

禹曰。萬邦黎獻。共惟帝臣。惟帝時舉。敷納以言。明庶以功。車服以庸。誰敢不讓。敢不敬應。 夔曰。虞賓在位。羣后德讓。

惟韓非呂覽稱鯀與共工不慊於堯舜。

《韓非子外儲說》堯欲傳天下於舜。鯀諫曰。不祥哉。孰以天下而傳之於匹夫乎。堯不聽。舉兵而誅殺鯀於羽山之郊。共工又諫曰。孰以天下而傳之於匹夫乎。堯不聽。又舉兵而誅共工於幽州之都。於是天下莫敢言無傳天下於舜。

《呂氏春秋行論篇》堯以天下讓舜。鯀爲諸侯。怒於堯曰。得天之道者爲帝。得地之道者爲三公。今我得地之道。而不以我爲三公。以堯爲失論。欲得三公。怒甚猛獸。欲以爲亂。比獸之角。能以爲城。舉其尾。能以爲旌。召之不來。仿佯於野。以患帝舜。於是殛之於羽山。副之以吳刀。

蓋以書有四罪之文。故譏爲共鯀反對之說。藉使其說而信。亦可見堯之克讓。具有定識毅力。不爲浮議所搖。而反對之者實爲少數也。

讓國之事。在人而不在法。故至夏而變爲世襲之局。韓愈論其事。以爲塞爭亂之道。

《對禹問》(韓愈)得其人而傳之者。堯舜也。無其人。慮其患而不傳者。禹也。　時益以難理。傳之人則爭未前定也。傳之子則不爭前定也。前定雖不當賢。猶可以守法。不前定而不遇賢。則爭且亂。天下之生大聖也不數。其生大惡也亦不數。傳諸人。得大聖。然後人莫敢爭。傳諸子。得大惡。然後人受其亂。禹之後四百年。然後得桀。亦四百年。然後得湯與伊尹。湯與伊尹不可待而傳也。與其傳不得聖人而爭且亂。孰若傳諸子。雖不得賢。猶可守法。

蓋讓貴得當。不當之讓。徒以啓爭。立法以定元首之年限。視君主世襲之不能必其得賢均也。

三代時天子無禪讓者。而侯國猶間有之。如吳太伯。伯夷之類。

【史記吳太伯世家】吳太伯太伯弟仲雍。皆周太王之子而王季歷之兄也。季歷賢而有聖子昌。太王欲立季歷以及昌於是太伯仲雍二人。乃犇荊蠻。文身斷髮。示不可用。以避季歷。季歷果立。是爲王季。而昌爲文王。

【同上伯夷列傳】伯夷。叔齊。孤竹君之二子也。父欲立叔齊。及父卒。叔齊讓伯夷。伯夷曰。父命也。遂逃去。叔齊亦不肯立而逃之。國人立其中子。

【左傳】晉侯執曹伯歸諸京師。諸侯將見子臧於王而立之。子臧辭曰。前志有之曰。聖達節。次守節。下失節。爲君。非吾節也。雖不能聖。敢失守乎。遂逃奔宋。（成公十五年）

【公羊傳】吳子使札來聘。賢季子也。何賢乎季子。讓國也。其讓國奈何。謁也。餘祭也。夷昧也。與季子同母者四。季子弱而才。兄弟皆愛之。同欲立之以爲君。謁曰。今若是迮而與季子國。季子猶不受也。請無與子而與弟。弟兄迭爲君。而致國乎季子。皆曰。諾。故諸爲君者。皆輕死爲勇。飲食必祝曰。天苟有吳國。尚速有悔於予身。故謁也死。餘祭也立。餘祭也死。夷昧也立。夷昧也死。則國宜之季子者也。季子使而亡焉。僚者。庶長也。即之。季子使而反。至而君之爾。闔廬曰。先君之所以不與子國而與弟者。凡爲季子故也。將從先君之命與。則國宜之季子者也。如不從先君之命與。則我宜立者也。僚惡得爲君乎。於是使專諸刺僚。而致國乎季子。季子不受曰。爾弒吾君。吾受爾國。是吾與爾爲篡也。爾殺吾兄。吾又殺爾。是父子兄弟相殺。終身無已也。去之延陵。終身不入吳國。（襄公二十九年）

皆讓國而遂其志者也。越公子搜則讓國而不遂。

『周季編略』越三世弒君公子搜患之。逃乎丹穴。越國無君。求王子搜而不得。從之丹穴。王子搜不肯出。越人熏之以艾。乘之以王輿。搜援綏登車。仰天而呼曰。君乎君乎。獨不可以舍我乎。越人乃立搜爲君。此文蓋據竹書紀年莊子讓王篇呂覽貴生篇合編。

合之凡五事。而燕王噲之讓國。獨爲世所笑。

『史記燕世家』燕王噲信其臣子之。子之使鹿毛壽謂燕王。不如以國讓相子之。人之謂堯賢者。以其讓天下於許由。許由不受。有讓天下之名。而實不失天下。今王以國讓於子之。子之必不敢受。是王與堯同行也。燕王因屬國於子之。子之大重。或曰。禹薦益。已而以啓人爲吏。及老。而以啓爲不足任乎天下。傳之於益。已而啓與交黨攻益奪之。天下謂禹名傳天下於益。已而實令啓自取之。今王言屬國於子之。而吏無非太子人者。是名屬子之。而實太子用事也。王因收印自三百石吏以上。而效之子之。子之南面行王事。而噲老不聽政。顧爲臣。國事皆決於子之。三年國大亂。

僞讓而不出於誠。與誠讓而不出於僞者。史皆一一著之。非故祖太伯伯夷等人。而獨非燕噲子之也。歷觀諸史。知古代自有此一種高尚而純潔之人。不以身居天下國家之尊位爲樂者。是皆堯舜之風。有以感之也。

第十章　治水之功

唐虞之時。以治洪水爲一大事。洪水之禍。爲時之久。已詳於前。茲篇所述。專重治水之功。以明吾國有史以來之大勢。按吾國遭水患者非一次。以治水著者亦非一人。

《論語摘輔象》稱伏羲六佐。仲起爲海陸。陽侯爲江海。是皆治水之官。

《祭法》共工氏之霸九州也。其子曰后土。能平九州。故祀以爲社。　按共工氏時。洪水之禍最酷。后土能平九州。當亦專長於治水者。

《左傳》蔡墨曰。少皞氏有四叔。曰重曰該曰修曰熙。實能金木及水。使重爲句芒。該爲蓐收。修及熙爲玄冥。世不失職。遂濟窮桑。

是修熙二子。爲少皞時治水之官也。

共工治水。專事堙塞。爲害孔鉅。

《國語》昔共工虞於湛樂。淫失其身。欲壅防百川。墮高堙卑。以害天下。皇天弗福。庶民弗助。禍亂並興。共工用滅。

后土繼之。而其法不傳。疑必力反共工之所爲。唐虞時。鯀禹父子相繼治水。初亦蹈共工之覆轍。後始改爲疏濬。此可知人事必具有經驗。往往有前人已經失敗。後人復效其所爲者。必一再試之而無功。然後確信失敗者之法之不可用正不獨治水一端也。

鯀之治水。曰堙曰障。

《書洪範》箕子曰。我聞在昔。鯀堙洪水。汨陳其五行。

《祭法》鯀鄣鴻水而殛死。

《山海經》洪水滔天。鯀竊帝之息壤。以堙洪水。

殆惟多築隄防以遏水勢。故經營九載而功弗成。

《堯典》九載績用弗成。

然因治水而得城郭之法。後世且崇祀之。亦不可謂鯀爲無微功也。

《祭法疏》鯀鄣鴻水而殛死者。鯀塞水而無功。而被堯殛死於羽山。亦是有微功於人。故得祀之。若無微功。焉能治水九載。

《世本》作城郭。是有功也。

禹傷父功不成。勞身焦思。以求繼續先業而竟其志。

《祭法》禹能修鯀之功。

《史記夏本紀》禹傷先人父鯀功之不成受誅。乃勞身焦思。居外十三年。過門不敢入。

《吳越春秋》禹傷父功不成。循江泝河。盡濟甄淮。乃勞身焦思以行七年。聞樂不聽。過門不入。冠挂不顧。履遺不躡。功未及成。愁然沉思。

其法蓋先行調查測量。

《皋陶謨》禹曰。予乘四載。隨山刊木。

《禹貢》禹敷土。隨山刊木。　鄭玄曰。必隨州中之山而登之。除木爲道。以望觀所當治者。則規其形而度其功焉。

《史記夏本紀》行山表木。索隱表木謂刊木立爲表記。陸行乘車。水行乘船。泥行乘橇。山行乘欙。左準繩。右規矩。

按立木爲表記。及攜準繩規矩。皆爲調查測量之事。鄭說規其形而度其功。亦卽此義。趙君卿周髀算經注。禹治洪水。決流江河。望山川之形。定高下之勢。乃句股所由生。亦一證也。

而後從事於疏鑿。

《淮南子本經訓》舜之時。龍門未開。呂梁未發。江淮通流。四海溟涬。民皆上邱陵。赴樹木。舜乃使禹疏三江五湖。闢伊闕。導廛澗。平通溝陸。流注東海。鴻水漏。九州乾。萬民皆寧其性。

《修務訓》禹沐浴霪雨。櫛扶風。決江疏河。鑿龍門。闢伊闕。修彭蠡之防。乘四載。隨山刊木。平治水土。定千八百國。

其所治之諸水。具詳於禹貢。史家推論其功。尤以導河爲大。

《史記河渠書》河菑衍溢。害中國也尤甚。唯是爲務。故道河自積石。歷龍門。南到華陰。東下砥柱。及孟津雒汭。至於大邳。於是禹以爲河所從來者高。水湍悍。難以行平地。數爲敗。乃廝二渠。以引其河。北載之高地。過降水。至於大陸。播爲九河。同爲逆河。入於勃海。九州既疏。九澤既灑。諸夏艾安。功施於三代。

按河自龍門至今河間天津等地。其長殆二千里。皆禹時以人力開鑿而成。則中國人造之河流。不自南北運河始也。

專治一河。其工之鉅。已至可駭。矧兼九州之山水治之。北至河套。南至川滇。西至青海。東至山東。其面積至少亦有七八百萬方里。鯀治之九年。禹治之十三年。合計二十二年。而九州之地盡行平治。以今人作事揆之。斷不能如此神速。故西洋歷史家。於禹之治水極爲懷疑。

【支那太古史】(夏德)引愛多阿爾比優氏之說曰。黃河自入支那以上。其流程達於五百六十力格。江水自禹所視察之湖廣地方之大湖以下。其長約二百五十力格。漢水自發源至與江水合流處。長約百五十力格。合計三河之延長。殆達於一千力格。加以禹所治之他河。當有一千二百至於一千五百力格。夫古代支那之大紀念物。卽萬里長城。雖以非常之勞作而成。其長亦不過三百力格。然此鉅大之建設。實亘非常之歲月。其初秦趙燕等諸國。業已陸續建造。至秦始皇帝。不過修繕而增設之耳。且以此等泥土築造之城。比之綿亘一千二百乃至一千五百力格之大河。修築隄防開濬水道之事。猶爲容易之業。然其難且如此。則禹之治水。當需多大之勞苦與歲月乎。試以隆河之屢次汎濫爲比。隆河之下流。較之黃河長江之下流。不過四分之一。然治之猶需若干功力。彼禹之修改支那之大河。幾與修正微弱之小川之水道無異。則此等具有怪力之禹。殆非人間之人也。

按治水之難。以人工及經費爲首。近世人工皆須以金錢雇之。故興工必須鉅款。吾國古代每有力役。但須召集民人。無須予以金錢。故書史但稱禹之治水。不聞唐虞之人。議及工艱費鉅者。此其能成此等大工之最大原因也。西人但讀禹貢。不知其時治水者實合全國人之力。故疑禹爲非常之人。若詳考他書。則知其治水非徒恃一二人之功。觀史記書經注疏即可見矣。

《史記夏本紀》禹與益后稷奉帝命。命諸侯百姓興人徒以傅土。

《皋陶謨》弼成五服。至於五千。州十有二師。《僞孔傳》服。五百里。四方相距爲萬五千里。治洪水。輔成之。一州用三萬人功。九州。二十七萬庸。《孔穎達疏》治水之時。所役人功。每州用十有二師。通計之。一州用三萬人功。總計九州用二十七萬庸。庸亦功也。州境有闊狹。用功必有多少。例言三萬人者。大都通率爲然。惟言用三萬人者。不知用功日數多少。治水四年乃畢。治水年數。或曰十三年。或曰四年。蓋以鯀之九年。合禹四年計之。爲十三年也。孔曰四年乃畢。是以爲十三年中。應除鯀之九年也。然史記一曰禹抑洪水十三年。再曰居外十三年。皆指禹一身言。不兼計鯀之九載也。用功蓋多矣。不知用幾日也。

按孔氏以周法證夏事。謂一州用三萬人。尚書大傳則曰。古者八家而爲鄰。三鄰而爲朋。三朋而爲里。五里而爲邑。十邑而爲都。十都而爲師。州十有二師焉。注曰。州凡四十三萬二千家。據此。則當時每家出一人助禹治水。即一州有四十三萬二千人。九州之水。所用徒役。都三百八十八萬八千人。雖未必同時並作。而經年累月。更番迭起。故能成此鉅功也。

禹之治水。不徒治大水也。並田間之畎澮而亦治之。

《皋陶謨》禹曰。予決九川。距四海。濬畎澮。距川。《僞孔傳》一畎之間廣尺。深尺曰畎。方百里之間。廣二尋。深二仞。曰澮。浚深之至川。亦入海。

孔子之稱禹。不頌其治江河。而獨頌其盡力溝洫。

《論語》孔子曰。禹吾無間然矣。卑宮室而盡力乎溝洫。

蓋畎澮溝洫之利。實較江河鉅流爲大。

《日知錄》(顧炎武)夫子之稱禹也。曰盡力乎溝洫。而禹自言亦曰。濬畎澮距川。古聖人有天下之大事。而不遺乎其小如此。古之通津巨瀆。今日多爲細流。而中原之田。夏旱秋潦。年年告病矣。　陳斌曰。三代溝洫之利。其小者民自爲之也。其大者官所爲也。溝洫所起之土。即以爲道路。所通之水。即以備旱潦。故溝洫者。萬世之利也。試觀甽田之法。一尺之甽。二尺之遂。即耕而即成者也。今蘇湖之田。九月種麥。必爲田輪。兩輪中間。深廣二尺。其平闊之鄉。萬輪鱗接。整齊均一。彌月悉成。古之遂徑。豈有異乎。設計其五年而爲溝澮。則合八家之力。而先治一横溝。田首之步之爲百八十丈。者家出三人。就地築土。二日而畢矣。明年。以八十家之力治洫。廣深三溝。其長十之。料工計日。三日而半。七日而畢矣。又明年。以八百家之力爲澮。廣深三洫。其長百溝。料工計日。一旬而半。三旬而畢矣。即以三旬之功。分責三歲。其就必矣。及功之俱成。民甽田以爲利。一歲之中。家修其遂。衆治其溝洫。官督民而浚其澮。有小水旱。可以無飢。十分之飢。可救其五。故曰萬世之利也。

使僅有九川距海。而無畎澮距川。則農田水利。仍無由興。而治川之功。爲虛費矣。然此義若再爲西人言之。則必更驚禹之神奇。謂禹遍天下之溝洫而一一治之。不知禹之濬九川。及濬畎澮。皆身爲之倡。而人民相率效之。

《淮南子要略》禹之時。天下大水。禹身執虆臿。以爲民先。

雖其勤苦異於常人。

《莊子天下篇》墨子稱道曰。昔者禹之湮洪水。決江河。而通四夷九州也。名山三百。支川三千。小者無數。禹親自操橐耜。而九雜天下之川。腓無胈。脛無毛。沐甚雨。櫛疾風。

而以大多數之人民之功。悉歸於禹。則未知事實之眞相耳。

治水之功。除水患一也。利農業二也。便交通三也。觀禹貢所載各州貢道。

(冀州)夾右碣石入於河。　(兗州)浮於濟漯。達於河。　(青州)浮於汶。達於濟。

(徐州)浮於淮泗。達於河。　(揚州)沿於江海。達於淮泗。　(荊州)浮於江沱潛漢。逾於洛。至於南河。

(豫州)浮於洛。達於河。　(梁州)浮於潛。逾於沔。入於渭。亂於河。　(雍州)浮於積石。至於龍門西河。會於渭汭。

是各州之路。無不達於河。亦無不達於冀州帝都者。以政治言。則帝都與侯國消息靈通。居中馭外。故能構成一大帝國。以經濟言。則九州物產。轉輸交易。生計自裕。故人民咸遂其生。而有於變時雍之美。猶之近世國家開通鐵道。而政治經濟咸呈極大之變化。禹貢所稱治水之功效。

〈禹貢〉九州攸同。四隩既宅。九山刊旅。九川滌源。九澤既陂。四海會同。六府孔修。庶土交正。厎慎財賦。咸則三壤成賦。中邦錫土姓。祗台德先。不距朕行。

洵非虛語也。

第十一章　唐虞之政教

自唐虞至周皆封建時代。帝王與諸侯分地而治。帝王直轄之地。不過方千里。其勢殆等於今日一省之督軍省長。然以其爲天下共主。故其政教必足以爲各國之模範。而後可以統治諸侯。吾輩治古代歷史者。當知其時帝王政教具有二義。

（一）施之於其直轄之地。兼以爲各國之模範者。

（二）統治各國之法。

以此二義。故凡事皆取自近及遠之術。

《堯典》克明俊德。以親九族。九族既睦。平章百姓。百姓昭明。協和萬邦。　柔遠能邇。惇德允元。而難任人。蠻夷率服。

《皋陶謨》愼厥身修思永。惇敘九族。庶明勵翼。邇可遠在茲。

其所設施。大都指畿甸而言。不能胥諸侯萬國。一一如其措注。後世儒者。盛稱其時之政教。則誤認爲道一風同。今人就各方面研究。見其多有出入。又痛詆古書爲不可信。要皆未喻此義也。

唐虞之時。以天然地理。畫分九州。

冀州。濟河惟兗州。海岱惟青州。海岱及淮惟徐州。淮海惟揚州。荊及衡陽惟荊州。荊河惟豫州。華陽黑水惟梁州。黑水西河惟雍州。

中間嘗分為十二州。說者謂舜以冀州之北廣大。分置幷州。以青州越海。分置營州。又分燕以北。為幽州。至禹即位。復為九州。然其文無徵。不能定其界域。惟知其時確嘗分為十二區域耳。

《堯典》肇十有二州。封十有二山。　咨十有二牧。

又即九州分為五服。

《臯陶謨》弼成五服。至於五千。

《史記夏本紀》令天子之國以外。五百里甸服。甸服外五百里侯服。侯服外五百里綏服。綏服外五百里要服。要服外五百里荒服。

以地形證之。四方相距。未必能平均如其里數。惟可知其治地約分此五種界限。甸服直接於天子。侯綏為諸侯治地。要荒服皆蠻夷。其文化相懸甚遠耳。

當時諸侯號為萬邦。亦非確數。其階級蓋分五等。

《堯典》輯五瑞。　馬融曰。五瑞公侯伯子男所執以為瑞信也。

其長曰牧。曰岳。曰伯。

〖堯典〗覲四岳羣牧。　咨十有二牧。

〖左傳〗貢金九牧。宣三年

〖尚書大傳虞夏傳〗惟元祀巡守四嶽八伯。　又八伯咸進稽首。

其國中制度不可考以書觀之岳牧之在中央政府頗有大權。

如堯舜舉人命官皆咨詢岳牧。

而中央政府亦可黜陟之。

〖尚書大傳虞夏傳〗書曰三歲考績三考黜陟幽明。其訓曰。三歲而小考者。正職而行事也。九歲而大考者。黜無職而賞有功也。其賞有功也諸侯賜弓矢者得專征。賜鈇鉞者得專殺。賜圭瓚者得爲鬯以祭。不得專征者以兵屬於得專征之國。不得專殺者以獄屬於得專殺之國。不得專賜圭瓚者資鬯於天子之國。然後祭。

〖同上〗古者諸侯之於天子也三年一貢士。天子命與諸侯輔助爲政。所以通賢共治。示不獨專重民之至。大國舉三人。次國舉二人。小國舉一人。一適謂之攸好德。再適謂之賢賢。三適謂之有功。有功者。天子賜以車服弓矢。再賜以秬鬯。三賜以虎賁百人。號曰命諸侯。命諸侯得專征者。鄰國有臣弒其君孽伐其宗者。雖弗請於天子而征之可也。征而歸其地於天子。有不貢士。謂之不率正者。天子絀之。一不適謂之過。再不適謂之敖。三不適謂之誣。誣者天子絀之。一絀。少絀以爵。再絀。少絀以地。三絀。而爵地畢。　按大傳之言。未必卽爲唐虞之定制。然足證當時諸侯可以黜陟。

中央政府與各州諸侯之關係。以巡狩述職爲最重之事。

《堯典》五載一巡狩。羣后四朝。

《尚書大傳》五年。親自巡狩。巡猶循也。狩猶守也。循行守視之辭。亦不可國至人見爲煩擾。故至四嶽。知四方之政而已。

又九共以諸侯來朝。各述其土地所生美惡。人民好惡。爲之貢賦政教。

觀尚書之文。當時帝者巡狩之要義有三。

(一)致祭　如歲二月至於岱宗。柴望秩於山川是。

(二)壹法　如協時月正日。同律度量衡是。

(三)修禮　如修五禮。五玉。三帛。二生。一死贄。如五器。卒乃復是。

三者之中。以第二義爲最切於民生日用。並可以推見當時諸侯之國。往往各用其相傳之正朔。各用其律度量衡。不必與中央政府之定制相同。故虞帝定制。越五年一往考察。務使之齊同均一。此即統一中國之大綱也。尚書大傳述古巡狩之事項。較虞書爲詳。疑其以後世之法傳之。未必即爲唐虞之制。然其意亦可參考也。

《尚書大傳虞夏傳》見諸侯。問百年。命大師陳詩。以觀民風俗。命市納賈。以觀民好惡。山川神祇有不舉者爲不敬。不敬者削以地。宗廟有不順者爲不孝。不孝者黜以爵。變禮易樂爲不從。不從者君流。改衣服制度爲畔。畔者君討。有功者賞之。尚書曰。明試以功。車服以庸。

古無印綬符節之制。其執以爲信者曰瑞。曰圭。有頒斂留復之法。猶後世之摘印接印也。

《舜典》輯五瑞。班瑞於羣后。　馬融曰。堯將禪舜。使羣牧斂之。使舜親往班之。

《尚書大傳》古者圭必有冒。言下之必有冒。不敢專達也。天子執冒以朝諸侯。見則覆之。故冒圭者。天子所與諸侯爲瑞也。瑞也者屬也。無過行者。得復其圭以歸其國。有過行者。留其圭。能改過者。復其圭。三年圭不復。少黜以爵。六年圭不復。少黜以地。九年圭不復而地畢。此所謂諸侯之朝於天子也。義則見屬。不義則不見屬。

禹會塗山。諸侯執玉。即沿唐虞之制。

《左傳》禹會諸侯於塗山。執玉帛者萬國。哀七年。杜注。諸侯執玉。附庸執帛。

非徒以之行禮。且以之行賞罰焉。中央有黜陟之權。而後藩鎮有戒愼之意。若徒事寬大。任諸侯之跋扈。而莫可如何。豈所以爲政哉。

唐虞之時。中央政府之財政。與各國之財政。亦截然畫分。冀州甸服。有賦無貢。而人民之粟米。直接輸納於帝廷之官府。此外八州四服。則民賦各輸於其國。而國君各市其地之物以爲貢。

《禹貢》五百里甸服。百里賦納總。二百里納銍。三百里納秸服。四百里粟。五百里米。　孫星衍曰。詩甫田疏。引鄭志云。凡所貢篚之物。皆以稅物市之。隨時物價以當邦賦。周禮太宰以九貢致邦國之用。疏云。諸侯國內得民稅。大國貢半。次國三之一。小國四之一。所貢者。市取當國所出美物。則禹貢所云厥篚厥貢之類是也。據此。知餘州雖有厥貢之文。不入穀。準其賦之額。買土物以貢。冀州不言厥貢。以帝都所需。令有司市貢。不煩諸侯貢篚。故入穀不貢也。

其時鑛產發達。貨幣之用漸興。

《禹貢》揚州貢金三品。　荆州貢金三品。　梁州貢璆鐵銀鏤。

《山海經》禹曰。天下名山五千三百五十。經六萬四千五十六里。出銅之山。四百六十七。出鐵之山。三千六百九十。

《史記平準書》虞夏之幣金爲三品。

以禹以九牧貢金鑄鼎之事推之。疑當時各國所用貨幣。其鼓鑄及發行之權。皆屬於中央。故曰六府孔修底愼財賦也。

吾觀於唐虞帝者之撫侯國。可謂疏節闊目矣。然黜陟大權。操之自上。不使有外重內輕之虞。分畫財賦。各有權限。儼然有國家地方之別。是古代固以法治。非徒以人治也。法立令行。內外井井。而中央政府之政務。自亦簡易而無須多人。僞古文周官篇稱唐虞稽古建官惟百。雖未必可信。然堯典臯謨稱其時之官吏不過曰百工。百揆。百僚。是官吏之大數不過百也。更稽其職掌。則有

曆官　羲和及四子司曆象。　司空　禹作司空。宅百揆。　稷官　棄居稷官。播百穀。

司徒　契爲司徒。敷五教。　理官　臯陶作士。司五刑。　說苑修文篇臯陶爲大理。

工官　垂爲共工。　虞　益作虞。司上下草木鳥獸。　禮官　伯夷作秩宗。典三禮。

教官　夔典樂教冑子。　納言　龍作納言。出納帝命。

犖犖數大端。中央政府之政務已賅括無餘。其異於後世者。獨無外交官及海陸軍耳。

唐虞帝國之官司教育者有二職。蓋一司普通教育。一司專門教育也。普通教育專重倫理。

《左傳》舉八元。使布五教於四方。父義。母慈。兄友。弟恭。子孝。（文十八）

《孟子》人之有道也。飽食暖衣逸居而無教。則近於禽獸。聖人有憂之。使契爲司徒。教以人倫。父子有親。君臣有義。夫婦有別。長幼有序。朋友有信。

其施教之法不可考。專門教育則有學校。其學校曰庠。亦曰米廩。

《王制》有虞氏養國老於上庠。養庶老於下庠。　《同上》虞庠在國之四郊。

《明堂位》米廩。有虞氏之庠也。

以王制之言推之。有虞氏國都內外。當有學校六所。（上下庠各一。四郊之庠四。）夔之所司。未知屬何學校。或夔專司上庠。而下庠及四郊之庠。則屬於司徒歟。

有虞之學校有二事。一曰養老。

《王制》有虞氏皇而祭。深衣而養老。　凡養老。有虞氏以燕禮。

據說禮者之言。則學校所養之老。凡四種。

皇侃曰。人君養老。有四種。一是養三老五更。二是子孫爲國難而死。王養死者父祖。三是養致仕之老。四是引戶校年。養庶人之老。

有虞所謂國老。殆卽前三者。而庶老則第四種也。以燕禮養老。未知專指國老。抑兼養庶老。其禮亦不可考。說者以周禮釋之。大致當亦不遠。

『王制疏』有虞氏以燕禮者。虞氏云。燕禮。脫屨升堂。崔氏云。燕者。殺烝於俎。行一獻之禮。坐而飲酒。以至於醉。以虞氏帝道弘大。故養老以燕禮。

吾意虞學名庠。庠者養也。其養之之法。必不止於帝者來庠之時。一舉燕禮而已。凡在庠之老者。必有常年之膳食。如近世各國之有養老年金者然。而老者在庠。無所事事。則又等於素餐。故必各就所長。及其多年之經驗。聚少年學子而教之。於是耆老之所居。轉成最高之學府。而帝者以其爲宿學之所萃。亦時時臨涖。以聆其名言至論。取以爲修身治國之準繩。少年學子見一國之元首。亦隆禮在庠之師儒。則服教說學之心。因之益摯。此古代以學校養老之用意也。

一曰教樂。其所教爲詩歌聲律。

『堯典』詩言志。歌永言。聲依永。律和聲。

卽近世所謂聲音學。言語學。文學。音樂諸科也。此諸科者。似不切於實用。然觀當時之風氣。則詩樂實與宗教政治有大關係。

《堯典》曰。八音克諧。無相奪倫。神人以和。《皋陶謨》曰。戛擊鳴球。搏拊琴瑟。以詠。祖考來格。虞賓在位。羣后德讓。下管鼗鼓。合止柷敔。笙鏞以間。鳥獸蹌蹌。簫韶九成。鳳皇來儀。（是宗教之關係也） 帝庸作歌曰。勑天之命。惟時惟幾。乃歌曰。股肱喜哉。元首起哉。百工熙哉。皋陶拜手稽首颺言曰。念哉。率作興事。愼乃憲。屢省乃成。欽哉。乃賡載歌曰。元首明哉。股肱良哉。庶事康哉。又歌曰。元首叢脞哉。股肱惰哉。萬事墮哉。（是政治之關係也）

《尚書大傳》樂正定樂名。元祀代泰山。貢兩伯之樂焉。陽伯之樂。舞株離。其歌聲。比余謠。名曰晳陽。儀伯之樂。舞鼚哉。其歌聲。比大謠。名曰南陽。中祀大交霍山。貢兩伯之樂焉。夏伯之樂。舞謾彧。其歌聲。比中謠。名曰初慮。羲伯之樂。舞將陽。其歌聲。比大謠。名曰朱干。秋祀柳穀華山。貢兩伯之樂焉。秋伯之樂。舞蔡俶。其歌聲。比小謠。名曰苓落。和伯之樂。舞玄鶴。其歌聲。比中謠。名曰歸來。幽都弘山祀。貢兩伯之樂焉。冬伯之樂。舞齊落。歌曰縵縵。垂爲冬伯。舞丹鳳。一曰齊落。歌曰齊落。一曰縵縵。（是天子巡狩之時八伯皆須貢樂亦與政治宗教有關係也）

誦詩可以知政。作樂可以降神。則文化教育。亦卽其時之實用教育也。觀舜以音樂察治忽。

《皋陶謨》予欲聞六律五聲八音。在治忽。

蓋古人以聲音之道與政通。故恆注重於聲樂。而學生以此爲教科。則一以淑學者之性情。一以裕學者之知識。儲材化俗之意。兼而有之焉。

唐虞之官吏。殆多由大臣舉用。

〔左傳〕舜臣堯。舉八愷使主后土。舉八元。使布五教於四方。（文十八年）

其用人雖多出於貴族。然必以其言論及事功參稽而用之。

〔堯典〕詢事考言。　敷奏以言。明試以功。

〔皋陶謨〕工以納言。時而颺之。格則承之庸之。

且懲戒之法甚嚴。失職者不免鞭撻。甚且著之刑書。

〔堯典〕鞭作官刑。

〔皋陶謨〕撻以記之。書用識哉。

其考績必以三年者。取其官久而事習。然後可以定其優劣也。

〔堯典〕三載考績。　（後世官吏有任期實本此制）

官法雖嚴。而君臣之分際。初不若後世之懸隔。相與對語。率以爾汝之稱。

〔皋陶謨〕帝曰。來禹。汝亦昌言。　皋陶曰。俞師汝昌言。　禹曰。安汝止。（史記作安爾汝）

且設四隣。以爲人主之監督。

〔尚書大傳〕古者天子必有四鄰。前曰疑。後曰丞。左曰輔。右曰弼。天子中立而聽朝。則四聖維之。是以慮無失計。舉無過事。故書曰欽四鄰。此之謂也。又曰。天子有問無以對。責之疑。可志而不志。責之丞。可正而不正。責之輔。可揚而不揚。責之弼。其爵視卿。其祿視次國之君。

故君主無由專制。而政事無不公開也。

唐虞地方之制不可考。以大傳及史記相參。則其時有邑里都師等區畫。

《尙書大傳》古者處師。八家而爲鄰。三鄰而爲朋。三朋而爲里。五里而爲邑。十邑而爲都。十都而爲師。州十有二師焉。家不盈三口者不朋。由命士以上不朋。

《史記五帝本紀》一年而所居成聚。二年成邑。三年成都。

其民殆多聚族而居。

《書序》帝釐下土方。設居方。別生分類。作汨作九共九篇。劉師培曰．別生．猶言別姓．所以辨別其氏姓耳．

無姓者則賜之以姓。

《禹貢》錫土姓。劉師培曰．古人從母得姓．自禹錫土姓．其所謂姓．始不從母而從父．

人民之職業甚多。

《淮南子齊俗訓》堯之治天下。導萬民也。水處者漁。山處者木。谷處者牧。陸處者農。地宜其事。事宜其械。械宜其用。用宜其人。澤皋織網。陵阪耕田。得以所有易所無。以所工易所拙。

【史記五帝本紀】舜耕歷山。漁雷澤。陶河濱。作什器於壽邱。就時於負夏。

禹貢詳載各州貢品。知其時畜牧田漁漆桑紡織商礦諸業皆備。

【考工記】有虞氏上陶。

大要以農業爲本。有甽田之制。

【漢書食貨志】后稷始甽田。以二耜爲耦。廣尺深尺曰甽。長終畮。一畮三甽。一夫三百甽。而播種於甽中。

其民大率春夏皆處於野。秋冬則邑居。

【堯典】春厥民析。（孫星衍尚書今古文注疏曰．高誘注呂覽仲春紀．引書此文．說之云．散布在野．史記司馬相如傳．索隱引如淳云．析．分也．言使民分散耕種．）夏厥民因。（孫曰．爾雅釋詁．儴因也．說文云．漢令解衣耕謂之襄．蓋謂民相就而助成耕耨之事．）秋厥民夷。冬厥民燠。

按漢書食貨志述古制。春令民畢出在壄。冬則畢入於邑。其詩曰。四之日舉趾。同我婦子。饁彼南畝。又曰。十月蟋蟀入我牀下。嗟我婦子。聿爲改歲。入此室處。所以順陰陽。備寇賊。習禮文也。可與堯典相證。（豳風述后稷公劉．當是虞夏時風俗．）

後世傳其時墾田甚多。而人口甚少。雖多出於臆測。然以地域及史事觀之。計亦約略相等。

【後漢書郡國志注】引皇甫謐帝王世紀謂。禹平洪水時。民口千三百五十五萬三千九百二十三人。九州之地。凡二千四百三十萬八千二十四頃。定墾者九百三十萬六千二十四頃。不墾者千五百萬二千頃。

按皇甫謐不知據何書。而能言唐虞時田土人口之數。鑿鑿如此。似不可信。然九州之地。墾闢不足一千萬頃。似亦非過言。以尚書大傳一州四十三萬二千家計之。九州三百八十八萬八千家。平均一家五口。亦不過一千九百四十四萬人。況九州之都邑未必一一皆如其數。則其時之人口自不過一千數百萬。觀舜所居二年成邑。三年成都。則舜未居其地之前。皆空曠之地。無都邑也。

土曠人稀。而生計進步。此尤其時號稱郅治之大原。吾輩讀史。不可徒研究其政教。而不就當時土地人民之數。一究其因果也。

唐虞政教之梗概及其社會之狀況。具如上述。其尤重要者。則敬天愛民之義。爲後世立國根本。雖有專制之君。暴虐之主。剛愎自用之大臣。間亦違反此信條。而自恣其私意。然大多數之人。誦習典謨。認爲立國惟一要義。反復引申。以制暴君汚吏之毒燄。於是柄政者。賢固益以自勉。不肖亦有所懲。卽異族入主中國。亦不能不本斯義。以臨吾民。故制度可變。方法可變。而此立國之根本不可變。如

《堯典》欽若昊天。敬授民時。欽哉惟時亮天功。

《皋陶謨》在知人在安民。安民則惠。黎民懷之。天工人其代之。天敘有典。勑我五典五惇哉。天秩有禮自我五禮有庸哉。天命有德。五服五章哉。天討有罪。五刑五用哉。

《同上》天聰明自我民聰明。天明畏自我民明威。惟動丕徯志。以昭受上帝。天其申命用休。

諸語。以天與民合爲一事。欲知天意。但順民心。凡人君之立政施教。不過就天道自然之秩序。闡發而推行之。直無

所用其一人之主張。此尤治史者所當深考者也。

第十二章　夏之文化

夏后氏十四世十七君。傳祚四百數十年。

〖史記三代世表〗從禹至桀十七世。

〖通鑑外紀〗注。夏十七君。十四世。通羿浞四百三十二年。

以進化之律論之。夏之社會。必已大進於唐虞之時。然夏之歷史多不可考。孔子嘗屢言之。

〖禮運〗孔子曰。我欲觀夏道。是故之杞而不足徵也。吾得夏時焉。〖論語〗子曰。夏禮吾能言之。杞不足徵也。

太史公著史記。於當時所傳夏代之書。亦多疑詞。

〖夏本紀〗太史公曰。孔子正夏時。學者多傳夏小正云。

〖大宛列傳〗太史公曰。言九州山川。尚書近之矣。至禹本紀山海經所有恠物。余不敢言之也。

今所傳虞夏書。自禹貢以上。皆述唐虞時事。其專述夏事者。惟三篇。

〖甘誓〗〖五子之歌〗〖胤征〗

後僅存甘誓一篇。其文獻之不足徵。更甚於孔子史公之時。故欲云夏之文化。無非鑿空傅會而已。

雖然。孔子能言夏禮。墨子多用夏政。

〔淮南子要略〕墨子背周道而用夏政。

箕子嘗陳鴻範。魏絳實見夏訓。

〔左傳〕魏絳曰。夏訓有之曰。有窮后羿。

孝經本於夏法。

章炳麟有孝經本夏法說。

漢志亦載夏龜。

〔漢書藝文志〕夏龜二十六卷。

七月公劉之詩。多述夏代社會禮俗。可與夏小正參證。小戴記。王制內則祭法祭義明堂位諸篇。凡言三代典制者。往往舉夏后氏之制爲首。是夏之文獻。雖甚落。然亦未嘗不可徵考其萬一也。夏之社會。農業之社會也。觀夏小正及豳風。皆以農時爲主。而附載其他事業。知其時所最重者。惟農事矣。當時田制有公私之分。

〔夏小正〕正月初服於公田。〔傳〕古有公田焉者。言先服公田而後服其田也。

公私之田。一家種若干畝。可不考。或謂一夫授田五十畝。

【孟子】夏后氏五十而貢。 趙岐注。民耕五十畝。貢上五畝。

【日知錄】(顧炎武)古來田賦之制。實始於禹。水土既平。咸則三壤。後之王者。不過因其成蹟而已。故詩曰。信彼南山。維禹甸之。畇畇原隰。曾孫田之。我疆我理。南東其畝。然則周之疆理。猶禹之遺法也。孟子乃曰。夏后氏五十而貢。殷人七十而助。周人百畝而徹。夫井田之制。一井之地。畫爲九區。故蘇洵謂萬夫之地。蓋三十二里有半。而其間爲川爲路者一。爲澮爲道者九。爲洫爲涂者百。爲溝爲畛者千。爲遂爲徑者萬。使夏必五十。殷必七十。周必百。則是一王之興。必將改畛涂。變溝洫。移道路。以就之。爲此煩擾而無益於民之事也。豈其然乎。蓋三代取民之異。在乎貢助徹。而不在乎五十七十百畝。其五十七十百畝。特丈尺之不同。而田未嘗易也。故曰其實皆什一也。夏時土曠人稀。故其畝特大。殷周土易人多。故其畝漸小。以夏之一畝爲二畝。其名殊而實一矣。

其名地方十里爲成。

【左傳】夏少康有田一成。有衆一旅。杜注。方十里爲成。

方九里爲甸。

【詩信南山】維禹甸之。【鄭箋】六十四井爲甸。甸方八里。居一成之中。成方十里。出兵車一乘。

其典農者曰田畯。

【詩豳風】田畯至喜。【傳】田畯。田大夫也。

其民居多茅屋土壁蓽戶。

《詩豳風》晝爾于茅。宵爾索綯，亟其乘屋。《同上》穹窒熏鼠。塞向墐戶。《毛傳》向北出牖也。墐塗也。庶人蓽戶。

緣屋種桑。男治田而女治蠶。

《詩豳風》女執懿筐。遵彼微行。爰求柔桑。《毛傳》微行。牆下徑也。五畝之宅。樹之以桑。

農隙則田夫射獵以肄武。

《詩豳風》一之日于貉。取彼狐狸。爲公子裘。二之日其同。載纘武功。言私其豵。獻豜於公。

事皆先公而後私。其民風之淳樸。頗足多焉。

夏之教育有序有校。

《明堂位》序。夏后氏之序也。

《孟子》夏曰校。

鄉校一曰公堂。

《詩豳風》躋彼公堂。《毛傳》公堂學校也。

國學則曰學。

《夏小正》二月丁亥。萬用入學。《傳》入學也者。大學也。

入學以春仲吉日。行禮則舞干戚。

《夏小正傳》丁亥者。吉日也。萬也者。干戚舞也。

國之老者。亦養於學。

《王制》凡養老夏后氏以饗禮。夏后氏養國老於東序。養庶老於西序。

《同上》夏后氏收而祭。燕衣而養老。

鄉人則於十月躋公堂。行飲酒之禮。

《詩豳風》十月滌場。朋酒斯饗。曰殺羔羊。躋彼公堂。稱彼兕觥。萬壽無疆。

而國學特重教射焉。

《孟子》序者射也。

孔子稱夏禹卑宮室。而啓有鈞臺。

《左傳》夏啓有鈞臺之享。（昭四年）

世又傳啓有璿臺。桀有傾宮瑤臺。

《竹書紀年》帝啓元年。大饗諸侯於鈞臺。諸侯從帝歸於冀都。大享諸侯於璿臺。

《通鑑外紀》桀爲傾宮瑤臺。殫百姓之財。

其宮室之崇卑。殆亦隨時不同。考工記載夏世室之制。

〔考工記〕夏后氏世室。堂修二七。廣四修一。五室。三四步。四三尺。九階。四旁兩夾窗。白盛。門堂三之二。室三之一。

假定其時六尺為步。其尺之長略等於周尺。則其世室之修。不過今尺六丈有奇。廣亦不過八丈有奇。而其中之室。深不過二丈。寬亦不過二丈有奇。其制度之褊隘可想。記不言其屋高若干。以其深廣度之。亦必不能過高。此孔子所以謂其卑宮室歟。

夏之器用頗簡陋。觀公劉之詩可見。

〔詩公劉〕迺裹餱糧。于橐于囊。弓矢斯張。干戈戚揚。 何以舟之。維玉及瑤。鞞琫容刀。 蹌蹌濟濟。俾筵俾几。 執豕于牢。酌之用匏。 涉渭為亂。取厲取鍛。

戴記述其禮器。有山罍。雞彝。龍勺。龍簨簴等。

〔明堂位〕山罍。夏后氏之尊也。 夏后氏以雞彝。 夏后氏以龍勺。 夏后氏之龍簨簴。

則宗廟器具。亦有雕刻為雞龍等形者。惟其時色尚黑。

〔檀弓〕夏后氏尚黑。大事斂用昏。戎事乘驪。牲用玄。

雖有雕刻。度必墨色而無華彩。此亦風尚質樸之徵也。考工記稱夏代尚匠。

〔考工記〕夏后氏尚匠。

蓋專重治水土與溝洫之事。而宮室器用則弗求其美備歟。

夏代官制。散見羣書。大其數蓋亦百人。

《明堂位》夏后氏官百。《鄭注》昏義曰。天子立六官。三公。九卿。二十七大夫。八十一元士。凡百二十。蓋謂夏時也。夏后氏官百二十。

執政之官。初爲六卿。

《甘誓》乃召六卿。《鄭注》大傳夏書云。六卿者。后稷。司徒。秩宗。司馬。作士。共工也。

後改爲五官。

《禮書通故》洪範八政。一曰食。二曰貨。即虞后稷所掌。三曰祀。即虞秩宗所掌。四曰司空。五曰司徒。與虞官同名。六曰司寇。即虞之士。七曰賓。鄭注云。若周大行人。是爲司寇之屬。八曰師。其司馬也。（按此則夏之六卿·當爲后稷·秩宗·司空·司徒·司寇·司馬·與鄭注大傳說不同·）夏自不窋失官後。后稷廢。兵刑分。其制以秩宗。司徒。司空。司寇。司馬。爲五官。

其司空。司徒。司馬。又號三公。

《尚書大傳》天子三公。一曰司徒公。二曰司馬公。三曰司空公。《月令正義》書傳三公領三卿。此夏制也。

此外有遒人。

《左傳》夏書曰。遒人以木鐸徇於路。官師相規。工執藝事以諫。（襄四年）

有羲和。

《史記夏紀》中康時。羲和湎淫。廢時亂日。胤往征之。作胤征。

有太史。

《淮南子汎論訓》夏之將亡。太史令終古先奔於商。

及車正。

《通典》夏后氏傳車正奚仲建旗旐。尊卑上下。各有等級。

樂正。

《左傳》樂正后夔生伯封。有窮后羿滅之。夔是以不祀。（昭二十八年）

虞人嗇人等官。

《夏小正》十一月。嗇人不從。　十二月。虞人入梁。

其諸侯之長曰九牧。侯國之官有牧正庖正。

《左傳》少康爲仍牧正。又爲虞庖正。（哀元年）

皆可推見夏之制度焉。

洪水以前。雖有史官。而其著作之文。罕傳於後。今所傳之虞夏書。皆夏史官所紀載也。皋陶謨一篇。或謂伯夷所作。

孫星衍曰。史公云。禹伯夷皋陶相與語帝前。經文無伯夷者。大戴禮誥志篇子引虞史伯夷曰。明孟也。幽幼也。似解幽明庶績咸熙。是伯夷爲虞史官。史遷以皋陶方祇厥敘。及夔曰戛擊鳴球。至庶尹允諧。爲史臣敍事之文。則卽伯夷所述語也。 按堯典至舜死。皋陶謨在堯典後。當皆夏時所撰。是伯夷爲虞史。亦卽夏史也。

故論吾國史家義法。當始於夏。夏之史官世掌圖法。

《呂氏春秋先識覽》夏太史令終古出其圖法。執而泣之。

不知其圖若何。世傳伊尹見湯言九品圖畫。

《史記殷本紀》伊尹從湯言素王及九主之事。 《集解》劉向別錄曰。九主者。有法君。專君。授君。勞君。等君。寄君。破君。國君。三歲社君。凡九品。圖畫其形。

關龍逢引皇圖。

《尚書帝命驗》夏桀無道。殺關龍逢。絕滅皇圖。壞亂歷紀。 鄭玄曰。天之圖歷。龍逢引以諫桀也。

疑當時史策。往往繪畫古代帝皇之事。以昭監戒。史官所掌之外。學士大夫亦多習之。正不獨九鼎之圖畫物象也。

《左傳》昔夏之方有德也。遠方圖物。貢金九牧。鑄鼎象物。百物而爲之備。使民知神姦。故民入川澤山林。不逢不若。魑魅罔兩。莫能逢之。宣三年

金石文字傳世最久者。莫如夏鼎。而其鼎沒於泗水。秦始皇使千人求之不得。後世亦無發見之者。可異也。

『周季編略』周顯王三十三年。九鼎沒於泗水。

『史記始皇本紀』二十八年。過彭城。齋戒禱祠。欲出周鼎泗水。使千人沒水求之。弗得。

後世所傳岣嶁碑。

韓愈詩。岣嶁山尖神禹碑。字青石赤形模奇。

琱戈鉤帶。

『鐘鼎彝器款識』（薛尚功）有夏琱戈及鉤帶。

及禹篆。

『淳化閣帖』有夏禹篆書十二字。釋者謂止出令聶子星記齊其尙九字。

皆僞作。不可信。山西通志載夏貨甚多。蓋亦通志所稱堯泉舜幣之類耳。

第十三章 忠孝之興

唐虞以降國家統一。政治組織漸臻完備。於是立國行政。始有確定之方針。其方針大抵因時勢之需要而定。救弊補偏。必有所尙時移勢異偏弊不同。則所尙亦因之而異。其時無所謂政綱政策。故但名之曰道曰尙。虞夏商周所尙之道。詳於表記。

〔表記〕子曰。夏道尊命事鬼敬神而遠之。近人而忠焉。先祿而後威。先賞而後罰。親而不尊。其民之敝。惷而愚。喬而野。朴而不文。殷人尊神。率民以事神。先鬼而後禮。先罰而後賞。尊而不親。其民之敝。蕩而不靜。勝而無恥。周人尊禮尙施。事鬼敬神而遠之。近人而忠焉。其賞罰用爵列。親而不尊。其民之敝。利而巧。文而不慚。賊而蔽。

〔同上〕夏道未瀆辭。不求備。不大望於民。民未厭其親。殷人未瀆禮。而求備於民。周人强民。未瀆神。而賞爵刑罰窮矣。

〔同上〕虞夏之道。寡怨於民。殷周之道。不勝其敝。

〔同上〕虞夏之質。殷周之文。至矣。虞夏之文。不勝其質。殷周之質。不勝其文。

〔同上〕後世雖有作者。虞帝弗可及也已矣。君天下。生無私。死不厚其子。子民如父母。有憯怛之愛。有忠利之敎。親而尊。安而敬。威而愛。富而有禮。惠而能散。其君子尊仁畏義。恥費輕實。忠而不犯。義而順。文而靜。寬而有辨。

據此。是一代有一代所尙之道。其道各有所敝。而夏道近於虞。故虞夏往往連言。後世遂祇稱夏商周三教。而不稱虞。

【說苑修文篇】夏后氏敎以忠。而君子忠矣。小人之失野。救野莫如敬。故殷人敎以敬。而君子敬矣。小人之失鬼。救鬼莫如文。故周人敎以文而君子文矣。小人之失薄。救薄莫如忠。

【白虎通義】王者設三敎者何。承衰救弊。欲民反正道也。三正之有失。故立三敎以相指受。夏人之王。敎以忠。其失野。救野之失莫如敬。殷人之王敎以敬。其失鬼。救鬼之失莫如文。周人之王敎以文。其失薄。救薄之失莫如忠。　三敎改易。自夏后氏始。三敎所以先忠何。行之本也。

董仲舒對策曰。王者有改制之名。亡變道之實。然夏上忠。殷上敬。周上文者。所繼之救當用此也。夏因於虞。而獨不言所損益者。其道如一。而所上同也。

夏商周三代綿亙二千年。其政教風俗之變遷多矣。近世混而言之。不復加以區別。不知周漢之人。論三代史事。研究其性質。則立國行政之方針。固各有其截然不同者在。而其利弊得失。亦直言之而不爲諱。是知昔人之論史。初非一意崇奉古人。不敢一議其失也。商周之事。以俟後論。茲先言虞夏所尙之道。

夏道尙忠。本於虞。以孔子所言味之。如

忠利之敎。　忠而不犯。　近人而忠。

則言君主及官吏之忠於民者二。而言官吏忠於君主者一。

【孔疏】忠利之教者。言有忠恕利益之教也。以忠恕養於民。是忠焉也。　此二者。皆指君主官吏盡忠於民而言。忠利之教。當以左傳上思利民忠也（桓六年）及孟子教人以善謂之忠二義解之。

【孔疏】忠而不犯者。盡心於君。是其忠也。無違政教。是不犯也。　此則爲官吏對君上之忠。

足見夏時所尚之忠。非專指臣民盡心事上。更非專指見危授命。第謂居職任事者。當盡心竭力。求利於人而已。人人求利於人。而不自恤其私。則犧牲主義。勞働主義。互助主義。悉賅括於其中。而國家社會之幸福。自由此而烝烝日進矣。

夏書不盡傳。故夏道之證不多。周時專倡夏道者。墨子也。觀墨子所稱道。即可以推知夏道。

【莊子天下篇】墨子稱道曰。昔者禹之湮洪水。決江河。通四夷九州也。名山三百。支川三千。小者無數。禹親自操橐耜而九雜天下之川。腓無胈。脛無毛。沐甚雨。櫛疾風。置萬國。禹大聖也。而形勞天下如此。使後世之墨者多以裘褐爲衣。以跂蹻爲服。日夜不休。以自苦爲極。曰。不能如此。非禹之道也。不足爲墨。

大抵尚同兼愛節用節葬之義。多由夏道而引申之。凡所謂聖王之法。疑皆夏時之法。（以孝經先王之王爲禹例之可見）

【墨子節用篇上】昔者聖王爲法曰。丈夫年二十。毋敢不處家。女子年十五。毋敢不事人。　【節用篇中】古者聖王制爲節用之法。曰。凡天下羣工。輪車鞼匏陶冶梓匠。使各從事其所能。曰。凡足以奉給民用則止。諸加費不加於民利者。聖王弗爲。　古者聖王制爲飲食之法。曰足以充虛繼氣。强股肱。耳目聰明。則止。不極五味之調。芬香之和。不致遠國珍怪異物。 古者聖王制爲衣服之法。曰冬服紺緅之衣。輕且暖。夏服絺綌之衣。輕且淸。則止。諸加費不加於民利者。聖王弗爲。 古者聖王制爲節葬之法。曰。衣三領。足以朽肉。棺三寸。足以朽骸。掘穴深不通於泉。流不發洩。則止。《節葬篇下》故古聖王制爲葬埋之法。孫詒讓曰宋書禮志。引尸子禹治水。爲喪法。墨子所述。或卽夏法與。曰。桐棺三寸。足以朽體。衣衾三領。足以覆惡。以及其葬也。下毋及泉。上毋通臭。壟若參耕之畝。則止矣。

其忠於民。以實利爲止。不以浮侈爲利。外以塞消耗之源。內以節嗜欲之過。於是薄於爲己者。乃相率勇於爲人。勤勤懇懇。至死不倦。

《節葬下篇》昔者堯北敎乎八狄。道死。葬蛩山之陰。舜西敎乎七戎。道死。葬南巳之市。禹東敎乎九夷。道死。葬會稽之山。

此犧牲之眞精神。亦卽尙忠之確證也。夫人至不戀權位。不恤子孫。並一己之生命。亦願盡獻於國民。而無所惜。垂死。猶欲敎化遠方異種之人。其敎忠之法何如乎。後儒不知忠之古誼。以臣民效命於元首爲忠。於是盜賊豺虎。但據高位。卽可賊民病國。而無所忌憚。而爲其下者。亦相率爲欺詐叛亂之行。侈陳忠義。而忠義之效。泯焉不可一睹。豈非學者不明古史。不通古誼之過哉。

夏道尙忠。復尙孝。章炳麟孝經本夏法說詳言之。

《孝經本夏法說》（章炳麟）孝經開宗明義章曰。先王有至德要道。釋文引鄭氏說云。禹三王先者。斯義最宏遠。無證明者。山陽丁晏稍理其說。猶未昭晳。予以鄭氏綜撮全經。知其皆述禹道。故以先王屬禹。非遷臆言之也。禹書不存。當以墨子爲說。墨子兼愛。孟軻以爲無父。然非其本。藝文志序墨家者流云。以孝視天下。是以尙同。孝經三才章曰。先之以博愛。而民莫遺其親。博愛卽兼愛。天子章曰。愛親者不敢惡於人。疏引魏眞克說。以爲博愛。此卽兼愛明矣。其徵一也。感應章曰。故雖天子必有尊也。言有父也。言有兄也。援神契釋以尊事三老。兄事五更。白虎通德論曰。不臣三老五更者。欲率天下爲人子弟。藝文志序墨家曰。養三老五更。是以兼愛。此又墨家所述禹道。與孝經同。其徵二也。藝文志序墨家曰。墨家者流。蓋出於淸廟之守。宗祀嚴父。是以右鬼。孝經聖治章曰。孝莫大於嚴父。嚴父莫大於配天。是道相合。又祭法曰。有虞氏祖顓頊而宗堯。夏后氏祖顓頊而宗禹。此則明堂宗祀。虞以上祀異姓有德者。其以父配天。實自夏始。宗禹者啓也。若禹卽宗鯀矣。然則嚴父大孝。創制者禹。其徵三也。及夫墨家之蔽。不別親疏。節葬所說。與喪親章義絕相反。要之同源異流。其本於禹道一也。其在墨子外者。左氏傳曰。禹合諸侯於塗山。執玉帛者萬國。異義引公羊說。殷三千諸侯。周千八百諸侯。是殷周無萬國。獨夏有此。孝經孝治章曰。故得萬國之懽心。以事其先王。（此先王不指禹言）自非夏法。何有萬國之數。其徵一也。周禮五刑各五百。爲二千五百章。曲禮曰。刑不上大夫。正義引張逸曰。謂所犯之罪。不在夏三千。周二千五百之科。書呂刑序曰。呂命穆王訓夏贖刑。其書言五刑之屬三千。是則條律之數。夏周有殊。孝經五刑章曰。五刑之屬三千。而罪莫大于不孝。非夏法則不得此數。其徵二也。故以墨子明大義。以書禮春秋辨其典章。則孝經皆取夏法。先王爲禹。灼然明矣。

考孝字始見於虞書。

《堯典》克諧以孝。烝烝乂。不格姦。

而契之教孝則在禹平洪水以後。虞夏同道。故謂先王爲禹。非鑿空之談也。章氏僅明孝經爲夏法。而未言孝之關繫。愚按古人知有母而不知有父。故姓多從母。自禹錫姓。而父子之倫以正。娶妻不娶同姓。而夫婦之倫以正。自秦以降。雖多以氏爲姓。而男系相承。弈世不改。種族之繁。卽於由最初之別姓。非若東西各國。近親爲婚。漫無區別。此夏道之有關吾國歷代之文明者一也。近世研究社會學者。謂社會之進化。當由宗法而進於軍國。吾國數千年。皆在宗法社會中。故進步遲滯。不知吾國進化。實由古昔聖哲提倡孝道。孝之爲義。初不限於經營家族。如

《孝經》立身行道。揚名於後世。以顯父母。孝之終也。

《祭義》居處不莊。非孝也。事君不忠。非孝也。涖官不敬。非孝也。朋友不信。非孝也。戰陳無勇。非者也。

皆非僅以順從親意爲孝。舉凡增進人格。改良世風。研求政治。保衛國土之義。無不賅於孝道。卽以禹之殫心治水。幹父之蠱爲例。知禹惟孝其父。乃能盡力於社會國家之事。其勞身焦思。不避艱險。日與洪水猛獸奮鬭。務出斯民於窟穴者。純孝之精誠所致也。軍國之義。已非今世所尚。卽以此爲言。亦非夏道所病。觀甘誓之賞於祖。

《甘誓》用命賞於祖。不用命戮於社。

知戰陳之勇。正爲孝子所嘉。後世務爲狹義之孝者。不可以咎古人。而禮俗相沿。人重倫紀。以家庭之肫篤。而產生鉅人長德。效用於社會國家者。不可勝紀。此夏道之有關於吾國歷代之文明者二也。世目吾國爲祖先教。其風實

始於夏。嚴父配天。已見章說。宗廟之制。章未之及。

【考工記】夏后氏世室。注。世室者。宗廟也。

【明堂位】魯公之廟。文世室也。武公之廟。武世室也。

按之二記。則周魯宗廟多沿夏世之法。所謂菲飲食而致孝乎鬼神者。卽指其注重廟祭而言也。祭享之禮。其事似近於迷信。然尊祖敬宗。實爲報本追遠之正務。視其他宗教徒求之冥漠不可知之上帝。或妄誕不經之教主者。蓋有別矣。後世之於祭祀。因革損益。代有不同。而相承至今。無貴賤貧富。咸隆此祀祖之誼。雖僑民散處列邦。語言衣服。胥已變異。而語及祖宗之國。父母之邦。廟祧墳墓之重。則淵然動其情感。而摶結維繫。惟恐或先。此夏道之有關於吾國歷代之文明者三也。

第十四章　洪範與五行

夏代有治國之大法九條。其文蓋甚簡約。流傳至於商室。商之太師箕子

【史記宋微子世家】太師少師。注。孔安國曰。太師箕子也。

獨得其說。周武王克殷。訪問箕子。箕子乃舉所傳者告之。是曰洪範九疇。亦曰鴻範九等。

【書洪範】維十有三祀。王訪於箕子。王乃言曰。嗚呼箕子。惟天陰騭下民。相協厥居。我不知其彝倫攸敘。箕子乃言曰。我聞在昔鯀陻洪水。汨陳其五行。帝乃震怒。不畀洪範九疇。彝倫攸斁。鯀則殛死。禹乃嗣興。天乃錫禹洪範九疇。彝倫攸敘。初一曰五行。次二曰敬用五事。次三曰農用八政。次四曰協用五紀。次五曰建用皇極。次六曰乂用三德。次七曰明用稽疑。次八曰念用庶徵。次九曰嚮用五福。威用六極。

【史記宋世家】武王既克殷。訪問箕子。武王曰。於乎。維天陰定下民。相和其居。我不知其常倫所序。箕子對曰。在昔鯀陻洪水。汨陳其五行。帝乃震怒。不從洪範九等。常倫所斁。鯀則殛死。禹乃嗣興。天乃錫禹洪範九等。常倫所叙。初一曰五行。二曰五事。三曰八政。四曰五紀。五曰皇極。六曰三德。七曰稽疑。八曰庶徵。九曰嚮用五福。畏用六極。

雖曰天之所錫。初未言天若何錫之。所謂彝倫。即常倫。猶言常事之次敘。亦未嘗有何神祕之意義也。漢人始謂洪

範出於雒書。

《漢書五行志》易曰。河出圖。雒出書。聖人則之。劉歆以爲虙羲氏繼天而王。受河圖。則而畫之。八卦是也。禹治洪水。賜雒書。法而陳之。洪範是也。　齊召南曰。易大傳曰。河出圖。洛出書。聖人則之。是言圖書二者。皆出於伏羲之世。故則之以畫八卦。卽尙書本文。祇言天乃錫禹洪範九疇。不云錫禹以洛書。亦不云禹因洛書陳洪範也。以洛書爲洪範。始於劉歆父子。後儒遂信之。

雒書本文凡六十五字

《漢書五行志》初一曰五行。次二曰羞用五事。次三曰農用八政。次四曰叶用五紀。次五曰建用皇極。次六曰艾用三德。次七曰明用稽疑。次八曰念用庶徵。次九曰嚮用五福。畏用六極。凡此六十五字。皆雒書本文。

又謂爲神龜所負

《尙書大傳鄭注》初禹治水。得神龜負文於洛。於以盡得天人陰陽之用

其說頗荒誕。又凡漢人說洪範者。以五行傅會人事。曰洪範五行傳。（尙書大傳有洪範五行傳）

《漢書五行志》劉向治穀梁春秋。數其禍福。傳以洪範。向子歆言五行傳。又頗不同。

尤支離穿鑿。世因以此病洪範。實則箕子所述夏法。（卽所謂六十五字）　第以次數說。初未以五行貫串其他八疇。卽箕子所陳九疇之解釋。

《史記集解》孔安國曰。五行以下。箕子所陳。

惟五事庶徵相應。

《史記宋世家》五事。一曰貌。二曰言。三曰視。四曰聽。五曰思。貌曰恭。言曰從。視曰明。聽曰聰。思曰睿。恭作肅。從作治。明作智。聰作謀。睿作聖。

《同上》庶徵。曰雨。曰暘。曰奥。曰寒。曰風。曰時。五者來備。各以其序。庶草繁廡。一極備凶。一極亡凶。曰休徵。曰肅。時雨若。曰治。時暘若。曰知。時奥若。曰謀。時寒若。曰聖。時風若。曰咎徵。曰狂。常雨若。曰僭。常暘若。曰舒。常奥若。曰急。常寒若。曰霧。常風若。

亦未指此五者與五行相應也。故洪範之中。有五行一疇。非九疇皆攝於五行。以五行爲洪範中之一疇。而夏之大法彰。以九疇皆攝於五行。而夏之大法晦。此讀經治史者所宜詳考也。

漢代五行之説最盛。近人病其支離穿鑿。則欲舉古之所謂五行而並斥之。援據荀子。謂五行之説起於儒家。

《子思孟軻五行説》(章炳麟)荀子非十二子。譏子思孟軻曰。案往舊造説。謂之五行。楊倞曰。五行。五常。仁義禮智信也。五常之義舊矣。雖子思倡之。亦無損。荀卿何譏焉。尋子思作中庸。其發端曰。天命之謂性。注曰。木神則仁。金神則義。火神則禮。水神則智。土神則信。孝經説略同此。(王制正義引)是子思之遺説也。古者洪範九疇。舉五行。傅人事。義未彰著。子思始善傅會。旁有燕齊怪迂之士。侈搪其説。以爲神奇。燿世誣人。自子思始。宜哉荀卿以爲譏也。章氏此説。猶未直以五行爲子思所創。不過謂傅會之説始於子思耳。胡適本章氏之説。遂謂五行之説。大概起於儒家。

不知五行之見於經者。自夏書始。墨子明鬼篇嘗引之。

《書甘誓》有扈氏威侮五行。怠棄三正。

《墨子明鬼篇下》然則姑嘗上觀乎夏書禹誓曰。大戰於甘。王乃命左右六人下聽誓於中軍。曰。有扈氏威侮五行。怠棄三正。天用剿絕其命。

此豈儒家所僞造乎。按五行實起於黃帝。

《管子五行篇》昔黃帝作五聲。以政五鍾。五聲既調。然後作立五行以正天時。五官以正人位。人與天調。然後天地之美生。

《史記歷書》黃帝考定星歷。建立五行。

或謂起於伏羲。

《白虎通義》伏羲因夫婦。正五行。始定人道。

其來甚久。至於夏代。因五行而起戰爭。則夏之特重五行可知。夏之大法首五行。箕子釋之甚簡。

《洪範》一五行。一曰水。二曰火。三曰木。四曰金。五曰土。水曰潤下。火曰炎上。木曰典直。金曰從革。土爰稼穡。潤下作鹹。炎上作苦。典直作酸。從革作辛。稼穡作甘。

伏生釋之。其義始顯。

《尚書大傳》水火者。百姓之所飲食也。金木者。百姓之所興作也。土者。萬物之所資生也。是爲人用。

明乎五行之切於人用。自知夏之大法首五行之故。徵之夏書。五行之物。皆利用厚生所必須。

《左傳》夏書曰。戒之用休。董之用武。勸之以九歌。勿使壞。九功之德皆可歌也。謂之九歌。六府三事。謂之九功。水火金木土穀。謂之六府。正德利用厚生。謂之三事。文八年

夏禹治水。益烈山。九牧貢金。徐州貢土。揚州貢木。以及稷教稼。而各州皆治田。卽當時六府之行政。六府之政行。而天下大治。故書曰六府孔修。有扈氏不修此六府。其民生國計之困乏可知。故曰威侮五行。怠棄三正。而爲天子者不可以不討此夏代之法。亦卽萬世之法也。

洪範五事。與休徵咎徵相應。其理頗深賾。解者不得其恉。則以五行妖妄附會之。

《洪範五行傳》貌之不恭。是謂不肅。厥咎狂。厥罰常雨。厥極惡。時則有服妖。時則有龜孽。時則有雞禍。時則有下體生於上之痾。時則有青眚青祥。維金沴木。言之不從。是謂不艾。厥咎僭。厥罰常暘。厥極憂。時則有詩妖。時則有介蟲之孽。時則有犬禍。時則有口舌之痾。時則有白眚白祥。維木沴金。視之不明。是謂不悊。厥咎荼。厥罰常奧。厥極疾。時則有草妖。時則有倮蟲之孽。時則有羊禍。時則有目痾。時則有赤眚赤祥。維水沴火。聽之不聰。是謂不謀。厥咎急。厥罰常寒。厥極貧。時則有鼓妖。時則有魚孽。時則有豕禍。時則有耳痾。時則有黑眚黑祥。維火沴水。思心之不容。是謂不聖。厥咎霿。厥罰常風。厥極凶短折。時則有脂夜之妖。時則有華孽。時則有牛禍。時則有心腹之痾。時則有黃眚黃祥。維木金水火沴土。《鄭注》凡貌言視聽思心一事失。則逆人之心。人心逆。則怨。木金水火土氣爲之傷。傷則衝勝來乘殄之。於是神怒人怨。將爲禍亂。故五行先見變異。以譴告人也。及妖孽禍痾眚祥。皆其氣類暴作。非常爲時怪者也。各以物象爲之占也。

實則五行之得當與否。視一國之人之貌言視聽思心以爲進退。雖不必以某事與某徵相配。而其理實通於古今。如今人以水旱之災爲人事不盡之徵。苟一國之人治水造林各盡心力。則年穀可以常豐。反之。則水旱頻年。災害並作者。其理與洪範所言何異。洪範但言盡人事則得休徵。悖其道則得咎徵。未嘗專指帝王。使誤認爲一人之貌不恭天卽爲之恆雨。一人之言不從。天卽爲之恆暘。則此帝王。洵如小說中呼風喚雨之道士。如以國民全體解之。則洪範之言正可以警覺國民。使各竭其耳目心思。以預防雨暘寒燠之偏。充洪範之義。雖曰今之世界休明。科學發達。咸由人類五事運用得宜。亦無不可。蓋利用天然力與防衛天然力之變化。皆人類精神之作用。其爲休咎。無一能外於五事。世人日從事於此。而不知洪範備言其理。何哉。

五事之於休徵咎徵。卽近人所謂因果律。人事爲因。而天行爲果。其言初不奇異。如老子謂大軍之後必有凶年。亦以人事不盡爲因。推言天行不順之果也。

洪範最尊皇極。蓋當時政體如此。不足爲病。墨子主張萬民上同乎天子。而不敢下比。天子之所是必是之。天子之所非必非之。卽洪範所謂皇極之敷言。是彝是訓。於帝其訓之誼。然洪範一面尊主權。一面又重民意。如

> 凡厥庶民。極之敷言。（馬融曰，亦盡極敷陳其言於上也。）是訓是行。以近天子之光。
>
> 汝則有大疑。謀及乃心。謀及卿士。謀及庶人。謀及卜筮。

等語。皆可見夏商之時。人民得盡言於天子之前。天子有疑。且謀及於庶人。初非徒尊皇極而奪民權也。以今日投

票權例之。當時國事分爲五權。天子一人一權。卿士若干人一權。庶民若干人一權。龜一權。筮一權。五權之中三可二否。皆可行事。庶民之權。等於天子。如

汝則從。龜從。筮從。卿士逆。庶民逆。吉。

是卿士庶民皆反對。而天子藉龜筮之贊成。可以專斷。又如

庶民從。龜從。筮從。汝則逆。卿士逆。吉。

則天子卿士皆反對。而庶民藉龜筮之贊成。亦可以使天子卿士放棄其主張。而從庶民之說也。洪範之尊重庶民若此。可以其行君主之制。遂謂爲專制乎

庶徵一疇。末段曰。庶民維星。星有好風。星有好雨。日月之行。則有冬有夏。月之從星。則以風雨。亦謂卿士當從民之所好。好風則以風。好雨則以雨。或各從所好。則同時分爲兩黨。如國民有好保守者。則卿士之保守黨從之。國民有好進取者。則卿士之進取黨從之。兩黨相切相劘。而政治遂得其中。此尤民主國家之法也。

第十五章　湯之革命及伊尹之任

君主世及之制。至夏而定臣民革命之例。亦自夏而開。

《易》湯武革命。

然湯之革命實爲貴族革暴君之命。而非平民革貴族之命。此治史者所不可不辨。夏祚四百年。嘗覆國者再。五觀之亂。則其宗室

《中國歷史教科書》(劉師培)太康荒縱自娛。居於斟鄩。昆弟五人。須於洛汭。忘大禹之命。以作亂。擬伐斟灌。故夏人作五子之歌。以致太康失邦。卽古籍所謂五觀之亂也

羿浞之篡。亦爲貴臣。

《左傳》有窮后羿。　注。羿有窮君之號。

《中國歷史教科書》(劉師培)后羿者。其先祖世爲先王射官。帝嚳封之於鉏。及有夏方衰。羿乃自鉏遷窮石。因夏民以代夏政。

《左傳》寒浞伯明氏之讒子弟也。伯明后寒棄之。夷羿收之。以爲己相。

至於湯之伐桀。尤爲貴族代嬗之徵。湯之先祖。與禹同爲舜臣。相土及冥。世有勳業。積十四世之經營。

《史記殷本紀》殷契興於唐虞大禹之際。功業著於百姓。

《史記索隱》相土佐夏。功著於商。詩商頌曰。相土烈烈。海外有截。是也。

《禮記祭法》冥勤其官而水死。殷人祖契而郊冥。

《國語》玄王勤商。十四世而興。

有數十國之歸向。

《尚書大傳》桀無道。囚湯。後釋之。諸侯八譯來朝者六國。漢南諸侯聞之。歸之者四十國。

然後可以革夏政而撫夏民。故知吾國平民自古無革命思想。非貴族爲之倡始。勢不能有大改革也。

古書述湯伐桀之事者甚多。而書經僅存湯誓衆之詞。其事之首尾不具。卽以其文論之。似湯伐桀迥非民意。義師之舉。純由威逼利誘而來。

《湯誓》格爾衆庶。悉聽朕言。非台小子敢行稱亂。有夏多罪。天命殛之。今爾有衆。汝曰我后不恤我衆。舍我穡事而割正夏。予惟聞汝衆言。夏氏有罪。予畏上帝。不敢不正。今汝其曰夏罪其如台。夏王率遏衆力。率割夏邑。有衆率怠弗協。曰。時日曷喪。予及汝偕亡。夏德若茲。今朕必往。爾尙輔予一人。致天之罰。予其大賚汝。爾無不信。朕不食言。爾不從誓言。予則孥戮汝。罔有攸赦。

雖師之用命與否。夏代例有誓詞。

《甘誓》用命賞於祖。不用命戮於社。

然既歆以大賚。又復恐以孥戮。此豈人人皆欲伐桀之詞氣耶。逸周書。孟子所言。則大異是。

《逸周書殷祝》湯將放桀於中野。士民聞湯在野。皆委貨扶老攜幼。奔國中虛。桀與其屬五百人南徙千里。止於不齊。不齊士民往奔湯於中野。桀與其屬五百人徙於魯。魯士民復奔湯。

《孟子》湯始征。自葛載。十一征而無敵於天下。東面而征。西夷怨。南面而征。北狄怨。曰。奚爲後我。民之望之。若大旱之望雨也。歸市者不止。芸者不變。誅其君。弔其民。如時雨降。民大悅。書曰。徯我后。后來其無罰。

兩者相較。恐美湯者或非其實也。

唐虞以來。禮教最重秩敍。

《書皋陶謨》天秩有禮。自我五禮有庸哉。鄭玄曰。五禮。天子也。諸侯也。卿大夫也。士也。庶民也。

庶民之去天子。階級甚遠。故雖有暴君昏主。人民亦敢怒而不敢言。非貴族强藩。躬冒不韙。無人能號召天下。然卽世有勳伐如湯者。亦必自白其非稱亂。此古人所謂名教之效。亦卽今人所謂階級之害也。夫革命與稱亂。近似而實大不同。無論貴族平民。均當分別其鵠的。惡專制而倡革命可也。惡階級而獎稱亂不可也。湯之所以非稱亂者。以其非以己之私利私害。圖奪桀位。而力求有功於民也。

《逸周書殷祝》湯放桀而復薄。三千諸侯大會。湯取天子之璽。置之天子之坐。左退而再拜。從諸侯之位。湯曰。此天子位。有道者可以處之。天下非一家之有也。有道者之有也。故天下者。唯有道者理之。唯有道者紀之。唯有道者宜久處之。湯以此三讓。三

千諸侯莫敢卽位。然後湯卽天子之位。（太平御覽引此文爲尚書大傳之語）

《史記》旣絀夏命。還亳。作湯誥。維三月王自至於東郊。告諸侯羣后。毋不有功於民。勤力迺事。予乃大罰殛汝。毋予怨。

觀其有國之後爲民請命。其爲壹意救民。益可知矣。

《墨子兼愛下》湯曰。予小子履。敢用玄牡。告於上天后曰。今天大旱。卽當朕身履。未知得罪於上下。有善不敢蔽。有罪不敢赦。簡在帝心。萬方有罪。卽當朕身。朕身有罪。無及萬方。卽此言湯貴爲天子。富有天下。然且不憚以身爲犧牲。以祠說於上帝鬼神。卽此湯兼也。

湯之爲人民而革命。以伊尹爲主動之人。伊尹之爲湯用。古書說者不同。或謂伊自干湯。

《墨子尚賢中》伊摯有莘氏女之私臣。親爲庖人。湯得之。舉以爲己相。與接天下之政。治天下之民。

《莊子庚桑楚》伊尹以胞人籠湯。

《史記殷本紀》伊尹名阿衡。阿衡欲干湯而無由。乃爲有莘氏媵臣。負鼎俎以滋味說湯。致於王道。（據孟子萬章之問是戰國時有此說）

或謂湯先聘尹。

《孟子》伊尹耕於有莘之野。而樂堯舜之道。湯使人以幣聘之。囂囂然曰。我何以湯之聘幣爲哉。湯三使往聘之。既而幡然改。

《史記》或曰。伊尹處士。湯使人聘迎之。五反。然後肯往。

而呂覽則折衷二說。

《呂氏春秋本味》伊尹生空桑長而賢。湯聞伊尹。使人請之有侁氏。有侁氏不可。伊尹亦欲歸湯。湯於是請取婦爲婚。有侁氏喜。以伊尹爲媵。送女。湯得伊尹。祓之於廟。爝以爟火。釁以犧猳。明日設朝而見之。說湯以至味。

要之。伊尹之佐湯革命實爲由平民崛起之偉人。故後世慕之。傳說其進身之由。各以己意增益之耳。

漢書藝文志道家有伊尹五十一篇。當亦出於僞託。非尹之自著。尹之學說惟略見於史記。

《史記》湯曰。予有言。人視水見形。視民知治不。伊尹曰。明哉。言能聽。道乃進。君國子民。爲善者皆在王官。勉哉勉哉。 從湯言素王及九主之事。

而孟子推言伊尹之志事獨詳。

《孟子》伊尹耕於有莘之野。而樂堯舜之道焉。非其義也。非其道也。祿之以天下。弗顧也。繫馬千駟。弗視也。非其義也。非其道也。一介不以與人。一介不以取諸人。 天之生斯民也。使先知覺後知。使先覺覺後覺者也。予將以斯道覺斯民也。非予覺之而誰也。 思天下之民。匹夫匹婦。有不被堯舜之澤者。若己推而內之溝中。其自任以天下之重如此。 何事非君。何使非民。治亦進。亂亦進。伊尹也。

蓋尹之志願。專在改進當時之社會。不但不爲一己之權利。不爲成湯之權利。並亦不必推翻夏之政府。苟夏之政府能用其言。行其志。亦可以出於和平之改革

《孟子》五就湯五就桀者伊尹也。

《史記》伊尹去湯適夏。既醜有夏。復歸於亳。

夏既不能用之。始不得已而佐湯伐夏。然其對天下負責之心。則不以夏室既亡而自解。此誠平民革命者之模範。彼徒知破壞。不務建設。或惟爭權力。不負責任者。正不能妄比於伊尹矣。

伊尹之建設。當見於咸有一德伊訓諸書。今其文已亡不可考見。惟逸周書載伊尹獻令。略可見其規畫。

《逸周書伊尹朝獻》湯問伊尹曰。諸侯來獻。或無馬牛之所生。而獻遠方之物。事實相反。不利。今吾欲因其地勢所有獻之。必易得而不貴。其爲四方獻令。伊尹受命。於是爲四方令曰。臣請正東符婁仇州伊慮漚深九夷十蠻越漚鬋髮文身。請令以魚皮之鞞。鰞鰂之醬。鮫瞂利劍爲獻。正南甌鄧桂國損子產里百濮九菌。請令以珠璣。瑇瑁。象齒。文犀。翠羽。菌鶴。短狗爲獻。正西昆侖狗國鬼親枳已闟耳貫胸雕題離身漆齒。請令以丹青。白旄。紕罽。江歷。龍角。神龜爲獻。正北空同大夏莎車姑他旦略豹胡代翟匈奴樓煩月氏孅犁其龍東胡。請令以橐駝。白玉。野馬。騊駼。駃騠。良弓爲獻。湯曰善。

其後放太甲而代之行政。復歸政於太甲。尤爲人所難能。

《史記》湯崩。太子太丁未立而卒。於是乃立太丁之弟外丙。是爲帝外丙。帝外丙即位二年。崩。立外丙之弟中壬。是爲帝中壬。帝中壬即位四年。崩。伊尹乃立太丁之子太甲。帝太甲元年。伊尹作伊訓。太甲既立三年。不明。暴虐。不遵湯法。亂德。於是伊尹放之於桐宮。三年。伊尹攝行政當國。以朝諸侯。帝太甲居桐宮三年。悔過自責。反善。於是伊尹乃迎帝太甲而授之政。帝太甲修德。諸侯咸歸殷。百姓以寧。伊尹嘉之。作太甲訓三篇。褒帝太甲。稱太宗。

世或以竹書爲疑。

《竹書紀年》太甲元年伊尹放太甲於桐。乃自立。七年。王潛出自桐。殺伊尹。

然太甲思庸咎單作訓。其書雖亡。而序猶可見。

《書序》太甲既立。不明。伊尹放諸桐。三年復歸於亳。思庸（僞孔傳曰念常道）伊尹作太甲三篇。 沃丁既葬伊尹於亳。（漢書古今人表沃丁太甲子）咎單

遂訓伊尹事。作沃丁。

則伊尹事太甲。至沃丁時始卒。太甲何嘗殺之。卽劉知幾亦以爲事無左證。不信其說。

《史通疑古篇》汲冢書云。太甲殺伊尹。 伊尹見戮。並於正書。猶無其證。

故論伊尹放太甲事。當以孟子之論爲歸。

《孟子》公孫丑曰。伊尹曰。予不狎於不順。放太甲於桐。民大悅。太甲賢。又反之。民大悅。賢者之爲人臣也。其君不賢。則固可放與。

孟子曰。有伊尹之志。則可。無伊尹之志。則簒也。

惟尹有一介不取之志。故能行此非常之事。伊尹者。洵吾國自有歷史以來最奇之一人物也。

第十六章　殷商之文化

殷商傳世年數。說者不同。

《史記三代世表》從湯至紂二十九世。

《史記殷本紀集解》譙周曰殷凡三十一世。六百餘年。汲冢紀年曰。湯滅夏以至於受。二十九王。用歲四百九十六年。

要其自夏至周。實經五六百年。政教風尚。均大有改革。其傳於今之文字。較夏爲多。書之存者七篇。

《湯誓》《盤庚三篇》《高宗肜日》《西伯戡黎》《微子》

其佚而猶知其所爲作者。凡三十餘篇。

《書序》自契至於成湯。八遷。湯始居亳。從先王居。作帝告釐沃。　湯征諸侯。葛伯不祀。湯始征之。作湯征。　伊尹去亳適夏。既醜有夏。復歸於亳。入自北門。乃遇女鳩女房。作女鳩女房。　湯既勝夏。欲遷其社。不可。作夏社疑至臣扈。　夏師敗績。湯遂從之。遂伐三朡。俘厥寶玉。義伯仲伯作典寶。　湯歸自夏。至於大坰。仲虺作誥。　湯既黜夏命。復歸於亳。作湯誥。　伊尹作咸有一德。　咎單作明居。　成湯既殁。太甲元年。伊尹作伊訓肆命徂后。　伊尹作太甲三篇。　咎單訓伊尹事。作沃丁。　伊陟相大戊。亳有祥桑穀共生於朝。伊陟贊於巫咸。作咸乂四篇。大戊贊於伊陟。作伊陟原命。　仲丁遷於囂。作仲丁。　河亶甲居相。作河亶甲祖乙圮耿作祖乙。　高宗夢得說使百工營求諸野得諸傅巖作說命三篇。　祖已作高宗之訓。

詩之名頌十二篇今之存者五篇。

《詩譜》(鄭玄)宋戴公時。當宣王大夫正考父者。校商之名頌十二篇於周太師。以那爲首。歸以祀其先王。孔子錄詩之時。則得五篇而已。

《詩小序》那。祀成湯也。　烈祖。祀中宗也。　玄鳥。祀高宗也。　長發。大禘也。　殷武。祀高宗也。

其鐘鼎之文傳世至夥。

阮元積古齋鐘鼎彝器款識。載商鐘三。鼎二十三。尊十七。彝二十七。卣十三。壺六。爵三十三。觚四。觶十四。角七。敦六。甗二。鬲四。盉二。匜二。盤二。戈三。句兵二。　阮錄以文字有甲子等字者爲商器。故箸錄最夥。吳大澂愙齋集古錄。則以甲乙等字爲祭器之數。多不標商器。然亦以商器文簡爲言。如亞形母癸敦。未標商器。其跋語則謂商器文簡。多象形文字。(見愙齋集古錄第七冊)　若以吳錄所載敦鼎諸器。分標商字。其數當更多於阮錄也。

而近世發見之龜甲古文學者咸稱爲殷商文字。

《殷商貞卜文字考》(羅振玉)光緒己亥。聞河南之湯陰。發見古龜甲獸骨。其上皆有刻辭。翌年傳至江南。予一見。詫爲奇寶。又從估人之來自中州者。博觀龜甲獸骨數千枚。選其尤殊者七百。并詢知發見之地。乃在安陽縣西五里之小屯。而非湯陰。其地爲武乙之墟。又於刻辭中得殷帝王名謚十餘。乃恍然悟此卜辭者。實爲殷室王朝之遺物。其文字雖簡略。然可正史家之違失。考小學之源流。求古代之卜法。

故考殷之文化。較愈於夏之無徵焉。

商之異於夏者。教尚敬。見前尚質。

『禮含文嘉』質以天德。文以地德。殷據天而王。周據地而王。

『說苑修文篇』商者常也。常者質。質主天。

色尚白。

『檀弓』殷人尚白。大事斂用日中。戎事乘翰。牲用白。

以十二月爲正月。

『尚書大傳』殷以季冬月爲正。

歲曰祀。

『爾雅』夏曰歲。商曰祀。周曰年。唐虞曰載。

其授田八七十畝。見前其工尚梓。

『考工記』殷人尚梓。

其廟制爲重屋。

《考工記》殷人重屋，堂修七尋，堂崇三尺，四阿重屋。

其封爵以三等。

《白虎通》殷爵三等，謂公侯伯也。

而其尤異者有三事。一曰遷國，二曰田獵，三曰祭祀。夏都安邑，未嘗遷居。竹書紀年稱桀居斟鄩，遷於河南，魏源書古微力駁其非。而商則自契至湯八遷。

《史記殷本紀》自契至湯八遷。《通鑑外紀注》（劉恕）契居商，昭明居砥石，相土居商邱，湯居亳，四遷事見經傳，而不見餘四遷。《補注》（胡克家）契始封商，昭明再遷砥石，三遷商，相土四遷商邱，帝芒時五遷殷，帝孔甲時六遷商邱，湯七遷南亳，八遷西亳。此蓋據竹書紀年

湯所居之亳有三。

《中國歷史教科書》（劉師培）湯既勝夏，立景亳，今偃師縣於河南，建爲帝都，建東亳於商邱，西亳於商州，據魏源書古微，皆曰商邑。

其後諸王復不常厥居。

《史記殷本紀》帝仲丁遷於隞，亦作囂，今河南滎澤縣西河亶甲居相，內黃縣東南祖乙遷於邢，邢臺縣盤庚之時，殷已都河北，盤庚渡河南，復居成湯之故居，迺五遷無定處。帝武乙立，殷復去亳，遷河北。

《書古微》（魏源）盤庚自邢遷亳，殷武丁又聳其德，至於神明，以入於河，自河徂亳，此數語本國語武丁既沒，其孫武乙又去亳而遷於

河北之朝歌。

《殷商貞卜文字考》史記殷世家張守節正義。言竹書紀年自盤庚徙殷至紂之滅。二百七十五年。更不遷都。然考盤庚以後。尚遷都者再。史記殷本紀。武乙立。殷復去亳徙河北。今本竹書紀年。武乙三年。自殷遷於河北。十五年。自河北遷於沬。此盤庚以後再遷之明證也。但史記及竹書均言武乙徙河北。而未明指其地。今者龜甲獸骨。實出於安陽縣城西五里之小屯。當洹水之陽。證以古籍。知其地爲殷墟。武乙所徙。蓋在此也。

其遷居之原因。多不可考。惟盤庚之遷殷。略述其故。

《盤庚上》先王有服。恪謹天命。茲猶不常甯。不常厥居。於今五邦。

《盤庚中》先王不懷厥攸作。視民利用遷。

《盤庚下》古我先王。將多於前功。適於山。

視利而遷。且適於山。山之利。殆卽田獵之利。仲丁遷隞。其地多獸。詩車攻搏獸於敖。是周時敖猶多獸。武乙好獵。至爲雷震。

《史記殷本紀》武乙獵於河渭之間。暴雷。武乙震死。

殷之多遷都。實含古代遊牧行國之性質。其謂諸帝因水患而徙者。未足爲據也。

《書序鄭注》祖乙又去相居耿。而國爲水所毀。於是修德以禦之。不復徙。　又祖乙居耿。後奢侈踰禮。土地迫近山。水嘗圮焉。盤陽甲立。殷庚爲之臣。乃謀徙居湯舊都。治於亳之殷地。商家自徙此。而改號曰殷。

殷之王室遷徙無常。其侯國亦遂效之。如周詩所載太王遷岐。文王作豐。武王都鎬。皆殷事也。吾讀諸詩。想見其時曠土甚多。豐草長林。初無居人。待新遷國者經營開闢。

《詩大雅緜》周原膴膴。堇荼如飴。　迺疆迺理。迺宣迺畝。　柞棫拔矣。行道兌矣。

《皇矣》作之屏之。其菑其翳。修之平之。其灌其栵。啓之辟之。其檉其椐。攘之剔之。其檿其柘。　柞棫斯拔。松柏斯兌。

則殷王室之遷徙。亦可由此而推知矣。

殷人之尚田獵。見於新出土之龜甲卜辭。

《殷商貞卜文字考》卜辭中所貞之事。祀與田獵幾居其半。　戊午。王卜貞田盂。往來無𡿧。　戊子。卜貞王田㐭。往來無𡿧。壬申卜貞王田奚。往來無𡿧。　壬辰。王卜貞田玫。往來無𡿧。　丁卯卜貞王田大。往來無𡿧。　癸未卜王曰貞。有馬在行。其左射獲。　己未卜以貞逐豕獲。　逐鹿獲。　貞其射鹿獲。（卜辭甚多摘錄數條）

其後世如紂之爲沙邱苑臺。廣聚鳥獸。殆亦本其國之習俗而加甚耳。

《史記殷本紀》益收狗馬奇物。充仞宮室。益廣沙丘苑臺。多取野獸蜚鳥置其中。

周公稱文王不敢盤於游田。又戒成王毋淫於觀於逸於游於田。（均見書無逸）卽由以殷爲鑑。而動此反感也。然詩之靈臺。尙誇鳥獸。

《詩靈臺》王在靈囿。麀鹿攸伏。麀鹿濯濯。白鳥翯翯。

而逸周書載武王獵獸。其數之多。至可駭異。

《逸周書世俘篇》武王狩。禽虎二十有二。貓二。麋五千二百三十五。犀十有二。氂七百二十有一。熊百五十有一。羆百一十有八。豕三百五十有二。貉十有六。麈十有八。麝五十。麋三十。鹿三千五百有八。

是皆夏商之際所未有也。

殷之尙獵。蓋緣尙武之風。自湯以來。極重武力。

《史記殷本紀》湯曰。吾甚武。號曰武王。

《詩商頌》武王載旆。有虔秉鉞。如火烈烈。則莫我敢曷。

故囿制始於湯。

《淮南子泰族訓》湯之初作囿也。以奉宗廟鮮犞之具。簡士卒。習射御。以戒不虞。及至其衰也。馳騁獵射。以奪民時。罷民之力。

其後武丁復張殷武。

《商頌》撻彼殷武。

伐鬼方。

《易既濟》高宗伐鬼方。三年克之。

服章多用翟羽。

『通鑑外紀』武丁時編髮來朝者六國。自是服章多用翟羽。胡注服章句見通典禮五引古今注今本無此文

至於武乙。且仰而射天。

『史記』武乙爲革囊盛血。仰而射之。名曰射天。

其世尙彊禦可想矣。

『詩大雅』文王曰咨。咨女殷商。曾是彊禦。『同上』彊禦多懟。

殷人之尊神先鬼。孔子已言之。觀湯之征葛。以葛之不祀爲罪。

『書序』葛伯不祀。湯始征之。作湯征。

『孟子』湯居亳。與葛爲鄰。葛伯放而不祀。湯使人問曰。何爲不祀。曰。無以共犧牲也。湯使遺之牛羊。葛伯食之。又不以祀。湯又使人問之曰。無以共粢盛也。湯使亳衆往爲之耕。老弱饋食。葛伯率其民。要其有酒食黍稻者奪之。不授者殺之。有童子以黍肉餉。殺而奪之。爲其殺是童子而征之。

殆由葛伯主張無鬼。不以祭祀祖先爲然。而湯則以祖先教號召天下。故因宗教不同而動兵戈。其後之以歲爲祀。亦以明其注重祀事更甚於夏也。商頌五篇皆祭祀之詩。讀那及烈祖諸篇。可推見其時祭祀之儀式。

『詩那』猗與那與。置我鞉鼓。奏鼓簡簡。衎我烈祖。湯孫奏假。綏我思成。鞉鼓淵淵。嘒嘒管聲。旣和且平。依我磬聲。於赫湯孫。穆穆厥聲。庸鼓有斁。萬舞有奕。我有嘉客。亦不夷懌。自古在昔。先民有作。溫恭朝夕。執事有恪。顧予烝嘗。湯孫之將。

《詩烈祖》嗟嗟烈祖。有秩斯祜。申錫無疆。及爾斯所。既載淸酤。賚我思成。亦有和羹。既戒既平。鬷假無言。時靡有爭。綏我眉壽。黃耇無疆。約軧錯衡。八鸞鶬鶬。以假以享。我受命溥將。自天降康。豐年穰穰。來假來享。降福無疆。顧予烝嘗。湯孫之將。

商書亦多言祭祀鬼神之事。

《盤庚上》茲予大享於先王。爾祖其從與享之。

《盤庚中》我先后綏乃祖乃父。乃祖乃父乃斷棄汝。不救乃死。　乃祖乃父丕乃告我高后曰。作丕刑於朕孫。迪高后。丕乃崇降不祥。

《高宗肜日》典祀無豐於昵。

《微子》今殷民乃攘竊神祇之犧牷牲。用以容將食無災。

周之伐殷。且以弗祀爲紂之罪狀。

《牧誓》昏棄厥肆祀弗答。

蓋殷以崇祀而興。以不祀而亡。此尤殷商一朝之特點也。尚鬼故信巫。而巫氏世相殷室。

《書君奭》在大戊時。巫咸乂王家。在祖乙時。則有若巫賢。

《史記殷本紀》伊陟贊言於巫咸。巫咸治王家有成。作咸艾，祖乙立。殷復興。巫賢任職。

《史記封禪書》伊陟贊巫咸。巫咸之興自此始。梁玉繩謂巫咸非巫，阮元謂巫咸巫賢世職爲巫，故以巫爲氏。

重祀故精治祭器而鐘鼎尊彝之制大興。

《𠕋册父乙鼎跋》（阮元）周器銘往往有王呼史册命某某等語。商人尚質但書册字而已。子爲父作則稱父以十干爲名字。商人無貴賤皆同不必定爲君也。據此知商之鐘鼎獨多者以其君臣上下多爲祭器以祀先也。

祭必擇日故卜日之龜甲猶流傳於今世此皆事理之相因者也。

殷之風氣既如右述殊無以見其享國久長之故。吾嘗反復諸書深思其時之情勢而得數義焉。一則殷多賢君故其國迭衰迭興也。史記之稱殷之興衰凡十見。

《史記殷本紀》雍己立。殷道衰。大戊立。殷復興。河亶甲時。殷復衰。祖乙立。殷復興。帝陽甲之時。殷衰。盤庚之時。殷道復興。小辛立。殷復衰。武丁立。殷道復興。帝甲淫亂。殷復衰。帝乙立。殷益衰。

與夏本紀之一稱夏后氏德衰者不同。周公以無逸勉成王。盛稱殷之三宗。

《書無逸》昔在殷王中宗。嚴恭寅畏。天命自度。治民祗懼。不敢荒寧。其在高宗時。舊勞於外。爰暨小人。作其即位。不敢荒寧。嘉靖殷邦。至於小大。無時或怨。其在祖甲。不義惟王。舊爲小人。作其即位。爰知小人之依。能保惠於庶民。

而孟子則謂其時賢聖之君六七作。

《孟子》自成湯至於武丁。賢聖之君六七作。

足知殷之賢君多於夏代矣。且商雖自湯以來。世尚武功。而其政術。則任賢而執中。

《詩長發》湯降不遲。聖敬日躋。鄭箋湯之下士尊賢甚疾其聖敬之德日進不競不絿。不剛不柔。敷政優優。百祿是遒。

《孟子》湯執中。立賢無方。

非專偏於武力。至箕子陳述皇極。猶以剛柔互克爲言。史記所謂殷道。其在是歟。

一則殷之興學。盛於夏代也。據王制。殷有左右二學。

《王制》殷人養國老於右學。養庶老於左學。

又有瞽宗。

《明堂位》瞽宗。殷學也。

及庠序。

《學記》黨有庠。術有序。庾氏云。黨有庠。謂夏殷禮。蓋虞名庠而夏殷承之

《孟子》殷曰序。

至其未造。周有辟雍。疑必殷有其制而周仿之。

《詩靈臺》於論鼓鐘。於樂辟廱。《王制》天子曰辟廱。諸侯曰泮宮。是周之爲辟廱。寔仿天子之制也。

雖其教法不可詳考。以說命之遺文證之。知殷人之講求教育及學術。遠有端緒。

《文王世子》引說命曰。念終始典於學。

〔學記〕引說命曰。惟斅學半。敬孫務時敏。厥修乃來。

風氣所被。私家之學亦興。

〔尚書大傳〕散宜生閎夭南宮适三子者學於太公。太公見三子。知爲賢人。遂酌酒切脯。除爲師學之禮。約爲朋友。 此雖殷季之事。然私人從師受學。必不始於此。

商之多士。咸知典册。

〔書多士〕惟爾知。惟殷先人有典有册。

粒食之民。昭然明視。

〔大戴禮少閒篇〕成湯服禹功。以修舜緒。爲副於天。粒食之民。昭然明視。民明教。通於四海。殷德小破。乃有武丁。開先祖之府。取其明法。以爲君臣上下之節。殷民更服。粒食之民。昭然明視。

故其文化盛於夏代。而國家亦多歷年所焉。

一則殷之民德純厚。至帝乙以後始敗壞也。殷之民風。略見於盤庚三篇。如

民不適有居。率籲衆感。出矢言。 相時憸民。猶胥顧於箴言。

蓋殷民質直。有不適其意者。則直言之。而顧恤箴規。初不敢放佚爲非也。說經者謂殷民奢淫成俗。然亦僅據盤庚所謂亂政同位。具乃貝玉。及無總於貨寶。生生自庸。數語而言。未見其何等奢淫也。其後周公述殷代風俗。則自湯

至帝乙時。官民無不勤勞敬愼。

『書酒誥』在昔殷先哲王。迪畏天顯。小民經德秉哲。自成湯咸至於帝乙。成王畏相。惟御事。厥棐有恭。不敢自暇自逸。矧曰其敢崇飲。越在外服。侯甸男衞邦伯。越在内服。百僚庶尹。惟亞惟服宗工。越百姓里居。罔敢湎於酒。不惟不敢。亦不暇。惟助成王德顯。越尹人祗辟。

與商頌之言相合。

『詩殷武』稼穡匪解。不敢怠遑。

至紂時酗酒亂德。民俗大壞。

『書微子』殷罔不小大。好草竊姦宄。　小民方興。相爲敵讎。

殷始由之而亡。周既定鼎。殷民猶思恢復。周公憚之。屢加誥誡。惟願其安居田里。

『書多士』爾乃尚有爾土。爾乃尚寧幹止。　今爾惟時宅爾邑。繼爾居。

『書多士』今爾尚宅爾宅。畋爾田。

又時時遷徙其居。分散其族。

『書序』成周既成。遷殷頑民。（江聲曰由周而言謂之頑民由商言之固不失爲誼士）

『左傳』周封魯公以殷民六族。條氏。徐氏。蕭氏。索氏。長勺氏。尾勺氏。使帥其宗氏。輯其分族。將其醜類。以法則周公。用即命於周。

是使之職事於魯。封康叔以殷民七族。陶氏。施氏。繁氏。錡氏。樊氏。饑氏。終葵氏。啓以商政。疆以周索。

蓋殷民悍直之氣。與其團結之力。固易代而不衰也。

第十七章　傳疑之制度

夏殷之禮。文獻無徵。而古書所言古代制度。多有莫知何屬者。漢晉諸儒解釋其制。往往託之於夏殷。謂其與周代制度不合也。今以諸說合爲一篇。標曰傳疑之制度。

(一)九州之界域　《爾雅》九州。兩河間曰冀州。河南曰豫州。河西曰雍州。漢南曰荆州。江南曰揚州。濟河間曰兗州。濟東曰徐州。燕曰幽州。齊曰營州。　《郭璞注》此蓋殷制。　郝懿行曰。郭云此蓋殷制者。釋文引李郭同。詩周南召南譜正義引孫炎曰。此蓋殷制。禹貢有梁青無幽營。周禮有幽幷無徐營。是孫炎以爾雅之文與禹貢周禮異。故疑爲殷制。　又曰。逸周書大匡篇云。三州之侯咸率。程典篇云。文王合六州之侯奉勤於商。商頌云奄有九有。毛傳。九有九州也。又云。帝命式於九圍。毛傳九圍。九州也。殷有九州。皆其證。

(二)封建之制　《王制》天子之田方千里。公侯田方百里。伯七十里。子男五十里。不能五十里者。不合於天子。附於諸侯。曰附庸。

《鄭玄注》此殷所因夏爵三等之制也。

(三)八州封國之數　《王制》凡四海之內九州。州方千里。州建百里之國三十。七十里之國六十。五十里之國百有二十。凡二百一十國。名山大澤不以封。其餘以爲附庸間田。八州。州二百一十國。　《鄭注》此殷制也。　孔穎達疏。此殷制也者。以夏時萬國。則地餘三千里。周又中國方七千里。今大界三千。非夏非周。故云殷制也。

(四)王畿封國之數　『王制』天子之縣內。方百里之國九。七十里之國二十有一。五十里之國六十有三。凡九十三國。名山大澤不以盼。其餘以祿士。以爲閒田。『鄭玄注』縣內。夏時天子所居州界名也。殷曰畿。詩殷頌曰。邦畿千里。周亦曰畿內。

(五)九州封國之總數　『王制』凡九州。千七百七十三國。天子之元士。諸侯之附庸。不與。『鄭注』春秋傳云。禹會諸侯於塗山。執玉帛者萬國。言執玉帛。則是惟謂中國耳。中國而言萬國。則是諸侯之地有方百里。有方七十里。有方五十里者。禹承堯舜而然矣。要服之內。地方七千里。乃能容之。夏末既衰。夷狄內侵。諸侯相幷。土地減。國數少。殷湯承之。更制中國方三千里之界。亦分爲九州。而建此千七百七十三國焉。

(六)方伯連帥之制　『王制』千里之外。設方伯。五國以爲屬。屬有長。十國以爲連。連有帥。三十國以爲卒。卒有正。二百一十國以爲州。州有伯。八州。八伯。五十六正。百六十八帥。三百三十六長。八伯各以其屬。屬於天子之老二人。分天下以爲左右。曰二伯。

『鄭注』屬連卒州猶聚也。伯帥正亦長也。凡長皆因賢侯爲之。殷之州長曰伯。夏及周皆曰牧。

(七)王室之官制　『曲禮』天子建天官。先六太。曰太宰。太宗。太史。太祝。太士。太卜。典司六典。　天子之五官。曰司徒。司馬。司空。司士。司寇。曲司五衆。　天子之六府。曰司土。司木。司水。司草。司器。司貨。典司六職。　天子之六工。曰土工。金工。石工。木工。獸工。草工。典制六材。　鄭玄注皆謂此殷時制也。

(八)冢宰制國用之法　『王制』冢宰制國用。必於歲之杪。五穀皆入。然後制國用。用地小大。視年之豐耗。以三十年之通制國用。量入以爲出。祭用數之仂。喪用三年之仂。喪祭。用不足曰暴。有餘曰浩。祭。豐年不奢。凶年不儉。國無九年之蓄。曰不足。無六年之蓄。曰急。無三年之蓄。曰國非其國也。三年耕。必有一年之食。九年耕。必有三年之食。以三十年之通。雖有凶旱水溢。民無菜色。然後天子食日舉以樂。　皮錫瑞王制箋。案注疏不解冢宰。當是卽以周官之冢宰解之。證以白虎通。則此經冢宰。必非周官冢宰。又引陳立白虎通疏證。定此冢宰爲殷之太宰。

（九）質成之法　《王制》天子齋戒受諫。司會以歲之成。質於天子。冢宰齋戒受質。大樂正。大司寇。市。三官。以其成質於天子。大司徒。大司馬。大司空。齋戒受質。百官各以其成質於三官。大司徒。大司馬。大司空。以百官之成質於天子。百官齋戒受質。然後休老勞農。成歲事。制國用。　黃以周禮書通故。以尚書立政伏書夏傳戴記曲禮諸文參之。此蓋殷制也。夏重司空。以司空公領司空。而上兼百揆。其司馬公領司馬。而又兼司寇。司徒公領司徒。而又兼秩宗。五官之職。以三公統攝之。是謂三宅。成湯因之。故書立政曰。三有宅。克卽宅。此所謂大司徒大司馬大司空者。卽司徒公司馬公司空公也。殷重司徒。故以大司徒大司馬大司空爲次。大樂正爲殷之宗伯。大司徒領司徒。亦兼宗伯。故大樂正之質。從大司徒。大司馬領司馬。亦兼司寇。故大司寇之質。從大司馬。大司空領司空。亦兼市。故市之質。從大司空。曲禮記殷五官之制。曰司徒司馬司空司士司寇。司士左傳作司事。蓋卽周之宗伯。此又謂之大樂正。於大司徒三官之外。又曰大樂正大司寇者。明五官之制也。市本小官。故不言大。特欲配下大司空舉之耳。大樂正大司寇市之質。必從於大司徒大司馬大司空者。明殷之五官亦如夏制。以三公統攝之也。司會爲冢宰之屬。冢宰卽太宰。曲禮記殷官制。天官太宰。不與五官分職。故此司會之質。別受於冢宰。不從於大司徒三官。至周乃以太宰與五官同分職者。殷周制之別也。

(十)司空制地之法　《王制》司空執度。度地居民。山川沮澤。時四時。量地遠近。興事任力。凡居民材。必因天地寒煖燥濕。廣谷大川異制。民生其間者異俗。剛柔輕重遲速異齊。五味異和。器械異制。衣服異宜。修其教不易其俗。齊其政不易其宜。凡居民。量地以制邑。度地以居民。地邑民居。必參相得也。無曠土。無游民。食節事時。民咸安其居。樂事勸功。尊君親上。然後興學。　皮錫瑞王制箋。案司空。依今文說當爲三公之司空。不當爲六卿之司空。韓詩外傳曰。三公者何。曰司空司馬司徒也。司馬主天。司空主土。司徒主人。漢書百官公卿表同。白虎通封公侯篇曰司馬主兵。司徒主人。司空主地。引別名記同。御覽引書大傳曰。溝瀆壅遏。水爲民害。則責之司空。論衡引書大傳曰。城郭不繕。溝池不修。水泉不降。水爲民害。則責於地公。蓋司空一曰地公。正掌度地量地之事。此夏殷官制與周官六卿不同者也。

(十一)司徒及樂正教民之法　《王制》司徒修六禮以節民性。冠昏喪祭鄉相見　明七教以興民德。父子兄弟夫婦君臣長幼朋友賓客　齊八政以防淫。飲食衣服事爲異別度量數制　一道德以同俗。養耆老以致孝。恤孤獨以逮不足。上賢以崇德。簡不肖以絀惡。命鄉簡不帥教者以告。耆老皆朝於庠。元日習射上功。習鄉上齒。大司徒帥國之俊士與執事焉。不變。命國之右鄉簡不帥教者移之左。命國之左鄉簡不帥教者移之右。如初禮。不變。移之郊。如初禮。不變。移之遂。如初禮。不變。屏之遠方。終身不齒。命鄉論秀士。升之司徒。曰選士。司徒論選士之秀者而升之學。曰俊士。升於司徒者。不征於鄉。升於學者。不征於司徒。曰造士。　樂正崇四術。立四教。順先王詩書禮樂以造士。春秋教以禮樂。冬夏教以詩書。王太子。王子。羣后之太子。卿大夫元士之適子。國之俊選。皆造焉。凡入學以齒。將出學。小胥。

大胥。小樂正。簡不帥教者以告於大樂正。大樂正以告於王。王命三公九卿大夫元士皆入學。不變。王親視學。不變。王三日不舉。屏之遠方。西方曰棘。東方曰寄。終身不齒。大樂正論造士之秀者以告於王。而升諸司馬。曰進士。　正義熊氏以爲此中年舉者。爲殷禮。

《王制》天子命之教。然後爲學。小學在公宮南之左。大學在郊。天子曰辟廱。諸侯曰頖宮。　鄭玄曰。此小學大學。殷之制。

（十二）司馬官人之法　《王制》司馬辨論官材。論進士之賢者以告於王。而定其論。論定。然後官之。任官。然後爵之。位定。然後祿之。有發。則命大司徒教士以車甲。凡執技論力。適四方。嬴股肱。決射御。凡執技以事上者。祝史射御醫卜及百工。凡執技以事上者不貳事。不移官。　皮錫瑞王制箋。案今文家說。司馬主天。謂之天官。其位最尊。故進退人才皆由司馬。周官司馬專主武事。與此不同也。

（十三）司寇正刑明辟之法　《王制》司寇正刑明辟。以聽獄訟。必三刺。有旨無簡不聽。附從輕。赦從重。凡制五刑。必即天論。郵罰麗於事。凡聽五刑之訟。必原父子之親。立君臣之義。以權之。意論輕重之序。愼測淺深之量。以別之。悉其聰明。致其忠愛。以盡之。疑獄。汎與眾共之。眾疑。赦之。必察小大之比以成之。成獄辭。史以獄辭告於正。正聽之。正以獄成告於大司寇。大司寇聽之棘木之下。大司寇以獄之成告於王。王命三公參聽之。三公以獄之成告於王。王三又。然後制刑。凡作刑罰。輕無赦。析言破律。亂名改作。執左道以亂政。殺。作淫聲異服奇技奇器以疑眾。殺。行僞而堅。言僞而辯。學非而博。順非而澤。以疑眾。殺。假於鬼神時日卜筮。以疑眾。殺。此四誅者。不以聽。凡執禁以齊眾。不赦過。

(十四)田里關市之法　『王制』古者公田籍而不稅。市廛而不稅。關譏而不征。林麓川澤以時入而不禁。夫圭田無征。　圭璧金璋。不粥於市。命服命車。不粥於市。宗廟之器。不粥於市。犧牲。不粥於市。戎器不粥於市。用器不中度。不粥於市。兵車不中度。不粥於市。錦文珠玉成器。不粥於市。衣服飲食。不粥於市。五穀不時。果實未熟。不粥於市。木不中伐。不粥於市。禽獸魚鼈不中殺。不粥於市。關執禁以譏。禁異服。識異言。　鄭玄曰。古者。謂殷時。　孔穎達曰。此王制多是殷法。

右十四則見於爾雅者一。小戴記曲禮者一。王制者十二。其謂爲殷制者皆以其與周制不合。故用反證之法。以爲殷制。夫商頌之九圍九有。既未言其異於夏周。殷祝稱諸侯三千。何以九州僅容千八百國。其餘諸制。亦多可疑。盧植謂王制爲漢文帝博士諸生所作。鄭玄謂王制之作。在周赧王之後。其時距殷甚遠。固不待言。俞樾皮錫瑞謂王制爲孔氏之遺書。七十子後學者所記。當亦未必盡棄周制而遠法殷商。劉師培纂中國歷史教科書。直以王制所云。悉屬殷制。使學者據以爲說。不復究其由來。則襲謬沿訛。其誤匪淺矣。愚意王制之言自屬周秦間學者理想中之制度。第此等理想。亦必有其由來。今文家所謂變周之文從殷之質者。故非無見。茲列數證。以明其雖非完全殷制。亦可藉以推測殷代制度之梗概焉。

(一)諸侯國數　封建諸侯。自不能如布子於棋局。一一恰合其數。然殷末諸侯之數。似亦有一千七八百國。史記殷本紀周武王之東伐至盟津。諸侯叛殷會周者八百。逸周書世俘篇武王遂征四方。凡憝國九十有九。凡服國六百五十有二。以此計之。已有一千五百餘國。其他豈無中立而不亡者。則謂殷之諸侯由三千而漸少至千八百國。亦理所宜有也。

(二)當時官制　史記殷本紀紂以西伯昌九侯鄂侯爲三公。是殷之尊官爲三公也。牧誓周官司徒司馬司空下。卽稱亞旅師氏。以司徒司馬司空爲三公。與諸大夫有別也。當時周室之制。必與殷制相近。故解王制者謂司徒司馬司空爲殷之三公。非傅會也。

(三)殷之重刑　商人先罰而後賞。見前故刑罰最嚴。多方曰。乃惟成湯克以爾多方簡代夏作民主。愼厥麗乃勸。厥民刑用勸。以至於帝乙。罔不明德愼罰。亦克用勸。要囚殄戮多罪。亦克用勸。開釋無辜。亦克用勸。以此言衡王制。則司寇之正罰明辟。似亦本於殷。且墨子稱湯有官刑。非樂篇荀子言刑名從商。正名篇刑名之嚴。殆自商始。王制以析言破律亂名改作爲大罪。其以此歟。

(四)關市田賦之制　孟子殷人七十而助。助者藉也。與公田藉而不稅之說合。又稱文王治岐耕者九一。關市譏而不征。澤梁無禁。亦殷末之事。逸周書大匡篇。無粥熟。無室市。所謂粥熟。卽飮食之成熟者。所謂室市。卽室中各物皆取於市也。此殷之市禁。行之於周者。特不如王制之詳耳。

大抵人類之思想。不外吸集蛻化兩途。列國交通。則吸集於外者富。一國獨立。則蛻化於前者多。三代制度。雖有變遷。而後之承前。大都出於蛻化。卽降至秦漢學者。分別質文。要亦不過集合過去之思想。爲之整理而引申。必不能謂從前絕無此等影響。而後之人突然建立一說。乃亦條理秩然。幻成一烏託邦之制度。故謂王制完全係述殷制。

未免爲鄭孔所愚。而舉其說一概抹煞。謂其中絕無若干成分由殷之制度紬繹而生者。亦未免失之武斷也。

第十八章　周室之勃興

夏商以降。史料漸豐。周之文化。爛焉可觀。周書四十篇。今存者二十篇。

【周書目】泰誓三篇（今存而不全）　牧誓（今存）　武成　鴻範（今存）　分器　旅獒　旅巢命　金縢（今存）　大誥（今存）　微子之命　歸禾　嘉禾　康誥（今存）　酒誥（今存）　梓材（今存）　召誥（今存）　洛誥（今存）　多士（今存）　無逸（今存）　君奭（今存）　成王征　將蒲姑　多方（今存）　周官　立政（今存）　賄肅愼之命　亳姑　君陳　顧命（今存）　畢命　豐刑　君牙　冏命　蔡仲之命　費誓（今存）　呂刑（今存）　文侯之命（今存）　秦誓（今存）

其逸者。復存五十九篇。

【漢書藝文志】周書七十一篇。注周史記師古曰劉向云周時誥誓號令也蓋孔子所論百篇之餘也今之存者四十五篇矣

【逸周書集訓校釋序】（朱右曾）周書稱逸。昉說文。繫之汲冢自隋書經籍志。隋志之失。先儒辨之。不逸而逸。無以別於逸尙書。故宜復漢志之舊題也。其書存者五十九篇。并序。爲六十篇。較漢志篇數亡其十有一焉。師古云。其存者四十五篇。師古之後又亡其三。然晉唐之世。書有二本。劉知幾史通云。周書七十一章。上自文武。下終靈景。不言有所闕佚。與師古說殊。唐書藝

文志。汲冢周書十卷。孔鼂注周書八卷。二本並列。尤明徵也。其合四十二篇之注於七十一篇之本。而亡其十一篇者。未知何代。要在唐以後矣。

其詩之存者三百篇。

【史記孔子世家】古者詩本三千餘篇。去其重。取其可施於禮義者。三百五篇。合商頌故曰三百五篇

而他書之相傳爲文王周公所作。以及史家所記。諸子所述者尤夥。較之夏商之文獻無徵。不可同日而語也。

周室之興。基於農業。此可以詩之生民七月公劉思文諸詩見之。無俟深論。公劉居豳之時。僅有廬館宮室及公堂。

【詩篤公劉】于時廬旅　于豳斯館。

【詩七月】上入執宮功。　入此室處。　躋彼公堂。

至太王遷岐。始大營城郭宮室。

【詩緜】古公亶父。陶復陶穴。未有家室。據此知豳之廬館宮室多近於土穴　乃召司空。乃召司徒。俾立室家。捄之陾陾。度之薨薨。築之登登。削屢馮馮。百堵皆興。鼛鼓弗勝。迺立皋門。皋門有伉。迺立應門。應門將將。迺立冢土。戎醜攸行。

故周之開基。斷自太王。太王以前之世系。且不可深考。其事迹更茫昧矣。

【周語】自后稷之始基靖民。十五王而文始平之。

【史記志疑】(梁玉繩)契十三傳爲湯。稷十三傳爲王季。則湯與王季爲兄弟矣。而禹契稷三聖共事堯舜。禹十七傳至桀。湯三

十七傳至紂。二代凡千餘年。而稷至武王纔十六傳。歷盡夏商之世。武王竟以十四世祖伐十四世孫。其誰信之。

太王之遷岐。詩不言其何故。但述其走馬而來。

〔詩緜〕古公亶父。來朝走馬。率西水滸。至于岐下。爰及姜女。聿來胥宇。

疑殷商時多行國。故擇地而遷。行所無事。而諸書言古公避狄。其言至有理想。

〔通鑑外紀〕薰育狄人來攻。古公事之以皮幣犬馬珠玉菽粟財貨。不得免焉。狄人又欲土地。古公曰。與之。耆老曰。君不爲社稷乎。古公曰。社稷所以爲民也。不可以所爲亡民也。耆老曰。君不爲宗廟乎。公曰。宗廟吾私也。不可以私害民。夫有民立君。將以利之。與人之兄居而殺其弟。與人之父居而殺其子。以其所養害所養。吾不忍也。民之在我與在彼。爲吾臣與狄人臣。奚以異哉。二三子何患乎無君。杖策而去。率其私屬。出豳。渡漆沮。踰梁山。邑于岐山之陽。始改國曰周。豳人曰。仁人之君。不可失也。舉國扶老攜弱從之者二千乘。一止而成三千戶之邑。旁國聞其仁。亦多歸之。古公乃貶戎狄之俗。營築城郭室屋。而邑別居之。作五官有司。民皆歌樂頌其德。（胡注此孟子淮南子道應訓莊子讓王尚書大傳史記周本紀詩大雅緜毛傳文）

以之較今之持國家主義。殺人流血。無所不至者。相去遠矣。

殷商之世。教育發達。（見前章）其人才多聚於周。而周遂勃興。此如西漢之季。王莽興學。而其人才爲東漢之用之例。蓋殷周新漢。皆帝王家族之分別。而一國之人。不限於一時代也。

觀周書史記之言。周實多得商之人才。

〔君奭〕惟文王尙克修和我有夏。亦惟有若虢叔。有若閎夭。有若散宜生。有若泰顚。有若南宮括。 武王惟玆四人尙迪有祿。

〔史記周本紀〕文王禮下賢者。日中不暇食以待士。士以此多歸之。伯夷叔齊太顚閎夭散宜生鬻子辛甲大夫之徒。皆往歸之。

下至陶冶柯匠之徒。亦爲所用。

〔逸周書文酌篇〕十二來。一弓二矢歸射。三輪四輿歸御。五鮑六魚歸蓄。七陶八冶歸竈。九柯十匠歸材。十一竹十二葦歸時。

故周之士夫野人。咸有才德。

〔詩棫樸〕奉璋峨峨。髦士攸宜。

〔詩兎罝〕肅肅兎罝。椓之丁丁。赳赳武夫。公侯干城。

詩人但美歸於文王后妃之化。尙未推見其遠源也。且殷周之際。不獨男子多受教育。卽女子亦多受教育者。如周之三母。

〔列女傳〕周室三母者。太姜太任太姒。太姜者。王季之母。有台氏之女。太王娶以爲妃。貞訓率導。靡有過失。史記正義引此文作率導諸子至於成童靡有過失太王謀事遷徙。必與太姜。君子謂太姜廣於德敎。太任者文王之母。摯任氏中女也。王季娶爲妃。太任之性。端一誠莊。惟德之行。及其有娠。目不視惡色。耳不聽淫聲。口不出敖言。能以胎敎。溲于豕牢而生文王。文王生而明聖。太任敎之以一而識百。太姒者。武王之母。禹後有莘姒氏之女。仁而明道。文王嘉之。親迎于渭。造舟爲梁。及入太姒。思媚太姜太任。旦夕勤勞。以進婦道。太姒號曰文母。文王治外。文母治內。教誨十子。自少及長。未嘗見邪僻之事。及其長。文王繼而教之。卒成武王周公之德。

【史記周本紀】太姜生少子季歷。季歷娶太任。皆賢婦人。

當皆受殷之侯國之教育非受教於周者也。周之婦女。被后妃之化。亦能賦詩守禮。其時女子教育之盛可知。

【詩汝墳】遵彼汝墳。伐其條枚。未見君子。惄如調飢。遵彼汝墳。伐其條肄。既見君子。不我遐棄。魴魚赬尾。王室如燬。雖則如燬。父母孔邇。

【小序】汝墳。道化行也。文王之化。行乎汝墳之國。婦人能閔其君子。猶勉之以正也。

【詩行露】厭浥行露。豈不夙夜。謂行多露。誰謂雀無角。何以穿我屋。誰謂女無家。何以速我獄。雖速我獄。室家不足。誰謂鼠無牙。何以穿我墉。誰謂女無家。何以速我訟。雖速我訟。亦不女從。　【小序】行露。召伯聽訟也。衰亂之俗微。貞信之教興。彊暴之男。不能侵陵貞女也。

【列女傳】周南之妻者。周南大夫之妻也。大夫受命平治水土。過時不來。妻恐其懈於王事。乃作詩曰。魴魚赬尾。王室如毀。雖則如毀。父母孔邇。蓋不得已也。　召南申女者。申人之女也。既許嫁於酆。夫家禮不備而欲迎之。女與其人言。以爲夫婦者人倫之始也。不可以不正。夫家輕禮違欲。不可以行。遂不肯往。夫家訟之於理。致之於獄。女終以一物不具。一禮不備。守節持義。必死不往。而作詩曰。雖速我獄。室家不足。言夫家之禮不備足也。　二南之詩。多言婦人女子之事。然不知其爲女子自作。抑男子爲女子而作。此二詩。則毛詩魯詩（劉向治魯詩）皆以爲女子自作。故引以證其時婦女能文。

男女貴賤皆有才德。故其國俗丕變。虞芮質成。相形而有慚色。

『詩緜』虞芮質厥成。文王蹶厥生。『毛傳』虞芮之君。相與爭田。久而不平。乃相謂曰。西伯仁人也。盍往質焉。乃相與朝周。入其境。則耕者讓畔。行者讓路。入其邑。男女異路。班白不提挈。入其朝。士讓爲大夫。大夫讓爲卿。二國之君感而相謂曰。我等小人。不可以履君子之庭。乃相讓以其所爭田爲閒田而退。天下聞之而歸者。四十餘國。

此周室代商最大之原因。故知雖君主時代。亦非徒恃一二聖君賢相。即能崛起而日昌也。

雖然周之興。固由民德之盛。而文王周公。繼世有才德。亦其主因之一。文王之德見於書者。如

『書康誥』文王克明德愼罰。不敢侮鰥寡。庸庸。祗祗。威威。顯民。

『書無逸』文王卑服。即康功田功。徽柔懿恭。懷保小民。惠鮮鰥寡。自朝至於日中昃。不遑暇食。用咸和萬民。文王不敢盤於遊田。以庶邦惟正之供。

見於詩者。如

『詩文王』穆穆文王。於緝熙敬止。

『詩大明』維此文王。小心翼翼。昭事上帝。聿懷多福。厥德不回。以受方國。

皆可見其人立身處事。處處敬愼之狀。周公之性質。殆最似文王。其戒成王康叔召公及殷之士民。無在不含有戒愼恐懼之意。合觀詩書諸文。其原因蓋有三端。

一則唐虞以來相傳之道德。皆以敬愼爲主。如皋陶謨稱愼厥身修。兢兢業業。商頌稱溫恭朝夕。聖敬日躋之類。皆從收斂抑制立論。似吾國國民性。自來以此爲尙。與西人之崇尙自由發展者。正相反對。文王周公受累世之教育。兼國民之同性。故其言行若此。

一則歷史事迹。多可鑑戒。陳古刺今。時時危悚。如召誥曰。我不可不監於有夏。亦不可不監於有殷。我不敢知曰有夏服天命。惟有歷年。我不敢知曰不其延。惟不敬厥德。乃早墜厥命。我不敢知曰有殷受天命。惟有歷年。我不敢知曰不其延。惟不敬厥德。乃早墜厥命。蕩曰。殷鑑不遠。在夏后之世之類。皆以前人之不德。爲後人之鑑戒。故文王周公之敬愼。卽夏殷末造之君臣放恣縱肆之反感也。

一則自古以來。寅畏天命。常以戒愼恐懼爲事天引年之法。如商頌稱上帝是祇。帝命式於九圍。天命降監。下民有嚴之類。是商人之心理也。文王周公承受此說。益以天命不常爲懼。故昭事上帝。必矢之以小心。後世儒家道家墨家畏天法天事天之說。皆本於此。　周之書詩。言天言上帝者。指不勝屈。其淵源甚遠。並非後世儒者假稱天命以恐嚇帝王。蓋自古相承之說。君相之賢者。時時以此自勵自戒也。綜觀詩書之文。雖似含有宗教之意。而以天爲勉勵道德之用。非以天爲惑世愚民之用。亦與宗教有別。

文王周公之學。以易之卦爻爲最邃。

《史記周本紀》西伯蓋卽位五十年。其囚羑里。蓋益易之八卦爲六十四卦。

『周易正義』文王作卦辭。周公作爻辭。

蓋伏羲畫卦之後。累世相傳有占卜之書。至文王時。乃演其辭而名爲易。

『繫辭』易之興也。其當殷之末世。周之盛德耶。當文王與紂之事耶。此可見從是前不易

『周禮』太卜掌三易。一曰連山。二曰歸藏。三曰周易。是周之書名爲易以前之連山歸藏不名易也

易一名而含三義。

『易贊』(鄭玄)易一名而含三義。易簡。一也。變易。二也。不易。三也。

有聖人之道四。不專爲卜筮之用。

『繫辭』易有聖人之道四焉。以言者尚其辭。以動者尚其變。以制器者尚其象。以卜筮者尚其占。

故爲吾國哲學書之首。夫以哲學家主持國政。是實吾國之特色也。

『中國哲學史』(謝无量)希臘柏拉圖著新共和國。謂當以哲學者宰制天下而出政教。蓋僅出於想望。非謂必可見諸實事也。獨吾國自羲農以來。以至堯舜。皆以一世之大哲出任元首。故在中國歷史中。爲治化最隆之世。後世靡得而幾焉。 按伏羲僅畫卦象。無文字。堯舜僅修道德。亦無著作。以哲學家宰制天下者。惟文王周公耳。

周公自稱多材多藝。

『書金縢』予仁若考。能多材多藝。

尙書大傳稱其制禮作樂。

《尙書大傳》周公居攝六年。制禮作樂。周公將作禮樂。優游之三年。不能作君子恥其言而不見從。恥其行而不見隨。將大作。恐天下莫我知也。將小作。恐不能揚父祖功業德澤。然後營洛。以觀天下之心。於是四方諸侯。率其羣黨。爲攻位於其庭。周公曰。示之以力役。且猶至。況導之以禮樂乎。然後敢作禮樂。書曰。作新大邑于東國雒。四方民大和會。此之謂也。

其於詩。有七月鴟鴞常棣時邁諸篇。

《詩小序》七月。陳王業也。周公遭變。故陳后稷先公風化之所由。致王業之艱難也。鴟鴞。周公救亂也。成王未知周公之志。公乃爲詩以貽王。名之曰鴟鴞焉。

《周語》周文公之頌曰。載戢干戈。載櫜弓矢。周文公之詩曰。兄弟鬩於牆。外禦其侮。據此是常棣時邁二詩。爲周公之作。以時邁爲周文公之頌。度周頌諸篇多出於周公。特無質言之者耳。

他若春秋凡例。

《春秋左傳序》(杜預)其發凡以言例。皆經國之常制。周公之垂法。史書之舊章。正義言發凡五十。皆是周公舊法。

爾雅釋詁。

《西京雜記》(劉歆)孔子教魯哀公學爾雅。爾雅之出遠矣。舊傳學者皆云周公所記也。《進廣雅表》(張揖)昔在周公。纘述唐虞。宗翼文武。克定四海。勤相成王。六年制禮。以導天下。著爾雅一篇。《釋文》(陸德明)釋詁一篇。蓋周公所作。

其著作之多前此所未有也。

三教改易至周而尙文。見前蓋文王周公皆尙文德故周之治以文爲主其禮樂制度具詳後篇茲先述其尙文之意。

周之伐商既大用武力。

〖史記周本紀〗武王至於商郊誓已諸侯兵會者車四千乘紂聞武王來亦發兵七十萬人距武王。

〖逸周書克殷篇〗周車三百五十乘陳于牧野王既誓以虎賁戎車馳商師商師大崩。

又伐諸國征四方。

〖逸周書世俘篇〗呂他伐越戲方侯來伐靡集于陳百弇伐衞陳本伐磨百韋伐宣方新荒伐蜀百韋伐厲。 武王遂征四方凡憝國九十有九國馘磿億有萬七千七百七十有九俘人三億萬有二百三十凡服國六百五十有二。

周非不尙武也比天下大定始以覿文匿武爲大政方針。

〖周語〗祭公謀父曰先王耀德不觀兵夫兵戢而時動動則威觀則玩玩則無震先王之於民也懋正其德而厚其性阜其財求而利其器用明利害之鄉以文修之使務利而避害懷德而畏威故能保世以滋大。

〖同上〗倉葛曰武不可覿文不可匿覿武無烈匿文不昭。

其文教以禮樂爲最重樂記述其命意略可推見當時之政術。

〖樂記〗濟河而西馬散之華山之陽而弗復乘牛散之桃林之野而弗復服車甲衅而藏之府庫而弗復用倒載干戈包之以虎

皮。將帥之士。使爲諸侯。名之曰建櫜。然後天下知武王之不復用兵也。散軍而郊射。左射貍首。右射騶虞。而貫革之射息也。裨冕搢笏。而虎賁之士說劍也。祀乎明堂而民知孝。朝覲然後諸侯知所以臣。耕藉然後諸侯知所以敬。五者天下之大敎也。食三老五更於太學。天子袒而割牲。執醬而饋。執爵而酳。冕而總干。所以教諸侯之弟也。

夫倒載干戈。衅藏車甲。似乎弭兵止戈矣。然散軍郊射。冕而總干。仍以武事寓於文事之中。蓋明示人以右文而陰教人以習武。卽所謂覲文而匿武也。周公教成王立政。以詰爾戎兵爲言

『立政』其克詰爾戎兵。以陟禹之迹。方行天下。至於海表。罔有不服。以覲文王之耿光。以揚武王之大烈。

而巡守告祭之頌。則稱戢干戈櫜弓矢。

『詩時邁』載戢干戈。載櫜弓矢。我求懿德。肆於時夏。允王保之。『小序』時邁。巡守告祭柴望也。

其心蓋深知武備國防之不可廢。而開國之初提倡尙武主義。則強藩列辟日日稱戈。其禍將不可止。不得已而爲折衷之法。務以文化戢天下人之野心。其旨深矣。

第十九章　周之禮制

周之文化以禮爲淵海集前古之大成開後來之政教。其著於典籍者。雖經秦火所存猶夥。漢藝文志具存其目。

《漢書藝文志》禮古經五十六卷經十七篇。周官經六篇。

後世以十七篇之經爲儀禮。六篇之周官爲周禮。

《漢紀》(荀悅)劉歆奏請周官六篇列之於經。爲周禮。

《經典釋文序錄》(陸德明)劉歆始建立周官經以爲周禮。

《晉書荀崧傳》崧上疏請置鄭儀禮博士一人。儀禮之名始見于此

其古經五十六卷。自十七篇外。謂之逸禮。

《禮記正義》(孔穎達)鄭云。逸禮者。漢書藝文志云。漢始於魯淹中得古禮五十七篇。案七字當係六之訛其十七篇。與今儀禮正同。其餘四十篇。案當云三十九篇藏在秘府。謂之逸禮。其投壺禮亦此類也。

而周官復亡一篇。

《經典釋文序錄》河間獻王開獻書之路。時有李氏上周官五篇。失事官一篇。乃購千金不得。取考工記以補之。

治周史者。得周官五篇。禮經十七篇。及漢世大小戴所傳之逸經古記。可以推見有周禮制討論其國家社會組織之法。與掇拾夏商典制。僅能髣象於萬一者。迥乎不同矣。

雖然。此諸書者。自漢代流傳至於今日。固爲至可寶貴之史料。而其書爲何時何人之作。則異說殊多。或謂禮經周官皆周公所作。

> 《儀禮疏序》(賈公彥)周禮儀禮發源是一。理有終始。分爲二部。並是周公攝政太平之書。
>
> 《序周禮興廢》周官孝武之時始出。秘而不傳。既出於山巖屋壁。復入於秘府。五家之儒莫得見焉。至孝成皇帝。達才通人劉向子歆。校理秘書。始得列序。著於錄略。時衆儒並出共排以爲非是。惟歆獨識。知周公致太平之迹。具在於斯。

或謂儀禮爲孔子所作。

> 《三禮通論》(皮錫瑞)周禮儀禮。說者以爲並出周公。案以周禮爲周公作。固非。以儀禮爲周公作。亦未是也。禮十七篇。蓋孔子所定。檀弓云。恤由之喪。哀公使孺悲學士喪禮於孔子。士喪禮於是乎書。據此則士喪出於孔子。其餘篇亦出於孔子可知。

或謂周官爲末世瀆亂不驗之書。及六國陰謀之書。

> 《序周禮廢興》(賈公彥)林孝存以爲武帝知周官末世瀆亂不驗之書。故作十論七難。以排棄之。何休亦以爲六國陰謀之書。唯有鄭玄徧覽群經。知周禮者。乃周公致太平之迹。故能答林碩之論難。使周禮義得條通。

故近人以儀禮爲儒家所創。謂之爲種種怪現狀。種種極瑣細的儀文。而周禮之爲僞書。更不措意。按禮非制於孔子。章氏駁皮氏書具言之。

《孔子制禮駁議》（章炳麟）禮五十六篇。皆周公舊制。記言哀公使孺悲學士喪禮於孔子。士喪禮於是乎書。此謂舊禮崩壞。自此復著竹帛。故言書不言作。喪服禮兼上下。又非士喪之篇。文不相涉。記檀弓曰。魯人有朝祥而暮歌者。子路笑之。孔子曰。三年之喪。亦以久矣夫。言其久不行也。若自孔子始作者。當云三年之喪。創法自我。不可以責未聞者。何乃言久不行耶。記檀弓又曰。衰與其不當物也。寧無衰。然則自斬衰三升。下至緦麻十五升抽其半。其爲精粗異度。繁碎亦甚矣。獨有制禮自上。民胥效法。故織任之家。素備其式。假自孔子制之者。縱令徧行魯國。自適士以至府史胤族。猶當萬數。倉卒制之。何由得布。若不自置邸店。親課女紅。布縷既不中程。則衰無以當物。唐爲文具。將安設施。此則自衛反魯五年之中。專爲縫人賈販。猶懼不給。固無刪述六經之暇矣。又若制禮昉於孔子。冠昏朝聘以及祭享。其事猶多。哀公不以問孔子。獨問士喪。孔子又本不作士喪禮。待哀公問然後發之。君則失偏。臣則失缺。其違於事情遠矣。即若是者。禮記曾子問篇。孔子自說從老聃受禮。寧知今之禮經。非老聃制之耶。墨子節葬非儒。以是專責儒者。此由喪禮廢缺。獨儒者猶依其法。故名實專歸之。古者刑書本無短喪之罰。故得人人自便。弗可禁止。非直晚周也。漢世鼂錯翟方進爲三公。遭喪猶不去官。若以周公時未有喪制。故晚周無三年服。漢世士禮既行。何以持服者寡乎。晚周無持齊斬者。即云喪禮自孔氏制之。見漢世無持齊斬者。復可云喪禮自二戴制之邪。

其儀文度數之中所寓之精義。則戴記冠婚喪祭諸義發揮最爲透闢。其坊民淑世。非若希臘教偷羅馬鬭獸之野蠻也。今世縱不能行其法。不當文致爲儒家之過而詆毀之。觀韓愈之論。則知所折衷矣。

《讀儀禮》（韓愈）余嘗苦儀禮難讀。又其行於今者蓋寡。沿襲不同。復之無由。考於今。誠無所用之。然文王周公之法制。粗在於是。孔子曰吾從周。謂其文章之盛也。古書之存者希矣。百氏雜家。尙有可取。況聖人之制度耶。

周禮之制度。多與他書不同。故攻擊者尤衆。然前人之攻擊之者。亦多認爲周制。

《周禮問》（毛奇齡）周禮一書。出自戰國。斷斷非周公所作。予豈不曉。然周制全亡。所賴以略見大意。祇此周禮儀禮禮記三經。以其所見者雖不無參臆。而其爲周制則尙居十七。此在有心古學。方護衞不暇。而欲迸絕之。則餼羊盡亡矣。

《禮經通論》（皮錫瑞）孔子謂殷因夏禮。周因殷禮。皆有損益。樂記云。三王異世。不相襲禮。是一代之制度。不必盡襲前代。改制度。易服色。殊徽號。禮有明徵。非特後代之興。必變易前代也。卽一代之制度。亦歷久而必變。周享國最久。必無歷八百年而制度全無變易者。三禮所載。皆周禮也。禮經十七篇。爲孔子所定。其餘蓋出孔子之後。學者各記所聞。而亦必當時實有此制度。非能憑空撰造。

以其非有來歷。斷不能冥思臆造。創爲此等宏綱細目之書也。周秦西漢著書者多矣。孔孟管墨商君荀卿以及董仲舒劉歆輩。皆有意於創立法制。今其書之存者。或第言立法之意。或粗舉治國之方。無一書能包舉天下萬事萬物。一一爲之區分條理。而又貫串聯絡。秩然不紊。如周官者。後世之六典會典等。以有周官爲之模範。故易於著手。然猶不能及其精微。學者試思爲周官者。當具何等經驗思想學力。而後能成此書乎。古今中外政治家哲學家。著書立說。大都徒託空言。不能見之於實行。然學者稱舉其說。猶許其代表一時代之文化。故周官之說。卽令未嘗實行。僅屬於一個人之理想。然此一個人之理想。產生於此時代。已足令人驚詫。矧其官守法意。降至春秋戰國。猶多遺迹可尋乎。汪中作周官徵文以逸周書穆王作職方爲證。

《述學周官徵文》(汪中)或曰周官周公所定。而言穆王作職方何也。曰賦詩之義。有造篇。有述古。夫作亦猶是也。召穆公糾合宗族於成周。而作常棣之詩。則述古亦謂之作。詳職方大司樂二條。知周官之文。各官皆分載其一。以爲官法。故每職之下。皆繫曰掌。而太宰建之以爲六典。則合爲一書。穆王作之。特申其告誡。俾舉其職爾。

則此書實成康昭穆以來王官世守之舊典。以之言西周之文化。固非託古改制之比也。

儀禮十七篇所言者。爲冠婚喪祭射鄉朝聘八目。周官則經緯萬端。兹擇其要者。以次列舉於後。

一　國土之區畫

國土之區畫。分左之四種。

(一)九州　九州之區畫。自古已然。而周之區畫。兼研究其民物之事利。其調查統計。蓋較禹貢爲詳。

《周官職方氏》東南曰揚州。其山鎮曰會稽。其澤藪曰具區。其川三江。其浸五湖。其利金錫竹箭。其民二男五女。其畜宜鳥獸。其穀宜稻。正南曰荆州。其山鎮曰衡山。其澤藪曰雲夢。其川江漢。其浸潁湛。其利丹銀齒革。其民一男二女。其畜宜鳥獸。其穀宜稻。河南曰豫州。其山鎮曰華山。其澤藪曰圃田。其川滎洛。其浸波溠。其利林漆絲枲。其民二男三女。其畜宜六擾。其穀宜五種。

正東曰青州。其山鎭曰沂山。其澤藪曰望諸。其川淮泗。其浸沂沭。其利蒲魚。其民二男三女。其畜宜雞狗。其穀宜稻麥。河東曰兗州。其山鎭曰岱山。其澤藪曰大野。其川河泲。其浸盧維。其利蒲魚。其民二男三女。其畜宜六擾。其穀宜四種。正西曰雍州。其山鎭曰嶽山。其澤藪曰弦蒲。其川涇汭。其浸渭洛。其利玉石。其民三男二女。其畜宜牛馬。其穀宜黍稷。東北曰幽州。其山鎭曰醫無閭。其澤藪曰貕養。其川河泲。其浸菑時。其利魚鹽。其民一男三女。其畜宜四擾。其穀宜三種。河內曰冀州。其山鎭曰霍山。其澤藪曰揚紆。其川漳。其浸汾潞。其利松柏。其民五男三女。其畜宜牛羊。其穀宜黍稷。正北曰幷州。山鎭曰恆山。其澤藪曰昭餘祁。其川虖池嘔夷。其浸淶易。其利布帛。其民二男三女。其畜宜五擾。其穀宜五種。

禹貢專言貢物。猶專爲王侯立法。職方注重民利。則周代重民之證也。

(二)畿服　畿服之制。亦沿於古。惟商時猶僅五服。(見於書者曰甸侯男采衛)至周而斥大之爲九畿。亦曰九服。

《周官大司馬》以九畿之籍。施邦國之政。職方千里曰國畿。其外方五百里曰侯畿。又其外方五百里曰甸畿。又其外方五百里曰男畿。又其外方五百里曰采畿。又其外方五百里曰衞畿。又其外方五百里曰蠻畿。又其外方五百里曰夷畿。又其外方五百里曰鎭畿。又其外方五百里曰蕃畿。《職方氏》乃辨九服之邦國。方千里曰王畿。其外方五百里曰侯服。又其外方五百里曰甸服。又其外方五百里曰男服。又其外方五百里曰采服。又其外方五百里曰衞服。又其外方五百里曰蠻服。又其外方五百里曰夷服。又其外方五百里曰鎭服。又其外方五百里曰藩服。

其地之廣袤。參考劉師培古代要服荒服建國考(見丁未年國粹學報)章炳麟封建考。可得其概。

(三)封國　周之封國。爲說經家聚訟之要點。然其國境大者不過後世之一府。小者乃等於州縣。無足異也。

《周官大司徒》凡建邦國。以土圭土其地。而制其域。諸公之地。封疆方五百里。其食者半。諸侯之地。封疆方四百里。其食者參之一。諸伯之地。封疆方三百里。其食者參之一。諸子之地。封疆方二百里。其食者四之一。諸男之地。封疆方百里。其食者四之一。

《職方氏》凡邦國千里。封公以方五百里。則四公。方四百里。則六侯。方三百里。則七伯。方二百里。則二十五子。方百里。則百男。以周知天下。凡邦國大小相維。

(四)王畿之區畫　王畿方千里。四面各五百里。節次分之。其名甚多。

《周官載師》以廛里任國中之地。以場圃任園地。以宅田士田賈田任近郊之地。以官田牛田賞田牧田任遠郊之地。以公邑之田任甸地。以家邑之田任稍地。以小都之田任縣地。以大都之田任畺地。　《鄭注》五十里爲近郊。百里爲遠郊。　《賈疏》自百里以至邦國。分爲五等。二百里曰甸。三百里曰稍。四百里曰縣。五百里曰都。畿外邦國。

郊有六鄉。甸有六遂。其制詳後。

周官一書。雖不過官制官規之性質。然六官之開端。皆以治地爲言。

《周官天官冢宰》惟王建國。辨方正位。體國經野。設官分職。以爲民極。　地官春官夏官秋官皆同。　《賈疏》六官皆有此敘者。欲見六官所主雖異。以爲民極是同故也。

故觀周官可知其時所最重者。實惟辨方正位體國經野之事。右列之區畫。散見於諸官者。似徒爲此緐複之名數。

而無益於政治。然觀其對於版圖測量土壤民物。一一經畫研究。則知周之治地。非徒注意於名數而已也。周之版圖大別有三。

（一）總圖　其圖蓋具全國之形勢。兼注明其民族物產者。雖其文未言圖中符號比例若何。然其有比例符號。殆無可疑。如

『周官大司徒』掌建邦之土地之圖。與其人民之數。以佐王安擾邦國。以天下土地之圖。周知九州之地域廣輪之數。辨其山林川澤丘陵墳衍原隰之名物。『土訓』掌道地圖。以詔地事。道地慝。以辨地物。而原其生。以詔地求。『司險』掌九州之圖。以周知其山林川澤之阻。而達其道路。『職方氏』掌天下之圖。以掌天下之地。辨其邦國都鄙四夷八蠻七閩九貉五戎六狄之人民。與其財用九穀六畜之數要。周知其利害。『司書』掌邦中之版。土地之圖。以周知出入百物。以敘其財。

其圖有廣輪之數。且有九穀六畜之數。則不但有比例。兼似附有物產統計表矣。周之官吏。據此等圖表以經畫天下。其非空言可知。

（二）分圖　其圖殆如今之一縣一鄉之圖。可據以決獄訟。且可以定各地之形體。視總圖尤有實用。如

『周官小宰』以官府之八成經邦治。三曰聽閭里以版圖。『小司徒』凡民訟。以地比正之。地頌以圖正之。『遂人』掌邦之野。以土地之圖經田野。造縣鄙形體之法。

縣鄙形體。據圖以造。則其規畫非徒理想。而必按照各地毗連之形勢。審慎出之。又可知矣。

（三）專圖　其圖各以一事一地爲之。不涉他地他事。如

《周官冢人》掌公墓之地。辨其兆域而爲之圖。《墓大夫》掌凡邦墓之地域爲之圖。《丱人》掌金玉錫石之地。若以時取之。則物其地圖而授之。

據此知周代官府地圖之多。地治之精密。實基於此。然徒觀地圖。無以知地之方位氣象。則測量尤繪圖之先之所重矣。周之諸官掌測量者。如

《周官大司徒》以土圭之法。測土深。正日景。以求地中。日南則景短多暑。日北則景長多寒。日東則景夕多風。日西則景朝多陰。

《土方氏》掌土圭之法。以致日景。以土地相宅而建邦國都鄙。以辨土宜土化之法而授任地者。

其法可與考工記參觀。

《考工記》匠人建國。水地以縣。置槷以縣。眡以景。爲規識日出之景與日入之景。晝參諸日中之景。夜考之極星。

朝夕測日。夜則測星。既辨方位。兼審土宜。其建邦國都鄙之愼重若此。於地事似已盡心爲之矣。然司徒猶有土會土宜土均之法。正不止土圭一法也。

《周官大司徒》以土會之法。（鄭注會計也）辨五地之物生。一曰山林。其動物宜毛物。其植物宜皁物。其民毛而方。二曰川澤。其動物宜鱗物。其植物宜膏物。其民黑而津。三曰丘陵。其動物宜羽物。其植物宜覈物。其民專而長。四曰墳衍。其動物宜介物。其植物宜莢物。其民晳而瘠。五曰原隰。其動物宜臝物。其植物宜叢物。其民豐肉而庳。　以土宜之法。辨十有二土之名物。以相民宅。而

知其利害。以阜人民。以蕃鳥獸。以毓草木。以任土事。辨十有二壤之物而知其種。以教稼穡樹藝。以土均之法。辨五物九等。制天下之地征。以作民職。以令地貢。以斂財賦。以均齊天下之政。

分析土壤。剖辨物種。而民生國政。於是乎定。蓋人民猶建築物。土地則其基址。基址未能辨別。建築物無從著手。周之施政。注重地治。其條理精密若此。此固前古所無。抑亦漢唐迄今所未能逮也。世人謂吾國研究地學。始於裴秀賈耽等人。然觀晉唐諸史之言。其於周官之制。殆不過萬分之一。故吾國文明。在周實已達最高之度。嗣又漸降而漸進。至今則古制澌滅殆盡。而後羣詫域外之文明。試卽周代治地諸法思之。得謂其時無此事實。而一人撰造僞書。乃能穿穴諸官。使一一相應若此耶。

二　官吏之職掌

國家社會。未達無治主義之時代。行政官吏。在所必設。設之則必有階級等差。此天下萬國所同也。吾國歷代官制。雖時有變遷。而其源大都出於周官。故周之設官分職。亦爲治史者所必措意。周之官吏。分朝命及辟除二途。

《周官大宗伯》以九儀之命正邦國之位。壹命受職。再命受服。三命受位。四命受器。五命賜則。六命賜官。七命賜國。八命作牧。九命作伯。

大抵自一命爲正吏。至六命賜官爲卿。中大夫。下大夫。上士。中士。下士六等。六命之上。則諸侯之等級。其辟除或給繇役者。曰府。曰史。曰胥。曰徒。

《周官》宰夫掌百官府之徵令。五曰府。掌官契以治藏。六曰史。掌官書以贊治。七曰胥。掌官敍以治敍。八曰徒。掌官令以徵令。

《天官鄭注》府治藏。史掌書者。凡府史皆其官長所自辟除。胥徒皆民給繇役者。胥有才知。爲什長。

官制之大綱。分爲六屬。

《周官小宰》以官府之六屬舉邦治。一曰天官。其屬六十。掌邦治。大事則從其長。小事則專達。二曰地官。其屬六十。掌邦教。大事則從其長。小事則專達。三曰春官。其屬六十。掌邦禮。大事則從其長。小事則專達。四曰夏官。其屬六十。掌邦政。大事則從其長。小事則專達。五曰秋官。其屬六十。掌邦刑。大事則從其長。小事則專達。六曰冬官。其屬六十。掌邦事。大事則從其長。小事則專達。以官府之六職辨邦治。一曰治職。以平邦國。以均萬民。以節財用。二曰教職。以安邦國。以寧萬民。以懷賓客。三曰禮職。以和邦國。以諧萬民。以事鬼神。四曰政職。以服邦國。以正萬民。以聚百物。五曰刑職。以詰邦國。以糾萬民。以除盜賊。六曰事職。以富邦國。以養萬民。以生百物。

其官數凡五六萬人。

《通典》(杜佑)周內官二千六百四十三人外諸侯國內六萬一千三十二人

《周官祿田考》(沈彤)六官。凡五萬九千三百餘人。

其治之咸以典法。

《周官》太宰之職。掌建邦之六典。以佐王治邦國。一曰治典。以經邦國。以治官府。以紀萬民。二曰教典。以安邦國。以教官府。以擾萬民。三曰禮典。以和邦國。以統百官。以諧萬民。四曰政典。以平邦國。以正百官。以均萬民。五曰刑典。以詰邦國。以刑百官。以糾萬民。六曰事典。以富邦國。以任百官。以生萬民。　以八法治官府。一曰官屬。以舉邦治。二曰官職。以辨邦治。三曰官聯。以會官治。四曰官常。以聽官治。五曰官成。以經邦治。六曰官法。以正邦治。七曰官刑。以糾邦治。八曰官計。以弊邦治。　以八則治都鄙。一曰祭祀。以馭其神。二曰法則。以馭其官。三曰廢置。以馭其吏。四曰祿位。以馭其士。五曰賦貢。以馭其用。六曰禮俗。以馭其民。七曰刑賞。以馭其威。八曰田役。以馭其衆。

典法施於太宰。而掌之者復有諸官。

《周官太宰》正月之吉。乃施典於邦國。施則於都鄙。施法於官府。　《小宰》掌邦之六典八法八則之貳。以逆邦國都鄙官府之治。　《司會》掌邦之六典八法八則之貳。以逆邦國都鄙官府之治。　《小宰》正歲率治官之屬而觀治象之法。徇以木鐸。曰。不用法者。國有常刑。　《司書》掌邦之六典八法八則。　《太史》掌建邦之六典。以逆邦國之治。掌法。以逆官府之治。掌則。以逆都鄙之治。凡辨法者考焉。不信者刑之。　《內史》執國法及國令之貳。以考政事。以逆會計。　《御史》掌邦國都鄙及萬民之治令。以贊冢宰。凡治者受法令焉。　《匡人》掌達法則。匡邦國。　《大行人》十有一歲修法則。

據此則周官所載。特其大綱。而所謂典法者。必更有詳密之條文。正者存於太宰。貳者散在諸官。其有不信。則考諸太史。非一二人所能以意爲出入高下也。諸法之中。不可殫舉。第就官聯一法觀之。即可知其立法之精密。

【周官小宰】以官府之六聯合邦治。一曰祭祀之聯事。二曰賓客之聯事。三曰喪荒之聯事。四曰軍旅之聯事。五曰田役之聯事。六曰弛斂之聯事。凡小事皆有聯。

【周禮訂義】(王與之)王昭禹曰。古者軍將皆命卿。而師旅卒長之屬。皆下大夫士掌其事。大司徒大軍旅以旗致萬民。治其徒庶之政令。 小司徒會萬民之卒伍。而亦帥其衆庶。鄉師。大軍旅正治其徒役。與其輂輦。大司馬。及戰。巡陳眡事而賞罰。若此類皆軍旅之聯事。 太宰掌九貢九賦。而大府司會司書之類。亦掌之。所謂斂也。鄉大夫國中貴者之類皆舍征。而小司徒凡征役之施舍亦掌之。所謂弛也。凡此類皆斂弛之聯事。 非祭祀賓客喪荒軍旅田役斂弛六者之大事。餘皆小事也。若膳夫之官有庖人亨人內外饔之類。通職聯事。司關掌國貨之節。以聯門市。皆小事也。

於組織之中寓互助之意。既以泯其畛域。且使互相監視。不使一機關獨斷一事。而遂其營私舞弊之謀。此研究法治者所最宜留意者也。

周之官府最重會計。

【周官小宰】以官府之八成經邦治。一曰聽政役以比居。二曰聽師田以簡稽。三曰聽閭里以版圖。四曰聽稱責以傅別。五曰聽祿位以禮命。六曰聽取予以書契。七曰聽賣買以質劑。八曰聽出入以要會。 以聽官府之六計。弊群吏之治。一曰廉善。二曰廉能。三曰廉敬。四曰廉正。五曰廉法。六曰廉辨。 月終。則以官府之敘。受群吏之要。贊冢宰受歲會。歲終。則令群吏致事。

【宰夫】歲終。則令群吏正歲會。月終。則令正月要。旬終。則令正日成。而以考其治。治不以時舉者。以告而誅之。

〔司會〕掌國之官府郊野縣都之百物財用。凡在書契版圖者之貳。以逆群吏之治。而聽其會計。以參互考日成。以月要考月成。以歲會考歲成。以周知四國之治。以詔王及冢宰廢置。

〔職內〕掌邦之賦入。辨其財用之物。而執其總。以貳官府都鄙之財入之數。以逆邦國之賦用。凡受財者受其貳令而書之。及會。以逆職歲與官府財用之出。而叙其財。以待邦之移用。

〔職歲〕掌邦之賦出。以貳官府都鄙之財出賜之數。以待會計而考之。凡官府都鄙群吏之出財用。受式法於職歲。凡上之賜予。以叙與職幣授之。及會以式法贊逆會。

〔周官司書〕三歲則大計群吏之治。

日有成。月有要。歲有會。三歲又有大計。其出入皆有式法。四國之治。無不周知。故官吏皆知尚廉而畏法。非若今之武人外吏。橫攬財權。中央莫敢誰何。任其貪黷恣肆。而惟恃借債以塡其欲壑也。

三　鄉遂之自治

周官之精義。莫邃於鄉遂之制。鄉遂者。直隸於天子。而行自治之制之區域也。王城爲中央政府。王城之外。郊甸之地。卽自治之地方。外此則爲公邑家邑。小都大都。又其外。則諸侯之國。故周代政治。爲諸侯之模範者。惟鄉遂二區。

以鄉遂例天下。則天下之大。咸可以鄉遂之法施之。

鄉遂之組織法同而名異。

《周官大司徒》五家爲比。五比爲閭。四閭爲族。五族爲黨。五黨爲州。五州爲鄉。

《周官遂人》五家爲鄰。五鄰爲里。四里爲酇。五酇爲鄙。五鄙爲縣。五縣爲遂。

其官多由民舉。而受天子之命。其職等於王官。而爲地方自治之領袖。

《周官》鄉老二鄉則公一人。鄉大夫每鄉卿一人。州長每州中大夫一人。黨正每黨下大夫一人。族師每族上士一人。閭胥每閭中士一人。比長五家下士一人。　遂大夫每遂中大夫一人。縣正每縣下大夫一人。鄙師每鄙上士一人。酇長每酇中士一人。里宰每里下士一人。鄰長五家則一人。

總計其數。六鄉萬五千比。則爲比長者萬五千人。六遂萬五千鄰。則爲鄰長者萬五千人。推而上之。閭胥里宰各三千人。族師酇長各七百五十人。黨正鄙師各百五十人。州長縣正各三十人。合鄉遂大夫十二人及鄉老三人。凡三萬七千八百七十五人。以方四百里之地。十五萬家之民。設三萬七千八百有奇之自治職。此民治之極軌也。

周代鄉遂之官。各有專職。然周官之文。有詳此略彼。而可互相證者。如

《鄉大夫》各掌其鄉之政教禁令。正月之吉。受教法於司徒。退而頒之於其鄉吏。使各以教其所治。以考其德行。察其道藝。

《遂大夫》各掌其遂之政令。

遂大夫不言受法施教之事。似鄉大夫掌教育。而遂大夫不掌教育者。實則遂鄉相等。鄉官之職所載者。遂官亦行之。遂官之職所載者。鄉官亦行之。特文有詳略。以避重複。故似職務不同。讀周禮者。當知其互文見義也。

鄉遂之官所掌之事。可分六項。

(一)曰校比　周有邦比之法。猶今所謂調查也。六鄉六遂人畜車輦旗鼓兵革以及田野稼器。無一不需調查。故有邦比之法。登載其多寡高下焉。

〔周官閭胥〕以歲時各數其閭之衆寡。辨其施舍。〔里宰〕掌比其邑之衆寡。與其六畜兵器。〔族師〕以邦比之法。帥四閭之吏。以時屬民而校登其族之夫家衆寡。辨其貴賤老幼廢疾可任者。及其六畜車輦。〔鄰長〕以時校登其夫家。比其衆寡。以治其喪紀祭祀之事。若歲時簡器。與有司數之。〔黨正〕以歲時涖校比。〔鄙師〕以歲時數其衆庶。而察其媺惡而誅賞。〔鄉大夫〕以歲時登其夫家之衆寡。辨其可任者。以歲時入其書。〔遂大夫〕以歲時稽其夫家之衆寡六畜田野。辨其可任者。與其可施舍者。〔州長〕三年大比。則大考州里。以贊鄉大夫廢興。〔縣正〕各掌其縣之政令徵比。以頒田里。以分職事。（縣正不言大比當與州長之職相同）

蓋常時之比。閭胥里宰掌之。四時之比。族師鄰長掌之。黨正涖之。鄉大夫遂大夫登其數於書。而入於司徒。至三年大比。則州長縣正掌之。而鄉遂大夫與其賢能焉。

《鄉大夫》三年則大比。考其德行道藝。而興賢者能者。《遂大夫》三歲大比。則帥其吏而興甿。

觀此。則知鄉遂之官。於其所治之地。無一事一物不調查清析登錄詳明。而凡百政治均由此而興矣。

(二)曰法治　周代政治以法爲本。自王公至庶民。無不囿於禮法之中。故時時教民讀法。全國之法。歲首懸於象魏。縱民觀覽十日。

《周官太宰》正月之吉。始和布治於邦國都鄙。乃縣治象之法於象魏。使萬民觀治象。挾日而斂之。

而鄉遂諸官則時時教民讀法。

《周官閭胥》凡春秋之祭祀役征喪紀之數。聚衆庶既比。則讀法。書其敬敏任恤者。《族師》月吉。則屬民而讀邦法。書其孝弟睦婣有學者。春秋祭酺亦如之。《黨正》四當之孟月吉日。則屬民而讀邦法。以糾戒之。春秋祭禜亦如之。《州長》正月之吉。各屬其州之民而讀法。以考其德行道藝而勸之。以糾其過惡而戒之。若以歲時祭祀州社。則屬其民而讀法。亦如之。

大抵州長屬民讀法。黨正以下率民讀之。黨正屬民讀法。族師以下率民讀之。雖非各自爲政。要其一歲中讀法之時。殆不下十五六次。六遂之官。不言讀法。以鄉官例之。當亦與鄉無異。鄉遂之民。無人不熟讀法令。自無干犯法紀之事。此豈空言法制。而一般人民尚不知現行之法爲何物者所能比哉。

(三)曰教育　司徒爲教官。所掌自治地外。即以教育爲專職。其教育之目。凡十有二。

《周官大司徒》施十有二教。一曰以祀禮教敬。則民不苟。二曰以陽禮教讓。則民不爭。三曰以陰禮教親。則民不怨。四曰以樂禮教和。則民不乖。五曰以儀辨等。則民不越。六曰以俗教安。則民不偷。七曰以刑教中。則民不虣。八曰以誓教恤。則民不怠。九曰以度教節。則民知足。十曰以世事教能。則民不失職。十有一曰以賢制爵則民愼德。十有二曰以庸制祿。則民興功。

蓋無一事不含有教育之性質。不專恃學校教育也。然以鄉官所有學校推之。其學校之數之多。亦非後世所及。鄉官所屬黨州皆有序。

〔州長〕春秋以禮會民。而射於州序。

〔黨正〕國索鬼神而祭祀。則以禮屬民。而飲酒於序。

六鄉百五十黨。則百五十序。三十州則三十序。總計學校已百八十。合六遂而計之。則三百六十矣。其鄉之學雖不見於周官。以儀禮行鄉飲酒之禮於庠證之。則州黨之外別有鄉庠也。鄉學之教曰鄉三物。

〔大司徒〕以鄉三物教萬民而賓興之。一曰六德。知仁聖義忠和。二曰六行。孝友睦婣任恤。三曰六藝。禮樂射御書數。

遂大夫復兼教稼。

〔遂大夫〕掌其遂之政令。以教稼穡。

則文化教育而兼職業教育矣。

（四）曰聯合　周代人民。雖無社會之名。而有聯合之法。觀族師比長諸職之文。知其人民之互相扶助。決非獨居子立。各不相謀者之比。

〔族師〕五家爲比。十家爲聯。五人爲伍。十伍爲聯。四閭爲族。八族爲聯。使之相保相受。刑罰慶賞相及相共。以受邦職。以役國事。以相葬埋。〔比長〕五家相受相和親。有辠奇衺則相及。〔里宰〕以歲時合耦於耡。以治稼穡。趨其耕耨。行其秩叙。以待有司之政令。〔鄰長〕掌相糾相受。凡邑中之政相贊。

受職待令。既須聯合。奇衺相及。則並行爲容狀。皆使一律而無所歧異。而人民徒知束身自愛者。亦必知勸戒他人。以共勉其羣德。此尤自治之精神所在。非如此不能去社會之害而扶植善類也。

(五)曰作民　周代人民對於國家之義務。均須負擔。其期日掌於均人。

〔周官均人〕掌均地政。均地守。均地職。均人民牛馬車輦之力政。凡均力政。以歲上下。豐年。則公旬用三日焉。中年。則公旬用二日焉。無年。則公旬用一日焉。凶札。則無力政。無財賦。

其年齡定於鄉大夫。

〔鄉大夫〕以歲時登其夫家之衆寡。辨其可任者。國中自七尺以及六十。野自六尺以及六十有五。皆征之。其舍者。國中貴者賢者能者服公事者老者疾者皆舍。以歲時入其書。

而徵集之事則鄉遂諸官任之。凡有徵集。名曰作民。

〔周官州長〕若國作民。而師田行役之事。則帥而致之。掌其戒令。與其賞罰。〔黨正〕凡作民。而師田行役。則以其法治其政事。〔族師〕若作民。而師田行役。則合其卒伍。簡其兵器。以鼓鐸旗物帥而至。掌其治令戒禁刑罰。〔縣正〕若將用野民師田行役移執事。則帥而至。治其政令。既役。則稽功會事而誅賞。『鄙師』凡作民。則掌其戒令。『酇長』若作其民而用之。則以旗鼓兵革帥而至。

師田行役各歸部伍。蓋州黨酇鄙之長。最爲親民。平時服其教訓。有事聽其指揮。使之作而帥之。自無隱匿逃亡詐欺違犯之弊。古代無養兵之款。無工程之費。一切皆取於民。人民各甘盡其義務。初無推諉怨叛者。以鄉遂之制至精且密也。故不行地方自治之制。不能徵兵。不能加賦。不能舉行地方一切工程。可以周制斷之矣。周之人民。不但各有義務。復有對於國家之權利。其時雖無所謂議院。然國有大事。必諮詢之。

『周官小司寇』掌外朝之政。以致萬民而詢焉。一曰詢國危。二曰詢國遷。三曰詢立君。其位。王南鄉。三公及州長百姓北面。群臣西面。群吏東面。小司寇擯以叙進而問焉。以衆輔志而弊謀。

是人民對於國事。胥有發言之權矣。州長職文。僅稱作民。帥致不及大詢之事。而鄉大夫之職有之。

『鄉大夫』國大詢於衆庶。則各帥其鄉之衆寡而致於朝。

鄉民得備諮詢。遂民宜亦同之。鄉遂之民。家出一人。即十五萬人。勢不可悉致於朝。其曰帥其鄉之衆寡。殆先徵求其意見而致其欲發言者於朝。故衆寡之數不定也。

(六)曰徵斂。周制。鄉師掌六鄉之賦貢。遂師掌六遂之賦貢。皆王朝之官也。然閭里之官。亦自掌徵斂之事。如

『里宰』待有司之政令。而徵斂其財賦。

是即遂官掌徵斂之證。里宰職等閭胥。里宰既徵斂財賦。閭胥當亦同此例也。鄉師鄭注。備言比閭族黨所共之器。

《周官鄉師》正歲稽其鄉器。比共吉凶二服。閭共祭器。族共喪器。黨共射器。州共賓器。鄉共吉凶禮樂之器。《鄭玄注》吉服者。祭服也。凶服者。弔服也。比長主集爲之。祭器者。簠簋鼎俎之屬。閭胥主集爲之。喪器者。夷槃素俎揭豆輁軸之屬。族師主集爲之。此三者。民所以相共也。射器者。弓矢楅中之屬。黨正主集爲之。賓器者。尊俎笙瑟之屬。州長主集爲之。吉器。若閭祭器。凶器。若族喪器。禮樂之器。若州黨賓射之器。鄉大夫備集此四者。爲州黨族閭有故而不共也。

據此。知州閭族黨。凡有公共之事。則爲師長者。徵集其器用於所轄之民家。以近事爲比。則其所謂器用。即後世之自治經費也。後世萬事。非錢不行。故未事而先籌經費。周代雖行錢幣。而鄉黨公事。第徵器而不徵錢。故無所謂經費。學者能知此意。則知古代人民擔負自治經費。故亦甚重。而爲之領袖者。皆須任徵集措置之勞。後世惟地保圖董等。爲縣官徵租。而一切公益之事。皆不之顧。浮慕西法者。則謂西人能自治。而中國則否。解經者又不通此意。豈非厚誣古人哉。

六者之外。尚有祭祀喪紀昏冠飲酒諸事。鄉官詳言之。而遂官不言。以鄉比遂。殆亦同也。又如

《鄉大夫》歲終則令六鄉之吏皆會政致事。《州長》歲終則會其州之政令。《黨正》歲終則會其黨政。帥其吏而致事。

《族師》歲終則會政致事。

而六遂復不詳言。惟遂大夫鄙師及之。

《遂大夫》令爲邑者。歲終則會政致事。《鄙師》歲終則會其鄙之政而致事。

蓋皆詳略互見也。人民之事既多。鄉遂諸官所掌。自必繁瑣而易於淆雜。一歲既終。使之層遞稽核。以備考績。則其人自不敢曠職而有所欺隱。今之提倡自治者。但知組織人民監督官吏。而人民集合之團體。其侵汚欺隱。亦無以異於官吏。而立法者初不爲之防制。使如周之會政致事。事事以清白昭示於衆。亦何至使人民藉口於自治之不如官治哉。

四　授田之制 附兵制

周之田制。凡三種。一畫地爲井而無公田者。一畫地爲井而以其中百畝爲公田者。一不畫井而但制溝洫者。

(一)畫地爲井而無公田者

《周官小司徒》乃經土地而井牧其田野。九夫爲井。四井爲邑。四邑爲邱。四邱爲甸。四甸爲縣。四縣爲都。以任地事而令貢賦。

《注》鄭司農云。井牧者。春秋傳所謂井衍沃。牧隰皋者也。玄謂隰皋之地。九夫爲牧。二牧而當一井。今造都鄙。授民田。有不易。有一易。有再易。通率二而當一。是之謂井牧。

按兩鄭注均依左傳襄公二十五年楚蔿掩書土田之法。以釋周禮。蔿掩之法曰。度山林。鳩藪澤。辨京陵。表淳鹵。數疆潦。規偃瀦。町原防。牧隰皋。井衍沃。正義引賈逵說曰。林山之地。九夫爲度。九度而當一井。藪澤之地。九夫爲鳩。八鳩而當一井。京陵之地。九夫爲辨。七辨而當一井。淳鹵之地。五夫爲表。六表而當一井。疆潦之地。九夫爲數。五數而當一井。偃豬之地。九夫爲規。四規而當一井。原防之地。九夫爲町。三町而當一井。隰皋之地。九夫爲牧。二牧而當一井。沃衍之地。畝百爲夫。九夫爲井。據此。知古之井田第施於沃衍之地。其餘分爲八等。各以井田爲標準。非謂遍地皆井田也。周官明云井牧。鄭氏明云通率二而當一。是其標準依井牧而定。而凡山林藪澤之類。初不盡區爲井也。　又按周官此文僅云九夫爲井。未嘗言其中一百畝爲公田。

(二)畫地爲井而以其中百畝爲公田者。

公田之制。周官未言。惟詩大雅大田曰。雨我公田。遂及我私。孟子據以爲周有公田之證。又申言其制曰。方里而井。井九百畝。其中爲公田。八家皆私百畝。同養公田。公事畢。然後敢治私事。

【考工記匠人注】鄭玄曰。周制畿內用夏之貢法。稅夫。無公田。邦國用殷之助法。制公田。不稅夫。　孫詒讓曰。鄭以孟子證邦國有公田。說未確。周之邦國亦稅夫。不制公田。與畿內同。公田雖爲助之正法。而據夏小正。則夏時或已有此制。蓋其由來甚久。九服之中。疆索不同。容有沿襲舊制而未能盡改者。先王以俗教安。不必强更其區畛。故周詩有公田之文。此亦如左定四年傳所說康叔封衛。啓以商政之類。非周邦國必制公田也。

(三)不畫井而但制溝洫者。

【周官遂人】凡治野田。夫間有遂。遂上有徑。十夫有溝。溝上有畛。百夫有洫。洫上有涂。千夫有澮。澮上有道。萬夫有川。川上有路。

以達於畿。按此制與考工記不同。考工記匠人爲溝洫。耜廣五寸。二耜爲耦。一耦之伐。廣尺深尺謂之畎。田首倍之。廣二尺深二尺謂之遂。九夫爲井。井間廣四尺深四尺謂之溝。方十里爲成。成間廣八尺深八尺謂之洫。方百里爲同。同間廣二尋深二仞謂之澮。鄭注此畿內采地之制。采地制井田。異於鄉遂及公邑。

《中國歷史教科書》(劉師培)按孟子有野九一而助。國中什一使自賦之說。其後鄭康成註周禮。以爲周家之制。鄉遂用貢法。十夫有溝是也。都鄙用助法。九夫爲井是也。自是兩法。朱子亦以爲遂人以十爲數。匠人以九爲數。決不可合。然嘗考之。所謂野九一者。乃授田之制。國中什一者。乃取民之制。蓋助有公田。故爲數必拘于九。八居四旁之私。一居其中爲公。是爲九夫。多與少者不可行。若貢則無公田。孟子之什一。特言其取之之數。遂人之十夫。特姑舉成數言之耳。若九夫自有九夫之貢法。十一夫自有十一夫之貢法。初不必拘以十數而後貢法可行也。蓋自遂達於溝。自溝達於洫。自洫達於澮。自澮達於川。此二法之所以同也。行助法之地。必須以平地之田分畫作九夫。中爲公田而八私環之。列如井字。整如棋局。所謂溝洫者。直欲限田之多寡而爲之疆界。行貢法之地。則無間高原下隰。截長補短。每夫授之百畝。所謂溝洫者。不過隨地之高下而爲之蓄洩。此二法之所以異也。是以匠人言遂。必曰二尺。言溝。必曰四尺。言洫言澮。必曰八尺曰二尋。蓋以平原廣野之地。畫九夫之田以爲井。各自其九以至於同。其間所謂溝遂洫澮者。隘則不足以蓄水。而廣則又至於妨田。必有一定之尺寸。若遂人止言夫間有遂。十夫有溝。百夫有洫。千夫有澮。蓋是山谷藪澤之間。隨地爲田。橫斜廣狹。皆可墾闢。故溝洫川澮。亦不言尺寸。大意謂路之下卽爲水溝。水溝之下爲田耳。非若匠人之田必拘以九夫。而溝洫之必拘以若干尺也。

論周制者。必先知周代之田。有此三種區別。而後知周制有因襲前代者。有因地制宜者。並非舉全國方萬里之地。限以一種法制。務令整齊畫一。不得稍有異同也。迂儒論古。第知有所謂井田。並不細心讀書。漫以爲周代普天之下。皆爲井田。好爲新奇之說者。又據古書一二異點。傅以臆見。直謂古者初未嘗有井田。此皆一偏之論也。周官本文。不但田制有二種。即授田亦有二法。

(一)《大司徒》凡造都鄙。制其地域而封溝之。以其室數制之。不易之地家百畝。一易之地。家二百畝。再易之地。家三百畝。

(二)《遂人》辨其野之土。上地。中地下地。以頒田里。上地夫一廛。田百畝。萊五十畝。餘夫亦如之。中地夫一廛。田百畝。萊百畝。餘夫亦如之。下地夫一廛。田百畝。萊二百畝。餘夫亦如之。 孫詒讓曰。大司徒上中下三等田制。與遂人六遂田制略同。此所謂易。即彼所謂萊。但彼上地猶有萊五十畝。非全不易者。與此小異耳。

按其制則自一家受田百畝。至三百畝。凡四等。無論何國。上地極少。必限以八家皆受百畝。則必天下之田皆爲上地而後可。否則必有三家而居一井者矣。

周之授田。計口而食。以人之多少。就地之上下。

《周官小司徒》乃均土地。以稽其人民。而周知其數。上地家七人。可任也者家三人。中地。家六人。可任也者二家五人。下地家五人。可任也者家二人。《鄭注》一家男女七人以上。則授之以上地。所養者衆也。男女五人以下。則授之以下地。所養者寡也。

孫詒讓曰。三等授地。自是較略之制。其細別差率隨宜損益。不能豫定。管子乘馬數篇云。上地之壤守之若干。間壤守之若干。下壤守之若干。相壤定藉。而民不移。亦以三等相壤。呂氏春秋上農篇云。上田。夫食九人。下田。夫食五人。可以益。不可以損。一人治之。十人食之。六畜皆在其中矣。此大任地之道也。據呂覽說。是十人與九人數雖有益。而田不逾上等。足明三等授田制。約而無不賅矣。

民年三十有室者。授一夫之地。二十以上。三十以下。有室者。爲餘夫。授二十五畝之地。皆至六十而歸田於官。

《周禮正義載師疏》孫詒讓曰。受田之年。經無明文。賈據鄭內則註義。謂三十受田。陳奐云。古者二十受餘夫之田。三十受一夫之田。六十歸田於公。大凡三十取室生子。子年三十。父年必六十。是父歸田。子乃受田矣。按陳說足證鄭義。蓋夫家之名。起於一夫一婦。則受田者無論正夫餘夫。年二十三十必已取室。而後謂之夫。男子年二十。或已授室。則受餘夫之田。至三十。而丁衆成家。別自爲戶。則爲正夫。受田百畝。若二十以上。或未授室。則從父兄而耕。不得爲餘夫受田。其已授室受田之餘夫。雖年過三十。或尚從父兄。不自爲戶。則仍爲餘夫。古正夫餘夫受田之法。蓋約略如是。《遂人疏》引王鳴盛云。餘夫授田。上地田二十五畝。萊十二畝半。中地田二十五畝。萊亦二十五畝。下地田二十五畝。萊五十畝。

工商之家。亦授田而殺於農夫。

《漢書食貨志》士工商家受田。五口乃當農夫一人。　案此文未實言周制。惟周官載師有賈田。江永引漢志以證之。並謂在民間爲工者。亦予以田。如賈人之例。

其地稅。則以遠近爲差。而大致不過什一。

《周官載師》凡任地。國宅無征。園廛二十而一。近郊十一。遠郊二十而三。甸稍縣都皆無過十二。唯其漆林之征。二十而五。 俞樾曰。周稅漆林獨重。故經文用唯其二字見此不在常科之內。若自國宅至甸稍縣都通率之適合十一之數。何也。園廛二十。近郊十。遠郊二十。甸稍縣都十。其數六十。園廛稅一。近郊稅一。遠郊稅三。甸稍縣都稅二。其數七。是爲六十而稅七。稍浮於十一。然有國宅一分無稅。則適是十而稅一矣。 孫詒讓曰。周官司稼以年之上下出斂法。是以年之上下爲賦法輕重之差也。而載師任地。則四郊甸稍縣都有十一至十二三等之法。是又以地之遠近爲輕重之差矣。周之徹法。蓋當兼此二者。徹之云者。通乎地之遠近。年之上下。以爲斂取之法。

其民之游惰者則有罰。

《周官載師》凡宅不毛者有里布。凡田不耕者出屋粟。凡民無職事者出夫家之征。 孫詒讓曰。宅不毛。田不耕者。蓋兼惰民受田宅而蕪廢不治。及富貴家之廣占田宅以爲游燕者言之。凡惰民之不事事者。則令出征賦以示罰。

按周代畿內之地。依鄭玄之說。積百同九百萬夫之地。山陵林麓川澤溝瀆城郭宮室涂巷三分去一。餘六百萬夫。又以田不易一易上中下地相通。定受田者三百萬家。載師注 則天子兆民分受此三百萬夫之地。自無不足之慮。六鄉六遂。僅十五萬夫。尤不難於均給。故卽周官論之。無論鄉遂都鄙田之井與不井者。皆爲王官之所有。而均布於其民。其法實無不通。惟土地有限。人口日增。不能永久不變。後之人不能因其意而消息之。或徒徇私意而隳其制。或深慕前規而泥其迹。則皆後人之失。非當時立法者之過也。周代授田之法可參考莊存與周官記載師任地譜周代授田之法。一以均貧富。一以通兵制。所謂寓兵於農也。鄉遂十五萬家。家出一人。各以七萬五千家爲六軍。

《周官大司馬》凡制軍。萬有二千五百人爲軍。王六軍。大國三軍。次國二軍。小國一軍。《小司徒》會萬民之卒伍。五人爲伍。五伍爲兩。四兩爲卒。五卒爲旅。五旅爲師。五師爲軍。以起軍旅。以作田役。以比追胥。以令貢賦。

其田與追胥。則壯丁皆出。

《小司徒》凡起徒役。毋過家一人。以其餘爲羨。唯田與追胥竭作。《賈疏》凡起徒役。毋過家一人者。謂起民役徒作之。毋過家一人。以其餘爲羨者。一家兄弟雖多。除一人爲正卒。正卒之外。其餘皆爲羨卒。田謂田獵。追謂逐寇。胥謂同捕盜賊。非唯正卒一人。羨卒盡行。以其田與追胥之人多故也。

蓋民居以五爲起數。夫田以十爲起數。軍旅亦以五爲起數。三者皆一貫。故無煩臨時編制也。鄉遂之外。丘甸皆井牧之地。其數不同。則別有編制。

《周官小司徒》鄭注引司馬法曰。六尺爲步。步百爲畮。畮百爲夫。夫三爲屋。屋三爲井。井十爲通。通爲匹馬。三十家。士一人。徒二人。通十爲成。成百井。三百家。革車一乘。士十人。徒二十人。十成爲終。終千井。三千家。革車十乘。士百人。徒二百人。十終爲同。同方百里。萬井。三萬家。革車百乘。士千人。徒二千人。

假定司馬法爲周之制。則丘甸十家出一人。視鄉遂之家出一人者。迥殊。蓋亦以遠近區其多寡也。

按周制以師旅卒伍爲正。周官之外。證佐甚多。孔廣森曰。古者車戰。故賦輿之法。以乘爲主。而周禮萬二千五百人爲軍。不言其車數。以詩考之。軍蓋五百乘。乘蓋二十五人。天子六軍。而采芑曰其車三千。魯僖公時二軍。而閟宮曰公車千乘。五百乘爲軍。是其明證。周法五人爲伍。五伍爲兩。兩之言輛也。二十五人而車一輛。百乘成師。則二千五百人。五百乘成軍。則萬二千五百人。然此唯六鄉制軍之數如是。其郊遂以外井地制賦。所謂甸出長轂一乘者。與此不同。 孫詒讓曰司馬法丘甸出車徒之法。雖與鄉遂不同。而出軍則亦以二十五人爲一乘。與鄉遂無異。六鄉之士卒出於鄉里。而兵車大車馬牛出於官。六遂之士卒出於遂邑。車馬牛亦出於官。所謂出兵而不出車也。若都鄙則車徒馬牛及將重車者。並出于丘甸。所謂出車而兼出兵也。蓋都鄙軍籍。雖不豫定。至有事征調及之。則亦必以都鄙之卒。配都鄙之車。其不能易伍兩之制可知矣。

漢書刑法志稱殷周立司馬之官。設六軍之衆。因井田而制軍賦。畿方千里。有稅有賦。稅以足食。賦以足兵。蓋就丘甸言之。未析言鄉遂之六軍與丘甸殊法。此亦猶今之學者。誤認周之田制皆爲井田。不知其有井有不井也。然兵制之起於田制。則鄉遂丘甸之性質。固有相同之點。國養民而不養兵。民爲兵而不病國。此尤古制至要之義也。

五 市肆門關之政

周人生計。惟恃農田。賈人亦授賈田。則分業尚未甚嚴。農商可兼治也。然周禮地官。於市政亦設專官。貨賄之出入門關者。各有治禁。則其商業雖不若後世之繁盛。殆必盛於唐虞夏商。且其條教規制。多爲後世所本。則言吾國之

商政者。不可不首稽周官也。周之掌市肆門關者。有

司市　質人　廛人　泉府　司門　司關　掌節

諸官。其市官所自辟除者有

胥師　賈師　司虣　司稽　胥　肆長

諸職。而立市則掌於內宰。

〔周官內宰〕凡建國。佐后立市。設其次。置其叙。正其肆。陳其貨賄。出其度量淳制。

其市在王宮之北。

〔考工記〕匠人營國。面朝後市。

蓋古人諱言財利。故置之在宮朝之後。以其近於後宮。故使內宰掌之。而君后貴官且禁不得遊觀。

〔周官司市〕國君過市。則刑人赦。夫人過市。罰一幕。世子過市。罰一帟。命夫過市。罰一蓋。命婦過市。罰一帷。〔鄭注〕市者。人所交利而行刑之處。君子無故不遊觀焉。若遊觀。則施惠以爲說。國君則赦其刑人。夫人世子命夫命婦。則使之出罰。異尊卑也。

皆所以示重農抑商也。

周制市分爲三。中曰大市。東曰朝市。西曰夕市。各占一夫之地。

〔周官司市〕大市日昃而市。百族爲主。朝市。朝時而市。商賈爲主。夕市。夕時而市。販夫販婦爲主。

【考工記匠人】市朝一夫。孫詒讓曰。三市爲地。南北百步。東西三百步。共一里。

市官所居曰思次。曰介次。

【周官鄭注】思次。若今市亭。介次。市亭之屬。

交易之時。則懸旌於思次。市官涖而治之。

【周官司市】凡市入則胥執鞭度守門。市之群吏平肆展成奠賈。上旌於思次。以令市。市師涖焉。而聽大治大訟。胥師賈師涖於介次。而聽小治小訟。

其貨之陳列有法。

【周官司市】以次敘分地而經市。以陳肆辨物而平市。【肆長】各掌其肆之政令。陳其貨賄。名相近者相遠也。實相近者相爾也。而平正之。

賈値有恆。

【周官賈師】各掌其次之貨賄之治。辨其物而均平之。展其成而奠其賈。然後令市。凡天患。禁貴價者。使有恆賈。四時之珍異亦如之。

利害有別。

【周官司市】凡治市之貨賄六畜珍異。亡者使有。利者使阜。害者使亡。靡者使微。

僞飾有禁。

【司市】凡市僞飾之禁。在民者十有二。在商者十有二。在賈者十有二。在工者十有二。【胥師】各掌其次之政令。而平其貨賄憲刑禁焉。察其詐僞飾行儥慝者。而誅罰之。

成賈以度量。

【司市】以量度成賈而徵價。【質人】掌稽市之書契。同其度量。壹其淳制。杜子春云淳當爲純純謂幅廣制謂匹長也皆當中度量巡而考之。犯禁者舉而罰之。【胥】各掌其所治之政。執鞭度而巡其前。

結信以質劑。

【司市】以質劑結信而止訟。【質人】掌成市之貨賄人民牛馬兵器珍異。凡賣儥者質劑焉。大市以質。小市以劑。凡治質劑者。國中一旬。郊二旬。野三旬。都三月。邦國期。期內聽。期外不聽。【鄭注】質劑者。爲之券藏之也。大市人民牛馬之屬。用長券。小市兵器珍異之物。用短券。

交易以泉布。

【司市】以商賈阜貨而行布。【先鄭注】布謂泉也。

其稅斂。有絘布。總布。質布。罰布。廛布諸目。

【周官廛人】掌斂市之絘布總布質布罰布廛布。而入於泉府。【肆長】斂其總布。　江永曰。絘布者。市之屋稅。總布者。貨賄之正稅。廛布者。市之地稅也。 【鄭注】質布者。質人所罰。犯質劑者之泉也。罰布者。犯市令者之泉也。

其握經濟之樞者有泉府。

【周官泉府】掌以市之征布。斂市之不售貨之滯於民用者。以其賈買之物揭而書之。以待不時而買者。買者各從其抵。都鄙從其主。國人郊人從其有司。然後予之。凡賒者。祭祀無過旬日。喪紀無過三月。凡民之貸者。與其有司辨而授之。以國服爲之息。凡國事之財用取具焉。歲終。則會其出入而納其餘。 金榜曰。農民受田。計所收者納稅。賈人貸泉。計所得者出息。其息或以泉布。或以貨物。輕重皆視田稅爲差。是謂以國服爲之息。鄭云。於國事受園廛之田而貸萬泉者。則期出息五百者。賈疏云。萬泉出息五百。計當二十而取一。若然。近郊十一者。萬泉期出息一千。遠郊二十而三者。萬泉期出息一千五百。甸稍縣都之民。萬泉期出息二千。鄭直云園廛者。略舉以言之也。

其貨之出入門關者有節。

【周官司市】凡通貨賄。以璽節出入之。 【掌節】門關用符節。貨賄用璽節。道路用旌節。皆有期以反節。 【司關】掌國貨之節。以聯門市。凡所達貨賄者。則以節傳出之。 【鄭注】貨節。謂商本所發司市之璽節也。自外來者。則按其節而書其貨之多少。通之國門。國門通之司市。自內出者。司市爲之璽節。通之國門。國門通之關門。參相聯以檢猾商。

市肆門關刑罰綦重。

【司市】以刑罰禁虣而去盜。市刑。小刑憲罰。中刑徇罰。大刑扑罰。其附於刑者。歸於士。 【司虣】掌憲市之禁令。禁其鬬囂者。與其虣亂者。出入相陵犯者。以屬遊飲食於市者。若不可禁。則搏而戮之。〔司稽〕掌巡市而察其犯禁者與其不物者。而搏之。掌執市之盜賊以徇。且刑之。〔胥〕掌其坐作出入之禁令。襲其不正者。凡有罪者。撻戮而罰之。〔司門〕掌授管鍵以啓閉國門。幾出入不物者。正其貨賄。凡財物犯禁者舉之。〔司關〕司貨賄之出入者。掌其治禁與其征廛。凡貨不出於關者。舉其貨。罰其人。國凶札。則無門關之征。猶幾。

綜觀周代治商之政。足知其時王朝與各國商貨交通四方。珍異多萃於京師。而詐僞飾行漏稅犯禁者。亦往往而有。設官之多。爲法之嚴。皆由於此。故雖農商未必盡分。而商賈阜通貨賄。亦列於太宰九職。當時之商業。故未可遽目爲幼稚矣。又當時商賈之事。雖專掌於地官。而秋官復有關於商賈之法。

〔周官朝士〕凡民同貨財者。令以國法行之。犯令者刑罰之。〔先鄭注〕同貨財者。謂合錢共賈者也。

同貨財之法。經未詳言。疑當別有專條。蓋商法之權輿也。

周代關市之財賦。用途有二。一則供王之膳服。

〔周官太府〕凡頒財。以式法授之。關市之賦。以待王之膳服。

一則養死政之老孤。

〔周官司門〕以其財養死政之老與其孤。

而泉府之共國用者。尙不與焉。司門所言。專指死政者之老孤。案遺人之職。則泛稱老孤。

《周官遺人》掌邦之委積。以待施惠。門關之委積。以養老孤。

古者養老必於學校。門關之財。既以養老。度卽當時學校之經費。惟其詳不可考耳。

周之泉布。經亦不詳其制。自泉府外。司市與外府皆掌之。

《周官司市》國凶荒札喪。則市無征而作布。《外府》掌邦布之入出。以共百物。而待邦之用。凡有法者。《鄭注》布。泉也。其藏曰泉。行曰布。

按漢書食貨志。則周有九府圜法。

《漢書食貨志》太公爲周立九府圜法。黄金方寸而重一斤。錢圜函方。輕重以銖。布帛廣二尺二寸爲幅。長四丈爲匹。故貨寶於金。利於刀。流於泉。布於布。束於帛。

今世猶多有周之錢布。布卽錢之本名。非專指布匹也。詩稱氓之蚩蚩。抱布貿絲。足證當時市易之通用布矣。

六 王朝之教育

周代教育。分鄉遂與王朝爲二途。猶今地方教育與國家教育之别也。王朝掌教育之官。曰師氏。保氏。樂師。則掌小學教育者也。

《周官師氏》凡國之貴遊子弟學焉。《保氏》掌養國子以道。《樂師》掌國學之政。

曰大司樂。大胥。小胥。諸子。則掌大學教育者也。

『周官大司樂』掌成均之法。以治建國之學政。而合國之子弟焉。『大胥』掌學士之版。以待致諸子。『小胥』掌學士之徵令。

『諸子』掌國子之倅。掌其戒令。與其教治。

師氏之教。曰三德三行。

『師氏』以三德教國子。一曰至德以爲道本。二曰敏德以爲行本。三曰孝德以知逆惡。教三行。一曰孝行以親父母。二曰友行以尊賢良。三曰順行以事師長。

保氏之教。曰六藝六儀。

『保氏』教六藝。一曰五禮。二曰六樂。三曰五射。四曰五馭。五曰六書。六曰九數。教六儀。一曰祭祀之容。二曰賓客之容。三曰朝廷之容。四曰喪紀之容。五曰軍旅之容。六曰車馬之容。

大司樂之教。曰樂德樂語樂舞。

『大司樂』以樂德教國子。中和祗庸孝友。以樂語教國子。興道諷誦言語。以樂舞教國子舞雲門大卷大咸大磬大夏大濩大武。

樂師之教。曰小舞。

『樂師』教國子小舞。凡舞有帗舞。有羽舞。有皇舞。有旄舞。有干舞。有人舞。

觀其所教。與鄉遂之教三物相近。而加詳焉。蓋鄉遂多平民。國學皆貴族。其時之階級固有區別。而德行道藝科目仍一貫也。

周官經無大學小學之明文。蓋古代別有學禮。詳載學校教育之法。周官僅言官制。故其文不具。清代說經家博考諸書。證明周之小學大學所在及學者之區別。均可補經文之闕。大抵周之小學在王宮南大門之左。

《周禮正義》(孫詒讓)師氏教國子於小學。在王宮南之左。而漢以來多以虎門爲小學所在。如蔡邕集明堂月令論。謂周官有門闈之學。師氏守王門。保氏守王闈。魏書劉芳傳引蔡氏勸學篇云。周之師氏居虎門左。敷陳六藝。以教國子。與月令論說同。詩大雅靈臺孔疏引袁準正論云。周置師保之官。居虎門之側。然則學宮非一處也。大戴禮記保傅篇。盧註云。小學謂虎門師保之學也。玉海學校引三禮義宗云。內則云。入君之子。十年出就外傅。謂就外室而受教也。外室在虎門之左。師氏之旁而築宮焉。廣韻二十三魂引周禮云。公卿大夫之子。入王端門之左。教以六藝。謂之門子。蓋諸說並因師氏朝位居虎門左。與王制小學在公宮左方位偶同。遂謂小學卽在於彼。金鶚云。天子諸侯小學皆在宮南大門內之左。中門以內。路門之外。則有宗廟。不得爲學也。師氏掌小學之教。保氏副之。師氏又以媺詔王。故居虎門之左。司王朝。以治朝在虎門外也。或據此文。遂謂大子小學在虎門之左。不知經文但言師氏居虎門之左。未嘗謂小學在虎門左也。案金說是也。王國小學自當如王制說。在王宮南之左。卽皋門內之左也。師保教小學。其宮雖不及大學之廣。然王太子王子及諸侯卿大夫之子咸在。其人數甚衆。則亦必不甚隘。路門之左。旣有宗廟。必無更容小學之地。蔡盧諸說。殆不可通。

大學有五。在國之南郊。

《周禮正義》（孫詒讓）周大學之名。見於經者。唯成均。見於禮記者。則又有辟廱上庠東序瞽宗。東序亦曰東膠。與成均爲五學。皆大學也。其制度及所在之地。諸家之說。紛異殊甚。今通校諸經涉學之制文。知周制國中爲小學。在王宮之左。南郊爲五學。是爲大學。至五學方位。北上庠。東東序。西瞽宗。古無異說。唯成均辟廱。衆說不同。鄭鍔云。周五學中曰辟廱。環之以水。水南爲成均。水北爲上庠。水東爲東序。水西爲瞽宗。其義最確。

《禮書通故》（黄以周）陸佃鄭鍔說天子立四學。并其中學而五。直於一處并建。周人辟廱。則辟廱最居中。其南爲成均。其北爲上庠。其東爲東序。其西爲瞽宗。以周按辟廱之制。中曰大學。其外四學環之。大學四達於四學。詩曰。鎬京辟廱。自西自東。自南自北。無思不服。誌其制也。其外四學。兼用四代之制。東學曰東膠。取夏學之制。謂之東序。西學曰西廱。（周頌謂其在辟廱之西也）取殷學之制。謂之瞽宗。其北學則取有虞上庠之制也。其南學。則周制謂之成均。無他名焉。

其學者則自天子。

《大戴記保傅篇》學禮曰。帝入東學。上親而貴仁。則親疏有序。而恩相及矣。帝入南學。上齒而貴信。則長幼有差。而民不誣矣。帝入西學。上賢而貴德。則聖智在位。而功不匱矣。帝入北學。上貴而尊爵。則貴賤有等。而下不踰矣。帝入太學。承師問道。退習而端於太傅。太傅罰其不則。而達其不及。則德智長而理道得矣。

太子

《易傳太初篇》太子旦入東學。晝入南學。夕入西學。暮入北學。

公卿大夫之子弟

〔周官師氏鄭注〕國子。公卿大夫之子弟。〔大司樂注〕國之子弟公卿大夫之子弟當學者。謂之國子。〔諸子注〕國子。爲諸侯卿大夫士之子也。孫詒讓曰。周禮有國子。有門子。二者不同。國子者。卽國之貴遊子弟。此通乎適庶而言者也。小宗伯云。其正室謂之門子。則專指王族及公卿大夫之適子言之。此不兼庶子者也。古多世官。故入學者以適子爲尤重。實則官族支庶子弟。亦無不入學者。故此經通言國子弟。

鄉遂所興之賢能及侯國之貢士。皆與焉。

孫詒讓曰。周制大學所教有三。一爲國子。卽王太子以下至元士之子。由小學而升者也。二爲鄉遂大夫所興賢者能者。司徒論其秀者入大學是也。三爲侯國所貢士。此三者皆大司樂教之。經唯云合國子弟者。舉其貴者言之。文不具也。

國子等入學之年。周官無明文。而諸書所言亦不同。大抵自八歲至二十歲。初入小學。而後入大學。其年之遲早。則視資稟之敏魯而定。

孫詒讓曰。師氏之國子。爲年十三以上者。大司樂之國子。爲年二十以上者。長幼不同。國子入學之年。禮經無文。內則云。十年出就外傅。朝夕學幼儀。請肄簡諒。十有三年學樂誦詩舞勺。成童舞象。學射御。二十而冠。始學禮。舞大夏。鄭注云。成童。十五以上。大戴禮記保傅篇。則謂年八歲而出就外舍。束髮而就大學。盧注云。束髮謂成童。白虎通曰。八歲入小學。十五入大學。是也。此太子之禮。尚書大傳曰。公卿之太子。大夫元士嫡子。年十三。始入小學。見小節而踐小義。年二十。入大學。見大節而踐大義。此世子入學之期也。又曰。十五年入小學。十八入大學者。謂諸子姓晚成者。至十五入小學。其早成者。十八入大學。內則曰。十年出就外傅。居宿於外。學書計者。謂公卿以下敎子於家也。案依盧說。則保傅八歲入小學。十五入大學。爲王太子之禮。內則書傳說十三入小學。二十入大學。爲諸侯世子及卿大夫士嫡子之禮。其或遲三年十五入小學。或早二年十八入大學。爲世子以下晚成早成之別制。今考保傅上文。自據王太子言之。固當如盧說。然白虎通義辟雍篇。漢書食貨志說。並與彼同。而不云有貴賤之異。公羊僖十年何注則云。禮諸侯之子。八歲受之少傅。敎之以小學。十五受太傅。敎之以大學。是諸侯子入學之年又與王太子同。至十三入小學。二十入大學。據御覽引書傳。自通王太子以下言之。王制孔疏引書傳略說。又云。餘子十五入小學。十八入大學。則盧說皆非伏王之恉。賈子容經又謂古者年九歲入小學。視保傅內則復遲早各較一年。衆說乖異。未能肊定。要王侯之子。始就傅即入小學。自宜較早。公卿以下之子。必先敎於家塾。而後入小學。自宜較遲。此則揆之理而可信者耳。

其教科。則異地異時。各有所重。

《小戴記文王世子篇》凡學世子。及學士。必時。春夏學干戈。秋冬學羽籥。皆於東序。小樂正學干。大胥贊之。籥師學戈。籥師丞贊之。胥鼓南。春誦。夏弦。大師詔之。瞽宗秋學禮。執禮者詔之。冬讀書。典書者詔之。禮在瞽宗。書在上庠。凡祭與養老乞言合語之禮。皆小樂正詔之於東序。大樂正學舞干戚。語說命乞言。皆大樂正授數。大司成論說在東序。

《禮書通故》(黃以周)天子祀先聖先師。出師受成。是謂承師問道之中學。又謂之大學。又謂之辟廱。此五學中之尊。學者不得居焉。天子養國老於學。是謂上親貴仁之東學。謂之東膠。又謂之東序。學干戈羽籥者居之。天子祀先賢於學。是謂上賢貴德之西學。又謂之西廱。又謂之瞽宗。學禮者居之。天子視學。太子入學以齒。是謂上齒貴信之南學。謂之成均。大司樂教樂德樂語樂舞者居之。天子上貴尊爵。其所入者北學。謂之上庠。典書詔書者居之。

其大學畢業年限約九年。

《小戴記學記》一年視離經辨志。三年視敬業樂群。五年視博習親師。七年視論學取友。謂之小成。九年知類通達。强立而不反。謂之大成。夫然後足以化民易俗。近者說服。而遠者懷之。此大學之道也。

按學記所言。雖未必卽指周之大學。然內則謂二十而冠。始學禮。舞大夏。博學不教。三十而有室。始理男事。博學無方。孫友視志。則古者男子二十至三十。實皆在大學時代。故約計其畢業爲九年。周官大胥鄭注。漢大樂律曰。除吏二千石到六百石及關內侯到五大夫子。先取適子高七尺以上。年二十到年三十。顏色和順。身體修治者。以爲舞人。與古用卿大夫子同義。是古之卿大夫子弟。隸大樂正之學籍者。大抵自年二十到三十。其敏者九年畢業。甫二十八歲。魯者或遲一二年。亦不過三十。至年滿三十。則不隸於學籍矣。此則研究周官者所當參考者也。

七　城郭道路宮室之制

周制邦國都鄙。皆有封疆。

《周官大司徒》辨其邦國都鄙之數。制其畿疆而溝封之。　凡造都鄙。制其地域而封溝之。　《形方氏》掌制邦國之地域。而正其封疆。無有華離之地。　《掌固》凡國都之竟。有溝樹之固。郊亦如之。民皆有職焉。若有山川則因之。

其都邑則有城郭。

《量人》掌營國城郭。　《掌固》掌修城郭溝池樹渠之固。設其飾器。若造都邑。則治其固與其守法。

惟城郭之制未詳。考工記略言城制。

《考工記》匠人營國。方九里。旁三門。　王宮門阿之制。五雉。宮隅之制。七雉。城隅之制九雉。門阿之制。以爲都城之制。宮隅之制。以爲諸侯之城制。　《鄭注》雉長三丈。高一丈。

解周官者。卽據以爲說。

《司門疏》(賈公彥)知王城有十二門者。案匠人云營國九里。旁三門。四面各三門。是有十二門。　《司關疏》王畿千里。王城在中。面有五百里。界首面置三關。則亦十二關。

道路之制。其別有五。

《司險》設國之五溝五涂而樹之林。　《鄭注》五溝。遂溝洫澮川也。五涂。徑畛涂道路也。

據鄭注則廣狹有定數。

《遂人》鄭注》徑容牛馬。畛容大車。涂容乘車一軌。道容二軌。路容三軌。《賈疏》鄭知徑容牛馬之等義如此者。此從川上有路差之。凡道皆有三途。川上之路。則容三軌。道容二軌。涂容一軌。軌皆廣八尺。其畛差小。可容大車一軌。軌廣六尺。自然徑不容車軌。而容牛馬及人之步徑。

而國都涂制。則見於考工記。

《匠人》國中九經九緯。經涂九軌。環涂七軌。野涂五軌。環涂以爲諸侯經涂。野涂以爲都經涂。《鄭注》軌凡八尺。

合而言之。則其時道路廣狹之差。凡有八等。而達之比之。書之各有專官。

《司險》掌九州之圖。以周知其山林川澤之阻。而達其道路。鄭注達道路者山林之阻則開鑿之川澤之阻則橋梁之 《合方氏》掌達天下之道路。鄭注津梁相湊不得陷絕 《野廬氏》掌達國道路。至於四畿。比國郊及野之道路宿息井樹。鄭注達謂巡行通之使不陷絕也比猶校也 《量人》邦國之地與天下之涂數。皆書而藏之。鄭注書地謂方圜山川之廣狹書涂謂支湊之遠近

路必有樹。

《國語》周制有之曰。列樹以表道。此可與掌固司險野廬氏諸職文相證

以時修除。

《周官野廬氏》國之大事。比修除道路者。邦之有大師。則令埽道路。

禁令甚嚴。

《司險》國之五溝五涂。皆有守禁。國有故。則藩塞阻路而止行者。以其屬守之。唯有節者達之。《野廬氏》若有賓客。則令守涂地之人聚欜之。有相翔者則誅之。凡道路之舟車轚互者。叙而行之。凡有節者及有爵者至。則爲之辟。禁野之橫行徑踰者。掌凡道禁。且以幾禁行作不時者不物者。《司寤氏》禦晨行者。禁宵行者夜遊者。

食宿有所。

《遺人》凡賓客會同師役。掌其道路之委積。凡國野之道。十里有廬。廬有飲食。三十里有宿。宿有路室。路室有委。五十里有市。市有候館。候館有積。

其路政詳備如此。此今之言築國道者所當知也。

宮室之制。經亦無明文。惟稱王有六宮六寢。

《周官宮人》掌王之六寢之修。（鄭注六寢者路寢一小寢五）《內宰》以陰禮敎六宮。（鄭司農云六宮後五前一）

蓋冬官既亡。其文不具也。以考工記觀之。略可推見周代建築之法。

《匠人》周人明堂。度九尺之筵。東西九筵。南北七筵。堂崇一筵。五室。凡室二筵。室中度以几。堂上度以筵。宮中度以尋。野度以步。廟門容大扃七个。闈門容小扃三个。路門不容乘車之五个。應門二徹參个。內有九室。九嬪居之。外有九室。九卿朝焉。葺屋參分。瓦屋四分。囷窌倉城。逆牆六分。堂涂十有二分。竇其崇三尺。牆厚三尺。崇三之。

研究周代禮制者。必先知周之宮室制度。然後知其行禮之方位。自來說經者。考據甚多。吾輩欲知吾國宮室沿革。

亦不可不於此究心。劉師培中國歷史教科書述西周宮室之制。擷群書之要領。頗得周制之梗概。今附錄之於左。

(一)明堂　周初明堂沿殷故制。方一百一十二尺。高四尺。階廣六尺三寸。室居中方百尺。室中方六十尺。逸周書　厥後復稍改殷制。度以九尺之筵。東西九筵。南北七筵。考工記　其中則分爲五室。以祀五帝以象五行之數　其宮周垣方三十步在鎬京之近郊。大戴禮　爲天子宗祀朝諸侯聽政之地。列於五宮之一。逸周書　而洛邑亦有明堂爲東都朝諸侯之地。而方岳之下亦有明堂。

(二)宗廟　天子七廟。諸侯五廟。大夫三廟。士一廟。太祖廟在北。昭穆相次而南。廟後有寢。寢有東西房東西夾東西堂東西序。亦列於五宮之一。逸周書　遷主所藏曰祧。在宗廟之外。

(三)朝堂　天子諸侯均有三朝。一曰燕朝。即內朝也。在王寢門外。路門之內。一爲治朝。在應門之外。對內朝而言。則曰外朝。對外朝而言則亦曰內朝。一爲外朝。在庫門之外。爲象魏所懸之地。亦爲嘉石肺石所置之地。周禮鄭注　及蓋周代之宮有五門。在外者爲皋門。稍內則爲庫門。又稍內則爲雉門。又進則爲應門。路門。燕朝者在路門內寢之間者也。治朝者在路門應門之間者也。外朝者在皋門庫門之間者也。庫門亦曰正門。府庫在焉。諸侯之宮門。略與天子制同。

(四)宮寢　天子六寢。一爲路寢。其五爲小寢。後有六宮。王后治之。諸侯三寢。一爲路寢。亦曰大寢。其二爲燕寢。亦曰小寢。後有三宮。夫人治之。餘爲側室。卿大夫士均二寢。正寢居前。燕寢居後。其妻二寢亦如之。正寢亦曰外寢。其旁則曰側室。禮記及此皆禮記注顯者之居也。

(五)民居　凡民居。必有內室五所。室方一丈。所謂環堵之室也。東西室爲庫藏之室。中三室爲夫婦所居之室。中一室有門向南。中三室前爲庭院。院之東西各一室。東室西向。西室東向。謂之側室。爲妾婦所居之室。又前二步爲外室。則正寢也。亦平列五室。中三室爲男子所居之室。中爲大室。東爲東夾室。西爲西夾室。皆房也。東夾之東爲藏祖考衣冠神主之室。西夾之西爲五祀神主之室。中室之北爲梱。自梱而東。下階而北。即內室前之庭院也。謂之曰背。中室之東爲闈。西爲戶。戶闈之間。內爲中霤。外爲堂。堂方二步。東西有墉。堂下兩階。各高一級。階下有門。謂之中門。中門之外之門。謂之外門。自中門至外門。其上有屋。其東西各爲一室。東爲廚竈之室。西爲子弟肄業之所。或爲賓館。即塾之類也。凡室有穴。如圭形。以達氣。或謂之曰竇。或謂之向。室之重層者曰臺。其狹而修曲者爲樓。由大夫以上。則有閣。閣者。置板於寢以庋食物者也。由士以上。寢門之內均有碑。樹石爲之。所以蔽外內也。大夫士之屋。皆五梁爲之。中脊爲棟。棟北一架謂之楣。棟北第二架謂之庪。棟南一架爲前楣。楣前一架接檐者亦謂之庪。廟有東西廂。寢無東西廂。室內必設一席。席上則設有几筵。而宮寢則有幃幕。此周代宮室制度之大略也。若夫平民之家。均有井。井分爲二。內外不共井。其室旁均有隙地。或以樹桑。或爲畜狗彘雞豚之所。參用爾雅及莊氏周官指掌焦氏儀禮講習錄

八　衣服飲食醫藥之制

周制庶人衣服相同。

《周官大司徒》以本俗六安萬民。六曰同衣服。《鄭注》民雖有富者衣服不得獨異。《賈疏》士已上衣服皆有采章。庶人皆同。深衣而已。

其材料皆自給。

〖閭師〗凡庶民不蠶者不帛。不績者不衰。

其王后及公卿大夫之禮服則有專官掌之。

〖司裘〗掌爲大裘以共王祀天之服。中秋獻良裘。王乃行羽物。季秋獻功裘。以待頒賜。鄭司農云功裘卿大夫所服 〖內司服〗掌王后之六服。凡祭祀賓客。共后之衣服及九嬪世婦。凡命婦共其衣服。共喪衰亦如之。〖大宗伯〗再命受服。〖司服〗掌王之吉凶衣服。辨其名物與其用事。凡大祭祀大賓客共其衣服而奉之。

其冠服之材之自來蓋有三種。一則諸侯所貢。

〖太宰〗以九貢致邦國之用。二曰嬪貢。七曰服貢。鄭注嬪貢絲枲服貢絺紵也 〖大行人〗甸服二歲壹見。其貢嬪物。采服四歲壹見。其貢服物。鄭注嬪物絲枲也服物玄纁絺纊也

一則國中嬪婦所貢。

〖太宰〗以九職任萬民。七曰嬪婦化治絲枲。〖閭師〗任嬪以女事貢布帛。

一則徵斂所得。

〖掌皮〗掌秋斂皮。冬斂革。春獻之。〖掌葛〗掌以時徵絺綌之材於山農。凡葛征。徵草貢之材於澤農。以當邦賦之政令。以權度受之。〖掌染草〗掌以春秋斂染草之物。以權量受之。以待時而頒之。

其治之者。有典絲典枲諸職。

〔典絲〕掌絲入而辨其物。以其賈揭之。掌其藏與其出。以待興功之時。頒絲於外內工。皆以物授之。及獻功。則受良功而藏之。辨其物而書其數。以待有司之政令。上之賜予。凡祭祀。共黼畫組就之物。喪紀。共其絲纊組文之物。凡飾邦器者。受文織絲組焉。歲終。則各以其物會之。〔典枲〕掌布緦縷紵之麻草之物。以待時頒功而授齎。及獻功。受苦功。以其賈揭而藏之。以待時頒。頒衣服授之。賜予亦如之。歲終。則各以其物會之。〔縫人〕掌王宮之縫線之事。以役女御。以縫王及后之衣服。〔染人〕掌染絲帛。凡染春暴練。夏纁玄。秋染夏。冬獻功。掌凡染事。

冬官雖闕。亦可考見其時婦功之大概矣。

周之服制。等差甚多。上得兼下。下不得僭上。（此二語見司服賈疏）其大綱見於周官司服弁師二職。

〔司服〕王之吉服。祀昊天上帝。則服大裘而冕。祀五帝。亦如之。享先王。則袞冕。享先公饗射。則鷩冕。祀四望山川。則毳冕。祭社稷五祀。則希冕。祭羣小祀。則玄冕。凡兵事。韋弁服。眡朝。則皮弁服。凡甸。冠弁服。凡凶事。服弁服。凡弔事。弁絰服。凡喪。爲天王斬衰。爲王后齊衰。王爲三公六卿錫衰。爲諸侯緦衰。爲大夫士疑衰。大札大荒大烖素服。公之服。自袞冕而下。如王之服。侯伯之服。自鷩冕而下。如公之服。子男之服。自毳冕而下。如侯伯之服。孤之服。自希冕而下。如子男之服。卿大夫之服。自玄冕而下。如孤之服。其凶服。加以大功小功。士之服。自皮弁而下。如大夫之服。其凶服。亦如之。其齊服。有玄端素端。

〔弁師〕掌王之五冕。皆玄冕。朱裏延紐。五采繅十有二就。皆五采玉十有二。玉笄朱紘。諸侯之繅斿九就。瑉玉三采。其餘如王之事。繅斿皆就。玉瑱玉笄。王之皮弁會五采玉璂。家邸玉笄。王之弁經。弁而加環經。諸侯及孤卿大夫之冕。韋弁皮弁。弁經。各以其等爲之。

其散見於儀禮及戴記者。事目煩猥。不可殫述。清代經生。研究周之服制。其書尤夥。劉師培約而述之。尙簡明易曉。並錄於左。

《中國歷史教科書》（劉師培）西周衣服之制。周代著衣之法。則衍禮之時。必開服而袒其袖。凡吉凶之禮均左袒。覲禮則右袒。衣之近體者爲裼衣。裼衣亦名中服。裼衣以上之衣。名曰上服。袒上服亦謂之裼。不袒上服則謂之襲。禮記又無論何服。均有緣飾。或謂之純。在冠則純其梁之兩方。曲禮疏在衣則純領及袂口。禮記疏在裳則純其幅及下。士喪禮注深衣則又純其邊。禮記注此西周服飾之大畧也。惟古人之服飾分爲二類。一爲衍禮之服。名曰公服。一爲私居所作之服。一名褻服。今試就公服分析之。　冕。以木爲之。廣八寸。長一尺六寸。有延。覆於冕上。上玄下纁。以布爲之。有紕。所以貫笄。有衡。以玉爲之。束於冠之兩旁。有紘。從下屈而上。屬於兩旁。天子用朱紘。諸侯青。大夫緇組纓邊。有笄。以玉爲之。長尺二寸。有武。有紞。所以懸瑱者。人君五色。臣三色。有瑱。天子諸侯皆以玉。大裘之冕無旒。一命之大夫亦無旒。纁裳。前三幅。後四幅。辟積無數。服辟積無數。　周制。天子冕服六。大裘祀天。尚質。其衣無文。衮冕九章。衣五章。曰龍曰山曰華蟲曰火曰宗彝。裳四章。曰藻曰粉米曰黼曰黻。鷩冕七章。衣三章。曰華蟲曰火曰宗彝。裳四章。曰藻曰粉米曰黼曰黻。毳冕五章。衣三章。曰宗彝曰藻曰粉米。裳二章。曰黼曰黻。絺冕三章。衣一章。曰粉米。裳二章。曰黼曰黻。玄冕一章。衣無文。裳刺黻。大裘而冕。爲祀昊天上帝之服。又爲祀五帝之服。衮冕爲享先王之服。又爲會同賓客之齊服。又爲受覲之服。又爲大昏親迎之服。鷩冕爲享先公之服。又爲饗食賓客之服。又爲大射之服。賓射亦如之。又爲食三老五更於太學之服。毳冕爲祀四望山川之服。絺冕爲祭社稷五祀之服。玄冕爲祭群小祀之服。又爲齋戒聽朔之服。六冕服。冬裘皆用羔。冕服有裼襲之制。袞冕以下至玄冕。公侯卿大夫降服有差。皆謂之裨冕。曾子問大祝裨冕上公自袞冕九章而下。其服五。袞冕有降龍。無升龍。公之袞冕衣五章。裳四章。爲將覲釋幣於禰之服。爲朝覲之服。爲從王大祭服。又爲魯祭文王周公之服。又爲二王之後自祭之服。又爲二王後與魯祭天子服。公之鷩冕衣三章。裳四章。爲從王享先公饗射之服。公之毳冕。衣三章。裳二章。爲從王中祭祀之服。公之絺冕衣一章。裳二章。爲從王祭社稷五祀之服。公之玄冕。衣無文裳刺黻。爲從王群小祀之服。又爲自祭宗廟之服。又爲親迎之服。侯伯自鷩冕七章而下。其服四。侯伯之鷩冕。爲朝天子之服。又爲將覲釋幣於禰之服。又爲從王鷩冕以上之服。侯伯之毳冕絺冕。從王服。玄冕。亦從王服。又爲自祭宗廟之服。又爲親迎之服。子男自毳冕五章而下。其服三。子男毳冕。爲朝天子之服。又爲將覲釋幣於禰之服。又爲從王毳冕以上之服。子男絺冕。從王服。子男玄冕。從王服。又爲自祭宗廟之服。又爲親迎之服。王之三公。服鷩冕而下。其服四。若加一等。得服袞冕。其鷩冕爲助王祭之服。其毳冕。爲從王射之服。其絺冕。亦從王服。其玄冕。爲親迎之服。又爲從王聽朔之服。又爲郊勞諸侯之服。王之孤卿。毳冕。其服三。若加一等。得服鷩冕。其毳冕。絺冕。皆從王服。其玄冕爲親迎之服。又爲從王聽朔之服。王之大夫。絺冕。其服二。絺冕。爲從王助祭之服。玄冕爲親迎之服。又爲從王聽朔之服。若加一等。則得服毳冕。諸侯入爲王官。仍服其服。公之孤。絺冕。其服二。孤之絺冕。爲聘於王朝之服。又爲助祭之服。孤之玄冕。爲助君祭之服。又爲親迎之服。侯伯子男之卿。亦如之。公之卿大夫。服玄冕。爲聘於天子與助祭之服。又爲助祭於公之服。又爲親迎之服。侯伯大夫再命。亦如之。子男大夫一命。亦服玄冕而無旒。冕服有韍。韍制與韠同。長三尺。下廣二尺。上廣一尺。天子直。公侯前後方。大夫前方後挫角。士前後正。天子之士則直。諸侯之士則方。其色。天子朱韍。諸侯黃朱。大夫素。若大夫助祭於君。則用玄冕赤韍。士無韍。若助祭於君。服爵弁。則緼韍而靺韐也。韍色皆如其裳之色。 其帶有大帶。天子素帶。朱裏終辟。諸侯素帶終辟。大夫素帶辟垂。又有革帶。所以懸佩與韍。有佩。有笏。笏天子以球玉。抒上。終葵首。一曰珽。或謂之大圭。諸侯以象。前詘後直。大夫以魚須文竹。前詘後詘。凡笏皆搢於帶間。臣於君前將有指畫。或書以記事。則執之。有偪。有舄。冕服皆赤舄。自天子至卿大夫同。

劉氏所舉惟冕服。以周制冕服最尊也。

《周禮正義》(孫詒讓)凡服尊卑之次。繫於冠。冕服爲上。弁服次之。冠服爲下。

其弁服冠服之差別。詳於弁服釋例。

《弁服釋例》(任大椿)爵弁爲天子卿大夫及諸侯之孤祭於己之服。又爲士助祭齋服。又爲士助祭之服。又爲繹祭眡滌濯之服。又爲天子諸侯先祖爲士者之尸服。又爲釁廟遷廟祝宗人宰夫雍人及從者入廟之服。又爲士冠三加之服。又爲士親迎之服。又爲諸侯始命之服。又爲士之命服。又爲諸侯之復服。又爲士之復服。又爲公之襲服。又爲大夫之襲服。又爲士之襲服。又爲公之襚服。又爲天子承天變及哭諸侯之服。爵弁重於皮弁。有爵韋弁。有素爵弁。有布爵弁。一曰冕。或曰韋弁爵弁無旒。與無旒之冕同。惟不俛爾。爵弁以三十升布爲之。赤色而微黑。上古以布。中古以絲。廣八寸。長尺六寸。或曰高八寸。長尺二寸。

純衣。纁裳。韎韐。天子諸侯爵弁之舄無明文。大夫士纁屨。黑絇繶純。中衣用素羔裘。

韋弁。爲聘禮卿歸賓饔餼之服。又爲下大夫聘禮歸介饔餼及介受禮之服。又爲聘禮夫人使下大夫歸禮之服。又爲天子諸侯大夫兵事之服。韋弁重於皮弁。形制似皮弁。廣狹之度。當似後世武弁。天子諸侯孤卿大夫韋弁。會皆有玉璂。璂數與玉采各以其等。朱裳。韠與爵弁同。天子諸侯舄無明文。大夫白屨。黑絇繶純。

皮弁。爲天子郊天聽祭報之服。又爲大學有司祭菜之服。又爲君巡牲之服。又爲君卜夫人世婦養蠶之服。又爲君蜡祭之服。又爲舞大夏之服。又爲士冠再加之服。又爲天子視朝之服。又爲天子常食之服。又爲諸侯在王朝之服。又爲諸侯視朔之服。又爲天子燕同姓之服。又爲天子賓射燕射及諸侯在境賓射之服。又爲諸侯大射之服。又爲天子受朝宗之服。又爲覲禮勞侯氏之服。又爲諸侯相朝之服。又爲聘禮賓主人之服。又爲賓及上介受饔餼之服。又爲歸饔餼賓拜賜之服。又爲卿還玉及賓受玉之服。又爲諸侯田獵之服。又爲天子除喪之祭服。又爲諸侯之復服。又爲公之襲服。又爲大夫之襲服。又爲士之襲服。又爲公之襚服。又爲上大夫卜宅與葬日占者之服。又爲國君弔異國臣之服。又爲諸侯卿大夫士當事不當事之弔服。又爲既夕乘車所載之服。又爲公於公族變降之服。皮弁重於朝服。弁以鹿皮淺毛爲之。衣用十五升布。素積。素韠。（大夫以上素帶。士緇帶。與爵弁同。）天子諸侯白舄。青絇繶純。大夫士白屨。緇絇繶純。純博寸。一曰素積。或曰素端。中衣川布。（朝服玄端同。）天子視朝。三公及諸侯在王朝。服皮弁。用狐白裘。錦衣裼。諸侯在國視朔。及受聘享。服皮弁。則素衣麑裘。天子卿大夫及諸侯卿大夫在天子之朝。亦皮弁。狐白裘。素衣裼。天子之士及諸侯之士在天子之朝。皮弁。麛裘。

朝服。爲饗廟禮成君聽反命之服。又爲大夫家祭筮日之服。又爲大夫家祭宗人請期之服。又爲大夫家祭視殺視濯之服。又爲大夫家祭尸服。又爲諸侯大夫及天子之士正祭之服。又爲士家祭賓及兄弟之服。又爲酺禜社之服。又爲禓祭之服。又爲士冠筮日筮賓之服。又爲士冠宿賓及夕爲期之服。又爲諸侯視朝之服。又爲卿大夫莫夕於朝之服。又爲王朝卿士退朝治事之服。又爲天子諸侯養老及宴群臣之服。又爲公食大夫公及賓之服。又爲公食大夫賓拜賜之服。又爲公食大夫不親食使大夫致侑幣及賓受賜拜賜之服。又爲大夫相食不親食致侑幣之服。又爲諸侯常食之服。又爲諸侯燕射之服。又爲諸侯在國賓射之服。又爲鄉飲酒戒賓速賓之服。又爲鄉飲酒賓主人之服。又爲鄉飲酒賓主人拜賜拜辱之服。又爲鄉射速賓之服。又爲鄉射賓主人之服。又爲鄉射賓主人拜賜拜辱之服。又爲士負世子之服。又爲君名世子之服。又爲命使於君之服。又爲乘路馬之服。又爲僕右之服。又爲聘禮使者夕幣之服。又爲聘禮君展幣之服。又爲聘禮賓及介釋幣於禰之服。又爲聘禮君進使者授圭璧之服。又爲聘禮肄儀之服。又爲聘禮入竟展幣之服。又爲聘禮請事請行郊勞之服。又爲聘禮宰夫設飧之服。又爲聘禮賓辭受饔飧之服。又爲聘禮宰夫致上介餼及上介受餼之服。又爲聘禮問卿賓主人之服。又爲聘禮上介問下大夫之服。又爲聘禮不親食使大夫致侑幣之服。又爲聘禮卿歸及郊請反命之服。又爲聘禮卿有私喪反命之服。又爲天子田獵之服。又爲君視疾有疾者見君之服。又爲養親疾之服。又爲將死者新加之服。又爲始死復者之服。又爲宰受命之服。又爲公之襲服。又爲公之襚服。又爲小斂前後弔者之服。又爲下大夫及士筮宅占者之服。又爲既夕道車所載之服。又爲大祥筮日筮尸視濯之服。又爲大祥夕期及祥祭之服。又爲既祥受贈賵之服。又爲踰月吉祭之服。朝服重於玄端。一曰玄衣。一曰緇衣。一曰玄端。一曰鄉服。朝服。玄端。冠皆玄冠。玄冠一曰委貌。廣二寸。以緇爲之。衡縫。內畢。緣邊。居冠屬武。非燕居則冠與武別。冠武異材。冠纓異材。纓之有飾者曰緌。有纚。有總。有髦。一曰冠弁。有素委貌。衣用十五升緇布。素裳。緇帶。素韠。或緇韠。天子諸侯白舄。青絇繶純。大夫士白屨。黑絇繶純。凡朝服。君臣皆羔裘。臣則豹袖。　玄端。爲諸侯大夫士齋服。又爲士祭筮日筮尸視濯賓主人及子姓兄弟有司群執事之服。又爲宿尸宿賓尸及賓主人之服。又爲大夫士之尸服。又爲士家祭視殺及正祭之服。又爲士祭祝佐食之服。又爲有司兖牲之服。又爲士冠初加之服。又爲士冠賓主人之服。又爲士冠兄弟之服。又爲士冠擯者贊者之服。又爲冠者見君及卿大夫鄉先生之服。又爲士昏納采賓主人之服。又爲親迎從者及主人之服。又爲天子諸侯燕居之服。又爲大夫士私朝之服。又爲士夕於君之服。又爲世子事親之服。又爲子事父母之服。又爲公食大夫戒賓賓拜辱之服。又爲鄉飲酒息司正之服。又爲鄉射戒賓之服。又爲鄉射息司正之服。又爲大夫去國之服。又爲世子親齋養疾之服。又爲疾者及養疾者之服。又爲公襲二稱之服。又爲公之襚服。又爲士喪卜日族長及宗人之服。又爲士虞尸服。又爲禫祭及禫祭後之服。又爲踰月吉祭後燕居之服。又爲殤除喪祭之服。士玄端。大夫以上侈袂。士妻宵衣之袂。皆正方。與士玄端同。大夫命婦侈袂。亦與大夫同。玄端連衣裳。則曰褖衣。衣用十五升黑布。天子諸侯玄端朱裳。大夫素裳。士玄裳黃裳雜裳。天子諸侯朱韠。大夫素韠。士爵韠。或以緇韠。天子諸侯黑舄。赤絇繶純。大夫士黑屨。青絇繶純。玄端狐青裘。或曰羔裘。

而深衣之制。則詳於深衣釋例。

《深衣釋例》(任大椿)深衣。爲古養老及燕群臣之服。又爲諸侯之夕服。又爲遊燕之服。又爲大夫士私朝夕服。及居家之服。又爲道路之服。又爲庶人之吉服。又爲親始死之服。又爲奔喪未成服之服。又爲親殯時之服。又爲殯後君弔反未殯之服。又爲既祥之服。又爲除喪受弔之服。又爲公子爲其母與妻之服。又爲親迎女在途聞父母死趨喪之服。又爲女在塗聞其父母死奔喪之服。又爲女未至遭壻衰功之喪。男女易吉之服。又爲聘禮聞私喪既反命之服。又爲庶人之弔服。又爲童子趨喪之服。

深衣。用布十五升。衣與袂各二幅。皆二尺二寸。袪尺二寸。曲袷屬於內外襟。兩襟交則袷交而形自方。裳要縫七尺二寸。縫齊一丈四尺四寸。十裳二幅。前後各六幅。在旁者名曰衽。續衽鉤邊。衣裳皆有緣。裳之長及踝。帶當脅下。凡服。殊衣裳。深衣。不殊衣裳。深衣露著而素紕長袂者曰長衣。有表而長袂者曰中衣。中衣在裏及裼衣之內。布緣者曰麻衣。通曰禪衣。

欲研究周人衣服之差別。不可不熟復乎此也。

周人之食以穀爲主。而於人民食品。尤以平均周給爲要。

【周官司稼】掌巡邦野之稼。而辨穜稑之種。周知其名。與其所宜地。以爲法。而縣於邑閭。巡野觀稼。以年之上下出斂法。掌均萬民之食。而賙其急。而平其興。

民數與食物之數。均有統計。年有上下。食亦有多寡。其凶年則有預防及救濟之法。

【廩人】掌九穀之數。以歲之上下數邦用。以知足否。以詔穀用。以治年之凶豐。凡萬民之食食者人四鬴。上也。人三鬴。中也。人二鬴。下也。鄭注此皆謂一月食米也。六斗四升曰鬴。若食不能人二鬴。則令邦移民就穀。詔王殺邦用。

【遺人】掌邦之委積。以待施惠。鄉里之委積。以恤民之囏阨。縣都之委積。以待凶荒。

【旅師】掌聚野之耡粟屋粟閒粟而用之。以質劑致民。平頒其興積。施其惠。散其利。而均其政令。凡用粟。春頒而秋斂之。

而平居所用之牲穀。必責其出於自力。

《閭師》凡庶民不畜者祭無牲。不耕者祭無盛。

飲酒。必謹而幾之。

《萍氏》掌國之水禁。幾酒。謹酒。

其注意於民之飲食如此。其貴族之飲食有六穀。

《膳夫》凡王之饋食用六穀。　鄭司農云六穀。稌黍稷粱麥苽。

六牲

《膳夫》膳用六牲。　《鄭注》六牲。馬牛羊豕犬雞。

六獸。六禽

《庖人》掌共六畜六獸六禽。　鄭司農曰。六獸。麋鹿熊麕野豕兎。六禽。雁鶉鷃雉鳩鴿。　鄭玄謂六獸有狼無熊。六禽爲羔豚犢麛雉鴈。

六清

《膳夫》飲用六清。　《漿人》掌共王之六飲。水漿醴涼醫酏。

庶羞

《膳夫》羞用百二十品。其數不可備舉。據內則、有爵鷃蜩范芝栭蔆椇棗栗榛柿瓜桃李梅杏。柤梨薑桂。及牛脩鹿脯田豕脯麋脯雉兔等。

八珍

《膳夫》珍用八物。《鄭注》珍謂淳熬、淳母、炮豚、炮牂、擣珍、漬、熬、肝膋也。

五齊七醢七菹三臡等。

《醢人》王舉、則共醢六十甕、以五齊七醢七菹三臡實之。《鄭注》五齊昌本、脾析、蜃、豚拍、深蒲也。七醢醓蠃蠯蚳魚兔鴈醢。七菹韭菁茆葵芹箈筍。三臡麋鹿麇臡也。

其魚物互物臘物。均有長官掌之。

《𩺰人》掌以時𩺰為梁。春獻王鮪。辨魚物為鱻薧。以共王膳羞。凡祭祀賓客喪紀。共其魚之鱻薧。凡𩺰者掌其政令。《鼈人》掌取互物、以時簎魚鼈龜蜃。凡貍物、春獻鼈蜃。秋獻龜魚。掌凡邦之簎事。《腊人》掌乾肉、凡田獸之脯腊膴胖之事、凡祭祀。共豆脯。薦脯膴胖。凡腊物。

其食以時。

《食醫》凡食齊眡春時。羹齊眡夏時。醬齊眡秋時。飲齊眡冬時。凡和。春多酸。夏多苦。秋多辛。冬多鹹。調以滑甘。

其會以宜。

《食醫》凡會膳食之宜。牛宜稌。羊宜黍。豕宜稷。犬宜粱。鴈宜麥。魚宜苽。凡君子之食恆放焉。

雖其分別等差。不能使平民皆受此等奉養。然取精用宏養生有法。亦可見其時研究食物之進化矣。

周代之制。食物之衆寡。以爵位之貴賤爲差。天子燕食。肴用百二十品。大夫燕食有膾則無脯。有脯則無膾。（內則）上大夫庶羞二十品。（內則注）羹食自諸侯以下至於庶人無等。士不貳羹胾。大夫無秩膳。七十而有閣。（均見禮記）士以下。恆食黍稷。大夫以上。加稻粱。（見詩疏及程瑤田通藝錄）故嘗粱爲貴族子弟之稱。庶人目卿大夫爲肉食者。此階級之辨也。

周之飲食精備如此。而禮制卽寓於其中。所謂夫禮之初始諸飲食也。飲食之禮。詳於儀禮。劉師培中國歷史教科書嘗約述之。

凡食禮。初食三飯。卒食九飯。設饌以豆爲本。凡正饌。先設黍稷。輔以俎豆。加饌以後。則用稻粱庶羞。初食加饌之稻粱。以正饌之俎豆佐食。卒食正饌之黍稷。以加饌之庶羞佐食。凡食禮。有豆無籩。飲酒之禮。有豆有籩。其用牲也。士冠禮士昏禮用豚。鄉飲射鄉禮燕禮大射均用狗。聘禮用太牢少牢。公食大夫禮用太牢。士喪旣夕士虞皆用特牲。凡牲皆用右胖。牲二十一體。謂之體解。牲七體。謂之豚解。殺者曰饔。生者曰餼。烹牲及魚腊曰饔爨。炊黍稷曰饎爨。出脯醢謂之薦。此會食禮之大略也。食必於廟。燕必於寢。鄉飲必於庠。（用凌氏釋例及焦氏儀禮講習錄）

蓋周之尚文。卽一飲一食之微。亦必寓其意焉。後人但斥其繁瑣無謂。而不悉心研究其思想制度之所以發生。則用心麤憯之過也。欲知其意。宜先讀樂記之言。

《樂記》夫豢豕爲酒。非以爲禍也。而獄訟益繁。則酒之流生禍也。是故先王因爲酒禮。壹獻之禮。賓主百拜。終日飲酒。而不得醉焉。此先王之所以備酒禍也。

則知周人之於飲食。既求其美備。復防其恣肆。非徒詔人以口腹之欲。亦非徒限人以階級之制也。

周代飲食進化。故於醫藥之法。亦極注重。凡醫皆屬於太宰。而萬民皆得從而治之。

《疾醫》掌養萬民之疾病。四時皆有癘疾。春時有痟首疾。夏時有痒疥疾。秋時有瘧寒疾。冬時有嗽上氣疾。以五味五穀五藥養其病。以五氣五聲五色視其死生。兩之以九竅之變。參之以九藏之動。凡民之有疾病者。分而治之。死終。則各書其所以。而入於醫師。《瘍醫》掌腫瘍潰瘍金瘍折瘍之祝藥劀殺之齊。凡療瘍。以五毒攻之。以五穀養之。以五藥療之。以五味節之。凡藥。以酸養骨。以辛養筋。以鹹養脈。以苦養氣。以甘養肉。以滑養竅。凡有瘍者。受其藥焉。《獸醫》掌療獸病。療獸瘍。凡療獸病。灌而行之。以節之。以動其氣。觀其所發而養之。凡療獸瘍。灌而劀之。以發其惡。然後藥之。養之。食之。凡獸之有病者。有瘍者。使療之。死則計其數以進退之。

人獸之病。皆有專醫。祝藥劀殺。備具諸法。進退差次。考核綦重。

《醫師》掌醫之政令。聚毒藥以共醫事。凡邦之有疾病者。疕瘍者。造焉。則使醫分而治之。歲終則稽其醫事。以制其食。十全爲上。十失一次之。十失二次之。十失三次之。十失四爲下。

其重視生命如此。豈若今之縱中外醫士草菅人命。無考校者哉。

九　禮俗

周之政法。卽謂之禮。前所舉之制度。皆禮也。此節所言之禮俗。則周代制度中之子目。而於周官中專禮之名者也。

周官舉禮之目者有二官。一爲司徒所掌之禮。目有四。

祀禮　陽禮　陰禮　樂禮　見第三節鄉遂之自治第三項教育司徒之十二教

一爲宗伯所掌之禮。目有五。

大宗伯之職。掌建邦之天神人鬼地示之禮。以佐王建保邦國。以吉禮祀邦國之鬼神示。以凶禮哀邦國之憂。以賓禮親邦國。以軍禮同邦國。以嘉禮親萬民。

而此五者又各有子目。

(一)吉禮之別十有二

以禋祀祀昊天上帝。以實柴祀日月星辰。以槱燎祀司中司命飌師雨師。以血祭祭社稷五祀五嶽。以貍沈祭山林川澤。以疈辜祭四方百物。以肆獻祼享先王。以饋食享先王。以祠春享先王。以禴夏享先王。以嘗秋享先王。以烝冬享先王。

(二)凶禮之別五

以喪禮哀死亡。以荒禮哀凶札。以弔禮哀禍烖。以禬禮哀圍敗。以恤禮哀寇亂。

(三)賓禮之別八

春見曰朝，夏見曰宗，秋見曰覲。冬見曰遇。時見曰會。殷見曰同。時聘曰問，殷頫曰視。

(四)軍禮之別五

大師之禮，用衆也。大均之禮，恤衆也。大田之禮，簡衆也。大役之禮，任衆也。大封之禮，合衆也。

(五)嘉禮之別六

以飲食之禮親宗族兄弟。以昏冠之禮親成男女。以賓射之禮親故舊朋友。以饗燕之禮親四方之賓客。以脤膰之禮親兄弟之國，以賀慶之禮親異姓之國。

此五目三十六項。即賅於司徒所舉之四目中。而其儀文度數之繁密。殆不可勝舉。今其禮固不盡存。即其存者言之。猶當別爲專書。始能詳述其制禮之義。本書不能盡述也。

近人謂儀禮爲全書。臚舉禮書篇目合之戴記。其言頗有見。

《禮經通論》(邵懿辰)漢初爲高堂生傳禮經十七篇。五傳至戴德戴聖。分爲大戴小戴之學。皆不言其有闕也。言僅存十七篇者。後人據漢藝文志及劉歆七略。因多逸禮三十九而言耳。夫高堂后蒼二戴慶普不以十七篇爲不全者。非專己而守殘也。彼有所取證。證之所附之記焉耳。觀昏義曰。夫禮始於冠。本於昏。重於喪祭。尊於朝聘。和於鄉射。故有冠義以釋士冠。有昏義以釋昏禮。有問喪以釋士喪。有祭義祭統以釋特牲少牢有司徹。有鄉飲酒義以釋鄉飲。有射義以釋鄉射大射。有燕義以釋燕食。有聘義以釋聘禮。有朝事以釋覲禮。有四制以釋喪服。而無一篇之義出於十七篇之外者。是冠昏喪祭朝聘鄉射八者。約十七篇而言之也。更證之禮運。禮運嘗兩舉八者以語子游。皆孔子之言也。特射鄉譌爲射御耳。一則曰。達於喪祭射鄉（今本作御）冠昏朝聘。再則曰。其行之以貨力辭讓飲食冠昏喪祭射鄉朝聘。貨力辭讓飲食六者。禮之緯也。冠昏喪祭射鄉朝聘八者。禮之經也。冠以明成人。昏以合男女。喪以仁父子。祭以嚴鬼神。鄉飲以合鄉里。燕射以成賓主。聘食以睦邦交。朝覲以辨上下。天下之人盡於此矣。天下之事亦盡於此矣。而其證之尤爲明確而可指者。適合於大戴十七篇之次序。大戴士冠禮一。昏禮二。士相見三。士喪四。既夕五。士虞六。特牲饋食七。少牢饋食八。有司徹九。鄉飲十。鄉射十一。燕十二。大射十三。聘十四。公食大夫十五。覲十六。喪服十七。是一二三篇。冠昏也。四五六七八九。喪祭也。十十一十二十三。射鄉也。十四十五十六。朝聘也。而喪服之通乎上下者附焉。

茲就此八者而舉之。以見周代禮俗之一斑。

(一)冠． 男子二十而行冠禮。未冠之前。必筮日。筮賓。及期行禮於阼。賓以緇布冠。皮弁。爵弁。三加其首。復醮於客位。字之曰伯某甫。（或仲叔季）既冠者玄冠玄端以見君。並謁鄉大夫鄉先生。所以示其成人也。適子冠於阼。庶子冠於房。適子醮用醴。庶子則用酒。所以別適庶也。由士以上。均行此禮。或曰天子十二而冠。

(二)昏． 周之昏禮。先使媒氏通言。女氏許之。乃使人納采。繼以問名。納吉。納徵。請期諸禮。納采用雁。納徵用緇布。由卿以上。則加玄纁儷皮及珪璋。屆期。父醮子而命之迎。子承命以往。執雁而入。奠雁稽首。出門乘車。以俟婦於門外。導婦而歸。與婦同牢而食。合卺而飲。次日。婦見於舅姑。舅姑饗之。三月而廟見。凡女子。許嫁。笄而字。祖廟未毀。則就公宮教以婦德婦言婦容婦功。祖廟已毀。則教於宗室。

(三)喪・ 周代喪禮。凡始卒。必於室。小斂後。則奉尸於堂。大斂必於阼階上。既殯。則置於西階上。尸柩皆南首。惟朝祖及葬。北首。始卒及小斂大斂。均朝夕哭。朔月薦新。及遷柩。遷祖。大遣。皆行奠禮。其行奠禮也。小斂以前。皆在尸東。大斂以後。皆在室中。遷祖以後。皆在柩西。既還車。則在柩東。行奠禮。必薦車馬。必行哭禮。丈夫踊。降自西。婦人踊於東南。此奠禮之大略也。有喪必赴。既赴。則弔者至。君使人弔。則主人拜稽顙成踊。非君之弔。則拜而不踊。若君臨大斂。則主人拜稽顙成踊。此弔禮之大略也。至於送終之典。則斂尸以巾布席於戶。大斂則加以公服。棺周於身。槨周於棺。天子棺槨九重。諸侯五重。大夫三重。士二重。庶人有棺而無槨。棺槨均用木。被之以革。置柩之地。刊木為重。冪之以布。復以旗為明旌。以銘其生前之績。其葬期。天子七月。諸侯五月。大夫三月。士逾月。樹土為冢。置棺其下。冢人掌之。此殯葬之大略也。其服制。親喪三年。哭踊均有常節。寢苫枕塊。既葬曰虞。期年而小祥。又期年而大祥。大祥更間一月。則為禫祭。禫祭則除服。故三年之喪。二十五月而畢。自天子至於庶人。均行之。其他服制。則自三年遞降。凡七等。（斬衰三年．疏衰三年．疏衰一年．大功九月．小功五月．疏衰三月緦麻三月．）其冠衰布縷。皆有差。

(四)祭・ 祭必卜日。先期齋戒。以所祭者之孫。或同姓者為尸。卜而宿之。並宿賓。祭前一日之夕。主人及子姓兄弟眾賓視濯視牲。祭之日。主人主婦及執事者視殺。視饎爨。及陳設鼎俎。而後迎尸。尸入坐。主人一獻。主婦亞獻。

賓三獻。天子之禮。禘十二獻。祫九獻。時享七獻。諸侯之禮。則七獻。事尸畢。祝告利成。尸出。佐食徹俎而餕。祭之明日復享賓尸。天子諸侯曰繹。大夫曰賓尸。士曰宴尸。凡士祭尸九飯。大夫祭尸十一飯。尸未食前之祭。謂之隋祭。又謂之挼祭。凡正祭於室。儐尸則於堂。此祭之大略也。

(五)射・　射禮有三。大射及賓射燕射也。天子大射。射於射宮。賓射。射於王朝。燕射。射於路寢庭。諸侯卿亦有大射之典。天子三侯。諸侯二侯。卿大夫一侯。士不大射。諸侯賓射亦二侯。卿以下一侯。大射之侯曰皮侯。以虎豹等皮飾側而棲鵠於中。賓射亦用虎豹熊麋之皮飾側而中畫五采以爲正。曰五采之侯。燕射。則天子熊侯白質。諸侯麋侯赤質。大夫布侯。畫以虎豹。士布侯。畫以鹿豕。皆丹質。名曰獸侯。凡射。皆三次。初射。三耦射。再射。三耦與衆耦皆射。三射。則以樂節射。不勝者飲。

(六)鄉・　鄉飲之禮。以鄉大夫爲主人。處士賢者爲賓介。賓至。拜迎於門外。入門三揖三遜。自西階升。司正北面受命安賓。升歌。笙歌。間歌。合樂。主拜賓至。賓拜主洗。凡賓。六十者坐。五十者立。六十者三豆。七十者四豆。八十者五豆。九十者六豆。獻酬既畢。降。說屨升堂。乃羞。無算爵。無算樂。賓出奏陔。

(七)朝・　周之朝儀有三。外朝之法。朝士掌之。左九棘。孤卿大夫位焉。羣士在其後。右九棘。公侯伯子男位焉。羣吏在其後。面三槐。三公位焉。州長衆庶在其後。治朝之位。司士正之。王南鄉。三公北面東上。孤東面北上。卿大夫西面北上。王族故士虎士在路門之右。南面東上。大僕大右大僕從者在路門之左。南面西上。司士擯。孤卿特揖。

大夫以其等旅揖。士旁三揖。王還揖門左。揖門右。士先卽位。不待王揖。大夫以上皆待王揖。乃就位。燕朝之儀。大僕掌之。大夫坐於上。士立於下。王坐而聽政焉。諸侯朝覲。皆受舍於朝。同姓西面北上。異姓東面北上。天子袞冕負斧依。侯氏入門右。坐奠圭。再拜稽首。擯者謁。侯氏坐取圭。升致命。王受之玉。侯氏降階東北面再拜稽首。擯者延之曰升。升成拜。乃出。侯氏三享。奉束帛十馬。天子賜侯氏以車服。

（八）聘。 聘有使。有介。皆載旜。受命於朝。過邦則假道。入竟肄儀。展幣。主君及夫人使使勞之。致館。設飧。明日。迎賓設几筵於廟。賓執圭致聘。出復入奉束帛加璧。享庭實以皮。或以馬。聘於夫人用璋。享用琮。事畢。賓奉束錦以請覿。主君禮賓。上介衆介均私覿。賓卽館。主君使人勞之。歸饔餼焉。

此皆當時人事所至重者也。傳稱國之大事在祀與戎。周之祭禮。迷信多神。自天地山川日星風雨戶竈門行貓虎厲鬼之類。皆有專祀。其言多無當於民治。故不臚舉。軍禮已亡。宗伯所言五目。都無所考。惟夏官司馬略言之。

【大司馬】中春。教振旅。司馬以旗致民。平列陳。如戰之陳。辨鼓鐸鐲鐃之用。王執路鼓。諸侯執賁鼓。軍將執晉鼓。師帥執提。旅帥執鼙。卒長執鐃。兩司馬執鐸。公司馬執鐲。以教坐作進退疾徐疏數之節。遂以蒐田。 中夏。教茇舍。群吏撰車徒。讀書契。辨號名之用。帥以門名。縣鄙各以其名。家以號名。鄉以州名。野以邑名。百家各象其事。以辨軍之夜事。其他皆如振旅。遂以苗田。 中秋。教治兵。如振旅之陳。辨旗物之用。王載大常。諸侯載旂。軍吏載旗。師都載旜。鄉遂載物。郊野載旐。百官載旟。各書其事與其號焉。其他皆如振旅。遂以獮田。 中冬。教大閱。前期群吏戒衆庶。修戰法。虞人萊所田之野爲表。百步則一。爲三表。又五十步爲一表。田之日。司馬建旗於後表之中。群吏以旗物鼓鐸鐲鐃。各帥其民而致。質明。弊旗。誅後至者。乃陳車徒如戰之陳。皆坐。群吏聽誓於陳前。斬牲。以左右徇陳。曰。不用命者斬之。中軍以鼙令鼓。鼓人皆三鼓。司馬振鐸。群吏作旗。車徒皆作。鼓行。鳴鐲。車徒皆行。及表乃止。三鼓摝鐸。群吏弊旗。車徒皆坐。又三鼓。振鐸作旗。車徒皆作。鼓進。鳴鐲。車驟徒趨。及表乃止。坐作如初。乃鼓。車馳徒走。及表乃止。鼓戒三闋。車三發。徒三刺。乃鼓退。鳴鐃且卻。及表乃止。坐作如初。遂以狩田。以旌爲左右和之門。群吏各帥其車徒。以敘和出。左右陳車徒。有司平之。旗居卒間。以分地前後。有屯百步。有司巡其前後。險野人爲主。易野車爲主。既陳。乃設驅逆之車。有司表貉於陳前。中軍以鼙令鼓。鼓人皆三鼓。群司馬振鐸。車徒皆作。遂鼓行。徒銜枚而進。大獸公之。小禽私之。獲者取左耳。及所弊。鼓皆駴。車徒皆譟。徒乃弊。致禽饁獸於郊。

欲考周代狩獵及戰陳之概況者。亦可略推其意焉。

周之禮俗。有沿用於後世者。有與後世迥異者。考究當時風俗。及吾國今日習俗之沿革。皆宜於禮求之。略舉數端。以見古今禮俗之異宜焉。

(一)飲食之俗　凡取飯於器中。皆以匕而承之。悉以手。其未食也。先盥其手。將食。則仰其手而奉之。既食。則覆其手。以棄餘粒。而揚飯。摶飯。放飯。流歠。齧骨。皆其所戒。若賓主會食。則主人以酒進賓。謂之獻。賓報主人以酒。謂之酢。主人飲酒勸賓。謂之酬。正獻既畢之酒。謂之旅酬。旅酬既畢之酒。謂之無算爵。凡獻酒。必薦食。君之酒曰膳。臣之酒曰散。酌而無酬酢曰醮。執爵皆以左手。君臣男女不相襲爵。

(二)迎送揖讓授受之俗　凡迎賓。主人敵者於大門外。主人尊者於大門內。君與臣行禮。則不迎送。賓亦然。凡入門。賓入自左。主人入自右。皆主人先入。以臣禮見。則入門右。推手曰揖。引手曰厭。入門必三揖。升階皆三讓。賓主敵者。俱升俱降。不敵者。不俱升。升階均連步。凡授受之禮。同面者謂之並授受。相向者謂之訝授受。敵者於楹間。不敵者不於楹間。卑者於尊者。皆奠而不授。尊者辭。乃授。凡一辭而許曰禮辭。再辭而許曰固辭。三辭不許曰終辭。

(三)拜跪之俗　周之拜禮有九。頭至地者爲稽首頓首拜。頭叩地者爲頓首拜。頭至手者爲空首拜。戰栗變動之拜爲振拜。拜而後稽顙者爲吉拜。稽顙而後拜者爲凶拜。先屈一膝者爲奇拜。再拜者爲褒拜。且俯下手者爲肅拜。大抵門外之拜。皆東西面。堂上之拜。均北面。室中房中之拜。則以西面爲敬。臣與君行禮。皆堂下再拜稽首。君辭則升成拜。拜必互答。凡爲人使者。不答拜。凡拜送之禮。送者拜。去者不答拜。丈夫坐而拜。婦人興而拜。其重拜則扱地。

(四)坐立行走之俗　古皆席地而坐。坐必正席。客至於寢門。則主人請入爲席。非飲食之客。則布席。席間函丈。主人跪正席。客跪撫席而辭。客徹重席。主人固辭。客踐席乃坐。虛坐盡後。食坐盡前。堂上行禮之法。立則不脫屨。坐則脫屨。尊卑在室。則尊者脫屨於戶內。餘則脫屨於戶外。尊卑在堂。亦尊者一人脫屨於堂上。餘皆脫屨於堂下。爵位相均。則主賓皆脫屨於堂下。凡立必正方。不中門。以物相授受者。必立而不坐。其趨行之法有二。一爲徐趨。君趨接武。大夫繼武。士中武。其行皆足不離地。舉前曳踵。一爲疾趨。直身速行。履頭屢起。而手足仍直正。不得邪低搖動。又依爾雅之說。則古之行步。視地而異名。室中謂之時。堂上謂之行。堂下謂之步。門外謂之趨。中庭謂之走。大路謂之奔。

(五)相見執摯之俗　凡與尊者相見。必有所執。以將其意。是謂之摯。天子用鬯。諸侯用圭。孤用皮帛。卿用羔。大夫用雁。士用雉。庶人用鶩。工商用雞。野外軍中無摯。則以纓拾矢。凡賓執摯以見主人。主人必辭。故士見士。及士見大夫。主人皆辭摯。兩士相見。則以賓向時所執者還之於賓。賓亦辭讓而後受。士見大夫。則主人俟賓既出。還其摯於門外。臣見於君。則不還摯。若此國之臣以摯見他國之君。君亦使擯還其摯。婦人之摯。棗栗腶脩。無摯。則不能成禮。

凡此皆當時之習慣風俗。不必卽謂之禮。而諸書載之甚詳。以爲周旋進退之節。無在不寓禮意焉。故中國古代所謂禮者。實無乎不包。而未易以一語說明其定義也。

十　樂舞

羲農以來。雖已有樂。而其詳不可考。古書之言樂者。殆莫詳於周禮。漢人以周官大宗伯之大司樂章。爲樂人之專書。

《漢書藝文志》六國之君。魏文侯最爲好古。孝文時。得其樂人竇公。獻其書。乃周官大宗伯之大司樂章也。

世遂以爲樂經。蓋古樂既亡。惟此猶可推見其概也。言樂必本律呂。世傳黃帝初命伶倫作律。

《呂氏春秋古樂篇》昔黃帝令伶倫作爲律。制十二筩。以聽鳳凰之鳴。以別十二律。其雄鳴爲六。雌鳴亦六。以比黃鐘之宮適合。黃鐘之宮皆可以生之。故曰黃鐘之宮。律呂之本。

書亦有六律五聲八音之文。而未詳舉其目。至周官始備言六律六同。

《周官大師》掌六律六同。以合陰陽之聲。陽聲黃鐘。大蔟。姑洗。蕤賓。夷則。無射。陰聲。大呂。應鐘。南呂。函鐘。小呂。夾鐘。

及五聲八音

《大師》皆文之以五聲。宮商角徵羽。皆播之以八音。金石土革絲木匏竹。

辨聲和樂之法。

《典同》掌六律六同之和。以辨天地四方陰陽之聲。以爲樂器。凡聲。高聲䃂。正聲緩。下聲肆。陂聲散。險聲斂。達聲贏。微聲韽。回聲衍。侈聲筰。弇聲鬱。薄聲甄。厚聲石。凡爲樂器。以十有二律爲之度數。以十有二聲爲之齊量。凡和樂亦如之。

言律呂度數者。固無有先於此書者矣。

《國語》伶州鳩曰。律所以立均出度也。古之神瞽。考中聲而量之以制。度律均鍾。百官軌儀。紀之以三。平之以六。成於十二。天之道也。(其人在景王時。已在春秋末世矣。)

言樂必兼舞。古舞之目。亦備於周官。

〔大司樂〕以樂舞教國子舞雲門。大卷。大咸。大磬。大夏。大濩。大武。以六律。六同。五聲。八音。六舞。大合樂。此可知言樂必兼舞奏黃鐘。歌大呂。舞雲門。以祀天神。奏大蔟。歌應鐘。舞咸池。以祭地示。奏姑洗。歌南呂。舞大磬。以祀四望。奏蕤賓。歌函鐘。舞大夏。以祭山川。奏夷則。歌小呂。舞大濩。以享先妣。奏無射。歌夾鐘。舞大武。以享先祖。〔鄭注〕咸池。大咸也。

雖大卷未知所本。而雲門咸池韶夏濩武之名。皆可信爲累代相傳之樂舞。

〔樂緯稽耀嘉〕黃帝樂曰雲門。〔莊子天下篇〕黃帝張咸池之樂。於洞庭之野。〔墨子三辯篇〕湯因先王之樂。又自作樂。命曰護。又修九招。〔呂氏春秋古樂篇〕黃帝命伶倫與榮將鑄十二鍾。以和五音。以施英韶。命之曰咸池。帝舜命質修九招六列六英。以明帝德。禹命皋陶作爲夏籥九成。以昭其功。湯命伊尹作爲大護。歌晨露。修九招六列。以見其善。武王伐殷克之。乃命周公爲作大武。

大舞之外。復有小舞

〔樂師〕教國子小舞。見前。

韎舞

〔韎師〕掌教韎樂。祭祀則帥其屬而舞之。

籥舞

《籥師》掌教國子舞羽歈籥。祭祀則鼓羽籥之舞。

燕樂之舞。

《旄人》掌教舞散樂。舞夷樂。凡四方之以舞仕者屬焉。凡祭祀賓客。舞其燕樂。

蓋樂之爲用。全在聲容兼備。有聲而無容。不得謂之樂。周之樂舞。上備先代。旁及夷野。於歷史相傳之功德。各地人民之習尙。罔不修舉。此其樂之所以盛也。

後世言樂者。多注重於律呂。研究黍尺。聚訟紛如。而於舞法罕言之。制氏所紀之鏗鏘鼓舞。後亦不傳。

《漢書藝文志》制氏以雅樂聲律。世在樂官。頗能紀其鏗鏘鼓舞。而不能言其義。

惟樂記略言其事。

《樂記》且夫武。始而北出。再成而滅商。三成而南。四成而南國是疆。五成而分周公左召公右。六成復綴以崇。天子夾振之而駟伐。盛威於中國也。《孔穎達疏》武始而北出者。謂初舞位最在於南頭。從第一位而北出者。次及第二位。稍北出者。作樂一成而舞。象武王北出觀兵也。再成而滅商者。謂作樂再成。舞者從第二位至第三位。象武王滅商。三成而南者。謂舞者從第三位至第四位。極北而南反。象武王克商而南還也。四成而南國是疆者。謂武曲四成。舞者從北頭第一位。卻至第二位。象武王伐紂之後。南方之國。於是疆理也。五成而分周公左召公右者。從第二位至第三位。分爲左右。象周公居左。召公居右也。六成復綴以崇者。綴謂南頭初位。舞者從第三位南至本位。故言復綴以崇。崇充也。而駟伐者。駟當爲四。伐謂擊刺。作武樂之時。每一奏之中而四度擊刺。象武王伐紂四伐也。

賈公彥釋周官言樂之六變八變九變。亦以其法推之。

《周官大司樂》凡樂。圜鍾爲宮。黃鐘爲角。大蔟爲徵。姑洗爲羽。靁鼓靁鼗。孤竹之管。雲和之琴瑟。雲門之舞。冬日至於地上之圜丘奏之。若樂六變。則天神皆降。可得而禮矣。凡樂。函鍾爲宮。大蔟爲角。姑洗爲徵。南呂爲羽。靈鼓靈鼗。孫竹之管。空桑之琴瑟。咸池之舞。夏日至於澤中之方丘奏之。若樂八變。則地示皆出。可得而禮矣。凡樂。黃鍾爲宮。大呂爲角。大蔟爲徵。應鍾爲羽。路鼓路鼗。陰竹之管。龍門之琴瑟。九德之歌。九磬之舞。於宗廟之中奏之。若樂九變。則人鬼可得而禮矣。《賈公彥疏》言六變八變九變者。謂在天地及廟庭而立四表。舞人從南表向第二表爲一成。一成則一變。從第二至第三爲二成。從第三至北頭第四表爲三成。舞人各轉身南向。於北表之北。還從第一至第二爲四成。從第二至第三爲五成。從第三至南頭第一表。爲六成。則天神皆降。若八變者。更從南頭北向第二爲七成。又從第二至第三爲八成。地祇皆出。若九變者。又從第三至北頭第一。爲九變。人鬼可得而禮焉。此約周之大武。象武王伐紂。大護已上。雖無滅商之事。但舞人須有限約。亦應立四表。以與舞人爲曲別也。黃以周曰。大武立四表。昉諸大司馬田獵之法。田獵立表自南始。故以至北之表爲後表。而田獵之行自北始。故鄭注以初鼓及表。自後表前至第二。又鼓及表。自第二前至第三。三鼓及表。自第三前至前表。四鼓而退。及表自前表至後表。準鄭此注。則武始北出。自北表前出至第二表。再成自第二至第三表。所謂再始以著往也。三成而南。自第三前至南表。所謂周德自北而南也。四成而南國是疆。自南表回至第三表。所謂復亂以飭歸也。至六成。又自第二表回至北表。復綴以崇。所謂樂終而德尊也。至圜丘奏樂六變。用雲門。方丘奏樂八變。用咸池。宗廟奏樂九變。用九磬。其舞之行列。未必同於大武。賈疏仍以大武約之。固未必然。又因九變欲至北表以象歸。遂謂武舞北出自南起。更屬難信。

雖其說未必盡然。然欲考古舞者之地位及節奏。亦可於此略見一斑焉。

古樂陳列之法。見於周官。謂之樂縣。

《周官小胥》正樂縣之位。王宮縣。諸侯軒縣。卿大夫判縣。士特縣。凡縣。鐘磬半爲堵。全爲肆。

其法不見於他書。惟儀禮大射儀陳列樂器之法。可證軒縣之制。而宮縣之類。亦可以此推之。

《儀禮大射儀》樂人宿縣於阼階東。笙磬西面。其南笙鐘。其南鑮。皆南陳。建鼓在阼階西。南鼓。應鼙。在其東。南鼓。江藩曰此阼階之一肆 西階之西。頌磬。東面。其南鍾。其南鑮。皆南陳。一建鼓在其南。東鼓。朔鼙在其北。江曰此西階之一肆也 一建鼓在西階之東。南。江曰此一縣僅設建鼓乃北面之一肆也 簜在建鼓之間。鼗倚於頌磬西紘。江曰此二器倚而不縣者也 《樂縣考》江藩曰。由此推之。宮縣四面皆縣一肆。鐘一堵。磬一堵。有鑮。有建鼓。有應鼙。西縣之制。同於東縣。惟笙磬笙鐘。頌磬頌鍾。應鼙朔鼙。異其名耳。據此則南面一肆。北面一肆。亦必有鐘磬鑮。有鼓有鼙。而鐘磬之名不可考。

縣器之外。琴瑟在堂。節以搏拊。

《尚書大傳》古者帝王升歌清廟之樂。大琴練弦達越。大瑟朱弦達越。以韋爲鼓。謂之搏拊。 黃以周曰。周官大師小師兩職並云登歌擊拊。周之搏拊。亦在堂上。 又曰。周之升歌。亦當有琴。燕射諸禮堂上有瑟無琴。蓋諸侯待大夫。禮殺而下就也。

塤敔之類。陳於縣外。

《樂縣考》（江藩）樂備八音。見於儀禮者。鏞鎛。金也。磬。石也。鼓鼗。革也。琴瑟。絲也。簫匏。竹也。八音之內。所少者惟土與木耳。則宮縣之外。尚有土音之塤。木音之敔。賈公彥曰。自餘樂器陳於外也。

奏樂之次序。以器之上下為先後。奏堂上之樂曰登歌。奏堂下之樂曰下管。

《周官大師》大祭祀。瞽帥登歌。令奏。擊拊。孫詒讓曰此奏堂上之樂也下管。播樂器。令奏。鼓朄。孫曰此奏堂下之樂《小師》大祭祀。登歌。擊拊。下管。擊應鼓。

宮縣圖

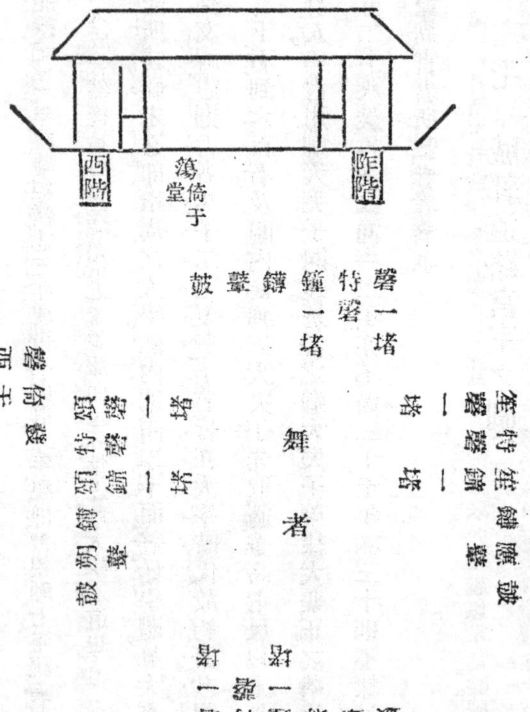

阼階

西階

簫倚于堂

磬一堵

特磬

鐘一堵

鎛

鼙

鼓

舞者

次則笙入間歌。

《儀禮鄉飲酒禮》笙入。堂下磬南北面立。樂南陔。白華。華黍。乃間歌魚麗。笙由庚。歌南有嘉魚。笙崇丘。歌南山有臺。笙由儀。

《鄭注》笙。吹笙者也。以笙吹此詩。以爲樂也。間。代也。謂一歌則一吹。

次大合樂。

《鄉飲酒》禮乃合樂。周南。關雎葛覃卷耳。召南。鵲巢采蘩采蘋。《鄭注》合樂。謂歌樂與衆聲俱作。《賈疏》合樂。謂歌樂與衆聲俱作者。謂堂上有歌瑟。堂下有金磬。合奏此詩。故云衆聲俱作

次興舞。

孫詒讓曰。凡舞在合樂之後。燕禮記云。遂合鄉樂。若舞則勺。注云。勺。頌篇。既合鄉樂。萬舞而奏之是也。

其天子諸侯之樂又有金奏。

黃以周曰。樂有六節。一曰金奏。二曰升歌。三曰下管笙入。四曰間歌。五曰合樂。六曰無算樂。上得下就。下不得上取。 孫詒讓曰。凡天子諸侯之樂。以升歌爲第一節。下管爲第二節。間歌爲第三節。合樂爲第四節。每節皆三終。大夫士之樂。唯無下管。而以笙入爲第二節。餘三節並同。天子諸侯又有金奏。以迎尸送尸迎賓送賓。謂之先樂。

鍾師掌之而聽令於大司樂。

《周官鍾師》掌金奏。凡樂事以鍾鼓奏九夏。王夏。肆夏。昭夏。納夏。章夏。齊夏。族夏。祴夏。驁夏。《大司樂》王出入則令奏王夏。尸出入則令奏肆夏。牲出入則令奏昭夏。《杜注》王出入奏王夏。尸出入奏肆夏。牲出入奏昭夏。四方賓來奏納夏。臣有功奏章夏。夫人祭奏齊夏。族人侍奏族夏。客醉而出奏陔夏。公出入奏驁夏。

古所謂樂者。大致如是。今人不惟不知律呂並舞器位次管絃終節。都不深考。第習後世之樂器。雜奏而漫舉之。便曰國樂。實至可怪之事也。海寧王氏有釋樂次篇。綜諸書而定其次。今附錄之。

『樂詩考略』(王國維)凡樂。以金奏始。以金奏終。金奏者。所以迎送賓。亦以優天子諸侯及賓客。以爲行禮及步趨之節也。凡金奏之詩。以九夏。大夫士有送賓之樂。而無迎賓之樂。其送賓也。以陔夏。諸侯迎以肆夏。送以陔夏。天子迎以肆夏。送以肆夏。而天子諸侯出入。又自有樂。其樂。天子以王夏。諸侯以驁夏。諸侯大射。惟入用樂。金奏既闋。獻酬之禮畢。則工升歌。升歌者。所以樂賓也。升歌之詩。以雅頌。大夫士用小雅。諸侯燕其臣及他國之臣。亦用小雅。兩君相見。則用大雅。或用頌。天子則用頌焉。升歌既畢。則笙入。笙之詩。南陔。白華。華黍也。歌者在上。匏竹在下。於是有間有合。間之詩。歌則魚麗。南有嘉魚。南山有臺。笙則由庚。崇邱。由儀也。合之詩。周南。關雎。葛覃。卷耳。召南。鵲巢。采蘩。采蘋也。自笙以下諸詩。大夫士至諸侯共之。諸侯以上。禮之盛者。以管易笙。笙與歌異工。故有間歌。有合樂。管與歌同工。故升而歌。下而管。無間歌合樂。下管之詩。諸侯新宮。天子象也。凡升歌用雅者。管與笙皆用雅。升歌用頌者。管亦用頌。凡有管。則有舞。舞之詩。諸侯勺。天子大武大夏也。凡金奏之樂。用鐘鼓。天子諸侯全用之。大夫士鼓而已。歌用瑟及搏拊。笙與管皆如其名。舞則大武用干戚。大夏用羽籥。

十一　王朝與諸侯之關繫

前所述之十節。周之政教大端粗具矣。要而論之。其體國經野設官分職之精意。雖兼王朝及侯國而言。而其根本僅在天子都城及六鄉六遂之區域。雖推其功效。固足使諸侯仿行。合無數之鄉遂而成一大國。

書費誓魯人三郊三遂。即仿天子之制。爲三鄉三遂也。

然以周代萬里之幅員而政治之精神。僅見於方四百里之鄉遂。外此之五等諸侯。皆非天子號令之所及。則周天子不過一模範之侯封。不足爲四海共主也。吾人今日所當知者。周之制度。小則比閭族黨。行政皆民選之官。大則侯衞要荒。率土守王朝之法。其相維相繫之妙用。均散見於周官。故熟觀周官。則知周之封建。雖分權於各國。而中央政府之政令。固亦無不達於諸國之虞。其組織各國而成一大國。儼如今人所謂有機體。絕非後世苟且補苴之制所可比也。

周官所言王朝與諸侯之關繫。自封畿晝土外。其最要者六事。

(一)曰命官。其官制定於太宰。

《周官太宰》施典於邦國。而建其牧。立其監。設其參。傅其伍。陳其殷。置其輔。

而典命掌其命數。

《典命》掌諸侯之五儀。諸臣之五等之命。上公九命爲伯。侯伯七命。子男五命。公之孤四命。其卿三命。其大夫再命。其士一命。侯伯之卿大夫士亦如之。子男之卿再命。其大夫一命。其士不命。

內史策命之。

〔內史〕凡命諸侯及孤卿大夫。則策命之。

侯國之卿未受命於天子者。則謂之小卿。其區別至嚴也。

〔儀禮大射儀小卿鄭注〕小卿命於其君者也。

(二)曰貢物。其別有二。

一則每歲常貢令春入之。

〔周官小行人〕令諸侯春入貢。〔賈疏〕此云貢。卽太宰九貢。是歲之常貢也。必使春入者。其所貢之物。並諸侯之國出稅於民。民稅旣得。乃大國貢半。次國三之一。小國四之一。皆市取美物。必經冬至春。乃可入王。是以令春入之也。

其目有九。

〔太宰〕以九貢致邦國之用。一曰祀貢。二曰嬪貢。三曰器貢。四曰幣貢。五曰材貢。六曰貨貢。七曰服貢。八曰斿貢。九曰物貢。

皆有定法。

〔司會〕以九貢之法。致邦國之財用。

一則因朝而貢各有年限。

〔大行人〕侯服歲壹見。其貢祀物。甸服二歲壹見。其貢嬪物。男服三歲壹見。其貢器物。采服四歲壹見。其貢服物。衞服五歲壹見。其貢材物。要服六歲壹見。其貢貨物。蕃國世壹見。各以其所貴寶爲摯。〔賈疏〕此因朝而貢。與太宰九貢及小行人春入貢者別。彼是歲之常貢也。

其貢物皆入於太府。以共王朝對於邦國之用。

『太府』掌九貢九賦九功之貳。以受其貨賄之入。凡邦國之貢。以待弔用。

蓋王朝之財政。自以萬民之貢充府庫。初不利諸侯之貢而有所私也。

(三)曰盟約。自諸侯至萬民皆有焉。

『司約』掌邦國及萬民之約劑。治神之約爲上。治民之約次之。治地之約次之。治功之約次之。治器之約次之。治摯之約次之。凡大約劑。書於宗彝。小約劑。書於丹圖。『司盟』掌盟載之法。凡邦國有疑會同。則掌其盟約之載。及其禮儀。北面詔明神。既盟。則貳之。盟萬民之犯命者。詛其不信者。亦如之。凡民之有約劑者。其貳在司盟。

其大者則登於天府。

『大司寇』凡邦之大盟約。涖其盟書。而登之於天府。太史內史司會及六官。皆受其貳而藏之。

蓋其時尚以神道設教。故人事之不可信者。恃盟約以堅之。然當時之王朝與諸侯萬民訂約。或諸侯與諸侯。或諸侯與萬民。或此國之民與他國之民立約。其事之多。可由此推見矣。

(四)曰朝聘。其法甚多。約之則有君臣二者之禮。

『小行人』朝覲宗遇會同。君之禮也。存覜省聘問。臣之禮也。

而行人之官掌之。

『大行人』掌大賓之禮及大客之儀。以親諸侯。春朝諸侯。而圖天下之事。秋覲。以比邦國之功。夏宗。以陳天下之謨。冬遇。以協諸侯之慮。時會。以發四方之禁。殷同。以施天下之政。時聘。以結諸侯之好。殷覜。以除邦國之慝。閒問。以諭諸侯之志。歸脤。以交諸侯之福。賀慶。以贊諸侯之喜。致禬。以補諸侯之烖。　王之所以撫邦國諸侯者。歲徧存。三歲。徧覜。五歲。徧省。七歲。屬象胥。諭言語。協辭命。九歲屬瞽史。諭書名。聽聲音。十有一歲。達瑞節。同度量。成牢禮。同數器。修法則。十有二歲。王巡守殷國。

蓋君臣之禮。各有政治之關繫。非徒以聯情好。飾儀文也。

(五)曰刑罰邦國之獄訟。既有邦典。

『大司寇』凡諸侯之獄訟。以邦典定之。

其輕重。又各以性質爲區別。

『大司寇』掌建邦之三典。以佐王刑邦國。詰四方。一曰刑新國。用輕典。二曰刑平國。用中典。三曰刑亂國。用重典。

布憲爲之布告。

『布憲』掌憲邦之刑禁。正月之吉。執旌節以宣布於四方。而憲邦之刑禁。以詰四方邦國。及其都鄙。達於四海。

而訝士專掌折獄焉。

『訝士』掌四方之獄訟。諭罪刑於邦國。凡四方之有治於士者造焉。四方有亂獄。則往而成之。

至諸侯之大罪。則有九伐之法。

〔大司馬〕以九伐之法正邦國。馮弱犯寡則眚之。賊賢害民則伐之。暴內陵外則壇之。野荒民散則削之。負固不服則侵之。賊殺其親則正之。放弒其君則殘之。犯令陵政則杜之。外內亂鳥獸行則滅之。

蓋天子六軍。倍於大國之軍數。故不患其不服也。

(六)曰哀恤。國有禍事。既有慶賀之禮。其他不幸之事。則行人往而哀恤之。

〔小行人〕若國札喪。則令賻補之。若國凶荒。則令賙委之。若國師役。則令槁禬之。若國有福事。則令慶賀之。若國有禍烖。則令哀弔之。

掌客爲之殺禮。

〔掌客〕凡禮賓客國新殺禮。凶荒殺禮。札喪殺禮。禍烖殺禮。

蓋王朝與諸侯。內外一體。無論常變。皆與有關繫也。

吾考周時王朝與諸侯國之組織。固皆以政法爲之樞。而文字之功。與宣傳之力。尤有關於中外之維繫。考之周官。

當時各國。咸有方志。小史外史誦訓諸官掌之。

〔小史〕掌邦國之志。奠繫世。辨昭穆。〔外史〕掌四方之志。〔誦訓〕掌道方志。以詔觀事。

王朝之人。既熟悉其歷史。而各國特別之情況。行人又時時調查而爲專書。

【小行人】掌邦國賓客之禮籍及其萬民之利害。爲一書。其禮俗政事敎治刑禁之逆順。爲一書。其悖逆暴亂作慝猶犯令者。爲一書。其札喪凶荒厄貧。爲一書。其康樂和親安平。爲一書。凡此五物者。每國辨異之以反命於王。以周知天下之故。

訓方氏又爲之誦道。

【訓方氏】掌道四方之政事。與其上下之志。誦四方之傳道。正歲。則布而訓四方。而觀新物。

故王國之人能周知天下之故而四方無隱情焉。王國統一四方之文字。既有行人諭之。外史又專掌其命令。並達書名。

【外史】掌書外令。掌達書名於四方。若以書使於四方。則書其令。

則王國之書之傳播於外亦可見矣。

文字之宣傳與口語之宣傳相爲因也。周官有撢人及掌交等官以口語宣傳爲專職。

【撢人】掌誦王志。道國之政事。以巡天下之邦國。而語之。使萬民和說。而正王面。【掌交】掌以節與幣。巡邦國之諸侯。及其萬民之所聚者。道王之德意志慮。使咸知王之好惡。辟行之。使和諸侯之好。達萬民之說。掌邦國之通事。而結其交好。

而象胥之傳言語。且及於蠻夷閩貉戎狄之國。

【象胥】掌蠻夷閩貉戎狄之國。使掌傳王之言。而諭說焉。以和親之。若以時入賓。則協其禮與其辭言傳之。

故內外皆無隔閡。不但諸侯對於王朝。靡所隱蔽。即諸侯對於諸侯。及諸侯之民對於他國之民。亦可以無扞格齟辭之意。其立法之意深矣。

十二 結論

綜觀右舉十一節。而周禮儀禮二書之時代功效性質。乃可推論。蓋使西周時代無此一種制度。純出於戰國或漢代儒家之僞造。則春秋內外傳所紀詩書所稱。一切皆無來歷。例如國語紀陳靈公時事。

> 《國語》定王使單襄公聘於宋。遂假道於陳。以聘於楚。火朝覿矣。道茀不可行。候不在疆。司空不視塗。澤不陂。川不梁。野不庾積。場功未畢。道無列樹。墾田若蓺。膳宰不致餼。司里不授館。國無寄寓。縣無施舍。周之秩官有之曰。敵國賓至。關尹以告。行理以節逆之。候人爲導。卿出郊勞。門尹除門。宗祝執祀。司里授館。司徒具徒。司空視塗。司寇詰姦。虞人入材。甸人積薪。火師監燎。水師監濯。膳宰致饔。廩人獻餼。司馬陳芻。工人展車。百官以物至。賓入如歸。是故小大莫不懷愛。其貴國之賓至。則以班加一等。益虔。至於王吏。則皆官正涖事。上卿監之。若王巡守。則君親監之。

使非春秋以前。周代固有若干典章。列國皆奉行惟謹。舉凡朝聘之儀。官司之守。道路之政。田里之制。皆有詳細條文。則單襄公對於陳國之腐敗。何必駭怪而僞造此等言論以譏刺之。若謂列國各行其法。可以因人事而進化。則彼此朝聘。爲何時所訂之公約。不但春秋時之國家。絕無此等人物。即詩書所載之諸侯。如魯伯禽召穆公衛武公晉文侯秦非子等。皆無此魄力也。若謂周家立法。隨時改進。則夷厲以降。王朝已衰。更不能創立典章。頒行各國矣。

周室盛時惟成康昭穆四代。而左傳稱昭王南征而不反。國語稱穆王征犬戎。荒服者不至。其時已遜於成康。故謂穆王時紹述周公職方之文則可。謂穆王作職方。則不可也。

曰然則官禮之文其效亦可睹矣。成康在位五十餘年。

『通鑑外紀』成王在位三十年。通周公攝政三十七年。康王在位二十六年。

而王道遂微缺。

『史記周本紀』昭王之時王道微缺。

周公制禮。復何足稱。曰。是當以孔子及朱子之言釋之。

『禮記中庸』孔子曰。文武之政。布在方策。其人存。則其政舉。其人亡。則其政息。

此如共和政體。行之美國而治。行之墨西哥而亂。良法美意。待人而行。不得以世亂之因。全歸之於法制也。

『朱子語類卷八十六』大抵說制度之書。惟周禮儀禮可信。禮記便不可深信。周禮畢竟出於一家。謂是周公親筆做成。固不可。然大綱却是周公意思。某所疑者。但恐周公立下此法。却不曾行得盡。

其行者。已致刑措之效。其不盡行者。遂開後世之衰。是亦無所用其諱飾也。

周之禮教。雖至衰亂之世。亦非全不奉行。觀賓之初筵之詩可見。

『詩小雅甫田之什』賓之初筵。左右秩秩。籩豆有楚。殽核維旅。酒既和旨。飲酒孔偕。鐘鼓既設。舉醻逸逸。大侯既抗。弓矢斯張。射夫既同。獻爾發功。發彼有的。以祈爾爵。 籥舞笙鼓。樂既和奏。烝衎烈祖。以洽百禮。百禮既至。有壬有林。錫爾純嘏。子孫其湛。其湛曰樂。各奏爾能。賓載手仇。室人入又。酌彼康爵。以奏爾時。 賓之初筵。溫溫其恭。其未醉止。威儀反反。曰既醉止。威儀幡幡。舍其坐遷。屢舞僊僊。其未醉止。威儀抑抑。曰既醉止。威儀怭怭。是曰既醉。不知其秩。 賓既醉止。載號載呶。亂我籩豆。屢舞僛僛。是曰既醉。不知其郵。側弁之俄。屢舞傞傞。既醉而出。並受其福。醉而不出。是謂伐德。飲酒孔嘉。維其令儀。 凡此飲酒。或醉或否。既立之監。或佐之史。彼醉不臧。不醉反恥。式勿從謂。無俾大怠。匪言勿言。匪由勿語。由醉之言。俾出童羖。三爵不識。矧敢多又。

此詩。小序以爲幽王時衛武公刺時之詩。卽謂小序不可信。不能確指其爲何時何人之作。以詩之次序論。在節南山谷風諸什之後。魚藻諸什之先。其爲西周衰亂之時之詩無疑也。觀其初筵。實卽燕射之禮。賓之威儀溫恭。頗守禮法。至於既醉之後。側弁屢舞。則爲衰世之風。然立監佐史。仍與燕禮鄉射禮之立司正相合。三爵獻酬。亦同於禮。是知昭穆以降。並非舉先代所制之禮。一概廢棄。惟行之不合於禮意。則詩人從而刺之。當時詩人嫻於禮教。又可因此而見矣。

近世西人多有研究周禮者。法人俾優 Edounrd Constant Biot (1803–1850) 曾以法文譯之。(Le Tcheou-li trad, du chinois) 一八五一年巴黎出版 德人夏德 Friodrich Hirth 所著支那古代史 (The Ancient History of China) 多稱引其說。如曰。

周禮爲周代文化生活最重要的典據。亦爲後代之嚮導。對於爲政家之模範。永受世人之尊重。殆無可疑。其於國民之教養。實居重大之位置。世界之書籍中。罕見其匹儔。且其關於公共生活及社會生活詳細說明。於陶冶後代之國民。具有非常之勢力。因襲之久。世人因此詳細之規定。殊不能任意而行。社會萬般之生活。無論一言一行。無不依其儀式。俾優氏以爲此等詳細的規矩。其主要之目的。惟在使人除去公私之生活上放縱粗野之行動。使肉體與道德。共具有一定不變之性格。更於其上築成一不變易狀態之政府。爲俾優氏此言。不可謂非卓識。支那王朝雖屢變更。彼等支那人自周禮之時代。至於現今。對於此種儀式因襲的尊敬之結果。全於使支那與支那人國家與國民。均具有鞏固不變之性質云。

雖其觀察吾國政教禮俗。未能得其真際。而謂周禮爲陶冶後代國民性之具。亦不可謂無見也。

第二十章　文字與學術

西周文字可分爲二期。周初之古文爲一期。宣王以後之籀文爲一期。

《說文》宣王太史籀作大篆十五篇。與古文或異。據此，則宣王以前之文爲古文。

周初之古文。與夏商之文字亦不同。

《說文》五帝三王之世。改易殊體。封於泰山者七十有二代。靡有同焉。段玉裁曰。自黃帝而帝顓頊高陽。帝嚳高辛。帝堯。帝舜。爲五帝。夏禹商湯周文武爲三王。其間文字之體更改非一。不可枚舉。傳於世者。概謂之倉頡古文。不皆倉頡所作也。

惟其時文字未有定名。僅可謂之古文耳。今以世傳殷商龜甲文字與周初鐘鼎相較。則商代文字筆畫簡約。至周初而變爲繁飾。且其結體亦與商代不同。固由周代尚文。亦審美之念漸趨繁密之證也。說文所載籀文。尤多重疊。文飾之風。殆與世並進。而岐陽石鼓行列整齊。近於小篆。其別異於周初之古文。或即在是歟。

世多謂古文簡而籀文繁。遂疑古文之重疊者爲籀文。如王菉友說文釋例謂牙之古文。某之古文。皆籀文。實未悟進化之理。凡一事一物之興。必皆有其漸。而後有人取而整齊之。使周初古文無重疊者。而太史籀一旦創爲筆畫繁多之字。何能使人通用乎。

文字有進步。教授文字亦隨而進步。周初教六書。

《說文》周禮八歲入小學。保氏敎國子。先以六書。一曰指事。指事者。視而可識。察而見意。上下是也。二曰象形。象形者。畫成其物。隨體詰詘。日月是也。三曰形聲。形聲者。以事爲名。取譬相成。江河是也。四曰會意。會意者。比類合誼。以見指撝。武信是也。五曰轉注。轉注者。建類一首。同意相受。考老是也。六曰假借。假借者。本無其字。依聲託事。令長是也。

殆僅教以方名。

《內則》六年敎之數與方名。

至史籀而有史篇。附以說解。以教學僮。

《漢書藝文志》史籀篇者。周時史官敎學僮書也。　段玉裁曰。許稱史篇者三。奭下云。此燕召公名。史篇名奭。匋下云。史篇讀與缶同。姚下云。史篇以爲姚易。知史篇不徒載篆形。亦有說解。

爲後世小學書之權與。西漢時其書尙完好。東漢建武中猶存九篇。足知周秦漢人之教學者。率本此書矣。

周代文字。存於今者。有金有石。諸家著錄金文定爲周器者。無慮數百種。若師旦鼎阮元定爲成王卽政之元年。周公禋祀於文武所作之器。**鄦専鼎**王昶據詩鄭箋。定爲文王時器。阮元定爲周宣王時器。**周寰卣**龔自珍定爲成王祭文王廟器。**毛公鼎**吳大澂定爲成王冊命毛叔鄭之器。**盂鼎**吳大澂定爲成王時南公孫盂所作之鼎。**等。皆西周器也。石文有壇山刻石。文曰吉日癸巳。**在今贊皇縣學。**相傳爲周穆王時書。然其眞僞未定也。惟岐陽石鼓。**今在北京國子監大成門。**自唐以來。認爲周代石刻。**

《韋應物詩》周宣大獵岐之陽。刻石表功煒煌煌。石如鼓形數止十。風雨缺剝苔蘚澀。飛端委蛇相糾錯。乃是宣王之臣史籀作。

清代諸儒考訂石鼓者。雖多異說。然其爲吾國最古之石刻。則固無可疑也。

周之書籍統曰方策。

《中庸》文武之政。布在方策。《聘禮記》百名以上書於策。不及百名書於方。

策以竹爲之。一曰畢。

《爾雅釋器》簡謂之畢。郭注。今簡札也。《學記》呻其佔畢。鄭注。吟誦其所視簡之文。

一曰牒。

《說文》簡牒也。

一曰篇。

《書金縢》啓籥見書。《說文》籥。書僮竹笘也。

大抵單執一札謂之簡。連編諸簡乃名爲策。故於文。策本作册。象其編簡之形。

《釋名》簡閒也。編之篇篇有閒也。是諸簡連編者。亦名爲簡。蓋對文則簡與策別。散文則簡與策通也。

方亦曰牘。以木爲之。

《周代書册制度考》（金鶚）方一曰牘。說文云。牘書版也。論衡量知篇云。截竹爲筒。破以爲牒。加筆墨之跡。乃成文字。斷木爲槧。

析之爲版。力加刮削乃成奏牘。此簡策用竹。方版用木之證也。

方廣於策而較短。策長二尺四寸。一策祇書一行。其字數自二十至三十不等。字大不逾寸。

《周代書册制度考》（金鶚）簡策長短之度。說者不一。蔡邕獨斷云。策者簡也。其制長二尺。短者半之。孔沖遠春秋疏云。鄭玄注論語序以鉤命決云。春秋二尺四寸書之。孝經一尺二寸書之。故知六經之策。皆長二尺四寸。蔡邕言二尺者。謂漢世天子策書所用。與六經異也。士聘禮賈疏。鄭作論語序云。易書詩禮樂春秋策皆尺二寸。孝經謙半之。論語八寸策者。三分居一。又謙焉。賈孔之言長短大異。竊謂孔疏是也。孔沖遠謂簡容一行字。鄭注尚書云。三十字一簡之文。漢書藝文志云。劉向以中古文校歐陽大小夏侯三家經文。率簡二十五字者。脫亦二十五字。簡二十二字。脫亦二十二字。是一簡容字有多少。然要自二十字以上。大約以三十字爲歸。周之一尺二寸。當今九寸六分。恐不容三十字。周之六寸。當今四寸八分。孝經之策。毋乃太短乎。且彼謂論語策三分居一。又謙焉。若六經策一尺二寸。論語三分居一。當爲四寸。四寸當今三寸二分。其短尤甚矣。論語一簡容八字。誠不以富。亦祇以異。錯簡可證。服虔注左氏云。古文篆書一簡八字。又一證也。若三寸二分。豈能容八字乎。今觀賈疏論語策實是八寸。以三分居一推之。六經策當二尺四寸。孝經當一尺二寸。與孔疏合。二疏同引鄭君論語序。不應有異。然則賈疏尺二寸三字。必是二尺四寸之譌。可知矣。論語策八寸。容八字。六經策二尺四寸者。容二十餘字至三十字。其制自合。大約一寸容一字。古用科斗大篆。其字體不宜小。又一簡止容一行。則字體更不宜小。故每一寸容一字也。古人書策。每行亦不拘字數。故或有二十五字。或有二十二字。推之或二十三字。或二十四字。皆未可定矣。此由字體有繁簡。繁者宜疏。簡者宜密。

縱欲其點畫之明析而已。方版之字長短未聞。然其所書自百字以下。或爲五行。每行二十字。或爲四行。每行二十餘字。則其長亦當有二尺餘。其廣大約五六寸。若二三行者。其廣不過三四寸。有長方形。故謂之方。非必正方也。其書字以筆墨。有不當。則以刀削去。更書他字（亦據金說）其法至漢魏猶沿用之。吾人雖不能見西周之方策。然以近世發見之流沙墜簡推之。猶可得其髣髴也。

周之教育皆官掌之。其教人者曰師曰儒。

《周官太宰》以九兩繫邦國之民。三曰師以賢得民。四曰儒以道得民。　孫詒讓曰。此經之師儒。於文王官人七屬。當四曰學則任師。七曰先則任賢。所苞甚廣。劉台拱曰。師卽禮經所謂先生。鄭注云。古者年七十而致仕。老於鄉里。大夫名曰父師。士名曰少師。而教學焉是也。儒卽禮經所謂君子。鄭注云。有大德行不仕者是也、俞樾云。師者。其人有賢德者也。儒者。其人有伎術者也。說文人部。儒柔也。術士之稱。是古謂術士爲儒。凡有一術可稱。皆名之曰儒。故有君子儒小人儒之別。此經所謂儒者。止是術士耳。以道得名者。道亦術也。說此經者。習於後世之言。視儒與道皆甚尊。於是始失其解矣。案劉俞說得之而未盡也。此經之師儒。卽大司徒本俗六之聯師儒。皆通乎上下之辭。師則泛指四民之有德行材藝足以教人者而言。上者國學鄉遂州黨諸小學。以逮里巷家塾之師。固爲師而兼儒。下者如嬪婦有女師。巫醫農工亦皆有師。蓋齊民曲藝。咸有傳授。則亦各有師弟之分。以賢得民。祇謂師賢於弟子耳。奚必德行純備之賢乎。儒則泛指誦說詩書通該術藝者而言。若荀子儒效篇所稱俗儒雅儒大儒。道有大小。而皆足以得民。亦不必皆有聖賢之道也。

而稽其學術。大抵出於官守。故淸人盛稱周代學術。本於王官。

《校讎通義》(章學誠)後世文字。必溯源於六藝。六藝非孔氏之書。乃周官之舊典也。易掌太卜。書掌外史。禮在宗伯。樂隸司樂。詩領於太師。春秋存乎國史。有官斯有法。故法具於官。有法斯有書。故官守其書。有書斯有學。故師傳其學。有學斯有業。故弟子習其業。官守學業皆出於一。而天下以同文爲治。故私門無著述文字。

諸學之中尤以史學爲淵藪。周之史官。既有大史。小史。內史。外史。御史。女史諸職。其地方復有州史。閭史。

《禮記內則》宰告閭史。閭史書爲二。其一藏諸閭府。其一獻諸州史。州史獻諸州伯。州伯命藏諸州府。

其各官所屬之史。專掌官書者。殆不下千餘人。

五官之史可數者。天官一百四十四人。地官一百九十二人。春官二百六十四人。夏官一百一十五人。秋官一百七十一人。共九百八十六人。冬官不可知。又如商肆之史。無數可稽。合之。殆不在千人以下也。

其書自三皇五帝之書。

《周官外史》掌三皇五帝之書。

至閭里生齒之册。無不備。故劉知幾謂史官備於周室。

《史通外篇》周官禮記有太史小史內史外史左史右史之名。太史掌國之六典。小史掌邦國之志。內史掌書王命。外史掌書使乎四方。左史記言。右史記事。曲禮曰。史載筆。大事書之於策。小事簡牘而已。大戴禮曰。太子既冠成人。免於保傅。則有司過之史韓詩外傳云據法守職而不敢爲非者太史令也斯則史官之作。肇自黃帝。備於周室。名目既多。職務咸異。至於諸侯列國。亦各有史官求其位號。一同王者。

亦可謂歷代之書。莫備於周史史官所讀之書既多。故其學亦邃。周之史官最著者首推史佚。

『墨子序』（汪中）周太史尹佚實爲文王所訪晉語克商營洛。祝筴遷鼎。有勞於王室。周書克殷解書洛誥成王聽朝。與周召太公同爲四輔。賈誼新書保傅篇數有論諫。淮南子主術訓、史記晉世家身沒而言立。東遷以後。魯季文子春秋傳成四年惠伯文十五年晉荀偃襄十四年叔向周語秦子桑僖十五年后子昭九年及左邱明宣十二年竝見引重。遺書十二篇。劉向校書。列諸墨六家之首。說苑政理篇亦載其文。

其後世掌周史。

『頌鼎』尹氏受王命書。王呼史虢生册命頌。『善夫克簋』王命尹氏友史趛册善夫克。均見窓齋集古錄

『古今人表考』（梁玉繩）史佚亦曰尹逸。晉語稱文王訪於辛尹。尹蓋其氏。通志氏族略三云。少昊之子封於尹城。因以爲氏。子孫世爲周卿士。食采於尹。考左昭二十三年。王子朝入於尹。單劉伐尹。疏謂尹子食采於尹。世爲卿士。然則尹佚乃少昊之裔。而周尹氏乃史佚之後也。

尹吉甫尤著稱於宣王之朝。

『詩六月』文武吉甫。萬邦爲憲。

『詩常武』王謂尹氏。命程伯休父。『正義』此時尹氏。當是尹吉甫也。

史佚之外。有左史戎夫作史記以警穆王。

《逸周書史記》維正月。王在成周。昧爽召三公左史戎夫曰。今夕朕寤。遂事驚予。乃取遂事之要戒。俾戎夫主之。朔望以聞。

有伯陽父以史記決周之衰亡。

《史記周本紀》幽王二年。西周三川皆震。伯陽甫曰。周將亡矣。

《同上》幽王得褒姒愛之。欲廢申后。并去太子宜臼。以褒姒爲后。伯服爲太子。周太史伯陽讀史記曰。周將亡矣。

有史伯碩父。史僕。史賓。史𠂤。史燕。史頌。史懋。史宅。史寏。史吳。史駒。史友等均著名於彝鼎。

《積古齋鐘鼎彝器款識》有史伯碩父鼎。史僕壺。史賓鉼。史𠂤彝。史燕簋。《窓齋集古錄》有史頌敦。史懋壺。史宅簋。史寏敦。

《師奎父鼎》王呼內史駒册命師奎父。《師虎敦》王呼內史吳曰册命虎。《無專鼎》王呼史友册命無專。

他官之傳於今者。未有若史官之衆也。

有史而後有法。故法學出於史官。周官太史掌邦法。內史掌八枋。卽法律之學所從出也。

《太史》掌建邦之六典。以逆邦國之治。掌法以逆官府之法。掌則以逆都鄙之治。凡辨法者考焉。不信者刑之。《內史》掌王之八枋之法。以詔王治。一曰爵。二曰祿。三曰廢。四曰置。五曰殺。六曰生。七曰予。八曰奪。執國法及國令之貳。以考政事。以逆會計。

呂侯命穆王度作刑。以詰四方。而先敍蚩尤苗民顓頊帝堯三后之歷史。足知法學之根據於歷史。

《書呂刑》苗民弗用靈。制以刑。惟作五虐之刑。曰法。

史頌聽法於蘇。尤其明徵也。

『忞齋集古錄史頌敦』惟三年五月丁子。王在宗周。命史頌聽蘇法。友里君百生。帥羿盩於成周。休石成事。蘇賂章馬四匹。吉金。用作饋彝。　吳大澂曰。此史頌奉命往蘇聽頌。蘇人賂以章馬四匹吉金。頌因以作此彝敦也。

有史而後有文。故文學亦出於史官。周之典册皆史所爲。

如逸作祝册之類。

而尹吉甫以史學世家。爲周室中葉之大詩家。其詩有孔碩肆好。穆如清風之美。

『詩崧高』吉甫作誦。其詩孔碩。其風肆好。　『烝民』吉甫作頌。穆如清風。

他詩人雖有自署其名者。未嘗若吉甫之自許也。如

『節南山』家父作誦。以究王訩。　『巷伯』寺人孟子。作爲此詩。凡百君子。敬而聽之。

史籀作大篆以教學僮。實爲文字學之祖。然則周史實兼今之散文韻文及小學諸家之長矣。近世人論周代史官之學術者。以龔自珍之文爲最詳。

『古史鉤沈論』(龔自珍)周之世官大者史。史之外。無有語言焉。史之外。無有文字焉。史之外。無人倫品目焉。史存而周存。史亡而周亡。是故儒者言六經。經之名。周之東有之。夫六經者。周史之宗子也。易也者。卜筮之史也。書也者。記言之史也。春秋也者。記動之史也。風也者。史所采於民。而編之竹帛。付之司樂者也。雅頌也者。史所采於士大夫者也。禮也者。一代之律令。史職藏

之故府。而時以詔王者也。小學也者。外史達之四方。瞽史諭之賓客之所爲也。宗伯雖掌禮。禮不可以口舌存。儒者得之史。非得之宗伯。樂雖司樂掌之。樂不可以口耳存。儒者得之史。非得之司樂。故曰六經者。周史之大宗也。諸子也者。周史之小宗也。故夫道家者流言稱辛甲老聃。墨家者流言稱尹佚。辛甲尹佚官皆史。聃實爲柱下史。若道家。若農家。若雜家。若陰陽家。若兵。若術數。若方技。其言皆稱神農黃帝。神農黃帝之書。又周史所職藏。所謂三皇五帝之書者是也。劉向云。道家及術數家。出於史。不云餘家出於史。此知五緯二十八宿異度。而不知其皆繫於天也。知江河異味。而不知皆麗於地也。故曰諸子也者。周史之支孼小宗也。周之東也。孔子曰。天子失官。傷周之史亡也。滅人之國。必先去其史。隳人之枋。敗人之綱紀。必先去其史。絕人之材。湮塞人之教。必先去其史。夷人之祖宗。必先去其史。周之東。其史官大罪四。小罪四。其大功三。小功三。帝魁以前。書莫備焉。鄭之君知之。楚之左史知之。周史不能存之。故傳者不雅馴。而雅馴者不傳。謂之大罪一。正考父得商之名頌十二於周。百年之間。亡其七。太師亡其聲絃焉。太史又亡其簡編焉。謂之大罪二。周之雅頌。義逸而荒。人逸而名亡。瞽所獻。燕享所歌。大氏斷章。作者之初指不在。史不能宣而明。謂之大罪三。有黃帝歷。有顓頊歷。有夏歷。有商歷。有周歷。有魯歷。有列國歷。七者。周天子不能同。歷敝不改。是以失禮。是失官之大者。謂之大罪四。古之王者。存三統。今連山歸藏亡矣。三易弗具。孔子卒得坤乾於宋。亦弗得於周。史之小罪一。列國小學不明。聲音混茫。各操其方。微孔子之雅言。古均其亡乎。史之小罪二。史籀作大篆。非爲廢倉頡也。周史不肯存古文。文少而字乃多矣。象形指事。十存三四。形聲相孳。千萬並起。古今困之。史之小罪三。列國展禽觀射父之徒。能言先王命祀。而周史儋乃附萇弘爲神怪之言。燕昭秦皇淫祀漸興。儋弘階之。妖孼是微。史之小罪四。帝魁以降。

百篇權輿，孔子削之十倍，是儒雖頗闕不具，資糧有餘，史之大功一。孔子與左邱明乘以如周，獲百二十國寶書，夫而後春秋作也，史之大功二。冠婚之殺，喪祭之等，大夫士之曲儀，咸以爲數。夫舍數而言義，吾未之信也。故十七篇之完，亦危而完者也，史之大功三。周之時有推步之方，有占論之學。其步疏，其占密。天官有書，先臣是傳，唐都、甘公、霙及談、遷，是蹟是宣，史之小功一。史秩下大夫，商高大夫官，必史也。自高以來，疇人守之，九章九數，幸而完，史之小功二。吾聞彼奠世繫者，能奠能守。有歷譜牒，有世本，竹帛咸舊。是故仲尼之徒，亦著帝繫姓。後千餘歲，江介之都，夸族始甚，史之小功三。夫功罪之際，存亡之會也；絕續之交也。天生孔子，不後周，不先周也。存亡絕續，俾楄紕也。

劉師培又衍之曰：六藝掌於史官，九流出於史官，術數方伎諸學亦出於史官，且列爲（見下頁）表以明之。

其言雖有附會穿鑿，或過於蔓衍者，然亦可見學術之進化，必由綜合而區分，以其綜合之中具有萌芽，然後區分而各成一派別。非必謂後世學術無一不爲古代所包含，然孳乳寖多，其淵源亦必有自，苟不溯其濫觴，則其後之突然而來者，正不知其以何因緣矣。

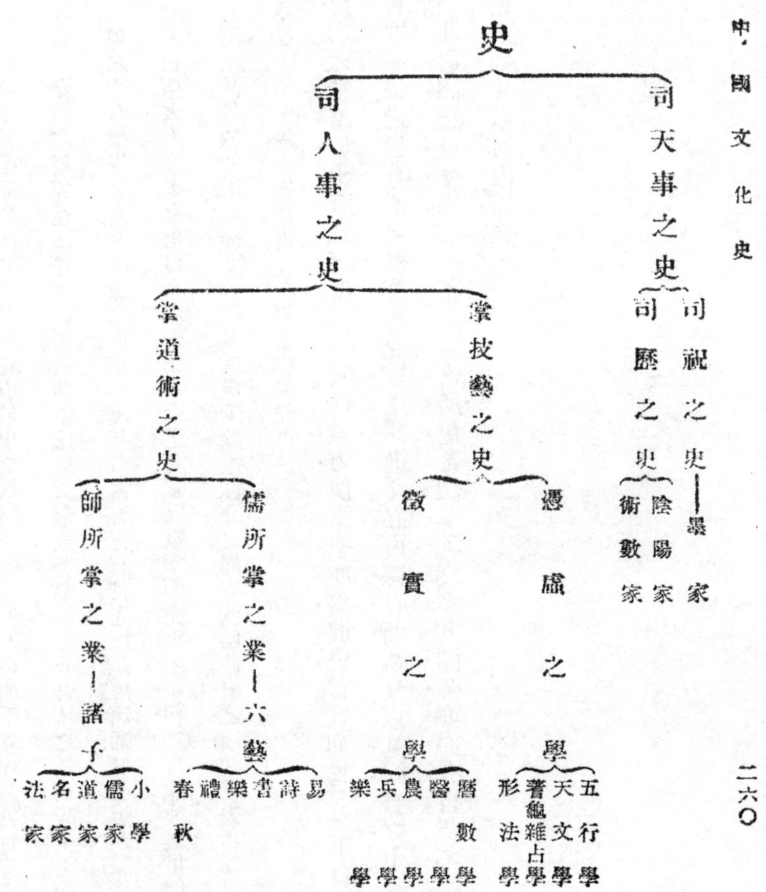
史
司天事之史
司祝之史—墨家
司歷之史
陰陽家
術數家
司人事之史
掌技藝之史
憑虛之學
五行學
天文學
著龜雜占學
形法學
徵實之學
曆數學
醫學
農學
兵學
樂學
掌道術之史
儒所掌之業—六藝
易
詩
書
樂
禮
春秋
師所掌之業—諸子
小學
儒家
道家
名家
法家

第二十一章　共和與民權

海通以來。譯人以法美諸國民主立憲之制。與中國歷代君主之制不同。求其名而不得。因以共和二字譯之。蓋以周厲王宣王之間。國家無天子者凡十四年。其時號曰共和。故以國家之無君主者。比附於共和。實則周之共和。與近世民主立憲之制迥殊。學者不察。望文生義。以此例彼。殆誤匪淺。然世人既襲用其名。亦不可不知其名之所由來也。

周之共和。凡有二說。一則謂周召二公。共和行政。

【史記周本紀】厲王出奔於彘。召公周公二相行政。號曰共和。

【國語韋昭注】彘之亂。公卿相與和而修政事。號曰共和。凡十四年。而宣王立。

一則謂諸侯奉共伯和行天子事。號曰共和。

【史記正義】魯連子云。衛州共城縣本周共伯之國也。共伯名和。好行仁義。諸侯賢之。周厲王無道。國人作難。王奔於彘。諸侯奉和以行天子事。號曰共和元年。十四年。厲王死於彘。共伯使諸侯奉王子靖爲宣王。而共伯復歸國於衛也。

【索隱】汲冢紀年云。共伯干王位。共音恭。共國。伯爵。言共伯攝王政。故云干王位也。

按共伯事又見呂氏春秋開春論。

【呂覽開春論】共伯和修其行。好賢仁。而海內皆以來爲稽矣。周厲王之難。天子曠絕。而天下皆來謂矣

及莊子讓王篇。

【莊子讓王篇】共伯得乎共首。釋文引司馬彪注云。共伯名和。修其行。好賢人。諸侯皆以爲賢。周厲王之難。天子曠絕。諸侯皆請以爲天子。共伯不聽。卽干王位。十四年。大旱。屋焚。卜於太陽。兆曰厲王爲祟。召公乃立宣王。共伯復歸於宗。逍遙得意共山之首。共丘山在今河內共縣西。

羅泌及梁玉繩多主其說。

【路史發揮共和辯】（羅泌）說者曰。周室無君。周公召公共和王政。故號之曰共和。自史遷至溫公。無異議也。予不敢以爲然。當厲王之時。周公召公。非昔日之周召也。予聞厲王之後。有共伯和者。修行而好賢。以德和民。諸侯賢之。入爲王官。十有四年。天旱廬火。歸還於宗。逍遙共山之首。宣王乃立。是以王子朝告於諸侯。猶曰厲王戾虐。萬民弗忍。流王於彘。諸侯釋位以間王政。宣王有志而後效官。是宣王之前。諸侯有釋位間於天子之事者矣。然則所謂共和者。吾以爲政自共伯爾。若曰周召共和。吾弗信也。向秀郭象援古之說。以爲共和者周王之孫也。懷道抱德。食封於共。厲王之難。諸侯立之。宣王立。乃廢。立之不喜。廢之不怒。斯則得其情矣。

【史記志疑】（梁玉繩）案以共和爲周召行政之號。史公之單說也。而韋注國語。孔疏左傳。及史通。咸宗之。後儒並依斯解。其實

不然。昭二十六年傳云。厲王戾虐。萬民弗忍。流王於彘。諸侯釋位。以間王政。宣王有志。而後效官。則知厲宣之間。諸侯有代王行政者矣。周召本王朝卿士。儒果攝天子之事。不可言釋位。別立名稱若後世之年號。古亦無此法。故顏師古以史公之說為無據也。考竹書紀年。莊子讓王篇。呂氏春秋開春篇。及索隱引世紀。正義引魯連子。並以共和為共伯和。共國。伯爵。和其名。人表厲王後有共伯和。共地近衛。卽漢河內郡之共縣。周時亦謂之共頭。呂氏春秋誠廉篇武王使召公盟微子於共頭之下。是已。古史從竹書。路史有共和辨。可互相證明。蓋厲王流彘。諸侯皆往宗共伯。若霸王然。其時宣王尚幼。匿不敢出。周召居守京師。輔導太子。及後王沒而民厭亂。太子年亦加長。共伯乃率諸侯會二相而立之。參核情實。必是如此。凡有言共伯至周攝政者。有言共伯干位簒立者。有言共伯卽衛侯者。盡屬不經之談爾。

予謂史記三代世表。自黃帝訖共和。十二諸侯年表。自共和訖孔子。明共和以前之事。多不可考。而自共和元年以後。諸侯譜牒。咸有可稽。詎有誤以共伯和之名。為大臣共和行政之號。紀年之始。卽成大錯者。

【史記十二諸侯年表】共和元年。以宣王少。大臣共和行政。十四年。宣王卽位。共和罷。

故共和之解。當以韋昭所謂公卿相與和而行政之說為的。然公卿相與和而行政。仍是貴族執政。與今之所謂民主者。固截然有別也。

周時雖無民主。而有民權。人民之鈐制帝王。隱然具有一種偉大之勢力。蓋周代相傳之訓。以為天降下民。而後為之作君作師。

《孟子》書曰。天降下民。作之君。作之師。惟曰其助上帝。寵之四方。

故為君者。恆以畏天保民為主。周召諸公。於此義尤拳拳焉。

《書康誥》文王克明德慎罰。不敢侮鰥寡。庸庸。祗祗。威威。顯民。　民情大可見。小人難保。　若保赤子。惟民其康乂。

《酒誥》人無於水監。當於民監。

《召誥》其惟王勿以小民淫用非彝。予小臣。敢以王之讎民百君子。越友民。保受王威命明德。

曰讎民者。明民與王相匹敵也。曰友民者。明民與上為朋友也。禮之若匹敵。親之若朋友。是實君主對於人民最要之義。故周之立國。雖重禮而上文。等威之辨。嚴若天澤。而百工士庶。咸可盡言於王。觀召公諫厲王之語。似庶人傳語於王。故有明文規定者。

《國語》厲王虐。國人謗王。召公告曰。民不堪命矣。王怒。得衛巫。使監謗者。以告。則殺之。國人莫敢言。道路以目。王喜。告召公曰。吾能弭謗矣。乃不敢言。召公曰。是障之也。防民之口。甚於防川。川壅而潰。傷人必多。民亦如之。是故為川者決之使導。為民者宣之使言。故天子聽政。使公卿至於列士獻詩。瞽獻曲。史獻書。師箴。瞍賦。矇誦。百工諫。庶人傳語。近臣盡規。親戚補察。瞽史教誨。耆艾修之。而後王斟酌焉。是以事行而不悖。民之有口。猶土之有山川也。財用於是乎出。猶其原隰之有衍沃也。衣食於是乎生。口之宣言也。善敗於是乎興。行善而備敗。所以阜財用衣食者也。夫民慮之於心而宣之於口。成而行之。胡可壅也。若壅其口。其與能幾何。王不聽。於是國人莫敢言。三年。乃流王於彘。

雖以厲王之虐。甫及三年。民已羣起而推翻之。周民之有勢力可知矣。湯武革命。伊尹放太甲。均有主名之人。而流厲王者。不聞有誰何爲之魁帥。雖其中經過之事實史書不詳。然以此推之。必爲全體人民之意。非出於一二人之主使。尤灼然矣。

君主與人民對待。而公卿大夫則介乎二者之間。周之盛時。公卿大夫固恆以勤恤民隱詔其君主。卽至衰世。亦時時代表民意。作爲詩歌。以刺其上。是厲行階級制度之時。雖作貴族平民之區別。而貴族之賢者。率知爲民請命。初非一律阿附君主。奴隸其民也。據毛詩小序。大雅刺厲王詩凡五篇。

【毛詩小序】民勞。召穆公刺厲王也。　板。凡伯刺厲王也。　蕩。召穆公傷周室大壞也。厲王無道。天下蕩蕩。無綱紀文章。故作是詩也。抑。衛武公刺厲王。亦以自警也。　桑柔。芮伯刺厲王也。

鄭箋且以小雅十月之交。雨無正。小旻。小宛四篇。爲刺厲王詩。是民莫敢謗者。公卿大夫固昌言刺之也。其後宣王爲中興之君。而詩之變雅。則美刺間作。幽王使天下大壞。而詩之刺之者。殆四十篇。作詩者無所忌諱。采詩者著之簡編。自君子大夫至於寺人下國。其怨悱愁苦之言。均能流傳於世。是尤可見周家之忠厚矣。使其時實行專制。摧折輿論。則當時譏刺厲幽之詩。必將如後世之禁燬誅鋤。不使傳於口耳。又使其時公卿大夫。皆無志節。則雖暴如幽厲。亦何嘗不可矯爲歌功頌德之文。以淆亂人之視聽。故吾輩讀史者。當知西周之末世。雖曰暴君代作。讒佞迭興。人民之窮困顛連。已達極點。而學士大夫直言無諱。指陳民瘼。大聲疾呼。猶爲先世教澤綿延未已之徵。其言論之自由。或尙過於後世民主之時代也。

周之重民。累世相傳。明哲之士。咸喻斯義。如師曠告晉悼公之言。卽召公告厲王之意也。

【左傳】襄公十四年師曠曰。天生民而立之君。使司牧之。勿使失性。有君而爲之貳。使師保之。勿使過度。是故天子有公。諸侯有卿。卿置側室。大夫有貳宗。士有朋友。庶人工商皁隸牧圉。皆有親暱。以相輔佐也。善則賞之。過則匡之。患則救之。失則革之。自王以下。各有父兄子弟。以補察其政。史爲書。瞽爲詩。工誦箴諫。大夫規誨。士傳言。庶人謗。商旅於市。百工獻藝。天之愛民甚矣。豈其使一人肆於民上。以從其淫。而棄天地之性。必不然矣。

其他議論類此者甚夥。不可勝舉。總之。吾國先哲。立國要義。以民爲主。其立等威。辨上下。亦以爲民。而非爲帝王一人。或少數武人貴族。縱欲肆虐而設。故雖未有民主立憲之制度。而實有民治之精神。惟其制禮旣密。施教亦久。故遇暴虐之君。如厲王者。人民雖知羣起逐之。而仍必委政權於國之大臣。素負民望者。初無削除貴族。悉以平民執政之意。此則古今思想之殊。抑亦平民與貴族不甚懸絕。故不甚痛惡之之證也。

第二十二章　周代之變遷

周自平王至赧王之時。爲東周。東周之時。復分爲二。自平王之四十九年。至敬王之四十一年。是爲春秋之時。自元王至赧王。是爲戰國之時。春秋者。史書之名。而非時代之名。以相沿既久。姑循用之。西周之政教。至春秋時。有相沿而未變者。有蛻化而迴殊者。史家著論。多以爲西周降至春秋。實爲世衰道微之徵。

《漢書貨殖傳序》周室衰。禮法墮。諸侯刻桷丹楹。大夫山節藻棁。八佾舞於庭。雍徹於堂。陵夷至乎桓文之後。禮誼大壞。上下相冒。國異政。家殊俗。耆欲不制。僭差無極。《遊俠傳序》周室既微。禮樂征伐自諸侯出。桓文之後。大夫世權。陪臣執命。陵夷至於戰國。合從連衡。力政爭彊。

然就一王定制而論。誠有陵夷衰微之象。就中國之全體而論。未始非民智進步之時。世無一成不變之局。讀史者第當識其變遷。以明人民進化之階段。不必先立一成見也。

春秋之風氣。淵源於西周。雖經多年之變亂。而其蹤迹猶未盡泯者。無過於尙禮一事。觀春秋左氏傳所載。當時士大夫覘國之興衰以禮。

《左傳》閔公元年。齊仲孫湫來省難。歸曰。不去慶父。魯難未已。公曰。魯可取乎。對曰。不可。猶秉周禮。周禮所以本也。臣聞之。國將亡。本必先顚而後枝葉從之。魯不棄周禮。未可動也。

【左傳】襄公三十一年。北宮文子相衛襄公以如楚。過鄭。事畢而出言於衛侯曰。鄭有禮。其數世之福也。其無大國之討乎。詩曰。誰能執熱。逝不以濯。禮之於政。如熱之有濯也。濯以救熱。何患之有。

【左傳】昭公五年。公如晉。自郊勞至於贈賄。無失禮。晉侯謂女叔齊曰。魯侯不亦善於禮乎。對曰。魯侯焉知禮。公曰。何爲。自郊勞至於贈賄。禮無違者。何故不知。對曰。是儀也。不可謂禮。禮所以守其國。行其政令。無失其民者也。今政令在家。不能取也。有子家羈。弗能用也。奸大國之盟。陵虐小國。利人之難。不知其私。公室四分。民食於他。思莫在公。不圖其終。爲國君。難將及身。不恤其所。禮之本末。將於此乎在。而屑屑焉習儀以亟。言善於禮。不亦遠乎。

決軍之勝敗以禮。

【左傳】僖公二十七年。蔿賈曰。子玉剛而無禮。不可以治民。過三百乘。其不能以入矣。　子犯曰。民未知禮。未生其共。於是乎大蒐以示之禮。作執秩以正其官。一戰而霸。

【左傳】僖公二十八年。晉侯登有莘之虛以觀師。曰。少長有禮。其可用也。

【左傳】僖公三十三年。王孫滿曰。秦師輕而無禮。必敗。

【左傳】宣公十二年。隨武子曰。會聞用師。觀釁而動。德刑政事典禮不易。不可敵也。

定人之吉凶以禮。

《左傳》僖公十一年。天王使召武公內史過賜晉侯命。受玉惰。過歸告王曰。晉侯其無後乎。王賜之命。而惰於受瑞。先自棄也已。其何繼之有。禮。國之幹也。敬。禮之輿也。不敬則禮不行。禮不行則上下昏。何以長世。

《左傳》僖公二十三年。楚子曰。晉公子廣而儉。文而有禮。

《左傳》文公十五年。季文子曰。齊侯其不免乎。己則無禮。而討於有禮者。曰汝何故行禮。禮以順天。天之道也。己則反天。而又以討人。難以免矣。

《左傳》成公十三年。郤錡來聘。將事不敬。孟獻子曰。郤氏其亡乎。禮。身之幹也。敬。身之基也。郤子無基。

《左傳》襄公二十一年。會於商任。齊侯衛侯不敬。叔向曰。二君者必不免。會朝。禮之經也。禮。政之輿也。政。身之守也。怠禮失政。失政。不立。是以亂也。

《左傳》襄公二十六年。公孫揮曰。子產其將知政矣。讓不失禮。

聘問則預求其禮。

《左傳》文公六年。季文子將聘於晉。使求遭喪之禮以行。其人曰。將焉用之。文子曰。備豫不虞。古之善教也。

會朝則宿戒其禮。

《左傳》昭公十六年。晉韓起聘於鄭。子產戒曰。苟有位於朝。無有不共恪。孔張後至。立於客間。執政禦之。適客後。又禦之。適縣間。客從而笑之。事畢。富子諫曰。夫大國之人。不可不慎也。幾爲之笑而不陵我。我皆有禮。夫猶鄙我。國而無禮。何以求榮。孔張失位。吾子之恥也。

卿士大夫以此相教授。

『左傳』文公十八年。季文子曰。先大夫臧文仲教行父事君之禮。行父奉以周旋。弗敢失隊。曰。見有禮於其君者。事之如孝子之養父母也。見無禮於其君者。誅之如鷹鸇之逐鳥雀也。

其不能者。則以爲病而講學焉。

『左傳』昭公七年。公至自楚。孟僖子病不能相禮。乃講學之。苟能禮者從之。及其將死也。召其大夫曰。禮。人之幹也。無禮無以立。

此等風氣。至戰國時則絕無所見。故知春秋諸人。實以近於西周。淵源有自。故所持之見解。所發之議論。均以禮爲最要之事也。管子者。儒家所斥爲霸佐。不足語於王道者也。然其言之見於左傳者。則曰招攜以禮。懷遠以德。德禮不易。無人不懷。其所著之經言。亦以禮爲四維之首。

『管子牧民』國有四維。一曰禮。二曰義。三曰廉。四曰恥。禮不踰節。義不自進。廉不蔽惡。恥不從枉。

使此諸書。出於後人所僞造。左傳及管子世多有疑其僞者何以後世之人。對於春秋一時代。獨造出此等言論。而於其他時代。不一律造爲此類言行乎。故春秋者。直接於禮教最盛之時代之後之一時代也。又由禮教最盛。而漸趨於衰落之一時代也。觀諸人之不知禮。不習禮。及誤以儀爲禮。即可見其時之習此者。已居少數。惟其流風餘韻。猶浸淫漸漬於人心。故衡量人物。往往以此爲斷耳。

周制之變也。首在列國之封域。周初千八百國。至春秋之初。僅存百二十四國。其數不逮十一。則厲宣以降。諸侯之互相吞併。蓋已久矣。春秋之時。國之大者十。魯兼九國之地。（極項鄟邿根牟向須句鄅）齊兼十國之地。（紀郕譚遂鄣陽萊介根介牟）晉兼二十二國之地。（韓耿霍魏虢虞荀賈楊焦邢滑梁沈姒蓐黃郇原樊冀溫）楚兼四十二國之地。（權邢鄭穀鄖羅盧戎都鄾貳軫絞州蓼息鄧申呂弦黃夔江六蓼夔宗巢庸道柏房沈蔣舒蓼舒庸舒鳩賴唐頓胡蠻氏陳）宋兼六國之地。（宿偪陽曹杞戴彭城）鄭兼三國之地。（虢檜許）衛兼二國之地。（邶鄘）秦有周地。東界至河。吳滅五國。（州來鍾離巢徐鍾吾）北境及淮。越又從而有之。弱肉強食。其禍酷矣。而諸小國併為大國。其國家之組織。社會之狀況。人羣之思想。胥因之而變易。其胚胎於一國之文化。亦有漸推漸廣之勢。雜居之異族。為之同化。僻遠之新國。由是崛興。此皆互為因果者也。

春秋諸國。并吞小弱。大抵以其國地為縣。

《史記秦本紀》武公十年。伐邽冀戎。初縣之。十一年。初縣杜鄭。

《左傳》宣公十一年。楚子伐陳。因縣陳。十二年。楚圍鄭。鄭伯逆楚子曰。使改事君。夷於九縣。孤之願也。昭公十一年。叔向曰。楚王奉孫吳以討於陳曰。將定而國。陳人聽命。而遂縣之。

其縣之區域。大於周官所謂縣者。殆不止倍蓰。（周制都鄙之地。二千五百家為縣。采邑所在地。二千三百零四家。）縣境懸遠。則特使大夫守之。

《左傳》僖公二十五年。晉使趙衰為原大夫。狐溱為溫大夫。

其職重於內地之大夫。故亦稱為守。

《左傳》晉侯問原守於寺人勃鞮。對曰。昔趙衰以壺飧從徑。餒而不食。故使處原。是原大夫亦稱原守也。

其後或稱爲命大夫。

〔左傳〕哀公四年。楚師使謂陰地之命大夫士蔑曰。晉楚有盟。好惡同之。〔杜註〕命大夫。別縣監尹。正義曰。陰地者。河南山北東西橫長。其間非一邑。特命大夫使總監陰地。

而楚之屬地。則特置縣尹或縣公以治之。

〔左傳〕莊公十八年。楚子克權。使鬭緡尹之。以叛。圍而殺之。遷權於那處。使閻敖尹之。　襄公二十六年。穿封戌。方城外之縣尹也。

〔左傳〕宣公十一年。楚子曰。諸侯縣公。皆慶寡人。

因滅國而特置縣。因置縣而特命官。封建之制。遂漸變爲郡縣之制。此政治變遷之至大者也。

〔日知錄〕（顧炎武）漢書地理志言秦兼并四海。以爲周制微弱。終爲諸侯所喪。故不立尺土之封。分天下爲郡縣。盪滅前聖之苗裔。靡有孑遺。後之文人。祖述其說。以爲廢封建立郡縣。皆始皇之所爲也。以余觀之。殆不然。左傳僖公三十三年。晉襄公以再命命先茅之縣賞胥臣。宣公十五年。晉侯賞士伯以瓜衍之縣。成公六年。韓獻子曰。成師以出而敗楚之二縣。襄公二十六年。蔡聲子曰。晉人將與之縣。以比叔向。三十年。絳縣人或年長矣。昭公三年。韓宣子曰。晉之別縣。不惟州。五年。薳啓疆曰。韓賦七邑。皆成縣也。又曰。因其十家九縣。其餘四十縣。二十八年。晉分祁氏之田。以爲七縣。分羊舌氏之田。以爲三縣。哀公十七年。子穀曰。彭仲爽申俘也。文王以爲令尹。實縣申息。晏子春秋。昔我先君桓公予管仲狐與穀。其縣十七。說苑。景公令吏致千家之縣一於晏子。戰國策、智過言於智伯曰、破趙、則封二子者各萬家之縣一。史記吳世家、王餘祭三年、予慶封朱方之縣。則當春秋之世、滅人之國者固已為縣矣。(原注、按昭二十九年傳、蔡墨言劉累遷於魯縣、則夏后氏已有縣之名、周禮小司徒、四甸為縣、遂人五鄙為縣、縣士注、距王城三百里以外、至四百里、曰縣、亦作寰、國語、管子制齊、三鄉為寰、寰有帥、十寰為屬、屬有大夫。)史記吳王發九郡兵伐齊。范蜎對楚王曰、楚南塞厲門而郡江東。甘茂謂秦王曰、宜陽大縣、名曰縣、其實郡也。春申君言於楚王曰、淮北地邊齊、其事急、請以為郡。匈奴傳言趙武靈王置雲中雁門代郡、燕置上谷漁陽右北平遼西遼東郡、以拒胡。又言魏有河西上郡、以與戎界邊。則當七國之世、而固已有郡矣。(原注、哀公二年傳、趙簡子誓曰、克敵者上大夫受縣、下大夫受郡、杜氏注引周書作雒篇、千里百縣、縣有四郡、古時縣大而郡小、說文周制天子地方千里、分為百縣、縣有四郡、至秦初置三十六郡、以監其縣、今按史記吳王及春申君之事、則郡之統縣、固不始於秦也。)傳稱禹會諸侯、執玉帛者萬國。至周武王僅千八百國。春秋時見於經傳者百四十餘國。又并為十二諸侯。又并而為七國。此固其勢之所必至也。

『郡縣考』(姚鼐)周法、中原侯服、疆以周索。國近蠻夷者、乃疆以戎索。故齊魯衛鄭名同於周、而晉秦楚乃不同於周。不曰都鄙、而曰縣。然始者有縣而已。尚無郡名。吾意郡之稱蓋始於秦晉。以所得戎翟地遠、使人守之。為戎翟民君長。故名曰郡。如所云陰地之命大夫、蓋即郡守之謂也。趙簡子之誓曰、上大夫受縣、下大夫受郡。郡遠而縣近、縣成聚富庶、而郡荒陋。故以美惡異等、而非郡與縣相統屬也。晉語、夷吾謂公子縶曰、君實有郡縣。言晉地屬秦、異於秦之近縣、則謂之曰郡縣。亦非云郡與縣相統屬也。及三卿分范中行氏知氏之縣、其縣與己故縣隔絕、分人以守。略同昔者使人守遠地之體。故率以郡名。然而郡乃大矣、所統有屬縣矣。其後秦楚亦皆以得諸侯地名郡。惟齊無郡、齊用周制故也。

因列國之競爭、而田賦兵制、亦相因而變。

【春秋】宣公十五年。初稅畝。【杜注】公田之法。十取其一。今又履其餘畝。復十取其一。故哀公曰。二吾猶不足。遂以爲常。故曰初。

【春秋】成公元年。作丘甲。【杜注】周禮四邑爲丘。出戎馬一匹。牛三頭。四丘爲甸。出戎馬四匹。牛十二頭。甲士三人。步卒七十二人。此甸所賦。今魯使丘出之。

【左傳】昭公四年。鄭子產作丘賦。【杜注】丘當出馬一匹。牛三頭。今子產別賦其田。如魯之田賦。

【左傳】哀公十一年。季孫欲以田賦。使冉有訪諸仲尼。仲尼曰。君子之行也。斂從其薄。如是。則丘亦足矣。若不度於禮。而貪冒無厭。則雖以田賦。將又不足。且子季孫若欲行而法。則周公之典在。若欲苟而行。又何訪焉。弗聽。十二年。用田賦。

齊桓之霸。尤重在變更軍制。

【國語】管子對桓公曰。作內政而寄軍令焉。桓公曰善。管子於是制國。五家爲軌。軌爲之長。十軌爲里。里有司。四里爲連。連爲之長。十連爲鄉。鄉有良人焉。以爲軍令。五家爲軌。故五人爲伍。軌長帥之。十軌爲里。故五十人爲小戎。里有司帥之。四里爲連。故二百人爲卒。連長帥之。十連爲鄉。故二千人爲旅。鄉良人帥之。五鄉一帥。故萬人爲一軍。五鄉之帥帥之。

晉文禦狄。作則五軍。成公賞功。則作六軍。

【左傳】僖公三十一年。晉蒐於清原。作五軍以禦狄。成公三年。晉作六軍。賞鞌之功也。

其後吳晉爭長。至以甲車四千乘自豪。

【左傳】昭公十三年。叔向曰。寡君有甲車四千乘在。雖以無道行之。必可畏也。

案杜註四千乘三十萬人。其數雖不確。即以二十五人一乘計之。亦十萬人矣。

亦周制之變更之大者也。兵事既重。則兵爲專業。而工商之業以分。

【國語】管子制國以爲二十一鄉。工商之鄉六。士鄉十五。公帥五鄉焉。國子帥五鄉焉。高子帥五鄉焉。參國起案。以爲三官。臣立三宰。工立三族。市立三鄉。澤立三虞。山立三衡。【韋昭注】此士軍士也。十五鄉合三萬人。是爲三軍。農野處而不暱。不在都邑之數。則下所云五鄙是也。

四民之名以立。

【國語】桓公曰。成民之事若何。管子對曰。四民者。勿使雜處。雜處則其言哤。其事易。公曰。處士農工商若何。管子對曰。昔聖王之處士也。使就閒燕。處工。就官府。處商。就市井。處農。就田野。令夫士群萃而州處。士之子恆爲士。工群萃而州處。工之子恆爲工。商群萃而州處。商之子恆爲商。農羣萃而州處。農之子恆爲農。

按周官太宰以九職任萬民。考工記稱國有六職。雖亦分農工商。而未嘗別立士之一職。逸周書程典曰。士大夫不雜於工商。商不厚。工不巧。農不力。不可成治。士之子不知義。不可以長幼。工不族居。不足以給官。族不鄉別。不可以入惠。雖以士大夫別於農工商。亦未名爲四民。四民之別。蓋在春秋之時。穀梁宣元年傳。古者立國家。百官具。農工皆有職以事上。古者有四民。有士民。有商民。有農民。有工民。雖所稱古者。與管子所謂昔聖王云者。皆若不始於春秋之時。然士皆授田。則與農無別。別立士之名。必爲授田之制已廢。故愚意春秋之時。授田之制漸廢。始有士農工商之分。否則無此區別也。

軍旅之事。苟非危急。專業者率可不與。

《左傳》宣公十二年。士會論楚曰。荆尸而舉。商農工賈。不敗其業。百官象物而動。軍政不戒而備。

按此是楚兵已皆常隸營伍。國雖舉兵。不取之於商農工賈也。

業分而專。故多能者。

《管子山權數篇》民之能明於農事者。置之黃金一斤。直食八石。民之能蕃育六畜者。置之黃金一斤。直食八石。民之能樹藝者。置之黃金一斤。直食八石。民之能樹瓜瓠葷菜百果使蕃裕者。置之黃金一斤。直食八石。民之能已民疾病者。置之黃金一斤。直食八石。民之知時日歲豐且阨。曰某穀不登。曰某穀豐者。置之黃金一斤。直食八石。民之通於蠶桑不疾病者。置之黃金一斤。直食八石。謹聽其言而藏之。官使師旅之事。民無所與。

而國家且竭力保護之。

《管子輕重甲篇》萬乘之國。必有萬金之賈。千乘之國。必有千金之賈。百乘之國。必有百金之賈。

《左傳》昭公十六年。子產謂韓宣子曰。昔我先君桓公與商人皆出自周。庸次比耦。以艾殺此地。斬之蓬蒿藜藋而共處之。世有盟誓。以相信也。曰爾無我叛。我無强賈。故能相保。以至於今。

按鄭有保商之法。故其商人如弦高者。能却敵而衞國。蓋前此之所未有。蓋國力澎漲。則各種職業皆因而發達。不獨兵事一端。爲立國所重也。

國家之興亡。影響於社會至鉅。愚者推求其故而不得。則歸之於運數。而星相卜筮之術昌。觀左氏傳所載。多前知之言。如懿氏卜妻敬仲。知其將育於姜。（莊公二十二年）畢萬筮仕於晉。決其子孫必復其始。（閔公元年）虢公之奔。兆之童謠。（僖公五年）曹社之亡。始以妖夢。（哀公七年）以及季友手文。（閔公二年）穀也豐下（文公元年）之類。一人一家之休咎。均若有前定者。蓋其時之人。考索興衰之理。不盡關於人事。故廣求之於術數。從而附會之也。然社會心理。雖多迷信。而賢哲之士。轉因之而知盡力於人事。如季梁

《左傳》桓公六年。季梁告隨侯曰。小之能敵大也。小道大淫。所謂道。忠於民而信於神也。 夫民。神之主也。是以聖王先成民而後致力於神。

史嚚

《左傳》莊公三十二年。史嚚曰。虢其亡乎。吾聞之。國將興。聽於民。將亡。聽於神。神聰明正直而壹者也。依人而行。虢多涼德。其何土之能得。

叔興

《左傳》僖公十六年。隕石於宋五。六鷁退飛過宋都。周內史叔興聘於宋。宋襄公問焉。曰。是何祥也。吉凶焉在。退而告人曰。君失

問。是陰陽之事。非吉凶所生者。吉凶由人。

臧文仲

【左傳】僖公二十一年。夏大旱。公欲焚巫尫。臧文仲曰。非旱備也。修城郭。貶食省用。務穡勸分。此其務也。巫尫何爲。天欲殺之。則如勿生。若能爲旱。焚之滋甚。

子產諸人。

【左傳】昭公十七年。鄭裨竈言於子產曰。宋衞陳鄭將同日火。若我用瓘斝玉瓚。鄭必不火。子產弗與。十八年五月。宋衞陳鄭皆火。裨竈曰。不用吾言。鄭又將火。鄭人請用之。子產不可。曰。天道遠。人道邇。非所及也。何以知之。竈焉知天道。是亦多言矣。豈不或信。遂不與。亦不復火。　十九年。鄭大水。龍鬬於時門之外洧淵。國人請爲禜焉。子產弗許。曰。我鬬。龍不我覿也。龍鬬。我獨何覿焉。禳之則彼其室也。吾無求於龍。龍亦無求於我。乃止也。

皆以人事爲重。不以神怪之說爲然。蓋同時有深於迷信者。亦有破除迷信者。不得專執一端。以論春秋之風氣也。

晉楚之興。皆尙勤勞。

【左傳】宣公十一年。郤成子求成於衆狄。曰。吾聞之。非德莫如勤。非勤何以求人。能勤有繼。其從之也。詩曰。文王旣勤止。文王猶勤。況寡德乎。

【左傳】宣公十二年。楚自克庸以來。無日不討國人而訓之。於民生之不易。禍至之無日。戒懼之不可以怠。訓之以若敖蚡冒。篳路藍縷以啓山林。箴之曰。民生在勤。勤則不匱。

魯敬姜自勤紡績。訓其子以勤勞。

〔國語〕公父文伯退朝。朝其母。其母方績。文伯曰。以歜之家。而主猶績。懼干季孫之怒也。其以歜爲不能事主乎。其母歎曰。魯其亡乎。使僮子備官。而未之聞耶。昔聖王之處民也。擇瘠土而處之。勞其民而用之。故長王天下。夫民勞則思。思則善心生。逸則淫。淫則忘善。忘善則惡心生。沃土之民不材。淫也。瘠土之民莫不嚮義。勞也。是故天子大采朝日。與三公九卿祖識地德。日中考政。與百官之政事。師尹維旅。牧相宣序民事。少采夕月。與太史司載糾虔天刑。日入監九卿。使潔奉郊祀之粢盛。而後即安。諸侯朝修天子之業命。晝考其國職。夕省其典刑。夜儆百工。使無慆淫。而後即安。卿大夫朝考其國職。晝講其庶政。夕序其業。夜庀其家事。而後即安。士朝受業。晝而講貫。夕而習復。夜而計過。無憾而後即安。自庶人以下。明而動。晦而休。無日以怠。王后親織玄紞。公侯之夫人加之以紘綖。卿之內子爲大帶。命婦成祭服。列士之妻加之以朝服。自庶士以下。皆衣其夫。社而賦事。蒸而獻功。男女效績。愆則有辟。古之制也。君子勞心。小人勞力。先王之訓也。自上以下。誰敢淫心舍力。今我寡也。爾又在下位。朝夕處事。猶恐忘先人之業。況有怠惰。其何以辟。吾冀而朝夕修我。曰。必無廢先人。爾今曰。胡不自安。以是承君之官。余懼穆伯之絕嗣也。

以一人之勞逸。即決一國之興亡。非當時各國社會之變遷有以啓之。不能體驗人事之因果深澈若斯也。

春秋之時。蠻夷戎狄。雜處內地。各爲風氣。與周之侯國人民迥然不同。

〔左傳〕襄公十四年。戎子駒支曰。我諸戎飲食衣服。不與華同。贄幣不通。言語不達。何惡之能爲。

二百四十二年之中。多爲諸大國所滅。東夷之萊（今山東黃縣）滅於齊。根牟（今山東沂水縣）滅於魯。南蠻之盧戎（今湖北南漳縣）滅於楚。西戎之蠻氏（今河南伊陽縣）滅於楚。驪戎（今陝西新豐縣）滅於秦。北狄之鄋瞞（今山東歷城縣）潞氏（今山西路城縣）甲氏（今直隸鷄澤縣）留吁（今山西屯留縣）鐸辰。（同上）以及東山皋落氏（今山西垣曲縣）等。咸滅於晉。其種人之酋長既亡。主權無屬。必同化於吾族。即存者亦多爲大國所用。

〔春秋大事表〕（顧棟高）秦晉遷陸渾之戎於伊川。以藩衞王室。卒得其用。楚莊欲窺覘王室。而先伐陸渾。荀吳欲滅陸渾。而先有事三塗。居然爲王室之藩籬矣。

此則春秋時文明漸推漸廣之徵也。孔子修春秋。以國家文教之差。爲諸夏與夷狄之別。觀公羊傳釋荆吳之稱。即見其義。

〔公羊〕莊十年。秋九月。荆敗蔡師於莘。以蔡侯獻舞歸。荆者何。州名也。州不若國。國不若氏。氏不若人。人不若名。名不若字。字不若子。 二十三年。荆人來聘。荆何以稱人。始能聘也。

〔公羊〕成公十五年。冬十有一月。叔孫僑如會晉士燮。齊高無咎。宋華元。衞孫林父。鄭公子鰌。邾婁人。會吳於鍾離。曷爲殊會吳。外吳也。曷爲外也。春秋內其國而外諸夏。內諸夏而外夷狄。

〔公羊〕定公四年。冬十有一月庚午。蔡侯以吳子及楚人戰於柏舉。楚師敗績。吳何以稱子。夷狄也。而憂中國。（言吳以夷狄能憂中國。故春秋許之也。）

蓋當時所謂蠻夷戎狄。初非異種。特其禮教政術異於華夏。故廣別其種類。以示貶斥。至於交通既久。文化演進。則亦不復別之。此雖公羊一家之言。然以之推測各地人民之進化。亦未必出於穿鑿也。

隱桓之世。齊鄭最強。鄭居中原。齊則東方之大國也。莊僖之世。齊桓稱霸。而晉楚秦三國相繼而興。其勢漸趨於西南矣。成哀而後。吳越復興。天下大勢偏重南服。故春秋之時。實爲文化自北而南之時。楚之先出自顓頊。固亦神明之胄。然自初封於丹陽。（今湖北秭歸縣）傳至熊通。已十二葉十七君。而熊通猶自居於蠻夷。

《史記楚世家》熊通立。是爲楚武王。三十五年。楚伐隨。曰我蠻夷也。

其文化之不逮北方諸國可知。至莊公時而其國始大。

《史記楚世家》文王十一年。齊桓公始霸。楚亦始大。

設官分職。雖多殊於周制。（如令尹莫敖之類）而名法往往於諸夏相同。（如井牧田土之類）其人之深於學術者。如申叔時之於教育。

《國語》莊王使士亹傅太子箴。問於申叔時。叔時曰。教之春秋。而爲之聳善而抑惡焉。以戒勸其心。教之世。而爲之昭明德而廢幽昏焉。以休懼其動。教之詩。而爲之導廣顯德。以耀明其志。教之禮。使知上下之則。教之樂。以疏其穢而鎮其浮。教之令。使訪物官。教之語。使明其德。而知先王之務用明德於民也。教之故志。使知廢興者而戒懼焉。教之訓典。使知族類行比義焉。

左史倚相之於史學。

《左傳》昭公十二年。左史倚相趨過。王曰。是良史也。是能讀三墳五典八索九邱。

北方士大夫殆莫之過也。吳出太伯。固亦華裔。然至春秋。其民猶不知乘車及戰陳之術。

《左傳》成公七年。楚申公巫臣以兩之一卒適吳。舍偏兩之一焉。與其射御。教吳乘車。教之戰陳。教之叛楚。寘其子狐庸焉。使爲行人於吳。吳始伐楚。蠻夷屬於楚者。吳盡取之。是以始大。通吳於上國。

待楚人啓之。始與諸夏交通。其初之晦塞。蓋可想見。然自成公至襄公時。僅四十年。而季札聘於魯。請觀周樂。於國風雅頌之精義。言之無或爽者。其進步之速。又可駭焉。以吳例越。其文化當直接得之於吳。而間接得之於楚。范蠡文種。皆楚人也。

《史記正義》范蠡。楚宛三戶人。文種。荊平王時爲宛令。

得此二人。而教士四萬。君子六千。均見越世家 勃然而興。而種蠡之文章。至今炳然寰宇。其地運之將開歟。抑文明之由人而轉徙者。適逢其會也。所可疑者。楚之文化。東下而入吳越。而其國固有之江南。轉無所得。

顧棟高曰。春秋之世。楚之經營中國。先北向而後東圖。其所吞滅諸國。未嘗越洞庭湖以南一步。蓋其時湖南與閩廣均爲荒遠之地。惟群蠻百濮居之。無係於中國之利害。故楚亦有所不爭也。

湖湘靈氣。遂不能發洩於春秋之時。是則地勢之當衝要與否。實文化之關鍵矣。

第二十三章 學術之分裂

西周之學官師合一。至春秋而天子失官。

《左傳》昭公十七年。仲尼曰。天子失官。學在四夷。

學校不修。

《毛詩子衿序》子衿。刺學校廢也。亂世則學校不修焉。

民不說學及其大人。

《左傳》昭公十八年。秋。葬曹平公。往者見周原伯魯焉。與之語。不說學。歸以語閔子馬。閔子馬曰。周其亂乎。夫必多有是說。而後及其大人。大人患失而惑。又曰可以無學。無學不害。不害而不學。於是乎下陵上替。能無亂乎。夫學殖也。不學將落。原氏其亡乎。

故官師之學分裂而爲私家之學。其蹤迹見於莊子天下篇。

《莊子天下篇》天下之治方術者多矣。皆以其有爲不可加矣。古之所謂道術者。果惡乎在。曰无乎不在。曰神何由降。明何由出。聖有所生。王有所成。皆原於一。不離於宗。謂之天人。不離於精。謂之神人。不離於眞。謂之至人。以天爲宗。以德爲本。以道爲門。

兆於變化謂之聖人。以仁爲恩。以義爲理。以禮爲行。以樂爲和。薰然慈仁。謂之君子。以法爲分。以名爲表。以參爲驗。以稽爲决。其數一二三四是也。百官以此相齒。以事爲常。以衣食爲主。蕃息畜藏老弱孤寡爲意。皆有以養民之理也。古之人其備乎。配神明。醇天地。育萬物。和天下。澤及百姓。明於本數。係於末度。六通四辟。小大精粗。其運无乎不在。其明而在數度者。舊法世傳之史。尚多有之。其在於詩書禮樂者。鄒魯之士。搢紳先生多能明之。詩以道志。書以道事。禮以道行。樂以道和。易以道陰陽。春秋以道名分。其數散於天下而設於中國者。百家之學。時或稱而道之。天下大亂。聖賢不明。道德不一。天下多得一察焉以自好。譬如耳目鼻口。皆有所明。不能相通。猶百家衆技也。皆有所長。時有所用。雖然。不該不徧。一曲之士也。判天地之美。析萬物之理。察古人之全。寡能備於天地之美。稱神明之容。是故內聖外王之道。闇而不明。鬱而不發。天下之人。各爲其所欲焉。以自爲方。悲夫。百家往而不反。必不合矣。後世之學者。不幸不見天地之純。古人之大體。道術將爲天下裂。

雖其所謂古者與後世者。未嘗確指其時代。然觀其下文。以古之道術與關尹老聃墨翟禽滑釐相對而言。如曰。

古之道術有在於是者。墨翟禽滑釐聞其風而說之。古之道術有在於是者。關尹老聃聞其風而說之。

可見莊子之所謂古。必在春秋以前。而其所謂後者。即指老聃墨翟等人。古時有聖有王。則學在百官。至春秋時、內聖外王之道不明。則道術分爲百家。此非莊子崇拜古人太過。亦非假託古事以欺世人。其時之情事實是如此。由源及流。各有來歷。不得不約略敍述也。惟歷史事跡。視人之心理爲衡。歎爲道術分裂。則有退化之觀。詡爲百家競興。則有進化之象。故事實不異。而論斷可以迥殊。正不必以春秋時始有專家之術。遂謂從前毫無學術可言。一若學有來歷。便失其價値者。此則治史者所當知也。

莊子汎稱百家。而未指稱某氏之學爲某家。漢司馬談論六家要指。遂有法家名家道家之名。

《史記太史公自序》太史公仕於建元元封之間。愍學者之不達其意而師悖。乃論六家之要指。（六家兼舉陰陽儒墨名法道。而名法道三者稱家。餘則曰陰陽之術儒者墨者。）

劉向別錄。劉歆七略。則分爲九流十家。而各溯其所出。

《漢書藝文志》儒家者流。蓋出於司徒之官。　道家者流。蓋出於史官。　陰陽家者流。蓋出於羲和之官。　法家者流。蓋出於理官。　名家者流。蓋出於禮官。　墨家者流。蓋出於清廟之守。　從横家者流。蓋出於行人之官。　雜家者流。蓋出於議官。　農家者流。蓋出於農稷之官。　小說家者流。蓋出於稗官。（此皆班固所錄劉氏父子之文）

並謂其起於王道既微。諸侯力政之時。

《漢書藝文志》諸子十家。其可觀者九家而已。皆起於王道既微。諸侯力政。時君世主。好惡殊方。是以九家之說。蠭出並作。各引一端。崇其所善。以此馳說。取合諸侯。

觀其所載諸家之書。上起邃古。下訖漢初。率以戰國時之書爲多。然古書多出依託。如

《農家神農二十篇》注曰。六國時。諸子疾時怠於農業。道耕農事。託之神農。　《道家黃帝君臣十篇》注曰。起六國時。與老子相似。　《雜家黃帝五十八篇》注曰。六國時賢者所作。　《力牧二十二篇》注曰。六國時所作。託之力牧。　《小說家黃帝說四

十篇》注曰。迂誕依託。

卽西周之書亦多後人附會者。如

《道家太公二百三十七篇》注曰。呂望爲周師尚父。本有道者。或有近世爲太公術者所增加也。

大抵自春秋而私家之學始興。至戰國而大盛耳。

學術之分裂非一時之事。始則由天子畿內分而之各國。繼則由各國之學轉而爲私家。史書亦多紀其事者。如

《史記太史公自序》昔在顓頊。命南正重以司天。北正黎以司地。唐虞之際。紹重黎之後。使復典之。至於夏商。故重黎氏世序天地。其在周。程伯休父其後也。當周宣王時。失其守。而爲司馬氏。司馬氏世典周史。惠襄之間。司馬氏去周適晉。張晏曰。周惠王襄王有子頹叔帶之難。故司馬氏奔晉。自司馬氏去周適晉。分散。或在衞。或在趙。或在秦。

此學者由天子畿內分而之各國之證也。

《史記儒林傳》孔子閔王路廢而邪道興。於是論次詩書。修起禮樂。適齊聞韶。三月不知肉味。自衞返魯。然後樂正。雅頌各得其所。自孔子卒後。七十子之徒。散遊諸侯。大者爲師傅卿相。小者友教士大夫。或隱而不見。故子路居衞。子張居陳。澹台子羽居楚。子夏居西河。子貢終於齊。如田子方。段干木。吳起。禽滑釐之屬。皆受業於子夏之倫。爲王者師。

此各國之學轉而入私家之證也。當春秋之初。諸侯之國。已各自爲教。

《管子大匡篇》衞國之教。危傅以利。魯邑之教。好邇而訓於禮。楚國之教。巧文以利。

其風氣之不同。殆由所傳之學說不同之故。如魯秉周禮。晉守唐叔所受法度之類。

『左傳』昭公二十九年。晉國將守唐叔之所受法度。以經緯其民。卿大夫以序守之。

旣而一國之中。又各自爲風氣。有守其先代之學而不廢者。

『國語晉語』悼公使張老爲卿。辭曰。臣不如魏絳。夫絳之智。能治大官。其學不廢其先人之職。

有數典而忘其祖者。

『左傳』昭公十五年。王謂籍談曰。昔而高祖孫伯黶司晉之典籍。以爲大政。故曰籍氏。及辛有之二子董之晉。於是有董史。杜注：辛有周人也。其二子適晉爲太史。女司典之後也。何故忘之。籍談不能對。賓出。王曰。籍父其無後乎。數典而忘其祖。

官學日微。而私家之師弟則不分國界。如孔子弟子兼有各國之人 故國學變爲師弟之家學焉。

官學衰而私家之學興。其所藏之書。亦多散布於人間。如孔子修春秋。得百二十國寶書。

『公羊解詁』閔因叙云。昔孔子受端門之命。制春秋之義。使子夏等十四人求周史記。得百二十國寶書。

墨子嘗見百國春秋。

『史通六家篇』隋書李德林傳。並引墨子云。吾見百國春秋。

『墨子明鬼篇』著在周之春秋。 著在燕之春秋。 著在宋之春秋。 著在齊之春秋。

其書疑皆官書之散在民間者。夫各國史記春秋。藏之史官。苟皆非從師講授。載筆傳寫。不能得其書。則求之至難。

無論一人不能遍歷百國。卽十四人亦不能環學於諸國。故吾意春秋時之書。有藏之於官。非親至其國。求其人。不能讀者。

《史記孔子世家》孔子適周問禮。蓋見老子云。

《莊子天運篇》孔子西藏書於周室。子路謀曰。由聞周之徵藏史有老聃者。免而歸居。夫子欲藏書。則試往因焉。

有散佚於外。好古之士。可以展轉求乞者。至於官書變爲私書。則無書者固不知學。而有書者轉得博學詳說。軼於姝姝暖暖於一先生之言者。此聖哲之所以勃興於春秋之末也。

《墨子貴義篇》子墨子南遊使衞。關中載書甚多。弦唐子見而怪之。曰。吾夫子敎公尙過曰。揣曲直而已。今夫子載書甚多。何有也。子墨子曰。昔者周公旦朝讀書百篇。夕見七十士。故周公旦佐相天子。其修至於今。翟上無君上之事。下無耕農之難。吾安敢廢此。

按此文。則知春秋之季。民不說學。見載書者。卽以爲怪。而官師之書。既不全有。學者非自載書。無從得書。亦可推見。

說文序稱七國之時。文字異形。言語異聲。按其端實自春秋時開之。如齊太宰歸父盤見簠齋吉金錄齊侯甗。楚公鐘。夜雨雷鐘。楚曾侯鐘。王子申盞盂。均見積古齋鐘鼎款識之類。其文多不類籀文。或取勢奇偉。或結體整齊。而淸剛瘦勁。漸開小篆之風。與周魯之文字渾樸圓和者殊科。

《楚公鐘跋》(阮元)此鐘與夜雨雷鐘篆文相類。奇古雄深。與他國迥別。且俱在未稱王之時。年代相去當不遠也。《夜雨雷鐘跋》此鐘文字雄奇。不類齊魯。可覘荊南霸氣。《王子申盞蓋跋》此篆文工秀。結體較長。同於楚曾侯鐘。曾侯鐘楚惠王器。子西歷相昭王惠王。此可直斷爲子西器也。

此文字異形之證也。揚雄方言多載齊秦楚晉宋衛魯鄭諸國不同之語。大抵沿自春秋之時。如

《方言三》南楚凡貧人衣被醜敝謂之須捷。或謂之褸裂。或謂之襤褸。左傳曰篳路襤褸。以啓山林。

三傳所載。亦多異言。

《左傳》莊公二十年。楚令尹子元伐鄭。入自純門。及逵市。縣門不發。楚言而出。 宣公四年。楚人謂乳穀。謂虎於菟。

《穀梁傳》襄公五年。仲孫蔑衛孫林父會於善稻。吳謂善伊。謂稻緩。號從中國。名從主人。

《公羊傳》隱公五年。公曷爲而遠觀魚。登來之也。何注。登讀言得來。得來之者。齊人語也。 桓公六年。曷爲謂之實來。慢之也。曷爲慢之。化我也。注。行過無禮謂之化。齊人語也。

蓋自行人之官不修。書名聲音。漸不齊一。學術之分。亦由於此。孔子講學。書必大篆。語必雅言。

《說文序》孔子書六經。皆以古文。段玉裁曰。此古文兼大篆言之。

《論語》子所雅言。詩書執禮。皆雅言也。 孔安國注。雅言。正言也。鄭玄曰。讀先王典法。必正言其音。然後義全。

蓋爲各國學者所守不同。欲教之於一堂。不能不出以典雅。猶今之教者。必用通行之語言文字。不能用土語及別

字也。莊子謂鄒魯之士能明詩書禮樂。史記稱洙泗之間。齗齗如也。

《史記魯世家》太公曰。余聞孔子稱曰。甚矣魯道之衰也。洙泗之間。齗齗如也。

蓋他國之學者。傳授歧異。不如洙泗間讀音之正。故後世儒家傳授最廣。是則儒家獨盛之一因也。

周之教育。掌於樂官。周衰。王官失業。即周之學校教育不修之證。

《漢書禮樂志》周衰。王官失業。雅頌相錯。

然魯國猶有其官。至哀公時。樂官復分散。

《論語》太師摯適齊。亞飯干適楚。三飯繚適蔡。四飯缺適秦。鼓方叔入於河。播鼗武入於漢。少師陽擊磬襄入於海。　此文有二說。孔安國曰。魯哀公時。禮壞樂崩。樂人皆去。是摯等皆魯官。漢書古今人表。列摯等於殷末周初。顏師古注曰。自師摯以下八人。皆紂時人。奔走分散而去。則以摯等爲殷官。劉寶楠論語正義。從顏說。梁玉繩人表考。則從孔說。

學校教育之衰。殆又甚於春秋之初。故春秋時魯有泮宮。鄭有鄉校。其風雖不及西周之盛。猶有官學之遺意。春秋以後。則官學泯絕矣。史記謂摯等之分散。在仲尼沒後。

《史記禮書》仲尼沒後。受業之徒。沈湮而不舉。或適齊楚。或入河海。豈不痛哉。

世或謂八人嘗以雅樂受業孔子。

《人表考》(梁玉繩引吳仁傑)八人蓋以雅樂受業於孔子。

不知樂官掌官學。與私學有別。論語志樂官之分散。正以明當時諸侯不重禮樂。亦不重教育。約計其時。當在春秋之末。不必定指爲孔子弟子。且意其適齊楚入河海。在孔子沒後也。

第二十四章　老子與管子

自周代官守不修。學術分裂。於是有九流十家之學。十家之中。以道家爲最早。而儒家次之。以今所存道家之書論之。老子管子皆先於孔子。老子之書。實爲春秋時代一大思想家。故依其時代論次其學。按漢書藝文志道家先列管子。次及老子。

《漢書藝文志》道三十七家。九百九十三篇。始伊尹太公辛甲鬻熊諸書。諸書多出於依託不足據次管子八十六篇。次老子鄰氏經傳四篇。老子傅氏經說三十七篇。老子徐氏經說六篇。

似老子當後於管子。然老子之年歲不可考。

《史記老子列傳》蓋老子百有六十餘歲。或言二百餘歲。以其修道而養壽也。史記之外，異說甚多，梁玉繩古今人表考詳舉之，茲不錄。

而管子之書。不純爲道家言。則道家固當首老子也。

老子之學。本以自隱無名爲務。

《老子列傳》老子修道德。其學以自隱無名爲務。

故其事迹亦不彰。史但稱其爲周守藏室之史。

《老子列傳》老子者。楚苦縣厲鄉曲仁里人也。姓李氏。名耳。字伯陽。謚曰聃。周守藏室之史也。

及爲關尹著書之事。

《老子列傳》居周久之。見周衰。迺遂去。至關。關令尹喜曰。子將隱矣。彊爲我著書。於是老子迺著書上下篇。言道德之意。五千餘言而去。

以莊子證之。關尹殆與老子學派相同。

《莊子天下篇》關尹曰。在己无居。形物自著。其動若水。其靜若鏡。其應若響。芴乎若亡。寂乎若淸。同焉者和。得焉者失。

其彊老子以著書。第以同道相證明。非藉著書立說。創一學派或宗教。以要名於世。此講老子之學者所當先知之義也。

老子生於陳而仕於周。並非楚人。世之論者以史記有楚苦縣人一語。遂以老子爲楚人。因以其文學思想爲春秋時南方學者之首領。並謂與孔子之在北方者對峙。（其說倡於日本人。而梁啟超盛稱之。）實則苦縣故屬陳。老子生時尚未屬楚。史記索隱正義言之甚明。

《史記索隱》苦縣本屬陳。春秋時楚滅陳。而苦又屬楚。故云楚苦縣。至高帝十一年。立淮陽國。陳縣苦縣皆屬焉。《正義》按年表云。淮陽國。景帝三年廢。至天漢修史之時。楚節王純都彭城相近。疑苦此時屬楚國。故太史公書之。據此是史記之稱楚者。以苦縣在漢時屬楚。並非謂老子時屬楚也。按陳嘗再滅於楚。陳哀公三十五年。爲楚所滅。（魯昭公八年）後五年。惠公復興。（魯昭公十三年）

閔公二十一年。卒滅於楚。獲麟後三年　卽謂此楚字指春秋之楚亦通。但老子與孔子同時。且其年歲甚高。其生時必爲陳而非楚也。

藉令其地屬楚。亦在淮水流域。距中夏諸國甚邇。未可以南北判之也。

老子既自晦其迹。故講老子之學者。言人人殊。儒家則重其習於禮。小戴記曾子問篇，記孔子問禮於老聃者，凡三節。

法家則稱其生於術。

《韓非子解老篇》所謂有國之母。母者道也。道也者。生於所以有國之術。

方士則目爲神仙。列仙傳神仙傳等書，稱老子之神異甚多。

釋氏則謂同佛教。

《後漢書襄楷傳》桓帝時。楷上書曰。或言老子入夷狄爲浮屠。

《辯正論》（唐釋慧琳）晉世雜錄云。道士王浮每與沙門帛遠撓論。王屢屈焉。遂改換西域傳爲化胡經。言喜與聃化胡作佛。佛起於此。老子化胡經在元代已焚毀，淸季發見敦煌石室內有化胡經殘本。

甚至傅會爲耶穌教。嚴復評老子，前有德國哲學家，謂耶和華之號，卽起於老子之夷希微，說見黑格兒哲學歷史。

傅會爲民主政治。亦見嚴復評語。

傅會爲革命家。見胡適中國哲學史大綱。

見知見仁。各以其意爲說。然卽此亦可見老子之學無所不包。此莊子所以謂之爲博大眞人也。

《莊子天下篇》關尹老聃乎古之博大眞人哉。

老子之學。自有來歷。莊子稱其出於古之道術。

《莊子天下篇》以本爲精。以物爲粗。以有積爲不足。澹然獨與神明居。古之道術。有在於是者。關尹老聃聞其風而悅之。

藝文志稱其出於史官。

《漢書藝文志》道家者流。蓋出於史官。歷記成敗存亡禍福古今之道。然後知秉要執本。淸虛以自守。卑弱以自持。

此二義。老子固自言之。

《老子》執古之道。以御今之有。能知古始。是謂道紀。

惟其所謂古始者。非常久遠。不限於有文字以來之歷史。亦不限於羲農黃帝以來之有道術者。故常抉摘天地造化之根原。而不爲後世制度文物所囿。此老子之學所以推倒一切也。然東方人種。積習耕稼。偏於仁柔。往往以弱制強。而操最後之勝算。老子習見其事實。故反復申明此理。而後世之人。因亦不能出其範圍。實則老子之思想由吾國人種性及事實所發生。非其學能造成後來之種性及事實也。

老子之書。專說對待之理。如美惡。善不善。有無。難易。長短。高下。虛實。強弱。後先。得失。曲全。枉直。窪盈。敝新。多少。重輕。靜躁。雄雌。白黑。榮辱。壯老。張歙。廢興。與奪。貴賤。損益。堅柔。得亡。成缺。盈沖。辯訥。生死。禍福。大細。有餘不足。正奇。善妖之類。其原蓋出於易。惟易在孔子未繫辭之前。僅示陰陽消息奇偶對待之象。尙未明示二儀之先之太極。

老子從對待之象推究其發生此對待之故得恍惚之一元。而反復言之。如曰。

視之不見名曰夷。聽之不聞名曰希。搏之不得名曰微。此三者。不可致詰。故混而爲一。其上不皦。其下不昧。繩繩不可名。復歸於無物。是謂無狀之狀。無物之象。是謂恍惚。迎之不見其首。隨之不見其後。

又曰。

孔德之名，惟道是從。道之爲物惟恍惟惚。恍兮惚兮其中有象。恍兮惚兮其中有物。窈兮冥兮。其中有精，其精甚眞。其中有信。自古及今。其名不去。以閱衆甫。吾何以知衆甫之狀哉。以此。有物混成。先天地生。寂兮寥兮。獨立不改。周行而不殆。可以爲天下母。吾不知其名。字之曰道。强爲之名曰大。

蓋世人不知此物。惟可以恍惚詔之。老子則知之甚精甚眞甚信。故能從此原理。剖析衆甫之狀。是則吾國形而上之哲學。實自老子開之。亦可曰一元哲學。實自老子開之。不知老子之形而上學。徒就形而下之社會人生。推究老子之學。無當也。

老子既知此原理。見此眞境。病世人之競爭於外。而不反求於內也。於是教人無爲。其教人以無爲。非謂絕無所爲也。掃除一切人類後起之知識情欲。然後可從根本用功。故曰。

爲學日益。爲道日損。損之又損。以至於無爲。

其下卽承之曰。

無爲而無不爲。

蓋世人日沈溺於後起之知識情欲。不能見此甚精甚眞甚信之本原。雖自覺無所不知。無所不能。實則如同夢囈。胥天下而從事於此。止有賊國病民而已。故曰。

古之善爲道者非以明民。將以愚之。民之難治。以其智多。故以智治國。國之賊。不以智治國。國之福。知此兩者。亦稽常式。知稽式。是謂玄德。玄德。深矣遠矣。與物反矣。然後乃至大順。

老子所謂愚民與後世所謂愚民之術不同。蓋如秦皇之焚書坑儒以愚民。祗爲固其子孫帝王之業起見。非欲使天下之人。咸捐其小智私欲。而同見此甚精甚眞甚信之本原。老子之所謂愚民。則欲民愚於人世之小智私欲。而智於此眞精之道。反本還原。以至大順。故以後世愚民之術。歸咎於老子者。固非但知老子主張破壞一切。不知老子欲人人從根本上用功者。亦絕不知老子之學也。

吾國之哲學與西洋哲學不同者。在不言而躬行。徒執老子之言以講老子之學。無一是處。吾所言者。亦不能知老子之究竟也。惟今世學者喜言哲學。喜言老子哲學。且喜以老子之哲學與西洋哲學家比較。故亦不得不略述其管見。總之老子非徒破壞。非徒消極。彼自有其眞知灼見。故覺舉世之人。迷罔日久。而稍稍出其緒餘。爲此五千言。而其所不言者。正不可限量也。

史記管仲傳。不詳其學術所自。惟稱其牧民。山高。乘馬。輕重。九府。諸篇曰。詳哉其言之。按仲爲潁上人。桓寬鹽鐵論。謂管子爲越人。（未知有本。）春秋之初。其地屬鄭。仲之所學。殆猶有周代官師之傳。觀其書於陰陽五行（有五行篇）天時（有五時篇）地理（有地員地數水地等篇）兵法（有兵法篇）財政（有輕重海王等篇）無所不賅。似未可以一家目之。然其學有與老子同原者。如曰

疑今者察之古。不知來者視之往。萬事之生也。異趣而同歸。古今一也。（山高篇）

是卽老子執古之道。以御今之有之法也。封禪國准揆度諸篇。時時述古代帝王逸事。雖其書不盡管子自著。或出於後之治管子之學者所增益。然封禪篇之文。史記亦引之。

《史記封禪書》齊桓公旣霸。會諸侯於葵丘。而欲封禪。管仲曰。古者封泰山禪梁父者七十二家。而夷吾所記者十有二焉。

是管子固熟於史事。漢志列管子於道家。謂道家出於史官。其以此歟。

管子之學。異於道家者。在言政法。其佐齊桓創霸。旣改革周制。而其論治。必以法爲主。如曰

法者。天下之至道也。聖君之實用也。（任法篇）　法之制民也。猶陶之於埴。冶之於金也。（禁藏篇）　君臣上下貴賤皆從法。此之謂大治。（任法篇）

法者民之父母也。（任法篇）　聖君任法而不任智。故身佚而天下治。（任法篇）

其言實戰國時法家之祖。視老子之以德仁義禮爲無足齒數者。相去甚遠。此則事之至可疑者也。愚意老子之學。亦自有其作用。如曰

小國寡民。使有什伯之器而不用。使民重死而不遠徙。

凡兩言使。則其使之之術。固有在矣。管子雖偏於法治主義。而其言亦多近於道家者。如曰

日益之而患少者。惟忠。日損之而患多者。惟欲。吾畏事。不欲爲事。吾畏言。不欲爲言。故行年六十而老吃也。（樞言篇）

是管子晚年以寡欲省事爲主。實道家之學也。心術白心諸篇尤多微眇之論。大抵功名之士。不先有得於道。必以私智私欲而敗。管子之改革國政。卓然能有所成。未始不由於其湛深於道術。商鞅韓非之敗。正以其徒知法治。而不知畏事畏言耳。

古無黃老之名。戰國時。治道家之學者。始以黃帝與老子相傅會。

《漢書藝文志》黃帝君臣十篇。注曰。起六國時。與老子相似也。雜黃帝五十八篇。注曰。六國時賢者所作。

莊子恥稱黃帝。又極崇拜老聃。然亦未嘗以黃帝老子並舉。黃老並舉。殆在漢初。

《史記曹相國世家》膠西有蓋公。善治黃老言。《儒林傳》竇太后好黃老之術。

其後凡一切不事事。及以陰柔處世。概託爲黃老之學。使知管子與老子學術相同。則一方面無爲。一方面有爲。正合於無爲而無不爲之說。而怠惰苟安者。將無所容其喙矣。

第二十五章 孔子

孔子者。中國文化之中心也。無孔子則無中國文化。自孔子以前數千年之文化。賴孔子而傳。自孔子以後數千年之文化。賴孔子而開。即使自今以後吾國國民同化於世界各國之新文化。然過去時代之與孔子之關繫。要爲歷史上不可磨滅之事實。故雖老子與孔子同生於春秋之時。同爲中國之大哲。而其影響於全國國民。則老猶遠遜於孔。其他諸子更不可以並論。觀夏德(F. Hirth)支那古代史(The Ancient History of China)(一九〇八年美國哥倫比亞大學出版)所引德人加擺倫資(G. von der Gabelentz)之言。(加氏所著書名見下·茲所引之一段·見支那古代史第二四二頁·)則知孔子之地位矣。

『孔子與其學說』(加擺倫資)(Confucius und Seine Lehre)吾人欲測定史的人物之偉大之程度。其適當之法。即觀其人物所及於人民者感化之大小。存續之長短。及强弱之程度。三者之如何是也。以此方法測定孔子。彼實不可不謂爲人類中最大人物之一人。蓋經過二千年以上之歲月。至於今日使全人類三分之一。於道德的社會的及政治的生活之點。全然存續於孔子之精神感化之下也。(加氏之書·係德國 Leipzig 之 F. A. Blockhaus 書店出版·茲所引之一段·見原書第四第五頁·又 China Review 第二十七卷第六十三頁·有英文譯本·可參照·)

孔子之生年月日。說者不一。

『春秋公羊傳』襄公二十有一年十有一月。庚子。孔子生。

《春秋穀梁傳》襄公二十有一年冬十月。庚子。孔子生。

《世本》魯襄公二十二年。冬十月。庚子。孔子生。

《史記十二諸侯年表》魯襄公二十二年。孔子生。

《先聖生卒年月日考》(孔廣牧)謹案先聖之生。年從史記。月從穀梁。日從公羊穀梁。年從史記者。凡世本所述春秋卿大夫世系。悉與左傳合。龍門撰史記。於先聖生年根據世本爲說。誠以其可信也。月從穀梁者。以穀梁與世本同故。日從公羊穀梁者。以經義駢枝據周歷三統歷及古四分歷推得也。

《經義駢枝》(成容鏡)世傳孔子生於魯襄公二十二年十月庚子。爲今之八月二十七日。然以古歷步之。實八月二十八日。

要其生卒灼然可見。

《春秋哀公十六年續經》夏四月己丑。孔丘卒。

《經義駢枝》(成容鏡)孔子卒日集古今諸歷步之。十六年四月己卯朔。十一日己丑。

《先聖生卒年月日考》(孔廣牧)先聖卒於魯哀公十六年。由是歲上溯之襄公二十二年。實七十三歲。他書謂爲年七十四者。蓋從襄公二十一年起算。失之。

非若老子釋迦之生死無從稽考也。纖緯諸書。多言孔子生有異徵。

《論語撰考讖》叔梁紇與徵在禱於尼山。感黑龍精以生仲尼。

死有遺讖。

『易緯通卦驗』孔子表洛書摘亡辟曰亡秦者胡也。丘以推秦。白精也。

春秋家又謂孔子受命制作。

『公羊哀十四年注』獲麟之後。天下血書魯端門曰。趨作法。孔聖沒。周姬亡。彗東出。秦政起。胡破術。書記散。孔不絕。子夏明日往視之。血書飛爲赤烏。化爲白書。署曰演孔圖。

自號素王。

『六藝論』(鄭玄)孔子既西狩獲麟。自號素王。爲後世受命之君。制明王之法。

『春秋序』(賈逵)孔子覽史記。就是非之說。立素王之法。

皆視孔子爲神奇不經之人。迄今日而稱述其說者不衰。欲比孔子於耶穌摩哈麥德。以孔教爲標幟。是皆不知孔子者也。孔子不假宗教以惑世。而卓然立人之極。故爲生民以來所未有。

『孟子』述有若之言曰。聖人之於民類也。出於其類。拔乎其萃。自生民以來。未有盛於孔子也。

學者欲知孔子。當自人事求之。不可神奇其說也。

孔子之學。有得之於家庭者。

『左傳昭公七年』孟僖子曰。孔丘聖人之後也。而滅於宋。其祖弗父何以有宋而授厲公。及正考父。佐戴武宣。三命茲益共。故其鼎銘云。一命而僂。再命而傴。三命而俯。循牆而走。亦莫余敢侮。饘於是。鬻於是。以餬余口。其共也如是。臧孫紇有言曰。聖人有明德者。若不當世。其後必有達人。今其將在孔丘乎。

有得之於社會者。

《史記孔子世家》孔子爲兒。嬉戲。常陳俎豆。設禮容。　南宮敬叔言於魯君曰。請與孔子適周。魯君與之一乘車兩馬一豎子。俱適周。問禮。蓋見老子云。　孔子學鼓琴師襄子。十日不進。師襄子曰。可以益矣。孔子曰。丘已習其曲矣。未得其數也。有間。曰。已習其數。可以益矣。孔子曰。丘未得其志也。有間。曰。已習其志。可以益矣。孔子曰。丘未得其爲人也。有間。曰。有所穆然深思焉。有所怡然高望而遠志焉。曰丘得其爲人。黯然而黑。幾然而長。眼如望羊。心如王四國。非文王其誰能爲此也。師襄子辟席再拜曰。師蓋云文王操也。

《仲尼弟子列傳》孔子之所嚴事。於周則老子。於衛蘧伯玉。於齊晏平仲。於楚老萊子。於鄭子產。於魯孟公綽。數稱臧文仲。柳下惠。銅鞮伯華。介山子然。孔子皆後之。不並世。

蓋其時雖曰世衰道微。然必家庭社會猶有前代禮教學說流傳。其國士之風氣。有特殊於他國者。（如魯秉周禮之類）其游蹤所至。多得賢士大夫之益。（如子貢謂君子居是邦，事其大夫之賢者，友其仁者之類）然後可以鼓舞奮發而出一命世之大哲。不可徒謂春秋之時。社會紛亂。政法黑暗。民生痛苦。邪說橫行。始因此等反應產生聖哲之思想也。然家庭之遺傳。社會之影響。雖亦有關於孔子。而孔子之所以成爲孔子者。仍在其自身之好學。故其自言曰。

吾十有五而志於學。三十而立。四十而不惑。五十而知天命。六十而耳順。七十而從心所欲不踰矩。　十室之邑。必有忠信如丘者焉。不如丘之好學也。

忠信之資。初不足以過人。惟好學爲所自信。自十五至七十。無一息不學。知行之功。與年俱進。是則非平生師友所可幾矣。前乎孔子者。雖有傳說始終典學之語。然未嘗有言之親切詳備如孔子者。則雖謂吾民知學。自孔子始。可也。

孔子自言其學之程序。且述其學之功效。然祇自明其身心所造之境地。未嘗及於身外。由此可知孔子爲學之目的。在先成己而後成物。其成己之法。在充滿其心性之本能。至於從心所欲不踰矩之境。而一切牖世覺民之方。乃從此中自然發見於外。既非徒受外界之反感。憤激悲憫。欲學一種方法或主義以救世。亦非徒慕古人。欲蹈襲其陳迹。冀自樹於功名。至於垂老無成。乃託教學著書。以期留名後世。及與當世講學者爭持門戶。獨立一派別也。論語及大學中庸所言十九皆明此義。不知孔子所學爲何事。第以褊狹騖外之心測孔子。寧能窺見其涯涘哉。

孔子所學。首重者曰成己。曰成人。曰克己。曰修身。曰盡己。其語殆不可以僂舉。惟其以此爲重。故不暇及於外而怨天尤人之意。自無自而生。

《論語》不怨天。不尤人。下學而上達。知我者其天乎。

《中庸》正己而不求於人。則無怨。上不怨天。下不尤人。

其遇雖窮。其心自樂。人世名利。視之淡然。

《論語》飯疏食飲水。曲肱而枕之。樂亦在其中矣。不義而富且貴。於我如浮雲。

自孔子立此標準。於是人生正義之價值。乃超越於經濟勢力之上。服其教者。力爭人格。則不爲經濟勢力所屈。此孔子之學之最有功於人類者也。人之生活。固不能不依乎經濟。然社會組織不善。則經濟勢力往往足以錮蔽人之心理。使之屈伏而喪失其人格。其強悍者。蓄積怨尤。則公爲暴行。而生破壞改革之舉。今世之弊。皆坐此耳。孔子以爲人生最大之義務。在努力增進其人格。而不在外來之富貴利祿。卽使境遇極窮。人莫我知。而我胸中浩然自有坦坦蕩蕩之樂。無所歆羨。自亦無所怨尤。而堅強不屈之精神。乃足歷萬古而不可磨滅。儒教眞義。惟此而已。

雖然。孔子之學。亦非徒爲自了漢。不計身外之事也。成己必成物。立己必立人。

《中庸》誠者非自成己而已也。所以成物也。成己仁也。成物知也。性之德也。合外內之道也。

《論語》夫仁者。己欲立而立人。己欲達而達人。

故修身之後。卽推之於家國天下。其於道國爲政理財治賦之法。無一不講求而蘄致用於世。論語所記孔門師弟問答之語。時時以爲政爲言。卽羣衆之經濟。亦必使之富足。

《論語》子適衛。冉有僕。子曰。庶矣哉。曰。既庶矣。又何加焉。曰。富之。曰。既富矣。又何加焉。曰。教之。　子貢問政。子曰。足食。足兵。民信之矣。

此則本末兼賅。有體有用。非若二氏之專言虛寂。遺棄一切也。孔子生於周。故其政見多主用周法。然用之亦有分別。觀論語之言自見。

《論語》顏淵問爲邦。子曰。行夏之時。乘殷之輅。服周之冕。　子曰。麻冕禮也。今也純。儉。吾從衆。

陸桴亭謂孔子從周。後儒宜講當代之制。

《思辨錄》孔子動稱周家法度。雖周公制作之善。亦從周故也。予每怪後儒學孔子。亦動稱周家法度。而於昭代之制。則廢而不講。亦不善學孔子者矣。

其實孔子之所主張。亦不盡周法。即世俗所通行而協於人情者。亦無不可從也。

孔子之學。固不以著述重。然其著述之功。關繫絕鉅。史稱其時禮樂廢。詩書缺。傳自孔氏。始可得述。

《史記孔子世家》孔子之時。周室微而禮樂廢。詩書缺。追迹三代之禮。序書傳。上紀唐虞之際。下至秦繆。編次其事。曰。夏禮吾能言之。杞不足徵也。殷禮吾能言之。宋不足徵也。足則吾能徵之矣。觀殷夏所損益。曰。後雖百世可知也。以一文一質。周監二代。郁郁乎文哉。吾從周。故書傳禮記自孔氏。孔子語魯太師。樂其可知也。始作翕如。縱之純如。皦如繹如也以成。吾自衛反魯。然後樂正。雅頌各得其所。古者詩三千餘篇。及至孔子。去其重。取可施於禮義。上采契后稷。中述殷周之盛。至幽厲之缺。始於衽席。故曰。關雎之亂。以爲風始。鹿鳴爲小雅始。文王爲大雅始。清廟爲頌始。三百五篇。孔子皆弦歌之。以求合韶武雅頌之音。禮樂自此可得而述。

蓋其時如老子者。不以書籍所傳言語爲重。

〔史記老子傳〕老子曰。子所言者。其人與骨皆已朽矣。獨其言在耳

世復多不說學者。使任其放佚。則寖衰寖微。古代之文化復何從考見乎。詩書禮樂皆述。易春秋則述而兼作。

〔漢書儒林傳〕孔子晚而好易。讀之。韋編三絕。而爲之傳。讀者。卦爻之詞。孔子所述也。傳者。十翼之文。孔子所作也。

〔史記儒林傳〕西狩獲麟。曰吾道窮矣。故因史記作春秋。

世謂孔子述而不作者。蓋未讀十翼及春秋也。

孟子卽稱孔子作春秋。公羊明載未修春秋之原文。莊公七年。曷爲謂之如雨。不修春秋曰。雨星不及地尺而復。君子修之曰。星霣如雨。惟杜預稱春秋多用舊史。然亦謂有刊正處。杜預春秋左氏傳序。仲尼因魯史策書。成文。考其眞僞。而志其典禮。上以遵周公之遺制。下以明將來之法。其敎之所存。文之所害。則刊而正之。以示勸戒。其餘則皆卽用舊史。史有文質。辭有詳略。不必改也。

孔子傳易修史。而合之詩書禮樂。號爲六藝。亦名爲經。

〔史記孔子世家〕孔子以詩書禮樂敎弟子。蓋三千焉。身通六藝者七十有二人。

其爲教亦各有得失。孔子嘗詳言之。

〔禮記經解〕孔子曰。入其國。其敎可知也。其爲人也。溫柔敦厚。詩敎也。疏通知遠。書敎也。廣博易良。樂敎也。絜靜精微。易敎也。恭儉莊敬。禮敎也。屬辭比事。春秋敎也。故詩之失愚。書之失誣。樂之失奢。易之失賊。禮之失煩。春秋之失亂。其爲人也。溫柔敦厚而不愚。則深於詩者也。疏通知遠而不誣。則深於書者也。廣博易良而不奢。則深於樂者也。絜靜精微而不賊。則深於易者也。

恭儉莊敬而不煩。則深於禮者也。屬辭比事而不亂。則深於春秋者也。

孔子於易。由陰陽奇偶之對待。闡明太極之一元。

《繫辭》易有太極。是生兩儀。兩儀生四象。四象生八卦。八卦定吉凶。吉凶生大業。

謂神無方。易無體。而道在陰陽之相對。

《繫辭》神無方而易無體。一陰一陽之謂道。

其於形而上之原理。與老子所見正等。易之神妙。正賴孔子發明。

論語稱子不語怪力亂神。而易繫辭屢言神。如陰陽不測之謂神。蓍之德圓而神。神以知來。是興神物以前民用。聖人以此齋戒以神明其德夫。鼓之舞之以盡神之類。

而世乃謂孔子繫易。專重人倫日用之事。

某氏論易曰。近人謂伏羲畫卦。乃純包天地萬物萬事萬象有形無形諸凡共同之大原理而言。即純屬哲理的著作。以今之新名詞言之。即曰純正哲學。文王加彖象各辭。始由圖畫而附文字說明。然已由抽象的哲理而喻以具體的事物。故可謂文王解易。即由純正哲學引入於倫理學範圍。以今之新名詞言之。即曰倫理哲學。孔子作文言繫辭。則更將易象移以解釋人生種種善惡行爲之報應。專在策人爲君子。勿爲小人。故孔子解易。實專以倫理的眼光看易象。并非以宇宙人生萬象森羅之哲理眼光看易象。若以今之新名詞言之。易經中孔子所明。第可曰倫理學。或曰倫理的解釋。孔子聖人。決非不解易象之哲理。第孔子一生志願專以對人宣明倫理一門作入世法。至孔子之眞實本領。哲理一門之出世法。始終未欲與世人道之。此正是孔子之高大處。故至今儒家所知之孔子。第知孔子本領之半而已。

奚足以知孔子之用心哉。孔子所言神明之德。必須洗心齋戒。退藏於密。而後可見。非騰口說。騁文辭所能指示也。

至於孔子講易以明人倫日用之道者。則有二義焉。曰中。曰時。

如釋乾之九二曰龍德而正中。九三、九四皆曰重剛而不中。坤六五曰君子黃中通理。同人曰中正而應。大有曰大中而上下應之之類。皆以明中也。釋蒙曰蒙亨以亨行時中也。蹇曰蹇之時用大矣哉。益曰凡益之道與時偕行之類。皆以明時也。

中以方位言。時以後先言。必合此二者而義乃全。且其幾至微。稍過不及。即非所謂中。人心之執著膠滯。皆爲未喻此義也。自堯舜以來。以中爲立國之道。孔子祖述其說。而又加以時義。故孟子謂孔子爲聖之時者也。其實中之一字。已足賅括一切。加以時字。則所以衡其中否者益密耳。此語至平常而又至難。原其初須得喜怒哀樂未發前之氣象。

《中庸》喜怒哀樂之未發謂之中。

推其極。則可以位天地育萬物。

《中庸》致中和天地位焉萬物育焉。

故孔子於中道繫之曰庸。而極言其不可能。

《論語》中庸之爲德也。其至矣乎。民鮮久矣。

《中庸》子曰。中庸其至矣乎。民鮮能久矣。　天下國家均可也。爵祿可辭也。白刃可蹈也。中庸不可能也。

賢智則過。愚不肖則不及。強爲貌似。則又成爲鄉原。三者皆病。乃取其徼偏者而救正焉。

《論語》子曰。不得中行而與之。必也狂狷乎。狂者進取。狷者有所不爲也。

世人徒執後世鄉原之儒者以病孔子。不知孔子固於此反覆明辯。不容僞儒之矯飾也。

論德之本曰中。論道之用曰恕。周書始言恕。

《逸周書程典篇》愼德必躬恕。恕以明德。

而未詳言其法。至孔子始推演之。以爲終身可行之道。

《論語》子貢問曰。有一言而可以終身行之者乎。子曰。其恕乎。己所不欲。勿施于人。

對於子臣弟友上下左右。一以恕待之。

《中庸》子曰。君子之道四。丘未能一焉。所求乎子。以事父未能也。所求乎臣。以事君未能也。所求乎弟。以事兄未能也。所求乎朋友先施之未能也。

《大學》所惡於上。毋以使下。所惡於下。毋以事上。所惡於前。毋以先後。所惡於後。毋以從前。所惡於右。毋以交於左。所惡於左。毋以交於右。此之謂絜矩之道。

蓋人類之相處。最難各得其平。處處以責人之心責己。則平心靜氣。於人毫無怨望。而人之對我。亦必出於和平。充其功效。豈惟一人可行於世。使舉世行之。則舉世之戰爭奮鬬猜疑欺詐。種種不德。皆可蠲除。而全體之人類咸相安而遂其生矣。曾子之告其門人。謂忠恕即一貫。

《論語》子曰。參乎。吾道一以貫之。曾子曰。唯。子出。門人問曰。何謂也。曾子曰。夫子之道。忠恕而已矣。

蓋孔子所知所行。無不本於此。故以而已矣三字決之。明忠恕之外無他道也。爲人謀而不忠。亦由待人不恕。故曾子論一貫。猶兼言忠恕。孔子論終身可行之道。惟舉一恕字。以恕可以賅忠也。忠恕之事。屬行不屬知。子貢問行而孔子答以施。行與施皆指事。爲非指一人獨居講學也。從來學者解釋恕字。未有以爲屬於知識者。近人好爲異論。乃以恕爲推知。

《訂孔下》(章炳麟)心能推度曰恕。周以察物曰忠。故夫聞一以知十。舉一隅而以三隅反者。恕之事也。夫彼是之辨。正處正色正味之位。其候度誠未可壹也。守恕者善比類。誠令比類可以徧知者。是絜榘可以審方圓。物情之紛。非若方圓可以量度也。故用榘者困。而務比類者疑。周以察物。舉其徵符。而辨其骨理者。忠之事也。故疏通知遠者恕。文理密察者忠。身觀焉。忠也。方不障。恕也。上者寂焉不動。感而遂通天下之故。無有遠近幽深。遂知來物。中之方人用法。察邇言也。下者至於原本山川。極命草木。合契比律。審曲面埶。莫不依是。三朝記哀公欲學小辨。孔子對以力忠信。云知忠必知中。知中必知恕。知恕必知外。內思畢心曰知中。中以應實曰知恕。內恕外度曰知外。此言以忠恕爲學。則無所不辨也。周以察物。疑其碎矣。物雖小別。非無會通內思畢心者。由異而觀其同也。

夫聞一知十。舉一反三。屬於知識。己所不欲。勿施於人。屬於行爲。二者各有分際。不可混爲一談。大戴記小辨篇。雖言忠有九知。然其上文明言行爲。

【小辨】明忠信之備。而又能行之。則可立待也。君朝而行忠信。百官承事。忠滿於中。而發於外。刑於民而放於四海。天下其孰能患之。 丘言之君發之於朝。行之於國。一國之人莫不知。何一之彊避。丘聞之。忠有九知。知忠必知中。知中必知恕。知恕必知外。知外必知德。知德必知政。知政必知官。知官必知事。知事必知患。知患必知備。若動而無備。患而弗知。安與知忠信。內思畢心曰知中。中以應實曰知恕。內恕外度曰知外。外內參意曰知德。德以柔政曰知政。正義辨方曰知官。官治物則曰知事。事戒不虞曰知備。毋患曰樂。樂義曰終。

所謂明忠信之備者。知也。而又能行之者。行也。朝而行忠信。發之於朝。行之於國者。皆行也。徒明忠信而不行。得謂之忠信乎。知中知恕。知外。知德。知政。知官。知事。知患。知備九者。皆須實行。故曰動而無備。患而弗知。安與知忠信。試思備患恃知乎。抑恃行乎。章氏偏重知識。匪惟誤解論語。抑亦誤解戴記。斷章取意。貽誤後人。匪淺鮮也。

孔子論治之書。以春秋爲主。而春秋之學爲最難講。當時門弟子已不能贊一辭。

【史記孔子世家】至於爲春秋。筆則筆。削則削。子夏之徒。不能贊一辭。弟子受春秋。孔子曰。後世知丘者以春秋。而罪丘者亦以春秋。

孟子則推其懼亂賊之功。

《孟子》孔子成春秋。而亂臣賊子懼。

莊子則稱其爲先王之志。

《莊子齊物論》春秋經世先王之志。聖人議而不辯。

班固則謂口授弟子。弟子退而異言。

《漢書藝文志》仲尼與左丘明觀其史記。據行事。仍人道。因興以立功。敗以成罰。假日月以定歷數。藉朝聘以正禮樂。有所褒諱貶損。不可書見。口授弟子。弟子退而異言。丘明恐弟子各安其意。以失其眞。故論本事而作傳。明夫子不以空言說經也。春秋所貶損大人當世君臣。有威權勢力。其事皆形於傳。是以隱其書而不宣。所以免時難也。及末世口說流行。故有公羊穀梁鄒夾之傳。

自漢以來。三傳傳而鄒夾不傳。

《漢書藝文志》四家之中。公羊穀梁立於學官。鄒氏無師。夾氏未有書。於是說春秋者各依傳以爲說。訖無定論。

《春秋穀梁傳序》（范甯）春秋之傳有三。而爲經之旨則一。臧否不同。褒貶殊致。蓋九流分而微言隱。異端作而大義乖。左氏以鬻拳兵諫爲愛君。文公納幣爲用禮。穀梁以衛輒拒父爲尊祖。不納子糾爲內惡。公羊以祭仲廢君爲行權。妾母稱夫人爲合正。以兵諫爲愛君。是人主可得而脅也。以納幣爲用禮。是居喪可得而婚也。以拒父爲尊祖。是爲子可得而叛也。以不納子糾爲內惡。是仇讎可得而容也。以廢君爲行權。是神器可得而闚也。以妾母爲夫人。是嫡庶可得而齊也。若此之類。傷敎害義。不可强通者也。凡傳以通經爲主。經以必當爲理。夫至當無二。而三傳殊說。庸得不棄其所滯。擇善而從乎。旣不俱當。則固容俱失。若至言幽絕。擇善靡從。庸得不並舍以求宗。據理以通經乎。而漢興以來。瓌望碩儒。各信所習。是非紛錯。準裁靡定。故有父子異同之論。石渠分爭之說。廢興由於好惡。盛衰繼之辯訥。斯蓋非通方之至理。誠君子之所歎息也。

大抵孔子當時屬辭比事。自有其詳細解釋。今所存之經文。特其辭之大綱。而其詳細解釋者。不可得見。三傳所傳。各有其微言大義。亦有各安其意以成口說者。不能盡以爲得孔子之意。亦不能盡以爲非孔子之意也。

春秋之義。在正名分。寓褒貶。其影響所及。有非他書可比者。觀皮錫瑞之論可見。

《春秋通論》(皮錫瑞)或曰。孟子言孔子成春秋而亂臣賊子懼。何以春秋之後。亂臣賊子不絕於世。然則孔子作春秋之功安在。孟子之言。殆不足信乎。曰。孔子成春秋。不能使後世無亂臣賊子。而能使亂臣賊子不能全無所懼。自春秋大義昭著。人人有一春秋之義在其胸中。皆知亂臣賊子人人得而誅之。雖極凶悖之徒。亦有魂夢不安之隱。雖極飾辭巧說。以爲塗人耳目之計。而耳目仍不能塗。邪說雖横。不足以蔽春秋大義。亂賊旣懼當時義士聲罪致討。又懼後世史官據事直書。如王莽者。多方掩飾。窮極詐僞。以蓋其篡弒者也。如曹丕司馬炎者。妄託禪讓。褒封先代。篡而未敢弒者也。如蕭衍者。已行篡弒。旋知愧懨。深悔爲人所誤者也。如朱溫者。公行篡弒。猶畏人言。歸罪於人以自解者也。他如王敦桓溫。謀篡多年。而至死不敢。曹操司馬懿。及身不篡。而留待子孫。凡此等固由人有天良。未盡泯滅。亦由春秋之義。深入人心。故或遲之久而後發。或遲之又久而卒不敢發。卽或冒然一逞。犯天下之不韙。終不能坦懷而自安。如蕭衍兄吳均作史。書其助蕭道成篡逆。遂怒而擯吳均。燕王棣使方孝孺草詔。孝孺大書燕賊篡位。遂怒而族滅孝孺。其怒也。卽其懼也。蓋雖不懼國法而不能不懼公論也

蓋春秋之義。亦至難言。後世所執者。僅得其半。而尤嚴於亂臣。若以左傳凡例論。則君臣相對。春秋未嘗不責無道之君。

【左傳】宣公四年。凡弒君稱君。君無道也。稱臣。臣之罪也。　杜預釋例曰。天生民而樹之君。使司牧之。群物所以繫命。若高亢自肆。群下絕望。情義圮隔。是謂路人。非君臣也。人心苟離。則位號雖有。無以自固。故傳例曰。凡弒君稱君君無道。稱臣臣之罪。稱君者。唯書君名。而稱國人以弒。衆之所共絕也。

孔子對齊景公以君臣並言。

【論語】齊景公問政於孔子。孔子對曰。君君。臣臣。父父。子子。公曰。善哉。信如君不君。臣不臣。父不父。子不子。雖有粟。吾得而食諸。

又以忠禮並舉。

【論語】君使臣以禮。臣事君以忠。

初非專責人臣也。又凡春秋褒貶之志。止以當時之事爲斷。而言外尙有微恉。如公羊家張三世之說。則借事明義。正以寓其理想。亦非專限於事實也。

【公羊傳】隱公元年。解詁曰。於所傳聞之世。見治起於衰亂之中。用心尙麤觕。故內其國而外諸夏。先詳內而後治外。於所聞之

世。見治升平。內諸夏而外夷狄。至所見之世。著治太平。夷狄進至於爵。天下遠近小大若一。

何氏之說。雖止一家之言。然與禮運之言大同者頗合。

《禮運》孔子曰。大道之行也。天下爲公。選賢與能。講信修睦。故人不獨親其親。不獨子其子。使老有所終。壯有所用。幼有所長。矜寡孤獨廢疾者。皆有所養。男有分。女有歸。貨惡其棄於地也。不必藏於己。力惡其不出於身也。不必爲己。是故謀閉而不興。盜竊亂賊而不作。故外戶而不閉。是謂大同。今大道既隱。天下爲家。各親其親。各子其子。貨力爲己。大人世及以爲禮。以賢勇知。以功爲己。故謀用是作。而兵由此起。

禮運正論歷史事實。故由大同降而小康。春秋懸想文明世界。故由升平而至太平。順逆雖殊。其爲孔子所懷抱之宗旨一也。若專限於事實。則祿去公室。政逮大夫。陪臣執國命。每況愈下。尚何升平太平可言哉。

孔子理想之廣大。隨在可見。論語及易之言教育。皆其不分族類。不分疆域之證也。

《論語》子曰。有教無類。

《易臨卦》象曰。君子以教思無窮。容保民無疆。

而中庸之言化育。則尤進於是。

《中庸》唯天下至誠。爲能盡其性。能盡其性。則能盡人之性。能盡人之性。則能盡物之性。能盡物之性。則可以贊天地之化育。可以贊天地之化育。則可以與天地參矣。

教育之功。至於盡物性。參天地。則不獨爲一時一世之人羣謀矣。極鉅之效。由極簡之法而生。所謂宇宙內事皆性分內事也。吾國古代聖人之思想。常思以人力造天地。其功既見於此數千年之大國。而其義猶未罄萬一。後人準此而行。則所謂範圍天地曲成萬物者。無不可以實現。正不必以國家人類爲界。而區區於知識技能。以爲教育之大事者。抑又不足深論矣。

古代學校各有祀典。

《禮記文王世子》凡學。春官釋奠於其先師。秋冬亦如之。 凡始立學者。必釋奠於先聖先師。 鄭玄曰。先聖周公若孔子。

鄭氏舉孔子爲例。蓋就漢以後而言。漢以前未祀孔子也。歷代帝王之祀孔子者。自漢高祖始。

《史記孔子世家》高皇帝過魯。以太牢祠焉。 《漢書高帝紀》十二年十一月。行自淮南還過魯。以太牢祠孔子。

而學校祀孔子。自明帝始。

《後漢書明帝紀》永平二年。養三老五更於辟雍。郡縣行鄉飲酒禮。學校皆祀聖師周公孔子。

然孔子與周公並祀。非特祀也。唐宋以降。漸次尊崇。禮等帝王。制亦數易。

《文獻通考》唐制。國子學立周公孔子廟各一所。四時致祭。其釋奠之禮。初以周公爲先聖。孔子配享。貞觀二年。停祭周公。升孔子爲先聖。以顏回配。開元二十年。追謚文宣王。改西坐像爲南面。詔曰。昔周公南面。夫子西坐。今位既有殊。豈宜依舊。其兩京國子監及天下諸州。夫子南面坐。十哲等東西行列侍。

『續通考』宋太宗追謚孔子曰先聖文宣王。眞宗時改謚至聖。元武宗加封大成至聖文宣王。明世宗嘉靖九年。改稱至聖先師。易塑像爲木主。

蓋自漢以來。雖已舉國崇奉孔子之教。而立廟奉祀。近於宗教性質者。乃由人心漸演漸深。踵事增華之故。初非孔子欲創立一教。亦非僅一二帝王或學者假孔子之教以愚民也。

孔子後裔代有封號。

漢曰褒成君。　魏曰宗聖侯。　晉宋曰奉聖侯。　後魏曰崇聖大夫。　唐初曰褒聖侯。開元中。改文宣公。均見文獻通考

『續通考』宋仁宗至和二年。封孔子之後爲衍聖公。

至宋始封孔子後爲衍聖公。迄今猶存其名。此亦無足深異。然自西周至今。奕葉相傳七十餘世。譜牒統系。灼然無疑。則世所僅見也。自明以後。府縣學皆祀孔子。外國如琉球日本。亦立文廟。行釋奠禮。高麗自宋時即祀文宣王。此雖不足爲孔子重。而其爲東方文化之祖。則舉世所共信也。太史公立孔子世家而稱至聖。有以哉。

『史記孔子世家』天下君王至於賢人衆矣。當時則榮。沒則已焉。孔子布衣。傳十餘世。學者宗之。自天子王侯。中國言六藝者。折中於夫子。可謂至聖矣。

第二十六章　孔門弟子

春秋大哲。孔老並稱。老子曰。人之所教。我亦教之。而其教育之法。則以不言之教爲主。故其弟子不多。今可考者。惟文子。

〔漢書藝文志〕文子九篇。注。老子弟子。與孔子並時。

蜎子

〔漢書藝文志〕蜎子十三篇。注。名淵。楚人。老子弟子。

關尹子

〔漢書藝文志〕關尹子九篇。注。名喜。爲關吏。老子過關。喜去吏而從之。

數人。蓋老子固非教育家也。孔子自少卽教授於魯。

〔史記孔子世家〕孟釐子誡其嗣懿子曰。今孔丘年少學禮。其達者歟。吾卽沒。若必師之。及釐子卒。懿子與南宮敬叔往學禮焉。

自周反魯。弟子益進。其後弟子彌衆。

〔孔子世家〕孔子自周反於魯。弟子稍益進矣。　孔子不仕。退而修詩書禮樂。弟子彌衆。至自遠方。莫不受業焉。

委贊者三千人。達徒七十人。

《呂氏春秋遇合篇》孔子周流海內。再干世主。如齊至衛。所見八十餘君。委質爲弟子者三千人。達徒七十人。七十人者。萬乘之主得一人用可爲師。

《史記孔子世家》孔子以詩書禮樂教弟子。蓋三千焉。身通六藝者七十有二人。

私家教授徒衆之盛。自古以來。未有如孔子者也。

孔子自言有教無類。故三千弟子中。流品亦不齊。互鄉童子。梁父大盜。

《呂氏春秋尊師篇》顏涿聚。梁父之大盜也。學於孔子。

陽貨佛肸之類。

《墨子非儒篇》其徒屬弟子。皆效孔丘。子貢季路輔孔悝。亂乎衛。陽貨亂乎魯。佛肸以中牟叛。 據此。則墨子以爲陽貨佛肸皆孔子弟子。孔叢子詰墨篇曰。如此言。衛之亂。子貢季路爲之耶。斯不待言而了矣。陽虎欲見孔子。孔子不見。何弟子之有。佛肸以中牟叛召孔子。則有之矣。爲孔子弟子。未之聞也。

傳者甚多。此正見孔子之大。初無損於孔子也。然三千之數。亦不可考。史記仲尼弟子列傳僅載七十七人。清代朱彝尊梁玉繩等廣採諸書。亦祇得一百九人。

《史記志疑》（梁玉繩）孔子弟子之數。有作七十人者。孟子云。七十子。呂氏春秋遇合篇。達徒七十人。淮南子泰族及要畧訓俱言七十。漢書藝文志序。楚元王傳所謂七十子喪而大義乖是已。有作七十二人者。孔子世家。文翁禮殿圖。後漢書蔡邕傳。鴻都畫像。水經注八。漢魯峻冢壁像。魏書李平傳學堂圖皆七十二人。顏氏家訓誡兵篇所稱仲尼門徒升堂者七十二是已。有作七十七人者。此傳及漢地理志是已。孔子家語七十二弟子解實七十七人。今本脫顏何止七十六。其數無定。難以臆斷。漢書藝文志有孔子徒人圖法二卷。集解載鄭康成孔子弟子目錄。隋唐志云一卷。此二書久亡。漢書人表既疏畧不備。而鴻都像李平圖俱失傳。魯峻石璧僅覩隸續殘碑。文翁圖在顯晦之間。不盡可憑。世儒據以考弟子者。惟史記家語。而古文家語已不得見。今家語并非王肅舊本。則史記又較家語爲確。史公從孔安國受學。親見安國撰集之古文家語。故曰弟子籍出孔氏古文者近是。雖然弟子之數。豈止七十七人而已哉。若以陳亢。琴牢。牧皮。林放。仲孫何忌。仲孫說。孟武伯彘。子服何。孺悲。左邱明。公罔之裘。序點。賓牟賈。顏濁鄒。顏涿聚。盆成适。鞠語。季襄。惠叔蘭。常季。孔璇。闕黨互鄉二童子。廉瑀。左子慮。褒子孺。褒子魚。公子虛。駟子言。顏子思。巫子。苟子三十二人。增入七十七弟子。通計一百九人。朱彝尊曝書亭集。有孔子弟子考。梁氏蓋據之而又加詳耳。

而此一百九人中。有僅傳姓名。莫知其事實者。書闕有間。固無從懸測也。第以史記仲尼弟子列傳觀之。亦可得孔子學派所及之地。七十七人之中。魯人凡三十八。

顏回。閔損。冉耕。冉雍。冉求。仲由。宰予。曾參。澹台滅明。宓不齊。原憲。南宮括。曾蒧。顏無繇。商瞿。漆雕開。公伯僚。有若。公西赤。巫馬施。顏幸。冉孺。冉季。漆雕哆。公夏首。顏祖。申黨。顏之僕。縣成。左人郢。秦非。顏噲。樂欬。叔仲會。顏何。邽巽。孔忠。公西蒧。

衞國六人。

端木賜。高柴。奚容蒧。卜商。句井疆。廉絜。

齊國六人。

公冶長。公皙哀。樊須（鄭玄云齊人，家語云魯人。）梁鱣。后處。步叔乘。

楚國三人。

公孫龍（鄭玄云楚人，家語云衛人。）任不齊。秦商。（鄭玄云楚人，家語云魯人。）

秦國二人。

秦祖。壤駟赤。

陳國二人。

顓孫師。公良孺。

晉國二人。

公堅定。鄡單。

宋國一人。

司馬耕

吳國一人。

言偃

其餘不著籍者。尚不知其屬於何國。觀其教化所被。南及江淮。西及山陝。在當時各國分立。而孔子之教。不分畛域如此。此豈其他諸子所可擬哉。墨子弟子可考者。不滿二十人。呂氏春秋稱其弟子充滿天下。與孔子等。然後所傳甚少。可見其學之未能廣被也。

孔子之先。已有儒名。孔子之時。多有妄命儒者。孔子嘗爲魯哀公力辯之。

〔小戴記儒行〕魯哀公問於孔子曰。夫子之服。其儒服歟。孔子對曰。丘少居魯。衣逢掖之衣。長居宋。冠章甫之冠。丘聞之也。君子之學也博。其服也鄉。丘不知儒服。哀公曰。敢問儒行。孔子對曰。遽數之不能終其物。悉數之。乃留更僕。未可終也。……儒有不隕穫於貧賤。不充詘於富貴。不慁君王。不累長上。不閔有司。故曰儒。今衆人之命儒也妄。常以儒相詬病。

且教其弟子分辨儒之性質。

〔論語〕子謂子夏曰。女爲君子儒。毋爲小人儒。

是孔子於儒之一字。有承認者。有不承認者。而其時人之毀儒者。更爲有意尋隙。未足爲儒之眞相也。

〔史記孔子世家〕晏嬰曰。夫儒者滑稽而不可軌法。倨傲自順。不可以爲下。崇喪遂哀。破産厚葬。不可以爲俗。遊說乞貸。不可以爲國。

孔子之後。學派繁衍。論者統名爲儒。而又加以區別。如

〔荀子非十二子篇〕弟佗其冠。衶禫其辭。禹行而舜趨。是子張氏之賤儒也。正其衣冠。齊其顏色。嗛然而終日不言。是子夏氏之

賤儒也。偷儒憚事。無廉恥而嗜飲食。必曰君子固不用力。是子游氏之賤儒也。

『韓非子顯學篇』孔子之死也。有子張之儒。有子思之儒。有顏氏之儒。有孟氏之儒。有漆雕氏之儒。有仲良氏之儒。有孫氏之儒。有樂正氏之儒。

大抵隨意舉示。不可即據以爲孔子之學只分爲此數派。韓非雖曰儒分爲八。似確只此八派。若合荀卿之言計之。當曰儒分爲十。子夏子游皆與子張異趣。且爲荀卿所擯。其別有宗派可知矣。又荀子非十二子以子思孟軻爲一派。

『荀子非十二子篇』略法先王而不知其統。猶然而材劇志大。聞見雜博。案往舊造說。謂之五行。甚僻違而無類。幽隱而無說。閉約而無解。案飾其辭而祗敬之。曰此眞先君子之言也。子思唱之。孟軻和之。世俗之溝猶瞀儒。嚾嚾然不知其非也。遂受而傳之。以爲仲尼子游爲茲厚於後世。是則子思孟子之罪也。

韓非則以子思孟氏爲兩派。又未知韓非所指之孟氏。即荀卿所指之孟軻否。（孔子弟子有孟懿子。則孟氏未必即孟子。）故論孔門弟子之學。僅據韓非之言。無當於事理也。

孔子之教諸弟子。內以期其成德。外以期其從政。故論顏回之好學。惟以不遷怒不貳過爲言。

『論語』哀公問弟子孰爲好學。孔子對曰。有顏回者。好學。不遷怒。不貳過。不幸短命死矣。今也則亡。未聞好學者也。

觀此。可知孔子所謂學。最重在修身克己。不是專門讀書講學。顏子雖稱夫子博我以文。而孔子並不以博文許之。論語載此文。易繫辭又稱顏氏之子。其殆庶幾乎。有不善未嘗不知。知之未嘗復行也。蓋弟子之中。雖多聰明才辯之士。而卽知卽行。篤志克己者。無過於顏子。故孔子屢稱之。不知此義。則雖讀破萬卷。說盡天下道理。無非爲人之學。於自身了無益處。非孔子之所謂學也。

而於雍賜由求諸人。皆許其能臨民從政。

【論語】子曰。雍也可使南面。　季康子問仲由可使從政也與。子曰。由也果。於從政乎何有。曰賜也可使從政也與。曰賜也達。於從政乎何有。曰求也可使從政也與。曰求也藝。於從政乎何有。

蓋皆以當時實得其學之益爲主。不徒期其傳述六藝。以教後世也。然德行一科。既多潛修之士。其他之從政者。亦多未能大用於世。故孔門弟子之有功於吾國者。惟講學授經之人。六藝之昌。微諸弟子。未能歷數千年而不絕也。

仲尼弟子列傳。述經師之傳。惟商瞿最詳。

【史記仲尼弟子列傳】商瞿。魯人。字子木。小孔子二十九歲。孔子傳易於瞿。瞿傳楚人馯臂子弘。弘傳江東人矯子庸疵。疵傳燕人周子家豎。豎傳淳于人光子乘羽。羽傳齊人田子莊何。何傳東武人王子中同。同傳菑川人楊何。何元朔中以治易爲漢中大夫。

秦火未焚。統緒灼然。而施孟梁丘之書皆不傳。僅虞氏之說。略可窺其端緒耳。

【漢書藝文志】秦燔書而易爲卜筮之事。傳者不絕。漢興田何傳之。訖於宣元。有施孟梁丘京氏。列於學官。

《易經通論》（皮錫瑞）史記儒林傳云。言詩於魯則申培公。於齊則轅固生。於燕則韓太傅。言尚書自濟南伏生。言禮自魯高堂生。言易自菑川田生。言春秋於齊魯自胡母生。於趙自董仲舒。是皆言漢初傳經諸人。而申公轅固韓嬰伏生高堂生等。皆不言其所授。蓋史公已不能明。惟於易之授受獨詳。蓋史公父談受易於楊何。故能詳易家授受之人。乃至於今不特王同。周王孫。丁寬。服生之易傳數篇無一字存。即施孟梁丘。漢立博士。授生徒以千萬計。今其書亦無有存者。豈非事理之可怪。而經學之大可惜者乎。後惟虞翻注易。自謂五世傳孟氏易。其注見李鼎祚集解稍詳。近儒張惠言爲之發明。此則孟氏之學。文與流裔。猶有存者。而漢儒易學。幸得存什一於千百也。

史記稱子夏居西河教授。爲魏文侯師。初未言其傳經。而子夏之傳獨廣。於易則有傳。

漢志無子夏易傳。隋書經籍志。唐書藝文志。均有周易卜商傳二卷。今其書亦不傳。惟唐李鼎祚周易集解中引之。（據越縵堂日記。謂子夏易傳。爲漢之鄧子夏所作。）

於詩則有序。

《詩經正義》沈重云。案鄭詩譜意。大序是子夏作。小序是子夏毛公合作。卜商意有不盡。毛更足成之。

毛公之學。相傳出於子夏。

《漢書藝文志》毛詩故訓傳三十卷。毛公之學。自謂子夏所傳。

《經典釋文》（陸德明）徐整曰。子夏授高行子。高行子授薛倉子。薛倉子授帛妙子。帛妙子授河間人大毛公。毛公爲詩故訓傳。

以授趙人小毛公。小毛公爲河間獻王博士。陸璣曰。子夏授曾申。申傳魏人李克。克傳魯人孟仲子。孟仲子傳根牟子。根牟子傳趙人孫卿子。孫卿子傳魯人大毛公。二說未知孰是。

書之傳授不詳。而七觀之義。見於尚書大傳。

《尚書大傳》子夏讀書畢。見夫子。夫子問焉曰。子何爲於書。子夏對曰。書之論事也。昭昭如日月之代明。離離若星辰之錯行。上有堯舜之道。下有三王之義。商所受於夫子。志之於心。弗敢忘也。子曰。堯典可以觀美。禹貢可以觀事。咎繇可以觀治。鴻範可以觀度。六誓可以觀義。五誥可以觀仁。甫刑可以觀誡。通斯七觀。書之大義舉矣。

是伏生之學。亦由子夏所傳也。禮有喪服傳。亦子夏作。

《儀禮疏》(賈公彥)作傳之人。皆云孔子弟子卜商子夏所爲。其傳內更云傳者。是子夏引他舊傳以證己義。

春秋雖莫贊一辭。而公穀二傳。皆有端緒可考。

《公羊傳疏》(徐彥)引戴宏序曰。子夏傳與公羊高。高傳與子平。平傳與子地。地傳與子敢。敢傳與子壽。至漢景帝時。壽乃與齊人胡毋子都著於竹帛。 《風俗通》(應劭)穀梁子名赤。子夏弟子。

蓋今世所傳五經。皆出於子夏矣。子夏之於吾國文化之關繫。亦大矣哉。

《後漢書》徐防曰。詩書禮樂。定自孔子。發明章句。始於子夏。章句雖依本書。未爲創作。然微言大義多賴以傳。

子夏之外。曾子所傳亦廣。其最著者爲孝經。

公羊傳哀公十四年疏。引孝經說。孔子曰。春秋屬商。孝經屬參。孝經序疏引鉤命決云。孔子曰。吾志在春秋。行在孝經。是孝經與春秋同爲孔子所定也。惟孝經首章有仲尼居曾子侍之語。宋儒疑非孔子所著。詳見困學紀聞。

曾子十八篇。漢志列儒家。今其書不傳。大戴禮記有立事。本孝。立孝。大孝。事父母。制言上中下。曾子疾病。天圓十篇。蓋卽十八篇中之十篇也。

《經學歷史》(皮錫瑞)十篇之義。皆極純正。天員篇尤足見大賢之學。無不通云。案天圓篇。單居離問於曾子曰。天圓而地方者。誠有之乎。曾子曰。天之所生上首。地之所生下首。上首之謂圓。下首之謂方。如誠天圓而地方。則是四角之不揜也。據曾子說圓方。謂其道。非謂其形。方圓同積。圓者不能揜方之四角。今地爲天所揜。則地在天中。天體渾圓。地體亦渾圓。與地球之說合。

小戴記曾子問篇及檀弓篇。多記曾子問禮議禮之說。曾子之深於禮。殆過於子夏。而論語及學庸皆出於曾子之門人。

《論語辯上篇》(柳宗元)孔子弟子曾參最少。少孔子四十六歲。曾子老而死。是書記曾子之死。則去孔子也遠矣。蓋樂正子春子思之徒與爲之爾。

《史記孔子世家》子思作中庸。

《三禮目錄》(鄭玄)名曰中庸者。以其記中和之爲用也。庸用也。孔子之孫子思伋作之。

《闕里述聞》伋字子思。從曾子興學。　嘗慮當世無可傳道之人。乃以其聞於曾子者。著大學一書。復以其體驗有得者。著中庸一書。以垂教後世。

孔子之學。微此三書。殆無以見其集前聖之大成也。

孔子之學。兼賅文武。而不以勇力聞。

『列子說符篇』孔子之勁。能拓國門之關。而不以力聞。

『淮南子主術訓』孔子之通。智過於萇宏。勇服於孟賁。足躡於郊菟。力招城關。能亦多矣。然而勇力不聞。伎巧不知。專行孝道。以成素王。

即其弟子。亦多有勇於戰陳者。

『左傳』哀公十一年。齊伐魯。冉求帥左師。樊遲爲右。季孫曰。須也弱。冉求曰。就用命焉。季氏之甲七千。冉求以武城人三百爲己徒卒。戰於郊。師不踰溝。樊遲曰。非不能也。不信子也。請三刻而踰之。如之。衆從之。冉有用矛于齊師。故能入其軍。孔子曰。義也。

『史記孔子世家』冉有爲季氏將師。與齊戰於郎。克之。季康子曰。子之於軍旅。學之乎。性之乎。冉有曰。學之於孔子。

吾國兵家多稱孫吳。而吳起實曾子弟子。

『史記』吳起者衛人也。好用兵。嘗學於曾子。

故孔子弟子之學。不盡限於儒家。徒以儒家目孔子弟子。亦未能盡其學也。

儒有柔之訓。

〔目錄〕(鄭玄)儒之言優也。柔也。能安人。能服人。又儒者濡也。以先王之道。能濡其身。

而孔子頗尚剛。

〔論語〕子曰。吾未見剛者。又曰。剛毅木訥近仁。

〔儒行〕儒有可親而不可刼也。可近而不可迫也。可殺而不可辱也。其居處不淫。其飲食不溽。其過失可微辨而不可面數也。其剛毅有如此者。

中庸且盛言君子之強。

〔中庸〕故君子和而不流。强哉矯。中立而不倚。强哉矯。國有道。不變塞焉。强哉矯。國無道。至死不變。强哉矯。

又言化愚柔爲明強之法。

〔中庸〕博學之。審問之。愼思之。明辨之。篤行之。有弗學。學之弗能。弗措也。有弗問。問之弗知。弗措也。有弗思。思之弗得。弗措也。有弗辨。辨之弗明。弗措也。有弗行。行之弗篤。弗措也。人一能之己百之。人十能之己千之。果能此道矣。雖愚必明。雖柔必強。

蓋孔門雖尚中庸。以世人多偏於柔懦。故恆思以剛強濟之。非若老子專偏於柔弱也。後世儒者。未得孔門眞傳。徒以鄕愿爲儒。而儒遂有優柔濡滯之訓。此自是漢人見解。非春秋戰國時之儒者也。近人習於非儒之言。詆毀儒家無所不至。甚至有以曾子之戰戰兢兢。爲萎縮氣象者。不知人之強毅。正由自反而縮得來。無內省愼獨之功。而矯爲強毅。是則客氣用事。未足以入道也。卽論語所記曾子之言觀之。臨大節而不可奪。任重而道遠。是何等氣象。惡可詆爲萎縮。

『論語』曾子曰。可以託六尺之孤。可以寄百里之命。臨大節而不可奪。君子人與。君子人也。士不可以不弘毅。任重而道遠。仁以爲己任。不亦重乎。死而後已。不亦遠乎。

蚍蜉撼樹。是則至可笑者耳。

第二十七章　周末之變遷

春秋之後。是爲戰國。太史公作六國表。始於元王元年。迄秦二世。凡二百七十年。實則春秋左傳終於元王八年。當自貞王元年始入戰國。（貞王介，史記作定王，誤，茲從黄式三周季編略。）而秦始皇二十七年以後。卽秦統一之時。亦未可附於戰國。要戰國之始末。自周貞王迄秦滅齊。凡二百四十八年。其曰戰國者。亦以國策記其時事。劉向定其名爲戰國策。故緣書而名其時也。此期史事頗多闕軼。顧亭林嘗論之。

《日知錄》春秋終於敬王三十九年庚申之歲。西狩獲麟。又十四年。爲貞定王元年癸酉之歲。魯哀公出奔。二年。卒於有山氏。左傳以是終焉。又六十五年。威烈王二十三年戊寅之歲。初命晉大夫魏斯趙籍韓虔爲諸侯。又一十七年。安王十六年乙未之歲。初命齊大夫田和爲諸侯。又五十二年。顯王三十五年丁亥之歲。六國以次稱王。蘇秦爲從長。自此之後。事乃可得而紀。自左傳之終。以至此。凡一百三十三年。史文闕軼。考古者爲之茫昧。如春秋時猶尊禮重信。而七國則絕不言禮與信矣。春秋時猶宗周王。而七國則絕不言王矣。春秋時猶嚴祭祀。重聘享。而七國則無其事矣。春秋時猶論宗姓氏族。而七國則無一言及之矣。春秋時猶宴會賦詩。而七國則不聞矣。春秋時猶有赴告策書。而七國則無有矣。邦無定交。士無定主。此皆變於一百三十三年之間。史之闕文。而後人可以意推者也。

按太史公作六國表。祇本秦記。未見周室史記。

《史記六國表序》秦既得意。燒天下詩書。諸侯史記尤甚。爲其有所刺譏也。詩書所以復見者。多藏人家。而史記獨藏周室。以故滅。惜哉惜哉。獨有秦記。又不載日月。其文略不具。

其文之闕軼。當以此爲最大關繫。又當孟子時。諸侯已去周籍。

《孟子》北宮錡問曰。周室班爵祿也如之何。孟子曰。其詳不可得聞也。諸侯惡其害己也。而皆去其籍。

則秦雖不燒諸侯史記。而周家典章制度之變遷。亦未必可考。晉之亡也。其太史抱圖法歸周。

《呂氏春秋先識篇》晉太史屠黍見晉公之驕而無德義也。以其圖法歸周。

周之衰也。太史儋西見秦伯。

《史記周本紀》烈王二年。周太史儋見秦獻公曰。始周與秦國合而別。別五百載復合。合十七歲而霸王者出焉。

史官轉徙。圖籍隨之湮淪。則諸侯雖不去之。亦未必完全無缺也。僅就秦史所記及其他殘缺不完之書。推論當時狀況。已難得其實際。而論者又多從退化方面著眼。如劉向戰國策序有曰。

仲尼既沒之後。田氏取齊。六卿分晉。道德大廢。上下失序。至秦孝公捐禮讓而貴戰爭。棄仁義而用詐譎。苟以取強而已矣。夫篡盜之人。列爲侯王。詐譎之國。興立爲強。是以轉相放效。後生師之。遂相吞滅。并大兼小。暴師經歲。流血滿野。父子不相親。兄弟不相安。夫婦離散。莫保其命。湣然道德絕矣。

益使人覺此期之史事無足道。然就其變遷之大概言之。有退化者。有進化者。亦不可執一而概其餘也。古代疆域之廣袤。頗難質言。以春秋戰國兩期較之。則戰國時拓地之廣。過於春秋遠甚。江西湖南之地。大半爲楚越所闢。

《史記越世家》龐長沙楚之粟也。竟陵澤楚之材也。越窺兵通無假之關。此四邑者不上貢事於郢矣。《正義》楚之四邑。龐長沙竟陵澤也。龐長沙出粟之地。竟陵澤出材木之地。此邑近長沙潭衡之境。越若窺兵西通無假之關。則四邑不得北上貢於楚之郢都矣。戰國時永郴衡潭岳鄂江洪饒並是東南境。屬楚也。袁吉虔撫歙宣並越西境。屬越也。

越則南及閩中。

《史記越世家》楚威王伐越。越以此散。諸族子爭立。或爲王。或爲君。濱於江南海上。後七世至閩君搖。佐諸侯平秦。漢高帝復以搖爲越王。以奉越後。東越閩君皆其後也。

楚則西及巴蜀滇黔。

《史記西南夷列傳》楚威王時。使將軍莊蹻將兵循江上。略巴蜀黔中以西。蹻至滇池。地方三百里。旁平地肥饒數千里。以兵威定。屬楚。

秦伐楚蜀。其地益廣。

《史記秦本紀》惠文君九年。司馬錯伐蜀。滅之。十三年。攻楚漢中。取地六百里。置漢中郡。十四年。伐楚取召陵。丹犁臣蜀。正義、二戎號也、臣伏於蜀、蜀相殺蜀侯、併丹犁二國降秦、在蜀西南姚府管內、本西南夷、戰國時蜀滇國、唐初置犁州丹州也、 昭襄王三十年。蜀守若伐取巫郡及江南。爲黔中郡。

西攻義渠。遂有隴西北地諸郡。

《漢書匈奴傳》魏有西河上郡。與戎界邊。其後義渠之戎築城郭以自守。而秦稍蠶食之。至於惠王。遂拔義渠二十五城。惠王伐魏。魏盡入西河及上郡於秦。秦昭王時伐滅義渠。於是秦有隴西北地上郡。

燕趙二國開拓北邊。所置之郡。亦不下於秦。

《漢書匈奴傳》趙武靈王變胡服。習騎射。北破林胡樓煩。自代並陰山下至高闕爲塞。而置雲中雁門代郡。其後燕有賢將秦開爲質於胡。胡甚信之。歸而襲破東胡。東胡卻千餘里。燕亦築長城。自造陽至襄平。置上谷漁陽右北平遼西遼東郡以距胡。

三垂之闢。皆由國大力強所致。非封建諸侯盡併而爲此四五國者。未能揮斥裔夷若此之廣也。

春秋以來。井田之制漸隳。

《左傳》襄公三十年。鄭子產爲政。使田有封洫。鄭人誦之曰。取我田疇爲伍之。孰殺子產。吾其與之。據此。知子產未爲政時。鄭之田畝。殆已久無封洫。子產欲復舊制。而鄭人怨之。他國度亦如是。

戰國之初。猶有存者。故李悝作盡地力之教。猶以提封萬頃爲言。

《漢書食貨志》李悝爲魏文侯作盡地力之教。以爲地方百里。提封九萬頃。除山澤邑居。參分去一。爲田六百萬畮。治田勤謹。則畮益三斗。不勤。則損亦如之。地方百里之增減。輒爲粟百八十萬石矣。今一夫挾五口。治田百畮。歲收畮一石半。爲粟百五十石。除十一之稅。十五石。餘百三十五石。食人月一石半。五人終歲爲粟九十石。餘有四十五石。石三十。爲錢千三百五十。除社閭嘗新春秋之祠用錢三百。餘千五十。衣人率用錢三百。五人終歲用千五百。不足四百五十。不幸疾病死喪之費及上賦斂。又未與此。此農夫所以常困。有不勸耕之心。按悝之計地。既以提封爲言。又以一夫百畮十一之稅計算。皆周法尙存之證。惟以生計艱難。故舊法不得不變耳。

然自文侯至孟子時。不過數十年。

魏文侯在位三十八年。武侯十六年。惠王三十六年。襄王十六年。

而各國已皆呈經界不正之象。則其變遷之速可想矣。

《孟子》夫仁政必自經界始。經界不正。井地不鈞。穀祿不平。是故暴君汚吏必慢其經界。經界既正。分田制祿。可坐而定也。

商鞅與孟子同時。獨尸開阡陌之名。

《史記商君列傳》爲田開阡陌封疆。

《通典》秦孝公任商鞅。鞅以三晉地狹人貧。秦地廣人寡。故草不盡墾。地利不盡出。於是誘三晉之人利其田宅。復三代。無知兵事。而務本於內。而使秦人應敵於外。故廢井田。制阡陌。任其所耕。不限多少。

《開阡陌辨》(朱子)漢志言秦廢井田開阡陌。說者之意。皆以爲開置之開。言秦廢井田。而始置阡陌也。按阡陌者。舊說以爲田間之道。蓋因田之疆畔。制其廣狹。辨其縱橫。以通人物之往來。商君以其急刻之心。行苟且之政。但見田爲阡陌所束。而耕者限於百畝。則病其人力之不盡。但見阡陌之占地太廣。而不得爲田者多。則病其地利之有遺。又當世衰法壞之時。則其歸授之際。不免有煩擾欺隱之姦。而阡陌之地。切近民田。又必有陰據以自私。而稅不入於公上者。是以一旦奮然不顧。盡開阡陌。

悉除禁限。而聽民兼幷買賣。以盡人力。墾闢棄地。悉爲田疇。而不使其有尺寸之遺。以盡地利。使民有田卽爲永業。而不復歸授。以絕煩擾欺隱之姦。使地皆爲田。而田皆出稅。以覈陰據自私之幸。此其爲計。正與楊炎疾浮戶之弊。而遂破租庸以爲兩稅者同。蓋一時之害雖除。而千古聖賢傳授精微之意。於此盡矣。故秦紀鞅傳皆云爲田開阡陌封疆。而賦稅平。蔡澤亦曰。決裂阡陌。以靜生民之業。而一其俗。詳味其言。則所謂開者。乃破壞剗削之意。而非創置建立之名。所謂阡陌。乃三代井田之舊。而非秦之所置矣。所謂賦稅平者。以無欺隱竊據之姦也。所謂靜民生之業者。以無歸授取予之煩也。以是數者合而證之。其理可見。

度他國亦必仿行。而史文不具耳。

〔七國考〕(董說)引水利拾遺云。李悝以溝洫爲墟。自謂過於周公。未知其說所本。若依此說。則魏之廢溝洫。必廢阡陌。其時尙早於商鞅矣。

田制旣變。人民之生計。遂至貧富相懸甚遠。

〔漢書食貨志〕及秦孝公用商君壞井田。開阡陌。急耕戰之賞。王制遂滅。僭差亡度。庶人之富者累鉅萬。而貧者食糟糠。

〔同上〕秦用商鞅之法。改帝王之制。除井田。民得賣買。富者田連阡陌。貧者亡立錐之地。又顓川澤之利。管山林之饒。荒淫越制。踰侈以相高。邑有人君之尊。里有公侯之富。小民安得不困。又加月爲更卒。已復爲正一歲。屯戍一歲。力役三十倍於古。田租口賦鹽鐵之利。二十倍於古。或耕豪民之田。見稅什五。故貧民常衣牛馬之衣。而食犬彘之食。

國有之地。變為民有。其害在生計不均。其利則在以競爭而促進人之智力。經濟之發展。當以此期為最大之關鍵矣。

春秋之時。惟管子有黃金一斤直食若干之語。他書未有言金粟交易之價值者。蓋人皆有田。不須購粟。故亦無市價可言。至計然為越王句踐謀國。始以穀價高下相較。

《史記貨殖傳》計然曰。夫糶二十病農。九十病末。末病則財不出。農病則草不辟矣。上不過八十。下不減三十。則農末俱利。平糶齊物。關市不乏。治國之道也。當時粟一石不過數十錢。李悝論粟價。亦曰粟三十。可互證。

粟石僅價二三十錢。較之今日似為極廉。然以家有餘粟之人至於日日購米而食。亦可謂之鉅變矣。史稱秦并天下。始用二等之幣。

《漢書食貨志》秦并天下。幣為二等。黃金以鎰為名。銅錢質如周錢。文曰半兩。

實則戰國之時。已專用黃金。或以鎰計。

《孟子》於齊王餽兼金一百。宋餽七十鎰。薛餽五十鎰。

《戰國策》蘇秦為趙相。白璧萬雙。黃金萬鎰。

或以斤計。

《戰國策》姚賈出使四國。資車百乘。金千斤。孟嘗君予馮諼車五十乘。金五百斤。西游於梁。梁遣使者黃金千斤。車百乘。往聘

孟嘗

或不言斤鎰。而但稱金若干

《戰國策》溫囿之利。歲八十金。唐雎載音樂。予之五十金。此疑以斤計

《史記貨殖傳》朱公善治生。能擇人而任時。十九年之中。三致千金。

虞夏商周。雖有金幣。未開用金如是之多。戰國之時。號爲亂世。而各國用金。動輒千百斤鎰者。又經濟之大變也。吾意春秋百數十國。至戰國時僅餘數十國。各國之府藏儲蓄。悉數流衍。此金多之一因也。農夫變而爲商賈。治生之術日精。貨幣與實物交易之量驟增。二因也。僻遠之地。以次開闢。鑛產必多發見。三因也。

史稱周顯王六年。天雨金於秦之櫟陽。四月至八月。秦自以爲得金瑞。作畦時於櫟陽。祀白帝。世無雨金之事。此必鑛產之溢出於外者。爲風雨鼓盪而飛於空。故以爲雨金耳。又稱蜀王與秦伯遇。秦以金一笥遺之。又作石牛五。朝寫金其後。曰牛便金。蜀使人請石牛。秦許之。乃遣五丁開道迎石牛。所謂金牛道也。此事雖近於小說。然亦可見其時秦國金多矣。

世道雖衰。物力進步。雖謂戰國爲黃金時代。非溢詞也。

春秋之時。列國交兵。其數之多。不過數萬。至多亦不過十萬耳。見前至戰國而競以衆勝。靡國不然。蘇張之徒。盛稱其數。

《史記蘇秦傳》說燕文侯曰。燕地方二千餘里。帶甲數十萬。車六百乘。騎六千匹。說趙肅侯曰。趙地方二千餘里。帶甲數十萬。車千乘。騎萬匹。粟支數年。說韓宣惠王曰。韓地方九百餘里。帶甲數十萬。說魏襄王曰。大王之卒。武士二十萬。蒼頭二十萬。奮擊二十萬。廝徒十萬。車六百乘。騎五千匹。說齊宣王曰。齊地方二千餘里。帶甲數十萬。粟如邱山。臨菑之中七萬戶。臣竊度之。不下戶三男子。三七二十一萬。不待發於遠縣。而臨菑之卒。固已二十一萬矣。說楚威王曰。楚地方五千餘里。帶甲百萬。車千乘。騎萬匹。粟支十年。戰國策文同

《史記張儀傳》儀說魏王曰。魏地方不至千里。卒不過三十萬。按此數可與蘇秦所說之數相參。一言其多。一言其少。度必不下三十五萬。又說楚王曰。秦地半天下。兵敵四國。被險帶河。四塞以爲固。虎賁之士百餘萬。車千乘。騎萬匹。說韓王曰。料大王之卒。悉之不過三十萬。而廝徒負養在其中矣。除守徼亭障塞。見卒不過二十萬而已矣。

其言雖夸。然實數必去所言不遠。觀史表載秦斬首之數。尤可互證。

《史記六國表》秦惠文王十三年。庶長章擊楚。斬首八萬。武王四年。拔宜陽城。斬首六萬。昭王七年。擊楚。斬首五萬。十四年。白起擊伊闕。斬首二十四萬。二十七年。擊趙。斬首二萬。三十三年。伐魏。拔四城。斬首四萬。三十四年。白起擊魏華陽。斬首十三萬。沈其卒二萬人於河。四十七年。白起破趙長平。殺卒四十五萬。

斬殺之多如是。所將之兵之多可知。即曰秦尚首功。或多虛報。然以十爲一計之。其多者亦有數萬。如白起擊伊闕斬首二十四萬。以二萬四千計之。亦春秋時二軍之數矣。秦併六國。用兵尤多。攻楚一役至六十萬。

『史記王翦傳』始皇問李信。吾欲攻取荆。於將軍度用幾何人而足。李信曰。不過用二十萬人。問王翦。翦曰。非六十萬人不可。王翦曰。大王必不得已。用臣。非六十萬人不可。始皇曰。爲聽將軍計耳。於是王翦將兵六十萬人。

若合兩方計之。則秦楚之戰。其兵不下百餘萬矣。吾人讀史。不可徒譏其殘暴。當知其平時養兵之費。教兵之法。敎兵之方。以及戰時指揮調度之才。若何。而後可以勝之。非惟大將著名者。如起翦頗牧之類。非春秋時卿士將兵者所可及。卽其偏裨將校。度亦必有過人之能。而後可與於戰事。觀韓信論漢高將兵之才。不過十萬。則戰國時人才之多。爲何如乎。

春秋之時。多世卿執政。其由布衣崛起。驟至卿相者。不數數見也。至戰國而風氣一變。褒人下士。抵掌游說。往往取貴族世臣之權而代之。而階級之制。遂以漸泯。蓋當戰國之初。篡位奪國者。皆強宗世族。其人雖甘冒不韙。恆懼他人之師其故智。

『孟子』齊宣王問貴戚之卿。曰。君有大過則諫。反覆之而不聽。則易位。王勃然變乎色。曰。王勿異也。王問臣。臣不敢不以正對。

此卽可以見當時國君之心理。

故思以好賢禮士之名。羅致疏賤之士。畀以國政。而陰削宗族大臣之權。以爲其子孫地。此一因也。

戰國之初。魏文侯最好士。其事田子方段干木。用李克吳起西門豹樂羊子。皆以抑其宗族也。史稱公子季成謂魏侯曰。君與子方齊禮。假有賢於子方者。君又何以加之。魏侯曰。如子方者。非成所得議也。仁人也者。國之寶也。

智士也者。國之器也。博通士也者。國之尊也。子方仁人也。非成之所得議也。公子季成自退於郊。三日請罪。季成爲文侯弟。且爲魏相。而文侯抑之如此。可以窺其隱矣。

疏賤之士。既握政柄。必與貴戚世臣不相容。恃其言聽計從。則力排異己以爲快。雖有因之失敗如吳起商君之類者。

《史記吳起傳》魏侯時。公叔爲相。尙魏公主。而害吳起。吳起懼得罪。遂去之楚。楚悼王素聞起賢。至則相楚。明法審令。捐不急之官。廢公族疏遠者。以撫養戰鬭之士。要在彊兵。故楚之貴戚盡欲害吳起。及悼王死。宗室大臣作亂。而攻吳起。吳起走之王尸而伏之。擊起之徒。因射刺吳起。幷中悼王。悼王既葬。太子立。乃使令尹盡誅射吳起而幷中王尸者。坐射起而夷宗死者七十餘家。

《史記商君傳》商君相秦十年。宗室貴戚多怨望者。秦孝公卒。太子立。公子虔之徒。告商君欲反。發吏捕商君。商君亡。秦發兵攻商君。殺之於鄭黽池。

《史記范睢傳》范睢請間說曰。臣居山東時。聞齊之有田文。不聞其有王也。聞秦之有太后穰侯華陽高陵涇陽。不聞其有王也。今自有秩以上。至諸大吏。下及王左右。無非相國之人者。見王獨立於朝。臣竊爲王恐萬世之後。有秦國者。非王子孫也。昭王聞之大懼。於是廢太后。逐穰侯高陵華陽涇陽君於關外。拜睢爲相君。睢後用蔡澤之言．以商君等爲鑑．故未爲貴族所害．

而游士相踵。爭取高位。貴族不能一一傾之。而列國之風氣。以之變大。此二因也。國家積弱。宗族大臣不能自振。則人主急於求士。士亦爭往歸之。此三因也。

《史記秦本紀》孝公時。河山以東强國六。秦僻在雍州。不與中國諸侯之會盟。夷翟遇之。孝公於是布惠。振孤寡。招戰士。明功賞。下令曰。賓客群臣有能出奇計彊秦者。吾且尊官與之分土。

《史記樂毅傳》燕昭王以子之之亂。而齊大敗燕。昭王怨齊。未嘗一日而忘報齊也。燕國小僻遠。力不能制。於是屈身下士。先禮郭隗以招賢者。

數千年之貴族政治。以此三因。遂漸轉而入於平民之手。豈非至奇之事乎。

戰國之初。惟人君好士。如魏文侯齊宣王之類。皆其著者也。

《史記田敬仲完世家》宣王喜文學遊說之士。自如騶衍淳于髡田駢接子慎到環淵之徒七十六人。皆賜列第。爲上大夫。不治而議論。是以齊稷下學士復盛。且數百千人。

其後則大臣貴族。亦以養士爲高。士無賢不肖。麕聚而求食。遂成一時之風氣。

《史記孟嘗君列傳》孟嘗君在薛。招致諸侯賓客及亡人有罪者。皆歸孟嘗君。孟嘗君舍業厚遇之。以故傾天下之士。食客數千人。無貴賤。一與文等。

《史記平原君傳》平原君喜賓客。蓋至者數千人。

《史記魏公子傳》信陵君仁而下士。士無賢不肖。皆謙而禮交之。不敢以其富貴驕士。士以此方數千里。爭往歸之。致食客三千人。

《史記春申君傳》春申君爲楚相。客三千餘人。其上客皆躡珠履。

《史記呂不韋傳》呂不韋家僮萬人。以信陵春申平原孟嘗皆下士。喜賓客以相傾。不韋羞不如。亦招致士厚遇之。至食客三千人。

蘇軾論此事至謂六國之所以久存。秦之所以速亡。蓋出於此。（見東坡志林）雖未必盡然。然亦不可謂非一因也。戰國之君。權勢之隆過於周之天子。即其公卿大臣亦不下於周之諸侯。徒以養士之風。陰弭貴賤之階級。而王公貴人之權威。轉有不敵匹夫之名譽者。

《說苑尊賢篇》魏擊遇田無擇於途。下車趨謁。無擇坐乘如故。擊意不說。因問曰。不識富貴者驕人乎。抑貧賤者驕人乎。無擇曰。亦貧賤者驕人耳。富貴者安敢驕人。諸侯驕人。則失其國。大夫驕人。則失其家。士貧賤。行不合。言不用。則躡履而適秦楚耳。安往而不得貧賤乎。富貴者奈何能同之哉。擊乃再拜而後退。

《戰國策》齊宣王見顏斶曰。斶前。斶亦曰王前。宣王不悅。左右曰。王人君也。斶人臣也。王曰斶前。斶亦曰王前。可乎。斶對曰。夫斶前爲慕勢。王前爲趨士。與使斶爲慕勢。不如使王爲趨士。王忿然作色曰。王者貴乎。士貴乎。對曰。士貴耳。王者不貴。

觀戰國時人之議論。可想見其時士氣之盛。故戰國雖爲極殘暴極混亂之時。然亦可謂極平等極自由之時。有挾策以干時者。有隱居而遁跡者。王公貴人。不屈己以求士。士不之附。即屈己以求之。亦有終不可得而屈者。而貴賤之位乃相反。此亦他國史策所罕見者也。

戰國之時。不獨重士且甚重民。蓋當時有國者。雖日事戰爭。殘民以逞。而國家常備之兵。非有百萬或數十萬。必不足以一戰。兵出於民。民多則兵多。故恆以地狹民寡爲慮。而於來民及養民之術。不憚勤求。而民遂爲有國者之所重矣。

『商子算地篇』凡世主之患。用兵者不量力。治草萊者不度地。故有地狹而民衆者。民勝其地。地廣而民少者。地勝其民。民勝其地。務開。地勝其民者。事來。『徠民篇』秦之所與鄰者三晉也。所欲用兵者韓魏也。彼土狹而民衆。中略此其土之不足以生其民也。似有過秦民之不足以實其土也。今利其田宅。而復之三世。然則山東之民無不西者矣。

秦既重民。三晉亦知重之。觀趙威后之言。尤爲深識立國之本。

『戰國策』齊王使使者問趙威后。書未發。威后問使者曰。歲亦無恙耶。民亦無恙耶。王亦無恙耶。使者不悅曰。臣奉使使威后。今不問王而先問歲與民。豈先賤而後尊貴者乎。威后曰。不然。苟無歲。何有民。苟無民。何有君。故有舍本而問末者耶。

正不獨孟子有民貴君輕。呂覽有順民心而立功名之說也。

『孟子』民爲貴。社稷次之。君爲輕。

『呂氏春秋順民篇』以德得民心。以立大功名者。上古多有之矣。失民心而立功名者。未之有也。

國家知對外之本於民力。又由民力之盛衰。推及於政法之良否。則政法因以革新。而吏治亦必整肅。此皆相緣而

為因果者也。春秋之時。惟管仲知改革政法。其餘列國之卿大夫。大都因循舊制。圖補敝救偏之計。或因私利而更舊制。如魯之用田賦作邱甲之類。止可以為民病。不能有利於國與民也。戰國時國家之形式。既與春秋時迥殊。故其立國之精神。亦不得不變。而凡有識之士。多致意於改革。新舊爭執。相因以生。如商鞅申不害趙武靈王楚懷王皆力圖改革。而秦趙二國新舊之鬭最烈。

《周季編略》韓申不害既相。以韓地墽民險。介於大國之間。晉國之故禮未滅。韓國之新法重出。先君之令未收。後君之令又下。新故相反。前後相繆。百官皆亂。不知所用。於是更定其法。韓侯問曰。行法何其難乎。不害對曰。法者見功而與賞。因能而授官。今君設法而徇左右之請。此所以難行也。韓侯曰。吾自今知行法矣。

《史記商君傳》孝公既用衛鞅。鞅欲變法。恐天下議己。衛鞅曰。疑行無名。疑事無功。且夫有高人之行者。固見非於世。有獨知之慮者。必見敖於民。愚者闇於成事。知者見於未萌。民不可與慮始。而可與樂成。論至德者不合於俗。成大功者不謀於衆。是以聖人苟可以强國。不法其故。苟可以利民。不循其禮。孝公曰。善。甘龍曰。不然。聖人不易民而教。知者不變法而治。因民而教。不勞而成功。緣法而治者。吏習而民安之。衛鞅曰。龍之所言。世俗之言也。常人安於故俗。學者溺於所聞。以此兩者居官守法可也。非所與論於法之外也。三代不同禮而王。五伯不同法而霸。智者作法。愚者制焉。賢者更禮。不肖者拘焉。杜摯曰。利不百不變法。功不十不易器。法古無過。循禮無邪。衛鞅曰。治世不一道。便國不法古。故湯武不循古而王。夏殷不易禮而亡。反古者不可非。而循禮者不足多。孝公曰。善。

『史記趙世家』趙武靈王曰。吾欲胡服。樓緩曰。善。群臣皆不欲。於是肥義侍王。王曰。夫有高世之功者。負遺俗之累。有獨智之慮者。任驁氏之怨。今吾將胡服騎射以教百姓。而世必議寡人。奈何。肥義曰。臣聞疑事無功。疑行無名。王既定負遺俗之累。殆無顧天下之議矣。夫論至德者。不和於俗。成大功者。不謀於衆。愚者闇成事。智者睹未形。王何疑焉。王曰。吾不疑胡服也。吾恐天下笑我也。狂夫之樂。智者哀焉。愚者所笑。賢者察焉。世有順我者。胡服之功未可知也。雖驅世以笑我。胡地中山吾必有之。於是遂胡服。公子成曰。臣聞中國者。蓋聰明徇智之所居也。萬物財用之所聚也。賢聖之所教也。仁義之所施也。詩書禮樂之所用也。異敏技能之所試也。遠方之所觀赴也。蠻夷之所義行也。今王舍此而襲遠方之服。變古之教。易古之道。逆人之心。而拂學者。離中國。故臣願王之圖之也。王往。公子成家。因自請之曰。夫服者所以便用也。禮者所以便事也。聖人觀鄉而順宜。因事而制禮。所以利其民而厚其國也。鄉異而用變。事異而禮易。是以聖人果可以利其國。不一其用。果可以便其事。不同其禮。儒者一師而俗異。中國同禮而教離。況於山谷之便乎。今叔之所言者俗也。吾所言者所以制俗也。公子成聽命。於是始出胡服命。趙文趙造周袑趙俊皆諫。王曰。先王不同俗。何古之法。帝王不相襲。何禮之循。諺曰。以書御者。不盡馬之情。以古制今者不達事之變。循法之功。不足以高世。法古之學。不足以制今。遂胡服招騎射。

『史記屈原傳』懷王使屈原造爲憲令。屈平屬草藁未定。上官大夫見而欲奪之。屈平不與。因讒之曰。王使屈平爲令。衆莫不知。每一令出。平伐其功。曰以爲非我莫能爲也。王怒而疏屈平。按原爲憲令。當亦因舊法未便。欲改定楚國法制。惜未成耳。

此等爭執。至韓非時猶然。

「韓非子五蠹篇」今有構木鑽燧於夏后氏之世者。必爲鯀禹笑矣。有決瀆於殷周之世者。必爲湯武笑矣。然則今有美堯舜禹湯武之道於當今之世者。必爲新聖笑矣。是以聖人不期修古。不法常可。論世之事。因爲之備。　故曰事異則備變。上古競於道德。中世逐於智謀。當今爭於氣力。　夫古今異俗。新故異備。如欲以寬緩之政。治急世之民。猶無轡策而御駻馬。此不知之患也。

大抵墨守故制者。不知社會變遷進化之理。其說常絀。識時知變者。又專務苟且偷薄。雖適於時。而其爲法亦不能以無弊。戰國之時代。蓋新黨競勝舊黨之時代也。後世新舊爭執之議論。多不能出其範圍。故備列之。以資學者考鏡焉。

胡服騎射。爲社會狀況變革之最大者。近海寧王氏研究胡服之源流。援據甚博。茲附錄之。以見古之所謂胡服者。今且視爲漢人之古制矣。

「古胡服考」(王國維)胡服之入中國。始於趙武靈王。史記六國表·趙武靈王十九年·初胡服· 其制。冠則惠文。司馬彪續漢書輿服志·武冠一曰武弁大冠·諸武官服之·侍中中常侍加黃金璫·附蟬·爲文·貂尾爲飾·謂之趙惠文冠·胡廣說曰·趙武靈王效胡服·以金貂飾首·前插貂尾·爲貴職·秦滅趙·以其君冠賜近臣· 其帶具帶。趙策·趙武靈王賜周紹胡服衣冠具帶黃金師比以傅王子也·具帶者·黃金具帶之略·古大帶革帶皆無飾·有飾者·胡帶也· 其履鞾。廣韻八戈引釋名鞾本胡服·趙武靈王所服· 其服上褶下袴。史記趙世家正義·胡服謂今時服也·廢除裘裳也·案胡服之衣·趙策及趙世家皆無文·自來亦無質言之者·惟張守節正義·以唐之時服當之·唐之時服·有常服袴褶二種·今定以爲上褶下袴·郎以後世所謂袴褶服者當之·由胡服之冠帶履知之也· 戰國之季。他國已有效其服者。楚辭大招·小腰秀頸·若鮮卑只·漢書藝文志鶡冠子注·楚人居深山·以鶡爲冠· 至漢而爲近臣及武士之服。或服其冠。或服其服。或幷服焉。漢末軍旅數起。服之者多。於是始有袴褶之名。魏晉以後。至於江左。

士庶服之。百官服之。天子亦服之。然但以爲戎服及行旅之服而已。北朝造自戎夷。此服尤盛。至施之於婦女。後魏之初。以爲常服。及朝服。後雖復古衣冠。而此服不廢。隋則取其冠以爲天子之戎服。取其服爲天子田獵豫游之服。皇太子侍從田狩之服。上下公服武官侍從之服。取其帶與履。以爲常服。唐亦如之。武弁之服。用其冠。平巾幘之服。用其服。常服用其帶與履。唐季褶服漸廢。專用常服。宋初議復之而未行。然儀衞中尙用之。又自六朝至唐。武官小吏流外。多服袴褶。此胡服行於中國之大略也。

騎射之法。實不始於趙武靈王。顧氏日知錄嘗言之。

【日知錄】春秋之世。戎翟之雜居於中夏者。大抵皆在山谷之間。兵車之所不至。齊桓晉文僅攘而卻之。不能深入其地者。用車故也。中行穆子之敗狄於大鹵。得之毀車崇卒。而智伯欲伐仇猶。遺之大鐘。以開其道。其不利於車可知矣。勢不得不變而爲騎。騎射所以便山谷也。胡服所以便騎射也。是以公子成之徒諫胡服而不諫騎射。意騎射之法。必有先武靈而用之者矣。

惠棟曰。案韓非子秦穆公送重耳疇騎二千。則單騎不始於六國。

案蘇秦以周顯王三十五年說燕。三十六年說趙。趙肅侯之十七年也。距武靈王胡服。凡二十六年。而其言已歷稱某國騎幾千匹。某國騎幾萬匹。是騎射之法。在武靈王未胡服之先。已盛行矣。惟其由車戰驟變而盛行騎兵之制。則未能質言其事也。

顧氏亦云。六國之時。始有單騎。蘇秦所云車千乘騎萬匹是也。而未考蘇秦先於趙武靈王。

吳起仕魏。臥不設席。行不騎乘。事在周威烈王二十三年。見通鑑卷一。亦先於蘇秦。

第二十八章　諸子之學

子者。男子之通稱。非書名也。

《白虎通》子者。丈夫之通稱也。

以人之稱稱其書。殆始於申不害。

《史記申不害傳》申子之學。本於黃老而主形名。著書二篇。號曰申子。

按史記載諸子之書。或稱其篇。或稱其書。或稱其著書。如管晏傳論吾讀管氏牧民山高乘馬輕重九府（此稱其書之篇名）及晏子春秋。（此稱其書名）詳哉其言之也。老子傳。於是老子乃著書上下篇。言道德之意五千餘言而去。莊子傳。其著書十餘萬言。大抵率寓言也（此皆稱其著書）之類。未嘗言其書號曰某子。惟申子傳稱其號曰申子。似申子著書之時。卽號曰申子。

至漢劉向校諸子。劉歆作諸子略。於是百家之學。專以子名。

《漢書藝文志》成帝時。詔光祿大夫劉向校經傳諸子詩賦。（此則以諸子爲諸書之稱實卽當日諸子之書·）向子歆卒父業。有諸子略。

至隋經籍志遂有子部之目。

《隋書經籍志》漢書有諸子兵書數術方伎之略。今合而敍之。爲十四種。謂之子部。

其名雖不當。今亦無以易之也。

七略所列諸子。始於神農黃帝。其書既多出於僞託。亦不稱子。稱子之書。最古者以鬻子爲首。次則管子晏子老子諸書。

《漢書藝文志》鬻子二十二篇。（名熊，爲周師，自文王以下問焉，周封爲楚祖。）鬻子說十九篇。（後世所加）

按小說家尙有務成子十一篇。似先於鬻子。然志已稱其非古語。故以鬻子爲稱子之書之首。

當皆後人追題。非當時卽稱爲某子也。自春秋以降。其書益多。且多稱某子。至秦漢而漸衰。則謂諸子之書以戰國爲最盛可也。（其詳見後）

諸子之學。各有家法。主奴是非。言人人殊。以今所傳諸書考之。自戰國及西漢學者評論諸子之說甚夥。如

《孟子》楊朱墨翟之言盈天下。天下之言不歸楊。則歸墨。楊氏爲我。是無君也。墨氏兼愛。是無父也。無父無君。是禽獸也。　楊子取爲我。拔一毛而利天下。不爲也。墨子兼愛。摩頂放踵利天下。爲之。

則專論楊子墨子者也。

《莊子天下篇》墨翟禽滑釐之意則是。其行則非也。雖然。墨子眞天下之好也。才士也夫。　宋鈃尹文周行天下。上說下敎。雖天下不取。强聒而不舍者也。雖然。其爲人太多。其自爲太少。　愼到之道。非生人之行。而至死人之理。適得怪焉。田駢亦然。學於

彭蒙，得不教焉。其所謂道非道，而所言之韙，不免於非。彭蒙田駢愼到不知道。雖然，概乎皆嘗有聞者也。 關尹老聃乎古之博大眞人哉。 莊周以謬悠之說。荒唐之言。無端崖之辭。時恣縱而不儻。不以觭見之也。以天下爲沈濁。不可與莊語，以巵言爲曼衍。以重言爲眞。以寓言爲廣。獨與天地精神往來。而不敖倪於萬物，不譴是非。以與世俗處。其書雖瓌瑋而連犿。無傷也。其辭雖參差而諔詭可觀。 惠施多方。其書五車。其道舛駁。其言也不中。 桓團公孫龍辯者之徒。飾人之心。易人之意，能勝人之口。不能服人之心。辯者之囿也。惠施日以其知與人辯。特與天下之辯者爲怪。此其柢也。

則遍論墨翟。禽滑釐。宋鈃。尹文。愼到。田駢。彭蒙。關尹。老聃。惠施。桓團。公孫龍諸子。而兼述周之所獨得者也。

『荀子非十二子篇』縱情性。安恣睢。禽獸行。不足以合文通治。是它囂魏牟也。忍情性。綦谿利跂。苟以分異人爲高。不足以合大衆明大分。是陳仲史鰌也。不知壹天下建國家之權稱。上功用。大儉約而僈差等。曾不足以容辨異。縣君臣。是墨翟宋鈃也。尙法而無法。不循（從王念孫說改）而好作。上則取聽於上。下則取從於俗。終日言成文典。反紃察之。則倜然無所歸宿。不可以經國定分。是愼到田駢也。不法先王。不是禮義。而好治怪說。玩琦辭。甚察而不惠。辯而無用。多事而寡功。不可以爲治綱紀。是惠施鄧析也。略法先王而不知其統。猶然而材劇志大。聞見雜博。案往舊造說。謂之五行。甚僻違而無類。幽隱而無說。閉約而無解。子思唱之。孟軻和之。『解蔽篇』墨子蔽於用而不知文。宋子蔽於欲而不知得。愼子蔽於法而不知賢。申子蔽於勢而不知知。惠子蔽於辭而不知實。莊子蔽於天而不知人。

則雜論它囂。魏牟。陳仲。史鰌。墨翟。宋鈃。愼到。田駢。惠施。鄧析。子思。孟軻。申不害。莊周諸家者也。（史鰌春秋時人，荀子斥其言之成理，欺惑愚衆。）

當是戰國時有爲史論之學說者耳。

『韓非子顯學篇』世之顯學。儒墨也。儒之所至。孔丘也。墨之所至。墨翟也。自孔子之死也。有子張之儒。有子思之儒。有顏氏之儒。有孟氏之儒。有漆雕氏之儒。有仲良氏之儒。有孫氏之儒。有樂正氏之儒。自墨子之死也。有相里氏之墨。有相夫氏之墨。有鄧陵氏之墨。故孔墨之後。儒分爲八。墨離爲三。取舍相反不同。而皆自謂眞孔墨。孔墨不可復生。將誰使定後世之學乎。

則論孔墨二家。兼及其徒之傳其學者也。

『呂氏春秋不二篇』老聃貴柔。孔子貴仁。墨翟貴廉。關尹貴淸。子列子貴虛。陳駢貴齊。陳駢即田駢 陽生貴己。陽生即楊朱 孫臏貴勢。王廖貴先。兒良貴後。藝文志兵家有兒良一篇

則論老聃。孔子。墨翟。關尹。列子。田駢。楊朱。孫臏。王廖。兒良諸子。而各以一字揭其主義者也。

『淮南子要略』孔子修成康之道。述周公之訓。以教七十子。使復其衣冠。修其篇籍。故儒者之學生焉。 墨子學儒者之業。受孔子之術。以爲其禮煩擾而不說。厚葬靡財。而貧民服。傷生而害事。故背周道而用夏政。 齊桓公憂中國之患。苦夷狄之亂。欲以存亡繼絕。崇天子之位。廣文武之業。故管子之書生焉。 齊景公內好聲色。外好狗馬。故晏子之諫生焉。 六國諸侯力征爭權。故縱橫修短生焉。 申子者。韓昭釐之佐。韓晉別國也。晉國之故禮未滅。韓國之新法重出。新故相反。前後相繆。百官背亂。不知所用。故刑名之書生焉。 秦國之俗。貪狼強力。寡義而趨利。可威以刑。而不可化以善。可勸以賞。而不可厲以名。故商鞅之法生焉。

則論孔子。墨子。管子。晏子。申子。商子及縱橫長短之學之發源也。綜而觀之。諸家所論。自孔老管晏史鰌關尹鄧析之外。皆戰國時之學者。按其學派。則子思孟軻儒家也。列子楊朱莊周道家也。宋翟禽滑釐墨家也。愼到申不害商鞅法家也。尹文惠施公孫龍名家也。孫臏兒良兵家也。其學派不明。而可以其並舉之人推測者。如莊子以宋鈃尹文並舉。荀子以墨翟宋鈃並舉。則宋鈃之學。兼有墨家名家之性質矣。莊子以田駢彭蒙與愼到並舉。荀子亦以田駢與愼到並舉。則田駢彭蒙爲法家矣。史記稱愼到田駢皆學黃老道德之術，則亦出道家。它囂魏牟不知爲何家。楊倞謂魏牟卽藝文志道家之公子牟。則它囂疑亦近於道家。桓團與惠施公孫龍並稱。亦名家也。王廖與兒良並稱。亦兵家也。惟陳仲子見於荀子。亦見於孟子。而其學派無可歸附耳。

諸子所論之外。則有史記諸子之傳。老莊申韓商君等既各有傳。而孟子荀卿列傳中。復雜舉騶衍淳于髡環淵接子。騶奭。劇子。李悝。尸子。長盧。吁子等八。而謂世多有其書。

〔史記孟子荀卿列傳〕自騶衍與齊之稷下先生。如淳于髡愼到環淵接子田駢騶奭之徒。各著書言治亂之事。　趙有公孫龍。爲堅白同異之辯。劇子之言。魏有李悝盡地力之敎。楚有尸子長盧。阿之吁子焉。索隱別錄作芊子　自如孟子至於吁子。世多有其書。故不論其傳云。

是又孟荀莊呂劉安所未論列。而其學皆能成家者也。然諸子所指斥及稱道者。既各挾已見。未足盡當時之學派。史公作傳。又以世有其書。略而不詳。欲知戰國諸子之學之大綱。及其源流派別。捨劉歆諸子略及班固所述爲藝文志者蔑有更備焉。予嘗就藝文志所引諸書。國別而家析之。以期推見當時風氣之梗概。爲表如左。

國別＼家別	【儒家】	【道家】	【陰陽家】	【法家】	【名家】	【墨家】	【縱橫家】	【雜家】	【小說家】
周	甯越一篇						蘇子三十一篇		
魯	曾子十八篇 子思子二十三篇 漆雕子十二篇 孟子十一篇 宓子十六篇					墨子七十一篇	闕子一篇	尸子二十一篇	
衛				商君二十九篇					
鄭		列子八篇 鄭長者一篇	馮促子十三篇	申子六篇					
宋	徐子四十二篇	莊子五十二篇			惠子一篇				
韓			黃帝泰素二十篇 杜文公五篇	韓子五十五篇					
魏	魏文侯六篇 李克七篇	公子牟四篇	閭丘子十三篇	李子三十二篇			張子十篇	尉繚子二十九篇	
趙	孫卿子三十三篇 虞氏春秋十五篇			處子九篇 慎子四十二篇	公孫龍子十四篇 毛公九篇				
齊	芈子十八篇 公孫固一篇 魯仲連子十四篇	黔婁子四篇 田子二十五篇 捷子二篇	鄒子四十九篇 鄒子終始五十六篇 鄒奭子十二篇 周伯十一篇		尹文子一篇	田俅子二篇			
秦	羊子四篇				成公生五篇 黃公四篇		零陵令信一篇	呂氏春秋二十六篇	

楚	世子二十一篇（世子陳人其時陳已亡故屬於楚）	蜎子十三篇 長盧子九篇 鶡冠子一篇	南公三十一篇				
燕						龐煖二篇	

右皆確有國籍可考。其僅知爲六國時人之書。不能定爲何國何人者。如

【儒家】 景子三篇　公孫尼子二十八篇　王孫子一篇　李氏春秋二篇

【道家】 黃帝君臣十篇　雜黃帝五十八篇　力牧二十二篇　孫子十六篇　王狄子一篇　宮孫子二篇

【陰陽家】 公檮生終始十四篇　公孫發二十二篇（沈欽韓疑爲魯人）　乘丘子五篇　容成子十四篇　將鉅子五篇

【墨家】 我子一篇　隨巢子一篇　胡非子三篇（葉德輝說爲陳人　梁玉繩說爲齊人）

【農家】 神農二十篇　野老十七篇

綜計諸家之書凡七十九家千二百四十三篇。而屈原宋玉之詞賦。孫臏吳起之兵法。尚不與焉。（宮鬻桓團陳仲子等。不知有無著述者尚不在內。）何戰國時人之著作若是之盛歟。以作者言則儒家爲多。以篇章言則陰陽家爲多。以國籍言則齊人爲多。而衞有商君。韓有韓非子。作者雖少。已足爲其國光寵。權諸邦。惟燕最遜。龐煖之書。合之兵家所載。僅得五篇。今亦不傳。（藝文志兵權謀十二家中。有龐煖三篇）燕爲晚進之國。其文化劣於中土。即此可見矣。

莊子謂諸子之學出於古之道術。藝文志稱諸家皆出於官守。（皆見前）其言至當而不可易。其個人師授之源流。亦略

可考見墨子師史角之後。

《呂氏春秋當染篇》魯惠公使宰讓請郊廟之禮於天子。桓王使史角往。惠公止之。其後在於魯。墨子學焉。高誘注：其後史角之後也

又有得於儒家。見前引淮南子要略 禽滑釐受業於子夏。

《史記儒林傳》如田子方段干木吳起禽滑釐之屬。皆受業於子夏之倫。爲王者師。

按史稱子夏之倫。未必卽爲子夏。孫詒讓墨子閒詁謂其與田子方段干木吳起受業於子夏。故仍之。若以吳起爲例。則當爲曾子弟子。非子夏弟子也。

後又學於墨子。

《呂氏春秋當染篇》禽滑釐學於墨子。

而爲墨家大師。孟子受業子思之門人。

《史記孟子傳》軻。鄒人也。受業子思之門人。

其門人有孟仲子。兼學於李克。授詩於根牟子。遞傳至荀卿。見前孔子弟子篇 史但稱荀卿游學於齊。

《史記荀卿傳》荀卿趙人。年五十。始來游學於齊。據胡元儀郇卿別傳。則五十當作十五。

而不言其所師何人。實則荀卿之學。遠承子夏。近承孟子。其非十二子篇之詆孟子子夏。及言性惡與孟子相反。猶之墨翟禽滑釐同出於儒家。而其後自立學派。反極詆孔子也。

荀卿之師、自根牟子之外、又有虞卿、穀梁俶、馯臂子弓諸人。劉向別錄（左傳正義引）左丘明授曾申、曾申授吳起、起授其子期、期授楚鐸椒、椒作鈔撮八卷授虞卿、卿作鈔撮九卷授孫卿、卿授張蒼。是荀卿受左傳於虞卿也。楊士勛穀梁疏、穀梁子名俶、字元始、一名赤、魯人、受經於子夏、爲經作傳、授孫卿、卿傳魯人申公。是荀卿受穀梁傳於穀梁子也。荀卿書累稱仲尼子弓、自唐韓愈以爲子弓即仲尼弟子列傳之馯臂子弓。

蘇秦張儀俱事鬼谷先生。

《史記蘇秦傳》蘇秦者、東周雒陽人也、東事師於齊、而習之於鬼谷先生。《史記張儀傳》張儀者、魏人也、始嘗與蘇秦俱事鬼谷先生學術、蘇秦自以不及張儀。

鬼谷先生不知爲何人。據應劭說、爲六國時縱橫家。

《史記集解》（裴駰）駰按風俗通義曰、鬼谷先生、六國時縱橫家。

世多以從橫之術爲儀秦所倡。觀史記吳起傳及秦之言、則秦之先已有馳說縱橫者。

《史記吳起傳》要在强兵、破馳說之言從橫者。（吳起死於楚悼王二十一年、即周安王二十一年、在蘇秦說六國合縱之先、約四十八年。）

《史記蘇秦傳》說趙肅侯曰、夫衡人者、皆欲合諸侯之地以予秦、又夫衡人日夜務以秦權恐愒諸侯。（此可見蘇秦未勸六國合縱之時、已有衡人日夜游說。）

鬼谷先生之爲縱橫家、當非懸測之言也。商君師尸佼。

《漢書藝文志尸子二十篇注》名佼、魯人、秦相商君師之、佼逃入蜀。王應麟曰、史記楚有尸子、注引劉向別錄、疑謂其在蜀、今按尸子書。晉人也名佼。秦相衞鞅客也鞅謀事畫計立法理民。未嘗不與佼規也。商君被刑。佼恐並誅。乃逃入蜀。造二十篇書。凡六萬餘言。　王先謙曰。注魯乃晉之譌。按史記作楚有尸子。藝文志稱爲魯人。其言可通。春秋以降。魯地漸入於越。後又入於楚。故志稱爲魯人。而史稱爲楚人。若以魯爲晉之譌。則晉楚相去遠矣。

韓非師荀卿。

《史記韓非傳》非與李斯俱事荀卿。自以爲不如非。

而二人者皆不說學。

《商子農戰篇》境內之民。皆化而好辯樂學。事商賈。爲技藝。避農戰。如此。則不遠矣。　雖有詩書。鄉一束。家一員。獨無益於治也。

《去强篇》國有禮。有樂。有詩。有書。有善。有修。有孝。有悌。有廉。有辯。國有十者。上無使戰。必削至亡。國無十者。上有使戰。必興至王。

《韓非子五蠹篇》今境內之民。皆言治。藏商管之法者。家有之。而國愈貧。言耕者衆。執耒者寡也。境內皆言兵。藏孫吳之書者。家有之。而兵愈弱。言戰者多。被甲者少也。　亂國之俗。其學者則稱先王之道。以藉仁義。盛容服。而飾辯說。以疑當世之法。而貳人主之心。其言古者。爲設詐稱。借於外力。以成其私。而遺社稷之利。此邦之蠹也。　《顯學篇》藏書策。習談論。聚徒役。服文學而議說。世主必從而禮之。曰敬賢士。先王之道也。夫吏之稅所耕者也。而上之所養學士也。耕者則重稅。學士則多賞。而索民之疾作而少言談。不可得也。

故亦無弟子傳其學。楊朱師老聃。

〔列子黃帝篇〕楊朱南之沛。老聃西遊於秦。邀於郊。至梁而遇老子。老子中道仰天而歎曰。始以汝爲可教。今不可教也。楊朱不答。至舍進涫漱巾櫛。脫履戶外。膝行而前曰。向者夫子仰天而歎曰。始以汝爲可教。今不可教。弟子欲請。夫子辭行不閒。是以不敢。今夫子閒矣。請問其過。老子曰。而睢睢。而盱盱。而誰與居。大白若辱。盛德若不足。楊朱蹴然變容曰。敬聞命矣。

列子師壺丘子。

〔列子黃帝篇〕有神巫自齊來處於鄭。命曰季咸。知人死生存亡禍福夭壽。期以歲月旬日。如神。鄭人見之。皆避而走。列子見之而心醉。歸以告壺丘子曰。始吾以夫子之道爲至矣。則又有至焉者矣。〔仲尼篇〕子列子既師壺丘子林。

老商氏。

〔列子黃帝篇〕列子師老商氏。友伯高子。進二子之道。乘風而歸。〔仲尼篇〕子列子學也。三年之後。心不敢念是非。口不敢言利害。始得老商一眄而已。五年之後。心更念是非。口更言利害。老商始一解顏而笑。七年之後。從心之所念。更無是非。從口之所言。更無利害。夫子始一引吾並席而坐。九年之後。橫心之所念。橫口之所言。亦不知我之是非利害歟。亦不知彼之是非利害歟。內外進矣。而後眼如耳。耳如鼻。鼻如口。口無不同。心凝形釋。骨肉都融。不覺形之所倚。足之所履。心之所念。言之所藏。如斯而已。

其弟子甚多。

〔列子仲尼篇〕子列子與南郭子連牆。二十年不相謁請。門之徒役。以爲子列子與南郭子有敵不疑。有自楚來者。問子列子曰。

先生與南郭子奚敵。子列子曰。南郭子貌充心虛。耳無聞。目無見。口無言。心無知。形無惕。往將奚爲。雖然。試與汝偕往。閱弟子四十人同行。

《列子天瑞篇》子列子適衛。食於道。從者見百歲髑髏。攓蓬而指。顧謂弟子百豐曰。唯予與彼知而未嘗生未嘗死也。

然列子多寓言。亦未必可盡信。

《列子黃帝篇》楊朱南之沛。遇老子。《注》楊朱不與老子同時。此皆寓言也。

要而論之。戰國時傳授學術者。猶以齊魯爲多。子思孟子尸佼之類。皆魯人也。蘇秦張儀荀卿俱至齊遊學。而荀卿在齊最爲老師。

《史記荀卿傳》齊襄王時。而荀卿最爲老師。齊尚修列大夫之缺。而荀卿三爲祭酒焉。

列子稱齊魯多機。明其時齊魯人材獨多矣。

《列子仲尼篇》伯豐子之從者曰。大夫不聞齊魯之多機乎。有善治土木者。有善治金革者。有善治聲樂者。有善治書數者。有善治軍旅者。有善治宗廟者。群才備也。

諸子之學之影響及於當時者。其初以墨學爲最盛。南被楚越。

《墨子魯問篇》楚惠王將攻宋。墨子自魯至郢止之。 子墨子遊公尚過于越。公尚過說越王。越王大說。謂公尚過曰。先生苟能使子墨子至于越而教寡人。請裂故吳之地方五百里以封子墨子。

西及秦國。

《呂氏春秋去宥篇》東方之墨者謝子。將西見秦惠王。惠王問秦之墨者唐姑果。

故其時有東方之墨者。西方之墨者。南方之墨者。

《莊子天下篇》相里勤之弟子。五侯之徒。南方之墨者。苦獲已齒鄧陵子之屬。

世稱爲顯學。且曰其言盈天下。而其後遂日微。今之論者。謂由於儒家法家反對其說。及墨家詭辯太微妙之故。吾以爲別有三因焉。一則刻苦太過。不近人情。

《莊子天下篇》墨翟禽滑釐之意則是也。其行則非也。將使後世之墨者。必自苦。以腓無胈脛無毛。相進而已矣。亂之上也。治之下也。

一則互相猜忌。爭爲巨子。

《莊子天下篇》南方之墨者。倍譎不同。相謂別墨。以堅白同異之辯相訾。以觭偶不仵之辭相應。以巨子爲聖人。皆願爲之尸。冀得爲其後世。至今不決。

《呂氏春秋去宥篇》唐姑果恐王之親謝子賢於己也。對曰。謝子東方之辯士也。其爲人甚險。將奮於說以取少主也。王因藏怒以待之。謝子至。說王。王弗聽。謝子不說。遂辭而行。

一則騖外徇名。易爲世奪。

〔呂氏春秋上德篇〕墨者鉅子孟勝。善荆之陽城君。陽城君令守於國。毀璜以爲符。約曰。符合聽之。荆王薨。群臣攻吳起。兵於喪所。陽城君與焉。荆罪之。陽城君走。荆收其國。孟勝曰。受人之國。與之有符。今不見符。而力不能禁。不能死。不可。其弟子徐弱諫曰。死而有益陽城君。死之可矣。無益也。而絕墨者於世。不可。孟勝曰。不然。吾於陽城君也。非師則友也。非友則臣也。不死。自今以來。求嚴師。必不於墨者矣。求賢友。必不於墨者矣。求良臣。必不於墨者矣。（此等見解。極卑陋可笑。皆鶩外徇名之見也。）死之。所以行墨者之義。而繼其業者也。我將屬鉅子於宋之田襄子。田襄子賢者也。何患墨者之絕世也。徐弱曰。若夫子之言。弱請先死以除路。還歿頭前於孟勝。因使二人傳鉅子於田襄子。孟勝死。弟子死之者百八十三人。二人以致令於田襄子。欲反死孟勝於荆。田襄子止之曰。孟子已傳鉅子於我矣。不聽。遂反死之。

此皆其驟盛於一時。而卒不能不同化於他派之故。不可專病異己者之排擊也。墨學衰而法家縱橫家大盛。商君之威嚴。殆有過於今之督軍。

〔史記商君傳〕君之出也。後車十數。從車載甲。多力而駢脅者爲驂乘。持矛而操闟戟者旁車而趨。此一物不具。君固不出。

蘇秦之智術。亦幾爲當時天下之泰斗。

〔史記蘇秦傳〕蘇秦死。蘇代復重於燕。燕使約諸侯從親。如蘇秦時。或從或不。而天下由此宗蘇氏之從約。代厲皆以壽死。名顯諸侯。太史公曰。蘇秦兄弟三人。皆游說諸侯。以顯名。世言蘇秦多異。異時事有類之者。皆附之蘇秦。

三晉之士。人人攘臂言縱横矣。

《史記張儀傳贊》太史公曰。三晉多權變之士。夫言從橫彊秦者。大抵皆三晉之人也。

同時與法家縱橫家頡頏者則有陰陽家。

《史記孟子荀卿列傳》騶衍睹有國者益淫侈不能尚德。若大雅整之於身施及黎庶矣。乃深觀陰陽消息。而作怪迂之變。終始大聖之篇。十餘萬言其語閎大不經。必先驗小物。推而大之。至於無垠。先序今以上至黃帝。學者所共術。大並世盛衰。因載其機祥制度。推而遠之。至天地未生。窈冥不可致而原也。先列中國名山大川通谷禽獸水土所殖。物類所珍。因而推之。及海外人之所不能睹。稱引天地剖判以來。五德轉移。治各有宜。而符應若茲。以爲儒者所謂中國者。於天下乃八十一分居其一分耳。中國名曰赤縣神州。赤縣神州內。自有九州。禹之序九州是也。不得爲州數。中國外。如赤縣神州者九。乃所謂九州也。於是有裨海環之。人民禽獸莫能相通者如一區中者。乃爲一州。如此者九。乃有大瀛海環其外。天地之際焉。其術皆此類也。然要其歸必止乎仁義節儉。君臣上下六親之施。始也濫耳。王公大人初見其術。懼然顧化。其後不能行之。是以騶子重於齊。適梁。梁惠王郊迎。執賓主之禮。適趙。平原君側行撇席。如燕。昭王擁彗先驅。請列弟子之座而受業。築碣石宮。身親往師之。作五運。其游諸侯見尊禮如此。豈與仲尼菜色陳蔡。孟軻困於齊梁同乎哉。

迄漢代。其學猶盛。而儒道二家初未嘗得權憑勢而有所爲。與世枘鑿。王公大人不能器之。

《史記孟子列傳》道既通。游事齊宣王。宣王不能用。適梁。梁惠王不果所言。則見以爲迂遠而闊於事情。當是之時。秦用商君。富國強兵。楚魏用吳起。戰勝弱敵。齊威王宣王用孫子田忌之徒。而諸侯東面朝齊。天下方務於合從連衡。以攻伐爲賢。而孟軻乃述唐虞三代之德。是以所如者不合。梁惠王謀欲攻趙。孟軻稱太王去邠。此豈有意阿世俗苟合而已哉。持方枘欲內圜鑿。其能入乎。

《史記莊子傳》周嘗爲蒙漆園吏。與梁惠王齊宣王同時。其學無所不闚。然其要本歸於老子之言。其言洸洋自恣以適己。故自王公大人不能器之。

講學著書皆無與於當時之風氣。而其及於後世之影響。乃轉過於諸家。是知公理自在人心。不可徒以一時之盛衰計也。

諸子之學。大都相因而生。有因前人之學。而研之益深者。有因他人之說。而攻之甚力者。如楊朱列禦寇之學。皆出於老聃。而其言天人性命之故。則進於老子。墨翟學說。既與楊列相反。

墨子攻擊儒家最甚。攻楊子者頗少。惟兼愛下篇別君之言曰。吾惡能爲吾萬民之身若爲吾身。此泰非天下之情也。人之於地上之無幾何也。譬之猶駟馳而過隙也云云。正是指斥楊家之言。

又專攻孔子。而以先聖之學。別立一宗。孟子承孔子之學。言性言政。皆進於孔子。而力闢楊墨二家之說。然其痛恨當世窮兵黷武之風。則與墨子同。宋鈃尹文。救民之鬭。禁攻寢兵。似與墨同矣。而其以心爲主。與墨異。

《莊子天下篇》語心之容。命之曰心之行。以聏合驩。以調海內。請欲置之以爲主。是宋鈃尹文之主張。專以人心之不樂戰鬭爲主。不似墨之歸本於天志也。

以利爲言與孟異。

【孟子】宋牼將之楚。孟子遇於石丘。曰。先生將何之。曰。吾聞秦楚搆兵。我將見楚王。說而罷之。楚王不悅。我將見秦王。說而罷之。二王我將有所遇焉。曰軻也請無問其詳。願聞其指。說之將何如。曰。我將言其不利也。曰。先生之志則大矣。先生之號則不可。先生以利說秦楚之王。秦楚之王悅於利以罷三軍之師。是三軍之士樂罷而悅於利也。爲人臣者懷利以事其君。爲人子者。懷利以事其父。爲人弟者懷利以事其兄。是君臣父子兄弟終去仁義懷利以相接。然而不亡者。未之有也。

莊子之學。又進於楊朱列御寇。亦稱述孔墨。而以齊物論爲歸。然與愼到等之齊萬物者又不同。愼到等齊萬物以爲首。笑天下之尙賢非天下之大聖。莊子斥爲非生人之行。而至死人之理。蓋莊子之齊物。自有所謂內聖外王之道在。愼到等惟持萬物平等之觀。而於原始之道未有所見也。荀子宗孔而非墨。而其言性惡。與孟子相反。其治名學。又進於孔孟而於墨同原焉。故諸子之學。固皆角立不相下。然綜合而觀之。適可爲學術演進之證。其所因於他人者。有正有反。正者固已究極其歸宿。反者乃益搜集其賸餘。而其爲進步。乃正相等也。

諸子之書。家別人異。欲究其全。當別爲專書。近人喜言諸子之學。尤喜掇拾其破碎不完者以傅會西人之說。淸季學者。震於西人製造之學。則盛稱墨子之格術。如劉嶽雲墨子格術解曰。日光具紅黃綠紫橙黃靛藍七色。試以三棱透光鏡。卽見。若物盡受全日之光。則爲白色。若滅其入質之光綫。則爲黑色。照相之巧。全在用其白黑二色。以爲陰陽向背之別。而數千年前之墨子已發其理。（指墨經遠近臨正鑒貌能黑白言）近人習於西人邏輯之學。則又標舉墨子及惠施公孫龍等之名學。如梁啟超墨學微曰。墨子所謂名即論理學所謂名辭。墨子所謂辭即論理學所謂命題。墨子所謂說即論理學所謂前提等。

而於臚民覺世之大義。或反棄置不講。如孟子之辯義利。

孟子時功利主義極盛。如商君曰。苟可以強國。不法其故。苟可以利民。不循於禮。以社會進化歷史變遷之理觀之。固亦可成一說。然專以強利爲目的。其流極必至於不顧人道羣德易言之。則曰苟可以強國。不顧公理。苟可以利民。不問人格。（商子靳令篇。六蝨。曰禮樂。曰詩書。曰修善。曰孝悌。曰誠信。曰貞廉。曰仁義。曰非兵。曰羞戰。有十二者。上無使農戰。必貧至削。十二者成羣。此謂君之治不勝其臣。舉孝悌誠信貞廉仁義諸德。一概抹撥。是即極端功利論所必至也。）今世強國侵略主義。即此耳。孟子生其時。力持正義。如曰行一不義。殺一不辜。而得天下。君子不爲也。又曰枉尺而直尋者。以利言也。如以利。則枉尋直尺而利。亦可爲歟。皆極端與功利論相反。當時雖不見從。而後世服習其說。凡士大夫之所主張。皆以重義輕利爲立國根本。

墨子及孟子之非攻戰。

孟子墨子皆抱非兵主義。惟墨子尚欲以器械制善戰者。孟子則一律斥之。此其異也。孟子曰。爭地以戰。殺人盈野。爭城以戰。殺人盈城。此所謂率土地而食人肉。罪不容於死。其言痛切極矣。後世人君。雖多有以武功立國者。而凡儒者之言論。史家之紀載。文人之歌詠。恆斥其非。而專以尚德恤民爲美。此亦可證之近事。而知吾民德之高尚有自來矣。近年有倡爲尚武之說者，謂吾國之弱，實文人不提倡尚武之精神，此亦持之有故，然西洋史家盛稱亞力山大凱撒拿破侖諸人，而吾國人於秦始皇漢武帝苻堅隋煬金亮之類，皆致不滿，蓋中西人思想大相逕庭之處也，究之，立國尚武功，抑尚道德、讀史者可自下斷語，近世西人之誤。在以國家與個人不同。日逞其弱肉強食之謀。而墨子則早見及之。其非攻篇曰。殺一人謂之不義。必有一死罪矣。殺十人。十重不義。必有十死罪矣。殺百人。百重不義。必有百死罪矣。今至大爲攻國。不義。則不之非。從而譽之謂之義。又曰今小爲非則知而非之。大爲非攻國。則不知非。從而譽之謂之義。可爲知義與不知義之辨乎。蓋墨子以國家與個人無別。悉當以義爲斷。其理至明。而當時謂攻國爲義者。殆亦必有如近世國家學者之說歧國家道德與人民道德爲二也。吾國兵禍之烈。極於戰國。而其時之學者。卽大倡反對之論。此亦可見吾民覺悟之早。與其愛好和平之性之獨優矣。吾國之昌言兵禍者，不獨道家及儒墨二家然也，卽兵家之大師，亦以此義爲前提，如孫子曰，夫兵久而國利者未之有也，故不盡知用兵之害者，則不能盡知用兵之利也，又曰，百戰百勝，非善之善者也，不戰而屈人之兵，善之善者也，此皆深以窮兵黷武爲戒者也，

子思孟子之論性。

子思作中庸。首揭天命之謂性。率性之謂道。卽示人以性善也。性如不善。則率之不得爲道矣。孟子暢言性善之旨。其原實出於子思。然當舉世大亂之時。不因人類之殘賊凶惡。而懷憎惡厭棄之意。且極力推明人皆可以爲堯舜。尤有功於教育。蓋人心之觀念。每因環境而變。見環境之多善人。則以人性爲善。見環境之多惡人。則以人性爲不善。惟究極性道之原者。能不爲環境所囿。不就人心之現狀及結果而論。而就第一念指示人羣。使人憬然有以自勉。而絕去其自暴自棄之萌。其爲功於人類何如哉。荀子言性惡。已爲當世惡人所囿。不能免於憤激。

而欲以禮義教化矯之。如曰人之性生而有好利焉。順是故爭奪生而辭讓亡焉。生而有疾惡焉。順是故殘賊生而忠信亡焉。生而有耳目之欲。有好聲色焉。順是故淫亂生而禮義文理亡焉。然則從人之性。順人之情。必出於爭奪。合於犯分亂理。而歸於暴。故必將有師法之化。禮義之道。然後出於辭讓。合於文理。而歸於治。用此觀之。然則人之性惡明矣。其善者僞也。蓋荀子之時。爭奪殘賊淫亂之人。殆又甚於孟子之時。荀子疾其所爲。因謂其性固如此。而不知是說已大悖於教育原理。使人之性本不具有辭讓合理之德。雖有師法。何能動之。郝蘭臯等解僞字作爲字。以爲荀子辯護。不知爲字亦是勉強矯飾。非出於自然也。

列子荀子之論學。

列子書中。教人爲學之法最多。如壺丘子示季咸以未始出吾宗。然後列子自以爲未始學而歸。三年不出。又學於老商九年。然後心凝形釋。既自以其爲學詔人。又如湯問篇所述師文學琴。薛譚學謳。紀昌學射。造父學御等。皆示人以專心壹志學道之功。非徒教人以虛無誕妄之說也。荀子言性雖異於孟子。以其注重於人爲。故力言積學之益。如曰眞積力久則入。勸學篇 積善而全盡謂之聖人。儒效篇 能積微者速成。强國篇 自勸學篇以下。反復譬喻。一本此旨。積則一好。一好則通類。故曰并一而不二。所以成積也。儒效篇 凡治氣養心之術。莫神一好。修身篇 又曰。倫類不通。仁義不一。不足謂善學。勸學篇 又曰。以淺持博。以古持今。以一持萬。苟仁義之類也。雖在鳥獸之中。若別白黑。倚物怪變。所未嘗聞也。所未嘗見也。卒然起一方。則舉類統而應之。無所儗怍。儒效篇 爲學之法。殆莫有外此者。

也。

列子莊子之言宇宙原理。

列莊之學皆推極於無始以前。如天瑞篇曰。有生不生。有化不化。不生者能生生。不化者能化化。生者不能不生。化者不能不化。故常生常化。常生常化者。無時不生。無時不化。陰陽爾。四時爾。不生者疑獨。（此當從楊仁山說一尚不立何有對待）不化者往復。往復其際不可終。疑獨其道不可窮。蓋原始之道。不生不化。非一非多。降而至於生化。則人之所見陰陽四時。有推遷變化之迹矣。然從往復疑獨推之。仍自不可終不可窮。世人徒以物質求之。終無是處也。齊物論曰。有始也者。有未始有始也者。有未始有夫未始有始也者。有有也者。有無也者。有未始有無也者。有未始有夫未始有無也者。俄而有無矣。而未知有無之果孰有孰無也。其言原始。既極之於未始有夫未始有無之時。然初非示人以無有無無也。故曰。若有眞宰。而特不得其眹。又曰。其有眞君存焉。（皆齊物論語）曰。夫道有情有信。無爲無形。可傳而不可受。可得而不可見。自本自根。未有天地。自古以固存。（大宗師篇）蓋確見天地之根本在有無胥泯之時。而仍有情有信。惟陷溺於世俗知識者。不可見耳。列莊皆從此用功得力。故俯視一切。而自信其獨與天地精神往來。不知其道者。則目之爲消極。爲社會學術進步之阻力。不知人人皆消極於世俗之榮辱得喪。而積極於精神之稠適上遂。（莊子天下篇。其於宗可謂稠適而上遂矣。稠卽充實不可已之謂。適卽與天地精神往來之謂。上遂卽上與造物者游之謂。）則人類之進步。何可限量。惟役役於世俗之榮辱得喪。自命進步。實則毫無進步可言。乃眞莊列之所悲耳。自魏晉以來。崇拜莊列之說者。似亦專宗其消極主義。然眞能得其道者。和光同塵。泯然於言說迹象。世亦無從知之。姑就淺近立論。則列莊之說。卽無大功效。亦足使人開拓心胸。消除執滯。佛學未入中國之先。吾國有此等先覺。洵異事也。皆大有功於人類。棄周鼎而寶康瓠。未足爲善言學也。

諸子之學。既各有功於世。而其文之精美。又進於春秋之世。而各成爲後世文章之宗。是亦戰國之特色也。綜觀諸子之文。約分爲五。一曰紀事。二曰箋釋。（如墨子經說韓非解老之類。）三曰論辯。四曰寓言。五曰韻文。戰國以前之文。雖已有此五體。而發揮光大。至是始盛。其尤盛者。則後之三體也。孟墨論辯最工。設喩已近寓言。而杜撰事實。莊列爲多。晏嬰與管仲同時。

《列子楊朱篇》晏平仲問養生於管夷吾。

孔子與柳下季爲友。

《莊子盜跖篇》孔子與柳下季爲友。

以意爲之。羌無故實。甚至古代本無此人。隨意造一名字。如鴻蒙雲將副墨雒誦之類。尤前此之所無也。後世賦家。假設主客。小說家幻託人事。皆原於此。此則莊列以前。文多紀實。莊列以後。文字直分紀實與寓言爲兩宗矣。老子管子已有韻文。而未別名一體。荀子成相篇既爲長短句之祖。賦雲賦蠶。又就詩之六藝。抽取其一而名篇。宋玉之徒。踵興於楚。賦乃代詩而興。是亦文章進化之關鍵也。漢書藝文志。孫卿子三十三篇。已著錄於儒家。而詩賦類又列孫卿子十篇。明賦之始於孫卿也。觀其序意與屈原並重。

《漢書藝文志》大儒孫卿。與楚臣屈原。離讒憂國。皆作賦以諷。咸有惻隱古詩之義。

北荀南屈。相望於列強黷武之時。而文章光燄。騰焯千古。故知個人之力。不必爲當世權勢所屈矣。

第二十九章　秦之統一

春秋戰國之時。已漸由封建而變爲郡縣。周赧王二十七年。十月。秦昭王稱西帝。十二月。齊湣王稱東帝。雖皆復稱王。天下已非周有矣。當是時。東西二周。地小力微。不足當一諸侯。

《史記》趙成侯七年。與韓攻周。八年。與韓分周以爲兩。

按趙成侯八年。當周顯王八年。事在赧王之前。周本紀。赧王時。東西周分治。蓋補紀之也。東西周之別有二。平王之後。所謂西周者。豐鎬也。東周者。洛陽也。顯王之後。所謂西周者。河南也。東周者。洛陽也。蓋河南在瀍水之西。卽周初所謂王城。洛陽在瀍水之東。卽周初所謂成周。赧王初居成周。後居王城。而東周則有東周君。故史稱爲東西二周。

至秦昭襄王五十一年。而周赧王卒。莊襄王元年。而東周君卒。二周之地。盡入於秦。天下不復思周也。越二十年。秦先滅韓。以次滅魏。滅趙。滅楚。滅燕。滅齊。周之強侯盡矣。而中原有衞君角。江南有越君。西南夷有滇王。爲封建之制之僅存者。

《日知錄》古封建之國。其未盡滅於秦始皇者。衞世家言二世元年。廢衞君角爲庶人。是始皇時衞未嘗亡也。漢書地理志。始皇旣并天下。猶獨置衛君二世時乃廢爲庶人。凡四十世九百年。最後絕。越世家言越以此散。諸族子爭立。或爲王。或爲君。濱於江南海上。服朝於楚。秦始皇本紀言二十五年。王翦遂定荆江南地。降越君。漢興。有東海王搖閩越王無諸之屬。是越未嘗亡也。西南夷傳又言秦滅諸侯。唯楚苗裔尚有滇王。然則謂秦滅五等而立郡縣。亦舉其大勢然耳。

秦楚之際。六國之裔復起。卒歸夷滅。漢又大封宗室。至景武之世。諸侯王始削弱焉。故封建之變爲郡縣。自春秋至漢。凡更五百四五十年。（自秦武公初縣冀。至吳楚七國亂後。約五百四十年。）始蛻化而臻固定。是可知論帝王之家譜。可據一氏一代而言。論政俗之變遷。萬不可囿於朝代。周秦漢之相嬗。特元首之氏號不同耳。其全國各種社會消長盛衰之迹。固無截然之界域也。

雖然。周與秦之界域。亦有截然可指之一時。秦王政二十六年。王綰馮劫李斯等上尊號議。謂爲自上古以來未嘗有。

《史記秦始皇本紀》丞相綰。御史大夫劫。廷尉斯等皆曰。昔者五帝地方千里。其外侯服夷服。諸侯或朝或否。天子不能制。今陛下興義兵。誅殘賊。平定天下。海內爲郡縣。法令由一統。自上古以來未嘗有。五帝所不及。

蓋嬴政稱皇帝之年。實前此二千數百年之結局。亦爲後此二千數百年之起點。不可謂非歷史一大關鍵。惟秦雖有經營統一之功。而未能盡行其規畫一統之策。凡秦之政。皆待漢行之。秦人啓其端。漢人竟其緒。亦有秦啓之而漢未竟之者。故吾論史。以秦與漢相屬。而不分焉。

秦與六國並立時。其內政已完善。見稱於孫卿。

『荀子彊國篇』應侯問孫卿子曰。入秦何見。孫卿子曰。入境。觀其風俗。其百姓樸。其聲樂不流汚。其服不佻。甚畏有司而順。古之民也。及都邑官府。其百吏肅然。莫不恭儉敦敬。忠信而不楛。古之吏也。入其國。觀其士大夫。出於其門。入於公門。出於公門。歸於其家。無有私事也。不比周。不朋黨。倜然莫不明通而公也。古之士大夫也。觀其朝廷。其間聽決百事不留。恬然如無治者。古之朝也。故四世孝惠文武昭四王有勝。非幸也。數也。荀子儒者，而推重秦之政俗如此，知秦之興非偶然。

至吞并六國。規模益大。長駕遠馭。非有適應時勢之法。不足以為治也。尉繚李斯之徒。諸嘗學帝王之術者。

『史記李斯傳』從荀卿學帝王之術。

為秦立法。未嘗不善。二世之亡。罪在趙高。非法之罪也。世徒以秦祚短。遂病其法。實則始皇時代之法制。實具偉大之精神。以一政府而轄制方數千里之中國。是固國家形式之進化。抑亦其時思想之進化也。

秦之政策最大者。卽以諸侯之地。分為三十六郡之法。

秦郡之數。異說甚多。據裴駰說。三十六郡者。三川。河東。南陽。南郡。九江。鄣郡。會稽。潁川。碭郡。泗水。薛郡。東郡。琅邪。齊郡。上谷。漁陽。右北平。遼西。遼東。代郡。鉅鹿。邯鄲。上黨。太原。雲中。九原。雁門。上郡。隴西。北地。漢中。巴郡。蜀郡。黔中。長沙。凡三十五郡。與內史為三十六郡。此外又有閩中。南海。桂林。象郡。不在三十六郡之數。

蓋分地過小。則稽核太繁。過大。則控制不易。秦所置郡。雖多因各國舊制。

《史記始皇本紀》政代立爲秦王時。秦地已并巴蜀漢中越宛有郢置南郡矣。北收上郡以東。有河東太原上黨郡。東至滎陽。滅二周。置三川郡。 五年。攻魏。取二十城。初置東郡。 十七年。攻韓。得韓王安。盡納其地。以其地爲郡。命曰潁川。二十五年。定荆江南地。降越君。置會稽郡。

然分據險要。形勢瞭然。非深諳地理之學者。不能規畫。史屢稱秦圖書。

《史記蕭相國世家》蕭何入咸陽。收秦丞相御史律令圖書。具知天下阨塞戶口多少强弱之處。

《漢書地理志代郡班氏縣注》秦地圖書。班氏。

是秦時丞相御史規畫地域。必按地圖而定。非漫漫然爲因爲革也。西漢之初。當國者皆無學識。猥欲參用周秦之制。卒歸於偏用秦法。又以秦郡太大。稍復開置。而分郡太多。難於檢察。又併爲十三部。

《漢書地理志》秦分天下作三十六郡。漢興。以其郡太大。稍復開置。又立諸侯王國。武帝開廣三邊。故自高祖增二十六。文景各六。武帝二十八。昭帝一。訖於孝平。凡郡國一百三。

《同上》至武帝攘郤胡越。開地斥境。南置交趾。北置朔方之州。兼徐梁幽并夏周之制。改雍曰涼。改梁曰益。凡十三部。置刺史。

蓋增郡既多。不得不求以簡馭繁之法。以比較之。則知秦制之精。後漢雖有增損。大致同於前漢。是亦仍秦之法也。

統一國家。不獨規畫區域之不易也。設官分職。亦有至大之關係。秦之官制絕簡。而綱舉目張。漢亦因之。特名目時有變遷耳。考秦之制。內官之要職凡三。丞相和天子。助理萬機。太尉。掌武事。御史大夫。掌副丞相。其屬丞。督外官。須侍御史。受公卿奏事。外官之要職凡三。郡守。掌治郡。尉。掌佐守典職甲卒。監。掌監郡。蓋內外官制。同一系統。丞相與守掌民事。太尉與尉掌軍事。軍民分治。厥誼至精。而御史與監則糾察此治民治軍之官者也。

漢守治郡。亦兼治軍。其職權大於尉。王鳴盛十七史商榷曰。百官表雖言守治郡。尉典武職。而實守兼掌之。韓延壽爲潁川太守。傳中述其都試講武甚備。翟義爲東郡太守。以九月都試日勒車騎材官士起事。如淳曰。太守都尉令長丞尉會都試。課殿最也。後書耿弇傳。弇見郡尉試騎士。建旗鼓。肄馳射。由是好將帥之事。注。引漢官儀曰。歲終郡試之時。講武勒兵。因以校獵。簡其材力也。弇事雖當王莽時。其實沿漢舊制。故注引漢官儀以明之。又後書百官志五。李賢注引漢官儀云。八月。太守都尉令長相丞尉會都試。課殿最。水家爲樓船。亦習戰射行船。邊郡太守。各將萬騎行鄣塞。烽火追虜。或言八月。或九月。或歲終。大約總在秋冬。淮南王安傳。安欲發兵反。先令人作旁近郡太守都尉印。可見守尉互掌兵權也。

後世官制。變化繁賾。而其原理。不能出於治民治軍監察官吏三者之外。此亦可見秦之定制。非漫然而設矣。

分天下爲郡縣。則內外之隔閡殊甚。且地域遼闊。非如列國時方千里之地之易理也。於是有歲計之法。考戰國時。各國外吏已以期年上計。

《韓非子外儲說左下》西門豹爲鄴令。清慤潔剋。秋毫之端無私利也。而甚簡左右。左右相與比周而惡之。居期年。上計。君收其璽。田嬰相齊。人有說王者曰。終歲之計。王不一以數日之間自聽之。則無以知吏之姦邪得失也。

蓋沿周歲會之法。而推及於地方長官也。秦以十月爲正。每歲九月。卽定來歲之預算。

〔呂氏春秋九月紀〕是月也。天子合諸侯。制百縣。爲來歲受朔日與諸侯所稅於民輕重之法。貢職之法。以遠近土地所宜爲度。以給郊廟之事。無有所私。

而郡縣上計。亦斷以九月。其詳可以漢志參之。

〔續漢書百官志〕凡郡國皆掌治民。進賢勸功。訟決檢姦。常以春行所主縣。勸民農。振救乏絕。秋冬遣無害吏。按訊諸囚。平其罪法。論課殿最。歲盡。遣吏上計。 注引盧植禮注曰。計斷九月。因秦以十月爲正故。據此。是漢代上計之法。悉循秦制也。

秦以各郡歲歲上計。故丞相御史府中所藏之書。備具天下阨塞戶口多少。漢初猶沿其法。計相之職最重。

〔漢書張蒼傳〕蒼明習天下圖書計籍。高祖令以列侯居相府。領主郡國上計。

其後計相併於丞相。而人主猶時責爲相者考覈名實。

〔漢書萬石君傳〕武帝責石慶曰。今流民愈多。計文不改。君不繩責長吏。朕失望焉。

〔漢書宣帝紀〕黃龍元年詔曰。上計簿具文而已。務爲欺謾。以避其課。三公不以爲意。朕將何任。

蓋非計簿得實。不足以統計天下之盈虛得失也。

秦漢政體雖爲君主專制。而其地方行政。猶有周代人民自治之遺意。觀其縣鄉官吏之制可見。

〔漢書百官表〕縣令長。皆秦官。掌治其縣。萬戶以上爲令。減萬戶爲長。皆有丞尉。是爲長吏。有斗食佐史之秩。是爲少吏。大率十里一亭。亭有長。十亭一鄉。鄉有三老。有秩。嗇夫。游徼。三老掌教化。嗇夫職聽訟收賦稅。游徼徼循禁賊盜。縣大率方百里。其民稠則減。稀則曠。鄉亭亦如之。皆秦制也。

《漢書高帝紀》二年二月。令舉民年五十以上。有修行。能率衆爲善。置以爲三老。鄉一人。擇鄉三老一人爲縣三老。與縣令丞尉以事相教。復勿繇戍。

顧亭林論鄉亭之職。謂三代明王之治。亦不越乎此。

《日知錄》漢書百官表云云。此其制不始於秦漢也。自諸侯兼并之始。而管仲蔿敖子產之倫。所以治其國者。莫不皆然。而周禮地官。自州長以下。有黨正族師閭胥比長。自縣正以下。有鄙師酇長里宰鄰長。則三代明王之治。亦不越乎此也。夫惟於一鄉之中。官之備而法之詳。然後天下之治。若網之在綱。有條而不紊。柳宗元曰。有里胥而後有縣大夫。有縣大夫而後有諸侯。有諸侯而後有方伯連帥。有方伯連帥而後有天子。由此論之。則天下之治始於里胥。終於天子。其灼然者矣。故自古及今。小官多者其世盛。大官多者其世衰。興亡之塗。罔不由此。

夫三老出於選舉。而其權可與縣令丞尉以事相教。是固無異於今之縣市鄉自治職員矣。而漢之三老。對於天子王侯。可直接言事。

《史記高祖本紀》二年。漢王至雒陽新城。三老董公遮說漢王。以義帝死故。

《漢書高帝紀》三老董公遮說漢王曰。臣聞順德者昌。逆德者亡。兵出無名。事故不成。故曰明其爲賊。敵乃可服。項羽爲無道。故殺其主。天下之賊也。夫仁不以勇。義不以力。三軍之衆。爲之素服。以告之諸侯。爲此東伐。四海之內。莫不仰德。此二王之舉也。

漢王曰善。非夫子無所聞。

〔漢書武五子傳〕太子兵敗亡。不得。上怒甚。群下憂懼。不知所出。壺關三老茂（荀悅漢紀云令狐茂）上書云云。書奏。天子感悟。

其嗇夫亭長。兼可自制科條。役使游惰。其善者。至於上掩郡縣長吏之名。

〔後漢書爰延傳〕爲鄉嗇夫。仁化大行。民但聞嗇夫。不知郡縣。〔仇覽傳〕爲蒲亭長。勸人生業。爲制科令。至於果菜爲限。雞豕有數。農事既畢。乃令子弟群居。還就黌學。其剽輕遊恣者。皆役以田桑。嚴設科罰。躬助喪事。賑恤窮寡。期年稱大化。

可知秦漢之時。人民言論甚自由。而地方之事。多由人民自主。民治且盛於官治也。嗚呼。秦以專制。爲世詬病。而其時人民轉有自治之權。今雖號爲民國。而地方自治之說。乃若爲政府所駭聞。其古之民德特隆歟。抑今之執政者。學識出王綰李斯下也。

秦時道路之政最重。開通道路。無有障塞。著於月令。

〔呂氏春秋三月紀〕是月也。命司空曰。時雨將降。下水上騰。循行國邑。周視原野。修利隄防。導達溝瀆。開通道路。無有障塞。

決通川防。夷去險阻。見於刻石。

〔史記秦始皇本紀〕墮壞城郭。決通川防。夷去險阻。地勢既定。黎庶無繇。天下咸撫。

而其尤有功於統一者。莫如開通四方之大道。

《史記秦始皇本紀》二十七年。治馳道。三十五年。除道。道九原。今河套地抵雲陽。今陝西淳化縣北塹山堙谷。直通之。

據賈山至言及蒙恬傳則二十七年所治之道。爲東西之道。三十五年之道爲南北之道。

《賈山至言》秦爲馳道於天下。東窮燕齊。南極吳楚。江湖之上。濱海之觀畢至。道廣五十步。三丈而樹。厚築其外。隱以金椎。樹以青松。

《史記蒙恬傳》始皇欲遊天下。道九原。直抵甘泉。乃使蒙恬通道。自九原抵甘泉。塹山堙谷千八百里。道未就。始皇崩。太史公曰。吾適北邊。自直道歸。行觀蒙恬所爲秦築長城亭障。塹山堙谷。通直道。固輕百姓力矣。據此·是秦之直道·至漢世猶可通行·當蒙恬時必已成就·其曰未就者·殆雖通而未加修飾耳·

燕齊吳楚皆爲三十丈之廣道。沿途植松樹。其規模之太爲何如乎。方輿紀要謂秦馳道舊迹闊五丈餘。蓋經千數百年。其道已堙耳。

《方輿紀要》(顧祖禹)湖廣永州府零陵縣有馳道。闊五丈餘。類大河道。史記秦始皇命天下修馳道。以備游幸。此其舊迹也。據此可知秦之馳道·南抵零陵·

漢因秦制。亦有馳道。

《史記滑稽列傳》褚先生記西門豹事。曰。到漢之立。而長吏以爲十二渠橋絕馳道。相比近。不可。欲合渠水且至馳道。合三渠爲一橋。據此是漢時鄴郡有馳道也·

道側植樹。著於官守。

《續漢書百官志》將作大匠。掌修作宗廟路寢宮室陵園木土之功。幷樹桐梓之類。列於道側。

而秦時道路所不通者。復隨時興作。如張卬。唐蒙司馬相如。鄭弘等。皆以開通道路。著於史策。

《史記河渠書》人有上書欲通褒斜道。天子以爲然。拜張卬爲漢中守。發數萬人作褒斜道五百餘里。

《史記平準書》唐蒙司馬相如開路西南夷。鑿山通道千餘里。以廣巴蜀。

《後漢書鄭弘傳》舊交趾七郡。貢獻轉運。皆從東冶汎海而至。風波艱阻。沈溺相係。弘奏開零陵桂陽嶠道。於是夷通。至今遂爲常路。

險遠之地。以次交通。其策無異於今之修鐵路。開國道。而勞費過之。然一舉而闢數百里千餘里。此可知古人任事之力矣。

第三十章 秦之文化

秦之文化。自周宣王時始開。

《詩車鄰小序》車鄰美秦仲也。秦仲始大。有車馬禮樂侍御之好焉。《鄭氏詩譜》周孝王爲伯翳能知禽獸之言。子孫不絕。故封非子爲附庸。邑之於秦谷。至曾孫秦仲。宣王又命作大夫。始有車馬禮樂侍御之好。國人美之。秦之變風始作。

文公時。始有史以紀事。

《史記秦本紀》襄公以兵送周平王。平王封襄公爲諸侯。賜之岐以西之地。襄公於是始國。與諸侯通使。十二年卒。生文公。文公十三年。初有史以紀事。民多化者。十六年。文公以兵伐戎。戎敗走。於是文公遂收周餘民。有地至岐。

足見秦民開化之遲。蓋雖居周岐豐之地。而其文教實別爲一系統。與周之故俗不相銜接。如史記稱襄公用駵駒黃牛羝羊各三。祠上帝西畤。文公初爲鄜畤。用三牢。十九年。得陳寶。二十年。法初有三族之罪之類。皆非周之禮也。

其後之強。率以用客卿之故。見李斯書 秦固無傑出之人也。商鞅韓非皆務愚民。

《商子墾令篇》民不貴學則愚。愚則無外交。無外交則勉農而不偷。

『韓非子五蠹篇』夫智者衆。則法敗。用力者寡。則國貧。此世之所以亂也。故明主之國。無書簡之文。以法爲教。無先王之語。以吏爲師。

不用文士。惟呂不韋稍好士尙文藝。

『史記呂不韋傳』是時諸侯多辯士。如荀卿之徒。著書布天下。呂不韋乃使其客人人著所聞。集論以爲八覽六論十二紀二十餘萬言。以爲備天地萬物古今之事。號曰呂氏春秋。布咸陽市門。懸千金其上。延諸侯遊士賓客有能增損一字者。予千金。

然其書固類書之體。不足爲一家言也。

秦旣一統。始尙文教。使天下文字皆同於秦文。

『史記始皇本紀』一法度衡石丈尺。車同軌。書同文字。『瑯邪刻石』器械一量。同書文字。

而其時作者亦輩出。蒼頡爰歷博學諸篇。皆秦文也。

『說文序』七國田疇異畮。車涂異軌。律令異法。衣冠異制。言語異聲。文字異形。秦始皇帝初兼天下。丞相李斯乃奏同之。罷其不與秦文合者。斯作蒼頡篇。中車府令趙高作爰歷篇。太史令胡毋敬作博學篇。皆取史籀大篆。或頗省改。所謂小篆者也。

『漢書藝文志』蒼頡一篇。上七章。秦丞相李斯作。爰歷　章。車府令趙高作。博學七章。太史令胡毋敬作。

雖小篆之字不多。似不敷用。

『說文注』(段玉裁)李之七章。趙之六章。胡毋之七章。各爲一篇。漢志最目。合爲蒼頡一篇者。因漢時閭里書師。合爲三篇。斷六十字以爲一章。凡五十五章。幷爲蒼頡篇故也。六十字爲一章者。凡五十五。然則自秦至司馬相如以前。小篆祇有三千三百字耳。

然當時書有八體。不僅用小篆一種。

《說文序》秦書有八體。一曰大篆。二曰小篆。三曰刻符。四曰蟲書。五曰摹印。六曰署書。七曰殳書。八曰隸書。

而隸書尤約易便於書寫。

《說文序》是時秦燒滅經書。滌除舊典。大發吏卒。興戍役。官獄職務繁。初有隸書以趣約易而古文由此絕矣。 左書卽秦隸書。秦始皇帝使下杜人程邈所作也。

其功不獨爲秦統一之用。且爲數千年來中國全境及四裔小國所通用。其體勢結構可獨立爲美術之一品。是亦至可紀念者也。

篆隸與而古文廢。猶不足爲秦重也。所奇者。金石文辭。光耀海內。文字之美。與其流傳之久。皆爲史記所僅見。是豈不倘文教者所能乎。始皇紀載刻石凡六。

《史記秦始皇本紀》二十八年。上鄒嶧山。立石。與魯諸儒生議刻石頌秦德。乃上泰山。禪梁父。刻所立石。 南登琅邪。大樂之留三月。作琅邪臺。立石刻頌秦德。明德意。 二十九年。登之罘。刻石。其辭曰云云。其東觀曰云云。 三十二年。之碣石。刻碣石門。 三十七年。上會稽。祭大禹。望於南海。而立石刻頌秦德。

至今琅邪臺銘文。猶存十三行。泰山亦存十字。

【語石】（葉昌熾）秦始皇帝東巡。刻石凡六。始於鄒嶧。次泰山。次琅邪。次之罘。由碣石而會稽。遂有沙邱之變。今惟琅邪臺一刻尙存諸城海神祠內。通行拓本皆十行。惟段松苓所拓精本。前後得十三行。翁阮孫三家著錄者。皆是也。泰山二十九字。先在嶽頂玉女池上。後移置碧霞元君廟。乾隆五年。燬於火。今殘石僅存十字耳。之罘碣石會稽三刻久亡。嶧山唐時焚於野火。當時卽有摹本。杜詩所謂棗木傳刻肥失眞者是也。

而他石拓本鉤摹影印者。世尙有之。二千一百餘年之古刻。證據極確。非檀山石刻及石鼓之出於推測者可比。世人雖極斥秦。於此獨寶存之。知其文字之美。爲千載所共推矣。三代金文最多。至秦始尙刻石。亦可見秦之各事。皆不蹈襲前人。大書深刻。悉李斯王綰等之意匠也。然秦以刻石著。亦非不善鏤金。其權量刻文。尤極精美。

陶齋吉金錄。載秦銅權十八。橢量四。方量一。

學小篆者。近且由秦石而進言秦金。是秦之文學美術。不惟不遜於三代。甚且過之矣。

顧亭林論秦刻石。謂其坊民正俗之意。未始異於三王。

【日知錄】秦始皇刻石凡六。皆鋪張其滅六王幷天下之事。其言黔首風俗。在泰山則云。男女禮順。愼遵職事。昭隔內外。靡不淸淨。在碣石門則云。男樂其疇。女修其業。如此而已。惟會稽一刻。其辭曰。飾省宣義。有子而嫁。倍死不貞。防隔內外。禁止淫泆。男女絜誠。夫爲寄豭。殺之無罪。男秉義誠。妻爲逃嫁。子不得母。咸化廉淸。何其繁而不殺也。考之國語。自越王句踐棲於會稽之後。惟恐國人之不蕃。故令壯者無取老婦。老者無取壯妻。女子十七不嫁。其父母有罪。丈夫二十不取。其父母有罪。生丈夫。二壺酒。一犬。生女子。二壺酒。一豚。生三人。公與之母。生二人。公與之餼。內傳子胥之言亦曰。越十年生聚。吳越春秋至謂句踐以寡婦淫泆過犯。皆輸山上。士有憂思者。令遊山上。以喜其意。當其時。蓋欲民之多。而不復禁其淫泆。傳至六國之末。而其風猶在。故始皇爲之厲禁。而特著於刻石之文。以此與滅 王幷天下之事並提而論。且不著之於燕齊。而獨著之於越。然則秦之任刑雖過。而其坊民正俗之意。固未始異於三王也。漢興以來。承用秦法。以至今日者多矣。世之儒者言及於秦。卽以爲亡國之法。亦未之深考乎。

觀其刻辭。固可見秦之注重民俗。而辭中所言多男女並舉。尤爲秦俗男女平等之證。夫淫他室殺者無罪。是秦人初不專責女子以節義也。責女子以節義。而視男子之淫泆若無睹。是鄙秦者乃眞未喻秦代法制之意也。古俗不禁女子改嫁。亦無旌表守節之事。考守節樹坊之始。蓋本於始皇之獎巴寡婦淸。

〔史記貨殖列傳〕巴蜀寡婦淸。其先得丹穴。而擅其利數世。家亦不訾。淸寡婦也。能守其業。用財自衞。不見侵犯。秦始皇帝以爲貞婦而客之。爲築女懷淸臺。

然其築臺而客之。以淸能用財經營事業。爲女子之傑出者。似不徒專以其爲貞婦也。

秦之爲世口實者。曰焚書坑儒。此文化史上最大之罪惡也。然劉海峰焚書辯爲秦平反。最得事理之實。

〔焚書辯〕(劉大櫆)六經之亡。非秦亡之。漢亡之也。何則。李斯恐天下學者道古以非今。於是禁天下私藏詩書百家之語。其法至於偶語詩書者棄市。而吏見知不舉。則與之同罪。噫。亦烈矣。然其所以若此者。將以愚民而固不欲以之自愚也故曰非博士官所職。詣守尉雜燒之。然則博士之所藏具在。未嘗燒也。迨項羽入關。殺秦降王子嬰。收其貨寶婦女。燒秦宮室。火三月不滅。而後唐虞三代之法制。古先聖人之微言。乃始蕩爲灰燼。昔蕭何至咸陽。收秦丞相御史律令圖書。於秦博士所藏之書。獨不聞其收而寶之。設使蕭何能與其律令圖書。並收而藏之。則項羽不能燒。項羽不燒。則聖人之全經猶在也。

且據漢志秦於諸經。亦未盡燔。

《漢書藝文志》秦燔書而易爲卜筮之事。傳者不絕。詩三百五篇。遭秦而全者。以其諷誦。不獨在竹帛故也。

秦之博士甚多。

《漢書百官表》博士。秦官。掌通古今。秩比六百石。員多至數十人。

其遺獻皆能優游論著。

《秦獻記》（章炳麟）秦博士七十人。掌通古今。識於太史公書者。叔孫通伏生最著。僕射周青臣用而諛。顯。淳于越相與牴牾釁成而秦燔書。其他說苑有鮑白令之斥始皇行桀紂之道。乃欲爲禪讓。比於五帝。（至公篇）其骨鯁次淳于。漢藝文志儒家有羊子四篇。凡書百章。名家四篇。則黃公。黃公名疵。復作秦歌詩。二子皆秦博士也。京房稱趙高用事。有正先用非刺高死。（孟康曰。姓正名先。博士也。）最在古傳紀署得八人。於七十員者九一耳。青臣樸樕不足齒。其七人或直言無撓辭。不卽能制作。造爲琦辭。遺令聞於來葉。其窮而在蒿艾。與外吏無朝籍。爛然有文采論纂者。三川有成公生。與黃公同時。當李斯子由爲三川守。而成公生遊談不仕。著書三篇。在名家。從橫家有黃陵令信一篇。難丞相李斯。然秦雖鉗語燒詩書。然自內外薦紳之士。與褐衣遊公卿者。皆抵禁無所懼。是豈無說哉。

按集韻引炅氏譜桂貞爲秦博士。始皇坑儒。改姓炅。宋濂桂氏家乘序。亦述其事。是秦博士尚有一桂貞。

及孔鮒爲陳涉博士。亦秦時人也。

《史記孔子世家》孔鮒年五十七。爲陳王涉博士。死於陳下。

第執焚書坑儒一語。遽以爲秦之對於古代文化。摧滅無餘。是實不善讀史耳。

秦法。民之欲學者。以吏爲師。

《史記始皇本紀》若欲有學法令。以吏爲師。

吏主行政。師主教育。二者似不可兼。且專以法令爲學。學之途尤隘矣。而章實齋盛稱其法。謂爲三代舊典。

《文史通義》（章學誠）以吏爲師。三代之舊法也。秦人之悖於古者。禁詩書而僅以法律爲師耳。三代盛時。天下之學。無不以吏爲師。周官三百六十。天人之學備矣。其守官舉職而不墜天工者。皆天下之師資也。東周以還。君師政教不合於一。於是人之學術。不盡出於官司之典守。秦人以吏爲師。始復古制。而人乃狃於所習。轉以秦人爲非耳。秦之悖於古者多矣。猶有合於古者。以吏爲師耳。

蓋以吏爲師。猶能通知當世之務。視專讀古書而不知時事者。其爲教猶近古而較善耳。周代教民。最重讀法。漢之學僮。亦籀尉律。

《說文序》尉律。學僮十七以上。始試諷籀書九千字。乃得爲吏。　段玉裁曰。諷謂能背誦尉律之文。籀書謂能取尉律之義。推演發揮。即繕寫至九千字之多。

是周漢皆使人民學法令。以吏爲師也。秦法雖亡。其遺文猶存於漢律。

《漢書刑法志》蕭何攈摭秦法。取其宜於時者。作律九章。

言法律者。溯其淵源。不能外乎秦律。雖謂秦吏所授止於法令。其關係亦至鉅矣。

吾國刑法。見於書堯典呂刑及周官司寇職文者。均刑律之淵源。春秋時復有刑書。然不名律。言律實始於秦。按唐律疏。魏文侯師李悝。集諸國刑典。造法經六篇。一盜法。二賊法。三囚法。四捕法。五雜法。六具法。注。盜法。今賊盜律。賊法。今作僞律。囚法。今斷獄律。捕法。今捕亡律。雜法。今雜律。具法。今名例律是也。　商鞅傳授。改法爲律。注。改法爲律者。謂盜律。賊律。囚律。捕律。雜律。具律也。　漢相蕭何。更加悝所造戶興廄三篇。謂九章之律。注。戶者戶婚律。興者。擅興律。廄者。廄庫律。　魏因漢律。爲一十八篇。改漢具律爲刑名第一。晉命賈充等增損漢魏律。爲二十篇。於魏刑名律中分爲法例律。宋齊梁及後魏。因而不改。爰至北齊。併刑名法例爲名例。後周復爲刑名。隋因北齊更爲名例。唐因於隋。相承不改。此吾國舊律傳授之源流。自宋迄清。亦多沿唐律。至清季始改定新刑律。因吾國之習慣。採歐洲之法意。然亦未能盡變舊法也。

政府立法。恃國民之推行。民力不充。雖有良政府亦無如之何。民能自立。政府雖強暴壓制。亦不能阻其進取也。吾

觀秦史。頗見秦民進取之迹。如

《漢書高帝紀》詔曰。粵人之俗。好相攻擊。前時秦徙中縣之民。南方三郡。使與百粵雜處。會天下誅秦。南海尉它居南方。長治之。甚有文理。中縣人以故不耗減。粵人相攻擊之俗益止。

《史記貨殖傳》蜀卓氏之先。趙人也。用鐵冶富。秦破趙。遷卓氏。卓氏見虜畧。獨夫妻推輦行詣遷處。衆遷虜少有餘財。爭與吏求近處。處之葭萌。唯卓氏曰。此地狹薄。吾聞汶山之下。沃野。下有蹲鴟。至死不饑。工於市易賈。乃求遠遷。致之臨邛。大喜。即鐵山鼓鑄。運籌策。傾滇蜀之民。

由此推之。秦時南越滇蜀。皆賴中夏之民爲之開化。尉佗之文理。卓氏之籌策。特其著者耳。吾國人民之優秀。實冠絕於四裔。雖爲政府強迫遷徙。亦能自立於邊徼。故秦代謫戍移民之法。雖在當時爲暴虐。而播華風於榛狉之地。使野蠻之族。皆同化於中縣。其所成就。正非當時政府意計所及也。

第三十一章　漢代內外之開闢

秦室統一。纔十二年而陳項起擾亂七年。而天下爲劉氏一家所有。自高祖至平帝。凡二百零七年。光武至獻帝。凡百六十五年。中隔新莽更始。凡十九年。撫略言之。兩漢之世。實吾國行郡縣制以後統一最久之時。故外人皆稱吾國人爲漢人。而吾人自誇其政俗之美。亦津津曰兩漢。實則漢之政治。多沿秦法。間參以儒家之言。

【漢書元帝紀】元帝柔仁。好儒。見宣帝所用多文法吏。以刑名繩下。嘗侍宴。從容言陛下持刑太深。宜用儒生。宣帝作色曰。漢家自有制度。本以霸王道雜之。奈何純任德教。用周政乎。

初無特別之建設。其風俗則各地不同。亦未可以概論。惟其時之人。有功於吾國最大者。實在外拓國家之範圍。內闢僻壤之文化。使吾民所處炎黃以來之境域。日擴充而日平實焉。是不可以無述也。

漢承戰國及秦之後。用民之力最重。民亦習於力役。不以爲苦也。其時人人習兵。爲正卒。

【漢書高帝紀注】漢儀注云。民年二十三爲正。（景帝時改爲二十）一歲爲衛士。一歲爲材官騎士。習射御馳戰陳。年五十六衰老。乃得免爲庶民。就田里。

給役當地。兼須戍邊。不戍邊而納賦者。謂之過更。

【漢書昭帝紀注】如淳曰。更有三品。有卒更。有踐更。有過更。古者正卒無常人。皆當迭爲之。一月一更。是謂卒更也。貧者欲得顧更錢者。次直者出錢顧之。月二千。是謂踐更也。天下人皆直戍邊三日。亦名爲更。律所謂繇戍也。雖丞相子亦在戍邊之調。不可人人自行三日戍。又行者當自戍三日。不可往便還。因便住一歲一更。諸不行者。出錢三百入官。官以給戍者。是謂過更也。

論者謂漢之力役三十倍於古。古者役民不過三日實尚不止三十倍也。此外又有七科謫戍之法。

【漢書武帝紀】天漢四年。發天下七科謫。【注】張晏曰。吏有罪一。亡命二。贅壻三。賈人四。故有市籍五。父母有市籍六。大父母有市籍七。凡七科也。

時時徙民於邊。

【漢書武帝紀】元朔二年。募民徙朔方十萬口。元狩五年。徙天下姦猾吏民於邊。

而人民莫之怨畔。故吾謂漢代人民最能盡國民之義務。漢之國威澎漲。因亦迥絕古今。不可第歸美於一二帝王將相也。

漢時田租十五稅一。文景以後皆三十稅一。且有時全除其租。可謂輕矣。然其時人民有算賦。自十五至五十六。出錢人百二十。又有口賦。自七歲至十四。出錢人二十。又有貲算。人貲萬錢。取算百二十七。貧民亦以衣履釜鬵爲貲而算之。其往來徭戍者。道中衣裝悉自備。漢民負擔之重。蓋前此所未有也。

戰國時。燕趙秦楚皆務拓地。至秦統一。尤鋭意爲之。而多未竟。至漢承其業。益猛進焉。今爲分述於左。

（一）東方之開拓　朝鮮自周初立國。已被商周之文化。然中間交通不盛。燕秦築塞至浿水。燕齊趙人往者益多。於是燕人衛滿逐箕準而自王。吾國民之力及於朝鮮者。視周代蓋已大進。至漢武帝元封三年。朝鮮相參殺其王右渠來降。以其地為樂浪臨屯玄菟眞番四郡。漢之疆域。遂奄有今日朝鮮京畿江原二道以北之地。昭帝時。罷臨屯眞番二郡。又置樂浪東部都尉。至東漢光武建武六年。始省都尉官。棄單單大嶺以東之地。然樂浪玄菟猶內屬也。史記貨殖傳稱燕民東綰穢貉朝鮮眞番之利。是漢之拓東境。大有益於商業也。後漢書東夷傳稱自武帝滅朝鮮。倭使驛通於漢者三十許國。建武中元二年。倭奴國奉貢朝賀。光武賜以印綬。是漢之聲教。且由朝鮮而及於日本也。

（二）北方之開拓　古代北方諸族。曰匈奴。曰烏桓。曰鮮卑。秦漢時匈奴最強。烏桓鮮卑皆為所屛。惟吾國人能抗匈奴。始則以長城為界。繼且出塞築朔方郡。（漢武帝元朔二年·收河南地·置朔方五原郡·三年·城朔方城·）又收河西地。置酒泉。武威。張掖。燉煌四郡。漢之北境。軼於秦二千餘里。而匈奴或降或徙。烏桓亦為漢用焉。（後漢書烏桓傳武帝遣驃騎將軍霍去病擊匈奴左地·因徙烏桓于上谷漁陽右北平遼東五郡塞外·為漢偵察匈奴動靜·）東漢時。匈奴分為南北。南匈奴附漢。入宅河南。北匈奴為漢所破。漠北以空。而烏桓鮮卑漸以彊盛。論者多謂異族侵入中土。為漢族漸衰之端。然異族之人。實沐漢之文化。如匈奴古無文書。以言語為約束。至東漢時。單于比使人奉地圖求內附。是匈奴亦如華夏。有文字圖籍矣。

（三）西方之開拓　秦之西界。不過臨洮。漢武置四郡。始通西域。而張騫使大夏。見邛竹杖蜀布。知漢人之通西城久矣。漢之設官西域。自宣帝時始。天山南北。葱嶺東西諸國。悉屬漢之都護。治烏壘城。（今庫車縣）實今新疆省之中心也。自西漢神雀三年至東漢永初元年。漢威遠播。凡百六十載。（中間絕不置都護者。凡六十五載。）其後猶設西域長史屯柳中。（今新疆魯克沁回城。在土魯番之東。）轄葱嶺以東之地。雖各國自有君長。實與漢地無異。近年燉煌新出竹簡。有小學術數方技及屯戍文牘。意漢之文教。必遠及於葱嶺內外。小學諸書。卽其時學校課本。今所發見者雖在燉煌。其行於燉煌以西。固可必也。

（四）西南及南方之開拓　秦漢之間。西南各地。氐羌蠻夷閩粵諸族。與漢族錯處。或闢爲郡縣。而其俗未化。或仍其國族。而時煩征伐。經營累世。始漸同於中夏。其事複雜。與西北二方不同。宜以今地區分而研究之。

（甲）兩廣及安南之地　秦闢楊粵。僅置三郡。趙佗自立。役屬駱越。其地始及於安南。佗傳國五世。至武帝元鼎六年。滅之。分置六郡。其珠崖儋耳二郡。至元帝初元三年。復罷之。後漢書曰。凡交阯所統。雖置郡縣。而言語各異。重譯乃通。人如禽獸。長幼無別。後頗徙中國罪人。使雜居其間。乃稍知言語。漸見禮化。光武中興。錫光爲交阯。任延守九眞。於是敎其耕稼。制爲冠履。初設媒娉。始知姻娶。建立學校。導之禮義。此漢人開化越南之功也。建武十八年。馬援平徵側之亂。隨山刊道千餘里。立銅柱。爲漢之極界。（馬援銅柱。在今安南新州港之南。蓋漢界直抵越南之南圻也。）後漢書稱援所過。輒爲郡縣。治城郭。穿渠灌溉。以利其民。條奏越律與漢律駁者十餘事。與越人申明舊制。以約束之。自後駱越奉行馬將軍故事。今其民號曰馬留人。以此也。

（乙）四川雲貴之地　秦漢之時。巴蜀雖已置郡。而其地猶有巴氏蠻。板楯蠻等。今通江宣漢渠縣諸地、不盡以漢法治之也。其西南頗有夜郎滇莋邛都嶲昆明諸國。皆曰西南夷。漢武帝使唐蒙通道夜郎。置犍爲牂柯二郡。又以邛都爲越嶲郡。莋都爲沈黎郡。冉駹爲汶山郡。滇爲益州郡。天漢四年、幷沈黎於蜀郡、地節三年、又幷汶山於蜀郡、後漢明帝時。又以哀牢夷地置永昌郡。於是漢郡至今雲南保山縣瀾滄江之南。而徼外之撣人亦歸化。與大秦時通商焉。三國志注、大秦既從海北陸道、又循海而行、與交趾七郡外夷市、又有水道、通益州永昌、故永昌出異物、丁謙謂水道道永昌以達益州者、即緬甸伊拉瓦諦江也、漢書稱景帝末。文翁爲蜀郡守。見蜀地僻陋。有蠻夷風。欲誘進之。乃選郡縣小吏。遣詣京師受業博士。或學律令。數歲。成就還歸。以爲右職。又修起學官於成都市中。招下縣子弟。以爲學官弟子。蜀人由是大化。學於京師者。比齊魯焉。後漢書稱章帝時。王追爲益州太守。始興起學校。漸遷其俗。桓帝時。牂柯人尹珍。自以生於荒裔。不知禮義。乃從汝南許愼應奉受經書圖緯。學成還鄉里教授。於是南域始有學焉。此四川雲南貴州以次開化之證也。

（丙）湖北湖南之地　秦昭王始置黔中郡。漢改爲武陵。其地蠻族。仍各自爲部落。至後漢時。猶有澧中蠻。零陽蠻。充中蠻諸名。是今之澧縣及慈利永定等地。皆當時蠻夷之窟穴也。順帝時。武陵太守以蠻夷率服。可比漢人。增其租賦。然其後蠻人猶時反叛。屯結深山。蓋其開化反遲於川滇之地矣。建武中。南郡蠻反。徙之置江夏。號曰沔中蠻。和帝時。又徙巫縣蠻於江夏。於是江夏蠻數反。與廬江賊相接。是東漢時湖北黃州德安一帶之地。實多蠻族。後且蔓延至於安徽也。魏書稱蠻之種類、其來自久、部落滋蔓、布於數州、東連壽春、西通上洛、北接汝潁、往往有焉、是漢晉以後、蠻且雜處河洛也、後漢書度尚傳。

抗徐守宣城長移深林遠藪椎髻鳥語之人置於縣下。蓋其時安徽各地。亦多未開化之民矣。三國時丹楊郡多山越時勞征伐。王鳴盛十七史商榷。詳考山越之事跡曰。山越者。自周秦以來。南蠻總稱百越。伏處深山。故名山越。丹楊山越頑抗。大約尤在與新都鄱陽鄰接處今徽寧二府。與江西饒州界。萬山環繞。正山民負固不服地。

（丁）浙江福建之地、漢初封無諸為閩粵王。都冶。又立搖為東海王。都東甌。其後東甌悉衆徙中國。處江淮之間。而閩粵分立東粵。未幾又徙其民於江淮。故西漢會稽郡雖廣。而自今臨海黃巖以南。殆虛無人居。東漢時。設章安永寧章安今臨海。永寧今永嘉。侯官今縣等縣。海濱之地。始漸開拓矣。

由此觀之。漢之南部。雖立郡縣。其文化遠遜於江淮以北。經數百年。始漸同於中土。先民勞苦經營。遂造成今日中華民國大半之地。而南北風氣之暌隔。亦由於開化之時有遲速之不同。讀史者所最宜究心者也。又其時陝甘之地。亦未盡開化。武帝以白馬氐地置武都郡。即今武都寧羌等縣也。宣帝時先零羌擾河湟。趙充國以屯田之策制之。至王莽時置西海郡。則關地至今之青海矣。東漢之世。氐羌諸族。時服時叛。或徙其人。或置屯田。皆勞漢族之力以鎮撫之。故今日甘肅各地回族。自為風氣。其來有自。

《後漢書》湟中月氏。其先大月氏之別也。月氏分散來降。與漢人錯居。其被服飲食言語。略與羌同。依諸羌居止。遂與共婚姻。

按大月氏為土耳其族。湟中月氏與羌人混合。實今日甘肅回人之祖。

而異族雜處。仍無礙於吾國郡縣之制。亦可以見漢族勢力之偉矣。

雖然。漢代治地之法。亦有區別。漢書百官公卿表曰。有蠻夷曰道。西漢之道。凡三十二。至東漢時。有改為縣者。有仍為道者比而觀之。亦可以見其進化之迹焉。

西漢縣道表

【地名】	【所屬】	【沿革】	【今地】
翟道	左馮翊	東漢無	中部縣西北
除道	北地	東漢無	未詳
義渠道	北地	東漢無	寧縣西北
戎邑道	天水	東漢無	清水西北
獂道	天水	東漢同	隴西東南
氐道	隴西	東漢無	秦縣東南
羌道	隴西	東漢同	岷縣東南
嚴道	蜀郡	東漢同	滎經
汶江道	蜀郡	東漢同	茂縣
剛氐道	廣漢	東漢同	平武
武都道	武都	東漢同	成縣東

【地名】	【所屬】	【沿革】	【今地】
狄道	隴西	東漢同	今縣
畧畔道	北地	東漢無	今水慶陽
雕陰道	上郡	東漢縣	鄜縣北
畧陽道	天水	東漢無	秦安東北
緜諸道	天水	東漢無	秦縣東
予道	隴西	東漢無	狄道西南
月氏道	安定	東漢無	鎮原東北
湔氐道	蜀郡	東漢同	松潘
甸氐道	廣漢	東漢同	文縣東北
陰平道	廣漢	東漢同	文縣
故道	武都	東漢同	鳳縣西北

平樂道	武都	東漢無	成縣西南
循成道	武都	東漢無	成縣南
僰道	犍爲	東漢同	宜賓
夷道	南郡	東漢縣	宜都
泠道	零陵	東漢縣	道縣
嘉陵道	武都	東漢無	禮縣
下辨道	武都	東漢縣	武都
靈關道	越巂	東漢同	蘆山西北
營道	零陵	東漢縣	寧遠西南
連道	長沙	東漢縣	湘鄉

第三十二章　兩漢之學術及文藝

周秦之學術思想。至兩漢而結局。凡漢人之所從事。大抵爲古人作功臣。不能特別有所創造。然因古代文明之遞嬗。亦能於保存之中演爲新製。而國基大定。疆域遼廓。又足以生國民宏大優美之思想。未可概以因襲鄙之也。又凡漢人之著作。與其所研究者。不盡傳於後。觀漢書藝文志及錢大昭補續漢書藝文志。其書之亡逸者夥矣。以今所存。遽下定論。殊爲未安。姑就著於世者比而論之。其學術文藝。猶有千門萬戶之觀。是可知漢人於吾國之文明。既善繼往。兼能開來。非如後之言漢學者。第以經義訓詁爲一朝之學也。

世多謂漢武帝絀諸子。崇儒學。爲束縛思想之主因。然古先聖哲思想之流傳。實武帝之功。以功爲罪。正與事實相反。觀藝文志。卽可知其說之不然。

《漢書藝文志》漢興。改秦之敗。大收篇籍。廣開獻書之路。迄孝武世。書缺簡脫。禮壞樂崩。聖上喟然稱曰。朕甚閔焉。於是建藏書之策。置寫書之官。下及諸子傳說。皆充秘府。

蓋漢初猶存挾書之律。惠帝雖除之。

《漢書惠帝紀》四年。除挾書律。

其民間之收藏隱祕。猶未盡敢公布。至孝武而後諸子傳說與六藝之文始並充於祕府。惡得以董仲舒衞綰之言。遽謂武帝能黜百家乎。

《漢書董仲舒傳》自武帝初立。魏其武安侯爲相。而隆儒矣。及仲舒對册。推明孔氏。抑黜百家。立學校之官。州郡舉茂材孝廉。皆自仲舒發之。

《漢書武帝紀》建元元年冬十月。詔丞相御史列侯中二千石二千石諸侯相。舉賢良方正直言極諫之士。丞相綰奏所舉賢良。或治申商韓非蘇秦張儀之言。亂國政。請皆罷。奏可。

武帝以後。學者猶兼治諸子百家之學。

《漢書藝文志》成帝時。以書頗散亡。使謁者陳農求遺書於天下。詔光祿大夫劉向校經傳諸子詩賦。步兵校尉任宏。太史令尹咸校數術。侍醫李柱國校方技。每一書已。向輒條其篇目。撮其指意。錄而奏之。會向卒。哀帝復使向子侍中奉車都尉歆。卒父業。歆於是總群書而奏其七畧。故有輯畧。有六藝畧。有諸子畧。有詩賦畧。有兵書畧。有術數畧。有方技畧。

使武帝時禁人攻習異端。則向歆父子何必校定諸書乎。

漢以經書立學官。亦沿古者官學之法。如王制所謂樂正崇四術立四教。春秋教以禮樂。冬夏教以詩書。非漢人之創制也。至平帝時。廣徵學者。

《漢書平帝紀》元始五年。徵天下通知逸經古記天文歷算鍾律小學史篇方術本草。及以五經論語孝經爾雅教授者。在所爲駕一封軺傳遣詣京師至者數千人。

復不限於經生。足知西漢末年人之爲學廣出諸途。不第專以經學教授也。漢初已有博士。

《漢書儒林傳》轅固。齊人也。以治詩孝景時爲博士。　韓嬰。燕人也。孝文時爲博士。　胡毋生。字子都。齊人也。治公羊春秋。爲景帝博士。

《後漢書翟酺傳》孝文皇帝始置一經博士。

武帝時。初置五經博士。至東漢時。凡十四家。

《宋書百官志》(沈約)漢武建元五年。初置五經博士。宣成之世。五經家法稍增。經置博士一人。至東京凡十四人。

《續漢書百官志》博士祭酒一人。六百石。本僕射。中興轉爲祭酒。博士十四人。皆六百石。本注曰。易四。施孟梁丘京氏。尚書三。歐陽大小夏侯氏。詩三。魯齊韓氏。禮二。大小戴氏。春秋二。公羊嚴顏氏。掌教弟子。國有疑事。掌承問對。本四百石。宣帝增秩。

其任用出於保舉。

《後漢書朱浮傳》注。引漢官儀曰。博士。秦官也。武帝初置五經博士。後增至十四人。太常差選有聰明威重一人爲祭酒。總領綱紀。其舉狀曰。生事愛敬。喪沒如禮。通易尚書孝經論語。兼綜載籍。窮微闡奥。隱居樂道。不求聞達。身無金痍痼疾。其六屬不與妖惡交通。王侯賞賜。行應四科。經任博士。下言某官某甲保舉。

然後策試。蓋重其選也。

〔後漢書朱浮傳〕舊事策試博士。必廣求詳選。爰自畿夏。延及四方。是以博舉明經。唯賢是登。

學官弟子。初置五十人。後以次增至數千人。

〔漢書儒林傳〕爲博士官置弟子五十人。復其身。太常擇民年十八以上。儀狀端正者。補博士弟子。郡國縣官有好文學。敬長上。肅政教。順鄉里。出入不悖所聞。令相長丞上屬所二千石。二千石謹察可者。常與計偕。詣太常。得受業如弟子。昭帝時。增博士弟子員滿百人。宣帝末。增倍之。元帝更爲設員千人。成帝末。增弟子員三千人。平帝時。王莽秉政。增元士之子得受業如弟子。勿以爲員。三國志王朗傳注。稱西京學官博士七千餘人。蓋指西漢末年博士弟子也。

後漢國學尤盛。順帝以降。太學至三萬餘生。

〔後漢書儒林傳〕建武五年。修起太學。其後復爲功臣子孫四姓末屬。別立校舍。搜選高能。以受其業。自安帝覽政。薄於藝文。博士倚席不講。朋徒相視怠散。學舍頹敝。鞠爲園蔬。順帝更修黌宇。凡所搆造。二百四十房。千八百五十室。自是遊學增盛。至三萬餘生。

按東漢太學有二百四十房。千八百五十室。是蓋從古未有之大學校也。以三萬餘學生居千八百室。殆六室而居百人。就後漢書考之。其時太學生所居之室。蓋甚寬大。如仇覽傳稱覽入太學時。諸生同郡符融有高名。與覽比宇。賓客盈室。覽常自守。不與融言。融乃謂曰。與先生同郡壤。鄰房牖。守之何固。覽不與言。融以告郭林宗。因與融齎刺就房謁之。遂請留宿。林宗嗟歎。下牀爲拜。是學生所居之室。日中可接賓客。夜可留賓止宿。必大於今日學校寄宿舍矣。又其時講舍與宿舍異處。如朱祐傳。祐初學長安。帝往候之。祐不時相勞苦。而先升講舍。後車駕幸其第。帝因笑曰。主人得無捨我講乎。是其學生宿舍與講舍不連之證。宿舍中有客至。而學生升講舍聽講。不與賓相勞苦。殆講授有定時。不敢缺席之故歟。

學生之勢力至於左右朝政。則興學之效也。

《後漢書黨錮傳》太學諸生三萬餘人。更相褒重。危言深論。不隱豪强。公卿以下。莫不畏其貶議。屣履到門。

武帝以前。郡國未有學校。而閭里自有書師。見漢書藝文志　自文翁在蜀立學堂。

《漢書循吏傳》文翁。廬江舒人也。景帝末爲蜀郡守。見蜀地僻陋。有蠻夷風。文翁欲誘進之。乃選郡縣小吏。開敏有材者。張叔等十餘人。親自飭厲。遣詣京師。受業博士。或學律令。減省少府用度。買刀布蜀物。齎計吏。以遺博士。觀此．可知漢時各地學者受業博士者．須自出費．蜀中學生．由官選派．故文翁以官款買蜀物齎計吏以遺博士．顏師古曰。文翁學堂。於今猶在益州城內。

《水經注》文翁爲蜀守。立講堂。作石室於城南。永初後。學堂遇火。後守更增二石室。

武帝乃令天下郡國皆立學校官。王莽柄國。特尚學術。郡國鄉聚皆有學校。

《漢書平帝紀》元始三年。立學官。郡國曰學。縣道邑侯國曰校。校學置經師一人。鄉曰庠。聚曰序。序庠置孝經師一人。

東漢開國君臣。大都其時學校所養成也。

《後漢書光武本紀》王莽天鳳中。之長安。受尚書。畧通大義。《鄧禹傳》年十三。能誦詩。受業長安。時光武亦遊學京師。《耿純傳』父艾。爲王莽濟平尹。純學於長安。因除爲納言士。『景丹傳』少學長安。王莽時舉四科。『卓茂傳』茂元帝時學於長安。事博士江生。習詩禮及歷算。究極師法。稱爲通儒。

『東觀漢記』光武受尚書於中大夫廬江許子威。資用乏。與同舍生韓子合錢買驢。令從者僦以給諸公費。

班固東都賦曰。四海之內。學校如林。庠序盈門。以後漢書諸傳證之。北至武威。

『後漢書任延傳』延爲武威太守。造立校官。自掾吏子孫。皆令詣學受業。

南至桂陽。

『後漢書衛颯傳』爲桂陽太守。下車。修庠序之教。

『後漢書李忠傳』爲丹陽太守。以丹陽越俗。不好學。乃爲起學校。習禮容。

僻壤蠻陬。並有學校。

『金石萃編』(王昶)溧陽長潘乾校官碑。遠人聆聲景附。樂受一廛。旣來安之。復役三年。惟泮宮之教。反失俗之禮。構修學官。宗懿招德。今此碑尚在溧水縣學

信其語爲不誣矣。西漢大師弟子之多。不過千餘人。

『漢書儒林傳』申公歸魯。退居家教。終身不出門。復謝賓客。獨王命召之乃往。弟子自遠方至受業者千餘人。

東漢諸儒。家居教授者。指不勝屈。其弟子之多。亦過於西漢之經師。

『後漢書牟長傳』諸生講學者。常有千餘人。著錄前後萬人。『宋登傳』教授數千人。『杜撫傳』弟子千餘人。『丁恭傳』諸生自遠方至者。著錄數千人。『樓望傳』諸生著錄九千餘人。『謝該傳』門徒數百千人。『蔡玄傳』門徒常千人。其著錄者萬六千人。

師各有錄。載其門徒。

『後漢書李膺傳』膺詣詔獄考死。妻子徙邊。門生故吏及其父兄。並被禁錮。時侍御史蜀郡景毅子顧爲膺門徒。而未有錄牒。故不及於譴。毅乃慨然曰。本謂膺賢。遣子師之。豈可以漏奪名籍。苟安而已。遂自表免歸。時人義之。

門徒多者。不能徧教。則使高業弟子。以次相傳。

『後漢書馬融傳』融才高博洽。爲世通儒。教養諸生。常有千數。涿郡盧植。北海鄭玄。皆其徒也。弟子以次相傳。鮮有入其室者。

『鄭玄傳』造太學受業。師事京兆第五元。先始通京氏易。公羊春秋。三統歷。九章算術。又從東郡張恭祖受周官。禮記。左氏。春秋。韓詩。古文尚書。以山東無足問者。乃西入關。因涿郡盧植事扶風馬融。融門徒四百餘人。升堂進者五十餘生。融素驕貴。玄在門下三年。不得見。乃使高業弟子傳受於玄。玄日夜尋誦。未嘗怠倦。會融集諸生考論圖緯。聞玄善算。乃召見於樓上。玄因從質諸疑義。

私家傳授之盛。古所未有也。

漢人講學。必從師者。以家無書籍。傳寫不易。非專家之師。授以章句。無由得師而成學也。

《漢書儒林傳》孝文時。求能治尚書者。天下亡有。聞伏生治之。欲召。時伏生年九十餘。老不能行。於是詔太常使掌故朝錯往受之。衞宏定古文尚書序云，伏生老，不能正言，言不可曉也，使其女傳言教錯，齊人語多與潁川異，錯所不知者凡十二三，略以其意屬讀而已。

孟喜好自稱譽得易家候陰陽災變書。詐言師田生且死時。枕喜膝。獨傳喜。諸儒以此耀之。

《後漢書荀悅傳》家貧無書。每之人間。所見篇牘。一覽多能誦記。

《後漢書王充傳》家貧無書。常遊洛陽市肆。閱所賣書。一見輒能誦憶。

後漢時雖已有賣書於肆者。疑亦祇京師有之。而僻壤遐陬。仍苦無書。以此之故。從師受業者。往往不遠千里。或傭作執苦以助讀書之資。其時書籍。尚多用簡帛。

《漢書補注》(沈欽韓)劉向上晏子列子奏。並云以殺青書可繕寫。然則其錄奏者。並先殺青書簡也。御覽六百六引風俗通云。劉向別錄。殺青者。直治竹作簡書之耳。新竹有汗。善朽蠹。凡作簡者。皆先火上炙乾之。陳楚間謂之汗。汗者去其汁也。吳越曰殺。殺亦治也。向爲孝成皇帝典校書籍二十餘年。皆先書竹。改易刊定。可繕寫者。以上素也。

《後漢書吳祐傳》父恢。爲南海太守。祐年十二。隨從到官。恢欲殺青簡以寫經書。祐諫曰。此書若成。則載之兼兩。

後漢時。始有蔡侯紙。

《後漢書蔡倫傳》自古書契。多編以竹簡。其用縑帛者。謂之爲紙。縑貴而簡重。並不便於人。倫乃造意。用樹膚麻頭及敝布魚網以爲紙。元興元年奏上之。帝善其能。自是莫不從用焉。故天下咸稱蔡侯紙。

是實吾國文化之一大利器也。（韓愈毛穎傳。以毛筆蒙恬所造。是亦文明利器之一。然恬傳未載。不若紙之始於蔡倫。明見史傳也。）顧傳寫雖便。而經籍未有定本。亦難免於譌誤。於是有石經之刻。

《後漢書蔡邕傳》邕以經籍去聖久遠。文字多謬。俗儒穿鑿。疑誤後學。熹平四年。乃與五官中郎將堂谿典。光祿大夫楊賜。諫議大夫馬日磾。議郎張馴韓說。太史令單颺等奏求正定六經文字。靈帝許之。邕乃自書册於碑。使工鐫刻。立於太學門外。於是後儒晚學。咸取正焉。及碑始立。其觀視及摹寫者。車乘日千餘兩。填塞街陌。 注。引洛陽記曰。太學在洛陽城南開陽門外。講堂長十丈。廣二丈。堂前石經四部本碑。凡四十六枚。西行尚書周易公羊傳十六碑存。十二碑毁。南行禮記十五碑悉崩壞。東行論語三碑。二碑毁。禮記碑上有諫議大夫馬日磾議郎蔡邕名。

其議倡於蔡邕。而成於李巡等。

《金石萃編》邕傳稱同奏者五官中郎將堂谿典。光祿大夫楊賜。諫議大夫馬日磾。議郎張馴韓說。太史令單颺等。而公羊傳後別有諫議大夫趙[illegible]。議郎劉宏。郎中張文蘇陵傅楨。論語後別有博士左立。郎中孫表。疑當時同與此事者尚多。而史畧不載也。考盧植傳。植由廬江太守徵拜議郎。與諫議大夫馬日磾。議郎蔡邕楊彪韓說等並在東觀。校中書五經傳記。是楊彪盧植亦嘗同校五經。又呂强傳稱汝陽李巡白帝。與諸儒共刻五經文於石。於是蔡邕等正定其文。則刻經之議。雖創於邕。而其得蒙詔許。實由李巡之功。

自熹平四年。至光和六年。凡九年。始畢。其工之艱鉅。亦自古所未有也。迄今閱千七百餘年。而是經之殘字。猶存於世。是豈宋元板本所可及耶。

《金石萃編》漢石經殘字。共十一段。翁方綱彙摹其文。刻於南昌官舍。石經殘字存者止此。而讀其遺文。猶可以見鴻都之舊。

兩漢同重經學。而學術風氣不同。西漢多治今文。罕治古文。東漢則今古文並立。前漢今文說。專尚微言大義。後漢治古文。多詳章句訓故。此兩漢經學之別也。

《經學歷史》（皮錫瑞）今文者。今所謂隸書。古文者。今所謂籀書。隸書漢世通行。故當時謂之今文。籀書漢世已不通行。故當時謂之古文。許愼謂孔子寫定六經。皆用古文。然則孔氏與伏生所藏書。亦必是古文。漢初發藏。以授生徒。必改爲通行之今文。乃便學者誦習。故漢立博士十四。皆今文家。而當古文未興之前。未嘗別立今文之名。史記儒林傳云。孔氏有古文尚書。安國以今文讀之。乃就尚書之今古文字而言。而魯齊韓詩。公羊春秋。史記不云今文家也。至劉歆始增置古文尚書毛詩周官左氏春秋。既立學官。必創說解。後漢衛宏賈逵馬融又遞爲增補。以行於世。遂與今文分道揚鑣。

近人以孟荀墨韓吳子司馬法諸書。多與今文家說合。並引爲今學。

《今古學考今學書目表》（廖平）治今學者。祇許據此表書。不得雜古學。　王制　穀梁春秋　公羊春秋　儀禮記　戴記今學各篇。王制千乘四代虞戴德冠義昏義鄉飲酒義射義燕義覲義聘禮祭統主言哀公問禮三本喪服四制　孟子　荀子　墨子　司馬法　韓非子　吳子　易緯　尚書大傳　春秋繁露　韓詩外傳　公羊何氏解詁　皆今存本

《古學書目表》治古學者。祇許據此表書。不得雜今學。　周禮　左氏春秋　儀禮經　戴記古學各篇　逸周書　國語　說文　皆今存本

則今古文之範圍。兼當包括諸子矣。西漢之人。多專一經。東漢則多兼通。所著解說。動輒數十萬言。〔後漢書周防傳〕撰尚書雜記三十二篇。四十萬言。〔伏恭傳〕爲齊詩章句二十萬言。〔景鸞傳〕著述凡五十餘萬言。是亦學術進步之證。鄭玄兼治今古文家法。徧注羣經。凡百餘萬言。黃巾賊皆知其名。不犯其境。東漢人之知重學者。亦一最美之風氣也。〔後漢書鄭玄傳〕凡玄所注。周易。尚書。毛詩。儀禮。禮記。論語。孝經。尚書大傳。中候。乾象曆。又著天文七政論。魯禮禘祫義。六藝論。毛詩譜。駁許愼五經異義。答臨孝存周禮難。凡百餘萬言。 建安元年。自徐州還高密。道遇黃巾賊數萬人。見玄皆拜。相約不敢入縣境。

漢人之學。不專治經也。周秦諸子之學。漢時實能綜括而章明之。七略所載諸子。凡百八十九家。四千三百二十四篇。據漢書藝文志 至魏晉以降。始次第淪佚。故有功於諸子者。莫漢若也。以兩漢書諸傳考之。有專治一家之學者。有以一家之學教授後生者。其風氣蓋與經學家無殊。如蓋公善治黃老。曹參請之言治。見參傳 司馬談習道論於黃子。司馬遷傳注。景帝時人也。儒林傳謂之黃生。 楊王孫學黃老之術。本傳 耿況學老子於安丘先生。耿弇傳 淳于恭善說老子。本傳 范升習老子。教授後生。本傳 矯愼少學黃老。本傳 是皆道家之學。不獨竇太后好黃老。楚王英喜黃老也。此純爲秦以前之道家。若燕齊西漢之方士。則出於陰陽家。與道家不同。後漢張陵及子衡孫魯等。造作道書。以惑百姓。則後世道家之祖。亦非秦以前道家之學。是宜分別考之。 鼂錯學申商刑名於軹張恢生所。本傳 陽球好申韓之學。本傳 是申商韓非之學。實綿延於兩漢。而漢世以法律名者尤夥。雖不盡傳諸子之說。要當屬於法家。

西漢以法學著者。如路溫舒學律令。杜延年明法律。鄭昌鄭弘皆通法律。於定國少學法於父。鄭崇父賓明法律。丙吉治律令及文翁遣小吏詣京師學律令。皆見於漢書諸傳。東漢郭躬父弘習小杜律。躬少傳父業。講授徒衆常數百人。自弘後數世皆傳法律。侯霸從鍾寧君受律。鍾皓善刑律。以律教授。皆見於後漢書。

主父偃學長短縱橫術。著書二十八篇。與蒯通、徐樂、嚴安、聊蒼等所著之書。皆著於藝文志。是皆漢之縱橫家也。田蚡學盤盂書。爲雜家。而淮南王、東方朔之書。亦著於志。其農家之董安國、尹都尉、氾勝之等。皆漢人也。小說家有虞初周說九百四十三篇。百家百三十九卷。張衡西京賦至謂小說本自虞初。（虞初河南人。武帝時以方士侍中。號黃車使者。其說以周書爲本。）則其盛可想。通計漢之學術。遜於戰國者。惟名家及墨家。然漢人所見名家墨家之書猶夥。非若今之抱殘守缺。徒摭拾一二語。以斷定某家性質之比也。

漢之經師多通陰陽之學。如董仲舒以春秋災異推陰陽所以錯行。高相專說陰陽災異。京房長於災變。翼奉好律歷陰陽之占。皆西漢之經學大師也。其後則由陰陽家而變爲讖緯。據後漢書樊英傳。則讖緯之學與京氏易同出於一原。

《後漢書方術傳》樊英少受業三輔。習京氏易。又善風角、筭、河洛七緯。推步災異。《注》七緯者。易緯。稽覽圖。乾鑿度。坤靈圖。通卦驗。是類謀。辨終備也。書緯。璇璣鈐。攷靈曜。刑德放。帝命驗。運期授也。詩緯。推度災。記歷樞。含神霧也。禮緯。含文嘉。稽命徵。斗威儀也。樂緯。動聲儀。稽耀嘉。叶圖徵也。孝經緯。援神契。鉤命決也。春秋緯。演孔圖。元命苞。文耀鉤。運斗樞。感精符。合誠圖。考異郪。保乾圖。漢含孳。佐助期。握誠圖。潛潭巴。說題辭。

後漢學者。大抵皆攻此學。

〔後漢書李通傳〕通好星歷讖記。〔蘇竟傳〕善圖律能通百家之言。〔翟酺傳〕尤善圖讖。〔劉瑜傳〕善圖讖。〔魏朗傳〕學春秋圖緯〔薛漢傳〕善說災異讖緯。〔廖扶傳〕尤明天文讖緯。〔韓說傳〕尤善圖緯之學。

或以漢書不載緯書疑之。然自史傳外。當代碑版。稱述尤甚。

〔說緯〕（朱彝尊）緯讖之書。相傳始於西漢哀平之際。而小黃門譙敏碑。稱其先故國師譙贛深明典奧讖錄圖緯。能精微天意。傳道與京君明。則是緯讖遠本於譙氏京氏也。東漢之世。以通七緯者爲內學。通五經者爲外學。其見於范史者無論。謝承後漢書稱姚浚尤明圖緯秘奧。又稱姜肱博通五經。兼明星緯。載稽之碑碣。於有道先生郭泰。則云考覽六經。探綜圖緯。於太傅胡廣。則云探孔子之房奧。於琅邪王傅蔡朗。則云包洞典籍。刋摘沈秘。於中郎周勰。則云總六經之要。括河洛之機。於大鴻臚李休。則云既綜七籍。又精群緯。於國三老袁良。則云親執經緯。隱括在手。於太尉楊震。則云明河洛緯度。窮神知變。於山陽太守祝睦。則云七典並立。又云該洞七典。探頤窮神。於成陽令唐扶。則云綜緯河洛。咀嚼七經。於酸棗令劉熊。則云效五經之緯圖。兼古業覈其妙。七業勃然而興。於高陽令楊著。則云窮七道之奧。於郃陽令曹全。則云甄極毖緯。靡文不綜。於蘩長蔡湛。則云少耽七典。於從事武梁。則云兼通河洛。於冀州從事張表。則云該覽群緯。靡不究窮。於廣漢屬國都尉丁魴。則云兼究秘緯。於廣漢屬國侯李翊。則云通經綜緯。蓋當時之論。咸以內學爲重。

俞氏謂緯在太史。不在祕書。說頗有理。

《癸巳類稿緯書論》(俞正燮)漢書藝文志不載者。以緯在太史。不在秘書也。後漢緯始入秘府。隋經籍志有緯八十一種。唐六典秘書郎甲部九日圖緯。以紀六經讖候。注云河圖等十三部九十二卷。知東漢至唐皆在秘書。更魏隋焚緯。但書民間傳本。廷臣議禮。師儒說經。猶檢緯。則漢志不載緯。無可疑也。

欲知漢代學者之家法。不可不知緯學也。

漢人之學兼通天人。故定儒者之名義。以通天地人爲標準。

《楊子法言》通天地人爲儒。

漢志所載天文歷譜五行諸書。其學皆本於太古。而其書多出於漢。

《漢書藝文志》天文二十一家。四百四十五卷。 歷譜十八家。六百六卷。 五行三十一家。六百五十二卷。

漢之史官。又有世傳天文之書。不在藝文志引諸書之內。太史公著天官書。史家之專門學也。

《史記索隱》天文志皆甘氏星經文。而志文兼載石氏。石氏名申。甘氏名德。

《後漢書天文志》唐虞之時。羲仲和叔。夏有昆吾。湯則巫咸。周之史佚萇弘。宋之子韋。楚之唐蔑。魯之梓愼。鄭之裨竈。魏石申夫。齊國甘公。皆掌天文之官。仰占俯視。以佐時政。秦燔詩書。以愚百姓。六經典籍。殘爲灰炭。星官之書。全而不毀。漢興。景武之際。司馬談之子遷。以世黎氏之後。爲太史令。遷著史記。作天官書。

元成之時。劉向專說災異。撰洪範五行傳。其說多穿鑿附會。東漢諸儒。精於天文星算者尤衆。

楊厚受天文推步之術於父統。　襄楷善天文陰陽之術。　翻瑜善天文歷算之學。　任文孫曉天官風星秘要。　廖扶尤明天文推步。均見後漢書本傳

而張衡之制作。尤爲漢代一大事。

『後漢書張衡傳』衡善機巧。尤致思於天文陰陽歷算。爲太史令。妙盡璣衡之正。作渾天儀。著靈憲算罔論。言甚詳明。陽嘉元年。復造候風地動儀。以精銅鑄成。員徑八尺。合蓋隆起。形似酒尊。飾以篆文山龜鳥獸之形。中有都柱。傍行八道。施關發機。外有八龍。首銜銅丸。下有蟾蜍。張口承之。其牙機巧制。皆隱在尊中。覆蓋周密無際。如有地動。尊則振龍。機發吐丸。而蟾蜍銜之。振聲激揚。伺者因此覺知。雖一龍發機。而七首不動。尋其方面。乃知震之所在。驗之以事。合契若神。同時崔瑗稱之曰。數術窮天地。制作侔造化。

蓋漢人之學。皆重實驗。積往古之學說。因當時之風氣。遂有發明製造之專家。惡得以其器之不傳。遂謂漢學無足稱哉。

吾國醫藥之學。其源甚遠。而本草素問等書。皆至漢始顯。

本草之名。見於漢書平帝紀。又樓護傳有誦醫經本草方術數十萬言之語。

玉海六十三引張仲景傷寒卒病論云。撰用素問。

漢志詳載醫經經方等書。

〔漢書藝文志〕醫經七家二百一十六卷。經方十一家二百七十四卷。

太史公作扁鵲倉公傳。臚舉其方術。知漢人極重醫學矣。秦不焚醫藥之書。故古書至漢俱在。

〔史記扁鵲倉公傳〕意受陽慶禁方。傳黃帝扁鵲之脈書五色診病。

俞跗解剖之術。至漢末猶有能之者。

〔史記扁鵲倉公傳〕上古之時。醫有俞跗。治病不以湯液醴灑鑱石橋引案杬毒熨。一撥見病之應。因五臟之輸。乃割皮解肌。訣脈結筋搦髓腦揲荒爪幕。湔浣腸胃。漱滌五臟。練精易形。

〔後漢書華佗傳〕佗精於方藥。針藥所不能及者。乃令先以酒服麻沸散。既醉無所覺。因刳破腹背。抽割積聚。若在腸胃。則斷截湔洗。除去疾穢。既而縫合。傅以神膏。四五日創愈。一月之間皆平復。

蓋古人精於全體之學。刳殺剖割。初非異事。與今世西人之治病相同。王莽以獄囚解剖。亦此意也。

〔漢書王莽傳〕捕得翟義黨王孫慶。使太醫尚方與巧屠共刳剝之。量度五臟。以竹筳導其脈。知所終始。云可以治病。

世稱難經出於黃帝。歷傳至華佗以及黃公曹元。

〔黃帝八十一難經序〕(王勃)岐伯以授黃帝。黃帝歷九師以授伊尹。伊尹以授湯。湯歷六師以授太公。太公以授文王。文王歷九師以授醫和。醫和歷六師以授秦越人。秦越人始定立章句。宋崇文總目。卽稱難經爲秦越人撰。歷九師以授華佗。華佗歷六師以授黃公。

黃公以授曹元。

而漢史謂佗臨死燒其書。

『後漢書華佗傳』佗臨死出一卷書與獄吏曰。此可以活人。吏畏法。不敢受。佗亦不强索火燒之。

豈所燒者止破腹斷腸之法。而難經則先已傳於人歟。後世醫家獨祖張機。於一切病。惟恃診脈處方之術。是漢代實古今醫法變遷之樞。張機之名。不見於史。疑漢時其名並不甚著。然依其法以治病。訖今獨有甚驗者。知漢人之於醫術。實積古代千萬年之經驗。而有專門之師授。初未可以厚非也。

『四庫書目』金匱要畧。漢張機撰。機字仲景。南陽人。嘗舉孝廉。建安中官至長沙太守。此書上卷論傷寒。中論雜病。下載其方。幷療婦人。自宋以來。醫家奉爲典型。與素問難經並重。得其一知半解。皆可以起死回生。則亦岐黃之正傳。和扁之嫡嗣矣。

漢時小學。兼重書算。

『漢書律歷志』數者。一十百千萬也。所以算數事物。順性命之理也。其法在算術。宣於天下。小學是則。職在太史。羲和掌之。

蓋仍周代保氏教六書九數之法。故漢人多通算學。鄭玄通九章算術。著於史傳。

『後漢書鄭玄傳』通九章算術。『注』九章算術。周公作也。凡有九篇。方田一。粟米二。差分三。少廣四。均輸五。方程六。旁要七。盈不足八。鉤股九。

而藝文志不載九章。其小學十家。四十五篇。但載講授文字之書。蓋九章算術。職在太史。非祕書所掌。故向歆校書。

不存其目。後世不知漢代官學之系統。僅據漢志。目文字爲小學。此學術名義所當改正者也。漢代文字隨時增益。其初教小學之書。僅三千餘字。後以次增至九千餘字。

【說文序】凡倉頡以下十四篇。凡五千三百四十字。群書所載。略存之矣。　【段玉裁注】倉頡以下十四篇。謂自倉頡至於訓纂。共十有四篇。篇之都數也。五千三百四十字。字之都數也。藝文志曰。漢時閭里書師合倉頡爰歷博學三篇。斷六十字以爲一章。凡五十五章。并爲倉頡篇。此謂漢初倉頡篇祇有三千三百字也。志又曰。武帝時。司馬相如作凡將篇。無複字。元帝黃門令史游作急就篇。成帝時將作大匠李長作元尙篇。皆倉頡中正字。凡將則頗有出矣。此謂三家所作。惟凡將之字有出倉頡篇外者也。志又曰。元始中。徵天下通小學者以百數。各令記字於庭中。楊雄取其有用者。以作訓纂篇。順續倉頡。又易倉頡中重複之字。凡八十九章。此謂雄所作訓纂凡三十四章。二千四十字。合五十五章。三千三百字。凡八十九章。五千三百四十字也。自楊雄作訓纂以後。班固作十三章。和帝永元中。郎中賈魴又作滂喜篇。懷瓘書斷云。倉頡訓纂八十九章。合賈廣班三十四章。凡百二十章。文字備矣。按八十九章。五千三百四十字。又增三十四章。二千四十字。凡七千三百八十字。　許書凡九千三百五十三文。蓋五千三百四十字之外。他采者四千十三字。

司馬相如揚雄班固賈魴許愼等所增之字。或出採輯。或出創造。未可斷定。然四百年間。人民通用之字。增至六千五十有奇。文化之進步可想矣。漢人小學文字之書。蓋有二體。一取便於記誦。凡將訓纂之類是也。一取詳於解說。許愼說文解字是也。後世童蒙讀本。以三字四字或七字爲句。皆源於漢。而研究許書者。獨標漢學之名。且自詡爲專門。亦未得漢人教學之全也。

段玉裁曰。自倉頡至彥均章皆六十字。凡十五句。句皆四言。許引幼子承詔。郭注爾雅引考妣延年是也。凡將七言。如蜀都賦注引黃潤纖美宜制禪。藝文類聚引鐘磬竽笙筑坎侯是也。急就今尚存。前多三言。後多七言。

秦人刻石頌始皇功德。漢代不師其制。武帝立石泰山。無文字也。近世所得石刻。以魯孝王五鳳石刻。爲西漢石刻之始。

〔語石〕歐陽公集古錄石刻無西漢文字。公於宋文帝神道碑跋云。余家集古所錄三代以來鐘鼎彝盤銘刻備有。至後漢以後。始有碑文。欲求前漢時碑碣。卒不可得。是則冢墓碑自後漢以來始有也。趙明誠僅收建元二年鄭三益闕一種。可知其尠矣。然劉聰苻堅皆以建元紀年。未必爲漢石也。魯孝王五鳳石刻。金明昌二年得於太子釣魚池側。今尚存曲阜孔廟。此外趙二十二年群臣上壽刻石。出永年。河平三年麃孝禹刻石。出肥城。元鳳中廣陵王中殿題字。出甘泉。皆歐趙所未見也。至居攝墳壇二刻。及萊子侯刻石。已在新室篡漢後矣。

而南越王胡墓木刻。則在漢武帝時。

〔東方雜誌十四卷第一號〕(譚鑣上朱省長保存漢初木刻字書)台山商人黃夔石。於廣州城東里許。東山廟前。購得官產龜岡地一段。建築樓房。掘土丈餘。發見一南越貴人遺冢。 冢堂鋪地各木端。搜索得漢初隸書木刻字。其可辨者。尚有甫五甫六甫七甫九甫十甫十二甫十五甫十八甫二十等字。甫爲鋪之古字。其字畫方整。間有參差。不作俯仰姿勢。純爲西漢隸法。

其五七九字。尙沿篆體。甫字亦有沿篆體作山頭者。異於東漢諸碑。冢中所得古錢。據工人言。合以錢譜。秦大半兩約數十枚。漢呂后八銖之半兩百餘。漢文帝四銖之小半兩千餘。而漢武帝之五銖。不過數十。此外更無別式之錢。以此推想其營葬時代。必秦半兩錢未停廢。而漢五銖錢已流布。其爲漢武未滅越南時。越之貴人遺冢。已無遺義。鄙意此冢當爲南越文王胡冢。

則西漢之特色。當以刻木爲首矣。東漢石刻極夥。門生故吏。爲其府主伐石頌德者。徧於郡邑。

〔語石〕東漢以後。門生故吏爲其府主伐石頌德。徧於郡邑。然以歐趙諸家校酈道元水經注所引。十僅存四五而已。以蘭泉淵如諸家校歐趙著錄。及洪文惠隸釋隸續。十僅存二三而已。古刻淪胥。良可慨歎。然荒崖峭壁。游屐摩挲。梵刹幽宮。耕犂發掘。往往爲前賢所未見。

其書有篆有隸。三公山開母廟石闕等皆篆書而隸體爲多。或縱橫宕逸。或謹嚴流麗。後之碑版。靡得而逾焉。惟其作文及書碑者。多不著名。而出錢立碑之人。往往附著碑陰。記其職掌及出錢多少。可以見其時風氣。尙公而重義矣。

漢之文章。初承戰國之習。有縱橫之餘風。文景以後。提倡經術。其文多爾雅深厚。

〔漢書儒林傳〕詔書律令下者。明天人分際。通古今之誼。文章爾雅。訓辭深厚。

而史學大家司馬遷生於武帝之世。萃尙書春秋國語世本諸書之體。創爲史記。立本紀世家表書列傳之目。遂爲文學歷史兩家之祖。治文學者。師其義法。

〔史記十二諸侯年表序〕約其辭文。去其煩重。以制義法。此義法二字，本指春秋書法，後世治古文者，借以爲文章組織之目，故有義法之名。

修史策者襲其體裁。

〔史通〕(劉知幾)史記家者。其先出於司馬遷。自是漢之史官所續。至梁武帝撰成通史。王暉業著科錄。李延壽南北史諸作。皆史記之流也。

是亦漢代之特色也。其後褚少孫楊雄劉歆等多踵爲之。而班彪及子固相繼爲漢書。遂爲斷代史之祖。

〔史通〕漢書家者。其先出於班固。自東漢以後。作者相仍。皆襲其名號。無所變革。惟東觀曰記。三國曰志。然稱謂雖別。而體制皆同。歷觀自古。史之所載也。尚書記周事。終秦穆。春秋述魯文。止哀公。紀年不逮於魏亡。史記唯論於漢始。如漢書者。究西都之首末。窮劉氏之廢興。包舉一代。撰成一書。言皆精練。事甚該密。故學者尋討。易爲其功。自爾迄今。無改斯道。

吾國立國數千年。而朝野上下之典章制度風俗文物。胥有可考。實賴歷朝史書之記載。其專崇君主。則時代爲之。不可以今日之眼光。病當時之作者也。

漢人所著子書。多沿周秦以來之學說。不能出其範圍。如淮南子雜出衆手。既不足成一家之書。論衡專事詆諆。僅足以供游談之助。

〔漢書〕淮南王安招致賓客方術之士數千人。作爲內書二十一篇。外書甚衆。

〔後漢書王充傳注〕袁山松書曰。充所作論衡。中土未有傳者。蔡邕入吳始得之。恆秘玩以爲談助。

其頌述老墨。間刺孔孟。涂雖不同。沿襲一也。惟漢人之詩文辭賦。則多創爲新體。枚乘蘇武爲五言詩。武帝及諸臣爲七言詩。而樂府之三言四言詩體。亦於三百篇之外。別成一格。降及後漢。詩人益多。而孔雀東南飛一篇。爲焦仲卿妻作者。凡千七百四十五字。實爲敍事詩之絕唱。雖不知作者之名。然可以見漢之詩人。實多開創。無所謂定格成法也。詩之外。創製之體。如答客難。封禪書。七發之類。亦多新格。而賦體之多。尤爲漢人所獨擅。大之宮室都邑。小之一名一物。鋪陳刻畫。窮形盡相。而其瑰偉宏麗之致。實與漢之國勢相應。蓋人類之思想。不用於此。必注於彼。以兩周之經籍子家衡兩漢。誠覺漢人之思想迥不及古。而就其所獨至者觀之。則前人僅搆其萌芽。至漢而始發榮滋長者。亦未易僂數。故論史者貴觀其通。而不可限於一曲之見也。

第三十三章 建築工藝之進步

春秋戰國以降。建築之進步。以城爲最。周代城郭有定制。（見第十九章第七節）興築亦有定時。

『左傳』凡土功。龍見而畢務。戒事也。火見而致用。水昏正而栽。日至而畢。（莊二十九年）

『春秋紀』築城凡二十有三。率以示城築之時否。

『左傳』莊公二十九年冬十二月。城諸及防。書時也。　文公十三年。城諸及鄆。書時也。

然卽此亦可見當時各國都邑。初非皆有城郭。緜世歷年。陸續營建。而後重要之地。始各有城耳。吳王闔閭築城。已違周制。

『吳越春秋』闔閭曰。夫築城郭。立倉庫。因地制宜。豈有天氣之數。以威鄰國者乎。子胥曰有。闔閭曰。寡人委計於子。子胥乃使相土嘗水。象天法地。造築大城。周迴四十七里。陸門八。以象天八風。水門八。以象地八聰。築小城。周十里。陵門三。不開東西者。欲以絕越明也。立閶門者。以象天門。通閶闔風也。立蛇門者。以象地戶也。（今蘇州城猶有閶門。此城門之名流傳最古者。）

戰國時築城。則僅爲兵事計。不問築城之時矣。

史記六國表。書秦城南鄭。魏城少梁。有年而無時。蓋僅以其爲兵事而城。不計其時否。與春秋所書異趣。

當時用兵注重攻城。有一舉而得城數十者。

【史記六國表】楚頃襄王元年。秦取我十六城。　秦昭王十八年。客卿錯擊魏至軹。取城大小六十一。　秦莊襄王二年。蒙驁擊趙榆次新城狼孟。得三十七城。

墨家學者所傳備城門諸法。凡敵之以臨衝鉤梯堙水穴突空洞蛾傅轒轀軒車相攻者。胥有以制之。則攻城守城。蓋爲兵家專科之學矣。

戰國時。內地戰事無關於民族之存亡。其築城與攻守之法。皆不足稱述。惟當時各國備禦邊患。競築長城。則爲史策一大事。說文曰。城所以盛民也。是城之爲制。必周匝而無所缺。然至戰國時之城。則有二式。一則都邑之城。仍爲周匝之式。一則邊境之城。變爲廣長之式。或缺其一面。或空其三面。不必周匝如環。蓋其城純爲對外而設。綿亙千百里。勞費已鉅。其不設防之地。可不必城也。列國築長城之事。詳於顧氏日知錄。

【日知錄】春秋之世。田有封洫。故隨地可以設關。而阡陌之間。一縱一橫。亦非戎車之利也。至於戰國。井田始廢。而車變爲騎。於是寇鈔易而防守難。不得已而有長城之築。史記蘇代傳。燕王曰。齊有長城鉅防。足以爲塞。竹書紀年。梁惠成王二十年。齊閔王築防以爲長城。續漢志。濟北國盧（今長清縣）有長城。至東海。泰山記。泰山西有長城。緣河經泰山。一千餘里。至琅邪臺入海。此齊之長城也。史記秦本紀。魏築長城。自鄭（今華州）濱洛以北有上郡。蘇秦傳。說魏襄王曰。西有長城之界。竹書紀年。惠成王十二年。龍賈帥師築長城於西邊。此魏之長城也。續漢志。河南郡卷（在鄭州原武縣西北七里）有長城。經陽武到密。此韓之長城也。水經注。盛弘之云。葉東界有故城。始犨縣。東至瀙水。達泚陽。南北數百里。號爲方城。一謂之長城。郡國志曰。葉縣有長城曰方城。此楚之長城也。若趙世家。成侯六年。中山築長城。又言肅侯十七年。築長城。則趙與中山亦有長城矣。以此言之。中國多有長城。不但北邊也。 其在北邊者。史記匈奴傳。秦宣太后起兵伐殘義渠。於是秦有隴西北地上郡。築長城以拒胡。此秦之長城也。魏世家。惠王十九年。築長城塞固陽。此魏之長城也。匈奴傳又言趙武靈王北破林胡樓煩。築長城自代並陰山下至高闕爲塞。而置雲中雁門代郡。此趙之長城也。燕將秦開襲破東胡。東胡卻千餘里。燕亦築長城。自造陽至襄平。置上谷漁陽右北平遼西遼東郡。以拒胡。此燕之長城也。秦滅六國。而始皇帝使蒙恬將十萬之衆北擊胡。悉收河南地。因河爲塞。築四十四縣城。東臨河。徙謫戍以充之。而通直道。自九原至雲陽。因邊山險塹。谿谷可繕者治之。起臨洮至遼東萬餘里。又度河據陽山北假中。此秦幷天下之後所築之長城也。

世徒稱始皇築長城。不知此事之始末。故詳錄之。大抵七國分立時。燕趙魏秦各築長城。不相連續。秦既統一。因前人之功而加廣焉。其中之不相屬者。則爲合之。故能起臨洮。至遼東。袤延數千里。侈言之。則曰萬里長城。實則此數千里之城。決非數年之功所可就也。（蒙恬城河上爲塞，始於始皇三十三年，至始皇崩，凡五年。） 然卽曰諸國分築。經營百數十年之久。（自魏惠王十九年至蒙恬築城時，凡一百四十三年。） 而吾民能爲國家任此重役。成此宏功。亦世界所僅見矣。

自秦成長城。而漢族與北方諸族。遂以長城爲絕大之界域。

《漢書》孝文帝遺匈奴書曰。先帝制長城以北。引弓之國。受令於單于。長城以內。冠帶之室。朕亦制之。 烏珠留單于上平帝書日孝宣孝元皇帝哀憐。爲作約束。自長城以南。天子有之。長城以北。單于有之。

自漢以降時加修繕。

『日知錄』漢武帝元朔二年。遣將軍衛青等擊匈奴。取河南地。築朔方。復繕故秦時蒙恬所爲塞。因河爲固。魏明元帝泰常八年二月戊辰。築長城於長川之南。起自赤城西至五原。延袤二千餘里。太武帝太平眞君七年五月丙戌。發司幽定冀四州十萬人築城上塞圍。起上谷西至河。廣袤皆千里。北齊文宣帝天保三年十月乙未。起長城自黃櫨嶺北至社平戌。四百餘里。立三十六戌。六年。發民一百八十萬。築長城。自幽州北夏口至恆州。九百餘里。先是自河西總秦戍。築長城。東至於海。前後所築。東西凡三千餘里。率十里一戌。其要害置州鎭凡二十五所。八年。於長城內築重城。自庫洛拔而東至於塢紇戍。凡四百餘里。而斛律羨傳云。羨以北虜屢犯邊。須備不虞。自庫堆戍東距於海。隨山屈曲二千餘里。其間二百里中。凡有險要。或斬山築城。或斷谷起障。並立戍邏五十餘所。周宣帝大象元年六月。發山東諸州民。修長城。立亭障。西自雁門。東至碣石。隋文帝開皇元年四月。發稽胡修築長城。五年。使司農少卿崔仲方發丁三萬。於朔方靈武築長城。東距黃河。西至綏州。南至勃出嶺。綿歷七百里。六年二月丁亥。復令崔仲方發丁十五萬。於朔方以東緣邊險要。築數十城。七年。發丁男十萬餘人修長城。大業三年七月。發丁男百餘萬築長城。西距榆林。東至紫河。四年七月辛巳。發丁男二十餘萬築長城。自榆林谷而東。此又後史所載繼築長城之事也。

周代宮室之制。前爲中堂。後爲房室。與今人居宅迥異。余歷考諸書。不知何時以堂後之房室。移於堂之兩旁。爲三間五間之式。惟儒行有環堵之室之語。

『儒行』儒有一畝之宮。環堵之室。篳門圭窬。蓬戶甕牖。 『注』環堵。面一堵也。

疑春秋戰國時貧民之居。四面皆有土牆。非如定制。虛其前爲堂也。環堵之室。有室而無堂。不可以別內外。故於其中隔爲三間。以中室爲堂。而名兩旁爲內。至漢時平民之居。多爲一堂二內之制。

『漢書鼂錯傳』古之徙遠方以實廣虛也。先爲築室。家有一堂二內。門戶之閉。 張晏曰。二內。二房也。

王氏鳴盛仍以古制釋之。疑未當也。

『十七史商榷』(王鳴盛)此論徙民。似指庶民居多。而容或有大夫士。蓋前爲堂。後爲室。而室之東旁爲一房。此大夫至庶人皆同者。張晏混言二房。非也。

古代帝王。以卑宮室爲儉。以峻宇雕牆爲戒。至春秋諸侯。爭爲僭侈。楚有章華之臺。

『國語』靈王爲章華之臺。與伍舉升焉。曰。臺美矣夫。

『新書』(賈誼)翟王使使至楚。楚王誇使者以章華之臺。臺甚高。三休乃至。

吳爲姑蘇之臺。

『吳越春秋』闔廬治宮室。立射臺於安里。華池在平昌。南城宮在長樂。闔閭出入游臥。秋冬治於城中。春夏治於城外。治姑蘇之臺。旦食䱉山。晝游蘇臺。射於鷗陂。馳於游臺。興樂石城。走犬長洲。

崇高壯麗。非復昔之拘於制度陳陳相因之式矣。戰國之時。諸侯宮室益盛。齊威王有瑤臺。（見說苑）梁惠王有范臺。（見戰國策）楚襄王有蘭臺及陽雲之臺。（均見宋玉賦）燕昭王有黃金臺。

〔水經注〕易水旁有金臺臺上東西八十許步。南北加盛。北有小金臺。臺北有蘭馬臺。並悉高數丈。棟堵之盛。柱礎尚存。雕牆敗館。尚傳鐫刻之石。

而齊宣王爲大室三百戶。

〔呂氏春秋驕恣篇〕齊宣王爲大室。大益百畝。堂上三百戶。以齊之大。具之三年。而未能成。

足見其時之宮室。咸以高大相尚矣。七國既一。諸侯宮室之制。悉萃於秦。秦之宮殿。遂極從古未有之大觀。

〔史記秦始皇本紀〕秦每破諸侯。寫放其宮室。作之咸陽北阪上。南臨渭。自雍門以東至涇渭。殿屋複道周閣相屬。所得諸侯美人鐘鼓以充入之。

〔同上〕營作朝宮渭南上林苑中。先作前殿阿房。東西五百步。南北五十丈。上可以坐萬人。下可以建五丈旗。周馳爲閣道。自殿下直抵南山。表南山之顛以爲闕。以爲複道。自阿房渡渭。屬之咸陽。以象天極閣道絕漢抵營室也。阿房宮未成。成欲更擇令名名之。作宮阿房。故天下謂之阿房宮。隱宮徒刑者七十餘萬人。乃分作阿房宮。或作麗山。發北山石槨。乃寫蜀荆地材皆至。關中計宮三百。關外四百餘。

雖爲項羽所燒。而慈石之門。至唐猶在。

《元和郡縣志》秦慈石門。在咸陽縣東南十五里。東南有閣道。卽阿房宮之北門也。累慈石爲之。著鐵甲入者。慈石吸之不得過。羌胡以爲神。

其建築之根於學理。經久不毁。亦可推見矣。漢代宮室之壯麗。亦不下於秦。始自蕭何。

《漢書高帝紀》蕭何治未央宮。立東闕北闕前殿武庫太倉。上見其壯麗甚怒。謂何曰。天下匈匈。勞苦數歲。成敗未可知。是何治宮室過度也。何曰。天下方未定。故可因以就宮室。且夫天子以四海爲家。非令壯麗亡以重威。且亡令後世有以加也。

盛於武帝。其規制猶可考見。

《三輔黃圖》未央宮周回二十八里。前殿東西四十丈。深十五丈。高三十五丈。 《西京雜記》未央宮周回二十二里。九十五步。五街道周回七十里。臺殿四十三。其三十二在外。其十一在後宮。池十三。山六。池一山一。亦在後宮。門闥凡九十五。

《水經注》建章宮周二十餘里。千門萬戶。其東鳳闕高七丈五尺。中有神明臺。井幹樓。咸高五十餘丈。北有太液池。池中有漸臺。高三十丈。南有璧門三層。高三十餘丈。中殿十二間。階陛咸以玉爲之。鑄銅鳳五丈。飾以黃金。樓屋上椽首。薄以玉璧。因曰璧玉門。 其長樂宮咸陽宮之間。有渭橋。廣六丈。南北三百八十步。六十八間。七百五十柱。百二十二梁。其後董卓入關·焚渭橋·魏武帝修之·廣三丈六尺·蓋不能復西漢之工程矣·

漢之官吏。皆有賜室。其大者。謂之大第室。

《漢書高帝紀》爲列侯食邑者。皆佩之印。賜大第室。孟康曰·有甲乙次第·故曰第也· 吏二千石徙之長安。受小第室。

而外戚權臣。如王氏梁氏者。其宮室亦彷像帝王之居。

〔漢書元后傳〕五侯群弟爭爲奢侈。大治第室。起土山漸臺洞門高廊閣道連屬彌望。　王根大治室第。第中起土山。立兩市。殿上赤墀戶青瑣。

〔後漢書梁冀傳〕冀乃大起第舍。而壽亦對街爲宅。殫極土木。互相誇競。堂寢皆有陰陽奧室。連房洞戶。柱壁雕鏤。加以銅漆。窗牖皆有綺疏青瑣。圖以雲氣仙靈。臺閣周通。更相臨望。飛梁石蹬。陵跨水道。金玉珠璣。異方珍怪。充積臧室。又廣開園囿。採土築山。十里九坂。以象二崤。深林絕澗。有若自然。奇禽馴獸。飛走其間。

新莽之篡。建立宗廟。尤極奇偉。

〔三輔黃圖〕王莽時博徵天下工匠。起九廟。太初祖廟。東西南北各四十丈。高十七丈。餘廟半之。爲銅薄櫨。飾金銀雕文。窮極百工之巧。

是雖帝王僭竊之侈心。未足爲國民之範。然閎工鉅製。一一皆出於民力。非其時物力充盛。工巧精進。亦不能遂其侈心也。

古代建築。多爲盜賊無賴所焚毀。秦毀於項羽。

〔史記項羽本紀〕燒秦宮室。火三月不絕。

西漢毀於長安兵衆及赤眉。

『漢書王莽傳』衆兵發掘莽妻子父祖冢。燒其棺槨。及九廟明堂辟雍。火照城中。 城中少年趣讙並和。燒作室門。斧敬法闥。莽避火宣室前殿。火輒隨之。 更始都長安。居長樂宮。府藏完具。獨未央宮燒。 明年。赤眉樊崇等入關。攻更始。遂燒長安宮室市里。長安爲虛。城中無人行。宗廟園陵皆發掘。

東漢毀於董卓。

『後漢書獻帝紀』董卓焚洛陽宮廟及人家 『董卓傳注』獻帝起居注。舊時宮殿悉壞。倉卒之際。拾摭故瓦材木。工匠無法度之制。所作並無足觀。

以懲帝王貴族之奢蕩。固當然所毀之物力幾何。累代建築。皆天下之名材異產。非一時所能聚。又經無限之工作。而後造成。非帝王貴族一人所能爲也。論者謂歐人多作石室。吾國率土木構造。土木易毀。而石室難焚。故古代宮室存毀之多寡。以此而判。然吾國古代。亦有石室。觀水經注猶多載之。

『水經注渭水篇』磻溪旁有一石室。蓋太公所居也。 『巨洋水篇』壽光縣有孔子石室。中有孔子像。弟子問經。全祖望曰。按于欽曰。水經之言非也。乃是倉頡墓中石室。 『河水篇』龍門峪谷有三石室。因阿結牖。連局接闥。似是棲遊隱學之所。昔子夏教授西河。疑即此也。又子夏陵北有子夏石室。南北有二石室。臨側河崖。

漢有石室藏書。

『史記太史公自序』紬史記石室金匱之書。 『索隱』石室金匱。皆國家藏書之處。

蓋亦預防兵火。而爲保存文籍垂之久遠計也

古代宮室。多爲圖畫。觀楚辭可見。

《楚辭天問序》屈原放逐。憂心愁悴。彷徨山澤。經歷陵陸。嗟號旻昊。仰天歎息。見楚有先王之廟。及公卿祠堂。圖畫天地山川神靈琦瑋僑佹。及古賢聖怪物行事。周流罷倦。休息其下。仰見圖畫。因書其壁。呵問之。

戰國諸子。恆紀畫家之事。雖屬寓言。亦足證其時畫事之盛。

《莊子》宋元君將畫圖。衆史皆至。受揖立。舐筆和墨。在外者半。有一史後至者。儃儃然不趨。受揖不立。因之舍。公使人見之。則解衣槃礴。羸。君曰。可矣。是眞畫者也。

《韓非子》客爲周君畫筴者。三年而成。觀之。與髹筴者同狀。周君大怒。畫筴者曰。築十版之牆。鑿八尺之牖。而以日光出時。加之其上而觀。周君爲之。望見其狀。盡成龍蛇禽獸車馬。萬物之狀備具。周君大悅。　客有爲齊王畫者。齊王問曰。畫孰最難者。曰犬馬難。孰易。曰鬼魅最易。夫犬馬人所知也。旦暮罄於前。不可類之。故難。鬼神無形者。不罄於前。故易之也。

漢時宮室。亦多有畫人物故事。善惡畢備。以昭鑑戒。

《魯靈光殿賦》(王延壽)圖畫天地。品類群生。雜物奇怪。山海神靈。寫載其狀。託之丹青。千變萬化。事各繆形。隨色象類。曲得其情。上紀開闢。遂古之初。五龍比翼。人皇九頭。伏羲鱗身。女媧蛇軀。鴻荒朴略。厥狀睢盱。煥炳可觀。黃帝唐虞。軒冕以庸。衣裳有殊。下及三后。婬妃亂主。忠臣孝子。烈士貞女。賢愚成敗。靡不載敍。惡以誡世。善以示後。

或專畫一二人。

〔漢書廣川王去傳〕其殿門有成慶畫短衣大袴長劍。

〔漢書金日磾傳〕日磾母教誨兩子。甚有法度。上聞而嘉之。病死。詔圖畫於甘泉宮。署曰休屠王閼氏。日磾每見畫。常拜。鄉之涕泣。然後迺去。

或雜畫多人。

〔漢書蘇武傳〕甘露三年。單于始入朝。上思股肱之美。迺圖畫其人於麒麟閣。法其形貌。署其官爵姓名。凡十一人。

〔後漢書朱景王杜馬劉傅堅馬傳論〕永平中。顯宗追感前世功臣。乃圖畫二十八將於南宮雲臺。

甚或畫猥褻之狀。

〔漢書〕廣川王海陽坐畫屋爲男女嬴交接。置酒請諸姊妹飲。令仰視畫。廢徙房陵。

足知漢時之壁畫。多爲人事。非若後世之寫仿山水也。由壁畫又進而有石刻畫像。水經注多記之。

〔水經注濟水篇〕荆州刺史李剛墓。有石闕祠堂石室三間。椽架高丈餘。四壁隱起雕刻。爲君臣官屬龜龍麟鳳之文。飛禽走獸之像。作制工麗。

〔同上〕漢司隸校尉魯峻冢前。有石祠石廟。四壁皆靑石隱起。自書契以來。忠臣孝子貞婦孔子及七十二人形象。皆刻石記之。文字分明。

今世所傳。則有武梁祠石刻畫像。在今嘉祥縣之紫雲山。及孝堂山石室畫像。在今肥城縣古代車馬衣服之制。胥可賴以考見。又有李翕黽池五瑞圖。在今成縣刻黃龍。白鹿嘉禾木連理。甘露及承露人之象。則鐫於山崖。而非在石室者。近年山東時有漢畫石刻新發見者。

《語石》齊魯村落間。漢畫時時出土。

士人不知寶貴。恆爲東西洋嗜古者購去。大抵漢畫多簡拙。較印度希臘之石刻。遠不及其工細。然彼土雕刻多重神教。吾國漢畫則重人事。雖美術有所不逮。而理想則迥不同矣。

春秋戰國以來。工學之演進。至可驚詫。各國之專擅一技者。至於夫人能之。

《考工記》粵無鎛。燕無函。秦無廬。胡無弓車。粵之無鎛也。非無鎛也。夫人而能爲鎛也。燕之無函也。非無函也。夫人而能爲函也。秦之無廬也。非無廬也。夫人而能爲廬也。胡之無弓車也。非無弓車也。夫人而能爲弓車也。

而記載工學之專書。如考工記者。即成於其時。

《周禮正義》引士冠禮疏。考工記。六國時所錄。又引江永云。考工記。東周後齊人所作也。其言秦無廬。鄭之刀。厲王封其子友。始有鄭。東遷後。以西周故地與秦。始有秦。故知爲東周時書。其言橘踰淮而北爲枳。鸜鵒不踰濟。貉踰汶則死。皆齊魯間水。而終古。戚速。椑茭之類。鄭注皆以爲齊人語。故知齊人所作也。

蓋古者工皆世官。以業爲氏。

『考工記賈疏』某氏者。其義有二。一者。官有世功。則以官爲氏。若韋氏。裘氏。冶氏之類是也。二者。族有世業。以氏名官。若鳧氏。栗氏之等是也。

積其經驗專其責成。又因地利天時人事之所重。而各地之特產以著。

『考工記』鄭之刀。宋之斤。魯之削。吳粵之劍。遷乎其地而弗能爲良。地氣然也。燕之角。荊之幹。妢胡之笴。吳粵之金錫。此材之美者也。天有時以生。有時以殺。草木有時以生。有時以死。石有時以泐。水有時以凝。有時以澤。此天時也。

始則工必在官者。繼則人能爲工焉。

考工記所載之工。僅三十種。

『考工記』攻木之工。輪輿弓廬匠車梓。攻金之工。築冶鳧栗段桃。攻皮之工。函鮑韗韋裘。設色之工。畫繢鍾筐㡛。刮摩之工。玉楖雕矢磬。搏埴之工。陶旊。

似未足以盡其時之工巧。觀諸子所言公輸墨翟之事。

『墨子魯問篇』公輸子削竹木以爲鵲。成而飛之。三日不下。公輸子自以爲至巧。『公輸篇』公輸盤爲楚造雲梯之械成。子墨子解帶爲城。以牒爲械。公輸盤九設攻城之機變。子墨子九距之。公輸盤之攻械盡。子墨子之守圉有餘。

『韓非子外儲說』墨子爲木鳶。三年而成。蜚一日而敗。

則戰國時之機械工藝。異常發達。必不僅此日用之器具已也。然墨子雖精製器。仍以適用於人爲貴。

《墨子魯問篇》子墨子謂公輸子曰。子之爲鵲也。不如匠之爲車轄。須臾劉三寸之木。而任五十石之重。故所爲功。利於人謂之巧。不利於人謂之拙。

呂覽月令屢以淫巧爲戒。

《呂氏春秋三月紀》是月也。命工師令百工。審五庫之量。金鐵皮革筋角齒羽箭幹脂膠丹漆。無或不良。百工咸理。監工日號。無悖於時。無或作爲淫巧。以蕩上心。《十月紀》是月也。工師效功。陳祭器。並按度程。無或作爲淫巧。以蕩上心。必功致之上。物勒工名。以考其誠。工有不當。必行其罪。以窮其情。

故秦時雖猶有能爲機械者。而學者弗道其法也。

《史記秦始皇本紀》始皇初即位。穿治酈山。及并天下。天下徒送詣七十餘萬人。穿三泉。下銅而致槨。宮觀百官奇器珍怪徙藏滿之。令匠作機弩矢。有所穿近者。輒射之。以水銀爲百川江河大海。機相灌輸。上具天文。下具地理。以人魚膏爲燭。度不滅者久之。

觀考工記所述古代工藝之術。可得四義。一曰分工之多。有一工而分數器者。如

梓人爲飲器。梓人爲侯。梓人爲筍虡。車人爲耒。車人爲車之類。蓋雖同名一工。而爲飲器之梓人。與爲侯之梓人。實分工也。

有一器而分數工者。如

輪人爲輪。輪人爲蓋。輿人爲車。輈人爲輈。車人爲車之類。一車之事。數工任之也。

分工逾多。則製器逾精。可以推知。一曰定名之密。古人精於起物。往往一器而細別爲多名。如

鳧氏爲鐘。兩欒謂之銑。銑間謂之于。于上謂之鼓。鼓上謂之鉦。鉦上謂之舞。舞上謂之甬。甬上謂之衡。鐘縣謂之旋。旋蟲謂之幹。

鐘帶謂之篆。篆間謂之枚。枚謂之景。于上之攠謂之隧。

非若後世工人制物。隨意立名。而學者多不能別也。一曰度數之精。其制一器。所定度數。皆有相連之關繫。如

輿人爲車。輪崇車廣衡長參如一。謂之參稱。參分車廣去一。以爲隧。參分其隧。一在前。二在後。以揉其式。以其廣之半爲之式崇。

以其隧之半爲之較崇之類。

綜三十官之文。言度數者居十之六七。故古器猶可考其製造之法。而秦漢以後之器物。雖有載於史傳者。反不能推明其度數。是亦可見古人之細心矣。一曰雕刻之美。雕刻各物。必窮極形似。如

梓人爲筍簴。凡攫閷援簭之類。必深其爪。出其目。作其鱗之而。深其爪。出其目。作其鱗之而。則於眡必撥爾而怒。且其匪色必似鳴矣之類。

觀其狀況刻畫之得失。可知其不得率爾從事矣。又古人治器有六法。

『爾雅釋器』金謂之鏤。木謂之刻。骨謂之切。象謂之磋。玉謂之琢。石謂之磨。

竹木易朽。其所刻者不傳。骨象之器亦罕見。玉器據吳氏古玉圖考所載玉敦琪角之類觀之。其刻文之精細。已爲難能可貴。而鏤金之法。尤爲後世所不及。

劉師培曰。古人之鐫金其法有二。一爲陽文。鑄器既成。書之以漆。凡漆書所未加者。悉施鏤劃之工。使所書之字。隆起於其間。其形爲凸。卽詩所謂追琢其章也。一爲陰文。鑄器既成。亦書之以漆。復於所書之文。鑿之使深。與近世刻石之法畧同。其形爲凹。荀子所謂鍥而不舍。金石可鏤也。

觀今日所傳鐘鼎。其器之四周。咸縈以雲雷盤屈之文。皆鑄成之後。始加以刻鏤者。視後世鐫字於範。鎔金樵之。其難易迥殊矣。

金玉之器。惟漢與周相上下。阮氏元積古齋鐘鼎欵識載漢之鼎鑪壺洗鐙盤弩機戈劍符斗鉤鈴八十餘器。多記制作年月。及作器者之姓名。吳氏大澂古玉圖考載漢玉鈁玉鐙玉印剛卯之類。亦數十器。所鐫文字。皆極精美。而新莽之時。制作尤精。觀積古齋所載新莽銅權款識。及愙齋吉金錄所載新莽戚量之文。其鐫刻之精細。殆突過西漢矣。

王莽篡漢無足取。而其人極有思想。故各地人民。亦多新奇可喜之事。史稱莽訪有奇技術可以攻匈奴者。待以不次之位。言便宜者以萬數。或言能度水。不用舟楫。或言不持斗糧。服食藥物。三軍不饑。或言能飛。一日千里。可窺匈奴。莽輒試之。取大鳥翮爲兩翼。頭與身皆著毛。通引環紐。飛數百步墮。可見其時之人。多有奇想。飛者既能通引環紐。飛數百步。其中必有機巧。惜未能引申研究。如今日之製飛機耳。

蓋漢代崇尙工藝。少府有考工室。各地有工官。

『漢書地理志』河內郡懷縣。南陽郡宛縣。濟南郡東平陵縣。泰山郡奉高縣。廣漢郡雒縣。均有工官。他若陳留郡襄邑縣。齊郡臨淄縣。有服官。南郡有發弩官。皆官工之類。而鐵官之布在各地者尤多。

史稱孝宣之世。政事文學法理之士。咸精其能。至於技巧工匠器械。自元成閒。鮮能及之。是知漢人之重工藝。恆以之覘政俗之盛衰。故雖非孝宣時所製者。傳至今日。猶覺其制作具有古法。且見進步焉。

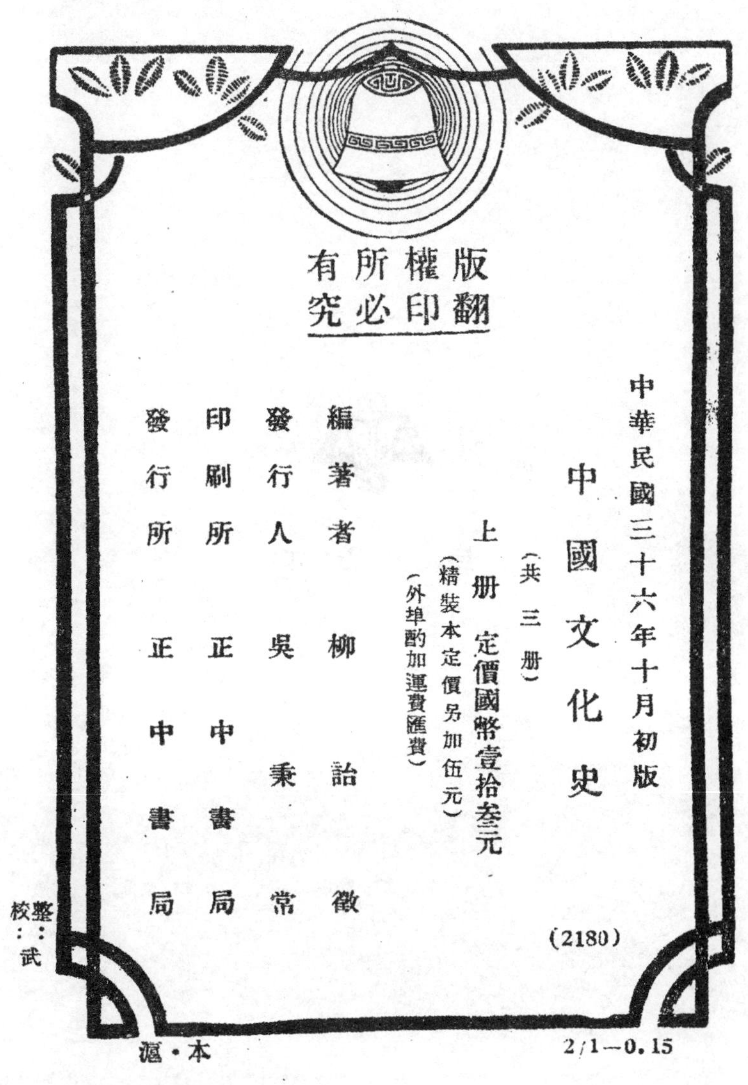

中華民國三十六年十月初版

中國文化史

（共三冊）

上冊　定價國幣壹拾叁元
（精裝本定價另加伍元）
（外埠酌加運費匯費）

（2180）

編著者　柳詒徵
發行人　吳秉常
印刷所　正中書局
發行所　正中書局

整：武
校：

滬·本　2/1—0.15

正中書局